古文字詁林編纂委員會編纂

古文字詁林

修訂本

第三冊

上海教育出版社

古文字詁林學術顧問

以姓氏筆劃爲序

朱德熙　李學勤　胡厚宣　馬承源

張政烺　裘錫圭　戴家祥　顧廷龍

古文字詁林編纂委員會

主編　李圃

副主編　汪壽明

編委　以姓氏筆劃爲序，有*號者爲常務編委

*王元鹿　王文耀　*王世偉　王鐵　史舒薇　吳平

吳振武　*李圃　李露蕾　何崝　*汪壽明　徐時儀

*徐莉莉　*傅傑　華學誠　董琨　*詹鄞鑫　*臧克和

*劉志基　*鄭明

資料工作人員

張春華

張友榮

袁根娣

凌玉泰

目録

第三册檢字表

部首表

字	頁
言	一
誩	一二八
音	一三七
辛	一四五
丵	一五六
業	一六九
収	一七七
癶	二一一
共	二一二
異	二一七
舁	二三七
臼	二三九
晨	二四一
爨	二五〇
革	二五六
鬲	二八九
䰜	三一七
爪	三三〇
丮	三四六
鬥	三六八
又	三七四
𠂇	四五八
史	四六二
支	四八九
聿	四九一
聿	五〇〇
畫	五〇五
隶	五一五
臤	五一七
臣	五二一
殳	五四〇
殺	五七〇

部首檢字表

【言部】

譞	誧	諰	託	記	譽	譒	謝	謳	詠	諍	評	謼	訖	諺
四三	四三	四三	四四	四四	四五	四五	四六	四八	四八	四九	五〇	五〇	五〇	五一
訝	詣	講	謄	訒	訥	謯	詹	謷	譊	謍	諎	諛	譋	諼
五二	五二	五三	五三	五四	五四	五五	五五	五五	五五	五六	五六	五七	五七	五七
謦	訹	訑	謾	譇	詐	謺	謰	謱	詒	謲	誑	譺	譔	訕
五八	五八	五八	五九	五九	五九	五九	六〇	六〇	六〇	六一	六一	六一	六一	六二
譏	誣	誹	謗	譸	詶	詛	⿰言由	誃	誖	䜌	誒	譆	詯	謧
六二	六二	六三	六三	六四	六四	六四	六五	六五	六五	六七	七八	七九	七九	八〇

字	頁
詍	八〇
訾	八〇
䛌	八一
訮	八二
譯	八二
誻	八三
詽	八三
讗	八三
訇	八四
諞	八五
[illegible]	八五
[illegible]	八五
說	八六
誂	八六
譄	八六

字	頁
誒	八六
譽	八六
譈	八七
誇	八七
誕	八七
䜕	八九
謼	八九
詪	八九
訌	九〇
讀	九〇
譏	九〇
諣	九一
讈	九一
譟	九二
訆	九二

字	頁
謕	九二
讙	九二
譁	九三
謣	九三
譌	九四
誤	九五
詿	九五
謬	九五
詤	九六
[illegible]	九六
訬	九六
諆	九七
譎	九八
詐	九九
訏	一〇〇

字	頁
諈	一〇〇
讋	一〇一
謵	一〇二
誣	一〇二
讐	一〇四
讕	一〇四
詾	一〇四
訟	一〇四
謓	一〇五
讘	一〇五
訶	一〇六
[illegible]	一〇七
訐	一〇八
訴	一〇八
譖	一〇九

【誩部】

【音部】

【辛部】

字頭	楷定	頁碼
鞄	鞄	二六二
韗	韗	二六三
鞣	鞣	二六三
靼	靼	二六三
韇	韇	二六四
鞶	鞶	二六四
鞏	鞏	二六五
鞔	鞔	二六五
靸	靸	二六六
⿰革卬	⿰革卬	二六六
鞮	鞮	二六六
⿰革夾	⿰革夾	二六七
⿰革㴱	⿰革從	二六七
鞵	鞵	二六八
⿰革介	靪	二六八
鞠	鞠	二六八
鞀	鞀	二六九
⿰革覍	⿰革覍	二七〇
⿰革尃	鞞	二七〇
鞎	鞎	二七二
鞃	鞃	二七三
鞪	鞪	二七三
⿰革弋	⿰革必	二七四
⿰革嬰	⿰革嬰	二七四
⿰革旨	⿰革旨	二七五
⿰革叚	鞁	二七五
⿰革僉	⿰革弇	二七五
靶	靶	二七六
⿱纍革	⿱纍革	二七六
靳	靳	二七六
⿰革去	⿰革蚩	二七七
⿰革刂	⿰革刂	二七八
⿰革官	⿰革官	二七九
⿰革豆	⿰革豆	二七九
⿰革亏	靬	二七九
⿰革尃	⿰革尃	二七九
⿰革奄	⿰革奄	二八〇
⿰革叕	⿰革叕	二八〇
⿱宀韋	⿱宀韋	二八〇
⿰革茸	⿰革茸	二八〇
⿰革占	⿰革占	二八〇
鞈	鞈	二八一
勒	勒	二八一
鞙	鞙	二八三
⿰革面	⿰革面	二八三
靲	靲	二八三
鞬	鞬	二八三
韇	韇	二八四
⿰革壽	⿰革壽	二八四
⿰革亟	⿰革亟	二八四
⿰革㥯	鞭	二八四
鞅	鞅	二八六
韄	韄	二八七
⿰革乞	⿰革乞	二八七
⿰革見	⿰革見	二八七
⿰革⿵冂肖	鞘	二八八
⿰革蕩	韉	二八八
⿰革荂	鞾	二八九
靮	靮	二八九

【鬲部】

鬲 鬲 二八九
䰜 䰜 三〇三
鬹 鬹 三〇四
鬷 鬷 三〇五
鬲干 鬲干 三〇五
鬵 鬵 三〇六
䰝 䰝 三〇七
鬴 鬴 三〇八
鬳 鬳 三〇九
融 融 三一二
䰞 䰞 三一三
鬺 鬺 三一三
鬻 鬻 三一七

【弻部】

弻 弻 三一七
鬻 鬻 三一九
鬻 鬻 三二〇
鬻 鬻 三二二
鬻 鬻 三二二
鬻 鬻 三二四
鬻 鬻 三二七
鬻 鬻 三二七
鬻 鬻 三二七
鬻 鬻 三二八
鬻 鬻 三二八
鬻 鬻 三二八
鬻 鬻 三三〇

【爪部】

爪 爪 三三〇
孚 孚 三三一
爲 為 三三五
爪 爪 三四五

【丮部】

丮 丮 三四六
埶 埶 三四七
孰 孰 三五二
䢅 䢅 三五六
巩 巩 三六二
谷丮 谷丮 三六五
𡚬 𡚬 三六五
戹 戹 三六八

【鬥部】

鬥 鬥 三六八
鬭 鬭 三七〇
鬨 鬨 三七〇
鬥翏 鬥翏 三七一
鬮 鬮 三七一
鬥爾 鬥爾 三七二
鬥燹 鬥燹 三七二
鬥賓 鬥賓 三七二
鬩 鬩 三七三
鬥叏 鬥叏 三七三
鬧 鬧 三七四

【又部】

又 又 三七四
右 右 三八二

政 六二九
敁 六三〇
敷 六三九
⿰無攴 六四〇
⿰嚴攴 六四〇
數 六四〇
⿰氵敕 六四三
孜 六四四
放 六四五
⿰早攴 六四五
敳 六四六
敞 六四七
僘 六四七
攺 六四八
變 六四八

㪅 六四九
敕 六五四
⿰耳攴 六五五
斂 六五六
⿱宀⿰尗攴 六五六
敽 六五七
敆 六五八
敶 六五九
敵 六五九
救 六六〇
敓 六六一
斁 六六三
赦 六六六
攸 六六七
⿰山攴 六七二

敉 六七二
⿰豕攴 六七四
⿰𠦝攴 六七五
敦 六七五
⿰埶攴 六八〇
敗 六八〇
⿰厰攴 六八三
寇 六八四
⿰壴攴 六八八
⿸广攴 六八九
⿰僉攴 六八九
⿰單攴 六九〇
收 六九一
鼓 六九一
攷 六九二

敂 六九二
攻 六九三
敲 六九五
⿰豙攴 六九六
⿰𡉚攴 六九六
⿱枚产 六九六
斀 六九八
啓 六九八
敔 六九九
⿰黑攴 七〇一
鈙 七〇二
⿰言攴 七〇二
畋 七〇二
⿰𠯁攴 七〇四
敘 七〇五

窅	眊	矘	睒	眮	䀣	瞴	𥄫	晚	眂	睨	瞐	眓	眈	𨒥
七九一	七九二	七九二	七九二	七九三	七九三	七九四	七九四	七九四	七九五	七九五	七九六	七九六	七九六	七九六

盱	睘	䁴	𥄗	眕	瞟	䁯	睹	眔	睽	眛	𥇔	𨐨	眽	䀰
七九七	七九八	八〇〇	八〇〇	八〇〇	八〇〇	八〇一	八〇一	八〇一	八〇七	八〇九	八〇九	八〇九	八〇九	八一〇

䁡	瞤	矉	𥅦	睢	旬	矆	睦	瞻	𥈡	𥊲	䁪	䀨	相	瞋
八一〇	八一〇	八一一	八一一	八一二	八一三	八一五	八一五	八一六	八一六	八一七	八一七	八一七	八一七	八二〇

䳑	睗	眀	䁗	睼	䁔	睧	眷	督	睎	看	瞫	睡	瞑	眚
八二一	八二一	八二三	八二三	八二三	八二三	八二四	八二四	八二四	八二五	八二五	八二五	八二六	八二六	八二七

字頭	楷定	頁碼
瞥	瞥	八二九
眵	眵	八二九
䁾	蔑	八三〇
眏	眏	八三〇
[illegible]	眼	八三一
眛	眛	八三一
瞯	瞯	八三三
眯	眯	八三三
眺	眺	八三三
睞	睞	八三四
睩	睩	八三四
督	督	八三四
眣	眣	八三四
矇	矇	八三七
眇	眇	八三七
眄	眄	八三七
略	略	八三八
盲	盲	八三八
䁍	䁍	八三九
瞽	瞽	八三九
瞍	瞍	八四〇
[illegible]	眷	八四〇
睉	睉	八四〇
䀏	䀏	八四一
睇	睇	八四一
瞚	瞚	八四二
眙	眙	八四三
眝	眝	八四三
盻	盻	八四三
[illegible]	費	八四三
瞼	瞼	八四三
眨	眨	八四四
眭	眭	八四四
[illegible]	眹	八四四
睟	睟	八四四
睚	睚	八四四

筆劃檢字表

【二劃】

又	又	三七四
𠂇	ナ	四五八
𠘧	几	五七四
卜	卜	七二〇

【三劃】

爪	爪	三四五
叉	叉	三八四
父	父	三八六
及	及	四一五
寸	寸	五七八

【四劃】

収	収	一七
癶	癶	二一一
爪	爪	三三〇
丮	丮	三四六
厷	厷	三八三
叉	叉	三八五
父	父	三八六
夬	夬	四〇一
尹	尹	四〇三
及	及	四一五
反	反	四二三

【五劃】

𠬝	𠬝	四二七
友	友	四五三
支	支	四八九
殳	殳	五四〇
攴	攴	六〇三
爻	爻	七六五
右	右	三八二
𡳿	𡳿	四三〇
史	史	四六二
攴	支	四八九
聿	聿	四九一

【六劃】

㐱	㐱	五七五
皮	皮	五九八
卟	卟	七二四
占	占	七三四
用	用	七四〇
目	目	七七八
䇂	辛	一四五
丞	丞	一八五
异	异	一九五
共	共	二一二
丮	丮	三四六

巩	珮	三六二
叏	夬	四〇一
𠬝	𠬝	四二七
㝵	㝵	四三九
取	取	四四〇
叓	史	四六二
聿	聿	五〇〇
臣	臣	五二二
寺	寺	五七九
㞼	收	六九一
攷	攷	六九二
兆	䢅	七三八

【七劃】

弄	弄	一九五
弅	弅	一九八
戒	戒	一九八
兵	兵	二〇二
臼	臼	二三九
孚	孚	三三一
屰	屰	三六八
役	役	五六六
皮	皮	五九八
敳	敳	六三〇
孜	孜	六四四
改	改	六四八
更	更	六四九
攸	攸	六六七
攺	攺	六七二
攻	攻	六九三
攺	攺	七〇四
卲	卲	七三八
甫	甫	七四九
旬	旬	八一三

【八劃】

妾	妾	一五二
奉	奉	一八〇
畁	畁	一九三
弄	弄	一九五
弆	弆	一九七
弅	弅	一九八
戒	戒	一九八
兵	兵	二〇二
具	具	二〇八
共	共	二一二
珮	珮	三六五
𠬪	𠬪	四一五
秉	秉	四二〇
叔	叔	四三五
㝵	㝵	四三九
取	取	四四〇
卑	卑	四五九
事	事	四八一
隶	隶	五一五
臤	臤	五一七
祋	祋	五四三
杸	杸	五四四
炈	炈	五五一
寺	寺	五七九
㪅	㪅	六〇一
放	放	六四五

【十劃】

【十一劃】

字	楷	頁
訶	訶	五二
訥	訥	五四
⿰言冄	誁	八二
詽	詽	八三
訇	訇	八四
訆	訆	九二
訬	訬	九六
訟	訟	一〇四
訧	訧	一二〇
⿰土咅	⿰土言	一二五
詎	詎	一二八
訣	⿰言支	一二八
章	章	一四一
竟	竟	一四四
⿱卉殳	弆	一九七

字	楷	頁
異	異	二一七
⿱臼弓	舁	二二七
⿱臼夂	要	二四〇
晨	晨	二四一
靬	靬	二六八
勒	勒	二八一
埶	⿰埶凡	三四七
孰	⿰孰凡	三五二
⿰谷凡	⿰谷凡	三六五
曼	曼	三九九
彗	彗	四四四
畫	畫	五二二
堅	堅	五一九
㱿	㱿	五四六
⿰豆殳	⿰豆殳	五五一

字	楷	頁
⿰叚殳	⿰言殳	五五三
⿰豸殳	⿰豸殳	五五三
毆	毆	五五六
⿰豙殳	⿰豙殳	五六九
殺	殺	五七〇
將	將	五八二
專	專	五九一
啟	啟	六〇四
敏	敏	六一八
敳	敳	六四五
儆	儆	六四七
敕	敕	六五四
救	救	六六〇
⿰豈攴	⿰豈攴	六六一
⿰炎攴	赦	六六六

字	楷	頁
敗	敗	六八〇
寇	寇	六八四
⿰豕攴	⿰豕攴	六九六
鼔	鼓	六九六
⿸产攴	⿸产攴	六九六
敔	敔	六九九
敍	敍	七〇五
教	教	七一四
庸	庸	七五四
葡	葡	七六〇
爽	爽	七七三
夐	夐	七七八
眼	眼	七八二
眥	眥	七八三
眮	眮	七九三

盱 盱 七九四
遣 遣 七九六
眡 眡 八〇九
眷 眷 八二四
眵 眵 八二九
眣 眣 八三〇
眯 眯 八三三
眺 眺 八三三
眹 眹 八三四
略 略 八三八
睇 睇 八四一
眭 眭 八四四
眹 睃 八四四
眸 眸 八四四

【十二劃】

訊 訊 二
詔 詔 一六
詁 詁 一九
証 証 二三
託 託 四四
記 記 四四
詠 詠 四八
評 評 五〇
訖 訖 五〇
訒 訒 五四
訹 訹 五八
詑 詑 五八
詒 詒 六〇
訕 訕 六二
詛 詛 六四
䛆 䛆 六五
詍 詍 八〇
訆 訆 八五
詄 詄 八六
訌 訌 九〇
詐 詐 九九
訏 訏 一〇〇
訶 訶 一〇六
訐 訐 一〇八
訴 訴 一〇八
詘 詘 一一六
詈 詈 一一六
詷 詷 一一六
詆 詆 一一七
診 診 一二〇
訧 訧 一二〇
討 討 一二三
善 譱 一二九
章 章 一四一
竟 竟 一四四
童 童 一四八
業 業 一五七
業 叢 一六九
異 異 二一七
軒 軒 二六一
靸 靸 二六六
靳 靳 二六八
靬 靬 二七九
靮 靮 二八九

訓 六四
誃 六五
詯 七九
訾 八〇
誂 八六
誇 八七
誕 八七
詪 八九
詿 九五
詤 九六
訬 九六
訛 九九
詾 一〇四
訟 一〇四
詎 一〇七

諫 一二二
詰 一二三
詭 一二四
誅 一三一
誄 一三四
訴 一三四
該 一三五
詢 一三七
業 一五七
與 二三〇
農 二四四
⿰革及 二六六
⿰革卬 二六六
靶 二七六
靳 二七六

靷 二七八
靲 二八三
⿰鬲斗 三〇五
⿰鬲風 三六五
鬥 三六八
⿰虘又 四〇九
⿱林⿸𠂆又 四一三
⿰尗又 四三一
彗 四四四
⿰⿱𥫗月攴 四九〇
肄 四九一
肅 四九七
畫 五一二
毄 五四五
殿 五五四

㱿 五五九
弒 五七四
⿱自几 五七六
⿱攸豈 六〇二
敦 六七五
數 六八八
敷 六八九
斂 六八九
鼓 六九一
啟 六九八
甯 七六五
⿱北目 七八六
督 七八六
睔 七八九
睒 七九二

鞃	二七三
鞑	二七四
鞁	二七五
靶	二七六
鞊	二八〇
鞅	二八六
靰	二八七
敽	三〇三
閺	三七三
肄	四九一
畫	五〇五
緊	五一九
臧	五三四
轂	五四五
殼	五五四
㱿	五五九
殺	五五九
鞁	六〇二
肇	六一四
敷	六三九
敹	六四〇
敳	六四六
𢿒	六四七
數	六八八
𢿱	六九〇
鼔	六九一
敲	六九五
毃	七〇二
爾	七七一
夐	七七七
暖	七八七
暉	七八七
睸	七九六
睽	八〇七
眷	八一六
睊	八二三
睼	八二三
睯	八二四
睩	八二四
䁍	八三九
瞍	八四〇

【十五劃】

詧	六
諗	二四
課	二四
試	二四
詮	二七
詥	三三
調	三三
諈	三四
諉	三五
誼	三七
諓	三七
詷	三八
諍	四九
諎	五六
諛	五七
訛	五九
誹	六三
詶	六四

字頭	楷定	頁碼
瞲	瞲	八一〇
睦	睦	八一五
瞋	瞋	八二〇
瞎	瞎	八二三
暖	暖	八二三
眷	眷	八二四
瞑	瞑	八二六
瞘	眼	八三一
瞀	瞀	八四〇
睉	睉	八四〇

【十六劃】

字頭	楷定	頁碼
諶	諶	九
諱	諱	一四
諧	諧	一五
諫	諫	二〇
謂	謂	二一
諫	諫	二三
諴	諴	二五
說	說	二八
諧	諧	三一
話	話	三三
諉	諉	三五
誼	誼	三七
誐	誐	三七
誧	誧	四三
諰	諰	四三
諺	諺	五一
諳	諳	五三
諐	諐	五五
諼	諼	五七
誣	誣	六三
誕	誕	八〇
諞	諞	八五
謔	謔	八九
詪	詪	八九
譌	譌	九四
譱	譱	一〇〇
諯	諯	一一〇
詧	詧	一一六
譁	譁	一一八
諳	諳	一二三
諡	諡	一二三
誺	誺	一二四
諜	諜	一二五
該	該	一二五
謏	謏	一二八
謎	謎	一二八
叢	叢	一五九
對	對	一六〇
僕	僕	一七〇
業	業	一七七
罤	罤	一九一
樊	樊	二一一
與	與	二一八
興	興	二三四
鞔	鞔	二六五
鞅	鞅	二六七
鞎	鞎	二七二
鞜	鞜	二七五
鞁	鞁	二七五

鞓 鞓 二七九
鞙 鞙 二八三
靦 靦 二八七
鞘 鞘 二八八
虜 虜 三〇九
融 融 三一二
羹 羹 三一三
鬻 鬻 三一七
蟄 埶 三四七
鬨 鬨 三七〇
隸 隷 五一六
轂 轂 六〇二
整 整 六二六
漱 漱 六四三
敽 敽 六五七

敵 敵 六五九
斂 斂 六八三
敷 敷 七一三
闅 闅 七七八
瞞 瞞 七八七
睘 睘 七九八
瞟 瞟 八〇〇
瞭 瞭 八〇一
䳌 䳌 八二一
瞀 瞀 八二九
瞚 瞚 八四二

【十七劃】

誠 誠 一三
諓 諓 一四
詚 詚 一四

課 課 二四
調 調 三三
謐 謐 三五
謙 謙 三五
詡 詡 三七
諓 諓 三七
謝 謝 四六
諍 諍 四九
講 講 五三
膽 膽 五三
謍 謍 五六
謦 謦 五八
謰 謰 六〇
詔 詒 六〇
誹 誹 六三

謗 謗 六三
諄 諄 六五
譎 譎 八〇
謟 謟 八一
說 說 八六
諕 諕 九二
譁 譁 九三
譽 譽 九六
諲 諲 一〇二
謓 謓 一〇五
誶 誶 一一三
詭 詭 一一四
誰 誰 一一七
謑 謑 一二四
謚 謚 一二六

罬	一九一
戴	二二六
𦦨	二二八
𦦟	二三四
鞔	二六五
鞠	二六八
鞞	二七〇
鞊	二七七
𩋄	二七九
鞥	二八〇
䩢	二八〇
鞬	二八三
𩋆	二八四
鬴	三〇八
𩱧	三一三
閺	三七三
爕	三九七
隸	五一六
隷	五一六
毅	五六〇
貂	六〇二
徹	六一二
斂	六五六
戮	六六三
斁	六八〇
𢾭	六九八
瞦	七八五
瞵	七九一
瞴	七九四
睹	八〇一
睽	八〇七
瞯	八一〇
瞶	八一七
瞫	八二五
䁁	八二六
蕺	八三〇
瞷	八三三

【十八劃】

謹	七
諶	九
諱	一四
諫	二三
諗	二四
諴	二五
諧	三一
謳	四八
𧬊	五〇
諺	五一
謯	五五
諛	五七
諼	五七
謾	五九
譇	五九
𧫡	五九
謱	六〇
謲	六一
諂	八三
䜛	八六
譤	八七
𧩙	九一

謣 謣 九三
謬 謬 九五
諆 諆 九七
謵 謵 一〇二
譼 譼 一〇四
謫 謫 一一〇
諯 諯 一一〇
諻 諻 一二四
譁 譁 一一八
謚 謚 一二三
謏 謏 一二八
語 語 一二八
叢 叢 一五九
鬭 鬭 二五一
輝 輝 二六三

韖 韖 二六三
鞏 鞏 二六五
鞮 鞮 二六六
鞪 鞪 二七三
鞥 鞥 二七五
鞧 鞧 二八〇
鞙 鞙 二八三
䩉 䩉 二八三
鞭 鞭 二八四
鞘 鞘 二八八
鬵 鬵 三〇六
鬻 鬻 三一七
飄 飄 三五六
闃 闃 三七三
書 書 五〇三

毄 毄 五五三
𤃚 𤃚 六四三
斀 斀 六八〇
敳 敳 七〇二
斅 斅 七一三
瞏 瞏 七八二
瞦 瞦 七八五
䁯 䁯 八〇〇
瞲 瞲 八一〇
矆 矆 八一五
瞻 瞻 八一六
矍 矍 八一七
蔑 蔑 八三〇
矇 矇 八三七
瞽 瞽 八三九

瞚 瞚 八四二
瞼 瞼 八四三

【十九劃】

識 識 一
誓 誓 一六
藹 藹 一九
警 警 三五
謐 謐 三五
譒 譒 四五
講 講 五三
譊 譊 五五
謍 謍 五六
譏 譏 六二
䜌 䜌 六七
譔 譔 七八

【二十劃】

識 

 識 不从言 格伯簋 戠字重見 【金文編】

 識 秦八六 二例  封九六 【睡虎地秦簡文字編】

 0338 【古璽文編】

 王不識  賈不識  中所識  視識  閻不識印  祕不識  陽成不識 【漢印文字徵】

 古老子  雜古文 【古文四聲韻】

◉許　慎 常也。一曰知也。从言。戠聲。賞職切。【説文解字卷三】

◉吳大澂  古識字。詩織文鳥章。織。徽織也。旗之有識者曰旗幟。从糸。从巾。从言。皆後人所加。格伯敦。或从音。趩尊。【説文古籀補卷三】

◉楊樹達　識訓常，許君蓋以為後世之旗幟字，然與从言之義不合，當以訓知者為正義。今語通言知識，指人之學問經驗為言，然知識之具，實由於記識。此識字通讀如志。蓋人學習物事，或經歷人事，牢記於心，以後遇同類之事物，然後認識甚明，如此乃成為知識也。若事過即忘，毫無記臆，形同白癡，雖遇同類之事，不能認識，自無知識之可言矣。故從人事言之，識字依事之先後分三義，最先為記識，一也；認識次之，二也；最後為知識，三也。記識認識皆動作也，知識則物名矣。余謂識字當以記識為本義。易大畜云：「君子以多識前言往行以畜其德。」論語述而篇云：「多見而識之，知之次也。」此二識字皆謂記識，乃經傳用識字之初義者也。説文十篇下心部云：「忘，不識也。」不識今云不記得。此許君用識字之初義者也。論語云：「不念舊惡。」皇疏云：「念猶識録也。」此疏家用識字之初義者也。許君以知訓識者，知字本有記識之義，亦有認識之義。成公三年左傳曰：「齊侯視韓厥，韓厥曰：君知厥也乎？齊侯曰：服改矣。」此用知為記識之義者也。故杜注云：「言服改，明識其人。」識其人謂記識其人。杜之以識訓知，猶許之以知訓識也。襄公二十八年左傳曰：「以其棺尸崔杼於市，國人猶知之，皆曰：崔子也。」漢書田儋傳曰：「今斬吾頭，馳三十里間，形容尚未能敗，猶可知也。」此皆用知為認識之義者也。識字之本義明，然後識字之語源可得而言焉。按識从戠聲，戠聲與其同音之字多含黏著之義。土部云：「埴，黏土也，从土，直聲。」釋名釋地云：「土黄而細密曰埴，埴：膱也，黏胒如脂之膱也。」説文四篇下歺部云：「殖，脂膏久殖也，从歺，直聲。」常職切。周官考工記弓人云：「凡昵之類不能

方。」先鄭云：「故書昵或作樴。」後鄭云：「脜，脂膏脜敗之脜，脜亦黏也。」說文七篇上黍部云：「黏，相箸也。」蓋黏箸謂之樴，又謂之職，黏土謂之埴，由具體推衍為抽象，事之黏箸於心者謂之識，其義一也。儀禮鄉射禮注云：「職今文或作植。」又聘禮記云：「薦脯五職。」注云：「職脯如版然者，或謂之脡，皆取直貌焉。」職或作植，職取義於直，戠直之相通，古人固明著之矣。十三篇上糸部云：「織，作布帛之總名也，从糸，戠聲。」按織謂使絲之經緯相箸也。六篇上木部云：「樴，弋也，从木，戠聲。」周禮春官肆師云：「頒於職人。」鄭注云：「樴，可以繫牲者。」按樴謂可以繫箸物也。八篇上人部云：「值，持也，从人，直聲。一曰：逢遇也。」按持與逢遇皆謂其相箸也。十篇下心部云：「悳，外得於人，內得於己也，从直心。」字實从直聲。按悳謂德之箸於心志者也。【釋識 積微居小學述林卷一】

◉馬叙倫 嚴可均曰。當云。知也。一曰常也。轉寫倒耳。古無幟字。識即幟字。鄭注司常云。屬謂徽幟也。是識又有常義也。吳錦章曰。識在諦謍之閒。必以知為本訓。此有挩譌。張楚曰。本書知下曰。識詞也。忘下曰。不識也。叙曰。前人所以垂後。後人所以識古。又曰。指事者。視而可識。詩大雅。不識不知。瞻卬。君子是識。箋曰。識。知也。可證知也是識之本義。倫按識音審三。與知同為舌面前音轉注字。故知下曰識也。知以瞭別對象為義。故釋名以幟釋識。申之曰。有章幟可按視也。而本書忘下曰。不識也。明不能瞭別對象為忘也。古書審悉之義字皆為識。以同為摩擦次清音。故借審或悉為之。又或借詳為之。詳从羊得聲。羊音喻四。亦摩擦次清音也。常也者幟字義。本書正文無幟字。而巿下曰。幡幟也。徽下幖下皆曰幟也。此常也乃校者加之。一本作知也。故校者注之。【說文解字六書疏證卷五】

訊 訊

續三·三一·五 金文虢季子白盤執訊五十訊字作形與此同今定此為訊字 文云乙丑王訊☐☐ 【甲骨文編】

陳介祺釋訊 虢季子白盤 執訊五十即詩之執訊獲醜及執訊連連也 虢簋 揚簋 五祀衛鼎 戜簋 翏生盨 多友鼎 兮甲盤 不𡢁簋 盠駒尊 師同鼎 【金文編】

訊 封六一 七例 封 八六 二例 封五 二例 【睡虎地秦簡文字編】

訊林之印 訊章之印 【漢印文字徵】

□古史記　□說文　【古文四聲韻】

●許　慎　訊問也。从言。卂聲。思晉切。□古文訊。从卤。【說文解字卷三】

●吳大澂　□古訊字。从系。从口。執敵而訊之也。虢季子白盤。□兮白盤。【說文古籀補卷三】

●吳大澂　□古訊字。詩出車。執訊獲醜。箋云。訊。言也。皇矣。執訊連連。說文。訊本作譢。禮記王制。以訊馘告。釋文。訊本作誶。此象獲醜之形。執繫之。故从糸。以言訊。故从口。【愙齋集古録第十六册】

●郭沫若　「咝小大又隣」即牧毁「噝庶右𠭰」。咝、訊當是訊訟之官。【趩鼎　兩周金文辭大系考釋】

●唐　蘭　卜辭作□，左象口，右象有人反縛其手也。金文作□兮甲盤□揚毁□不嬰毁等形並相近，惟並示其人之足形，或誤為女。而幺或變為糸耳。作□虢季子白盤者已有變譌，作□師寰毁者省變更甚矣。然其右側正當作□或□形，□象人反縛兩手，即伭之古文也。蓋文字之過近於圖畫，而用逆筆者後人悉淘汰之。□省為□，□省則為□矣。說文「伭很也，从人弦省聲。」則古義既湮後之説也。以索縛係，其讀自應近係，係字本作□。固不須從弦省聲也。□字説文所無，以字形觀之，一人被反縛兩手而別有一口自含訊囚之義，蓋訊籀之本字也。以象意字聲化之例推之，則問从口門聲，□从口□聲，咠从口是聲，則此咝字亦當是从口伭聲，伭讀如弦或係，而得轉訊者，正如户之轉音為所矣。然則咝本訊籀之專字，其音當讀如係轉音如訊。後世咝字既湮，經傳多借訊為之，陳簠齋以詩執訊謂即金文之執咝，本為極佳之發見，然如謂咝即訊字，在文字學上不能謂非過失也。【殷虚文字記】

●馬叙倫　王筠曰。孫本篆作□。是也。蓋顧廣圻所校正。倫按訊問疊韻轉注字。兮甲盤之□揚毁之□不嬰毁之□師寰毁之□。前人據虢季子白盤。執□五十。與詩之執訊獲醜及執訊連連合。謂即訊字。倫謂其字从系。□聲。或从口。□聲。或為□。或為□。皆不與訊為一字。無可疑。□似為允之異文。則□即吮字。允从□得聲。以音喻四。喻四與心同為摩擦次清音。訊音在心紐。則自可通假。而非一字更明。

□段玉裁曰。卤古文西。西古音詵。與十二部最近。宋保曰。西聲。訊與誶同音。古音在脂部。卤古讀如先。古在諄部。猶栖从卤聲俗作棲。妻聲。隼从卂省聲也。朱孔彰曰。詩皇矣。執訊連連。釋文訊又作譢。按卤古文西。西卂一聲之轉。倫按西卂音同心紐。譢為訊之轉注字。从卤二字校者加之。【說文解字六書疏證卷五】

●丁　山　□入。新獲寫本·325甲尾。

□入。院・2・0・0002甲尾。

□，疑□之簡寫。卜辭：

辛巳卜，王勿□。粹編・1305

丙辰……勿□。後・下・16・1

□，象兩手被係形，殆即執訊本字。詩小雅出車：「執訊獲醜。」大雅皇矣：「執訊連連。」訊在金文或作：

□師寰𣪘　□不嬰𣪘　□兮甲盤

□，正為卜辭□字所繁演，辭云：

乙丑，王□……洧在宎。續・3・31・5〇徵・地・26

王訊，殆謂王親問俘係，此訊之本字也。□从口，从係允；係允與□同象；是知□為訊之初文。

訊，說文古文作𧦝，古音或讀與西同；洒滌之洒，應是汛字或體。詩山有樞：「弗洒弗埽。」洒在許書正作汛。汛與洒汜，俱一聲之轉，甲尾所見訊氏，可能在汜水流域。水經河水注：「河水又東，合汜水。音似，俗或譌為汜。水南出浮戲山，北合東關水，又北合石城水，又北合鄤水，又北逕虎牢城東，又北流注于河。」成公四年左傳：「晉伐鄭，取汜祭。」汜祭，約當今河南汜水縣，在浮戲山陰，洧水則出于山陽，由卜辭「王訊……洧，在宎」測之，訊氏故居，宜近浮戲之山。【訊汛‖汜　殷商氏族方國志】

◉戴家祥　□□□□□□□，□，□□。（兮甲從王折首執𡂿，休，亡敃。）

𡂿字從口從系允聲，陳簠齋釋訊，引「易」「有嘉折首」，「詩」「執訊獲醜」、「執訊連連」為證。鄞縣馬叔平藏一器，文云：「唯王正月，辰在甲午，王曰䰙，命汝司成周、里人、眔諸大亞，□訟罰，取賞五寽，錫汝夷臣十家，用事。」揚𣪘銘云：「錫汝赤□市䜌旂，□訟，取賞五寽。」訟罰之上冠以□字，足為陳氏釋「訊」之佐證。古「允」「訊」二字聲近字通，故𡂿字從口從系允聲。「禮記王制」：「出征執有罪，反釋奠于學，以訊馘告。」鄭康成注，「訊馘」所生獲斷耳者。【兮伯吉父盤銘考釋　華東師大學報一九五五年第一期】

◉李孝定　陳壽卿釋金文之□為訊，極塙。葉玉森即據以釋契文之□為訊，亦不可易。惟陳氏說字，支離牽傅。唐氏謂金文諸形，即契文之□，亦是；惟隸定□字作𠰻，□作唆，謂為訊簎之專字，及後此字既湮，經傳乃假訊字為之。其意蓋謂𠰻唆與訊，原非一字，訊簎訊問，字當各殊，至經傳訊簎字通作訊，乃假訊問字為之，其說亦非。蓋□之作訊，乃字形之譌變，非本為二字也。契文又有□字，藏七二・四一。作□藏一六三・二，作□藏一七九・三，作□前五・三十・二，作□前五・三十・三，諸家並

皆釋如，按實[字形]之省文也，[字形]象一人面縛，臨之以口之形，訊籀之誼如繪，[字形]字特省去[字形]形，訊籀之義仍顯，所从非女字也。女字兩手在前，與[字形]同向，此則兩手面縛，其別甚顯。蓋兩手反剪在後，非生理之自然現象，故雖省幺，而拘縶之誼，猶視而可識也。从[字形]者一誤為[字形]，再誤為卂，遂誤以為从卂聲矣。从口从言，例得相通，然則[字形]若[字形]即訊之古文，訊則其譌變之異體也。訊之本誼為訊鞫，為問皋，詩皇矣「執訊連連」、出車「執訊獲醜」，周禮小司寇「用情訊之」，漢書張湯傳「訊鞫論報」，皆用訊之本誼，引申以為凡問之偁，許君所訓是也。卜辭之訊，或用其本誼，或用其引申誼，其字則作[字形]，作[字形]，辭云：

「乙丑，王訊☒[字形]在宊？」續三・三一・五。此辭訊作[字形]，餘均作[字形]，不从[字形]。

此謂王在宊，親訊俘虜也。

「貞勿訊？」續六・一六・六。

此或用其引申誼亦未可知，以辭意過簡，無由確指，然為動詞可知也。

「□巳卜，爭貞，王訊□？」珠八一一。

「☒循☒訊☒？」乙編，三五四九。

此辭雖僅餘殘文，然循有以軍威撫循之義，訊字與之同辭，當亦有執訊之義也。

「訊循☒㞢？」藏一六三・二。

「戊申卜，貞，王其訊☒？」藏七二・四。

「王訊[字形]，乃曰：『吉。』𠬝☒？」前五・三十・三。

其作[字形]者則當釋如，其辭云：

「□子□，□貞，今如娩？」娩字作冥，讀為娩。藏十三・一。

「☒如☒娩☒？」乙編・九二・本辭漫漶不明。

此二辭或與諸婦免乳之事有關，首辭蓋言今日如臨盆也。

「壬申卜，如午用？」粹三九八。

如字所見數辭，其意雖未能盡明，然其辭例則無一與作[字形]諸條相類，足證[字形]、[字形]之決非一字，諸家並釋為如，誤，今正。金文訊作[字形]虢季子白盤：「執訊五十。」[字形]兮甲盤[字形]不𡢁簋[字形]𩞁簋[字形]揚簋[字形]師寰簋，前數文均與契文作[字形]者相同，下从[字形]，乃足形，即篆文之夊，師寰簋一文，則譌變已甚矣。【讀栔識小録之二　歷史語言研究所集刊第三十六本上册】

◻ 詧

◉裘錫圭 金文「訊」字一般左邊從「口」，右邊象以「糸」縛人之手形。「糸」與所縛人形也可以分開寫，如虢盤的◻（《金文編》110頁）。盤銘此字從「索」，與從「糸」同意，所從之「丮」與一般象人伸着兩手的「丮」字有別，實象糸縛兩手的人形，所以定為「訊」字。【史牆盤銘解釋 文物一九七八年第三期】

◉張亞初 在甲骨文中有◻字，舊釋如，不確。早期如字从女，女字雙手交叉置于胸前，與此字雙手反綁于身後的字形不合。這個字在甲骨文中全作動詞用：

「□巳卜，爭貞，王◻」（《珠》八·一一）

「戊申〔卜，□〕貞，王其◻」（《外》二三四）

「貞勿◻」（《前》六·二七·二） 以上 第一期

「乙丑王◻殳才寞」（《續》三·三一·五） 第五期

第五期之◻字从口从雙手被綑縛于身後之人，與金文的訊字相同。第一期的◻字字形與之基本相同，差別只是手下無繩索形。早期不加繩索，晚期加繩索，這與羌字早晚變化的情況是相一致的。所以這無疑是同一個字的早晚的不同形體。

「王訊」、「王其訊」、王「勿訊」之卜，說明商王掌握審判權。《詩魯頌泮水》：「矯矯虎臣，在泮獻馘，淑問如皋陶，在泮獻囚。」王訊之卜與此可以互相對照。訊可能是訊問俘虜，也可能是審訊罪犯。可惜由于卜辭過于簡略，無法肯定究竟屬于哪一種情況。上面所引材料「王訊殳」之「殳」是人名。卜辭有「乙丑，帚弖易殳才寞」（《續》三·三一·一；《佚》九一五）。這兩條材料人物、時間、地點都相同。前者講「王訊殳」，後者講「帚弖錫殳」，審訊與賞賜是有矛盾的。所以，「王訊殳」的「訊」似應理解為咨訊之訊。

近讀《甲骨文字集釋》三·七四五，知唐蘭、李孝定等人對此字的兩種形體均已釋為訊字，但他們對此字的字形變化及其用法，均未道及，本文可作補充說明，故仍予以保留。【甲骨文金文零釋 古文字研究第六輯】

◻ 古老子 【古文四聲韻】

◉許 慎 ◻言微親詧也。从言。察省聲。楚八切。【說文解字卷三】

◉馬叙倫 鈕樹玉曰。玉篇引無也字。段玉裁曰。小徐作祭省聲。當從之。桂馥曰。言微當為微言。繫傳云。以微言察其情

也。錯韻譜作觀察。倫按本訓察也。校者注以微言觀察也。似錯本是。朁聲脂類。訊聲真類。脂真對轉。或轉注字。故次訊下。今人言查問即朁問也。或曰。朁聲脂類。謹聲真類。或謹之轉注字。故次謹上。【説文解字六書疏證卷五】

3·953 獨字 　 香録3·1 □謹【古陶文字徵】

謹 秦六八 　 為三 四例 　 封六八【睡虎地秦簡文字編】

2667 　 0983 　 4112 　 2482 　 1266 　 1280 　 2006【古璽文編】

郭謹中【漢印文字徵】

古孝經 　 雲臺碑【古文四聲韻】

◉許　慎　謹慎也。从言。堇聲。居隱切。【説文解字卷三】

◉吳大澂　古謹字。从音。六國時字音言互用也。古鉨文。【説文古籀補卷三】

◉楊樹達　以聲類求之，謹訓慎殆非朔義。史記貨殖傳曰「堇堇物之所有」，集解引應劭曰：「堇，少也。」堇有少義，故堇聲之字多含寡少之義。謹从言堇聲者，蓋謂寡言也。蓋多言多敗，慎者必自寡言始。世徒習於謹慎之文，而忽其造文之始義，雖以許君之深通雅詁，亦竟不之及，可不惜哉！今請以六事明之：按説文九篇下广部曰：「廑，少劣之居。从广，堇聲。」此一事也。八篇上人部曰：「僅，才能也。从人，堇聲。」按文選卷十六歎逝賦注引賈逵國語注曰：「僅猶言纔能也。」知許君説本賈侍中矣。此二事也。五篇下食部曰：「饉，蔬不熟曰饉。从食，堇聲。」按饑饉皆言食物寡乏不足，古人幾希連言，幾希皆少也。以饑屬穀言，饉屬蔬言者，後人強分耳。論語先進篇皇侃疏云「乏穀為饑，乏菜為饉」，其言乏是也，分説穀菜，非也。穀梁襄二十四年傳云「三穀不升謂之饉」，墨子七患篇云「一穀不收謂之饉」，饉又屬穀言，知分説之無當矣。此三事也。四篇下歺部曰：「殣，道中死人，人所覆也。从歺，堇聲。」晏子春秋外篇云：「景公出而見殣，謂晏子曰：此何為死？晏子對曰：此餒而死。」故左氏昭三年傳注曰：「餓死為殣。」則殣謂乏食而死者也。此四事也。爾雅釋草曰：「椴，木堇。」釋文云：「堇本作槿。」按槿字許書不載。一篇下艸部曰：「蕣，木堇，朝華莫落者。」呂氏春秋仲夏紀高注曰：「木堇朝榮暮落，雒家謂之朝生，一名蕣，詩云：顏如蕣華，是

也。」說與許同。按此朝華莫落之草所以名堇或槿者，謂其華時僅少也。又名椴或蕣者，椴之為言短也，蕣之為言瞬也，瞬說文作瞚。皆言其華時短促也。或名朝生，或又名日及，亦此義也。此五事也。穀梁傳莊公二十九年云：「古之君人者，必時視民之所勤。民勤於力則功築罕，民勤於財則貢賦少，民勤於食則百事廢矣。」勤謂少也。此六事也。

論語學而篇記孔子曰：「弟子，入則孝，出則弟，謹而信，汎愛衆而親仁。行有餘力，則以學文。」舊注家皆據說文以慎訓謹，謂謹屬行言，信屬言言。愚意：謹信文皆从言，皆主言言，不主行言也。入孝出弟，行已括其中矣。且以文例言之，謹信皆出言之事，猶之愛衆親仁皆接人之事也。謹為寡言，言寡之中有信不信焉，寡而不信，猶之失德也，故曰謹而信。所愛之衆有仁不仁焉，愛衆而親不仁，猶之失德也，故曰汎愛衆而親仁。且孔子之稱閔子騫也，曰：「夫人不言，言必有中。」夫人不言者，謹也；言必有中者，信也。老子之言曰：「輕諾者寡信。」輕諾者，不謹也；寡信者，不信也。聖人用意之周，記聖言者設辭之明如此，顧其義沉霾至今，未有人講而明之者，豈非字學不修之過也歟！

或問曰：子深窺文字構造之源以明論語「謹而信」之義，可謂辨矣。然論語此章之上章云「敬事而信」，與此章謹而信句例正同。敬謹義同，則舊釋謹為慎者是矣，不必如子說釋為寡言也。曰：善哉問也！然子亦嘗細讀上章之文乎？其言曰：「敬事而信，節用而愛人。」信即此章之信，愛人即此章之汎愛衆也。然而節用與愛人截然二事也，敬事與信亦截然二事也。此章之汎愛衆而親仁，一事也，謹而信亦一事也。二章文例貌同而實不同也。上章而字為等列連詞，此章而字為轉折連詞。禮記緇衣篇曰：「君子寡言而信以成其行。」此云「謹而信」，彼云「寡言而信」，此謹為寡言之碻證也。【釋謹　增訂積微居小學金石論叢卷一】

◉馬叙倫　本書。慎。謹也。謹音見紐。慎从真得聲。真音照紐。古讀歸端。端見皆破裂清音。慎音禪紐。謹从堇得聲。堇音羣紐。古讀禪歸定。定羣皆破裂濁音。詩抑。謹而侯度。左襄廿二年傳引作慎爾。即用轉注字也。謹慎又聲同真類。故謹轉注為慎。言自心出。故慎从心而謹从言。字見急就篇。【說文解字六書疏證卷五】

訒

◉許　慎　訒厚也。从言。乃聲。如乘切。【說文解字卷三】

◉馬叙倫　厚也者釋詁文。訒為信之轉注字。信下曰。誠也。訒亦當訓誠也。訓厚者猶今謂誠實為厚道也。然疑非本訓。信从人得聲。人音日紐。古讀歸泥。訒音娘紐。同為舌尖前邊音。訒从乃得聲。乃音亦泥紐也。【說文解字六書疏證卷五】

 諶　諶鼎【金文編】

◉許慎　諶誠諦也。从言。甚聲。詩曰。天難諶斯。是吟切。【說文解字卷三】

◉高田忠周　說文。諶誠諦也。从言甚聲。葢誠之審諦。即誠之深甚者也。又古字省文叚借之例。唯當以甚為之。說文。引詩大明。天難諶斯。毛詩作忱韓詩作訦。詩蕩。其命匪諶。毛如此。而韓作訦。說文作忱。忱訓誠也。訦方言東齊謂信曰訦。依誖悖同字之例。訦忱同字無疑。而訦諶亦疑元同字。諶為正文。訦為異文。爾雅。諶誠也信也。本字本義也。【古籀篇五十二】

◉馬叙倫　鈕樹玉曰。韻會引斯作思。段玉裁曰。釋詁。諶。信也。許曰。誠諦。未詳。錢坫曰。應云。誠也。諦也。今詩作忱。此引詩疑後人妄加。徐灝曰。諦字疑譌衍。倫按錢說是也。一訓校者加之。亦疑此字出字林。諶鼎作。【說文解字六書疏證卷五】

◉戴家祥　諶从甚聲，甚讀「常枕切」，禪母侵部。訦从冘聲，冘讀「余箴切」，喻母侵部。同部諧聲，故諶亦作訦。表義更旁訦亦作忱。諶訦俱讀「是今切」，忱讀「氏任切」，不但同部而且同母。同聲必然同義。大雅大明「天難忱斯」，說文引作「天難諶斯」。大雅蕩云：「天生烝民，其命匪諶。」說文十篇心部：「忱，誠也，从心，冘聲。詩曰：天命匪忱。」韓詩外傳作訦。忱義為誠，誠猶信也。禮記祭統云：「誠信之謂盡。」周書大誥「天棐忱辭」，班固幽通賦引作「天匪諶辭」。匪諶，言天命不可信也。辭，語助。猶大明之「天難諶斯」。康誥「天畏棐忱」畏威同字，亦以忱為信。訦之為忱，亦猶說文誖之或體作悖。周書康誥「罔弗憝」，孟子萬章下引作「罔不譈」。立政「其勿以憸人」，說文言部引作「勿以譣人」。【金文大字典下】

 5·76　咸鄘里信　从人从言　 陶文编　3·17　 陶文编　3·17　从人从口　 文字　5·39　□□信鉢　从人从心

 考藏1·33　信禾　从人从口【古陶文字徵】

〔六二〕〔二三〕〔四〇〕〔九〕【先秦貨幣文編】

 圓　文信　典二一七頁【古幣文編】

90　144【包山楚簡文字編】

信　為七　為一二【睡虎地秦簡文字編】

5508　1690　4504　1664　4574　2557　3703　0191　0323　3722　0650

5509　3736　3701　3702　0236　3695　1954　0232　5283　0651　說文古文信

作與此形近。

1562　1149　1147　3087　2187　0234　1956　1326　3700

3728　0282　0249　0244　3715　0247　0237　3714　4033　0246　3719

5287　5427　从言从身。中山王壺信字作。與鈢文形近。【古璽文編】

皇帝信璽　杜嵩之信印　霸成信印　樓信　陳信　郭尚之印信　羊信之印　陳賜信印

大信　莊尊信印　信印　許中信　□信【漢印文字徵】

石經君奭　天不可信　說文古文作从言省古言口通用非言省也日本唐寫本尚書般庚上作同說文鈢作【石刻篆文編】

信　信出王氏碑【汗簡】

並古老子　古史記　天台經幢　王先生誄　古文【古文四聲韻】

●許　慎　誠也。从人。从言。會意。息晉切。古文。从言省。古文信。【説文解字卷三】

●丁佛言　信陵君左軍戟。原書以為古計字。从千。陳簠齋謂从即禾。是古訸字。案。在古鈢有別。此當以釋信為是。右从人。非禾。乃信字反文。匋文人皆作。兮仲鐘用侃喜之侃。字左作。可證此為从人。古鈢公孫安信鈢。信鈢屢見古鈢漢私印。信印二字本此。古朱文一字鈢。與字相類。疑古文信訊為一字。古鈢士信。古鈢悝信。周秦間文字多任意彡飾。加●已不可解。此益詭異難識。古鈢□易信鈢。左譌類。古鈢璋宗鄘徒信鈢。

古鉢仲矢馬信鉢。古鉢疐之信鉢。古鉢忠信。古鉢趙信。古一字鉢。古鉢□□信鉢。古鉢右徒文㐭信鉢。陳簠齋以為安字。近安陽刀。案。左从心。仍是信。古鉢信。古心口為言。从口。或从心。皆為从言省。不僅如許說。字為从言省也。古鉢陳去疾信鉢。【說文古籀補補卷三】

◉方國瑜　考「誠」「信」二字，古為雙聲，韻部相通，則義相同，音一聲之轉。章炳麟先生文始三「卩印字又對轉真，孳乳為信，誠也」，說文「卩瑞信也」，信誠並為卩聲轉，亦並有取信之義，則信之為言，取其聲也。又王國維桐鄉徐氏印譜序：「信作，而辟夫信節作，古鈔亦作、諸體，又左司徒信鈔作，王信鉨作。」然則信从人，亦可从千；信从言，亦可从口：蓋人千同音，言口同義：猶謨可作謀，詠可作咏也。以是言之，信為「从言人聲」之形聲字甚明。若以人言二字連續成意，而曰「人言則無不信」，此語於事實不盡相合；蓋人之出言，不定為誠信也。故信之義，以有寄於言者，故从言或从口，而其聲由卩轉，故从人或从千：推原如是，許段之說非也。

千字甲骨文作殷墟書契下篇第四十三葉，金文作散盤，小篆作十部。許曰「从十人聲」，甲骨金文有，為三千五千之合文，則未从十，乃从一人聲，知古「人」「千」同音也。

誠信二字，若據韻書言，則非雙聲。誠廣韻在禪紐，古音當在定紐；信廣韻在心紐。惟以形聲言之，誠从成聲，成古在定紐；信从人聲，人古在泥紐，為舌尖旁紐雙聲。又誠古在青韻，人古在真韻，青真在晚周韻文中常相通協(易象傳甚多)。至太炎師以為信孳乳于卩，此說似非。卩，古無此字，甲文金文故作，實人字，羅王均有此說。符節字，竊疑古亦作節，符與節皆从竹也(玄同)。【字說六則　師大國學叢刊一卷一期】

◉馬叙倫　鈕樹玉曰。六書故云。蓋从言人聲。桂馥曰。會意者。徐鉉據徐鍇語加之。徐灝曰。魏志武帝紀。馬超屯渭南。遣信求割河以西請和。公孫瓚傳。道路隔塞。信命不得至。晉書王濬傳。濬將至秣陵。王渾遣信要令暫過論事。毛寶傳。若不及前信。宜更遣使。皆謂使為信。蓋古義也。使人傳言。故从人言會意。信使既通。然後知其事實。因有誠信之意。又因之信使所齎之書謂之信。倫按信音心紐。使音審紐。故古借信為使。書信字借信為書。書音亦審紐。心審同為摩擦次清音也。本書凡會意字皆曰。从某某。或曰。从某。从某。無言會意者。且會意字亦無从形聲字也。會意者。言形聲字。此會意二字明是鍇語。鉉本鍇說加之。信。从言。人聲。人信聲皆真類也。音轉入心紐。猶千从人得聲而入清紐。仁从二得聲。二音亦日紐。仁為親切之親本字。親音亦清紐。仁之古文作忎。从千得聲。明仁古音如親也。或曰。信為使之轉注字。从人。言聲。鍇本作从人言者捝聲字。言从辛得聲。辛辛一字。辛音心紐。故信亦入心紐。辛讀若櫱。音在疑紐。疑

泥同為鼻音。故易文言。體仁足以長人。釋文引荀京董本仁作信。倫謂信从人得聲。故體仁字。荀京董作信耳。丁佛言引信陸鈛字及古鉨文字證以兮仲鐘用侃喜之侃字。左作。謂是信字。是也。从千得聲。千亦从人得聲也。丁謂信訐古一字。倫謂轉注字也。字見急就篇。古匋作。

桂馥曰。以㽕暮例之。是从口。本書侃从此。王筠曰。朱本繫傳作。本象形。作。則非形。倫按或謂从人。口聲。口言皆舌根音。故信之轉注字得作伯。而侃从口得聲音入溪紐也。信當从言得聲。為使之轉注字。誠也之訓乃借為訒矣。倫謂本書从言之字與从口之字聲義多通。而謀謨之古文皆从口。則此是从口人聲。為信之異文。說文本作古文信。校者改之。故鍇本作古文信省也。

从言心聲。信之轉注字。信音心紐也。亦或俗字。古鉨有。【說文解字六書疏證卷五】

◉張守中　張政烺謂：信原作。按古文从口之字亦或从心。故知是信之異體。大鼎　二例　非——與忠、雩人䬸斆備——【中山王嚳器文字編】

◉裘錫圭　讀《考古與文物》1981年第2期羅昊同志《武功縣出土平安君鼎》一文後，有一些不同意見，現在條述于下以供參考。

羅文釋鼎銘所記君名為「評(平)安君」，以此鼎為「秦國故地出土的第一件有銘文的衛國青銅器」(19頁)。从羅文所附銘文拓本看(見20頁圖三)，所謂「評」字實作「訋」。《恆軒所見所藏吉金録》23頁著録的「梁鼎蓋」銘有「䢻訋侯」。郭沫若考釋此銘說：「『䢻』乃『長』之異……『訋』者『信』之異。古璽『信』多作『㐰』，从言，千聲。此从言身聲也……此器文字與形制與梁鼎同，自是梁器，則䢻訋侯即魏安釐王相長信侯。」(《金文叢考》1954年版216頁下)其說甚確。梁上官鼎器銘又有「宜訋」(《三代吉金文存》2·53)，應指見于《戰國縱橫家書·二六，見田僕于梁南章》的魏貴族宜信君的封邑(看《戰國縱橫家書》118頁，參看黄盛璋《試論三晉兵器的國別和年代及其相關問題》，《考古學報》1974年1期19頁)。所以，見于武功新出鼎銘的訋安君，無疑就是《戰國策》曾經提到過的魏信安君，此鼎當為魏器而非衛器。

《戰國策·魏策二》：

秦召魏相信安君，信安君不欲往。蘇代為說秦王曰……夫魏王之愛習魏信也，甚矣……

鮑彪注認為此文的秦王當指武王或昭王，又謂「魏信即信安，省言之」。其實魏信很可能是信安君之名。如果確實如此，信安君便應該是魏國公族，或者就是當時的魏王的近親。【《武功縣出土平安君鼎》讀後記　考古與文物一九八二年第二期】

◉戴家祥　中山王嚳方壺余知其忠訋施也

訦

誠

⿰言身字从言从身，説文所無，以聲義求之，字當釋信。説文「信，誠也。从人，从言，會意。古文，从言省，古文信」。按唐韻信讀「息晉切」，心母真部。人讀「如鄰切」。日母真部。當云：从言从人，人亦聲。注音更旁則變為⿰言身，身讀「失人切」。審母真部。信之作⿰言身乃東周變常行之別字也。壺銘「余智知其忠⿰言身施集韻通作敀」。忠⿰言身，即忠信。論語公冶長「十室之邑，必有忠信如丘者焉」。禮記禮器「忠信，禮之本也」。可證其義。【金文大字典上】

石經君奭忱字重文 【石刻篆文編】

◉許　慎　燕代東齊謂信訦。从言。冘聲。是吟切。【説文解字卷三】

◉馬叙倫　訦从冘得聲。冘聲侵類。與甚疊韻。是訦為諶之轉注字。上文諶下引詩。天難諶斯。今大明作忱。韓詩作諶。是其證。説解挩本訓。燕代七字校語。或此字出字林。【説文解字六書疏證卷五】

誠　封五一　秦一八四 【睡虎地秦簡文字編】

王誠邪 【漢印文字徵】

誠 【汗簡】

古老子　義雲章 【古文四聲韻】

◉許　慎　信也。从言。成聲。氏征切。【説文解字卷三】

◉馬叙倫　沈濤曰。一切經音義廿五引。誠。信也。敬也。六引但作信也。則敬也一訓乃引廣雅。傳寫奪廣雅誠三字耳。倫按誠諶訦音同禪紐轉注字。字見急就篇。【説文解字六書疏證卷五】

◉黄錫全　誠　沇兒鐘成作，《説文》與三體石經古文並作，此「成」形同。此假宬為誠，類似馬王堆漢墓帛書《戰國縱横家書》假成為城。《詩·我行其野》「成不以富，亦祇以異」，《論語》「成」作「誠」。鄭珍云：「屋所盛受也，非誠字。更篆，从古成。」夏韻清韻注出《義雲章》。【汗簡注釋卷三】

誡　誡

 古老子【古文四聲韻】

◉許　慎　誡敕也。从言。戒聲。古拜切。【説文解字卷三】

◉馬叙倫　三篇。敕。誡也。然敕為敕之譌字。誡也乃此下文諫字義。則此敕也非本訓。或此字出字林也。【説文解字六書疏證卷五】

諅　諅

 諅　鈴鎛　余彌心畏諅【金文編】

 顏諅【漢印文字徵】

◉許　慎　諅誡也。从言。忌聲。渠記切。【説文解字卷三】

◉高田忠周　説文。諅誡也。从言忌聲。淮南繆稱。而不可昭諅。注誡也。鹽鐵論借記為之。愚謂。諅字亦忌異文。誡義亦忌字轉義耳。故金文多以忌為之。【古籀篇五十二】

◉馬叙倫　鈕樹玉曰。繫傳及廣韻引作誡也。盖譌。田吳炤曰。小徐本諅次讋下。誤。倫按諅从忌得聲。忌从己得聲。己戒音同見紐。聲同之類。是誡諅轉注字。齊子仲姜鎛作。【説文解字六書疏證卷五】

諱　諱

 諱　屖敖簋　 蔡侯䜌盤　不諱考壽【金文編】

 六七：三八　內室類參盟人名不諱【侯馬盟書字表】

 吳諱　 李諱【漢印文字徵】

 古老子【古文四聲韻】

◉許　慎　諱誋也。从言。韋聲。許貴切。【説文解字卷三】

◉高田忠周　説文。諱誋也。从言韋聲。又韋下古文作。與此近。廣雅釋詁。諱避也。禮記曲禮。卒哭乃諱。檀弓。

誥 誥

舍故而諱新。周禮小史。詔王之忌諱。【古籀篇五十二】

◉馬叙倫　諱音曉紐。與誠誋為同舌根音轉注字。周禮小史。詔王之忌諱。史記秦本紀。秦俗多忌諱之禁。皆雙聲連語。可證也。【説文解字六書疏證卷五】

誥　誥　上同　誥　誥竝王庶子碑【汗簡】

古尚書　鬱林序文　王存乂切韻　王庶子碑【古文四聲韻】

◉許　慎　誥告也。从言。告聲。古到切。古文誥。【説文解字卷三】

◉商承祚　説文。「𧦝。古文誥。」案。桂氏義證移于詧字下。謂。「玉篇詧在誥後。即本書舊次。後人移詧於前。而遺其古文。」其説甚確。汗簡引作。誤肉為舟。【説文中之古文考】

◉馬叙倫　鈕樹玉曰。韻會引無聲字。倫按徐鍇曰。以文言告曉之也。或鍇本原無聲字。告為楅衡字。則此為誥誡字。誥誡音同見紐轉注也。如告从口牛聲。為告語字。則此為告之後起字矣。

段玉裁曰。从言。肘聲。鈕樹玉曰。玉篇廣韻並無古文。汗簡引作。恐後人增。桂馥曰。此詧之古文。誤在誥下。玉篇詧在誥下。即本書舊次。後人移詧於前而遺其古文耳。【説文解字六書疏證卷五】

◉唐　蘭　乙亥，王𢍏(誥)畢公，

迺易(錫)史䛡貝十朋。

䛡古于彝，其

于之(兹)朝夕監(鑒)。

𢍏字因拓本不晰，過去認為賫字。歧山新出的簋，从言从収，很清楚，回過來看清宮一器，也正是這樣寫的。𢍏字應該是誥字的別體。《説文》誥的古文作𧦝，《玉篇》《廣韻》都没有，《汗簡》引作𧦝。清代《説文》學家紛紛加以推測。段玉裁、嚴可均説是从肘聲，那不就和討字差不多了嗎？錢坫以為从舟聲，但《汗簡》顯然是後改的，而且還从又，是什麽意義呢？王筠説與詧同體，疑為由下連詧字而誤衍。鈕樹玉就乾脆疑為後人增。這些説法都是錯的。《説文》裏的古文，都指六國古文，就是壁中經，像《尚書》之類。《尚書·大誥》釋文「誥本亦作𢍏」。那末，許慎所見的壁中古文是从言从収作𢍏，傳寫《説文》的人把収旁誤爲肞

了。《玉篇》𠬞部有𢍚字，「公到切，古文告」。日本僧空海所著《萬象名義》是根據原本《玉篇》節録的，在𢍚下注「公到反，語也，謹也」。上一義用的是《廣雅·釋詁》「告，語也」。下一義是用《爾雅·釋言》「誥，謹也」。可見𢍚不但是古文告，也還是古文誥。這是因為言本作𠮛和告作𠰗相近，就把从言从𠬞的𧥣，改為从𠬞告聲的𢍚字了。其實𧥣字的从言从𠬞是由于誥是由上告下，作誥的是奴隸主貴族，用雙手來捧言，以示尊崇之義。𠬞也是聲。𠬞讀為共，龏就是龔，龏王就是共王，可證。𠬞音失去ng的韻尾，就讀如告。《説文》「𢪃，兩手同械也」，「桊，𢪃或从木」，又「梏，手械也」。其實𢪃就是拱字，桊和梏也是一個字，後來加以區別，才把兩手同械叫做𢪃或桊。桊和梏的關係，正如𧥣和誥的關係，𧥣字从言𠬞聲，可讀為誥是無疑的。【史𩡧簋銘考釋　考古一九六六年第五期】

詔

5·392　秦詔版殘存「為皇帝乃詔丞相」七字　5·398　秦詔版「廿六年皇帝盡并兼天下諸矦……」共四十字　秦1581　秦詔版殘存「為皇帝□詔」四字　秦1584　秦詔版殘存「帝乃詔丞」四字【古陶文字徵】

詔假司馬　詔假司馬【漢印文字徵】

天璽紀功碑　詔遣中書郎　詔權　乃詔丞相　袁安碑　詔公為賓【石刻篆文編】

説文【古文四聲韻】

◉許　慎　詔告也。从言。从召。召亦聲。之紹切。【説文解字卷三】

誓

誓　不从言　洹子孟姜壺　折字重見　散盤　鬲攸比鼎　鬲比簋　𠑇匜　讀為哲　番生簋　克誓㕚德　哲字重見【金文編】

誓竝尚書　誓【汗簡】

古尚書 同上 竝籀韻 【古文四聲韻】

◉許　慎　約束也。从言。折聲。時制切。【説文解字卷三】

◉吳大澂　約信也。小篆从折。从言。散氏盤。皆散氏盤文。齊侯壺。古陶器文。从止。从言。从斤。亦古陶器文。或从心。不从言。言必由衷也。古陶器文。誓無二心。故从斤。誓反文。或从言。非从音也。以上三字皆鉥文。疑約劑所用。【説文古籀補卷三】

◉高田忠周　説文。以言約束也。从言折聲。禮記曲禮。約信曰誓。書甘誓。予誓告女。馬注軍旅曰誓。周禮典命。誓于天子。注猶命也。左文十八年傳。作誓命。注要信也。論語。夫子矢之。以矢為之。以上皆為誓字本義也。又説文。敬也。从心折聲。古文言心兩部通用。悊亦當誓異文。爾雅釋言。誓謹也。禮記文王世子。曲藝皆誓之。注謹也。皆説文悊字義。當證悊誓同字也。又言部字古文从口。亦為通例。説文。知也。从口折聲。古文作嚞。此哲。亦當誓字最初古文。从三吉者。吉字籀文。吉折古音通矣。但知也者哲字轉義。哲昭明也。昭明即大智也。然則經傳皆借誓為哲。石經古文有借嚞為哲為哲者也。書洪範。明為哲。鄭本作哲。此為正字存者矣。【古籀篇五十二】

◉強運開　吏中鐘。車誓休姑。周明公敢。今我唯令女二人太矢眔爽右于乃寮。【説文古籀三補卷三】

◉馬叙倫　約束也校者之詞。本訓挩矣。爾雅釋言。誓。謹也。蓋借誓為謹。周禮士師。五戒。一曰。誓。誓得聲於斤。斤戒音同見紐。誓蓋誡之轉注字。猶戒之轉注為兵矣。或曰。此信之轉注字。禮記表記引詩。信誓旦旦。釋文。信本作矢。信矢同摩擦次清音。亦聲同脂類。假借。信誓矢誓則以聲同脂類為連緜詞。詩考槃。永矢弗諼。論語。夫子矢之。皆以矢為誓。易晉。失得勿恤。釋文。失。虞作矢。虞注。矢古誓字。此誓為信轉注之證。約束亦信之引申義也。倫謂若然。則信是訊之轉注字。而从人得聲益明矣。人斤聲同真類也。散盤作。鬲攸比鼎作。【説文解字六書疏證卷五】

◉黄盛璋　《侯馬盟書》中稱盟書第二類為「委質類」。在盟書約辭中，幾篇首書某人「自質于君所」者，均屬于「委質類」，是委質類的得名。關鍵在于這個「質」字，其實此字上實从「折」，是「誓」字不是「質」字，唐蘭先生在《侯馬出土晉國趙嘉之盟載書新釋》(《文物》1972年第8期)已指出這一點。當時盟書尚未整理好，刊布不多，讀「誓」讀「質」，還不能輕易下結論。自從「内室類」盟書發現，以及本類及其他類盟書大量整理出來後，此字讀「誓」，已明確無疑。但《侯馬盟書叢考》、《侯馬盟書類例釋注》，仍堅持舊讀「質」，並考證「質」為委質，此類盟書為「委質類」，這就不單是一個字的釋定和盟書的名稱問題，而牽涉到盟書的性質與内容的

解釋，有必要加以辨證。

（一）據《侯馬盟書字表》（348頁）此字有五例下从「心」，作「悊」。此字在戰國哲語印中明確為「哲」字，還有兩例：一個下从「日」，一個下从「田」，乃是三晉文字从「口」的繁寫。《盟書字表》中也有證明，古文字从「口」、从「心」往往相通，更確證此字上所从是「折」，故讀與「誓」同，折《說文》籀文作「𣂚」，左旁省去二中，即成為「哲」為「沂」。平山新出中山王鼎有「烏呼哲哉」，「哲」从「沂」从「木」，凡此皆確證此字上所从為「折」。

（二）「內室類」盟書有「敢不從此盟資之言」，和「既資之後」，除下从「貝」外，有兩例下从「心」，一下从「日」，一下从「田」，字形為「哲」，字義為「誓」。「盟、誓」連文乃古今通語，《左傳》多見，如成公十三年「申之以盟誓」，定公四年「世有盟誓」，襄公九年：「盟誓之言，豈敢背之？」特別是最後一例與上引「內室類」盟辭極為相近，「盟資」必為「盟誓」而非「盟質」的確證。又「即盟之後」，盟辭常見之語，如《左傳》記襄公九年之載書有：「自今日即盟之後。」《孟子》記齊桓公葵丘之盟：「凡我同盟，即盟之後。」凡此亦可證明「即資之後」必讀「即誓之後」。「盟質」則不僅別扭，亦無先例，盟誓坑連本書也不叫它盟質坑，古今皆一樣違背習慣。

（三）篇首「自質于君所」，和下文「敢不巫覡史薦綐繹皇于君之所」，君皆指晉先君，後者本身已明確為死者，前句中之君，《委質考》為要釋此字為質和「委質于君所」，解釋為生君之居所，和後者有生死之別，其實本篇中之君皆指先君，只有「新君弟」之「新君」才是生君，故加「新」字以為區別。本篇最後「君其覡之」，即告篇首之君，要其于冥冥中監視，有無背盟，此君為先君之確證。又在「繹于皇君之所」後，最後以「則永亟覡之，麻夷非是」結束，所指顯為先君施威靈，而「在資于君所」後，最後也以這兩句結束，必為先君無疑。至于君為晉國哪一先君，則取決于盟誓在那一君宮廟舉行，宮廟本身已明確為某君之所，故不須稱先君之謚。委質只能委于生人，而不能委質于死君。故此字絕不是「質」，亦非委質。

（四）《國語·晉語》：「臣聞委質為臣無有二心，委質而策死，古之法也。」又《左傳》僖公二十三年：「策名委質。」委質于君確也書名于策，但其目的在效忠與必死，而本篇盟辭主要是保證和某些家族斷絕往來關係，並無效忠、必死和「無有二心」等內容，此不合者一；質，贄也，委質除獻身之外，還要奉獻贄禮作為信物，本篇不僅不見贄物，亦無委身于君之意，此不合者二；如「自資于君所」為向晉君委質猶有可說，向晉君委質為臣，根本講不通，此不合者三。總之本篇全為向先君自誓之辭，內容與委質毫無關係，這只要認真考察，誰都能夠看得出來。【關於侯馬盟書的主要問題　中原文物一九八一年第二期】

譣 譣

◉許　慎　譣問也。从言。僉聲。周書曰。勿以譣人。息廉切。【説文解字卷三】

◉馬叙倫　鈕樹玉曰。韻會从言僉聲在譣人下。廣韻但引問也。不引書。倫按譣訊義同。音同心紐。是轉注字。失次。引經校者加之。故錯本在从言上。亦疑此字出字林。【説文解字六書疏證卷五】

詁 詁

 0824  1243  2809【古璽文編】

◉許　慎　詁訓故言也。从言。古聲。詩曰詁訓。公户切。【説文解字卷三】

◉馬叙倫　説文疑曰。注疑有捝譌。鈕樹玉曰。詩抑釋文爾雅釋詁釋文引捝訓字。王筠曰。一切經音義廿二後漢書桓譚傳注引。皆作訓古言也。當從之。説解訓字當連篆讀。謂詁訓同義也。此以字形説字義。義聲互相備。朱駿聲曰。會意。古亦聲。倫按古為路之轉注字。叚借為古古今字。詁自从古得聲。不兼義也。詩毛傳偁詁訓者。謂或詁或訓。故爾雅亦釋詁釋訓異篇。明詁訓義不盡同。爾雅釋文引張揖雜字。訓者謂字有意義也。詁者古今之異語也。然觀爾雅詁訓異篇之蹟。則詁者以異字同義相釋。實以一字釋一字。而訓乃以異語同意相釋。實乃以一語釋一語也。然則詁之本訓失矣。今所存者校語也。其義雖未可遽定。而大旨可知。或據詩抑。告之話言。釋文。話。説文作詁。謂許此引詩作告之詁言。毛傳。話言。古之善言也。話亦當作詁。是詁之義為古之善言。然詩。慎爾出話。毛傳。話。善言也。則釋文言説文作詁者。蓋話字之譌。語正當作諙。故譌為詁也。是詁義仍不可遽定也。此訓訓故言也。字林之詞。見爾雅釋詁釋文引。彼謂説故言謂之詁也。又玄應音義及後漢書注引皆作古言也。則是依文為説。爾雅詩釋文引又無訓字。則是後校者所加。觀譪誎二字説解之捝譌。知此説解亦久捝矣。詩曰詁訓者。今無其文。鈕樹玉疑有譌捝。承培元謂曰當作有。毛公有詁訓傳也。倫謂此校語也。【説文解字六書疏證卷五】

譪 譪

 陸譪【漢印文字徵】

◉許　慎　譪臣盡力之美。从言。葛聲。詩曰。譪譪王多吉士。於害切。【説文解字卷三】

◉馬叙倫　鈕樹玉曰。篆當作譪。韻會从言葛聲在吉士下。徐灝曰。爾雅釋訓一篇多渾舉詩詞而釋之。如云。丁丁嚶嚶。相切直也。丁丁本伐木聲。嚶嚶本鳥鳴聲。而相切直乃釋詩之大旨。非以訓丁丁嚶嚶也。晏晏旦旦。悔爽忒也。晏晏自屬言

笑。且旦自屬信誓。而悔爽忒亦釋詩之大旨。非以訓晏晏旦旦也。藹藹萋萋臣盡力也。亦同此例。盡力之美非藹之本義。廣雅曰。藹藹。盛也。又艸部。藹。从艸。渴聲。此从言。葛聲。亦有可疑。朱駿聲曰。疑當訓言之美也。故曰。仁義之人。其言藹如。倫按臣盡力之美盖校語。奪本訓矣。引經亦校者加之。故錯本在从言上。彼引詩説義也。或此字出字林。【説文解字六書疏證卷五】

諫 諫

諫 克鼎　諫辥王家　諫 盂鼎　敏諫罰訟　諫 召伯簋二　多諫弋伯氏【金文編】

諫 季木2:15【古陶文字徵】

諫 0820　諫 0985【古璽文編】

◉許　慎　諫鋪旋促也。从言。束聲。桑谷切。【説文解字卷三】

◉孫詒讓　諫舊釋為諫。攷此字从言。从束。明是諫字。説文言部。諫。鋪旋促也。又辵部。速。古文作𧥸。从敕。从言。此云敏諫。似當為𧥸之省叚字。諫與敏義略同。上文讕啚別以讕為諫。則此非諫字明矣。【古籀餘論卷三】

◉高田忠周　説文諫。鋪旋促也。从言束聲。段氏云未聞。疑有誤字。廣雅。諫促也。集韻。餙也。朱氏駿聲改作言之促也云。鋪旋促也。似謂从餗省。與从言不合。愚按二家攷未精。此云鋪旋促也。即謂供饌之事。易需。有不速之客。馬注召也。儀禮鄉飲酒禮。主人速賓。此以速為之。又轉為召致義。詩行露。何以速我獄。要元速字轉義。古唯當以速為之。説文速古文作𧥸。諫出於𧥸。【古籀篇五十二】

◉強運開　諫盂鼎。敏諫罰訟。吳書入坿録。疑古敕字。運開按。説文。諫。鋪旋促也。廣雅釋言。諫。促也。敏諫罰訟蓋言敏於聽訟也。諫召伯虎敢。用獄諫。【説文古籀三補卷三】

◉顧廷龍　諫諫。吳大澂云。疑嘖之省文。或諫省。按朿似束。當以諫省為近。潘。朿潘吳大澂云。當即諫之省。【古匋文舂録卷三】

◉馬叙倫　嚴章福曰。鋪旋二字疑餙也之誤。集韻手鑑。諫。餙也。廣雅。諫。促也。疑本舊説文。洪頤煊曰。廣雅釋言。諫。促也。廣韻。餙也。鋪即餙字之譌。女部。竦。謹也。讀若謹敕數數。餙飭敕古字通用。餙旋促即謹敕之貌。王筠曰。

諝

玉篇云。從也。似即促也之譌。集韻引説文。餔旋促也。一曰。飾也。似一曰亦出説文。盖不解許意者删旋促二字。而又譌餔為飾也。張文虎曰。諫字廣雅云。督促也。玉篇云。從也。廣韻云。飾也。從與旋促近。飾與餔近。疑篇韻皆有譌捝。倫按盖本作飾也促也。旋字即因飾促二字而譌。飾又譌為餔耳。促飾並以聲訓。飾諫同摩擦次清音。諫促則聲並矦類。然飾也促也亦非本義。或謂此謹敕之敕本字。盂鼎。敏𧥄罰訟。是其證。倫謂鼎文借為速耳。諫盖訟之柬矦對轉轉注字。召伯虎𣪘用獄𧥄。謂用獄訟也。可證也。一訓盖後人加之。或此字出字林也。字宜次諴下。【説文解字六書疏證卷五】

◉陳夢家　敏諫罰訟即慎罰。康誥：克明德慎罰，多方：罔不明德慎罰，説文：竦，謹也，諫即謹。大克鼎亦見此字，舊多誤釋為諫。【西周銅器斷代　金文論文選】

◉楊樹達　諫，説文訓餔旋促，廣雅訓促，有急促之義。而速字説文或作警，亦從言。此敏諫二字同義連文，敏諫罰訟，謂刑獄之事當急速處之，毋有留獄也。【全盂鼎再跋　積微居金文説卷二】

◉許　慎　諝知也。从言。胥聲。私呂切。【説文解字卷三】

◉楊樹達　説文三篇上言部云：「諝，知也，知與智同。从言，胥聲。」又十篇下心部云：「惰，知也，从心，胥聲。」按二文同字，經傳諸子多假胥為之。周禮天官序官云：「冢宰，胥十有二人。」鄭注云「胥讀如諝，謂其有才智，為什長」是也。文選曹子建王仲宣誄注引莊子云：「胥士之徇名，貪夫之徇財，天下皆然，不獨一人。」今本莊子佚此文。胥士謂才士也。按諝从胥聲而訓為知者，胥之為言𤴓也。説文二篇下疋部云：「𤴓，門户疏窗也，从疋，疋亦聲，囱象𤴓形。讀若疏。」按門户𤴓窗有通孔，故𤕟疏皆訓通。疋部云：「𤕟，通也，从爻，从疋，疋亦聲。」十四篇下㐬部云：「疏，通也，从㐬，从疋，疋亦聲。」是也。凡物通者智而塞者愚，故諝惰从胥聲而訓為知矣。

説文一篇上士部云：「壻，夫也，从士，胥聲。」或作婿。按壻從胥聲，胥亦言𤴓，謂士之疏通有才知者也。壻之同義字有倩。八篇上人部云：「倩，人美字也，東齊壻謂之倩，」是也。按倩亦才知之稱。十二篇下女部云：「婧，有才也。」漢書朱邑傳注云：「倩，士之美稱。」是也。壻倩義同，故其語源亦同矣。俗語云郎才女貌，壻从士从胥，正郎才之謂也。

説文十二篇上耳部云：「聰，察也，从耳，悤聲。」按聰从悤聲而訓為察者，悤之為言囱也。説文十篇下囱部云：「囱，在牆曰牖，在户曰囱，象形。」又七篇下穴部云：「窻，通孔也，从穴，悤聲。」按窻即囱之或作。囱為通孔，故物之中空可通者皆受聲於囱。七篇下巾部云：「幒，幝也，从巾，悤聲。」按幒為今之短褌，字从悤者，悤假為囱，言其中空可容足，如囱之中空可容光也。

一篇下艸部云：「蒽，菜也，从艸，悤聲。」按蒽之為物中空也。物通者必明，故聰从悤聲而訓為察也。通語以聰明為連文，明字本作朙，从月，从囧，囧讀若獷。賈侍中說：「囧讀與明同。」以𥂴或作盟盟證之，則賈說良信。若是，則朙字實从囧聲，囧為窗牖麗廔闓明，朙从囧聲，此猶聰之受聲義於囪矣。

說文十篇下心部云：「憭，慧也，从心，尞聲。」按憭之為言竂也。說文七篇下穴部云：「竂，穿也，从穴，尞聲。」一切經音義卷一引倉頡篇云：「竂，小孔也。」張衡西京賦云：「交綺豁以疏竂。」注引蒼頡篇云：「竂，小窗也。」玉篇云：「遼，草木莖葉疏也。」廣韻云：「鐐，有孔鑪也。」竂遼鐐義並相近。憭之訓慧，猶諝之訓知，聰之訓察矣。

說文六篇上木部云：「櫺，楯間子也，从木，霝聲。」十四篇上車部云：「軨，車轖間橫木也，从車，令聲。」軨字或作笭：釋名釋舟車云：「笭，橫在車前，織竹作之，孔笭笭也。」定公九年左傳曰：「載蔥靈。」賈逵注曰：「蔥靈，衣車也，有蔥有靈。」按蔥即窗，靈即櫺也。楚辭九章云：「乘舲船余上沅兮。」王逸注云：「舲船，船有牕牖者。」櫺軨皆中空，故靈字有昭明之義。詩大雅靈臺毛傳云：「神之精明者稱靈。」莊子天地篇云：「大愚者終身不靈。」釋文引司馬云：「靈，昭也。」淮南子齊俗篇云：「不通於道者若迷惑，告以東西南北所居，聆聆。」高注云：「聆聆，意曉解也。」數語又見說山篇。高注云：「聆聆猶了了，言迷解也。」後漢書馮衍傳云：「闇至言而曉領兮。」以曉領為連文，今語猶稱了解為領會也。櫺軨之推衍為靈聆領，此猶囪之推衍為聰，𤴓之推衍為諝，竂之推衍為憭矣。

門户𤴓窗謂之𤴓，通謂之延，又謂之疏，推衍及於人，則知謂之諝，謂之㥠，人之有才者謂之壻；通孔謂之囪，推衍及於人，則察謂之聰；窗牖麗廔闓明謂之囧，推衍及於人，則智慧謂之朙；穿謂之竂，小窗謂之竂，推衍及於人，則慧謂之憭；楯間子謂之櫺，車轖間橫木謂之軨，推衍及於人，則精明謂之靈，意曉解謂之聆：語源同，故其所孳乳之字義亦同矣。𤴓也，囪也，囧也，竂也，櫺也，皆具體之物也，諝也，聰也，朙也，憭也，靈也，皆抽象之事也。由此可知抽象之義，往往從具體之物來也。五年前余始專治聲訓，即明此義，今故表而出之。

問者曰：說文六篇上木部云：「櫳，房屋之疏也，从木，龍聲。」又五篇上竹部云：「籠，笭也，从竹，龍聲。」此二文之義詁與以上諸文皆相合矣。然而龍聲之字有聾，十二篇上耳部云：「聾，無聞也。」此與𤴓之為諝㥠，囪之為聰，囧之為朙，竂之為憭，櫺笭之為靈聆適相反，何也？曰：龍之為蟲無耳，以角聽，故聾字从龍。其與櫳籠諸字形聲雖同而語源異，故字義異，不足怪也。

【釋諝　積微居小學述林卷二】

◉馬叙倫　朱駿聲曰。心部。㥠。知也。諝與㥠一字。倫按周禮天官序官。胥十有二人。鄭注曰。胥讀如諝。謂其有才知為什

長。易歸妹。歸妹以須。鄭注。須。有才智之偁。盖易借須為謂也。然易之須借為媭。周禮之胥實書之借。與疋借為書。同。清代官署治事者曰吏書。即吏胥也。或謂周禮之史即書。則或亦如易之借為媭。此訓知也盖偦字義。謂為諫之轉注字。音皆心紐。【說文解字六書疏證卷五】

証

◉許　慎　証諫也。从言。正聲。之盛切。【說文解字卷三】

◉楊樹達　史記商君傳云：「趙良曰：千人之諾諾，不如一士之諤諤。武王諤諤以昌，殷紂墨墨以亡。君若不非武王乎？則僕請終日正言而無誅，可乎？商君曰：夫子果肯終日正言，鞅之藥也。」國策韓策一云：「顏率曰：自今以來，率且正言之而已矣。」諫諍之言謂之正言，此証字从言从正訓為諫之義也。【釋証　積微居小學述林卷一】

◉馬叙倫　徐灝曰。鍇本有讀若正月。疑後人所添。倫按若如鍇本。則証字从古文正得聲。不从射的之正也。【說文解字六書疏證卷五】

諫

諫　番生簋　用諫四方　曾孟孀諫盆　諫簋　臣諫簋　【金文編】

4·66　匋攻諫　【古陶文字徵】

3416　5284　2808　3546　【古璽文編】

孟諫將印　諫蒼印信　詘諫私印　【漢印文字徵】

◉許　慎　諫証也。从言。柬聲。古晏切。【說文解字卷三】

◉吳大澂　从柬言。从門。闢門以納諫。盂鼎。或省言。馭方鼎。馭方休諫。【說文古籀補卷三】

◉高田忠周　周禮司諫注。諫猶正也。以道正人。蓋言說正道也。其言也不可不柬擇焉。諫之言柬也。【古籀篇五十二】

◉馬叙倫　田吳炤曰。小徐諫次諴下。証諫互訓。當以類次。小徐脱誤不合。丁福保曰。慧琳音義亦引作正也。倫按証音照紐。古讀歸端。諫音見紐。端見皆破裂清音。諫轉注為証。盂鼎。朝夕入。闌聲。字見急就篇。大克鼎作。諫𣪘作。盂鼎作。从言。闌聲。【說文解字六書疏證卷五】

諗 諗

◉許　慎　諗深諫也。从言。念聲。春秋傳曰。辛伯諗周桓公。式荏切。【説文解字卷三】

◉馬叙倫　沈濤曰。左閔二年傳釋文引作深謀。是古本不作諫。諫亦不得言淺深。詩四牡傳爾雅釋言皆云。諗。念也。念有深思熟慮之意。故曰深謀。左閔二年傳注詩四牡箋皆云。諗。告也。盖深為人謀而後告之。倫按諫从柬聲。諗从念聲。念从今聲。柬今音皆見紐。从柬得聲之闌入來紐。古讀來歸泥。念音亦泥紐。故諫之轉注為諗。此引春秋左閔二年傳文。桓十八年傳則作諫。是其證。深諫也者。深字乃校者注以釋諗字之音者。或當為深也諫也。深為謀字之譌。此訓校者加之。釋文引作深謀也者。謀譌為深。校者據一本注謀字。因譌為深謀也。廣韻。諗。謀也。無深字。集韻引字林。諗。念也。【説文解字六書疏證卷五】

課 課

課 雜二三 六例　秦一九 四例　雜二九　雜三〇【睡虎地秦簡文字編】

課丘延印【漢印文字徵】

◉許　慎　課試也。从言。果聲。苦卧切。【説文解字卷三】

◉馬叙倫　田吳炤曰。小徐本課次諫下。譌。倫按課音溪紐。試音審紐。古讀歸透。透溪同為破裂次清音也。故課試為轉注字。字見急就篇。【説文解字六書疏證卷五】

試 試

試 秦一〇〇　效四六　封七〇【睡虎地秦簡文字編】

試守陰密令印【漢印文字徵】

試【汗簡】

王庶子碑【古文四聲韻】

◉許　慎　試用也。从言。式聲。虞書曰。明試以功。式吏切。【説文解字卷三】

◉馬叙倫　用也者。爾雅釋言文。易无妄。无妄之藥。不可試也。釋文。試。驗。一曰用也。不引本書。疑陸見本書不訓用

諴 諴

也。此盖字林義。唐人去本訓。用也者。試之引申義。或假借字也。試為課之轉注字。課為考試之考本字。楚詞天問。何不課而行之。謂何不考而行之也。本書自叙。郡移太史并課。最者以為尚書史。謂并考而以其成績冠衆者為尚書史也。周禮稾人。試其弓弩。注。故書試為考。考即借為課也。敂攷為轉注字。其例證也。引申有嘗義。故廣雅釋詁三。試。嘗也。又試音審三。嘗音禪紐。同為舌面前音。亦得相借。考試諭問其學。故易釋文以驗釋試。【説文解字六書疏證卷五】

◉裘錫圭　逐得試(識)知外人者　「試」、「識」皆之部字，古音極近，所以「試」可借為「識」。馬王堆帛書《戰國縱横家書》第十六章「不試禮義德行」、「此天下之所試也」、「而王弗試則不明」三句(文物出版社出版《戰國縱横家書》58頁)，皆以「試」為「識」，與此同例。下文「故長公主大奴千□等」即「識知外人者」。《初文》把「逐得試知」作為一句，是不正確的。【關於新出甘露二年御史書　考古與文物一九八一年第一期】

◉黄錫全　[古文]試　此字列入言部，左旁應是「言」。鄭珍云：「左旁[古文]之誤，如此則《説文》『樂浪挈令織字』。」【汗簡注釋卷一】

◉劉樂賢　《秦代陶文》拓片597號「左[言弋]」，袁釋為左[言弋]。按[言弋]字，《説文》所無，當為試字異構。式為从弋得聲的形聲字，而形聲字當作另一個形聲字的聲符使用時，其形旁往往可以省略，試寫作[言弋]即為一例。左試當讀為佐弋，秦少府下設有佐弋，掌管弋射。【秦漢文字譯叢　考古與文物一九九一年第六期】

諴　諴　从言从緘省郜公匜【金文編】

◉許　慎　諴和也。从言。咸聲。周書曰。不能諴于小民。胡毚切。【説文解字卷三】

◉吴大澂　[金文]　古諴字。从言。从緘省。郜公簠。[金文]从糸。从咸省。亦古諴字。毛公鼎。【説文古籀補卷三】

◉方濬益　[言鹹]即諴。説文。諴。和也。从言。咸聲。此从鹹。與説文欠部歞字同。【郜公諴簠　綴遺齋彝器款識考釋卷八】

◉高田忠周　依毛公鼎。緘字作緘。此从言从緘。明晳也。諴緘同聲。故諴亦或从緘聲也。説文作諴為正。此為異文耳。【古籀篇五十二】

◉馬叙倫　鈕樹玉曰。韻會引作諴于小民。今書召誥作其丕能諴于小民。倫桉和讀使歌而和之之和。故字次龠上。引經校者加之。然亦疑書借諴為和。音同匣紐也。和也或非本訓。諴為今作喊者之本字。亦疑此字出字林。郜公簠作諴。盖合諴緘而一之。【説文解字六書疏證卷五】

䚻 䚻

◉許　慎　䚻徒歌。从言肉。余招切。【説文解字卷三】

◉馬叙倫　徐鍇曰。今説文本皆言徒也。當言徒歌。必脱誤也。下云。从言肉。亦誤也。鈕樹玉曰。韻會引作徒歌也。一切經音義十五及廿謠下引作獨歌也。非謠即䚻之别體。桂馥曰。徐所謂徒也者。本是從也。戴侗曰。徐本説文無謠字。䚻。徒歌也。从言。从肉。唐本曰。䚻。從也。从言。从肉。肉亦聲。謠。徒歌也。據此知本書别有謠。為徒歌。䚻訓從。玉篇廣韻並同。本書。䌛。随從也。从言肉者當為肉聲。徐鍇以聲字為誤。非也。䚻古讀若由。與肉聲近。當有聲字。唐本云。肉亦聲。不應有亦字。段玉裁曰。从言。肉聲。各本無聲字。非也。缶部。䍃。从缶。肉聲。然則此亦當曰。肉聲。沈濤曰。五經文字云。口謠。上説文。下經典相承。隸省。其所載説文之字。雖已缺泐。然曰隸省。則必説文作謠。經典省夕為罒耳。又一切經音義十五及二十引。謠。動歌也。類聚四十三引。獨歌謂之謠。可見唐以前本皆有謠字。蓋䚻為䌛之正字。䌛本通由。故訓為從。姚文田曰。許書傳寫奪謠字。説解又誤合䚻謠為一字。鄭珍曰。唐本者。宋晁説之據所得諸舊本作參記許氏之字書。其中所載者也。凡戴氏所偁唐本。皆出此書。唐本有謠。為徐本䚻義之字。與爾雅合。其䚻字訓從。知玉篇言部廣韻十八尤䚻皆訓從者。是本許義。足明唐本信矣。本書系部。䌛訓随從。即䚻後增之文。周雲青曰。今本説文無謠字。而有䚻字。訓徒歌非是。蓋因偶脱謠篆。遂擅改䚻字之説解耳。考唐寫本玉篇用部。由。注。説文从由之䚻在言部。是古本䚻訓從。其證一。又言部。謠。注引説文獨歌也。慧琳音義五十八引同。藝文類聚四十三引作獨歌謂之謠。是古本謠訓獨歌。其證二。又六書故曰。唐本説文。䚻。從也。从言。从肉。肉亦聲。謠。徒歌也。據此。知戴侗所見尚是古本。其證三。當據玉篇改䚻為從。且補謠篆。獨歌也次在下文謳齊歌也之前。倫按嚴可均錢坫王筠亦皆謂鍇删謠篆而擅改䚻訓。獨鈕樹玉以謠為䚻之或體。翟云升以謡為䚻之今字。倫謂如周所舉證。是本書確有謡篆。其訓獨歌。而䚻當如玉篇訓從。然鍇所據本如有謠篆而䚻訓從也从言肉聲。必不遽曰。必捝誤。又曰。亦誤也。自是本有同異耳。以義言之。如䚻訓從。義由何生。從為从之後起字。从訓相聽許也。此引申義。本義當為随行也。䚻从言無随行之義。而䚻為相聽許。或為随行。亦無徵於古書。蓋随從是傜字義。謡从言。䚻聲。䍃从缶。肉聲。則䚻从言肉聲而訓為徒歌。於形聲義皆無閒也。故倫以鈕説為善。鍇所據或非譌本。特奪歌聲二字耳。今繫傳顧本作徒也。餘均作從也。王筠謂顧妄改。然以鍇語論之。王説非是。徒歌者。朱珔謂易䌛辭當即此䚻。是也。謠字盖出字林。諸書引本書有謠字者。盖皆字林附於説文者也。唐本作從也者。由所據本已捝歌字聲字。傳寫又譌為從。或校者改之也。然徒歌也盖亦字林文。【説文解字六書疏證卷五】

詮 

◉許　慎　詮具也。从言。全聲。此緣切。【説文解字卷三】

◉馬叙倫　段玉裁曰。淮南書有詮言訓。欠部。𣢟下曰。詮。詞也。然則許意謂詮解。錢坫曰。通俗文。擇言曰詮。論語鄭本。巽乎三子者之僎。鄭讀僎為詮。倫按晉書音義引字林云。詮。具也。則具也是字林訓。許義挩矣。具下曰。共置也。似非此字本義。疑具為巽誤。巽詮以聲為訓。巽為譔省。譔詮音同。詮蓋譔之轉注字。譔訓亦轉注字。故淮南以詮言為名也。字失次。字見急就篇。【説文解字六書疏證卷五】

訢 

 訢　蔡侯𪒠盤　 蚉壺　【金文編】

 4·86　匋攻訢　 4·87　同上　 4·88　同上　【古陶文字徵】

 2117　 3867　 3868　 2565　【古璽文編】

 左奉翊掾王訢印　 張訢之信印　 芒訢私印　 王訢之印　 臣訢　 閔訢私印　 訢相得印　 巫訢私印

【漢印文字徵】

◉許　慎　訢喜也。从言。斤聲。許斤切。【説文解字卷三】

◉強運開　 古匋。説文。訢。喜也。玉篇。樂也。與欣通。此从言。移斤於左耳。【説文古籀三補卷三】

◉馬叙倫　沈濤曰。漢書萬石君傳注晉灼引許慎曰。訢。古欣字也。是六朝本説文訢在欠部。為欣之古文。不知何時誤竄於此。王筠曰。喜小徐作憘。説文有憙無憘。翟云升曰。繫傳作憙也。倫按此欣之異文。後漢書盧芳傳注引字林。訢。古欣字。豈晉灼引許慎説者。即本説文而所引實字林。由字林附於説文。六朝率偁字林為説文也。訢字見急就篇。顔師古本第七章中。此章為後人掇拾殘簡補輯。或故書本作欣。傳寫者以字林字易之。此字出字林也。古匋作。【説文解字六書疏證卷五】

◉考古所　訢　説文：「訢，喜也。」漢書·石奮君傳「僮僕訢訢如也」，晉灼曰：「許慎云：『訢，古欣字也。』」字在此為祭名。」【小屯南地甲骨】

說 

◉戴家祥　張政烺曰：説文「訢，喜也。从言，斤聲」，又「詻，論訟也。从言，各聲」，皆與此處文義不合。按古从斤得聲之字，如祈、旂、沂等皆入微韻，故訢可讀為暨，禮記玉藻「戎容暨暨」，鄭玄注：「果毅貌也。」又「言容詻詻」，鄭玄注：「教令嚴也。」周禮保氏「乃教之六儀……五曰軍旅之容」，鄭玄謂「軍旅之容，暨暨詻詻」。壺銘訢詻即暨暨詻詻，是軍旅之容。古文字研究第一輯第二四零葉。按訢有二音，唐韻「許斤切」。曉母文部。集韻上聲五旨讀「許己切」，曉母之部。暨讀「其異切」，郡母之部。訢暨同部，張説可從。【金文大字典下】

 秦1014　都説【古陶文字徵】

 説　日甲一六〇　二例　通悦　晏見—　日甲一五九　 日甲一六二　三例　 日乙一七　 日乙二三【睡虎地秦簡文字編】

 荆説　 臣説　 李説之印　 芥説之印【漢印文字徵】

 魏三體石經論語學而不亦説乎　借敓為説説即悦字古用説今用悦【石刻篆文編】

 貝丘長碑　 貝立長碑【古文四聲韻】

◉許　慎　説釋也。从言兑。一曰。談説。失爇切。又弋雪切。【説文解字卷三】

◉楊樹達　談説乃造文之始義，許以説釋為正義，殆非也。蓋兑者鋭也。史記天官書曰：「三星隨，北端兑。」以兑為鋭。説文十四篇上金部云：「鋭，芒也。从金，兑聲。」蓋言之鋭利者謂之説，古人所謂利口，今語所謂言辭犀利者也。周禮春官大祝云：「掌六祈以同鬼神示：一曰類，二曰造，三曰禬，四曰禜，五曰攻，六曰説。」鄭注云：「攻説則以辭責之，攻如其鳴鼓然。董仲舒救日食祝曰：炤炤大明，瀸滅無光，奈何以陰侵陽，以卑侵尊？是之謂説也。」按周禮秋官庶氏云：「庶氏掌除毒蠱，以攻説禬之，嘉草攻之。」按周禮文云除毒蠱，以攻説連言，知鄭釋大祝之説義殊審諦，此説字之用於經傳可窺知始義者一也。呂氏春秋孟夏紀勸學篇云：「凡説者，兑之也，非説之也。今世之説者多弗能兑而反説之，夫弗能兑而反説，是拯溺而硾之以石也，是救病而飲之以堇也，使世益亂不肖主重惑者，從此生矣。」兑之之義，高誘無説。愚謂兑與周禮攻説之義相近，故呂氏以與説之為

對文。蓋呂氏言：「凡説人者，在以辭相攻責，非謂使人悦懌也。今世之説者弗能攻責而反悦之，此世之所以亂，不肖主之所以惑也。」呂氏以兑訓説，而謂説非説懌之謂，此周秦人説字之訓釋可考見初義者二也。書臯陶謨云：「庶頑讒説。」以説與讒連言。按讒之為言鑱也。説文金部云：「鑱，鋭也。」此以古書連文推知説之始義者三也。戰國之世，遊士或主連横，或主合從，騰其口舌以折服人主，謂之遊説。韓非説難篇之言曰：「夫曠日彌久而周澤既渥，深計而不疑，引爭而不罪，則明割利害以致其功，直指是非以飾其身，以此相持，此説之成也。」此先秦人申述説之指意可以推定説之始義者四也。

許於説下云談説，楊雄解嘲云：「上説人主，下談公卿。」亦以談與説為對文。東方朔非有先生論云：「夫談有悖於目拂於耳謬於心而便於身者，或有説於目順於耳快於心而毁於行者，非有明王聖主，孰能聽之？」此用談之本義者也。按説文言部云：「談，語也。从言，炎聲。」按談之為言剡也。説文四篇下刀部云：「剡，鋭利也。从刀，炎聲。」十四篇上金部云：「錟，長矛也。从金，炎聲。讀若老耼。」按長矛為鋭利之物，故錟亦訓利。史記蘇秦傳云：「錟戈在後。」正義引劉伯莊訓錟為利，是也。古有琰珪，周禮典瑞鄭司農注云：「琰圭有鋒。」逸周書王會篇孔晁註云：「琰珪有鋒鋭。」皆鋭利之義也。談之言剡，説之言鋭，語源同故其義同矣。

談説者，説之始義也。由談説引申為説釋之説，又引申為悦懌之悦。許君以引申義為正義，失其次矣。

言部又云：「論，議也。从言，侖聲。」又云：「議，語也。从言，義聲。」按二篇下品部侖下云：「侖，理也。」論从言从侖，謂言之剖析事理者也。禮記中庸篇云：「義者，宜也。」又祭義篇云：「義者，宜此者也。」韓非子解老篇云：「義者，謂其宜也。」議从言从義，謂言之説明事宜者也。大抵談説者，言之慷慨激昂者也，而論議則樸實説理者也。【釋説 增訂積微居小學金石論叢卷一】

◉馬叙倫 惠棟曰。當作从言。兑聲。席世昌曰。易小畜。輿説輻釋文引説文曰。説。解也。按説訓解。故説輻之説其義本通。後人誤改作脱。非古義也。今本説釋字當是説解之誤。段玉裁曰。一曰談説者。本無二義二音。疑後增也。翟云升曰。説釋即詩静女説懌女美之説懌也。倫按説字乃隸書複舉字也。説為兑之後起字。从音。兑聲。喜而發音也。故説次訢後。而不與議論字同列。盖為訢之轉注字。訢音曉紐。説音喻四。同為摩擦次清音。訢聲真類。説聲脂類。脂真對轉也。詩書易諸經無以説為談説者。國語中説字有可以為解義者。墨子經始言。説。所以明也。盖戰國時始以説為談説字。談説字當為兑。或曰也。兑為曰之異文。此訓釋也者或非本訓。釋借為譯。譯者。解也。今言解説。説釋雙聲。釋也即譯字義。古借説為譯耳。一曰四字校語。字見急就篇。【説文解字六書疏證卷五】

計 計

計　秦九二　十例　效五四　三例　秦七八　二十二例　【睡虎地秦簡文字編】

0139　0138　0210　2534　0137　0140　【古璽文編】

計斤丞印　【漢印文字徵】

古老子　【古文四聲韻】

◉許　慎　計會也。筭也。从言。从十。古詣切。【説文解字卷三】

◉吳大澂　古計字。从千。鉨文。或从十。古鉨文。古鉨文。貨賄用璽節。故古鉨多計鉨之文。子栗子計鉨。計鉨。之計鉨。計鉨。【説文古籀補卷三】

◉丁佛言　古鉨。計官之鉨。此自是計。與有別。許氏説。會也。筭也。周禮天官小宰。以六計弊羣吏之治。此計官或為古計吏之官。又或計是姓。姓氏急就篇。粵有計然。濮上人。古鉨計平。古鉨。軍計之鉨。疑古計筭軍實之官鉨。【説文古籀補補卷三】

◉馬叙倫　鈕樹玉曰。韻會作从言十。王筠曰。山名會稽者。大禹會計之所也。孟子亦云。會計當而已矣。然則會也即是算也。算也二字殆庾氏注乎。會也者。周官有司會。漢之上計奉計與之同事。故以會説計。夏敬觀曰。十亦聲。計聲脂類。而从十得聲者。十聲談類。脂類之字多通談也。倫按此稽覈稽考之稽本字。故訓為會。戰國策齊策。五官之計不可不日聽也。高注。計。簿書也。後漢書光武紀。遣使奉計。注曰。計謂人庶名籍。春秋繁露考功。前後三考而黜陟命之曰計。周禮太宰。以六計弊羣吏之治。管子立政。州長以計于鄉。師。是皆謂稽考為計也。今謂計算為會計。此引申義耳。越絶書。禹上茅山。大會計吏。更名茅山為會稽山。史記夏本紀。或言禹會諸侯江南。計功而崩。因葬焉。命曰會稽。會稽者。會計也。是會稽為會計之借。今於計數言計。稽察則言稽。不知稽固無察義。乃雙聲兼疊韻通借。計乃稽察之本字也。會借為詥。猶會合為轉注字也。或非本訓。筭也校語。从言从十者。鍇本作从言十。蓋奪聲字。或後人妄删之也。計得十聲者。十聲在談類。而計聲則在脂類。蓋談類之字皆各類之閉口短聲。故各以其類相出入。猶卅聲亦在談類。卅世一字。而世及从世之呭詍泄紲諸文則當入脂類。十音禪紐。而計音則入見紐者。猶甲亦从十得聲。而音亦在見紐也。餘詳甲下。【説文解字六書疏證卷五】

諧　中山王嚳鼎及壺之皆字作⿱虍皆此从言⿱虍皆聲當讀為諧　蔡侯𧋍盤　康諧龢好　【金文編】

字略　汗簡　【古文四聲韻】

◉許　慎　諧詥也。从言。皆聲。户皆切。【説文解字卷三】

◉馬叙倫　鈕樹玉曰。一切經音義十引作合也。韻會引作語也。譌。倫按諧為計之轉注字。諧音匣紐。計得聲於十。十音禪紐。與匣同為摩擦次清音。又計諧聲同脂類也。古書借稽為計。韓非説疑。狐不稽。莊子大宗師作狐不偕。老子王弼本。是謂稽式。猶言為稽考之準式也。河上本作楷式。盖王弼本之稽式借稽為計。而河上本則借楷為諧。後漢書張讓傳。當之官者皆先至西園諧價。然後得去。諧價猶今言講價錢。是諧價即計價也。並是其證。潛夫論述赦。至有主諧合殺人者謂之會任之家。諧合即本書之諧詥。主諧合殺人猶言設計殺人。諧詥殺人者謂之會任之家。是以會釋諧詥。亦可證諧義同計矣。調和為諧者。借諧為龤耳。字見急就篇。【説文解字六書疏證卷五】

◉孫稚雛　《安徽壽縣蔡侯墓出土遺物》圖版叁柒、叁捌刊載該墓出土蔡侯尊、蔡侯盤銘文拓本二紙，文中有「康□和好，敬配吳王」一句，康下一字，各家所釋不盡相同。

蔡侯盤銘（部份）

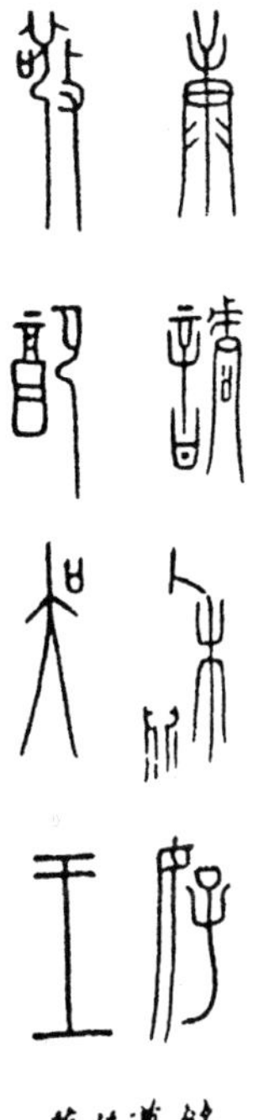
蔡侯尊銘（部份）

圖四

郭沫若《由壽縣蔡器論到蔡墓的年代》（《考古學報》一九五六年第一期）隸定此字作諕，無説。陳夢家《壽縣蔡侯墓銅器》（同上第二期）隸定作譎。孫百朋《蔡侯墓出土的三件銅器銘文考釋》（《文物參考資料》一九五六年第十二期）釋作讁，謂「讁同商，又與譎同。」

唐蘭《五省出土重要文物展覽圖録・序言》隸定作虤，對字的形義都沒有作進一步的解釋。于省吾先生《壽縣蔡侯墓銅器銘文考釋》（《古文字研究》第一輯）最後出，謂其字「右上已泐」，各家所釋「均未確」。于先生的譯文左旁隸定從「音」，右邊照銘文書寫，意謂不識。

我們仔細地觀察銘拓，尤其是盤銘拓本，發現這個字的右邊雖有殘泐，但仍然約略可辨，我試著做了一個摹本，見圖四。其字左從「音」是沒有問題的，從音與從言可以相通，所以隸定作音或轉寫作言都是正確的，從本銘看，愚意以為字形為音而以釋言為是。右邊與平山新出中山王方壺銘「者侯虘賀」、中山王鼎銘「思總虘從」的虘字（《古文字研究》第一輯二九八・三零四頁）形體相同。關於中山王鼎、壺銘文中的虘字，各家大多以為即故道殘詔版「𪪺（皆）明壹之」（《秦金文録》三六頁）的皆字。最近有人提出異議，以為此字當讀為咸，謂「『皆』與『𪪺』不僅字形相差很遠，音也難以相通，……銘文此字下從『甘』，與侯馬盟書同，『甘』『咸』皆為閉口韻舌根音，讀『咸』音義皆可通，從古音說，至少要比讀『皆』要合適得多，故道殘板詔書之『𪪺』不一定是『皆』，亦可是『咸』，至於侯馬盟書與『奉』字連文，但文已缺失數字不能連屬，但從上下文義讀『咸』並無不合。」（中國古文字研究會第三屆年會論文《新出中山國銘刻與文字語言問題》十頁）

戰國文字從甘與從口同，就以中山諸器來說，如古、故、倚、告、克、使、舍、否、事等字所從的「口」，其中皆有一短橫，形如甘，不能說這些字都從甘，應該說是從口，其中一劃乃是裝飾性的筆劃。中山鼎、壺銘中的虘，從虍從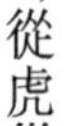（口），義雖與咸相近，音却未必與咸相通。而且商周金文中本有許多咸字（參看《金文編》二・一零所引各例），其形體與虘相去更遠，所以中山王器中的虘字，仍當以釋皆為是。我們不能僅僅根據意義相近，就把本來是兩個不同形體的字硬說成一個字。

再從蔡侯尊、盤銘文來看，「虘」即「皆」字就更明顯了，「康譇和好」的「譇」，如果讀作咸，不僅字形上不好解釋，意義也不大明白，而釋作「諧」則文義皆順：「康諧和好，敬配吳王。」所以通過蔡侯器與中山王器銘的對讀，不僅证明了秦故道詔版，中山諸器中的「皆」所釋不誤，而且使我們又認出了過去大家都沒有確認的一個新字，即我們今天經常使用的和諧的諧字。此外，從虘的許多字也隨着都認識了。如隮侯臣（《三代》十・六）的隮即階字，《金文編》卷六・六至七頁所引的𪪺、𪪺等則當如李學勤、李零二先生所說，應釋作「楷」（《考古學報》一九七二年二期一五三頁）。

【金文釋讀中一些問題的探討（續）　古文字研究第九輯】

詥

◉許　慎　詥諧也。从言。合聲。候閤切。【説文解字卷三】

◉馬叙倫　諧詥音同匣紐轉注字。今俗言合算。即計算亦即詥計也。此今商賈賬單上所用該錢若干之該本字。亦即俗謂買賣付錢曰會鈔之會本字。【説文解字六書疏證卷五】

調

馬于調印　馬調之印　官調私印　李調之印　齊調　董調　郭調　調官【漢印文字徵】

雲臺碑　崔希裕纂古　孫彊集【古文四聲韻】

◉許　慎　調和也。从言。周聲。徒遼切。【説文解字卷三】

◉馬叙倫　沈濤曰。一切經音義十五引。調。匀也。盖古本如是。匀疑均字之省。即今之韻字。龠部。龢。調也。樂諧韻則龢調。引申之則物之均平亦謂之調。均从匀聲。均匀義亦相近。今俗猶有調匀之語。倫按九篇。匀。少也。从勹二。實从勹。二聲。少也者。疑酌字義。而匀之本義盖亡矣。亦未能決定其所从為[illegible]為[illegible]也。如音義所引匀也為均也之省。十二篇。均。平偏也。清人率以為均即韻字者。徒依五聲不同均之文。未必非古人借均為韻也。均从土。匀聲。安有音韻之義乎。然則使音義所引確為許書。亦調字之别義。校者所加耳。匀也亦非本義本訓。玄應又引字林。調。欺調也。字林之訓多補許所未備。實皆引申之義。或聲借之義。欺調即啁字義。豈調為啁之異文耶。或此字出字林。今轉失欺調之訓耳。賈誼書道術。合得周密謂之調。調次諧詥之下。或為計之轉注字。計从十得聲。十音禪紐。調从周得聲。周音照三。同為舌面前音。古讀禪歸定。而調音定紐。可證也。字見急就篇。【説文解字六書疏證卷五】

䛡

籀韻【古文四聲韻】

◉許　慎　䛡合會善言也。从言。𠯑聲。傳曰。告之話言。胡快切。譮籀文䛡。从會。【説文解字卷三】

◉王國維　譮　説文解字言部。䛡。合會善言也。从言。𠯑聲。傳曰。告之話言。譮。籀文䛡。从言會。【史籀篇疏證　王國維遺書第六册】

諈 諈

◉馬叙倫　嚴可均曰。合會當作會合。詩板釋文文選秋興賦注七命注歸去來辭注安陸王碑文注蕭公行狀注引。皆作會合。沈濤曰。文選歸去來辭注引作會合為善言也。鈕樹玉曰。韻會引話作語。段玉裁曰。傳曰六字當作春秋傳箸之話言。見文六年左傳。淺人但知抑詩。故改之。王筠曰。當依歸去來辭注引作會合為善言也。言會者。籀文从會也。且人部。佸。會也。是从𠯑聲即有會義。詩抑板兩篇傳並云。話。善言也。王元穉曰。語从𠯑。𠯑為塞口。無合會之意。話之可訓會合善言者。疑屬古義。然於六書無當。盖乃譮字義。譮非話之籀文也。玉篇。話。善言也。九經字様。語話善言也。上説文。下隸省。是唐本説文話下僅有善言二字。與詩毛傳合。倫按説解有捝譌。本作會也合也善言也。善言也固校語。其二訓中一訓亦校者所加。會合皆以聲訓。話者。今言對答之答本字。話音匣紐。答从合得聲。合音亦匣紐也。故此訓合也。籀文話作譮。从會得聲。會𠯑同舌根音。聲亦同脂類。且會合為轉注字。則會也猶合也。左宣二年傳。既合而來奔。合即答也。答合皆借字耳。今通言説話。或曰談話。亦謂二人一説一答也。特話亦是談。故通謂言語亦曰話。傳曰六字校者加之。此字失次。或出字林也。或曰。語為詥之音同匣紐轉注字。談話字為譿。古以聲同脂類通借耳。

譮　段玉裁曰。會𠯑同在十五部。故檜亦作栝。宋保曰。𠯑會一聲之轉。方言。楚或謂狡獪為婚。又云。婚。獪也。詩王風。曷其有佸。毛傳。佸。會也。是其證矣。倫按話會雙聲兼叠韻。譮為話之轉注字。籀篇以為語字。用其方言也。倉頡用語者。倉頡之字雖多本籀篇。然亦增其時所需用者。時用語字。故李斯等用語而廢譮也。吕忱則拾而補之。王元穉不悟。遂發五疑矣。从會二字校者加之。此字後人加之無疑。説見雩下犆下。【説文解字六書疏證卷五】

　諈　日甲八二背【睡虎地秦簡文字編】

◉許　慎　諈諈諉。纍也。从言。垂聲。竹寘切。【説文解字卷三】

◉馬叙倫　鈕樹玉曰。繫傳作累也。諉下同。説文無累字。倫按諈諉叠韻。爾雅釋言孫炎注曰。楚人曰諈。秦人曰諉。是諈諉為聲同歌類轉注字。漢書賈誼傳。然尚有可諉者。胡建傳。執事不諉上。是諈諉非連緜詞。乃轉注字。當互訓。今訓諈諉累也者。本釋言文。或後人以雅文加之。本訓捝矣。此當訓諉也。諈為託之後起字。【説文解字六書疏證卷五】

諉

◉許　慎　纍也。从言。委聲。女恚切。【説文解字卷三】

◉馬叙倫　諉音娘紐。纍音來紐。古讀歸泥。泥娘皆鼻音次濁音。故以纍訓諉也。爾雅郭注曰。以事相屬累為諈諉。廣雅。委託。累也。是諈諉即託諉也。今言委託者。諉之省也。諉諈聲同歌類轉注字。累也非本義。或非本訓。并疑諉諈二字出字林。【説文解字六書疏證卷五】

警

◉許　慎　警戒也。从言。从敬。敬亦聲。居影切。【説文解字卷三】

◉馬叙倫　鈕樹玉曰。韻會引作言之戒也。倫按苟為敬警儆之初文。苟部。戒。警也。當作敬也。戒从収持戈為會意。苟从口。羊聲。以口戒也。增攴為敬。增人為儆。增言為警。實苟之後起字。敬从攴與从収持戈同意。是敬為戒之雙聲轉注字。警訓戒者。以言敬戒也。蓋不知苟即以言相戒。又以敬為恭敬之義所專。因增言為警。不悟恭敬亦謂戒也。从言。敬聲。凡後起遞增字皆屬形聲。韻會引作言之戒也。蓋校語。或後人增言之二字。以合字形。此字失次。疑出字林。【説文解字六書疏證卷五】

謐

◉許　慎　謐静語也。从言。𥁑聲。一曰。無聲也。彌必切。【説文解字卷三】

◉馬叙倫　静語也玉篇作静也。爾雅釋詁亦作静也。蓋本作静也。語字校者加之。静也者。侐字義也。謐侐聲同脂類。故得通借。尚書舜典。惟刑之恤哉。史記五帝本紀作静哉。徐廣曰。今文作謐。是其證。然非本訓。一曰無聲也是本義。尚書堯典。四海遏密八音。莊子人間世。密。若無言。並借密為謐。釋名。寐。謐也。静謐無聲也。並其證。無聲而从言者。言音一字也。然無聲也亦非本訓。疑此字出字林也。故失次。【説文解字六書疏證卷五】

謙

孫謙印信　邵謙之印　【漢印文字徵】

謙【汗簡】

古老子　同上　古尚書　籀韻　【古文四聲韻】

◉許　慎　謙　敬也。从言。兼聲。苦兼切。【説文解字卷三】

◉馬叙倫　謙敬旁紐雙聲。疑謙為苟之轉注字。謙讓字當作歉。【説文解字六書疏證卷五】

◉楊樹達　敬説文訓肅，主從心言之，謙字從言，義不相副，此許君泛訓，非勝義也。愚以兼聲聲類諸字求之，謙蓋謂言之不自足者也。知者：兼聲之字多含薄小不足之義。五篇下食部云：「鎌，嘰也，从食，兼聲。」力鹽切。按口部云「嘰，小食也」，是鎌有小義也。六篇上木部云：「槏，户也，从木，兼聲。」苦感切。按槏字服虔通俗文字作㢘，一切經音義十六引通俗文云：「小户曰㢘。」廣韻五十二豏㢘槏二字同苦減切，㢘亦訓小户，二文實一字也。㢘説文以為户之古文。是槏字有小義也。八篇下欠部云：「歉，食不滿也，从欠，兼聲。」苦簟切。廣雅釋詁三云：「歉，少也。」又釋天云：「一穀不升曰歉。」荀子仲尼篇云：「生信愛之，則謹慎而歉。」楊倞注云：「歉，不足也。」是歉有少不足之義也。十一篇上水部云：「溓，溓溓薄冰也，或曰中絶小水，从水，兼聲。」力鹽切。玉篇廣韻並云：「溓，大水中絶，小水出也。」是溓有薄小之義也。晉語云：「嗛嗛之德，不足就也。」韋昭注云：「嗛嗛猶小小也。」漢書郊祀志云：「今穀嗛未報。」顔注云：「嗛，少意也。」荀子仲尼篇云：「滿則慮嗛。」楊注云：「嗛，不足也。」是嗛字有少小不足之義也。孟子公孫丑下篇云：「吾何慊乎哉！」趙注云：「慊，少也。」淮南子原道篇云：「不以慊為悲。」高注云：「慊，約也。」是慊有少約之義也。釋名釋用器云：「鐮，廉也，體廉薄也。」是鐮受義於廉薄也。

兼訓併，無薄少不足之義，而兼聲字多具少薄之義者，八篇下欠部云：「欠，張口气悟也。」人志倦气不足則欠，故欠字引申有欠缺之義。从欠之字，歁訓意有所欲，欿訓欲得，歁歉皆訓食不滿，與口气義略不相涉，而皆以欠缺不足為義，知制字時已早用引申義矣。欠兼音近，余疑歉為欠之加聲旁字，其他从兼聲而有薄少不足之義者，兼皆欠之假，並受義於欠也。

門下何澤翰留心文字之學，嘗告余兼聲字多含不足之義，而不知其所由受義之故。余頃悟知其當受聲義於欠，因取其説為此文示之云。【釋謙　積微居小學述林卷一】

◉黃錫全　謙 謙　《大禹謨》謙字一見，薛本作嗛，內滕本作嗛，此同。鄭珍云：嗛「本訓口有所銜也，非謙字，而李陽冰書《謙卦》，其中謙字有作嗛者，疑漢魏《易經・謙卦》或有借嗛之本。《前漢・藝文志》『易之嗛嗛』，《尹翁歸傳》『温良嗛退』，皆借作謙。」馬王堆漢墓帛書《六十四卦・謙卦》中諸謙字均作嗛(文物1984.3)。【汗簡注釋卷一】

誼

王誼私印　張誼　劉誼之印　徐誼私印【漢印文字徵】

誼並尚書【汗簡】

◉許　慎　誼人所宜也。从言。从宜。宜亦聲。儀寄切。【説文解字卷三】

◉馬叙倫　鈕樹玉曰。韻會引無人字。倫按前儒率以誼為仁義之義本字。惟徐灝謂誼字从宜。而通作義。實緣義者宜也之訓而起。非古字也。倫謂人所宜也乃校語。且為宜字義。此从言。宜聲。當別有本義。今説解捝本訓。但存校語耳。或謂誼為議之音同疑紐轉注字。【説文解字六書疏證卷五】

詡

王詡私印　蕃詡　張詡私印　臣詡【漢印文字徵】

◉許　慎　詡大言也。从言。羽聲。況羽切。【説文解字卷三】

◉馬叙倫　禮記少儀。會同主詡。決非大言也。漢書楊雄傳。尚泰奢麗誇詡。誇詡連文疑以疊韻為義。此訓大言。亦誇字義。其本義蓋與諓誐近。故次其上。或詡為誇之轉注字。誤次諓上。儀禮士冠禮。殷哻。白虎通作詡。此于羽聲通之例證。本訓誇也。校者注大言也以釋之。傳寫捝本訓。廣雅釋訓。詡詡。大也。則大言也當作大也。言也。大也校者據廣雅加之。或字林義。言字蓋爛文。【説文解字六書疏證卷五】

諓

◉許　慎　諓善言也。从言。戔聲。一曰。謔也。慈衍切。【説文解字卷三】

◉馬叙倫　王筠曰。廣韻二十八獮。諓。諂也。三十三線。諓。巧譏皃。玉篇亦無謔義。倫按善言謂巧言也。蓋先校者所以釋謔字也。傳寫捝本訓。校者又以別本作謔也者記之。諓為諞之聲同元類轉注字。【説文解字六書疏證卷五】

誐

◉許　慎　誐嘉善也。从言。我聲。詩曰。誐以溢我。五何切。【説文解字卷三】

◉馬叙倫　沈濤曰。廣韻引溢作謐。小徐本亦作謐。倫按嘉善也當作嘉也善也。爾雅釋詁。儀嘉並訓善也。儀即誐之借字。此引詩誐以溢我。今惟天之命作假以溢我。毛傳。假。嘉也。並可證誐嘉疊韻通借。校者加之。善也者謂善言也。亦非本

義。或非本訓。詠為謎之歌元對轉轉注字。引經亦校者加之。此字或出字林。【説文解字六書疏證卷五】

詷 詷

詷　詷 日甲一五七背【睡虎地秦簡文字編】

●許　慎　詷共也。一曰。譀也。从言。同聲。周書曰。在夏后之詷。徒紅切。【説文解字卷三】

●馬叙倫　鈕樹玉曰。韻會引同繫傳。唯从言同聲在共也下。倫按共為今言扛物之扛本字。非詷字本義。蓋以同破裂濁音為訓。書顧命。在後之侗。釋文。侗。馬本作詷。共也。段玉裁謂許用馬説。然許為先輩。正馬用許説耳。倫謂共也實非本訓。禮記祭統。鋪筵設同几。疏。若單作同字。是齊同之同。非詷共之詷。若詷共之詷。則言旁作詷。故古文字林皆訓詷為共。柳榮忠謂古文字林疑説文字林之誤。或古文即謂尚書顧命之詷。説者訓為共也。倫謂柳後説是也。或古文謂古文官書。然則共也乃字林義。傳寫轉删本訓。校者據別本作譀也者記之。三國志魏志臧霸傳。譀詷不法。通俗文。言過謂之譀詷。是譀也。塙為本訓。本義。故字次譏詠之下。引經亦字林所加。彼引以證共也之義也。故錯本在共也下。或此字出字林。【説文解字六書疏證卷五】

設 設

設 設屏農尉章【漢印文字徵】

設 泰山刻石建設長利【石刻篆文編】

設 雲臺碑【古文四聲韻】

●許　慎　設施陳也。从言。从殳。殳。使人也。識列切。【説文解字卷三】

●李旦丘　説文信古文作□。所从之言作□，與□字所从正同。□亦設字。□此字所从之□正與□（後下九・一）□（後下三・十二）所从之□相同，□□均為設字。則此當為設字。設。古水名。⊘其流域當在今河南北部，與中嶽同在畿內，故殷人常用時夒嶽與設也。【鐵雲藏龜零拾考釋】

●馬叙倫　鈕樹玉曰。韻會作从言殳。錢坫曰。此言設施者陳也。與上詁訓故言也同。莊有可曰。施陳非本義。桂馥曰。施當為敀。經典借施字。晉語。秦人殺冀芮而施之。注曰。施。陳其尸也。廣雅。設。施也。月令。授車以級整設於屏外。

注曰。設。陳也。經解。繩墨誠陳。不可欺以曲直。規矩誠設。不可欺以方圓。王筠曰。施字句。殳使人也難通。苗夔曰。从言。役省聲。役之聲在彳。設無彳。故謂之省聲也。倫按施陳也當作施也陳也。設从殳得聲。殳音禪紐。設音審三。是以同舌面前音為聲也。鍇本作从言殳使人也。蓋奪聲字。讀者妄增使人也三字。鉉又妄增从殳二字。陳也者攺字義。古或借設為攺。此校者依禮記月令鄭注加之。施也者。亦非本義。或非本訓。設施音同審三。故得通借。廣雅釋詁。設。施也。疑校者本廣雅加。或字林訓也。設吺蓋一字。吺下曰。多言也。故次訦詷之下。甲文有[glyph]。孫詒讓疑設。倫謂是設字也。

【説文解字六書疏證卷五】

◉孫海波　[glyph] [glyph] 其□

[glyph]　孫詒讓契文舉例釋報。又疑是設字。李旦丘鐵雲藏龜零拾承孫説。釋設云。小篆[glyph]字古文作[glyph]。[glyph]字所从之言與此字所从之▽正同。又契文[glyph]字所从之言作▽。亦與此同。[glyph]乃殳字。从言。从殳。是設字也。説文云。設。施陳也。按説文所云當為後起之誼。蓋契文設字本誼多應訓為建或造。後始引申為陳設之誼。【誠齋甲骨文字考釋】

◉于省吾　甲骨文設字作[glyph]或[glyph]。孫詒讓謂「此疑是報字」，「又疑為設之省」(舉例下一四)。王襄「疑古酌字」(簠考典禮一二)。郭沫若同志「疑是毀字」(通考八九)。陳夢家謂「設疑是霓，即雌虹」(綜述二四七)。甲骨文編入于附録。按設字，孫詒讓疑報字，又疑為設之省，猶豫不定。其餘各家所釋均難以令人置信。

[glyph]字从▽从殳，▽即言字的初文，孳乳為[glyph]。甲骨文偏旁从▽與从[glyph]無别，其佐證有三：一，甲骨文戠字左从音(古文字言音二字每同用)，早期多从▽，晚期多从[glyph]；二，甲骨文競字作[glyph]，周代金文作[glyph]，其上部从▽與从[glyph]同；三，甲骨文燮字中从▽，説文謂「燮从言从又」。依據上列三項證明，則設字所从之▽，即言字的初文，了無可疑。

説文：「設，施陳也，从言从殳，殳使人也。」按訓殳為使人殊不可據。楚辭大招的「設菰粱只」，王注謂「設，施也」。廣雅釋詁二「設，陳也」。設之訓施訓陳典籍習見。甲骨文的設字有兩種含義：一種指自然界的設施兆象言之。當時人們認為，自然界的兆象，甚至鳥鳴，都有吉兇的徵驗，而此類兆象是上帝有意為之，故以設施為言。另一種指祭祀時的陳設祭物言之。今分别舉例于下：

甲，對自然界言設

一、丙申卜，㱿貞，來乙子酌下乙。王固曰，酌，隹㞢希，其㞢設。乙子酌，明雨，伐，既雨，咸伐，亦雨。攺、卯，鳥星(乙六六六四)。

二、乙子夕，㞢設于西(乙六六六五，即乙六六六四的反面)。

三、☐允有設，明(明)㞢各(格)云(雲)自東☐☐。昃亦有設，㞢出虹，自北☐飮于河(叕存三五)。

四、☐㞢設虹于西☐(前七·七·一)。

五、☐象(象)，庚申亦㞢設，㞢鳴鳥☐𤖣圉羌，戋(甲二四一五)。

六、五日甲子，允酌，㞢設于東(乙三三三四)。

七、☐庚其㞢設，吉，受又；其隹壬，不吉(簠·典一〇五)。

八、其隹戊㞢設，不吉(乙七四七四)。

九、丁子卜，穷貞，設隹囚(咎)(京津一九五二)。

十、☐寅卜，穷貞，設不隹囚(綴合一八九)。

乙，對祭祀言設

一、壬辰卜，貞，設司室(前四·二七·八)。

二、庚申卜，叀父乙設，用(南北·明六一三)。

三、貞，王設父乙(乙四八二一)。

四、己亥卜，貞，叀羌用，寂(拓本)。

五、壬午卜，大貞，設六人(林一·二六·六)。

以上所列甲項十條的設字，均指自然界的設施兆象言之。第一條的隹㞢帬即唯有祟，泛指災禍為言。其㞢設是指着自然界的一種具體徵兆—鳥星。第二條乙子夕㞢設于西，即指鳥星而言者。第三條的允㞢設，指下句的旦明有格至之雲為言。昃亦㞢設，㞢出虹自北飮于河，即日昃時自然界又有設施的兆象。第四條是説虹作為被設施的自然界兆象而出現于西方。第五條的有鳴鳥，是把鳴鳥也視為自然界中設施的徵兆。易小過「飛鳥遺之音」，書君奭「我則鳴鳥不聞」，是其證。第七條至第十條，是就兆象的有吉有不吉和唯(為)咎不唯咎言之。以上所列乙項五條的設字，係一種概括的簡語，均指祭祀時的陳設言之。第一條的設司室，司字應讀作祀，甲骨文王若干祀之祀也作司，是其證。設祀室，是説于祭祀之室陳設品物。第二、三兩條的設字，也指陳設祭品言之。第四條的叀羌用寂，寂乃設字的繁構。是説用羌陳設，以為祭牲。第五條的設六人，是説陳列六人以為祭牲。

基于上述，設字左从□，係言字的初文，後來演化為□為□，但□形並非言字的省體。□為設之初文，通過具體分析，已明確無疑。對自然界言設，是因為兆象為天所設施；對祭祀言設，是因為祭祀須要陳設品物。如此，則設字的義訓，無有不符。【釋設 甲骨文字釋林卷中】

◉丁驌 設契文□。乙六六六四（一辭）契稍偏作□。乙六六六五、六六七三皆大字，作□無誤。此字从殳从□。說文信，古文省作□，正作□。故前人隸為毀為骰者皆謬誤。說文設从言从殳，以言使人也。古文言作□，如訊字詩字誥字，其偏旁皆如是，故知□為言之省無疑。

契文□，一般隸為戠。郭氏曾以前編四·四·四之□謂是从音之戠之別體。以其明明从言，故斷音言二字古相通也。□字亦見甲八七二、新四三〇二、佚二五三、後上二·九·六，知从□者實省文也。

言字古文之形□乃□與□之合，□舌也，此為舌之解剖形態，無怪乎今人見契文舌作□□等形，怪其何以有二歧也。如就此而論，戠字或當作試，惟試說文所無，但有諓美言也。契辭「王穷諓」云云，豈以美言禮敬先祖乎？又戔甲之稱，豈因其善辭令歟？

設字之隸定雖無問題，其字何解則頗有可商。說文謂以言使人，「殳者可以運旋之物，故使人取意于殳」。今郭某李某不以設為施陳之解，而以為設置建置之意，怪哉！夫建設乃後世之詞，後起之義，說文未見者也。契辭「設司室」亦即「設于司室」或「設祀于室」，斷不能曲解為「築一司室」，衡以他辭，如粹（五〇三）曰「設六人」，絕非「建造六人」也。

舌字契文亦假為設。故辭有「舌母庚」（前六·三四·五）又訛為涉。辭曰「舌河」（藏六〇·二、佚六九九、前六·六五·六）。非以舌為祭。此設字雖从言从殳，而音讀則得之言之中之舌音也。

上引一辭（乙六六六四）「酒下乙惟有希其有設」？乃殺人陳屍之施也。施者設也。粹辭「設六人」乃犧牲為設也。故初以酒祭下乙，但因有希，應否用犧牲以禳祭之卜也。下接乙巳酒。天明時，雨，故「伐」即殺犧牲也，不料即時仍雨，於是「咸伐」，悉殺之也。雖如是而雨猶不止，故惟有求之鳥星矣。

即，契文□與既□有別。前者為卜人名，亦訓為就。後者說文曰：「小食也。」此字殷以來作「畢」解，例如「既望」、「月既」。李孝定集釋謂字象食已回首欲去之狀，字作已食，乃即字加已而成，非象形實會意也。在此辭中，其用法當是本意小食，指時間而言。

上辭反面有辭曰「乙巳夕有設于西」，乃應正面「㞢卯鳥星」而言，因當在夜也。因知設字，乃汎指祭事，陳設於案之意，陳

牲，陳食，陳殉皆在其中矣。

咸，説文皆也悉也。玩味原辭，似原有伐數若干之意，天明伐其一部，至小食，雨仍不止，故悉伐之也。咸成兩字契文易混。如此字隸成亦可通讀，成亦大乙別稱，如解為大乙，則不合契辭之文例。如「伐于成」方合也。故作咸字釋之。

鳥星謂南方七宿，堯典曰中星鳥之鳥。契字，古文無誤。惟欲祈禳星以求止雨，雨夜又何來星？星既是南方七宿，何以又施于西？或可解為雖不見星，亦可從其所在之方向求之。鳥星在火，如何可以止雨？想是求之無效，轉而求之西方之畢宿。畢宿在西，乃好雨之星，求其不要再下雨也。

余上所解雖可通順，但求畢宿之事，則不見契辭。如斷讀契辭或可謂「㞢卯」之後遂現鳥星。此解終嫌勉強也。

音　古文　契文　从音

言　古文　契文

金文

舌　古文　契文

設　契文

信　古文　【武丁卜辭雜釋之一　中國文字新二期】

◉徐中舒　從殳從▽，于省吾謂▽即言字初文，故釋此字為設，並謂設字有兩種含義，一種指自然界的設施兆象言之，另一種指祭祀時的陳設祭物言之。見《甲骨文字釋林》釋設。【甲骨文字典卷三】

護

護軍印章　抱罕護軍長史　王護　梁護　中部護軍章　成護印信　王護　王護之印　劉

護私印　趙護私印　高堂護　容護私印　趙護綬印　丁護衆印　謝護私印　護就　賈護

彭護衆印　楊護　張護　張護私印　【漢印文字徵】

◉許　慎　護，救視也。从言。蒦聲。胡故切。【説文解字卷三】

◉丁佛言　古鉨。敦護。【説文古籀補補卷三】

譞　誧　諰

◉馬叙倫　桂馥曰。本書。蒦。視遽皃。馥謂護謂急起而振救之。倫按護。从言。蒦聲。無救視義。或非本訓。漢書李廣傳。有白馬將出護兵。注。謂監視之。王嘉傳。使者護作。注。護。監視也。張良傳。煩公卒調護太子。注。謂保安之。又卧而護之。注。謂監領諸將。西域傳。凡遣使送客者。欲為防護寇害也。倫謂八篇之卧乃救視義。从人對臣。臣从𠃉而〇其身。古之臣皆虜也。詳臣字下。故人監視之。以防其逸。而監臨字皆从卧。引申則為保護救護之義。護者。即史記褚少孫補外戚世家武帝下車泣曰嚄大姊何藏之深也之嚄。正義謂嚄失聲驚愕貌。是也。疑為譜之疊韻轉注字。譜下曰。大聲也。十篇。譜。驚皃。是譜為大聲者。驚愕之聲也。字从音。字見急就篇。【説文解字六書疏證卷五】

◉許　慎　譞譞慧也。从言。圜省聲。許緣切。【説文解字卷三】

◉馬叙倫　徐承慶曰。玉篇訓慧也。無譞字。孫星衍曰。此衍文。段玉裁曰。隸書複舉字也。桂馥曰。圜省聲。鍇本作睘聲。本書儇嬛並从睘聲。此應同。倫按八篇。儇。慧也。是慧也乃儇字義。豈儇譞一字乎。然字次護下誧上。則訓慧非也。蓋失其本義矣。或非本訓。疑譞即誇衒之衒本字。【説文解字六書疏證卷五】

誧　誧　法一〇六　二例　通甫　父死而—告之　法一〇六　【睡虎地秦簡文字編】

誧　張誧　誧　焦誧　誧　臣誧　【漢印文字徵】

◉許　慎　誧大也。一曰。人相助也。从言。甫聲。讀若逋。博孤切。【説文解字卷三】

◉馬叙倫　桂馥曰。玉篇。誧。大言也。錢坫曰。人相助。今之輔字。廣韻以為出文字音義。張楚曰。一曰人相助也乃俌字義。本書。俌。輔也。倫按大言也。傳寫奪言字。廣韻以為出文字音義。則非許書本有。一曰六字校語。字失次。【説文解字六書疏證卷五】

諰　諰　為八　【睡虎地秦簡文字編】

◉許　慎　諰思之意。从言。从思。胥里切。【説文解字卷三】

◉馬叙倫　鈕樹玉曰。韻會引及玉篇注意下有也字。段玉裁曰。廣韻曰。言且思之。疑古本作言且思之意也。方言而又思之。故字从言思。思亦聲。倫按未詳。然思之意為校者所加。本訓挩失。校者以篆从思。故注曰。思之意。謂从思有思之意也。凡本書説解中言某意者。皆校文。於此益信。【説文解字六書疏證卷五】

託 

 古老子【古文四聲韻】

◉許　慎　寄也。从言。乇聲。他各切。【説文解字卷三】

◉馬叙倫　八篇。侂。寄也。厇。古文宅。七篇。宅。所託也。寄託也。倫謂古託宅音同。宅寄義同。寄。託也。即寄。宅也。宅所託也。猶宅所寄也。二託字皆當為宅。此寄也即宅字義。託从言者。此屬託字。莊子達生。踵門而託子扁慶子。李注。託。屬也。論語。可以託六尺之孤。亦謂屬託也。亦諈之初文。諈从垂得聲。垂从𠂹得聲。𠂹乇一字也。託侂一字。【説文解字六書疏證卷五】

記 

 3·448 酷里人匋者記【古陶文字徵】

 張子孟記　 齊有記印　 呂記【漢印文字徵】

 品式石經咎繇謨　撻以記之【石刻篆文編】

 記孫強集字【汗簡】

 孫彊集　 三方碑【古文四聲韻】

◉許　慎　疏也。从言。己聲。居吏切。【説文解字卷三】

◉馬叙倫　疏借為書。史記即太史公書。或借為識。釋名。記。紀也。紀識之也。廣雅釋詁。疏。識也。記為識之轉注字。識从戠得聲。戠从音得聲。音音影紐。記音見紐。同為破裂清音也。今俗言記得。即識得也。字見急就篇。【説文解字六書疏證卷五】

◉戴家祥　說文「記，疏也。从言，己聲」。唐韻「居之切」，見母之部。己聲同其，其古文箕。箕己不但同母，而且同部。周書多士「爾尚不忌于凶德」，說文引作「上不諅于凶德」。同聲通假，字亦同期，集韻上平七之諅，「說文復其時也」。引虞書稘三百有六旬」，今尚書堯典稘作期。同聲必然同義，故簠銘借記為期。荀子不苟篇「四時不言，而百姓期焉」，楊倞注期，謂知其時候。

【金文大字典下】

譽

譽　法五一　【睡虎地秦簡文字編】

延光殘碑　【石刻篆文編】

譽　【汗簡】

◉許　慎　譽稱也。从言。與聲。羊茹切。【說文解字卷三】

◉孫詒讓　。王楚釋為俞。薛釋及。王俅夶从之。孫釋為譽。案。其字从與从口。孫釋是也。古从言之字多變从口。【古籀拾遺上】

◉李孝定　孫詒讓氏謂字从「口」，與从「言」同，當釋為「譽」，未安，朱氏謂从「口」，乃附加之形符，是也，古文空白處，常增「口」形以為填充，無義，後或孳乳為「口」，非真从口或「言」也。與从舁，與「受」字同意，惟从「与」不得其解，「与」與「丩」近，然「與」字从「丩」，無所取義，疑「与」者「臼」之形譌，「與」「受」二字，構字之法，密切相關，故一从受、一从舁，以為區別，然从舁、从臼又與「與」字無別，終覺疑未能明耳。【金文詁林讀後記卷三】

◉黃錫全　譽　《說文》與字古文作，此从之。鄭珍認為「更篆，从古文與」。【汗簡注釋卷一】

譒

◉許　慎　譒敷也。从言。番聲。商書曰。王譒告之。補過切。【說文解字卷三】

◉馬叙倫　鈕樹玉曰。韻會作敷也。倫按敷也者。以雙聲為訓。此今言繙譯字。莊子天道。於是繙十二經以說。借繙為之。此字疑出字林。【說文解字六書疏證卷五】

謝 謝

甲1159 2124 乙2489 2958 3164 3979 4748 7009 7793 7838 7919 7964 8047 珠24 620 佚122 831 徵12·25 天42 摭續13 新1073 1529【續甲骨文編】

謝于私印 謝布 謝倚期 謝式 謝世之印 謝野私印 謝紺 謝崟印信 謝株私印

謝閎私印【漢印文字徵】

謝君神道闕陽識【石刻篆文編】

【汗簡】

王存乂切韻 義雲章 竝籀韻【古文四聲韻】

◉許慎 謝辤去也。从言。䠶聲。辝夜切。【說文解字卷三】

◉孫詒讓 當是謝字反文，右「言」形與小篆同，但省「二」為「一」，金文多如是作。【契文舉例卷下】

◉羅振玉

卜辭諸謝字从言从兩手持席。或省言。或省兩手。知為手持席者。許書席古文作。夙。古文作。。又云宿字从此。豐姞敢宿字作。許書席之古文从。古金文宿从。皆象席形。此作。作。作。文有繁簡。形則同也。知兩手持席為謝者。祭義。七十杖於朝。君問則席。注。為之布席堂上而與之言。正義。布席令坐也。此从兩手持席者。蓋臣於君前不敢當坐禮。故持席以謝也。此古禮之僅存於祭義中者。今由卜辭觀之。知賜席之禮亦古矣。篆文从䠶聲。乃後起之字也。【增訂殷虛書契考釋卷中】

◉葉玉森 卜辭諸謝字為地名，本辭之象兩手攀一物形，疑與(爰)為一字，爰舟即援舟，乃引舟之誼。【殷虛書契前編集釋卷二】

◉強運開 □ 古鈢。謝玢。【說文古籀三補卷三】

◉馬叙倫 沈濤曰。文選魏都賦注，別賦注，七發注三引作謝。辤也。玉篇云。謝辭也。去也。蓋古本作謝辭也去也。謝本有辭去二義。漢書陳餘傳注引晉灼曰。以辭相告曰謝。禮記曲禮。若不得謝。亦謂若不得辭。此即訓辭之義。楚辭橘頌。願歲並謝。招魂。恐後之謝。大招。青春受謝。叔師皆訓謝為去。廣雅釋詁亦云。謝。去也。此即訓去之義。崇賢所引乃節去上一義。今本於辭下奪也字。非也。文選郭璞遊仙詩注又引作謝。辭別也。別字乃傳寫誤衍。羅振玉曰。卜辭諸謝字。从言。从兩手持席。作□。或省言作□。或省兩手作□。知為手持席者。許書。席。古文作□。𠙶。古文作□□。又云。宿字从此。豐姑𣪘宿字作□。許書席之古文从囟。古金文宿从囟。皆象席形。此作□作□。文有繁簡。形則同也。知兩手持席為謝者。祭義。七十杖於朝。君問則席。注。為之布席堂上而與之言。正義。布席令坐也。此从兩手持席者。蓋臣于君前不敢當坐禮。故持席以謝也。此古禮之僅存於祭義中者。今由卜辭觀之。知賜席之禮亦古矣。篆文从射聲。乃後起之字。倫按謝即辭讓之辭本字。故訓辭也。以假借字釋本字耳。甲文作□者。从言。□為席之初文。□謝音同邪紐。是□聲也。作□者。从言。□聲。或作□者。借□為謝。□疑从□。□聲。即本書揄之初文。揄从手。宿聲。宿為佰之後起字。甲文作□。或作□。宿音心紐。心審同為摩擦次清音。□之後起轉注字。作席。从巾。庶省聲。庶音審紐也。然則佰即得聲於□也。故字可从□。□聲。知非即謝字者。从□从□。亦可為布席之義。不必為辭席之義也。謝或□之形譌。去也校語。字見急就篇。古鉩作□。【說文解字六書疏證卷五】

◉吳其昌 □者，卜辭中，或作□(鐵・九六・三)□(菁・二・一)□(前・五・二三・二)□(林・二・一〇・一七)□(後・一・一二・一二)□(前・五・二三・四)□(後・一・一五・八)……諸形。羅振玉釋「謝」，其言曰：「說文：『謝，辭也。从言，䠶聲。』卜辭諸『謝』字，从言，从兩手持席。或省言，或省兩手，知為手持席者。許書『席』，古文作□，豐姑𣪘『宿』字作□，所从□，皆象席形。此作□□□，文有繁簡，形則同也，知兩手持席為謝者。祭義『七十杖于朝，君問則席』，注：『為之布席堂上而與之言。』正義：『布席，令坐也。』此从兩手持席者，蓋臣於君前，不敢當坐禮，故持席以謝也……篆文从『䠶』聲，乃後起之字也。」(考釋・二・五八)近郭沫若氏非之，其言曰：「卜辭『乙亥卜，行貞，王其□舟于汅(河)。亡□。』(前・二・二六・二)『乙丑卜，行貞，王其□舟于滴。亡巛』。此二片□、□，自係一字。羅釋謝，於義難通。按此與舟連文，當是浮泛之意。疑即『汎』之古文，象人以茵若竿浮於水。詩邶風『汎彼柏舟』。……」(通纂・一六一)其昌按：二說不同，似當分別觀之，其从「言」作□、□……諸字，羅釋為「謝」，竊意非誤。其餘郭説較長較塙，但未必即為「氾」字耳，又以多數卜辭觀之，此字似皆為地名。如云：「癸巳卜，王貞，

謳　詠

，往來亡巛。」（鐵·九六·三）以同類詞例解之，謂王于地，往來亡災也。如云：「貞于……」如云：「王于……」如云：「王于出……」皆為地域之名甚顯。更著者如云：「……王步自𩰤，于司（祠）。」「司」即「祀」，卜辭「隹王□祀」，亦通作「隹王□司」，可證。「王步自𩰤」，猶春秋傳之「公至自某」也。此蓋記王由𩰤步行至于而祀也。若然，則不特可知此、……之次為地名，且知其地實離𩰤不遠，故殷王得步行而至也。【殷虛書契解詁】

◉陳邦福　羅振玉曰釋謝，至確。邦福案：席中从巛、巛巛、巛巛巛，正二重、三重、五重之象。考禮記禮器云：「天子之席五重。諸侯之席三重，大夫再重。」是周禮亦與殷禮相符合。又卜辭宿或作、。據說文巾部席，古文作，皆為禮記大夫再重之象。【殷契瑣言】

◉黃錫全　謝　上録《義雲章》射謳作，此形類似，蓋即射字，假為謝。射字變化說見前。古璽有字（璽彙5450），或釋謝，形與中山王壺「忠謝」之類同。【汗簡注釋卷五】

謳

崔希裕纂古　【古文四聲韻】

◉許　慎　謳齊歌也。从言。區聲。烏侯切。【說文解字卷三】

◉馬叙倫　段玉裁曰。師古注。高帝紀曰。謳。齊歌也。謂齊聲而歌。或曰。齊地之歌。按假令許意齊聲而歌則當曰眾歌。不曰齊歌也。李善注吳都賦引曹植妾薄相行曰。齊謳楚舞紛紛。太平御覽引古樂志曰。齊歌曰謳。吳歌曰歈。楚歌曰豔。淫歌曰哇。若楚辭。吳歈蔡謳。孟子。河西善謳。則不限於齊也。倫按此是用古語為訓。不當作齊聲而歌。說。然謳之本義止是歌耳。謳下次詠。詠。歌也。明謳亦歌耳。孟子魯人。齊魯比隣。而孟子言河西善謳。齊右善歌。足證謳不必屬齊也。蓋本訓歌也。校者加齊字。謳音影紐。歌音見紐。見影同為破裂清音。轉注字也。字見急就篇。【說文解字六書疏證卷五】

詠　說文或从口　詠尊　【金文編】

詠　詠　【汗簡】

古爾雅　同上　【古文四聲韻】

◉許　慎　歌也。从言。永聲。為命切。詠或从口。【說文解字卷三】

◉丁佛言　咏伯匜。許氏説。詠或从口。【説文古籀補補卷三】

◉馬叙倫　詠音喻三。古讀喻三歸匣。歌音見紐。見匣皆舌根音。詠亦歌之轉注字。

咏。詠或从口。倫按季詠父段有字。咏伯匜作。【説文解字六書疏證卷五】

◉于省吾　甲骨文沓字作、、等形，舊不識。甲骨文編附録于口部，謂「説文所無」；續甲骨文編也附録于口部，與㫉字混在一起。按商器沓尊的沓字作，與甲骨文同形。沓即古咏字，其从口在下與在側本無別。咏與詠典籍多通用。説文：「詠，歌也，从言永聲。咏，詠或从口。」又甲骨文有字(甲一五五九，原辭已殘)，舊也不識，甲骨文編入于附録，續甲骨文編附録于口部。按乃咏字的異構。古文字的邪劃有的作折角形，例如商器小子尌簋的易字作，西周器妊[illegible]母簋的永字作，是其證。然則即咏字，了無可疑。説文訓詠或咏為歌，漢書揚雄傳顔注訓頌為歌，歌與頌義相因。甲骨文于祭祀每言咏或不咏，是對被祭者歌頌與否之義。其言「小臣咏王」(甲一二六七)，是説小臣歌頌王。甲骨文咏與永每通用。周初器大保簋的「王永大保」，以永為咏。這是説王贊揚大保。此外，甲骨文以永為人名或地名者不備述。【釋沓　甲骨文字釋林卷下】

◉黄錫全　詠　夏韻敬韻録《古爾雅》詠作二形，上形已見口部，此从子从永，即㳦。鄭珍認為「左因泳游之游本字从子作汓，遂依附泳亦从子，非也」。郭見本泳蓋作㳦，采之以隸作古。永形變化説見永部。【汗簡注釋卷六】

◉黄錫全　詠　夏韻敬韻注出《古爾雅》。詠尊詠作，《説文》詠字或作。郭見本詠作咏，以隸作古，永形同目録。【汗簡注釋卷一】

諍

諍豐私印　家諍之印　吕諍阿印　【漢印文字徵】

◉許　慎　止也。从言。爭聲。側迸切。【説文解字卷三】

◉馬叙倫　桂馥曰。止當作正。諍正聲相近。説苑臣術篇。有能盡言於君。用則留之。不用則去之。謂之諫。用則可生。不用則死。謂之諍。周禮司諫注。諫猶正也。倫按廣雅釋詁。諍。諫也。經傳以爭爲之。孝經諫諍章。天子有爭臣七人。則桂説是。正以聲訓。或爲証省。當次証諫之下。証諍聲同耕類。轉注字。玄應一切經音義引倉頡。諍。訟也。亦引也。【説文解字六書疏證卷五】

[glyph] 鐵三・一　卜辭用乎為評重見乎下【甲骨文編】

[glyph] 乎之重文【續甲骨文編】

[glyph] 評　不从言　頌鼎　乎字重見【金文編】

◉許　慎　評召也。从言。乎聲。荒烏切。【説文解字卷三】

◉馬叙倫　鈕樹玉曰。鍇本作召許也。許蓋評之譌。倫按鈕説是也。評是隸書複舉字之譌乙於下者也。【説文解字六書疏證卷五】

◉李孝定　[glyph]　栔文不从言。叚乎為之。乎字重文。【甲骨文字集釋第三】

◉徐中舒　卜辭以乎爲評，重見卷五兮部乎字。【甲骨文字典卷三】

[glyph] 謼　日甲一一一背　通呼　其鬼恒夜—焉　日甲六七背　[glyph] 日甲三三背　二例　[glyph] 日甲二五背　二例【睡虎地秦簡文字編】

◉許　慎　謼評謼也。从言。虖聲。荒故切。【説文解字卷三】

◉馬叙倫　桂馥曰。評謼也當作評諕也。本書。諕。號也。玉篇。謼。大叫也。國語。三軍譁呴。賈逵曰。呴。謼也。或借嘑字。周禮雞人。夜嘑旦。嚴可均曰。韻會七遇引無謼字。此衍。徐灝曰。口部呼嘑。言部評謼。皆本一字。其義相依也。朱駿聲曰。當為評之或體。倫按朱説為長。評謼也當作評也。謼乃隸書複舉字之譌乙於下者也。此字蓋出字林。【説文解字六書疏證卷五】

[glyph] 李訖【漢印文字徵】

[glyph] 訖出楊氏阡銘【汗簡】

[glyph] 楊氏阡銘【古文四聲韻】

◉許　慎　䛒止也。从言。气聲。居迄切。【説文解字卷三】

◉馬叙倫　止也者。疑汔字之引申義。訖疑為吃之重文。或有本義而今亡矣。字見急就篇。【説文解字六書疏證卷五】

◉黄錫全　□ 訖出楊氏阡銘　鄭珍云：「此以仡為訖，左从人，寫誤。」夏韻迄韻録作□。《説文》仡下引《周書》曰「仡仡勇夫」，即《秦誓》文，今本作仡。《釋文》云：「馬本作訖訖。」【汗簡注釋卷一】

諺　諺

□ 成功諺印　□ 趙國襄國宋諺字子義　【漢印文字徵】

□ 諺　【汗簡】

□ 古尚書　□ 古文　【古文四聲韻】

◉許　慎　諺傳言也。从言。彦聲。魚變切。【説文解字卷三】

◉丁佛言　□ 古鉢。諺國。从彦省。【説文古籀補補卷三】

◉馬叙倫　段玉裁曰。玄應音義十二引。傳言也下有謂傳世常言也。蓋庾儼默注。沈濤曰。御覽四百九十五引。諺。傳言也。俗言曰諺。一切經音義廿引。亦有俗語也三字。倫按校語也。然廣韻止訓傳也。疑許亦以聲訓。故庾注謂傳世常言以釋之。古鉢有□字。【説文解字六書疏證卷五】

◉徐錫台　H11:36號卜辭(圖10)「彦曰其……」彦即諺字，《説文》：「諺，傳言也。」《廣韻》：「俗言也。」

【周原出土卜辭試釋　古文字論集(一)】

◉黄錫全　□諺　鄭珍云：「《尚書》諺字止《無逸》一見。薛本同，从彦省。」古璽諺作□(字表3.6)，从彦而省彡，猶如産字本从彦聲作□(璽彙3661)，《説文》正篆省作□。【汗簡注釋卷一】

◉戴家祥　羅振玉曰：喭字作□，下从□，初亦不審為何字，以下善字从□推之，知即言字。蓋即許書之諺，篆文从彦聲，此从彦省聲也。丁戊稿二一葉羣氏喭作善會跋。按集韻去聲二十三綫，「諺，説文傳言也。古作喭。」从口不从言。又二十八翰，「喭，古文作喭。」从言彦省聲。喭諺表義更旁字也，唐韻魚變切，疑母元部。【金文大字典下】

訝 訝

4·95　匋攻迓　【古陶文字徵】

迓　説文所無　日甲五七背　【睡虎地秦簡文字編】

籀韻　王存乂切韻　【古文四聲韻】

◉許　慎　□相迎也。从言。牙聲。周禮曰。諸侯有卿訝發。吾駕切。□訝或从辵。【説文解字卷三】

◉顧廷龍　□　訝或从辵。潘孟棠匋里人迓。□周。去匋里迓。□周。蔓圖南里人迓。□周。匋工迓。□潘。【古匋文舂録卷三】

◉馬叙倫　鈕樹玉曰。周禮掌訝無發字。韻會引同繫傳。惟訝下無也字。倫按訝爲迎逆御之雙聲轉注字。引經校者加之。故鍇本在从言上。然相迎也者非本訓。或非本義。古書借訝為迎耳。又疑此字非許書本有。玉篇詣下引本書。此下引聲類。蓋呂忱據聲類加之。【説文解字六書疏證卷五】

詣 詣

156　【包山楚簡文字編】

詣　秦一八　二例

封八五

秦　一一五　五例

法一三九　五例

日乙一〇七

日甲七九

詣 封一七　詣 封九一 【睡虎地秦簡文字編】

□ 祝尚兵韻 【古文四聲韻】

◉許　慎　詣候至也。从言。旨聲。五計切。【説文解字卷三】

◉劉心源　詣。舊釋詔。非。説文無詔字。大徐所補十九文始有之。文選注三十五引獨斷云。詔猶告也。三代無其文。秦漢有之。古刻安得有詔字乎。且詔从召。召从口。刀聲。此从□。下文从□。亦非口上刀也。案古刻偏旁从旨者。如𩡧字多从□。説文旨从甘。甘从口含一。作□。古刻省。伯晨鼎𩡧从□。與此言旁从□正同。知此碻是詣字。下文𩡧字从□。又與从□者近矣。詣者至也。此銘文義乃是詣井叔。辨之。猶今人被控者到案也。【奇觚室吉金文述卷二】

◉馬叙倫　王筠曰。候至也疑是候也至也。而玉篇。詣。往也。到也。至也。無伺候之説。夂部致下曰。送詣也。似候字是衍文。倫按訝訓相迎。詣訓候至。皆致辭也。故字从言。詣訝雙聲轉注。説解當曰。訝也候至也。疑非本訓。文選洞簫賦注引倉頡。詣至也。字見急就篇。【説文解字六書疏證卷五】

◉饒宗頤　丁亥卜，㝊貞：羌舟𢦔(啓)王□(皆)(佚存九八二)。按皆疑讀為詣。説文：「詣，候至也。」玉篇訓詣為往也到也。【殷代貞卜人物通考卷五】

◉許　慎　講和解也。从言。冓聲。古項切。【説文解字卷三】

◉馬叙倫　和解也校語。本訓捝矣。【説文解字六書疏證卷五】

◉許　慎　謄迻書也。从言。朕聲。徒登切。【説文解字卷三】

◉馬叙倫　朱駿聲曰。謄録字元代始用之。倫按。謄从言。義必非移書。此校語耳。本訓捝矣。或曰。迻書也當作迻也書也。玉篇引許叔重曰。謄。傳也。謄音定紐。傳遽為轉注字。遽音羣紐。定羣同為破裂濁音。迻驛音同喻四。迻也即驛也。此遽字義。書也亦非本義。或非本訓。【説文解字六書疏證卷五】

訒

訒古論語 【汗簡】

古論語 【古文四聲韻】

◉許 慎 頓也。从言。刃聲。論語曰。其言也訒。而振切。【説文解字卷三】

◉馬叙倫 訒頓以疊韻為訓。訒為訥之雙聲轉注字。其本義當曰。言難也。論語憲問。仁者其言也訒。又曰。剛毅木訥近仁。明訒訥之義同矣。引經校者加之。訥下何不引木訥。或君子欲訥於言而敏於行乎。蓋校者以頓也於義不顯。故引此明之。【説文解字六書疏證卷五】

◉黄錫全 訒古論語 今本《説文》云：「訒，頓也。从言，刃聲。《論語》曰『其言也訒』。」今本《論語》同。劉寶楠《論語正義》云「頓與鈍同」。《玉篇》殘卷言部訒下引《説文》云「訒，鈍也」，顧氏所據當是《説文》古本。郭見《古論語》本亦作訒，取之以隸作古。【汗簡注釋卷二】

訥

訥 【汗簡】

古老子 王存乂切韻 【古文四聲韻】

◉許 慎 言難也。从言。从內。内骨切。【説文解字卷三】

◉丁佛言 古鉨。長訥。【説文古籀補補卷三】

◉馬叙倫 説文疑曰。㕯字説曰。言之難也。訥為贅矣。鈕樹玉曰。韻會引从言。內聲。戚學標曰。本从言。內聲。沈濤曰。一切經音義八及九及十及廿二及廿五引皆無言字。朱駿聲曰。訥當為吶之或體。倫按難也以聲訓。言難也校者加之。然玉篇引亦無言字。【説文解字六書疏證卷五】

◉黄錫全 訥 鄭珍云：「㕯字也。隸變作吶。《篇韻》分為二字非是。《説文》㕯訥本實一文，字从口从言一也，故經典㕯訥同用。此內从《義雲章》更篆。」內字古有作（子禾子釜）、（侯馬盟書）、（鄂君啟節）等形，古㕯蓋有作此形者。古璽㕯作（璽彙2077）。【汗簡注釋卷一】

謯

◉許　慎　謯謯娽也。从言。虘聲。側加切。【説文解字卷三】

◉馬叙倫　惠棟曰。謯娽未詳。類篇引之作謯録。廣雅。録。謯也。此誤為娽。段玉裁曰。廣雅。謯。録也。許書有娽無録。其義未聞。鈕樹玉曰。廣韻九麻引。謯。詠也。詠蓋録之譌。俞樾曰。謯者。詛之籀文。凡籀文从虘者。小篆或省作且。辵部。退之籀文作䢐。网部。罝之籀文作䍿。並其例也。一切經音義曰。詛。古文作樝。樝者。謯之變體。漢書外戚傳。為媚道祝謯後宮有身者。注曰。謯。古詛字。是師古猶識古字也。徐灝曰。疑謯字誤重。趙曾望曰。謯娽者。詐也。當時蓋有此語。史記。范雎更名張禄。詐名也。謯娽張禄一聲之轉。倫按未詳。俞先生説長。謯字乃隸書複舉字也。玉篇引作謯。録也。【説文解字六書疏證卷五】

⿱伿言

◉許　慎　⿱伿言待也。从言。伿聲。讀若⿱臥食。胡禮切。【説文解字卷三】

◉馬叙倫　徐鍇曰。此與徯字義相通也。倫按此字未見經籍用之。本書。徯。待也。徯⿱伿言音並匣紐。待也即徯字義。本義蓋亡矣。讀若⿱臥食者。本書臥部。⿱臥食。楚謂小兒嬾⿱臥食。从臥食。其音尼見切。倫謂⿱臥食从臥得聲。詳⿱臥食字下。臥音疑紐。⿱伿言从伿得聲。只音本在溪紐。亦舌根音。故⿱伿言得讀若⿱臥食。【説文解字六書疏證卷五】

謷

古老子【古文四聲韻】

◉許　慎　謷痛呼也。从言。敫聲。古弔切。【説文解字卷三】

◉馬叙倫　痛呼也非本訓。玉篇引倉頡。謷。大呼也。顧野王謂或為噭字。蓋以為噭謷一字也。【説文解字六書疏證卷五】

譊

3·805　譊賦　此从音古文堯省聲【古陶文字徵】

譊姊　宋譊之印【漢印文字徵】

◉許　慎　譊恚呼也。从言。堯聲。女交切。【説文解字卷三】

◉馬叙倫　沈濤曰。一切經音義八引作譊譊。恚訟聲也。廿引作恚呼也。倉頡篇。訟聲也。倫按玄應首引有校語羼入。譊

謍 

諎 

从堯得聲。堯音疑紐。見疑同為舌根音。是譊謍為轉注字。痛呼恚呼後人別之。皆校語。本訓捝矣。【說文解字六書疏證卷五】

◉許　慎　謍小聲也。从言。熒省聲。詩曰。謍謍青蠅。余傾切。【說文解字卷三】

◉馬叙倫　謍蓋譻之轉注異文。謍从熒得聲。熒从冂得聲。冂音見紐。譻音影紐。影見皆破裂清音。譻之為謍。猶鸎之今作鶯矣。小聲也字林訓。見文選長笛賦注引。詩青蠅釋文引同此者。字林附於說文。故唐初人引之。不甚詳別也。本訓捝矣。亦或此字出字林也。字从音。【說文解字六書疏證卷五】

 籀韻【古文四聲韻】

◉許　慎　諎大聲也。从言。昔聲。讀若笮。壯革切。唶諎或从口。【說文解字卷三】

◉馬叙倫　鈕樹玉曰。繫傳無也字。韻會引作聲也。沈濤曰。爾雅釋鳥釋文曰。唶。說文云。借字也。一云。大聲。則大聲乃一解也。然借字也三字義不可曉。詞氣不完。必有譌。桂馥曰。讀若笮者。周禮柞氏。鄭司農云。柞讀為音聲唶唶之唶。屋笮之笮。葉德輝曰。昔乍音同。本書齰或从乍作齚。又酬醋之醋。經典多用酢。儀禮特牲饋食禮。尸以醋主人。注。古醋作酢。又有司徹。尸以醋主婦。注。今文醋作酢。漢書文三王傳注。晉灼曰。許慎措置字借以為笮耳。周禮春官典同。侈聲筰。注。杜子春讀筰為行扈唶唶之唶。又秋官柞氏注。鄭司農云。柞讀為音聲唶唶之唶。又考工記輪人。轂小而長則柞。注。鄭司農云。柞讀為迫唶之唶。淮南記論訓。履夫子之籍。高注。籍或作阼。是諎讀為笮。古音同也。劉秀生曰。昔聲乍聲同在模部。矛部。稓。从矛。昔聲。讀若笮。與此同。倫按疑嚄之疊韻轉注字。史記信陵君傳。晉鄙嚄唶宿將。正嚄唶連文。如爾雅釋文引。或一本作借也。一本作大聲也。本書無借字。字从音。鍇本有諎字者。隸書複舉字也。此字或出字林。【說文解字六書疏證卷五】

◉戴家祥　廣雅釋訓訓唶：「唶鳴也。」唐韻「壯革切」照母之部。【金文大字典下】

◉許　慎　諛諂也。从言。臾聲。羊朱切。【説文解字卷三】

◉馬叙倫　玉篇引倉頡。諛。從也。亦見急就篇。【説文解字六書疏證卷五】

◉楊樹達　臾有下義，荀子大略篇云：「流丸止於甌臾。」注云：「甌臾，窊下之地。」禮記少儀篇云：「冬右腴。」注云：「腴，腹下也。」説文云：腴，腹下肥也。人性卑下者必諂，故諛字从臾矣。【字義同緣於語源同例證　增訂積微居小學金石論叢卷一】

138【包山楚簡文字編】

讇　諂【汗簡】

義雲章　古史記【古文四聲韻】

◉許　慎　讇諛也。从言。閻聲。丑琰切。諂讇或省。【説文解字卷三】

◉馬叙倫　沈濤曰。一切經音義六引作佞也。倫按讇从閻得聲。諛从臾得聲。閻臾音皆喻紐。故讇諛轉注字。玄應引三倉。佞言曰諂。則引此是字林依三倉為訓者也。【説文解字六書疏證卷五】

◉楊樹達　言部又云：「讇，諛也。从言，閻聲。」或从臽作諂。按臽有低下之義。説文七篇上臼部云：「臽，小阱也。从人在臼上。」七篇下穴部云：「窞，坎中小坎也。从穴，从臽，臽亦聲。」十四篇下𨸏部云：「陷，高下也。从𨸏，臽聲。」八篇上臥部云：「監，臨下也。从臥，峪省聲。」【字義同緣於語源同例証　增訂積微居小學金石論叢卷一】

◉黄錫全　讇　夏韻琰韻注出《古史記》作□，鄭珍認爲此形是「篆，右上門之誤」。《漢書·五行志》「佞讇之計」，《劉輔傳》「讇諛之士」，師古注「讇，古諂字」。郭采之，以隸作古。《説文》讇字或體作諂，正篆作讇。【汗簡注釋卷一】

◉黄錫全　諂　夏韻琰韻録作□，國差𦉜之「𦉜」作□，《説文》詹字正篆作□。此形原當作□或□。鄭珍云：「从詹省，是譫妄字。」譫、諂音義均近，此假譫爲諂。【汗簡注釋卷一】

◉許　慎　諼詐也。从言。爰聲。況袁切。【説文解字卷三】

◉馬叙倫　諼詐轉注。諼从爰得聲。爰从于得聲。于詐聲同魚類。失次。【説文解字六書疏證卷五】

◉楊樹達 說文三篇上言部云：「諼，詐也。从言，爰聲。」按諼當受義於蝯。說文十三篇上虫部云：「蝯，善援禺屬。从虫，爰聲。」九篇上甶部云：「禺，母猴屬。」【字義同緣於語源同例証 增訂積微居小學金石論叢卷一】

謷

古尚書 【古文四聲韻】

◉許 慎 謷不肖人也。从言。敖聲。一曰。哭不止。悲聲謷謷。五牢切。【說文解字卷三】

◉馬叙倫 鈕樹玉曰。韻會引人下有言字。廣韻五肴。不肖也。六豪。不省語也。據此。疑肖乃省之譌。詩板鄭箋。女聽我言謷謷然不肯受。許當本此。又玉篇。聱。引廣雅不入人語也。知聱即謷之俗體。倫按未詳。以詩箋證之。蓋捝本訓。但存校語。又有捝譌耳。史記殷本紀。仲丁遷於隞。索隱曰。亦作囂。謷蓋囂之轉注字。聲同宵類。一曰。哭不止悲聲謷謷者。朱駿聲以為号字義。玉篇。号。痛聲也。然倫疑謷字義。上文。謞。痛呼也。謞謷同舌根音。漢書東方朔傳。聲謷謷。正痛呼聲也。此校語。玉篇引作一曰。呹。不悲也。呹為哭譌。【說文解字六書疏證卷五】

訹

184【包山楚簡文字編】

◉許 慎 訹誘也。从言。术聲。思律切。【說文解字卷三】

◉馬叙倫 誘之轉注字。詳誘字下。【說文解字六書疏證卷五】

詑

◉許 慎 詑沇州謂欺曰詑。从言。它聲。託何切。【說文解字卷三】

◉馬叙倫 沈濤曰。一切經音義四引。兖州謂欺曰詑。不信也。廿引詑。不信也。倫按盖捝本訓。但存校語耳。韻會引作欺也。欺當作諆。諆為欺謾之欺本字。詳欺字下。急就篇以謾訑連文。而字从也。盖傳寫之譌。猶佗之作他矣。【說文解字六書疏證卷五】

◉戴家祥 詑字从言从㐌，疑即詑之更旁字。說文「沇州謂欺曰詑，从言，它聲」，集韻下平八戈詑訑同字。按从又與从手同義，唐韻拕音「託何切」透母歌部，詑字不但同部，而且同母。知㐌即拕之更旁字也。【金文大字典下】

謾

◉許慎　謾欺也。从言。曼聲。母官切。【説文解字卷三】

◉馬叙倫　沈濤曰。一切經音義十七引。謾。欺也。不信也。不信乃詑字之訓。倫按欺也當作諆也。謾聲元類。詑聲歌類。為歌元對轉轉注字。字見急就篇。【説文解字六書疏證卷五】

譇

◉許慎　譇拏。羞窮也。从言。奢聲。陟加切。【説文解字卷三】

◉馬叙倫　方言十。嘫咔。謰謱。拏也。東齊周晉之鄙曰嘫咔。南楚曰謰謱。拏。揚州會稽之語也。或謂之惹。此下文曰。謰。謰謱也。謱。謰謱也。謰謱為連緜詞。本書無嘫咔。嘫咔即謰謱之轉音。十一篇瀾或从連作漣。是其例證。譇拏疊韻連語。譇謱音同知紐。拏謰同為鼻音次濁音。然則以方言可以證知譇拏謰謱義同。是譇謱為轉注字矣。此説解當作拏也。然非本義。或非本訓。譇則隸書複舉字之未删者。羞窮二字校者加之。謱譇盖即今語嚕嗦之本字。【説文解字六書疏證卷五】

詐

◉許慎　詐慙語也。从言。作聲。鉏駕切。【説文解字卷三】

◉馬叙倫　徐鍇曰。在心曰怍。在言曰詐。王筠曰。段玉裁曰。左傳定八年。桓子咋謂林楚。杜注。咋。暫也。當作詐字。是也。慙乃暫之譌。徐灝曰。詐詐本一字。倫按如鍇説。則怍詐一字。如灝説。則詐詐一字。聲義皆可依據。倫謂今謂乍言乍起者。皆是猝字或趚字義。此自如鍇説與怍一字。故次譇下。為慙之轉注字。慙音從紐。詐音牀紐。同為破裂摩擦濁音也。在心為慙。出言為詐。本訓慙也。語字校者依字形加之。或此字林訓。本訓捝矣。【説文解字六書疏證卷五】

謺

◉許慎　謺讘也。从言。執聲。之執切。【説文解字卷三】

◉馬叙倫　王筠曰。此誤拾為讘。而又重出謺字耳。讘。多言也。若謺讘是連語。不應同音之陟切。若一字兩體。則不應遠隔。玉篇云。拾也。則與拓雙聲同義。然不應从言。廣韻云。拾人語也。當是。倫按經籍未見謺字。未詳。然説解曰。讘也。謺讘音同照紐。盖讘之轉注字。謺字乃隸書複舉而未删者。【説文解字六書疏證卷五】

謰 謰

◉許　慎　謰謰謱也。从言。連聲。力延切。【説文解字卷三】

謱 謱

◉許　慎　謱謰謱也。从言。婁聲。陟侯切。【説文解字卷三】

◉馬叙倫　謱从婁得聲。連婁雙聲。謰謱連緜詞。即呶之長言。玉篇謏下曰。案方言即謰謱也。為拏字在手部也。蓋謏為呶之異文。拏為呶之借字也。此二字在詒誑上。失次。【説文解字六書疏證卷五】

詒 詒

詒中山王𰯌鼎　詒死罪之有若【金文編】

詒日甲一六六　二例　通怡　朝見不—　日甲一六三【睡虎地秦簡文字編】

◉許　慎　詒相欺詒也。一曰。遺也。从言。台聲。與之切。【説文解字卷三】

◉郭沫若　遺當从辵食聲，聲在之部，以義推之當是贈詒之詒。【段𣪘　兩周金文辭大系考釋】

◉馬叙倫　相欺詒也字林訓。挩本訓矣。郭璞方言注曰。汝南人呼欺一曰詒。古書多假給為之。倫謂詒詸為同摩擦次清音轉注字。詒音喻四。詸音心紐也。亦諆之聲同之類轉注字。一曰遺也者。玉篇引作相喜也。遺謂送遺。書傳作貽。本書無貽。贈即貽也。詒贈為之蒸對轉。故古或借詒為贈。此校語。【説文解字六書疏證卷五】

◉徐中舒　伍仕謙　詒、台同。台，何也？《尚書·湯誓》：「夏罪其如台。」「如台」《史記》作「奈何」。【中山三器釋文及宮室圖説明　中國史研究一九七九年第四期】

◉劉　釗　《文编》三·五第6欄有字作「□」，《文编》隸作訟，以不識字列於言部。按字从言从二厶，應隸作訟，釋作詒。戰國文字中有些字的部分偏旁常常寫成兩個。如古璽陣字作「□」(《文编》十四·七第3欄)，倮字作「□」(《文编》附録一〇三第2欄)，語字作「□」(《文编》三·二第6欄)等皆其例。戰國陳胎戈胎字作「□」，陶文貽字作「□」，所从之台皆从二厶。戰國文字中从台之字多从厶作。如怠字作「□」(《文编》十·十一第5欄)，始字作「□」(《文编》十二·五第2欄)，總字作「□」(《文编》十三·三第7欄)，故「□」可釋為「詒」。【璽印文字釋叢(一)　考古與文物一九九〇年第二期】

◉戴家祥　趙誠讀詒為貽，朱德熙裘錫圭讀詒為辝。説文：「辤，不受也。从辛从受，受辛宜辤之。辝，籀文辤，从台。」張政烺从朱

說。古文字研究第一輯第二五九葉。按詒貽俱音「與之切」，喻母之部。辝辭俱讀「似茲切」，邪母之部。在經傳中同部叚借者頗多。詒字未始不可以讀辝，顧鼎銘詒與死辠連文，死辠不可以贈遺，亦不可以欺詒，此理甚明，兩相比較，似以讀辝為長。辝辭同字，說文「辭，訟也。从𤔔，𤔔猶理辜也」，理辜死辠義相貫注。【金文大字典下】

謲

◉許　慎　謲相怒使也。从言。參聲。蒼南切。【說文解字卷三】

◉馬叙倫　相怒使也。字林訓。挩本訓矣。字亦失次。【說文解字六書疏證卷五】

誑

說文【古文四聲韻】

◉許　慎　誑欺也。从言。狂聲。居況切。【說文解字卷三】

◉馬叙倫　誑音見紐。諼音曉紐。同為舌根音。是誑與諼為轉注字也。欺當為諆。【說文解字六書疏證卷五】

譺

◉許　慎　譺騃也。从言。疑聲。五介切。【說文解字卷三】

◉馬叙倫　沈濤曰。一切經音義十六引作欺調也。廣雅釋詁。譺。調也。正本許書。音義十二引字林。譺。欺調也。或謂十六所引亦是字林。傳寫譌為說文。不知字林率本說文也。嚴可均曰。騃字疑校者輒改。朱駿聲曰。一切經音義十六引作欺調也。字林。譺調也。通俗文。大調曰譺。是此字當為啁戲之意。今訓騃者。似古書或假借為癡為佁也。倫按八篇。佁。癡皃。讀若騃。是騃也當作佁也。借騃為佁耳。然佁為癡皃。七篇。癡。不慧也。此字次誑譔之閒。若訓為佁。義不相類。檢卷子本玉篇引作咍也。本書無咍字。蓋即詒之別體。或此本訓詒也。傳寫譌為駘。又譌為騃。或校者改駘為騃耳。或騃字乃校者以釋譺字之音者也。譺詒聲同之類。是轉注字。玄應一切經音義引倉頡篇。譺。欺也。玄應引作欺調也者。字林訓。【說文解字六書疏證卷五】

𧩯

◉許　慎　𧩯相誤也。从言。昊聲。古罵切。【說文解字卷三】

◉馬叙倫　嚴可均曰。篆體當作𧩯。說解當作界聲。錢坫曰。本書無昊。當是界之誤。或省。聲同詫。嚴章福曰。界即䀠部

㬅字。王筠曰。㬅畀皆从𥄕得聲。諤从㬅得聲。㬅。舉朱切。斗部斞亦从㬅聲。亦舉朱切。而諤古罵切者。則後世變音也。徐灝曰。錢説是。倫按相誤亦謂欺也。故玉篇訓欺也。或此本作欺也。相誤也者字林訓。或此字出字林也。諤聲魚類。誑聲陽類。魚陽對轉轉注字。矍从瞿得聲。瞿畀同从𥄕得聲。矍讀若穬彼淮夷之穬。吕氏春秋權勳。若告我曠夏。曠夏謂誑夏。皆其例證。【説文解字六書疏證卷五】

訕 訕

 訕竝史書【汗簡】

 古尚書【古文四聲韻】

◉許　慎　訕謗也。从言。山聲。所晏切。【説文解字卷三】

◉馬叙倫　玄應一切經音義五後漢書孔融傳注引倉頡。訕。非也。【説文解字六書疏證卷五】

◉黄錫全　 訕並史書　《漢書·異姓諸侯王表》「姍笑三代」，《佞幸傳》「顯恐天下學士姍己」，注「姍，古訕字」。鄭珍云：「此所本。依《説文》姍，誹也。訕，謗也。誹，亦謗也。則姍、訕異字。義同音近耳。」【汗簡注釋卷五】

譏 譏

◉許　慎　譏誹也。从言。幾聲。居衣切。【説文解字卷三】

誣 誣

 誣　法四九　十三例　 法四一　五例【睡虎地秦簡文字編】

◉許　慎　誣加也。从言。巫聲。武扶切。【説文解字卷三】

◉馬叙倫　嚴可均曰。加下當有言字。一切經音義十及十三引作加言曰誣。十一十五十七廿一引作加言也。六書故十一引唐本作加諸也。諸即言之誤。沈濤曰。玄應所引言字乃諸字之譌。論語。我不欲人之加諸我。我亦無欲加諸人。加諸二字連讀。史通采撰篇。重以加諸。舊唐書僕固懷恩傳。妄作加諸。加諸皆謂誣也。倫按如玄應引。則加下自捝言字。然加言亦加言曰誣之省。而加言曰誣實校語。古無訓誣為加者。蓋本訓捝失矣。沈説亦通。加諸似近誣之緩言。然非本訓。或唐本

誹

乃唐人以其時習改之。禮記樂記。誣上行私。注。誣。罔也。罔借為誑。故左襄十四年傳。不可誣也。昭廿六年傳。祇取誣焉。注皆訓欺。然誣誑義似有異。傳記之誣以魚陽對轉借為誑。而此與謗為魚陽對轉轉注字。凡上文訑謾詒誑諸文之訓欺。此訕譏諸文之訓毀。下文謣誤諸文之訓妄。其語原同而義則微異。字見急就篇。【説文解字六書疏證卷五】

◉楊樹達　字从言，一切經音義引説文作加言也，是也。字从巫者，韓非子顯學篇云：「今巫祝之祝人曰：使若千秋萬歲。千秋萬歲之聲聒耳，而一日之壽無徵於人，此人所以簡巫祝也。」鹽鐵論散不足篇云：「世俗飾偽行詐，為民巫祝以取釐謝，堅額健舌，或以成業致富，故憚事之人釋本相學；是以街巷有巫，閭里有祝。」蓋巫之為術，假託鬼神，妄言禍福，故誣字从巫从言，訓為加言，引申其義則為欺，為誣罔不信也。【釋誣　積微居小學述林卷一】

誹【汗簡】

◉許　慎　誹謗也。从言。非聲。敷尾切。【説文解字卷三】

◉馬叙倫　王筠據鍇本篆作誹。玄應一切經音義引字林。謗也。蓋即許訓也。玄應又引倉頡。誹。毁也。【説文解字六書疏證卷五】

◉黄錫全　誹　《説文》正篆誹作誹。此形言旁在下作，類似諺作（字表92）、諫作（盂鼎）、惕作（趙孟壺）等。非字古作（侯盟）、（中山王鼎）、（三體石經），此「非」形同。【汗簡注釋卷一】

謗

謗　為八【睡虎地秦簡文字編】

◉許　慎　謗毁也。从言。旁聲。補浪切。【説文解字卷三】

◉馬叙倫　訕譏誣誹謗五字轉注。誣誹謗皆脣音。譏誹則疊韻。訕音審紐。誹音敷紐。同為摩擦次清音。誣聲魚類。謗聲陽類。魚陽對轉也。玄應一切經音義六引倉頡。謗。毁也。又引字林。謗。毁也。然則毁也或字林義。本訓亡矣。【説文解字六書疏證卷五】

譸 譸

詶 詶

詛 詛

譸古尚書 嚋 嚋竝崔希裕纂古【古文四聲韻】

◉許　慎　譸詶也。从言。壽聲。讀若醻。周書曰。無或譸張為幻。張流切。【説文解字卷三】

◉許　慎　詶譸也。从言。州聲。市流切。【説文解字卷三】

◉丁福保　説文無咒字。一切經音義卷二十五咒詛下云。又作祝。説文作詶。案説文作詶者言部。譸。詶也。詶。譸也。詛。詶也。詶卽咒。又作祝者。大雅侯作侯祝。毛傳作祝詛也。【説文解字詁林后編】

◉馬叙倫　沈濤曰。一切經音義六及十四廿五皆引。詶。詛也。之授反。十七云。祝。説文作詶。今作呪。同之授反。玉篇云。詶。説文職又切。詛也。盖古本如此。此即詛呪正字。今本乃淺人妄改。音市流切亦誤。倫按玉篇。詶。説文亦譸字也。則顧據本詶為重文。譸音知紐。詶音禪紐。同為舌面前音。又聲皆幽類。為轉注字。十四篇。醻。重文作酬。同。史記十二諸侯年表。晉厲公壽曼。春秋成十八年作州蒲。是其例證。玄應一切經音義引倉頡。酬作詶。主答客曰酬。又引解詁。詶亦酬字。報也。餘見酬下。【説文解字六書疏證卷五】

詛　詛　法五九【睡虎地秦簡文字編】

詛　詛楚文　而兼倍十八世之詛盟【石刻篆文編】

詛古史記【古文四聲韻】

◉許　慎　詛詶也。从言。且聲。莊助切。【説文解字卷三】

◉馬叙倫　詛从且得聲。且音精紐。詶从州得聲。州音照三。是以同破裂摩擦清音轉注字。【説文解字六書疏證卷五】

◉睡虎地秦墓竹簡小組　詛，讀爲詐。《急就篇》：「誅罰詐僞劾罪人。」【睡虎地秦墓竹簡】

䛆 䛆

◉許　慎　䛆詶也。从言。由聲。直又切。【說文解字卷三】

◉馬叙倫　玉篇引作祝也。或爲𥜥。䛆音澄紐。詶音禪紐。或如玉篇音職又切。在照三。皆舌面前音。州由聲同幽類。故州轉注為䛆。譸䛆聲同幽類轉注字。此諸字義為詛呪。故次謗下。徐灝謂䛆為祝𥜥之合聲。乃古祝字。非。蓋由玉篇訓䛆為祝。而祝𥜥字亦作䄂。段玉裁因謂䄂䛆一字矣。【說文解字六書疏證卷五】

誃 誃

◉許　慎　誃離別也。从言。多聲。讀若論語跢予之足。周景王作洛陽誃臺。尺氏切。【說文解字卷三】

◉馬叙倫　王廷鼎曰。說文無跢。跢即迻也。曾子蓋使弟子迻正其手足。即檀弓所謂吾得正而斃也。倫按玉篇。引離別也作分離。論語字作啟。不作跢。徐鼒謂或壁中古文。陳瑑謂跢蓋誃之誤。此讀若即取本字。而以經語曉之也。倫謂此讀若校者所加。誃讀如啟。而彼時論語有作誃字者。故加之也。傳寫爲跢耳。爾雅釋言。誃。離也。夏小正。啟灌藍蓼。傳。啟。別也。離借為剺。四篇。剺。剥也。剥亦別之轉注字。是離別義本同。夏小正之啟即誃也。故誃讀若啟予之足之啟。然誃从言而訓離別。字次詛䛆誖䜌之閒。疑非本義。亦非本訓。多它聲同歌類。詑音透紐。誃音穿紐。古讀穿歸透。疑誃為詑之轉注異文。孟子。訑訑之聲音顏色。訑即詑字。而音移。是其證也。離別也者。蓋本作離也別也。離字乃讀者旁注以為誃音。古或讀誃為離。故釋言曰。誃。離也。誃音如離。而許不知誃爲詑之轉注字。故以別也為訓。別也乃剺字義也。周景王作洛陽誃臺非許語。此與釗下曰周康王名者。皆讀者旁注。傳寫誤為正文也。然誃臺蓋猶離宮。後世所謂別墅。亦可證誃有離音也。字失次。疑此字出字林。【說文解字六書疏證卷五】

誖 誖

乙726　1945　2139　2324　3422　4518　6404　6422　6519　781　815
續3·26·2　5·27·2　徵4·86　8·108　8·109　録580　摭99　粹1426　新1032
2135　2179　録708　佚680【續甲骨文編】

古孝經　崔希裕纂古　說文　古孝經【古文四聲韻】

◉許　慎　誖亂也。从言。孛聲。蒲没切。悖誖或从心。𧦝籀文誖。从二或。【説文解字卷三】

◉王國維　𧦝　説文解字言部。誖。亂也。从言。孛聲。𧦝籀文誖。从二或。【史籀篇疏證　王國維遺書第六册】

◉陳邦懷　戔前編卷四第十七葉　戔前編卷六第三十八葉

說文解字。戔。賤也。從二戈。周書曰。戔戔巧言。卜辭從二戈相向。當爲戰爭之戰。乃戰之初字。兵刃相接。戰之意昭然。可見訓賤者乃由戰誼引申之黷武無厭。斯爲戔矣。

說文解字。誖。亂也。從言孛聲。或從心。作悖。籀文從二或。作𧦝。段注。兩國相違。舉戈相向。亂之意。考卜辭。二文皆作二戈相向。疑是𧦝之初字。舉戈相向即爲誖亂之象。羅參事釋爲戔。又謂爲戰之初字。似近紆曲。【殷虚書契考釋小箋】

◉馬叙倫　誖當訓言不順也。韓詩外傳。沐者其心倒。心倒者其言悖。是其證。亂也者蓋𧦝字義。或非本訓。又孛从𣎳𠀁聲。篆當作𣎳𠀁。今皆作孛。譌。

悖　悖。誖或从心。鍇本悖在𧦝下。倫按疑本作悖。譌𢗰為心耳。

𧦝　鈕樹玉曰。玉篇不云籀文。嚴可均曰。角部火部校語皆云古文。未審孰是。倫按玉篇引作𧦝。𧦝从二或相舛。絶無關於語言。自是别為一字。从二或校者加之。甲文作𢦔。【説文解字六書疏證卷五】

◉強運開　𢦔師寰𣪘蓋文。𢦔師寰𣪘器文。與蓋文微異。殆笵鑄有缺蝕耳。吳愙齋釋乍戚。未塙。竊謂𢦔淮夷繇我𧶠晦臣。即斥淮夷之誖亂不修職貢也。𢦔即古誖字。籀文誖从二或。與此相近。段玉裁云。𧦝象兩國相違。舉戈相向。亂之意也。此篆右从或。本古國字。左从丫。持丨正象舉戈相向之形。説文。父。篆下云。巨也。家長率教者。从又舉杖與此篆左旁合。與父相向。或亦有誖意。故定𢦔篆為古誖字。可以無疑。【説文古籀三補卷三】

◉丁　山　誖亂之誖，籀文作𧦝，段玉裁説文注云：「兩國相違，舉戈相向，亂之意也。」凡甲骨文所見𢦔𢦔字云：

辛丑卜，丙貞，我𢦔衛于𢦔。前·6·22·8

己巳卜，㞢貞，乎衆作于𢦔。庫方·10

壬寅卜，旅貞，王其往雚于𢦔，亡𢦔。文録·708

癸丑貞，旬亡𡆥，在𢦔。粹編·1426

當如粹編考釋釋爲𧦝，蓋象徵執戈盾之武士兩相搏鬥形。金文所見父辛鼎𧦝字作：

鼎・續存上・16

其所从戈盾兩具，正在欲併未併之間，尤⿳戈言戈爲戈盾合體之證。此⿳戈言戈父辛鼎，但以銘文結構測之，宜卽例外刻辭所見：

。佚存・490・甲裏。

自于□。佚存・781

⿳戈言戈氏遺物，是武丁時代所製。

⿳戈言戈氏事跡，載記無徵。就卜辭所見，「衔于⿳戈言戈」，「作于⿳戈言戈」，「萑于⿳戈言戈」，「在⿳戈言戈」，⿳戈言戈宜在邦畿附近。尚有：

王徝于⿳戈言戈，王𢦏……。佚・815

乎先于⿳戈言戈。續・5・26・10

甲申卜，㱿貞，勿乎婦姘勹奠先于⿳戈言戈。徵・典・108

⿳戈言戈亦王室所常巡幸之地也。「乎先于⿳戈言戈」之先，讀爲姺，卽僖廿八年左傳所謂「有莘之虚」也，地在今山東曹縣之北，而位于安陽殷虚東南，⿳戈言戈，宜亦殷東侯甸也。然據説文云⿳戈言戈爲誖之或體。誖與郣勃，同諧孛聲，⿳戈言戈氏爲郣，宜在渤海沿岸；渤海爲渤，實與商代⿳戈言戈氏有關。【子妖、𤞑、⿳戈言戈、己　殷商氏族方國志】

◉李孝定　　説文。「誖亂也。从言孛聲。誖或从心。籀文誖。从二或。」契文正从二或相向，應是誖之古文。字在卜辭為地名，不詳其義，或爲國之古文，兩國相向，亂之意也，篆文作誖作悖，均後起形聲字。許書戈部又有戔字訓殘，與誖義相近。戔於契文作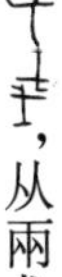，从兩戈相向，亦與誖之作者略同，二者古殆一字，陳邦懷即釋為誖。見小戔廿四葉下。説詳戔字條。惟許書已歧為二字，茲从其例分收作誖若戔。【甲骨文字集釋第三】

䜌 

 䜌　兮甲盤　 䜌左軍戈　 孳乳為欒　宋景公名欒元公子春秋定公四年從會召陵侵楚　宋公欒戈　 欒書缶　欒武子名書於春秋成公四年將中軍為政凡十四年缶鑄於魯成公十二年　  孳乳為變　中伯壺　中伯作亲姬䜌人朕壺盨文作變　 孳乳為蠻　[illegible]

盤方䜌亡不妣見　虢季子白盤　用政䜌方　秦公鎛　虢事䜌方　秦公簋　虢事䜌夏　梁伯戈　孳乳為鑾　頌鼎　鑾旂　頌簋　頌壺　趞曹鼎　師𩛥鼎　衛簋　此簋　趩鼎　揚簋　豆　閉簋　休盤　免簋二　寰盤　無叀鼎　趞簋　善夫山鼎　弭伯簋　【金文編】

3·466　杏匋里䜌　顧廷龍釋　【古陶文字徵】

105　172　178　193　【包山楚簡文字編】

2535　2539　2540　【古璽文編】

䜌最衆　䜌德私印　䜌奉德印　䜌止　䜌欣　䜌從　䜌欣　䜌遷　【漢印文字徵】

石經無逸　說文古文作□　變字重文　【石刻篆文編】

䜌　【汗簡】

石經　【古文四聲韻】

◉許　慎　䜌亂也。一曰。治也。一曰。不絶也。从言絲。呂員切。□古文䜌。【說文解字卷三】

◉吴　雲　字象三合形。下作□。三垂形。此與祖乙卣□字相近。按說文䜌古文作□。亂也。一曰治也。一曰不絶也。段氏謂與受部之𤔔乙部之亂音義皆同。又。說文。𤔔。治也。幺子相亂受治之也。段氏謂幺子謂□。亂當作爭。謂冂也冂。音冋。介也。彼此分介則爭。鬥部云兒善訟者也。又。說文。亂。不治也。從乙𤔔。𤔔字據段補。乙。治之也。此轉注之法。乃訓亂爲治。此篆作□。三垂形。所以象絲。作三合形。所以繫絲。亦當釋作䜌。說文。𤔔字。會意。亂字。轉注。竊意從冂從幺。亦兼象形。說文。冂。象遠介也。□。古文糸。細絲也。象束絲之形。受乙治絲之事。冂。A。或象治絲之器歟。【䜌父辛卣蓋　兩罍軒彝器圖釋卷一】

◉孫詒讓　金文散氏盤云：「余又有爽[glyph]，爰千罰千。」[glyph]从宀从䜌，字書未見。攷説文言部云：「䜌，亂也。」从言絲，與爽䜌文義符合，則䜌當與䜌音義同。龜甲文亦有云「貝貞[glyph]之」上下文闕[glyph]亦从宀，與散盤正同。惟「言」作[glyph]，瑑畫略省，疑古固有此字，至小篆始佚之耳。

甲文又有云：「乙亥，卜帚婦[glyph]奴匕。」又云：「□□[glyph]不其奴匕。」又云：「貝貞□[glyph]不其奴。」諸文皆奇詭難識，今以[glyph]字互相推勘，竊疑其即从宀从䜌省也。説文癶部云：「䜌，樊也。从癶，䜌聲。」此文蓋亦从宀作䜌，上从[glyph]者，即䜌之省，从[glyph]者，又[glyph]之變體也。[glyph]疑養奴誤入于[glyph]，此亦[glyph]字，中有漫闕。入[glyph]與帚[glyph]義同。金文伯吉父盤云毋敢或入䜌宄賓，此䜌不从宀，與説文同，疑即説文門部闌之省。史記漢書多作闌。宄賓讀爲廄貯，謂毋敢入闌廄與積貯之宮也。彼文可證此入䜌之義。若然，[glyph]䜌或皆有宮室之義，故从宀爲形與？【名原卷下】

◉高田忠周　元用為蠻。省文叚借也。説文䜌敽也。从言从絲。古文作[glyph]。葢从系。[glyph]即牽引之意。所以煩敽也。叚借為亂。説文一曰治也。又為聯。説文一曰不絶也。又漢書蕭何傳。南䜌長為蠻。與此銘相合。【説文古籀編五十三】

◉商承祚　[glyph]書契卷六第四十八葉。[glyph]同上。[glyph]卷七第十六葉。[glyph]鐵雲藏龜第四十三葉。[glyph]後編下第三十四葉。此字説文無之。从畢从豕。當為爾雅釋器彘罟謂之䜌之䜌字。【殷虚文字考　國學叢刊二卷四期】

◉商承祚　[glyph]　説文䜌：「亂也。一曰治也。一曰不絶也。从言絲。[glyph]。古文䜌。」案此為亂之本字。而借作䜌。从爰从𢆶。𢆶。亂絲也。以手治之。故訓治。石經古文亂作[glyph]。寫誤。【説文中之古文考】

◉馬叙倫　嚴可均曰。小徐作从言絲形。疑此絲下有闕文。桂馥曰。亂當爲敽。孔廣居曰。从絲。言聲。當以不絶為正義。王筠曰。乙部。亂。治也。則一曰者。校者恐人以亂為敽而箋記於側。寫者誤入正文。抑或亂爲敽之假借。本兩義耶。張楚曰。一曰不絶乃聯字義。本書。聯。連也。與不絶義合。䜌聯聲近。倫按以古文證之。則當為治義。王氏前説是也。孔謂从絲。言聲。亦是也。亂也疑本作𤔔也。傳寫譌為亂也。校者因注治也。後之校者復以一本有此注者加於此無此注之本。故此作一曰治也。當入絲部。一曰不絶亦校語。謂以䜌爲聯。今河北謂聯聲正如䜌。然非聯字本義。詳聯字下。兮白盤作[glyph]。號季子白盤作[glyph]。

[glyph]　徐鍇曰。象絲亂而爪治之。爪。手反也。鈕樹玉曰。玉篇廣韻並無。隸續載三體石經有此字。故汗簡引石經。徐灝曰。[glyph]𤔔一字。李杲曰。石經以[glyph]為亂之古文。倫按此字从兩手治絲。然是後人加之。玉篇。⿱䜌乙。説文古文䜌字也。【説文解字六書疏證卷五】

◉楊樹達　䜌者翁同書讀爲闌，是也。説文十二篇上門部云：「闌，妄入宮掖也，从門䜌聲，讀若闌。」按史傳多作闌。䜌者，亂也。凡不當入而入謂之闌，不必專指宮掖，其字从門。門非宮掖所獨有也。許君蓋據史漢諸傳恒有闌入掖廷之文。故為此訓矣。【合甲盤跋　積微居金文説卷一】

◉丁　山　骨面刻辭：

乞自嵒，廿夕。小臣中氏。巤。前・7・7・2

中氏之爲小臣，具如前論。巤氏，見於卜辭者甚衆，如：

壬午，卜貞令巤。前・5・36・6

貞，令巤米衆。鐵・72・3

戊午卜，穷貞，令弖征巤。續・1・3・2

貞，乎犬巤於䇂。續・6・7・9

叀人二乎巤，王弗每。〇其乎巤。粹・495

巤，似亦武丁的近臣。從小臣巤卣銘看，知骨面刻辭的巤氏，亦「小臣巤」省文。巤字，甲骨文作諸形，羅振玉以爲即籀文系字。按，䜌，説文古文作。書無逸：「乃變亂先王之正刑。」正始石經古文，亂亦作。之形，最近卣銘的字，實爲𤔔字的別寫。説文：「𤔔，治也。」襄公二十八年左傳：「武王有亂臣十人。」亂亦當訓治，説者謂「相反爲訓」也。其實，象以手治絲形，治也，理也，正是治絲一誼的引伸，王國維釋巤爲䜌，是爲正碻。【（小臣）巤附論㚇與小㚇　爻　爻敢　殷商氏族方國志】

王錫小臣巤，錫在寢。用作祖乙尊。爻敢。

卣・續殷存上・86

◉李平心　作器者自名□□。□从音从丝。古音言爲一字，郭沫若、于省吾兩位先生都曾舉證考定，吳大澂謂六國時二字互用，實則卜辭與兩周金文都可證明言音同名，所以从音與从言不殊；从丝與从絲亦無別，金文䜌旂與□(䜌)夏字或从言从絲，或簡从丝，所以□當隸定爲䜌；欒从䜌得聲，□無疑就是欒氏。□與《距㥜銘》及《頌壺銘》之書相象，當即書字。【甲骨文金石文劄記　李平心史論集】

◉陳夢家　𢆶方　疑即蠻方。説文䜌之古文作𢿢(從叉，與從爪同)，魏正始石經無逸、君奭「亂」字同此作，未改字敦煌本尚書則作䜌。由此可證𢆶即䜌。西周金文虢季子白盤的䜌方指玁狁；秦公毁的「䜌夏」和梁伯戈的「鬼方䜌」指戎或鬼方；兮甲盤的「䜌宄」指南淮夷。由此可知蠻有在北的，也有在南的。文獻中的蠻亦是兼指南北的：如詩韓奕「因時百蠻……奄受北國」，匈奴列傳「唐虞以上有山戎、獫狁、葷粥居於北蠻」，左傳成六「陸渾蠻氏」，而詩采芑之「蠢爾荆蠻」、閟宮之「淮夷蠻貊」即楚世家所謂「江上楚蠻」。其稱號或曰「蠻」，或曰「蠻方」(詩抑用逷蠻方)，或曰「北蠻」，或曰「百蠻」，或曰「某蠻」。由此可知「蠻」亦為一個種姓之族。

鄭語説「蠻芈蠻矣」「姜嬴荆蠻」，則芈姓之荆楚為蠻。荆楚之姓，金文作嬭或𡢁。左傳桓七正義引世本「鄧，曼姓」，金文鄧孟壺作㚬，鄧伯氏姒氏鼎作𡤩，是鄧亦芈姓。漢書地理志河南郡「新成，惠帝四年置蠻中，故戎蠻子國」；續漢書郡國志新城有「鄤聚，古鄤氏，今名蠻中」；左傳昭十六「楚子誘戎蠻子，殺之」，公羊傳作曼。由此可知種族曼、蠻之相通，姓氏嬭、芈、曼之相通，種族之曼與姓氏之曼之相同，則蠻為芈姓，甚有可能。左傳文十一長狄鄋瞞，瞞亦蠻之同音字，則蠻與狄似亦有互相包容的可能。楚為芈姓之最强大者，而與戎蠻子有攻伐的關係，蠻子而附加「戎」，可能表示它是較原始的蠻氏。

西周以後的金文如中伯作䜌姬壺(䜌作孌)，䜌左軍戈和䜌書缶，都是晉國姬姓的欒氏。它的采邑當在晉地，而「䜌」之作「孌」，亦可證「䜌」為芈姓。

武丁卜辭有「酌𢆶」之語(粹398，446，前7・4・1)乃是祭名。又卜辭中有方國名𢆶者，其辭如下：

令郭、𢆶才京　甲3510　武丁卜辭

乎犬、𢆶于京　續6・7・9

甶狽、𢆶[于]京　珠93

令戈𢆶　前5・36・6

叀般乎𢆶　拾2・14

叀尸乎𢆶，王弗每

其乎𢆶先，叀　粹495　康丁卜辭

其字同於說文系之籀文，但說文「𦁓，係也」，所以「𢆶」可能是𢆶字之省，則仍當是𢇍。

乙辛卜辭有「才𢆶」之辭（明929），則𢇍地至殷末已為殷有。【殷墟卜辭綜述】

◉陳夢家　此墓所出蔡侯諸器其名从四甾从𤔔，後者是其聲符。說文以為讀若亂同，此字當是說文𢇍之古文。後者从𤔔从兩系，此字又或是說文𠚣字，後者从𢆶从丱（即說文卯之古文），系或幺與說文叀之古文相近，叀即甾，古音𢆶亂卯是相同的，而小篆之卵與申字形近易混，蔡世家昭侯名申當是卵字之誤。番生𣪘的朱𤔔毛公鼎作朱𧷤，即此字。【壽縣蔡侯墓銅器　考古學報一九五六年第二期】

◉陳鐵凡　徐灝曰：「錢（坫）云：『字與𤔔連屬，應即𤔔亂之亂。治絲而紊之所謂亂也。』灝按錢說是也。𤔔即古文□之變體。」今按錢徐二氏之說甚諦。言絲無以會「亂」義。故當以□為正，𢇍殆□之譌變。然則何以致譌？前人似無說者，今試一論之。

甲骨文有□字，異構有□□□□□諸體，皆象以手治絲形，絲作二股或三股不拘，孫詒讓釋「繫」（契文舉例），羅振玉從之（增訂殷虛書契考釋）。王國維初亦從孫說（史籀篇疏證），後又謂「說文𢇍古文作□形與此近」（甲骨學文字編）。今按王氏後說是也。

繫有維繫、聯繫、懸繫、繫屬、繫縲諸義，繫字構形，从一系（或糸）已足見義；初不必从二糸之絲，三糸之𢇁也。是以甲骨文凡有繫義諸字，如：

奚作

孫作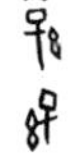

羌作

金文如：

縣作

係作

凡此諸字，俱从一糸（一股）作，而無从絲（二股）若𢇁（三股）者。蓋無論維繫繫縲，从一股之糸，取意已足；而無庸作二三股，亦不必从手（又）若𠬪作也。然則𢇍之非繫，固彰彰明甚。

□字从又、从絲，當以錢徐之説治絲爲本義，其後孳乳爲𤔔，許書系此字為䜌之古文。古文从一手之「又。」與从二手之「𠬪」同爲一字。固數數見也。

説文系字下出籀文□，與此形略同，孫羅即據以釋此為繫。今考系部所屬孫、緜諸字。皆从系；而無一从籀文作者。□□當即䜌之本字。蓋由𢿞譌省為𦃃，再譌而為𤔔。即：

𤔔　譌省→□　再譌→𤔔

後儒以𤔔爲䜌之古文，乃系□於系字之下，而不知𢿞為䜌之本字，䜌為𢿞之譌變（説詳下）。

𢿞（即䜌㸚）之本義為治絲，引申爲治。治絲而紊則亂，于是又引申爲亂義。亂實𢿞（䜌）之孳乳，後世治與不治皆用亂，亂行而𢿞（䜌）廢。集韻亂下出㸚字；此許書䜌之古文，丁度等尚知其為治亂之本字也。

□之譌變爲□；要在其中體之形似。致譌之時，疑在漢代隸古定之後。

説文言部詩、謀、訊、信、誥、訟諸字，所出重文偏旁，言字俱作□，汗簡文亦多如此作。䜌之中體，若以此代之，則當爲□，其與□形極近似。如其上「□」之上筆稍損，即成為□，則與□形同。漢人習見此體，乃即隸定為䜌。【率與亂　中國文字第二十六册】

◉張日昇　説文云「䜌。亂也。一曰治也。一曰不絶也。从言絲。𤔔古文䜌」。治也下段注云「與爪部𤔔。乙部亂音義皆同」。古文作𤔔。恐與𤔔為一字。象兩手撚絞成線之形。𤔔則多一絞線之具工。故有治義。䜌𤔔形近而混為一。䜌之本義當為不絶。説文耳部聯下云「从絲。絲連不絶」。䜌从言絲。會意乃言之不絶也。又謜字説文云「徐語也。从言原聲。孟子曰。故謜謜而來」。古音䜌為lwân謜為ngiwǎn。並在元部。一為會意。一為形聲。陳鐵凡謂𤔔乃𢿞之譌。並否定𢿞為系字。然以一手（爪）治絲。似不可能。且古文明从𠬪。豈可謂𤔔从𢿞變哉。金文中䜌之本義已不見。孳乳為欒鑾蠻等。【金文詁林卷三】

◉李孝定　説文䜌訓亂，其字从言絲，林謂言為絲之紛，其説是也；惟謂「亂止訓治，不治之亂，古以䜌為之」，則有未安，訓治訓亂之字，古止作𤔔，象兩手治絲形，故訓治，絲亂待手治之，故亦得有亂義，譌變作「𤔔」，又作「亂」耳。許書以「㸚」爲「䜌」之古文，恐未是，當移入四卷𠬪部，以為「𤔔」之古文。金文諸䜌字，大抵用其同音假借義。陳氏鐵凡謂契文之□、□、□當从王國維氏後説釋「𤔔」，説亦未安，按契文諸字，止从一手，象手挈絲束之形，字當釋「系」，舊説不誤，不从「𠬪」，無以見治意，蓋亂絲系字从絲，只象絲束，無亂絲之義紛如，一手固不足以治之也。陳氏又謂「古文从一手之又，與从二手之𠬪，同為一字，固數見也」，亦有可商，古文偏旁，多寡固不拘，然必其偏旁之多寡，無與於字意之變遷，始能任作，倘增損一偏旁，而字意將隨之變化，則往往於

幾微間見精意，如受爭諸字作、，皆从二手之𠬪，絕無从一手者，然則「系」之與「𤔔」，一从一手之爪，一从二手之𠬪，其別皎然甚明不可通作也。陳氏又謂之譌變為，疑在漢代隸古定之後，今觀諸銘䜌字，均兩周遺文，陳氏殆偶未察耳。【金文詁林讀後記卷三】

◉張政烺　䜌字可作兩種解釋。一、䜌讀為鑾。《廣雅釋器》「鑾，鈴也」。《爾雅・釋天》「有鈴曰旂」注：「縣鈴於竿頭，畫交龍於旒。」《周禮・春官・司常》：「掌九旗之物名，各有屬，以待國事。日月為常，交龍為旂。」《左傳》桓公二年「三辰旂旗，昭其明也」注：「三辰，日月星也，畫於旂旗，象天之明。」《穆天子傳》記盛姬之葬儀有「日月之旗，七星之文」。這都是天子的儀仗，施于玉輅、戎輅，似非臣下所得用。

二、䜌讀為鸞。《文選・東京賦》「鸞旗皮軒」薛綜注：「鸞旗，謂以象鸞鳥也。」李善注：「蔡邕《車服志》曰：鸞旗，俗人名曰雞翹。」《急就篇》「春草雞翹鳧翁濯」顏師古注：「雞翹，雞尾之曲垂也。」一九三五年，河南汲縣山彪鎮出土水陸攻戰紋鑑，其中層圖案是水戰，設兩大船相對，其右側一船船頭立大旗，似鸞身(以戈頭為鸞首)，上有圓形五個。蓋即五日。一九六五年四川成都百花潭出土鑲嵌宴樂水陸攻戰紋壺，構圖略同于鑑，而旗桿上無戈，不似鸞而似雞尾翹舉，旗上是四個圓形，蓋即四日。【王臣簋釋文　古文字研究論文集】

◉裘錫圭　「䜌」字從「絲」的意思《說文》沒有明確交代，後人作了很多解釋(見《說文解字詁林》「䜌」字下)，都比較牽強，難以使人信服。如果仔細考察一下古文字裡「䜌」字的寫法，就可以發現「䜌」字所從的根本不是「絲」字，而正是「𢇍」字。

西周春秋時代金文裡的「䜌」字，見于《金文編》的共有二十多個。其字作等形，所從的兩個「糸」幾乎都連綴在「言」字中豎兩側的斜筆(有時連成直綫)或頂部的橫劃上，只有䜌書缶作，中伯作䜌姬還䜌字偏旁作，是例外。中伯還「䜌」字所從的「言」根本沒有中豎兩側的斜劃。這顯然是作範時偶然的疏失所造成的。所以真正的例外只有䜌書缶一例。「䜌」字兩「糸」連綴在「言」字上的現象，其例外既然少到這個程度，就決不會僅僅是由于書寫上的習慣而造成的。尤其值得注意的是，中伯作親姬䜌人壺第一器的「䜌」字寫作，《金文編》未收的䜌左庫戟的「䜌」字寫作，它們顯然是由「言」、「𢇍」兩個偏旁所組成的。由此可知「䜌」字本是從「𢇍」的，西周春秋時人書寫「䜌」字時，把兩個「糸」連綴在「言」字的斜筆或橫劃上，是由於要借用它們兼充「𢇍」字頂端的橫劃。

在西周春秋金文裡，把「言」字中豎兩側的斜筆改成直筆的現象，是極其少見的。但是「䜌」字「言」旁中豎兩側為兩個「糸」所附綴的斜劃，卻往往變斜為正，連成直橫。這也反映出書寫者確是想借用「言」字的筆劃來兼充「𢇍」字頂端的橫劃。

在戰國時代的文字裡，如石鼓文「鑾」字偏旁作□，古印「䜌」字或作□□，三年𨽍令劍「𨽍」字偏旁作□，都還保持舊的作風。但是在許慎作《說文》時，「䜌」字字形無疑久已訛變，因此他就把「䜌」字誤析為「從言、絲」了。

我們在《釋䏌……》篇裡已經指出，有些形聲字的聲旁，在戰國文字裡要比在小篆裡簡單，小篆的聲旁本身就是以戰國文字的聲旁為聲旁的一個形聲字。現在我們已經知道古印裡的「䜌」、「䜌」、「䜌」諸字都應該釋為小篆裡相應的從「䜌」聲之字，並且又證明了「䜌」字本從「𦃇」而不從「絲」。根據這兩點，並結合前面指出的那種現象來考慮，可以肯定「䜌」字本身就是一個從「言」「𦃇」聲的形聲字。「䜌」、「𤅩」、「戀」諸字在古印裡寫作「䜌」、「䜌」、「䜌」，跟「時」字在古印裡寫作「旹」、「𡈼」字在古印裡寫作「坘」，是同類的情況。

「䜌」字在古印裡就有「䜌」(轡)、「䜌」兩體。這跟「均」字在古印裡有「㚬」(㚬)、「均」兩體是相類的。

以上把「𦃇」字所以能夠用作「䜌」、「𤅩」、「戀」等字的聲旁的道理講明白了。但是我們還沒有說明「𦃇」究竟是什麼字。「𦃇」字在秦漢以後顯然是失傳了。在已發現的古文字裡，關於「𦃇」字本身的資料也很貧乏。因此對於這個問題目前只能作些推測。

根據「䜌」從「𦃇」聲這一點，可以肯定「𦃇」字的讀音一定跟「䜌」相同或相近。「𦃇」字象兩「糸」相連，因此它的字義應該跟「聯」、「系」等字相同或相近。《補補》把「𦃇」釋作「系」，是由於只看到了後一點。如果同時考慮到語音的條件，「𦃇」、「系」爲一字的可能性就不存在了。但是「𦃇」跟「聯」的關係則值得我們注意。「聯」、「䜌」二字都是來母元部字，古音很接近。可見「𦃇」跟「聯」無論在意義上或語音上，關係都是十分密切的。【戰國璽印文字考釋三篇 古文字研究第十輯】

◉鄭 光 《甲骨文編》卷十二有□(鐵二・二)、□(前七・四・一)、□(粹三七六)、□(鄴三下・四三・四)等字。孫詒讓釋作系(繫)，他說：「《說文・系部》系，籀文作𦃇，从爪，此即𦃇之省。」羅振玉从孫說，亦云：「《說文解字》系，繫也。从系聲。籀文作□，卜辭作手持絲形，與許書籀文合。」王國維先从孫說，後又謂《說文》䜌之古文。丁山从王說，他在釋商代《小臣𢆶卣》銘文時說，𢆶應釋作䜌：「象以手治絲形，治也。理也。正是治絲一誼的引伸，王國維釋𢆶爲䜌，最爲正碻。」于省吾釋作𢆶，从孫、羅之說：「按孫、羅二氏說是也。周代金文《嫊仲𣪘》，嫊从系作□，乃𢆶之省化字，《說文》訛省爲系。𢆶字典籍通作繫。」隸定□爲系字，衆人多从此說，以爲系(繫)物之祭。很少有人談到它作爲方國之名和動詞的用法。

現在，我們認爲把「□」方隸定爲「䜌」字更爲確切一些。《說文》：「䜌，亂也。一曰治也。一曰不絕也。从言从絲。□，古文䜌。」甲骨文的□、□、□、□等字很像古文䜌字，像用手理絲之形。《說文》系字的籀文作□，从爪从絲。字形也很像甲

骨文的䜌字。系字與䜌字不但在字形上很相近，而且在意義上也有關係。如《説文》：「孌，係也。」《易・中孚》：「有孚孿如。」疏：「相牽攣不絶之名也。」這説明了系與䜌字在文字發展中有着密切的聯繫。但是在甲骨文裏如何隸定它的字形，還要看它在卜辭中的應用。

要説明一點，我們先看西周金文的䜌字作（《兮甲盤》）、（《虢季子白盤》）、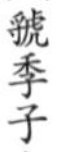（《頌簋》）等形，這是䜌字的後起字，以䜌和从䜌得聲的諸字來分析，没有與䜌字从言从絲的「言」有關係。

再从聲音上來分析䜌及从䜌得聲的諸字，可以看出它們都與「聯」字在聲音和意義上有關。黄侃把聯、䜌从䜌得聲的諸字歸寒部，可以説它們是從一個語言（根）發展來的。

從意義上看，䜌字訓亂也。治也。不絶也。均爲引伸之義，其本義有相聯和整齊的意思。如：孿，《説文》訓一乳兩子也。一母所生的雙胞胎，身高體重和相貌都一樣，不單有相聯的意義，而且也有整齊之貌。欒，《説文》訓木似欄。有排列整齊和聯在一起的意義。灓，《説文》訓漏流也。不單連續不斷，而且流漏均勻。臠，《段注説文》引《毛詩》傳曰：「臠臠，瘠貌。」瘠骨之節，不單有聯義，而且排列整齊。

以上我們從形、聲、義三個方面分析了䜌字，下面我們再看看它在卜辭中是如何使用的：

(1) 乙亥卜，㝑貞：翌乙亥，酌䜌？易日？乙亥，酌，允易日。（前七・四・一）武丁時期

(2) 丁巳卜，㝑貞：奏䜌于東？（乙六七〇八）武丁時期

(3) 辛亥貞：之夕乙亥，酌䜌，立中。（粹三九八）廩辛康丁時期

(4) 丙寅貞：酌䜌？……（粹四四六）武乙文丁時期

(5) 乙未，酌䜌，𠱠上甲十、報乙三、報丙三、報丁三、示壬三、示癸三、大乙十、大丁十、大甲十、大庚七、小甲三……（粹一一二）武乙文丁時期

于省吾先生釋例(5)卜辭：「乙未酌，兹品。」把酌兹（即今所釋䜌字）用逗號分開，把「兹品」作爲一個詞。他説：「兹謂欲交接于鬼神而以品物系屬也。只言兹者，簡語耳。言酌兹，酌爲酒祭，兹謂系屬物品。言酌兹品，語有不省。言兹米，猶他辭言登黍、登米。不言登而兹者，謂以米系屬于鬼神，文雖有别，義則無殊也。」于省吾先生把「兹」同登黍、登米混同起來，把它作爲動詞，當成一種祭祀方法了。我們認爲在甲骨卜辭中，「䜌」應作祭名——䜌（臠）祭。《儀禮・公食大夫禮》：「士羞、庶羞皆有大贊者，辨取庶羞之大以治實。」注：「大以肥美者特爲臠，所以祭也。」《説文》：「臠，臞也。一曰切肉，臠也。」王筠《説文句讀》云：

「一曰切肉，臠也。《玉篇》同，然當作一曰：『臠，切肉也。』《説文》一曰之下，多再出本字，而後説之，其爲別義也。」《段注》云：「依《廣韻》訂，切肉爲臠，臠之大曰胾，此許義也。」因此，臠祭爲系臞肉之祭。與酒祭同祀先公先王。「吅」作品字，有分類品秩之義。《書・舜典》「五品不遜。」疏：「品爲品秩。」又《禮記・檀弓》「品節斯，斯之謂禮。」疏：「品，階格也。」在例(5)卜辭中應釋爲：在乙未那一天，用酒祭和臠祭對上甲、報乙、報丙、報丁、示壬、示癸、大乙、大丁、大甲、大庚、小甲進行不同等級的祭祀。例(2)卜辭是向東方以奏祭和臠祭共同進行祭祀。

䜌，作爲方國之名見下例卜辭：

(6) 壬午卜，貞：令䜌。（前五・三六・六）武丁時期

(7) 戊午卜，㝉貞：令弖祉䜌。（續一・三・二）武丁時期

(8) 叀人二呼䜌，王弗每。（粹四九五）廩辛康丁時期

(9) ……卜，在𠀠……𢓊子䜌，往來亡(無)𡆥。（摭續一八一）武乙文丁時期

(10) 䜌方叀𠭯方作……（鄴三下・四三・四）武乙文丁時期

從以上卜辭可以看出，䜌爲方國名、族名。「令䜌」、「呼䜌」可證其首領爲商王之臣，丁山釋《小臣𢆶卣》時也認爲，「𢆶(䜌)似亦武丁的近臣。」䜌地在卜辭中假借爲蠻。蠻地見于典籍。《左傳・成公六年》：「晉伯宗、夏陽説，衛孫良夫、寧相，鄭人，伊、雒之戎，陸渾蠻氏侵宋，以其辭會也。」杜預注：「蠻氏，戎別種也。河南新城縣東南有蠻城。」又《昭公十六年》：「齊侯伐徐。楚子聞蠻氏之亂也。與蠻子之無質也，使然丹誘戎蠻子嘉殺之，遂取蠻氏。」杜預注：「河南新城縣東南有蠻城。」又《哀公四年》：「單浮餘圍蠻氏，蠻氏潰，蠻子赤奔晉陰地。」陳夢家先生在《殷墟卜辭綜述》一書中疑蠻方有兩處：北指獫狁；南指戎蠻子國。他引《漢書・地理志》河南郡「新成，惠帝四年置蠻中，故戎蠻子國。」《後漢書・郡國志》新城有「鄤聚，古鄤氏，今名蠻中。」我們認爲他的第二種設想是對的。他還有一句精辟的分析：「乙辛卜辭有『才𢆶』之辭（明九二九），則䜌地至殷末已爲殷有。」春秋時的蠻氏即商代的蠻方，地望爲商王朝田獵區的沁陽附近。在今河南省汝陽縣東南，臨汝縣西南。

以上是對䜌字的重新考釋，用在祭祀上爲系臞肉之祭；䜌方在武丁時期是商王朝的方國，到了帝乙帝辛時期爲商所有，它的地望在商王朝田獵區沁陽附近，在今河南汝陽縣東南，臨汝縣西南的地方；用在于動詞上，則爲亂義。【釋䜌　中原文物一九八三年第三期】

◉戴家祥　説文䜌古文作□，亂也，一曰治也，一曰不絶也。吳式芬、吳大澂、方濬益據此釋𢆶爲䜌。認為从爪从幺从冂，冂者

象治絲之器。説文十二篇下系部系字籀文作𦃇，楊樹達、高鴻縉等人據此釋𢆶爲系。認爲糸乃𢇁之省。【金文大字典中】

◉戴家祥　三體石經亂作𤔔，从爪从又，整治亂絲形。加旁作𤔔，為亂入門垣之專字。説文十二篇門部「𤔔，妄入宮掖也，讀若闌」。玉篇一四二「𤔔，妄也。無符傳出入為𤔔，今作闌」。𤔔闌俱音「洛干切」，亂音郎段切，不但同母，而且同部。𢆶讀「呂員切」，來母文部，元文韻近，古多通用。兮甲盤銘「毋敢或入𢆶㝨貯」，𢆶當讀𤔔或亂。賈誼新書等齊篇「天子宮門曰司馬，闌入者為城旦。諸侯宮門曰司馬，闌入者爲城旦。俱為殿門，闌入者亦俱棄市」，漢書功臣表「平陽侯曹參六世孫，征和二年坐與宮人姦，闌入宮掖，入財贖，完為城旦」，是𢆶入者，即亂入宮門之謂也，故其字加旁从門。同聲通假，𢆶亦讀鑾，廣雅釋器「鑾，鈴也」，禮記玉藻「故君子在車則聞鸞和之聲」，鄭玄注「鸞在衡，和在式」。左傳桓公二年「錫鸞和鈴，昭其聲也」。杜預云：鸞在鑣，和在衡，鈴在旂，動皆有鳴聲。鑾鸞聲同，小雅庭燎「鸞聲噦噦」，説文十四篇全部引作「鑾聲鉞鉞」。割切之刀有環和鈴者曰鸞刀，小雅·信南山「執其鸞刀」，毛傳「刀有鸞者，言割中節也」。金文屢見錫𢆶旂，𢆶旂者旂之有鈴者同聲通假，𢆶亦讀欒。金文有𢆶書缶，當即晉正卿欒書，見國語楚語韋昭注，及左傳成公二年至十七年。又有宋公𢆶之造戈。漢書古今人表有宋景公兜欒，史記宋微子世家「元公卒，子景公頭曼立」，是兜欒之音訛為頭曼，而宋公𢆶即景公也。𢆶亦讀蠻。史記吳太伯世家「太伯之犇荆蠻」。索隱蠻者閩也。虢季子白盤「用政𢆶方」秦公鐘「虩事𢆶方」牆盤「方𢆶亡不執見」，字皆讀蠻，蠻讀「莫還切」明母元部，同部不同母，左氏春秋經昭公十六年「楚子誘戎蠻子殺之」，公羊傳作戎曼子。尚書禹貢「三百里蠻」，王肅注「蠻，慢也」。曼讀「無販切」，明母元部。故蠻亦同曼。【金文大字典上】

誒

◉許　慎　誒可惡之辭。从言。矣聲。一曰。誒然。春秋傳曰。誒誒出出。許其切。【説文解字卷三】

◉馬叙倫　鈕樹玉曰。莊子達生篇釋文引及玉篇注。辭下皆有也字。廣韻引亦有而辭作詞。不引下文。左襄三十年傳作譆譆出出。釋文。譆。許其反。與誒音同。疑所引春秋當在下文譆下。傳寫誤移在上耳。桂馥曰。辭當為詞。廣韻及莊子達生篇釋文引亦作詞。然當為嘫。段玉裁曰。然下當有也字。方言。欸。瞖。然也。南楚凡言然曰欸。或曰瞖。口部。唉。譍也。廣雅。欸。瞖。然應也。是則誒與唉欸音義皆同而通用也。朱駿聲曰。與欸一字。張楚曰。一曰誒然。乃唉字義。桂文燦曰。左傳言譆譆出出。不作誒誒。譆譆出出。乃將火之辭。非可惡之辭。則春秋傳曰誒誒出出八字當在下文譆痛也下。不知何時誤到於上。遂妄改譆譆為誒誒耳。二篆相厠。其為誤無可疑也。倫按可惡之詞校語。本訓捝失矣。漢書韋孟傳。勤誒厥生。顏注。誒。歎聲。史記項羽紀。唉。奪孺子天下者必沛公。索隱曰。唉。歎恨發聲之詞。當作此字。唉借字耳。

今杭縣惡其事之拂意而斥之曰亥。亦此字。或謂可惡猶可畏。故玉篇訓懼聲也。蓋本許書。一曰張説是。方言廣雅之欸。皆唉之借也。引春秋傳文鈕謂是譆下文。檢玉篇。譆。許其切。此八篇。僖。許其切。歖亦音許其切。欸。凶戒切。又烏開切。二篇。唉。烏開切。然則許其切為譆之聲。蓋傳寫并音切誤連誒下。遂删誒字本切。今譆下之火衣切即誒字音。傳寫既誤以譆字之音切為誒字音切。遂以誒字之音切補於譆下。春秋傳曰鎗本曰作言。蓋一曰以下皆校語也。字从音。此字疑出字林。【説文解字六書疏證卷五】

◉許　慎　譆痛也。从言。喜聲。火衣切。【説文解字卷三】

◉馬叙倫　沈濤曰。一切經音義七引作痛聲也。是古本多一聲字。今奪。倫按字从音。痛聲也。非本訓。玉篇引作哀痛也。【説文解字六書疏證卷五】

 2801【古璽文編】

 高誀【漢印文字徵】

◉許　慎　誀膽气滿。聲在人上。从言。自聲。讀若反目相睞。荒内切。【説文解字卷三】

◉馬叙倫　周雲青曰。唐寫本玉篇誀注引説文。膽氣滿也。蓋古本如是。玉篇又引聲類在人上也。今二徐本傳鈔誤竄入聲類語。又奪類字。宜後之讀者不能解也。葉德輝曰。睞从目來聲。自本古文鼻。鼻來一聲之轉。章敦彝曰。來聲與自聲不同紐。當是譺之讀若脱於此。劉秀生曰。讀若反目相睞。蓋本在譆字下。不明古音者妄移誀下耳。上文。譆。从言。喜聲。目部。睞。从目。來聲。喜聲來聲同在咍部。故譆得讀若睞。左隱五年傳。臧僖伯。漢書古今人表五行志並作臧釐伯。桓十五年。齊僖公。史記齊世家十二諸侯年表並作釐公。莊十六年傳。王使虢公命曲沃伯以一軍為晉侯。杜注。僖王因就命為晉侯。史記晉世家作釐王命曲沃武公為晉君。列為諸侯。漢書文帝紀。今吾聞祠官祝釐。師古曰。釐。本字作禧。假借用耳。詩周頌思文。貽我來牟。漢書劉向傳作飴我釐麰。儀禮少牢饋食禮。來女孝孫。注。來讀曰釐。史記杞世家。郁釐。譙周曰。名鬱來。本書艸部。萊。蔓華也。从艸。來聲。爾雅釋艸作釐蔓華。喜聲來聲古並如釐。是其證。堇部。艱。从堇。艮聲。籀文从喜聲作囏。犬部。猌。从犬。來聲。讀又若銀。亦其證。倫按膽气滿非本義。校者所加。捝本訓矣。誀

為譆之轉注字。音同曉紐。玉篇。來。周所受瑞來麰。來麰□典引作喜婺。此亦可證譆之得讀若睞也。然校者加之。蓋誒譆詯相次。傳寫遂轉譌如此。字从音。玉篇引蒼頡。胡市也。【説文解字六書疏證卷五】

謧

◉許　慎　謧詍。多言也。从言。离聲。呂之切。【説文解字卷三】

◉馬叙倫　王筠曰。鍇本作謧。詍也。多言也。是謧詍也為一義。玉篇。欺慢之言也。廣韻。弄言。吾鄉謂相慢曰謧戲。蓋謧詍之轉。多言也為一義。故詍下不曰謧詍也。倫按謧下本作詍也。謧乃複舉隸字之未删者。多言則傳寫者因詍字訓而誤增。鉉本删謧詍下也字。遂以謧詍為連緜詞。不見傳寫轉譌之迹矣。謧詍聲同脂類轉注字。玉篇訓欺慢之言。乃詍字義。猶杝今字作籬矣。或曰多言也呭字義。此為詯之聲同脂類轉注字。【説文解字六書疏證卷五】

詍

◉許　慎　詍多言也。从言。世聲。詩曰。無然詍詍。余制切。【説文解字卷三】

◉馬叙倫　沈濤曰。口部。呭。多言也。从口。世聲。詩曰。無然呭呭。詩板釋文云。泄。説文作呭。則是口部有引詩語。而此解無之。乃二徐妄竄。若云三家詩。則許明言詩毛氏。必不自亂其例。而元朗又何以不云又作詍耶。鈕樹玉曰。玉篇詍下不引詩。亦可證此乃後人增。嚴可均曰。口部呭字與此説解全同。韻會八霽引呭或作詍。則呭詍當為重文。倫按。呭詍一字。此字疑出字林。或曰多言也者呭字義。詍為詯之聲同脂類轉注字。【説文解字六書疏證卷五】

訾

訾　秦一二六【睡虎地秦簡文字編】

漢匈奴呼律居訾成羣　訾貞　李分訾　訾之　訾丑　訾順之印　訾中倩　訾賜印【漢印文字徵】

訾王存乂切韻【汗簡】

王存乂切韻　汗簡【古文四聲韻】

◉許　慎　訾不思稱意也。从言。此聲。詩曰。翕翕訿訿。將此切。【說文解字卷三】

◉馬叙倫　沈濤曰。一切經音義七引。訾。量也。思也。十二十八引。訾。思也。十三引。思稱意曰訾。訾。思也。二十引。訾。思稱意也。蓋古本無不字。國語齊語列子說符注皆云。訾。量也。禮記少儀注云。訾。思也。正與許合。思也上當有一曰二字。詩小旻傳曰。訿訿然思不稱其上。今本蓋據此而改。然曰不思稱意。則語不詞矣。桂氏馥曰。本書當作思不稱意也。音義引本書當為思不稱意曰訾。顧廣圻曰。詩小旻傳云。訿訿不思稱乎上。今注疏本誤倒作思不正義中未誤。正許氏所本。當有不字。甚明也。爾雅釋訓釋文引字林云。不思稱乎上之意。玉篇云。不思稱其上也。則本諸許氏。當有不字又甚明也。彼一切經音義直玄應之誤而已。何足據哉。音義本云。量也。說文。訾。思也。第七卷誤倒量也入說文訾之下。第十二卷十八卷未誤者可證也。或以為說文又有量也一訓。益誤矣。丁山曰。訾呰一字。倫按玉篇引無不字。本書說解中凡言某意者皆非許文。得此而益證明矣。此不思稱意者。本作不思稱乎上之意。乃呂忱字林中本詩小旻毛傳為說。蓋言某意者皆本訓已捝。呂據傳注明其為某意而已。或此字出字林。思也量也又後之校者加之。量也之訓。晚見漢書枚乘傳引李奇及張湛列子注。思也之訓。雖已見禮記少儀鄭注。然使本訓思也。或呂以前人所加。則呂不得本毛傳言不思稱乎上意。義與思也正背也。呰訾一字。皆今言責罰之責本字。猶貲為責之轉注字矣。謫訾聲同支類。蓋轉注字。【說文解字六書疏證卷五】

◉黃錫全　訾王存乂切韻　今本《說文》古文言字偏旁作。本書部首言有作，此言形同。鄭珍認為「更篆，从本書言」。【汗簡注釋卷一】

謟

◉許　慎　往來言也。一曰。小兒未能正言也。一曰。祝也。从言。匋聲。大牢切。𧦝謟或从包。【說文解字卷三】

◉馬叙倫　鈕樹玉曰。韻會引从言。匋聲。在往來言也下。錢坫曰。三蒼。謏。言語謟謟往來也。是謟有謏義。王筠曰。一曰祝也。玉篇無此義。朱駿聲曰。一曰祝也者。借為禱。倫按錢引三蒼之謏玄應一切經音義四引作譃。然則謟為嘮之轉注字。謟聲幽類。嘮聲宵類。近轉也。然倫疑此字本訓捝矣。往來言也者字林據三蒼加之。或此字出字林。一曰小兒未能正言也者。亦校者據玉篇加之。小兒未能正言。每語還復也。非異義。一曰祝也亦校語。

𧦝　宋保曰。包聲。匋包同部聲相近。倫按謟𧦝疊韻轉注字。【說文解字六書疏證卷五】

◉戴家祥　字吳式棻釋訟攈古録金文三之三，孫詒讓釋詘古籀餘論卷三·第五十八葉，郭沫若釋許兩周金文辭大系考釋孝王第九十八葉，

李孝定釋詁金文詁林附録一四三五葉，从字形審之皆不類。[古文字形]字从[古文字形]从[古文字形]，金文緐書缶缶作[古文字形]，國佐𦉜𦉜作[古文字形]，金文寶作[古文字形]，或作[古文字形]，偏旁俱作[古文字形]。古字以缶注音者，亦或更旁从匋。石鼓文我馬既駣，駣當讀騊，騊駼北野之良馬。玉篇二二八㙺㙺同字。寶从缶聲，匋伯盨「永寶用」作永匋用。匋，瓦器也，从缶包省聲，讀與缶同。集韻上聲三十一巧飽或作餢鞄，或作𩏂。四十四有缶包同字。以此例推[古文字形]當釋詾。説文詾，往來言也，一曰：小兒未能正言也，一曰祝也。从言，匋聲。詾，詾或从包。玉篇九十詖詾，言不節也。集韻上平六豪詾、詾啕同字，唐韻大牢，切定母幽部。【金文大字典下】

䛁 䛁

[古文字形] 䛁邯長印 【漢印文字徵】

◉許　慎　[古文字形]䛁䛁。多語也。从言。冄聲。樂浪有䛁邯縣。汝閻切。【説文解字卷三】

◉丁福保　呢。女知切。呢喃。小聲多言也。喃。女銜切。呢喃。説文無呢字喃字。言部。䛁逗䛁䛁逗多語也。从言冄聲。周伯琦六書正譌曰。䛁俗作喃。非。呢未詳。【説文解字詁林后編】

◉馬叙倫　王筠曰。漢書地理志注引孟康音男。蓋喃之正字也。倫按䛁音日紐。疑亦譫之轉注字。來日皆邊音次濁音也。又與詹轉注。詹从厃得聲。厃當音魚軌切。詳詹字下。在疑紐。古讀日歸泥。泥疑皆鼻音次濁音也。詹䛁又聲同談類。集韻引字林。䛁䛁。言多不盡。此字蓋出字林故有樂浪六字。【説文解字六書疏證卷五】

譅 譅

◉許　慎　[古文字形]語相反譅也。从言。遝聲。他合切。【説文解字卷三】

◉馬叙倫　嚴章福曰。六書故十一引唐本作語相及也。按反者及之誤。反下譅字本在語上。今誤倒。非衍文。譅下脱誻字。宜依大例作譅誻語相及也。下文。誻。譅誻也。此其證。鈕樹玉曰。玉篇作譅誻語相及。倫按目部。眔。目相及也。⾲部。遝。迨也。迨。遝也。亦行相及義。譅訓語相及。是古謂相及曰眔。語原也。其最初語原實隸字。玉篇引作譅誻也。字書。譅誻。相及語也。字書見隋書經籍志。在字林下。字統玉篇前。然則説解當作語急也。語相及也。校語。譅字為隸書複舉字。而又誤乙於下者也。【説文解字六書疏證卷五】

諳 諳

◉許　慎　諳謎諳也。从言。沓聲。徒合切。【説文解字卷三】

◉馬叙倫　謎諳同舌尖前破裂音。又聲同脂類。轉注字。諳爲沓之後起遞增字。曰部。沓。語多沓沓也。音義並同。説解譌行諳字。疑謎諳二字並出字林。【説文解字六書疏證卷五】

訮 訮

訮 一：八九　宗盟類參盟人名【侯馬盟書字表】

◉許　慎　訮諍語訮訮也。从言。幵聲。呼堅切。【説文解字卷三】

◉馬叙倫　錢坫曰。廣雅。訮。怒也。玉篇。訶也。訟也。今俗謂人善怒健與人争訟曰訮。聲近軒。段玉裁曰。劉祥言事。蒙遜曰。汝聞劉裕入開。敢研研然也。斬之。魏書作妍妍。皆訮訮之借。倫按訮蓋相争語疾之義。玉篇。訮。訟也。廣韻訮訮。訶貌。疑諍語訮訮也非本訓。餘詳讗下。【説文解字六書疏證卷五】

讗 讗

讗 讗巨私印【漢印文字徵】

◉許　慎　讗言壯皃。一曰。數相怒也。从言。巂聲。讀若畫。呼麥切。【説文解字卷三】

◉馬叙倫　錢坫曰。廣韻户圭切。引本書云。自是也。此疑有誤。又古獲切。疾言也。今俗有語嘓嘓云云。即此字。王筠曰。玉篇。讗。疾言皃。蓋本作疾。因譌壯也。朱駿聲曰。壯當依玉篇作疾。周雲青曰。唐寫本玉篇引作言疾皃也。葉德輝曰。糸部。纗。維綱中繩。从糸。巂聲。讀若畫。或讀若維。與此同。劉秀生曰。巂聲畫聲皆在匣紐。故讗从巂聲得讀若畫。隹部巂下曰。一曰。蜀王望帝婬其相妻。慙亡去為子巂鳥。子巂即子規。禮記曲禮。立視五巂。注。巂猶規也。國語周語。規方千里。以為甸服。注。規。規畫而有之。又其母夢神規其臀。以墨。注。規。畫也。巂聲畫聲古並如規。是其證。鬲部。鬹。从鬲。規聲。讀若媯。口部。囮。从口。化聲。讀若譌。公羊桓六年傳。實來。化我也。穀梁作以其畫我。巂聲如規。規聲如為。為聲如化。化聲如畫。亦其證。系部。纗。从系。巂聲。讀若畫。與此同。倫按讗為訮之雙聲轉注字。一曰數相怒也者。讗爲相争語疾之義。則數相怒乃引申義耳。此校者加之。然言疾皃義亦不完。廣韻所引亦校者以玉篇加之。凡本書从巂得聲之字。多為雋譌。雋為子規鳥本字。詳雋字下。今本書失之。此當从言。雋聲。雋畫同得聲於冈。故此讀若畫。此字或出字林。【説文解字六書疏證卷五】

訇

訇 錢大昕謂即詢于四岳之詢 數㝅簋  訇簋【金文編】

訇音轟【汗簡】

汗簡【古文四聲韻】

◉許　慎　訇駭言聲。从言。勻省聲。漢中西城有訇鄉。又讀若玄。虎横切。訇籀文不省。【説文解字卷三】

◉丁佛言　訇　曶鼎。舊釋詞。又釋逭。案。字从言从勻省。古从勻之字多省作勹勹勹。此當釋訇。是地名。許氏曰。漢中西城有訇鄉。【説文古籀補補卷三】

◉高田忠周　説文訇駭言聲也。从言勻省聲。漢中西城有訇鄉。又讀若玄。訇籀文不省。但依旬字例。不省者。固古正文。籀文从之耳。顧氏原本玉篇引説文正相合。又引聲類。音大也。西京賦。沸卉砰訇。【古籀篇五十三】

◉余永梁　此字从口勹聲。當是訇字。説文「訇。駭言聲。从言勻省聲。漢中西城有訇鄉。訇籀文不省」。勹勻旬殷周古文為一字。从口與从言通。以義相近也。番生敦哲字从言。口部嘖或从言。言部謀古文从口。謨古文从口。信古文从口。詠或从口。季咏父敦詠字亦从口。皆其例矣。卜辭文曰「缺未卜王訇□侯」。新附字有詢字。實古只作訇也。【殷虛文字續考　國學論叢一卷四期】

◉容　庚　訇,段紹嘉同志釋訄是錯誤的。試翻金文編勹部和九部便可明白,不必深辯。郭老説訇者詢之古文。按説文言部有訇字,但詢字乃新附,可見詢字後出。許慎不知勹讀旬音,故説从言勻省聲,並以籀文不省來作證明。許氏省聲之説,不少謬誤。段玉裁于哭字注已辨之甚明,今不備引。【弭叔簋及訇簋考釋的商榷　文物一九六〇年第八、九期合刊】

◉李福泉　訇:作器者名。考訇,銘文从勹,即勹。卜辭勹作勹、勹等形(見《甲骨文編》)。《説文古文疏證》引王國維説,勹乃旬之初字。故本銘訇字也即是詢的初字。郭沫若以爲「訇者詢之古文」是對的。容庚又説:「説文言部有訇字,但詢字乃新附,可見詢字後出。」按,《説文》「訇,駭言聲」,「詢,謀也」。據語言文字發展規律,作爲駭言聲的訇字也應在詢字之前。凡此種種,可證明訇是詢的初字。【訇毁銘文的綜合研究　湖南師範大學學報一九七九年第二期】

◉孔仲温　另外,在《包山楚簡》219號簡有「訇」字二見,該簡上下文的内容,大致作:

壁(避)琥,睪良月良日逯(歸)之218,為叡爲訇纆瓓,遣訇之厭一豬於埅宝:賽禱祭一白犬219。

「⿱宀司」字，《包山楚簡》未作隸定與考釋，個人以爲，依上下的文例，可以推知此字應是一指祭禱的名稱，而能與賽禱同列、性質相同的，就是「祠」了。且此條祭禱的文例及對象，與有「𠩄」字的207、208號簡文極為相似，因此「⿱宀司」應讀為「祠」。「⿱宀司」字大抵可隸定作「訇」，即「詞」字，而借為「祠」。考《汗簡》所載古文「詞」作[seal form]王子庶碑，魏石經古文作[seal form]《魏三體石經殘字集證》211，而《古文四聲韻》則有作[seal form]王存乂切韻、訇籀韻。今包山簡中作⿱宀司，其文字上端橫畫疑為綴飾，其下則為「詞」的省變形體，而「詞」與「祠」同音，自然可相通假。此字釋為「祠」，不僅可與「𠩄」字相互印證，而且就上下文意言，文從字順，毫不阻滯。【楚簡中有關祭禱的幾個固定字詞試釋　第三屆國際中國古文字學研討會論文集】

諞

◉許　慎　諞便巧言也。从言。扁聲。周書曰。戩戩善諞言。論語曰。友諞佞。部田切。【説文解字卷三】

◉馬叙倫　王筠曰。便字句。謂通作便也。所引論語今本即作便。倫按便字為讀者校記之文。與釆下之辯字同。唐寫本玉篇引説文。巧言也。無便字。是其證。此引論語友諞佞。今本諞作便。亦其證。引經明是校者所加。【説文解字六書疏證卷五】

⿱頻言

◉許　慎　⿱頻言匹也。从言。頻聲。符真切。【説文解字卷三】

◉馬叙倫　周雲青曰。唐寫本玉篇引作比也。匹為比之譌。倫按⿱頻言匹也者以雙聲為訓。⿱頻言實諞之雙聲轉注字。十篇獱之重文作猵。四篇矉下引詩國步斯矉。今詩桑柔作國步斯頻。是扁聲頻聲古通之證。【説文解字六書疏證卷五】

⿰言口

◉許　慎　⿰言口扣也。如求婦先言叕之。从言。从口。口亦聲。苦后切。【説文解字卷三】

◉馬叙倫　鈕樹玉曰。韻會作从言口。桂馥曰。口亦聲者。當作口聲。邵瑛曰。此即⿰言口問之⿰言口。今經典作叩。周雲青曰。唐寫本玉篇引説文。如求婦先扣發之。二徐本發誤作叕。倫按扣也者。以疊韻為訓。从言。从口。口亦聲。當作从言。口聲。本部字有从口作者。口部字有从言者。是言口意同。況⿰言口問以言。言自口出。何煩更从口耶。如求婦先言發之言字。鍇本作⿰言口。當從之。此傳寫奪口旁耳。此七字乃校語。觀一如字可知。且於扣也辭義亦不屬也。【説文解字六書疏證卷五】

詑　詑

◉許　慎　詑言相說司也。从言。兒聲。女家切。【說文解字卷三】

◉馬叙倫　王筠曰。各本誤兒為兒。倫按今字作詑。言相說司也校語。言猶謂也。言說謂相說司也。猶下文誂下曰相呼誘也。亦非本訓。【說文解字六書疏證卷五】

誂　誂

◉許　慎　誂相呼誘也。从言。兆聲。徒了切。【說文解字卷三】

◉馬叙倫　鈕樹玉曰。列子釋文引無呼字。桂馥曰。呼當作評。倫按本訓誘也。校者注曰。相呼誘也。傳寫失本訓。說音娘紐。誂音定紐。同為舌尖前音。轉注字也。誂聲宵類。誘聲幽類。宵幽近轉。亦轉注字。故訓誘。【說文解字六書疏證卷五】

譄　譄

◉許　慎　譄加也。从言。从曾聲。作滕切。【說文解字卷三】

◉馬叙倫　加也者增之引申義。廣韻。譄。加言也。則與誣訓同。然字既不相次。聲又絶遠。非轉注字。亦非同一語原。則廣韻言字。後人以字从言而加之。譄之本義亡矣。【說文解字六書疏證卷五】

詄　詄

◉許　慎　詄忘也。从言。失聲。徒結切。【說文解字卷三】

◉馬叙倫　八篇。佚。忽也。十一篇。忽。忘也。是佚詄音義並同。蓋佚逸一字。佚詄異字。【說文解字六書疏證卷五】

◉劉樂賢　《漢印文字徵》附録七：詄、詄。此字當釋爲詄。秦漢字中失字可作：失，失，夭等形，證明漢印此字从言从失，即見于《說文》的詄字。【秦漢文字釋叢　考古與文物一九九一年六期】

諅　諅

諅　諅諅　从其之古文丌子諅盆　⿱其口从口　洹子孟姜壺⿱其口則爾⿱其口【金文編】

◉許　慎　諅忌也。从言。其聲。周書曰。上不諅于凶德。渠記切。【說文解字卷三】

◉吳大澂　⿱其口齊侯壺。⿱其口則爾⿱其口。許氏說。諅。忌也。⿱其口諅古通。【說文古籀補卷三】

◉徐同柏　⿱其口古文諅。說文諅諆二字不同。【周陳桓子鈃　從古齋款識學卷十】

◉吴　雲　「陳頌南説」諅諅同。孟姜盥匜。諅正作諅。説文。諅。忌也。引周書上不諅于凶德。案。諅音近異。亦近怡。堯典曰。異哉。陸德明經典釋文引徐云。鄭音異孔。王音怡異。則驚異之詞。而怡即怡悦之意也。諅當兼此二義。故云。諅則爾諅。【齊侯罍　兩罍軒彝器圖釋卷四】

◉馬叙倫　桂馥曰。通志六書略引作忘也。類篇引作妄也。王筠曰。二引皆譌。或爲忌。故今書作忌。此次誅下。蓋誅之轉注字。誅音定紐。諅音羣紐。同為破裂濁音也。通志引不誤。類篇作妄。蓋所據本亦作忘。然嚴可均疑諅諆一字。諆訓欺也。則通志引作忘或爲妄譌。欺妄義近。要之可證本不訓忌。疑此字非許本有。齊侯壺。則爾。吴大澂謂諅諅古通。倫謂蓋从日其聲。非从口也。【説文解字六書疏證卷五】

◉許　慎　譀誕也。从言。敢聲。下闞切。誌俗譀从忘。【説文解字卷三】

◉馬叙倫　宋保曰。俗譀从忘。忘聲。古音陽唐與覃談咸銜嚴凡每多出入。詩殷武四章。遑與監嚴濫為韻。桑柔四章相與瞻韻。楚辭天問。勳闔夢生。少離散亡。何壯武厲。能流厥嚴。彭鏗斟雉帝何饗。受壽永多。夫何久長。亡饗長陽與嚴為韻。此其證也。嚴章福曰。許書本無俗體篆文。今有者。後人加也。許時俗書但於説解中及之。如疊下云。亡新以為疊从三日。太盛。改為三田。是其證。倫按敢从古聲。忘从亡聲。古亡為魚陽對轉。故譀之轉注字俗為誌也。然是後人加之。【説文解字六書疏證卷五】

籀韻崔希裕纂古【古文四聲韻】

◉許　慎　誇譀也。从言。夸聲。苦瓜切。【説文解字卷三】

◉馬叙倫　沈濤曰。文選長楊賦李注引。誇。誕也。倫按誇譀同舌根音。又聲同魚類。故譀轉注為誇。文選長楊賦注引字林。誇。大言也。【説文解字六書疏證卷五】

誕　不从言　康侯簋　延字重見　【金文編】

誕 袁誕 【漢印文字徵】

誕 誕 石經多士誕淫厥逸 【石刻篆文編】

⿺廴言 說文 這 ⿺廴言 竝崔希裕纂古 【古文四聲韻】

◉許　慎　誕詞誕也。从言。延聲。徒旱切。⿺廴言籀文誕省正 【說文解字卷三】

◉王國維　⿺廴言 說文解字言部。誕。詞誕也。从言。延聲。這。籀文誕省正。 【史籀篇疏證　王國維遺書第六册】

◉鄒適廬

舊釋這亯為追享。余以這从言古言字。从乚。似古隱字。然隱言之義無著細。觀乚上尚有一丿。即無丿亦或為乚之省文。說文言部。誕。有籀文⿺廴言。與此最近。籀文作⿺廴言。則古文之作這尤可推知。誕為生日。因祖若父之生日而祭即為誕享。此銘曰。誕享唯于永正。示子孫以久祭之意也。 【商這享尊　夢坡室获古叢編】

◉郭沫若　「延正師氏」,延即誕,語詞。 【師遽毁　兩周金文辭大系考釋】

◉郭沫若　征字屢見,卜辭中亦多見此字,均無義可說。案即詩書中所習見之虚詞「誕」字也。說文中與此形近之字凡三見。一為辵字,云「乍行乍止也,从彳止,讀若春秋傳公羊宣二曰『躇字誤作辵,从傳文改正階而走。』」一為徙之重文。又一為延字,篆作延,从廴。廴謂「从彳引之」,从廷建諸字隸焉。然金文廷字多見,廴旁均作乚,石鼓文有騝字作騝、廴字亦作乚,則是「从

彳引之」之廴，古實無此字，辵與延是一非二也。延讀丑連，辵讀丑略，亦一音之轉。徙即金文所習見之圖形文𠨲解文若𡴁尊文，乃會意字。示人足在街頭徙倚。並非從辵止聲，說文各本如此。亦非从辵止，段注本删去聲字。斷無省作㣥之理。許蓋誤會也。【小盂鼎　兩周金文辭大系考釋】

◉馬叙倫　桂馥曰。詷誕也者。當為詷也。本書。詷。譀也。既誤為詷。又加誕字。段玉裁曰。詷誕也蓋有誤。釋詁。毛傳皆云。大也。沈濤曰。一切經音義十七引。誕。大也。蓋古本如是。釋詁毛傳皆云。誕。大也。與許解合。今本義不可通。倫按玉篇引許叔重曰。誕。謾也。說文。詷。誕也。疑許本作詷也。一曰。大也。大也校語。誕大音同定紐。故毛傳訓大也。詷誕音同定紐轉注字。詷聲東類。譀聲當在侯類。東侯對轉。詷从同得聲。同从凡得聲。凡聲侵類。譀聲今在談類。近轉。則詷譀亦轉注字。誕字乃隸書複舉之誤乙者。

𨒫　鍇篆作𨒫。這。籀文誕省正。

宋保曰。延省聲。周雲青曰。唐寫本玉篇引。𨒫。籀文誕。倫按此从廴聲。廴音亦喻四也。省正二字校者加之。如玉篇引。則亦不从延省也。【說文解字六書疏證卷五】

◉許　慎　𧭈譀也。从言。萬聲。莫話切。【說文解字卷三】

◉馬叙倫　𧭈从萬得聲。萬蠆一字。蠆延聲同脂類。是𧭈誕為轉注字。或曰。𧭈與噧一字。【說文解字六書疏證卷五】

◉許　慎　謔戲也。从言。虐聲。詩曰。善戲謔兮。虛約切。【說文解字卷三】

◉馬叙倫　承培元曰。戲。三軍之偏也。戲謔字以娭為正。古戲娭同聲。倫按十二篇。娭。戲也。娭音影紐。戲音曉紐。古讀曉歸影。故得借戲為娭。然疑戲也以聲訓。【說文解字六書疏證卷五】

張詪印

桼詪居

詪居
【漢印文字徵】

◉許　慎　詪眼戾也。从言。皀聲。乎懇切。【說文解字卷三】

◉馬叙倫　桂馥曰。戾當為盭。王筠曰。很字為句。謂二字通也。沈乾一曰。唐寫本玉篇引。很也。今本作很戾也。蓋很下

奪也字。古本有很也戾也二訓。野王節引其一訓耳。倫按很下曰。一曰盭也。然則此很字亦采下辨字論下便字之例。由讀者見詪訓戾。很訓盭。而盭讀若戾。以為詪很音義同。二字通。旁記之。誤入正文。如玉篇引。則很也以聲訓。戾也校者加之。故玉篇不引。戾也非本義。戾也者。言背戾也。詪者不肯從之詞。其義誤在很下。今杭縣怒人而不服從之輒曰詪。音義猶是也。廣雅以詪詪訔訔詻詻並訓語也。玉篇訓難語皃。餘見很下。【説文解字六書疏證卷五】

◉黄錫全  詪並裴光遠集綴　夏韻宕韻録此文作，此言形多一横，誤。右形同《説文》古文。詪字見於《玉篇》，同朗。簷叔之仲子平鐘有字，舊誤釋為艆(考古學報1979・3)，應改釋「哴」。古口、言偏旁每互作不別，詪蓋哴字別體。鄭珍認為「詪非古字」。【汗簡注釋卷一】

訌

◉許　慎　訌讀也。从言。工聲。詩曰。蟊賊内訌。户工切。【説文解字卷三】

◉馬叙倫　疑訌詪為音同匣紐轉注字。詪為不肯從之詞。下文讃訓中止。雖有挩譌。其意略可知。司馬法。師多則民讃。蓋亦謂師多則民不肯從也。此訓讃也。詩召旻。蟊賊内訌。亦謂不肯從。故箋曰。訌。爭訟相陷人之言。訌蓋即今上海謂人不相從曰戇之戇本字。【説文解字六書疏證卷五】

讃

◉許　慎　讃中止也。从言。貴聲。司馬法曰。師多則人讃。讃。止也。胡對切。【説文解字卷三】

◉馬叙倫　鈕樹玉曰。韻會無讃止也。嚴可均曰。文選魏都賦注引作列中止也。廣韻。讃。列也。引説文中止也。段玉裁曰。廣韻十四賄引人作民。當依改。王筠曰。此避唐諱也。朱駿聲曰。許止訓止也。从言未審其旨。徐灝曰。止與中止實無二義。讃止也三字或後人所增。抑此中止之訓亦未詳也。田吳炤曰。小徐讃次諰下。大徐次訌下。大徐以類從也。小徐殆誤綴於前。此下小徐部次多紊。倫按説解中止也蓋有挩譌。亦非本訓。訌讃雙聲轉注字。司馬以下皆校者加之。玉篇引倉頡。讃。譯也。【説文解字六書疏證卷五】

䜚

◉許　慎　䜚聲也。从言。歲聲。詩曰。有䜚其聲。呼會切。【説文解字卷三】

◉馬叙倫　嚴可均曰。詩無此語。或云。泮水傳。噦噦。言其聲也。疑此即魯頌文。而襍以傳。余謂王伯厚詩考以為即詩雲漢。有嘒其星。此或然也。王筠曰。聲當作星。盖䜚嘒一字。故其説解同例。嘒。小聲也。與此云聲也正同。承培元曰。

詩雲漢。有嘒其星。斯干。噦噦其冥。此兩涉之譌。周雲青曰。唐寫本玉篇引作䜧䜧其聲。即魯頌泮水毛傳文也。倫按如王說。則䜧嘒為雙聲兼疊韻轉注字。說解當曰。小聲也。與譻轉注。譻音影紐。䜧音曉紐。古讀曉歸影也。然倫疑䜧為讀之同舌根摩擦音。聲同脂類。轉注字也。引詩校者加之。【說文解字六書疏證卷五】

諣 諣

◉許　慎　諣疾言也。从言。咼聲。呼卦切。【說文解字卷三】

◉馬叙倫　鈕樹玉曰。徐鍇本作疾也。蓋脫。倫按疾言也非本訓。乃引申義。蓋校者所以釋本訓者。而今本轉捝本訓耳。諣者。今杭縣謂急叫曰瓜拉瓜拉之瓜本字。乃譟之轉注字。亦讙譁之轉注字也。譟為喿之後起字。喿音心紐。諣音曉紐。同為摩擦次清音。諣聲歌類。讙聲元類。歌元對轉也。諣譁同舌根音也。【說文解字六書疏證卷五】

䜅 䜅

◉許　慎　䜅譟也。从言。魋聲。杜回切。【說文解字卷三】

◉馬叙倫　段玉裁曰。許書無魋字。大徐據以補入鬼部。鈕樹玉曰。經典無䜅字。而魋之見於左傳者。鄭有罕魋。衛有鴻聊魋石魋。宋有桓魋。爾雅釋獸。魋如小熊。竊毛而黃。史記西南夷傳。魋結。倫按鉉補魋字入鬼部。曰。从鬼。隹聲。尋史記西南夷傳。魋結。索隱。漢書作椎。漢書陸賈傳。尉陀魋結箕踞見賈。服虔曰。魋音椎。隸釋載挂陽太守碑。殄絕黎魋。史記河渠書作離碓。是从隹得聲也。然後漢書東夷傳。魁頭露紒。則字作魁。史記河渠書之離碓。漢書溝洫志作離崔。而文選海賦注引賈逵國語注曰。川阜曰魁。字亦作魁。然魁从斗鬼聲也。或謂魋或从隹鬼聲。倫謂魁借為魋。猶崔嵬之連文也。隹音照紐。古讀歸端。鬼音見紐。端見同為破裂清音也。然則魋字本書失收。蓋不見蒼頡及訓纂二篇耳。䜅訓譟也。承培元以為即史記賈誼傳陳利兵而誰何之誰。是也。然承以䜅又與楊雄衛尉箴。戟者不誰。易林。無敢誰者。崔浩引漢舊儀。郎官分五夜誰何之誰。皆同義。誰即䜅之省。則不然。此下文。誰。何也。何當為訶。誰為詆之轉注字。賈誼傳之誰何。乃借為䜅諣。彼言陳利兵而誰何。即後世言陳兵鼓噪也。故此訓噪也。誰䜅並从隹得聲。諣何則聲同歌類耳。衛尉箴及漢舊儀之誰。固為訶問而非鼓噪也。䜅為噪之轉注字。噪喿一字。喿从朩得聲。朩音端紐。䜅得聲於隹。隹音照紐。古讀歸端。故䜅音入定紐。端定皆舌尖前破裂音也。或曰。此字盖出字林。【說文解字六書疏證卷五】

譟　訆　諕　讙

籀韻　【古文四聲韻】

◉許　慎　譟擾也。从言。喿聲。蘇到切。【說文解字卷三】

◉馬叙倫　鈕樹玉曰。韻會引作擾聒也。沈濤曰。一切經音義卷廿二引。擾耳孔也。蓋古本如是。卷廿引作擾耳也。乃傳寫捝一孔字。其廿二又引蒼頡篇。聒。擾耳孔也。擾耳孔自是古語。今本為淺人所删。朱駿聲曰。譟即喿之轉注字。倫按玄應引蒼頡篇。聒。擾耳孔也。本書。聒。讙語也。然非本義。盖譟字義。而此訓擾也。雖譟擾疊韻。得以聲訓。然玄應引有擾耳孔也。韻會引作擾聒也。疑本書實無此字。蓋出字林。本訓聒也。校者以蒼頡篇擾耳孔也注之。傳寫删如韻會所引。又或删如今本耳。【說文解字六書疏證卷五】

◉許　慎　訆大呼也。从言。丩聲。春秋傳曰。或訆于宋大廟。古弔切。【說文解字卷三】

◉馬叙倫　吳玉搢曰。今左襄三十年傳作叫。按叫、訆音義皆同。一字重文也。沈乾一曰。唐寫本玉篇引說文。忌言也。録以備考。倫按今本玉篇作妄言。餘見嘂下。【說文解字六書疏證卷五】

◉許　慎　諕號也。从言。从虎。乎刀切。【說文解字卷三】

◉馬叙倫　鈕樹玉曰。玉篇。火訝切。誑也。廣韻去聲禡韻有唬。呼訝切。訓虎聲。當與號同。別無諕字。則乎刀切非。段玉裁曰。此與号部號音義皆同。桂馥曰。號也者。本書。謼。評謼也。馥謂評謼當為評諕。或借呼字。漢書東方朔傳。舍人不勝痛。呼謈。鄧展曰。呼音髐箭之髐。馥謂呼即謼字。宋保曰。从言。虎聲。猶號从虎聲、唬从虎聲也。朱駿聲曰。从言。唬省聲。即號之或體。倫按經傳無諕字。倫謂号部號。鍇本作从号虎聲。則宋謂諕从言虎聲。是也。鍇本作从言虎。奪聲字耳。然号从口。丂聲。號為号之轉注字。詳號字下。此訓號者。諕號疊韻耳。許次訓下讙上。蓋即訓之轉注字。訓音見紐。諕音匣紐。皆舌根音也。與唬一字。【說文解字六書疏證卷五】

189　【包山楚簡文字編】

譁　謣

◉許　慎　讙譁也。从言。雚聲。呼官切。【說文解字卷三】

◉馬叙倫　鈕樹玉曰。一切經音義二十引作囂呼也。徐灝曰。此與㗊部囂音義同。倫按吅讀若讙。吅囂讙音義同。囂讙皆吅之轉注字。玄應引者蓋校語。玄應又引三蒼。讙。言語譊譊也。【說文解字六書疏證卷五】

◉高田忠周　他戈云。郾王職乍。均皆王名。此篆从言从吅。當讙字古文。說文讙譁也。从言雚聲。雚从吅聲。故讙元从吅為聲。古簡後䌛。猶懼古文作愳也。要罍亦元同吅。說文吅驚嘑也。从二口，讀若讙。或作嚾作喧皆為俗字。凡字在言部者。古文多从口。此古始以口兼言故也。以是凡字。从言又从口者。其言必後世所加也。然則罍亦吅字不容疑矣。或云。罍即諤省。然諤即咢異文。而咢字意主于屰。古文作咢。亦主于乂。此篆不从屰乂。非咢字明矣。後漢書劉盆子傳爭言讙呼即驚嘑之謂也。漢書陳平傳。諸將盡讙。注譁而議也。霍光傳。又聞民間讙言。注衆聲也。即讙譁之謂也。吅讙同字可知矣。【古籀篇五十三】

◉戴家祥　罍字从吅从言，字書未收，以形聲審之。殆即吅之加旁字也。說文二篇「吅，驚嘑也。从二口，讀若讙」。集韻上平二十六桓歡懽[illegible]嬽孉囂嚾讙同字。唐韻吅讀「況袁切」。曉母元部。讙囂並讀「呼官切」不但同部而且同母，吅从兩口。在六書為會意，雚囂皆从吅聲。在六書為形聲。嚾讙歡懽嬽則又雚之加旁更旁字也。知讙之聲原為吅。亦可知罍讙本一字也。【金文大字典下】

◉許　慎　譁讙也。从言。華聲。呼瓜切。【說文解字卷三】

◉馬叙倫　鄧廷楨曰。譁讙雙聲。倫按讙譁謌皆音同曉紐轉注字。玄應一切經音義引三蒼。譁。言語譊譊誼也。【說文解字六書疏證卷五】

◉許　慎　謣妄言也。从言。雩聲。羽俱切。謣謣或从荂。【說文解字卷三】

◉馬叙倫　鈕樹玉曰。玉篇謣為譁之重文。疑本說文。蓋華荂音義並相近。後人傳寫誤隔一字。王筠曰。玉篇以為譁之重文。是也。荂為雩之或體。雩華固一字也。沈乾一曰。唐寫本玉篇謣注引說文亦譁字也。廣韻九麻。譁下。謣同上。足證謣為譁之重文。倫按譁謣疊韻轉注字。【說文解字六書疏證卷五】

譌 譌

◉許　慎　譌譌言也。从言。為聲。詩曰。民之譌言。五禾切。【説文解字卷三】

◉吳大澂　譌　古譌字。譌言也。許氏説。囮讀若譌。或从䌛。作圝。古文為䌛為一字。䌛之轉為謡詠。散氏盤。譌師袁敦。【説文古籀補卷三】

◉丁佛言　譌　录伯戎敢。吳愙齋曰。古文為䌛為一字。䌛之轉為謡詠。【説文古籀補補卷三】

◉強運開　䌛　彔伯戎敢。䌛自乃祖考有□于周邦。容庚云。䌛。發語辭。大誥。王若曰。猷馬本乍䌛。䌛。説文所無。説文通訓定聲據偏旁及韻會補為䌛之重文。運開按。説文䌛訓隨從。徐鉉云。今俗从䍃。是。䌛乃䌛之俗字。此篆右旁乍為。實係从為。當為譌之重文。散氏盤乍譌。尤為明顯。詩民之譌言。今俗則謂為䌛言。蓋譌䌛二篆形既相近。義亦可通。古時相通叚也。譌散氏盤。小門人譌。从言。从為。實譌字也。蓋人名。譌師袁敢。譌淮夷譌我貟晦臣。應讀若䌛。發語辭也。【説文古籀三補卷三】

◉馬叙倫　桂馥曰。譌言當作偽言。詩沔水正月箋並云。訛。偽也。後漢書馮衍傳。或訛言更始隨赤眉在北。注云。訛。偽也。吳雲蒸曰。此引韓詩。丁福保曰。慧琳音義七十七引説文。偽言也。盖古本如是。今本誤偽為譌。倫按吳大澂謂古謂譌言。今謂謡言是也。引經校者加之。散盤作譌。【説文解字六書疏證卷五】

◉張筱衡　譌譌囮圝䌛　或釋作辭，作䌛、作訥者，誤。或釋作譌，是也。而誤以為人名。今釋作譌，訓爲囮，典籍通用䌛。説文：「囮，譯也。从□，化聲。率鳥者，繫生鳥以來之，名曰囮。讀若譌。」又：「圝，囮或从䌛。」繫傳：「臣鍇曰：譯謂傳四夷及鳥獸之語也。化者，誘禽獸也。即今之鳥媒也。」

媒，今曰媒介，亦曰介紹。傳四夷鳥獸之語謂之譯，傳鬼神之語亦可謂之譯。則囮者，亦可謂卜人、筮人、會人、介紹鬼神之語于人矣。囮讀若譌。故盤文借譌為囮。亦猶「説文」之譌，「毛詩」作訛。囮之或體作圝，从䌛。故傳記皆借䌛為圝。䌛，即圝之省。凡諸占皆有䌛辭，「大横庚庚，余為天王，夏啓以光」，為龜卜之䌛；「潛龍勿用」「見龍在田」，為筮卜之䌛；「亡夏者桀」「亡秦者胡」，為貞卜之䌛。皆是所譯鬼神之語。小門人䌛，謂豆邑之小門人就所貞得之象，作為䌛辭，以介紹鬼神之意恉于人耳。【散盤考釋(下)　人文雜誌一九五八年第三期】

◉戴家祥　張政烺曰：訛字毛詩數見，鄭箋皆訓偽，此言燕國禪讓之為。古文字研究第一輯第二一一葉。按説文言部無訛字，而有譌字。集韻下平八戈譌訛同字，「説文譌言也，引詩民之譌言。或作訛，通作吪」，今小雅沔水作「民之訛言」。唐韻譌吪俱讀「五禾切」，疑母歌部。注音更旁則為訛，表義更旁則為吪，揚子方言三「譌，化也」，郭璞注：「譌化聲之轉也。」

誤

說文「譌，譌言也。从言為聲」，朱駿聲謂「字亦作訛」。小雅沔水、正月「民之譌言」，今毛詩均作訛言。鄭箋「譌，偽也」。唐韻為讀「薳支切」，匣母支部。化讀「呼跨切」，曉母魚部。聲韻俱近譌讀「五禾切」，疑母，歌部，然集韻下平九麻譁譌同字，音「吾瓜切」，疑母魚部。【金文大字典下】

誤 法二〇七 二例 法二〇九 二例 效六〇 三例 【睡虎地秦簡文字編】

諸誤 張誤私印 椑誤 長孫誤 兒誤之印 臣誤 徐誤 【漢印文字徵】

◉許 慎 誤謬也。从言。吳聲。五故切。【說文解字卷三】

◉丁佛言 古匋。中蒦里東方。誤。从言省。【說文古籀補補卷三】

詿

3·116 繇衢東匋里詿 【古陶文字徵】

◉許 慎 詿誤也。从言。圭聲。古賣切。【說文解字卷三】

◉丁佛言 古匋。紹遷匋里詿。許氏說誤也。【說文古籀補補卷三】

◉馬叙倫 桂馥曰。韻會引鍇本作謬也。顧廣圻曰。詿誤二篆兩見。一在此。一在譌下。以次求之。在彼為長。沈濤曰。後漢光武紀寇恂傳注引作亦誤也。朱士端曰。大徐本緣下列誤詿二文。一云。从言。吳聲。从言。圭聲。譌。下又列詿誤二文。一云。从言。佳省聲。从言。吳聲。小徐本祇於緣下一見云。誤。从言。吳聲。詿。从言。圭聲。大徐本錯增二文。其於第二詿字亦意為重出。而變其說曰。从言。佳省聲。是為大徐本羨文無疑。當依小徐。倫按誤音疑紐。謬音微紐。同為鼻音次濁音。是誤為謬之轉注字。詿誤則同舌根音轉注字。如後漢書注引。則誤也乃校語。或字林訓。故上有亦字。本訓捝矣。韻會引鍇本作謬也。或本訓也。【說文解字六書疏證卷五】

謬

◉許 慎 謬狂者之妄言也。从言。翏聲。靡幼切。【說文解字卷三】

◉馬叙倫 鈕樹玉曰。一切經音義廿引作狂者之言也。倫按狂者之妄言也校語。本訓捝矣。上文。譸。妄言也。譌。偽言也。

下文。詤。夢言也。此或本訓狂言也。狂言見莊子知北遊。狂言即㹺言。本書。㹺。誤也。玄應一切經音義引字林。謬。誤也。自譌至謬五字皆轉注也。譌誤音皆疑紐。詿音見紐。見疑皆舌根音。譌音喻三。譌从為得聲。為音亦喻三也。謬誤轉注。見前詿字下。【説文解字六書疏證卷五】

詤 詤

◉許　慎　詤夢言也。从言。巟聲。呼光切。【説文解字卷三】

◉馬叙倫　段玉裁曰。夕部曰。夢。不明也。呂覽。無由接而言見詤。高曰。詤讀為誣妄之誣。讀詤為誣者。【説文解字六書疏證卷五】

謈 謈

◉許　慎　謈大呼自勉也。从言。暴省聲。蒲角切。【説文解字卷三】

◉馬叙倫　鈕樹玉曰。錢大昕曰。廣韻引勉作冤。是也。樹玉謂釋訓釋文引作大呼自冤也。元本玉篇作大呼自冤也。蓋本説文。沈濤曰。廣韻四覺引勉字作冤。蓋古本如是。漢書東方朔傳。舍人不勝痛呼謈。注曰。謈。自冤痛之聲也。則今本作勉者誤。爾雅釋訓釋文引亦作自冤。而大呼下衍一也字。王筠曰。大呼當絶句。爾雅釋訓釋文引。謈。大呼也。自冤也。倫按自當作白。謂大呼白其冤屈也。然疑此本訓大呼也。故爾雅釋文引大呼下有也字。白冤也乃校者加之。不然。顔注何不直引此注之耶。今人痛呼阿育。促言曰謈。然今杭縣謂高聲諠訆曰謈噪如雷。則謈訬即其字。是義當為大呼。謈為訬之聲同宵類轉注字。【説文解字六書疏證卷五】

訬 訬

訬 0515【古璽文編】

◉許　慎　訬訬擾也。一曰。訬獪。从言。少聲。讀若毚。楚交切。【説文解字卷三】

◉丁佛言　訬　古鉨。王訬。許氏説。訬擾也。亦曰訬獪。或謂即古妙字。【説文古籀補補卷三】

◉馬叙倫　嚴章福曰。擾上疑衍訬字。惠棟曰。毚當作㲋。丑略切。顧炎武據舊本改此。桂馥曰。讀若毚者。訬毚聲不相近。當云。讀若狡毚。本書。毚。狡兔也。廣雅。毚。獪也。王筠曰。玉篇。擾也。無訬字。朱駿聲曰。今蘇俗謂讙呶曰炒鬧。即此訬擾。一曰訬獪者。借訬為狡。本書。獪。狡獪也。劉秀生曰。少聲讀如鈔。則古在清紐。毚聲古在從紐。皆齒音也。

故訬从少聲。得讀若毚。糸部。纔帛雀頭色也。一曰。微黑色。如紺。纔。淺也。讀若讒。从糸。毚聲。周禮春官巾車。豻複雀飾。注。赤多黑少之色韋也。考工記鍾氏。五入爲緅。注。今禮俗文作爵。言如雀頭色也。儀禮士冠禮爵弁服。注。其色赤而微黑。訬讀若毚。亦猶雀爵之借為纔也。木部。標。木杪末也。从木。票聲。杪。木標末也。从木。少聲。標杪轉注。實即一字。刀部。劖。斷也。从刀。毚聲。一曰。剽也。釗也。杪之爲標。劖之為剽。是其證。尹桐陽曰。廣雅釋詁。毚。獪也。毚即訬之借字。毚訬雙聲。倫按訬字隸書複舉字也。擾也以聲訓。或非許文。訬義當與吵同。今杭縣謂諠鬧為訬。訬蓋㲋之同舌尖前音、又聲同宵類轉注字。訬从少得聲。少小一字。小音心紐也。一曰訬獪者。謂訬一曰獪也。獪字為狡字義。十篇。狡。少狗也。少當作訬。少小一字。小交聲同宵類。少獪聲同脂類。可證也。此校語。毚音禪紐。訬从少得聲。少音審三。同為舌面前摩擦音。又毚舊音士咸切。在牀二。訬音穿二。同為舌尖後破裂摩擦音。故訬得讀若毚。【說文解字六書疏證卷五】

諆 旁鼎 旁肈作尊諆　弔趯父卣 唯用諆僃女　寍簋 寍肈諆作乙考尊簋 義如其　甚鼎　遹盂　萬尊

逐鼎　令鼎 王歸自諆田地名　索諆爵　師寰簋 無諆徒馭　假借為期 王孫鐘 釁壽無諆　樂子敔豧匿

王孫壽甗　郘王子鐘　簷平鐘　長子𩰫臣匿　王子午鼎　攸簋【金文編】

◉許　慎　諆。欺也。从言。其聲。去其切。【說文解字卷三】

◉孫詒讓　尊諆義難通。吳引徐同柏讀為忌。亦肊說。不足據。攷說文甾部。東楚名缶曰甾。甾與其形聲並相近。古字得通故。丌部畁。杜林以為麒麟字。糸部緥或作綦。畁緥舊並从甶。今依段玉裁校正。此諆字疑亦甾之叚借字。尊諆箸器名猶云尊鼎尊敢也。後郘伯達敢又云。郘白達乍寶羞□。其字右亦从其。與此同。左不知从何形。羞䫍猶它器云羞鬲羞彝。依文義當亦器名。舊釋為簋。殊不類。〔攈古〕二之二。當依此正之。【古籀餘論卷一】

◉方濬益　碁疑諆之別體。玉篇廣韻並云。諆。謀也。【齊侯罍壺　綴遺齋彝器款識卷十三】

◉孫詒讓　碁。从口。从其。説文所無。疑諆之異文。説文言部。碁。忌也。又。諆。欺也。二字形同。又。月部。期。會也。古文作冋。从日丌。此或即㫷之變體。此疑叚為期。期。季字正字。當作稘。見説文禾部。時桓子蓋先卒後文稱謚可證。於禮。父亡則為母

服齊衰三年。父存則為母服期。田氏子本宜服三年。以欲短喪故。段王命以成之。齊侯乃使敂宗伯禮官為請命于天子。而天子即許其持服。故云。曰碁則爾。碁。言從王命斷喪也。【古籀餘論卷三】

◉馬叙倫 嚴可均曰。上文有碁字。此重出。倫按諆為詒之疊韻轉注字。欺也以同聲為訓。諆為欺諞之本字。古書多借欺為諆。漢書東方朔傳。朔善詆欺。鍇本引作詆諆。是其證。餘見碁下。師寰段作[glyph]。王孫鐘作[glyph]。【説文解字六書疏證卷五】

◉馬叙倫 諆。从言。其聲。本非器名。然邵伯達敨。邵白達作寶羞[glyph]。吳式芬釋[glyph]為簋。倫謂此字作䫏。實説文之頙。頙諆同从其得聲。兩器皆借爲器。猶借彝為器。然本字當為「 」。【讀金器刻詞卷中】

◉張日昇 説文云:「諆,欺也。从言其聲。」金文「諆作」「肇諆作」乃恆語。義如其。又叚作期。師寰簋云「折首執訊無諆徒馭敺孚士女羊牛」。郭沫若以無諆徒馭為句。兩周金文辭大系攷釋頁一四六。容庚金文編引同。郭又謂與詩車攻「徒御不驚」同義。然於前後文意似有未安。當於諆字斷句。諆讀作計。謂折首執訊無算。而徒馭復敺孚士女羊牛。齊厌敦云「男女無期」。期亦讀作計。與此正同。謂其家族繁昌也。【金文詁林卷三】

◉李孝定 諆字在銘辭中語意各異,a條旁鼎「尊諆」,器名,當如孫説讀之,至於他銘,則張氏之説是也。【金文詁林讀後記卷三】

譎 譎

[glyph] 譎 【汗簡】

[glyph] 義雲章 【古文四聲韻】

◉許 慎 譎權詐也。益梁曰。謬欺天下曰譎。从言。矞聲。古穴切。【説文解字卷三】

◉馬叙倫 鈕樹玉曰。韻會引作梁益。段玉裁曰。方言。涼州西南之閒曰膠。自關而東西或曰譎。或曰膠。詐。通語也。此言欺天下曰譎不可通。當為關東西曰譎。倫按權詐也當作權也詐也。一訓校者加之。益梁以下九字亦校語。譎謬轉注字。見矞字下。欺字或涉諆字説解而誤羨。或本作欺也。廣雅釋詁二。譎。欺也。傳寫捝也字。又轉乙於下耳。或校者據廣雅加欺也。傳寫捝也字。玄應一切經音義引三倉。譎。詐也。【説文解字六書疏證卷五】

◉黄錫全 [glyph]譎 《説文》「憰,權詐也。从心,矞聲」。「譎,權詐也。从言,矞聲」。二字音義皆同。鄭珍認為「憰譎一字」是。通

詐 詐

段通作，善夫克鼎作。《說文》矛字古文作，此矛形同。心在下作，如同《說文》怚字或作忌，金文惕字或作（趙孟壺）。【汗簡注釋卷四】

◉戴家祥　揚子方言三：「譎，詐也。自關而東或曰譎。」論語憲問「晉文公譎而不正，齊桓公正而不譎」，鄭注：「譎，詐也。」銘文「庚譎穆好」，言更改欺誑，以求和好。與上文「禘誠整謐」，義相貫也。唐韻譎音「古穴切」，見母至部。【金文大字典下】

詐　假借為作　蔡侯盤　用詐大孟姬嬇彝盥　中山王譻鼎　詐鼎于銘　曾侯乙鼎　曾侯乙匿　【金文編】

詐　為三四　通詛　孟一　日乙一七　語二　日乙一七　日乙二三　【睡虎地秦簡文字編】

王存乂切韻　【古文四聲韻】

◉許　慎　詐，欺也。从言。乍聲。側駕切。【說文解字卷三】

◉高田忠周　爾雅釋詁。詐偽也。叚借或與乍迮通。公羊傳僖三十三年。詐戰不日。注詐卒也。齊人語也。是也。但依作胙字金文皆借乍為之。詐字亦當以乍為之矣。古字皆互為通用也。又按會稽碑有詐字。小篆固如此也。但愚謂詐譌元作作偽。即知欺訓亦作起義之轉。猶為偽同字。元兼善惡兩義。後人分別以偽為惡義也。然則詐亦作字轉出異文。後人分別。欺言曰詐耳。即知詐偽亦作乍為。為最古正文也。又按上文。詐慙語也。从言作聲。詐詐元同字無疑。而顧野王所引。彼文作誶云。野王按。今並為乍字。茾說文所無。當筰字誤。然顧氏所見本。與今本不同。且彼慙作慙。必係轉寫之誤。因謂詐詐元同字。而彼訓為慙語。亦恐為怍字叚借。慙于心為怍。發于言為詐。猶誖悖譎憰之類矣。【古籀篇五十三】

◉馬叙倫　詐音照紐。古讀歸端。譎音見紐。端見皆破裂清音。是轉注字也。欺也者。通訓。玉篇引倉頡。詐。譸也。字見急就篇。【說文解字六書疏證卷五】

◉楊樹達　以偽諼字例推之，詐之語源蓋出於狙。說文十篇上犬部云：「狙，玃屬。从犬，且聲。」「玃，大母猴也。」且聲乍聲古音近，且，模部；乍，鐸部。二部為平入。故說文四篇下歺部殂古文从古文歺从乍。狙引申為動作之作，又引申爲詐偽之詐。

母猴謂之為，又謂之蝯，又謂之狙。引申之，作為謂之為，又謂之作。再引申之，詐偽謂之偽，又謂之諼，又謂之詐。語源同故字義同矣。【釋僞　增訂積微居小學金石論叢卷一】

訏 訏

𧫥 𧫥

◉徐中舒 任仕謙 詐，同作。安徽壽縣出土蔡侯盤：「用詐大孟姬彝。」詐即作，與此同。【中山三器釋文及宮室圖說明 中國史研究一九七九年第四期】

◉李孝定 蔡侯盤以「詐」為「作」，蓋偶寫別字，高田氏遂謂「欺訓亦作起義之轉」，未免牽傅，他如為偽同字，亦未必然，字義固可引申，然既各有專字，不得通作矣。為字古文从手牽象，示有所作為，偽則為形聲兼會意耳。【金文詁林讀後記卷三】

◉睡虎地秦墓竹簡整理小組 詐，疑讀為作。【睡虎地秦墓竹簡】

◉戴家祥 左傳宣公十五年「我無爾詐」，禮記樂記「知者詐愚」，皆其義也。注音更旁，字亦作詐。許云：「慙語也。」詐詐俱讀「鉏駕切」，精母歌部。言為心聲，詐者必然心虛，故又更旁从心，十篇心部：「怍，慙也。」又十二篇：「乍，止也。一曰：亡也。从亡从一。」音讀同詐，故器銘以詐為乍。後人每以乍表示時間，如孟子公孫丑上「今人乍見孺子」，趙岐注：「乍，暫也。」于是假作為乍。作義為起，為迮之更旁字，唐韻作讀「則洛切」，韻在魚部。沿用既久，遂不深究其聲義矣。【金文大字典下】

訏

訏 語二二【睡虎地秦簡文字編】

◉許 慎 訏詭譌也。从言。于聲。一曰訏𧫥。齊楚謂信曰訏。況于切。【說文解字卷三】

◉馬叙倫 段玉裁曰。信當作大。釋詁。訏。大也。方言。訏。大也。中齊西楚之閒曰訏。朱駿聲曰。玉篇引說文。齊楚謂大言曰訏。是也。王筠曰。一曰訏𧫥者。借訏爲吁也。倫按詭譌也當作詭也譌也。一訓校者加之。訏為諼之異文。同从于得聲。于爰音同喻三也。齊楚謂信曰訏。爲別一義。信當如段說作大。大下依玉篇補言字。大言曰訏。借訏為誇也。然一曰以下皆校語。【說文解字六書疏證卷五】

◉戴家祥 爾雅釋詁：「訏，大也。」唐韻「況于切」，曉母魚部。【金文大字典下】

◉許 慎 𧫥咨也。一曰。痛惜也。从言。差聲。子邪切。【說文解字卷三】

◉馬叙倫 鈕樹玉曰。韻會从言。差聲。在一曰上。段玉裁曰。口部曰。嗞。𧫥也。此云。𧫥。嗞也。是爲異部互訓。各本改作咨者。淺人為之耳。謀事曰咨。義不相涉。張楚曰。一曰痛惜也與嗞也實一義。咨𧫥即有痛惜義。書堯典。下民其咨。傳曰。怨歎咨嗟。是也。此蓋淺人疑其義不備。安加一曰耳。倫按𧫥為嗞之雙聲轉注字。嗞𧫥即痛惜之詞也。一曰文蓋後

人加之。字从音。【說文解字六書疏證卷五】

讋 讋

讋 臣讋 讋 弗讋 【漢印文字徵】

讋 說文 【古文四聲韻】

◉許　慎　讋失气言。一曰。不止也。从言。讘省聲。傅毅讀若慴。之涉切。讋籀文讋不省。【說文解字卷三】

◉馬叙倫　沈濤曰。文選東京賦注。史記項羽本紀索隱。一切經音義十引皆作失气也。音義十九引。讋。失氣也。讋。怖也。一曰言不止也。蓋古本如是。據玄應所引。則古本言字在一曰以下。今本誤倒。又奪怖也一訓耳。玉篇亦云。言不止也。當本許書。嚴可均曰。晉書音義引作讀若摺。沈乾一曰。唐寫本玉篇引作失气也。一曰。言不止也。張楚曰。一曰言不止也乃譶字義。本書。譶。疾言也。吳都賦。澀譶槩瀏。注。譶。不止也。琴賦。玢儸譶以流漫。注。儸譶。聲多也。皆与言不止義合。譶讀若沓。讋从讘省聲。而讘下曰讀若沓。是譶讋聲同。倫按譶从三言。不當訓疾言。十一篇。霅。一曰衆言。霅从雨。譶省聲。則衆言即譶字義。衆當爲眔。形近而譌。或本作多。多譌為似。復增為衆也。然會意字無以形聲字會意者。言為形聲字。則言詁譶皆一字。書者以重茂取美耳。多言乃坿會从三言為訓。其實多言乃讋字義。此一曰言不止。即多言也。乃本義。讋為沓之轉注字。此从讘省聲。讘讀若沓。可證也。失气下捝也字。此慴字義。此讀若慴。慴慴音義並同。十一篇。慴。失气也。是其證。本部。譶。多言也。音義與此同。則讋譶亦轉注字。然此二字皆不與譺詍等字類次。且二字亦不相次。或皆後人加之耶。玄應一切經音義引聲類。謵。傷讋不止也。然則此字若許原有。則捝本訓。不然。乃字林據聲類加之。又加失气一訓。晉書音義引字林。讋。失氣也。言字或本作多言也。今有捝耳。音義引怖也。校語。傅毅讀若慴者。劉秀生曰。讘讀若沓。在定紐。慴聲古在端紐。端定皆舌音。故讋从讘省聲得讀若慴。衣部。襲。从衣。讘省聲。周禮地官胥師。襲其不正者。注。故書襲為習。杜子春云。習當為襲。儀禮士喪禮。襚者以褶。注。古文褶為襲。史記項羽本紀。府中皆慴服。漢書項籍傳作讋伏。釋名釋衣服。褶。襲也。下文。謵。言謵讋也。从言。習聲。讋謵轉注。實即一字。是其證。尹桐陽曰。讋慴疊韻。倫謂傅毅下當有説字。校者加之。

讋鍇篆作讋。讋。籀文讋不省。倫按不省二字校者加之。然此篆可疑。上文訇誕二字之籀文。其言字皆作言。此獨作言。與魏石經古文信所从之言。誕所从之言同。金文言字亦多同篆。無如此作者。惟戠字格伯𣪘作戠。趩尊作戠。與

此近。言音一字。豈此从音耶。王筠據熾之古文作𤑔。謂所从之𠙵爲古文音。或此籀字為古字之譌耶。【説文解字六書疏證卷五】

讇

◉許　慎　讇言讇讋也。从言。習聲。秦入切。【説文解字卷三】

◉馬叙倫　沈濤曰。一切經音義二十引。讇。讋也。當是傳寫奪誤。玉篇。讇讋。言不正也。可見讇讋二字連文。據此。則讋字注。言不止也。疑為言不正之誤。王筠曰。玉篇正蓋止之譌。當增於讋下。云一曰讇讋言不止也。而删此下言字。沈乾一曰。唐寫本玉篇引作讋也。倫按讇讋聲同談類轉注字。本訓讋也。故玉篇及玄應引皆作讋也。言讇二字蓋傳寫涉上文讋下説解而譌羨。或讇字乃隸書複舉字。而言字則涉上文而譌羨也。【説文解字六書疏證卷五】

䛩

◉許　慎　䛩相毁也。从言。亞聲。一曰。畏亞。宛古切。【説文解字卷三】

◉馬叙倫　錢坫曰。此畏惡字。秦詛楚文有之。今通用惡。朱駿聲曰。一曰畏惡者。借䛩為惡。張楚曰。一曰畏亞。乃惡字義。本書。畏。惡也。倫按䛩為憎惡字。與惡一字。文選獄中自明書。蘇秦相燕。人惡之於燕王。注。惡謂讒短也。漢書衡山王賜傳。厥姬數惡徐來於太子。注。惡謂讒毁之也。兩惡字義皆相毁也。十篇。惡。過也。以聲訓。憎。惡也。忌。憎也。則惡義亦謂憎忌。憎忌故讒之。是䛩惡義同。相毁也者。字林訓。本訓憎也。一曰畏亞者。鍇本作畏䛩。九篇。畏惡也。醜下曰。可惡也。可惡謂可畏也。畏惡以雙聲為訓。或據亞下曰醜也。謂畏下醜下惡字皆當作亞。非是。亞訓醜者非本義。詳亞字下。此言畏䛩。即借䛩為畏。此亦校語。【説文解字六書疏證卷五】

◉楊樹達　十四篇下亞部云：「亞，醜也，象人局背之形。」尋亞即今醜惡之惡字。䛩从言从亞者，謂言人之醜惡，故其義為相毁也。

言部又云：「誹，謗也，从言，非聲。」段注云：「誹之為言非也，言非其實。」按段説非是。誹从言从非，謂言人之非也。言部又云：「詆，訶也，从言，氐聲。」又二篇上口部云：「呧，苛也，从口，氐聲。」按詆呧二文同字，呧訓苛，苛亦同訶，詆訶猶今言詆毁也。詆从氐聲者，説文七篇上日部昏下云：「氐者，下也。」九篇下广部云：「底，下也，从广，氐聲。」六篇上木部云：「柢，木根也，从木，氐聲。」柢為木根，在下之物也。十二篇上絲部云：「紙，絲滓也，从糸，氐聲。」絲滓謂絲沉在下者也。按氐即今之低字，詆从言从氐，謂言者低下視之，故其義為詆訶也。

言部又云：「譏，誹也，从言，幾聲。」段氏云：「譏之言微也，以微言相摩切也。」按段氏似以譏諷為義，故云以微言相摩切，其說非是。按幾聲字有微小之義。四篇下幺部云：「幾，微也。」二篇上口部云：「嘰，小食也，从口，幾聲。」十三篇上虫部云：「蟣，蝨子也，从虫，幾聲。」此蟲之小者也。幾又有少不足之義。五篇下食部云「穀不熟為饑」是也。譏从言从幾者，謂言其微少不足，故為誹也。

二篇上口部云：「呰，苛也，从口，此聲。」呰經傳通作訾，苛亦與訶同。按此聲字多含小義。爾雅釋訓云：「佌佌，小也。」說文六篇上木部云：「柴，小木散材，从木，此聲。」六篇下貝部云：「貲，小罰以財自贖也，从貝，此聲。」十二篇下女部云：「姕，婦人小物也，从女，此聲。」二篇上走部云：「𧺼，淺渡也，从走，此聲。」方言十云：「呰，短也，凡物生而不長大謂之呰。」樹達按鳥母為雌，亦言其小也。呰从口从此，謂言者蔑而小之，故其義為訶也。

言部又云：「譙，嬈譊也，从言，焦聲。」或作誚，字从肖。按肖字从小聲，誚从肖者，假肖為小也。口部云：「哨，不容也，从口，肖聲。」按不容謂口小不能容受，此亦假肖為小也。从焦者，音近通借字耳。

言部又云：「謗，毀也，从言，旁聲。」按義為毀而字从旁聲，似無義可說，細意求之，旁蓋薄字之假借也。一篇上二部云（二古上字）：「旁，溥也。」六篇上木部云：「榜，所以輔弓弩也。」旁與溥，榜與輔，皆以雙聲對轉為義；酺為面旁，浦為水旁，亦其證也。

言人之惡謂之𧨞，言其非謂之誹，言其低下之謂之詆，輕而小之謂之譏，或謂之呰，或謂之誚，薄之謂之謗，語源同，故字義同也。

與上來諸文義相反者，有譽偁二文。言部云：「譽，稱也，从言，與聲。」按譽之為言舁也。說文三篇上舁部云：「舁，共舉也，从臼，从収。」十二篇上手部云：「舉，對舉也，从手，與聲。」蓋以手共舉謂之舁，以手對舉謂之舉，以言偁舉謂之譽，其義一也。今語猶謂贊美人為抬舉矣。

八篇上人部云：「偁，揚也，从人，爯聲。」按此字後世通用稱字。按十二篇上手部云：「揚，飛舉也。」偁訓揚，揚訓飛舉，是偁為舉也。又四篇下冓部云：「爯，並舉也，从爪，冓省。」按爯訓並舉，偁从爯聲，故有舉義矣。

譽偁皆言舉，舉者，推而上之也。詆之言氏，氏者下也。譽偁與詆義相反，故其語源亦相反矣。【釋𧨞 積微居小學述林卷一】

𧬈 𧬈

◉許　慎　𧬈相毀也。从言。隨省聲。雖遂切。【説文解字卷三】

◉馬叙倫　錢坫曰。此毀譽之毀字。朱駿聲曰。鍇本作隋聲。是也。倫按諲隓義同。諲从亞得聲。亞音影紐。隓从隋得聲。隓从陸得聲。陸音曉紐。古讀曉歸影。是諲隓為轉注字也。依許大例諲下當作隓也。此相毀也字林訓。本訓失矣。【説文解字六書疏證卷五】

𧮰 𧮰

◉許　慎　𧮰嗑也。从言。闒聲。徒盍切。【説文解字卷三】

◉馬叙倫　口部。嗑。多言也。闒盍聲同談類。是𧮰嗑轉注字。又與讘轉注。聶聲亦談類也。【説文解字六書疏證卷五】

詾 詾

◉許　慎　詾説也。从言。匈聲。許容切。訩或省。𧧑詾或从兇。【説文解字卷三】

◉馬叙倫　沈濤曰。六書故引唐本説文作訟也。篇韻亦云。詾。訟也。是今本作説者。乃二徐妄改。爾雅釋言詩小雅魯頌傳箋皆曰。訟也。古無以詾訓説者。倫按説乃訟之譌耳。

訩　疑本作詾。或从凶。校者改之。【説文解字六書疏證卷五】

訟 訟

訟　𧆈簋

揚簋

𠑹匜　【金文編】

81　【包山楚簡文字編】

訟並説文　【汗簡】

説文　【古文四聲韻】

◉許　慎　訟争也。从言。公聲。曰。謌訟。似用切。䜝古文訟。【説文解字卷三】

◉商承祚　䜝　説文「䜝。古文訟。」案汗簡引作𧥻。【説文中之古文考】

◉馬叙倫　訟詾疊韻轉注。一曰謌訟。借訟為詠也。訟音邪紐。詠音喻三。同為摩擦次濁音。此校語。

䜝　鈕樹玉曰。韻會作𧥻。沈濤曰。汗簡引作𧥻。王筠曰。八㕣同義。㕣蓋古公字也。宋保曰。谷聲。古音東冬屋

沃每相開通。猶容从谷聲。古文作⿱宀公。从公聲也。朱孔彰曰。松或作⿱容木。頌籀文作額。容古文作⿱宀公。疑作公者為古文。作谷者為籀文。谷即容省也。非泉出通川之谷。倫按公谷音同見紐。聲則東矦對轉。故訟之轉注字可从谷得聲作䛦也。【説文解字六書疏證卷五】

◉高田忠周　説文。訟争也。从言公聲。古文作𧩯从谷聲。从容省聲也。段氏云。公言之也。漢書吕后紀。未敢訟言誅之。鄧展曰。訟言。公言也。朱駿聲云。以手曰争。以言曰訟。易雜卦。訟不親也。序卦。飲食必有訟。鄭注猶諍也。周禮大司寇。以兩造禁民訟。注謂以財貨相告者。【古籀篇五十三】

◉黄錫全　⿰言公 訟並説文　今本《説文》訟字古文作𧩯。夏韻用韻録《説文》作⿰言公。此形若不是改篆為古，从古文言、从三體石經⿱八口，就是今本奪佚之古文。僟匜訟作⿰言公，楊毁作⿰言公。訟字古文从谷，類似吳方彝「玄衮衣」之「衮」作⿱谷口，䡅侯鼎作⿱谷口，而舀壺則从谷作⿱谷口。公、谷音近。鄭珍認為「此从公，仍篆訟也」。【汗簡注釋卷一】

謓 謓

◉許　慎　謓恚也。从言。真聲。賈侍中説。謓笑。一曰。讀若振。昌真切。【説文解字卷三】

◉馬叙倫　王筠曰。集韻。謓。之刃切。笑也。然則讀若振。但屬謓笑一義。一曰當是衍文。徐灝曰。古與蜃通。鄭注春官𠴲人云。故書或為謓。是也。葉德輝曰。謓振古音同。周禮春官太祝。五曰振祭。杜子春云。振讀為慎。又夏官大司馬注。鄭司農云。獸五歲為慎。玄謂慎讀為麎。麎。牝曰麎。是真辰兩聲字古皆通用。劉秀生曰。真聲之字如趚蹎槙瘨顛滇古皆在端紐。振从辰聲。古亦在端紐。故謓从真聲得讀若振。㐱部。㐱。或从髟真聲作鬒。衣部。袗。从衣。㐱聲。或从衣辰聲作裖。左成十七年經。公孫嬰齊卒於貍脤。公羊作貍軫。真聲辰聲古並如㐱。是其證。張楚曰。謓笑與恚實一義也。謓笑即俗所謂冷笑。外笑而内怒。故名為笑而實即恚怒。並非別義也。一曰二字衍文。上文無讀若某。而此突出一曰。必衍文無疑。倫按疑謓笑上奪讀若二字。賈侍中説。謓字讀若當時謂謓笑之謓也。或本作一曰謓笑。皆賈侍中説。讀若振上傳寫誤耳。然皆校者加之。恚也當作恚言也。【説文解字六書疏證卷五】

讘 讘

讘竝義雲章　【汗簡】

義雲章　【古文四聲韻】

訶

◉許　慎　讘多言也。从言。聶聲。河東有狐讘縣。之涉切。【說文解字卷三】

◉馬叙倫　段玉裁曰。狐讘縣見漢書地理志。按史漢表皆有瓡讘矦。徐廣小顔瓡皆音狐。考漢志。北海有瓡縣。小顔注云。瓡即執字。疑瓡讘二字疊韻。瓡當从爪作𤓯。執之或體。不音狐。此及漢志作狐讘。皆譌字也。徐灝曰。段説是也。上文讋下曰。讋。讘也。即其明證。倫按本書。讘吺多言也。吺音端紐。讘音照紐。古讀歸端。然則讘為吺之轉注字。河東六字校語。此字失次。【說文解字六書疏證卷五】

〔篆〕 〔篆〕訶　與歌為一字　𢼸兒鐘　飲飤訶舞　〔篆〕蔡侯𬰚鐘　自作訶鐘　〔篆〕朝訶右庫戈　【金文編】

〔篆〕2741　與歌為一字，與蔡侯鐘訶字同。歌字重見。【古璽文編】

〔篆〕訶郭顯卿字指　【汗簡】

〔篆〕〔篆〕竝郭昭卿字指　【古文四聲韻】

◉許　慎　訶大言而怒也。从言。可聲。虎何切。【說文解字卷三】

◉劉心源　訶即歌。説文歌重文作謌。此省。今專用為譴訶字。【奇觚室吉金文述卷九】

◉高田忠周　朱駿聲云。字亦作呵。漢書食貨志。縱而弗呵虖。注。責怒也。字亦作歌。廣雅釋詁。歌。息也。叚借重言形況字。字亦作啁。廣雅釋訓。呵呵啁啁。笑也。又雙聲連語。海賦。呵嗽。注掩鬱不明皃。此攷精矣。古唯有丂乛可乛。丂為气不舒出之義。ㄅ气欲上出而礙于一。以屈曲之象。又反此為乛字。气一旦亭留。遂上衝而發。其勢越揚矣。乛讀若呵。呵即訶字。又可乛訓肎也。許可也。从口从乛乛亦聲。其聲發出。故聲意如此。而依喬嶠譎之例。可呵訶同字顯然。訶訓大言而怒也者。叚借為乛也。乛讀若呵可證矣。此銘叚借為歌字。歌亦古唯作哥。歌謌亦後出字。知字作歌者。歌省文。與訶與乛通用。又訶字用為乛者。或以何為之。所謂何誰是也。何誰。古作訶。敦作乛敦。【古籀篇五十三】

◉馬叙倫　沈濤曰。文選曹子建與楊德祖書注引無而怒二字。倫按本訓捝矣。所存者校語。或字林訓耳。此指斥聲。故下即詎字。訶謆轉注字。謆訐一字。即指斥之斥本字。謆音心紐。訶音曉紐。同為摩擦次清音也。【說文解字六書疏證卷五】

𧨝

◉李孝定　訶下高田氏引朱駿聲氏之言，是也，朱氏但言訶呵歌同字，高田氏復加引申，謂古但有丂ㄎ可，可呵訶同字，則似有可商，丂字許訓已不安，其字契文作丆，象枝柯形，乃柯之本字，以為肯可乃假借，其从「口」者，初意僅作填充，非口舌字，不得與呵訶為同字也。【金文詁林讀後記卷三】

◉林清源　朝訶右庫戈(邱集8339，嚴集7472)　銘文由援本至胡，羅振玉釋為「朝訶右軍□戟」，復云：此戈往歲見之都肆，朝訶當即朝歌。余義鐘「飲，飤訶舞」，亦假訶作歌(貞松11·32)。

羅氏以假借説「訶」字，似有可商，从言、从欠事義相因，當可通作，訶為歌之古文，非假訶作歌也。第四字作「庫」，上从「宀」象屋舍形，此當釋為「庫」，詳例154「鄭右庫戈」。左傳襄公二十三年：「齊伐晉，取朝歌。」史記秦本紀：「始皇六年伐魏，取朝歌。」用知朝歌春秋屬晉，戰國屬魏。【兩周青銅句兵銘文彙考】

◉戴家祥　説文五篇：「可，肯也。从口ㄎ，ㄎ亦聲。」又：「哥，聲也。从二可，古文以為謌。」八篇：「歌，詠也。从欠，哥聲。謌。歌或从言。」先秦文獻中凡字表義从欠者，亦或更旁从口，如歗之為嘯，欷歔之為唏噓是也。集韻下平七歌，歌、謌、䛪、可、哥同字，唐韻ㄎ讀「虎何切」，曉母歌部。哥歌讀「古俄切」，見母歌部。可讀「肯我切」，溪母歌部。在古代諧聲字中，牙音見溪兩紐，每與喉音曉匣混淆，故丂可哥同字，在音理上完全可通。【金文大字典下】

◉許　慎　𧨝訐也。从言。臣聲。讀若指。職雉切。【説文解字卷三】

◉馬叙倫　錢坫曰。此指訐字。廣雅。指。斥也。即此。桂馥曰。臣聲疑𦣝聲。漢書賈誼傳。頤指如意。孔廣居曰。同母諧聲。劉秀生曰。臣聲古在定紐。指从旨聲。古在端紐。端定皆舌音。故𧨝从臣聲得讀若指。車部。輴。从車。真聲。讀若論語鏗爾舍瑟而作。又讀若擊。鏗擊並得聲於臣也。本部。謓。从言。真聲。讀若振。書無逸。治民祗懼。史記魯世家作治民震懼。禮記內則。祇見孺子。注。祇或作振。本書虫部。蚳。从虫。氏聲。古文从土。辰聲作蜄。土部。坻。从土。氏聲。或从水耆聲作渚。釋名釋首飾。脂。砥也。著面柔滑如砥石也。臣聲如真。真聲如辰。辰聲如氏。氏聲如旨。是其證。尹桐陽曰。荀子不苟。正義直指。舉人之過惡。非毀疵也。指即𧨝也。𧨝指雙聲。廣雅釋言。指。斥也。亦𧨝借字。倫按臣聲真類。指聲脂類。脂真對轉。故𧨝讀若指。【説文解字六書疏證卷五】

訐　訐

2532　3541【古璽文編】

王存乂切韻【古文四聲韻】

◉許　慎　訐面相厈罪相告訐也。从言。干聲。居謁切。【說文解字卷三】

◉馬叙倫　桂馥曰。厈當為㡿。韻會引鍇本無下相字。蕭該引字林。訐。面相斥罪也。沈濤曰。文選三都賦注引訐。面相厈罪也。無相告訐三字。西征賦注引同。蓋古本如此。面相斥罪即相告訐之意。今本衍三字。語意重複矣。論語衛靈公釋文引面相斥。乃傳寫奪一罪字。倫按詎下曰。訐也。是詎訐為轉注字。玉篇。訐。斥指也。指即詎之借字。可證也。詎音照紐。古讀歸端。訐音見紐。端見同為破裂清音也。訐諺一字。諺从㡿得聲。㡿音穿三。又同為舌面前破裂摩擦音也。此篆及說解面相斥罪也从言干聲。並出字林。蕭該引字林可證。相告訐也則下諺篆說解中語。由呂忱不知訐諺實一字而增訐。故今訐諺重出。而相告訐也又轉寫譌入此下。據文選注引。知字林和合本書久矣。【說文解字六書疏證卷五】

訴　訴

◉許　慎　訴告也。从言。厈省聲。論語曰。訴子路於季孫。臣鉉等曰。厈非聲。蓋古之字音多與今異。如皀亦音香。釁亦音門。乃亦音仍。他皆放此。古今失傳。不可詳究。桑故切。訴或从言朔。訴或从朔心。【說文解字卷三】

◉馬叙倫　段玉裁曰。凡从㡿之字隸變為厈。俗又譌斥。嚴可均曰。篆體當作訴。說解當作㡿聲。厈為籒文厂字。非㡿字。鈕樹玉曰。繫傳作訴。从言。㡿聲。韻會引亦同。廣韻。訴。引說文作諺。告也。則各本並不誤。大徐以隸改篆。而反疑厈非聲。謬甚。錢坫曰。省字衍。桂馥曰。六書故引亦作諺。王筠曰。㡿聲。㡿从屰聲。重文所从之愬。亦由屰得聲也。翟云升曰。篆解並譌。當從六書故引作諺。㡿聲。周兆沅曰。厈為厂之籒文。與㡿不同。今俗大聲呼告猶曰訴寃。讀如罕。即厈聲之遺。別作喊。非。後轉如遡愬。小徐乃改厈聲為㡿聲。倫按諺从㡿得聲。㡿从屰得聲。屰干一字。則音無異也。漢書賈誼傳。所上者告訐也。刑法志。告訐之俗易。地理志。至告訐刺史二千石。皆告訐連文。訐下曰。告訐也。雖校語而訐諺為一字尤明矣。經傳言諺。皆明己之直言人之曲。非常告也。亦可謂訐諺一義之證。詎从臣聲臣音禪紐。訴从㡿聲㡿音穿三。皆舌面前音。亦可證也。古言告訐。後世言告諺。此篆當如鍇本作訴。从言。㡿聲。說解告也。校者注相告訐也。今校語誤入上文訐下。引經校者加之。王筠據鍇本篆同此。厈省聲作厈聲。

當作訐或从朔。朔聲也。

𩐁 宋保曰。謝愬皆从朔聲。倫按訴當作訏。王煦據易履。愬愬終吉。釋文。愬。山革切。公羊宣六年傳。靈公望見趙盾。愬而再拜。釋文。愬。所革切。又所路切。以明愬有二音。則謝愬皆為訏之重文明矣。【説文解字六書疏證卷五】

譖

◉許　慎　譖愬也。从言。朁聲。莊蔭切。【説文解字卷三】

◉馬叙倫　譖从朁得聲。朁音清紐。諦从庯得聲。庯音穿三。同為破裂摩擦次清音。是譖諦為轉注字也。玄應一切經音義引三倉。譖。讒也。【説文解字六書疏證卷五】

◉楊樹達　言部又云：「譖，愬也。从言，朁聲。」按朁从兟聲，説文八篇下先部云：「兟，兟兟，鋭意也。从二先。」又十四篇下金部云：「鐕，可以綴箸物者。从金，朁聲。」按亦鋭物也。十篇下心部云：「憯，痛也。从心，朁聲。」按鋭意謂之兟，鋭物謂之鐕，痛謂之憯，以言傷人謂之譖，亦一義也。讒譖抽象之義，皆由具體義來也。【增訂積微居小學金石論叢卷一】

讒

讒 崔希裕纂古【古文四聲韻】

◉許　慎　讒譖也。从言。毚聲。士咸切。【説文解字卷三】

◉馬叙倫　譖讒聲同侵類轉注字。字見急就篇。【説文解字六書疏證卷五】

◉楊樹達　説文十四篇上金部云：「鑱，鋭也。从金，毚聲。」史記扁鵲傳云：「鑱石撟引。」索隱云：「鑱謂石針也。」説文四篇下刀部云：「劖，斷也，一曰剽也。」按剽下云：「砭刺也。」西京賦云：「叉簇之所攙捔。」注云：「攙捔，貫刺之。」蓋鋭謂之鑱，石針謂之鑱，砭刺謂之劖，貫刺謂之攙，以言傷人謂之讒，其義一也。【增訂積微居小學金石論叢卷一】

譴

譴 譴 从言从遣省日乙一五八 譴 日乙一六八 譴 日乙一七四【睡虎地秦簡文字編】

◉許　慎　譴謫問也。从言。遣聲。去戰切。【説文解字卷三】

◉劉心源　讉。从口。从𠳋。説文。𠳋商。小塊也。从𠂤。从臾。遣。縱也。从辵。𠳋聲。讉。謫問也。从言。遣聲。今省作譴。遣小子𩰫作譴。麦鼎無譴小臣麦。竝从口。知此銘亦讉字。【奇觚室吉金文述卷二】

◉高田忠周　此篆代辵以歪，歪辵古多互相代替。起作迟，迂作赶，其一例也。而此字遣旁又从口，遣从辵𠳋聲，不从口也，蓋知

此為譴省文。古从口字或从言，説文嘖或作讀，是也。从言字或从口，詠或作咏，是也。要从口从言，皆同意故耳。此篆今定為譴字。説文「譴，問也，从言遣聲」。顧氏元本玉篇，蒼頡篇「呵也」，廣雅「譴，責也。譴，怒也。譴，讓也」。方言「譴喘，轉也」。郭璞曰：「譴喘猶宛轉也。」愚謂喘當作諯，諯譴義近。【古籀篇五十三】

◉馬叙倫　譴問也當作謫也問也。問也上捝責字。此校語。譴音溪紐。諯音穿紐。古讀歸透。透溪同為破裂次清音。轉注字也。玄應一切經音義引倉頡。譴。呵也。字見急就篇。【説文解字六書疏證卷五】

謫

古老子【古文四聲韻】

◉許　慎　謫罸也。从言。啇聲。陟革切。【説文解字卷三】

◉馬叙倫　玄應一切經音義引字林。罪過也責也。蓋是罪也過也責也三義。此訓罰也。罰罪形近。或罰也是字林義。或罰也是許訓。過也責也乃字林義。此責罰之責本字。【説文解字六書疏證卷五】

諯

3276 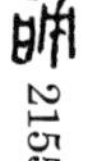2155【古璽文編】

◉許　慎　諯數也。一曰。相讓也。从言。耑聲。讀若專。尺絹切。【説文解字卷三】

◉馬叙倫　朱駿聲曰。諯與遄義相似。遄訓往來數也。諯則謂言語煩數。曾廣源曰。荆州謂發人陰私曰諯出來。劉秀生曰。耑聲專聲古皆端紐寒部。故諯从耑得聲。得讀若專。詩小雅小宛。惴惴小心。列女傳序作專專小心。戰國策齊策。安平君以惴惴之即墨而反千里之齊。潛夫論救邊作昔樂毅以慱慱之小燕破滅强齊。史記屈原賈生傳。何足控摶。索隐。摶。徒端反。又本作控揣。本書。𠩺。小卮。有耳。蓋者。从卮。專聲。𠁣。小卮也。从卮。耑聲。𠩺𠁣轉注。實即一字。並其證。倫按一曰相讓也校語。廣雅。諯。讓也。校者所本也。數也是遄字義。亦校者加之。或數讀為左昭二年傳使吏數之。戰國策秦策武安君至韓倉數之之數。數从婁得聲。婁从貴得聲。譴亦得聲於貴。數即借為譴也。此本義。諯从耑得聲。耑音端紐。謫音知紐。端知同為破裂清音。今諯音在穿三。謫音知紐。同為舌面前音。是諯謫為轉注字也。【説文解字六書疏證卷五】

◉蕭　璋　諯之訓為數責，惴惴之訓為箠捶，正如策之訓為箠（均見本篇前箠字及捶字條），諫之訓為數諫（説文：「諫，數諫也」），皆刺義

也。【國立浙江大學文學院集刊第三集】

◉劉樂賢 《漢印文字徵》附録七：諯。此字當釋為諯。馬王堆帛書《周易》端作端，銀雀山漢簡《孫臏兵法》端作端（《秦漢魏晉篆隸字形表》738頁）。印文从言耑聲，當是《説文》言部的諯字。【考古與文物一九九一年第六期】

讓 9·83 鞠讓　讓 9·84 趙讓【古陶文字徵】

讓 讓 為一一【睡虎地秦簡文字編】

讓 楨讓　讓 劉讓之印　讓 王讓之印　讓 任讓之印　讓 羊讓　讓 武讓私印　讓 定讓之印　讓 王讓　讓 董讓

【漢印文字徵】

讓 古孝經【古文四聲韻】

◉許慎 讓 相責讓。从言。襄聲。人漾切。【説文解字卷三】

◉馬叙倫 鈕樹玉曰。韻會引作相責讓也。曾廣源曰。荊州謂責曰讓。倫按玉篇訓責讓。無相字。廣雅釋詁。讓。責也。蓋本訓責也。校者注相讓也。傳寫譌捝如今文。責借為誎。字見急就篇。顏師古本。皇象本作襄。然麋塵章亦有讓字。【説文解字六書疏證卷五】

譙 譙敏碑頌【石刻篆文編】

譙 籀韻　譙 汗簡　譙　譙 竝濟南集【古文四聲韻】

◉許慎 譙 嬈譊也。从言。焦聲。讀若嚼。才肖切。譙 古文譙。从肖。周書曰。亦未敢誚公。【説文解字卷三】

◉馬叙倫 鈕樹玉曰。韻會引同。繫傳作嬈嬈也。沈濤曰。史記朝鮮傳索隱引。譙。讓也。蓋古本如是。嬈譊二字從無連文。方言訓譙為讓。正許君所引。今本之誤顯然。桂馥曰。讀若嚼者。本書。嚼或从爵。劉秀生曰。口部。噍。从口。焦聲。

或从爵聲作嚼。焦聲爵聲同在精紐也。莊子逍遥遊。日月出矣而爝火不息。釋文。爝。本作燋。是其證。倫按方言七。譙。讓也。齊楚宋衛荊陳之閒曰譙。自關而西秦晉之閒。凡言相責讓曰譙讓。史記黥布傳。數使使者誚讓。樊噲傳。誚讓項羽。亦誚讓連文。是譙義塙為讓也。如方言為轉注字。譙从焦得聲。焦音精紐。讓从襄得聲。襄音心紐。皆舌尖前音。故譙讓轉注。嬈譊也蓋本作嬈也。一本作譊也。校者以一本注之。成今文耳。譊也以聲訓。亦校者加之。蓋古或借譙為譊。玄應一切經音義引倉頡。譙。呵也。亦嬈也。然則嬈也之訓蓋字林義。本訓挩矣。

譙 嚴可均曰。韻會十八嘯引周書作尚書。是説文舊本也。錢坫曰。許云古文。皆謂尚書。非别有所謂古字之書也。即此可見。桂馥曰。本書古文言作□。宋保曰。肖聲。焦爵肖並同部聲相近。倫按肖音亦心紐也。故譙轉注為誚。卷子本玉篇。誚。聲類亦譙字也。誚。説文古文誚字也。是本書古文譙作□。孚即□之譌耳。今本作誚。蓋誚是或文。校者據聲類加之。傳寫挩古文譙篆。而説解則誤并之。【説文解字六書疏證卷五】

誎 譙

誎 誎 牆盤 【金文編】

◉許 慎 誎 數諫也。从言。朿聲。七賜切。【説文解字卷三】

◉馬叙倫 承培元曰。誎即是以為刺之刺。倫按誎音清紐。諯音穿紐。同為摩擦次清破裂音。轉注字也。數諫也者。諫為誎譌。當為誎數也。誎字乃隸書複舉字譌乙者也。數借為譴。誎為謫之聲同支類轉注字。亦譙之同舌尖前破裂摩擦音轉注字。誎音清紐。諎音從紐也。【説文解字六書疏證卷五】

◉徐中舒 「賁屯無誎」之誎，見于大盂鼎與召伯虎簋，過去都不知其訓讀，現在知此與責字並從朿聲，當釋為謫，再以此銘「賁屯無謫」及大盂鼎「敏謫罰訟」、召伯虎簋「獄謫」諸詞加以復查，知誎之釋謫，可以無疑。【西周墻盤銘文箋釋 考古學報一九七八年第二期】

◉戴家祥 集韻去聲五寘：「誎，説文數諫也，一曰書也，通作刺。」按刺誎皆朿之加旁字。朿為木芒，字本象形。加旁从刀。爾雅・釋詁：「刺，殺也。」同聲通假義亦為責。大雅・瞻卬「天何以刺」，毛傳訓刺為責。責人以言，故又更旁从言。廣雅・釋言：「誎，怨也。」秋官・司刺「掌三刺三宥三赦之灋，以贊司寇聽獄訟。壹刺曰訊羣臣，再刺曰訊羣吏，三刺曰訊萬民」，刺訊同義，故更旁从言。管子・心術篇：「焉能去刺刺為咢咢乎？」刺刺多言貌，即説文所謂「誎，數諫也」。唐韻「七賜切」。清母支

部。【金文大字典下】

誶 效八 六例　秦一一五 三例　效五一 三例【睡虎地秦簡文字編】

5332【古璽文編】

◉許　慎　誶讓也。从言。卒聲。國語曰。誶申胥。雖遂切。【説文解字卷三】

◉馬叙倫　今杭州憎惡人之言者作此字音向之。誶音心紐。是亦譙誎之轉注字也。誎聲支類。誶聲脂類。支脂近轉。詩。墓門。歌以訊之。釋文。訊。本又作誶。六朝書卒字作卆。傳寫成卂。誶字是也。韓詩章句。訊。諫也。諫為諫諍。可證也。國語六字校者加之。張湛列子注引字林。誶。聚律反。玉篇誎誶相次。而中有誂字。引本書。數諫也。則今捝誂字。或出字林耶。寡子卣誶字。吳大澂釋誶。【説文解字六書疏證卷五】

133【包山楚簡文字編】

詰 封三 三例　日甲二四背 三例【睡虎地秦簡文字編】

古老子【古文四聲韻】

◉許　慎　詰問也。从言。吉聲。去吉切。【説文解字卷三】

◉馬叙倫　廣雅釋詁一。詰。責也。二。詰。讓也。禮記月令。詰誅暴慢。注曰。詰謂問其罪窮治之也。淮南時則訓。仲冬之月。牛馬畜獸有放失者。取之不詰。注。詰。呵問也。左襄廿五年傳。士莊伯不能詰。注。詰。責問也。然則詰為責問。非常問也。或問也非本訓。故次誶讓之閒。詰誶聲同脂類。疑轉注字。或曰。語原同也。字見急就篇。【説文解字六書疏證卷五】

◉劉彬徽等　詰，詰告，謹告。【包山楚簡】

譼

譼 不从言 㝬簋 朢字重見　从言从朢省 伯作譼子簋　召卣 召弗敢譼王休 義如忘　𤔲伯簋 十世不譼

師朢鼎王用弗譼　从言从望省師訊鼎 【金文編】

◉許　慎　譼責望也。从言。望聲。巫放切。【説文解字卷三】

◉吳大澂　説文。譼。責望也。此省作𧧼。當即譼字簡文。【愙齋集古録第七册】

◉高田忠周　朱駿聲云。按怨望字。史傳皆以望為之。叚借為望。太玄。逃寇譼其户。注。責也。葢太玄文。形義並與此篆合。傳云。楊氏能識古文奇字者。真不誣也。吳大澂云。銘義。王不責望也。可通。然愚謂此譼叚借為忘。猶縣妃彝云母敢朢白休。借朢為忘也。讀本義稍迂矣。【古籀篇五十三】

◉郭沫若　𧧼即譼字。説文云。譼。責望也。太玄。寇。譼其户。正作譼。段玉裁云。朢之古文作𦣠。故譼之古文亦作譼。是也。字在此乃叚為忘。【獻彝 兩周金文辭大系考釋】

◉馬叙倫　鈕樹玉曰。鍇本篆作譼。玉篇亦作譼。相責也。王筠曰。望聲。各本皆然。顧本繫傳篆亦作譼。倫按師望鼎。王用弗𧧼。𤔲伯段十世不𧧼。皆此譼字。太玄。寇譼其户。字亦同此。然則篆當从朢。史記張耳陳餘傳。不意君之望臣深也。外戚世家。景帝以故望之。漢書袁盎傳。已而絳侯望盎。司馬遷傳。若望僕不相師。用諸望字義皆為責。則借望為譼也。望為月滿。無責義。責望也者。當作責也望也。望也以聲訓。責也引申義。校者加之。或借為誎。是本義。此怨望本字。譼讓聲同陽類。疑轉注字。或曰。語原同也。【説文解字六書疏證卷五】

詭

詭居委切【汗簡】

説文　古史記　崔希裕纂古【古文四聲韻】

◉許　慎　詭責也。从言。危聲。過委切。【説文解字卷三】

◉馬叙倫　責也之義僅見於漢書。京房傳。臣出守郡。自詭效功。陳湯傳。萬年自詭三年可成。趙充國傳。自詭滅賊。至後漢書陳重傳。責主日至。詭求無已。孟嘗傳。詭人求採。不知紀極。顔師古李賢注皆以責訓詭。詳其義是也。後漢書雖成於范曄。然亦藉於舊書。舊書本用詭字也。觀孔融薦禰衡表。昔賈誼求試屬國。詭繫單于。詭亦責義。則漢人習用詭字。

證

詭譎聲同支類。譎為責罰之責本字。則詭為譎之轉注字。詭音見紐。譎音知紐。又同破裂清音也。然經記無以詭為責者。莊子齊物論以譎詭連文。諸書亦多以詭為變異。此上文。譎。詐也。十篇。憰。狂悅恑相次。憰訓同譎。恑訓變也。狂誑一字。然則譎憰詭恑皆一字。漢人借詭為譎。許因之訓責。而次謹下。或本訓變也。字次譎下。校者加責也。於説解之首。逡次於此。選注引作變也。蓋一本之未被刪者也。違也者。校者所增。故今不存耳。横射物為詭者。亦校者據孟子趙注加之。孟子為之詭遇。謂不正之遇。本書。𧼮。側行也。𧼮聲亦支類。孟子詭字疑當作𧼮。玄應一切經音義引三倉。詭。譎也。餘詳恑下。【説文解字六書疏證卷五】

◉銀雀山漢墓竹簡整理小組　民弗詭也　十一家本作「而不畏危」，武經本句末有「也」字。《通典》卷一四八引作「而人不佹」。《長短經・道德》、《御覽》卷二七〇作「而人不畏危」。《通典》等引文中「人」字本當作「民」，乃唐人避李世民諱所改。「詭」、「佹」古通。故《通典》引文與簡本最近。「詭」字，古訓「違」，訓「反」。民弗詭也，猶言民無二心。此句孟氏注云：「一作『人不疑』，謂始終無二志也。一作『人不危。』」（校注中凡引《孫子》注文不注出處者，皆見於十一家本。）作「人不危」者，實為較古之本。曹操注：「危者，危疑也。」《通典》注謂「佹者，疑也」，當襲曹注。似曹操所見本即作「人（本當作『民』）不危」，曹訓「危」為「危疑」，蓋亦讀作「詭」字。傳本「危」上「畏」字當為後人所加。【銀雀山漢墓竹簡】

◉許　慎　證告也。从言。登聲。諸應切。【説文解字卷三】

◉馬叙倫　段玉裁曰。今人為證驗字。王筠曰。中庸。雖善無徵。徵諸庶民。鄭注皆云。徵或為證。案證當是徵之近字。論語。不足徵。是今語之考證也。左傳。欒卻為徵。是辭訟之見證也。徵變為證。猶瀓變為澄矣。于鬯曰。證訓告無義。疑召字之譌。壬部。徵。召也。徵證同字。倫按徵無召義。亦無告義。亦無驗義。與證非一字也。證訓告也。文選潘岳關中詩李注引已然。然或字林訓也。廣雅釋詁。證。驗也。玉篇。驗也。楚詞惜誦王逸章句。證。驗也。無以告訓證者。本訓蓋挩矣。證為診之轉注字。證音照三。診音澄紐。同為舌面前音也。證為考證證明字。經記借徵為之。徵音知紐。亦舌面前音也。告也者。証之引申義。故呂氏春秋誣徒知士皆借證為証。字見急就篇。【説文解字六書疏證卷五】

詘　𧦝　詗

詘 詘諫私印　詘 石詘　詘 詘強之印　詘 詘政印　詘 徐詘【漢印文字徵】

◉許　慎　詘詰詘也。一曰。屈襞。从言。出聲。區勿切。𧩼詘或从屈。【說文解字卷三】

◉馬叙倫　鈕樹玉曰。韻會引从言。出聲。在屈襞下。一曰作又。桂馥曰。一曰屈襞者。玉篇。欇。詘也。廣雅。襞。詘也。方言。襜褕自關而西謂之統𧝓。郭注。俗名𧝓䘸。後漢書光武紀。諸于繡𧝓。注云。字書無𧝓字。續漢書作𧝓諸。于上加繡𧝓。如今之半臂也。倫按詰誳雙聲轉注。詰誳也當作詰也。一曰屈臂。謂一曰詘襞也。疑借詘為襞也。此校者據廣雅加之。當次詰下。

𧩼　土笏本繫傳詘作誳。【說文解字六書疏證卷五】

◉許　慎　𧦝尉也。从言。夗聲。於願切。【說文解字卷三】

◉馬叙倫　鈕樹玉曰。廣韻去聲訓從也。引說文。慰也。上聲止訓慰也。疑今作尉也非。段玉裁曰。𧦝訓尉未得其證。毛詩凱風傳。慰。安也。車舝傳。慰。怨也。二傳不同。車舝傳一本作尉安也。陸德明從怨。謂作安乃馬融義。今按毛詩及傳正當作尉𧦝也。為許所本。後人以易識之字易之耳。桂馥曰。慰也者。慰當為懟。類篇。𧦝。懟也。錢坫曰。玉篇亦作婉。然則婉慰字也。亦婉言之婉。朱駿聲曰。當是齊魯詩車舝作以𧦝我心。韓作愠。毛作慰。𧦝愠慰皆一聲之轉。倫按𧦝尉或以雙聲為訓。或字林義。其本義亡矣。或此為怨望之怨本字。或為慰問之慰本字。又疑此字或出字林也。【說文解字六書疏證卷五】

◉許　慎　詗知處告言之。从言。冋聲。朽正切。【說文解字卷三】

◉馬叙倫　段玉裁曰。史漢淮南王傳。王愛陵。多予金錢為中詗長安。孟康曰。詗音偵。西方人以反間為偵。服虔亦云。偵伺之也。如淳曰。詗音朽政反。按本書無偵字。詗即偵也。倫按知處告言之也非許文。告言義同。詞亦複。急就篇。乏興猥逮詗讂求。此下文。讂。流言也。廣韻作流言有所求也。流言有所求。正偵察之義。讂詗轉注字也。顏師古注急就篇。詗謂知處密告之也。此當依顏注。然顏注漢書淮南王傳曰。詗。有所伺候也。說與急就注異。然則顏各自為說。其急就注並非本於許。而此則校者據顏說加之。知者。史記淮南王傳集解引服虔曰。詗。伺候之也。徐廣曰。詗。伺候采察之名。

説詷字既不同詷。而皆無知處告之之義。服或未見許書。徐時許書此字本訓盖已捝去。具之。依例當曰謏也。餘詳謏下。

【説文解字六書疏證卷五】

謏 封三六 【睡虎地秦簡文字編】

◉許 慎 謏流言也。从言。夐聲。火縣切。【説文解字卷三】

◉馬叙倫 廣韻。謏。流言有所求也。廣雅釋詁。謏。求也。此奪有所求三字。然流言有所求也亦校語耳。本訓捝矣。謏詷雙聲轉注字。謏从夐得聲。夐音朽正切。與詷音同。其證一也。夐下曰。高宗夢得傅説。使百工夐求得之傅嚴。夐求謂謏求。即偵求。此訓流言有所求。流言與史傳言縱反閒者合。是謏詷義同。其證二也。詩擊鼓。吁嗟洵兮。毛傳。洵。遠也。韓詩作夐。洵訓遠者。借為迥也。二篇。迥。遠也。毛作洵者。夐从旻得聲。史記項羽本紀。借旬為旻。旬亦勻聲。韓借夐為迥。亦可證謏詷之為轉注字矣。流言有所求即知處告言之之反辭也。字見急就篇。【説文解字六書疏證卷五】

◉睡虎地秦墓竹簡整理小組 謏(音絢),《廣雅·釋詁三》:「求也。」謏首,徵求辨認首級。【睡虎地秦墓竹簡】

詆 从氐 中山王譽壺 詆郾之訛 【金文編】

◉許 慎 詆苛也。一曰。訶也。从言。氐聲。都禮切。【説文解字卷三】

◉馬叙倫 段玉裁曰。鍇本作荷也。漢人多假荷為訶。然鉉本作苛也亦誤。詆秖訓訶也耳。李賡芸曰。此與呧皆訓苛也。當為重文。嚴章福曰。韻會引無苛也一曰四字。倫按呧詆一字。呧詆皆訓苛也。苛皆當為訶。一曰訶也者。校者據異本加之。詆為訶之轉注字。詆从氐得聲。氐从氏得聲。訶从可得聲。氏可聲同歌類。又詆音端紐。可音本在見紐。故轉注為哿。茂體作哥。音在見紐。見端皆摩擦清音也。字从音。孝經釋文引倉頡。詆。欺也。【説文解字六書疏證卷五】

誰 不从言 中山王譽鼎 其誰能之 隹字重見　梁鼎 【金文編】

誰 編五三 【睡虎地秦簡文字編】

誰 誰順私印 誰 段誰 【漢印文字徵】

誰 道德經 【古文四聲韻】

◉許　慎　誰何也。从言。隹聲。示隹切。【説文解字卷三】

◉高田忠周　説文。誰何也。从言隹聲。葢何即訶字叚借。過秦論。陳利兵而誰何。注。誰何。問之也。詩桑柔。誰能執熱。墨子尚賢篇。以孰為之。誰孰一聲之轉。此朱氏駿聲之説是。然按誰即唯字異文。言部字。古文从口。此為通例。而訶誰也者。敦字叚借。敦下曰怒也詆也。何誰也。誰敦亦古音通。【古籀篇五十三】

◉馬叙倫　王筠曰。文選李善注引有謂責問之也五字。葢庾注。倫按何也當作訶也。誰為詆之轉注字。誰音禪紐。詆从氏得聲。氏音亦禪紐。詆音端紐。誰从隹得聲。隹音照紐。古讀歸端也。氏隹又聲同脂類。字从音。【説文解字六書疏證卷五】

◉李孝定　高田氏引从口从言得通之例，謂唯誰同字，似未安，事類相近之字，在偏旁中固每得通用，然亦有各自為字不得通用者，此於許書事類相近之部首下，其从同一諧聲偏旁之字，多不相通，可以知之；又誰為敦之假借，其説未聞。【金文詁林讀後記卷三】

諽 諽

◉許　慎　諽飾也。一曰。更也。从言。革聲。讀若戒。古覈切。【説文解字卷三】

◉馬叙倫　桂馥曰。飾當為飭。翟云升曰。韻會引更也作變也。上又有謹也二字。謹也見廣韻。更也是。見廣雅。張楚曰。一曰更也乃革字義。本書革下曰。獸皮治去其毛曰革。革。更也。劉秀生曰。葉德輝曰。革戒音同。淮南天文訓。且人有戒形。注。戒或作革。又革音同棘。棘音同戒。論語。棘子成。古今人表作革子成。詩鄶風。棘人欒欒兮。呂氏讀詩記引董氏云。崔集注作悈人。大雅六月。我是用棘。桓寬鹽鐵論繇役篇引我是用戒。知戒革棘三字古通用也。按革聲戒聲皆在見紐。故諽从革聲得讀若戒。心部。悈。飾也。从心。戒聲。諽悈音義並同。實即一字。亦其證。尹桐陽曰。戒革疊韻。倫按飾也當作敕也。諽為誡之雙聲轉注字。一曰更也者。朱駿聲謂假借為改。是也。改革音同見紐。革為獸皮治去其毛之名。引申雖得有更義。然革之轉注字為鞹。鞹下曰。去毛皮也。明其本義衹是去毛之皮也。攴部。改。更也。此更也為改字義之證。然此四字校語。故鍇本在讀若戒下。韻會引謹也亦校語。明諽為誡之轉注字。失次。【説文解字

六書疏證卷五】

讕 義如諫翁同書曰諫从門若諂之或作讇瞰之或作矙之類 盂鼎 朝夕入讕 【金文編】

◉許 慎 讕怟讕也。从言。闌聲。洛干切。讕讕或从閒。【説文解字卷三】

◉方濬益 諫从門若諂之或作讇。瞰之或作矙。是也。【盂鼎 綴遺齋彝器款識考釋卷二】

◉吳大澂 闌。从門。有闌門納諫之義。【窓齋集古録第四册】

◉高田忠周 劉心源云。讕即諫。説文分用。按劉説為是。顧氏原本玉篇。讕力但反。説文。謱讕也。野王按此亦讕字。猶以誣言相假被也。漢書。滿讕誣天。是也。今本説文。詆讕也。葢誤矣。愚又謂。謱讕與謰謱同。説文謱下曰謰謱也。楚辭絶世。謀女詘兮謰謱。注不正皃。謰謱猶曰連遱。雙聲連語。其義為叚借。説文謰下曰謰謱也。此為正字。古唯作連。連亦聯叚借字。而讕即籀文諫字。謱讕也者。實為叚借。又依瀾漣同字例。謰亦或讕異文同諫。由此觀之。以諫讕為同字。其説為是。又見讕下。或謂此鼎已有諫字。如上文。明明白白。此篆當自别字。細審門形諫形。皆自完好。非从言从闌聲。而从門諫聲。亦闌字異文。叚借為諫耳。果然亦與下文同例。當互相證。今姑存于兩部云。【古籀篇五十二】

◉陳夢家 諫。从闇。柬聲。與説文之讕非一字。説文。闇。和説而諍也。乃是諫之本義。【西周銅器斷代 金文論文選】

◉馬叙倫 此今言抵賴本字。失次。抵讕也蓋本作相抵讕也。史記孝文紀索隱引韋昭説。謾者。相抵讕也。字林之訓。每有相字。疑相抵讕也爲字訓。本訓捝矣。

讕 宋保曰。閒聲。闌閒同部。猶爤之重文作燗。倫按讕讇聲同元類轉注。詩大雅。是用大諫。左成公八年傳引作大簡。亦其證也。【説文解字六書疏證卷五】

◉李孝定 盂鼎讕字，其義為諫，高田氏以為闌之異文，借為諫，謂字非从言从闌聲，乃从門，諫聲；陳氏則以為从闇、柬聲，與説文之讕非一字；竊謂兩氏所論，均為蛇足，其義既為諫，則以爲諫之異文可已，闌亦从柬聲，則闌聲柬聲得通，古人喜作異文，當盂鼎用此字時，讕未必已有抵讕一義也；至陳氏謂字當从闇，亦失之泥，闇許訓和説而諍，乃諫之一義，未必凡諫皆當从闇也。【金文詁林讀後記卷三】

◉戴家祥 方濬益釋盂鼎讕字云：「諫从門若諂之或作讇瞰之或作矙是也。」綴遺齋鐘鼎彝器款識卷二第二十六葉。按方説似矣，然未

盡其義。唐韻諫讀「古晏切」，見母元部。讕讀「洛干切」，來母元部。讕从闌聲，或體作譋，火部爤从蘭聲，或體作燗，更旁从閒。閒讀「古閑切」，聲在見母。闌从柬聲，柬讀古限切，字亦通簡。古字以見母諧聲者，亦或讀成來母，各之加旁為洛，監之加旁為藍，是其證也。鼎銘「朝夕入讕」，即朝夕入諫。穀梁傳宣公二年「趙盾入諫」，又宣公九年陳大夫「泄治聞之入諫」，范甯集解「禮有三諫，不聽則去」。知入讕即入諫也。【金文大字典下】

診

 診 封六八 三例  秦一七  秦一八  封七四 六例  封三二 【睡虎地秦簡文字編】

◉許慎 診視也。从言。㐱聲。直刃切。又之忍切。【説文解字卷三】

◉馬叙倫 桂馥曰。視也者字林同。一切經音義二引作視之也。三倉。診。候也。聲類。診。驗也。謂看脈候也。朱駿聲曰。診當訓告也。經傳皆以眕為之。素問風論。聽問其診。注。謂可言之證。莊子人閒世。匠石覺而診其夢。司馬注。占夢也。倫按玄應引作視之也。然診从言。無視義。視也者。眕字義也。蓋視也為字林義。此亦可證初唐人引本書每為字林。由字林以許書為本。引者不別。易致誤也。如朱説。則診為證之轉注字。證診音同照三。其義即今所謂試驗之驗。然如楚辭九懷。乃自診兮在茲。史記扁鵲傳。特以診脈為名耳。漢書董賢傳。請發賢棺至獄診視。急就篇。亭長游徼共雜診。諸診字義皆謂察驗也。故聲類。診。驗也。【説文解字六書疏證卷五】

𧩁

◉許慎 𧩁悲聲也。从言。斯省聲。先稽切。【説文解字卷三】

訧

◉許慎 訧罪也。从言。尤聲。周書曰。報以庶訧。羽求切。【説文解字卷三】

◉馬叙倫 嚴可均曰。罪當作辠。桂馥曰。罪也者廣雅同。詩緑衣。俾無訧兮。傳。訧。過也。又室人文偏摧我。釋文。摧。韓詩作讙。就也。案就當為訧。鄭箋所謂刺譏之言。諸書尤多訓過。倫按尤為羞恥之羞本字。過也蓋尤字義。訧當為讁罰之義。故次誅上。倫謂實誅討之轉注字。羞肘聲同幽類。肘為寸之後起字。朱聲矦類。幽矦近轉。肘誅則音同知紐也。玄應一切經音義引衛宏古文官書。討訓同恥老反。則討音在徹紐。與誅為同舌面前音。罪也校者以廣雅加之。或字林訓。故字不作辠。且訧非即辠也。或此字出字林。【説文解字六書疏證卷五】

誅 誅

◉湯餘惠　西周金文有[glyph](鼎,《三代》3·23·8)字,舊有兩説:一説釋「訧」,一説釋「討」。看來關鍵在左旁。按晚周喬字,除指事的以外,又有形聲結構的,或从九聲、或从又聲、或从尤聲。安徽壽縣出土的楚器銘文喬字凡數見,作[glyph](酓肱鼎)、[glyph](酓忎鼎)等形,均从高、尤聲。尤旁寫法跟鼎銘左旁正合,可見其字當以釋「訧」爲是,釋「討」是不妥的。鼎的名稱應該名之為「郝訧鼎」。

【略記戰國文字形體研究中的幾個問題　古文字研究第十五輯】

◉戴家祥　孫詒讓曰:案[glyph]舊釋為討,以篆文審之,殊不類。今攷當為訧,説文言部「訧,从言,尤聲」,此右从[glyph]即尤形也。古籀餘論卷二第七葉。按尤古肬字,説文四篇:「肬,贅也,从肉,尤聲。黕籀文肬从黑。」九篇頁部:「頄,顫也。从頁,尤聲。疣,頄或从疒。」一切經音義十一古文䰠疚頄三形,今作疣。是尤之初文从又,又,手也。一為指示性符號,在六書為指事。加旁作肬,在六書為形聲,黕頄疣䰠為表義更旁字,作疚頄者乃注音更旁字也。孫釋至確。唐韻「羽求切」,喻母之部。【金文大字典下】

[glyph] 誅　从戈不从言　中山王譽壺　以栽不巡　【金文編】

[glyph] 誅　[glyph] 誅並義雲章　【汗簡】

[glyph] 古尚書　[glyph] 義雲章　[glyph] [glyph] 並籀韻　【古文四聲韻】

◉許　慎　[glyph]討也。从言。朱聲。陟輸切。【説文解字卷三】

◉劉心源　誅从[glyph]。古圜幣文㠯珠為銖。篆作[glyph]。朱上多一横筆。可證也。【奇觚室吉金文述卷七】

◉朱德熙　裘錫圭　敊字,6號作敹,疑左旁為「朱」字變體,其字从攴朱聲,當讀爲誅殺之「誅」。或謂即殺之古文,也可備一説。這一段文字,4號作「閔伐及子孫,絢(絢為4號盟書的誓主,相當於1號的酓章)見(之行道)而弗伐☑䖒君其晛之」。「見」與「遇」,「伐」與「誅」,義皆相近。

「閔嫳之子孫,寓之行道弗敊」,就是在道路上遇見閔嫳的子孫而不加誅殺的意思。

大概趙𢼄至司寇結等人處在離晉都較遠的地方,如邯鄲、中都等邑,所以盟辭聲明不準「復入之于晉邦之地」;閔嫳一支則就在晉都附近活動,所以有可能在行道上遇見他們。【馬王堆一號漢墓遣策考釋補正　文史第十輯】

◉黄錫全　[glyph]誅　薛本《胤征》作栽,《泰誓》作栽。中山王壺「以栽不恖」之栽作[glyph],諸家釋讀為誅,此其譌誤。殊訓「死也」,本殊

殺字，从歹，此从戈，類似戮字作□（詛楚文），又作□（中山王鼎）、□（楚帛書）。薛本从攴作敊，與救字作□（秦王鐘）、□（𠭯簋鐘），又作□（中山王鼎），敔字作□（石鼓），也作□（王孫誥鐘）類同，亦當是誅字異體。鄭珍誤以爲𢦏「是漢以來製誅戮字，取配戮从戈」。【汗簡注釋卷五】

◉戴家祥　𢦏从戈朱聲，即誅字異體，从言爲口誅，从戈為刑誅。一切經音義刺或作誺，例與此同。今誅刺行而𢦏誺廢。【金文大字典中】

□ 討

□ 討藏辨軍印　【漢印文字徵】

◉許　慎　□治也。从言。从寸。他皓切。【説文解字卷三】

◉馬叙倫　鈕樹玉曰。韵會作从言寸。朱駿聲曰。或曰。肘省聲。章敦彝曰。寸聲。倫按寸聲也。寸即肘之準初文。詳寸字下。鍇本作从言寸者。捝聲字耳。治也者。治下疑有捝字。上文。誅。討也。而周禮太宰。誅以馭其過。司諫。掌萬民之衺惡過失而誅讓之。注。誅。責也。禮記曲禮。以足蹙路馬芻有誅。注。罰也。襍記。不敢避誅。注。誅。罰也。罰為報之轉注字。詳罰字下。則此當作治辠也。討字出倉頡篇。見顔氏家訓引。郘訦鼎□字。孫詒讓釋訦。倫謂舊釋討。是。【説文解字六書疏證卷五】

◉楊樹達　寸謂手，治事者不以言則以手，故字从言从寸。【文字形義學】

◉陳邦懷　銘文「□客敢為隮壺九」。案□上截所从者不知爲何字，下截所从是討字，□疑是「討」字之繁體。《説文解字》：「討，治也。」「討客」猶如楚器中之「鑄客」，亦如「齊侯國差𦉜」之「攻師」也（攻，「治」也。近人釋爲「工師」，不確）。「為隮壺九」是紀爲尊壺之數字。簷太史申鼎「作其造鼎十」，欶殷「欶作𠂤𣪘兩」，皆是紀作器數字之例證；其他如𡨦鼎、函皇父殷、函皇父盤、鄦侯殷以及虢仲盨亦有紀作器之數字者，茲不備舉。又案「爲隮壺九」之「九」字突出行格之外，彝銘文字溢出行格之外者極少見，然亦非絶無，鄦侯殷銘文中「八殷」之「八」字亦突出行格之外，是其比也。【對〈陳喜壺〉一文的補充　文物一九六一年第十期】

□ 諳

◉許　慎　□悉也。从言。音聲。烏含切。【説文解字卷三】

◉馬叙倫　沈濤曰。一切經音義二十曰。喑。説文作諳。於禁反。大聲也。蓋古本如此。乃喑啞正字。史記假兒泣不止字為

之。悉也乃引申義。嚴章福曰。一切經音義蓋誤引諎下說解。諎與諳形相似。王筠曰。當是一曰大聲也。玉篇亦有大聲也一義。倫按玉篇。諳。記也。知也。誦也。大聲也。無悉也義。廣雅釋言。諳。諷也。此上文。諷。誦也。則與玉篇一義同。亦無悉義之訓。悉者。盡也。然則音盡為諳。諳即瘖之別體。此字及說解疑出字林。【說文解字六書疏證卷五】

讄 讄

◉許　慎　讄禱也。累功德以求福。論語云。讄曰。禱尒于上下神祇。从言。纍省聲。力軌切。讄或不省。【說文解字卷三】

◉馬敘倫　詩。定之方中。傳。喪紀能誄。釋文。儡。本又作讄。又作誄。皆力水反。說文云。讄。禱也。累功德以求福也。誄。謚也。是陸本作儡。儡為傫省。而借爲讄。一本作讄。即讄之省。一本作誄。與此引論語作讄。今書作誄者。同。明古文皆作讄矣。讄誄音同。此依陸引。當訓累功德以求福也。而釋名廣雅皆以累訓誄。雖若雙聲爲訓。然周禮太祝。六曰。誄。注。謂積累生時德行以賜之命。太史。遣之日讀誄。注。人之道終於此。累其行而讀之。是讄誄之義皆謂累列其功德。音義既同。當是轉注異體也。倫謂誄者。稱其行以備作謚者也。謚者。綜其行以立其號者也。誄謚義體皆異。故傳籍箋注無訓誄為謚者。倫疑本書誄為讄之重文。誄下謚也之謚字。即謚行之迹也。篆下隸書複舉字。傳寫奪譌。妄人肊改。遂成今文。觀謚篆之譌。而復重出。謚之說解下又有闕字。可證也。說解本作累也。累功德以求福也。論語云。讄曰。禱尒于上下神祇。傳寫捝譌如此。累功德以下十八字皆校語。纍省聲當依鍇本作畾聲。【說文解字六書疏證卷五】

謚 謚

◉許　慎　謚行之迹也。从言兮皿。闕。神至切。【說文解字卷三】

◉馬敘倫　行之迹也而字从言。不可通。類聚引有說字。則校語也。本訓捝矣。據五經文字言。字林字作謚。謚蓋出漢隸。陳寔碑。是以作謚封墓。隸多省筆。故衡方碑作謚矣。使本作謚。益爲何字乎。苗夔謂益之行書易誤為盆。倫以為此篆自是後人誤改。篆改而說解亦從而改矣。而謚下笑皃即字林之訓。然則必是唐時說文字林和合之本有一本未改篆。而轉删說文本訓。後之校者據此本補謚篆及說解於後耳。【說文解字六書疏證卷五】

誄

◉許　慎　誄諡也。从言。耒聲。力軌切。【説文解字卷三】

◉馬叙倫　鈕樹玉曰。繫傳韻會作謚也。倫按誄讄音同。誄从耒得聲。耒音來紐。耒讄雙聲。故讄轉注為誄。生則累功德以求福。死則累功德以立謚。然謚上疑有捝字。段玉裁以生死別誄讄。非是。【説文解字六書疏證卷五】

謑

◉許　慎　恥也。从言。奚聲。胡禮切。⿰言奊謑或从奊。【説文解字卷三】

◉馬叙倫　十一篇。恥。辱也。然辱之本義非恥辱也。詳辱字下。荀子非十二子。無廉恥而忍謑詬。注。謂罵辱也。呂氏春秋誣徒。草木雞狗牛馬不可譙詬遇之。注。譙。一作⿰言奊。莊子外物。室無空虛。則婦姑勃谿。谿為謑之借字。此下文。詬。謑詬。恥也。是謑詬為轉注字。俞先生樾謂詬㖃一字。八篇。㖃。怒聲也。以荀呂莊子證之。謑詬蓋辱罵聲。恥也非本義。或非本訓。

⿰言奊　宋保曰。奊聲。奚奊同部聲相近。倫按奊奚音同匣紐。謑⿰言奊轉注字。【説文解字六書疏證卷五】

詬

詬呼後切出徐邈集古文【汗簡】

徐邈集　徐邈集【古文四聲韻】

◉許　慎　謑詬。恥也。从言。后聲。呼寇切。訽詬或从句。【説文解字卷三】

◉馬叙倫　沈濤曰。文選晉紀總論注辯命論注兩引詬。恥也。蓋古本如是。謑詬二字皆訓為恥。不必連文方為恥也。倫按謑音匣紐。詬音曉紐。然从后得聲。后音匣紐。故謑詬轉注。本訓謑也或罵也。罵也見廣雅釋。今為校語所亂。

訽　宋保曰。句聲。后句同部聲相近。倫按后句皆舌根音。故訽詬轉注。【説文解字六書疏證卷五】

◉黄錫全　詬呼後切出徐邈集古文　《説文》「詬，謑詬恥也。从言，后聲」。「㖃，厚怒聲。从口、后。后亦聲」。鄭珍云：「㖃乃吼之正字，與詬別，俗用㖃為詬。」此假㖃為詬，如同馬王堆漢墓帛書《六十四卦》假狗為姤，《老子》乙本假句為后等。【汗簡注釋卷四】

諜

諜 封九二　通牒　關—　【睡虎地秦簡文字編】

◉許　慎　諜軍中反閒也。从言。枼聲。徒叶切。【説文解字卷三】

◉馬叙倫　鈕樹玉曰。莊子列禦寇釋文引作閒也。挩。沈濤曰。文選吴都賦注引。諜。記也。蓋古本有一曰記也四字。王筠曰。閒也蓋本文。今訓蓋庾注。諜謂之閒。猶籣謂之牒矣。選賦注引者牒字義。倫按記也本校語。故删之矣。軍中反閒也疑非本義。亦非本訓。蓋軍中反閒亦偵探也。本訓挩矣。或此字出字林。【説文解字六書疏證卷五】

◉許　慎　該軍中約也。从言。亥聲。讀若心中滿該。古哀切。【説文解字卷三】

◉馬叙倫　錢坫曰。此戒約之戒本字也。古从亥之字。往往與戒通。太僕注。古文戒為駭。又如陔夏即祴夏。顧廣圻曰。滿該之該當作悈。韓非子存韓篇。若人之有腹心之病也。處處則悈然。嚴可均曰。疑當作心中滿欬。葉德輝曰。此以本字讀本字。滿該當作滿欬。心部。懣。煩也。欠部。欬。逆气也。倫按此誓約之本字。約音影紐。見影同為破裂清音。約為纏束而誓約為以言相束。則語原同也。然實誡譁之音同見紐聲同脂類轉注字。軍中用此字。故訓軍中約耳。然非本訓。【説文解字六書疏證卷五】

譯

譯勝客印　【漢印文字徵】

◉許　慎　譯傳譯四夷之言者。从言。睪聲。羊昔切。【説文解字卷三】

◉馬叙倫　沈濤曰。文選司馬長卿喻蜀檄注。引。譯。傳也。傳四夷之語也。蓋古本如是。東京賦注引。譯。傳四夷之語者。後漢書和帝紀注引。譯。傳四夷之語也。是古本傳下總無譯字。倫按本訓傳也。傳也者驛字義。傳譯四夷之言者乃校語。譯當訓解也。見釋字下。譯字見急就篇。【説文解字六書疏證卷五】

◉許　慎　訄迫也。从言。九聲。讀若求。巨鳩切。【説文解字卷三】

◉馬叙倫　訄訓迫也。承培元謂以言相迫也。引毛傳。仇仇猶謷謷也為證。然謷無迫義也。辵部。逎。迫也。逎訄聲同幽類。疑迫也是逎字義。訄為叴之別體。此字疑非許書本有。故小徐本在譶下。玉篇引在詶下。古鉨有訄字。从音。【説文解

字六書疏證卷五】

諡

◉段紹嘉　又㲃二，一有銘文在器心，銘曰：「王若曰𧧑不(丕)顯文武受令(命)則畀且(祖)奠周邦今余令(命)女(汝)啻(同适)官𤔲(司)邑人先虎臣后庸西門尸(夷)秦尸京尸能(熊)尸師笭側新□羌尸㚘□尸[illegible]人戍周走亞□秦人降人服尸易(錫)女(汝)玄衣黹屯載市黃戈琱戟縞必(柲)彤沙絲旂攸勒用事𧧑稽首對揚天子休令(命)用乍(作)文且(祖)乙白(伯)同姬隮㲃𧧑万年子孫永寶用唯王十又七祀王在射日宮旦王各(格)益公入右𧧑。」共一百三十一字。

此㲃鑄器人為訇，疑即師訇㲃之訇，訇乃訇之或體，字从九从言，當是𧧑字，讀若求，與从勹，从人不同，因訂為𧧑。

【陝西藍田縣出土弭叔等彝器簡介　文物一九六〇年第二期】

◉許　慎　諡笑皃。从言。益聲。伊昔切。又呼狄切。【説文解字卷三】

◉馬叙倫　王筠曰。小徐本此字在末。如葤譪薞。遂別為之訓而綴之末也。大徐移之譶前。便泯其迹矣。據五經文字言。諡諡上説文。下字林。由此推之。則字林之作。所以適俗。故逍遥祧禰無不增入。則説文從省之字閒有破壞者。或後人以字林改之乎。倫按詳謚下矣。【説文解字六書疏證卷五】

譶

◉許　慎　譶疾言也。从三言。讀若沓。徒合切。【説文解字卷三】

◉馬叙倫　邵瑛曰。譶沓音義俱同。蓋一字也。六書正譌曰。譶从三言。會意。隸作沓。通。劉秀生曰。譶為雷所从得聲之字。古在定紐。沓聲亦在定紐。故譶得讀若沓。倫按疾言也當依雷下一曰眾言。作眾言也。故从三言。然言為形聲字。會意之文無从形聲字者。譶蓋言之茂體。猶誩从二言。亦猶屮艸茻之例。非會意也。徐鍇通論有譶字。从三言。即譶字。蓋必有所本。亦可證也。眾言乃讋字義。讋从龖得聲。龖讀若沓也。文選魏都賦注引倉頡篇。不止也。即讋字義。譶字蓋出字林。餘見讋下。【説文解字六書疏證卷五】

◉郭沫若　[宀譶]，劉節云：「即譶之緐文，説文：『譶疾言也，从三言，讀若沓。』」案劉説近是。金文多緐文，如福或作富若䆟，即其証。此[宀譶]即讀為沓，漢書禮樂志「騎沓沓」，師古云「沓沓疾行也」。[宀譶]猶沓沓矣。【𠫑芎鐘　兩周金文辭大系考釋】

□ 詾 語二二 【睡虎地秦簡文字編】

□ 詾 【汗簡】

□ 王庶子碑 【古文四聲韻】

◉徐　鉉　詾謀也。从言。旬聲。相倫切。 【説文解字卷三新附】

◉郭沫若　此與宋人薛尚功「歷代鐘鼎彝器款識法帖」所録師□𣪘，為同人之器無疑。薛書摹刻失真，文字走樣而已。舊釋師訇𣪘(大系132)，當更正。師訇𣪘作于元年二月，經余推定為宣王元年二月，此作于「十又七祀」，則宣王十七年也。彼𣪘云「用作朕烈祖乙伯同益姬寶𣪘」，此云「用作文祖乙伯同姬尊𣪘」，正相同，僅多一「益」字而已。文字體例甚相似，紀年紀事，倒叙在銘後。彼𣪘最末一句為「榮伯入右□」，末一字誤摹，當是訇字。

訇者詾之古文，甲骨文旬字多見，均作□，金文旬字鈞字等均同此作。釋為𧬊，非也。訇之官當為師，其父當為師酉。

【弭叔簋及訇簋考釋　文物一九六〇年第二期】

◉黄錫全　甲骨文有字作□、□、□等，《甲骨文編》列入卷九旬部隸作呁，云「从勹从口，《説文》所無」。

□即旬之初文。旬勻古同字。金文勻𣪘作□，王孫鐘作□，是旬之演變由□而勻、昀。古文字中形旁口與言因義近每可互作，如詠字作咏、訊字作吼，《説文》嘖或作讀，吟或作訡，嘆或作謨，唶或作諎等。因此，呁即呴，亦即詾或訇。呴字見于《玉篇》：「所律切。飲也。」《集韻》詾，或作呴：「《春秋傳》咨親為詾。」

《乙》228

⊠丑卜，呴……隻(獲)。

《乙》316

⊠⊠卜，呴冕，隻(獲)七十。

典籍詾多訓「謀也」。如《説文》、《爾雅》等。《書・舜典》「詾於四岳」。《史記・五帝紀》作「謀于四嶽」。《玉篇》謀，「計也」。《易・訟卦》「君子以作事謀始」，疏：「凡欲興作其事，必先謀慮其始。」上列冕字象以網捕兔形，與羅、罷等字義近。「呴冕」當是設計謀以捕捉野兔。因此，將舊所未定之呁釋為呴，與詾同字，于卜辭文義也是吻合的。 【甲骨文字釋叢　考古與文

物一九九二年第六期】

讜

讜 任讜印信【漢印文字徵】

◉徐鉉　讜直言也。从言。黨聲。多朗切。【説文解字卷三新附】

譜

◉徐鉉　譜籍録也。从言。普聲。史記从並。博古切。【説文解字卷三新附】

詎

◉徐鉉　詎詎猶豈也。从言。巨聲。其呂切。【説文解字卷三新附】

謏

謏 軋謏【漢印文字徵】

◉徐鉉　謏小也。誘也。从言。叜聲。禮記曰。足以謏聞。先鳥切。【説文解字卷三新附】

謎

◉徐鉉　謎隱語也。从言迷。迷亦聲。莫計切。【説文解字卷三新附】

誌

◉徐鉉　誌記誌也。从言。志聲。職吏切。【説文解字卷三新附】

訣

訣 雲臺碑【古文四聲韻】

◉徐鉉　訣訣別也。一曰法也。从言。決省聲。古穴切。【説文解字卷三新附】

諳

諳【汗簡】

譱 譱

汗簡 【古文四聲韻】

◉許　慎　競言也。从二言。凡誩之屬皆从誩。讀若競。渠慶切。【説文解字卷三】

◉馬叙倫　桂馥曰。類篇作言也。引字林。競言也。倫按誩為言之重文。競言也當依類篇作言也。競為校者旁注之字。猶釆下之辨字也。競从誩得聲。故誩讀若競。類篇引字林作競言也者。此本有校者所注音讀之競字者也。【説文解字六書疏證卷五】

善　説文篆文善从言毛公㾓鼎　諫簋　善鼎　簷平鐘　𦥑乳為膳　取它人之膳鼎　善夫克鼎　周禮膳夫掌王之食飲膳羞　大鼎　大簋　善夫吉父鬲　吉父匜　沙其簋　鬲比盨　厚氏匜　厚氏圃　魯左司徒元鼎　卯簋　師晨鼎　克鼎　克盨　善夫山鼎　此簋　【金文編】

3·412　塙閲里譱　説文譱从誩芉段玉裁以為古文善　4·104　匋攻善　【古陶文字徵】

145　191　【包山楚簡文字編】

善　語一一　二十一例　通繕　完—　雜一五　語三　二例　日乙二四二　四例　雜一五　【睡虎地秦簡文字編】

3088　4540　4543　4542　4541　4548　4546　4547　4545　4549　2985　2983　2984　3379　4494　3641　5501　【古璽文編】

魏率善羌佰長　漢匈奴守善長　張善之印　上善　善田里附城　左善無　【漢印文字徵】

善　善　【汗簡】

譱籀韻 譱義雲章 譱碧落文 譱崔希裕纂古【古文四聲韻】

◉許 慎 譱吉也。从誩。从羊。此與義美同意。常衍切。善篆文譱。从言。【説文解字卷三】

◉林義光 言美為善。羊美省。二言者相善之意。與競義反。古作譱毛公鼎作譱克䀇彝。【文源卷十】

◉高田忠周 篆文作善。从言从羊。隸省作善。善吉義近。君子之言為吉。其嘉祥者。謂之善也。善者。言之健全者也。【古籀篇五十三】

◉商承祚 説文譱。吉也。善。篆文从言。案段氏云。據此。則譱為古文可知矣。此亦上部之例。先古後篆也。譱字今惟見於周禮。他皆作善。金文克鼎等皆作譱。無作善者。則譱非古文即籀文矣。【説文中之古文考】

◉馬叙倫 段玉裁曰。篆文从言。則此為古文可知。朱駿聲曰。善疑从祥省。言聲。王筠曰。譱何以隸誩部。將無人之欲善誰不如我爭自濯磨意耶。倫按吉也非本義。乃祥字義也。善惡即祥禍也。祥善皆从羊得聲。羊音喻四。而从羊得聲之詳祥皆入邪紐。邪禪同為摩擦次清音。故善音入禪紐。克鼎作譱。克簋作譱。高田忠周釋譱。从姜得聲。姜亦从羊得聲。可證也。古書多借善為祥。爾雅釋詁。祥。善也。善為言語之言本字。言善聲同元類。言誩一字。誩音羣紐。善音禪紐。古讀歸定。定羣同為破裂濁音也。未作善字時。即借言為善。善字作後又借為祥。而習俗便於用言。故善字遂失其本義。此當從鍇本及廣韻引作言也。以假借字釋本字也。从羊當作羊聲。此與六字校語。玉篇引倉頡。士也。往也。

善 鈕樹玉曰。篆文善當作篆文譱。邵瑛曰。今經典從篆文。而又變作善。釋文本往往作譱。周禮注亦或作譱。漢書禮樂志顔注。譱。古善字。漢碑亦多作譱。而變譱為善亦由漢碑。議郎元賓碑。積善念於濟人。鄭固碑。推賢達善。並與今字善字同。五經文字云。譱。説文。善。石經。倫按此誩言為一字之證。然金文善字皆作譱。據五經文字則唐本本書無此篆也。然玉篇。善。説文。篆文譱字也。則張據本無之者許書原本。而顧據本乃與字林和合者也。此呂忱所加也。【説文解字六書疏證卷五】

◉斯維至 周禮冢宰下有膳夫，其職為掌王之飲食膳羞。此於金文無徵。大克鼎云：王呼尹氏册命善夫克，王若曰克，昔先王既命汝出納朕命。則善夫為出納王命，似與宰職相同。⊘其他彝銘所見亦大致如是。如大殷云：王命善夫膚曰趞睽，曰余既錫大乃里。大鼎云：王呼善夫騣召大，以厥友入攼。小克鼎云：王命善夫克舍命于成周，遹正八師。皆是也。師晨鼎云：王呼作册尹册命師晨足師俗𤔲邑人隹(與)小臣善夫守□官犬眔奠人善夫官守友。案此銘小臣善夫官犬皆師晨

之家臣，其系屬自不可與王官同論。郭沫若云：小臣周官屬司馬，為大僕所領轄。善夫、膳夫屬冢宰。虎（此為犬字郭於考釋已正）殆虎賁，屬於司馬。凡此均與古器不合（周官質疑）。其疑非也。【兩周金文所見職官考　中國文化研究彙刊第七卷】

◉楊樹達　余謂善蓋假為膳。説文四篇上肉部云：「膳，具食也，从肉，善聲。」詩十月之交云：「仲允膳夫。」周禮天官有膳夫職，而金文善夫鼎作善，不作膳，以善為膳，與此銘文正同也。或曰：善字从羊，乃膳之初文，从肉作膳者，乃後起加形旁字，凡會意字加形旁，必犯重複，此加肉旁，與从羊義複，説亦通。【取它人鼎跋　積微居金文餘説卷一】

◉黄盛璋　譱（善）「以譱道寡人」，朱、裘讀「引」，李讀「訓」，于讀「申」，張讀「詳」，其字明從羊下加牛，不得為「詳」，説此字從「羊」聲是有根據的，但必須通假，才能通讀。「引」、「訓」、「申」皆據「羊」聲通假，而差異如此，似未足為憑。我以為此字當即「善」字，《説文》作「譱」，「羊」下從兩「言」。篆文作「羊」下加「言」。《汗簡》「善」作[glyph]，下從兩「言」，上從羊頭，羊下應即牛字而省作一筆，據《汗簡》可確定為「善」，不必乞靈於通假，而文義通順。【中山國銘刻在古文字語言上若干研究　古文字研究第七輯】

◉楊樹達　誩从二言，亦謂言也。故篆文只从言。譱从羊者，羊性柔馴，而言似之，故曰譱也。誩言皆本名，羊為喻名。【文字形義學】

◉徐中舒　上從[glyph]，下從[glyph]，[glyph]或簡化為[glyph]、[glyph]等形。孫詒讓釋苜，郭沫若隸定為葥，謂為瞿之古文。今案諸説可商。此字實即《説文》之譱字，譱之篆文作[glyph]或[glyph]，所從之[glyph]當由[glyph]、[glyph]譌變而來。譱即膳食之膳之初文，蓋殷人以羊為美味，故譱有吉美之義。【甲骨文字典卷三】

◉黄錫全　[glyph]善　善字本作[glyph]（大鼎），从羊从誩，後羊形增變作[glyph]（克鼎）、[glyph]（師晨鼎）、[glyph]（善夫山鼎）、[glyph]（此段）等。此形[glyph]有可能是由上列諸形所从之「羊」譌變。中山王鼎有[glyph]字，或據此釋為「善」，以為[glyph]乃[glyph]譌（古研7·76）。夏韻稱韻注出《碧落文》，今存碑文作[glyph]，此變右形[glyph]為[glyph]。鄭珍認為「今《説文》逸此古體，詳《説文逸字》」。【汗簡注釋卷一】

[glyph] 甲二一四一　卜辭競从辡與金文競字同　[glyph] 甲二四三三　[glyph] 前五·四一·四　[glyph] 前五·四一·五　[glyph] 後二·一〇·六　[glyph] 戩三三·一二　[glyph] 誠三四三　[glyph] 掇一·五〇　[glyph] 掇二·九五　[glyph] 掇二·二三·一　[glyph] 京津四〇八一　[glyph] 京津四一三八　[glyph] 京津四一八八　[glyph] 存下八四九　[glyph] 七S一三二　[glyph] 京津四一四九　[glyph] 京都一七九八　【甲骨文編】

甲2433　佚985　續6·25·8　掇50　甲2141　誠343　新4081　4138　4149　4188【續甲骨文編】

競簋文　競作父乙卣　競簋　競卣　仲競簋　孚尊　仲競父人名　𢦏簋　詩大雅抑無競維人四方其訓之　㝬鐘朕猷又成亡競　秦王鐘　从訓　毛公旅鼎　肄毋有弗競　䣄篙鐘　救戎於楚競義如境説文新坿今經典譌作竟【金文編】

118　118　132　180　187【包山楚簡文字編】

3131　3130　0275【古璽文編】

詛楚文　宣奓競從【石刻篆文編】

競【汗簡】

華嶽碑【古文四聲韻】

◉許　慎　彊語也。一曰逐也。从誩。从二人。渠慶切。【説文解字卷三】

◉羅振玉　説文解字。競。从誩。从二人。此从誩省。【增訂殷虚書契考釋卷中】

◉林義光　二人首上有言。象言語相競意。古作宗周鐘。或作取彝。大象人形。與从人同。

説文云。樂曲盡為竟。从音儿。按音儿非義。字為競之半形。古从言从音多通用。又與競同音。即競省。魏鄭文公碑竟作競。與古甚合。説文云。競言也。从二言。讀若競。按即競之偏旁。不為字。【文源卷八】

◉高田忠周　段氏云。从二人二言也。古音讀如彊。愚謂此解元當作彊也。後人誤沾語字。若訓彊語。為誩叚借。競之从誩。取于彊爭之義。以轉義會意也。左襄十年傳。師競已甚。注爭競也。又莊子齊物論。有競有爭。注並逐曰競。又詩桑柔。職競用力。長發。不競不絿。箋逐也。左哀二十三傳。使肥與有執競焉。注遽也。離騷。衆皆競進而貪婪兮。注並也。又

轉為爾雅競彊也。詩烈文。無競維人。廣雅競競武也。【古籀篇五十三】

◉商承祚 競 此象二人相逐之形。與許訓次説相合。金文競卣作競。與此同。宗周鐘作競。與説文同。象人首冠形。非从言也。【甲骨文字研究下編】

◉徐中舒 金文有言亡競者：

尹其亙萬年受氒永魯，亡競在服——尹卣

唯皇上帝百神，保余小子朕猷，有成亡競，我維司配皇天——宗周鐘

文王孫亡弗褱井，亡克競氒刺(烈)——毛伯𣪘

亡競詩作無競，毛傳無競競也(抑及執競傳)，競彊也(桑柔及烈文傳)。以無為發語辭，以競為強，以釋此諸金文，皆不可通。故林義光詩經通解讀競為境，以無競為無境界，其説抑無競維人云：

競讀為境。境古字作竟，竟即競之省形也。境彊古同音，無競或與無疆通用。宗周鐘：亡競我唯司配皇天。執競篇武篇並云：無競維烈。亡競無競皆即無疆也(原注宣十二年左傳引武篇無競維烈杜解亦以爲武王成無疆之業)。此與詩烈文篇無競皆訓為無境界，與無疆常訓為無終極者稍異。

林氏此説以無競為無境界，以釋尹卣宗周鐘固無不可，但以釋毛伯𣪘亡克競氒刺則仍不可通。毛伯𣪘銘文見於西清古鑑，雖出傳模，其文與詩烈文篇無競維人，四方其訓之，不顯維德，百辟其刑之，語意頗相似(詩百辟其刑之之刑，即金文褱井之井)。以詩言之則金文以亡競褱井並舉，確非誤釋。從而無競之説，必須別尋新徑。案競有彊意，毛傳實不誤。左傳言競及不競者甚多，如僖七年傳云：諺有之曰：心則不競，何憚於病。既不能彊，又不能弱，所以斃也。不能彊即釋不競之義。又如宣元年傳云：於是晉侯侈，趙宣子為政，驟諫而不入，故不競於楚。宣二年傳云：彼宗競於楚，殆將斃矣。成九年傳云：德則不競，尋盟何為。襄十八年傳云：南風不競多死聲。以上競皆當釋彊。又昭三年傳云：二惠競爽猶可，又弱一個焉。弱為競爽之反，則競爽之有彊意，亦不繁言而喻。蓋競者爭競。晉語八：其臣不心競而力爭。競與爭對文，競即爭也，爭而勝斯爲彊矣。又爭競非一人之事，故競又有並意。離騷衆皆競進而貪婪兮，注競並也。莊子齊物論有競有爭，注並逐曰競。是亡競即無與比並，無與爭競之意。據此以釋金文尹卣亡競在服，服，事也，在事猶言在位也，言在位莫與並也。宗周鐘保余小子朕猷，有成亡競，朕為余之所有格，言上帝百神保余小子之猷，有所成就，莫與比也。毛伯𣪘亡克競氒刺，言莫能比其光烈也。【金文嘏辭釋例 歷史語言研究所集刊第六本第一分】

◉郭沫若　競當是競字之異，从大與从儿同意，大象人正面形，儿象人側立形。【臤觶　兩周金文辭大系考釋】

◉馬叙倫　爾雅釋言。競。逐。彊也。詩桑柔。長發箋並曰。競。逐也。抑箋則曰。競。彊也。桑柔。秉心無競。傳亦曰。競。彊也。然五經文字引作秉心無倞。引抑。無競維人。亦作倞。本書。倞勍皆訓彊也。競倞勍聲同陽類。是訓彊者。借競為倞勍也。競當訓逐也。从从。誩聲。當入从部。甲文作□。競卣作□。並从从。从誩省聲。此亦然。蓋□為从之異文。與金文旅字所从之□同形。特圖畫性之初文从為一人在前一人在後。□則似二人並行耳。一曰逐也者。校者注異本。經典無訓競為彊語者。王筠謂競秖訓彊。而謂之語者。為其从誩也。其實彊語也當作彊也語也。語也乃誩字義。宗周鐘作□。秦詛楚文作□。【説文解字六書疏證卷五】

◉周名煇　言部□毛公旅車鼎　丁氏定為訓字。今考定為競字古文。

□字从巛从誩从□。而□即人形字。説文誩部云。競彊語也。一曰逐也。从誩从二人(誩競言也从二言)。而巛在言上。當為象語气之上越。而非水流之川字。古文有文同實異者。如首字𥄉字从巛象毛髮形。與此文从巛為气形者。同例。皆非川字也。气字説文气部作气。云雲气也。象形。反寫為□。亦气字。説文欠部云。□張口气悟也。象气从人上出之形。横寫為□。齊侯壺銘云。用气嘉命。假气爲乞。古文殆爲一字也。此作巛。明為豎寫。象言時气直出之形。从誩者。二人之言相競。一言上从巛。象發言之人。一言下从□。象言从人出。此科形以定字者矣。

銘文云。肆母毋又有弗競者。弗競周代成語。猶經傳言無競也。弗不同用。春秋文公二年傳。夏父事忌。漢書古今人表作夏父不忌。不無同用。詩板篇云。無敢戲豫。無敢馳驅。春秋昭公三十三年傳。引作不敢戲豫。不敢馳驅可證。金文如宗周鐘銘云。保余小子朕有猷亡競。亡讀如無同。常語也。爾雅釋言云。競彊也。詩烈文篇云。無競維人。柔桑篇云。秉心無競。弗競亡競無競。三詞皆一語之轉。【新定説文古籀考】

◉屈萬里　蓋無競之語，金文及周書中並數見之：

宗周鐘：隹皇上帝百神，保余小子，朕猷有成亡競。

班毁：文王孫亡弗褱井(刑)，亡克競氒(厥)剌(烈)。

周書大武篇：無競維害，有功無敗。

又和寤篇：無競維人，人允忠。

又大開篇：無競維義。

又大臣篇：無競維人，維允維讓。

綜合諸語證之，則無競之義，可得而說。按詩中兩見職競之語，小雅十月之交：職競由人。大雅桑柔：職競用力。鄭氏於職競用力箋云：競，逐也。胡承珙毛詩後箋於十月之交職競由人說云：

凡主相爭逐為其事者，古語蓋謂之職競。襄八年左傳：兆云詢多，職競作羅。杜註謂：既卜且謀。多但主相競逐為網羅之事，無成功也。哀二十三年傳：宋景曹卒，季康子使冉有弔且送葬，曰：敝邑有社稷之事，使肥與有執競焉，是以不得助執紼。此謂國事方殷，主為奔走無暇赴弔。故杜於此注云：競，遽也。其實義皆相近。桑柔，職競用力，亦同此義。

胡氏之說甚諦。蓋專事爭逐者，詩謂之職競。行爭逐之事者詩謂之執競（見周頌執競篇，蓋指武王伐紂之事言）。退讓不爭者，詩謂之不競（見商頌長發）。而無競者，則謂莫之與競。競之義謂爭逐，引申之則猶今語之較量、比擬，亦即毛鄭所謂彊也。【詩三百篇成語零釋　書傭論學集】

◉李孝定　卜辭競為人名。不詳其義。辭云「貞叀唯競令八月」前五・四一・五「貞競弗昬敗」戩三三・十二「☐王歲其☐競在十一月」後下・十・六可證。金文作□篕文□競簋□競卣□仲競簋□競作父乙卣□𣪕尊□宗周鐘。除宗周鐘一文已近小篆外。卣餘諸形均與栔文同。疑象二人接踵。有競逐之義。上从□若□者。與童妾僕諸字同意。于省吾云。「古文字於人物之頂上每加□□□等形。即辛字。中略。在人則為頭飾。在物則為冠角類之象形。」見雙劍誃古文雜釋釋竟二頁。其說是也。【甲骨文字集釋第三】

◉朱芳圃　林義光曰：「按二人首上有言，象言語相競意。」文源八・一。羅振玉曰：「諸器中競字首筆聯一為一者，象二人之言相糾葛觸迕。今篆析而二之，誼不如从一之密。」遼居乙稿二四。按林、羅二說非也。□象人頭上戴辛，字之結構，與妾相同。兩之為□，故有彊義。詩周頌執競「執競武王」，大雅抑「無競維人」，鄭箋並云：「競，彊也。」彊有爭勝之義，故引伸之訓逐，詩商頌長發「不競不絿」，大雅桑柔「職競用力」，鄭箋並云：「競，逐也。」逐與爭義近，故又訓爭，左傳襄公十年「師競已甚」，杜注：「競，爭也。」【殷周文字釋叢卷上】

◉嚴一萍　說文訓競為「彊語也，一曰逐也」。王筠句讀曰：「競祇是彊，而謂之語者，為其从誩也。經典競字皆訓彊，不訓語。」徐灝說文段注箋曰：「爾雅釋言，競，逐、彊也。周頌執競篇曰：執競武王。鄭云：競，彊也。能持彊道者，惟有武王耳。按此競之本義，彊有爭勝義，故引申之訓逐。左氏昭元年傳：諸侯逐進。杜注：逐猶競也。」離騷：「衆皆競進而貪婪兮。」注：「並也。」詩執競：「無競維烈。」傳：「無競競也。」抑：「無競維人。」箋云：「競，彊也。」馬瑞辰曰：「韓詩云執服也。說文執捕罪人

讟

也。義與服近。韓詩訓執為服者，蓋以執競為能執服彊禦。猶朱博傳云埶服豪強也。」競之義如此，據之以釋卜辭，皆可順適。知「執競」武王之美譽，源自殷商。而「能持彊道者」，殷王先之矣。

別有□字，見於佚存九八五。續甲骨文編收入競字，甲骨文字集釋因之。商氏考釋曰「□為地名」，當非一字。【美國納爾森藝術館藏甲骨卜辭考釋　中國文字第二十二册】

◉張日昇　林義光謂二人首上有言。朱芳圃則謂象人上戴辛。兩氏之言皆未當。競簋字作□。乃最近初文。象二人相並。口向上。以語相爭勝。頂上一横。示齊而後競之意。許訓彊語。得其朔義。復引申為比並。離騷「衆皆競進而貪婪兮」注。「競。並也。」是也。字衍變作□仲競簋。若□𢼸鐘。遂有从言从二人之説而失其本也。説文兄部兢下云。「兢。競也。从二兄。二兄競意。从丰聲。」古音丰在祭部。當作käd。兢在蒸部。當作kiang。丰聲之説非是。縱使以丰為聲。一丰已足。何必从丰丰。竊疑兢競一字。其云二兄競意。正□之注脚。又詩小雅無羊傳。「矜矜兢兢。目言堅彊也。」訓彊訓兢。皆足以見兢為競之譌也。金文恆語無競。徐中舒釋作無比。是也。【金文詁林卷三】

◉李孝定　競字字形頗難解，許解為从誩从二人，誩訓彊爭，故競訓彊語，段氏以為「當作彊也」，於義雖是，而於字形終覺無説，予曩謂象二人接踵，有競逐意，□其頭上飾，説亦無據；至金銘亡競之意，則徐氏之言是也。【金文詁林讀後記卷三】

◉戴家祥　周名煇曰：□字从巛，从誩、从□，而□即人形字。説文誩部曰：「競，彊也，一曰：逐也。从誩从二人。誩，競言也。从二言。」而巛在言上，當為象語气之上越，而非水流之川字。古籀考卷中第二二葉。按周説近是。玉篇九十古文訓作谮，集韻去聲四十三映競或作譢，从言，竟聲。玉篇唐韻訓讀「許運切」，曉母文部，竟讀「居慶切」，見母陽部，競讀「渠慶切」郡母陽部。□从言、从訓省競省聲。文陽韻近，故訓得為競聲。鼎銘「肄母又弗競」，又，讀為有。弗，當讀不。「不競」，古之成語，商頌長發「不競不絿」，左傳僖公七年「心則不競」，宣公元年「故不競於楚」，成公九年「德則不競」，不競則弗競也。堯典「績用弗成」後漢書張衡傳作「績用不成」，禮記檀弓「士弗死也」釋文「弗本又作不」。古人亦稱「亡競」。尹卣「亡競在服」，宗周鐘「有成亡競」，亡無古今字，大雅抑「無競維人」，桑柔「秉心無競」，「無競」，猶不競弗競也，玉篇四八五「無不有也」。【金文大字典下】

◉許　慎　讟痛怨也。从誩。賣聲。春秋傳曰。民無怨讟。徒谷切。【説文解字卷三】

◉馬叙倫　徐灝曰。左宣十二年傳。君無怨讟。昭元年傳。民無謗讟。此記憶偶誤。倫按誩言一字。則讀讟亦一字也。讟訓痛怨。疑借讟為慭。十一篇。慭。怨也。讟慭雙聲。痛怨也當作痛也怨也。一訓及引經皆校者加之。或此字出字林。【説

文解字六書疏證卷五】

音　音

音　秦公鎛　簷平鐘　邾王子鐘　曾侯乙鐘　【金文編】

4·101　匋攻音　木季　1·50　木季　1·6　【古陶文字徵】

布方　音昜一釿晉運　按古音言字互通　裘錫圭以為圁陽字　刀直　音ㄉ　亞五·六九　刀直　音昜ㄉ　亞五·六九　刀直　音昜亲ㄉ　亞五·六九　布方音昜一釿　亞四·五〇　布方音昜一釿　仝上　布方音乍釿　亞四·五〇　布方音昜一釿　典一九九　布方音昜二釿　典二〇二　布方音昜一釿展圖版拾陸2　【古幣文編】

206　248　【包山楚簡文字編】

音　封五四　日甲三四背　【睡虎地秦簡文字編】

呂音之印　朱音　郭音之印信　李音　單音　【漢印文字徵】

祀三公山碑　丞吳音　【石刻篆文編】

音闕出華岳碑　音闕見字指　音　【汗簡】

古老子　同上　南嶽碑　【古文四聲韻】

◉許　慎　音聲也。生於心。有節於外。謂之音。宮商角徵羽聲。絲竹金石匏土革木音也。从言含一。凡音之屬皆从音。於今切。【說文解字卷三】

◉林義光　本義當為言之聲。从言。一以示音在言中。古作伯矩敦彝。作毛公鼎㿝字偏旁。【文源卷七】

◉高田忠周　蓋音無可以象。故借言為形意。一以象其意。指事也。亦與甘从口含一同意。顧野王云。尚書。八音克諧。無

相奪倫。周禮大師。掌六律六同陰陽之聲。皆播之以八音。金石絲竹土革木匏也。禮記。凡音之起。由人心生也。心之動物。使之然感物而動。故形於聲。聲相應。故生變。變成方謂之音。鄭玄曰。宮商角徵羽襍比曰音。單出曰聲也。野王按。直出於響曰聲。以聲相韻曰音。故樂記曰。情動於中而形於聲。聲成文謂之音。此説詳矣。【古籀篇五十三】

◉馬叙倫　王筠曰。从言。一聲。如咽通作嗌而以因為聲也。意从心。音聲。如左傳。季孫意如。公羊傳作隱如。是也。郭沫若曰。古金文中言音二字每相通用。如王孫鐘之中虘旟。沇兒鐘作。又如免簠之錫衣。趩尊作。豆閉毁作。皆戠字也。倫按聲也者。以今釋古。以借字釋本字也。音即聲音之聲本字。聲乃聞之轉注字也。詳聲字下。下文。響亦訓聲也。音響實轉注字。響音曉紐。聲音審紐。从殸得聲之馨亦在曉紐。曉審同為摩擦次清音。以此相明。響亦即今所謂聲。古讀曉歸影。故音音入影紐。音言蓋本一字。言音疑紐。與曉同為舌根音。而从得聲。一字。辛音心紐。心與曉審同為摩擦次清音也。凡人發聲皆謂之言。故國語周語。气在口為言。言皆有其意義。故莊子外物。言者所以在意。如驚歎之詞雖止一名。而其含義與普通所謂語言者固無異。蓋其所以傳示思想表白意義者同也。特組織有繁簡之分耳。言部有訓聲之字及誰訶等字。明止一聲寓義。則字皆當从音而从言者。音言一字。故也。先有音而後有言。言實單純或複襍之音所組成。且言語與聲音字皆不可以象形指事會意之法造之。奥傑布哇文語字作。象兩人相語。中間平行曲線象兩人所語。此與甲文吹字作者頗同。然吹不必有音。則兩人相吹不定為語。蓋彼猶是象徵時代之文。故每有偏而不全之憾也。則音字更無造法。如奥傑布哇之為唱字。亦止是象徵口中出气。雖加以腹中螺形之。象其心中之快美情緒。然費索解。我古容亦有是象徵之音字。然決不當从形聲構造之言字而所示音在言中。王謂一聲固不可通。而本書从一得聲之字。幾於無之。倫終以為理當先有音字。故謂音言一字。本書。吟。或作韽。或作訡。睪戈字。孫詒讓釋許。古鉨語字作。音从。乃之譌。不過開閉之異。音固當从也。凡人發音固欲傳示其思想。表白其意識。故借以為言語之言。生於心以下廿六字校語。字見急就篇。【説文解字六書疏證卷五】

◉楊樹達　一表音，音在言中，故从言含一。此以言為基字，一指事，為確定無形之物。【文字形義學】

◉李孝定　甲骨金文言音同文。不从一。言字重文。【甲骨文字集釋第三】

◉高鴻縉　字意當為言之音。故从言。而以一表音之假象。指事字。名詞。【中國字例三篇】

◉徐錫台　病音(即言字)，見殷墟卜辭云。「貞：音其有病」(《掇》一・三三五)。「音」與瘖同，如《唐韻》「于今切」；《集韻》、《韻會》「于今切」；《正韻》「于禽切並音音」；《説文》「不能言也，从疒音聲」；《釋名》「瘖唵然無聲也」；《廣韻》「瘖，啞文子曰皋陶

響 響

瘖」；《禮記・王制篇》「瘖聾疲」；《釋名・釋疾病》「瘖音失音也」。《史記・扁鵲倉公列傳》：「臣意嘗診安陽武都里成開方，開方自言以為不病，臣意謂之病苦沓風，三歲四肢不能自用，使入瘖，瘖即死。今聞其四肢不能用，瘖而未死也。病得之數飲酒以見大風。所以知成開方病者，診之其脈法奇咳。言曰：『藏气相反者死』，切之，得腎反肺，法曰：三歲死也。」《集解》引徐廣曰「作『瘄』，音才亦反」；《索隱》「瘖者，失音也，讀如音。」⊘《國語・晉語》「……瘖不可使言」；《素問奇病論》「人有重身，九月而瘖」。按「病音」，即患咽喉系統疾病也。【殷墟出土的一些病類卜辭考釋　殷都學刊一九八五年第一期】

◉曾憲通　類似曾侯乙編鐘的銘文過去也曾經發現過，可是由于銘辭孤單，無上下文義可尋，以致對它的涵義一直未得確解。例如上面提到宋代在安陸出土的「曾侯鐘」，其一背面鼓部作二「穆」字，又于隧部花紋之上作二「啇」字；花紋之下作二「商」字，舊釋為穆商商。另一背面有「卜翌反」和「宮反」五字。薛尚功、王復齋等均推測為「該鐘所中之音律」，惜「其義未曉」。近人唐蘭、郭沫若、楊樹達等先生雖續有新解，然皆未能中鵠。今以曾侯乙編鐘銘文證之，所謂「穆商商」，疑是「穆音商」之誤。據《金石索》，「商商」二字其實一作啇，一作商，二字形雖近而有別，疑作啇者非商字，或音即音字之衍筆。「穆音」正好是曾國律名，「穆音商」者，即曾國穆音律之商音。中層三組五號鐘有銘作「穆音之商」與此正同。另一銘之「宮反」，于曾侯乙鐘銘中每見之；至于「卜翌反」之「卜」，據曾侯乙鐘銘少字作尐，頗疑「卜」乃少字之缺筆；其翌即羽字，也與曾侯乙鐘銘同。「少翌反」即「少羽之反」，是羽在商音區的別名，編鐘鐘架(見中一6及中三4)及鐘鍵(中一4、中一6、中三3及中三5)上常見有「少翌之反」，也與此同例。由「少翌反」與「宮反」皆高音名，推測其鐘體大概與中層一組四號鐘、中層二組四號鐘相當(二鐘標音銘皆作「少翌」、「宮反」，與此極近)。【關于曾侯乙編鐘銘文的釋讀問題　古文字研究第十四輯】

◉徐中舒　象倒置之木鐸及鐸舌之形，與告、舌、言實為一字。【甲骨文字典卷三】

 劉響印信　 李響印信　【漢印文字徵】

 祀三公山碑　報如　景響　【石刻篆文編】

 響王存乂切韻　【汗簡】

韽 韽

韶 韶

響 王存乂切韻 響 同上 【古文四聲韻】

◉許　慎　響聲也。从音。鄉聲。許兩切。【說文解字卷三】

◉馬叙倫　響音曉紐。音音影紐。古讀曉歸影。是響為音之轉注字。字見急就篇。【說文解字六書疏證卷五】

◉黄錫全　響響王存乂切韻　鄉、卿古本一字作卿(前4·21·3)、卿(宅𣪘)、卿(適𣪘)、卿(中山王壺)等,《說文》正篆卿變作卿,鄉作鄉,響作響。此移音于㒰上。夏韻養韻録此文作響是,此寫誤,原應作響。曾孟孎諫盆有響字,或釋饗(江漢考古1980.1)。【汗簡注釋】

◉許　慎　韽下徹聲。从音。酓聲。恩甘切。【說文解字卷三】

◉馬叙倫　韽為音之雙聲轉注字。下徹聲者。周禮典同。微聲韽。注。韽。聲小不成也。桂馥謂或借喑字。倫謂下徹聲謂聲不上出於口而下徹也。即諳字義。故玉篇亦訓聲小不成也。或此乃校語。本訓捝矣。或此字出字林。【說文解字六書疏證卷五】

韶 崔希裕纂古 【古文四聲韻】

◉許　慎　韶虞舜樂也。書曰。簫韶九成。鳳皇來儀。从音。召聲。市招切。【說文解字卷三】

◉馬叙倫　鈕樹玉曰。繫傳皇作凰。俗。倫按虞舜樂必非韶之本義。革部。鞀。籀文作磬。从殸。召聲。何治運以為韶之籀文。吴大澂以盂鼎有䈞。謂即韶字。音為酉之變體。然䈞从日从酉从⊞从刀。頗與金器亞形中作䈞者同其意義。倫謂此娋之初文。亦金文卲之異文。非韶字。倫謂禮記禮器。韶侑武方。注。韶侑或為詔囿。是韶即詔字。本書無詔。而自叙引倉頡。幼子承詔。玄應一切經音義引三倉。詔。告也。蓋韶為倉頡中復字。玄應亦引字林告也。韶為誥之轉注字。誥聲幽類。韶聲宵類。古讀宵本在幽也。虞舜樂也疑非本訓。引經校者加之。故既引至兩句。又在从音上也。【說文解字六書疏證卷五】

章

章　禽章作曾侯乙鎛　陳章壺　孳乳為璋　乙亥簋　玉十丰璋　競卣　師遽方彝　衛盉　萮簋

大簋　頌簋　頌鼎　召伯簋二　善夫山鼎　史頌簋　穌賓章馬四匹吉金

【金文編】

5·83　咸直里章　木季1:50　同上　5·180　新城章　秦961　宮章　【古陶文字徵】

一五六：二〇　二例　宗盟委質类參盟人名章　盦章　【侯馬盟書字表】

77　【包山楚簡文字編】

章　為二五　日甲七六背　【睡虎地秦簡文字編】

亡—弼：（乙1—25）【長沙子彈庫帛書文字編】

0490　0903　0902　0878　2521　4008　5315　0736　2744　3842　【古璽文編】

廣漢大將軍章　護軍印章　賈章　琅琊相印章　中部護軍章　左章之印　臣章　【漢印文字徵】

天璽紀功碑　章咸　石碣鑾車　詛楚文箸之石章　【石刻篆文編】

章　【汗簡】

古老子　華嶽碑　【古文四聲韻】

◉許　慎　章樂竟為一章。从音。从十。十。數之終也。諸良切。【說文解字卷三】

◉林義光　古作[古文]伐徐鼎。不从音亦不从十。本義當為法。从辛，辛，罪也。以◯束之法以約束有罪也。◯所以束。見東字黄字條。或作[古文]大敦。【文源卷四】

◉高田忠周　說文。章樂歌竟為一章也。从音从十。十數之終也。此說有誤。愚初謂十甲古文同形。並作十。而甲之十。或變作于。鼓文淖字右旁作[古文]可證。但章字从甲。未詳何意。因謂此ナ亦于省也。樂歌一章而終。其聲平舒而盡也。如下文下筆作[古文]。屈曲尤甚。而于字往往作[古文]可證也。……

愚嘗攷章字形。如上見。今再按末為是。章字。元非从音从十。[古文]即古華字。畢姬尊畢作[古文]。丁亥彝。畢公作[古文]可證。章之从華。即是畢省。畢本訓田网也。从田从華。華有柄可持之象。此有本有末者。轉為畢終義。廣雅釋詁三。畢竟也。書大誥。攸受休畢。疏終也。爾雅釋詁畢盡也。竟也者。與說文章下樂竟為一章。又竟下樂曲盡為竟之說合焉。說文支部戰盡也。畢戰古今字也。然則章字从畢。固為當然。又辛即童省文。童章古音相近。其始當為同音。章从童省聲。故或作[古文][古文]。又作[古文][古文][古文]。作[古文]者。以[古文]為童省。以ナ為于省。又或作[古文][古文][古文]者。並皆借童省為章也。若不然。章之上形。即竟省文。从竟从畢。會意自顯。宜建竟為部首。收章于部中。要章在本部。元非古義。不敢臆定。存疑云。

【古籀篇五十三】

◉強運開　[古文]　諸家均釋作章。潘云。戎徒整布如文章也。【石鼓釋文】

◉馬叙倫　鈕樹玉曰。韻會作从音十。翟云升曰。孝經開宗明義疏引樂下有歌字。是。章敦矦曰。古音亦十聲也。倫按徐鍇謂詩頌十篇為什。徐灝謂樂曲十篇為一章。故从音从十。然十篇為一章。檢之三百篇無應也。見卙字下。其非从十會意甚明。章音照三。十音禪紐。皆舌面前音。則章謂十聲是也。十行一字。更足為章从十得聲之證。鍇本及韻會引作从音十。蓋捝聲字。然義與竟無别。未知其審。或為竟之轉注字。古讀照歸端。竟音見紐。見端皆破裂清音。章竟又聲皆陽類也。說解捝本訓。所存者校語耳。十。數之終也。亦校語。字見急就篇。石鼓作[古文]。史頌毁[古文]字。頌毁[古文]字諸家釋章。然文曰[古文]馬。謂童馬也。則非章字。【說文解字六書疏證卷五】

◉高鴻縉　章。明也。从日。辛聲。日與辛穿合。古作[古文]。後世借為樂章文章等意。乃叚彰為之。【中國字例五篇】

◉朱芳圃　林義光曰：「按古作[古文]，不从音，亦不从十。本義當為法。从辛；辛，罪也。以◯束之，法以約束有罪也。」文源八·四。按林說非也。字象薪燃燒時光采成環之形。書堯典「平章百姓」，鄭注：「章，明也。」易豐六五「來章有慶」，虞注：「章，顯

也。」國語周語「其飾彌章」，韋注：「章，著也。」是其義也。孳乳為彰，説文彡部：「彰，文彰也。从彡，章，章亦聲。」【殷周文字釋叢卷上】

◉李孝定　章字許君以為从音十，與古文不合，林氏謂章之本義當為法，从辛，辛，罪也，以束之，説亦支離。高田氏初謂从干，繼又謂是从𠦝，𠦝乃畢省，以附會樂曲竟之意，高田氏亦知畢訓田網，「畢終」非其本義，章字安得取以會義，矧章之字形固非从𠦝乎？金銘章字皆用為璋，疑、即璋璜之象形，章明、章顯，皆由禮器一義所引申，而其字形又與後世禮家所説璋璜之制不合；朱氏燃薪之説，尤屬臆解；是則其字形實難索解，當存以俟考。【金文詁林讀後記卷三】

◉夏　渌　于進海　　金文，不从音、十，而从辛从日。詹文中以為从辛（為鑿具）从田（像圓形玉塊，刻有交文），本義是「玉色文彩，引申為色彩、明、顯等義」。釋義頗具創見，惜田為玉塊刻文之説，古文字形體中缺乏例證。

章，从日从辛兩個部件組合，猶如「良」為日與電穿合，本為烺、朗、𣅳，即光亮字，引申為良好義。辛作義符兼聲符，是太陽照射在植物新生枝葉上絢麗悦目，色彩鮮艷的情景，也反映了農業勞動者對太陽和作物的深厚感情，對「大塊文章」的深刻領会。《考工記》：「畫繢之事，青與赤謂之文，赤與白謂之章。」《尚書・臯陶謨》「五服五章哉」正義曰：「稷益以五采彰施于五色作服……」从大自然的明媚色彩，擴大到繪畫中的文和章，衣服中的文和章，文學、音樂、歷法、禮儀無不有「成事成章」，抽象為一切事物的「章法」「章程」。文章、樂章、篇章的「章」，豈限于《説文》所謂「音十為章」一端而已？

金文「章」多假為「瑾璋」的「璋」，如《頌鼎》「返納堇（瑾）章（璋）」、《競卣》「賞競章（璋）」等。《説文》：「剡上為圭，半圭為璋。禮六幣，圭以馬，璋以皮，璧以帛，琮以錦，琥以繡，璜以黼。」即使田代表「璋玉」，用「辛」為「鑿具」，也不必穿透所刻的玉塊來表示，僅作「辛」在「田」上即可。

章為彰本字，訓明、訓著、訓顯，从日从辛，代表日光照耀新生枝葉，生氣勃勃的景象，是適合的。《玉篇》：「暲，明也，與章同。」《集韻》：「音章，日光上進也。」都是以作為「章」从日的旁證，「章」借為「樂章」「文章」的引申義後，才造「暲」代表本義。古文字類似的例子很多，如：州、洲；益、溢；采、採；牙、芽；支、枝；干、杆等等，良和𣅳尤為酷似章和暲的關係。【釋「對」及一組與農業有關的字　河南大學學報一九八六年第二期】

竟

甲九一六【甲骨文編】

竟陵丞印

劉竟

趙竟

呂竟私印

張竟私印

黃竟私印

尹竟之印

趙竟私印

【漢印文字徵】

竟

竟【汗簡】

義雲章【古文四聲韻】

◉許　慎　竟樂曲盡為竟。从音。从人。居慶切。【説文解字卷三】

◉馬叙倫　鈕樹玉曰。繫傳無為字。韻會有。人當作儿。沈濤曰。九經字樣。竟。樂曲終也。是古本作終。不作盡。六書故引亦作終。王筠曰。汪本繫傳亦有為字。朱本無。沈祥麟曰。竟。古音畺。疑从音。羌省聲。徐灝曰。疑从音。競省聲。林義光曰。疑即競省。唐蘭曰。甲骨文有竟。即竟字。即妾字也。倫按況説較長。説解蓋本作章也。或以聲訓。今挩。樂曲終也校語耳。字見急就篇。【説文解字六書疏證卷五】

◉于省吾　父辛觶有字。且辛卣作。竟鼎作。竟卣作。父戊匜作。舊不識。金文編入於坿彔。按即古竟字。説文。竟樂曲盡為竟。从音从儿。許説未可據。古文字於人物之頂上。每加等形。即辛字。亦即辛字。辛字栔文作。鳥且辛卣作。責父辛觶作。辛爵作。考卣作。古文辛辛無别。在人則為頭飾。在物則為冠角類之象形。如僕字栔文作。父辛盤作。象執役之人。上有頭飾。下有尾飾。妾字栔文作。克鼎作。伊毀作。妾者女僕。亦象有頭飾之形。栔文鳳字作。上象鳳冠形。龍字栔文作。龍母尊作。䢅仲無龍鬲作。上象龍角形。然則古文竟字上从。為辛辛一類之字。初形本象頭飾。殆無可疑。古鉩竟字作。是从辛辛之字。其演變之迹。悉相銜也。競字栔文作。競毀作。競卣作。堅尊作。宗周鐘作。均从二竟。其或但有頭飾而省頭形者。因合體而簡化也。又羌鼎羌字作。以𠭯尊競作例之。當亦竟字。古文从人从大从天一也。路史始皇紀注引春秋元命苞。顓帝戴干。是謂崇仁。又高辛紀注引作帝倍戴干。是謂清明。發節移度。蓋象招搖。注云。干。楯也。招搖為大戈。戈楯相副。戴之像見天中以為表。干或作辛。按作辛者是也。金文竟字適象人頭上戴辛之形。然則戴辛之制。由

來尚矣。是易緯之説。信而有徵。竟字之本形。象人之戴辛。其異徵既為頭飾。故引伸義為終為窮為極為邊竟。詩瞻卬。譖始竟背。箋。竟猶終也。廣雅釋詁。竟。窮也。莊子齊物論。振於无竟。釋文。竟。極也。詩召旻箋。國中至邊竟。釋文。竟本亦作境。按从土作境乃後起字。説文以樂曲盡釋竟。本小篆為説。形乖而義亦失其朔矣。【釋竟　雙劍誃古文雜釋】

◉楊樹達　如許説，从人義不可通。疑竟為竟界之義，从人从音，謂人聲音所及有竟限也。【文字形義學】

◉詹鄞鑫　竟與競的偏旁竟是一個字，甲骨文作、、、等形，金文作、、等形。諸形都是黥刑的會意字。

竟京古音同在見母陽部，可以通諧。如大雅桑柔的「秉心無競」，開元五經文字作「秉心無傹」。又説文解字注：字下云：「亦作傹。」我們知道，黥刑是一種極古老的刑法，而甲骨文金文却都没有黥剠等字，那麽我們就有理由相信，甲骨文的竟字就是黥字初文，黥或剠是後起的形聲字。這樣，後世所謂五刑，即黥、劓、刵、宫、大辟，至此全在甲骨文裏找到了一一對應的專字了。【釋辛及與辛有關的幾個字　中國語文一九八三年第五期】

◉徐鉉　韻和也。从音。員聲。裴光遠云。古與均同。未知其審。王問切。【説文解字卷三新附】

乙七八一二　河五七九　前五·四·二　後二·三四·五　後二·三六·七　後二·三七·六　菁四·一　林二·二〇·七　簠雜一〇八　掇一·一三二　粹九八七　人名子辛　寧滬一·四二六　存一二七六　珠七一七　明藏三六二　明藏五七二　庫一九三八　庫一九五〇　【甲骨文編】

乙3119　續6·13·11　徵11·108　六隻1　六束89　續存1276　粹987　佚757　【續甲骨文編】

録香3·2　獨字　【古陶文字徵】

辛卯仙切　【汗簡】

◉許　慎　䇂辠也。从干二。二。古文上字。凡䇂之屬皆从䇂。讀若愆。張林說。去虔切。【說文解字卷三】

◉羅振玉　此即許書部首之䇂。卜辭中諸字从此者不少。特不可盡識。其見許書者則口部之啇一字耳。予案許書䇂辛兩部之字義多不別。許君於䇂字注辠也。以童妾二字隸之。辛注从䇂辠也。而以辠辜等五字隸之。兩部首字形相似。但爭一畫。考古金文及卜辭。辛字皆作𢆉。金文中偶有作辛者。什一二而已。古文䇂與辛之別。但以直畫之曲否別之。若許書辛部之辭之辥。金文皆从䇂。部首之辟。卜辭从䇂。金文从𢆉辛。其文皆與䇂同。又古文言童妾龍鳳諸字。則金文於言童妾三字从𢆉。卜辭中則妾从▽。言从𢆉。龍鳳从▽。意均為䇂之或體。蓋因字勢而絀申之耳。凡許書䇂辛二部所隸之字。及部首之辟。口部之啇。皆應隸䇂部。庚辛之辛字。形與䇂之或體𢆉字雖同。然卜辭與古金文從無一曲其末畫者。其初義既不可知。則字形亦無由可說。次於庚部之後但立為一部可矣。又疑言即言字之或體。意不能決。坿此俟考。【增訂殷虛書契考釋卷中】

◉王國維　說文䇂辛分為二字。䇂部云。䇂辠也。从干二。二古文上字。讀若愆。又辛部。辛。从一䇂。䇂。辠也。羅參事振玉殷虛書契考釋云。說文分䇂辛為二部。卜辭只有辛字。凡十干之辛。皆作辛。古金文始有作辛者。其實無別。蓋本一字。許君以童妾二字隸䇂部。而辛部諸字若辠辜以下無一不含䇂誼。是不當分為二部明矣。案參事謂辛部辠辜以下諸字皆當入䇂部。其說甚確。惟謂䇂辛一字。則頗不然。余謂十干之辛自為一字。其字古文作𢆉。作𢆉。作䇂。作䇂。此二字之分不在畫之多寡。而在直之曲直。何以證之。凡古文辠辟辭辥章諸字皆从𢆉或辛作。其中直皆折而左。無一从▽若𢆉作者。惟童妾言豪諸字䇂在字上。其左折之迹不可見。又殷虛卜辭有言字。殷虛書契前編卷五第二十一葉及卷六第二十九葉。說文口部。啇。語相訶歫也。是篆文之䇂亦或作䇂。又卜辭有𨐨字。同上卷六第四及第十葉。从𠂤。从䇂。當即辥字。而卜辭从䇂。金文从辛。知䇂辛一字。子田盤。王命田政辥成周四方責。辥从𤔔言。即篆文从𤔔䇂之辭。政辭即政𤔔之假借。知言乃䇂之緐文。㝵唁又一字矣。然則䇂本作䇂。後變為𢆉。與說文䇂辛二字皆異體也。其音當讀如糵。不如愆。何以證之。曰凡說文从䇂从辛之字。其音多與糵近。口部啇从口䇂。讀若糵。案㝵唁一字。則㝵亦當讀若糵。言部言从口䇂聲。此䇂聲者。許君意蓋於愆之疊韻求之。其實當於雙聲求之。言者䇂糵之雙聲也。又木部櫱。伐木餘也。从木獻聲。商書曰。若顛木之有甹櫱。櫱或从木辥聲。梓亦古文櫱。此字又或作枿。說文𢎘部甹字下引商書。若顛木之有甹枿。書盤庚釋文。櫱本又作枿。梓與枿皆字之誤。其字本當作𣏕。从木䇂聲。宜都楊氏影寫日本本未改字商書盤庚枿字正作梓。後世因桐梓之梓省宰从辛與此相混而改之。遂失其聲。夆卉與櫱雖為同部字。然辛

與櫱則同部而又雙聲也。又豕部豙。从豕辛。而殳部毅字。以豙為聲。豙辛雙聲。葢會意兼形聲字。此皆辛讀若櫱。不讀若愆之明證也。辛字之形與音既定。則辥之形與音從之。其字殷虛卜辭作辥。从𠂤。从𢆉。與辟从人从辛同意。辟之古文从人。凡説文从卩之字古文皆从人作。釋為卩者誤也。𠂤者衆也。金文或加从止。葢謂人有辛𠂤以止之。故訓為治。此鼎變止為屮。與小篆同。屮者止之譌。猶奔字本从三止。盂鼎。後變而从三屮克鼎及石鼓文矣。辥从辛得誼。兼以為聲。故辥聲之字如钀櫱櫱辪蠥孼等皆讀如臬。與啇同音。與言豙等字為雙聲。此又辛辥同讀之證也。【毛公鼎銘考釋　王國維遺書第六册】

◉王　襄　説文解字有辛部,無𢆉部,而口部之啇,實从𢆉从口,殆辛即𢆉之譌。【簠室殷契徵文考釋卷一】

◉葉玉森　甲左行☒至于𦎫𢆉☒十月

𢆉　余永梁氏曰。按此辝字。从司。説文辝字籀文从台。作辝。木部枱籀文作辝。臬籀文作𣑿。台字古金文作嗣。台與司通。殷虚文字考。森按。説文。辛。辠也。卜辭作𢆉𢆉𢆉。辛為有罪之人。从又。疑繁文。猶執从又仍執也。本辭之𦎫為地名。【殷虛書契前編集釋卷二】

◉馬叙倫　劉秀生曰。葉德輝曰。辛从干二。兼干聲。干聲同愆。䰜部。鬻。从䰜。侃聲。鬻或作餰。从食。衍聲。或作飦。从食。干聲。或作健。从食。建聲。是干愆同聲之證。按葉謂干聲同衍。是也。謂辛兼干聲則非。辛从二从干。會意。干為倒大。大象人形。倒行犯上。所以為辠。非从干也。辛會意字。故以讀若愆定其音。口部。啇。讀若櫱。啇从口㡿辛。亦取辛聲。櫱即钀之或體。言部。言。从口。辛聲。瓦部。甗。从瓦。鬳聲。讀若言。文選景福殿賦。騶虞承獻。注。言為騶虞以乘軒板。狀軒軒然。劉熙孟子注曰。獻猶軒。軒。在物上之稱也。辛聲如鬳。鬳聲如干。干聲如愆。是辛愆同聲之證。倫按甲文有𢆉𢆉之形。羅振玉以為即辛字。本書辟字。甲文皆从𢆉𢆉𢆉。金文亦有从𢆉者。以此證知辛當作𢆉。从二猶从一也。一二皆地之初文也。𢆉即大之倒文。𢆉从干而此从𢆉者。猶从𢆉者亦可从𢆉也。二古文上字校語。讀若愆者。𢆉辛一字。辛音心紐。愆从衍得聲。衍音喻四。同爲摩擦次清音也。辛讀若愆。乃張林説。林謂此即罪愆之本字也。然此六字校者據林經説加之。【説文解字六書疏證卷五】

◉饒宗頤　卜辭「𢆉漆」(前編五・五・三),𢆉為動詞,疑即櫱,讀為乂。説文吺讀如櫱,金文艾、乂、薛通用。爾雅釋詁:「艾,相也。」「乂,治也。」「𢆉漆」謂治黍。【殷代貞卜人物通考卷三】

◉李孝定　羅氏釋契文之𢆉為辛,其説可从,辛辛二字形近義同,其始當為一字,即許書二部之从屬字,其義亦並相近也。卜辭辛字,其義未可確指。有為人名者,如「貞勿乎辛」,甲・二・二十・七。有為地名者,「王其乎戈禽虎辛录牛」,粹・九八七。辛录即

童

辛麓。卜辭地名「某麓」者頗多，此言乎戈禽虎及辛麓之牛也。有似用其本義者，「隹辛」乙三一一九即惟辠也。「王固曰其有死隹灸弗得辛」，後下・三六・七。蓋言隹灸當為人名弗得罪也。另數辭則辭義不明，如「丙寅卜兄貞令□鬲辛十月」，前五・四・二。「癸丑卜方貞叀眴舊釋珍唐蘭釋眴令目辛」，「癸丑卜貞乎目辛」，後下・三四・五。「貞乎目辛」，後下・三七・六。「貞辛隹疾」，續六・十三・十。其義未可強説也。【甲骨文字集釋第三】

童 从立重聲 中山王譽鼎 寡人幼童未用智 牆盤 孳乳為動 毛公厝鼎 雩四方死毋動 番生簋 【金文編】

5・384 瓦書「四年周天子使卿大夫……」共一百十八字 3・452 酷里人匋者□童 【古陶文字徵】

39 180 【包山楚簡文字編】

童 雜三二 三例 通動—作 日甲三六背 日甲七九背 【睡虎地秦簡文字編】

讀爲動 眉巳爲則毋—(甲8—20) 【長沙子彈庫帛書文字編】

1278 1277 0279 3645 【古璽文編】

童仁之印 尹童 郭馬童 童閎 【漢印文字徵】

石經僖公 【石刻篆文編】

童 童 童見華岳碑 【汗簡】

華嶽碑 義雲章 王存乂切韻 【古文四聲韻】

◉許 慎 男有辠曰奴。奴曰童。女曰妾。从䇂。重省聲。徒紅切。。籀文童中與竊中同从廿。廿以爲古文疾字。【説文解字卷三】

◉王國維 毛公鼎有字。不从廿。又有字。从。與籀文正同。【史籀篇疏證 王國維遺書第六册】

◉強運開 □。毛公鼎。雩四方死毋動。叚借為動。□。番生敢。金□金豙。與毛公鼎金嶂金豙同文。則又叚童為嶂矣。【說文古籀三補卷三】

◉張之綱 徐同柏云。蠢動童重古通。愙齋从之。孫詒讓云。依徐吳讀當如左宣十一年傳謂陳人無動。詩商頌。不震不動。箋。不可驚憚。又疑讀爲憧。說文。憧。心不定也。亦擾亂之意。【毛公鼎斠釋】

◉馬叙倫 鈕樹玉曰。繫傳韻會辠作罪。沈濤曰。一切經音義六引作男有罪為奴。曰童。蓋古本如是。童妾皆有罪為奴之稱。以男女而分之。今本誤為為曰。又衍奴字。玉篇亦云。男有罪為奴曰童。當本許書。九經字樣引男有罪曰童。乃節去為奴二字。總不得如今本所云也。倫按辛為辠之初文。古部落時代。以他部落之不服從者為有辠而征討之。滅其部落。以所獲之人為奴。以其為辠人。故童从辛。童音定紐。女為奴之初文。臣為女之異文。臣音禪紐。古讀歸定。是童為臣之轉注字。亦僕之轉注字。僕音竝紐。竝定同為破裂濁音也。或曰。从妾省。重聲。字見急就篇。說解挩本訓。存者蓋字林文。

□ 鈕樹玉曰。廿以為古文疾字。疑後人語。疾下無古文廿。徐灝曰。疾與辠異義。童不當从古文疾。此因周官司厲之文而傅會竄字為說耳。古籀多奇異。闕疑可也。王國維曰。毛公鼎有□字。不从廿。又有□字。从□與籀文同。倫按毛公鼎□字中之□即臣字。橫書而少譌者也。金甲文臣目二字往往相亂。如曶鼎臣字作□。甲文亦有作□者。德字从直。而甲文目字往往作□。是其例證也。春秋傳曰。男為人臣。女為人妾。臣為囚虜。以敵國之俘為奴。故童復从臣。□譌為□。復譌為廿耳。此言廿以為古文疾字者。古鉨有□字。丁佛言釋瘓。又有□字。丁釋疾。本書疾下古文疾作□。蓋古文書中以□為疾。而疾之異文有作□者。从□省聲也。廿則□之壞文。校者以昔人釋為疾。故以為古文疾字。从臣。童聲。臣音禪紐。古讀歸定。童音定紐也。或如高田忠周說。金文諸童字中从目者。皆借瞳為童。則籀文是瞳字。中與以下皆校語。據此。益明古文籀文下止言古文某籀文某。無他說解也。【說文解字六書疏證卷五】

◉馬叙倫 鄭井叔鐘 舊作鄭邢叔鐘。見同上。倫按舊釋鄭邢叔作霝龢鐘用妥賓。孫詒讓曰。吳釋井叔乍□用□從□。為童之異文。毛公鼎。雩四方死無□。番生敢作□。毛公鼎字與說文籀文童同。但說文譌□為廿。其實□亦□之譌。□即說文之臣。臣為女之異文。詳疏證。說文小篆從辛。辛即辠人。籀文從臣為復耳。此與番生敢小異。然皆省土。此之囚即目。說文睦之古文作□。□爲□譌。此又譌省。此器蓋出晚周矣。【讀金器刻詞卷下】

◉蕭　璋　童,男有辠曰奴,奴曰童,女曰妾。从辛重省聲(徒紅切)。按以干上得辠訓童,知童亦有刺犯義也(說文:「辛,辠也。从干二。二,古文上字。」「干,犯也。」干有刺義,見第二篇)。从童聲之字如撞(見四篇上推撞條)、幢(見後),均有擣刺義,正如妾亦以干上得辠

為訓(説文:「妾,有辠女子給事之得接於君者,从䇂从女」),而從其聲之椄接者,皆有接觸義(説文:「椄,續木也。」「接,交也。」説文又以接訓妾)。童聲之又有翣飾義(釋名釋牀帳:「幢容幢童也。施之車蓋童童然以隱蔽形容也。」章氏以「童童即小雅攸革沖沖之沖沖,皆為垂飾皃也」。見小學答問)。又如妾聲之翣之訓棺羽翣飾也(説文:「翣,棺羽飾也。天子八、諸侯六、大夫四、士二、下翣。从羽妾聲」)。蓋擣刺與接觸義既相因,翣與刺亦有關,是以詩人以沖沖形容垂飾之皃(小雅蓼蕭毛傳)。又表鑿冰之意也(豳風:「鑿冰沖沖」。毛傳:「沖沖鑿冰之意」)。【釋至　國立浙江大學文學院集刊第三集】

◉嚴一萍　□20童　毛公鼎雩四方死毋動,作□,叚爲動。繒書則省東。説文籀文童作□。【楚繒書新考　中國文字第二十六册】

◉詹鄞鑫　我們已知,辛䇂即鑿具。在古代,黥刑的刑具正好是鑿具,而不是剞劂。關于這點,材料很不少。易睽「其人天且劓」,釋文引馬云「剠鑿其額曰天」。五帝本紀「五刑有服」,正義云「墨,黥鑿其額」,墨刑亦黥刑。國語晉語「中刑用刀鋸,其次用鑽笮」,笮即鑿字,漢書刑法志引作鑿,顔引韋注:「鑿,黥刑也。」刑法志「墨罪五百」,顔注:「墨,黥也,鑿其面以墨涅之。」以上記載,足證黥刑的刑具確是鑿。

古文字在人形頭上加辛䇂以表示奴隸罪人的身分。童字甲文作□,妾字作□,頭上都有鑿具標志,表示黥刑。黥刑的目的是防止奴隸逃亡。我們以郭説爲基礎,又知道辛䇂是鑿具,而鑿又正是黥刑的刑具,那麼也就鑿通了最後一個環節。【釋辛及與辛有關的幾個字　中國語文一九八三年第五期】

◉郭子直　銘中有些字的結構,跟《説文》所列正篆不同,卻是别有來源,如「敊童曰未」的童作□,童字金文作□牆盤「長伐夷童」、作□毛公鼎「毋童(動)余一人在位」、作□番生毁「金童(踵)金豪」,晚周至春秋金文「鐘」字童旁有作□師嫠毁、作□魯遼鐘的,从辛目,東聲,春秋戰國時代省減爲□楚帛書、□古鉥「童休」,古璽彙編一四〇頁,以及鐘的童旁作□沇兒鐘等,則保留了上半的辛、目,下半的音符改東爲壬他鼎切。本銘作□,上半辛、目仍舊,中間作□,是東的省形,下面的土,是壬的訛變,當時就有下只省从土作的□望山楚簡,《説文》以童爲「从䇂,重省聲」,有籀文□三上䇂部,許説童的聲符爲「重省」,金文未見,籀文也未知所據,魏三字石經古文童字借作「重耳」之重,並非省聲。【戰國秦封宗邑瓦書銘文新釋　古文字研究第十四輯】

◉商承祚　亡童,或稱明童,盲僮,即木製童俑。《吳越春秋·夫差内傳》:「梧桐心空,不為用器,但為盲僮,舉死人俱葬也。」緹衣,與丹緅之衣,紫衣同例,係指某種色彩質料之衣。緹,疑即緹。《説文》:「緹,帛丹黄色。」《廣雅·釋器》緹:「赤也」。丹緅,簡文屢見,為兼紅的一種顔色。此墓出土俑十六個,形制基本相同,頭上有絲質假髮,身着絹衣,與簡文所述相合,惟數目較簡

文所記多七個。【江陵望山二號楚墓竹簡遣策考釋　戰國楚竹簡匯編】

◉劉　釗　《小屯南地甲骨》(以下簡稱《屯南》)六五〇片可作如下釋文：

「……王弜令受禾于史，壑田于」。

其中「」字，詹鄞鑫先生釋為「童」，其説甚確。

按古文字「童」的發展序列可分為三個層次：

A　(A1)　(A2)　(鐘所从)

B　(B1)　(B2)　(鐘所从)

C　(C1)　(C2)　(C3)　(鐘所从)

A式从辛从見，為童字早期構形。A1所从之見作「」，相同之例如「」又作「」。A2所从之見的下部「人」譌變為「壬」，這是「人」與「土」二字結合的結果，相同之例如「」又作「」。B式从「」東聲，乃增加聲符後的構形。《説文》謂童「从重省聲」，不夠準確。實則「童」、「重」皆从東聲，「童」字應説成从東聲才是。C式與B式近似，但聲符已與初形融為一體。C1用借筆方式將初形「」與聲符「」連接。C2省去初形下部「見」所从之「人」，C3則將初形所从之「見」全部省去，聲符「東」與初形所从之「辛」結合為一，此乃《説文》小篆構形的由來。

又，甲骨文童字還有兩見：

1.《合集》三〇一七八片。其辭作「……申卜其旮雨于利」。「」字與《屯南》六五〇片童字構形相同，應為一字。

2.《英國所藏甲骨集》一八八六片。其辭作「……其…………」。「」字似从言从東，東字横置，這應該是童字譌變後的一種異體。金文公臣簋鐘字所从之童字作「」，也譌變為从言从東，與「」字形近，「」字也應為「童」字。【甲骨文字考釋　古文字研究第十九輯】

◉戴家祥　孫詒讓曰：瞳。徐(桐伯)吳(子苾)讀為動。按依徐吳讀。當如左宣十一年傳謂「陳人無動」。詩商頌長發「不震不動」，鄭箋云。「不可驚憚也。」又疑當讀為憧。説文心部「心不走也」。亦擾動之意。籀庼述林卷七第三頁毛公鼎釋文。按金文師嫠𣪘士父鐘偏旁童字與此近似。古文四聲韻一董動字重文作遀。从辵童聲。與今説文重文作連異。徐吳兩家讀瞳為動。其説可从。【金文大字典下】

妾

乙一九二　乙四〇七　乙八三六　乙二七二九　㞢于妾妣己　乙二七三二　乙三〇六四　乙五六八九　乙七〇四〇　鐵二〇六・二　鐵二六九・四　餘四・二　拾一・八　示癸妾妣甲　前四・二五・七　前四・二五・八　後一・六・三　燕八〇八　粹二一八　坊間三・三六　京津八五二　京津二〇二六　存三三九　金四八一　金五四八　金七四一王夢妾㞢掤㞢囚　京都三〇一七祖丁妾妣己　【甲骨文編】

乙407　2732　7040　佚99　續1・6・1　粹218　1239　【續甲骨文編】

妾　復尊　伊簋　克鼎　【金文編】

一九八：一〇　宗盟類參盟人名妾與　【侯馬盟書字表】

170　【包山楚簡文字編】

妾　法五　三十七例　法二〇　十一例　日乙二五一　三例　【睡虎地秦簡文字編】

不可已豕女取臣—（丙2:2—8）　取女為臣—（丙5:3—8）　【長沙子彈庫帛書文字編】

5491　【古璽文編】

妾剽　妾服　妾　因諸　妾繻　妾款　妾盧豚　妾　於次　婕伃妾娋　【漢印文字徵】

妾竝出義雲章　妾出孫強集字　【汗簡】

古老子　孫彊集　義雲章　【古文四聲韻】

◉許　慎　有辠女子給事之得接於君者。从䇂。从女。春秋云。女爲人妾。妾。不娉也。七接切。【說文解字卷三】

◉孫詒讓　「壬□卜冗貝　下半闕」、百九之三。「□于立□亥□」、二百六之二。「貝□甴□□于□」。二百六十九之四。《說文・

辛部》：「妾，有罪女子給事之得接于君者。从辛女。」此从辛省，字例同。【契文舉例卷下】

◉林義光　古作□伊娳彝作□。克娳彝。【文源卷十】

◉葉玉森　癸丑王□宰示癸妾妣甲下缺左行。

□不可識。似一字。或合文。卜辭僅見。王亥妾。藏龜第百零六葉。示壬妾。藏龜之餘第五葉。獲此辭知示癸亦有妾稱。妣稱名。乃與妻同。似殷禮亦頗尊妾。惟用示癸所生之日祭卜則稍異耳。【鐵云藏龜拾遺考釋】

◉商承祚　金文克鼎作□。伊毀作□。古者從作男女没入官為奴。男曰童。女曰妾。童妾字皆从▽。□者。辠人之冠。與衆異也。【甲骨文字研究下編】

◉馬叙倫　翟云升曰。當入女部。王筠曰。桂馥所據小徐本得作稱。倫按上古無夫婦之制。部落相攻。俘敗者之男女以為奴。故妻妾字皆从女。女為奴之初文。女奴於給事之餘。復供枕席之薦。於是即以給事之稱為匹偶之名矣。妾與妻為轉注字。妻从奴。□聲。□音從紐。本書作屮聲。屮艸一字。艸音清紐。妾从女。辛聲。辛辛一字也。辛音心紐。心與清從同為舌尖前音也。辛聲。故妾音入清紐。辛辛一字。辛音轉為愆。而从辛得聲之啇及言。音皆入疑紐。啇讀若櫱。由辛即辠辥之辥初文。而辥从𠂤得聲。𠂤亦从中得聲也。是妾音亦得轉入疑紐。奴音娘紐。疑娘同爲邊音。是妾為奴之轉注字。妾之本義止是給事者。説解本以接也為聲訓。校者加有辠女子十二字。春秋以下尤爲校語之明證。字見急就篇。甲文作□。克鼎作□。伊毀作□。叔向父毁作□。姒尊毁。強運開釋。【説文解字六書疏證卷五】

◉趙錫元　關于妾字頭上所从之辛，説文云：「妾，有辠女子給事之得接于君者，从辛从女。春秋云：女爲人妾，妾不娉也。」這是許慎根據後世(至早在周代以後)情況得出的結論。郭沫若先生以爲妾字頭上所从之辛，是表示黥刑。我們認爲在後世對妾或者有過這種刑罰，殷代則無此事。因爲，第一，妾是殷代先公先王的正式配偶，其中有些人只有一配，殷王不會選擇有辠被黥的女人爲妻(除非黥額是表示美觀)，這樣太難看還不算，怎麽殷王許多祖先都必須娶有辠被黥的女人爲妻不可？殷人配偶稱妾除上舉諸例外，卜辭還有：「河妾」(後上6.3)「庚示妾」(金璋481)、「子商妾」(粹1239)等等。第二，妾是女俘，她們被殷人俘虜後，並未用之于何種奴役，而是全部殺掉。説殷人對俘獲來即殺掉的女人在臨殺之前還要施以黥刑，似乎没有這種必要。

殷契粹編1578片有辭作：「在娎卜。」「娎」是地名，从汎从妾。「汎」是殷王祭祀時殺戮犧牲的一種方法，于省吾先生以爲：「卜辭言冗(即汎)，皆謂刏牲或人取血以祭。」見雙劍誃殷絜駢枝二編釋冗。我們説作爲地名的「娎」字，很可能是由于曾在此處舉行過「汎妾」這種儀式而得名。這也可見殷代對于妾這種人的待遇。

我們從所有甲骨文材料看來，殷代除了對俘虜殺頭、活埋、火焚、水溺等等屠殺方法以外，看不出有其他任何肉體刑罰。當然在俘獲敵人時，要用手捉，要用繩索綁縛，或者對企圖抗拒的施以桎梏，否則就會逃掉，這便是甲骨文俘、係、執等字在造字上的根據。但這些僅僅是對待俘虜的辦法，並不是對待奴隸的辦法。這與後世階級社會裏對待奴隸、罪犯等所施行的肉刑，是根本不同的。因此，我們對妾字的解釋是這樣：在殷代妾不過是一般女人的汎稱，没有高低貴賤的身分之别，如王亥妾，就是王亥的女人，主壬妾便是主壬的女人，引伸之，就成了配偶或妻子。至于當作人牲的妾，也只不過是説俘來的女人而已，如妾媚，就是女媚，或媚族的女人。這正如甲骨文中的「女」字，既可作爲配偶，又可作爲母親之母，同時也可當作女俘或人牲一樣。由此可見，吴澤先生所謂「妾字象額上有火印的女人，她的工作是在家内爲主人服役，包括滿足主人的性的要求在内」，見中國歷史大系古代史殷代奴隸制社會史1953年棠棣出版社修訂本273—274頁。以及李亞農先生所謂「妾，以（？）半辛从女，女字頭上有半個辛，妾爲床上奴隸，黥刑較少」見殷代社會生活63頁，1955年等説法，只不過是根據後世的材料來推測殷代妾的情況罷了。

在社會生産對于人類的生存有了一定的保證以後，人類便産生了愛美的觀念，于是裝飾就成爲人類特有的一種愛好。如新石器時代遺址中所發現的小石珠，有孔牙齒，磨制的骨角器，簡單的雕刻品等，這些都是作爲裝飾之用的。甲骨文妾字頭上所从之「辛」，就是裝飾品，類似後世女人頭上盤的高髻。殷虚書契後編下卷25.15片有字，象用火焚燒頭上戴有玉類裝飾的女人，其上部所从之，當與（即辛）有關。考古學者在殷虚遺址中發現有骨笄、玉櫛等，這些女人頭上所用的物品，是可以與妾字上部所从之「辛」互相印證的。【關于殷代「奴隸」 史學集刊一九五七年第二期】

◉饒宗頤 「癸丑卜王：曰：宰，爾癸妾妣甲。」（拾遺一・八）此稱為妾，義指配偶，「㞢于示壬妻妣庚」，可知妾妻俱指配偶。

【殷代貞卜人物通考卷九】

◉李孝定 栔文从▽。从女。▽者。頭飾。于省吾説見前競字下引。僕字亦从此作。卜辭妾字。其用與習見之字相同。蓋相當於今之妻字。並未見有卑下之意。如「癸丑王宰示癸妾妣甲」、拾・一・八。「至于漢羅釋澡地名隹歸妾夲人名猶它辭之言婦某也有子」、前・四・二五・八。「貞來庚戌㞢于示壬妾妣乙牝□𣦼貞勿☒」、續一・六・一。「☒㞢于示壬妾妣乙牝□𣦼貞勿☒」、佚・九九上兩辭當為一片之重出者惟續一・六・一較完整。「丁亥卜己貞子商妾□娩不其嘉」，粹一二三九。蓋妻字从女上象髮加笄形。妾則从女上加頭飾。其意相同。初無地位上之差别。許君之訓蓋後起之義。不足以語於殷制也。金文作克鼎伊簋與契文同。【甲骨文字集釋第三】

◉朱芳圃 説文辛部：「妾，有辠女子給事之得接於君者。从辛，从女。春秋傳云『女為人妾』。妾，不娉也。」按許君此説，後世學

者深信不疑，其實大有未諦。果如其言，龍，鳳諸物，有何辠尤而以辛加於其頭上乎？其説之誤，昭然明矣。余謂妾象女頭上戴辛。辛與辛同；辛，爨薪也。書粊誓「臣妾逋逃」，鄭注：「臣妾，廝役之屬也。」史記張耳陳餘傳「有廝養卒」，集解引韋昭曰：「析薪為廝，炊烹為養。」蓋古代戰爭時俘獲異族之婦女，使之服析薪炊烹之役，故造字象之。釋名釋親屬「妾，接也，以賤見接幸也」，即被俘獲之婦女，除服役外，兼薦枕席，後漸轉為多妻制度中婦女等級之名。【殷周文字釋叢卷上】

◉羅　琨　商代某些祭典僅獻祭女性。卜辭見：

貞侑于妣己㞋(垂)。勿侑㞋于妣己。侑妾于妣己。　(丙三三〇)

王其侑母戊一㚼，此受佑。　(粹三八〇)

酒河三十牛，氏我女。　(丙一一七)

侑妣庚五妌十牢。不用。　(佚八九七)

王宓祖乙奭妣己姬婢二人，𣪘二人，卯二牢，亡尤。(京五〇八〇)

妾在卜辭中也作配偶解，但以上第一例是反復貞問以㞋垂，㞋抑或妾侑祭妣己，妾在這裏是同處於被殺祭的地位。女和母在甲骨文中有時寫法相同，但第三例是祭河的占卜，不可能與先母並祭。氏，在卜辭中多作進獻解，故此辭卜問酒祭河神是否要用三十牛並進獻女性人牲。第二、四、五例中的㚼、妌、婢作爲被殺祭的人牲都很明顯。這些女性犧牲的祭祀對象除河和王亥外多為先妣和先母。【商代人祭及相關問題　甲骨探史録】

◉李孝定　妾字从辛，前人多宗許説。近世治古文字學者，以龍鳳諸字亦从「▽」，遂謂龍鳳諸字所从為冠角，童妾等字所从為頭飾。説較通達。朱氏謂辛爲爨薪，其説未聞。辛字實未見析薪之象。即如其言，龍鳳等物又豈能供析薪炊烹之役乎？契文妾字有配偶之意，請參看拙編集釋三卷七六五頁妾字條。初無卑下之象。許説云云，蓋後世之社會制度也。銘文以臣妾並舉，已漸近許訓及先秦文獻之所偁述矣。【金文詁林讀後記卷三】

◉殷滌非　一九六五年余于皖南屯溪清理西周古墓時，發現與西周青銅器、釉陶器同墓出土者，有四件形制甚奇的青銅女象俑：臀肥腰細，身段秀美。乳峰翹突，赤裸全身。屈膝向前下跪(古代坐勢亦爲跪象)，足尖向下，臀股坐于足跟之上。雙臂向左右伸張，手向上舉，掌心向上。濃眉、大眼、巨耳，兩眼向前平視。嘴張、齒露，面帶屈辱苦痛憤怒之狀。頭頂長方形之物，物上端除一件穿三角孔外，余皆穿長方孔。此殆爲殉葬妾俑。

按妾字从辛，从女，周伯琦曰：「辛，木柴也。」當系女子頭上戴辛，或即以薪木負于頭頂，以示女子之有罪而爲奴者。《説

文》：「妾，有辠女子給事之得接于君者。」《文字蒙求》曰：「女子有罪者曰妾。」古代戰爭俘獲異族之婦女，視其爲有罪，即被作爲奴隸。頭上戴辛者，殆爲古代奴隸之標記歟。

甲文妾字，即作女子頭上戴辛跪地之形，與此四妾俑頭頂扁長方形穿孔物下跪之象相應驗證，足徵此爲妾字形象女奴，故妾義爲罪隸，「給事之得接于君者」，于此可知古人造字由來矣。【妾俑與妾字 中華文史論叢一九八〇年第三輯】

◉鄭慧生 妾字在商代卜辭中，是妻字、母字的同義語，絲毫没有女奴隸的意思。如示壬之妻妣庚，在同一時期武丁卜辭中，就被稱以妾、妻、母三種稱呼：

殷虚書契續編 一・六・一：「示壬妾妣庚」。

殷虚文字乙編 一九一六：「示壬妻妣庚」。

殷虚文字甲編 四六〇：「示壬母妣庚」。

可見妾、妻、母三字同義，相當于後世的内人、太太、娘子。由妾字的出現説明商代有嫡妾之制是不確的。【從商代無嫡妾制度説到它的生母入祀法 社會科學戰線一九八四年第四期】

丵 丵

丵 丵士角切【汗簡】

◉許 慎 丵叢生艸也。象丵嶽相竝出也。凡丵之屬皆从丵。讀若浞。士角切。【説文解字卷三】

◉馬叙倫 吴穎芳曰。丵雖次辛。从丫。從形類。不從義類。首為屮分形。下體乃丯字之變。朱駿聲曰。丵即爾雅釋木木族生為灌之族。族乃丵之通行字。別義為九族為宗族。並因叢聚得名。王筠曰。夢英及鮑汪二本篆並作丵。業篆亦作業。非也。後目録作丵、業。鮑本亦同。葉德輝曰。左襄四年傳。寒浞。呂覽觀表作寒風。淮南作韓風。丵叢同聲。丵浞一聲之轉。劉秀生曰。丵為鑿所从之聲。在精紐。浞从足聲。足聲亦在精紐。故丵得讀若浞。古宗族字當為丵。書大傳貢正聲而九族具成。注。族當為奏。白虎通宗族。族者。湊也。聚也。謂恩愛相流湊也。五行。正月律謂之太蔟。何。太者。大也。蔟者。湊也。言萬物始大湊地而出也。釋名釋書契。奏。鄒也。鄒。狹小之言也。戰國策燕策。士争湊燕。史記燕世家作士争趨燕。禮記樂記。趨數煩志。注。趨數讀為促速。聲之誤也。祭義。其行趨趨以數。注。趨讀如促。丵聲如族。族聲如促。奏聲如芻。芻聲如足。是其證。倫按朱謂丵為木族生為灌之族。是也。篆本作丵。今省譌也。説解當曰。叢

業

也。或木叢生也。象形。今為校者依字形改之。又改象形為象丵嶽相並出也。丵即今所謂叢林。叢林本聯緜詞也。丵亦即叢之初文。丵聲疾類。對轉東。故增取聲。轉注爲叢。取得聲於耳。耳音日紐。林音來紐。來日並為次濁邊音。古讀並歸於泥。故音又轉為林。林森聲同侵類。故聲又轉為森。而林森皆𦬓之省文耳。丵讀若浞。而寒浞或作寒風。風聲亦侵類。蓋矦由幽轉變入侵也。亦可為丵與林森是一字之證也。實从多木會意。讀若浞者。當在凡丵之屬皆从丵上。然是校者加之。【說文解字六書疏證卷五】

◉朱芳圃　郾王職劍　說文丵部：「丵，叢生艸也。象丵嶽相並出也。讀若浞。」又「業，大版也。所以飾縣鐘鼓，捷業如鋸齒，以白畫之，象其鉏鋙相承也。从丵，从巾。巾，象版。詩曰：『巨業維樅』。」按丵象辛燃燒時光芒上射之形，甲文鳳字頭上所从之平一作丵，是其證也。又丵與業為一字之分化，一形之繁簡，例與一作同。古讀複音tzɔk ngɔk，或tźiăp ngiăp。讀tzɔk為丵，讀ngiăp為業。【殷周文字釋叢卷上】

業　郾王職劍　从口　中山王譽壺內𢇛邵公之業　【金文編】

145　【包山楚簡文字編】

衛業　韓業私印　王業印信　張業印　臨業　甯業印信　【漢印文字徵】

天璽紀功碑　建業丞許□　【石刻篆文編】

業　【汗簡】

雲臺碑　古尚書　【古文四聲韻】

◉許　慎　大版也。所以飾縣鍾鼓。捷業如鋸齒。以白畫之。象其鉏鋙相承也。从丵。从巾。巾象版。詩曰。巨業維樅。魚怯切。古文業。【說文解字卷三】

◉林義光　晉公盦有字。當即業之繁文。象全虡上有飾版之形。字象鼓鼙在虡上形。亦以為簴足。則業下當非巾字。【文源卷二】

◉柯昌濟　卜詞𢝱字當即業字。从業。从火。尊文有𤓰字。與之相類。【殷虚書契補釋】

◉馬叙倫　鈕樹玉曰。韻會鐘作鍾。鉏鋙作齟齬。巨作簴。嚴可均曰。說文引詩皆用惟字。嘵下別作唯。此及驕下醻下作維。蓋轉寫涉今詩增也。王筠曰。飾下當有栒字。此文皆本之周頌有瞽毛傳。傳又曰。植者為虡。横者為栒。故知當補栒字。从巾。巾後人增。朱駿聲曰。丵巾皆象形。林義光曰。業象全虡上有飾版之形。樂象鼓鼙在虡上形。以朩為虡足。則丵下當非巾字。倫按當是全體象形。為虡之異文。音則由溪而轉疑耳。大版也以下均校者據詩有瞽毛傳加之。本訓蓋挩矣。當自為部。

𤕰　王筠曰。顧廣圻本繫傳作𤕰。朱筠本作𦎭。非。林義光曰。晉公𥂴有𤔲字。當即業之繁文。倫按秦公𣪘有𤔲字。疑所从之𤔲即古文業也。从去得聲。為虡之轉注字。亦業之轉注字也。然此文作𤕰。其𡗜與王孫鐘子璋鍾樂字所从之𡗜全同。甲文樂字作𣎆。其朩又與此篆所从之朩同。則業為簴之異文益明。而此文所由來亦可知矣。【說文解字六書疏證卷五】

◉高鴻縉　𤔲(篆)　業為加於栒上之大版。从木。丵聲。浞聲之諧業聲者。浞之聲母消失。ㄨ韻變ㄧ韻。而ㄧ復為世。亦猶之昔之諧借即之諧節。至之諧垤也。業上有鋸齒。畧象簇嶽並出。故取丵為聲。古之縣鐘鼓之架。直栓曰虡(虡)。横梁曰栒(亦作簨)。加栒上之大版曰業。每栒業上縣鐘磬八曰肆。二肆為堵。鐘曰編鐘。磬曰編磬。業之複文作𤔲。見晉邦𥂴。說文今本載業之古文作𤕰者。殆此複文之形譌。【中國字例二篇】

◉朱芳圃　丵象辛燃燒時光芒上射之形。甲文鳳字頭上所从之𠦂一作丵。是其證也。又丵與業為一字之分化。一形之繁簡。例與丫一作𠂔同。古讀複音tźɔk ngɔk或tzįǎp ngįǎp讀tźɔk為丵。讀ngįǎp爲業。【殷周文字釋叢卷上】

◉李孝定　業字从丵為形聲兼會意，高朱二氏之說並是，惟朱說以丵為燃薪時光芒上射之形，則非，丵字許訓不誤也，鳳字从丵者，非謂鳳頭生丱，象其毛冠與叢丱相類耳。業下當是从木，非从巾。【金文詁林讀後記卷三】

◉夏　渌　于进海　業，⊘可以看出原从木从丵會意，表示種植茂盛，《荀子·性惡篇》:「夫工匠農賈未嘗不可以相為事也。」注:「事，業也。」事，就是業，業，就是事。事業，最古老，最重要的，在古代社會就是解決民食的農業。《說文》釋「業，大版也……从丵从巾。」从形體到釋義俱誤，釋業爲「所以飾縣鐘捷業和鋸齒」的「大版」，是將假借義誤爲本義。【釋「對」及一組與農業有關的字　河南大學學報一九八六年第二期】

◉林清源　卅二年𢆶令初戈(邱集8408·嚴集7533)

本戈內末刻銘：「卅二年□䛨(令)初左庫工帀(師)臣冶山。」第四字為縣邑名，黄盛璋隸定作「業」，云：「業」即「鄴」，史記魏世家「西門豹守鄴」，又信陵君傳「魏王恐，使人止晉鄙，留軍壁鄴」，趙悼襄王六年「魏與趙鄴」，但三年後，「秦攻鄴拔之」(均見趙世家)，是屬趙時短，而屬魏時長。此戈有「卅二年」，故知非入趙後所造。魏有三十二年以上，只有惠王與安釐王，戈之年代只能屬此兩王。黄盛璋：三晉兵器」，頁30—31。然業字説文古文作「□」，晉公盦作「□」，中山王響壺作「□」，皆與本銘作「□」有別。本銘第四字，究係業字變體，抑别為一字，猶待商榷也。【兩周青銅句兵銘文匯考】

◉戴家祥 □中山王響鼎 乎□才衹□中山王響方壺以內絶邵公之□。

□，當為業之别構，金文往往加口構成别體而字義不變，如鼓作鼛，豊之作豐。以中山王響器銘文驗之詞意亦合。

□袓伯鼎 唯袓伯□自作寶口盜。

説文，三篇業古文作□，秦公𣪘□字从業，形作並業，與此篆同，疑此篆即業字古文異體也。金文用作人名。

楊樹達曰：按□字从古文業去，蓋加聲旁字，與罔字之亡，䞣字之𡳿同。去，古音在模部，得為古文業之聲旁者，去聲之字如㹤、劫皆讀入帖部，業與㹤劫音近，去得為㹤劫之聲旁，亦得爲業之聲旁矣。保業者，書康誥云：「往敷求于殷先哲王，用保乂民。」多士云：「亦惟天丕建保乂有殷。」君奭云：「率惟茲有陳，保乂有殷。」康王之誥云：「則有熊羆之士，不二心之臣保乂王家。」詩小雅南山有臺云：「樂只君子，保艾爾後。」克鼎云：「天子其萬年無疆，保辥周邦，畯尹四方。」宗婦𣪘云：「保辥鄭國。」晉邦盦云：「余咸妥亂士，作爲左右，保辥王國。」業與辥、乂、艾皆同聲，銘文保業，猶書云保乂，詩云保艾，克鼎諸器云：「保辥也。」爾雅釋詁云：「艾，相也。」凡言「保業」「保乂」「保艾」「保辥」者，皆謂保相也。積微居金文説卷二第四十三葉秦公𣪘跋。按唐韻業讀魚怯切，疑母葉部。劫讀居怯切，見母葉部。㹤讀去劫切，溪母葉部。□蓋从業从劫省聲，為同部加旁字。去業聲韻俱異，不能自圓其説。乂讀五蓋切，辥讀魚列切，均疑母祭部字，乂之與業，聲同而韻不同，古字有同母通叚之先例在。爾雅釋詁：「乂，治也。」君奭巫咸乂王家，史記燕召公世家乂，作治，是其義也。楊説可從。【金文大字典下】

叢 叢 日甲六七背 【睡虎地秦簡文字編】

叢 王存乂切韻 【古文四聲韻】

對

◉許　慎　䕍聚也。从丵。取聲。徂紅切。【説文解字卷三】

◉馬叙倫　鈕樹玉曰。韻會引作从丵从取。孔廣居曰。叢取皆齒音。故相諧。李賡芸曰。春秋僖卅三年傳。公伐邾。取訾婁。公羊作公伐邾婁。取叢。訾婁急言之為叢也。則叢从取聲為正音。轉為徂紅切。第四部中字如禺聲之顒。冓聲之購。並轉入東冬鍾江韻。取聲之叢亦然。叢取雙聲。翟云升曰。爾雅釋魚釋文引作艸衆生也。蓋與丵注相涉而譌。倫按丵音牀紐。叢音從紐。同為破裂摩擦濁音。取丵又聲同矦類。轉注字也。東矦對轉。故聲轉為徂紅切。字見急就篇。皇本作菆。蓋傳寫省文。【説文解字六書疏證卷五】

甲七四〇　从丵从又與金文同説文對从丵从口从寸或从士作對云漢文帝以為責對而為言多非誠對故去其口以从士也　西對　地名　前四・三六・四　林二・二五・一〇　佚六五七　清暉一四八　【甲骨文編】

甲740　珠326　佚657　六清148　【續甲骨文編】

對　从丵从又非从口从寸　逑父乙尊　貉子卣　令鼎　對罍　牆盤　叔卣　曆鼎　井侯簋　競卣　師𩛥鼎　亘尊　䵼伯簋　師䵼鼎　靜簋　彔卣　趞曹鼎　大師虘簋　同簋　友簋　寰盤　元年師旋簋　頌鼎　頌簋　頌壺　克鼎　元年師兑簋　番生簋　盂卣　井鼎　史獸鼎　農卣　𦵀簋　鄘伯馭簋　趞尊　𢽾鼎　史懋壺　免簋二　吳方彝　敔簋　師望鼎　師晨鼎　𤼈簋　虢弔鐘　宂鼎　免卣　師奎父鼎　守簋　休盤　大作大仲簋　大簋　師嫠簋　段簋　豆閉簋　封簋　師遽簋　叡鐘　克鐘　毛公𢉼鼎　善鼎　揚簋　師虎簋　追簋　趩鼎　柳鼎

□ □無曩簋 □ □大鼎 □䀁簋 □卯簋 □師酉簋 □𢾊鐘 □沛伯簋 □即簋 □善夫山鼎 □𢦏簋 □趞簋 □ □此簋 □無叀鼎 □對卣 □𧊒鼎 □从丮 師旂鼎 □盠尊 □永盂 □ □柞鐘 □召伯簋 對揚朕宗君其休 □从犬 大保簋 □从貝 彔伯簋 □从廾 㚸簋 □伯晨鼎 □王臣簋 □多友鼎 □从辛同簋 □省又亳鼎 【金文編】

□ 朱對客 【漢印文字徵】

□ 對 【汗簡】

□ 王庶子碑 【古文四聲韻】

◉許　慎　對𦪸無方也。从丵。从口。从寸。都隊切。對對或从士。漢文帝以為責對而為言。多非誠對。故去其口以从士也。【說文解字卷三】

◉吳大澂　□。小篆作對。許氏說對或从士。漢文帝以為責對而為言。多非誠對。故去其口以从士也。今彝器對字多从丵。不从口。許說非也。虢叔鐘。【說文古籀補卷三】

◉羅振玉　說文解字。對。从丵。从口。从寸。或从士作對。漢文帝以為責對而為言。多非誠對。故去其口以从士也。案古金文無从口作者。亦非从士。又許書从寸。古金文及卜辭均从又。【增訂殷虛書契考釋中】

◉林義光　說文云。對應無方也。从丵口。从寸。對或从士。漢文帝以為責對而為言。多非誠對。故去其口以从士也。按古作□師酉敦作□伯晨鼎。本不从口。丵者業省。从又持業。業。版也。業本覆簴之版。引伸為書册之版。曲禮請業則起。注謂篇卷也。版亦即笏。對者執之。所以書思對命。或作□虢叔鐘。从土。土者壬省。曶鼎望作□。洹子器聖作□。皆省壬為土。挺立以對也。兼轉注。亦或作□趞尊彝。从口。【文源卷六】

◉葉玉森　按金文皇作□虢尗編鐘□頌敲□王孫鐘□陳侯因資敲。汪衮父謂上象冠冕。其説極新。契文□从□。上為□。與鐘文□之从□相似。當亦象冠冕。予前釋風字所从之□。謂象大鳥之冠。鼎文對正从□。參比益信。下為丄即王。

从又蓋持事於戴冠冕之王前。含對揚意。契文中未見皇字。金文之□。殆由□蜕化而生。又知皇本从王。陳侯因資敨王孫鐘文。猶得古意。【説契 學衡第三十一期】

◉高田忠周 □頌敦。按此對揚字也。然疑元墣字異文。省□為□。又移土連丵下。其實同意也。又省□作丵。又省土作敹。其省略之意。無異矣。或謂省土者。借業為之。亦省形存聲之例。金文又有對字作□者。正以業為之可證。亦通。【古籀篇十】

◉高田忠周 許説甚誤。今審凡鐘鼎文。明是从丵从土从又。又者□之省也。或有借叢為之者。其明證也。然則此實墣字異文也。説文。墣。塊也。从土菐聲。或體作圤。从卜聲。此篆即移丵于土上。形稍異而實同耳。然墣對義不可通。因謂對應對揚字。古唯有合字已。説文。合。亼口也。从亼从口。亼亦聲也。朱氏駿聲云。三口相合為合。十口相並為叶。十口相傳為古。按此即今所用之答字。古或作畣。爾雅釋詁。合對也。釋言。畣然也。左宣二傳。既合而來奔。注猶答也。禮記喪服小記。屈而反以報之。注報合也。史記樂書。合生氣之和。正義合應也。此説精眇。可服膺者也。初借答為合。亦譌作答。漢人艸竹混亂故也。要周中世。籀文盛行。聲音可通者。往往借緐形字為用。對合通用。亦當其一例也。古音墣與對轉通。朱氏部分已然。此實墣對同字。元同音之證也。又對合兩字得音通者。金文立位通用可證。其實立位同字。即知今音入聲合韻。與去聲隊韻及入聲覺韻。古音皆近耳。然字已為叚借義所專。亦少變字形。以分別者。金文往往所見也。墣字。亦借為合義。因字亦改从寸。寸又通用。叔或作村之類也。下見望敦繼彝文皆从寸。小篆所原可知矣。从寸以為法度之意。與高克尊从卩同意。若夫从女。奴僕服从之意。或从犬。所以服犬馬之勞之意乎。愚攷如此。而今不悉收諸篆於土部者。不敢妄斷。待來哲之判云尔。

余後得陳侯因資敦銘。曰合揚卒惪。是明對揚即合揚也。當證上説以斷定也。【古籀篇八十三】

◉馬叙倫 □ 趙明誠曰。周以後諸器欵識對字最多。皆無从口者。疑李斯變古法作小篆。對字始从口。至文帝復之耳。嚴可均曰。漢文下廿二字當是校語。漢文帝者異代人稱謂。廣韻載此條不云説文也。嚴章福曰。古欵識如頌鼎虘彝辥帖齊矦鎛鐘季娟鼎阮録寓彝皆有對字。明非漢文所改。王煦曰。毛詩葛覃傳。叢木。周續之音祖外切。劉昌宗音徂外切。是對字當从口。叢省聲。篆文寸與又同也。依六書當入口部。章炳麟曰。恐對對本二字。古文假借。則以對為對耳。對當為艸木芩儷之誼。後漢書馬融傳。豐彤對蔚。章懷太子曰。皆林木皃也。高唐賦。䔁兮若松榯。李善曰。䔁。茂皃。廣雅。䔁䔁。茂也。古字當秪作對。易象傳曰。先王以茂對時育萬物。茂對同誼。時讀為播時百穀之時。本借為蒔。蒔育誼亦近。謂茂育萬物也。對

必訓茂。从丵之誼由是可通。从士者當為土字。从寸从土。與封同意。封本封土邑樹。春秋傳曰。宿敢不封殖。此樹。是也。對从對省聲。倫按金甲文對字作□追𣪘□寰盤□趞𣪘□師酉𣪘□太保𣪘□□甲文。無从口者。寰盤之□甲文之□。皆明从土字。然則無對字也。對與封一字。从寸猶从又也。本書封从寸而金文皆从又。是其證也。从土从丵。封為今所謂境界林。而丵即今所謂叢林。故从丵也。封之義重在丵。故聲亦得於丵。語原故也。丵聲侯類。而轉注字作叢音徂紅切。當在東類。東侯對轉也。封所从之丰即丵之省變。或聲轉入東類。故从對省丰聲。轉注作封字也。今對音都隊切者。由封音轉如邦。音入封紐。由封轉端。同為破裂清音也。應對字當作讎。讎音禪紐。古讀歸定。端定皆舌尖前破裂音。故經傳皆借對為讎。對者。□之譌。篆譌以後。校者乃增對字。而據傳説以為漢文帝改也。【説文解字六書疏證卷五】

◉高潛子 凡兩人相並之字。正則為从。反則為比。相背則為北。惟相對之字無之。而夾巫及古文坐字。說文坐篆作□古文作□。皆从兩人相對之□。說文於古文坐字無所發明。夾字謂从大俠二人。巫字謂象人兩褎無形。夾旁二人。不辨向背。則與盜竊懷物之夾無別。巫乃以□為兩袖形。尤不類。是皆許氏之疏也。竊以為□乃古文兩人相對之對字。坐字从之。會兩人相向對坐之意。故兩造獄訟曰坐。左傳鍼莊子為坐是也。夾字从之。會左右夾侍一人之奇。左傳周公太公夾輔成王是也。巫字从之。會兩人對舞降神之意。詩所謂對越在天也。又卩㔾相並之卯。說文注事之制也。闕音。玉篇子兮切。廣韻子禮切。蓋取卩之平上二音。朱駿聲直讀為節。如是則音誼俱與卩同。何必加反卩之㔾而别出此字乎。按卿字所从之卯。仍象兩人相對之形。蓋即為□之變體。金石古文卩象人體屈節之形。从卩之字亦多从人者。人臣有對揚之義。左右為孤卿之位。故从之。示疋妃合會對也之對。亦以从此□。字為正。蓋對偶之誼。非應對之誼也。自後爲應對之對所奪。而人遂不復識此字矣。

易兑卦其誼為悦也。咸為男女交感之卦。取象於兑。故男女相得曰悦。兩人配合成偶。是為悦之本誼。疑□即兑之古文。兑从二人。如巽之从二卩也。今市人財物對換之對。亦作兑。又應對陳説之説。亦从兑。由此例求之。□之與對與兑。其誼相通。故可互相假也。六書精蘊以□為向之古文似不及對之誼近。【釋□ 讀説文别釋】

◉楊樹達 古鐘鼎文多作對，許君稱漢文去口从士之説非是，宋趙明誠金石録載古器物銘大夫始鼎跋已糾之矣。余友陳君公培喜研討文字之學，一日訪余於嶽麓山，謂余曰：「對字从寸从丵，與應對義不相涉。詩大雅皇矣篇云：『帝作邦作對。』以對與邦並言，對義當與邦近。許君訓應無方，殆非是。」余按陳君之説甚碻。左氏傳記楚之始興也，曰：「若敖蚡冒篳路藍縷以啓山林。」宣公十二年。又記鄭之始建也，曰：「昔我先君桓公與商人皆出自周，庸次比耦以艾殺此地，斬其蓬蒿藜藋而處之。」昭公十六

年。此對字从寸从丵之義也。許君所云从口者，非从口舌之口，乃从囗，猶國邑之从囗也。許君所云从士者，古文士土不分，文實从土，非从士，玉篇、廣韻皆云對字从土，是也。从士从口，與从寸从丵義不相關，故知其非矣。

夫字之受形，必有其故，不得其故，則義與形不相比附。許君去古已遠，雖博訪通人，不必盡能得之，如對字其一例也。今陳君引其緒，而余為釋其字形，姑設一說於此，俟他日詳證焉。【釋對　積微居小學述林卷二】

◉劉　節　詩經大雅江漢篇稱「對揚王休」。古器物銘中屢見「對揚」二字。如静毁上說：「静拜稽首。敢對揚王休。」頌鼎上說：「頌敢對揚大子不顯魯休。」也可以省稱「對」，例如：遣作姞尊上說：「遣對王休。」亳鼎上說：「敢對公中休。」又可省稱「揚」。例如：小臣宅彝上說：「揚公白休。」就「對揚」這兩個字的字形看來，都是像農民手裏拿着土産奉獻的形狀。最可注意的就是同毁上的對字。从辛，从又。又在伯晨鼎上，以業字代對字。召伯虎毁作从丮，从丰。頌鼎上的對字仍舊是从業省，从丰，从又。都象奉獻農産物的形狀。从又與从丮同意。所以揚字可以單作丮。例如梋妃毁「女揚伯遟父休」的揚字。就是如此寫法。而揚鼎上的揚字，作从丮，从玉；像兩手捧玉形。令鼎作从丮，从日。這是从昜字之省。所以小臣宅彝就作从丮从昜了。師酉毁作从丮，从女，从日，从玉。而君夫鼎的對字，也从女，从丰。我們知道這種制度，最初是女巫所作的拜舞。周代人所謂「對揚」，本就是六朝，隋，唐人所謂「拜舞」，或舞蹈。其原始出於農人貢方物，與神巫跳舞之事。克鼎上的揚字偏旁作丮。頌鼎上的揚字偏旁从反丮，更像一人捧物的形狀。金文裏的對揚，在經傳上也作「奉揚」。左傳僖公二十八年：「重耳敢再拜稽首，奉揚天子之丕顯休命。」尚書顧命篇：「皇后憑玉几，道揚末命。」又說：「用答揚文武之光訓。」這「答揚」，與「道揚」，遠不如奉揚之與古義接近。用奉揚解釋對揚，於音形義三方面都相合的。【古代成語分析舉例　古史考存】

◉高鴻縉　丵字之本意。以其从之之各字推之。當為古之兵器。其首有横木。而下有直柄。柄之上周。及横木之上方。均有簇嶽並出之齒。執其柄可以撲人。亦可以對禦刀劍戈矛之屬。其用殆如後世之九股叉。……

從之得義而亦諧聲者。有

1. 對宗周鐘王對對字如此。按即對抗反對之對。引申而有對面相對之意。从又(手)舉丵會意。丵亦聲。浞之諧對聲。亦猶之澄聲之原於登聲。重之原於東聲也。弗韻之變費韻。卒韻之變醉韻也。

2. 對伯晨鼎敢對揚王休之對如此。菐篆菐隸業楷書樸字偏旁。

說文。菐瀆業也。从丵。从廾。廾亦聲。臣鉉等曰。瀆讀為煩瀆之瀆。一本注云。丵衆多也。兩手奉之。是煩瀆也。蒲沃切。

按説解有誤。□从雙手執丵。仍是對字。雙手隻手無別。後引申而有撲滅撲伐之意。隸楷又加手旁為意符作撲。撲與□實為一字。

3. □頌鼎敢對揚……之對如此。字原作□。而復加土為聲符耳。

4. □師晨鼎敢對揚……之對如此。字原作□。而復加土省聲耳。

5. □師默簋敢對揚……之對如此。字原作□。而復省又。而加土省聲耳。【中國字例二篇】

◉李孝定　説文「對膺無方也。从丵从口从寸。□對或从士。漢文帝以為責對而為言,多非誠對,故去其口以从士也」,漢文帝以下云云當非許語,姚文田説文校議。桂氏義證均主此説。且金文對字多見。均不从口。趙明誠金石録云「周以後諸器欵識對字最多,皆無从口者,疑李斯變古法作小篆對字始从口,至文帝復改之耳」,其説當是。按金文皆對揚連文。有顯揚之意。疑與「封」之構造法同。封作□,象一手持□樹於土上之形。□為植物之象形字。其初誼當為樹木於某處以為疆域之標識,猶今之界碑。散氏盤云「自涺涉以南至于大沽一封以涉二封至于邊柳復涉濡陟雩𢼸邍陕以西封于敳城桂木封于芻逨封于若道……」此銘紀散矢交争後畫定疆界之事甚詳。封字作□从手収,為□之異體。省土从収與从又同。其文有可注意者,凡言封之處,不為川大沽書是也則為山,𢼸邍陕是也邍許訓高平之野。凡無自然之山川可為之界域者,則樹木以識之邊柳之柳類,城之桂木是也。其下言封于某封于某,殆皆就地樹之以木。文云「封于敳城桂木」,即于敳城樹以桂木以為標識也。此蓋封之本誼。對字从丵,丵許訓叢生艸。與封字从□同意。字亦象以手持丵樹之形。其下亦从土。金文土字作□盂鼎□散盤□舀壺□亳鼎□陳伯元匜塍字偏旁子璋鐘基字偏旁均如此作。正金文對字見下引所从也,然則對之與封,其異祇在丵丰之別。其意當同。標識之物旨在明顯示人,故金文對字皆有明顯之意。觀金文皆對揚連文。可證也。左宣十二年傳云「取其鯨鯢而封之以為大戮」,舊注于此無説。意者。蓋明君伐不敬。執元凶。大憝而誅之。樹碑于其冢上,明顯示人以垂永戒。是封蓋亦有明顯之義也。對之本義即為明顯膺對之義,蓋假借字。卜辭對字之義不明。辭云「其于西對」、前四·三·六·四。「辛卯王☐小臣□其作□疑圉字于東對王固曰☐」、甲·二·二五·十·珠三二六重見。「于□西對大吉」,甲編七四〇。疑或與封同意。第二辭言小臣□作圉其于東封之手。余為此説固肊測無據然嘗苦思不得其解以對封形近姑妄説之。金文對字多見,大抵相似。如□虢叔鐘□寰盤□段簋□貉子卣□□無㠱簋□頌壺□毛公鼎□卯簋□師旂鼎□同簋□大保簋□無叀鼎□對卣□召伯虎簋。召伯虎簋對字與封字形極近。可為余説佐證。恒矦鼎對作□變簋作□亦與封之作□散盤者相近。

召伯虎簋銘云「□□宗君其休」,□揚連文,為金文習語。可見□必為對字無疑。同器封字作□,其左旁所从與對字偏

旁極近。【甲骨文字集釋第三】

◉朱芳圃　金文對字可分四類：一、象手持𦍒，或兩手奉之。𦍒，輝煌之鐙也。二、象手持辛，辛即燭薪，與鐙實異而用同。羅振玉謂：「金文中別字極多，與後世碑版同，不可盡據為典要。即以此器言之，校指同𣪘。對字作□，譌別已甚。」貞松堂集古遺文六·八。蓋由不瞭辛之初形本義，以不誤為誤，傎矣。三、象手持丵，或兩手奉之，與篆文業同。丵，然燒發光之辛也。四、象人坐而兩手舉𡴂若𦍒，結構與䎃相同。其他或增貝，或省又，古人作字，任意增省，不拘常規也。

廣雅釋詁：「對，當也。」蓋黑夜無光，持鐙以當明，故有相當之義。引伸為答。詩大雅皇矣「以對於天下」，桑柔「聽言則對」，鄭箋並云：「對，答也。」為應，儀禮士冠禮「冠者對」，禮記仲尼燕居「子貢越席而對」，鄭注並云：「對，應也。」為遂，詩大雅蕩「流言以對」，毛傳「對，遂也」，禮記祭統「對揚以辟之」，鄭注：「對，遂也。」為配，易無妄「先王以茂對時」，釋文「對，配也」，詩大雅皇矣「帝作邦作對」，毛傳：「對，配也。」為嚮，廣雅釋詁：「對，嚮也。」【殷周文字釋叢卷上】

◉沈文倬　从字義訓釋看：對，《說文·丵部》云「𡭊無方也」；《儀禮·士冠禮》鄭注云「應也」；《爾雅·釋詁》云「畣（王念孫《疏證》云『經傳通作答』）也」；《儀禮·聘禮》鄭注云「答問也」（《儀禮》其他諸篇之注則云「答也」）。段玉裁云：「對答古通用。」對解作應或答，原是通訓。可是，《廣雅·釋詁》又云「嚮也」、「當也」；《後漢書·周黄徐姜申屠傳·贊》李注云「偶也」。當是別一義。徐灝《說文解字注箋》云：「對有相當義，故从丵。丵者，相並出也。疑當以相當為本義，引申之乃為對答耳。」其實，應或答都是一方對着另一方的，嚮、當、偶等別義，當从此出。訓釋對字，必合二義而始充足。倒不一定一是本義，一是引申義。揚，《儀禮·鄉射禮》鄭注云「猶舉也」；《廣雅·釋詁》、《小爾雅·廣言》、《禮記·檀弓下》《明堂位》鄭注，均云「舉也」；《禮記·樂記》云「弦歌干揚」，孔疏引皇氏注云：「揚，舉也。干揚，舉干以舞也。」《說文·手部》云：「揚，飛舉也。」《文選·南都賦》李善注引作「高舉」。王筠《說文句讀》云：「字从手，似不當言飛。」「飛舉」一詞，不易理解，遂有此誤文之說。其實不然。《廣雅》《小爾雅》都是揚和翥並列的，而《釋詁》又云：「翥，飛也。」《方言》第十云：「翥，舉也。楚謂之翥。」朱駿聲《說文通訓定聲》遂以為「舉者本義，飛者叚借。」《說文·羽部》云：「翥，飛舉也。」與揚同訓。飛舉自是專名，決非誤文。由此可見，揚、舉、飛義通，揚之訓飛舉，不過是形容其高舉之形。李善徑作高舉，雖屬臆改，但其義未誤。《禮記·祭統》云：「夫鼎有銘，銘者，自名也。自名以稱揚其先祖之美，而明著之後世者也。」鄭玄、偽孔之注，似據此文，增一稱字，以稱揚連文來訓釋揚字的。稱為爯之俗體。《說文·冓部》云：「爯，並舉也。」又作偁，《人部》云：「揚也。」《儀禮·士相見禮》《禮記·檀弓下》鄭注、《尚書·牧誓》偽孔傳、《左傳》宣十六年·襄八年·二十七年·哀二十三年杜注、《孟子·滕文公》趙注、《國語·周語》《晉語》韋注，並云「稱，舉也。」《爾雅·釋訓》云：「偁偁，舉也。」郭注云：「舉持物。」解釋較為顯明。揚、舉、爯三

字，都是持物而舉之義。揚之訓舉或稱，亦是通訓。可是，《説文・手部》云：「舉，對舉也。」《方言》第二云：「旴，揚，雙也。燕代朝鮮洌水之間曰旴，或謂之揚。」郭注云：「此本論雙耦。」舉、揚又有對偶之義，亦當是別一義。其實，持物而舉，亦必是一方對着另一方有所表示。訓釋揚字，亦合二義而始充足。綜上所述，對和揚，在一方面的意義上，一訓應或答，一訓持物而舉，各有訓釋，二字之義有區別的；但在另一方面的意義上，二字都有對偶之義，又是相同的。所以，《廣雅・釋詁》又云：「對，揚也。」把二字溝通了。於是，可以得出這樣的結論：對和揚有同訓的一面，訓詁上即稱之為二字相通。

眡朝賜命之禮不傳，無法知其全部歷程。但从現存諸禮中核究其相近儀注，取以比擬，似亦可得其概貌。先談對字：《儀禮》諸禮中有辭對之儀、致對之儀，與「對」頗有雷同之處。《士冠禮》初加節云：「賓降；主人降。賓辭；主人對。」《鄉飲酒禮》主人獻賓節云：「主人坐取爵於篚，降洗；賓降；主人坐奠爵於階前，辭；賓對。主人坐取爵，興，適洗，南面坐奠爵於篚下，盥，洗；賓進，東北面辭洗；主人坐奠爵於篚，興，對；賓復位，當西序，東面。」在《鄉飲酒禮》的酢主人節，和《鄉射禮》《燕禮》《大射儀》等篇的相同諸節，均有同樣的儀注。《公食大夫禮》賓食饌三飯節、《特牲饋食禮》獻賓與兄弟節、《有司徹》主人獻尸節，也有辭對之儀。進退周旋的細節容有出入，其主要儀注是相同的，不必多加征引。在此，只詳釋上引之文作例證，其餘諸篇，自可借此概見。飲酒之禮，參與者的爵位縱有高卑，賓主所行，均是敵體之禮。主人在東方：東序、東階上、東階下。賓在西方：西序、西階上、西階下。主人獻賓酒，降至東階下就洗器洗爵，賓以其為己而洗，不敢獨處堂上，就相从而降。主人不敢以自己的洗爵事勞賓降階，就坐禮儀中多坐興的動作。朱駿聲《説文通訓定聲》云：「古席地而坐，膝着席而下其臀曰坐。」膝着席，就是跪。跪而以臀加於足跟上，謂之坐。而放下爵，興起，請其勿从降，這是「辭」。賓説明自己當从降，請其不必辭，這是「對」。主人至洗器之北，南面，坐而放下爵，盥手，取爵准備洗；賓从西階下東行，東北面請其勿洗，這又是「辭」。主人坐而放下爵，請其不必辭，這又是「對」。賓即退回到西階下位。這就是辭對之儀。辭對之對，承對方辭之後，都是請其不必辭的意思。《儀禮》諸禮還有致對之儀：《士冠禮》賓字冠者節云：「冠者立於西階東，南面；賓字之；冠者對。」年二十加冠而有字，字為加冠之賓所致命，冠者接受其命字並表敬意，就是「對」。《聘禮》歸饔餼於賓介節云：「賓奉幣西面，大夫東面，賓致幣；大夫對，北面當楣再拜稽首，受幣於楹間，南面，退，東面俟。賓再拜稽首送幣；大夫降，執左馬以出。」聘賓在主國聘享、禮賓、私覿之後，主國君使大夫饋賓饔餼五牢，授訖，賓即儐大夫，即此節所述。升堂後：賓東序奉幣(束錦)西面，大夫西序東面；賓表示要致幣，即要致乘馬(陳於中庭)束錦於大夫；大夫表示接受並表敬意，亦即是「對」。隨即傳至當前楣處，北面拜稽首；雙方又都進至兩楹之間，堂中當棟處，大夫北面，賓南面，束錦授受訖；大夫退至西序；賓退至東階上，北面再拜稽首送幣；大夫从西階降，牽左馬出門。

《周禮》裏也有致對之儀。《秋官・司儀》云：「出，及大門之外，問君；客再拜，對；君拜，客辟而對。」此即《聘禮》私覿之後，「公出送賓，及大門內，公問君；賓對；公再拜。」無「客辟而對」，孫詒讓謂「文不具」。前一對字，是主國君問賓國君安好？據鄭注，賓「對曰：使臣之來，寡君命臣於庭。」表示身體健康。乃是一般的問對，與本文所討論之對有别，姑置不論。後一對字，是主國君慶賓國君之安好，再拜致意；賓先逡巡避位，表示不敢當君之拜；繼而「對」，即表示接受其慶賀並表敬意。這對和《士冠禮》命字之對一樣的，也是致對之儀。致對之對，都是接受對方的致意並表敬意的意思。【對揚補釋　考古一九六三年第四期】

◉岑仲勉　對揚在周金的用法，大概不外如上所徵。古典裏還有少許的例子：《詩・大雅・江漢》，「虎拜稽首，對揚王休。」毛傳，「對，遂。」鄭箋，「對，答。」試觀前引金文各例，對揚顯是寄于聲不寄于形，不應逐字求解。又《爾雅・釋詁下》，「賡、揚，續也。」《經義述聞》：「邵曰：《曾子立事篇》，『身言之，後人揚之。』引之謹案，後人揚之謂稱道其言，非謂繼續也。今案《雒誥》曰：『以予小子揚文武烈。』《立政》曰：『以揚武王之大烈《逸周書・祭公篇》，「以予小子揚文武大勳」。』皆謂續前人之業也。猶言『嗣守文武大訓』耳。」據我所見，邵王兩家所引四個「揚」字應該都係對揚的省文。解為稱道很相近，不必另立續義。

怎樣見得是寄于聲呢？考于闐文動詞tvan，其inf(不定詞)作tvana和tvamdana，義為贊揚(to Praise)致敬(to do homageto)，V可元音化，又(在于文裏)常與y通轉。比之對揚切韻tuai iang，兩相吻合。荒古時代。人民對天神和統治者只有贊美無非難。舊説詩的大雅是正雅，小雅是變雅。因為人民知識日進展開，批評小雅多諷刺之詩，故號稱變雅了。

郭氏説㫃當即揚字，⊘且字从長當是聲符，可知必讀陽部音也青銅器研究上。按長切韻diang當係dana之表示。這就是我所謂隱聲與一般聲符的用意不同。音仍是讀作揚的。《陳侯因資錞》，「合揚氒德。」又《書・顧命》，「用答揚文武之光訓。」吳闓運氏謂合即答字。《左傳》「既合而後來歸。」杜注以合為答同前吉金文選上3引。按答切韻tap，揚上古diang，我國音韻的-m，-p常通轉。故答揚之語原應為tvam danä-tvap dang。【從漢語拼音文字聯系到周金銘的熟語　兩周文史論叢】

◉張日昇　林義光謂字从手持業。業版所以書思對命。朱芳圃謂象手持[丵/土]。[丵/土]煇煌之鐙也。高鴻縉謂丵象有齒之古兵。持丵反抗為對。李孝定謂象以手持丵樹之之形。其下从土。與封字从同意。甲骨文字集釋頁七七一。諸家之言似有未當。丵字上部作。與我字所从取象相同。我象横刃鋸兵。如高氏言。則丵為直刃鋸兵。然兵下皆有鐏作若。對字所从作[丵/土]無鐏。其非兵器可知。甲骨文對字作。直畫中無兩横。恐為後之增繁。从土之説亦不足信。蓋甲骨文除上舉一形外多作。非土也。竊疑丵為符節。為座。上作鋸齒形。以便勘合。説文云「業。大版也。所以飾縣鍾鼓。捷業如鋸齒。以白畫之。象其鉏鋙相承也。从丵从巾。巾象版」。按業當从丵从木。業為版从木。如鋸齒故从丵。釋文云「對配也」。

廣雅云「對，當也」。對之本義為符節。有相當相配之意。引申之為對答對譍。

對揚一詞金文恆語。沈文倬所言全誤。林沄張亞初辨之甚詳。【金文詁林卷三】

◉陳邦懷　四五二九號　干南陽西叟　于鳥日北對

「對」、疑「禬」字假借，「對」、「禬」同屬脂部。說文解字示部：「禬，會福祭也。」段玉裁注：「周禮注曰：除災害曰禬。禬。刮去也，與許異。」許鄭之說不同。今就卜辭言之，上句云「干南陽西叟(禳)」，禳義謂除癘殃。下句云「于鳥日北對(禬)」，禬義謂除災害。上下二句其事相同，故取周禮鄭注之說。【小屯南地甲骨中所發現的若干重要史料　歷史研究一九八二年第二期】

◉戴家祥　金文對字很多。字形差別較大。一般包括三個部份：丵、[illegible]、土。昀簋等作[illegible]，𨋗侯鼎作[illegible]，令鼎作[illegible]，燮簋作[illegible]，象手持[illegible]或加于土上之形，初義不明。金文恆言「對揚王休」或「對揚天子休」，這與書說命「對揚天子休命」句例完全相同。鄭箋云「虎既拜而答王策命之時，稱揚王之德美，君臣之言，宜相成也」。偽孔傳云「對，答也。答受美命而稱揚之。」詩大雅皇矣「以對於天下」，桑柔「聽言則對」，鄭箋並云「對，答也」。古籍中對用作答的例子很多。書顧命「對揚文武之光訓，」陳侯因資敦作「合揚氒德」，句例相同。對即合，而合與答古通，如左傳宣公二年「既合而後來奔」，注「合猶答也」。爾雅釋詁「合，對也」，可證「對揚」之對即答義，勿庸置疑。

[illegible]乃對之別構。从寸从𠬞，均為手。可以形符交換而字義不變。

[illegible]，對之省。字原从丵从土，如趞曹鼎、克鼎對之左半均作[illegible]，下部从土之形明顯，[illegible]乃[illegible]之簡。詳見釋對。【金文大字典上】

菐

[illegible] 菐方木切【汗簡】

[illegible] 汗簡【古文四聲韻】

◉許　慎　菐瀆菐也。从丵。从廾。廾亦聲。凡菐之屬皆从菐。臣鉉等曰。瀆讀為煩瀆之瀆。一本注云。丵。衆多也。兩手奉之。是煩瀆也。蒲沃切。【說文解字卷三】

◉馬叙倫　徐鉉曰。瀆讀為煩瀆之瀆。一本注云。丵。衆多也。兩手奉之。是煩瀆也。莊述祖曰。菐[illegible]一字。[illegible]。从八从辛

从。不从丵。宋保曰。丵亦聲。羅振玉曰。業僕一字。倫按丵為叢木。丵不得會意。丵音牀紐。古讀歸定。蓋从丵聲。故業音入竝紐也。竝定皆破裂濁音也。其義亡矣。然莊羅二説為長。業實史僕壺字之去其人旁者也。瀆業為連緜詞。似屡字義。或本作瀆也。以聲訓。業字。乃隸書複舉字之譌乙於下者。餘詳僕下。【説文解字六書疏證卷五】

◉高　智　包山楚簡有字作「」(145)形,《包山楚簡》隸釋為「業」字。按此字明顯從「」,當與「業」作「」(《説文》)「樸」作「」(《石鼓文·避車》)所從相同,應釋為「」,即「業」字。【《包山楚簡》文字校釋十四則】

後下20·10　卜800　甲916　乙69　69　8690　【續甲骨文編】

僕　旂鼎　公錫旂僕　師旂鼎　呂仲僕爵　䡈鼎　史僕壺　趞簋　幾父壺　靜簋

召伯簋二　从广　令鼎王馭溓仲僕　【金文編】

3·109　䌛衢中　匋里僕　魏三體石經僕作　與此相近　【古陶文字徵】

僕　秦一八〇　八例　雜三四　【睡虎地秦簡文字編】

大僕丞印　宂從僕射　陽周僕印　尹僕私印　李僕私印　解僕私印　王僕　袁僕之印

李馬僕　左甲僕射　臣僕　趙僕私印　陳僕私印　【漢印文字徵】

袁安碑　捧大僕　石經僖公　古文省廾與金文召伯虎𣪘同濮字重文　【石刻篆文編】

僕見説文　【汗簡】

説文　竝籀韻　【古文四聲韻】

◉許　慎　給事者。从人。从菐。菐亦聲。蒲沃切。古文。从臣。【説文解字卷三】

◉潘祖蔭　大宰即大僕。周太僕遼父敦僕作。與此正同。可叓之叓。即使字。使事古本一字。【攀古樓彝器款識第二册】

◉方濬益　説文。僕給事者。从人从菐。菐亦聲。彝器文皆作三角紒首形。與篆文从菐異。古奴僕皆有辠者為之。故从辛首為三角。蓋象髡首之形也。【史僕壺　綴遺齋彝器款識考釋卷十三】

◉羅振玉　説文解字。菐。瀆菐也。从丵。丵亦聲。又僕。給事者。古文从臣。作䑑。案古金文無从臣之䑑。有□史僕壺□靜敢□旂鼎諸形。卜辭僕字从□。即古金文之□。从□。即古金文之□。从匕。即□。□則象人形而後有尾。許君所謂古人或飾系尾西南夷亦然者是也。説文解字尾字注。僕為俘奴之執賤役。瀆菐之事者。故為手奉糞棄之物以象之。菐僕古為一字。許書从丵乃从□□之譌也。【增訂殷墟書契考釋卷中】

◉強運開　□　諆田鼎。王馭溓中䧹令眔奮先馬走。説文所無。運開按。即古僕字。僕。御車者也。如論語冉有僕是。吳愙齋釋為廄。蓋誤。【説文古籀三補卷九】

◉林義光　説文云。□給事者。从人菐。菐亦聲。□瀆菐也。从丵从廾。廾亦聲。按菐字經傳無考。僕古作□史僕壺。从辛人。辛人者辠人也。从䢅。䢅。舉也。見䢅字條。舉甾缶僕役之事。與卑同意。見卑字條。省作□靜敢。作□太僕敦。或作□伐郐鼎。作□魯太僕敦。作□諆田鼎。作□歸父盤。【文源卷十】

◉葉玉森　□　羅雪堂釋□為僕。援金文□史僕壺□靜敢□旅鼎為證。謂契文僕字从□。即金文之□。从□即□。从□即□。□則象人形而後有尾。許君謂古人或飾系尾。西南夷亦然者。是也。森按羅氏釋僕良塙。惟解剖稍誤。予以□為人形。□其首上之飾。與妾之从□从▽同。妾為从坐之女。僕為俘鹵之男。故首上飾同。為有罪之幖識。系尾之飾。殆亦然也。【説契　學衡第三十一期】

◉高田忠周　僕从叢。叢从丵□。丵叢生艸也。象形即象丵嶽相竝出之形。讀若浞。蓋上見諸篆所从諸形。與此義稍合。而如此篆。全與从叢者別。今審篆形。从人从辛从□从甶。蓋从辛者與童字同意也。男有罪曰奴。奴曰童。女曰妾。故童妾皆从辛。辛辛同意也。童僕元一。故僕亦从辛。會意也。又从□。竦手給事之意。甶缶器也。婢僕所執者。故婢字亦或从甶作□。卑字亦作□。然此篆作意歷歷可見。亦古文中之一體也。亦或从□。□舉也。亦執事之意。又或云。僕之加甶者。【古籀篇五十八】

◉郭沫若　僕字古亦从辛。此由上舉數例之金文已可知其大概。卜辭有此字，其形作□後下廿葉十片。羅氏揭此與金文諸僕字比較，並糾正許書菐僕析為二字之錯誤與小篆从丵之變，言之詳矣。惟言此字从□，則又不免因金文僕字有類似从言作者而致誤。余案此辛下之□形實乃有尾人形之頭部。父辛盤亦有此字，作□。有尾戴辛之人形與此全同。唯惜手中所奉之物略

有損蝕耳。周金大抵均省去人形而改從人作或臣作。然亦有於从人之外猶留存人形之頭部者，如趞鼎之□，諆田鼎之□。案亦僕字。是也。旂鼎則於人形之外更从人作□，上□為辛，下□為子，子即人形之變。此鼎銘文上言「唯八月初吉，辰在乙卯」，下言「旂用乍文父日乙寶尊彝」。初吉乃周制，日乙則猶殷習，而中言「公錫旂僕」，此為周初宋人之器無疑。制度習慣既呈一交替之現象，乃於文字亦然，此亦饒有趣味之事也。

統凡上舉諸僕字，均係於人頭之上从辛。此與童、妾二字既同意，而於辛之上復荷甾缶，從可知辛形絶非頭上所插之妝飾，乃於頭上或額上所固有之附屬物。余謂此即黥刑之會意也。有罪之意無法表示，故借黥刑以表示之，黥刑亦無法表現於簡單之字形中，故借施黥之刑具剞劂以表現之。剞劂即辛辛，是辛辛字可有剠義易睽之「天」當即辛之假借矣。辛既得黥義，故引伸而為辠愆，引伸而為辛酸，引伸而為辛辣殘刻。漢人稱司直者為「刀筆吏」，揆其初意當即濫觴於此。

僕字誤从丵作者金文亦有之，召伯虎𣪘之「土田□墉」是也（此僕字攈古録誤摹作□，今據「Bronzes antiques de la chine」PIX 更正）。視此，可知字之譌變不始於小篆矣。【釋支干　甲骨文字研究】

◉商承祚　《説文》菐，「瀆也。从丵。廾亦聲。」又僕，「給事者。从人菐。菐亦聲。□古文从臣。」金文趞𣪘作□。史僕壺作□。静𣪘作□。公代郐鐘作□。从臣。與説文之古文同。此字金文已寫誤：□即□譌，□即□譌。□當為掃糞之器。僕為俘奴之執賤役。瀆菐之事者，故作兩手奉糞箕以象之。説文之丵，又由□而譌。【甲骨文字研究下編】

◉郭沫若　𢉺即僕之緐文，兮甲盤「即井𢉺伐」即撲伐，从广與此从广同意，彼乃𠭴為撲。唯本銘𢉺字，余初因于下文「乃克至」之乃未得其解，遂讀為仆，並説「令眔奮」為令涕奮。吳其昌云「溓仲𢉺」猶論語「子適衛，冉有僕」之僕。「令眔奮」乃令與奮二人。余曩亦未能信從，今知「乃克至」當訓為𠭴若之若，猶曶鼎言「乃弗得女匡罰大」。典籍中亦多用乃爲若，詳王引之經傳釋詞卷六「乃猶若也」条下。吳説實較余舊説為勝，今改从之。案用僕為御之例典籍多見，可參看「經籍纂詁」入聲一屋。【令鼎　兩周金文辭大系考釋】

◉商承祚　甲骨文作□。象人冠首而兩手奉箕。為僕之初字。後變作□史壺僕。□静𣪘將箕形寫誤。移置人首。齊其兩手而為□。義乃不顯。古篆文變从菐。失彌甚矣。公伐郐鐘作□。亦从臣。與此同。書費誓。臣妾逋逃。傳曰。役人賤者男曰臣。此僕之所以从臣與。【説文中之古文考】

◉馬叙倫　羅振玉曰。史僕壺有□字。卜辭作□。从□即金文之□。从□即古金文之□。从□即□。□則象人形而後有尾。許君所謂古人或飾系尾。西南夷亦然者也。僕為俘奴。執賤役瀆菐之事者。故為手奉糞棄之物以象之。菐僕一字。

許書从丵。乃从[illegible]之譌也。倫按从人。菐聲。即史僕壺僕字。乃菐之後起字。菐即[illegible]之譌文。[illegible]从辛。从𠬞。从甶。甶即十二篇東楚名缶曰甾之甶也。辛辛一字。辛謂辠人。辠人執事。故以𠬞奉甶。甲文僕字从[illegible]。即辛字。从[illegible]。即丮之異文。[illegible]則箸尾也。从凶。即五篇箕之初文。[illegible]則糞土也。然初文止如金刻[illegible][illegible]形中之狀。變異則如甲文中之[illegible]。後乃加辛。明此是辠人執事者也。初文為會意。僕則形聲。給借為執。執事者也校語。本訓捝矣。字見急就篇。顏師古本。皇象本作保。

[illegible]　商承祚曰。書費誓。臣妾逋逃。傳曰。役人賤者男曰臣。此僕之所以从臣與。倫按从臣。菐聲。从臣者。書微子。我罔為臣僕。賈誼書。服疑。僕亦臣禮也。臣是囚虜。釋之使給事。故僕亦从臣也。古文从臣。本作古文僕。校者改之。玄應一切經音義引古文官書。僕𦤎同蒲末反。則此字字林依官書加之。【說文解字六書疏證卷五】

◉周法高　本銘中的「衆僕」大概是在師旂管轄下的一些人，也許是他采地裏的人民。郭氏認為是奴隸。羅越Max loehr. Bronze-nte der chou-zeit. Monumenta serica(華裔學志)Vol.XI.1946.P.288認為是「車僕」或「僕夫」，恐怕不大可靠。郭氏由於誤解本銘中受罰的人是師旂而不是「衆僕」，所以說，其社會組織確已入於奴隸制度，奴隸兼服兵役奴隸主之奴隸須從隨國族之大共主征伐，如有違抗，則奴隸須受重罰。(彙攷)

本文的「衆僕」，可以由在上者罰他們出三百孚的絲鏑，雖然也許因為數目太大而一時出不起，但是他們一定私人可以保有一部份財產。假如是奴隸社會中的「奴隸」(slave)的話，他們本身就是主人財產的一部份，生殺之權可以由他們的主人—師旂—來決定，何必要上訴到白懋父那兒去呢。又如何還能教他們拿出罰額來呢。Loehr P.288 也覺得本文的「衆僕」是有較奴隸為高的地位的。反過來看，封建社會的農奴(Serf)，雖然被地主奴役，卻可以保有一部份財產。齊思和封建制度與儒家思想(燕京學報二二期P.201.民國二十六年1937)說「在西洋奴隸與農奴之區別在其法律上之地位不同，依法農奴尚為法人，有財產權，而奴隸則並此亦無之，猶如其主人之牛馬。」原註「參看Adhemar Esmein, Cours Elémentaire d'Histoire du Droit Franç ais (Paris.1892).P.225. Emile Chénon. Histoire Générale du Droit Français Publique et Privé des Origines à 1815(2 Vols.Paris.1926—1929)Vol.ii p.44.」張蔭麟中國史綱(上古篇)(民國三十七年·1948)P.37說「庶人和奴隸的重要差別在前者可以私蓄財物，可以自由遷徙。」翦著中國史綱(民國三十三年1944)P.314說「西周的臣僕，是農奴，不是奴隸。……他若工奴與賤奴，則更接近於奴隸，但是他們與奴隸不同的地方，就是他們已經被允許有其自己的私有財產。」可見郭氏的說法是孤立而不可信的。所以本文的「衆僕」，其地位不得低於封建社會中的「農奴」(或「庶人」)，和「奴隸」不同。【師旂鼎考釋　金文零釋】

◉斯維至　趞鼎云：啻官僕射士。案僕殆即大僕也。静𣪘云：王命静𤔲射學宫，小子眔服眔小臣眔尸（夷）僕學射。又害𣪘云：官𤔲尸（夷）僕小射底魰。據此可知夷僕皆掌射事。以其職名而言，似與周禮隸僕最合。但周禮隸僕乃掌掃除糞洒之事，惟大僕之職有云王射則贊弓矢，鄭注：贊謂授之受之。與此銘所言正合，則此夷僕是周禮之大僕也。雖然，余謂隸僕亦掌射事，僕者乃其類名，周禮於大僕御僕隸僕細分其職，殆非其朔。

大僕之名於父已𣪘見之，銘云大僕作父，已尊𣪘。辭雖簡略，依文例當為職官。書序云：穆王命周大僕正作冏命。史記正義引應劭云大僕周王所置。蓋大御衆僕之長，則僕與大僕為一類也。【兩周金文所見職官考　中國文化研究彙刊第七卷】

◉馬叙倫　□　舊釋亞形中若。倫謂□為□之異文。从亻戴甶。即僕字也。説文之僕。从人。菐聲。乃菐之後起字。菐則史僕壺□字之□。譌甶為川耳。蓋辛為辠人。古代以被俘於異族之人為辠人。而使事賤役。故从辛戴甶。即以表執役。後更增□。復後增人。於形益繁而義不增。唯亞尊之□亞卣之□增西及箕。於義為增。蓋明僕之所事。兼言煮洒埽且侍酒或造酒也。甲文作□。从辛。从□。从□。从□。□即説文之𡊁字。□則土之異文。公伐郤鐘有□。从臣。臣為被征服而受縶者。春秋傳所謂男為人臣也。金文多言賜臣幾人。蓋釋所俘以給事。故古之賜臣猶清代之給奴矣。金器文作此圖語者。或表貴族有家有臣。作器以記勳伐而示榮顯。或為人僕者所製器也。【讀金器刻詞卷上】

◉朱芳圃　説文菐部：「菐，瀆菐也。从丵，从𠬞；𠬞亦聲。」又「僕，給事者。从人，菐；菐亦聲。䑑，古文从臣。」林義光曰：「桉菐字經傳無考。僕古作□，从辛，人。辛人者，辠人也。从畁；畁，舉也。舉甾缶，僕役之事，與卑同意。」文源一〇·一二按林説近是。余謂菐字之原始形象，當分二系：一作□，象兩手奉丵。一作□，象頭上戴甶。奉辛照明，戴由運物，二者皆煩瀆之事。自人類進入階級社會後，貴族家中有專司此事者，因謂之僕。其於文字合二為一，則為□矣。□若□，皆别構也。【殷周文字釋叢卷上】

◉李孝定　㓞文之□。羅氏釋僕。是也。惟謂从言則小誤。葉郭既辨之矣。郭謂从丫乃剞劂之象。亦有未安。如郭氏言。剞劂為刑具。安能植立頭上。郭氏又以於从辛之上復荷甾缶以證丫為妝飾之非。然則剞劂之上固可更載甾缶乎。蓋金文作□者已為晚出。形變以後之字體固不可執以説字之初誼。此字當以㓞文及父辛盤二文為其初形也。金文形體雖變。然猶保存其重要之偏旁甶。蓋奉甾奉箕皆給事之象。舍此無由見意。至小篆並此而省之。複保留㓞文之□移而加之辛上。遂形譌為丵。此則古文字之過分圖象化者往往趨于整齊約易而寖失初形也。丫上之川説為甶之形譌亦可通。至从臣之䑑。未見于甲骨金文。蓋壁中古文也。金文作□旂鼎□史僕壺□趞鼎□静簋□師旂鼎□吕仲僕爵□召伯虎簋□齊侯鎛。【甲骨文字集釋

第三】

◉張日昇　方濬益謂字从辛首為三角形。象髡首之形。蓋不知頂上从甶也。林義光謂从辛人即辠人。从廾。舉甾也。商承祚謂甲文作[glyph]。金文則移箕於人首。齊其手而為廾。或言舉甾。或言移手於下。皆不能解釋甾廾之間更有辛。辛若為辠人。則左旁更不煩添人旁。朱芳圃謂僕字原有兩系。一作兩手奉𦍒(辛)。一作頭上戴甶。並皆煩瀆之事。竊疑僕字本象人負戴之形。孟子梁惠王云。「頒白者不負戴於道路矣。」負戴乃粗重勞動。僕役之所為也。説文云。「菐。瀆菐也。从丵从廾。廾亦聲。」乃古僕字。不从人。及後甶下人形(見旂鼎)譌變為辛(見史僕壺)。再變為[glyph](見令鼎)。篆書連甶變作丵。而負戴之義不見於字形矣。世人不察。以[glyph]若[glyph]為一物。添[glyph]以奉之。又增人旁為意符。遂以給事者訓僕。而瀆菐訓菐實則僕菐一也。説文云。「丵叢生艸也。象丵嶽相並出也。」許説似未可信。丵疑為鋸齒形之符。𦍒與我字所从之[glyph]同象鋸齒之簇嶽。説文云。「業。大版也。所以飾縣鐘鼓。捷業如鋸齒。目白畫之。象其鉏鋙相承也。从丵从巾。巾象版。」此乃丵有鋸齒意之證。菐从丵。如非形誤。則無義可説矣。【金文詁林卷三】

◉朱德熙　裘錫圭　「考釋」對122號簡「僕𥻨」的解釋比較簡單，需要作些補充。

遣策以僕𥻨與居女(粔籹)、唐(糖)、卵𥹺(餈)並列一組，「𥻨」字又从「米」，顯然是用米麥作的食品。「𥻨」字當是从米足聲，僕𥻨乃疊韻聯綿詞。典籍中與此音近的聯綿詞有樸屬、樸樕、僕遫等。《考工記》：「凡察車之道，欲其樸屬而微至。不樸屬，無以為完久也。」鄭注：「樸屬，猶附著堅固貌也。」《詩・大雅・棫樸》「芃芃棫樸」，鄭箋：「白桵相樸屬而生者，枝條芃芃然。」《方言》三「撲，翕葉，聚也」，郭注「撲屬，藂相著貌」。《詩・召南・野有死麕》「林有樸樕」，毛傳「樸樕，小木也」。《漢書・息夫躬傳》「諸曹以下僕遫不足數」，顏注：「僕遫，凡短之貌也。」《集韻・屋韻》：「蹼蝀，小蟲。」這些聯綿詞顯然是同源的，其中心意義當為附著叢集。物之叢聚相附著者，類多短小凡庸，因此引伸而有小木、小蟲等義。

古人為麵食或米粉食命名，往往着眼於麵粉米粉制成食物後黏著不相分離這一點上。《釋名・釋飲食》「餅，並也，溲面使合並也」，「餌，而也，相黏而也」。餛飩也因其「混沌之形」而得名(李匡乂《資暇集》)。「僕𥻨」顯然是由「樸屬」分化出來的一個詞，蓋取其附著不分離之義，也應該是一種餅食的名稱。古代的餅有稱為餢飳(𪍴麮)的。《太平御覽》八六〇引束皙《餅賦》：「䴵之作也，其來近矣。若夫安乾、粔籹之倫，紌耳、狗后之屬，釰(劍)帶、案成、餢飳(《御覽》八五二引作「𪍴麮」)、髓燭，或名生於里巷，或法出乎殊俗。」《玉篇・麥部》：「𪍴，𪍴麮，餅也。」《齊民要術》卷九「餅法」有「餢飳」條。《玉篇・麥部》：「麮，同麮。」案「餢」、「僕」同聲，韻亦相近。「主」是侯部字，「足」是侯部入聲字。「𪍴麮」大概就是「僕𥻨」的變音。唐宋時盛行一種叫「餺飥」的面食，

「餺飥」與「僕粧」、「䅪𪌉」當是一語之轉。【馬王堆一號漢墓遣策考釋補正 文史第十輯】

◉戴家祥 金文旂鼎以外，僕皆从[illegible]，三體石經僖公殘石古文作[illegible]。篆文作[illegible]，既不从辛，亦不从[illegible]，字屬形聲。林氏說成會意非也。古讀菐如卜，說文十三篇土部墣或作圤。是其證。唐韻菐讀「蒲沃切」並母宵部，加旁从[illegible]，聲韻不變。卜讀「博木切」幫母侯部，聲韻俱近，故得更旁諧聲。玉篇六十七「罦，引給也。說文作䍖」，加旁从収。古文从収表義者，亦或更旁从又或从手。金文擇作𦊓，担作取，扶作扙，窮流溯源，始知業即說文三篇之「攴」字，亦即尚書堯典「扑作教刑」之「扑」字。說文「攴，小擊也。」集韻入聲一屋攴撲、扑、箁、朴、剝同字。又云：「敊擊也。」說文四篇刀部剝，或从卜作𠝉。許君訓菐為叢生艸，偽古文孔傳訓扑為「榎楚」，是知古代僕役之主，責罰僕隸之械器曰菐。菐音近音，故凡从音得聲者義亦通附。左傳僖公三十年「焉用亡鄭以倍鄰」，杜預注「倍，益也。」說文十三篇土部「坿益也。」十四篇𨸏部「附婁，小土山也。从𨸏，付聲。春秋傳曰：附婁無松柏。」今左傳襄公二十四年作「部婁無松柏。」應劭風俗通義山澤篇、文選魏都賦李善注並作培塿。左傳定公四年子魚曰「分之土田倍敦」，說文「培敦，土田山川也。」清儒莊葆琛謂「倍敦」即附庸。按莊說近是，倍附聲同字通，敦為庸之字誤，集韻上聲四十五厚引博雅「培塿冢也。或作㟝、垺、附」，可為莊說增一證。後漢書袁紹傳「拔於陪隸之中」，「陪隸」，即僕隸。左傳桓公二年「士隸子弟」，杜元凱云：「士卑，自以其子弟為僕隸。」說文三篇「隸，附着也」。廣韻去聲十二霽「隸，僕隸」。李賢訓陪為重說文陪重土也一曰滿也殊誤。古音菐又近付，故撲亦同拊，堯典「擊石拊石」，廣雅釋詁三「拊，擊也」。僕从菐聲。義亦為附，大雅既醉「景命有僕」，毛傳「僕，附也」。莊子，人間世「適有蚉寅僕緣」，「僕緣」即附緣。魯頌閟宮「錫之山川，土田附庸」，召伯虎毁作「僕庸土田」。宋定之云：業，說文「从菐从収，収亦聲。」此傳寫之譌，當云从収从菐，菐亦聲。菐「讀若浞」，菐業聲相近。収「居竦切，」以収為聲，疏矣。說文諧聲補逸。按宋說發前人所未發，段懋堂說文注未嘗是正者，或以東侯陰陽對轉，於音理可通，而不知業為菐之表義加旁字。王箓友云、菐部僕苟入之人部，而曰：从人从業，業亦聲，於文甚順，惟其意重業，故入之此。說文釋例。按一切經音義三引廣雅曰：「僕役，使也。僕，附也，附着於人也。」此正僕字之本義，當云僕，附也，附着於人也。从人从業，業亦聲。

說文𦣞，古文从臣，按卜辭金文未見僕字有从臣者，魯公伐郘鼎係近人偽造，不足為憑，考商書微子「殷其淪喪，我罔為臣僕」，小雅正月「民之無辜，並其臣僕」，公羊傳襄公廿七年「則是臣僕庶孼之事也」，臣僕義同。禮記禮運：「故仕於公曰臣，仕於家曰僕。」古人每以臣僕連稱，作書者偶或聯想及之，於是更旁作𦣞，然亦不經見也。

𤼷。即僕之繁飾。金文作人名，因用在器銘，故加皿。如𨛬之作𣞤，游之作𣄴等。【金文大字典上】

⿱丵八

◉許　慎　⿱丵八賦事也。从丵。从八。八。分之也。八亦聲。讀若頌。一曰。讀若非。布還切。【説文解字卷三】

◉馬叙倫　鈕樹玉曰。玉篇。賤事也。廣韻。賤事之皃。嚴章福曰。當作八聲。劉秀生曰。八聲分聲皆在邦紐。故⿱丵八从八聲得讀若頌。水部。汃。西極之水也。从水。八聲。爾雅。西至汃國。今爾雅釋地汃作邠。是其證。非聲古亦邦紐。故⿱丵八亦得讀若非。朩部。朩。从中。八聲。讀若輩。輩亦非聲。是其證。倫按賦事也玉篇作賤事也。廣韻作賤事之皃。王筠以為竝非。倫疑本作賦事也。以聲訓。校者以國語魯語。社而賦事。及周禮大司徒。頒職事。即魯語之賦事。經典多用頒字。故增賦事也讀若頒。其實⿱丵八僕一字。八者。由甶或凶而譌。説解。八分之也。八亦聲。皆曲為之説。且八分之也明非許文。或从丵。八聲。為僕業之轉注字。同雙脣破裂音也。一曰讀若非。校者記異本。明讀若者皆校者加之。【説文解字六書疏證卷五】

収

甲一二八七　説文収竦手也卜辭収字有登進徵取之意収人乎収牛多奠　甲一七六九　甲二七九八　乙一三九〇　乙二四二四　乙三三二八　王其乎収□伯出牛允正勿乎収□伯出牛不其正　乙五九〇六　貞収隹人乎宅隹　乙四九七三　貞勿乎収牛多奠　鐵一三九·三　前一·二二·四　後一·一七·一　林一·三·一一　福一〇　佚三七八　佚四七七　燕九〇　多射収人于皿　燕一九八　京津二一三四【甲骨文編】

甲1287　2798　乙1390　2734　3328　4539　6404　6583　6781　7806　7955　珠25　172　193　726　781　1192　福10　佚158　308　526　669　續1·28·8　1·35·3　3·8·9　3·11·1　5·24·1　5·26·9　6·17·6　徵2·23　3·181　4·76　4·77　京4·13·1　誠370　龜卜1　續存564　706　粹11·39　1217　1287【續甲骨文編】

収 弔向簋 収明德秉威義  諫簋 司馬収人名  師晨鼎  四年癲簋 司馬収 【金文編】

 5419【古璽文編】

 廾巨恭切【汗簡】

◉許　慎　廾竦手也。从屮。从又。凡廾之屬皆从廾。居竦切。𢪏揚雄說。廾。从兩手。【說文解字卷三】

◉趙烈文　陽𢦏廾馬廾𧈧第三字孫薛潘作六。烈按。謁也。張燕昌云。乘字家藏宋本剥落。字形猶可辨。與我水駕字下一字相類。阮橅本上半泐。下艸可見。【石鼓文纂釋】

◉林義光　古作廾。師酉敦弁字偏旁。作廾。散氏器奉字偏旁。作廾禹敦。今字以拱為之。【文源卷六】

◉葉玉森　廾孫詒讓氏釋尹。契文舉例。羅振玉氏釋廾。增訂書契考釋中第六十二葉。森按。孫氏誤認藏龜第二百五十九版之廾人為廾父。故疑為尹父。且援春秋繁露殷湯受命名相官曰尹之文。謂尹父亦即相官。羅氏釋廾。是也。說文。廾。竦手也。段注謂竦其兩手以有所奉也。故下云。奉。承也。手部云。承。奉也。受也。本辭曰廾羊。當即奉羊之誼。他辭有云「廾牛」者。亦即奉牛。卜辭又屢言「廾人伐某方」。「廾人幾千」之文。曰廾人。殆即糾衆舉兵之誼。【殷虛書契前編集釋卷二】

◉孫海波　廾拱手也，象兩手拱抱之形。藏三六・二。【中國大學講義】

◉吳其昌　蓋「廾」之言執也；引而申之，則為合也，集也，聚也。爾雅釋詁云：「拱，執也。」詩抑「克共明刑」，韓奕「虔共爾位」，毛傳並云：「共，執也。」蓋由「廾」而「共」而「拱」，乃後起逐漸增附字。推源其本，廾正象左右兩手相合之形，兩手相合，故可以執也。本辭（前一・一二・四）云：「𠫓，乎，廾牛」者，謂執牛以𠫓祭而呼告矣。推之而「廾羊」「廾馬」之文，亦即謂執羊，執馬矣。廾為合手，不特卜辭形體顯然，即在經傳，義據亦明。趙岐注孟子「拱把之桐梓」云：「拱，合兩手也。」（告子下）杜預注左傳「尒墓之木拱矣」云：「合手曰拱。」（僖公三十二年）故引申之，廾之第一孳義為合。合，猶聚也，集也。此又可以卜辭之原文證實之。考卜辭又有「廾人」之文，如云：「廾人于皿。」（燕九〇）「……先廾人于龍。」（前五・十二・三）「先廾人于客。」（前七・三〇・四）「……命在北工廾人。」（續五・二六・九）謂于皿地，于龍地，于客地，于北工地，合聚衆人也。故卜辭即有「廾衆人」之語矣。其言曰「……廾衆人，大事于□……」（林二・一一・一六）可瞼。其集合衆人之故，或以之伐土方，辭曰「貞，我廾人伐土方」（後一・一七・二）可瞼。或以之伐𢀛方，辭曰「廾人，乎伐𢀛方」（鐵二五九・二）「貞𠫓廾人伐土囨」（續三・一一・七）可瞼。或以

征蜀(不必為後之四川)，辭云「……王𠬞人，正𢀛」(後二·二七·七　又二·三〇·一〇)可驗。或聞敵衣集合衆人，而出師討之，辭云「乙巳，王貞，啓乎𢦏曰：盂方𠬞人，其出伐……」(林二·二五·六)可驗。其所𠬞合聚集之人數，如伐土方之役，為五千人，辭云「丁酉卜，㱿貞：今春，王𠬞人五千，正(征)土方，受㞢右(祐)」(後一·三一·六)可驗。此卜辭中「𠬞」之一字，其涵義之源流委脈也。【殷虛書契解詁】

◉馬叙倫　沈濤曰。一切經音義二引作拱手也。蓋古本亦有如是作者。卷三又引作兩手拱持也。疑重文兩手下尚有共持也三字。王筠曰。𠬞蓋即手部拱之古文也。倫按竦手也非本訓。竦手謂兩手向上高舉以持物。非如今兩手相抱謂之拱手也。音義二引作拱手也。蓋竦拱聲近而譌。或後人見篆作𠬞形而改之。其實𠬞𠂇𦥑諸文於六書當屬於指事。廖平謂𠬞𠂇為象事是也。蓋皆从𠂇又兩手而象其有所動作形。如丑甲文作[glyph]。从手而象其有所扭形。即扭之本字。爪金文作[glyph]。从手而象其有所撮形。為撮之初文。推此理於𠬞𠂇𦥑三文。則𠬞从𠂇又而以兩掌向上承物。今杭縣謂持物而向上舉曰竦上去。即此字。𠂇則本从兩手向上。或前。屈指有所攀。即攀之初文。𦥑亦从兩手向下相對。屈指而有所掬。為掬之初文。在圖畫性象形文。本皆極易識別。變為篆文而字指不明矣。不然。𠂇豈有兩手相反而可持握乎。𠬞為奉之初文。說解當作從𠂇又象形。金文之[glyph]疑即𠬞之具體者也。金文異字作[glyph]。[glyph]所从之[glyph]亦即𠬞也。甲文作[glyph]。

[glyph]　王筠曰。恐篆本作[glyph]。反一手以見意。與𠬞分緐簡耳。其形自同。若直从兩手。其為所事何等。未可知也。倫按實圖畫性𠬞字之變譌。【說文解字六書疏證卷五】

◉楊樹達　後編上卷三一葉之六云：「丁酉，卜，㱿貞，今春王収人五千正土方，受㞢又？」同卷十七葉之一云：「癸巳，卜，㱿貞，収人乎伐𢀛方，受……」龜甲二卷十一葉之十六云：「辛亥，卜，𡆥貞，収衆人大大。原文如是。事于西奠。」同卷二五葉之六云：「乙巳，王貞，啓乎兄曰：盂方収人，其出伐↓𠂤高，其令東佮會于高，弗每，不𢦔𢦏？王卟曰：……」樹達按：以上四辭，皆假収為登，仍徵字之義也。簠室人名七十七片云：「貞乎収𠂤。」樹達按：収𠂤即徵師也。按卜辭恆云登人，假登為徵，詳見後登部。登字从収，故又登登作収，其義仍為徵。此事由今日觀之，至為無理，然事實確如此也。【卜辭求義】

◉屈萬里　羅振玉釋廾，兹從之。楊樹達謂假為登，乃徵字之義，説固可通。然廾字唐韻音拱，廣韻、集韻並音恭，而卜辭習見廾人之語，則廾當讀為共，即供給之供也，本辭蓋亦卜供人之事者。【殷虛文字甲編考釋】

◉李孝定　説文「収。竦手也。从𠂇。从又。[glyph]。揚雄說。廾。从兩手。」徐灝段注箋云。「𠬞廾古今字。共拱亦古今字。」王筠説文釋例云。「部首𠬞。蓋即手部拱之古文也。𠬞下云。『竦手也。』一切經音義卷二引作『拱手也』。即以重文為説解。

後人不知而改之。」按二氏之說是也。共部共之篆文作。从。其古文作。衹是之繁文耳。卜辭多云「収人」。楊謂為登之省文。又謂収段為登。似有可商。蓋卜辭亦有作登人者惟較少見。作収人者則多見。何以少數作本字而多數反作省文。至於叚借。必取音近。収登音固不近也。屈氏謂収讀為共供也。其說可从。惟據徐王二氏之說則収直是共。非讀為共。至共訓為供。經傳中多有之。不煩具舉也。金文作叔向簋諫簋師晨鼎與契文同。从二非从二父。但舉取筆勢茂美耳。【甲骨文字集釋第三】

◉張秉權 収人或作登人，在卜辭中「収」和「登」的用法，似乎沒有什麼區別，而且在時代上，也看不出有什麼早晚的區別。【殷虛文字丙編考釋】

◉白玉崢 収人：蓋糾合衆人之意也，為卜辭中習見之常語，且各期皆有。【契文舉例校讀 中國文字第三十四冊】

◉温少峰 袁庭棟 收取牲畜以供国用，卜辭中又稱為「収」，讀為「供」，說文：「供，設也，一曰供給。」卜辭云：

(43)貞：乎(呼)収(供)牛？ (乙七九五五)

(44)……㱿貞：克収(供)百豕、羊？ (佚一五八)

(45)貞：弓(勿)乎(呼)収(供)羊？ (續一·三五·三)

(46)甲午卜，亘貞：収(供)馬，乎(呼)𩱦？(佚三七八)

以上為關于供牛、供羊、供豕、供馬之辭。【殷墟卜辭研究——科學技術篇】

◉李孝定 諸家以字从，與从有別，疑非収字，惟釋握釋扑，均覺無據，作者殆取其字形茂美，亦非从父，仍以舊說較勝。乃斧之初文，高釋為把，亦未安。【金文詁林讀後記卷三】

奉

奉 省手猶承之省手作也汗簡在廾部釋為奉在手部以為捧古文 散盤 【金文編】

〔六八〕【先秦貨幣文編】

布空大豫孟 【古幣文編】

一〇五：二　二例　詛咒类無卹之韓子所不□奉　【侯馬盟書字表】

73　140　【包山楚簡文字編】

一☐□亓邦（甲4—1）【長沙子彈庫帛書文字編】

0898　散氏盤奉字同此　【古璽文編】

奉常丞印　奉新公家丞　錡奉　焦奉　當奉　瘳奉私印　趙奉　李奉世印　周奉世印

焦奉意印　夏奉之印　朐奉　江奉宗　屈奉世印　左奉翊掾王訢印　董奉印　石奉之印

梁奉　薛奉　夏侯奉親　奉車都尉　奉車都尉　奉車都尉　【漢印文字徵】

泰山刻石　遵奉遺詔　【石刻篆文編】

奉華岳碑　奉　奉　捧古文　【汗簡】

華嶽碑　碧落文　古老子　華嶽碑　雲臺碑　【古文四聲韻】

●許慎　承也。从手。从廾。丯聲。扶隴切。【説文解字卷三】

●吳大澂　象兩手奉玉形。當即奉字。【愙齋集古録釋文賸稿】

●劉心源　奉舊釋對。此字从丯。从廾。即□。吳本作□。當是奉。汗簡作□。从丮。與廾同意。【矢人盤　奇觚室吉金文述卷四】

●林義光　古作□奉尊彝辛。作□奉尊彝庚。象兩手奉玉形。或作□奉尊彝庚。變玉為丰。取其聲。或作□散氏器借為封字。从□。丰聲。【文源卷六】

●高田忠周　積古齋款識引阮云。此表字。表者。井田間分界之木。國語韋注。表識也。又金石萃編引江云。周禮虞人。萊

所田之野為表。百步則一為三表。又五十步為一表。大司徒王國注。鄭司農云。从夏至日。立八尺之表。考工記謂之臬。周髀謂之髀。又謂之竿。亦謂之表。此[glyph]當釋作表。蓋既正疆域定立表以為識耳。諸家所説。殆相一致。吳大澂古籀補亦收表下。然審字形。[glyph]與[glyph]稍相似。而[glyph]是明[glyph]字。與衣下作[glyph]迥殊。吾友河井君仙郎云。此从[glyph]从丰。尤顯明者。即奉字古文。亦當與封通也。此説確乎不可易者。[glyph]。説文解曰。承也。从手从[glyph]丰聲。然手[glyph]均皆手義。似嫌重複。夫唯从[glyph]丰聲。抑為明簡。奉元作[glyph]。猶説文承作[glyph]。而鐘鼎古文作[glyph]也。又封正字作[glyph]。籀文作[glyph]亦丰聲。故與[glyph]同聲。固當用奉為封。封元訓爵諸侯之土也。轉為凡邦邑疆域之義。小爾雅廣詁。封界也。可證矣。又按説文手部別有捀字解曰奉也。从手夆聲。字或作捧。穆天子傳。六捧饋而哭。注兩手持也。釋名釋姿容。捧逢也。兩手相逢以執之也。正是[glyph]字義也。捀捧皆[glyph]字後出俗體也。【古籀篇五十七】

◉郭沫若　銘中十七弄字均是𡍮奉字，讀為封疆之封。【矢人盤　兩周金文辭大系考釋】

◉馬叙倫　巩作父辛彝有[glyph]字。與己亥鼎[glyph]字同。毛公鼎作[glyph]。吳大澂釋為奉形。與本書丮部之巩同。故或釋為巩。檢巩下曰。褱也。从丮。工聲。巩或作𢍰。與手部𢍰擁也之𢍰同形。擁下曰。褱也。則巩𢍰實一字重文。不宜復出於手部。倫謂擁从手。雍聲。轉注為𢍰。从手。巩聲。巩當是奉之次初文。从丮工。工即玉之異文。金甲文多有其證。上古以玉為幣。故奉从丮玉。明以進貢也。或作[glyph]。从兩手奉玉。或作[glyph]。與弄同。丰亦玉之異文。甲文可證。亞且乙父己卣作[glyph][glyph][glyph]毁作[glyph]。皆象奉玉之形。○為璧之初文也。後人不悟弄奉一字。又不知丰為玉之異文。誤為丰盛之丰。因[glyph][glyph]形近。恐其相混。又加手字。為複舉矣。手部。捀。奉也。是[glyph]之後起形聲字。从手不復从収。可證也。奉者。以兩手託物。今杭縣謂之捧。捧即奉之後起字。亦捀之異文也。加今篆當為从手弄聲。字見急就篇。秦公毁作[glyph]。【説文解字六書疏證卷五】

◉楊樹達　舊誤釋為表，金石萃編卷弍引吳穎芳説釋為封，拾陸葉劉心源亦釋為封，奇觚拗之廿叁下是矣。惟劉謂𡍮即封字，則未諦。以字从収从丰核之，蓋𡍮奉之初字也。字从収，丰聲，小篆復加手旁，則與从収義複。余曩謂會意形聲字後復加形旁者，必患義複，如益加水旁作溢則重水，字見説文困加木旁作梱則重木，用俞氏兒笘録説皆其切例也。奉封音同，銘文假𡍮為封耳。萃編又引樊明徵説釋為奉，以字形論，為得之矣。汗簡有𡍮字，釋奉。鄭珍云：省丰聲，移手在上。余疑其字當與銘文同，丰手二字形近，誤摹丰為手，鄭據誤文説之也。【散氏盤三跋　積微居金文説卷一】

◉高鴻縉　[glyph]　古捧字。从廾(拱)。丰聲。秦時又加手旁作[glyph]。隸定為奉。後以奉借為上奉之奉。乃又加手旁作捧。此處

𢍰字通叚為封。大系考釋曰。銘中十七𢍰字。均是奉字。讀為封疆之封。是也。封。起土為界也。【散盤集釋】

◉郭沫若　「則隹乃先祖、考有𢍰于周邦」、「則」字下故宮所藏器與蓋銘均有「䌛」(由)字，此蓋奪去。「䌛」謂由于也。「有𢍰于周邦」句亦見録伯𢦚𣪘，可見是周代成語。彼𣪘作𢍰，象兩手奉爵(酒器)形。此復从凡，殆是聲符。以鳳字从鳥凡聲例之，當即古奉字。又單伯鐘與毛公鼎均有「𢍰堇大命」語，字與録伯𢦚𣪘同，均作兩手奉爵形。釋為「奉勤大命」，亦文从字順。王國維舊釋為勞，謂奉爵以慰勞者，多一轉折，意不可通。曩年余曾以此意告陝西省博物館負責同志，已為段紹嘉同志所采録，標明為我所「考訂」，見所著《師克盨蓋考釋》，今轉録其文如下：

「大克鼎稱其祖為師華父，官職為師。此師克亦稱師，表明世襲，可知克系同一人。銘文第三行「又」下𢍰字，見録伯𢦚𣪘、單伯鐘、毛公鼎，王國維釋勞。案此銘多一凡字，當是聲符。准鳳从凡聲之例，此當為奉之初文，會意，凡聲也。」【師克盨銘考釋　文物一九六二年第六期】

◉王子超

在殷墟甲骨文中，有一個形體與此相類、構造方式相同的字，作[甲骨字形]（《乙》6708）、[甲骨字形]（《乙》6794）、[甲骨字形]（《粹》530）等形。各家所釋互異，羅振玉釋「桒」（《增考》中6・12），郭沫若隸定為「奏」（《粹考》530）或「𢍏」（《粹考》111），孫海波《甲骨文編》以不識字入于附録（《附上》29頁），高明《古文字類編》收作「奉」。郭、孫、高三家無説解，羅氏謂此字「象兩手絜木形，當是許書之桒字。」案《説文》中桒是「拳」

字的或體，云：「拲，兩手共同械也，从手从共，共亦聲，或从木作桊。」所謂「兩手共同械」，《段注》引鄭玄《周禮・秋官・掌囚》注云：「拲者，兩手共一木也。」就是説「桊」(拲)是一種銬在雙手上的刑具，又引申為用這種刑具銬住兩手的刑罰叫「桊」(拲)。羅氏對字形的説解雖近是，而于字義却不合。从卜辭考察，此字每與舞字連用，作樂舞義，如作刑具或刑罰解，則扞格難通，故釋「桊」不確。如以為「奏」，《説文》：「奏進也。」李孝定云：「字又作□，从□與舞字作□所从之□同，疑象舞時所用之道具兩手奉之以獻神，故有進義也。」此説較羅氏為優，然尚缺乏文字學上的分析。至于釋「奉」，奉為「捧」的本字，《釋名・釋姿容》：「捧，逢也，兩手相逢以執之也。」與此字象兩手捧物相合，其本義應為表示捧物之動態，所以引申為「承也」(《説文》)、「貢獻也」、「進也」(《廣雅》)等義時也都是動詞。由此看來，此字釋作奉于音于義都可通達，故應當是奉字的初文。

鼎銘的□，結構與上述「奉」字基本相同，只是木下一筆作横畫，我們認為這與甲骨文从□又寫作□，上部之∨變作一一樣，其作□者可能是□的訛變。所以□可認為是奉字的原始形態在兩周金文中的遺留，這與《散氏盤》作「□」(假作封)、《侯馬盟書》中作「□」(奉)、《望山楚簡》作「□」(奉)都是一脈相承的。

奉字在商周文字中有繁簡兩種結構。其繁體前舉諸形皆是；于繁體略去兩手即是其簡體，作□(《佚》518背)、□(《前》2・10・6)、□(《後》上・2・16)、□(《佚》426)、□(《明藏》633)等形。其中多數豎筆之下部明顯變粗，或許是□、□的形訛。由于這種粗筆與金文土字上筆之□和□相似(作〇者與甲骨文土上之〇、〇亦形近)，以致後來與土字同化，並從原體分離，被人作為形聲字的義符。如《毛公鼎》中的邦字有的从□，有的从□，實是一字，但有人認為前者是象形，後者是形聲(即从土丰聲)。《魯少司寇封孫宅盤》的□(封)和《説文》封字的籀文作□，都是沿此形訛而來的。奉字省略了兩手，最初其音義與不省當無區別，以後字音的假借和字義的引申漸多，形義方面亦隨之分化。如其簡體的□假作人名(「宰丰」)和地名(「封」和「封方」)後，在字義上與奉字已不再有什麼聯系：引申為「承也」、「受也」(《説文》)時，為了與原來的捧物義有別，小篆復加手旁作□，後來再于「从手、廾，丰聲」的結構之旁累增手旁作「捧」(漢以前未見)，以繼承奉字之本義。【釋「□」——兼論夆、邦、丰諸字之孳乳關系　河南大學學報一九八六年第一期】

◉田昌五　如何釋「乎奉受」，是本辭的又一難點。按：奉字原刻作□，有釋為棊者，説是棊通拱，義為垂拱而治。但此解于全句難通。有釋為尞並引伸為拜者，亦與此字不合。有釋為奏者，不知何所據。我認為此乃奉之初文。《説文》奉字作□，乃後起字。丰即玉字，玉用為禮品，故于其上加丰字。□乃大之訛，無義。這是一個會意字，義為从在上之人那裏接受東西或向之獻上東西。《説文》：「奉，承也。」《爾雅・釋詁二》：「奉，進也。」《釋詁三》：「奉，持也。」《釋言》：「奉，獻也。」這些解釋對奉之初

文來説都是貼切的，而對後起之奉字則不甚通。殷墟卜辭中有「取奉臣」之句，奉字寫法與此同，義為取左右侍臣。在本辭中，奉的意思是承受、接受、恭受，故辭云「呼奉受」。呼者為誰呢？自然是商王了。接受什麼呢？即商王所賜之頭盔。誰來接受呢？當然是周文王了。【周原出土甲骨中反映的商周關系　文物一九八九年第十期】

鐵一七一·三　後二·三〇·一二　京津二一一〇【甲骨文編】

新768　藏171·3　甲806　2288　乙6370　録803　東方13【續甲骨文編】

5·393　秦詔版殘存「帝乃詔丞」四字　5·398　秦詔版「廿六年皇帝盡并兼天下諸侯……」共四十字　秦1586　秦詔版殘存「詔丞相□綰」四字【古陶文字徵】

209　232【包山楚簡文字編】

丞　雜一七　二十四例　語一三　九例　雜三〇　法一三八　三例【睡虎地秦簡文字編】

0123　0122　0125　5103　5105　5104　3335　3171　3170　0124　0126

0117　0118　0120　0119　0121　5106【古璽文編】

霸陵園丞　金鄉國丞　軍曲侯丞印　故且蘭徒丞　軍司空丞　康武男家丞　池陽家丞　東郡守

丞　大醫丞印　曹丞仲承　蒼梧侯丞　著丞之印　□丞□印　寒丞之印【漢印文字徵】

少室石闕　開母廟石闕　丞漢陽冀祕俊　石碣汧殹　郎邪臺刻石　丞相臣斯　詔權乃詔丞相　天璽紀功碑

建業丞許□　禪國山碑　丞相沇　祀三公山碑　丞吳景【石刻篆文編】

丞　丞【汗簡】

◉許　慎　翊也。从廾。从卩。从山。山高。奉承之義。署陵切。【説文解字卷三】

◉羅振玉　象人臽阱中有拼之者。臽者在下。拼者在上。故从。象拼之者之手也。此即許書之丞字。而誼則為拼救之拼。許君訓丞為翊。云从廾。从卩。从山。山。高奉承之義。蓋誤為。誤凵為山。誤為卩。故初誼全不可知。遂別以後出之拼代丞。而以承字之訓訓丞矣。【增訂殷虚書契考釋卷中】

◉林義光　卩即人字。見卩字條。从人在山上。从。象人登山須扶翼也。石鼓作。同。説文云。陬隅。高山之卩也。从山卩。按卪義不憭。經傳無卪字。實丞之偏旁。【文源卷六】

◉強運開　有重文。鄭云。丞字見秦權。郭云。讀如烝。進也。王肅云。衆也。鄭氏之説。諸家已駁其非。張德容云。按説文。丞。翊也。从。从卩。从山。山高奉承之義。是字本从山。其从一者。隸變耳。蓋丞本古字。非秦篆始有也。若如郭訓。其字見於火部。云火氣上行也。與此翊訓義別。應劭曰。丞者。承也。鼓文丞字但作承。訓為翊字引申之義儘通。殊不必別作烝訓。運開按。張説甚是。【石鼓釋文】

◉馬叙倫　羅振玉曰。甲文有字。即丞也。象人臽阱中有拯之者。臽者在下。拯者在上。故从。象拯之者之手也。義當為拯救。倫按羅説是也。卩為骨節本字。於義無取。翊也者。謂扶掖也。疑非本訓。文選擬鄴中詩注七啟注九錫文注皆引説文。出溺為拯。拯即丞之後起字。出溺為拯。雖注語。然正丞字義也。丞為拼之初文。拼訓上舉。正與甲文作形合。會意字似當从。不从。當入部。翊承字當為承。从手。丞聲。山高六字校語。字見急就篇。餘詳承下。石鼓作。【説文解字六書疏證卷五】

◉容　庚　説文。丞翊也。从廾从卩从山。山高奉承之義。此象兩手舉人。不从山。承字从此从手。説文。从手从卩从廾。未碻。【小臣遴簋　善齋彝器圖録】

◉商承祚　卜辭中又有作。从。从。亦丞字。象由下拼之之形。則許君之从亦有由矣。【殷虚文字類編第三】

◉郭沫若　氶，丞之古字，讀為承。【小臣謎段銘考釋　金文叢考】

◉李孝定　説文：「丞，翊也。从収从卩从山，山高奉承之義。」又羽部：「翊，飛皃。从羽立聲。」丞之與翊義不相承，按當作「翼也」；翼，輔也、助也、戴也。説詳異字條下。契文之，羅氏釋丞是也，其説字形沿譌之故，亦可从手部：「承，奉也，受也。从手从卩从収。」卜辭之，當為承之古文，商説非是。象人陷阱中有自上拼之者，故从从凵，从从収，象兩手自下

奉之，其義自別，之篆文作承，復增手形，亦猶丞之作拯也。拯字各本說文作抍，段氏注改作拯，各家于此聚訟紛紜，今知丞為拯之古文，「上舉」「出休」為其本義，「翼也」則其引申義，及後引申之義專行，乃更增之手以為拯字，至字後作「抍」作「撜」者，則為更後起之純形聲字。段氏改篆體作拯，殊具卓識，惟惜未見真古文，故猶不知丞為拯之本字也。金文編三卷十頁所收諸丞字作者，皆當為承之古文，後于十二卷出承字，以為丞之古文者非是。【甲骨文字集釋第三】

◉何琳儀　《說文》「丞，翊也。从収、从卩、从山。山高奉承之義」；又「承，奉也，受也。从手、卩、収」。許慎將丞和承分為二字，是沒有必要的。丞和承的形體來源如次：

丞　《甲骨》3·5　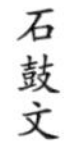石鼓文　小篆

承　《甲骨》3·5　中山王圓壺　小篆

似乎秦文字「丞」和六國文字「承」各有其來源；但追溯甲骨文，丞、承實為一字，因為二者的區別僅是有無「凵」形而已。《甲骨文編》、《金文編》均將丞、承列為一字，是正確的。許慎所謂「丞，从山」，實乃「凵」形之訛變。至于秦銘刻中較為草率的「丞」，則是由石鼓文「丞」演化而來的。例如：

石鼓文　廿九年漆樽　呂不韋戟

盡管漆器和兵器銘文中「丞」字的「卩」形訛變甚鉅，但是其从「収」、从「山」還是相當明確的，這恰好是秦文字的特點。

六國文字「丞」，除上引中山王圓壺外，還見于：(令狐壺)、(天星觀楚簡)。可見六國文字「丞」不从「山」，但必須从卩、从収，下面用六國文字「丞」的特點檢驗燕國璽文的所謂「丞」。此字見《璽文》3·7：

諸家多釋「丞」。唯丁佛言曰：「案，《古尚書》危作㞿，《玉篇》同；《集韵》作㞿，此與㞿極形似，或者為古危字。」于省吾曰：「晚周《孝經》古文危作(見《古文四聲韻》五支)，可以與古鉨文相驗證。」案，此字不从「収」，其「翊」或「奉」之意無法表現，且與上揭六國文字不合，因此斷非「丞」字。丁、于二氏引傳鈔古文為證，釋為「危」，甚確。但未具體分析璽文辭例，今補證如次：古璽「危」字的位置與「鉨」的位置相當，大致可分三類：

一、官璽(《璽匯》0117～0126)，如「庚都危」、「溝城都危」、「左軍危鍴(瑞)」、「堵城河危」等。

二、單字璽(《璽匯》5103～5106)。

三、姓名私璽(《璽匯》3170～3171)，如「危女」、「危辰」等。

檢《廣雅·釋詁》一：「端、直、鋼、危……正也。」其中端、鋼、危均訓「正」，與鍴(瑞)、鉨、危均為璽印名稱，應屬平行現象。「正」也有以物為憑證之義，如《儀禮·士昏禮》「父戒女必有正焉，若衣若笄」；《楚辭·離騷》「指九天以為正兮」。「危」訓「正」，既有「正直」之義，也有「憑證」之義。第一、第二類璽文中的「危」均為「璽」之別稱，有憑證之義；第三類璽文「危」為姓氏。《古今姓氏書辨證》卷三「謹案，危氏不著于隋唐之前」，據戰國古璽可知危氏源遠流長。

燕系「危」可能是會意字，楚系「危」則是形聲字。曾侯乙墓漆箱二十八星宿名「危」作「烎」，从氏、几聲。危，疑紐，脂部；几，見紐，脂部。見，疑同屬牙音。「烎」(危)以几為聲符，聲韻均合。

總之，秦系文字「丞」从卩，从収，从山(依《說文》)；六國文字「丞」从卩，从収。燕系文字「危」是會意字，楚系文字「危」是形聲字，均與「丞」字無涉。【秦文字辨析舉例 人文雜志一九八七年第四期】

◉于豪亮 師丞的丞字銘文作，與甲骨文「令步以帚交取」(甲八〇六)的字、商代銅器尹丞鼎中的字實際上是一個字。此字在發掘報告中釋為臾，按此字實為丞字，不是臾字，臾字並不从人，徐中舒先生在《陳侯四器考釋》中指出陳侯午錞「以羣者(諸)侯獻金乍(作)皇妣孝大妃祭錞」中的字是鐭字，他並且引用了《古璽文字徵》、《漢印文字徵》、《漢印分韵》、《碑別字》等書許多从臾的字作為證明。他的結論是正確的。雲夢秦簡《日書》有「禹須臾」，臾字作，也不从人。【師丞鐘 陝西省扶風縣強家村出土虢季家族銅器銘文考釋】

奐

〔一九〕【先秦貨幣文編】

二〇〇：一五 宗盟类而敢或䵣改助及奐早不守二宮者 二〇三：八 一九四：九 六十四例 奐同宗盟类參盟人名 一：四 四例 三：一一 五十三例 九二：五 二例 二〇〇：二一 三例 九八：二六 一五六：三 三：一三 四十四例 奐同宗盟类參盟人名 三：一五 四十一例 八五：八 八五：一二 二例 八五：三四 七五：一 一九八：一九 九二：二三 二例 八八：二 窉【侯馬盟書字表】

◉許 慎 取奐也。一曰大也。从廾。夐省。臣鉉等曰。夐。營求也。取之義也。呼貫切。【說文解字卷三】

◉馬叙倫　鈕樹玉曰。韵會作夐省聲。錢坫曰。與換同字。何治運曰。大也當作文也。徐灝曰。戴侗謂夐瓊奐皆从冋而聲相近。疑冋自為一字。三字皆从冋為聲。倫按取奐也當作取也。奐字蓋隸書複舉字也。譌乙於下耳。奐。从冂。𠬞聲。𠬞亦从𠬞得聲。而讀若𡗗。亦可證也。然無大義。亦無文義。傳注亦無直訓奐為大或文者。倫疑大也為㚟之引申義。文也為為兒之県文。兒音日紐。腝音亦日紐。淮南説山訓。渙乎其有似乎也。注。渙讀人謂貴家為腝主之腝。可證也。本書。䙴渙之引申義。七篇。㚟。周垣也。十一篇。渙。流散也。此校者以詩大雅。伴奐爾游矣。毛傳。伴奐。廣大有文章也。故增之。此字錢説為長。𠬪之轉注字。从爻不从冂也。㚟毁字舊釋奐。其从𠬞。非攀之初文也。二手也。相換者。甲以左手授乙。乙以右手受之也。當入𠬪部。文選琴賦注引倉頡。奐。散貌。【説文解字六書疏證卷五】

◉張　頷　冋——盟書中或作奐、㚟諸體。當通于改换之换或渙散之渙。《易·序卦》:「渙，離也。」《説文》:「渙，流散也。」又:「换，易也。」並為改易離散之意。【侯馬盟書分類例釋注　張頷學術文集】

甲3795　乙297　496　743　1065　4729　6170　6273　6310　6375　6481　6803　6909　7731　珠977　1324　佚67　445　556　續1·53·1　4·25·1　4·28·4　4·29·2　4·29·3　5·7·5　5·12·3　5·13·5　徵8·112　8·115　8·116　8·117　8·118　8·120　8·121　11·79　鄴40·5　龜卜122　天87　六中122　122　六清50　外299　六雙2　續存1041　1043　外33　178　摭續314　新2052　甲3344　3345　乙531　930　4660　7751　續3·147　3·15·1　徵11·94　鄴31·7　新1628　【續甲骨文編】

4682　【古璽文編】

□　説文【古文四聲韻】

●許　慎　□蓋也。从廾。从合。古南切。又一儉切。□古文弇。

●陳邦懷　□簠室殷契類纂存疑第十四葉□同上　箋曰。此弇之初字。從□□。皆象以冖掩物形。□。其聲也。説文解字弇之古文作□。此依段注本。段先生依玉篇類篇及毛刻初印本改□作□。極是。從□殆由□□而譌。大徐及段先生注弇字古南切。又一儉切。證之卜辭。從□則弇字。於古必讀古南切矣。此字在卜辭中叚借作媕。卜辭女婐亦有叚果作者。是其例。文曰姘□。又曰娥□。是其證也。卜辭又有□字。前編卷七第二十八葉。則為説文媕之古文。許君説媕字曰。女有心媕媕也。從女。弇聲。按集韻二十二覃收媕字。亦足證弇及媕字古皆讀古南切。而大徐及段王諸家於媕字注衣檢切。則未敢信。此條新補。【殷虚書契考釋小箋】

●葉玉森　貞汝□不其奴左行

汝疑國名。陳君邦懷釋□為弇。至塙。謂卜辭叚作媕則非。許書訓弇為蓋。奄為覆。實則弇奄一字。揜掩竝為今文。西山經崦嵫之山。穆天子傳。列子。竝作弇山。亦其證。藏龜第一百八十六葉。殷虛文字第九葉竝云。「王入于奄。」又藏龜第一百七十九葉亦云。「貞今如奄。」是奄為國名。則本辭之奄或即奄國。書多方。王來自奄。鄭注。國在淮夷之旁。辭言。汝奄二國不其奴。猶他辭言不其來艱也。又卜辭有云奄奴。云不其奄者。則奄為動詞。其義近于没入。【鐵雲藏龜拾遺考釋】

●商承祚　篆文从合。古文从穴。義證曰。「深邃意也。」呂氏春秋。「君子齋戒處必弇。」高注。「弇。深邃也。」則从穴之為深邃。其義尤切。姚文田説文校義謂「疑从廾。宧省聲。」毫無依據。甲骨文作□象有所丮弇。从□。即合字所从出。爾疋釋言。「弇。蓋也。」釋天。「弇日為蔽雲。」甲骨文于義尤切。

弇即掩之初字。禮記月令。「仲夏。君子齋戒處必掩身。」呂氏春秋作弇。可證。後復增手作揜。今掩行而弇廢矣。

【説文中之古文考】

●馬叙倫　鈕樹玉曰。韵會作从合。収聲。嚴可均曰。小徐作从合。廾聲。當言从収。合聲。桂馥曰。从収。合聲。本書龕頷皆合聲。翟云升曰。繫傳合聲。是。倫按蓋也當作盍也。即盍字義。五篇。盍。覆也。此非本訓。弇為揜之初文。十二篇。揜。自關以東謂取曰揜。字不从此部首之□。蓋本有指事之初文弇字。形與□似者。而今失之也。

□嚴可均曰。疑从収。宧省聲。商承祚曰。此説毫無依據。甲骨文作□。象有所丮。弇从□。即合字所从出。陳邦

懷曰。卜辭作□。此从□。殆由□而譌。□象以冖掩物形。倫按如甲文。或从□。从八。从○。八即莫狄切之八。○為璧之初文。執八於璧上為弇。會意。然甲文又似从□。未詳。亦疑與弇不同字。【說文解字六書疏證卷五】

◉丁　山　甲骨文兩見「入于□」云：

丁酉卜，𣪊貞，來乙巳，王入于□　續三·一四·七

丁酉〔卜〕，𣪊貞。來乙巳，王入于□　續三·一五·一，原脱卜字。

此武丁時卜辭，當是一片之折。由上文「入于商」與「入爻」為例，商、爻並是王都之名，此□不能例外。□，陳邦懷先生殷虚書契考釋小箋嘗釋為弇。由左傳的「弇中」，與尚書六傳所傳，周公踐奄之後，作揜誥考之（見困學紀聞），武丁入弇，弇當即南庚的故都之奄了。

□，陳邦懷先生釋弇，甚碻。弇即掩之本字，象雙手持巾掩冪器口形。月令「孟冬之月，其器閎以奄」，鄭注：「象物閉藏也」。掩藏，蓋即奄之本誼。引而伸之，男子之精氣閉藏者曰奄，曰閹；女子「十四而精化，小通」者，必以巾帨掩之，宜亦謂之弇。凡卜辭云「婦某弇」或「不其弇」者，通常是受孕的象徵；也有時屬于病態。【商周史料考證】

◉劉彬徽等　罪，簡文作□，與弇字古文□形近。弇，借作盦。《說文》：「盦，大篝也。」【包山楚簡】

◉湖北省文物考古研究所　北京大學中文系　□《說文》「弇」字古文作□，《汗簡》作□，與此字形近。【二號墓竹簡考釋　望山楚簡】

𢍰

□ 𢍰　與擇為一字从廾與从手同意　沇兒鐘　□ 寡兒鼎　□ 郘王義楚耑　□ 者旨䀇盤　□ 郘王義楚盤　□ 王孫鐘　□ 子璋鐘　□ 無子匠　□ 邾公華鐘　□ 邾公牼鐘　□ 陳肪簋　□ 𨙶子中盆　□ 攻敔臧孫鐘　□ 其次句鑃　□ 攻吳王監　□ 姑□句鑃　□ 王子午鼎　□ 吳王光鑑　□ 樂子嚣豧簠　□ 曾伯匿　□ 王孫壽甗　□ □ 伯公父匿　器文从又　□ 邕子甗　□ 中子化盤　□ 曾子斿鼎　【金文編】

□ 3·736　巨𢍰　今作擇　【古陶文字徵】

◉許　慎　引給也。从廾。睪聲。羊益切。【說文解字卷三】

◉劉心源　𢍉作。从𢍉省。射省。古射作。手持弓矢形。小篆从寸身。李斯之妄也。即此。經傳斁射通用。此合𢍉射二字為之也。

𢍉。說文云。引給也。古刻用為擇。是擇之古文也。【奇觚室吉金文述卷二】

◉林義光　司伺視也。从目从㚔。今更將目捕罪人也。按𦋹為引給。睪為伺視。皆無考釋从睪得聲。與捕治之義相反。睪𦋹當皆為釋之古文。古作。王孫鐘从目。从㚔。从。謂省察罪人而釋之也。省作寶鐸鐸字偏旁。作静敦。作弭仲匜。變作小子射尊彝已。射聲。睪射同音，故無斁亦作無射。或作毛公鼎。从目从矢。則義轉為射。與射同字。又變為單伯鐘。為無斁鼎。省釋罪人有別擇之義。故𢍉引伸為擇。尋繹之繹。亦从省釋之義引伸。說文云。天白澤也。从大白。古文以為澤字。按大白澤之訓不可曉。臭為古文澤。是與同字。【文源卷八】

◉高田忠周　說文。引給也。从睪聲。又擇下曰。柬選也。从手睪聲。此銘意與擇合。葢謂柬選分別。即可引用給供。𢍉下曰引給也者。柬選之轉義耳。抑古字手通用。𢍉當古文擇字。揞古作𢍉。振古作掱。皆可以為證。又斁下曰。解也。釋下曰。解也。从釆。取其分別物也。而古文攴手亦通用。撫古作攺。揚古作敭。皆可以為證。然則斁釋與擇𢍉。疑亦元為一字。而金刻古文。有𢍉無擇斁釋三字。即知𢍉為最古文字。擇斁釋皆後出異文也。又依許氏說釋為悅懌字。然金刻古文有𡁔字。與詩及爾雅合。說釋古亦當作兑懌也。【古籀篇五十七】

◉馬叙倫　王紹蘭曰。金文多言𢍉乃吉金。謂給乃吉金也。或謂𢍉當訓擇。非是。齊侯鎛鐘。𢍉吉金。支部。斁。擇也。若𢍉又為擇。則不詞矣。桂馥曰。李燾本作引給也。吳大澂曰。𢍉與擇為一字。倫按引給也當作引也丮也。一訓乃校者加之。引也蓋以聲訓。丮為執持本字。丮讀若戟。戟給見紐雙聲。故借給為丮。史傳給事即執事。給也乃借為執。金文言𦋹吉金。即氏字。讀為厥也。或言自𦋹吉金。沇兒鐘作。此自與擇一字。字當从。入部。【說文解字六書疏證卷五】

◉朱芳圃　𢍉象兩手奉睪。說文㚔部：「睪，司視也。从目，从㚔，令吏將目捕辠人也。」尋㚔為驚人之物，增目作睪，示昭鑒無隱。許君云「令吏將目捕辠人」，蓋據漢俗言之，非造字時之初義也。從聲類求之，當為度之本字。古从睪得聲之字，與度相通，釋名釋兵：「鐸，度也，號令之限度也」；後漢書張衡傳：「惟盤逸之無斁兮，懼樂往而哀來」，李注：「斁，……音徒故反，古度字也」，是其證。廣雅釋器：「殳、度，杖也。」殳即祋，說文殳部：「祋，殳也。从殳，示聲。或說『城章市里高縣羊皮，有不

當入而欲入者，暫下以驚牛馬曰祋，故从示殳。』」度即罣，與祋異物而用略同。祋為驚牛馬之物，度則用以驚人。周禮地官司市：「凡市入，則胥執鞭度守門」，鄭注：「凡市入，謂三時之市，市者入也。胥，守門察詐譌也。必執鞭度，以威正人衆也。度謂殳也，因刻丈尺耳。」鄭君訓度為殳是也，謂刻丈尺，則因誤度為度量衡之度而附會，王引之已辨正之矣，說詳經義述聞。茲不贅述。

金文又有作左列形者：

静毁　静毁銘：「静學無罤。」楊樹達曰：「余疑罤為罣之省形，當讀為殬。說文云『殬，敗也』，無殬猶他器言亡尤也。」金文說七・一八九。按楊說是也，惜尚差一間。罤為臭之假借，無罤即無臭也。【殷周文字釋叢卷下】

◉李孝定　罬在諸銘，均用為擇，高田氏謂罬擇斁元為一字，是也，惟謂「釋」與此三字亦為同字，則有可商，「釋」从「釆」，與从手从収、从攴有別也。林氏以、朱楊二氏亦謂罤罬一字。、、與罬為一字，亦非。【金文詁林讀後記卷三】

甲三四七三　乙一三二八　乙二八二五　河五九五　後二・一九・三　後二・二六・一一

簠雜五八　京津二八六二　京津二八〇五　存下五九五　明七九三　明二二六九　甲二二五八　存

六三三【甲骨文編】

甲2258　3473　乙1328　2825　6690　續2・2・4　徵11・58　續2・241　録595　續存

633　粹98　149　新2805　佚975【續甲骨文編】

异　師酉簋【金文編】

异　為一【睡虎地秦簡文字編】

◉許慎　舉也。从廾。由聲。春秋傳曰。晉人或以廣墜。楚人异之。黃顥說。廣車陷。楚人為舉之。杜林以為騏麟字。渠記切。【說文解字卷三】

◉吳榮光　畀上下者陳於廟之器。畀之訓為舉也。武壯之器須以力舉之。从甶側詞切以為聲。从廾以為訓。左傳。邲之戰。楚人畀之脱扃。許慎所見古文及服虔本皆作此字。杜預本乃改為惎字。而此字於經傳不可復見矣。【周虢叔鐘　筠清館金文卷五】

◉林義光　春秋傳曰。晉人或以廣隊。楚人畀之。宣十二。按古作師酉敦。作弭仲匡。象兩手奉甶。甶。缶也。【文源卷六】

◉馬叙倫　顧廣圻曰。影宋本繫傳甶作由。徐鍇曰。甶音菑。近時人刻繫傳改作由聲。與甶音菑不可通。嚴可均曰。說文無墜。今傳作隊。鍇本驎作驎。說文無驎。段玉裁曰。各本作由聲。誤。或从鬼頭之甶。亦非。此从東楚名缶之甶。故左傳作。今左作惎。糸部。綥。从畀聲。或字作綦。甶聲其聲皆在一部也。莊述祖曰。金文作。从𦥑。从古文甾缶之甾。兩手持甾。故解為舉。从由。字體之誤也。由又非聲。或从古文箕。桂馥曰。黃顥者。說左氏之人。承培元曰。騏驎當作騏畁。畁古文弁字。騏畁即鳲鳩篇其弁伊騏也。騏與綦古通用。說文綦作綥。畀蓋綥之省。後人不達。改畁為驎。鉉本并改作騏驎。其謬更甚矣。倫按此篆與鍇本篆作者。皆不誤。由甶一字。詳甶字下。皆東楚名缶之甶。師酉𣪘作。其證也。甶聲其聲皆在之類。故今左傳借惎為之。杜林以為騏畁字。本書。綥之或體作綦也。倫謂此異之別體。从𦥑舉甶。會意。聲即得於甶。故轉注字作戴。戴从𢦏得聲。𢦏聲亦之類也。春秋以下校語。知者。引傳既不具詞。而黃說乃說左義。尤與㝨字無涉。且大例引經無引及兩句或證義也。杜林以為騏驎字亦杜說經之詞。畀非騏驎字。固甚明也。況詞例與屮下之古文以為艸字同乎。蓋此校者為唐以前人及見黃杜經說。故記以備考耳。甲文有即畀字。師酉𣪘作。【說文解字六書疏證卷五】

◉李孝定　段氏改篆體作。改「由聲」作「甾聲」。說云。「各本作由聲。誤。或从鬼頭之甶。亦非也。此从東楚名缶之甶。故左傳作。今左作惎。糸部綥从聲。或字作綦。甶聲其聲皆在一部也。」桂氏義證亦云。「由聲者。徐鍇曰『甶音菑』。據此則作甶聲。非鬼頭。」二氏之説是也。絜文所从雖與甾之作甶者稍異。當亦甾字異體。蓋田或鬼頭之甶均非可舉之物。且偏旁中字體每有譌變。如卜辭異字从甾作。或又从田作也。說見後異字下。至篆體从由本不誤。由甾本一字王國維說見甾字下也。卜辭畀為方國之名。辭云。「壬子卜。王命雀伐畀」後下・十九・三「伐畀」後下・二六・十二「貞叀韋令畀」甲編二二五八「貞令畀希奠鄭十二月」甲編三四七三「貞多犬及畀」簠徵・雜事五十八、又續二・二四・一重見「九示自大乙至丁祖祖丁倒文其从侯畀」粹一四九均是。金文作師酉簋正从甾。从収。可為小徐佐證。

【甲骨文字集釋第三】

◉許　慎　舉也。从廾。㠯聲。虞書曰。岳曰异哉。羊吏切。【説文解字卷三】

◉馬叙倫　异為異之轉注字。異以音同喻四。聲同之類。引經校者加之。或此字出字林。【説文解字六書疏證卷五】

乙一八〇〇从工【甲骨文編】

弄　杕氏壺　盧以為弄壺　天尹鐘　天尹作元弄　智君子鑑　子□弄鳥尊　王作[illegible]弄卣【金文編】

〔二〇〕〔六八〕【先秦貨幣文編】

布空大　豫孟【古幣文編】

弄　日甲六九背【睡虎地秦簡文字編】

弄狗厨印　盧弄弓【漢印文字徵】

義雲章　崔希裕纂古【古文四聲韻】

◉許　慎　玩也。从廾持玉。盧貢切。【説文解字卷三】

◉商承祚　弄字金文凡三見。一鳥尊。乍弄鳥。二杕氏壺。以為弄壺。三即此鐘。弄當為奉之本字。言其形从廾从玉。言其義兩手奉玉。有兢業敬慎之意。後將王誤寫作形。下復增而以為聲。遂用為戲。弄字三器。制作花文皆精美。決非玩器。可知秦公𣪘器足刻欵稱奉𣪘。奉字雖演變作。从廾聲。其文義固與弄鳥弄壺弄鐘同也。前漢昭帝紀上耕於句盾弄田。注。師古曰。弄田謂宴游之田。遺義尚存。【天尹鐘　十二家吉金圖録】

◉唐　蘭　説文。弄。玩也。楚語。若夫。白珩。先王之玩也。是玩有珍寶之意。器銘之稱弄者。如天尹鈴云。天尹作元弄。雙劍誃吉金圖録上卷一葉。杕氏壺云。盧以為弄壺。蔡元培先生六十五歲慶祝論文集。鳥尊云。作弄鳥。藝術類徵。蓋皆指寶物之足

以供玩賞者。異於尋常服用暨祭器明器之類也。徐中舒氏謂獵器即古代之弄器。蔡元培先生六十五歲慶祝論文集。然有獵圖諸器僅一杕氏壺有銘辭而稱為弄壺。而其他稱弄者皆無獵圖。其關係似難遽行斷定也。【智君子鑑考　唐蘭先生金文論集】

◉馬叙倫　徐鍇曰。此會意。丁福保曰。慧琳音義十六引玩也戲也。今奪一訓。倫按弄為玑之異體。詩斯干。載弄之璋。載弄之瓦。即奉璋奉瓦也。引申為戲弄。从□持玉。持字校者加之。故鍇本無。翟云升謂脱者非也。戲也校者所加。故删之矣。然玩也亦非本義。或非本訓。【説文解字六書疏證卷五】

◉唐　蘭　羅振玉取□之殘文作□者，釋為巫，其誤自易見也。此實弄字，當是弄之古文。【天壤閣甲骨文存考釋】

◉孫海波　□　玩也，左傳曰「君以弄馬之故」，又曰「弱不好弄」，从王从収，象弄玉之形，廾亦聲。□氏壺。【中國大學講義】

◉李孝定　栔文作□。作□。羅釋巫。殆以許書巫之古文與之形近。説非。卜辭巫作□。此當是弄之古文。唐説是也。字蓋象於巖穴中得玉兩手把玩之形。故引申訓玩也。卜辭所見諸弄字辭均殘泐。其義不明。佚九六一云「隹其戈弄」。當為方國名。佚九七六云「其弄」為動詞。【甲骨文字集釋第三】

◉商承祚　□，即弄字，結體易位，此字亦見第二三簡。弄脛及□脛之數各二十五。【信陽長臺關一號楚墓竹簡第二組遺策考釋　戰國楚竹簡匯編】

◉李孝定　弄下引商承祚氏之言，謂弄當為奉，殊誤，奉从丰，古文作□，象草木形，與玉絶異，安得與弄同字，契文弄字作□，與此同，特多一象山洞之偏旁□耳。【金文詁林讀後記卷三】

◉連劭名　甲骨文中又有□字，从玉从又。《甲骨文編》收在「掤」字條下，不確。按甲骨文中从「又」與从「□」往往無別，如□又作□，□又作□，所以「□」當釋為「弄」字，《説文解字·収部》：「弄，玩也，从収·玉。」

甲骨文中的「弄」是一個地名：

「庚子卜：弄不……步鬼？庚子(卜)：弄不……？辛丑卜：兽弄？(辛丑卜)：兽弄？」　《合》367

商王曾在該地舉行祀典：

「□□卜：其烄弄？」　《粹》653

烄祭實際上就是燎祭，《玉篇》：「烄，交木然之以燎柴天也。」

《甲古文編》釋「□」為弄是不正確的。「□」並不从玉，此字仍當待考。

甲骨文从「弄」的字有「[glyph]」。

「匄河，又它㛅？匄河，又它㛅？」 《乙》8896

《甲骨文編》釋此字為「嬰」，也不正確，此字當隸定為「㛅」。【甲骨文「玉」及相關問題 出土文獻研究】

◉湯餘惠 古璽有[glyph](3144)字，《古璽類編》隸定為「弄」，未釋。按商代甲骨文玉字作丰、羊等形，西周金文通作王，古璽此字上方的I，疑即前形之省，字當釋「弄」。《説文》「从廾持玉」的弄字，《古文四聲韻》去聲「送」引《義雲章》作[glyph]，又《説文》「从竹，从弄」的筭字，《六書通》去聲「翰」引《摭古遺文》作[glyph]，漢代金文寫成[glyph](《金文續編》5·1)，均其證。

古璽又有从厂，从弄的[glyph](2871,2873,2874)字，構形清晰可辨，為《説文》及後世字書所無，字不能識。【略論戰國文字形體研究中的幾個問題 古文字研究第十五輯】

◉戴家祥 説文一篇「玩，弄也。从玉元聲。」説文三篇「弄，玩也。从廾持玉。」弄玩説文互訓，均指珍寶玩好。弄象雙手捧玉形，字屬會意。原系名詞。後世又引伸作動詞用，是名詞動化的例子。金文仍作名詞用，没有發現作動詞用的例子。【金文大字典中】

𢍌 [seal] 𢍏 [seal]

◉許慎 [seal]兩手盛也。从廾。𠔉聲。余六切。【説文解字卷三】

◉馬叙倫 朱駿聲曰。與匊略同。徐灝曰。此與臼音義相近。倫按匊當訓曲𦚏。詳匊字下在手曰匊。即𢍌字義。𢍌為臼之轉注字。臼𠔉聲同幽類。兩手盛也非本訓。當从臼入臼部。【説文解字六書疏證卷五】

◉許慎 [seal]摶飯也。从廾。釆聲。釆。古文辨字。讀若書卷。居券切。【説文解字卷三】

◉林義光 釆辨不同音。釆象飯。非音辨之釆。【文源卷六】

◉馬叙倫 嚴可均曰。釆古文辨字。校語也。釆讀若辨。非。即辨字。錢坫曰。此即曲禮毋摶飯之摶。王筠曰。疑當作[glyph]。會意。葉德輝曰。卷本从釆得聲。故[glyph]讀若卷。倫按摶飯也當作摶也。[glyph]即摶之轉注字。釆聲專聲皆元類也。以摶釋[glyph]。猶以別釋八。後人以曲禮摶飯注飯字於摶下。傳寫誤爲正文耳。曲禮。毋摶飯。謂以手臼飯致不潔也。[glyph]亦臼之轉注字。音同見紐也。釆聲不譌。釆古文以下校者加之。字當从臼入臼部。【説文解字六書疏證卷五】

甲一二五六　拾三·五　戩三七·一一　寧滬一·三一三　【甲骨文編】

續6·21·3　【續甲骨文編】

2718　0437　1905　3146　【古璽文編】

◉許　慎　持弩拊。从廾肉。讀若逵。臣鉉等曰。从肉。未詳。渠追切。【說文解字卷三】

◉馬叙倫　桂馥曰。拊當為柎。本書。柎。闌足也。嚴可均曰。从肉下當有聲字。據通釋云。肉非聲。知小徐本原作肉聲。段玉裁曰。肉聲故讀如逵。逵古音同仇。足部。跻。頁部。頯。皆讀如仇也。宋保曰。𢍏頯頄逵馗仇古音同。易夬九三。壯于頄。釋文。鄭作頯。蜀才音仇。詩兔罝二章逵與仇韻。逵从坴得聲。坴从屮得聲。逵讀如逐。屮讀如留。肉古音讀如屮也。劉秀生曰。肉聲古在泥紐。逵為馗之或體。从坴得聲。坴从屮聲。讀若逐。古在定紐。定泥皆舌音也。故𢍏从肉聲得讀若逵。易頤。其欲逐逐。釋文。子夏作攸攸。洪範五行傳。禦聽於怵攸。注。攸讀為風雨所飄颻之颻。颻。从䍃聲。䍃亦从肉聲。是其證。葉德輝曰。屮音古同肉。吳越春秋。古歌。斷竹續竹。飛土逐宍。以宍為肉。宍即屮之變體也。倫按持弩柎非本義。攷工記。方其峻而高其柎。長其畏而薄其敝。注。敝謂工人所握持者。錢坫謂敝即𢍏。然持弩之柎重在柎而不在持。𢍏从。義固在持也。今北平謂取有音近蒯者。疑即此字。从。肉聲。與聲同幽類轉注字也。字當从入部。古鉨作。【說文解字六書疏證卷五】

◉屈萬里　从夕从廾。當即𢍏字。說文廾部云。「𢍏。持弩拊，从廾。肉聲。」說文以為形聲字。疑未確。其義似亦與卜辭不合。俟考。【殷虛文字甲編考釋】

◉李孝定　經籍未見此字。从或从肉均未見弩柎之義。許說不知何所本也。辭云。「叀多母☐𢍏」拾三·五「辟𢍏」「弜𢍏」戩三七·十二「☐肉其𢍏☐」甲編一八二三。亦不詳其義。甲編一辭無肉字並稱。則𢍏當是持肉之意。非从肉為聲。拾·三·五與多母連文。𢍏疑是祭名。持肉以祭也。祭字結構與此相近。但多一示字偏旁耳。【甲骨文字集釋第三】

甲二八七四　乙六五七　乙七六六　粹一一六二　丁酉卜其乎𠭰多方小子小臣其教戒　掇二·一二九　珠三六三　【甲骨文編】

 戒　戒鬲  戒弔尊  中山王嚳壺　以戒嗣王　【金文编】

 戒　爲三三　四例　通械　將盜—囚形罪以上　法一二五  法一二五　【睡虎地秦簡文字编】

 0163　與戒弔尊戒字形似。  5205  5206　【古璽文编】

 戒　【汗簡】

 古尚書　【古文四聲韻】

◉許　慎　警也。从廾持戈。以戒不虞。居拜切。【説文解字卷三】

◉羅振玉　　此字諸本上半漫滅。今細審精核。實是戒字。【石鼓文考釋】

◉高田忠周　又悈飾也。从心戒聲。今人唯用戒。而悈字殆廢矣。【古籀篇五十七】

◉郭沫若　戒者裓之省。説文。「裓。宗廟奏裓樂。」【卜辭通纂】

◉郭沫若　第一一六一片「多方」，多國也，書多方之語足知有所本。「𠂤多方小子小臣其敎戒」當為一辭。敎即教字，見説文。戒殆戒之省。據此，可知殷時隣國，多遣子弟遊學于殷也。【殷契粹編考釋】

◉馬叙倫　鈕樹玉曰。韵會引作从𠬞戈。持以戒不虞也。嚴章福曰。鍇作从𠬞戈。以持字屬下句。以上文弄从𠬞持玉下文兵从𠬞持斤例之。鉉本是。吳國傑曰。警也非本義。當訓兵也。𠬞戈為戒。與𠬞斤為兵。其制字之義本相同也。倫按警也當作敬也。敬戒雙聲轉注字。戒从𠬞从戈。與伐从人从戈。戍从人从戈。均同意。戒从𠬞者。以兩手奉戈也。在圖畫性之象形文中望文可知義也。且初文或本作人以兩手奉戈形。今省耳。甲文有。金文伐商角字畢仲殷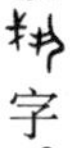字。諸釋者皆謂伐字。倫謂此皆戍字。亦即戒字。戍戒謂防守也。故从人持戈。或負戈。伐則如甲文之。从人而象持戈以揮也。但後傳寫則不能盡如初文之形。故金甲文亦以為伐矣。戍役亦一字。役聲支類。戒聲之類。蓋由戍轉為役。復轉為戒。戍音審紐。役音喻四。同為摩擦次清音也。餘詳伐下戍下。从𠬞持戈以戒不虞。蓋校注語。玄應一切經音義十四。周易以此齋戒。韓康伯曰。洗心曰齋。防患曰戒。字从廾持戈。以戒不虞也。本作从𠬞戈。今存校語耳。戒鼎作。

【説文解字六書疏證卷五】

◉于省吾　戒應讀作詩「以介眉壽」之介，二字聲韻並同。亦通作匃。「戒禰於妣辛」，謂匃福於妣辛也。【釋杋　雙劍誃殷契駢枝】

◉饒宗頤　𢦏即戒，疑讀為祴。說文：「祴，宗廟奏祴樂。」玉篇云：「祴夏，樂章名。」按祴夏為九夏之一，見周禮鍾師，周禮分各代之樂以祭祀，此則奏祴樂以侑雨也。

「庚寅卜，何貞：叀𢦏戒，禰於妣辛。」（遺珠三六三）戒禰者，祭之前戒告其事，周禮天官：「前期十日，帥執事而卜日，遂戒。」大司寇云：「若禋祀五帝，則戒之日涖誓，百官戒於百族。」此即祭奠時戒告之事也。【殷代貞卜人物通考卷十六】

◉李孝定　說文。「戒警也。从廾持戈。以戒不虞。」又丮部。「𢦏。擊踝也。从丮。从戈。讀若踝。」古文偏旁从𠬞从丮每得通用。戒𢦏當本一字。後始分衍為二。「警也」當為朔誼。「擊踝」則別一義也。卜辭戒𢦏二字義均不明。辭云「丁卯卜大𢦏」甲編二一〇。「貞御𢦏于癸𣆪」。乙・一五一二。𢦏似為人名。「庚寅卜何貞叀𢦏戒福於妣辛」。郭讀戒為祴。其說或是。「戒取寧」。乙・六五七。戒似為方國之名。「于章戒言」。乙・七六六。此處義不明。金氏收作𢦏國。無不可。然許書已分收為二字。且卜辭𢦏戒二形亦未見有顯著相同之辭例可以證為一字。仍从許例分收為二較合。至收後二形以為說文所無字則偶未察耳。金文作戒戒鬲戒戒叔尊戒戒齊侯鎛與契文同。【甲骨文字集釋第三】

◉嚴一萍　殷契拾掇二編一二九版有辭曰：

☐先圍☐戒

乙酉戒

拾掇二・一二九

戒字初見，前此未有著録。案即說文「从廾持戈」之戒字。金文有戒字，見於金文編著録者二：

[glyph] 戒鬲

[glyph] 戒弔尊

古鉨作[glyph]，皆上承甲骨，其形如一。小篆微變作[glyph]。【釋[glyph]　中國文字第十六册】

◉伍仕謙　甲骨文尚有一個[glyph]字。例句如下：

庚寅卜何貞叀執[glyph]福於妣辛。（遺三六三）

乙酉[glyph]。（掇二・一九二）

[glyph]取寧。（乙六五七）

從這少數的例句中，似乎也可以釋獻，即雙手捧戈之形。或依字形釋為戒，從例句研究，似不切。暫存疑。【甲骨文字考釋　古文字研究論文集】

◉湯餘惠　燕人私名璽有：

喬[glyph](1238)

次字舊不識。按春秋齊侯鎛銘文「女以戒戎攸」，「乃不敢不儆戒」，戒字兩見皆作[glyph]，从廾，从戈，=為繁飾。此印變[glyph]為[glyph]，復增口旁，與前舉棄共二例相同。其字當是戒字繁文。漢印戒字有的寫作[glyph]，與鎛銘合；《汗簡》作[glyph]（下之一），省略飾筆。

燕印還有一個从疒，从戒的字，見於以下各印：

王[glyph](0480)

韓[glyph](2803)

朱[glyph](1576)

[glyph][glyph](3489)

應即「瘷」，字殆从疒，戒聲。此字不見於後世字書，推跡古音，疑即「痎」之古文。「戒」、「亥」古音近，故籍每通作。《周禮・春官・鐘師》「九夏」之名有「祴夏」，杜子春云：「祴讀為陔。」孫詒讓《周禮正義》疏云：「祴、陔聲相近。」《鄉飲酒禮》注云：「陔，陔夏也。陔之言戒也。」又《周禮・夏官・大僕》「大喪始崩，戒鼓傳達於四方」，鄭玄注云：「故書戒為駭。」均其音證。《說文》疒部：「痎，二日一發瘧也。」古人取名不避惡詞，晚周私名璽人名不少都是从疒的疾患名稱。上引各印用「瘷（痎）」為名，想來也是

不足怪的。【略論戰國文字形體研究中的幾個問題 古文字研究第十五輯】

◉黄錫全 𢦔戒 九本作𢦔、戒、𢧵、巖、武、小，豐本作戒，薛本作𢦔，當是𢦔(戒鬲)𢦔(戒弔尊)或𢦔(中山王壺)形隸變。【汗簡注釋卷五】

◉陳偉武 《文字徵》第109頁「𢦔」字下：「𢦔《文字》2·99，𩪦圖𢦔。𢦔《文字》2·36，《說文》所無。」今按，此當是戒字。金文戒字从収持戈，作𢦔(戒鬲)、𢦔(戒弔尊)等形，此陶文省一又旁。古文字从又與从収往往無別，如羞字作羞(師旋𣪘)，又作羞(魯伯鬲)；宄字作宄(兮甲盤)，又作宄(曶鼎)。又旁與攴旁每可通作，如扶作扶(𢼸卣)，也作扶(《說文》古文)；啟字作啟(番生𣪘)，又作啟(召卣)。故陶文𢦔亦為戒字異體。【古陶文字徵補訂 中山大學學報一九九五年第一期】

◉戴家祥 中山王嚳壺「以戒嗣王」，同器又云「以憼嗣王」，古文从心與从言通，憼即警的異體字，兩句意義全同。憼可从心，由此知說文十篇的悈字亦當為戒的加旁異體字，「悈飾也。从心戒聲，司馬法曰：有虞氏悈於中國。」今戒行而悈廢。【金文大字典中】

𠬢 兵

後二·二九·六 京津一五三一 貞勿出兵 佚七二九 甲子卜貞出兵若 摭續八九 陳一〇〇 貞勿錫黄兵 【甲骨文編】

佚129 後下29·6 新1531 【續甲骨文編】

兵 𢦔簋 庚壺 郤諮尹鉦 酓忎鼎 戰隻兵銅 酓忎盤 【金文編】

81 241 【包山楚簡文字編】

兵 秦一〇二 四例 日甲一二二背 十例 日乙六一 二例 為二一 十例 日甲一一八背 【睡虎地秦簡文字編】

☐☐乃—(甲5—5) 【長沙子彈庫帛書文字編】

1225　4092　【古璽文編】

趙兵　曹辟兵印　臣辟兵　杜辟兵　史兵之印　高子兵　將兵都尉　【漢印文字徵】

袁敞碑　摔步兵校尉　詛楚文　衛者矦之兵　【石刻篆文編】

兵　兵　【汗簡】

古孝經　古老子　說文　義雲章　竝崔希裕纂古　【古文四聲韻】

◉許　慎　械也。从廾持斤。並力之皃。補明切。古文兵。从人廾干。籀文。【說文解字卷三】

◉王　襄　疑兵字，說文兵之古文作，此省人，象兩手執干形。【簠室殷契類纂存疑卷三】

◉林義光　兵，漢孔宙碑作，與斤形近而變，實隸書，非古文，古作故鄦句鑃。【文源卷六】

◉高田忠周　說文。械也。从持斤。會意。正與此篆合。古文作。即人執干之意。从人干。亦會意也。籀文作。一在斤之間。如下篆从二。其意未詳。周禮司兵。掌五兵。司農注。戈殳戟酋矛夷矛也。越語。兵者凶器也。然則字从斤者。為叚借也。轉義。左昭十四年傳。簡上國之兵。疏。戰必令人執兵。因即名人為兵。然則字作者。依轉義為形耳。【古籀篇五十七】

◉商承祚　說文「。古文兵。从人廾干。」案篆文兵。訓「械也。从廾持斤。並力之皃。」則訓為器。不訓為人。古文从人廾干。則訓為人。不訓為器。各據形為訓也。【說文中之古文考】

◉商承祚　兵郐□句鑃作。秦新郪虎符作。皆同漢篆。斤下增一筆。袁敞碑作。則與說文之籀文作同矣。【楚王酓忎鼎　十二家吉金圖録】

◉馬叙倫　鈕樹玉曰。玉篇引無持二字。王筠曰。言並力之貌者。斤乃斫木之器。非戈矛之倫。故為比象之詞以解之。沈乾一曰。兵古音步黃切。倫按兵為防備之防本字。故廣雅釋言。兵。防也。為央之轉注字。兵音封紐。从斤得聲。斤音見紐。央音影紐。同為破裂清音也。亦戒之轉注字。戒音亦見紐也。械也蓋本作戒也。後人以兵為械之借字。迷其本義。轉以戒也為非本義而加木旁。不悟若是器械。不得字从斤聲。知非以斤會意者。斤為斫木之器。非戈矛之倫也。且以斤

聲。故音轉入封紐也。倫且疑字从戒省。猶宵从安省肖聲。戒安不立部。故戒兵皆附𠬞部。安附又部。宵附宀部。亦由許不能明故也。从𠬞持斤校者改之。並力之皃更是校語。字見急就篇。郘□句鑃作。

鈕樹玉曰。玉篇廣韵並無。王筠曰。似从人庚聲。苗夔曰。古文當作籀文。从人。庚聲。凡不省而聲具者。皆籀文也。下文𢍁當是古文。今互誤。林義光曰。漢孔宙碑兵作。斥與斤形近而變。實隸書。非古文。倫按兵之轉注字。庚音亦見紐也。或古文經傳借為兵。其義亡矣。以此益可證兵戒為轉注。从人𠬞干四字校者加之。彼以干為干戈字故也。此亦古文籀文下本止作古文某籀文某之證。

𢍁 鈕樹玉曰。此字見秦刻石。玉篇廣韵並無。倫按秦詛楚文有此字。陽陵兵符亦同。未詳。或曰。匠省聲。兵匠聲同陽類。籀文下捝兵字。【說文解字六書疏證卷五】

◉李孝定　契文从之字甚多。舊均不識。自唐氏釋此為斤乃得豁然貫通。誠盛事也。字从兩手持斤。乃兵之古文。許訓械以為凡兵之偁。乃其引申誼。金文作郘鐘尹鉦齊侯鎛从二亦猶戒之作乃六國古文之異構楚王酓忎鼎楚王酓忎盤。金文斤皆作。已失初形。後二器作。為晚期文字之譌。益不可辨矣。卜辭云「☐丁☐易☐兵」後下・二九・六殘泐。辭意不明。佚存一辭「出兵」連文蓋與近代語法相同。已引申以為執兵者之偁矣。【甲骨文字集釋第三】

◉嚴一萍　兵　楚王酓肯鼎作。庚壺作。【楚繒書新考　中國文字第二十六册】

◉馬王堆漢墓帛書整理小組　田併，人名，當是魏將。併疑即《說文》字（兵字古文），从人，从干。从収。从干的字。金文或作羊。【馬王堆漢墓帛書】

◉黃錫全　兵　《說文》兵字古文作，已見人部。此形从，小異。

兵　今本同。兵字古本作（後下29・6）（戜毀）。（酓忎鼎）、（詛楚文）等，从斤从収。此从干與从斤義同。段玉裁《說文》注云「干與斤皆兵器」。甲骨文有（餘8・4）字，或釋兵（字表3・11）。【汗簡注釋卷三】

乙一三九二　方國名　乙五四〇三　干弊𠂤　拾六・四　前二・一三・六　前二・二五・六　前四・二八・七　前四・二九・三　前四・三〇・一　前七・三一・四　續五・六・六　摭續一〇五　佚六七〇

至龏 佚五八〇 叀龏伐 中大四 珠一六三 京都六〇二 庫六五二 金五六五 陳五五

佚九四二 京都二六八七 京都三一四九 【甲骨文編】

乙1392 5403 佚386 580 670 佚942 續6·25·4 佚968 續5·6·6 徵4·9

鄴三 24·4 續存455 1197 摭續105 【續甲骨文編】

龏 不从廾 龍子觶 龍字重見 亞中龏 父辛尊 子龏鼎 與龔為一字 子龏簋 龏鬲 龏姛鼎 鼎 義與恭同徐同柏曰龏恭古今字 何尊 叀王龏德谷天 通共 趞曹鼎 龏王在周新宮龏王即共王 五祀衛鼎 余執龏王卹工 段簋 毛公㫚鼎 多友鼎 博于龏地名 頌鼎 頌壺 克鼎

頌簋 曼龏父盨 曼龏父盨二 邾公華鐘 邾大宰固 王孫鐘 𨟭觀楮屖 王子午鼎 𨟭觀楮屖 秦公簋 禾簋 陳侯因𬯀錞 陳昉簋 【金文編】

19 41 90 162 【包山楚簡文字編】

龏 日甲七九背 【睡虎地秦簡文字編】

龏敞 龏得印 龏季 龏牵 龏遂 【漢印文字徵】

◉許　慎 龏 慤也。从廾。龍聲。紀庸切。【説文解字卷三】

◉吳大澂 共也。从龍从廾。易。飛龍在天。聖人作而萬物覩。篤恭之義也。【説文古籀補卷三】

◉徐同柏 龏恭古今字。【周頌敨 從古堂款識學卷六】

◉劉心源 龏。舊亦無釋。案。説文龏从龍从𠬞。此从古文龍从丮。丮與𠬞同意。龏義為慤。叚為龔給字。井侯尊。大龏

禽是也。龏貝當是龔給之貝。或是貝名。凡癸亥敢之斤貝。敔敢之謗貝。父己鼎之豐貝。庚午父乙鼎之賴貝。巂彝之貫貝。竝此龏貝。皆不載於尒疋相貝經。意自秦癈貝行貨。書闕失考矣。【古文審卷八】

●吳大澂 古龔字。讀若恭。威畏也。【窓齋集古録第二册】

●高田忠周 說文。愨也。从龍聲。與恭字音義略同。因謂說文。共部有龔。訓給也。从共龍聲。鐘鼎古文。有龏無龔。龔葢龏字譌體。給供。亦恭敬而行。或本義之轉。亦或叚借為供。未詳。或供給為龏字義。愨也。為恭字叚借義。亦可通矣。要龔字俗添無疑也。【古籀篇五十七】

●馬叙倫 龏龔一字。龔下曰。給也。給借為丮。書甘誓。今予惟恭行天之罰。借恭為龏。恭行天罰猶今言執行法律也。書借恭者。共聲龍聲皆東類。春秋楚恭王。呂氏春秋作龔。是其例證。愨也者恭字義。心部。恭。肅也。愨。謹也。言部。謹。慎也。非本義。亦非本訓。龏為共之音同見紐轉注字。【說文解字六書疏證卷五】

●楊樹達 殷契叕存貳拾肆版云：「△丑，侑于五后，至於龔……」余謂龔即小辛也。知者，小辛名頌，頌从公聲，古讀與公同。……龔與公音同。【竹書紀年所見殷王名疏證 積微居甲文説卷下】

●李孝定 說文。「龏。愨也。从廾。龍聲。」又「龔。給也。从共。龍聲。」収共古今字。龏龔亦當為古今字。今从契文字形收作龏。卜辭龏為地名。辭云「戊申囗田龏囗子死」。拾・六・四。「辛未卜在龏貞王今夕亡猧禍」。前・二・十三・六。「囗至于龏十月」。前・二・二五・六。「囗吉其乎取龏羅釋友」。前・四二九・三。「囗乎行取龏于䢅氏」。前・四・三十・一。「囗允貞令龏敎」。前・七・三一・四。「貞王於龏」「勿于龏𨺅」。乙・五・四〇三。「叀惟龏伐」。佚・五八〇。「至龏」。佚・六七〇。均可證其義不詳。

楊樹達曰。「辭言龔前・二・二五・六。即龔辛。亦即小辛紀年。小辛名頌。頌从公聲。龔公音同。知龔即紀年之頌也。」甲文說三九葉。按前二・二五・六辭影本上半斷缺。僅餘「至於龏十月」數字。無由證其上半為「自囗囗先公先王名」。則龏不能證其為人名。而他辭龏字又悉為地名。即此辭解為地名亦文从字順。且辛字卜辭多見。無作者。更無論紀年說之是否可信也。楊說可商。金文龏作頌鼎。與契文同。【甲骨文字集釋第三】

●孫常叙 「大龏」的「龏」和尊老之稱的「公」古聲同屬見紐，古音韻同在東部，是同音的。周金文「龏」字往往从「兄」作「䶬」。《說文》，「兄，長也。」可見从「兄」的「龏」它所寫的詞也有尊長之義。「大龏禽」之「龏」不从兄當是没有分化之前的寫法。

「彝」與「公」同音，「大彝」當是稱人的「大公」，也就是「太公」。《方言六》，「傻、艾，長老也。東齊、魯、衛之間凡尊老謂之傻，或謂之艾，周、晉、秦、隴謂之公，或謂之翁。」《史記·齊大公世家》，「吾太公望子久矣！故號之曰太公望。」西伯稱他的先君公季爲太公。按《史記》「追尊古公爲太王，公季爲王季」，知公季非有周之始君。可見「太公」一詞乃周人用周語以爲尊老之稱。文王可以用它稱他的先君公季，周人也可以用它稱年事已高的呂尚，因而爲「太公」所「望」之人，也可以被别人稱他爲「太公」。

《漢書·律歷志·世經》，「魯公伯禽推即位四十六年，至康王十六年而薨。故傳曰『燮父、禽父並事康王』，言晉侯燮、魯公伯禽俱事康王也。」伯禽至康王朝年事已高。周人尊老之詞稱長老爲「公」，爲「太公」，而與「公」同音的「彝」有从「兄」作「覨」者，正反映它有立敬維長之義。那麼，麥尊的「大彝禽」當是「太公禽」，是可以推定的了。

《左傳》僖公二十四年，「昔周公弔二叔之不咸，故封建親戚以蕃屏周。管、蔡、郕、霍、魯、衛、毛、聃、郜、雍、曹、滕、畢、原、酆、郇，文之昭也。邘、晉、應、韓，武之穆也。凡、蔣、邢、茅、胙、祭，周公之胤也。」襄公十二年，「凡諸侯之喪，異姓臨于外，同姓于宗廟，同宗于祖廟，同族于禰廟。是故魯爲諸姬，臨於周廟。爲邢、凡、蔣、茅、胙、祭臨於周公之廟。」魯公伯禽和邢侯雖然都是周公之後，可是在身分和禮數上還是有區别的。

在行輩上，周公旦是武王弟，周公子伯禽與成王爲從兄弟，與康王爲叔侄。所以麥尊銘文在説「王射」的同時，猶尊稱王叔魯公爲「大彝(太公)禽」，以表示敬意。邢侯爲周公之胤，其始封君與伯禽爲兄弟行。所以周康王得以用待「大彝(太公)禽」的禮儀寧麥的辟邢侯的「覨考」於邢。但是，魯公伯禽的身分地位高於邢侯，所以「用彝(公)義(儀)寧侯覨考於邢」，對邢侯説來，是一種光寵。

《大公望墓表》引《竹書紀年》説，「康王六年齊太公望卒。」也就是説在康王六年以前齊太公望還活着。那麼，「大彝(公)禽侯乘赤旂舟从」這句銘文，能不能是指太公、伯禽、邢侯三個人説的呢？

不能。因爲魯公伯禽這個人，从周康王和麥的辟邢侯説來，是父輩，在一般情況下不能直斥其名。若把「大公」和「禽」分開，則稱謂和身分不能相應。其次，齊與邢沒有同姓關係，不能以待齊太公之儀寧邢侯覨考於邢。再者，射者三耦，王、太公禽、邢侯三人恰好是三個上射，不能把「大彝(公)禽」斷爲「大彝」和「禽」。【麥尊銘文句讀試解　松遼學刊一九八三年一、二期合刊】

◉朱歧祥 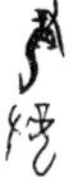 从手持龍，當爲彝字省。參見，从手从収無别。卜辭或用爲地名。

《甲240》丙申卜，戠弜用。大祐。【殷墟甲骨文字通釋稿】

弈

◉許　慎　圍棊也。从廾。亦聲。論語曰。不有博弈者乎。羊益切。【說文解字卷三】

◉馬叙倫　鈕樹玉曰。玉篇韵會但引圍棊也。沈濤曰。一切經音義八曰。說文方言。自關而東齊魯之間皆謂圍棊為弈。是古本此解作自關而東齊魯之間謂圍棊為弈。今本乃淺人妄節耳。許書用方言解者甚多也。倫按圍棊非弈之本義也。班固弈旨。北方之人謂棊為弈。此與方言說同。蓋借弈為簺。簺音心紐。弈音喻四。同為摩擦次清音也。博弈即簙簺。弈从𠬞，亦聲。當是掖之初文。論語以下校者加之。彼引以證義也。蓋本訓亡而校者加圍棊也。且引方言論語以證之。後之校者删方言而存論語耳。抑據此可以證知本書用方言為說解者。皆校者所加。【說文解字六書疏證卷五】

具

甲三三六五　卜辭具从鼎與金文圅皇父簋具字同　前八・六・四　【甲骨文編】

具　从廾从貝　馭八卣　弔具鼎　㫚鼎　鬲攸比鼎　九年衛鼎　曾伯匿　孫弔師父壺　秦公鎛　从鼎　圅皇父簋　作琱㛂盤盉尊器簋具　圅皇父盤　𩫖敄白具簋　駒父盨　具逆王命　曾子斿鼎　孳乳為俱　𨧫鐘　南戶東戶俱見廿又六邦　【金文編】

具　法二五　十例　法二八　語三　【睡虎地秦簡文字編】

具長孺　【漢印文字徵】

泰山刻石　臣請具刻詔書　碣石而師小大具□　【石刻篆文編】

古孝經　【古文四聲韻】

◉許　慎　共置也。从廾。从貝省。古以貝為貨。其遇切。【說文解字卷三】

◉吳式芬　徐籀莊說……具說文云。共置也。从廾。从貝省。古者以貝為貨。此从廾从頁。益見是文之古書。盤庚云。具乃貝玉。殷商以貝為貨。又可概見。【辛子卣　攈古録金文卷二】

◉方濬益　說文。具。共置也。从廾。从貝省。古以貝為貨。廣雅釋詁。具。備也。荀子正名篇。性之具也。楊倞注。具。

全也。蓋八貝一具即一朋也。【馭卣　綴遺齋彝器款識考釋卷十一】

◉高田忠周　此字形字義顯然者也。說文。具供置也。从廾从貝省。蓋小篆用鼎異文貝為具字。故謂目為貝省。非是。如此。篆明从貝不省也。字亢从貝。必貨物具備為本義。轉為凡物具備之偁。【古籀篇五十七】

◉強運開　此會意字。宗周鐘曶鼎具字均作具。从貝。不省。曾伯霥簠作具。與鼓文同。【石鼓釋文】

◉馬叙倫　鈕樹玉曰。韻會作从具。貝省。倫按从貝篆當作具。馭八卣正作具。宗周鐘曶鼎皆不省。曾伯簠作具。即此篆。倫謂共即横關對舉曰扛之扛。初文。貝小物。何用横關對舉之。當是貝聲耳。具音當見紐。故俱从具得聲。音在見紐也。貝音封紐。封見皆破裂清音也。貝為共之音同羣紐轉注字。共置也。當作共也置也。一訓校者加之。古以貝為貨亦校語也。字見急就篇。【說文解字六書疏證卷五】

◉陳夢家　具字从鼎，郭沫若所釋以為古从鼎作之字後多誤為貝，字象兩手舉鼎之形，舉具古音亦相近，一具之具必是單位詞，則無可疑。殷卣有錫貝一具者(三代13・36・1—2)，貝一具或即一區十枚。爾雅釋器：「玉十謂之區」。墨子節葬篇下：「璧玉即具」，貝的大小約略相等，則一具之貝是十個大小相等的貝。後漢書禮儀志下記大喪明器有盤匜一具，是一具為一套。然由盤銘所示，則毁一具是八個毁(應是大小相等的)，鼎一具則是自大而小的一套。【西周銅器斷代　金文論文選】

◉楊樹達　貝以具計，他器未見，不知其義云何。古者二玉為珏，余疑計玉之珏亦通用於貝，具為珏之假字也。具字古音在侯部，珏在屋部，二字為平入音也。

右跋作於避難時，時苦書乏，未能博考也。頃來覆校此文，覺音理雖符，殊少文證，擬加删汰，因偶檢王静安觀堂集林釋珏朋叁卷廿葉一文讀之，則王君所言有足證成吾說者。王君謂殷時玉與貝皆是貨幣，珏與朋古本為一字，引珏字卜辭作丰或丰，金文乙亥毁亦作丰，朋字戊午爵十朋作丰，朋字甚似珏字，倗友之倗，杜伯簋作倗，豐姞毁作倗，所从朋字形皆同珏為證。按王君說至為博辨。珏朋究為一字與否，容當别論，然二字同形，則事實也。如此則貝一朋古人容可讀為貝一珏，此銘文作貝一具，假具為珏，自有其特殊之理由。余前所假定殆無可置疑矣。然王君又謂古珏字當與瑴同讀，說文瑴讀若服。珏與瑴義同音異，今以此銘假具為珏核之，則王說非也。何者，具古音在侯部，珏在屋部，侯屋為平入，具珏二字音近，故可通假，若珏讀與瑴同，則銘文無由假具為珏矣。王君既謂珏讀同瑴。因謂洹子孟姜壺之璧二備為璧二珏之假。余謂瑴本盛玉之器，備自假為瑴字，與珏字無涉也。尋王君必欲謂古珏讀同瑴者，以瑴與朋為對轉音，欲證成珏朋本為一字之說耳。不悟瑴朋音雖近，仍是二音，非一音也。珏或作瑴，此字見於噩侯馭方鼎，云「玉五瑴」，从◯與从玉同，字以㱿為聲，而此銘假具為珏。以此二事合證，

則珏讀古岳切。無可疑也。余謂甲文金文異字同形者多矣，異字不嫌同形，同形無害其為異字，字既異則音自異，正不必強為溝合也。如謂珏朋古本一字，後始分化，容為事理所有，但據今日吾輩所能見之文證言之，則仍是二字耳。【馭八卣跋　積微居金文說卷三】

◉郭沫若　具字本从貝从収。但亦从鼎从収。古文每每如是。例如函皇文毁與弭仲簠。具字均作鼎。古文凡从貝之字多从鼎。如貞作鼎。則作𠟭。具作鼎。算作⿳⺮鼎廾。故此字在此不是鼎字而是具字。民具卑卿者。老百姓們都俯首服從也。【曾子斿鼎、無者俞鉦及其它　文物一九六四年第九期】

◉張日昇　說文云。「具。共置也。从廾从貝省。古以貝為貨。」然金文从貝不省。或从鼎。鼎貝古文字中因形近恆互代用。篆文作昇。乃形之譌變。曾伯簠及孫弔父壺與篆文同。方濬益謂八貝一具即一朋非是。馭八卣云。「王易馭八貝一具。」馭八為人名。王錫之貝一具。八與貝不連讀。楊樹達謂貝以具計。具為珏之叚字。然貝以朋計。金文屢見。若珏朋古非一字。如王國維說。則貝何以於此獨稱珏而不稱朋。此亦可疑也。函皇父盤銘較鼎銘略詳。云。「函皇父乍琱嬶般盉隮器。鼎毁一具。」陳夢家謂一具即一套是也。又孫弔師父壺銘自稱為行具。則此具字有器皿之意。又孳乳為俱。㝬鐘云「南尸東尸具見」是也。【金文詁林卷三】

◉李孝定　具字以从「貝」為正，其从鼎者，形近而譌耳，亦猶古文偏旁鼎貞互易之例，郭氏以从鼎為正構，鼎小者亦數十斤，大者數百斤，殊非兩手可任，矧金文从鼎者僅一見乎？郭氏復引貞作鼎為言，尤誤，貞字契文則假鼎為之，後始增「卜」為義符作鼑，與貝字初無涉也。至貝若干具之具，其義當以楊說為優，鼎毁一具之義，則陳說是也。【金文詁林讀後記卷三】

◉劉彬徽等　具，簡文作⿱目大，與曾侯乙墓竹簡「具」字同。臾，爨字。《儀禮·少牢禮》「摡鼎七俎於雍爨」，注：「竈也」。【包山楚簡】

◉戴家祥　金文不省。具字兩手拱貝，共字兩手拱玉，其義一也。貝玉在商周具有貨幣職能，可作為財富貯藏手段。聘問供獻多寶重之。商書盤庚「具乃貝玉」，猶云供汝貝玉也。尚書皐陶謨「萬邦黎獻，共惟帝臣」，文選東京賦作「具為帝臣」。李善注引書作俱。周書呂刑「具嚴天威」，史記周本紀作「共」。共之言奉也。古韻具讀其遇切，共讀渠用切，東侯對轉，故具共同字。禮記祭統「官備則具」，鄭玄云「謂所共衆物」。墨子節葬下「璧玉即具」，其義為供具張設。馭卣「八貝一具」，其義亦同。方濬益綴遺齋彝器欵識讀為貝之一朋，楊樹達積微居金文說讀具為珏之假字。均非是。金文从貝之字可从鼎，如貞作鼎等，故具或从鼎作鼎。【金文大字典中】

攀【汗簡】

◉許　慎　𠬜引也。从反廾。凡𠬜之屬皆从𠬜。普班切。今變隸作大。或从手。从樊。【説文解字卷三】

◉馬叙倫　王筠曰。引也字林同。當作从相背。倫按篆當作𠬞。𠬞為兩手向上。或向前。而屈其指。以正面圖畫屈指已不易也。變為篆文。嫌與艸木字近。故如此作耳。説解當作从。象形。引也蓋字林訓。本訓捝矣。

鈕樹玉曰。韵會引作从手樊聲。倫按樊為𠬜之轉注字。此復增手。後起字也。【説文解字六書疏證卷五】

樊　省爻猶樊之省為棥也　氏樊君鼎　國名姬姓　樊君鬲　樊君夔盆　樊夫人　龍嬴盤　樊夫人　龍嬴匜　樊夫人　龍嬴壺　樊夫人　龍嬴鬲　斿弔樊鼎【金文編】

樊纘　樊漢　樊欣　樊筊　樊農　樊少孫　樊寬　樊窋　樊遂私印　樊況私印　樊堅　樊臨邛印　樊夷吾【漢印文字徵】

樊敏碑領【石刻篆文編】

樊　樊【汗簡】

李彤集　古毛詩【古文四聲韻】

◉許　慎　樊鷙不行也。从𠬜。从棥。棥亦聲。附袁切。【説文解字卷三】

◉馬叙倫　段玉裁曰。鷙當為鷙。鷙。馬重皃。鷙不行。沈重不行也。桂馥曰。鷙類篇引作縶。从棥棥亦聲當作棥聲。王筠曰。棥亦聲。後人增。龔橙曰。古文作𠬜。後加棥聲。徐灝曰。爻部。棥。藩也。是為棥籬本字。樊从𠬜。乃攀字也。樊古重脣音與攀同。倫按縶不行也者。棥字義也。詳棥字下。此校語。本訓捝矣。樊為𠬜之轉注字。从𠬜。棥聲。樊音奉紐。古讀歸竝。𠬜音滂紐。同為雙脣音也。水經注三十一引三倉有樊字。亦見急就篇。則三倉中出倉頡也。樊君鬲作。【説文解字六書疏證卷五】

⿱䜌𠬢

◉許　慎　⿱䜌𠬢樊也。从𠬢。䜌聲。吕員切。【説文解字卷三】

◉馬叙倫　⿱䜌𠬢為樊之疊韵轉注字。與攣一字。【説文解字六書疏證卷五】

◉陳　槃　樊君鬲：「樊君作叔能鼏賸媵器寶羹。」案此樊君為其女叔能外嫁而作媵器也。古婦女之稱皆以姓，是樊女字叔能而姓則鼏也。鼏讀為羋，楚之同姓國也。是又有鼏姓之樊也。水經沔水注：「沔水又逕平魯縣南，東對樊城。」樊仲山甫所封也。路史國名紀丁商氏後篇樊下：「今襄之鄧城有樊城鎮。漢之樊縣有樊古城樊陂。樊侯國也。」注寰宇記「樊陂在南陽西南」。南雒州記、荆州圖副、摯虞等皆以為仲山父之封。樊村鎮在宜城。皆其地。葉四一下四二上。案樊城漢樊縣古城在今湖北襄陽縣，宜城即今宜城縣。後改自忠縣。南陽今河南鄧縣。鄧襄之間，相去徑百六十里。襄宜之間，相去徑七十里。此等地區，蓋鼏姓之樊君所居，楚之支族屬國，以為仲山甫之國者非矣。【春秋大事表列國爵姓及存滅譔異第三册】

◉張日昇　樊。漢濟陰太守孟郁修堯廟碑序仲氏祖統所出云。「本繼於姬周之遺苗。」春秋大事表譔異引。是樊為姬姓。金文有樊君鬲云。「樊君乍叔能鼏賸器寶羹」。或謂此又為鼏姓之樊。楚之支族。按銘中叔能鼏當讀為叔嬴鼏。姓嬴。名鼏。薛侯盤云。「𠷎侯乍弔妊𡡟媵般。」王仲媯簠云。「𨻰侯乍王仲媯𩰫媵匡。」黃君𣪕云。「黃君乍季嬴[illegible]賸𣪕。」均其例证。【金文詁林卷三】

共

續五・五・三　卜辭共字从口與金文同　京都四五九A　帚共　【甲骨文編】

共　亞且乙父己卣　牧共簋　共覃父乙簋　父癸簋　禹鼎　昜共朕辟之命　善鼎　酓肯鼎　酓　肯固　酓忎鼎　酓忎盤　酓肯盤　但勺　【金文編】

〔五〇〕　〔三五〕　〔三二〕　〔二二〕　〔三二〕　〔二三〕　〔三二〕　〔五三〕　〔二四〕　〔十〕　〔六八〕　〔六〕　〔六〕　【先秦貨幣文編】

圜　晉聞　仝上　仝上　圜　晉聞　仝上　仝上　圜　晉聞　仝上　仝上　圜

晉聞 仝上 布空大 豫孟 圖 共屯赤金 展肆壹 圖 典上編二四一頁 【古幣文編】

139 228 【包山楚簡文字編】

共 秦七二 五例 效三五 五例 秦一七五 【睡虎地秦簡文字編】

—攻□步十日四寺(乙7—5) 【長沙子彈庫帛書文字編】

1880 5133 5129 5131 5130 5132 5139 5140 5138 5137 5142

2880 5145 1741 5147 3391 3390 5144 5150 5152 【古璽文編】

共倉 共印 魯共鄉 共子闓印 共喜 共儋 【漢印文字徵】

天璽紀功碑 竝共觀視 【石刻篆文編】

共 【汗簡】

古老子 説文 汗簡 崔希裕纂古 【古文四聲韻】

◉許慎 同也。从廿廾。凡共之屬皆从共。渠用切。古文共。【説文解字卷三】

◉吳大澂 古共字。象兩手有所執持。共手之共。即恭敬之恭。从心後人所加。【説文古籀補卷三】

◉方濬益 兩手奉器形。彝器銘習見。積古齋款識亞形父丁尊及後卷亞形父辛盤銘亞中字作。从𠀠。為古文尊字。此與亞形父甲鼎銘亞中均从ㅁ作。當是古文共字也。説文部首。共。同也。从廿廾。按。从廿無意義。應即ㅁ之形變。共又與具字篆形相近。故義亦相通。説文。具。共置也。从廾从貝省。論語鄉黨子路共之正義。共。具也。禮記祭統官備則具注。具謂所共衆物。漢書成帝紀無共張繇役之勞注。共張謂共具張設。此文作兩手奉器。正象共具之形。【亞形父丁角綴遺齋彝器款識考釋卷二十六】

◉孫詒讓 「己未卜貝侯來兒□其」,三百五十一之一。「」當是「共」字。《説文·共部》:「共,同也。从廿廾,古文作」。此

蓋其變體。《詩·大雅·皇矣》「侵阮阻共」，毛、鄭並以共為國名，是殷、周之間有共國。據此文知「共」為侯爵。「來兒」似即共侯之名。二百五十一之四又有「□」半字，亦與此相近。【契文舉例卷上】

◉林義光 以廿取象。無義理。爾雅共具也。釋詁。此為共之本義。廿即□之變。見□字條。象物形。見品字條。兩手奉之。古作□祖乙父巳器。【文源卷六】

◉高田忠周 說文。□同也。从廿从𠬞。古文从二𠬞作□。蓋疑□元□字之緐。假借為共。同音通用也。說文□字重文。作□。揚雄說从兩手。□亦疑□之誤。从兩手說傳會耳。【古籀篇五十七】

◉商承祚 □說文「□。古文共。」案象四手共力形。與□作□篆文同字同義。金文且乙父己卣作□。牧共毀作□。象兩手奉物形。古鉥文作□。與此大同小異。整齊之作□。再變作□。則與篆文同矣。从廿無所取義。段氏云。「廿。二十并也。二十人皆竦手。是為同也。」則曲為之說矣。【說文中之古文考】

◉孫海波 □ 拱璧也，古人之用璧，蓋繫于頸而垂于胸次，時以兩手拱之，故稱曰拱璧，或單稱曰共，象拱玉之形，廾亦聲。續五·五·三。【甲骨金文研究】

◉馬叙倫 況祥麟曰。廾由古文而變。非二十相連之廿也。王筠曰。古文从四手相交。□則連者斷之曲者直之耳。共與龔同。此言从廿□。望文為義。章炳麟曰。古文作□。似是四手。此初文也。其橫闢對舉曰扛。宜與□同字。倫按以古文作□證之。則章說是也。古文象有物在上而四手從下扛之。四手則二人。明二人同舉一物也。同也者以聲為訓。或非本訓。共音羣紐。同音定紐。皆破裂濁音。故經傳多借同為共也。一人一手不能舉。則以兩手共之。二人則四手舉之。共實从二□。□音見紐。共音羣紐。古讀歸見。□共聲同東類。明係一字。共字見急就篇。古鉥作□。

□ 鈕樹玉曰。繫傳韵會作□。玉篇作□。王紹蘭曰。宋本作□。上體相連。即篆文□所從出也。齊侯鎛鐘作□。王筠曰。朱本繫傳作□也。李杲曰。古鉩作□。與此略近。【說文解字六書疏證卷五】

◉郭沫若 金文共字作□𢦏共毀。若□且乙父己卣。容庚云「兩手奉器象供奉之狀」，所奉何器，亦泛無所指。

余謂共者拱璧也。左氏襄卅一年傳「叔仲帶竊其拱璧」，釋文云：「拱璧，大璧也。」商頌長發「受小共大共」與「受小球大球」對文，即言大璧小璧。古人之用璧，蓋係于頸而垂於胸次，時以兩手拱之，故稱曰拱璧，或單稱曰共。樂浪郡第九號墓，有璧在胸次，其明徵也。

今𢦏共毀文作□，雙手所奉之圓正象璧形。作口者乃形之變，後更變作□，此「叔夷鐘」文。故小篆從廿作矣。古文于圓

形之物每以方形作之，如日作□祖日戈，若□索諆角，兄之首本係圓顱，而通作□，此蔡姞殷文，凡金文兄字大率如是。更或作□子仲姜鎛，此與共之从廿無以異矣。【金文餘釋之餘　金文叢考】

◉楊樹達　□ □為能名，廿為所名。【文字形義學】

◉朱芳圃　共，象兩手奉瓮形。書甘誓「今予惟共行天之罰」，孔傳「共，奉也」；詩小雅小明「静共爾位」，鄭箋「共，具」；周禮夏官羊人「共其羊牲」，鄭注「共，猶給也」。凡此皆共之本義。孳乳為龔，説文共部：「龔，給也。从共，龍聲。」玉篇共部：「龔，奉也。」

共與供音義並同，經傳通用無別，禮記曲禮「共給鬼神」，釋文「共，本或作供」；左傳隱公九年「不共王職」，釋文「共，本亦作供」，是其例也。【殷周文字釋叢卷中】

◉嚴一萍　古璽作□，説文古文作□。蓋已譌變。【楚繒書新考　中國文字第二十六册】

◉郭沫若　㕢敖用拱用璧。用佋告其右。子歆史孟。拱是大共璧。用兩手以捧之。拱與璧對文以示其有大有小。春秋宋襄公時代的商頌長發「受小共大共」。亦即是小璧大璧。用大小二璧為贄見禮，可見是同時代的禮節。共字金文牧共殷作□。即象雙手捧璧之意。故共字本是大拱璧之初文。【㕢敖簋銘考釋　考古一九七三年第二期】

◉李孝定　諸家説共之古文，象兩手奉器之形，其後象器形之「□」，形譌為「廿」，是也；所奉之物，吳疑為尊，近是；郭謂象拱璧，僅□共殷一文所从作正圓形，而他文皆否，郭謂「古文于正圓形之物，亦以方形作之」，此於契文或然，蓋圓形者不便契刻，而金文乃範製，從正圓形者甚多，不應拱璧之象，乃作方形也。郭引商頌長發「受小共大共」，與球對文，則珙之假字，非共之本義為璧也。商承祚氏謂「共」「□」同字，説非，□从臼从収，乃昇字。【金文詁林讀後記卷三】

◉何琳儀　《侯馬》「□二个五」（三〇三·一），摹本釋文作「癸二个五」（四七頁）。首字釋「癸」，似是而非。「癸」，西周金文作「□」形，戰國文字作「□」形，三體石經作「□」形，小篆作「□」形，均與盟書此字有别。

檢《古文四聲韻》四·四「共」作「□」形，與盟書「□」形吻合。衆所周知，「共」本作「□」形，戰國時期譌變甚鉅，可參下列兩類形體：

□《璽彙》五一三二　□《璽彙》五一三七　□畲志鼎

□《璽彙》五一三五　□《説文》古文　□《侯馬》

《古文四聲韻》「」形，顯然屬第二類譌變。傳鈔古文或保存戰國文字譌變形體，《説文》古文「君」作「」形，《汗簡》「台」作「」形，均可參證。

「共」，可讀「珙」。《詩・商頌・長發》「受小共大共」，箋「猶所執搢大球小球也」。即讀「共」為「珙」。《玉篇》：「珙，大璧也。」

「」，《侯馬》編者闕，檢《説文》：「仝，完也，从入从工。全，篆文仝从玉。純玉曰全。」

總之，「共二仝五」應讀「珙二全五」，謂二璧五玉。下文又云「卜以吉，筮（筮）□□」，意謂用二璧五玉盟告先公，占卜的結果吉利。【戰國文字通論】

◉陳偉武　《文字徵》第86頁「差」字下：「3・824，差里，《説文》所無。《古文四聲韻》引石經作，與此同。4・121，土匋差。」今按，《陶彙》3・824釋差是否正確不敢妄言，4・121陶文則為誤摹，與《季木藏陶》29・5同片，檢視原拓，字作，《陶文編》入於附録。古璽有字作（《古璽彙編》0749），吳振武先生釋共，湯餘惠先生复加闡發：「古璽共字或作，……可知增口旁為羡符。……把旁寫成應是燕人的書寫習慣。由而而，似即此形的由來。」據《陶彙》卷首《古陶文拓本目録索引》，知4・121號陶文出土于河北易縣，正是燕國故地，可與湯説互證。【《古陶文字徵》補訂　中山大學學報一九九五年第一期】

龔

龔　从廾　頌鼎　龏字重見　【金文編】

龔　為一一　通恭　—敬多讓　【睡虎地秦簡文字編】

原龔私印　【漢印文字徵】

石經君奭　大弗克龔上下　今本作恭　金文从廾作龏廾共一字許誤分龏龔為二字古文叚龍為龔　【石刻篆文編】

龔出王庶子碑　【汗簡】

◉許　慎　給也。从共。龍聲。俱容切。【説文解字卷三】

◉馬叙倫　莊述祖曰。金文有龏無龔。倫按唐寫本切韵殘本引與此同。此字疑出字林。龔盖龏之後起字。【説文解字六書疏

證卷五】

◉陶北溟　用鑄厥龢鐘。以作其皇祖皇考曰。余翼龔威忌。淑穆不隊于厥身。翼敬也。龔與恭同。忌與誋同。恐也。隊古墜字。

【邾公華鐘　舊雲盦金文釋略　古學叢刊】

◉丁　驌　形一　此龔字象獸首形，頭頂有，身下雙肢，或是契刻者興之所至而為者。面部且有目形，見於人三一四九辭云：「乙酉卜扶叀告龔后。」此武丁晚期至祖庚祖甲初期之辭，龔為人名。

形二　此形近似前者惟無目，口則仍張，出之拾六・四，辭云：「壬申……（？）龔……子死。」由此形化為正字，口部即作、、、諸形，知此等形乃狀張口無誤矣。然目猶在其中。

形三　「辛未卜在龔貞王今夕亡𡆥」（前二・一三・六）。此後期辭，龔字為地名。它辭之有龔字者如下：

形四　「干龔𠂤㞢于龔」（丙三）　𠂤：楊樹達釋師。李孝定謂或是𩁋異文。

「乎行取龔友于𡵂氏」（前四・二九・三）　龔友似為人名。

「其乎行取龔友束（束）」（前四・二九・三）

「戌卜……㞢龔后𢀛子亦」（續五・六・六）　此作第四形。

「丑㞢干五毓至于龔司」（前一・三〇・五，二・二五・六）【釋晌與龍　中國文字第三十二冊】

異

甲三九四　甲六五七　甲一五五一　甲一七三〇　甲一九一五　乙一四九三　乙六八一九　前五・三八・六　前五・三八・七　明藏四一八　京都一九八九　京都二一四一【甲骨文編】

甲394　657　1551　1730　2813　3636　3915　3916　乙1493　6819　7705　佚277　408　續4・12・7　續存2205　凡24・2　錄605　2246　外104　摭續275　粹811　新3937【續甲骨文編】

異　𠭯鼎　井叔在異　召卣　召弗敢譚王休異　單異簋　孳乳為翼　虢弔鐘　嚴在上異在下即詩六月有嚴有翼

之翼傳翼敬也 盂鼎 天翼臨子 孳乳為禩說文祀或从異 作冊大鼎 公來鑄武王成王禩鼎 祀字重見 芇伯簋 禩自它邦

【金文編】

52 52 64 64 117 190 【包山楚簡文字編】

異 秦六五 五例 日甲五二 二例 為一三 【睡虎地秦簡文字編】

1584 【古璽文編】

苦成異人 䏰異人 張異方 張異衆印 妾異方 王異 鑄異之印 【漢印文字徵】

禪國山碑 殊輝異色 石碣鑾車避蔓 允異 魏古文一體殘石 與衆異汗簡部首同 【石刻篆文編】

異 【汗簡】

天台經幢 汗簡 【古文四聲韻】

◉許 慎 分也。从廾。从畀。畀。予也。凡異之屬皆从異。徐鍇曰。將欲與物先分異之也。禮曰。賜君子小人不同日。羊吏切。

【說文解字卷三】

◉劉心源 異。翼省。虢叔旅鐘皇考嚴在上在下。亦㠯異為翼。翼有覆冒義。又輔助也。【奇觚室吉金文述卷二】

◉林義光 予與異義無涉。古作歸夆敦。作趩尊彝趩字偏旁。變作邾公華鐘。不从畀。當為翼之古文。象頭身尾枝尾及兩翼形。【文源卷二】

◉羅振玉 古金文皆作。象人舉手自翼蔽形。皆借為翼字。此从。與古金文亦異。【增訂殷虛書契考釋卷中】

◉葉玉森 契文作。象一人捧頭如鬼狀。可驚異也。異之本誼當訓怪。左昭六年傳。然據有異焉。賈注。異猶怪也。許君訓分畀乃引申誼。【說契 學衡第三十一期】

◉高田忠周 段氏云。分之則有彼此之異。諸家亦無異論。然許氏未通古字古義也。今審卜辭金文異字。下形正文作。省

文作𠬞。均皆同𠬞。說文。𠬞竦手也。从𠂇又。段氏云。此字謂竦其兩手以有所奉也。是即𠂇又相助之意存焉。上形作田或作由。以象所奉之物。亦指事耳。然異即經傳輔翼之翼正字也。廣雅釋詁。翼輔也。詩卷阿。有馮有翼。箋助也。楚語。求賢良以翼之。注輔也。尚書中候。欽翼皇象。注奉也。此諸義。實於異字形可見矣。又左昭九年傳。翼戴天子。注佐也。異戴同意。故異部收戴字。許氏於戴下云。分物得增益曰戴。从異𢦏聲。分物者。泥異訓分而誤耳。葢戴之从𢦏。即載省文。載物所增益曰戴。異有奉物之意。故从異从載省。形聲兼會意。戴載音義相近。故或以載爲戴。詩絲衣。載弁俅俅。箋猶戴也。唯南兵略載以錫銀。注飾也是也。許氏失其根本。故枝葉亦誤。又翼戴者。亦當授予也。猶承訓奉也受也。受授疑元同字。固一義之轉通也。異字自應有授予意也。若夫。許氏所云分異義。當以翼為本字。鳥之為翼一身分岐。即分異也。故老子。此兩者。同出而異名。言異元必如此。轉為别異義。禮記樂記。禮者為異。注謂别貴賤也。王制。事為異别。注五方用器不同也。呂覽上。農賈不敢為異事。注猶他也。又洪範五行傳。非常曰異。論衡自紀。物無類而妄生曰異。又左昭二十六年傳。然據有異焉。賈注猶怪也。孟子王無異於百姓之以王為愛也。注怪也。秦策。此無異故。注怪也之類。皆是也。轉轉生義耳。然則。分異異同之異。以異為翼者。亦古字省文之恆例也。【古籀篇五十八】

◉商承祚　此字象人舉兩手翼蔽形。乃翼蔽之本字。後世增羽而為翼。以代異誼。而異之本誼晦矣。虢叔鐘及盂鼎皆用作翼。

【甲骨文字研究下編】

◉葉玉森　□□□卜韋貞異乙□

異　余永梁氏曰。王先生國維謂此疑戴字。象頭上戴由之形。謹案。加益乃戴之本誼。毛傳。崔嵬。土山之戴石者。石山戴土曰砠是也。籀篆乃為形聲字矣。戴異古當是一字。音同在之部。虢叔鐘嚴在上異在下。盂鼎古異臨天子。異翼一字。本義當與戴近。舀鼎王在戴。雖不必為陳留戴國之戴。然固有以戴為地名者矣。殷虛文字續考。森桉。予舊釋異。說文。異。分也。从廾。从畀。畀。予也。卜辭乃象一人捧頭如鬼狀。可驚異也。異之本誼當訓怪。左昭六年傳然據有異焉賈注。異。猶怪也。許君訓分畀乃引申誼。說契王氏釋戴。謂象頭上戴由形。似不塙。卜辭鬼作鬼。田固象鬼頭。猶上之甶亦象人頭。古文構造法同。甶殆象鬼頭而髮且上指。異體从甶。可證非由字也。又金文大作祖丁鼎銘云。鑄武王成王異鼎。異字與卜辭形合。曰異鼎。猶言寶鼎。固不可釋戴鼎也。【殷虛書契前編集釋卷五】

◉強運開　異　張德容云。戴字籀文作戴。上从戈而異字不變。則知異本籀文。運開按。窖磬銘亦有允異二字連文篆作允異。正與鼓文相同。【石鼓釋文】

◉馬叙倫　王筠曰。畀从□而此篆上平如田。非。徐灝曰。舉物以與人。是分異之也。然恐非字之本義。王國維曰。此疑戴字。金文及卜辭作□。象頭上戴甶之形。倫按分也者。蓋非本訓。此冀字義也。詳冀字下。冀者。異同之異本字。異為畁之別體。盂鼎作□。曶鼎作□。甲文作□□□。皆象戴物於首。金文又有□作彝卣之□。即異字也。依甲文明从東楚名缶之甶。是金文及此篆之作□者。皆甶之形變也。如金甲文形。从□之異文。舉甶於首為會意。為戴之最初文。邵鐘。余□公之孫。吳大澂釋□為戴。是也。是其明證。省之為□。轉注為异。為戴。今篆譌。說解亦譌。畀予也校語。異字見急就篇。【說文解字六書疏證卷五】

◉鍾柏生　一、在第一期卜辭中：「帝異」「先王異」或與天象、疾病有關的卜辭，「異」用為動詞，有「疑怪」之義；另外卜問疾病的「王□異」。為「變異」「變化」之意。……

二、在第三、四期中，「異」下列幾種用法和意義：

(一)在田游卜辭中，「王異」或「異」也用作動詞，其意義與「祀」相同，這是狩猎前的一種祭祀。

(二)「鬯異」的「異」也是動詞，其意義與「祀」相同，「鬯異」是「用鬯以祭」的意思。

(三)在與軍事有關的卜辭「𠂤人生異」、「生異」是「生異心」，異在此為名詞。……

(四)用作名詞為地名。

(五)例證太少而難以斷定的為：例(54)的「新異鼎」和例(64)的「□異隹其亡矢啟」的異。【說「異」兼釋與「異」並見諸詞　中央研究院歷史語言研究所集刊第五十六本】

◉楊樹達　異甲文作□，王静安云：「此疑戴字，象頭上戴甶之形。」余永梁云：「加益乃戴之本義。詩毛傳：崔嵬，土山之戴石者，石山戴土曰砠，是也。戴異古當是一字，音同在之部。」即咍部。樹達按王余二家説是也。説文云：「戴，分物得增益曰戴。从異，𢦏聲。」都代切。按𢦏在咍部，異在德部，為咍部之入聲，戴乃異之加聲旁字。詩周頌絲衣云「載弁俅俅」，載假為戴。今語謂加冠於首為戴帽子，與詩毛傳戴石戴土皆戴字之本誼，甲文之異則其初形也。今説文異字注固非初誼，即戴字下分物得增益之訓亦非戴字之通訓也。要之異本頭上戴物之誼，今其義為戴字所專有，而異乃專為分異異同之義矣。【文字初義不屬初形屬後起字考　積微居小學述林卷五】

◉饒宗頤　……卜𣪘羽甲辰㞢上甲畓(異)……(粹編九八)

右三辭俱於甲日祭上甲。畓从収从田，乃「異」字，讀為翼。爾雅釋詁：「翼，敬也。」詩：「有嚴有翼」，「以引以翼」，翼俱訓

敬。此言敬侑於上甲也。【殷代貞卜人物通考卷三】

◉高鴻縉　原象人戴由(竹器)而以兩手扶翼之之形。由物形生意。故託以寄負戴之戴。動詞。王静安曰。此疑戴字。象頭上戴由之形。是也。後人用字。通叚異以代狀詞冀(不同也。从北異聲)。而冀復通以代憶(於無形之處。用心思慮也。見玉篇。)。兩字遞移。久而成習。秦人乃於異上加𢦏聲作戴。以還異本字之原。孟子梁惠王。謹庠序之教申之以孝悌之義。頒白者不負戴於道路矣。周時戴應書作異。若論其音。異與戴亦一音之變。亦猶之怡之與台。弋之與代也。【中國字例二篇】

◉李孝定　小篆異作，許説為从収从畀。置収於畀字之間實有乖文字結構之常例，試觀金文諸異字始恍然於篆體譌變之故，而从収从畀訓予之不足據也。曶鼎作，辭云「……惟王四月既生霸辰在丁酉井叔在異……」異為地名，無義可說。見攈古金文三之三第四六—五〇葉又積古四・三五—四一葉又愙齋四・一七—二〇葉又奇觚二・二一—二八葉兩周八〇葉周金文存二・六—七葉兩録、録八三葉，吉文一・二六—二八葉小校三・四五—四六葉均有著録。虢叔鐘作，辭云「……皇考嚴在上異在下……」見攈古金文三之二・三葉小校一・八七葉周金文存　補遺兩録圖一一九・一二〇・一二一均有著録。又虢叔編鐘作，辭同，攈古金文三之二・六葉愙齋一十六葉題名叀叔鐘兩録録一二三葉綴遺一・二三葉小校一・八九葉均有著録。此翼敬之義也。經傳中翼敬之義見上丁氏所引。盂鼎作，辭云「……故天異臨子灋保先王……」，攈古録金文三之三・三一—三六葉愙齋四・十二—十七葉奇觚二・三四—四一葉從古十六・三一—三六葉兩周三十二葉周金文存二・十—十一葉兩録，圖五，録十八綴遺三・二十二葉吉文一・五—七葉小校三・四十一—四十二葉均有著録。㳄伯簋作，辭云「乃祖克未先王異自它邦」，此翼佐之義也。召卣作，辭云「唯十又二月……賞畢土方五十里召勿敢諲王休異用作部宮旅彝」，周存五補遺、吉文四・一〇叀松八・三一—三二・金續十・兩録，圖一九六，録八一均有著録。此殊異之義也。單異簋作，辭云「單異作父癸寶尊彝」，攈古金文二之一・二十葉筠清館金文五・七葉。此為人名，無義可說。其字皆象人首載物之形，丁氏謂為・或□所繁變，説非。單異簋从，明係甾字，寧得謂為・或□所繁變乎。其義雖無訓戴者，然皆可自首載物一義引申得之，蓋以首載物者必小心翼翼，敬慎將事，復以兩手扶翼之，故引申之得有敬也，佐也，輔翼輔翼，翼敬翼佐翼戴之翼其字實皆當作異也諸義。虢叔鐘字作，則小篆作之所自昉也。

契文異字形體已見上引，大抵象一人頭上載物高舉兩手扶翼之之形。上从即許書東楚名缶曰甾之甾。或省作，仍是甾字，非田若鬼頭之也。以與畀字作之結構法相同，畀訓舉而異之本義為頭載物，畀讀渠記切，而異讀羊吏切，據段氏音韻表二者同在第一部。是二字音義亦相近也。畀所从亦甾字見前。前五・三八・七及前六・五六・七異字作，上从甾，甾下之短横畫乃象負載器，即説文之𤮊。金文之𤮊為圓形容器與此無涉。許書云「𤮊㯳𤮊負戴器也」亦即漢書之寠數。漢書東方朔傳

「是叀㪤也」，顏注云：「叀㪤戴器也。以盆盛物戴於頭者則以叀㪤薦之，今賣白團餅人所用者是也。」下从[字形]，正象人首戴甾下承以𥁕兩手翼之之形。甾缶屬為液體容器，戴之於首必兩手翼之，今鄉曲之人取水載物猶有用此法者。孟子云：「頒白者不負戴於道路矣。」此為戴之本義而異之後起同義字也。戴異古音同部然則謂戴為異之後起字亦無不可也。他辭異字則省此象𥁕形之短橫畫，其上仍多从[字形]，或又省作[字形]，而人形之兩手則無一不上舉高與首齊者，蓋舍此無以狀頭載物之意也。字在卜辭亦多用為「其明日」之翊。辭云「□□𡆥韋貞異弗」，前・五・三八・六，弗字葉玉森前釋摹作[字形]釋為及惟諦察影本似於弗字為近。「□子卜貞異[字形]不晰禘」，前・五・三八・七。「□申卜貞異□其□兩」，前・六・五六・七。「壬王異☐盂田弗□」，甲編三九四。「王異戊其射在[字形]冢」，甲編三六三六。「甲子卜狄貞王異其田亡𡿧」，甲編三九一五。「丁丑卜狄貞其用茲卜異其涉冢同」，甲編三九一六。「貞王[字形]異其疒不[字形]」，乙六八一九。「庚申□□貞日□□異□□雨帝□□征不□□」，萃・八一一。凡此皆用為明日之義。蓋此義古無正字，卜辭多叚羽丁氏釋翼者若翌為之。上舉諸例又叚異為之，經典則多用翼。至卜辭之翊从日羽聲，許書之昱从日立聲，則當為較後起之翊(昱)日專字，然猶本字與借字兼行也。惟有一片可資注意者，佚二七七辭云「辛丑卜彭貞翌日壬王異其田[字形]湄日亡𡿧」言「王異」與他辭之言「王異」者全同，當為「王異日□日干名」之省文。甲編三六三六言「王異戊」不省可證。然此辭「王異」之前固已明言「翌日壬」矣，如下異字亦解為明日，語意未免重複，然則此辭「王異」之異或有別解，蓋嘗苦思而未得其故也。他辭之異，則多辭義不明。如「壬子☐貞山䠶[字形]」，外一〇四字作[字形]或亦[字形]之省變惟卜辭另有[字形]字(前六・二一・六)或作[字形](前・七・二・一)丁山亦以為異字說有可商此字上从[字形]或[字形]乃子字其中畫與下「[字形]」形中畫不連乃象人抱子加之肩上之形非象頭戴物也友人屈翼鵬先生疑承字考承字契文作[字形]與[字形]是否一字固不敢必然決非異字也。「鬯異酒」，甲編六五七。屈翼鵬云：「此疑以特異之酒為鬯卜其吉否也。」見甲釋一〇四葉。是則異有別異殊異之義，為卜辭用異之一特例。「☐新異[字形]兄」，摭佚續編二七五。新異二字連文，疑與甲編六五七辭之異同意，惟辭義不明。「丙子卜㝉貞父乙異☐隹𢼄」，其義均不可碻指，無用其本義戴及其引申義者，與金文異字所見之辭例亦無一相同，是為可怪耳。

綜上所論，異字實象人首戴甾之形，其本義當訓戴，凡金文及經傳中訓敬、訓奉、訓助、訓佐、訓輔、訓承之翼，並異之假借字而戴之引申義也。至許書訓異為分，亦由戴義所孳衍。經傳中訓異為別、為殊、為怪、為非常，則分義之餘緒也。以異之朔誼久湮，假借字之翼專行，許君遂以分為異之本義。猶幸許書以異戴同部，吾人尚可由二字之關係以上溯其初誼，更幸而有金文異字之用為翼敬、翼佐諸誼，得證經傳翼字之用為翼敬、翼佐諸義者胥為異之通假，復由甲骨、金文異之形體以明其初形，更證以說文從異得聲諸字之訓詁以徵異之訓戴之非誣，故異下當解云「戴也，象人首戴甾之形，从大収从甾，甾亦聲。」【甲骨文字集

◉常正光　「巳」就是「祀」的初形，訓為祭，這還可以從「巳」字的形體結構上找到根據，原來「巳」字乃是「異」字的省形，這種看法乍提出來也許使人不容易接受，但是經過剖析之後，人們便會發現説文「禩，祀或从異」是有道理的，是符合歷史實際的……段玉裁在説文這一條下注為：「古文巳聲異聲同在一部，故異形而同字也。」這兩個字古音同屬喻紐之部，與職部二韻也是相通的，今音對喻紐與審紐字雖有差別而古音則是相同，這正如似與以今讀雖不同，而古音則同。易明夷「文王以之」，釋文作「文王似之」；説文侣(似)从㠯(以)聲，爾雅釋詁「弛，易也」，以易聲訓弛。此外在字義方面，從卜辭中可以得到充分的例證。

卜辭中的「異」字作「」，多以「王異」的句型出現，用法與「王祀」、「王祀」相同，如：

辛巳卜彭貞：翌日壬王異，其田盥湄日亡？　佚二七七

壬王異，盂田弗。　甲三九四

王異，田亡大雨。　人一九八九

貞，王異　文六〇五

王異　佚四〇八

「異」字在卜辭中或作「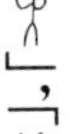」、「」形如：

庚戌卜夬貞：不其雨，帝(禘)異。　續四·三·七

□申卜貞，異，隹其不雨　前六·五六·七

丙子卜穷貞：父乙異，隹𣪊王　乙七七〇五

在以上述例句為代表的卜辭中，「異」都應讀為「祀」，特別是根據同版對貞卜辭更可得到確證。如在甲編第三九一五號龜版中，其上右一卜為「甲子狄貞：王異，其田亡？」而其左側則為「甲子卜狄貞：王勿巳，田？」充分説明了卜辭中的「異」與「巳」只是字形有異，而其聲與義則是完全相同的。

「異」字李孝定釋為「翌」。由于「異」(即巳、祀)與「翌」都含有「祭」義，當然可以讀通一些卜辭的。只是在遇到上舉「貞，翌日壬，王異」一條時，便不能不承認：「王異之前固已明言翌日壬矣，如下異字亦解為明日，語義未免重複。然則此辭王異之異或有別解，蓋嘗苦思而未得其故也。」(甲骨文集釋八一四頁)。其實，只要據説文「祀或从異」驗之卜辭，釋讀為祀，即可「得其故也」。

「異」即「巳」字，不僅是古音相同，卜辭文例相同。而且在字形結構方面，也是有根據的。

卜辭中的「異」字還有作〓〓形的，皆見於一期卜辭，應該是「異」字的較早形态，也讀為「巳」。關於這個字……以丁山最有成就，他根據甲骨文中从「口」形的字，後世多有譌變為「田」形的，認為異字就是由「〓」而來的。但是細審「〓」字所从的「口」原來是「〓」的省形，並不和其下所从的舉手形相連接，這當然不是舉手之人的頭形圖畫的訛變。實際上這是从「〓」而一譌為「〓」，再譌為「〓」形成起來的。至於甲骨文中「〓」字也不是人舉「甾」，而是「〓」字上又加畫頭髮作「〓」形訛變成的。這個「〓」字恰好在說文中找到相連接的環節，說文：「〓……象形……〓，古文子，從巛，象髮也；〓，籀文子，囟有髮，臂、脛，在几上也。」這個籀文「〓」字，無論其字形或許氏的解說與「〓」是相符的，「田」即是「囟有髮」，臂在篆文中訛為「〓」，脛即「〓」，脛下之儿與篆文「〓」下作儿之訛變相同。

異與籀文「〓」是同字，不僅字形演變有據，在古音上也可以找到證明。甲骨文辰巳之巳作子。子與巳同字這是無須申述的。此外在卜辭中子與巳也是通用的。如「戊辰卜夬貞：勿幺壴帚飤巳子」(後下三四·一)與「飤子子」(前四·一·六)是相同的。「〓」字或作「〓」，也同樣說明子與巳是音同字通的。既然這樣，與巳古音相同的「〓」、「〓」、「〓」同籀文作「〓」的子字，也應是古音相同的。異和〓是訛變為不同形體的同一字，這正如巳和子是同一字一樣……

祭必有尸，尸同祭不可分的關係，使尸成為表示祭祀活動這個概念的最好形象。可以說〓、〓、〓就是以人舉尸而立之或妥之，會意為祭祀之祀，是「巳」或「祀」字的初形；〓、〓乃至篆文異字是其訛變；而「〓」或「〓」經過訛變而為後世文獻中的「尸」，也是異字的省形；「〓」應是「〓」經專用為尸之後的定型，再加形符「示」便是形聲字的「祀」，由小篆固定後沿用至今。這完全證明說文「禩，祀或从異」是確有所據的。【甲骨文字的一字多形問題　古文字研究論文集】

◉于省吾　第三期甲骨文有「新異鼎」(摭續二七五)，上下文已殘。異鼎二字合文作〓，甲骨文編入于附録。周初器作册大方鼎的「公來鑄武王成王異鼎」，異鼎二字作〓。郭沫若同志謂：「異，禩省，說文祀或从異作禩。」(系考三三)容庚同志說同(善考一三)。按禩為晚周古文，晚周以前的古文祀字無作禩者。陳夢家謂：異鼎「可能就是下將述及的二鼎：一為大保鑄鼎，一為成王奠鼎。此二者都是方鼎，而耳上都有特殊的匍伏之獸，所謂異鼎，或即指此。……這兩鼎原非一對，但原來或有大保鑄武王奠和大保鑄成王奠的兩對。異鼎之異或是比翼之義。」(西周銅器斷代三·八五)按陳氏既訓異為耳上有特殊之獸，又謂鼎為兩對，訓異為比翼，都是出於主觀想像。

史記楚世家的「居三代之傳器，吞三翮六翼」，索隱：「翮亦作鬲，同，音歷。三翮六翼，亦謂九鼎也。空足曰翮，六翼即六耳。」正義：「翮誤，當作鬲，音歷。爾雅云，附耳外謂之釴，款足謂之鬲。」說文鬲字段注：「翮者鬲之假借字，翼者釴之假借。九

鼎款足者三，附耳于外者六也。」按舊説訓鬲為款足是對的。至于以六翼為六附耳，古代何曾有六附耳之鼎呢？至于段注也是臆説，因為九鼎中有三個款足，六個附耳，也是講不通的。墨子耕柱謂夏后開(啟)鑄九鼎，左傳宣三年杜注以為禹鑄九鼎，均不可信。因為夏代相當於龍山文化的後期，不可能有鑄九鼎之事。近來學者謂九鼎係武王伐紂時所俘掠的商鼎，後世演義為夏初所鑄，這樣推論是可信的。

甲骨文新異鼎之異應讀作翼。古文字有異無翼，以異為翼，翼為異的後起字。盂鼎的「故天異臨子」，異臨子應讀作翼臨慈，詳墨子新證。虢叔鐘的「嚴在上，異在下」，詩六月稱「有嚴有翼」，可以互證。商和西周時代有花文的各種彝器，外部往往有幾道突出的高棱，好像鳥的羽翼，故典籍稱之為翼。圓鼎外部有的三翼，有的六翼，方鼎多作六翼，也有作四翼或八翼者。今俗稱翼為「腓子」。總之，作册大方鼎之稱異鼎，指鼎之有翼者言之，甲骨文的新異鼎，指新鑄有翼的鼎言之。這是由於得到實物的驗證而知之。【釋新異鼎　甲骨文字釋林卷中】

◉裘錫圭　從以下列舉的種種跡象看，「異」的語法性質實在跟「唯」和「允」十分接近。

第一，「異」常常在語氣副詞「其」前邊出現，「唯」和「允」也可以在這個位置上出現。這一點上文已經説過了。

第二，「異」字有時在時間詞前邊出現，例如：

(19) 王異戊其射在穆兕，擒。

弗擒。　甲3636

(20) 〔王〕異戊其射在穆兕，擒。　京津4487

「唯」字也常常出現在這個位置上，例如：

庚辰卜□(貞人名)：唯辛巳其雨。雨小。　前4·42·5

王固(繇)曰：其得，唯庚。其唯丙其齒。　前7·42·2(此條為占辭)

我們没有見到「允」字置於時間詞前邊的例子，不過它可以出現在其它體詞之前。例如：

□申卜：王夢，允大甲降。　甲綴9

古書裏也有這種例子：

允王維後。　詩·周頌·時邁

允王保之。　同上

第三,「異」字前邊可以有否定詞「不」,如上引(15)。「唯」和「允」前邊也都可以加否定詞「不」:

貞:不唯蛊。前6・42・6

癸未卜宾貞:兹雹(?)不唯降囚。乙綴126(丙60)

貞:不允涉。……後・下35・9

貞:吾方不允出。庫1616

第四,「異」字後邊可以接「唯」字,如上引(13)—(18)諸例。「允」字後邊也可以接「唯」字:

允唯莫。甲799

貞:允唯艱。存・下284

總之,卜辭裏的這種「異」字,應該是語法性質跟「唯」、「允」很相近的一個虛詞。【卜辭「異」字和詩、書裏的「式」字 中國語言學報第一期】

◉劉釗 《文編》四十第7欄有字作「」,按字應釋為異,金文異字作「」、「」、「」,與古璽「」字形同。【璽印文字釋叢(一) 考古與文物一九九〇年第二期】

◉戴家祥 静安先生云:此疑戴字,象頭上戴由之形。楊樹達亦謂:「甲文異字作人頭上戴物,兩手奉之之形,蓋戴之初字。」積微居金文説二零八葉𠦪伯𣪘再跋。按王説是也。釋名釋姿容:「戴,載也,載之於頭也。」「載,戴也,戴在其上也。」左傳僖公廿三年晉子犯教文公曰:「天賜也,稽首受而載之。」襄公十八年中行獻子將伐齊:「夢與厲公訟,弗勝。公以戈擊之,首隊於前,跪而戴之,奉之以走。」金文父己尊有字,且戊鼎有字,象人一手提物,頭上又載一物而用一手護之之形,父戊彝有兩字,象側視人形,頭上戴物,意者運輸工具未被利用之時,唯有頭戴背負才能維持其生存權利。「頒白者不負戴於道路矣」,在戰國時代,孟子還作為「王政之始」,向梁惠王慨乎言之。蓋異為原始象形字,加旁从戈,則變為形聲字,今異失其初義,乃由後起加旁之戴據有之,而異字則有「殊異」「佐翼」「敬趩」之義,皆同聲通假字也。【金文大字典下】

戴 

 戴讎  戴衆印  戴當  戴暨  戴彊之印  戴叔私印  戴翁壹  戴□之  戴鮮  戴

賞【漢印文字徵】

部昭卿字指　戴　籀韻【古文四聲韻】

◉許　慎　分物得增益曰戴。从異。𢦏聲。都代切。籀文戴。【説文解字卷三】

◉吳大澂　當釋戴。【愙齋集古録釋文賸稿】

◉林義光　此義經傳無用者。戴相承訓為頭戴物。當即本義。𢦏異皆聲也。異聲轉為戴。猶弋轉為代。台轉為殆矣。【文源卷十二】

◉王國維　龜板文有諸形。疑即戴字。【劉盼遂記説文練習筆記　國學論叢二卷二期】

◉余永梁　書契卷五三十八葉　同上　同上卷六五十六葉　書契後編三十九葉。

王先生謂此疑戴字。象頭上戴由之形。謹案加益乃戴之本義。毛傳「崔嵬，土山之戴石者。石山戴土曰砠」是也。籀篆乃為形聲字矣。戴異古當是一字。音同在之部。虢叔鐘「嚴在上異在下」。盂鼎「古異臨天子」。異翼一字。本義當與戴近。舀鼎「王在戴」。雖不必為陳留戴國之戴。然固有以戴為地名者矣。【殷虚文字續考　國學論叢一卷四期】

◉馬叙倫　分物得增益曰戴。古書無證。且非本訓。爾雅釋山。石戴土謂之崔嵬。土戴石為砠。皆為在上之義。古者戴物以首。故謂之戴。異即象其形。增益曰戴。蓋引申義。異聲之類。𢦏聲亦之類。異从由得聲。甾亦从甶得聲。周禮媒氏注。古緇以才為聲。禮記玉藻注。古緇或从糸旁才。是才聲由聲古通之證。戴可為異重文。異部可删也。左隱十年傳釋文引字林。戴。故國在陳留。此戴字下説解。字見急就篇。

嚴可均曰。弋聲。當言籀文戴省。若非脱省字。即篆體當从弋。古弋才同聲也。宋保曰。𢦏省聲。倫按弋聲。代从弋聲是其證。爾雅釋地。南方有比翼鳥。釋文。翼。本或作𦐂。亦其例證也。金文戈弋二字往往通用。弋異雙聲轉注字也。【説文解字六書疏證卷五】

舁【汗簡】

汗簡【古文四聲韻】

◉許　慎　共舉也。从臼。从廾。凡舁之屬皆从舁。讀若余。以諸切。【説文解字卷三】

◉林義光　象四手。即二人共舉形。【文源卷六】

□ 䙴

◉馬叙倫　承培元曰。舁即輿臣隸之輿。呂覽曰。厮輿白徒。注。舉物之夫也。是輿當為舁也。劉秀生曰。舁為輿所从得之聲。古在影紐。模部。余聲古亦在影紐模部。故舁得讀若余。車部。輿。从車。舁聲。國策秦策。箕子接輿。漆身為厲。尸子。接輿作胥餘。爾雅釋艸。藒車乞輿。釋文。輿本作萸。又作蒢。本書女部。𡟰。从女。與聲。讀若余。是其證。倫按共舉也當作共也對舉也。舁即與舉轝之初文。今舉下轝下皆曰。對舉也。是其證。對舉也即共也。此校語。甲文與字作□諸形。明為二人對舉一物。又疑舁共一字。舁為對舉。共為扛之初文。扛訓横關對舉也。其證一也。共之古文作□。為兩人高舉一物之象。而舁為舉初文。今言舉皆有高意。舉从舁而訓升高。其證二也。舉音見紐。共音羣紐。古讀羣歸見。其證三也。今北方言高持曰舉。南方多言扛。其證四也。以此言之。則共舉也蓋本是共也舉也。一訓校者加之。舉也者以後起字釋初文也。今音轉入喻四。聲入魚類。遂為二字矣。【説文解字六書疏證卷五】

□ 九一：一　宗盟類參盟人名　其它類勿䙴兄弟　□ 八五：三五　【侯馬盟書字表】

□ 䙴　説文䙴或从卩　秦一五三　七例　通遷　或贖—欲入錢者日八錢　秦一五二　□ 秦一五四　十一例　【睡虎地秦簡文字編】

□ 3297　□ 3997　【古璽文編】

□ 石經僖公　説文䙴或作䙴古文作□汗簡以為仙遷字重文　【石刻篆文編】

◉許　慎　□升高也。从舁。囟聲。七然切。□䙴或从卩。□古文䙴。【説文解字卷三】

◉吳大澂　□與毛公鼎□字相似。疑即古䙴字。説文。□。升高也。从舁。囟聲。□䙴或从卩。馭方鼎王乃□之。大澂釋作䙴之。文義俱順。此鐘䙴德與毛公鼎䙴圭或皆玄字之假借字。古文同音相假之字。見于經典釋文者甚多。玄德升聞有高舉之意。故曰䙴德與。【愙齋集古録第二册】

◉劉心源　□。説文作□。重文作□。古文作□。解云。升高也。䙴或从卩。又遷下云。登也。知䙴即遷。此从□。乃□省。如説文□叔弓鎛作□。毛公鼎作□。亦是省□為□。即□。此又从□。反□也。合之為䙴。毛公鼎□圭與此同。

䙴即遷。詳噩侯鼎。尚書大傳。諸侯執所受圭邑朝於天子。無過者得復其圭邑歸其國。有過者留其圭。能正行者復還

其圭。三年圭不復少絀㠯爵。六年圭不復少絀㠯地。九年圭不復而地削。此言遷圭即所留者。【奇觚室吉金文述卷二】

◉商承祚　説文𢍰。「升高也。从舁囟聲。䙴𢍰或从卩。𡔛。古文𢍰。」案此為古文增文。與㓻字同例。石經遷之古文與此同。漢書郊祀志。「湯伐夏桀。欲䙴夏社不可。」地理志。「春秋經曰。『衞䙴于帝丘。』」䙴為遷之初字。【説文中之古文考】

◉馬叙倫　桂馥曰。本書𩠐从臾。徐鉉以為古文蕢。林罕以為古文𢍰。未知所據。苗夔曰。囟應㐫之譌也。觀手部㨤。古文作㐫。可證。朱駿聲曰。㐫省聲。倫按升高也當作高舉也。疑此非本訓。或本作升也高舉也。傳寫誤之。升也蓋字林訓。或校者輒加也。䙴。字亦作𢍰。見三國志孫休傳注。則升也之訓所由來矣。𢍰从舁。當有舉義。舁共一字。𦥑象四手在物下舉之。故𢍰从舁。訓高舉。升乃引申義。或遷字義。或僊字義也。囟㐫音同心紐。皆可為𢍰之聲。故轉注為㨤。从手。西聲。今誤為遷之重文。𢍰為振之聲同真類轉注字。

䙴　林義光曰。[glyph]即人字。倫按此蓋僊之初文。从人。𢍰聲。與𢍰異字。當入人部。

𢍰　朱駿聲曰。此籀文也。李杲曰。魏石經有[glyph]字。與此近似。【説文解字六書疏證卷五】

◉劉　桓　何尊銘文首句「隹王初䙴宅于成周」，關涉周成王時的重要史事，諸家考釋分歧很大。兹試説之。

「隹王初䙴，宅于成周」，句讀自楊寬先生考證後，已經得到解決，今即从其讀。在此需要提出討論的是䙴字的隸定及字義。䙴字，唐蘭先生起初隸定為䢦而釋為遷，楊寬先生從之，謂：「䢦字在《説文》為地名。何尊銘文當作『䙴』字用，也可以讀作『遷』。」劉蕙孫同志則懷疑䢦字是䙴邑二字的合文。後來唐蘭先生認為此字从邑𢍰聲即䙴字，而讀為遷。今按䙴在銘中作䙴，字之右端从邑即邑之繁文，諸家謂从邑是對的，但隸定作䢦則非是，字也不是䙴邑二字的合文。唐蘭先生後來認為字應釋䙴是正確的，然而此字何以从邑則無説。我意字當是䙴即䙴字。《説文》三篇上舁部：

𢍰，升高也。从舁，囟聲。䙴，𢍰或从卩。𡔛，古文𢍰。

䙴字《説文》从巳（即卩），而何尊銘从邑，是兩字的明顯差異之處。然而這該如何解釋呢？考之漢碑，遷字多做遷（魯峻碑、武榮碑、曹全碑等），獨泰山都尉孔宙碑尚保存古體，其文曰「遷元城令」，遷寫做䙴，䙴即䙴，恰恰从邑，適與此銘及大盂鼎、宜侯矢毁等銘䙴字从邑無有不合，説明這是上承周代金文的寫法。本銘从𢍰从邑之字，決非二字合文，實為䙴（䙴）字。由此字之確釋，可以證實《説文》䙴字乃由䙴字省變而來，這一省變既已成為正體，其原始形反而被掩没。據此尚可推知，䙴乃此形後起的簡寫字，所以，王念孫謂隸省作䙴（《廣雅疏證》卷五下）。

古時用䙴為遷，其例並不鮮見。《漢書·律歷志》「周人䙴其行序」，顏師古注：「䙴，古遷字。其下並同。」又《地理志》

「《春秋經》曰『衛遷于帝丘』」,讀法當如顔注,莫不文从字順。又用䙴為遷,《郊祀志》「湯伐桀,欲䙴夏社,不可」,《廣雅・釋言》:「䙴,遷也。」確有依據。

䙴字既然从邑,邑乃指人所聚居之地(邑落),則䙴當指邑之遷。在典籍中,遷多用為遷徙或遷移之義,《爾雅・釋詁》「遷,徙也」,《詩・衛風・氓》「以我賄遷」,毛傳同前訓。《廣雅・釋言》「遷,移也」,徙移義相近。字又指都邑之遷移,《書・盤庚上》「盤庚遷于殷」,《周禮・秋官・小司寇》「二曰詢國遷」,鄭注:「國遷,謂徙都改邑也。」

如此說來,䙴在典籍中一般均應讀遷,乃遷徙、遷移之義。《說文》訓「䙴,升高也」(字亦作䙴、䙴),段注指出「升之言登也,此與辵部遷𨖍音義同」。此義在先秦典籍中不甚見,想是引伸義而非本義。則本銘自以訓為遷徙、遷移為優。【金文五則 文博一九九二年第三期】

與

與 喬君鉦 从口䱷鎛 中山王譽鼎 中山王譽壺 【金文編】

布园(三孔)邱與 展圖版貳肆 按古鉨旗字作 所从與此字同 【古幣文編】

一九八:一〇 宗盟類參盟人名妾與 【侯馬盟書字表】

246 248 【包山楚簡文字編】

與 秦一七四 十三例 效一九 三十九例 秦一二三 十七例 語一〇 四例 【睡虎地秦簡文字編】

鴻與光印 陽與成印 【漢印文字徵】

天璽紀功碑 宇與西部校尉姜□ 古文殘石與眾異 說文古文作 禪國山碑 與運會者二 【石刻篆文編】

古老子 說文 古老子 籀韻 崔希裕纂古 同上 【古文四聲韻】

◉許 慎 與黨與也。从舁。从与。余吕切。古文與。【說文解字卷三】

◉林義光 即与之或體。古作 毛與敦。四手象二人交與。一所與之物。與同意。各見本條。或作。齊侯鎛譽字偏

旁。【文源卷六】

◉羅振玉 卜辭諸字从舣。象二人相授受形。知與受為與之初誼矣。知凡為舣者。以舣从凡，或作□知之。知與字从舣者。以受字知之也。或省从兩手奉舣形。兩手奉舣者將有所與也。舣亦舟也。所以盛物。鄭司農謂。舟若承槃。是舣與舟殆一物矣。【增訂殷虛書契考釋卷上】

◉馬叙倫 鈕樹玉曰。韻會与上無从字。宋保曰。与聲。莊述祖曰。與不从一勺之与。高田忠周曰。金文與字皆从舁从与。与聲也。羅振玉曰。卜辭與字作□□□諸形。从舣。象二人相授受形。為與受之與。知从舣者。以舣从凡或作□也。知與字从舣者。以受字从舟知之也。或省从兩手奉舣形。兩手奉舣者。將有所與也。舣亦舟也。所以盛物。鄭司農謂舟若承槃。是舣与舟一物矣。倫按黨與非本訓。引申之義也。一人不足以舉之。必有助者。故為黨與也。或非本訓。甲文从□者。為舁之異文。凡為槃之初文。非舟車之舟。六篇。槃。承槃也。古文从金作鎜。籀文从皿作盤。然金文有□字。與古文同。禮記大學引湯之盤銘。則古槃以金。周禮凌人。共夷盤。冰。注。漢禮器。大槃廣八尺。長丈二尺。深三尺。然則凌人共夷盤。其形亦不小矣。儀禮特牲饋食禮。壺禁在西序。鄭玄注。士冠禮曰。禁。承尊之器。周禮司尊彝注。舟。尊下臺。若今時承盤。是禁與盤同。禁又名棜。禮記玉藻。大夫側尊。用棜。注。棜。斯禁也。儀禮饋食禮，棜在其南。南順。實獸於其上。注。棜。如今之大木轝矣。轝即輿字。車箱也。然本書無棜。而禁亦非器名。禁音見紐。棜从於得聲。於音影紐。見影同為破裂清音。則禁借為棜。而棜蓋盤之轉注字。盤从般得聲。般音封紐。封亦破裂清音也。清光緒廿七年陝西寶雞縣出古器。端方得之。名曰斯禁。斯者。蓋榹之音同心紐假借字。榹為槃之轉注字。此器長約今尺二尺。廣一尺餘。高五寸餘。重今斤五十餘斤。其正面形為□。中實尊杓斝觚卣盉凡十餘事。重又當倍之。則非一人所能舉。然則與之从槃。正以明須共舉也。齊子仲姜鎛□字。蓋从牙牙聲。為牙之聲同魚類轉注字。或牙誤為□。牙□二文合之成□耳。□又牙之譌。此又□之譌也。會意。與字見急就篇。父辛爵作□。

□ 鈕樹玉曰。繫傳韵會作□。李杲曰。書栔作□。从凡。凡。舣也。齊鎛變凡作由。由由而与。再譌矣。

【説文解字六書疏證卷五】

◉朱芳圃 與象兩人用手鉤牙之形。金文从口，附加之形符也。論語雍也篇「與之粟九百」，堯曰篇「猶之與人也」，孟子離婁篇「可以與，可以無與」，萬章篇「一介不以與人」，皆謂給與，當即此字之本義。許君訓為黨與，乃借義也。【殷周文字釋叢卷中】

◉商承祚　舁為與字之簡。《說文》「與，黨與也。从舁、从与。□，古文與」此同。此簡所言教瑟一年，教言三年，皆為教學內容及年限規定。【信陽長臺關一號楚墓竹簡第一組文章考釋　戰國楚竹簡匯編】

◉陳永正　春秋時期出現了新的聯結詞「與」。「與」的本義當為動詞，有給予之義。用為連詞的「與」，在春秋銅器銘文中僅見一例，書作「⿱舁口」：

侯氏易之邑二百又九十又九邑⿱舁口。□之民人都啚　⿰黹令鎛

「與」，後來逐漸取代了西周時期用為連詞的「雩」和「以」，成為使用得很廣的連詞。在戰國時期的古文字材料中，「⿱舁口」已書作「與」了。例：

非恁與忠，其隹能之　中山王鼎

黃金與白金之虡　信陽長臺關楚墓遣策【西周春秋銅器銘文中的聯結詞　古文字研究第十五輯】

◉陳松長　《說文解字》中「與」、「与」並出，「與」字歸在舁部，而「与」字則歸在勺部，許慎解釋曰：「與，黨與也。从舁，从与。」又「与，賜予也，一勺為与，此与與同。」很顯然，許氏所謂「一勺為与」的訓解是望形生訓的臆斷，當代古文字學的研究已經證明，「与」的篆體乃是「牙」字的象形。

「牙」字甲骨文中未見，但在金文中却累見不鮮。春秋屖敖設作「□」，師克盨作「□」，魯邍父設作「□」，均象上下齒牙相錯之形，和「与」的篆文形體如出一轍。

「与」的字形既明，那「與」的本義亦可因之而得到索解。「與」字亦不見於甲文，金文中則作「□」（春秋齊鎛），或作「□」（戰國中山王鼎）。朱芳圃先生曾指出：「與」象兩人用手鉤牙之形，金文从口，附加之形符也。于省吾先生則在《澤螺居詩經新證》一書中對「與」的本義作過精彩的論證：「譽、與古通。《禮記・射義》詩曰，『則燕則譽』，鄭注：譽或為與。齊鎛『⿱舁口□之民人都啚』，『⿱舁口』即『譽』，古人从口从言一也。《書・堯典》伯與，《漢書・古今人表》作柏譽。《韓非子・有度》『忘主外交以進其與』，《管子・明法》與作譽。《荀子・儒效》『比周而譽俞少』，王念孫謂譽即與字。」

于先生的論斷，信而有徵，勿容置疑。本文所要討論的是，譽、與既然古已相通，那麽，其語源究竟如何呢？

大家知道，象形文字必然有形可象，而有關意識形態的文字，都是從實物引申而來。「與」的字形既然是「兩人用手鉤牙之形」，那這個字形又是怎樣具有「譽」的意義的呢？這裏，我們不妨從民俗學的角度來揭示一下所謂「兩人用手鉤牙」所蘊涵的先民意識中的特殊意念。

早在先秦歷史文獻中，就有關於先民鑿齒的記載：

《山海經・海外南經》：「羿與鑿齒戰於壽華之野，羿射殺之，在昆侖虛東。羿持弓矢，鑿齒持盾。」

《淮南子・地形訓》：「凡海外三十六國。……自西南至東南方，結胸民、羽民、讙頭國民、裸國民、三苗民、交股民、不死民、穿胸民、反舌民、豕喙民、鑿齒民、三國民、脩臂民。」

人們也許會説，這只不過是一種傳説記載而已。其實不然，所謂鑿齒的習俗，在現代考古發現中，亦多有遺存，梁釗韜先生曾在《西甌族源初探》一書中寫道：「我國新石器時代或稍晚的遺存中發現有拔牙習俗的有：山東兖州王因、秦安大汶口、曲阜西夏侯、膚縣三里河、江蘇邳縣大墩子、湖北房縣七里河、福建曇石山、廣東增城金蘭寺村、佛山河岩以及臺灣屏東縣鵝鼻和恆春鎮墾丁等。」

由是可見，鑿齒拔牙這種習俗在中國，特別是在南方古已有之，而且這種特殊習俗所蘊含的特殊理念，也有着許多可以尋繹的文字記載和綫索。

《太平御覽》卷七八〇載：夷州民，女以嫁，皆缺去前上一齒。

《博物志》卷二載：荆州極西界至蜀，諸民曰僚子，生兒，既長，皆拔去上齒牙各一，以為身飾。

這兩條記載説明，鑿齒拔牙並不是隨意進行的，而只是在女子出嫁或男子成年的特定場合才舉行的一種特殊禮儀，它是男女成年，步入社會的一個特定標誌。

無獨有偶，這種鑿齒拔牙的習俗，在西方當代原始部落中，還相當完整地保存着。據《當代原始部落漫游》一書記載：「奇怪的是，缺一顆牙齒，却表示一位妻子的身價更高。一個南巴人的妻子又要想晋升到更高的等級，就必須心甘情願地犧牲一顆門牙，在這種痛苦的儀式中，她的丈夫或是另外的男親戚，用一根短棍頂住她的牙齒，用石頭敲打這棍子，使牙齒松動，然後用手拔去。」

依列維・布留爾在其著名的《原始思維》一書中也有相類似的描述：

「在贊比西河上游地區的巴托克部落那裏，没有拔掉門牙的人被認為是丑的。」

「東南亞與大洋洲不少民族把拔牙或磨牙作為成年或結婚的一種標誌。」

「新赫布里底島的女子，在結婚後即拔去上腭的兩顆犬牙。」

很明顯，不論是鑿齒以標誌成年，還是拔牙以示身份的高貴，東西方文化心理相通的一個現象是，拔牙是一種地位的象徵，

一種榮譽的標誌。而「與」字的構形，正是取「兩人用手鉤牙」的形象會意，正是古人觀念中拔牙以示榮耀的特殊觀念在文字上的形象表現。因此，我們可以推斷：「與」的字源即出自這種特殊的鑿齒拔牙之習俗，其本義就是「譽」。這也就是說「與」就是「譽」的初文，後因人們多用「與」來表示「賜予」、「黨與」等意項，故在「與」下加口或加言以別之，從而衍生出「㖟」或「譽」字。至於將「與」字用作介詞，那是假借所至，跟其本義已相隔甚遠了。【「與」字索源　于省吾教授百年誕辰紀念文集】

●于豪亮　和是與字。

勞榦《居延漢簡》第五十二葉(五三五·三)：

相見

第四二九葉(四七七·三)(一二九·一八)：

王游君相助見客辨之，急歸。掾叩頭，幸甚。

第二八三葉(二三一·四二A)

貴今歲不

以上三簡，第一簡的字，勞榦釋及，非是。第二簡的游字字，勞未釋出。第三簡的字勞榦釋為足字。其實這三個字乃是草書的與字。

松江刻本《急就章》「服瑣俞此與繒連」的與字正作、《武威漢代醫簡》圖版四下、釋文八上「去中令病後不復發閉塞方，穿地長與人等，深七尺，橫五尺，用白羊矢乾之十餘石，置其中……」。其中「長與人等」的與字亦作，則《居延漢簡》中的這個字是與字無疑。

今草與字也有這樣寫的。《寶晉齋法帖選》第二二頁王羲之書「司馬與無還問」的與字作，孫過庭《書譜》「與工鑪而並運」的與字作。與字的這種寫法一直傳了下來。【釋漢簡中的草書　于豪亮學術文存】

興

甲一四七九　祭名　甲二〇三〇　寧滬一·六〇三　甲二三五六　或从同省　乙一四六二　興方伐　乙三四二二　乙四八六四　乙五〇七五　興方　乙五一五九　乙五三二七　前五·二一·八　前五·二二·一

後一・二六・六 後二・一一・一 續四・三一・二 續五・二二・九 鄴初下・四七・二 摭續三一七

佚四二一 師友二・一二一 京津二五一一 京津四八九一 前五・二一・七 或从収 舉凡 京都四四

四【甲骨文編】

甲2030 2123 2124 2356 乙1462 3412 4864 5075 5327 佚421

續431・2 徵12・31 京2・1・4 4・13・2 摭續317 新2511 4891

戩39・8【續甲骨文編】

興 壺文 父辛爵 興鼎 殷句壺 鬲弔盨 从廾 多友鼎 嚴媵放興 與書費誓淮夷徐戎并興

相類放興即方興【金文編】

3・816 虐興之☐ 3・885 獨字 3・886 同上 3・887 同上 3・888 同上【古陶文字徵】

159【包山楚簡文字編】

興 為二八 十六例 為二一 二例 日甲一〇六 日甲一五〇背 秦一一五 三例【睡虎地秦簡文字編】

四—鼠(甲8—29) 殘 四—失羊(甲9—6)【長沙子彈庫帛書文字編】

3586 3962 1507 3290 或作，與興壺及父辛爵興字合。 3288 0749【古璽文編】

新興治庫督印 劉興 王興 田興 張興 始興左尉 合興涂印 脩躬德以俟賢世興顯令名存

【漢印文字徵】

□泰山刻石　夙興夜寐　□少室石闕　興治神道闕　□開母廟石闕　興雲降雨　□詛楚文　今又悉興其眾　【石刻篆文編】

□興　□興　□上同　【汗簡】

□籀韻　□古孝經　□義雲章　□雲臺碑　【古文四聲韻】

◉許　慎　□起也。从舁。从同。同力也。虛陵切。　【說文解字卷三】

◉林義光　古作□鄭興伯鬲。从□攀从□。□舁字之變。即登字。　【文源卷十】

◉高田忠周　說文。□起也。从舁从同。同力也。此為會意。□訓共舉也。故廣雅釋詁。興亦訓舉也。興舁兩字義相關也。詩大明。維予侯興。傳起也。禮記中庸。其言足以興。注謂起在位也。周禮舞師。凡小祭祀則不興舞。注猶作也。考工記弓人。末應將興。注猶動也發也。禮記樂記。降興上下之神也。注猶出也。文王世子興秩節。注猶舉也。論語。禮樂不興。皇疏猶行也。此皆與本義近者也。　【古籀篇五十八】

◉商承祚　金文父辛爵作□，與此同。說文興，「起也，从舁同，同力也。」此作四手各執盤之一角而興起之，小篆从口乃後增，後再將盤形寫誤為同字矣。　【甲骨文字研究下編】

◉商承祚　□　昔釋與，誤。乃興字。象四手各執盤之一角而興起之。金文父辛爵作□。與此同。又或增口作□□□鬲攸𤔲興鼎。則舉重物邪許之聲也。說文以為「从同同力也」。非是。　【殷契佚存】

◉唐　蘭　□，从兩手持H，即㨔之本字，又有殘辭云「……史……舁……疒」，前五・二一・八。及「……卜，平，……□……㞢」，續・五・二一・九。當是𠧪舁㞢疒之闕文，舁即興字也。說文興字从舁从同，同力也。卜辭作□則象兩人奉□，以象意聲化例推之，當為□聲，□□一字，故後世从同作舁，然則𠧪同𠧪㬰與𠧪興，其聲義當相同。古書用興字者，義多若同，微子云「小民方興相為敵讎」，即小民方同相為敵讎也。又云「殷邦方興沈酗于酒」，即殷邦方同沈酗于酒也。又云「我興受其敗」，我同受其敗也。呂刑云「民興胥漸」，民同相漸也。詩抑「興迷亂于政」，同迷亂于政也。是則𠧪興當讀為𠧪同。　【天壤閣甲骨文存考釋】

◉郭沫若　□字羅釋與，余謂乃興字之省。鬲叔𤔲興字作□，興鼎作□，此省口耳。蓋从舁从同省也。　【卜辭通纂】

◉馬叙倫　鈕樹玉曰。韵會作从舁同。沈濤曰。文選顏延年和謝靈運詩注引。興。悅也。乃一曰以下之奪文。實㛿字義。翟云升曰。文選闕中詩注。和謝鹽詩注引。並作悅也。乃別義。龔橙曰。李登集古文作□。倫按周禮大司馬。進賢興功。注曰。興。猶舉也。禮記文王世子。乃命有司行事興秩節。注曰。興猶舉也。廣雅釋詁。興。舉也。倫謂起也見詩大明毛傳。

此引申義。或字林訓也。興當訓舉也。即掀之初文。興掀雙聲。掀下引春秋傳曰。掀公出於淖。此與廣車陷楚人為舉之同意。興字鬲叔興父簋作□。甲文不見。倫謂實與□一字。□為□□二字合文。猶□之為□□合文矣。音入曉紐者。舉音見紐。見曉同為舌根音。而與音讀入喻四。曉與喻四又同為摩擦次清音。此於形音義三方求之。皆可決其為一字也。同力也校語。選注引亦校語。字見急就篇。古鉩有□字。丁佛言釋興。是。【說文解字六書疏證卷五】

◉楊樹達　許君以同舁二字解興，認興為會意字，義不剴切。今尋此字甲文作□，象衆手共舉一物之形。羅振玉誤釋甲文此字為與字，商承祚糾之，定釋為興，是矣。獨羅氏釋此字所从之□為般，而商氏从之，謂象四手各執盤之一角而興起之，其說仍非是。蓋盤之為物，輕而易舉，不勞衆手舁之。古人制字，用意大都精切，不應不協事實如此，故商君釋文雖合，其解字仍非也。今按□明是甲文凡字，葉玉森謂其字象船帆之形，其說至審，知凡乃帆之初文，帆乃後起之加旁字。釋名釋舟船云：「隨風張帳曰帆，帆，汎也，使舟疾汎汎然也。」帆字或作颿，一切經音義一引三蒼云：「颿，船上張布帊也。」吳都賦云「樓船舉颿而過肆」，劉注云：「颿者，船帳也。」說文云：颿，馬步疾也，非此義。經傳無帆字，說文亦不載，然舟行張帆以迎風，此初民所易知之事，宜殷代早有其文，不得以經傳許書偶無其字，遂爾致疑也。帆之為物也大，其始也，聯布於竿，當於地上為之；及其移而樹之於舟也，當以衆手舉之，故興字形象之，而其義為起也。物自起為起，內動字也；舉物使起亦為起，外動字也。興之訓起，以字形核之，當為外動舉物使起之義。淮南子覽冥篇云「帝道揜而不興」，高注云：「興，舉也。」周禮大司馬云「進賢興功」，禮記文王世子云「乃命有司行事興秩節」，鄭注並云「興猶舉也」，是其義也。

商承祚云：「金文父辛爵字作□，與甲文同，又或增口作□□□□鬲叔盨興鼎。則舉重物邪許之聲也。」余謂衆手合舉一物，初舉時必令齊一，不容有先後之差，故必由一人發令命衆人同時並作，字从口者蓋以此。若邪許之聲，乃已肩任後之聲，非初起時之聲也。至許君合凡口二字為从同，其誤顯然，又不待論矣。【釋興　積微居小學述林卷三】

◉饒宗頤　興者，禮記樂記「降興上下之神」，又文王世子「既興器用幣」，鄭注：「興當為釁字之誤。」朱駿聲云：「釁興聲近，字可通。」學記「不興其藝」，鄭注：「興之言喜也，歆也。」則興又可借為歆。說文「歆，神食氣也」，則卜辭所謂興某先王先妣，興字正可解為「歆」也。【殷代貞卜人物通考卷十】

◉馬叙倫

興白鬲　舊作叔帶鬲。見同上。倫按舊釋鄭燕白作叔帶□鬲。孫詒讓曰。〓。興。从〓小異。〓疑𣪘。〓。薦。倫謂孫釋興薦二字。是也。興从〓者。非説文之〓字。〓者。兩手向上有所攀執。以圖畫性之象形文言之。兩臂高舉而屈其指。篆文不便於書。遂若兩手相反耳。豈有兩手相反而可攀執者耶。此從〓者乃象兩人共扛一物。前走之人以背向物。則兩手在後持物。勢自反也。興伯蓋鄭人之字。【讀金器刻詞卷下】

◉屈萬里　鬲叔盨興字作〓。古鉥「美興」之興字作〓，並與本辭〓字同作。【殷虚文字甲編考釋】

◉李孝定　説文：「興，起也。从舁、从同，同力也。」契文作〓，羅釋與誤。商釋興是也。字从舁从般，般即周禮司尊彝之舟，象兩人舁般興起之誼也。唐讀為同以曲就其「攸同」之解，非是。其所引書微子數興字傳疏皆訓起是也。詩抑「興迷亂于政」，鄭箋云「猶尚也」，此語今猶有之，即「時興」「着興」之意也。微子「小民方興」應句絶，「相為敵讎」句絶。如訓為「同」與「相」連文，未免重複不辭。即令可訓為同，亦不能讀為同。「興」「同」之音讀懸遠，興不能以同為聲也。卜辭〓〓〓〓當釋為冎同有疾。冎者骨之古文，説詳冎下〓釋同，讀為痛，乃殷人疾病之貞也。契文之興亦當訓起，辭云「□□卜出貞見歲不興用」，言不起用之即不舉用也。後下·十一·一。又云「疒□興□事」，前五·二一·八。蓋言疾有起色也。又疑當訓生，「□辰貞㚔生于且丁母妣己」「乙未貞大御〓冓翌日其興」，後上·二六·六。上言「㚔生」者，郭某云「猶大雅生民『克禋克祀，以弗拔無子』也」；卜通三四葉上。而下言「其興」，蓋「其生」也。大戴記夏小正「匽之興五日翕望乃伏」，傳云：「其不言生而稱興，何也，不知其生之時故曰興。」或為方國之名，「貞王□興方伐」乙·一四六二「王从興方」乙五〇七五是也。或為人名，「貞興再𠬝評歸」乙三四一二是也。它辭所見興字多辭義不明。金文興字作〓鬲弔盨〓興鼎〓殷句壺與契文作〓者同。契文多作〓，古文衍變往，增口無義。【甲骨文字集釋第三】

◉陳世驤　興的初形即〓。古音＊xiəng。此字見於甲骨。羅振玉初以為是與。殷墟書契考釋頁五六。顯然受了説文的影響。他斷定與即舁。即〓。稱前者象四手。後者二手。最後只承認〓字有二手。使之更近乎〓。羅氏不能肯定此字當中H部份的意思。此曾為中國文字學界的大疑問。有以為是舟者。有以為是槃者。雖則舟槃之間聲義已大不相同。羅氏勉強稱槃亦即舟。蓋二者皆載物。如此。我們可以在英文裏找出Vessel這個字來。概括這兩個意思。亦舟亦槃。但以舟為槃或以槃為舟仍是十分勉強的臆斷。為了找出興字的原始意義。我們非改弦更張不可。羅氏殷墟書契考釋一九一四年問世。及一九三三年才有商承祚(殷契佚存考釋)和郭沫若(卜辭通纂考釋)的修正。現在我們加以研究。決可以接受商氏的解釋。以〓為四手合托一物之象。郭氏更強調説。此所托之物非舟。而絶對是槃。郭氏指出鐘鼎文裏由槃到舟的譌變。主張〓即槃的象形。

臼 𦥑

並強調此𠀎具有環轉的動態因素。因為𠀎與[glyph]同。[glyph]亦即般。槃。盤。此三者自古即兼具盤牒和盤旋的意思。息息相關。由來甚久。不能以假借視之。商郭二人的發現對我們決定興的字源極為重要。此發現可以延伸到對詩經文類的研究。看得出詩經作品的初期型態。以及晚期發展。商氏先決定[glyph]是四手或衆手托一物。繼而在鐘鼎文裏找到[glyph]和[glyph](二者都添了「口」的因素)。因此而得到一個結論説。興是羣衆合力舉物時所發出的聲音。他斷定興音是擬聲。如邪許之類是也。我們發現英文裏相似的是heave-ho一辭。商氏指出。羣衆舉物發聲。但我們以為這不僅因為所舉之物沉重(一槃之物也不可能太重)。郭氏所強調的「旋轉」現象。教我們設想到羣衆不僅平舉一物。尚能旋游。此即「舞踊」。舉物旋游者所發之聲表示他們的歡快情緒。實則合力勞作者最不乏邪許之聲。此古字當中的部份。慢慢發展為後期的「盤游」(尚書「盤游無度」)。逸周書「盤游安居」)。「盤桓」(易「盤桓利居貞」)。而在詩經本身般訓「樂也」。在衛風考槃和説文引「東門之枌」(槃娑其下)皆以槃為舞事。【原興兼論中國文學特質　香港中文大學中國文化研究所學報三卷一期】

◉李孝定　林氏謂興𢍏同字,無據。興字从「𠀎」,乃槃之古文,从「口」乃後增,非从同也。字从𠀎、从舁,疑其本義當為「與」,余曩編集釋時,謂羅振玉氏釋此為「與」為非,及今思之,轉覺羅釋頗饒佳致,興起之義,象四手共舉,與「與受」字之象兩相授受,其構字之法,難為分別,遂稍變其形,以从「[glyph]」者為與,从𠀎者為興,余為此言,固知與六書之旨相牾,然文字衍變之例,亦有非六書軌範所能盡羅者,正不必以此自限耳。馬氏謂與舉舁一字,甚是,惟謂舁共亦一字,則有可商,共字古文作[glyph],不从四手,許書共之古文作[glyph]者,蓋六國古文,其字亦但从兩収,不从臼収,與舁固迥然有別也。楊氏樹達謂興之从𠀎,非槃字,實乃帆之初文,説誤,馬氏以斯禁説槃,可破楊氏之疑;楊氏説興字从口之義,尤為蛇足。陳世驤氏不知古文𠀎槃[glyph]舟互譌之故,乃引西文Vessel一字,以通其郵,雖曰巧思,已為贅辭矣。【金文詁林讀後記卷三】

[glyph] 臼【汗簡】

[glyph] 汗簡【古文四聲韻】

◉許　慎　𦥑叉手也。从[glyph]。凡臼之屬皆从臼。居玉切。【説文解字卷三】

◉馬叙倫　嚴可均曰。當作从爪[glyph]。王筠曰。[glyph]是何字而可言从哉。蓋本作从ㄐ又。讀者以楷書作之耳。倫按嚴説是也。叉手非本義。或非本訓。此𢍏之初文。餘見[glyph]下。【説文解字六書疏證卷五】

要

要　說文古文要作　是要簋　或从糸　散盤　㕚左執緌史正仲農　義為要約　【金文編】

要　說文古文要　日甲七三背　二例　通腰　乙卯生子——不瘍　日甲一四一　日甲二二背　【睡虎地秦簡文字編】

3662　【古璽文編】

要慶忌　【漢印文字徵】

祀三公山碑　乃來道要　【石刻篆文編】

要　竝見尚書說文　【汗簡】

古尚書　竝籀韻　義雲章　古孝經　古老子　古尚書　

義雲章　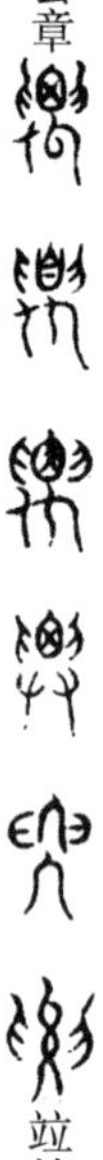竝籀韻　【古文四聲韻】

◉許　慎　身中也。象人要自𦥑之形。从𦥑。交省聲。於消切。又於笑切。古文要。【說文解字卷三】

◉林義光　古作伯要敦。作洹子器𡟰字偏旁。象女自約兩手於腰之形。卣聲。卣幽韻要宵韻雙聲旁轉。詩七月篇以葽與蜩為韻則要音轉如卣。【文源卷三】

◉商承祚　　段氏改篆作云。「各本篆作。從𦥑下有『交省聲』三字。淺人所妄改也。今依玉篇九經字樣訂。顧氏唐氏所據說文未誤也。漢書地理志。『北地大縣』注。『一遙反』……上象人首。下象人足。中象人腎。而自𦥑持之。故从𦥑。必从𦥑者。象形猶未顯。人多護惜其腎故也。今人變為要。以為要約簡要字。」金文伯要𣪘作。與此略同。。象腹內腎形。【說文中之古文考】

◉郭沫若　第一二六八片「丁酉卜晏帝青。丁酉卜㞢帝……癸卯卜其㵘。」

晏即要字。小篆作，說文又引古文作，从幺與小篆同，从女與彼古文同，疑彼之實之譌也。「要帝青」者，要殆假為郊，青讀為㲄，謂郊祀上帝以㲄也。【殷契粹編考釋】

◉馬叙倫　顧廣圻曰。玉篇引同。繫傳祛妄曰。說文云。从𦥑自𦥑。交省聲。臣鍇曰。許不言象形云云。疑象人要自𦥑之形

後人羼入。李陽冰語。孔廣居曰。象脊骨。象脅骨。象足。沉祥麟曰。篆當作。从呂。从肋字。象兩足。龔橙曰。見李登集古文。小誤。當作。倫按甲文有字。倫謂从火。聲。即爂字。戴侗謂爂从火要聲。是也。即要字。从。聲。即大字。金文作。甲文虛之耳。非交字也。此篆譌所由然者。大或作也。當入大部。字見急就篇。

蔡惠堂曰。似爂省聲。不然。則囟或有譌。倫按伯要𣪘有字。吳大澂釋要。齊侯鐘有字。高田忠周釋嫖。實與此同形。即囟之異文。兒字所從得聲者也。囟為腦之初文。囟要聲同宵類。蓋有異文从囟得聲。【說文解字六書疏證卷五】

◉楊樹達　粹編一二六八片云：「丁酉，卜，晏帝壴。」郭沫若云：晏卽要字。要殆假為郊。壴讀為彀，謂郊祀上帝以彀也。考釋一六五。樹達按：要蓋假為禴，卜辭有鬥字，卽禴，屢見。要與禴古音同。【卜辭求義】

◉李孝定　契文字與許書要之古文作者形近。上所从本象頭形。其初當本作◯。古文空廓中每增點畫為彣飾。遂與日掍。許書要之古文从囟乃形之譌變。要字象女子自臼其要之形。女子尚細要。蓋自古已然。故制字象之。篆文譌為。許君既云象人要自臼之形。又云交省聲。以古文證之。前說是也。字不从交。則省聲之說無據。丁釋晏。字不从安。復多臼字偏旁。說不可从。羅疑安字。亦非。粹編一二六八有字。郭謂即要字。殆假為郊。見粹考一六五頁。按此蓋奚字之別構。象人首有繩係之有捽曳之者。非要字也。本辭云「☐要☐五十在」辭義不明。【甲骨文字集釋第三】

晨

前四·一〇·三【甲骨文編】

前4·10·3【續甲骨文編】

晨　伯晨鼎　䢅公鼎　从止　師晨鼎　大師虘簋　从夕不从臼　多友鼎　甲申之㫷　與利簋銘甲子朝相類　假借為振　中山王譽鼎　𢿦桴晨鐸【金文編】

3·1234　獨字　說文亦古文農【古陶文字徵】

[glyph] 晨【汗簡】

◉許　慎　晨早昧爽也。从臼。从辰。辰。時也。辰亦聲。丮夕為夙。臼辰為晨。皆同意。凡晨之屬皆从晨。食鄰切。【說文解字卷三】

◉林義光　辰者脣之古文。〇晨古作[glyph]伯晨鼎。象持物入脣。早昧爽者進食時也。與夙不同意。變作[glyph]師趛鬲。从[glyph]即从辰。辰亦作[glyph]又增作[glyph]。【文源卷六】

◉高田忠周　說文。晨早昧爽也。从臼从辰。辰時也。辰亦聲。丮夕為夙。臼辰為晨。皆同意。經傳皆以晨為之。晨非必農省文。當晨譌體。臼曰易誤耳。晨从辰。辰字轉義。亦與振字義相近。爾雅釋詁。晨早也。禮記曲禮昏定而晨省。疏旦也。論語。晨門。集解閽人也。司馬法。昏鼓四通為大鼜。夜半三通為戒晨。皆晨字也。【古籀篇五十八】

◉商承祚　[glyph]　金文師晨鼎作[glyph]。都公鼎作[glyph]。說文晨，「早昧爽也，从臼辰，辰，時也。辰亦聲。丮夕為夙，臼辰為晨，皆同意。」以手持耕具，晨事也，會意非聲。【甲骨文字研究下編】

◉唐桂馨　[glyph]。說文訓義手也。即兩手合舉也。耕者晨起即趣田事。所臥之牀以兩手舉置他處以示不用。則晨起之義見矣。伯晨鼎作[glyph]。特省[glyph]之形耳。【說文識小錄　古學叢刊第一期】

◉馬叙倫　鈕樹玉曰。韵會引無辰時也三字。王筠曰。繫傳夕作多。早字句。丁福保曰。早昧爽也。即早也昧爽也二義。倫按早也者。晨字義也。晨為辰之後起字。猶辱為辰之後起字。增臼於辰上。猶增寸於辰下也。辰之本義當為治田。从丮。从[glyph]。[glyph]為蜃之初文。辰得聲於[glyph]者。淮南汜論訓。古者摩蜃而耨。本書無耨。辱即耨也。辰即辱也。今辰為干支之借義所專。而別作晨辱二字。又訓晨為昧爽。辱為恥。於是作蓐而訓以拔田艸。作農而訓以耕也。其實皆一字也。蓐从辱而薅从辰。農从晨而農鼎之農作[glyph]。从茻。可以互證也。如今篆當為从臼辰聲。說解鵲本作从臼辰。蓋本作辰聲。今為校者所改。昧爽也三字及辰時也三字及辰亦二字及丮夕以下十一字。皆校語。餘詳辰下。甲文作[glyph]。䢅侯鼎作[glyph]。【說文解字六書疏證卷六】

◉楊樹達　晨為會意字，如許說，臼辰二字義不相會，辰時不能以手臼也。蓋吾族以農立國，俗尚早起，農民兩手持蜃往田，為時甚早，故以兩手持辰表昧爽之義。說文八篇上匕部云：「卓，高也。早匕為卓，匕卪為卬。皆同意。」樹達按匕从反人，亦謂人也，人早為卓，此俗貴早起之證也。【釋辱　積微居小學述林卷二】

◉嚴一萍　[glyph]晨　伯晨鼎作[glyph]，師晨鼎作[glyph]，皆不从日。說文：「早，昧爽也。」【楚繒書新考　中國文字第二十六冊】

◉李孝定　契文正从臼从辰。辭云。「☐卜☐令多晨𢦔𢦔。」多晨似為職官之偁。金文作□䡣矦鼎□鄀公錳與契文小篆並同。又作□□師晨鼎增从止作。第二形復譌臼為貝。【甲骨文字集釋第三】

◉朱芳圃　晨象兩手持辰之形。辰，蜃之初文也。象形。說文虫部：「蜃，雉入淮所化。从虫，辰聲。」先民利用其殼以除田穢，淮南子氾論訓：「古者剡耜而耕，摩蜃而耨」，高注：「蜃，大蛤，摩令利，用之耨；耨，除田穢也」，是其證。辰為除田穢之器，古人名動同詞，因之兩手持辰以除田穢謂之晨矣。

晨即槈之初文。說文木部：「槈，薅器也。从木，辱聲。鎒，或从金。」考槈經傳通作耨，呂氏春秋任地篇：「耨柄尺，此其度也，其耨六寸，所以間稼也。」高注：「耨，所以耘苗也。刃廣六寸，所以入苗間也。」蓋上古之世，制作未興，先民利用摩鋭之蜃殼以除田穢，及文物改進，乃斷木為柄，削木為刃，自金屬發明後，則柄用木而刃用金，故其字有从木从金之分。據任地篇言「柄長一尺，刃廣六寸」，可證其仍為坐而操作，與持辰無異。易繫辭下：「耒耨之利。」釋文：「耨，奴豆反。馬云，鉏也。」莊子胠篋篇：「耒耨之所剌。」釋文：「耨，乃豆反。李云，鋤也。」鋤即鉏之後起字，說文金部：「鉏，立薅斫也。从金，且聲。」考耨與鉏，實一器之演進，名異而用同。蓋坐而薅草，其器曰耨，其柄短；立而薅草，其器曰鉏，其柄長。耨之用淺，鉏之用深。觀於晨、槈、鎒三字之演變，與鉏之後起，可以明瞭古代農業技術發展之程序矣。從音理言之，晨讀定聲真韻，槈讀泥聲幽韻。旁紐雙聲，陰陽對轉。

楊樹達曰：「桉晨為會意字，如許說，臼辰二字義不相會，辰時不能以手臼也。蓋吾族以農立國，俗尚早起，農民兩手持蜃往田，為時甚早，故以兩手持辰表昧爽之義。」小學述林二・五一。桉晨訓昧爽，於經傳無徵，楊說皮傅不切，非正義也。說文晶部：「曟，房星，為民田時者。从晶，辰聲。晨，曟或省。」考星以晨或辰為名者，其在東方，恆星為房星，行星為歲星，皆以時曉見。故昧爽之晨或辰，即由星名之晨引伸而起，猶日月二字本以名太陽太陰者，引伸為日夜之日，年月之月也。【殷周文字釋叢卷下】

◉李孝定　晨字許訓「从臼辰」，又云「丮夕為夙，臼辰為晨」，蓋以為會意，夕月同字，丮夕差可為記時之會意字，而辰之本義為蜃之象形字，林氏以為唇之象形字，說非。臼辰之義，與「㝵」差近，安得有晨早之義，辰在十二支雖以之表時，然是借義，非本義，豈可以臼辰會早昧爽之意乎？辰在此字，蓋祇表聲，惟从「臼」之意不明耳。朱芳圃氏以為「槈」之本字，其說字雖是，然契文金文固別有辳字薅字也；其說早昧爽之義，當以曟晨為本字，則是，然則晨之訓早昧爽者，晨之借字耳。【金文詁林讀後記卷三】

◉戴家祥　字从晨从止，用作人名。䡣矦鼎「白晨」，鄀公鼎「皇祖晨公」，同是人名，皆不从止。農卣農字作𨑊，田農甗作農，同是

農 農

人名也有从止或不从止的。可見𨑁當是農字繁文。【金文大字典下】

甲九六 卜辭農字从林與説文古文同 前五·四七·五 前五·四七·六 前五·四八·一 後二·三九·一七 戩二·九 續二·一·四 續二·二·一 鄴二下四〇·一 乙五三二九 掇二·六三 存二一六 存一五〇五 明藏三五八 明四六 明三〇二 明六六八 金九〇 七P 一一八 佚八五五 佚九二四 後一·七·一一 乙二八二一或从艸 後二·一三·二 【甲骨文編】

甲96 274 1978 乙282 5329 8502 佚855 佚924 續2·1·4 續2·2·1 續存216 1505 新2354 【續甲骨文編】

農 从田説文从囟乃傳寫之譌 農簋 田農鼎 田農甗 田農簋 令鼎 史農觶 農卣 散盤 説文亦古文農 𤅊盤 説文籀文農从林 沵其鐘 【金文編】

農 秦一四四 【睡虎地秦簡文字編】

桐馬農丞 代郡農長 設屏農尉章 大司農丞 樊農 褚農 作農私印 侯農私印 吳農 左農私印 史農 張農私印 南郭農 【漢印文字徵】

謝君神道闕 陽識 漢司農公碑額 【石刻篆文編】

農 農 農 農出樊先生碑 【汗簡】

古尚書 裴光遠集綴 説文 王存乂切韻 樊先生碑 碧落文

農 並崔希裕纂古【古文四聲韻】

◉許　慎　𨑃耕也。从晨。囟聲。徐鍇曰。當从凶乃得聲。奴冬切。𧀠籀文農。从林。𦦓古文農。𨑃亦古文農。【說文解字卷三】

◉劉心源　末一字或釋𤰈。非。說文農作𨑃。从晨囟聲。籀文作𧀠。古文作𦦓。攷農卣有𤰈字。人名。令鼎王大耤𤰈于諆田。皆从田从辰。此从田从辰即農。說文。辰。震也。三月陽气動。雷電振民農時也。晨。早昧爽也。从臼从辰。辰時也。臼者。兩手作事。臼辰。取作事早。辰亦聲。農取田辰會意。田晨亦然。从囟乃田變也。【奇觚室吉金文述卷八】

◉羅振玉　䢉䢉䢉說文解字。農。耕田也。从晨囟聲。籀文从林作䢉。此从林。从辰。或加又。象執事於田間。不从囟。諆田鼎作𤰈。予所藏史農觶作𤰈。並从田。散盤作𤰈。亦从攴。與卜辭同。从田與諆田鼎史農觶同。知許書从囟者。乃从田之譌矣。【增訂殷虛書契考釋卷上】

◉王國維　殷虛卜辭作䢉。書契卷五第四十八葉。金文或作農。从田。諆田鼎及史農觶。皆从辰。疑本从辰不从晨省。【史籀篇疏證　王國維遺書第六册】

◉林義光　囟非聲。古作𤰈散氏器。从𦥑。象持物入屑。與晨同意。晨為進食之時。農為謀食之事。故所象形同。農从田。轉注以別於晨。或省作𤰈稟帬器。又作𤰈諆田鼎。作𤰈史農器。【文源卷六】

◉高田忠周　𤰈阮釋為𤰈。萃編以為鬲字。𤰈鬲同字。其誤殊甚。今審辰即辰省。下从止。㞒即踬字。踬辰通。上作𦥑。臼㞒合為晨字。从晨从田。此為農字無疑矣。說文。𨑃耕也。从晨囟聲。又辰訓房星天時也。从上匕。厂為聲。辰晨義相涉如此。又辱訓恥也。从寸在辰下。失耕時。於封畺上戮之也。辰者農之時也。故房星為辰。田候也。然農字固當从田也。此田上一筆。或上字。亦指辰星耶。又說文。𧀠籀文農从林。𦦓古文農。𨑃亦古文農。朱駿聲云。一切經音義引說文。耕人也。按囟聲。即𡇒省聲。或云。从晨省。農房星昏中為民田時。周語所謂農祥也。拮據飭力。故从臼。存參。【古籀篇五十八】

◉商承祚　金文令鼎作𤰈。史農觶作𤰈。農卣作𤰈。散氏盤作𤰈。說文農。「耕也。从晨。囟聲。𧀠籀文農从林。𦦓古文農。𨑃亦古文農。」甲骨文从林从森从辰。或从艸从辰。又或加又。象耕于林野中也。金文从田。象執事于田間也。說文所收之籀文。乃合二體為之。而將田形寫誤為囟。復以為聲。非矣。【甲骨文字研究下編】

◉王　襄　契文之農，从艸从辰，異體从林，从秝，从森，皆由艸所衍出，辰或作辰。卜辭辰作辰、辰、辰與農所从之辰、

[glyph]同。契文之農，从艸，从林，从秝，从森，从辰。有向明而作从事種植之誼，為會意字，非从囟得聲。金文之農，令鼎作[glyph]，農卣作[glyph]，農敦作[glyph]，皆从田，所以力田也。許書古文[glyph]，籀文[glyph]，篆文[glyph]，所从之[glyph]，殆由田而譌。農敦之[glyph]，从田从[glyph]从辰，為農之繁文，[glyph]即茻，與艸、林均通，辰从[glyph]，[glyph]，手也，有力作之誼，與[glyph][glyph]均同。農卣之[glyph]从止，止則[glyph]之譌變。【古文流變肊説】

◉葉玉森　卜辭農作[glyph][glyph][glyph][glyph]，从森或从林，从禾从艸。指農人所處之地為森林之下或禾間草際也。从辰取象振動，乃表力田。【殷契鉤沈】

◉商承祚　説文：𦦻。古文農。辳。亦古文農。案玉篇作𦦻。从甘。辳。鍇本作蕽。从艸。林艸形異義同。古文四聲韻引尚書亦作蕽。甲骨文作[glyph][glyph][glyph]。从林从艸。示田之所在必有艸木也。金文令鼎作[glyph]。史農觶作[glyph]。散盤作[glyph]。與篆文近。知从囟乃田之寫譌。第一文從[glyph]。于義無可説。殆[glyph]之傳誤也。【説文中之古文考】

◉高鴻縉　農作[glyph]。農卣作[glyph]。令鼎作[glyph]。史農觶作[glyph]。鄀公鼎作[glyph]。皆从田。説文作[glyph]。解曰。从晨。囟聲。按蓐田之蓐。甲文作[glyph]。象人持石鋤之形。變為[glyph]。或加手作[glyph]。變為辱。或加臼於其上作[glyph]。變為晨。今字作[glyph]者。蓐田之謂也。農意甚明。用知許書从囟者。乃从田之譌。【散盤集釋】

◉馬叙倫　長孫納言曰。農。説文又作𨑒。从晨未聞。唐寫本切韻殘卷二冬農下。徐鍇曰。囟非聲。當為凶字。鈕樹玉曰。韵會囟作囱。蓋意改。桂馥曰。耕也者。一切經音義十引作耕人也。玉篇農耕夫也。本書。甿。田民也。畯。農夫也。沈濤曰。當依音義補人字。莊子讓王篇釋文引李注。農。耕人也。正與此合。人當作民。避唐諱改。嚴可均曰。囟聲之轉為農。猶秦之从春省聲也。許棫曰。囟有𡿺音。𡿺農聲轉。故㛴从女𡿺聲。字書。晉懊憹歌。憹同惱。獿。農聲。奴刀切。羅振玉曰。諆田鼎農字作[glyph]。予所藏史農觶作[glyph]。並从田。散盤作[glyph]。亦从田。知囟乃田之誤。曾廣源曰。囟為𡿺之省。𡿺農同位。故𨑒諧囟聲。倫按𨑒為晨之異文。辰晨辱𨑒一字也。辰音禪紐。晨音牀三。皆舌面前音。辱音日紐。𨑒音泥紐。古讀日歸泥。泥為舌尖前音。古讀禪歸定。定亦舌尖前音。則其音轉變之迹可徵也。此从晨囟聲。囟即腦之初文也。囟辰聲同真類。辰之轉注字从囟得聲為𨑒。固可通。惟金甲文無作𨑒者。諆田鼎史農觶農鼎農字皆从田作晨。蓋辰之本義為治田。因加田字。後起字每然也。囟為田譌。此作𨑒。則為散盤[glyph]字之譌。如今篆當為从臼農聲。字見急就篇。

[glyph]　甲文農字作[glyph][glyph][glyph]。从林。或从森。與古文同。即此所从之𦶇。蓋从辰林聲。或森聲。林森固一字也。農聲當在侵類。林森聲亦侵類。林音來紐。古讀歸泥。故農入娘紐。泥娘同為舌尖前邊音也。籀文則从𦶇聲。或囟亦田之譌。从

林校者加之。

□ 鈕樹玉曰。繫傳作□。朱駿聲曰。疑□字之誤文。倫按此由古文經傳辰字作□者而譌。

□ 商承祚曰。鍇本作□。从艸。林艸形異義同。古文四聲韵引尚書作農。甲骨文作□□□。从林。从艸。示田之所在必有艸木也。倫按見農下矣。玄應一切經音義引古文官書農蕽二形同奴冬反。則此字呂忱依官書加之。【說文解字六書疏證卷五】

◉唐桂馨 農人耕田貴于晨興。故義手置辰即趣田事可為農人。辰之後起義訓時。□之為農。以林木發生時正農事時也。至古文□之□或□之省形歟。辰之後起義又訓動。故辰聲字如侲娠振震䢅等字皆緣此後起義而為訓。【說文識小録 古學叢刊第一期】

◉楊樹達 農，耕人也。从臼辰，囟聲。今按義為耕人而字从晨，義不剴切。此字蓋从臼从辰，故有耕人之義，至囟讀如𡿺，故得農音，前已言之矣。【釋辱 積微居小學述林卷二】

◉楊樹達 籀文作䢉，古文作□，又作蕽。今按甲文作蕽，从辰，从林，與許記古文第二字同。而殷虚書契前編伍卷肆捌葉貳版。作□，於从辰从林之外又加从又，義尤完備。字从林者，西方史家謂初民之世，森林徧布，營耕者於播種之先，必先斬伐其樹木，故字从林也。从辰者，甲文字作□或□，象蜃蛤之形。淮南子氾論篇云：「古者剡耜而耕，摩蜃而耨。」知古初民耕具用蜃為之。蕽字从辰，謂以蜃斬木也。甲文如从又者，謂以手持蜃也。說文一篇上示部云：「祳，社肉，盛之以蜃，故謂之祳，从示，辰聲。」辰之為蜃，許君固明言之矣。

農字見於彝器銘文者，如令鼎史農觶史農鼎鄀公鼎農卣諸器皆从辰从田，散氏盤則从晨从田。蓋甲文所示為將營耕作豫為準備時之情事，彝銘所示為已耕種後之情事，文字之構造與社會事狀之後先兩相吻合也。甲文彝銘皆會意字，篆文从囟聲，則由會意變為形聲矣。囟𡿺同義，囟有𡿺音，故農從之得聲，亡友沈兼士之說，不可易矣。【釋農 積微居甲文說卷下】

◉饒宗頤 農宗亦即農星，逸周書作雒解「農星先王皆與食」是也。

「歲亩農」為卜辭成語，其義向未明。考管子五行篇：「歲農，豐年大茂。」从農之字皆有盛義，故歲亩農，即祝歲豐穰之意，管子蓋沿殷人習語。【殷代貞卜人物通考補記】

◉李孝定 絜文从林，或从森同。从辰，與許書古文一體合。又有□字，諸家釋為農。郭某云：「辱字在古實辰之別構，惟字有兩讀。其為耕作之器者則為辰，後變而為耨，字變音亦與之俱變。其為耕作之事則為辱，辱者，蓐與農之初字也。蓐乃象形字。

與卜辭農字作者全同，由音而言，則辱蓐與農乃矦東陰陽對轉，故辱蓐農古為一字。許釋蓐為『陳艸復生』者，非其朔矣。」（見甲研釋支干二五葉下二六葉上）文編續文編、朱氏文字編亦並收為農字，惟按諸辭例，二者實當有別。不从又者為農字，从又者則當釋薅。亦即蓐字說見一卷薅下。其作者，辭云「己酉卜即貞告于妣辛叀惟農」，前・五・四七・五。「癸亥卜貞乙歲叀今農酒」，前・五・四七・六。「己酉卜即貞告于母辛叀農十月」，前・五・四八・一。「壬申卜即貞兄壬歲叀農」，後上・七・十一。「丙☐貞☐☐且辛戌叀農」，後下・三九・十七。「☐農☐气㚔于岳十月」，佚・八五五。「丙午卜即貞翌丁未丁農歲其又伐」，佚・九二四。「庚申☐其☐歲叀農酒」，續・二・二・一。「☐卜☐貞☐歲叀農」，甲編九六。「農八月」，乙・五三二九。「甲寅卜王叀農示帝五月」，乙・二八二。農在諸辭為酒歲帝諸種祭祀之對象。乙・二八二辭言「農示」，蓋即農神，與後世祀社相類。另有後下・十三・三及甲編二七四兩農字均為單文。至作者，辭云「☐田薅☐」，前・五・四八・二。此辭最後一字上半殘泐，葉玉森前編集釋疑為登字是也。登者，年穀熟也，與上文言薅田之農功相應，「辛未貞今日薅田」甲編一九七八薅田連文，義尤顯豁。「丁未薅乎」，乙・二八二。文義雖不甚明，然辭上言「農示」，見前引。下言「薅」，辭例不同，明非一字。蓋上言帝農示而下言農事，「薅乎」，當即評衆薅田之意也。「乙丑王𠃬薅」，乙・八五〇二。此辭最後一字不識，然字从艸，當為艸類。與薅連文，其義亦顯，凡此數例均可證為動詞，如釋為農，均不可通，釋薅則文从字順，明之非一字也。金文農作令鼎史農解散盤農簋从田，許書籀篆从所自譌，羅說是也。【甲骨文字集釋第三】

◉裘錫圭　从甲骨文看，辰是農業上用于清除草木的一種工具。甲骨文裏有一個从「林」从「辰」的字：

甲骨文編一〇七頁

同上二三一二四頁

又有一個从「艸」或「林」从「辰」从「又」的字：

說文「農」字下所收古文或作「」，散氏盤「農」字所从的「辰」下有「又」，所以羅振玉等人把上舉二字都釋作「農」（羅說見增訂本殷虛文字考釋中七一頁上）。甲骨文編、甲骨文字集釋則都把前一字釋作「農」，後一字釋作「蓐」。近年，常正光同志指出甲骨文「農」字一般都作晨昏之「晨」用，並非「農」字（「辰為商星解」，載四川大學學報叢刊第十輯古文字研究論文集），其說可从。上舉後一字，本象以手持辰除去草木之形，雖然可以隸定為「蓐」，但是跟後世「艸」、「辱」聲的「蓐」字却不一定有關係。羅振玉把這個字釋作「農」是不錯的。金文「農」字跟甲骨文「農」字不同的是加個「田」字。薛季宣書文古訓的「農」字，盤庚篇作農，酒誥、洛誥作農，都从「艸」从「辰」从「又」，與甲骨文合，當有所據。「農」字爲什麼象清除草木之形呢？楊樹達解釋說：「……初民之世，森林遍

布，營耕者于播種之先必先斬伐樹木，故字从林也。」(積微居甲文説釋農二八頁)。這種説法是有道理的。不過古代耕播荒地，也要先清除草木，楊氏説得還不够全面。

「深耕易耨」的「耨」，古音與「農」陰陽對轉。「蓐」的字形所表示的意義也跟「耨」相合。「耨」跟「農」應該是由一字分化的(參看郭沫若甲骨文字研究釋干支，人民出版社一九五二年綫裝本一〇一頁上)。所以甲骨文的「蓐」也未嘗不可以釋為「耨」。

根據以上所述可以肯定辰是用來清除草木的一種農具。有人認為「辰」象犁(陸懋德中國發現之上古銅犁考，燕京學報三七期)，有人認為「辰」象收割禾穗的蚌刀或石刀(上引辰為商星解一三八頁)，顯然都是不可信的。

按照辰的功用來看，它應該就是古書中常見的耨等一類農具，大致相當于現在的短柄鋤。鋤跟斤的裝柄方法是相類的。不同之處在于「辰」的鋒刃部分比較寬闊，鋤比較短。這正合于耨的特點。這種「辰」字象刃的部分跟甲骨文「石」字同形。這恐怕不是偶然的巧合，有可能是辰這種農具多為石器的反映。但是「辰」字也可以寫作「□」形，這種字形不大好解釋。淮南子氾論有「古者剡耜而耕，摩蜃而耨」之語。因此郭沫若認為這種「辰」字象「貝殼形」，代表「蜃器」(上引釋干支一〇〇頁下)，楊樹達也認為它「象蜃蛤之形」(積微居甲文説二八頁)。這種解釋跟字形似乎也並不切合。也許這種字形裏為□形所沒有的那些短畫，本象把石質的耨頭捆在柄上的繩索一類東西。考古發掘中屢見的作凸形的「有肩石鏟」應該就是耨頭。唐蘭先生認為故宮博物院所藏的西周初期的「康侯斤」，「實際上是小鋤頭」(中國古代社會使用青銅農具問題的初步研究，故宮博物院院刊總二期一一頁)。康侯斤的外形跟「有肩石鏟」很相似，應該就是一種小型的耨。當然，按較晚的習慣稱之為鋤也未嘗不可。商代遺址裏出土的某些形狀較小的石鏟，以及骨、蚌、銅鏟，可能也是用作耨頭的，或者是既可用作鏟頭也可用作耨頭的。

辰這種耨器大概主要是用來清除草和小灌木之類的東西的。要清除較大的樹木，還得靠斧、斤一類工具。甲骨文中「折」字「析」字，象以斤折木、析木之形。甲骨文「折」字，金文「析」字則象以斧折木、析木之形。从斧形的「折」字和「析」字為于省吾先生所釋(甲骨文字釋林三四一頁)，今从之。但是于先生認為斧形是「斤」的初文，並由此得出了商代的斤的裝柄方法與斧相同的結論，這恐怕是不妥當的。砍樹等工作既可用斤也可用斧，「折」字、「析」字有从斤形和从斧形兩種寫法，正是這一事實的反映。此外，清除地裏的樹根，也需要用斤一類工具。

商代墓葬出了不少青銅斧斤，一般認為是手工業工具，也有人認為當時在農業上也已經使用了青銅斧斤，並把較大的斤稱為鑊。【甲骨文中所見的商代農業　全國商史學術討論會論文集】

爨 □

□ 爨　法一九二　二例　□ 日甲一一二　四例　【睡虎地秦簡文字編】

□ 爨遂　□ 爨長賓　□ 爨世印　□ 爨毋事　【漢印文字徵】

□ 爨　【汗簡】

□ 說文　□ 汗簡　□ 說文　【古文四聲韻】

◉許　慎　□齊謂之炊爨。臼象持甑。冂為竈口。廾推林內火。凡爨之屬皆从爨。七亂切。□籀文爨省。【說文解字卷三】

◉商承祚　羅師釋爨。說文解字。爨。齊謂炊爨。臼象持甑。冂為竈口。□推林內火。籀文省作㸑。此象執事竈下。又。籀文之省矣。其作□者。象竈下有火。與篆文畧近。□即火字。【殷虛文字類編卷三】

◉孫海波　□　羅振玉先生並釋爨。按說文「爨，齊謂炊爨，臼象持甑，冂為竈口，□推林內火。」籀文省作㸑，與此形並不類，且此三形並非一字，第一體作□，疑盥字倒文；第二體作□，疑斝，金文鑄斝等字皆从此作可證；第三體从臼从盅，說文所無，羅氏誤併之，非是。後編卷上第十四葉十一版「其田□□亾𢦏畢」，□字上體从林，下象兩火形，有推林內火之誼，與說文籀文合，余以為殆卽爨也。【卜辭文字小記】

◉馬叙倫　段玉裁曰。謂下衍之字。臼當作𦥑。沈濤曰。此从兩木為柴形。非从林也。朱士端曰。三倉云。爨。炊也。字从臼持缶。缶。甑也。冂為竈口。廾以推柴內火。一切經音義引。許此訓蓋本倉頡篇。火部。炊。爨也。與此當互訓。今此云。齊謂之爨。恐非許原文。據倉頡篇。字當从缶。此作□。疑為古文象形。王筠曰。金刻無从缶者。孫詒讓曰。从臼。从鬲省。□林內火會意。羅振玉曰。卜辭爨作□。象竈下有火。□即火字。章炳麟曰。炊對轉寒為爨。林義光曰。林象薪之多。倫按此炊之次初文。故左宣十五年傳。析骸以爨。公羊作析骸而炊之。炊从吹得聲。吹音穿紐。爨音清紐。同為破裂摩擦次清音也。从臼持□。□即鬲之簡文。从収內薪。二木為薪。非平土叢木之林字。从火。然最初文當如甲文作□。从□从鬲从火會意。今復加収林。从林既不可通。从二木亦不可通也。說解皆由原文捝失後。校者本三倉解詁加之。爨字則隸書複舉字誤乙於下。轉捝从臼二字。

□　㸑。籀文爨省。倫按省字校者加之。【說文解字六書疏證卷五】

◉□ 閼福【漢印文字徵】

◉許　慎　𦥑所以枝鬲者。从爨省鬲省。渠容切。【説文解字卷三】

◉劉心源　□即閼。説文。閼。所以枝鬲者。從爨省。鬲省。然郘始閼作□。則从□。从鬲。□者手持之象。正所枝持也。此从鬲。从□為□省。是為閼字。叔弓鎛。女應□公。家乙公敢。永寶用□。其義為𩫖。説文。𩫖。用也。从亯。从自。自知臭香所食也。自即鼻字。讀若庸。廣韻以𩫖為庸古文。是閼即𩫖。即庸也。閼寶當是庸器。周禮春官。典庸器注。庸器。伐國所藏之器。若崇鼎貫鼎及以其兵物所鑄銘也。案。庸者。功也。銘功之器。故曰庸器。【奇觚室吉金文述卷二】

◉劉心源　閼或釋鬲。非。此字明明从鬲。从臼。攷説文爨部。𦥑所以枝鬲者。从爨省。鬲省。渠容切。音邛集韻曰之。收入三鍾。解亦同。又收入八語。作苟許切。音舉。云支鬲也。得毋因其从臼。遂作舉音乎。許云所以枝鬲者。即明明有一器矣。此器用以枝鬲。如尊彝之有舟。鐘鏞之有虡。丁氏於語韻改為支鬲也。刪去所以者三字。遂若無器矣。此銘云。鑄其羞閼。可證許説之碻。説又詳太保鼎。至於近人從宋人釋□□□等字為舉。實亦本於閼字。不知丁氏雖作舉音。究未解其偏旁實从許書録入。許云从鬲省者。正謂□是鬲也。則□□□等字已無憑決其為鬲。何有於舉。且丁書兩收。何以不從鍾韻讀邛。而必從語韻讀舉乎。況閼从鬲省。今人乃謂□為閼省。亦傎矣。後人知古器之有鬲。不知有閼。故此閼亦名為鬲。正如以匡為簠也。今別器正名録之鬲後。說文㫃下古文作□。亦是借閼。

汗簡鬲作□。蓋不知許書有閼。而以為鬲之繁文耳。復校補録。【奇觚室吉金文述卷八】

◉孫詒讓　金文最奇者，郘始鬲字作□，上从臼則與爨形略同。攷説文爨部有𦥑字云：「所以枝鬲者，从爨省，鬲省。」郘鬲似即借閼為鬲。依許説上从𦥑為爨省，下从冋為鬲省。依金文作閼，則實从鬲不省，唯从臼廼是从爨省耳。

説文爨部「爨，齊謂炊爨，𦥑象持甑，冂為竈口，廾推林內火。」依許説爨與鬲，形義絶不相涉。然金文鬲字，與从爨省諸字，同者甚多。如鬲有从□，而爨省字亦或从□。鼄公望鐘盥字，頌壺鬻字偏旁。鬲有从□，而爨省字亦或从□。取膚盤𤅊字偏旁。鬲有从□，而爨省字亦或从□、魯大司徒匜鬻字偏旁。□、齊侯甗盥字偏旁。□、鄦子妝簠盥字，鼄公華鐘鬻字偏旁。鬲有从□，而爨省字亦或从□。楚公鐘𤅊字、王子申盞鬻字偏旁。鬲有从□，而爨省字亦或从□、鼄友父鬲鬻字偏旁。□、魯士商甗敨鬻字偏旁。□。魯伯俞父簠鬻字偏旁。諸形雖展轉省變，上半並約略相類。而「鑄」「𩰫」字从爨省，又有變从鬲者。如大保鼎𤅊作□，師克戈盥作

□，尗皮父敢鬻作□，脺侯盤鬻作□，留君簠鬻作□，並省臼，則尤與鬲形密合。綜合校之，鬲之借鬻，既或增臼，而鬳之為□，又或省臼。則爨上象甑，與鬲上象鬲，疑本為一形。其□形當如王婦匜鬻字从□，月下不當更箸直畫，自小篆變□為□，而鬲上又變為□，兩形遂遠不相涉。許爨字説解，僅就小篆論之推繹其意，似以同象甑有足，而□自為竈口。然以金文「鬳」「鬳」同从□證之，則□自是甑體，其下即箸林，更無竈形。以鬻字證之，其義尤顯，知許説為未審矣。

龜甲文有鬳字作□，當是爨鬻盥鬻諸字之省，又或即鬻字之省，文闕不屬，義不可知。其形最簡，而金文亦有最簡之鬲字或省作□。鬲彝、鬲𢑚、鬲甗、父辛鬲、父辛壺、魚父丁觶並如此作。乙亥方鼎亦云：「隹王正井判方□。」「方鬲」，即方鼎也。竊謂□即□之省，旁从□，又或即臼之省。而毛公鼎鬲字从□，又與諸鬻字从□从□，上形相邇，亦似即□之變，此皆䰞、䰜、鬲同形之義證也。【名原卷上】

◉馬叙倫　嚴可均曰。古讀未詳。廣韻無此字。鈕樹玉曰。類篇引枝作支。朱駿聲曰。讀如竊。爾雅釋言。邕。支。載也。以邕為之。林義光曰。□當即□之誤。□即鬲字。□兩手枝持之。丁福保曰。五音集韻引枝作支。倫按金文有□字。或作□祖辛尊。或作□父癸鬲。或作□冓鼎。金文冓字多作□。高田忠周據以為□即冓字。尹桐陽謂冓即架字。此所从之□形與□□相近。或據以為即所以枝鬲者。不从鬲省也。倫謂冓為結構之構本字。詳冓下。□字以甲文□字所从之□證之。則□亦鬲之省異。冓□各為象形之文。本不盡同也。近出大鼎有□字。或據蘇妊鬲魯伯鬲鬲字作□。釋為鬲。倫謂即鬻字。从鬲。从井。井即冓之異文。此音渠容切。在羣紐。古讀歸見。鬲音本在見紐。詳鬲字下。蓋從鬲得聲。故大鼎作□。借為鬲也。此作□。从□。□即鬲之異文。惟此又加兩手。若持鬲置之□上。然。蓋初文為井。轉注从鬲得聲為□。後復加兩手為鬻。蓋由誤鬲聲為从鬲會意。不悟鬲固有足。無須以架支之也。説解所以支鬲者。亦誤以从鬲會意。然以本書言所以者。輒是校語。則此或捝本訓。但存校語。或盡為校者所易矣。井為象形。□為轉注字。形聲。鬻為會意兼聲。然是後起字。疑此字出字林也。【説文解字六書疏證卷五】

◉曾憲通　我們从貟字的音義推求，發現貟、爂二字音近義屬，在古代互相通假是不成問題的。

先説字義，簡文爂是會意字，上部象以兩手捧置炊具于灶上，下部推火入灶口，義為燃火燒物，故以火為義符。小篆作□，于灶口增兩手推薪納火之形，隸作爨。貟是从昗允聲的形聲字，形旁昗亦从火取義，可證貟、爂二字的含義均與燃火有關。

再説字音，爨，《萬象名義》且亂反，《廣韵》七亂切，反切上字古同聲紐，下字古在元韻。貟字不見于字書，無法知道它的確切音讀。根據形聲字「同聲符者必同類」的一般規律，貟字的音讀可以在「从允得聲」這一類字中求得。我們發現，貟字從允得

釁 釁

聲，夋字亦从允得聲，以夋字為聲符的酸、悛、朘、畯等字保留着貟字的古讀，它們和爨字聲則同類，韻則同部，是音近義屬的通假字。這是从貟、㸑這兩個字音義上的關係可以得出的起碼結論。

另外，進一步來説，我們還懷疑貟、焌、爨三字在古代本來就是同一個字。从形體來説，貟、焌二字十分接近，兩者都从火从允，只是火旁一在下方，一在左方。从字音來説，貟从允得聲，焌从夋得聲，允夋古本一字，畯字金文作畂可證。从字義來説，《説文》釋焌：「然火也，从火夋聲。周禮曰：『遂籥其焌，焌火在前，以焞焯龜。』」焌焞字通，同見于《集韵》恨韵。音祖寸切，又徂悶切。注云：「然火以灼龜。」據此，知《説文》釋焌之所謂「然火」，乃旨在「灼龜」。又爨字在音義上與焌字亦極接近。《集韵》桓韵「七丸切」的小韵中，收有爨字，注：「炊也。周禮，以火爨鼎水也。」同一小韵又有鋑字，與爨字完全同音。鋑、焌均从允得聲，可證爨字與焌、貟讀音均甚接近。《周禮·春官·龜人》有「上春釁龜」，注云：「釁者，殺牲以血涂之也。」並引《月令·孟冬》云：「釁祀龜策相互矣。」疑釁乃爨字因形近而誤，釁龜云者，實為爨龜。《左傳正義》曰「今人謂瓦裂龜裂者皆為釁」（宣公十二年），可證。《周禮》注者據形誤之字，謂釁龜為「以血涂之也」，乃望文生義之説。其實釁龜就是爨龜，也就是焌龜，即貟龜以卜。望山一號楚墓之竹簡，于「貟月」内多次出現「黄竈占」語，其中唯一能夠拼復之一整簡，簡文亦云：「辛未之日埜齋，以亓古（敓）之，㽼它。占之曰吉，𦙶以黄竈習之，同敓。聖王、悊王既賽禱。已未之日賽禱王孫喿。」黄竈，龜名。簡文記以黄竈灼兆，正可與灼龜以卜相印證。春秋戰國時，爨龜以卜乃是一般常行的禮俗，各諸侯國舉行這一儀式在時序上不盡相同，在楚國似以行爨龜之月為爨月，或作貟月，楚簡的貟月也就是秦簡的爨月。據「秦楚月名對照表」，㸑月在夏歷八月，故楚簡「貟月」在楚歷亦當為八月，入秦後改屬十一月。【楚月名初探　古文字研究第五輯】

◉許　慎　釁血祭也。象祭竈也。从爨省。从酉。酉。所以祭也。从分。分亦聲。臣鉉等曰。分。布也。虚振切。【説文解字卷三】

◉潘祖蔭　鑘疑為釁之奇字。説文。釁。血祭也。象祭竈也。从爨省。从酉。酉所以祭也。从分。分亦聲。臣鉉等曰。分。布也。虚振切。鍇曰。酉。酒也。分。分牲也云云。按禮雜記。釁廟刲羊流血無用酒。分牲之事且與釁竈無涉。竊意釁宜从興从頁从刃為義。而興刃急疾呼之為聲。蓋興从𦥑从同。而釁事舉羊升屋。非一人所能任。則雍人宜有二為同𦥑之義。釁事刲羊宜持其頭。故从頁。刲必以刀。故以刃。則釁之元文蓋本作釁。其後頁壞作酉。又以其下之八合刃之壞而作分之形。故叔重從為之辭耳。兹銘省同而借金旁代刃以取義。其作㗊者。乃四手相對捲握之象形。即𦥑之本字。非从四口

之朙也。釁鼓事屢見于傳。亦戰勝家故事也。銘言孝言先祖。乃異公廟器。故得八肆四堵。非大夫家廟所有也。【攀古樓彝器款識第一冊】

◉孫詒讓 「口兄今日立□不」，七十五之四。「□」字奇古難識。攷《說文·爨部》云：「爨，齊謂炊爨。臼象持甑，冂為竈口，収推林內火。」又：「釁，血祭，象祭竈也。从爨省，从酉，酉所以祭也，从分、分亦聲。」此「□」似即「□」形之變（七八）。又疑即「釁」之省。「立釁」言隸釁禮若釁廟、釁器之類。【契文舉例卷下】

◉林義光 釁為祭竈。無他證。此依小篆从爨說之。恐非古義。古作□邾公釛鐘。象人面上眉下鬚之形。諸彝器眉壽字。皆以釁為之。釁實與眉同字。借義乃為血祭耳。釁古音如門。詩鳧鷖在亹（亹即釁字）。箋云。亹之言㦌門也。漢書景武功臣表。先登石亹。即石門。與眉雙聲對轉。亹亹之亹音尾。周禮共其釁鬯。鬯人。鄭司農讀釁為徽。徽從微得聲。古與微同音。尾與徽即釁對轉之音。古與眉同音。釁或作□邾公誠匜。省作□邾友父鬲。从凡形近於皿。因譌从皿。作□鑄子叔匜。皿與血古通用。孟字古或从血監字古或从皿。亦與血祭之義相應。故變作□杞伯敏父壺。作□無叀鼎。移血於下。此从血釁省聲與釁分為兩字。或作□辥侯盤。【文源卷二】

◉王國維 龜板文有□。與釁有關。讀若門。【劉盼遂說文練習筆記 國學論叢二卷二期】

◉王國維 □。即古文眉字。篆文作𥄉。从□即□之變。□亦眉之異文。古器眉壽字多作□□等形。□即古沬字之省。殷虛卜辭有□字即沬字。說文失收。與𥄉聲陰陽對轉。□字即以之為聲。然則□□亦同字。□□者象形字。□者形聲字也。【散氏盤考釋 觀堂集林卷十八】

◉馬叙倫 桂馥曰。从分分亦聲者。當為分聲。段玉裁曰。分聲。故釁或為薰。如呂覽。湯得伊尹。釁以犧猳。風俗通作熏以萑葦。是也。釁又讀為徽。如周禮女巫鬯人注先鄭說是也。分聲讀徽。此即煇旂入微韻之比。古音十三部在問韻。今音虛振切。非也。高田忠周曰。金文皆从頒。無从酉者。古文酉作百。與百相似。漢人誤認百為酉。因附會立酉所以祭之說耳。倫按金文以釁為眉壽字。形極多。然無从酉者。皆从頁从八。或从頁从𠔁。𠔁即二篇𠔁分也之𠔁。為八之異文。倫謂从爨省。頒聲。然□伯盤作□。齊侯盂作□。杞伯□作□。辥侯盤作□。从皿者較多。或从血从水。實从皿誤作血也。或从皿。或秖从血。或秖从水。倫疑从爨省。从沬之古文作頮見沬字下沬之初文作□魯伯愈父匜者得聲也。吳大澂謂沬沬一字。沬音明紐。頒音封紐。皆脣音。故得借為眉也。詩言眉壽。儀禮士冠禮作麋壽。少牢饋食禮作微壽。皆為脣音。其證一也。眉麋微皆借為𦓔。故戎者鼎言眉祿。謂𦓔祿也。𦓔祿猶今言福壽矣。𦓔沬音皆明紐。其證二也。𦓔从蔄得聲。蔄音

曉紐。釁讀為徽。徽从微得聲。左宣十七年傳之苗賁皇。説苑善説作釁蚠黄。苗之轉注字作虋。而苗音亦微紐。微明同為鼻音。此金文所以或从沐得聲作𩰪也。釁从頒得聲。頒从分得聲。分音非紐。非曉同為摩擦次清音。故釁聲得轉為徽。而今音虚振切也。血祭也者。非本義。王筠謂既曰血祭。安所用爨。是也。倫謂血祭者。五篇。衅。以血有所刏塗祭也。經記言釁廟。釁器者。皆當作衅。周禮肆師。以歲時序其祭祀及其祈珥。注。故書祈為衅。犬人即作幾珥。祈衅音皆羣紐。釁音曉紐。同為舌根音。故經記或借釁為衅。釁之本義反亡矣。象竈祭也者。玉篇爨下作竈也。此依大義。似謂从爨省。然下文又言从爨省。則此是校語。釁為竈祭亦無他證。倫謂釁為炊之轉注字。炊。从火。吹省聲。吹。从欠。口聲。見吹字下。則炊之本音在溪紐。釁音曉紐。同為舌根音也。祭竈也者。或即涉祭先炊而然耶。从酉从分分亦聲當作頒聲。篆譌後校者改之。酉所以祭也亦校語。然疑此字出字林。【説文解字六書疏證卷五】

◉朱芳圃 頌鼎 魯邍父毁 子仲匜 邾公釛鐘 殳季良父壺 鑄公簠 王婦匜 邾公華鐘 齊侯敦 齊侯匜 國差𦉜 陳公子甗 虞司寇壺 交君簠 邾友父鬲 杞伯壺 畢鮮毁 師仲父鼎 歸父盤 釁脒鼎 按釁,金文作上揭諸形,象兩手奉盛水之鬲,從頭上傾注,八若八,淋下之水滴也。周禮春官女巫:「掌歲時祓除釁浴」,鄭注:「歲時祓除,如今三月上巳如水上之類。釁浴,謂以香薰草藥沐浴。」國語齊語:「管仲,……齊使受之而退,比至,三釁三浴之」,韋注:「以香塗身曰釁。」蓋用香草和水沐浴謂之釁。王筠曰:「古之釁,猶後世之祓禊耳。」其説是也。

金文又有作左列形者:

𩰫毁 蘬兑毁 沃伯寺毁 杞伯壺 𤔲壺 德毁 伯其父簠 伯家父毁 無叀鼎 陳逆毁 从頁,从水,从皿,象事,謂盛水於皿以沐浴。或省水,或省皿,皆別構也。

金文又有作左列形者:

毛弔盤 𦣻伯盤 䑣侯盤

合爨頮為一。古人作字,變化任意,此即其一例矣。

周禮春官大祝「隋釁」,鄭注:「隋釁,謂薦血也。凡血祭曰釁。」説文血部:「衅,以血有所刏涂祭也。从血,幾聲。」桉釁與衅,義相同。古音釁讀曉聲文韻,衅讀羣聲微韻。旁紐雙聲,古音喉牙不分。陰陽對轉。蓋衅為本字,釁為假借。許君誤以假借為本字,故其解説字形,支離附會,毫無是處。

釁古音xuən muən。國語齊語「三釁三浴之」,韋注「釁,亦或為薰」;漢書賈誼傳「豫讓釁面吞炭」,顔注「釁,熏也」,此音

xuen之證也。釁壽為周金銘辭習見之成語,經傳皆作眉壽。釁與眉為明紐雙聲,微文對轉,此音muen之證也。釁與眉,截然二字,渺不相涉,由於偶爾借用,容庚金文編四·三混而為一,疏矣。【殷周文字釋叢卷下】

◉饒宗頤　癸卯卜,王曰:峕,其□(羾)□(貞):余勿乎征𥃲(釁)。叶曰:吉!其乎𥃲。(前編四·四二·二)

𥃲疑即釁之初形。說文:「釁,血祭也。」周禮大祝:「隋釁,逆牲。」鄭注:「隋釁謂薦血也。」大戴禮有釁廟之禮。漢書高紀:「釁鼓。」應劭注:「釁,祭也。殺牲以血塗鼓,釁呼為釁。按呼同罅,凡以血血其坼罅得曰釁。」右辭言「乎釁」殆即釁罅之義,可證應劭「釁呼」之說。【殷代貞卜人物通考卷十一】

◉李孝定　金文釁字不下數十百見。形體變化甚多。其習見者作□□等形。或繁而為□。或於其下更增皿形而為□。或省臼而為□。或省□而為□。就其繁體言之。上象兩手持倒皿。中象人形。旁有水點。或則直為水字。下承以皿。字象奉匜沃而沬面之形。蓋即左氏奉匜沃盥之比。其用法則絕大多數均與壽字連文。為嘏辭之一種。【釋釁與沬　歷史語言研究所集刊外編第四種】

◉徐中舒　伍仕謙　□,此字左上部與釁之上部同,其下部从牛,牛血可以釁鐘,應釋為釁字,今通作衅,隙也。「亡有衅息」,謂無片刻之休息。【中山三器釋文及宮室圖說明　中國史研究一九七九年第四期】

◉戴家祥　釁字金文用作眉。王引之云:方言「眉,老也,東齊曰眉。」爾雅曰:「老,壽也。」眉訓為老,老訓為壽,則眉與壽同意,故古之頌禱者皆曰眉壽。說眉壽者,當據方言為義,不得如毛鄭所云也。眉字作亹者,古音微與文通,亹有門音,故轉為眉。其字即釁字也。春秋名字解詁。按釁从爨省,从西分聲,亹从爨省,从西文聲。字當為𧗗,作亹者,隸之變也,亹釁同字,故亦同聲。此篆作釁,亦釁之別體,釁當讀薰。說文一篇中部:「熏,火煙上出也。」艸部:「薰,香草也。」春官女巫「掌歲時祓除釁浴」,鄭康成謂以香草藥沐浴。國語齊語「管仲至竟,三釁三沐之」,韋昭注:「以香塗身曰釁,釁或為熏。」是釁熏薰聲同義通。【金文大字典中】

革

革　鄂君啟車節　毋載金革黽箭

孳乳爲勒　詩肇革金文多作攸勒　康鼎　鋚革　【金文編】

〔六九〕【先秦貨幣文編】

271【包山楚簡文字編】

革 雜一六　七例　秦八九【睡虎地秦簡文字編】

3103【古璽文編】

吳革生　杷革　爽革　衛革　渻于革印　徐革之印【漢印文字徵】

石經多士　殷革夏命　說文古文同　禪國山碑月正革元　泰山刻石　順承勿革【石刻篆文編】

革【汗簡】

義雲章　汗簡　崔希裕纂古【古文四聲韻】

◉許　慎　革獸皮。治去其毛。革。更之。象古文革之形。凡革之屬皆从革。古覈切。古文革。从三十。三十年為一世而道更也。臼聲。【說文解字卷三】

◉林義光　從卅非革之義。廿十亦不為卅。古作。毛公鼎勒字偏旁。象獸頭角足尾之形。與皮从形近。即。象手治之。變作。師兑敦勒字偏旁。【文源卷六】

◉高田忠周　許氏此說大謬也。今依金文沈思細考。即去毛獸皮。象形也。皮字古文作。亦同意。而从。治去其毛之手也。加工之意。且以為字聲。皮下曰。剥取獸革者謂之皮。剥之亦用手為之。故从。以皮加工而為革。事複於皮。故从兩手之。造字者用意可見矣。然則革與皮。其義分別劃然。而統言亦通。故皮曰獸革也。夫如此。許云从廿與十。妄亦甚哉。周禮冥氏。獻其皮革齒須備。書堯典。鳥獸希革。詩羔羊之革。皆本字本義。【古籀篇五十九】

◉方國瑜　說文革部,「革獸皮治去其毛曰革;革,更也,象古文革之形;……,古文革,从卅;卅年為一世而道革也,聲。」段玉裁注曰:「據此,則革之本訓更,後為皮去毛之字。」

頌敦勒字作三形,所从革字之書法不同,疑革字之演變如此:——初作,次作,後作革,小篆作革,劉歆古文變作,其跡甚明,可無疑意。象革平鋪,前為頭後爲尾之形,則革之本義為皮,引申去毛為更改之意也。

許謂𠦫从卅，蓋未審此字之演變，而段從為附說，未免穿鑿也。錢先生曰：卅之甲骨文及金文均作山，石鼓作廿，小篆亦作卅，未見有作芉者，革與臼音亦未近（革古音在德部，臼古音在覺部），許氏望文生訓，不足據也。瑜謂：古字每多假借，求其本義，當以較切於初民所需要者為準；「皮革」與「三十年而道革」二意，當以皮革為先，道革為後也。【字說六則　師大國學叢刊一卷一期】

◉商承祚　說文𠦫。古文革。从三十。三十年為一世而道更也。臼聲。案金文作革革勒字偏旁。古篆兩體皆有石經古文與此同。【說文中之古文考】

◉馬叙倫　鈕樹玉曰。韻會引無象古文革之形六字。有徐曰此象古文革而省之也。則六字乃徐說。翟云升曰。象古文革之形與弟下从古字之象民下从古文之象酉下象古文酉之形。語皆難通。疑非本有。王筠曰。許君說解恐涉牽強。皮革是其本義。改革乃引申之義。部首下本以獸皮為說。而部中字又皆皮革之義。篆文古文雖分繁省。然實是通體象形。非兼會意形聲於其間也。丁福保曰。慧琳音義卅六引。獸皮。治去毛。革。更之也。古文作𠦫。从三十。凡三十年為一世而道更革易也。从臼。與二徐本稍異。林義光曰。丫。象獸頭角足尾之形。𦥑象手治之。陳柱曰。律以思想進化之例。必先有獸皮治去其毛之誼。而後有三十年為一世而道革之誼。且革象𠦫形。而𠦫為三十年為一世。何沿有治獸皮之義耶。詩斯干。如鳥斯革。毛傳。革。翼也。此古文𠦫即古文翼字。翼正象鳥翼形。廿象鳥頭與口。十象鳥身與尾。革為鳥翼。故引申為一切羽毛之稱。毛生於皮。故又引申之又為皮革之義。倫按玄應一切經音義十四引作獸去毛曰革。革。更也。獸皮。治去毛變更之。故以為革字也。革者。更也。字从三十。从口。口為國邑。國三十年而法更別。取別異之意也。十七引作獸去毛曰革。言治去毛變更之也。故从三十。从口。口為國邑。國三十年而法更別。取別異之意也。十八引作革。更也。謂獸皮治去。變更之也。字从三十。从口。口為國邑。國三十年而法更別。取別異之意也。廿二引作革。更也。字从三十。从口。口為國邑。國三十年而法更別。取別異之意也。與今本亦多不同。左隱五年傳正義引作獸皮治去其毛。革更之。書禹貢疏引作獸皮。治去其毛為革。詩羔羊正義周禮掌皮司裘疏引作獸皮。治去其毛曰革。革。更也。與今本亦小異。倫謂說解更之象古文革之形皆非許文。如玄應所引。更有庾注語。其十八引有謂字可證。其十四取別異之意也。下有口音韋。亦可證。革之說解當作去獸皮毛也。然今存說解非本訓。从翼。芉聲。翼古文為。芉。即丫字。丫音見紐。故革音亦見紐也。知廾是兩手者。小篆古文僅有廾𦥑之殊。而廾實為𦥑之誤連者。金甲文𦥑字每作𦥑。本書巫字作巫。巫从两手奉玉詳巫字下亦其證。知陳說非是者。甲文翼字作翼。爲由圖畫性之象形文而變爲翼之初文。畫一鳥翼。固可識其為翼也。若畫

一鳥而張其翼。則成飛字矣。詩。如鳥斯革之革。乃䩷之省。故韓詩作䩷。去獸皮之毛曰革。因借為去毛皮之名。故下文鞹訓去毛皮也。而本部屬字有用去毛皮之義者。用借字義也。文選三國名臣傳序注引倉頡。革。戒也。此諱字義。字見急就篇。師兌𣪘勒字偏傍作[古文]。

[古文] 徐灝曰。从三十以下十五字疑後人妄增。許於此字盖未詳其形。故但云象古文革之形。若審知其為从三十臼聲。則當如全書通例。於小篆下先言之矣。商承祚曰。金文勒字偏傍作[古文][古文]。古篆二體皆有。石經古文與此同。倫按从三十以下十五字校語。彼以[古文]為廿字。合廿與十故言三十也。其鑿如此。魏石經古文同此。盖呂忱據加也。【說文解字六書疏證卷六】

◉楊樹達 說文三篇下革部云：「革，獸皮治去其毛曰革，革，更也，象古文革之形。」或作[古文]，云：「古文革从三十，三十年為一世而道更也，臼聲。」樹達按：許君說古文革从三十，定為形聲字，殊為牽強。尋四篇上羽部云：「䩷，翅也，从羽，革聲。」愚以革古文審之，上象鳥口，與燕字同，十象鳥身及尾，兩旁象鳥翅，蓋䩷之初字也。字義為鳥翅，字若偏舉鳥翅，則形義不顯，故於翅之外並舉口與身尾，猶嗌古文作[古文]，兼舉口及頸脈，篆文眉作[古文]，兼舉額理及目也。小篆變易古文，象形之故不可得見矣。革為初文，䩷加義旁羽耳。許君不知其為一字而分列之，殆失之矣。

詩小雅斯干篇曰：「如鳥斯革。」毛傳云：「革，翼也。」革韓詩作䩷，云：「翅也。」毛作革，韓作䩷，義訓相同，此二文為一字之證也。異者，毛用初字，韓用加旁字耳。

書堯典篇曰「鳥獸希革」，此亦用革字本義，與毛詩同者也。偽孔傳云：「鳥獸毛羽希少改易，革，改也。」按鳥獸希革猶下文云「鳥獸氄毛」，偽孔云「毛羽希少」是也，而復云「改易」，訓革為改，則非也。蓋偽孔不知革為䩷之初文，故不免進退失據耳。

堯典篇又記仲秋鳥獸毛毨，鄭注云：「毨，理也，毛更生整理。」淮南子天文篇曰：「春夏則羣獸除。」高注云：「除，冬毛微墮也。」蓋鳥獸毛羽有時除舊更生，革為鳥翅，引申有獸去毛之義，又引申有改革之義。許君以引申義為初義，據之以說字形，宜其牽強不合矣。【釋革 積微居小學述林卷二】

◉高鴻縉 革。獸皮。治去其毛者也。字倚[古文]（兩手所以治去毛也）。畫獸（[古文]象獸頭及身）皮形。革由物形[古文]生意。故為去毛之皮。名詞。後世亦借用為改革革除等意動詞。【中國字例二篇】

◉張日昇 革為獸皮。字象剖剥象皮。左右兩旁展列。有頭與尾。知其為象皮者。蓋所从[古文]與皮字所从[古文]同指一物。說文謂皮「从又為省聲。」實乃為省形之誤。為為以手役象。金文作[古文]若[古文]。皮革所从並為象之省形。皮之[古文]示皮離肉之意。

革之若(見勒字所从革)象獸皮展列之形。古文革从。亦之譌。齊鞄氏鐘鞄字所从革正作。此晚周之變體也。

【金文詁林卷三】

◉彭静中  爵銘有題揭之字，諸家未之隸釋。容庚先生置字于「不可識的圖形文字」中。李孝定云「字不可識。」

今謂該字乃「革」字之省文也。

金文《師奎父鼎》之霸字作「」，字所从之革作「」，以金文證金文，則題揭之字為「革」字之省文，卻是十分明白的。

《姓源》云：「蜚廉之子名革，後以爲氏。」

《史記·殷本紀》云：「紂(即受的古同紐，並叠韻相通)又用惡來，惡來善毀讒，諸侯以此益疏。」

《史記·秦本紀》云：「蜚廉生惡來，惡來有力。」又云：「惡來革者，蜚廉子也。」余有丁曰：「按惡來革者，豈即惡來耶？」惡來和惡來革，是一是二的問題，顧頡剛先生等也作過解釋，顧先生認為惡來是惡來革的尾音失落，這是正確的，但終以稱惡來革爲是，然則爵當名曰《革爵》，或即惡來革所作之爵。這不僅説明惡來革之確有其人，且證明惡來之全稱爲惡來革，此爵銘之確識，實有助于考史。【金文新釋(十則) 四川大學學報一九八〇年一期】

◉戴家祥 古器銘多言「鋚勒」，惟康鼎作「鋚革」，辛辟父段作「攸革。」毛詩小雅蓼蕭「肇革忡忡」，采芑「鉤膺肇革」，大雅韓奕「肇革金厄」，周頌載見「肇革有鶬」，毛公訓肇為轡，革為轡首。爾雅釋器「轡首謂之革」，郭璞注轡靶勒。明乎勒即革也。唐韻革讀「古覈切」，見母之部。勒从力聲，力讀「林直切」，來母之部。勒讀「盧則切」，不但同部，而且同母。古代見來二紐在諧聲字中每多混用，如監之與藍，各之與洛，兼之與廉，是其著焉者也。明乎此，則知勒革二字同聲必然同義。【金文大字典下】

鞹 鞹

 詛楚文 鞟輪棧輿 【石刻篆文編】

 鞹  上同  上同 【汗簡】

 義雲章   竝同上  張揖集 【古文四聲韻】

◉許慎 鞹去毛皮也。論語曰。虎豹之鞹。从革。郭聲。苦郭切。【説文解字卷三】

◉馬叙倫 鈕樹玉曰。詩載驅韓奕正義皆引。鞹。革也。獸皮治去其毛曰革。恐非。沈濤曰。正義引者。蓋古本如是。部首

輅　靬

下曰。獸皮治去其毛。訓革義已明了。不勞複出矣。倫按鞹為皮革之革本字。故訓去毛皮也。詩正義引乃校語。故復有獸皮八字耳。革鞹音同見紐。未造鞹字即以革為鞹也。此从革之假借義。引經校者加之。又疑字出字林也。【說文解字六書疏證卷六】

◉黃錫全 鞹 霍、郭古音同屬鐸部。《集韻》⿰靃刂音郭。此以⿰霍刂為鞹。《玉篇》以⿰靃刂為⿰廣刂字籀文，說見下。

上同 鄭珍云：「从刀从廣，⿰廣刂字也。此字《說文》無，始見《廣雅》，訓解也。《玉篇》又有⿰靃刂字，云籀文⿰廣刂，即上⿰靃刂字。詳宋人言古文，如《集韻》、《類篇》多出《汗簡》，重修《玉篇》據此書增加者亦不可別。此⿰靃刂字知必顧氏原文。以夏竦亦以此二文為鞹，則釋鞹必非傳誤。而《玉篇》不與此同，可知是元文也。且《玉篇》後世增出之字，未有更列籀文者，以此知顧氏所見《說文》有⿰廣刂字，其重文作⿰靃刂，注云籀文，鉉等校諸家集本竝無之，蓋其寫脱久矣。郭於上文以其讀謂即其字，大謬。此左旁『更篆』从古文黃省，亦非。」鄭說當是。今本《說文》似可據此和《玉篇》增補⿰廣刂。，古文。，籀文。

上同 此從《說文》光之古文炗。光黃可通，如《說文》觵字俗作觥、纊字或作絖等。此形蓋有所本。【汗簡注釋卷二】

◉許 慎 靬 靬。乾革也。武威有麗靬縣。从革。干聲。苦旰切。【說文解字卷三】

◉馬叙倫 姚文田曰。靬。乾革也。靬字衍文。麗當作驪。兩漢志驪靬縣屬張掖郡。晉志屬武威。宋齊以後無此。不知何時改隸。晉書無明文。以許書推之。當在後漢中葉。類篇集韻改作在張掖。未是。顧廣圻曰。驪靬縣或後漢已改隸武威。否則非許氏原文矣。嚴可均謂此據漢武以前言之。恐無其理。倫按靬是隸書複舉字。乾是校者注以釋靬之音者也。靬為鞹之同舌根破裂音轉注字。靬从干得聲。干音亦見紐也。從去毛之革。或從鞹省聲。武威六字校文誤入者也。據此。益知說解引地名者。均非原文。又疑字出字林。字林中每引地名以證字。此言武威。更其明證矣。【說文解字六書疏證卷六】

◉許 慎 輅 生革。可以為縷束也。从革。各聲。盧各切。【說文解字卷三】

◉馬叙倫 輅者生革也。生革之用不盡為縷束。可以為縷束五字校者加之。此從革之假借義。【說文解字六書疏證卷六】

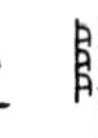 齬鎛  齊鞄氏鐘 【金文編】

 3·1089 獨字  3·405 鞈里匋牙 此从革缶聲古缶包同音乃異體鞄字 【古陶文字徵】

 3544 从匋，與齊侯鎛書法近。于省吾釋鞈。【古璽文編】

 鞄毋傷  鞄忠之印  鞄翁叔 【漢印文字徵】

 華嶽碑 【古文四聲韻】

◉許　慎　柔革工也。从革。包聲。讀若朴。周禮曰。柔皮之工鮑氏。鞄即鮑也。蒲角切。【説文解字卷三】

◉馬叙倫　嚴可均曰。鍇本作讀若樸。兩通。柔皮考工記作攻皮。韗篆下亦云攻皮。此蓋涉上文柔革工而誤耳。劉秀生曰。鍇本作讀若樸。兩通。土部。墣或體作圤。禮記檀弓。卜人師扶右。注。卜當為僕。是其證。包聲邦紐。卜聲亦在邦紐。故鞄从包聲得讀若朴。易繫辭。包犧氏。釋文。孟京作伏戲。方言八。北燕朝鮮洌水之閒謂伏雞曰抱。左昭十三年傳。奉壺飲冰以蒲伏焉。釋文。伏。本作匐。釋名釋姿容。匐。伏也。伏地行也。本書。⿺走音。从走。音聲。讀若匐。莊子秋水。赴水則接腋持頤。釋文。赴。司馬本作踣。包聲如伏。伏聲如匐。匐聲如音。音聲如卜。是其證。倫按説解當曰。柔革也。此因周禮考工記攻皮之工鞄氏而言然。其實鞄為革之轉注字。革音見紐。鞄从包得聲。包音封紐。皆破裂清音也。讀若以下校者所加。鞄字見倉頡篇。考工記注引之。王筠據鍇本朴作樸。【説文解字六書疏證卷六】

◉楊樹達　銘文⿰革陶字乃鞄之或作。説文鞄从包聲，銘文之⿰革陶乃从陶聲，與説文異者，陶與包古音無異也。知者，説文缶部云：「匋，作瓦器也，从缶，包省聲。案史篇讀與缶同。」按勹包音同，匋字即从勹聲，許云从包省聲，殊為迂曲。陶从匋聲，匋實从勹聲，而勹包古音無異，此陶與包音同之證一也。許君云：「案史篇匋讀與缶同。」今驗之鼎彝銘刻，知此説良信。筍伯盨云：「筍伯大父作嬴改，鑄匋盨，其子子孫孫永匋用！」⿱亼畐父盤云：「⿱亼畐父作丝女匋盤。」三匋字皆假為寶，是其證也。蓋寶从缶聲，故可與讀與缶同之匋字通作也。古音缶與包同，匋讀同缶，實亦同包，此陶與包音同之證二也。説文言部云：「⿰言匋，往來言也，从言，匋聲。」或作⿰言包，云：「⿰言匋或从包。」从匋之字或从包，此陶與包音同之證三也。【⿰革陶齬鎛跋　積微居金文説卷四】

◉李孝定　字蓋从革，陶聲，陶从匋，是字亦可作⿰革匋，許書無⿰革匋有鞄，楊樹達氏明包匋音同通作之故，以證⿰革匋之為鞄，其説可从。

【金文詁林讀後記卷三】

◉戴家祥　史記管晏世家云：「鮑叔既進管仲，以身下之，子孫世禄於齊，有封邑者十餘世，常為名大夫，天下不多管仲之賢而多鮑叔能知人也。」集韻三十一巧鞄鞄鞫同字，鞫叔即鮑叔，楊説至确。【金文大字典下】

韗 韗

◉許　慎　韗攻皮治鼓工也。从革。軍聲。讀若運。王問切。韗韗或从韋。【説文解字卷三】

◉馬叙倫　韗為鞄之轉注字。韗从軍得聲。韗音見紐。鞄从包得聲。包音封紐。封見皆破裂清音也。同禮考工記注。先鄭云。韗。書或為鞫。鞫即鞄之異文。墨子節用。天下羣百工輪車韇匏陶冶梓匠。匏即鞄之借字。韇亦韗之轉注。詳韇字下。韇匏即韗鞄。韗鞄並舉。並其證也。説解當曰。鞄也。今所存者校語。校者以周禮考工記韗人為皋陶而加之也。

徐鍇曰。今周禮作此字。段玉裁曰。周禮釋文曰。韗或作韗。倫按五篇。韋。相背也。从舛。口聲。獸皮之韋可以束枉戾。相韋背。故借以為皮韋。倫檢韋部屬字十五。其十四皆為皮韋義。惟韓為井垣。不得从皮韋之義。而甲文韋衛一字。證知韋即衛之初文。韋下有古文作𩏑。蓋皮韋字。詳韋字下。凡从韋而為皮韋之義者。其偏傍皆當作𩏑。【説文解字六書疏證卷六】

鞣 鞣

◉許　慎　鞣耎也。从革。从柔。柔亦聲。耳由切。【説文解字卷三】

◉馬叙倫　桂馥曰。耎也者。本書。𠬝。柔皮也。錢坫曰。此即柔皮字。今人治皮猶曰鞣。嚴章福曰。但當作柔聲。王筠曰。耎為𠬝之借字。倫按从革。柔聲。古語謂不堅者曰柔。故木曲直曰柔。屈申木曰楺。和田曰睬。銕之耎曰鍒。面和曰腬。讀若柔。柔為語原。故𠬝皮亦曰鞣。觀鞣之轉注字為靼。知柔僅為聲矣。鞣為韗之轉注字。鞣音日紐。韗音喻三。皆舌面前音也。【説文解字六書疏證卷六】

靼 靼

韇 説文　【古文四聲韻】

◉許　慎　靼柔革也。从革。从旦聲。旨熱切。韇古文靼。从亶。【説文解字卷三】

◉商承祚　説文「韇古文靼。从亶」。旦亶同聲通。如袒之亦作襢也。【説文中之古文考】

◉馬叙倫 徐灝曰。柔即鞣字。相承增偏傍。靼為革之柔者。倫按旦聲上衍从字。靼音照紐。古讀歸端。鞣音日紐。古讀歸泥。端泥同為舌尖前音。為轉注字。説解柔革也當作鞣也。傳寫誤分鞣為柔革二字。又與鞄革為轉注字。封端見皆破裂清音也。或如徐説柔革也者謂革之柔者。故下文鞴訓勒靼。鞅訓頸靼。

⿰革亶 鈕樹玉曰。繫傳作⿰革亶。宋保曰。亶聲。王筠曰。朱筠本繫傳作⿰革亶。下文鞻亦然。倫按亶亦旦聲。从亶校語。

【説文解字六書疏證卷六】

韇 韇

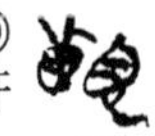
271
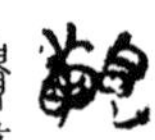
273【包山楚簡文字編】

◉許 慎 韇韋繡也。从革。貴聲。求位切。【説文解字卷三】

◉馬叙倫 朱珔曰。墨子節用中。凡天下羣百工輪車韇鞄陶冶梓匠。王懷祖曰。輪車梓匠為攻木之工。陶為摶埴之工。冶爲攻金之工。然則韇鞄為攻皮之工。韇當為韗之假借。非謂韋繡也。倫按韋繡非韇本義。或非本訓。韇當是韗之轉注字。韗韇脂真對轉。韗从軍得聲。韇从貴得聲。軍貴音皆見紐。繡革古雖有徵。然齊語之輕罪贖以韇盾一戟。必非繡盾。盾以禦兵。豈資乎繡。特是繪耳。國語語。今君四時斬離皮革。掩以朱漆。畫以丹青。是其證也。十二篇。繪。會五采繡也。繡。五采備也。是繡本不必以箴刺。故凡畫文采謂之繪事。韇訓繡者。乃繪字義。繪韇聲同脂類。又皆舌根音也。十二篇。繢。織餘也。一曰。畫也。畫也即繪字義。論語繪事後素。釋文。繪。本作繢。是其證。【説文解字六書疏證卷六】

鞶 鞶

◉許 慎 鞶大帶也。易曰。或錫之鞶帶。男子帶鞶。婦人帶絲。从革。般聲。薄官切。【説文解字卷三】

◉馬叙倫 鈕樹玉曰。李注文選張平子賦引作覆衣大巾也。誤以幋為鞶。承培元曰。易訟虞翻注。鞶帶。大帶。男子鞶革。義與此同。服虔賈逵杜預左傳鞶厲注亦云。鞶。大帶。厲。大帶之垂者。許受學於賈逵。故同師説。鄭玄易注云。鞶。佩鞶之帶。内則注。鞶。小囊盛帨巾者。男用韋。女用繒。有飾緣之。鄭意蓋謂鞶囊裂帛為飾。謂之厲。故詩箋垂帶而厲。謂而亦如也。如厲者帶之垂如鞶。裂帛之飾。明厲非帶垂之名。鞶非大帶之偁也。案内則有鞶縏二字以別男女所用。而皆不言帶。鞶與帶塙非一物。鄭説是矣。惟鞶即施於大帶。故合言之而為鞶帶。鞶以革為之。而帶則或素或練。無以革者也。韋帶但用之布衣耳。然則鞶為囊。帶為束。鞶之垂飾為厲。帶之垂者為紳。義了然也。段玉裁謂大帶以束衣。革帶以佩。

仍未免混鞶帶爲一。倫按大帶非鞶本義。或非本訓。易言鞶帶。如依此訓。豈非大帶帶耶。足明不然矣。蓋鞶為柔革為鞄之音同並紐轉注字。亦鞄之聲同元類轉注字。男子帶鞶。婦人帶絲。明男子帶以革女子帶以絲也。班固與竇將軍牋。受賜鞶囊。東觀漢記。賜鄧遵虎頭鞶囊。曹瞞傳。身佩小鞶囊以盛手巾細物。鞶囊猶鞶帶。謂革囊也。虞注以大帶釋鞶帶。不以大帶釋鞶。斯得其義矣。蓋革所為帶。故謂大帶耳。文選思玄賦注引字林。帶也。疑大帶是字林訓。選注引無大字者省耳。或字林訓帶也。校者又注大帶也。今並本訓挩失。但存校語耳。若內則之男鞶革女鞶絲者。鞶是借字。據鄭玄説。鞶。小囊盛帨巾者。蓋如清代禮服上所佩荷包。則鞶借為勹耳。轉可證明鞶為鞄之轉注字。朱駿聲謂訓囊者借為槃。然左莊廿一年傳。王以后之鞶鑑與之。鞶鑑並舉。鞶是槃借。若內則之鞶必非槃也。此從借義之革。易曰以下十五字校語。故在从革上。【説文解字六書疏證卷六】

鞏　不从革　毛公𤸫鼎　巩字重見【金文編】

鞏縣徒丞印　鞏愛　鞏博士　鞏武彊印　鞏安漢　鞏歸之印　鞏俱歸【漢印文字徵】

◉許慎　鞏以韋束也。易曰。鞏用黄牛之革。从革。巩聲。居竦切。【説文解字卷三】

◉馬叙倫　翟云升曰。爾雅釋詁疏引作以革有所束也。是。見玉篇。倫按鞏鞶轉注字。鞏从巩為奉之初文。奉音奉紐。古讀歸並。鞶音並紐也。鍇本从革上衍故字。此从革之假借義。以革有所束。校者據玉篇加之。非本訓。易曰八字亦校者加之。亦疑此字出字林也。【説文解字六書疏證卷六】

◉許慎　鞔履空也。从革。免聲。徐鍇曰。履空猶言履殼也。母官切。【説文解字卷三】

◉馬叙倫　桂馥曰。集韻類篇引並有一曰覆也四字。案一切經音義十四。倉頡篇。鞔。覆也。今謂覆蓋物為鞔。是也。鈕樹玉曰。説文無免。凡从免者皆當是兔。兔免蓋聲之轉。後人遂分為兩字。此據篆文本从兔。則當作兔聲。武氏石室畫像有王陵母事。文云。因伏劍死以免其子。錢大昕謂免善逃。故云脱免。蓋有兩音而實一字。王筠曰。當依集韻類篇引。補一曰覆也。王玉樹曰。空當作工。呂氏春秋君類。南家工人也。為鞔。高注。鞔。履也。作履之工也。然則鞔為工人明矣。倫按李賡芸曰。免與俯聲近故。俛从免聲而亦轉為脱字。論衡道虛耳言兔去皮膚。此借兔為脱也。免訓脱見廣雅釋詁。廣韻

二十八獮皆當作免。免脱雙聲。挽即免身之免。而从免得聲。免身即脱孕也。字从狐兔之兔。而音皆近無辨切。益可知兔與免之非二字矣。倫謂免之音無辨切。可於勉字得之。八篇頫之或體从人免聲作俛。而詩谷風。黽勉求之。陸士衡文賦李注引作僶俛。考工記矢人。前弱則俛。開成石經俛作勉。是俯仰之俛古讀如勉。故正文作頫。从頁。兆聲。今作逃省 鍇本作逃省聲。皆誤。兆亦脣音也。今杭縣謂鞔曰鞋幫。鞔幫同脣音也。謂治鞔曰託鞋幫。託兔聲同魚類。鞔為履空。因名治鞔亦曰鞔耳。然疑鞔非履空之名。當依吕氏春秋高注作履也。集韻類篇引一曰覆也。王筠據本作履也。覆履形近。覆義雖見倉頡。或亦履之形譌。豈履也為許訓。履空也為校語或字林訓。履音來紐。鞔音明紐。古讀來歸泥。明泥同為鼻音次濁音。是鞔為履之轉注字。此从革之假借義。【説文解字六書疏證卷六】

靸 靸

◉許　慎　靸小兒履也。从革。及聲。讀若沓。穌合切。【説文解字卷三】

◉馬叙倫　讀若沓當徒合切。王筠曰。急就篇注。靸謂韋履頭深而兑平底者也。俗謂之跣子。劉秀生曰。及沓聲皆合部。故靸从及聲得讀若沓。釋名釋衣服。靸。襲也。以其深襲覆足也。衣部。襲。从衣。𧟌省聲。龍部𧟌讀若沓。及聲沓聲古並如襲。是其證。尹桐陽曰。漢書楊雄傳。革鞜不穿。服虔曰。鞜。舄也。鞜即靸字。荅及疊韻。倫按此从革之假借義。小兒履也者蓋校語。靸如今日本舊俗所履之木屐。桂馥謂履之無跟者是也。靸為屐之轉注字。靸讀若沓。音在定紐。屐音羣紐。同為濁破裂音也。字見急就篇。【説文解字六書疏證卷六】

䩕 䩕

◉許　慎　䩕䩕角。鞮屬。从革。卬聲。五岡切。【説文解字卷三】

◉馬叙倫　急就篇。靸鞮卬角褐。韤巾。釋名釋衣服。仰角。屐上施履之名。字皆不作䩕。䩕字惟見方言。或方言本作卬。後人加革旁耳。卬角蓋俗名。不必有其字。疑此字出字林。故訓鞮屬。字林之訓每言屬也。【説文解字六書疏證卷六】

鞮 鞮

◉許　慎　鞮革履也。从革。是聲。都兮切。【説文解字卷三】

◉馬叙倫　桂馥曰。周禮序官釋文引許慎云。屨也。吕忱云。革履也。馥謂本書多為人改從字林者。此其一也。沈濤曰。一切經音義十七引作韋履也。竊意鞮字不應單訓為屨。疑周禮釋文所引亦作韋履也。傳寫之譌。初學記二十六引作草履。亦革履之譌。倫按釋文引者許本訓也。今存者字林訓。字林以説文訓列於前。而補其所未備。又補説文所無之字。隋書經籍

志字林七卷者。蓋呂忱補説文所無之字別行者也。其實呂以説文為本。於説文本訓外復據諸字書加以異訓。其證甚多。此其一也。許訓每渾言之。如鞮止訓屨也。而呂則訓革履以有絲為之者也。其他如艸部魚部等。許止訓艸也魚也。而呂為別之。亦多其證。然則非由後人以字林改説文。直是唐人習字科者以便於誦記。而許略呂詳。故删許訓耳。鞮為鞁之轉注字。鞁讀若沓。而字从及得聲。及音羣紐。鞮从是得聲。是音禪紐。古讀歸定。定羣皆破裂濁音。玉篇。鞜。鞮也。鞜為因鞁讀若沓而作之字。沓音亦定紐。可證也。此从革之假借義。字見急就篇。【説文解字六書疏證卷六】

䩡 䩡

◉許　慎　䩡鞮。䩡沙也。从革。从夾。夾亦聲。古洽切。【説文解字卷三】

◉馬叙倫　惠棟曰。類篇引沙作鞅。廣雅。鞈。鞅。韠也。王筠曰。从革。夾聲。倫按王説是也。本書無鞅。鞅為鞈之異文。鞮音端紐。䩡音見紐。同為破裂清音。故鞮轉注為䩡。詩小弁。歸飛提提。提借為翨。禮曲禮。羹之有菜者用梜。注。今人或謂箸為梜提。是其例證。鞮䩡沙也者。當作鞮也。沙也。䩡字乃隸書複舉字誤乙者也。沙借為鞈。此校語。此从革之假借義。【説文解字六書疏證卷六】

䩥 䩥

◉許　慎　䩥鞮屬。从革。徙聲。所綺切。【説文解字卷三】

◉馬叙倫　席世昌曰。聲類。𩏂或為䩥。徐灝曰。足部云。躧。舞履也。或作𩏂。音義與此同。倫按戰國策燕策。猶釋敝躧。呂氏春秋長見。竊觀公之意。視釋天下若釋躧。史記封禪書。吾視去妻子如脱躧耳。皆以躧為䩥。漢書地理志。女子彈弦跕躧。游媚富貴。徧諸侯之後宮。張衡七盤舞賦。歷七盤而屣躡。屣即䩥之今字。似䩥躧為一字。然如莊子讓王。原憲華冠縰履。曾子曳縰而歌商頌。縰皆䩥之異文。原曾必不履舞履。則䩥為革履。𩏂蓋䩥之轉注字。故音同所綺切。足部。躧蹝相次。蹝與此下文鞻為轉注字。亦可證也。䩥聲之類。鞻聲脂類。之脂通轉轉注字也。䩥蓋亦鞮之轉注字。鞮聲支類。䩥聲之類。之支亦通轉。䩥得聲於止。止音照三。鞮得聲於是。是音禪紐。亦同為舌面前音也。鞮屬當作鞮也。或此為字林訓。本訓捝矣。又疑此字出字林。从革之假借字。【説文解字六書疏證卷六】

鞵 鞵

◉許　慎　鞵革生鞮也。从革。奚聲。户佳切。【説文解字卷三】

◉馬叙倫　嚴可均曰。革生當作生革。略下亦云生革。桂馥曰。增韻引作革生履也。字鑑引作革履也。馥疑當作生革履也。倫按據增韻及字鑑引。可證本訓鞮也。生革履也。次訓校者加之。或字林訓也。鞵音匣紐。鞮从是得聲。是音禪紐。同為摩擦次濁音。是轉注字也。亦蹝之音同匣紐轉注字。此从革之假借字。【説文解字六書疏證卷六】

靪 靪

◉許　慎　靪補履下也。从革。丁聲。當經切。【説文解字卷三】

◉馬叙倫　廣雅釋詁。靪。補也。疑此當訓補履也。下蓋也字之爛文。故鍇本及玉篇並無也字。此有也字。校者據一本記之也。此从革之假借義。【説文解字六書疏證卷六】

鞠 鞠

9·83　鞠讓　【古陶文字徵】

鞠壽信印　鞠因　鞠宜親　鞠德之印　鞠昌私印　鞠敞之印　鞠黽　鞠遂成　鞠商私印　鞠宮　鞠苴之印　鞠買　【漢印文字徵】

鞠　鞠　上同　鞠　【汗簡】

林罕集　竝崔希裕纂古　裴光遠集綴　義雲章　【古文四聲韻】

◉許　慎　鞠蹋鞠也。从革。匊聲。居六切。𩌂鞠或从𥶽。【説文解字卷三】

◉馬叙倫　徐灝曰。鞠毬一聲之轉。倫按此从革之假借義。文選曹植名都篇注引三倉。鞠。毛丸可蹋戲者。鈕樹玉曰。𥶽當作𥷸。段玉裁曰。𥷸。𥷚或字。宋保曰。𥷸聲。倫按十篇。𥷚。从夲。从人。从言。竹聲。然實从言𥷸聲。𥷸為報之異文。報音封紐。封見同為破裂清音。故鞠轉注為𥷚。【説文解字六書疏證卷六】

◉黄錫全　鄭珍云：「左卒之誤，夏作亦誤。按窮理罪人𥷚字从人从言竹聲，或省言作𥷸。蹋踘之鞠从革匊聲，或从𥷸作𥷹。」按，「酒母」之䕮「从米，𥷚省聲。，𥷚或从麥，鞠省聲。」段玉裁注云：「作麴或以此形从卒从匊，不識偏旁所為，本書米作。」

鞀 鞀

米。或以麦，故其字或从米，或从麦。」因此，麴也可能作鞠，與𥻨同，故此以鞠為麴。另一種可能是鞠麴音近假借。卒作，類似不𣪊殷執作，詛楚文圉作等。

鞠 鄭珍云：「俗𥻨字，省𥻨合匊為之。」

上同 左爲卒字譌誤，即鞠。【汗簡注釋卷一】

◉黄錫全 鞠 夏韻屋韻録作，當是𥻨字，左下應是譌，右从石經米，與牛部《林罕集字》形類同，參見前。《說文》「𥻨，酒母也。从米，𥻨省聲。，𥻨或从麦，鞠省聲」。《集韻》𥻨或作鞠。【汗簡注釋卷六】

說文【古文四聲韻】

◉許 慎 鞀，鞀遼也。从革。召聲。徒刀切。鞉鞀或从兆。鼗鞀或从鼓。从兆。磬籀文鞀。从殸召。【說文解字卷三】

◉王國維 說文解字。革部。鞀遼也。从革。召聲。磬。籀文鞀。从殸召。案周禮大司樂。大韶九韶用此字。【史籀篇疏證 王國維遺書第六册】

◉馬叙倫 沈濤曰。爾雅釋樂釋文引作遼也。蓋古本如是。今本鞀字衍。韻會四豪引同。則小徐本尚不誤也。段玉裁曰。鞀字乃複舉字之未刪盡者。以遼釋鞀。此門聞也户護也鼓郭也琴禁也之例。以疊韻釋其義也。倫按釋名。鞀。導也。所以導樂作也。亦以疊韻爲訓。或遼為道之譌字。周禮小師注。鼗如鼓而小。持其柄搖之。旁耳還自擊。儀禮大射儀注。鼗如鼓而小。有柄。賓至搖之以奏樂也。說與釋名合。或據爾雅釋樂。大鼗謂之麻。小者謂之料。料遼同音。許以爾雅所謂小者謂之料釋鞀耳。倫謂爾雅之料即鞀之借字。字見急就篇。

鞉 宋保曰。召兆同聲通用。說文。超。跳也。是其證矣。倫按鞉為鞀之雙聲兼疊韻轉注字。

鼗 按从鼓兆聲。

磬 何治運曰。磬當為鞀籀文。鈕樹玉曰。繫傳作。玉篇無。釋樂釋文引有。王筠曰。玉篇未收磬字。殸乃籀文磬字。鼗而从殸。非義所安。周禮以磬為鞀字。倫按磬鞀異字。从殸召校者加之。爾雅釋文引有此字。蓋江式所謂吕忱加之者也。亦可證唐初人所見本書已有一本與字林合者。其實即字林。特字林本於說文。先列說文義。故俗亦仍稱說文耳。玄應一切經音義引古文官書。鞀。古文磬。同。視招反。【說文解字六書疏證卷六】

鞔

◉許 慎 量物之鞔。一曰。抒井鞔。古以革。从革。冤聲。於袁切。䩩鞔或从宛。【説文解字卷三】

◉馬叙倫 張楚曰。一曰抒井鞔。古以革者。疑即韓字義。本書。韓。井垣也。按井垣乃榦之引申義。今莊子漢書凡井垣字作榦作榦無作韓者。韓之本義即此。所謂抒井具也。故从韋。惜乎古書經秦焚無證耳。本朱氏駿聲説。疑後人以榦韓聲同。遂誤以榦義附於鞔下耳。倫按徐鍇曰。抒井今言淘井。鞔。取泥之器。段玉裁曰。手部。抒。挹也。則汲井亦可云抒井。倫謂量物之器與取泥之器汲水之器。實無不同。量物之器曰鞔。為通名耳。今北平量物之器率以柳條編之。而汲水者亦然。徒形或異耳。是其例證。是古謂量物之器曰鞔。抒井之器亦曰鞔。此一語轉衍也。一曰八字校語。然疑此二訓皆非許文。本訓蓋捝矣。

䩩 宋保曰。宛聲。倫按冤宛音同影紐。故鞔之轉注字為䩩。【説文解字六書疏證卷六】

鞞

鞞 説文刀室也 番生簋 鞞鞢 静簋 王錫静鞞刹 【金文編】

鞞 日甲七七背 二例 【睡虎地秦簡文字編】

牛丞鞞印 牛鞞長印 【漢印文字徵】

◉許 慎 鞞刀室也。从革。卑聲。并頂切。【説文解字卷三】

◉馬叙倫 桂馥曰。韻會引作劍室也。倫按刀室也或非本訓。番生𣪘作鞞。静𣪘作鞞。从㚔。疑即率字所从得聲之㚔。實即糸字。【説文解字六書疏證卷六】

◉郭沫若 余敢斷言：鞞者，珌也。鞢者，璏也。詩小雅瞻彼洛矣「鞞琫有珌」，傳云「鞞，容刀鞞也。琫，上飾。珌，下飾。天子玉琫而珧珌，諸侯璗琫而璆珌，大夫鐐琫而鏐珌，士珕琫而珕珌。」釋文云「鞞字又作琕，琫字又作鞛，珌字又作琿。」大雅公劉「鞞琫容刀」，傳云「下曰鞞，上曰琫。」左氏桓二年傳「藻率鞞鞛」，鞞鞛亦即鞞琫矣。公劉與左傳用鞞為珌，甚顯著。即瞻彼洛矣實亦用鞞為珌也。「鞞琫有珌」與首章「韎韐有奭」為同例語，奭與珌均形容詞，毛訓鞞為「容刀鞞」即用公劉語。容乃容飾之容，非容納之容。箋云「容刀有飾」，正合毛意。下文五珌字與鞞互文見意，所釋者仍鞞琫之鞞，非有珌之珌。毛於首章「有奭」無説，故於次章「有珌」亦無説，蓋其義顯而易見也。又觀釋文諸本多異字，疑毛傳本作「鞞容刀鞞也」，下五珌字亦均作琿，為淺人所妄

改而成今語也。要之，古文珌字均用鞞，金文亦猶是。【釋鞞鞣　金文叢考】

◉唐　蘭　「鞞剢」兩字，見于静簋，這是周穆王時代的銅器（約公元前十世紀）。銘文説：「王錫静鞞剢」，是把「鞞剢」單獨作為一種賞賜。又作「鞞鞣」，見于番生簋，這可能是厲王時代的銅器（約公元前九世紀），銘文是：「錫朱市（韍）、悤黄（衡）、鞞鞣、玉環、玉瑹。」把「鞞鞣」跟「朱韍悤衡」和「玉環玉瑹」一起賞賜，此外還有很多車馬飾和旂鈴等賞賜。

「鞞」是刀室，「鞣」或「剢」既從革，又從刀，是繫刀用的革帶。革帶可以改用絲帶，所以「鞣」可以寫作「緌」，《爾雅・釋器》：「緌，綬也。」這種帶子又可用以繫佩玉，所以又可以寫作「璲」，《爾雅・釋器》：「璲，瑞也。」實際只是一個字。正因為「璲」是綬帶一類的東西，所以可以用長短來量度的。

《説文》：「鞞，刀室也」，又「削，鞞也」。削又作鞘，《説文》新附：「鞘，刀室也。」《廣雅・釋器》：「鞞、靳，刀削也。」劍鞘沿用刀鞘的名稱，所以揚雄《方言》（卷九）説：「劍削自河而北，燕趙之間謂之室，自關而東或謂之廓，或謂之削，自關而西謂之鞞。」「削」字本從刀，説明它是刀鞘，「鞞」、「靳」、「鞘」等字從革，「韠」字從韋，説明它是用皮革製的。《逸周書・伊尹朝獻篇》「請令以魚皮之鞞」，孔晁注：「鞞，刀削。」《尚書大傳》「南海魚革」，注：「魚革今以飾小車，纏兵室之口。」《説文》：「鮫，海魚，皮可飾刀。」郭璞《山海經》漳水注、劉欣期《交州記》也都説鮫皮可以飾刀劍鞘的口。《後漢書・輿服志》記皇帝的佩刀是「半鮫魚鱗金漆錯雌黄室」，諸侯王的佩刀是「半鮫黑室」。鮫魚就是現在的鯊魚，一直到近代也還用鯊魚皮來飾刀劍鞘，是很貴重的裝飾品。那末，「鞞」是刀鞘，是絲毫不容懷疑的。

司馬彪《續漢書・輿服志》説：「古者君臣佩玉，尊卑有度；上有韍，貴賤有殊。佩所以章德，服之衷也；韍所以執事，禮之共也。故禮有其度，威儀之制，三代同之。五霸迭興，戰兵不息。佩非戰器，韍非兵旗。于是解去韍佩，留其系璲，以為章表。故《詩》曰『鞙鞙佩璲』，此之謂也。韍佩既廢，秦乃以采組連結于璲，光明章表，轉相結受，故謂之綬。漢承秦制，用而弗改，故加之以雙印佩刀之飾，至孝明皇帝乃為大佩，衝牙雙瑀璜皆以白玉。」又説：「自青綬以上，縌皆長三尺二寸，與綬同采而首半之。縌者古佩璲也，佩綬相迎受，故曰縌。紫綬以上，縌綬之間，得施玉環鐍云。」崔豹《古今注》對「佩璲」的説法也差不多。

從司馬彪、崔豹的説法裡可以看出春秋戰國以後韍和玉佩雖已經廢而不用，「佩璲」還是保存下來了。因此，「佩璲」是綬帶一類的織物，在漢代學人是可以從當時實物來説明的。《説文》「綬，韍維也」，又「縌，綬維也」，是「縌」跟「綬」畧有不同。據《輿服志》「縌」就是「佩璲」，説是「佩綬相迎受，故曰縌」，那末，「佩璲」是一方面繫在「綬」上而另一方面是佩玉，所以説是「綬維也」。

司馬彪説「雙印佩刀之飾」是漢朝才加上去的。但事實上把容刀做佩飾，遠在西周時期，儘管戰國到秦已經不佩刀，漢朝又重新加上去，這只是恢復古代的制度罷了，跟漢明帝時恢復玉佩的制度是一樣的。《詩經・芄蘭》説「容兮遂兮，垂帶悸兮」，鄭玄箋説：「容，容刀也，遂，瑞也，言惠公佩容刀與瑞及垂紳帶三尺，則悸悸然行止有節度。」「遂」應該就是「鞢」或「剢」，也就是「璲」和「繸」。

根據番生簋「錫朱韍蔥衡，鞞鞢，玉環玉珠」，可見西周時代韍衡跟容刀、佩璲、玉環等服飾成為一組，秦漢以後只是把「韍」和其他玉佩取消了，佩刀、佩璲和玉環等還保留着。再根據静簋的「剢」字從刀來看，可見「佩璲」本來是繫刀用的革帶，但也可以用來繫玉佩，也可以用絲織品來代替革帶。那末，「鞢」是繫在韍衡上繫刀用的綬帶類服飾，也是絲毫不容懷疑的。

郭沫若懷疑「錫刀室成何體統」，其實「鞞」用魚革來作裝飾，在古代是極其貴重的。《詩經・公劉》説「鞞琫容刀」，也正由于刀鞘和刀把的裝飾，要比一把普通的青銅刀貴重得多。漢朝的服飾制度裡只有皇帝和諸侯王才用半鮫為裝飾，公卿百官就只有黑漆刀鞘了，可以為證。

静簋裡周穆王賞給静「鞞剢」，這種賞賜和《易經》裡所説「或錫之鞶帶」是相類似的。但在番生簋裡的「鞞鞢」則屬于韍衡一組服飾。毛公鼎也賞賜韍衡一組，却又没有「鞞剢」。可見這是可以有，可以無的。但無論如何，「鞞剢」是革製的刀鞘和繫刀鞘的革帶，而不是什麼玉飾，則是可以斷言的。【「鞞剢」新釋 唐蘭先生金文論集】

◉戴家祥 説文三篇：「鞞，刀室也。从革，卑聲。」周書王會解「請令以魚皮之鞞」，孔晁注：「鞞，刀削也。」小雅瞻彼洛矣「鞞琫有珌」，毛傳：「鞞，容刀鞞也。」孔疏：「古之言鞞，猶今言鞘也。」内則注「遰刀鞞」是也。以公劉云「鞞琫容刀」，故知鞞容刀鞞也。考説文四篇「削，鞞也。一曰，析也，从刀肖聲。」方言九：「劍削，自河而北、燕趙之間謂之室，自關而東謂之削，自關而西謂之鞞。」是鞞也、削也、室也，實一物而異名。容刀曰室，猶今人云「劍廓也」。表義更旁，鞞或作，从古文革。削或作鞘、作鞘，鞞亦作鞞，聲義不變。【金文大字典下】

鞎 鞎

 273 【包山楚簡文字編】

◉許 慎 鞎車革前曰鞎。从革。艮聲。户恩切。【説文解字卷三】

◉孫詒讓 今攷吳彝云「桒冋朱虢靳」，彔敢文同。毛公鼎云「朱囂冋囂褻冋」，即詩大雅韓奕之「鞹鞃」，虢與鞹亦同。此字與彼連

鞃

屬為文，其字疑當為韔之異文。說文土部「垠，地垠咢也。重文圻，垠从斤」。此□字亦从斤、从木，或从朿。从冋，吴彝又从衣而省木，唯彔伯戒敨毛公鼎形最緐縟。即斤聲艮聲相通之證。毛詩大雅韓奕傳云：「鞃，式中也。」爾雅釋器云：「輿革前謂之韔。」郭璞注云：韔「以韋靶車軾」，是韔與鞃同箸車式，故二物同舉。□字即韔之省衣者，實一字也。【古籀餘論卷二】

◉馬叙倫　鈕樹玉曰。韻會引前下有飾字。席世昌曰。鍇本革前作前革。倫按爾雅釋器。輿革。前謂之韔。後謂之第。李巡讀輿革前絕。王筠讀輿革絕。與下文竹前謂之禦後謂之蔽同。倫謂當車字讀絕。此車字領下文韔第禦蔽捐钀轙革八事。此例古書多有。莊子秋水以物字領量時分終始四事其證也。革前謂之韔。與竹前謂之禦。相對為文。然則此蓋校語。本訓脱矣。或字出字林。【說文解字六書疏證卷六】

◉許　慎　□車軾也。从革。弘聲。詩曰。鞹鞃淺幭。讀若穹。丘弘切。【說文解字卷三】

◉劉心源　□舊釋作卣。非。此即从弓从厶之字。□為□。□為弓也。毛詩作鞹。集傳。鞹。式中也。案。网較閒横木可憑者。𠂤朱桼之革固之。故曰朱虢弖也。弖。毛公鼎作□。寅簋作□。彔伯戎敨作□。益知非卣字。【古文審卷八】

◉郭沫若　弖即鞃之古字。【彔𢦏段　兩周金文辭大系考釋】

◉馬叙倫　鈕樹玉曰。韻會引作車軾中靶也。玉篇。軾中把也。段玉裁曰。當依韻會引增中靶二字。詩大雅韓奕傳。鞹。革也。鞃。軾中也。此謂以去毛之皮鞔軾中人所凭處。篇韻皆云。軾中靶。靶轡革。不當以名軾。蓋許本作把而俗譌从革也。讀若穹者。穹从弓聲。弓讀如肱。故鞃亦作䩑。又作鞡。王筠曰。讀若穹當在弘聲下。劉秀生曰。弘从厶聲。厶為厷肱之古文。在見紐。穹从弓聲亦在見紐。故鞃从弘聲得讀若穹。儀禮鄉射禮。侯道五十弓。注。今文改弓為肱。左昭三十一年經。邾黑肱以濫來奔。公羊作黑弓。並其證。【說文解字六書疏證卷六】

鞪

◉許　慎　□車軸束也。从革。敄聲。莫卜切。【說文解字卷三】

◉馬叙倫　鈕樹玉曰。繫傳作□。段玉裁曰。此與木部楘音同義近。疑本一字。許書有楘無鞪。後人補之。又改輈為軸。王筠曰。軸似輈之譌。玉篇。鞪。車轅束也。一作楘。詩小戎音義曰。楘。本作鞪。楘下云。車歷録束文也。是知鞪楘一字。束之者革。所束者木也。故兩从。猶煉鍊一字矣。輈揉曲故束之。軸用直木。無取乎束。詩小戎傳曰。一輈五束。束有歷録。楘下説解中車字亦當作輈。今都中呼輈軸音近。故輈譌為軸耳。倫按鞪楘皆从敄得聲。楘下曰。車歷録束交也。交字據

唐寫本。歷録字本詩傳。古語不可知。或縛之緩言也。然與此自是一義。倫謂鞏即轉之轉注字。同脣音也。鞏棸一字。當有一字出字林。【説文解字六書疏證卷六】

⿰革必

◉許　慎　⿰革必車束也。从革。必聲。毗必切。【説文解字卷三】

◉馬叙倫　⿰革必蓋鞏之雙脣音轉注字。【説文解字六書疏證卷六】

⿰革爨

◉許　慎　⿰革爨車衡三束也。曲轅⿰革贊縛。直轅⿱⺮暈縛。从革。爨聲。讀若論語鑽燧之鑽。借官切。⿰革贊⿰革爨或从革贊。【説文解字卷三】

◉馬叙倫　段玉裁曰。車部暈下曰。直轅車⿰革贊也。从車。具聲。作⿱⺮暈字誤。顧廣圻曰。集韻引作暈。桂馥曰。暈。類篇引作暈。劉秀生曰。⿰革爨或从贊聲作⿰革贊。鑽亦从贊聲。此以與或體字同从得聲之字為讀若也。爨聲贊聲同在寒部。故⿰革爨字或作⿰革贊。又得讀若⿰革贊。釋名釋宮室。爨。銓也。銓度甘辛調和之處也。黑部。⿱算黑。从黑。算聲。讀若以芥為齏名為芥荃也。竹部。籫。从竹。贊聲。讀若纂。爨聲如全。全聲如算。算聲如贊。是其證。倫按車衡三束也疑校語。爨贊同為舌尖前破裂摩擦音。故轉注字作⿰革贊。而此讀若鑽。然影宋鈔鍇本⿰革贊為正文。⿰革爨為重文。玉篇亦然。則此本⿰革贊之讀若也。又本書無燧。則此讀若句校者加之。曲轅八字亦校語。

⿰革贊　王筠曰。常熟錢氏影宋鈔小徐本⿰革贊為正。⿰革爨重文。疑鍇本如是。今顧本與鉉本同。或依鉉本改也。倫按玉篇。⿰革爨為⿰革贊之重文。車部。暈。直轅車⿰革贊也。亦作⿰革贊字。⿰革爨下不曰曲轅⿰革爨縛而曰⿰革贊縛。可證影宋鈔小徐本是許書舊本。説解衍革字。凡所从者同。例不出也。【説文解字六書疏證卷六】

◉曾憲通　⿰革夋　包山楚墓遣策簡中有如下一段文字：鼾⿰鼠莫之⿰革夋鞍，紫紳、紃絳、紫給（簡271）。本組屬遣策篇中「正車」上所載的隨葬品。⊘⿰革夋簡文作⿰夋攵，右半乃夋字最簡之體。以上節夋字音義求之，當是⿰革爨字。《説文·革部》：「⿰革爨，車衡三束也。」段玉裁以為「三束」當作「五束」，並云：「⿰革爨之言穳也，以革縛之凡五。」據此，簡文「豻貘之⿰革爨鞍」，乃指用豻貘之革穳縛之鞍具。鞍具為人所騎坐，用豻貘之革穳之，以策安全。【楚文字釋叢　中山大學學報一九九六年第三期】

鞊

◉許　慎　鞊蓋杠絲也。从革。旨聲。徐鍇曰。絲。其繫系也。脂利切。【說文解字卷三】

◉馬叙倫　王筠曰。絲當作系。既从革。不當訓絲。承培元曰。杠絲當作弓系。謂懸弓於杠之繩也。倫按周禮考工記注。桯。蓋杠也。然則蓋杠俗名也。疑此蓋杠系也是校語。或字林訓。金甲文並無系字。許書从系之字。金文並作糸。糸絲一字。則段玉裁改絲為系。王謂絲當作系字。均可不必。【說文解字六書疏證卷六】

鞁

◉許　慎　鞁車駕具也。从革。皮聲。平祕切。【說文解字卷三】

◉馬叙倫　王筠曰。鞁與牛部犕糸部絥同。倫按皆脣音轉注字。以駕於牛。故从牛作犕。以革為之。故从革作鞁。後以絲為之。故从糸作絥。具借為凵。凵為器具之器本字也。車駕具也疑本作車具也駕具也。駕具也校語。傳寫如今文。下文鞔轂並訓車具也。古以牛馬駕車。車具即駕具。【說文解字六書疏證卷六】

◉劉彬徽等　鞁，簡文作[illegible]。通作鞁。《國語・晉語》「吾兩鞁將絕」，注：「靷也。」【包山楚簡】

鞥

◉許　慎　鞥轡鞥。从革。弇聲。讀若譍。一曰。龍頭繞者。烏合切。【說文解字卷三】

◉馬叙倫　鈕樹玉曰譍當作應。或膺。嚴章福曰。下文。靳。當膺也。秦風虎韔鏤膺。說文作鞥。經典借膺為之。則此當作讀若膺。王筠曰。一曰龍頭繞者。當云謂籠頭繞者。本句蓋庾注也。玉篇云。鞥。轡鞥也。籠頭繞者。然則下句即上句之注解也。蓋本文秖作轡鞥也。後人以其言太簡。故以籠頭繞者申說之。傳寫既久。遂迻於从革弇聲讀若譍之下。若為兩義。籠字又脱竹。遂不可解矣。劉秀生曰。弇聲在影紐。譍為大徐新修十九文之一。从䧹得聲。亦在影紐。故鞥从弇聲得讀若譍。手部。揜。自關以東謂取曰揜。从手。弇聲。一曰。覆也。一曰。覆也即奄字義。大部。奄。覆也。易困。剛揜也。釋文。揜。本作弇。又作掩。禮記檀弓。廣輪揜坎。王制。諸侯不掩坎。釋文並云。揜。本作掩。釋名釋衣服。膺心。衣掩腹而施鉤肩。鉤肩之間施一襠以奄心也。朱駿聲謂膺奄雙聲。以聲為訓。弇䧹聲皆如奄。是其證。倫按轡鞥疑非本訓。蓋本作轡飾也。鞥字乃隸書複舉字。誤乙於下。又捝飾也二字。譍或膺之譌。然是校者加之。【說文解字六書疏證卷六】

靶

籀韻【古文四聲韻】

◉許　慎　靶，轡革也。从革。巴聲。必駕切。【説文解字卷三】

◉馬叙倫　沈濤曰。一切經音義十九引作轡飾。蓋古本如是。爾雅釋器釋文引字林云。轡革也。疑校者以字林改説文也。桂馥曰。釋器。轡首謂之革。郭云。轡靶勒。詩蓼蕭傳云。革。轡首也。正義。馬轡所靶之外有餘而垂者謂之革。文選吳都賦。迴靶乎行睨。五臣注。靶。轡革也。倫按本訓失矣。所存者字林訓。或此字出字林也。鞥音影紐。靶音封紐。皆破裂清音轉注字也。亦轡之音同封紐轉注字。故漢書王褒傳。王良執靶。【説文解字六書疏證卷六】

韅

韅　法一七九【睡虎地秦簡文字編】

◉許　慎　韅著掖鞥也。从革。顯聲。呼典切。【説文解字卷三】

◉馬叙倫　沈濤曰。左僖二十八年釋文正義。皆引作著掖皮也。蓋古本如是。史記禮書。鮫韅。集解引徐廣曰。韅者。當馬腋之革。正與許合。則知今本作鞥者誤。王筠曰。鞥。左傳釋文引作皮謂之鞥者。繞其腹。猶繞其頭也。倉頡解詁。韅。馬腹帶也。倫按徐鍇引釋名。韅。經也。經其腹下也。是倉頡解詁訓馬腹帶也。最為明白。今猶稱肚帶。此訓著掖鞥者。本作鞥也。著掖皮也。傳寫並譌。掖借為亦。由亦而下繞其腹也。掖字非許書本有。蓋此乃字林訓。韅音曉紐。古讀曉歸影。弇顯又聲同談類。蓋鞥之轉注字也。急就篇作韅。蓋傳寫省之。釋名尚作韅。知倉頡急就必皆作韅也。今倉頡作韅者。亦傳寫省易。【説文解字六書疏證卷六】

靳

靳　為三二【睡虎地秦簡文字編】

靳殷之印　靳利私印　靳豐私印　靳倚相　靳福　靳未央　靳戎印　靳子功　靳克　靳長卿印【漢印文字徵】

◉許　慎　靳當膺也。从革。斤聲。居近切。【説文解字卷三】

𩋎 𩋎

◉馬叙倫　桂馥曰。相牛經。膺庭欲得廣。注云。膺。庭。胷前也。後漢書。時有矯稱侍中止傳舍者。太守欲謁之。鮑永乃拔佩刀截馬當胷乃止。注云。當胷。以韋為之也。左定九年傳。吾從子如驂之靳。正義。説文云。靳。當膺也。則靳是當胷之皮也。倫按當膺俗名。疑此字林訓。本訓捝矣。字見急就篇。【説文解字六書疏證卷六】

◉郭沫若　𧞫乃古靳字，馬之胸衣也。从衣，冗以象其形，上加束，斤聲。【彔䧹毁　兩周金文辭大系考释】

◉郭沫若　余謂𧞫乃靳之古字，説文「靳當膺也，从革斤聲」，左氏定九年傳「吾從子如驂之有靳」，正義云「驂馬之首當服馬之胸，胸上有靳」。秦風小戎「游環脅驅」，傳云：「游環靳環也，游在背上所以禦出也。」箋云：「游環在背上無常處，貫驂之外轡以禁其出。」是則靳乃馬之胸衣，故古𧞫字从衣，冖象其形，冖上有環以貫驂馬之外轡故从束，斤聲也。伯晨鼎之「畫听」乃假听為之，尤足證字之當从斤聲。至鞎與靳，余謂當為一字，均𧞫字之晚出者也。以馬而言，靳當其膺，故曰「靳當膺」；以車而言，則靳在最前，故曰「輿革前」，其實一也。説文既收靳字復以鞎字同出者，殆淺人據爾雅文所竄改。其説解云「車革前曰鞎」，全襲爾雅文，正其左證。郭璞求之不得，誤以鞃當之。李巡謂「輿前以革為車飾」，則徒順文為解而已。又廣雅釋器「弸轅謂之靳」，則以靳為㮚轙之類，説文「轙、車衡三束也、曲轅轙縛，直轅𨍏縛」，轅縛即是「弸𩊱轅」，此恐靳字義之後起者。既知𧞫之為靳，則𢍰𧞫自是二事，故彔毁與吳彝分言。其合言之者，蓋二物同以「朱虢」若「朱𧺆」為之也。【器銘考釋　金文叢考】

◉湯餘惠　革韃271 韃273 革韃牘1　原分别釋為革韃、革堇和革韃。今按从革从韋義近可通作，當是一字之異，三簡寫法不一，實指一種東西。注：「韃，讀作巾。《周禮・春官・巾車》注：『巾，猶衣也。』《珠叢》云：『以衣披車謂之巾。』」是以革韃為車衣。考車衣載籍稱「巾車」而無稱「革巾」或「革韃」者，知此説難以信據。古從堇聲之字多與從斤聲者通(並屬文部)，《説文》靳，讀若堇，《吕氏春秋・季秋紀》高誘注「墐，讀若斤斧之斤」，皆其例。故簡文之韃(韃)有可能就是古靳字，《説文》：「靳，當膺也。」小徐注：「靳，固也，靳制其行也。」靳為馬胸前之皮件，靳制馬匹行進之物。上引各簡牘皆記車馬器具，釋之為靳適合。【包山楚簡讀後記　考古與文物一九九三年第二期】

◉許　慎　𩋎驂具也。从革。蚩聲。讀若騁蜃。丑郢切。【説文解字卷三】

◉馬叙倫　段玉裁曰。虫部。蚩。讀若騁。則此蚩聲讀騁宜矣。不知何以多蜃字。騁蜃連文不可通。疑當為又讀若蜃也。廣韻二十八獮有蚩鏟𩋎三字。劉秀生曰。嚴可均曰。虫部蚩讀若騁。此衍蜃字。嚴説是也。證詳十三篇蚩下。夏敬觀曰。當讀若蜃。穀梁成十七年傳。公孫嬰齊卒于貍蜃。貍騁字形相近。其貍蜃之譌耶。廣韻二十八獮多真類字。是陸法言輩亦以

為真類字也。倫按夏説長。中聲脂類。㞕聲真類。脂真對轉。故韇讀若㞕。㞕音禪紐。韇音徹紐。又皆舌面前音也。【説文解字六書疏證卷六】

◉孫　機　套在驂馬頸部而系于服馬軛上，用以防止驂馬外逸的韁索，或即是韇。⊘韇之為用正是將驂馬夾持于服馬之側。【始皇陵二號銅車馬對車制研究的新啟示　文物一九八三年第七期】

靷　靷

⿰革㬅　説文　【古文四聲韻】

◉許　慎　靷引軸也。从革。引聲。余忍切。⿰革㬅籀文靷。【説文解字卷三】

◉吳大澂　竊疑車部⿰車㬅字即靷字。古文⿰車㬅下云。「車伏兔下革也。从車㬅聲。」㬅。古昏字。讀若閔。閔靷聲相近。伏兔下革即引軸之靷。詩小戎「陰靷鋈續」。毛傳「靷。所以引也。」廣雅釋器「陰蚓。伏兔也。」伏兔。引軸即一物。从車从革即一字。毛公鼎[古文字形]从車从婚。古婚字作[古文字形]。見殳季良父壺。又作[古文字形]。見多父盤。籀文作㬅。見説文。婚字下是[古文字形]。[古文字形]字即⿰車㬅字無疑。彔伯戎敦[古文字形]字亦即⿰車㬅之省。皆靷字也。毛鼎云「右厄畫轉畫靷」。彔伯戎敦云「畫靷金厄畫轉」。文亦正同。伯晨鼎「畫靷」之靷作[古文字形]。知[古文字形]為㬅之省文。[古文字形]又為[古文字形]之省文也。【靷字説　字説】

◉王國維　⿰革㬅字所从之䒑乃革之譌。毛公鼎勒字所从者如此。蓋象革形。非从臼也。㬅未詳何字。玉篇靷之籀文作䩛。从㬅。疑㬅之譌。又部。㬅。引也。从又。㫐聲。㫐古文申。㬅本訓引。又與引同部。籀文靷字或从此作。然未可專輒定之也。【史籀篇疏證　王國維遺書第六册】

◉馬叙倫　沈濤曰。荀子禮論注引作所以引軸也。蓋古本如此。段玉裁曰。凡許書所以字。淺人往往删之。鈕樹玉曰。荀子注引作所以引軸者也。翟云升曰。左僖二十八年傳釋文一切經音義一並引作軸也。⊘倫按許本作引也。以聲訓。校者注所以引軸者也。凡許書説解中言所以及有者也字者。均校語。此自為後之校者删之耳。字見急就篇。

⿰革㬅　鈕樹玉曰。繫傳作⿰革㬅。廣韻無。嚴可均曰。篆當作[古文字形]。从籀文婚聲。王筠曰。五音韻譜作⿰革㬅。⊘倫按嚴説較長。引婚疊韻。故靷之轉注為⿰車㬅。吳謂⿰車㬅⿰革㬅一字是也。然則必有一字出字林矣。【説文解字六書疏證卷六】

輨 ⿰革官　𨋃 ⿰革豆　軒 ⿰革于　轉 ⿰革專

◉許　慎　⿰革官車鞁具也。从革。官聲。古滿切。【說文解字卷三】

◉馬叙倫　⿰革官為鞁之歌元對轉轉注字。此當作鞁也。車具也。一訓校者加之。上文。鞁。車駕具也。上文。䩭。訓驂具。下文鞔輟皆訓車具也。【說文解字六書疏證卷六】

◉許　慎　⿰革豆車鞁具也。从革。豆聲。田候切。【說文解字卷三】

◉馬叙倫　此訓車鞁具者。亦當作車具也。鞁也。一訓校者加之。⿰革豆為鞁之轉注字。鞁音并紐。⿰革豆音定紐。同為破裂濁音也。【說文解字六書疏證卷六】

◉許　慎　⿰革于輨內環靼也。从革。于聲。羽俱切。【說文解字卷三】

◉馬叙倫　許槤曰。輨。宋小字本作輨。玉篇同。各本作輨。譌。承培元曰。汪本繫傳靼作軸。誤。鉉作靼。是。倫按靼為柔革。似靼字仍誤。疑本訓車具也。此字林訓。【說文解字六書疏證卷六】

【金文編】

轉　彔伯簋

九年衛鼎

吳方彝

番生簋

師兌簋

毛公厝鼎

从車　師克盨　畫轉　轉字重見

3634【古璽文編】

◉許　慎　⿰革專車下索也。从革。專聲。補各切。【說文解字卷三】

◉劉心源　轉。說文云。車下索也。又有轉。云。軶裹也。古刻轉字即轉。畫轉者。吕革裹軶而畫之。【奇觚室吉金文述卷二】

◉高田忠周　說文。⿰革專車下索也。从革。專聲。釋名。轉。縛也。在車下。與輿相連縛也。然車下之索者。實縛字轉義也。又轉下曰。軶裹曰轉。从韋。專聲。正與銘義合。而金文有轉無⿰革專。即知轉轉同字。叚借與縛通用耳。說文。鞾韡同字。革韋通用之碻證也。【古籀篇五十九】

鞥 鞥

◉馬叙倫 疑本訓車具也。今挩。此校語。轉輔一字。當有一字出字林也。番生𣪘作鞥。【説文解字六書疏證卷六】

◉李孝定 金文言畫轉，則其義當為轉，許書歧為二字，高田氏謂轉鞥同字，是也，軝裏與車下索，並是車具，亦皆以革韋為之，其字初叚二義，後以義既別出，遂分从革从韋者為二字耳。【金文詁林讀後記卷三】

◉許 慎 鞥車具也。从革。奄聲。烏合切。【説文解字卷三】

◉馬叙倫 疑鞥為鞥之轉注字。音悉同也。【説文解字六書疏證卷六】

䩦 䩦

◉許 慎 䩦車具也。从革。叕聲。陟劣切。【説文解字卷三】

◉馬叙倫 疑䩦為鞢之轉注字。䩦音知紐。鞢音徹紐。同為舌面前破裂音也。或同語原也。或鞥之轉注字。鞥音影紐。知影同為破裂清音也。【説文解字六書疏證卷六】

鞌 鞌

◉許 慎 鞌馬鞁具也。从革。从安。烏寒切。【説文解字卷三】

◉馬叙倫 鈕樹玉曰。韻會引鞁作鞍。从安作安聲。王筠曰。言馬亦偶然耳。今之服馬亦有鞍。倫按當从鍇本作从革安聲。然説解有譌挩。字見急就篇。【説文解字六書疏證卷六】

䩸 䩸

◉許 慎 䩸鞌毳飾也。从革。茸聲。而隴切。【説文解字卷三】

◉馬叙倫 疑本作鞌飾也。校者加毳字。急就篇顏注。䩸鞊。以毛毳飾鞌也。不引本書。玄應一切經音義引三倉。䩸。而用反。急就篇皇象本但作茸。顏師古本作䩸。豈三倉中本作茸。傳寫以字林易之。此字出字林耶。【説文解字六書疏證卷六】

鞊 鞊

◉許 慎 鞊鞌飾。从革。占聲。他叶切。【説文解字卷三】

◉馬叙倫 鈕樹玉曰。韻會引作鞌飾也。朱駿聲曰。字林。鞊鞢。鞌具也。倫按急就篇。靳靷䩸鞊色焜煌。顏注。䩸鞊。以毛毳飾鞌也。是謂䩸鞊一物也。王筠據此二篆相次。不謂為一物。玉篇。鞊。鞌鞊也。亦不連言䩸鞊。然䩸訓毳飾。毳為

獸細毛。今凡以獸毛所為被服之具音皆如占。而氊黏亦多以獸毛為之。黏音透紐。鞊音日紐。古讀歸泥。透泥皆舌尖前音。疑為鞊之轉注字。或氊下之毳黏為鞊。而鞊下之以革為之而貼馬體者為黏。同處而異物。然鞊下之革為之者。實下文之鞈也。迄未能定之。依廣韻引此字乃出陸善經新字林。而字見急就篇。豈急就故書作占。傳寫易之耶。【説文解字六書疏證卷六】

鞈 鞈

◉許　慎　鞈防汗也。从革。合聲。古洽切。【説文解字卷三】

◉馬叙倫　鈕樹玉曰。繫傳作鞈。段玉裁曰。此當作所以防捍也。轉寫奪誤。巾部曰。幩。馬纏鑣扇汗也。與此無涉。篇韻皆云。防捍。是相傳古本作扞。故譌汗。荀子。犀兕鮫革鞈如金石。管子。輕罪入蘭盾鞈革二戟。注曰。鞈革。重革。當心着之。可以禦矢。鼂錯曰。匈奴之革笥木薦弗能支。孟康曰。革笥以皮作如鎧者。被之木薦。以木版作如盾。一曰。革笥若楯木。薦之以當人心也。此皆防捍之説。鍇曰。今胡人扞胥也。知鍇本故作扞。錢坫曰。西京雜記。武帝得貳師天馬。以緑地五色錦為蔽泥。魏百官名。黄色金縷織成萬歲障泥。皆防汗也。鹽鐵論謂弇汗。王筠曰。朱筠本繫傳作鞈。段玉裁據本作鞈。廣雅。防汗謂之鞈。初學記。障汗亦曰弇汗。筠案障泥。蓋亦即此。似即韉也。段所引管子玉篇廣韻恐別是一物。朱駿聲曰。據列字次第以為馬具。按許誤也。防汗。玉篇作防扞。此即考工函人合甲五屬之合。亦即車攻決拾既佽之拾。管荀之鞈。亦此物也。錢桂森曰。太平御覽引東觀漢記。和帝賜桓鞍勒防汗。又引魏百官名。黄地金縷織成郭汗一具。郭汗即防汗。一名弇汗。森謂蓋即障泥也。疑汗當作汙。倫按今諭駕具中鞍下有革薦之。所以防馬汗者即鞈也。似作汗是。然防汗是俗名。此自是校語。本訓蓋作駕具也。秦詛楚文鞈字強運開釋。倫謂从會。【説文解字六書疏證卷六】

勒 勒

勒　不从力　康鼎　革字重見

彔伯簋

吳方彝

諫簋

師兌簋

師克盨

頌鼎

頌壺

頌簋

師嫠簋

曶壺

弭伯簋

毛公厝鼎

袁盤

柳鼎

師𩭦鼎

伊簋

盠方彝

盠方尊

伯晨鼎

从金　班簋　命鍚鈴勒　【金文編】

勒山

勒尊

勒代　【漢印文字徵】

 石碣田車鋚勒 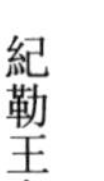 禪國山碑　紀勒王命　【石刻篆文編】

◉許　慎　𩋆馬頭絡銜也。从革。力聲。盧則切。【説文解字卷三】

◉張聰咸　説文云。「勒。馬頭絡銜也。」「靶。轡革也。」是轡勒異物。自東晉時後趙避石勒名。呼馬勒為轡。見鄴中記。於是溷轡與勒為一物。郭注本無勒字。蓼蕭正義所引甚明。爾雅釋文於靶字亦無勒音。今本多「勒」字。遂與鑣銜之訓相溷。【郝懿行《爾雅正義·釋器》】

◉高田忠周　朱駿聲云。字亦作𩌏。勒為轡之所係。故曰轡首。漢書匈奴傳。案勒一具。注馬轡也。後晉諱勒。呼馬勒為轡。其實勒非轡也。勒為銜之所係。故曰絡銜。後漢烏桓鮮卑傳。弓矢鞍勒。注馬銜也。其實勒非銜也。【古籀篇五十九】

◉郭沫若　勒乃馬首絡銜。以革為之。故字从革。亦竟稱之為革。【康鼎　兩周金文辭大系考釋】

◉馬叙倫　鈕樹玉曰。一切經音義十四引也作者。華嚴經音義六十二引作馬頭鑣銜也。與玉篇同。桂馥曰。絡當為輅。王筠曰。當依玄應引。絡。一作鑣。非。鑣銜一物兩名。轡繫於勒。故爾雅謂之轡首。毛詩屢言鞗革。爾雅釋之曰。轡首謂之革。革為勒之省也。鼎彝銘皆作攸勒。倫按據玄應引。則此是校注之詞。本訓捝矣。急就篇。轡鞅韅絆羈靮韁。鈕樹玉謂靮説文作馽。重文作縶。倫疑急就靮字為勒之譌。玉海皇象本正作勒。頌鼎作。毛公鼎作。彔𣪘作。師酉𣪘作。蓋俗增爪也。石鼓作。【説文解字六書疏證卷六】

◉戴家祥　此銘「攸鞆」金文多作「鋚勒」，知鞆即勒之繁飾，力上加爪，象手握力形，為力屬耕具之補證。金文用作賞賜物，「攸勒」即馬銜所係之物。

金文勒多與鋚連用，鋚訓轡首銅，鋚勒指以銅飾轡之近馬頭處。此銘鞥即勒字从金，是从上文鋚字的金旁類化而來的。【金文大字典下】

◉莊淑慧　64號簡文之「黄金之𩋆」，66、80號簡作「黄金之勒」，由此可知，「𩋆」乃是「勒」之異體。「勒」，《説文》云：「勒，馬頭落銜也。」段注：「落銜者，謂落其頭而銜其口，可控制也。」故其義當指馬銜而言。《儀禮·既夕禮》有「纓轡貝勒」一詞，鄭注：「貝勒，貝飾勒。」「貝勒」為以貝類飾於馬銜之上，則「黄金之勒」當指以「黄金」——即青銅為飾之馬銜。簡文「𩋆」字為「勒」字增繁「口」旁而成。【曾侯乙墓出土竹簡考　台灣師範大學國文研究所集刊第四十號】

鞙

◉許　慎　鞙大車縛軛靼。从革。肙聲。狂沇切。【說文解字卷三】

◉馬叙倫　嚴可均曰。軛當作軶。倫按鞙次勒䩃之間。而訓大車縛軛靼為不倫。疑非本訓。蓋鞙本䩃之轉注字。聲同元類也。【說文解字六書疏證卷六】

䩃

◉許　慎　䩃勒靼也。从革。面聲。弥沇切。【說文解字卷三】

◉馬叙倫　勒靼蓋俗名。故埤蒼。䩃䩭。勒靼也。玉篇。勒靼。䩃系也。此蓋校語。本訓捝矣。【說文解字六書疏證卷六】

靲

◉許　慎　靲鞮也。从革。今聲。巨今切。【說文解字卷三】

◉馬叙倫　顧廣圻曰。當是鞮系也。廣雅。鞮。履也。其紟謂之綦。紟靲同字。段玉裁曰。玉篇。靲。靲鞻也。周禮鞮鞻氏音義引吕忱云。鞮者。革履也。鞻者。靲鞻。疑出字林。為後人所增。徐灝曰。靲蓋履之有系者也。故衣系謂之紟。錢桂森曰。鞮也當作鞮系也。廣雅。鞮。履也。其紟謂之綦。王念孫曰。紟之言禁也。佩系謂之紟。屨系謂之紟。其義一也。紟綦一聲之轉。士喪禮。組綦系于踵。注。綦。屨系也。所以拘止屨也。今革履之系或亦以柔革為之。故字从革也。倫按此弢鈐本字。鞮也當作鞬也。形近而誤。靲鞬雙聲轉注。故字相次。靲鞻者字林訓。玉篇廣韻皆本之而不訓鞮者。知鞮為譌字而不得其義耳。【說文解字六書疏證卷六】

鞬

◉許　慎　鞬所以戢弓矢。从革。建聲。居言切。【說文解字卷三】

◉馬叙倫　古書無言鞬所以戢弓矢者。方言九。所以藏弓謂之鞬。戢蓋藏之譌。此校者據方言注之。非許文也。國語晉語。右屬櫜鞬。韋注。鞬。弓弢也。廣雅釋器。鞬。弓藏也。通俗文。弓韔謂之鞬。左僖廿三年傳杜注亦曰。鞬以受弓。釋名。馬上曰鞬。鞬。建也。弓矢并建立其中也。則並弓矢言之。今證之清代武試時所用盛弓矢者實異器。疑本訓弓弢也。或弓藏也。今失之矣。【說文解字六書疏證卷六】

韇

◉許　慎　韇弓矢韇也。从革。賣聲。徒谷切。【說文解字卷三】

◉馬叙倫　王筠曰。韇即是箙。韇箙疊韻。倫按韇箙轉注字。以革為之則从革。以竹為之則从竹。然弓矢韇也非本訓。箙字見於金甲文者。其形皆止受矢。廣雅釋器。韇丸。矢藏也。後漢書南匈奴傳注引方言。藏弓為鞬。藏矢為韇。蓋韇本止矢藏也。亦為函之轉注字。函聲侵類。韇聲幽類。幽侵對轉也。亦與箙轉注。【說文解字六書疏證卷六】

𩌤

◉許　慎　𩌤綏也。从革。巂聲。山垂切。【說文解字卷三】

◉馬叙倫　段玉裁曰。𩌤綏疊韻。糸部曰。綏。系冠纓也。引申凡垂者謂之綏。廣雅。𩌤謂之鞘。鞘音梢。玉篇云。韋邊帶是也。徐灝曰。綏謂之𩌤。維綱中繩謂之繻。其義一也。倫按艸木花葉𠌶為𠌶。語原同也。凡垂者謂之綏。謂之繻。謂之𩌤。皆𠌶之轉也。【說文解字六書疏證卷六】

𩋨

◉許　慎　𩋨急也。从革。亟聲。紀力切。【說文解字卷三】

◉楊樹達　二部亟訓敏疾，經傳亟亦多訓急，與𩋨義同，而𩋨字从革，義乃與革無涉，許君說殆非也。愚謂革與亟古音同，並古音德部字。𩋨乃亟之加聲旁字也。禮記檀弓上篇曰「夫子之病革矣」，注訓革為急，實假革為亟也。此古革亟同聲之證也。𩋨字許君認革為形，而余以革為會意字加聲旁之聲，與他文殊異者，革亟音同，𩋨與亟義同，與革義無涉故也。朱駿聲云：此字當从亟革聲，按朱氏致疑於許說，是矣，而認為形聲，不知其為加聲旁字，猶為未達一間也。【釋𩋨　積微居小學述林卷三】

◉馬叙倫　段玉裁曰。𩋨急雙聲。此亦鼓郭琴禁之例。廣韻。𩋨。皮鞭皃。按𩋨鞕二字相屬。疑本作鞕。急也。轉写奪鞕。倫按段謂急也以雙聲為訓。是也。𩋨蓋為鞭之轉注字。𩋨音見紐。鞭音封紐。同為破裂清音也。廣韻。皮鞭皃。皃疑為也譌。皮鞭即𩋨字本義。𩋨即廣雅釋詁鞭䩕之䩕。【說文解字六書疏證卷六】

鞭

鞭　說文㝗古文鞭　散盤　余有爽𢇍鞭千罰千　从人从古文鞭　𠑹匜　鞭女千　便字重見　九年衛鼎　【金文編】

4·62　匋攻㝗　說文鞭　古文作㝗　4·63　同上　【古陶文字徵】

〓 鞭 【汗簡】

〓 古尚書 〓 〓 立籀韻 〓 崔希裕纂古 〓 古尚書 【古文四聲韻】

◉許　慎　鞭驅也。从革。㑑聲。卑連切。〓古文鞭。【說文解字卷三】

◉林義光　〓〓 臻韻音賓　說文云。〓古文鞭。按古作〓諆田鼎。作〓馭方鼎並馭字偏旁。象持鞭著馬尻形。〓象尻。與〓同意。〓尾也。上亦象尻。或作〓趩尊彝以為馭字。〓亦象尻。與習作〓交彝。為作〓周客敦。同意。一車兩馬。故〓从二〓。〓丙形近。故或作〓師嫠敦以為馭字。譌从丙。【文源卷六】

◉商承祚　〓　說文。「〓。古文鞭。」案。金文馭字或作〓〓令鼎鄂侯鼎。右从〓〓。即鞭。字又作〓大鼎。為石鼓文駿之所本。右鉢作〓。从〓。與此同。【說文中之古文考】

◉馬叙倫　沈濤曰。初學記廿二引作驅遲也。蓋古本如是。今本奪遲字。桂馥曰。驅也當作毆遲也。晉語。左執鞭弭。注。鞭所以擊馬。說苑。騠驥日馳千里。鞭箠不去其背。鹽鐵論。無鞭策雖造父不能以調四馬。魏百官名。驅馬鞭二枚。初學記。鞭策箠皆馬檛之名。說文所謂驅遲也。古者用革以扑罪人。亦以驅馬。故其文从革。倫按馬部。驅。馬馳也。古文作毆。然古文从攴區聲。而攴部無毆。殳部有毆字。捶轂物也。今甲文攴殳二字通用。金文師寰𣪕有〓字。甲文有〓〓二字。疑亦毆字。則金甲文皆从攴不从殳。由攴殳本一字也。是毆即本書毆字。古文乃借毆為驅。此訓驅遲。亦當為毆字。然鞭是名詞。當作毆遲者也。蓋本訓𩌏也。此校語。

〓　桂馥曰。下從攴。案古文攴作〓。倫按諆田鼎馭字作〓。大鼎馭字作〓。吳大澂以為古文馭字從馬從鞭。倫謂甲文丙字多作〓。是諆田鼎之〓。其〓亦〓之變省。而此作〓〓。又其譌也。不𡢁𣪕〓字〓旁。正與此同。古文經傳或以更為鞭耳。【說文解字六書疏證卷六】

◉張桂光　「〓」字見于西周《散氏盤》，出現在盤銘的兩段誓詞中：

「我既付散氏田器，有爽，實餘有散氏心賊，則〓千罰千，傳棄之。」

「我既付散氏濕田、牆田，余又爽變，〓千罰千。」

這個字過去的人多釋為「爰」或「寽」，讀作「鍰」或「鋝」，都是指金的重量單位。从文義上看，「〓」字應與「罰」字一樣作動

詞用,「鍰千罰千」或「鋝千罰千」都不順當。《兩周金文辭大系·考釋》釋為「䍐」,讀作「隱」,「隱千罰千」乍看起來似乎也文从字順,但詳細分析起來,銘文所記田地的疆界範圍十分清楚,且誓詞中明言「既付」,交接手續也十分完備,所謂「爽變」,就是毀約,牽涉的就是「侵害」而不是「隱瞞」的問題了,讀「□」為「䍐」,同樣欠妥貼。若从字形上細看,釋「□」為「䍐」也不很合適。

我認為這個字應釋為「鞭」。「鞭」字在金文中無論獨體或作偏旁都作手執長鞭形,與《說文》鞭字古文「□」同:

□(九年衛鼎),鞭字,象手執長鞭,在銘中用為名詞,作「鞭子」解;

□(𠑵匜),亦鞭字,「象手持鞭鞭人的背」(唐蘭說),在銘中用為動詞,作「鞭打」解;

□(盂鼎)、□(禹鼎)、□(不𡢁毁)、□(令鼎)、□(師寰毁)、□(馭八卣)、□(大鼎),均為馭字,象人執鞭策馬狀,各銘都作「馭馬」解。

從上舉諸例中可以看到,鞭字的變體本來就很多。試將「□」字的「□」的右上角突出部分去掉,便與上列□字形體十分相似了。這突出的部分,有可能是制範時的筆誤,也可能是出土時去銹者誤解字形而剔損,或者是因□字的□與□這兩個相鄰筆畫相交形成與□相似的形體而造成的訛變。總之,鑒于《散氏盤》字體的草率(有金文中的行書之稱)以及字勢稍帶右下傾斜等因素,把「□」寫成「□」是可能的,從字形上分析,我認為它就是「鞭」字。

釋「□」為「鞭」,盤銘的「鞭千罰千」與《𠑵匜》的「鞭汝千⿰黑韱⿰黑屋汝」「鞭汝千⿰黑蚩⿰黑屋汝」以及「鞭汝五百罰汝三百寽」等辭例就十分相合了。【古文字考釋四則　華南師院學報一九八二年第四期】

◉黄錫全　□鞭　敦釋鞭作□,薛本作□。九年衛鼎鞭作□,古陶文作□(陶文編3·19),《說文》古文作□。鄭珍認為「此蓋作□,寫誤」。夏韻宣韻録《古尚書》鞭作□、□。【汗簡古文注釋卷一】

鞅 靲

□ 271【包山楚簡文字編】

□ 鞅　法一七九【睡虎地秦簡文字編】

□ 張鞅　□ 苴鞅之印　□ 公孫鞅【漢印文字徵】

◉許　慎　鞅頸靼也。从革。央聲。於兩切。【說文解字卷三】

韄 韄　　䩞 䩞　　䩳 䩳

◉馬叙倫　鈕樹玉曰。廣韻一切經音義三及六引及玉篇注並同此。左傳僖二十八年釋文引作頸皮。沈濤曰。左僖廿八年正義引亦作頸皮也。倫按靼。柔革也。頸靼謂頸上所用之革。故本或作皮耳。然頸靼也於義未安。疑此校語。本訓捝矣。⊘字見急就篇。【説文解字六書疏證卷六】

◉戴家祥　金文作人名。十六年戈鐓「大良造庶長鞅」，即秦國商鞅。【金文大字典下】

◉許　慎　韄佩刀絲也。从革。蒦聲。乙白切。【説文解字卷三】

◉馬叙倫　段玉裁曰。絲當作系。此蓋糸部所謂緌也。王筠曰。絲當作飾。廣韻二十陌作韄。兩見。云。佩刀飾。又鞾韄。刀飾。玉篇同。然則玉篇韄下之佩刀絲亦後人改也。三蒼。韄。佩刀靶韋也。倫按絲系一字。以三蒼證之。則作絲字是。然佩刀絲也蓋字林訓。或校語。古刀劍皆佩之。鞞下不曰佩刀室也。可知。【説文解字六書疏證卷六】

◉許　慎　䩞馬尾䩞也。从革。它聲。今之般緧。徒何切。【説文解字卷三】

◉馬叙倫　段玉裁曰。今之般緧四字疑後人沾注。王筠曰。蓋庾注也。鄭知同曰。般為股之譌。倫按糸部。紛。馬尾韜也。紛音敷紐。古讀歸滂。䩞音透紐。透滂同為破裂次清音。蓋䩞即紛之轉注異文。然此字疑出字林。【説文解字六書疏證卷六】

◉許　慎　䩳繫牛脛也。从革。見聲。己彳切。【説文解字卷三】

◉楊樹達　繫之以革，故文从革。所繫者為牛脛，故文从見聲。尋見在寒部，巠在青部，部居殊異，義為脛而文从見者，以雙聲通假故爾。詩大雅大明篇云：「俔天之妹。」毛傳云：「俔，磬也。」釋文引韓詩俔作磬。按磬在青部，與巠同音，故説文九篇下石部磬或作硜。此見聲與青部聲通之證一也。説文十三篇上虫部云：「蜆，縊女也。从虫，見聲。」按爾雅釋蟲云：「蜆，縊女。」郭注云：「小黑蟲，赤頭，喜自經死，故曰縊女。」太平御覽九百四十八引異苑云：「蜆長寸許，頭赤，身黑，恆吐絲自懸。」阮元爾雅校勘記云：「釋文：蜆孫音俔。按俔之轉聲為磬，毛詩俔天之妹，韓詩作磬。禮記文王世子注：縣縊殺之曰磬。磬者，經死之名。磬俔聲相轉，此縊女之所以名蜆也。」郝氏爾雅義疏亦云：「蜆之為言磬也。磬於甸人按見禮記王制篇與經於溝瀆按見論語憲問篇義同。」按阮郝説是也。由此言之，蜆之受名緣於自經，與縊女之受名於縊正同。此見聲與青部字通假之證二也。説文九篇下

石部云：「硯，石滑也。从石，見聲。」釋名釋書契云：「硯，研也，研墨使和濡也。」文選江賦云：「綠苔鬖髿乎研上。」李注云：「研與硯同。」按說文研从幵聲，幵在青部，幵聲亦與巠聲通，故宋鈃孟子作宋牼。此見聲與青部聲通之證三也。說文二篇上口部云：「哯，不歐而吐也。从口，見聲。」一切經音義十四云：「哯古文呀，同。」此見聲與青部聲通之證四也。韓非子外儲說左篇云：「夫犬馬，人所知也，旦暮罄於前；鬼神無形者，不罄於前。」王氏念孫謂罄於前即見於前，見經義述聞卷二十八爾雅。是也。此見聲與青部聲通之證五也。又說文六篇上木部栞讀若刊，刊从干聲，為寒部字，而或體作栞，文从幵聲。九篇下豕部：「豣，三歲豕肩相及者也。从豕，幵聲。」許君以肩釋豣，肩亦寒部字。干肩二文與見同音，皆與青部字聲通，或為重文，或為聲訓，又可為見聲與青部聲通之旁證矣。【釋靦　增訂積微居小學金石論叢卷一】

◉馬叙倫　錢坫曰。此與紖字同義。少儀。牛執紖注。所以繫制之者。倫按此字可疑。从革之字多為革製之具。或為製革之名。此言繫牛脛也。與从革之義若無與者。檢左記文五十七。而今文實五十九。則有羼入者明矣。此或後人羼入者之一也。【說文解字六書疏證卷六】

鞘　鞘

鞘 䩭 竝義雲章【古文四聲韻】

◉徐　鉉　鞘刀室也。从革。肖聲。私妙切。【說文解字卷三新附】

韉　韉

◉徐　鉉　韉馬鞁具也。从革。薦聲。則前切。【說文解字卷三新附】

◉屈萬里　「在五⿰糸廌?」五⿰糸廌之語，又見萃編一五八九片。同書二四七及一五九〇片，均有三⿰糸廌之語。⿰糸廌，鉤沈釋羈；萃釋(二四七等)隸定作韉而無說。今按：此即說文之韉字；而其義則當為羈。知者，集韻有⿰糸廌字，即說文之韉。是此字左旁或从糸或从革；右旁或从廌或从薦。其右旁之廌，即廌字，鉤沈所釋甚確。而左旁之糸，則象絡形。以絡束於廌角，正是羈維之意。說文以韉為馬披具。然廌非可騎之獸，似不應从廌作也(薦字艹頭疑由廌角演變而來。又：舊說解廌一角，殆非是)。竊意⿰糸廌乃羈之初文；而羈或竟是⿰糸廌之異體也。惟三⿰糸廌五⿰糸廌之語未詳何義。【殷墟文字甲編考釋】

◉徐鉉 鞾鞮屬。从革。華聲。許臕切。【說文解字卷三新附】

◉徐鉉 靮馬羈也。从革。勺聲。都歷切。【說文解字卷三新附】

甲二一三二 乙二五四四 粹一五四三 明藏六二五【甲骨文編】

乙4821 5307 佚318 録843【續甲骨文編】

鬲 盂鼎 人鬲自馭至于庶人六百又五十又九夫人鬲即書大誥民獻有十夫之民獻 令簋 臣十家鬲百人 鬲尊

鬲弔盨 戈父辛鼎 盂鼎二 矢簋 毛公厝鼎鄭圭鬲寶 多友鼎 錫女圭鬲一 爾雅釋器鼎款足者謂之鬲 召仲鬲 單伯鬲 仲婹父鬲 虢仲鬲 伯姜鬲 南姬鬲 榮伯鬲 仲姬鬲

仲姞鬲 孟辛父鬲 戲弔慶父鬲 隮子鬲 魯姬鬲 榮有司爯鬲 微伯鬲 伯章父鬲

魯侯鬲 邾友父鬲 衛妣鬲 江小仲鼎 伯婹父鬲 呂王鬲 睽土父鬲 成伯孫父鬲

會始鬲 伯窺父鬲 王伯姜鬲 鄭師□父鬲 甯攸鬲 同姜鬲 旂姬鬲 仲枏父鬲 善夫吉父鬲 鄭羌伯鬲 鄭興伯鬲 魯伯駟父鬲 魯伯愈父鬲 仲釵父鬲 袓仲鬲 邾伯鬲

郳始鬲 樊夫人龍嬴鬲 从金 季貞鬲 从口 麥盉 井侯光厥事麥嗝于麥 麥鼎 井侯延嗝于麥

鬲比簋 鬲攸比鼎 鬲比盨 从皿 攸鬲盨 散盤 攸比鬲【金文編】

5·107 咸陽巨鬲【古陶文字徵】

〔三六〕〔三六〕〔二二〕〔七〕〔二八〕〔七二〕〔七二〕〔六八〕〔一九〕

〔一九〕〔一九〕〔二二〕〔三六〕【先秦貨幣文編】

布空大 豫伊 仝上 豫孟 布空大 豫大 布空大 亞二・九九 仝上 典七六五 仝上 亞二・一〇

○ 布空大 亞二・一〇〇 仝上 典七六六 仝上 典七六七【古幣文編】

鬲右尉印【漢印文字徵】

祀三公山碑 隔字重文 石經君奭 金文郳伯鬲作與此同歷字重文 開母廟石闕 □□鬲化 說文古文亦鬲字 禪

國山碑 夏祝神鬲【石刻篆文編】

鬲 歷郎激切出義雲章 鬲力狄切【汗簡】

義雲章 竝同上 義雲章 竝崔希裕纂古 義雲章 汗簡 林罕集

竝籀韻 崔希裕纂古【古文四聲韻】

◉許慎 鬲鼎屬。實五觳。斗二升曰觳。象腹交文。三足。凡鬲之屬皆从鬲。郎激切。䰛鬲或从瓦。𤮿漢令鬲。从瓦。厤聲。【說文解字卷三】

◉薛尚功 鬲甗

鬲

右銘一字作象形鬲字。字書云。鬲。獻其氣。甗能受焉。取鬲以銘甗。可謂得之矣。

父已鬲一

鬲父已

父己鬲二

同前

二銘上一字作象形鬲字。曰父已者。明其子為父已作此器耳。【歷代鐘鼎彝器款識法帖卷五】

◉薛尚功 

鬲父己

右銘作鬲。象形篆也。疑作器者之名耳。

癸亥父已鬲鼎

銘後一字乃鬲。蓋古文作歷。兼鼎足大而空。正爾雅所謂款足曰鬲也。【歷代鐘鼎彝器款識法帖卷十】

◉吳大澂  疑獻之省文。盂鼎。人鬲千又五十夫。人鬲當讀如民獻賢也。周書作雒俘殷獻民。酒誥。汝劼毖殷獻臣。皆別於殷頑民而言。【說文古籀補附録】

◉孫詒讓 金文最奇者郘始鬲。鬲字作。上从臼。則與爨形略同。攷說文爨部有字。云所以枝鬲者。从爨省。鬲省。郘鬲似即借䰝為鬲。依許說。上从䰝為爨省。下从冂為鬲省。依金文作鬲。則實从鬲不省。唯从臼迺是从爨省耳。

說文「鬲鼎屬也象腹交文三足」。今攷鬲字異文殊夥。龜甲文有字云「卜出丁」。與腹交文三足形並相應。唯上有兩耳。

金文父已鼎有字亦同。又卓林父敢有□字。改簋有□字。子孫豐有□字。子孫祖丁觚有□字。諸字確無腹交文。而匡郭耳足咸備，唯篆勢方圓小異。似皆一字。其腹或無文者。形之省耳。疑皆原始象形鬲字。鬲為鼎屬。上亦有兩耳。故甲文金文並有耳。說文斗部「斝。玉爵也。从吅从斗。冂象形。」攷斝為爵名。从兩口於義無取。冂又非其形。竊疑亦當从斗从□。上象兩耳。左傳有斝耳與□略同。斝雖與鬲別。而附耳之遺形藉此字僅存其象。義可互證也。金文鬲字最多。唯虢中鬲作□。腹交文三足咸完具。與小篆相近。其餘異體尤衆。並舛異不合。要皆省變象形字也。金文鬲字上並象器形而皆無耳。唯郳白鬲作□。約略存兩耳形。古文鼎字亦多如是。鬲鼎器本略同也。其下半展轉變易則多失其本形。足則類丫干□羊羊諸文。腹交文又或變為卄。蓋依傳他字以易其原形。周時已有此弊。不徒秦篆也。【名原卷上】

◉王　襄　□　疑鬲字。【簠室殷契類纂存疑】

◉林義光　古作□庚姬鬲。象形。亦作□王伯姜鬲。【文源卷一】

◉高田忠周　說文。鬲鼎屬。實五觳。斗二升曰觳。象腹交文三足。或作□。从鬲从瓦。又作□。漢令鬲。从瓦。厤聲。凡鬲之屬皆从鬲。又□歷也。古文亦鬲字。象孰飪五味气上出也。凡䰜之屬皆从䰜。然鬲部鬻籀文作鬻。䰜部鬻或作鬻。此元無分別。許異部非。今合為一部。要鬲字象形。當如此作。不必作乂為腹交文矣。爾雅。鼎款足者謂之鬲。此篆即是也。方言。鍑。吳揚之閒謂之鬲。廣雅。鬲。鬴也。其用皆同耳。【古籀篇七十六】

◉吳寶煒　鬲古通擊。擊即徒之有勇力者。說文鬷璬从毄聲。讀若鬲。鬷從鬲聲。讀若擊。書戛擊鳴球。漢書楊雄傳注引作拮鬲鳴球。周禮虎賁氏虎士八百人。注虎士徒之選有勇力者。荀子齊人隆技擊。注以勇力擊斬敵人也。據以互証。可知鬲同擊。擊即徒也。【南公鼎文釋考】

◉陳獨秀　古初熟食之器，石器時代當為螺蚌，匋器興初以土作鬲，迄乎殷周之際，農事漸盛，器亦用銅，烹與食不同器，乃仿鬲為鼎而實其足，此時之鬲鼎皆兼用瓦、銅。烹牲於鬲，鑊字甲文作□，象烹禽于鬲中。周禮春官：省牲鑊，鄭玄云：鑊烹牲器也。天官亨人：掌共鼎鑊，鄭玄云：鑊所以煮肉之魚腊之器，既熟乃脀于鼎。內饔陳其鼎俎以牲體實之。鄭注亦云：取於鑊以實鼎，取於鼎以實俎。說文云：鬺，煮也。是鑊、鬺皆即烹牲之鬲，非別一器也。熟則盛於鼎中以食。宣四年左傳：及食大夫黿，召子公而弗與也，子公怒，染指於鼎，嘗之而出；此周人之用鼎也。玉篇廣韻之鬺字，甲文作鬺，正象出牲於鼎以實俎，此殷人之用鼎也。皆可證鼎為食器，非烹器，故根本無析木以炊之事。省鼎之多足而為一足之豆，亦為食肉器。別為甑加於鬲上曰甗，以炊黍稷，甑上復加器曰鍑，皆別於烹牲之鬲。敦即錞，為盛黍稷之禮器，與盛牲之鼎別。簋則食黍稷器，與食肉之豆別。加無足之釜甑於竈以代有足之鬲，或釜、鬲並用，春秋時已如此，詩檜風：誰能亨魚，溉

之釜鬵。方言云：甑，自關而東謂之甗，或謂之鬵。召南采蘋：于以湘之，維錡及釜，傳云：湘，烹也，有足曰錡，無足曰釜。方言：江淮陳楚之間謂之錡，吴揚之間謂之鬲，郭注云：錡或曰三脚釜也。按錡即説文訓三足鍑之鬲，其形制皆鬲也。其時烹牲已用釜，炊飯則加甑於釜上。孟子：以釜甑爨。由秦之土釜相承為後世之鍋。説文云：秦名土釜曰鬴，讀若過。史記：黄帝合符釜山。魏土地記云：山形如覆釜，故以名之。正字通云：俗謂釜為鍋。今世所見之土器及銅器，鬲、甗、鼎皆兩耳三足或四足，鬲除空足之外與鼎無別。甲文鑊字所从之鬲或，金文召仲鬲作，鬲弔𩰫作，均象三足鬲形。説文云：，鼎屬，象腹交文，三足；䰜鬲或从瓦，歷，漢令鬲从瓦，厤聲。鬲腹交文，即今世所見土器之繩紋，其後，銅器花紋亦倣此，乃上古塗土於籃之遺跡。鬲有隔、厤二讀，乃受聲於蠣蠃即蛤蜊，蓋以古初烹器與食器不分，皆用貝，釜鬴倣於兩貝之蚌，鬲則倣於卷貝之螺。説文云：祳，社肉盛以蜃，故謂之祳，天子所以親遺同姓。漢書五行志服虔注亦謂：脤為祭社之肉，盛以蜃器，故謂之脤。師古曰，蜃，大蛤也。定十四年穀梁傳：祭肉生曰脤，熟曰膰。閔二年左傳：帥師者受命于廟，受脤於社。杜注云：脤，宜社之肉，盛以蜃器。玉篇曰：以脤膰之禮：親兄弟之國，皆社稷宗廟之肉也。殷周已用土器銅器，祭社仍用蜃器，存古制。螺豎用之故有足，一足不能立，故三之，非合三螺為一器，猶之飲器角、斝亦三足，非合三角為一斝也。釜鬴，擬蚌，平用之，故無足。土鬲無耳，其有耳之鬲，乃後世轉倣銅鼎而為之也。鬲之空足乃為注水以烹，中有横隔，故孳乳為隔。是古鬲已兼蒸煮二用，故後蜕化而為甑甗。【小學識字教本】

◉聞宥　字類編寫此依殷虛文葉八十九見鐵雲藏龜。此羅振玉與諸文同釋為爵，謂「象爵之有冠毛，有目，有味，因冠毛以為柱，因目以為耳，因味以為足」，此其所以釋等者或近是，然與實不同類，其證有三：(a)有柱而此無之。(b)此款足而則否。(c)作□形，此作形。故依形推斷，此當為鬲字。其上之，實象鬲上之目飾。此三異點者，羅氏當亦辨之，其所以仍雜於爵者，則以不憭此目文之義，而與□形之象耳者，誤仞為一故也。甲文別有甗字作，其下形與此絶相合（惟此有目飾，彼無目飾為異），亦是一證。【上代象形文字中目文之究研　燕京學報第十一期】

◉郭沫若　臣與鬲有别，二者相同。所謂「人鬲」當即尚書之「民獻」。獻字漢人多作「儀」，如大誥之「民獻有十夫」，尚書大傳作「民儀有十夫」。又泰山都尉孔宙碑「黎儀以康」，斥彰長田君碑「安惠黎儀」，堂邑令費鳳碑「黎儀瘁傷」，所謂「黎儀」亦即皋陶謨「萬邦黎獻」之「黎獻」。前人以為殆今文尚書作儀，古文作獻。案此儀字如從古音讀在歌部，則歌元對轉，獻變為儀或儀讀為獻，亦有可説。然金文有「人鬲」無「民獻」字，鬲字古音本在支部，如陳風防有鵲巢二章鬲聲之「鷊」字正與「甓」「惕」為韻。許書重文作歷，云「漢令鬲从瓦厤聲」，而儀字古音雖在歌部，然歌部字在周末即多轉入支。余意今文家殆以支部儀字寫鬲字之音，而古文家則誤讀鬲之象形文為獻也。古器之獻乃二部所構成，下體為鬲，上體為甑或㽅。故其象形文則鬲低而獻高，鬲單而獻

複。盂鼎之「人鬲」作，令毁之「鬲百人」作，與鬲器銘文全同，此鬲字也。小盂鼎屢見「王邦賓」，於鬲上更有一層，此鬳字也。毛公鼎之「鄭圭寶」，即「瓚圭獻寶」。攸从鼎，从瓛，均獻字也。象鬲旁之耳。獻侯鼏鼎即同此鼏國。邢侯尊「用侯逆造」，邢侯方彝之「用井侯出入」，麥盉之「于麥宮」，均鬳字也。古文鬳獻同字，凡鬳器之銘均以獻為之。【令彝令毁與其它諸器物之綜合研究　殷周青銅器銘文研究卷一】

◉郭沫若　「臣十家、鬲百人」，臣與鬲有別，與大盂鼎同。彼鼎文云「錫夷𤔲王臣十又三伯，人鬲千又五十夫」，人鬲當即書大誥「民獻有十夫」之民獻，尚書大傳作民儀。而黎獻字漢碑亦多作儀，如孔宙碑「黎儀以康」，田君碑「安惠黎儀」，費鳳碑「黎儀瘁傷」，是也。前人以為古文作獻，今文作儀，以儀獻為陰陽对轉之聲解之。然金文有「人鬲」無「民獻」，鬲字許書重文作歷，云「漢令鬲从瓦麻聲」，古音亦在支部，如陳風防有鵲巢二章，从鬲聲之鷊字與甓惕韻，即其証。儀字古音雖在歌部，然歌部字于周末即多轉入支。故余意今文家乃以支部儀字寫鬲字之音，古文家則誤讀鬲之象形文以為獻也。獻與甗通，古器之甗乃二部所成，上為甑，下為鬲。故其象形文即于鬲上更着一層，如小盂鼎屢見「王邦賓」字，又毛公鼎言「鄭圭寶」，均古甗字也。鬳鬲形近，最易誤釋。

　　㝅當是有鬲氏之鬲，故城在今山東安德縣北。【令毁　兩周金文辭大系考釋】

◉葉玉森　之異體作等形。卜辭似為國名。予曩从孫氏後說釋鬲。左襄四年傳「靡奔有鬲氏」。路史國名紀謂「有鬲氏夏諸侯」。【殷契鉤沈】

◉商承祚　　說文鬲。「鼎屬。……象腹交文。三足。甌。或从瓦。歷。漢令鬲。从瓦麻聲。」案鬲下解曰。「古文亦鬲字。」則知鬲為古文。甌為篆文矣。金文召仲鬲作。單伯鬲作。驗以器。極肖其狀。【說文中之古文考】

◉吳闓生　吳(大澂)云。人鬲即民獻。謂賢人。案此鬲乃僕隸之稱。故有千數百之多。非十夫予翼之民獻也。孫云鬲讀為歷。周書世俘篇謂俘虜為歷。【吉金文録卷一】

◉吳闓生　鬲本作。有似于農。郭讀為仲農。以為人名。然彝器銘尾署名者極少。且農鬲本同字。師趛鼎作文父聖公文母聖姬。尊農以農為鬲。又盥鬲盥肇家鑄作䵼字。亦从辰。是此字釋鬲不誤也。【吉金文録卷四】

◉馬叙倫　章炳麟曰。鬲與鼎支清對轉。又皆舌音。故鬲變易為鼎。鬲為初文。鼎後出字。自禹作九鼎。中有三鬲。始以鼎為大名。其後專以欵足者為鬲。故立文言鼎屬。最初則鬲為大名矣。鬲本舌音。隔搹等字从之。亦作喉音。倫按召仲鬲鬲字作。目論金匋鬲器皆作。則為最初象形文。少變則單伯鬲作。右戲仲鬲作。再變遂如此篆矣。實五八字

校者據周禮考工記陶人文及鄭玄注加之。象腹交文三足六字校者改之。本止作象形耳。鬲實鍋之本字。鬲之初文。聲轉為郎激切。入支類。對轉耕。又轉為鼎。其實鼎鬲仍一字也。鼎屬者蓋字林訓。本訓脱矣。郲友父鬲作□。伯家父鬲作□。虢文公鬲作□。

商承祚曰。鬲下曰。古文亦鬲字。則知鬲為古文。䰛為篆文矣。倫按鬲篆與古同者也。此俗字耳。从瓦。鬲聲。

從鬲得聲之字讀舌尖前音者。惟蔏䰛二字。翮膈則讀匣紐。槅隔則讀見紐。䤳讀溪紐。皆舌根音。槅讀影紐。喉音。而本書瓃讀若鬲。虩讀若隔。䤳讀若擊。書益稷。戛擊鳴球。漢書楊雄傳作拮隔鳴球。史記賈生傳。搖增翮。漢書作遥增擊。又鬲之變易孳乳字如敲鬶䰞鑊亦皆舌根音。然則鬲之讀郎激切者。蓋漢令歷字之音。而鬲之本音當為舌根音。鬲歷聲同支類。書大誥。嗣無疆大歷服。魏三體石經歷作鬲。史記滑稽傳。銅歷為棺。索隐。歷即釜鬲也。皆可證。歷從厤得聲。厤從秝得聲。秝為禾之茂文。詳秝字下。禾聲歌類。今北方謂鍋音如鬲。鍋聲亦歌類。然則古音鬲歷蓋皆在歌類也。漢時讀鬲如歷。故字從厤得聲作歷。然此字出漢令。許書本倉頡及訓纂二篇。若今所録俗字今字皆後人所加。至此及織之重文作紙。皆出令文。如許更取官書。官書自多俗體。古今蓋同。則寧僅數字可録耶。疑校者依漢令補之。猶校語中引漢律也。【説文解字六書疏證卷六】

◉于省吾　古化有□字。舊釋鬲是也。又有□字。舊均釋宰非是。按□亦鬲字。南姬鬲。鬲作□。化文上多一横畫。此古文常例也。【釋鬲　雙劍誃古文雜釋】

◉楊樹達　説文三篇下鬲部記鬲䰛歷三文為一字，此説文全書中表文字形體發展最適切最完備之例證也。鬲為鼎屬，篆作□，許君説字之下截□為象腹交文三足，其从口者，象盛食物之處中空。在實物，盛食之處向上，今作□者，文字有平面而無立體，故假平面之形表立體之物也。从一者，此説文鼎部訓鼎覆之鼏，鼏即今日之布罩，其作用與器蓋同，此可窺見古人之注重飲食衛生。此純象形字也。此字第一步發展為䰛，此於純象形字旁加義旁瓦也。第二步發展為歷，則取䰛之義旁瓦為形，而别以鬲同音字之厤為其聲，變為形聲字，初文鬲字象形之面貌脱卸無餘矣。【積微居金文説自序】

◉楊　寛　「鬲」又稱「人鬲」，《大盂鼎》載：「易(錫)女(汝)邦司四白(伯)，人鬲自駿(御)至于庶人六百又五十又九夫，易(錫)尸(夷)司王臣十又三白(伯)，人鬲千又五十夫。」許多學者都認為「鬲」就是《逸周書・世俘篇》的「磿」，《世俘篇》説：「武王遂徵四方，凡憝(敦)國九十有九國，馘磿億有七万七百七十有九，俘人三億万有二百三十。」按古時「鬲」確與从「厤」之字音同通用，如《周書・大誥》「嗣無疆大歷服」，魏三體石經「歷」作「鬲」。

西周金文的「鬲」和「人鬲」我們認為即是《尚書·梓材》的「歷人」。《尚書·梓材》說：「肆往奸宄殺人歷人宥，肆亦見厥君事戕敗人宥。」孫詒讓《尚書駢枝》解釋說：「歷人謂搏執平民而歷其手(《説文》木部云：櫪撕，押指也。歷即櫪之省)。《莊子·天地篇》云：罪人交臂歷指，《呂氏春秋·順民篇》云：劚其手，劚亦歷之借字也(當從磿，傳寫誤從磨)。」這個解釋是比較可取的。《一切經音義》引《通俗文》也說：「考具謂之櫪撕。」「人鬲」、「鬲」、「歷人」、「磿」的名義，該就是由「櫪」得名的。殷墟曾出土三件陶俑，雙手都是用拷具拷起來的，同時甲骨文「執」字正像俘虜被執後雙手用拷具拷住的樣子，甲骨文「圉」字又像雙手拷住後被關住的樣子。

櫪撕原是一種堅實的木料，在古時不僅用來作拷具，也还用來作為關閉俘虜和奴隸的欄柵，這種欄柵就被稱為「櫪撕」或「櫪」。《墨子·備城門篇》說：「城四面四隅，皆為高磿撕(原誤作「磨撕」，從王引之校正)。」洪頤煊認為「磿撕即欄檻」(《讀書叢録》卷十三)，這是正確的。這是指當時城上四角所建的高欄柵，是為了防禦用的；但是在古時，這種柵欄的建置，多數是用來養家畜和關閉俘虜、奴隸的。《方言》卷五說：「櫪，梁宋齊楚北燕之間或謂之樎，或謂之皁。」《方言》卷三又說：「苙，圂也。」「苙」「櫪」聲同，猪圈叫做苙，猶如馬棧叫做「櫪」。《方言》郭注說「皁隸之名於此乎出」，這個解說是正確的。皁隸之所以稱為「皁」，就是因為被關在稱為「皁」的欄柵里。由此可見，西周的俘虜和奴隸的所以稱為「鬲」或「磿」，該是由于這種俘虜和奴隸，被稱為「櫪」的拷具拷起來，和被關在稱為「櫪」的柵欄中。「人鬲」和「鬲」正是一種這樣被監禁着的俘虜和奴隸，他們都是單身漢，所以用「人」和「夫」來計數。【釋臣和鬲　考古一九六三年第十二期】

◉于省吾　楊先生原文謂「西周金文的鬲和人鬲我們認為即是《尚書·梓材》的歷人」。又引孫詒讓《尚書駢枝》說：「歷人謂搏執平民而歷其手(原注：《説文》木部云，櫪撕，柙指也。歷即櫪之省)。《莊子·天地篇》云，罪人交臂歷指，《呂氏春秋·順民篇》云，劚其手，劚亦歷之借字也(原注：當作磿，傳寫誤从磨)。」楊先生說孫詒讓「這個解釋是比較可取的」。楊先生又說：「《一切經音義》引《通俗文》也說，考具謂之櫪撕。」按《一切經音義》引《通俗文》「考具」原作「考曰具」，「曰」乃「囚」字之訛。任大椿《小學鉤沈》和龍璋《小學搜逸》引《通俗文》並作「考囚具」，這是对的。《廣雅·釋詁》訓「考」為「問」。「考囚具」是考問囚人時所用的刑具。「考」也訓「擊」，《詩·山有樞》的「弗鼓弗考」，毛傳訓「考」為「擊」。俗字考打之考作「拷」。楊先生既改「考囚具」為「拷具」，又改訓「拷」為「拷住」、為「拷起來」(見下文)，未知所本。

楊先生說：「人鬲、鬲、歷人、磿的名義，該就是由櫪得名的。殷墟曾出土三件陶俑，雙手都是用拷具拷起來的，同時甲骨文執字正像俘虜被執後雙手用拷具拷住的樣子，甲骨文圉字又像雙手拷住後被關住的樣子。」按楊先生以為西周金文的鬲和人鬲

是《尚書・梓材》的歷人，引孫詒讓説「歷人謂搏執平民而歷其手」，「歷即櫪之省」，不足為據。但孫引《説文》訓「櫪㯕」為「柙指」，又引《莊子》、《呂氏春秋》以説明之，則是对的。而楊先生引殷墟出土三個陶俑和甲骨文「執」字、「圉」字的雙手都用拷具以解釋《通俗文》「考具謂之櫪㯕」，是靠不住的。陶俑雙手帶械，和「執」字「圉」字所从之「」，系罪人手上所帶之刑具，即《説文》訓為「手械」之「梏」，與《説文》「櫪㯕」訓「柙指」兩者不應混為一談。

《説文》：「櫪㯕、柙（今字作押）指也。」《説文系傳》謂「以木椑（應作柙）十指而縛之也」。《説文》段注謂「柙指如今之拶指（省吾按，《廣韻》十三末，拶、「姊末切」；訓為「逼拶」）。又引《尉繚子》説「束人之指而訊囚之情」。前引《説文系傳》謂「以木柙十指」，清代拶指刑具為木棍五枚，則所柙者為四指。總之，「櫪㯕」是歷代統治者煞費心機所作出來的柙指刑具，也是對于人民所用的極為殘酷的刑具之一種。因此可知，帶在手上的械叫作「梏」，與考囚時所用的「櫪㯕」兩者是迥然不同的。

原文謂「櫪㯕原是一種堅實的木料，在古時不僅用來作拷具，也还用來作為關閉俘虜和奴隸的欄柵」，又引《墨子・備城門篇》的「高磿㯕」，洪頤煊解「磿㯕即欄檻」為證。按《墨子》的「高磿㯕」，王念孫《讀書雜志》引其子引之説，以為「蓋樓之異名」。徐灝《説文段注箋》以為「小屋如望樓」，「其四周皆排列木柱，故曰櫪㯕。櫪㯕之言，猶襹褷稀疏勻适之貌」。「櫪」從「歷」聲，《管子・地員篇》尹注訓「歷」為「疏」；「㯕」從「斯」聲，《詩・板》鄭箋訓「斯」為「离」，《説文》訓「斯」為「析」。是考囚具之「櫪㯕」，本具有疏歷离析之義，正與上述分离木棍以柙罪人之指的作法相符。楊先生解釋「櫪㯕原是一種堅實的木料」，並不切確。《墨子》的「高磿㯕」，究竟是「樓」或「欄檻」，还無定論。但如果以為欄檻，也應該從徐灝「襹褷稀疏勻適之貌」為是。楊先生又引《方言》櫪「或謂之皂」，郭注謂「皂隸之名于此乎出」為證，是楊先生既從孫詒讓《尚書》的「歷人」為「歷其指」之説而加以誤解，又從《方言》郭注「皂隸之名」出于櫪、皂之説，因而得出的結論是：「被稱為櫪的拷具拷起來，和被關在稱為櫪的柵欄中。人鬲和鬲正是一種這樣被監禁着的俘虜和奴隸。」這樣的詮解，把孫詒讓和郭璞兩種不同的説法混淆在一起，是難以成立的。【關於「釋臣和鬲」　考古一九六五年第六期】

◉李孝定　説文：「鬲，鼎屬也。實五觳斗二升曰觳，象腹交文三足。𩰲，鬲。或從瓦。𤮍，漢令鬲，从瓦厤聲。」又十二卷瓦部：「甗，甑也。一穿从瓦𪓉聲讀若言。」又：「甑，甗也。从瓦曾聲。鬵籀文甑从𩱛。」又鬲部：「鬵，鬵屬也，从鬲，曾聲。」又：「鬵，大鬴釜也。一曰鼎。大上小下若甑曰鬵。」據上引數字説解，䰝甗當是一字，均讀子孕切。鬲部之字或體多从瓦。蓋以形言則為鬲，以質言則為瓦。同从曾聲。當為一字無疑。甑甗形制應大抵相同，所異者甗抵一穿，而甑之穿則不限於一。鬲之與甗，其形亦應相近，以甗即為甑，甑與䰝同，䰝則鬵屬，而鬵則如鼎之大上小下者。⊘鬲又為鼎屬，就甲金文及傳世古器，其形與鼎相近，是則鬲

甗之形當不相遠，其異當在器之大小與底之有無。考工記陶人「鬲實五觳」，先鄭云「觳受三豆」，後鄭云「觳受斗二升」。按升四曰豆是二鄭說同。考工記又云「陶人為甗實二鬴」，賈疏云「六斗四升曰鬴」，是甗實十二斗八升，十又三分之二觳。當倍於鬲而有奇。然雖知其小大之別，亦無以定此字為鬲若甗也。陶人甗下先鄭注云「甗無底甑」，疏云「甗無底甑者對甑七穿是有底甑」。段玉裁說文注甗下曰「無底即所謂一穿，蓋甑七穿而小，甗一穿而大，一穿而大，則無底矣」。考工記圖曰「鬲欵足」，漢郊祀志云「鼎空足曰鬲」，爾雅釋器「鼎欵足謂之鬲」，史記封禪書「其欵足曰鬲」，諸說並同，是鬲之特點為欵足，足中空。有底。諸說雖未明言有底，然既為鼎屬，鼎未聞無底者，是鬲有底明矣。栔文上出諸形均為欵足，除前七・五・二佚三一八乙四八二一少數數字外，均為有底，與甗之無底者有別，是則就字形言，當以釋鬲為是也。　金文鬲字多見，作盂鼎，矢作丁公簋，單伯鬲，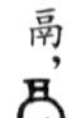召仲鬲，右戲仲鬲，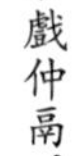史頌鬲，穌沓妊鬲，邾伯鬲，鬲金季貞鬲。例多不具舉，當以盂鼎召伯鬲等形為正，自餘多有譌變。邾伯鬲一文上與鼎同，仍留有耳形痕跡，與栔文相似。卜辭鬲方國之名，金文或言鬲若干夫，或鬲若干人，或稱人鬲，疑當讀為隸。

又戈文有字，容氏金文編收作鬳，按諸栔文當亦是鬲字。【甲骨文字集釋第三】

◉高鴻縉　爾雅釋器。鼎欵足者謂之鬲。欵足。即空足。空足取其烹易熱也。鬲字原象形。後世加瓦為意符作䰛。至於歷。則又後起之形聲字也。从瓦。厤聲。【中國字例二篇】

◉屈萬里　鬲，與厤通：謂俘虜也。《雙劍誃尚書新證》卷二梓材篇云：「按大誥『歷服』，厤，魏石經作鬲。盂鼎『人鬲自馭至于庶人六百又五十又九夫』。又云『人鬲千又五十夫』。孫詒讓讀鬲為厤。並引周書世俘篇。謂俘虜為厤。是也。夨令毀『姜商令貝十朋，臣十家，鬲十人』。疑鬲，厤，隸古並通。」本辭鬲千云云，蓋謂得俘虜千人也。【殷墟文字甲編考釋】

◉金祥恆　許氏《說文解字》有鬲、鬳、獻，金文亦然，甲骨文則有鬲、鬳而無獻。⊘以鬲、鬳、獻之字形演進而言，如下頁表：

以其聲韻而言，鬲，《說文》為象形，屬無聲字，其或體漢令鬲作歷，从瓦厤聲，《廣韻》郎激切；鬳，《說文》虍聲，牛建切，段注「按戴氏侗引唐本虔省聲」，似是。然獻尊即犧尊，車轙亦作钀。歌、元古通，魚、歌古又通，虍聲，即魚歌之合也。獻从鬳聲，則三字古為一聲也。

鬳即獻，此讀為獻，乃獻俘之義，鬳羌謂所獻之羌人也……此卜問用所獻之羌人為牲以祭於匕辛之廟也。

考甲骨卜辭以羌為牲，祭祀先祖，屢見不鮮。

鬲，器名。金文如召仲鬲、邾伯鬲，或借為獻，如令鼎「鬲百人」，大盂鼎「人鬲千又五十夫」，《甲骨文合集》三〇七六五片：

丙寅卜，又鬲鹿，其樵？

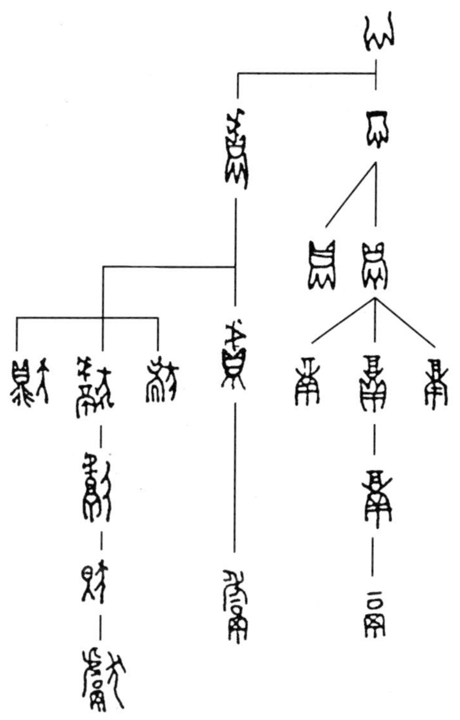

禡為《説文》醮之或體，《説文》「醮，冠娶禮祭也」，段注云：「古本作冠娶妻之禮也，一曰祭也。」於甲骨卜辭為祭名。其鬲，猶金文「鬲百人」、「人鬲千又五十夫」之鬲，訓獻也。「獻鹿」見《周禮・天官》：「獸人掌罟田獸，冬獻狼，夏獻麋，春秋獻獸物」，鄭司農云：「獸人主令田衆，得禽者，置虞人所立虞旗之中，當以給四時社廟之祭」，《左傳・宣公十三年》，欒伯以最後一矢射得麋鹿，使攝叔奉獻鮑祭云：「以歲之非時，獻禽之至，敢膳諸從者」，證諸古時有獻禽之事也。「鬲鹿」之「鬲」，與「鬳羌」之「鬳」同意。《甲骨文合集》六二九片：

貞：今庚辰夕，用鬲小臣卅，妾卅于帚☒，九月。

《甲骨文合集》六三〇片：

癸酉卜，貞：多匕鬲小臣卅，妾卅于帚☒？

「鬲小臣」之「鬲」與「鬲鹿」之「鬲」同意。

昔年郭鼎堂考釋令鼎「姜商令貝十朋，臣十家，鬲百人」之鬲云：大盂鼎「錫夷嗣王臣十又三伯，人鬲千又五十夫」，人鬲，當即《書・大誥》民獻有十夫之「民獻」（《西周金文大系考釋》第四頁）。鬲、獻相通。

鬲、獻古既相通，今得甲骨卜辭「鬲小臣」、「鬲鹿」、「鬳羌」之「鬲」、「鬳」，殷商亦通用，由是可知鬲、鬳、獻三字古通。【甲骨文字考釋三則　第二屆國際漢學會議论文集】

◉劉淵臨　甲骨文中的□(鬲)與□(甗)，在形體上有着顯著的差別，即甗字是有耳的，鬲字則無。鬲字缺少甗字的上半截，甗字看起來有一細腰，這腰叫做隔，這隔將甗字分為上下兩部分，隔的上部近于盆形，而口沿上有一對立耳，隔的下部則是鼓漲得象乳房一樣的三支款足。雖然亦有極少數合文的鬲字帶有雙耳，但是耳的部位亦與甗字的部位不同，鬲字的耳在口沿的兩旁。如果換一個方式來説，甗字好象一件器物的全圖，鬲字則是這圖的下半部，實際上這兩幅圖是對兩件不相同器物的寫生，這兩個字實際上是對兩件不相同的器物描畫而來。【甲骨文中的「鬲」和「甗」　歷史語言研究所集刊第四十三本第四分】

◉張光裕　契文作□、□、□等形，純粹是一個欵足鼎屬的象形字。今由考古發掘知龍山文化期中存有最早期的陶鬲，形狀就和契文的字形相當，殷周以後的銅鬲則是仿陶鬲之形而作。所以稱它們為「鬲」，是因為銅鬲銘文自稱本名的緣故。最早看到自稱本名的銅鬲是西周中期的中梁父鬲(三代五・一八)，銘作：

因此西周中期以前與中梁父鬲同形制的器物，都據此稱為鬲，陶鬲一名也由此而來。西周中期以後的銅鬲銘文很多，都自署本名了。從金文字體的比較，我們也可以看出「鬲」字演變的痕跡。茲舉例如下：

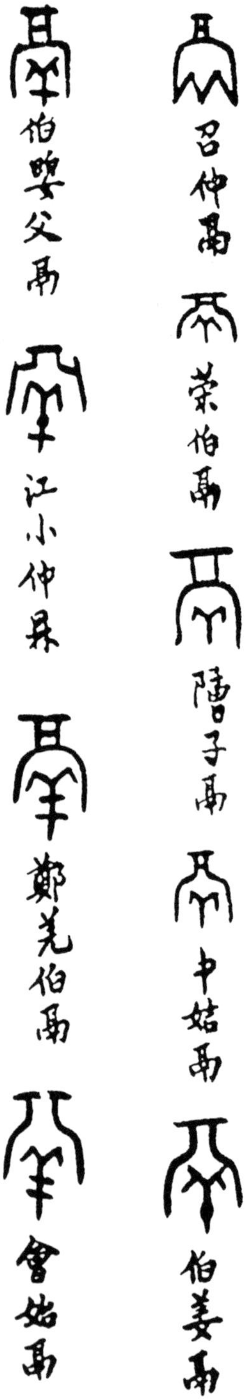

以上的字形雖然没有按着它們時代的先後排列，但是它們從象形字往後演變的過程還是一目瞭然的，更可看出「□」只是鬲的

欸足「ш」形訛變的結果。【先秦泉幣文字辨疑　中國文字第三十六册】

◉朱芳圃　鬲為虜之轉音，古音鬲讀來紐支韻，虜讀來紐魚韻，雙聲通轉。《説文》：「獲也。从毌，从力，虍聲。」徐鍇系傳：「《春秋左傳》原軫曰：『武夫力而拘諸原』，故從力；毌，穿之也。」(見《説文解字通釋》)《詩・大雅・常武》「仍執丑虜」，《正義》：「虜者，囚系之名。」《禮記・曲禮》「獻民虜者，操右袂」，鄭《注》：「民虜，軍所獲也。」是古代謂戰爭所俘的敌人爲虜。此種俘虜，統治阶級得以任意賞賜其臣下，盂鼎、矢令毁及《曲禮》所載，是其明證。又《史記・李斯傳》「而嚴家無格虜者」，《索隐》：「格，彊悍也；虜，奴隸也。言嚴整之家，本無格悍奴仆也。」可知古代以戰爭所獲的俘虜，作為奴隸，用之于生産事業。

鬲又轉為纍，《左傳》僖公三十三年「君之惠，不以纍臣衅鼓」，杜《注》：「纍，囚系也。」又成公三年「兩釋纍囚」，杜《注》：「纍，系也。」考《説文》：「纍，……大索也。从系，畾聲。」《漢書・李廣傳》「以劍斫絶纍」，顔《注》：「纍，索也。」蓋纍所以系俘，因謂俘為纍，義與徐鍇所謂「從力；毌，穿之也」恰相符合。又轉為羸，《易・大壯・九三》「羝羊觸藩，羸其角」，《釋文》：「羸，馬云，『大索也』。王肅作縲。鄭、虞作纍。蜀才作累。」

鬲一作歷，《逸周書・世俘》：「馘歷億有十万七千七百七十有九。」考《説文》：「鬲，鼎屬也。實五觳。斗二升曰觳。象腹交文。三足。……歷，漢令，鬲，从瓦，麻聲。」可知鬲為古文，歷為漢代俗字，其作俘虜解，皆假借也。【殷頑辨　中州學刊一九八一年第一期】

◉于省吾　古韻从鬲从支从規聲之字在「支部」，从奇聲之字在「歌部」，支、歌通諧。因此可知，鬲與鬷、鬶、錡等，不僅同為三足釜類之器，形制相同，而聲音也相通轉。由于鬲可用以炊爨，故古籍中每稱鬲為釜。相當于父權制時代的龍山文化，已出現了日用炊爨的陶鬲。一般説來，母權制時代晚期已經有了家內奴隸。所謂家內奴隸，是説並未正式參加生産勞動，不過在家內從事一些雜役工作而已。這種家內奴隸，在奴隸制社會仍然存在。解放前，屬於奴隸制社會的涼山彝族，其各種奴隸類型中，有一種叫作「鍋莊娃子」，這種名稱，是説在鍋釜旁邊從事炊爨勞作的奴隸。于是可知，家內奴隸之所以稱為「鬲」者，是有着一定來歷的。

如所周知，奴隸制社會的各種奴隸，都是在奴隸主們鞭策之下，從事辛苦無償的勞動。至于當時各種奴隸命名的由來，則又往往與其所服勞役的事類或事物分不開。徵之于地下所發現的文字資料，例如：盂鼎「人鬲自駿至于庶人」的「駿(馭)」，「駿」字金文習見，从攴馬，「攴」古「鞭」字，以其以鞭驅馬，故謂之「駿」；師獸簋「僕駿百工牧臣妾」的「牧」，以其牧養牲畜，故謂之「牧」；訇簋「先虎臣後庸」的「庸」，《爾雅・釋詁》訓「庸」為「勞」，以其為人勞作，故謂之「庸」；宜侯夨簋「斥(厥)𠀍□又五十夫」

的「囙」,「囙」為「盧」之初文,應讀作「虜」(詳拙著《釋囙》),以其被人虜獲,故謂之「虜」;玉刀銘「走百人」的「走」,以其為人奔走,故謂之「走」。再徵之于典籍,例如:臺為臺樹之臺,因之于臺下備徵召役使謂之「臺」(見《左傳》昭七年服注);炊烹所以養人,因之稱炊烹之人為「養」(見《公羊傳》宣十二年何注);以牢養馬為圉,因之稱養馬之人為「圉」(見《周禮·夏官·序官》「圉師」鄭注)。以上所引古文字和典籍中的一些例子,都足以説明某些奴隸的命名,是與他們服役的事類或事物密切相聯的。然則古人把家內奴隸之從事于鬲釜炊爨者名之為「鬲」,這就是稱奴隸為「鬲」的由來。【釋鬲隸　史學集刊一九八一年十月复刊號】

◉商承祚　鬵殆鬲之或體,非古文。《玉篇》鬲亦作鬵,不云古文。此从,或即三體石經古文作兩手形之而變,再訛而為气形之。陳公子甗鬵字作,從,與篆文近,其形乃象釜,左右者耳也。鬲從之鬲作,是其證。後人不明此意,以為象气,失之。開母廟石刻「□□彌化」,即鬲化,讀與融同。《史記·秦始皇本紀》:「昭隔內外」,注:隔一作融。此作鬲,鬲、隔古今字。【石刻篆文編字説　古文字研究第五輯】

◉李孝定　郳伯鬲一文作,器為鬲,此文即以自名其器,應釋為鬲,而其字則明明許書之鬵。孫詒讓氏以為最奇,象以兩手揭鬲,與鬲義無異,古文偶增偏旁,仍得為同字,及後或制支鬲之器,而讀渠容切,遂取古文鬲之別體作鬵者以當之,文字衍變,亦偶有是例也。劉心源氏引集韻此字有三鍾八語兩收,以明宋人釋為舉之誤,其説甚是,而不知鬵字古本鬲之異文,則猶未達一間也。至盂鼎稱人鬲若干夫,令簋稱鬲若干人之鬲,即今之隸,鬲隸聲韻並近,古稱鬲,今稱隸,其實一也。吳寶煒氏以徒釋鬲,其意雖是,而説失之曲。郭氏取舊説民獻、民儀説人鬲,謂乃今古文之異,説雖甚辨,然舊注均以賢釋獻,實與銘辭人鬲之義不協,此意吳闓生已言之,吳氏以歷釋鬲,與楊寬氏意合,鬲即俘虜,即奴隸,説不可易,于省吾氏謂楊氏説櫪槲之言有誤,亦無害于鬲之為隸也。【金文詁林讀後記卷三】

◉朱歧祥　1385.　象三足器之形,隸作鬲。

卜辭有用作本義,稱:「奠鬲」,即用鬲祭奠之意。字復用為動詞。卜辭習稱:「鬲龜」,即以鬲承龜拜祭之意。

1394.　象鬲形,具三款足。亦隸作鬲。卜辭用為地名,僅一見。【殷墟甲骨文字通釋稿】

◉陳初生　「鬲」字甲骨文作、,金文作、、、、、、、、等。字本為古代炊器鬲之象形,下部象三款足,因或與「羊」字形近,或訛作从羊,復訛作从(羌),或訛為从井(有一種方鬲,分上下兩部分,上部為器身,下部為鬲爐,一面有門,此井形或即門之象形),或从,與汗簡作者近似,或从金从鬲,鬲亦聲。【商周古文字讀本】

◉蔡運章　「鄏」乃鬲字的異體。我們知道,鬲在用作地名時,為了加強其作為地名的表意成分,可以增置邑旁。這種現象在古文

敧

字中屢見不鮮，例如：豐亦作酆，會亦作鄶，耒亦作耛，息亦作郋，皆是其證。《正字通》說「鄗，地志本作鬲」，是其直接的佳證。【鄗爰考　中國錢幣一九八四年第三期】

◉戴家祥　鏖乃鬲之別體，加金旁以示器物的質料，無碍本字音義。如皿从鈿，壺作鐘等。

盨即鬲之繁構。鬲加皿旁為進一步標明鬲的物類。與字義無碍。

就字形解釋，似為盨字，即鬲字繁文。王子午鼎銘曰「遷鼎」「遷鼾」，此銘鬲字下文从皿，上半殘泐，就詞位和从皿旁推測，當為某器物字無疑。鬳與遷字用法相同，本為一字。

古文字中的一些名詞，常常以類屬相同的字作為偏旁，加添以後構成繁體。如說文矛或作矝，玉篇缶或作缻，离或作螭等。鬲字在說文或體中也加同類的瓦字為偏旁寫作甌。此器為鬲而銘作鬳當為鬲字繁體，加鼎旁與加瓦旁同例。

字从辵、从重文鬲，說文所無，按說三篇鬲，漢令作歷，从瓦麻聲。集韻入聲二十三錫趣，行皃，或作趚徰徧。又有遷字訓近也。遷殆徧之更旁字，亦即遷之別體器。銘曰「遷鼎」，似又假遷為鬲字，說文鬲，鼎屬。鬲鼎連稱，猶金文以尊彝連稱也。唯叔鼎云「乍寶鬲鼎」是其證。集韻「狼狄切」，來母支部。

从鬲从　象雙手在鬲上炊事之形。銘文仍用作鬲。

鬴从鬲从辰，字書不見。陝西省博物館朱捷元等在陝西省博物館新近徵集的幾件西周銅器文物一九六五年第七期一文中說：「銘文鬴字，其右旁字迹不清，此器腹底留有被火燒過的痕迹，是曾作釜用的證明」。銘文「鬴」，右旁从辰清晰，不是鬴字。从辭例推測，「琱生乍文考亮中隮鬴」。鬴當是鬲之重文，或假字。然證據不足，有待再考。

奠，乃鬲之別構，加火象鬲在煮狀。【金文大字典下】

◉許　慎　敧三足鍑也。一曰滫米器也。从鬲。支聲。魚綺切。【說文解字卷三】

◉馬叙倫　沈濤曰。御覽七百五十七引鍑作釜。玉篇亦云。釜也。則古本作釜。不作鍑矣。桂馥曰。三足鍑也者。本書江淮之間謂釜曰錡。敧錡聲相近。詩毛傳有足曰錡。方言。鍑。吳揚之間謂之鬲。張文虎曰。敧即采蘋詩維錡及釜之錡。彼釋文云。錡。三足釜也。方言。鍑。江淮陳楚之間謂之錡。注云。錡。三脚釜也。知錡即敧之異文。支奇同部。徐灝曰。錡借字。章炳麟曰。鬲本舌音。孳乳為敧為鬹。鬹讀如嫣。旁入歌部。又變易為錡。孳乳為鬴。又旁轉魚。變易為鑊。鑊還支。變易為鑴。張楚曰。本書。滫。久泔也。泔。周謂潘曰泔。潘。淅米汁也。然則滫米即淅米汁也。淅米汁即俗所謂漉

鬹

米。漉米器乃籅字義。竹部。籅。漉米籔也。倫按方言。鍑。吳揚之間謂之鬲。江淮陳楚之間謂鍑曰錡。則知鬲音本在見紐。故轉注為䰙。又轉注為鬹。音皆見紐。又轉注爲敧。敧音疑紐。而聲則與鬲歷鬹同支類。歷从厤得聲。厤音來紐。古讀歸泥。泥疑同為鼻音次濁音。鑹音亦來紐。則與歷敧亦轉注字。而鑹聲則歌類。䰙錘聲亦歌類。則䰙銼鑹亦轉注字。銼音從紐。鬵音亦從紐。亦轉注字也。鬲音見紐。鼎音端紐。同為破裂清音。聲則支耕對轉。而端透與泥並為舌尖前音。則鼎錪歷鑹亦轉注字。鼎敧亦支耕對轉。轉注字也。見疑匣同為舌根音。鑴鑊音皆匣紐。是鬲鬹䰙敧與鑴鑊亦轉注字。錯音喻三。匣與喻三同為摩擦濁音。亦轉注也。鑴聲脂類。錪聲真類。脂真對轉。亦轉注字。歌魚近轉。鬴釜聲皆魚類。是鬴釜為䰙之轉注字。支歌亦近轉。則敧歷鬲鬹亦與鑹䰙銼為轉注。之支亦近轉。則鬲歷敧鬹轉注為畐為鍑。畐鍑聲同支類也。畐鍑亦轉注字。畐鍑音同非紐。非奉同為脣齒摩擦音。則與鬴釜亦轉注。詩采蘋借錡為鬲。江淮之間謂鍑曰錡。爾雅釋器借鉹為鬵。錡鉹聲皆歌類也。鼒為小鼎。鼐為大鼎。聲同之類。鼒音精紐。鬷䰝音亦皆精紐。鬷䰝又聲同東類。為轉注字。而皆為釜屬。鬳為鬲屬。而音在疑紐。聲在真類。亦入元類。甗字亦然。而訓甑也。鍪訓鍑屬。而與鍑為同雙脣音。鍑音非鈕古讀歸封。聲同幽類。是則凡同類之名。亦由一音嬗遞而成。語原然也。其始為鼎。大口有足。而今之䰙則無足。而率大口而鋭底矣。竈不同。故製亦異矣。本訓鬲也。或鍑也。三足釜也。及一曰六字校語。玄應一切經音義引字林。鬵。大釜也。則此三足釜也乃字林訓。本書本無釜字也。【説文解字六書疏證卷六】

◉郭沫若　敧字，劉云：「即説文敧字、古文从支、从攴、从又、皆可通。」其説是也。然謂「敧者，編鐘之原始語義也，字當讀如鬲」云云，則因讀氒為氏而為此説耳。今知氒字非氏，則釜名與鐘名之義均無所附。余謂敧乃韓侯之名，以史記攷之，當是韓文侯。【𠩺芍鐘銘釋　金文叢考】

◉劉　節　敧即説文敧字。古文从支从攴从又皆可通。敧者編鐘之原始語義也。字當讀如鬲(今作魚綺切者乃一聲之轉)。【古史考存】

◉許　慎　鬹三足釜也。有柄喙。讀若嬀。从鬲。規聲。居隨切。【説文解字卷三】

◉馬叙倫　章炳麟曰。敧鬹同字。劉秀生曰。鬹从規聲。嬀从為聲。皆在見紐。故鬹得讀若嬀也。隹部。巂。一曰。蜀王望帝婬其相妻。慚亡去為子巂鳥。子巂即子規。禮曲禮。立視五巂。注。巂猶規也。言部。讗。从言。巂聲。讀若畫。糸部。纗。从糸。巂聲。讀若畫。穀梁桓六年傳。以其畫我。公羊作化我。口部。囮。从口。化聲。讀若譌。規聲如巂。巂聲如

畫。畫聲如化。化聲如為。是其證。倫按鬲即最古之釜三足者。今北方所用沙鍋即其遺制。鍋為䰛之今字。此云。三足釜。是形與鬲同。乃此又曰。有柄喙。則與鬲異。徐鍇謂見有古銅器如此。觜為鳥喙。桂馥亦謂見一器有上林字。然則漢時猶有此器。今北方習用之器有釜形而有柄三足者亦稱為鍋。然無喙。實廣韻所謂刁斗温器。三足而有柄者也。其有柄而鳥喙者無足。俗稱銚子。不名鍋矣。豈其製今已滅乎。倫疑此字說解傳寫有錯譌。許書大例讀若某皆在某聲下。此讀若嬀在从鬲規聲上。其明證也。因疑有柄喙三字乃下文鬷下文。傳寫譌入鬹下耳。釜皆大口腹。故不施柄喙。釜屬則其小者。故施柄喙。亦可證有柄喙三字當在鬷下。然本訓鬲也。或鬴也。三足釜者。蓋字林訓。知者。釜為鬴之重文。字林加之也。

【說文解字六書疏證卷六】

◉徐中舒　□象有喙可以瀉流之鬲，疑即鬹字。【甲骨文字典卷三】

鬷

◉許　慎　鬷釜屬。从鬲。嵏聲。子紅切。【說文解字卷三】

◉馬叙倫　釜屬下鍇本有也字。蓋本訓鬲也或鬴也。校者加釜屬。或字林訓。字林每言屬也。唐人删為釜屬也。上文鬹下有柄喙三字。疑當在此釜屬下。然此三字亦校者加之。木部及金部屬於盲煮之器類者。皆無此例。【說文解字六書疏證卷六】

䰛

◉許　慎　䰛秦名土釜曰䰛。从鬲。丯聲。讀若過。古禾切。【說文解字卷三】

◉劉心源　□當是嗝。玉篇。嗝。雉鳴也。案。說文𩰲亦鬲字。象熟飪五味气上出也。許吕弜象气出。此吕ㄚ象出气孔。余見北人鐵竈三足旁為耳出气如煙筒即ㄚ也。此銘嗝仍是鬲之象形字。特未可鹵莽讀之耳。或曰說文。䰛。釜也。讀若過。即鍋字。今人識鍋不識䰛。此嗝即䰛。後人變丯耳。然則嗝即䰛。䰛即過。風俗通姓氏篇過氏過國。見左傳。夏諸侯後曰為氏。蓋䰛之為過正如魯鹵韓寒周舟陳田邾鼄虢郭祝鑄許無同聲通叚。不足為異也。【奇觚室吉金文述卷七】

◉王國維　殷虛文字中我字皆作□。或作□。說文解字我从戈从才。才或說古垂字。是ㄚ□亦一字。此□字所从之ㄚ正與ㄚ同。如或說當為古垂字。或竟為我字之省也。垂我二字古音同部。然則此□字當是从鬲垂聲。或从鬲我聲。以聲類求之當即䰛字。且說文䰛字或即此字之譌也。散氏盤作䰛。从鬲吅聲。說文吅讀若讙。古音歌元二部陰陽對轉。故䰛字亦以吅為聲。又許君謂秦名土鬴曰䰛。而鬲从簋鬲攸从鼎散氏盤皆關中器。其字又見於麥盉銘中有井侯字亦當出關中。是秦語亦本

其地古語。蓋惟闗中有是語有是字矣。【毛公鼎銘考釋　王國維遺書第六册】

◉林義光　䰝歌韻　説文云。䰝秦名土釜曰䰝。从鬲。中聲。讀若過。按古作䰝比鼎。即𩰫之古文。不正也。象鬲口不正形。或變作散氏器。【文源卷四】

◉郭沫若　「用鬲医逆卣」與令𣪘「用饗王逆造」同意。則鬲殆叚為燕也。【麦尊　兩周金文辭大系考釋】

◉馬叙倫　鈕樹玉曰。繫傳作䰝。是也。中聲當作干聲。王筠曰。玄應引方言同。今無其文。尹桐陽曰。過干疊韻。管子四稱。見賢若貨。見賤若過。貨謂珠玉。過同䰝。土釜也。劉秀生曰。干聲咼聲並在溪紐歌部。故䰝从干聲得讀若過。馬部。騧。从馬。咼聲。籀文从䰝聲作䮮。女部。媧。从女。咼聲。籀文从䰝聲作嫣。並其證。虫部。蝸。从虫。咼聲。或从果聲作蜾。无部。旤。从无。咼聲。讀若楚人言多夥。女部。婐。从女。果聲。讀若騧。䰝聲咼聲古並如果。亦其證。倫按下文。鬴。鍑屬。鬴或從金父聲作釜。金部。鍑。釜大口者。其實鍑即鬴之異文。凡釜皆大口。其初文為五篇之畐字。詳畐字下甲文有字。即本書之夏字。則畐實象大口腹之釜形。金文叔氏鐘。降余魯多福無疆。福字作。畐父辛爵作。今論古銅器中有作形者。今習用煮器中亦有之。杭縣名曰豬頭鍋。蓋畐之遺制。畐讀若伏。故轉注為鍑。説解本作鬴也。今失。所存者校語耳。【説文解字六書疏證卷六】

◉楊樹達　䰝，説文云「秦名土鬴曰䰝」，與此文義不恊。然説文䰝讀若過，知古經傳之文必有假䰝為過者，故許君云爾。説詳余著説文讀若探原。而此銘亦正假䰝為過也。呂氏春秋異寶篇云「伍員過於吳」，高注云：「過猶至也。」麥鼎與此盉為一人之器，鼎銘云「井侯延䰝于麥」，䰝亦過也。意林四引風俗通云「秦漢以來尊者號作宮」，以前貴賤無別，故麥雖人臣，亦稱麥宮也。「麥用旋走夙夕䰝御事」，「旋走」郭沫若釋為「奔走」，近是。䰝字與上䰝字同而用法異，別有麥尊，亦此人之器，其銘文云：「麥揚，用作寶尊彝，用䰝侯逆造。」于思泊釋之云：「矢令𣪘：用饗王逆造可證䰝為燕饗之義。」其説是也。古人字義往往相因，經過謂之過，燕饗過者亦謂之過也。麥彝云「用䰝井侯出入」，逆造謂逆造之人，出入亦謂出入之人，此銘云「䰝御事」，亦謂御事之人也。【麥盉跋　積微居金文説卷六】

鬵

説文【古文四聲韻】

◉許　慎　鬵大釜也。一曰。鼎大上小下若甑曰鬵。从鬲。兓聲。讀若岑。才林切。籀文鬵。【説文解字卷三】

鬸 鬸

◉郭沫若　第四一七片「于孟奉。　于⿱安火奉。」⿱安火疑鬵之異，从火安聲。安即先(簪)字，見上二四七片。【殷契粹編】

◉馬叙倫　嚴可均曰。大釜。韻會十二侵引作土釜。蓋小徐真本如此。上文。秦名土釜曰⿰鬲斗。明此亦土釜。䖒部。⿸虎豆。土鍪也。金部。鍪。鍑屬。鍑即釜屬。土釜即土鍪。然詩匪風釋文御覽七百五十七廣韻廿一侵集韻類篇皆引作大釜。一切經音義十引字林。亦作大釜。不敢改也。王筠曰。爾雅釋器。鼎。絶大謂之鼐。圜弇上謂之鼒。附耳外謂之釴。款足者謂之鬲。鬸謂之鬵。鬵。鉹也。此六句皆説鼎。故許以鼎大上小下若甑發明甑謂之鬵。金部。鉹。鬵鼎亦所以發明鬵鉹也。桂馥曰。讀若岑者。曹憲廣雅音同。方言。鬸或謂之鬵。郭注。鬵音岑。詩匪風釋文。鬵音尋。又音岑。新序。齊攻魯。求岑鼎。韓非説林。齊伐魯。索讒鼎。岑讒聲相近。劉秀生曰。兓聲岑聲並在覃部。故鬵从兓聲得讀若岑。詩周頌潛釋文爾雅作涔。郭音潛。又音岑。韓詩云。涔。魚池。小雅作槮。書禹貢。沱潛既道。史記夏本紀作沱涔既道。皆其證。倫按楚辭九歎。爨土鬵於中宇。亦可為大釜當作土釜之證。然鬲以金以土。古皆有之。而鬵不必無金制者也。許本訓鬲也。或鬴也。今挩。大釜也者字林訓。以此益明上文諸訓三足釜釜屬皆字林訓。一曰。鼎大上小下若甑曰鬵。非别一義。乃詳鬵之形耳。大上小下正與今南方習用之鍋相似。鍋即釜也。此亦字林説。見玄應音義十引。鬵即所謂岑鼎也。

鬵　葉德輝曰。本書䰜下曰。古文亦鬲字。籀蓋從古文不省。倫按古文經傳以䰜為鬲字也。此當從鍇本。然本部僅此一字從䰜。䰜與鬲亦異字。可疑。【説文解字六書疏證卷六】

◉郭沫若　□字屢見，或作□。見下第五八七片。舊未識。余謂此乃从水从□之字，□與金文□羹胹郤王糧鼎□羹烝陳公子甗□羹烹叔夜鼎等字同例，乃从⿱罒亞□聲。⿱罒亞者鬵之異，□乃心字。以聲類求之，則鬵乃古鬵字也。从水則為灊矣。灊當卽春秋時楚之潛邑，見左昭廿七年。今安徽霍山縣東北三十里有灊城，卽其地。【卜辭通纂】

◉許　慎　鬸　鬵屬。从鬲。曾聲。子孕切。【説文解字卷三】

◉馬叙倫　徐鍇曰。今俗作甑。甗無底曰鬸。嚴可均曰。瓦部。甑。籀作鬵。當與此為重文。韻會廿五經引作甗也。乃瓦部之説解。亦謂甑即鬸。沈濤曰。一切經音義十云。鬸。籀文作鬵。是古本鬸字有重文。段玉裁曰。此篆淺人妄增也。鬸者。甑之或體耳。爾雅音義云。鬸。本或作甑。篇韻皆云鬸甑同字。可知古本説文不分入鬲瓦二部矣。邵瑛曰。爾雅作鬸。周禮儀禮孟子並作甑。一切經音義十引聲類作甑。又作鬸。聲類蓋類集説文以甑鬸為一字。王筠曰。考古圖引。甗。無底甑。韻會引作甗無底曰鬸。非也。鄭司農注考工記陶人曰。甗。無底甑。許用之者。瓦部甑下云。甗也。明鬸甑一字。然

不可疑䣍為後增。徐鍇謂今俗作甑者。忘卻瓦部有甑。韻會既見有甑字。為之辨正。而合為一可矣。乃惑於鍇言而曰。本作䣍。嚴又惑於本作䣍之言而以䣍鬳也從鬲曾聲為小徐真本。可謂重紕貤謬矣。朱駿聲曰。此字即籀文甑省。倫按甑䣍為一字無疑。至二部各出。此例甚多。惟瓦部甑之籀文作䰝。而一切經音義十曰。聲類作甑。又作䣍。籀文作䰝。是甑字出聲類。而䣍字則本說文。疑瓦部甑字。後人據聲類竄入。以其通用也。上文鬵下一曰鼎大上小下若甑曰鬵。為字林說。江式乞書吏表言。呂靜仿聲類作韻集。則忱作字林亦必取資於聲類。甑亦呂忱據聲類增之。鍇以甑為俗字。或所據本無也。䣍為鬵之轉注字。同為舌尖前破裂摩擦音。爾雅釋器。䣍謂之鬵。孫炎曰。關東謂甑為鬵。方言。甑。自關而東謂之甗。或謂之鬵。廣雅釋器。鬵謂之䣍。然則䣍即鬵而非鬵屬。屬當作也。小徐本作鬵屬也。與鬷下同例。蓋䣍鬵一物。而周禮陶人作甑實二鬴。注曰。量六斗四升曰鬴。亦可證鬵之為大釜矣。【說文解字六書疏證卷六】

鬴 鬴

鬴 說文釜鬴或从金父聲 陳猷釜 从父从缶 子禾子釜 【金文編】

3·1 陳補三立事歲右稟釜 說文所無 顧廷龍云說文鬲部鬴重文 釜或从金父聲 陳猷釜左關之釜與此同 皆从缶从父 右多用瓦器字當从此 3·2 陳閺立事歲安邑亳釜 3·3 陳道立事左釜 3·5 陳向立事歲⊞之王釜 3·17 □右敀坸亳釜 3·24 平陵陳㝵不⊠王釜 3·31 陳圓右稟亳釜 3·33 陳□□事歲□釜 3·47 陳華句莫稟⊠亳釜 3·711 ⊠癟左稟釜 3·722 公釜 3·571 王釜 3·246 公釜 【古陶文字徵】

鬴 日甲四五背 【睡虎地秦簡文字編】

0290 0289 陳猷釜，子禾子釜釜字與此同。 【古璽文編】

張釜仲 【漢印文字徵】

古史記 【古文四聲韻】

〔篆〕鬳

◉許　慎　鬴鍑屬。从鬲。甫聲。扶雨切。𨥫鬴或从釜。金聲。【說文解字卷三】

◉吳大澂　〔字形〕疑即釜字。上从父。下即缶之變體。釜本从鬲作鬴。古人从鬲从瓦从缶之字往往相通。如說文鬲或作甌。鬳本鬲屬。从瓦為甗。甑本从瓦。籀文作〔字形〕。鬲部䰝字疑與甑為一字。缶部缾或作瓶。缶瓿罐蘿罃罋皆訓瓦器。由部盧下篆文作𥁂。籀文作𥂁。疑與金部鑪字為一。从金从缶亦可通。釜字不見於經典。或即豆區釜鍾之釜。【愙齋集古録第二十四冊】

◉高田忠周　說文。鬴鍑屬也。从鬲甫聲。或作𨥫从金父聲。按鬴亦鬲之屬。而或以金或以匋。故字亦或从缶。猶鬳或作甗。䰝或作甑。皆出同意。唯此缶字多一點。而較子禾子釜。亦缶字異文耳。【古籀篇七十六】

◉馬叙倫　鬴鍑一物。當依鍇本補也字。刪屬字。鍑為鬴之轉注字。同脣齒摩擦音也。

𨥫　鈕樹玉曰。當作从金。父聲。嚴章福曰。宋本作从金。父聲。王筠曰。大徐各本與小徐同作从父。金聲。惟孫本作从金。父聲。倫按陳猷釜作〔字形〕。子禾子釜作〔字形〕。皆从缶。父聲。从缶者瓦質也。甫亦从父得聲。故鬴或作釜。釜字見急就篇。急就皆倉頡中正字。許書本倉頡。不應無釜而以鬴為正。疑急就本作鬴。傳写者以當時通用字易之。如本書緌字急就作綏。本書緌亦重文也。急就傳世者為章草。最初為皇象本。實已非史游原本。而顏師古本已多異文。可見均非原本。故皇本要字顏本作[⿱覀胥]。[⿱覀胥]固俗矣。而皇本[⿳亠臼𧘇]字顏本作褎。則褎字與本書合。而[⿳亠臼𧘇]為俗矣。是知釜緩亦必為傳写者所易也。【說文解字六書疏證卷六】

◉胡吉宣　瓦器謂之缶。篆作〔字形〕。象器有蓋形。加手持之為〔字形〕（子禾子釜釜字）。變為〔字形〕（陳猷釜）。从父聲。又从金作𨥫（今字作釜）。說文以為鬴之或體。鬴。鍑屬。鍑。大口釜也。缶釜鬴鍑皆與簠聲相近。甫从父聲。鬴簠之从甫。當由釜之从父遞嬗而來也。【釋簠　中山大學研究院文科研究所輯刊第二冊】

〔字形〕甲二〇八二

〔字形〕乙四七四三　不从虍象形　〔字形〕乙五二二五　〔字形〕河六八　〔字形〕河七二四　〔字形〕河八〇五　〔字形〕鐵二五三·一　〔字形〕前七·三七·一　〔字形〕前五·四·一　〔字形〕前五·四·二　〔字形〕前五·四·三　〔字形〕前七·五·二　〔字形〕後二七·一五　〔字形〕後二·七·一六

後二・八・一　前五・三・五　存一〇六七　京津二六七五　京津二九七七　誠四五三　甲二四五

七　甲二八〇五　後一・二七・一〇　【甲骨文編】

甲2082　【續甲骨文編】

甗　象形　甗戈　見甗　師趣甗　王孫壽甗　从犬　子邦父甗　甗字重見　【金文編】

甗　日甲六七　二例　通獻　九月楚—馬　日甲六七　【睡虎地秦簡文字編】

◉許　慎　鬳屬。从鬲。虍聲。牛建切。【說文解字卷三】

◉羅振玉　上形如鼎。下形如鬲。是甗也。古金文加犬於旁。已失其形。許書从瓦。益為晚出。【增訂殷虛書契考釋卷中】

◉郭沫若　第二〇六片鬳乃甗之象形文，象于鬲之上有甑。【殷契粹編考釋】

◉商承祚　疑獻字，即甗之省。【殷墟文字類編待問編卷八】

◉馬叙倫　徐鍇曰。虍音呼。於甗為旁紐也。沈濤曰。六書故云。唐本虔省聲。林罕亦曰。虔省聲。是古本不作虍聲矣。大徐本音牛建切。小徐本音俱願切。皆與虔聲相近。鈕樹玉曰。戴侗謂林罕亦云。虔省聲。則唐本不足信矣。段玉裁曰。虔省聲似是。然獻尊即犧尊。車轙亦作钀。歌元古通。歌魚古又通。虍聲即魚歌之合也。孔廣居曰。疑是同母諧聲。錢坫曰。義同甗。朱駿聲曰。虍者。鬲文也。會意。許瀚曰。从鬲。从虍。於義已足。鬲旁加瓦。鬲之別體。鬳旁加瓦。當是从虍从鬲瓦。非从鬳从瓦。說文鬲部有鬳。瓦部又有甗。義例疏舛。恐非許氏之舊。觀古器物銘皆借甗為鬳。則甗為後起字無疑。疑唐時合併說文字林以便肄習。誤以字林字羼入說文也。左成二年傳釋文爾雅釋畜釋文並引字林甗字。葉玉森曰。子邦父甗獻字偏傍作。卜辭。王其射。王射。即鬳字。借為獻。丁山曰。甲文作。上象獸頭。下象鬲足。倫按今不見古器。未能輒定其形。瓦部有甗字。說解云。甑也。一曰。穿也。桂馥謂一穿也。衍曰字。錢坫謂與鬳同。羅振玉謂甲文有諸形。上形如鼎。下形如鬲。即甗也。金文中子邦父甗作。加犬。已失其形。許君从瓦。蓋晚出。倫謂錢羅均以為鬳甗同字。是也。子邦父甗或借獻為甗。獻即獻之異文。不嬰𣪘獻字作。亦从鼎。可證也。獻。从犬。鬳聲。音許建切。入曉紐。則此入疑紐音牛建切為不誤。疑曉同舌根音也。从虍得聲讀牛建切者。孔謂同母諧聲。實同舌

根音也。然虔聲為音聲並𦨭近者。丁所舉甲文之形。即羅所舉之漫體。或其少變者。必非象獸形也。董逌謂古有方甗。其字作鬳。鬳即古文甗字。今按甲文字似即方甗形。則鬳為甗之初文無疑。【説文解字六書疏證卷六】

◉屈萬里　，即鬳字；於此當讀為獻，乃獻俘之義。鬳羌，謂所獻之羌人也。【殷墟文字甲編考釋】

◉高鴻縉　説文：「鬳，鬲屬。从鬲，虍聲。牛建切。」桂馥曰：「鬲屬者，疑作䰛屬。本書甗，甑也。」虍聲者，戴侗曰：「唐本虔省聲。林罕同。」沈濤曰：「六書故云。唐本虔省聲。林罕亦曰虔省聲。是古本不作虍聲矣。大徐本音牛建切，小徐本音俱願切，皆與虔聲相近，則今本作虍聲者誤。」又説文：「甗，甑也。一穿。从瓦鬳聲。讀若言。魚蹇切。」羅振玉釋甲文字曰：「上形如鼎，下形如鬲，是甗也。」郭氏以為至確。按字象器形，器分上下兩截。或分或聯，中隔以有穿之板。上盛米，下盛水，所以烝也。故即後世之甑字。初變作鬳，从鬲虔省聲。後又加瓦為意符作甗。董逌以鬳為古文甗字，是也。【中國字例二篇】

◉饒宗頤　殆鬳字，即獻，他辭云：「貞：不𠕋于祖乙。」(屯乙四八三四)義即不獻册也。【殷代貞卜人物通考卷七】

◉李孝定　説文：「鬳，鬲屬，从鬲虍聲。」辭言「乙卯卜狄貞鬳羌其用匕辛升」，蓋言用所獻之羌為牲以祈祭於妣辛也。屈説可从。金文作見甗。與栔文全同。【甲骨文字集釋第三】

◉朱歧祥　，象盛酒器，或即鬳字。戴侗引唐本《説文》：「鬲屬，从鬲虔省聲。」晚期卜辭用為祭祀地名。

，从鬲从虎首，隸作鬳。《説文》：「鬲屬。」卜辭僅一見，屬第三期。字用作動詞，有用鬲烹牲之意。字與「鼒」字相似。

【殷墟甲骨文字通釋稿】

◉徐中舒　象鬳形，為鬳之初文。高鴻縉引董逌説謂鬳為甗之古文，《字例》二篇。其説甚是，《説文》分鬳甗為二字，不確。羅振玉謂上形如鼎，下形如鬲，是甗也。古金文加犬於旁已失其形，許書從瓦，蓋為晚出。《增訂殷虛書契考釋》中。按羅説可從。甗為古代炊器，上部為甑置食物，下部為鬲，置水加熱蒸之。字形與存世之實物絶肖。又有從虍從之字與《説文》鬳字篆文略同，卜辭用為奉獻字。【甲骨文字典卷三】

◉戴家祥　此器為甗而銘作⿱虍鼎，从虍从鼎，説文所無。古文从鼎與从鬲可以更換，如玉篇⿱兓鼎亦作鬵等。⿱虍鼎當為鬳的異體字。

【金文大字典下】

融

蘇融私印　程融之印　李融印信　【漢印文字徵】

鄀公釷鐘銘陸終之終作𩁹　祝𩁹即祝融　炎帝乃命祝—吕四神降(乙6—6)　【長沙子彈庫帛書文字編】

融出碧落文　【汗簡】

碧落文　王存乂切韻　【古文四聲韻】

◉許　慎　融炊气上出也。从鬲。蟲省聲。以戎切。𧗝籀文融不省。【說文解字卷三】

◉王國維　𩁹字自來無釋。余謂此字从䖵章聲。章古墉字。以聲類求之。當是螽字。陸螽即陸終也。殷虛卜辭有㝅字。从鬲章聲。余因此器冬作𩁹。因釋為融字。古韻東冬二部之分合。久無定論。今冬部之螽融乃并以東部之章為聲。可為古韻學家添一有力之證據也。【鄀公鐘跋　觀堂集林卷十八】

◉王國維　　此字从「鬲」，从𩫖聲，𩫖，古文庸，與融之从鬲蟲聲者同。鄀公鐘字，从蟲省，从二形皆聲，亦即融字。鐘云「陸融之孫」即陸終之孫。【觀堂書札　中國歷史文獻研究集刊第一集】

◉蕭　璋　融。炊气上出也。从鬲蟲省聲(以戎切)。𧗝。籀文融不省。烝火气上行也。从火丞聲(煑仍切)。按二字義極相近。爾雅又以爞爞炎炎同訓為薰(見釋訓)。說文無爞。詩大雅雲漢作蟲蟲。釋文引韓詩作烔。烔亦不載於說文。爞烔皆為後起字。毛詩之蟲蟲。段氏以為融融之假借。其論甚是(蟲字注)。薰本應作熏。熏亦為火煙上出(說文)。是則融烝本與炎字同義。皆上刺之意也(參見四篇下炎𤆍字條)。融與烝聲近義同。當為轉語。【釋至　國立浙江大學文學院集刊第三集】

◉馬叙倫　鈕樹玉曰。繫傳蟲作蟲。譌。王筠曰。小徐气作氣。此是。倫按唐寫本切韻殘卷引無炊字。字當从䰜。餘詳䰜下。此下諸文皆當从䰜。入䰜部。今从鬲者。䰜亦从鬲也。或傳寫省之。

𧗝融。籀文融。不省。倫按不省校者加之。【說文解字六書疏證卷六】

◉郭沫若　𩁹字从䖵章聲。求之聲類當以融字為近。陸𩁹疑即祝融。楚世家云「高陽生稱。稱生卷章。帝繫作老童。二者形近。必有一譌。卷章生重黎。重黎為帝嚳高辛居火正。甚有功。能光融天下。帝嚳命曰祝融。共工氏作亂。帝嚳使重黎誅之而不盡。帝乃以庚寅日誅重黎。而以其弟吳回為重黎後復居火正。為祝融。吳回生陸終」云云。帝繫則僅言「老童產重黎及吳回。吳回氏產陸終」。無重黎為祝融事。國語鄭語「黎為高辛氏火正。以淳燿敦大天明地德。光照四海。故命之曰祝融。……其後

鬻 鬻

䰞 䰞

八姓」云云。與陸終六子大同小異。而不言陸終。余疑陸終即祝融。陸祝古同幽部。終融古同冬部。其字當如邾公釛鐘書作陸⿰䖵章。陸一書為祝。⿰䖵章一書為終。陸終祝融遂判為二人也。【金文所無考 金文叢考】

◉商承祚 ⿰䖵章从䖵，庸聲。楚帛書祝融，融字作□與此近，為融之異文，亦郘固先君名，故同祭禱。【江陵望山一號楚墓竹簡疾病雜事札記考釋 戰國楚竹簡匯編】

◉李學勤 王國維《邾公鐘跋》云：「⿰䖵章字從蚰，章聲。章，古墉字。以聲類求之，當是螽，陸螽即陸終也。」王氏説「陸⿰䖵章」即「陸終」，是對的，但他對「⿰䖵章」字的分析有缺點，因為「墉」字古音在東部，「螽」字在冬部，是有差别的。王氏沿用王念孫父子的《説文諧聲譜》，没有區别東、冬。實際上，「⿰䖵章」字應從「蟲」省聲，與「終」同屬冬部。在帛書上讀為「融」，是由于「融」也從「蟲」省聲之故。【談祝融八姓 江漢論壇一九八〇年第二期】

◉黄錫全 □融出碧落文 《説文》融字籀文作□，今存碑文作□，□乃□譌。鄭珍云：「此更从部首，又从石經鬲『更篆』，則益奇矣。」【汗簡注釋卷六】

◉曾憲通 邾公釛鐘「陸□之孫」□字瘐鐘作□，所从之□為古墉字，當隸写作螗。江陵楚簡有「宮䆔□」，□變作□，帛文又省作□，□在左在右不别，故知□、□、□、□同字。陸螗當讀作陸終，祝□即祝融。【長沙楚帛書文字編】

◉許　慎 鬻炊气皃。从鬲。嚻聲。許嬌切。【説文解字卷三】

◉馬叙倫 段玉裁曰。嚻聲也。气出頭上。炊气亦上出。故从嚻。形聲包會意。倫按段説似是而非也。鬻音曉紐。融音喻四。曉與喻四皆摩擦次清音。鬻為融之轉注字。融鬻皆炊气上出聲耳。融从蟲得聲。則鬻非取義於嚻可知。特語原然耳。字當从嚻。此省。【説文解字六書疏證卷六】

甲3523 乙2803 2898 2899 2949 4299 8935 粹563 佚121 續存383

【續甲骨文編】

◉許　慎 䰞煮也。从鬲。羊聲。式羊切。【説文解字卷三】

◉潘祖蔭 周孟伯説。説文無鬺。玉篇。鬺。煮也。蓋即説文䰞之别字。不作器名詁。宣和圖南宮中鼎有鬺父乙尊之文。而

豐鼎銘則云作玖䵼彝。太師望敦曩敦師望簋文亦同之。蓋皆以煮為詁。言以此器盛酒煮于鑊湯。如禮內則小鼎之用。故其所容皆不過升合。必連尊彝為文。其義始具。非其器即名為䵼也。玆器為鼎形而銘惟作䵼者。蓋本義乃䵼鼎二字。因䵼下文有鼎乃省借耳。如秦碑夫夫之例矣。

此器六斿。故知為上大夫妻稱婦者。禮所謂三月而廟見成來婦也。擇日而祭於禰成婦之義也。䵼即鬺。鬺即亨。亨即湘。詩所謂于以湘之維筥及釜誰其尸之有齊季女也。韓詩作于以鬺之。見漢書郊祀志注。毛傳湘亨也。釋文亨本又作烹煮也。故知䵼即湘。此器之義即在采蘋之詩。【攈古樓彝器款識卷二】

◉劉心源 䵼。玉篇云煮也。亦作鬺。又云鬺同鬺。說文鬺煮也。史記封禪書皆嘗烹鬺上帝鬼神注。徐廣曰鬺烹煮也。說文無䵼鬺。古刻有䵼無鬺。鬺。韓詩于㠯鬺之。毛作湘。叚字也。古文亦用將。詩我將我享是已。它器如尊敢多用䵼。獨㲃敢云将敢。琱敢云将寶。知将叓古於䵼。【奇觚室吉金文述卷一】

◉阮元 鬺。古文或从皿。亦見周帀師鼎。或釋作蓋。蓋是葢之俗字。且自漢以後。銘分葢器。商周款識無之。不可從。【王子申盞蓋 積古齋鐘鼎彝器款識卷七】

◉阮元

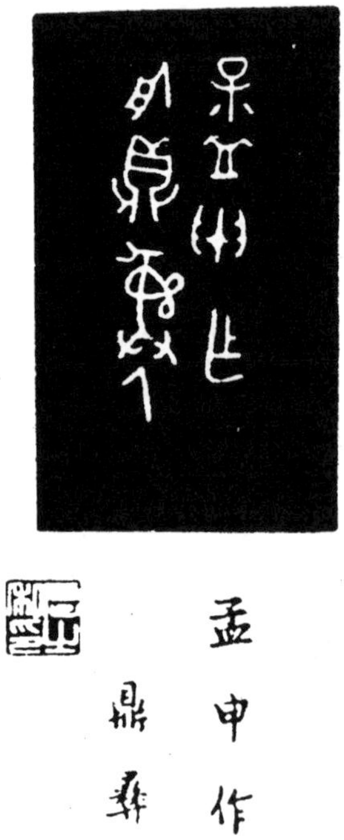

錢獻之云。鼎當作䵼。說文作鬺。從鬲羊聲。煑也。玉篇有䵼字。訓同。亦作鬺。同鬺。詩采蘋于以湘之。韓詩作鬺。史記封禪書云。鑄九鼎皆嘗亨鬺。【將鼎 積古齋鐘鼎彝器歀識卷七】

◉羅振玉 鬺 [古文字形]

說文解字。鬺。鬻也。从鬲羊聲。此从皿與鬲同。殆即許書鬺字。从凵者。亦皿字。卜辭中从皿之字或从凵。【增訂殷虛書契考釋卷中】

◉馬叙倫　章炳麟曰。即今烹字。商承祚曰。甲文有□字。殆即鬺也。倫按當從䰜。羊聲。甲文有□字。即鬺字。從□。即䰜省也。鬺煮轉注。煮聲魚類。鬺聲陽類。魚陽對轉也。【説文解字六書疏證卷六】

◉郭沫若　叔夜鼎「𠂤征𠂤行，用□用□」，舊釋：「用䰞用䰞。」案説文：「□䰞也，从䰜侃聲□䰞或从食衍聲□䰞或从食干聲。」又云「□五味盉䰞也，从䰜从羔，詩曰『亦有和䰞』。鬺䰞或省。□或从美䰜疑誤省。□小篆从羔从美。」今□字之𥁕自是䰜字从米□當是聲，釋者因□侃形近故釋䰞，案其實乃兄字也。字从兄聲，則不得為䰞。此字之釋須視下字而定，今再釋下字。

下字之釋䰞者，乃以下體作□類似羔字。案實乃从火䰜省。鬲乃象形文，為表示三款足之形，金文鬲字下體每似从羊。今略舉數例如次：

□魯侯鬲　□奠羌伯鬲　□王伯姜鬲　□同姜鬲

於此下而益之以火則儼若羔字，然鬲固非从羊，亦非从羔也。故䰞及䰜省从火，許書之□即从此而稍變，羹又从此再省，非从美也。鬲字从火，古有此例，由下列二文可證：

□□肈家鬲，此乃䰞，字廣雅釋器「䰞鼎也」，蓋古鬲亦謂之䰞。

□樊君鬲，此即䰜字，□實象鬲上之甑形，□其疏底蔽也。

故䰞仍从䰜，不从羔，自非羹字。其上从米，亯當是聲。亯古叚為亨字，則䰞乃烹之古文也。

知䰞為亨，則𩱙必與之相應，字為動詞而讀兄聲。準此以求之，余謂乃鬺字之異也。説文「鬺䰞煮也，从鬲羊聲」，古音羊聲與兄聲同在陽部。鬺字本多異文，段玉裁云：「鬺亦作鬺，亦作䰳。韓詩『于以鬺之，惟錡及釜』，封禪書『禹收九牧之金鑄九鼎，皆嘗亨鬺上帝鬼神』，亨鬺郊祀志作鬺亨。鬺許兩切，謂煮而獻之上帝鬼神也。毛詩假湘為之。毛曰『湘亨也』。」今器作𩱙，又其一異矣。【金文餘釋之餘　金文叢考】

◉陳夢家　𠂀射之𠂀是動詞，《説文》有鬺字，此假作養或庠。卜辭「令□𠂀三百射」者，令□教三百射以射。《孟子・滕文公》上「夏曰校，殷曰序，周曰庠」，《説文》與《漢書・儒林傳序》則作「殷曰庠」。【殷墟卜辭綜述】

◉楊樹達　玉篇巾鼎部云：「䰳。式羊切。煮也。亦作鬺。」又鬲部云：「鬺，式羊切。煮也。」此本説文。亦作䰳鬺同上。按説文有鬺無䰳鬺二文。𦥑鼎云「乍朕文考弃白䰳牛鼎」，「䰳牛」正謂煮牛矣。【應公鼎跋　積微居金文説卷七】

◉李孝定　説文：「鬺煮也。从鬲羊聲。」栔文从羊从皿。羊在皿中。自有煮義，从鬲則其義尤顯。此會意兼形聲之字，非純以羊

為聲也。辭云「□寅卜☒母□羹十二月」元嘉・七三「叀小宰叀羊其皿卣羹」粹五六三卜其惟小宰乎抑特羊也。第三辭蓋言以皿烹羊也。皿為通偁，析言之，則為鬴，為鬵，為鬲之類是也。【甲骨文字集釋第三】

◉徐中舒　從[illegible]皿從[illegible]羊，[illegible]或作[illegible]，從皿與從鬲同。《說文》：「鬺，鬻也。从鬲，羊聲。」甲骨文從羊在皿中，鬻今作煮義自見。羹經傳亦作鬺。【甲骨文字典卷三】

◉董蓮池　甚六之妻鼎銘中有字作「[illegible]」，又寫作「[illegible]」，前者見於「以煮以○」（○表其字，下同）中，後者見於「永寶用○」句中。有的學者根據辭例將其釋為「享」字，見《文物》一九八九年第四期所載商志𩡧、唐鈺明《江蘇丹徒背山頂春秋墓出土鐘鼎銘文釋證》、又見《第二屆國際中國古文字學研討會論文集》所載唐鈺明《銅器銘文釋讀二題》。我們認為此字實際就是見於《說文》中的「羹」字古文，應釋為「羹」。

從形體上分析，此字从「[illegible]」从「亯」，「[illegible]」其實就是「䰜」字，金文所見「鬲」字後來或寫作「[illegible]」（郳始鬲）、「[illegible]」（樊夫人龍嬴鬲），此字「[illegible]」旁「[illegible]」下所从的「[illegible]」顯然是上舉兩個「鬲」字寫法的省體。而「[illegible]」上之「[illegible]」即「䰜」字所从的「弜」。《說文》以「䰜」為部首，大徐本《說文》録許訓為「歷也」。古文亦鬲字，象熟飪五味气上出也」。篆作[illegible]。段注「象熟飪五味气上出也」云「謂弜也」，又云「鬲、䰜本一字，鬲專象器形，故其屬多為器。䰜兼象熟飪之气，故其屬皆為熟飪」。核段說，正洽「[illegible]」之形，可知其為「䰜」字無疑。此字又从「亯」，《說文》訓「亯」為「獻也」，據此則知「亯」不會是給「䰜」追加的義符，更不可能是給它追加的聲符。結合其所用，此字應分析為从「䰜」、「亯」聲，「羹」字則是从「鬲」、「羊」聲，因為我們知道「䰜」乃古「鬲」字，所以此字的義符與「羹」字的義符只是古今之別而已。「亯」聲與「羊」聲古音極近，一為曉紐，一為匣紐，曉匣鄰紐雙聲，「亯」為陽部字，「羊」亦為陽部字。漢字中的形聲字在形體發展過程中，因選用聲旁用字的不同而形成異體者習見。《說文》訓「羹」為「煮也」，煮時「气上出」，故「羹」字當然應當从有熟飪五味气上出之象的「䰜」字。篆作羹，疑古本當作鬻，「鬻」與「鬻」或「羹」就是選用聲旁用字不同的異體。

從傳世典籍記載來看，古人恰有以「羹」說明鼎之功用之例。《史記・封禪書》云「禹收九牧之金，鑄九鼎，皆嘗亨鬺上帝鬼神」，其中「鬺」即「羹」的後起字。《集解》引「徐廣曰『鬺，亨煮也』」，《史記・孝武本紀》亦有此語，《集解》引「徐廣曰。『烹，煮也。鬺音觴。皆嘗以烹牲牢而祭祀也。』《索隱》『言鼎以烹牲而饗嘗也。』」唐顏師古注《漢書・郊祀志》所載此語云「鬺亨一也，鬺亨煮而祀也」，今鼎銘云「作鑄飤鼎，余以煮以羹」與典籍所載完全密合，足證釋羹當不誤。至於此字又用於「永寶用享」這一器銘習見成語中，應是借「羹」為「享」，或者也可能就用為本字，言永遠寶之以嘗羹神鬼也。【金文考釋二篇　于省吾教授百年誕辰

紀念文集】

䰞

◉許　慎　䰞涫也。从鬲。沸聲。芳未切。【説文解字卷三】

◉馬叙倫　段玉裁曰。從水鬲。弗聲。非畢沸字也。王鳴盛曰。水部別有沸字。注云。畢沸濫泉。畢沸之上疑有某也。詩曰四字。今奪。詩蕩。如沸如羹。湯之沸為䰞。水之沸為沸。俗以沸為䰞。䰞字廢不用。倫按水部沸字次在沚下滐上。雖今本自如王説有奪文。然詩曰。畢沸濫泉。畢沸疊韻連緜詞。濫泉者。爾雅釋水。濫泉正出。正出。涌出也。本書。濫。氾也。孟子。洪水氾濫於中國。是濫泉正如煮水之鬻出者。則畢沸所以形容濫泉。沸次滐上。滐為小水入大水。義與上文浦沚遠隔。疑沸為䰞之省文。後人羼入於水部。故無訓釋。或沸自有其本訓。而今失之。如前説。則此自如段説。從水從鬲弗聲。為會意兼聲。然本書實無會意兼聲之字。蓋從鬻。弗聲。傳寫之譌也。如後説。則此是從沸得聲。沸為濫泉正出。䰞從沸得聲。語原然也。水部。涫。䰞也。則涫沸為轉注字。水部。涾。涫。溢也。今河朔方言謂沸溢為涾。䰞音敷紐。涾音透紐。古讀敷歸滂。與透同為破裂次清音。又沸沓聲同脂類。故䰞涾轉注。【説文解字六書疏證卷六】

䰜

羹　秦一七九　三例　説文五味盉羹也　小篆从羔从美　【睡虎地秦簡文字編】

䰜力石切　【汗簡】

◉許　慎　䰜歷也。古文亦鬲字。象孰飪五味气上出也。凡䰜之屬皆从䰜。郎激切。【説文解字卷三】

◉羅振玉　説文解字「鬻五味盉羹也从䰜从羔」。此以匕从肉。有湆汁在皿中。當即鬻字。从皿與从鬲同。鬻字篆文从鬲。叔夜鼎从皿。其例矣。許書之鬻。疑是後之字。

右言羹者一為祭名。【增訂殷墟書契考釋卷下】

◉林義光　許意以䰜與鬲同字。然䰜古作文父丁器鬻字偏旁。作妣戊器鬻字偏旁。象熟飪五味之形。象鼎口。與員同意。象調味之匕。其下有火。與鬲義別。又不从鬲。當非鬲字也。省作且子彝鬻字偏旁。變作叔夜鼎鬻字偏旁。或作盂鼎鬻字偏旁。作陳公子甗鬻字偏旁。作叔夜鼎鬻字偏旁。變為。則與鬻形近。䰜。經傳無用者。疑即鬻之古文也。説文云。五味盉羹也。从䰜从羔。鬻或省。或从美。䰜省。小篆从羔从美。按从羔無羹之義。䰜。

古又不从鬲。則實即字之變非羔字。

鬻。幽韻。張肉切。説文云。。健也。从𩰲米。按古作龔尊彝辛鬻字偏旁。作叔夜鼎鬻字偏旁。作陳公子甗鬻字偏旁。作姑夜鼎鬻字偏旁。象米在羹中形。【文源卷六】

◉商承祚　𩰲乃古文鬲之別構。許君所以分為二部者。因所隸之字各有不同。如之例也。【説文中之古文考】

◉馬叙倫　段玉裁曰。䰜也二字淺人妄增。此云古文亦鬲字。即介籀文大改古文之例。何取以漢令鬲為訓釋乎。錢坫曰。凡器物字皆從鬲。烹飪字皆從𩰲。以此為異。王筠曰。𩰲當作𩰲。説云。气上出。則不當在旁。小徐説解中皆作𩰲。玉篇亦然。吳善述曰。象鬲孰物沸溢之形。王玉樹曰。左傳。陳蔡不羹。釋文音郎。林義光曰。許意以𩰲與鬲同字。然𩰲古作文父丁器偏旁。作妣戊器偏旁。象孰飪五味之形。象鼎口。象調味之匕。其下有火與鬲義別。又不从鬲。當非鬲字也。省作且子鼎偏旁。變作叔夜鼎偏旁。或作孟鼎偏旁。作陳公子甗偏旁。作叔夜鼎偏旁。變為羔。則與鬻形近。𩰲經傳無用者。疑即鬻之古文也。倫按段吳二説是也。林説理似能成。𩰲部諸文義皆為烹調。而鬻之重文作餰飦鍵。鬻之重文作鍵。鬻之重文作餌。鬻之轉注字作餬。皆从食。食皀亯一字。亯即烹調之烹本字。烹調固以鼎。古食亦即以鼎。鼎鬲一物。然鼎鬲為器。器有定形。鼎鬲之字皆象之。𩰲於鬲外有。明是指事而非象形。象炊時蒸气。又明為烹調時之狀。或烹調已成孰物在鼎中熱气上出。所烹之物非一。故僅以為標識耳。且本部之鬻。龔尊作。妣戊器作。並林義光釋。其字从。或从。中之為皿。下有火。知者。甲文有諸文。羅振玉釋羹。又有諸文。則釋為鬻。其从皿。甚明。皿是盛物之器也。釜之本字作䰝从鬲。陳猷釜作。子禾子釜作。皆从缶。缶从凵。凵皿一字。合是一字。其皆即肉字。皆即匕柶之匕字。皆米省。本書。糂。以米和羹也。禮記內則注。凡羹齊宜五味之和。米屑之糝。今南北和味亦每用米粉糝之。而杭縣作羹。必和以芡粉。此字所以从米也。从肉者。爾雅釋器。肉謂之羹。左昭廿年傳。如和羹焉。水火醯醢鹽梅以烹魚肉。燀之以薪。然則皆羹之初文耶。中之。亦肉。亦匕也。則金文米字多如此作。然則亦一字。玄應一切經音義引古今字詁。古文餗鬻二形今作餗同。詳廉反。鬻字一引作鬻。倫謂鬻蓋傳寫改之。鬻所从之立為之譌。陳公子甗用稻粱。吳大澂釋為用羹稻粱。叔夜鼎字。吳釋為鬻。倫謂吳釋為鬻者。蓋以形故也。然十一篇。侃。从川。㐹聲。金文兮仲鐘。用喜前文人。吳大澂釋侃。戰狄鐘有。叔氏鐘有。叔妣毁有。皆从川。从古文信。與本書合。形與皆不相似。必非侃字。蓋即陳公子甗中之。乃匕或勺之象形文。以甗文證之。當為勺字。彼从匕又从勺為複耳。則勺上所沾之物。然則亦

鬻 □

一字。以甗文言用䰞稻粱。而叔夜鼎言用□用□。則□□一字。□从□羔聲。□則从□省。羔聲。□从亯。从米。□象孰物之蒸气。鼎以□□對文。則□非䰞字。然實一字而用之之義異。古人詞例如此者固多也。倫謂𩰲實□□之異文而最省者也。从鬲。猶□之从亯□之从皿矣。凡此實皆亯之異文。韻會引説文曰。黄帝初教作糜。藝文類聚引周書曰。黄帝始亨穀為粥。而陳甗言用䰞稻粱。即謂亨穀為粥飯也。䰞音見紐。亯音曉紐。同為舌根音。聲亦同陽類。用其轉注字耳然則説解當曰。煮也。从鬲。象形。今説解鬲也古文亦鬲字。校者加之。不然。當曰古文鬲。不須著鬲也。況鬲乃漢令中字耶。象孰飪五味气上出也蓋亦校者改之。中間五味二字實不可通。此為䰞之初文。䰞為和五味之名。後即以名所䰞之物曰䰞耳。䰞亯一字。郎激切非本音。【説文解字六書疏證卷六】

◉黄錫全 □鬲力石切。樊君鬲鬲作□，叔夜鼎鬲作□。□即𩰲，蓋□形譌體。正篆作□，此鬲形同石經。【汗簡注釋卷一】

◉周鳳五 賫，隸變作賣，易與賣相混。簡文儥字的用法，合於《周禮》而不合於《説文》，知《周禮》出自六國，確有所據。即經傳習見的鬻，訓「賣」，與上文□即販，訓「買賤賣貴」而偏指「買」義，構成一組反義詞。《史記·呂不韋傳》云：「呂不韋者，陽翟大賈人也，往來販賤賣貴，家累千金。」可以與簡文參看。若更考慮隸變淆亂如段玉裁所言，則《史記》很可能原作「販賤賫貴」，即「販賤鬻貴」，若然，則更是另一個旁證了。此字又見於簡一五二，李學勤首先釋為「鬻」字，與「賈」義相對，但未詳加論證。見《包山楚簡中的土地買賣》一文，載《中國文物報》一九九二年三月二十二日第三版》。【畬睪命案文書箋釋　文史哲學報第四十一期】

□ 餈 【汗簡】

□ 楊氏阡銘 【古文四聲韻】

◉許　慎 □鬻也。从𩰲。侃聲。諸延切。□鬻或从食。衍聲。□或从干聲。□或从建聲。【説文解字卷三】

◉劉心源 鬻。説文𩰲部云鬻也。重文作餰。飦。健。案鬻下云。鍵也。鬻即餬字。今俗曰米屑熬之令稠。謂之打欠子。即鬻也。【奇觚室吉金文述卷十六】

◉羅振玉 説文解字鬻。鬻也。从𩰲。侃聲。叔氏寶林鐘。侃作□。从□。象勺。勺象粥。【增訂殷虛書契考釋卷中】

◉馬叙倫　徐鍇曰。此今饘字。段玉裁曰。此當去虔切。淺人謂即饘字。故同切諸延耳。邵瑛曰。饘與鬻餰飦鍵雖一在鬲部。一在食部。實一字也。蓋均為鬻之重文耳。今經典多用饘。王筠曰。篆當作鬻。作篆者匹配整齊之耳。下放此。食部。饘。糜也。周謂之饘。宋謂之餬。按鬻糜古今字。餬則鬻之借字也。饘鬻同字。倫按禮記檀弓。饘粥之食。孟子滕文公作飦粥之食。荀子禮論以餰鬻連文。即饘粥也。此重文作飦。餰。飦从干得聲。干音見紐。饘音照紐。古讀歸端。端見皆破裂清音。則饘飦為轉注字。而此音諸延切。蓋饘飦本一音也。

經傳無鬻字。凡鬻鬻字皆作饘。或作飦。或作餰。左昭七年傳。饘於是。鬻於是。禮記檀弓。饘粥之食。孟子滕文公。飦粥之食。荀子禮論。酒醴餰鬻。新序。許悼公太子啜餰粥。皆是也。本書。鬻之或體有三。餰飦鍵是。獨鍵不見經傳。而饘本書在食部。説解曰。糜也。糜鬻一字。則饘亦鬻之或體。然玉篇鬻下曰。粥也。又有鬻。居言切。粥也。或為鍵。其食部謂饘餰一字。之延切。鍵飦一字。記言切。鬻字不知所出。廣韻二十二元收鍵及籀文鬻。注中出飦字。倫疑本書鬻字蓋䰜之重文。原有鬻字領餰飦鍵諸或體。傳寫失鬻。遂誤以鬻字説解屬於鬻字。而餰飦鍵為鬻之重文矣。今姑依本書原次。或曰。䰜之重文作鬻。則鬻餰為轉注字。而鬻字不譌矣。

餰从衍得聲。衍从行得聲。行音匣紐。干音見紐。同舌根音。聲並元類。故飦餰為轉注字。説解當作或从食干聲。建亦見紐元類。與餰飦為轉注字。説解當作或从食建聲。【説文解字六書疏證卷六】

◉黃錫全　飦餮　《説文》鬻字或體作飦、鬻，此食形同目録。夏韻仙韻録《楊氏阡銘》飦作飦，此脱注。【汗簡注釋卷一】

0955　1621　1880　3777　2525　3037　璽文不從鬲【古璽文編】

鬻敞之印【漢印文字徵】

崔希裕纂古【古文四聲韻】

◉許　慎　鬻鍵也。从䰜。米聲。武悲切。【説文解字卷三】

◉馬叙倫　徐鉉曰。俗作粥。音之六切。鈕樹玉曰。韻會無聲字。沈濤曰。一切經音義十三引。粥。糜也。粥即鬻之別體。糜乃糜字之譌。蓋古本作糜不作鍵。米部。糜。糝也。黃帝初教作糜。初學記藝文類聚北堂書鈔皆引周書曰。黃

帝始亨穀為粥。則知糜粥為一物。釋名釋飲食曰。糜。煮米使糜爛也。粥。淖於糜粥粥然也。下文。鬻。鍵也。疑鍵鬻互訓。上文鍵字解乃鬻之誤。又龍龕手鑑引作稀飡也。當是所據本異。而亦不作鍵。漢書孝文紀師古注。鬻。淖糜也。顏注往往本於說文。是古本無作鍵者。鄧廷楨曰。閩人呼粥為糜。語最近古。爾雅釋言。鬻。糜也。是鬻即糜也。顧廣圻曰。鬻糜非一物。爾雅釋言。鬻。糜也。通其類者而言之也。禮記月令仲秋行糜粥飲食。問喪。故鄉里謂之糜粥。分其非一物而言之也。釋名。糜。煮米使糜爛也。粥。濯於糜粥然也。可以知其分矣。左傳釋文引孫炎爾雅注。鬻。淖糜也。濯淖同字。與釋名合。可以知爾雅之仍非一物矣。王筠曰。當依玄應引作糜也。此以本字異文為說解也。倫按段玉裁顧廣圻皆以為鬻从䰜米會意。據小徐本無聲字也。鈕樹玉錢坫王筠皆以為米聲。錢說最明。曰。此字从米為聲。爾雅。鬻。糜也。鄭注既夕同。釋名。鬻。濯於糜糜糜然也。是鄭劉之時。讀尚不誤。今讀同祝者非是。饘粥本有鬻字。惟鬻字艱於書寫。故以鬻代之。又省為粥耳。楚之姓芈。音與米同。古假借用鬻。故稱芈熊為鬻熊。此讀本無所誤。乃因讀鬻為祝。反改不誤之鬻熊以就其誤讀矣。倫謂錢以芈熊作鬻熊。證鬻之从米得聲。最塙。然鬻本音糜。何以古來皆讀為祝音。必曰由鬻之艱於書寫而謬以鬻字代之。經傳中無數鬻字有以代育字者。豈皆本作鬻而以艱於書寫皆經改為鬻耶。孟子梁惠王。大王事獯鬻。史記殷本紀作薰育。禮記樂記。毛者孕鬻。淮南原道作孕育。左昭三年傳有鬻踊者。釋文。賣也。說文作𧶠。云。衒也。本書𧶠讀若育。𠫓部。育。从𠫓。肉聲。為𠫓之轉注字。肉音日紐。古讀歸泥。泥微同為鼻音次濁音。米音則微紐也。下文。鬻。鬻也。从䰜。毓聲。毓為育之初文。鬻為鬻之轉注字。今毓作从充每聲。每音亦微紐。育音余六切。聲在幽類。故鬻聲又轉為之六切。讀若祝。徐鉉不知聲轉之由耳。鍵為鬻之或文。乃字林中字。許書本無。且鬻下雖訓鬻也。而鬻蓋為大名。鬻不得亦訓鍵也。則鍵也之訓。自非許文。校者以鬻下訓鬻也。而時用鍵字。故增此訓。或鍵字乃上文重文下之隸書字。傳寫誤入此下。轉捝本義耳。爾雅釋言釋文引字林。鬻。亦作粥。淖糜也。禮記檀弓釋文引作淖糜也。蓋俗呼鬻為淖糜。釋名所載皆依俗為訓。而又依字聲為說。故似糜粥有殊耳。以字林訓淖糜也。可知許亦本不訓鍵。古鉨字。強運開釋。【說文解字六書疏證卷六】

◉朱歧祥 从爪持束，束亦聲。隸作[爫/束]。即鬻字。【殷墟甲骨文字通釋稿】

鬻　鬻

◉許　慎　鬻鍵也。从䰜。古聲。户吴切。【説文解字卷三】

◉馬叙倫　鍵也亦非本訓。今杭縣謂煮米糜爛而猶有粒性者為粥。其爛極不可分別者為鬻。鬻从古得聲。鬻从侃得聲。侃古皆舌根破裂音。是鍵鬻為轉注字。【説文解字六書疏證卷六】

羹　羹　秦一七九　三例　説文五味盉羹也　小篆从羔从美　【睡虎地秦簡文字編】

羹　羹廣私印　【漢印文字徵】

鬻　崔希裕纂古　鬻　唐韻　羹　籀韻　【古文四聲韻】

◉許　慎　鬻五味盉羹也。从䰜。从羔。詩曰。亦有和鬻。古行切。鬻鬻或省。鬻或从美。䰜省。羹小篆从羔。从美。【説文解字卷三】

◉羅振玉　

説文解字。鬻五味盉鬻也。从䰜。从羔。此从匕。从肉。有涪汁在皿中。當即鬻字。从皿與从鬲同。鬻字篆文从鬲。叔夜鼎从皿。其例矣。許書之鬻疑是後起之字。【增訂殷虚書契考釋卷中】

◉商承祚　金文陳公子甗作。此从匕从肉而有水米在皿中。和鬻之意也。【甲骨文字研究下編】

◉吴其昌　至其「羹」字之原形，則作：

其字從「羊」從「火」，象羊在火上炮炙之形。羅氏釋為「羔」；按：「羔」字，即「羹」字也。儀禮聘禮記：「賜饔唯羹飪。」鄭注：「古文：羹為羔。」是古時「羹」「羔」一字之明證也。以字聲言之：廣韻「羹，古行切。」説文音同。在見母十二庚。又廣均：「羔，古勞切。」説文音：「古牢切。」在見母六豪。其發聲聲紐既已全同，今讀惟收韻略異耳。然古讀，則「羔」字亦在十二庚韻；易説卦傳「兑為羊為妾」，虞翻本作「為羔」。注云：「女使也。妾與羔皆取位賤。」是虞氏讀「羔」為庚韻，故與「羊」同韻也。是「羔」

字古讀亦在十二庚韻之證也。又楚辭招魂：「臑鼈炮羔，有柘漿些。」「羔」字與「漿」字為韻，是又一證也。⊘見母而庚韻是「羔」之古讀固與「羹」無絲豪異也。此以字聲言之也。更以字形言之：說文「鬻从䰜羔。」說文之「䰜」，在金文作䰜形，象鬲或皿下置火之狀。今卜辭「羔」字從羊從火，但淆鬲或皿耳。初民熟食，必先由直接置火上炮炙，而後始進步隔之以器，是其先淆鬲或皿乃當然之序也。又說文「羹小篆從羔從美」，其實小篆從二羔，許氏強以下羔字為美，謬誤甚矣。羹從二羔，其本為一字尤顯也。更以字義言之，「羔」字從羊燔火上乃羊羹之義，不煩詮疏。「羹」字後雖引申為一切肉臛羹湆之總義，而其原始之本義，厥為羊羹之專名而已。宣公二年左氏傳「其御羊斟不與」，史記宋世家作「羊羹不與」。「斟」「汁」雙聲，「羊斟」即「羊汁」也。是「羹」字原義，僅為羊羹專名之證也。此以字義言之也。以形聲義三者言之，皆足以證「羹」與「羔」原初本為一字而無別，故知卜辭羔字，實當釋為「羹」字也。【卜辭所見先公先王三續考　燕京學報第十四期】

◉馬叙倫　鈕樹玉曰。韻會引作五味和鬻也。沈濤曰。初學記廿六引作五味和也。蓋古本如是。五味和謂之羹。解中不應有羹字。御覽八百六十一引作五味和粥也。粥乃鬻之誤。殆後人據今本說文改。此又傳寫誤鬻為粥耳。初學記引又有燒豕肉羹也。五字。當是庾注。北堂書鈔古唐類範皆引作五味之和。羅振玉曰。卜辭羔字从匕。从肉。从皿。或作羔。有湆汁即鬻字。从皿與从鬲同。鬻字叔夜鼎从皿。其例矣。倫按字林有臛字。訓肉有汁也。此訓五味和也。疑非本訓。从䰜。羔聲。羔音照紐。古讀歸端。鬻音見紐。皆破裂清音也。儀禮聘禮記。賜饔唯羹飪。注。古文羹為羔。即羔羹通假之證。羹即今配飯之湯本字。餘見䰜下。陳公子甗作鬻。

羹　鈕樹玉曰。繫傳作鬻或省。鬲。玉篇作鬻。王筠曰。五音韻譜篆作鬻。他本或誤从二羔。說解小徐作鬻。或省鬲。朱筠謂小徐當增从美二字。大徐本當言鬻省。今案大徐本不誤。字隸䰜部。不得言鬻省。惟如大徐本。則鬻已从美。羹下不當言从美。如小徐本。則篆當作鬻。田吳炤曰。大徐本是也。重文既作羹。自應有从美二字。徒言鬲省不能完其說。倫按如說解。則篆當依鍇本作鬻。如鍇篆。則說解當曰从美䰜省。然疑說解本作鬻或从羔从美省鬲。或作或从羹䰜省。今二徐本並有奪誤耳。倫謂篆當從此本作鬻。从䰜省。从二羔。蓋篆文取茂密。而複其所从之字者。此例固甚多也。鬻之或體省鬲而重羔耳。若美者。字从大。羊聲。詳美字下。其義亡矣。今訓甘者非本義。則鬻从美無義。美正羔之形譌耳。

羹　小篆當作篆文。本書先籀而後出小篆者皆言篆文。以此可證鬻下說解之經後人竄改。非原本然矣。小篆省鬻之䰜。不从美。五經文字羹羹。上說文。下經典相承隸省。是唐時本書羹篆猶作羹也。是其證。然此後人加之。本書大例。篆文下亦止曰。篆文某也。字見急就篇。作羹則是鬻省也。顏師古本同此。倫謂急就本作鬻。傳寫易之。

【說文解字六書

鬻

疏證卷六】

鐵一八二·三　卜辭餗與說文鬻字或體相同　前二·三九·二　粹四六六　粹一三八　甲一九一〇　或从食省　甲二九〇五　乙八三〇　粹三六八　粹四六五　叀餗　明藏五四九　乍餗　粹四六八　粹四六九　後二·二·六三　佚七三八　佚九四五　甲一一六九　京都二三一二　佚八九五　从鬻與說文篆文同　【甲骨文編】

◉許　慎　鼎實。惟葦及蒲。陳留謂鍵為鬻。从䰜。速聲。桑谷切。鬻或从食。束聲。【說文解字卷三】

◉薛尚功

右銘六字曰宋公欒之餗鼎。⊘餗鼎。食器也。易曰。鼎折足。覆公餗。則銘以餗。亦以為飲食之節而已。【歷代鐘鼎彝器款識法帖卷九】

◉商承祚　卷二第三十九葉　卷五第十八葉　龜甲獸骨卷二第四葉

王徵君釋餗。說文解字鬻。鼎實。从䰜。速聲。或作餗。與此同。許書之鬻疑後起字。【殷虛文字類編第三】

◉林義光　鬻音績　古作龔尊彝辛。从鬻東聲。鬻粥鍵也。東與束古同字。見東字條。又作妣戊器。从鬻省。東聲。變作文父丁器。省作盂鼎。作或者尊彝。小篆从速。蓋以譌為辵。【文源卷十一】

◉余永梁　（書契卷四七葉）（簠室殷契第三十五葉）

此與說文鬻字或體从食束同，卜辭又或作。木工作妣戊鬻鼎，鬻字作，从鬲，束聲，當是鬻字。說文：「鬻，鼎實。从䰜，速聲。」「作鬻鼎」與「作會鼎」同例。則餗鬻二字並古矣。【殷虛文字考】

◉考古所　：可能為字之異構。【小屯南地甲骨】

◉馬叙倫　鈕樹玉曰。韻會引作鼎實。詩惟筍及蒲。蓋依今韓奕改。段玉裁曰。此有奪。當云。鼎實也。詩曰。其鬻維何。維荀及蒲。或曰。筍作葦者。三家詩文。爾雅。其萌蘿。今蘆筍可食者也。按詩其殽維何。炰鼈鮮魚。此謂鼎中肉也。其

蔌維何。維筍及蒲。此謂鼎中菜也。菜謂之芼。釋器曰。肉謂之羹。菜謂之蔌。毛曰。蔌。菜殽也。菜殽對肉肴而言。周易。覆公餗。鄭曰。餗。菜也。陳留謂鍵為鬻者。周易馬注。餗。鍵也。按鼎中有肉有菜有米。以米和羹曰糜。糜者鍵之類。故古訓或舉菜為言。或舉米為言。正考父鼎。饘於是。鬻於是。以餬余口。亦單舉米言也。許不以陳留語為別義。鬻至鬻共七文。皆謂鬻也。分別之則有米和肉菜之鬻。有不和肉菜之鬻。王筠曰。此說解凡兩義。經義述聞引昭七年左傳。正考父之鼎銘曰。饘於是。鬻於是。以餬余口。又引博古圖宋公䜌餗鼎。是鼎實及謂鍵為鬻之證也。引周官醢人加豆之實。深蒲筍菹。謂筍蒲是豆實。非鼎實。以為許誤非也。謂大雅借鬻為蔌。蓋是也。維葦及蒲。蓋經删削。非許君本文。說文古本必有詩曰其鬻維何六字。乃別為假借之義。不與鼎實連文。艸部。蔌下無菜也之說。蓋即以鬻攝之也。抑或惟葦及蒲為後人羼入。故譌筍為葦。徐灝曰。王引之曰。蔌謂豆實。非鼎實也。周官醢人。加豆之實。深蒲筍菹。今云維筍及蒲。則蔌為豆實明矣。說文作鬻。乃蔌之假借字。鼎中為鬻。故从鬻。鬻者。鼎屬也。與維筍及蒲之蔌訓為菜者殊義。許君之說殆失之矣。若以為芼羹之菜。則尤不可。禮經凡言芼者。皆鉶羹。無謂鼎有芼者。段氏彌縫許說而謂菜謂之芼。實於鼎中。非也。自許君誤以筍蒲為鼎實。而康成注易遂以覆公餗之餗為筍。於是易之餗與詩之蔌混殽而無別矣。灝按王說是也。蔌字當从欶。玉篇云。蔌。菜茹之總名。是也。說文艸部失收蔌字。故以鬻當之。然鬻訓為鍵。非菜茹之類也。林義光曰。金文龔尊作。妣戊器作。从鬻省束聲。今作从速。蓋以乀譌為辵。倫按段王皆謂說解有奪。是也。以此益證鬻字以上諸文說解多經傳寫奪譌。或經後人竄亂。而王段相諍。許且受誣矣。倫謂今說解非許文。蕭該漢書音義引字林。餗。鼎食也。或作鬻。鬻蓋鬻之譌。音義以漢書作餗。故云或作鬻。而字林餗字本為鬻之或體。其鼎食也之說。本在鬻字許訓之下。字林每引經記為證。則此鼎實以下十二字皆字林文。惟蕭引譌實為食。而此又如段說。本作詩曰。其鬻惟何。惟筍及蒲。傳寫又有捝耳。倫謂本書引經記每有如此或呂忱就記憶加之未核本文未必盡為傳寫之譌。鬻之本義。自如方言。為鬻之轉注字。鬻从侃得聲。侃从信得聲。信鬻音同心紐也。此字疑出字林。

餗。任大椿曰。蕭該漢書叙傳音義引字林。餗。鼎食也。或作鬻。鬻蓋鬻之譌。倫按甲文作。【說文解字六書疏證卷六】

◉饒宗頤　餗字从束从往，益又旁，殆即速字，此為祭名，讀作鬻，與餗字同。【殷代貞卜人物通考卷十七】

◉金祥恒　殷契佚存第九三三片「貞其」，商氏考釋隸為鬻。又第八九五片「」，商氏亦隸為鬻，並無考釋。

說文：「鬻，鼎實，惟葦及蒲，陳留謂鍵為鬻。从㽉速聲。餗，鬻或从食束。」甲骨文从鬲从□(匕)从□(束)。□或作□，或作□、□。

其□字，一書□，蓋□乃□之省。或作□，束乃□之省。

甲骨文□，从□，乃鼎實之物。許氏謂葦蒲。段注：

詩云(大雅韓奕)。其鬻維何，維筍及蒲。或曰筍作葦者三家詩也。爾雅其萌蘿，今蘆筍，可食者也。按詩其殽維何，炰鱉鮮魚，此謂鼎中肉也。其蔌維何，維筍及蒲，此謂鼎中菜也。菜謂之芼，釋器曰：肉謂之羹，菜謂之蔌。毛曰蔌，菜殽也。菜殽對肉殽而言。凡禮經之藿、苦薇，昏義之蘋藻，二南之荇皆是。周易(鼎卦)覆公餗，鄭曰餗，菜也。凡肉謂之醢，菜謂之菹；皆主謂生物，實於豆者。肉謂之羹，菜謂之芼；皆主謂孰物，實於鼎者。說詳戴(東原)先生毛鄭詩考正。

段注考釋甚詳。甲骨文鬻象實菜於鬲。案禮記禮運「體其犬豕牛羊，實其簠簋籩豆鉶羹」，鄭注：「鉶本又作鉶音刑，盛和羹器，形如小鼎。」三禮圖鉶鼎作□云：

鉶受一斗，兩耳三足，高二寸，有蓋。

儀禮公食大夫禮「宰夫設鉶四于豆西」，注：「鉶，菜和羹之器，牛藿、羊苦、豕薇，是菜和羹，以鉶盛之。」周禮天官亨人「祭祀共大羹，鉶羹」，鄭注：「大羹不致五味也，鉶羹加鹽菜矣。」孔疏：「大羹盛於登，謂大古之羹，不調以鹽菜及五味，調以五味，盛之於鉶器，即謂之鉶羹。」鉶鼎實菜羹，為東漢以來注疏家之說，雖非必其朔義，然亦非全為臆說。甲骨文之鬻作□，从□(肉)从匕从鼎，象實肉於鼎。與鬻實菜於鬲異。鼎鬲異器，肉菜異物。故禮有鉶鼎之說。鬻金文史頌敦作□，从匕極肉于鼎，置之于□(几)者也。

甲骨文鬻字亦从匕，與鬻之从匕同意。甲骨鬲作□或□，象其腹交文，三足，卷口。說文「□，歷也，古文亦鬲字，象孰飪五味氣上出也」，段注：「謂弜也。鬲㽉本一字，鬲專象器形，故其屬器；㽉兼象孰飪之氣，故其屬皆謂孰飪。」今案弜乃卷口形之譌。非兼象孰飪之氣也。【釋鬻 中國文字第二十八册】

◉朱歧祥 □□□

从手奉糸，隸作𦁋。糸、束二體通用。由□、□二形互用可知，當即餗字，與□字同。《說文》作鬻。朱駿聲《通訓定聲》：「熟肉謂之羹，以菜盉羹曰餗；以米盉羹亦曰鬻。」今寫作鬻、作粥。

□

鬻

从酉束，隸作𨢤。卜辭用與餗同。【殷墟甲骨文通釋稿】

◉徐中舒　從皀，索聲，即鬻(餗)之初文。《説文》：「鬻，鼎實。」即盛入鼎鬲器皿中之熟食。【甲骨文字典卷三】

◉許　慎　鬻也。从䰜。毓聲。余六切。鬻或省从米。【説文解字卷三】

◉馬叙倫　鈕樹玉曰。鬻也玉篇作糜也。蓋本説文。徐鍇曰。䊵即鬻也。則説文本作糜。䊵即糜譌。倫按鬻之轉注字。

鬻　宋保曰。从米鬲。毓省聲。倫按疑鬻鬻鬻鬻鬻鬻諸文。皆从鬻省。此从得聲。猶鬻从毓聲也。【説文解字六書疏證卷六】

𩱧

◉許　慎　涼州謂鬻為鬻。从䰜。㮛聲。莫結切。粖鬻或省从末。【説文解字卷三】

◉馬叙倫　鈕樹玉曰。韻會引但作鬻也。廣韻兩引皆作糜也。倫按説解捝鬻也二字。校者引方言證之耳。从鬻省。蔑聲。為鬻之轉注字。鬻音明紐。鬻音微紐。同為鼻音次濁音也。

王筠曰。粖。玉篇在米部。而曰。説文作鬻。似説文本無粖字者。然。宋保曰。末聲。蔑末一聲之轉。古書蔑與眛通。盟蔑唐蔑先蔑皆或作眛。蔑眛同聲。故首讀如末矣。倫按蔑末雙聲。故鬻之轉注作粖。【説文解字六書疏證卷六】

䰍

一五二：四　宗盟類參盟人名【侯馬盟書字表】

餌出樊先生碑【汗簡】

樊先生碑　天台經幢【古文四聲韻】

◉許　慎　粉餅也。从䰜。耳聲。仍吏切。餌鬻或从食。耳聲。【説文解字卷三】

◉馬叙倫　沈濤曰。後漢書酷吏傳注引無粉字。御覽八百六十廣韻七志引同今本。倫按玉篇引無粉字。粉餅也或字林訓。餌蓋即今杭縣所謂麻自。以米粉為餅形。外以豆粉裹之。釋名釋飲食。餌。而也。相黏而也。麻自正如此。浙江之東温台舊地謂耳音如自。

鬻　鬻　鬻

王筠據鍇本並無耳字。玉篇及文選絶交書注引倉頡篇。餌。食也。字亦見急就篇。然疑急就本作鬻。傳寫者以通用字易之。倉頡亦本作鬻。傳寫省易為餌也。【説文解字六書疏證卷六】

◉馬王堆漢墓帛書整理小組　餌，通耻。本書或作佴，或作䰰，均同。【馬王堆漢墓帛書】

◉黄錫全　餌出樊先生碑　鄭珍云：「餌之正體鬻字也。形誤乙。」侯馬盟書餌作。夏韻志韻録此文作。【汗簡注釋卷二】

◉許　慎　鬻熬也。从䰜。芻聲。臣鉉等曰。今俗作煼。別作炒。非是。尺沼切。【説文解字卷三】

◉馬叙倫　鈕樹玉曰。爾雅釋艸釋文引三倉云。熬也。説文云。火乾物也。蓋誤以三倉為説文。説文為三倉。倫按十篇。熬。以火乾也。熬从敖得聲。敖从出得聲。出鬻音皆穿三。敖聲古在幽類。鬻聲矦類。矦幽近轉。是熬鬻為轉注字。【説文解字六書疏證卷六】

義雲章　同上【古文四聲韻】

◉許　慎　鬻内肉及菜湯中薄出之。从䰜。翟聲。以勺切。【説文解字卷三】

◉馬叙倫　錢坫曰。通俗文以湯煮物曰瀹。字林。瀹。煮也。王筠曰。此字與𩱦同義。諸書以汋瀹為之。倫按薄借為敀。旁紐雙聲。本書十篇。泊。淺水也。此淺薄原薄字。今皆借薄為之。是其例證。攴部。敀。迮也。迮借為笮。五篇。笮。迫也。在瓦之下棼之上。今字作榨。然内肉上捝本訓。内肉九字校語也。【説文解字六書疏證卷六】

煮【汗簡】

孫彊集【古文四聲韻】

◉許　慎　鬻孚也。从䰜。者聲。章與切。鬻或从火。鬻或从水在其中。【説文解字卷三】

◉高田忠周　此字下从火稍明晢。上作疑米字。弭中簠米字作。者戰鼎。者字所从米亦作。皆與此作相

似。可證。但説文火部無□字。此必□之省文。説文□。亯也。从𩰲者聲。或从火者聲作□。又或从水作□。亦者為聲。與上二篆相同。要者字从□為聲。故鐘鼎古文往往借□為者。□古文旅實黍字也。煮省作□。固當然矣。【古籀篇七十六】

◉馬叙倫　嚴章福曰。韻會六語引有䰞。即煮字。倫按五經文字。鬻。説文又作煮。見火部。今火部無煮字。豈校者迻於此耶。

□　从𩰲。渚聲。在其中三字後校者所加。【説文解字六書疏證卷六】

◉張　頷　此鼎之「□」字與「徐王擅鼎」之「□」字之偏旁相同，中間小有區別，徐王擅鼎「鬻」字中的「采」字作「□」此鼎一作「□」一作「□」。疑為「鬻」字。説文「□」亯也。即烹的意思。其「□」或「□」字可能是「者」字的省文。从𩰲者聲（見《説文》）。此與「叔夜鼎」銘文「用鬺用烹」的「烹」字（□）其意均同。【庚儿鼎解　張頷學術文集】

◉劉　桓　甲骨文有□（前6・42・2）□（前6・42・3）字當釋鬻。金文《四祀邲其卣》亦有鬻字：□　从□，□聲（者字由此得聲），二者實為一字。卜辭此字本屬會意，晚殷金文便加了聲符，成為形聲字，猶之古文字中网加亡聲爲罔，𢀖加今聲為禽之類。又卜辭字之下端从皿，而金文則變為从皿省、从火，但這點小異仍無礙二者為同一字，蓋卜辭作□（《前》1・44・7），或作□（《珠》60），説明从□（皿）與从□（皿省）無別。至于皿下从火，蓋據字義而加的繁文。

説到鬻字字義，《説文》三篇下䰜部：

鬻，亯也。从䰜、者聲。煮，鬻或从火。

鬻，或从水在其中。

段玉裁注以為亯是䰞的假借字，而䰞與煮互訓。

卜辭字象皿（食器）中有□（匕，食具。用以取食物），有□（肉，字同□、□），有□（水）之形。義在表明食器中的乃是可用匕取食的熟肉。故鬻之本義就是煮。煮東西須用水于皿中，故訓「水在其中」，皿下須用火加熱，故金文與《説文》字皆「从火」。【古代文字研究　内蒙古大學學報一九八〇年第四期】

◉張守中　□衡帽　人名：—正　□金泡飾　主室：四三　人名：—□【中山王𠑭器文字編】

◉黄錫全　□煮　鄭珍云：「煮之正體鬻字也，更篆，从石經古諸。」夏韻語韻注出《孫彊集》，此脱。【汗簡注釋卷一】

◉戴家祥　字从者从肉从𩰲省，即説文鬻字異體。説文三篇「鬻，孚也，从𩰲者聲。煮，鬻或从火。鬻，鬻或从水在其中」。此銘从

肉在鬲中，意與水同，表示所煑之物。【金文大字典下】

𩰲 𩰲

◉許　慎　𩰲吹聲沸也。从䰜。孛聲。蒲没切。【說文解字卷三】

◉馬叙倫　鈕樹玉曰。廣韻引作吹釜溢也。桂馥曰。當作吹沸聲也。段玉裁曰。類篇引作炊釜溢也。炊字是。當作炊釜𩰲溢也。嚴章福曰。宋本及類篇引皆有脱誤。當作炊釜沸溢也。王筠曰。說文韻譜作炊釜溢也。吾鄉音如鋪。朱駿聲曰。宋本說文。炊聲沸也。倫按蓋本訓𩰲也。釜溢也。炊沸聲也。下二訓或出字林。或校者加之。鬻為𩰲之轉注字。鬻音敷紐。古讀歸滂。𩰲音並紐。同為雙脣破裂音。今音如鋪。亦滂紐。聲則同脂類也。【說文解字六書疏證卷六】

爪 爪

乙三四七一【甲骨文編】

爪　師克盨　作爪牙【金文編】

1·83　獨字

1·84　同上【古陶文字徵】

爪【汗簡】

古老子　籀韻　崔希裕纂古　王庶子碑【古文四聲韻】

◉許　慎　爪丮也。覆手曰爪。象形。凡爪之屬皆从爪。側狡切。【說文解字卷三】

◉林義光　爪　幽韻音丑　說文云。丮也。覆手曰爪。象形。按即俗抓字。今多用為叉甲字。古作多父盤受字偏旁。作迟伯尊彝孚字偏旁。說文云。亦丮也。从反爪。闕。【文源卷四】

◉馬叙倫　段玉裁曰。仰手曰掌。覆手曰爪。今人以此為叉甲字。非是。蚰部蚤下云。叉古爪字。非許語也。桂馥曰。本書。攫。爪持也。采。捋取也。从木。从爪。采。人所以收。从爪禾。𡲬𡳐並从爪。俗加手作抓。李富孫曰。爪為覆手取物。故訓丮。丮部云。丮。持也。象手有所丮持也。非手足甲。王筠曰。今字作抓。爪指事。倫按王謂爪為指事。是也。手部。抯。挹也。讀若樝梨之樝。今音側加切。今杭縣謂覆手取物音正如扎。則爪者抯之初文。今此音側狡切。乃叉字之音也。

詩祈父。予王之爪牙。左成十二年傳。股肱爪牙。周書。貔有爪而不敢以撅。皆借爪為叉。蚤从虫。叉聲。禮記曲禮注。蚤讀為爪。今杭縣謂爪牙字一讀側狡切。一讀如側加切。北方謂爪音亦如側加切。則爪之本音為側加切也。古讀叉或如爪。故借爪為叉。今乃以叉音為爪音矣。金文爪有作者。从象形。覆手曰爪校語。父癸鼎父字作。匽矦旨鼎父字作。皆从爪。非从又也。是又不必覆手然後為爪矣。【說文解字六書疏證卷六】

乙六六九四【甲骨文編】

孚　與寽金文字形相同皆像兩手取物孚孳乳為捊說文云引取也易謙君子以裒多益寡釋文鄭荀董蜀才作捊云取也寽孳乳為捋說文云取易也詩芣苢薄言捋之傳取也捊捋同从手同訓取故孚寽為一字　孳乳為俘　師寰簋　敺俘士女牛羊　叴鼎　使俘以告　過伯簋　俘金　貞簋　盂鼎　𨖹鼎　俘戈　翏生盨　俘戎器俘金　翏生盨　二　寡鼎　俘貝　多友鼎　孚公𤞷甗【金文編】

0339　0922【古璽文編】

孚【汗簡】

說文　王存乂切韻　崔希裕纂古【古文四聲韻】

◉許　慎　卵孚也。从爪。从子。一曰。信也。徐鍇曰。鳥之孚卵皆如其期。不失信也。鳥裒恒以爪反覆其卵也。芳無切。古文孚从禾。禾古文保。【說文解字卷三】

◉羅振玉　說文解字。俘，軍所獲也。从人。孚聲。此以行省。不从人。古金文作（貞敦）（師寰敦）。省彳。吳中丞謂乃从爪从𠂇。中・象貝。作兩手攫貝之形。疑小篆从子非是。今證以卜辭。正是从子。古金文从者。亦子字。吳說失之。【增訂殷墟書契考釋卷中】

◉林義光　說文云。卵即孚孵也。从爪子。按與卵生之子形不類。古以孚為俘字。師寰敦敺孚士女羊牛孚吉金。即俘之古

文。象爪持子。古作□師寰敦。作□迟伯尊彝。作□魯士虖父匿脖字偏旁。【文源卷六】

◉高田忠周　説文。□卵孚也。从爪从子。古文作□。从禾。禾古文保。葢鳥之孚也。爪覆其卵。故字从爪。子為人子。借為鳥卵意。如古文从禾。禾古文保。説文□下曰。養也。从人。从采省。古文作□。即省文也。然人曰保。鳥曰孚。其理實同。□字者欲先制鳥孚之孚。而不便于作造。故姑制人保之保。保已受意於孚也。保字初當作仔。而與訓克也从人子聲之仔混矣。故亦从八以分別。夫已有保字。省作禾。又借禾配以爪。而為采字。鳥之伏嫗。猶人之養育也。以禾爪會意。亦兼叚借之恉。後省作孚。从子。子實禾字也。然則保字受意于孚。而不受形於孚也。孚字受形於保。而亦受意於保也。但兩字制作之意相係如此。亦所謂建類一首。同意相受者。即轉注之一例也。許云。保从采省。稍缺妥當。保下似當曰。从人。从子。子所以保抱攜持之意。指事也。或謂初□字者。孚保同時作出。孚从保。保从孚。唯以爪與人。相為分別。然卵不便象形。故借保為此意。故字主於保也。此亦轉注耳……以上朱氏駿聲説。【古籀篇六十一】

◉商承祚　甲骨文俘字偏旁作□。古鉢作□。金文貞殷作□。迪伯殷作□。皆用作俘。保或从□金文保字大都从此。即此所本也。【説文中之古文考】

◉馬叙倫　鈕樹玉曰。韻會作从爪子。段玉裁曰。一切經音義二引。卵即孚也。龔橙曰。卵孚也。信也。竝非本義。林義光曰。子與卵生之子形不類。古以孚為俘字。即俘之古文。倫按卵孚也者。乳字義也。十二篇。乳人及鳥生子曰乳。从孚从乙。乙者。言鳥也。其實乳為鳥生子。故字从乙。孚聲。詳乳字下。乳从孚得聲。故經傳多借孚為乳。此疑非本訓。孚者。捕之初文。从爪。□省聲。今杭縣謂雞伏卵為捕毈。雞伏卵字當作乳。乳从孚得聲。孚音非紐。古讀脣齒音皆雙脣。是孚正與捕同音。十二篇。捕。收也。孚从爪。爪為覆手取物。是孚捕一字明矣。中偁父鼎。中□父伐南淮夷。孚金。用作寶鼎。孚金。取其財也。師寰殷。毆孚士女牛羊。毆孚即毆捕也。皆其證。今杭縣謂捕人曰爪人。可證。孚所以从爪。爪孚聲同幽類。孚實爪之轉注字也。十三篇。蠹之重文作蜉。春秋莊六年。齊人來歸衛俘。左傳俘作寶。易繫辭。聖人之大寶曰位。孟喜本寶作保。是古俘保音皆如寶。可證。孚从禾省得聲。故古文作采不省矣。孚音敷紐。捕从甫得聲。甫音非紐。同為脣齒摩擦次清音。故轉注為捕。敷審同為摩擦次清音。故孚又轉注為收。收孚亦聲同幽類也。一曰信也者。符字義也。五篇。符。信也。七篇稃之重文作粯。商書。天既孚命。史記作附命。史記律書。萬物剖符甲而出也。本書十四篇。甲。東方之孟。陽气萌動。从木戴孚甲之象。是符甲即孚甲。此付孚通借之證。符孚雙聲。故經傳借孚為符。然此是字林訓。見玄應一切經音義引。又引亦生也。又引方於匹于二反。過伯殷作□。盂鼎作□。

嚴可均曰。尗古文保校語也。尗未必是保字。小徐作从古文保。保亦聲。亦非。王筠曰。説文有此字从彼字。而彼字又从此字者。乃讀者不知古音而任意改之也。此从尗。尗。古文保。人部保下云。从采省。采古文孚。尗下云。古文保。保下云。古文保不省。是孚保二字互相从也。尗古文保乃校者所加。凡此類者並當退入注中。倫按尗古文保。嚴謂校語是也。然原文本作古文孚从尗。亦校語也。尗非保之異文。古文經傳借尗為保耳。保乃負戴之負本字。詳保字下。王筠據鍇本篆與此同。【説文解字六書疏證卷六】

◉周清海　甲骨文有丙一九七　乙六六九四字，只一見，孫海波甲骨文編，金祥恆續甲骨文編，李孝定先生甲骨文字集釋皆不收；惟有中國科學院所出版的增訂甲骨文篇三卷十葉，第三三五字下收此一形作孚。

此字从爪从子，象以手逮人之形，許君的訓解，都不是這個字的本義。説文人部「俘，軍所獲也，从人孚聲」的俘字，與此當為古今字。做動詞用的俘字，甲骨文作，从彳，示於道中逮人。

金文也有孚字，金文編三卷十七葉，第三四六個字下收了十一個形體：

師寰簋　歐俘士女牛羊　過伯簋　貞簋　盂鼎

翏生盨　䨩鼎俘貝　孚公狄甗　曶鼎使俘以告

卯簋俘我家室用喪　　孚尊

容庚説：「與寽金文字形相同，皆象兩手取物。孚孳乳為捊，説文云：引取也。易謙：君子以裒多益寡。釋文：鄭荀董蜀才作捊，云取也。寽孳乳為捋，説文云：取易也。詩芣苡：薄言捋之，傳：取也。捊捋同从手，同訓取，故孚寽為一字。孳乳為俘。」

容庚因為師寰簋，曶鼎的孚字與金文寽四·一八字形作相近，所以有了上面的一段説解。其實，寽與孚在音韻上絶無關係，不能認為是一個字。金文編所收的十一個形體，卯簋當依郭沫若、于省吾釋作取。孚尊的與毛公鼎的形同，當釋作寽。至於師寰簋、曶鼎的兩個形體，並當釋孚，為之形譌。古文孚作，左右兩點都是後加的文飾。總之，孚的本義為俘虜，形變如下：

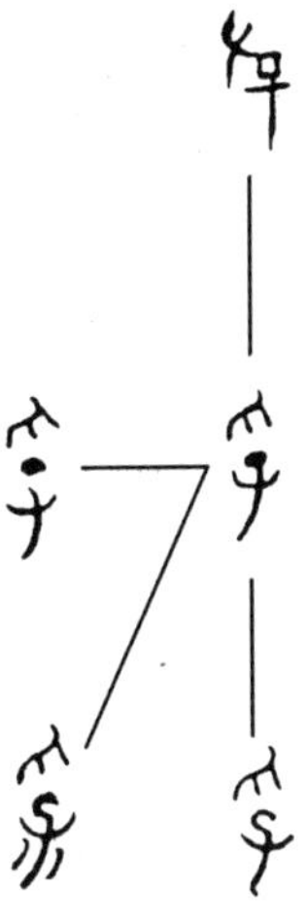

動詞俘契文作[glyph]，共有五見，都是从彳。卜辭云：「四日庚申亦㞢來艱自北，子𡿺告曰：昔甲辰方𢀛于蚁，俘人十㞢五人。五日戊申方亦𢀛，俘人十㞢六人，六日在……」菁五與孚用為名詞者有别。金文孚字，或用為名詞，或用為動詞，從未見俘字。契文研究者釋俘作俘，可从。【讀契小記　中國文字第四十一册】

◉于省吾　說文：「孚，卵孚也，从爪子。一曰，信也。」說文繫傳：「鳥抱恆以爪反覆其卵也。」段注：「通俗文卵化曰孚，方赴反。廣雅孚，生也，謂子出於卵也。方言雞卵伏而未孚。於此可得孚之解矣。」按許氏之説和後世的注釋，都失之于牽強。典籍中從没有單言子指雞之子言之者。說文繫傳附會許説，以爪反覆其卵為解，那末，為什麽不从卵而从子呢？段注引廣雅訓孚為生，以為子出於卵，那末，為什麽不从鷄（甲骨文雞作鷄）而从子呢？而且，子出于卵，已經完成了孚化的過程，則又和繫傳以爪反覆其卵之説相矛盾。

說文：「俘，軍所獲也，从人孚聲。」按俘為後起字，甲骨文以孚為俘虜之俘。甲骨文的「我用[glyph]孚」（乙六六九四），[glyph]係方國名。孚字作[glyph]，从[glyph]與从爪古同用。這是用[glyph]方的俘虜以為人牲。孚也作[glyph]，从㕚从[glyph]單複無别。甲骨文的「克孚二人」（甲三九三三），即克俘二人。孚字又孳乳為[glyph]，从彳孚聲。因為俘虜需要敺之以行，故从彳。甲骨文稱：「昔甲辰，方[glyph]（征）于蚁，俘人十㞢五人。五日戊申，方亦𢀛，俘人十㞢六人。」（菁五）均以俘為俘。總之，孚和孚俘均係俘之古文。

孚字為什麽不从人而从子？自來迷惑不解。我們探討造字的起源，往往從原始氏族社會的生活習慣中得到解答。因為各氏族的生活習慣，既各有其特點，又有普遍一致之處。莫爾根說：「在戰爭中所捕獲的俘虜，不是殺死即是收養于氏族之內。被捕獲的婦女和小兒，通常也是一樣經過了這種恩澤形式的。收養不僅給予他氏族權，同時還給予部落的族籍。收養一個俘虜的個人，就把他或她置諸於自己的兄弟或姊妹的關係之列了。比如一個年長的母親，收養一個男兒或女兒，以後在各方面，均把他或她當做恰如自己所生的男兒或女兒一般。」（古代社會，三聯書店版八四頁）這是古代氏族社會在戰爭中，把俘虜其他氏族的男女收養為自己子女的事例。我國古代對于男兒女兒通稱為子，周代典籍習見。周代金文番匊生壺的「用賸（媵）氒元子孟妃羌」，元子指長女為言。基于上述，則孚或孚俘均从子，乃俘的古文。收養戰爭中俘虜的男女以為子，這就是孚的造字由來。至于鳥孚卵之孚係用借字，後世則以孵字為之。【釋孚　甲骨文字釋林卷下】

◉周名煇　爪部[glyph]曶鼎　丁氏定為爰字。今考定為孚字。

曶鼎銘[glyph]字二見。銘文云[glyph]曶則拜䭫首。受茲五夫。曰陑、曰恆、曰麗、曰𢽳、曰眚。使[glyph]以告氐。又云、[glyph]廼卑僕□

以曶酉酒、彶及羊絲三。用致茲人。兩與上文百寽之寽作者。有異。此覩墨本者，所易識者也。窓齋集古録奇觚室吉金文述。周金文存、三代吉金文存，俱載金銘墨本。然阮伯元釋為鍰。錢獻之識為爰。固非。近日郭鼎堂譯為寽字。亦未能分別。容庚以師寰毁銘，毆士女牛羊字證之。定為孚。謂與寽金文字形相同。皆象兩手取物。孚孳乳為捊。説文云引取也。易謙君子以裒多益寡。釋文鄭荀董蜀才作捊。云取也。寽孳乳為捋。説文云取易也。詩芣苢薄言捋之。傳取也。捊捋同从手。同訓取。故孚寽為一字。孳乳為俘。師寰簋毆俘士女牛羊。今案容説較長。曶鼎銘則寽孚二文有別。容氏猶未察及也。曶鼎銘云孚以告既者。謂取以告既也。又云孚用致茲人者。謂取以致之茲人也。用以二字同義。見經傳釋詞。而作識文者。或以為鋝字。或以為人名。皆未得其實義。【新定説文古籀考卷中】

◉朱歧祥　从爪持子，隸作孚。即俘字，字又从雙手作。《説文》：「軍所獲也。」卜辭用本義，屬名詞，謂以俘虜作為人牲。【殷墟甲骨文字通釋稿】

◉徐中舒　三期合三九五　從又從子，或作収，同。當即《説文》之孚字，卜辭用作俘。【甲骨文字典卷三】

◉戴家祥　説文三篇：「孚，卵孚也。从爪从子。一曰信也。，古文孚，从禾，禾古文保。」金文从，用作征戰所獲，即俘的本字。説文八篇「俘，軍所獲也。从人孚聲。春秋傳曰：以為俘聝」，多友鼎「廼獻孚馘」，孚即俘字。加人旁是為了表示俘獲的對象，與从子的意義相同。金文孚或作，下从子字不連，疑是譌體。【金文大字典中】

爲

乙一〇四九　卜辭為字象用手牽象説文訓母猴蓋由字形写譌　乙二三〇七　乙二五二四　乙七五八九　前五・三〇・四　後二・一〇・一一　後二・一〇・一二　後二・一〇・一三　京津二二六一　京津二二六二　明藏一四五　金五九一　庫一六八七　燕一九九　乙三四一七　乙三六六四　存七四二　乙三〇一八　乙六八九八　七八〇三九【甲骨文編】

乙1041　2307　2524　3018　5403　5645　6898　7589　8039【續甲骨文編】

為　羅振玉曰从爪从象意古者役象以助勞其事或在服牛乘馬之前　㫚鼎　益公鐘　弘尊　周

寍鼎　強伯自為簋　強伯自為甗　弔趞父卣　九年衛鼎　姞氏簋　雍伯鼎　散盤　召伯簋

為甫人盨　歸父盤　大師子大孟姜匜　弔男父匜　司寇良父壺　司寇良父簋　鯀鎛　邾公華鐘

曾伯陭壺　鄀嫛鼎　趙孟壺　郘鐘　郘大弔斧　簷平鐘　鄴伯受簠　曾子原彝簠

陳逆簋　陳侯因資錞　林氏壺　曾侯乙鐘　中山王嚳鼎　中山王嚳壺　不从爪敳

鼎　立盨　邾姞鼎　東周左師壺　廿七年皿　十一年鼎　中山王嚳兆域圖　陳喜壺　鄂君啟

舟節　鑄客鼎　大廣鎬　酓忎鼎　作勺　吉日壬午

劍　酓肯盤　蔡侯𪔛鐘為令庸二　孳乳為嬀陳子二匜　匍孟嬀穀女　【金文編】

5·384　瓦書「四年周天子使卿大夫……」共一百十八字　5·392　秦詔版殘存「為皇帝乃詔丞相」七字　5·398　秦詔版「廿六年皇帝盡并兼天下諸侯……」共四十字　5·390　秦詔版殘存「黔首大安立號為皇帝」九字　秦1550　秦詔版殘存「黔首大安立號為皇帝」九字　【古陶文字徵】

一〇五：二　詛咒類為……卑不利于　【侯馬盟書字表】

5　7　16　116　147　158　232　【包山楚簡文字編】

為　效二七　六十三例　通僞—聽命書　雜四　秦四四　六十一例　雜四　四十六例　日乙四〇　四十五例　雜一九　十二例　日甲一〇一　七十八例　效六〇　三十一例　日乙一七四　六例　日甲一背　三例　語一三　二例　日甲一五九背　四例　日乙一八八　五例　日甲二〇背　二例　【睡虎地秦簡文字編】

是月吕朔屑—之正(甲6—29)、屑吕—則毋童(甲8—17)、—禹為萬吕司堵(乙2—25)、為禹—萬吕司堵(乙2—27)、吕—亓斌(乙3—21)、乃步吕—戢(乙4—6)、帝夋乃—冒=之行(乙7—1)、取女—邦芺(丙4:2—8)、取☐☐—臣妾(丙5:3—6)【長沙子彈庫帛書文字編】

犍為太守章 單尉為百衆刻千歲印 救自為印 徐自為 傅為 鄧為 王高之印自為☐猜 任自為 蘇為印信 【漢印文字徵】

泰山刻石 盡始皇帝所為也 石碣 乍邍為世里 詛楚文 母相為不利 袁安碑 詔公為賓 詔權 立號為皇帝

【石刻篆文編】

為見石經 為見說文 為華岳碑 【汗簡】

古孝經 道德經 竝同上 說文 【古文四聲韻】

◉許慎 母猴也。其為禽好爪。爪。母猴象也。下腹為母猴形。王育曰。爪。象形也。薳支切。古文為。象兩母猴相對形。【說文解字卷三】

◉林義光 為歌韻音叱 說文云。母獮猴也。其為禽好爪。下腹為母猴形。按古作曶鼎。上其手故爪在頭上。或作邾討鼎。象形不从爪。或譌作楚公鐘。【文源卷一】

◉羅振玉

為字古金文及石鼓文並作。从爪。从象。絶不見母猴之狀。卜辭作手牽象形。知金文及石鼓从者。乃之變形。非訓覆手之爪字也。意古者役象以助勞其事。或尚在服牛乘馬以前。微此文幾不能知之矣。【增訂殷虚書契考釋卷中】

◉高田忠周 愚謂為字元从爪从象。爪即手也。象像古今字。韓非子曰。人希見生象。而按其圖以想其生。故諸人之所以意想者。謂之象。廣雅。象效也。效者仿也。仿而象之。即作為也。以何行之。手以為之也。作為即作偽也。為偽古今字。猶象像古今字也。然則為字。於六書為會意。許云母猴象形。妄亦甚矣。若果為字古別有母猴義。此叚借託名幖識之例。與本義别。又按爾雅。造作為也。小爾雅。為治也。廣雅。為施也。又成也。論語。為之難。皇疏猶行也。汝為周南召南

矣乎。皇疏。猶學也。又詩鳧鷖。福禄來為。箋猶助也。亦皆為字義也。錢大昕曰。愚謂孟言性善。欲人之盡性而樂於善。荀言性惡。欲人之化性而勉於善。立言雖殊。其教人以善則一也。古書偽與為通。荀子所云。人之性惡。其善者偽也。此偽字即作為之為。非詐偽之偽。故又申其義云。不可學不可事。而在人者。謂之性。可學而能。可事而成之。在人者謂之偽。堯典平秩南訛。史記作南為。漢書王莽傳作南偽。此偽即為之證也。當與金文作為字互證也。要作偽者。非本真也。善亦偽也。惡亦偽也。説文。偽訓詐也。詐元當作作。轉寫之誤無疑矣。但作詐亦通。又以為為譌。詩采苓。人之為言。説文對篆解曰。為言多非誠是也。然詐譌亦實作為之轉出異文。與作偽一理耳。【古籀篇六十一】

◉徐中舒　甲骨文為字作

殷虚書契卷五第三十葉　同上　後編下第十葉　同上　同上　同上

从又（即手形）牽象，羅振玉先生説：

意古者役象以助勞，其事或尚在服牛乘馬以前？——殷虚書契考釋

殷人以牽象為作為，更可證象為其日常服用之物。入周以後，服象之事，雖漸次絶迹於中國，但文字相承，如銅器及石鼓中之為字，仍存牽象之形。

匔孟嬀𣪘女匜　叔男父匜　鄀嬰鼎　石鼓　邵鐘　陳侯因資敦　邾公華鐘

从爪與从又同意。暨戰國時，黄河流域居民，已不見生象。

白骨疑象。——戰國策魏策

人希見生象也，而得死象之骨，按其圖以想其生也，故諸人之所以意想者，皆謂之象也。——韓非子解老篇

生象既非其所習見，服象之事當更非其所知。觀銅器中時代較後之器，其為字形多譌失。

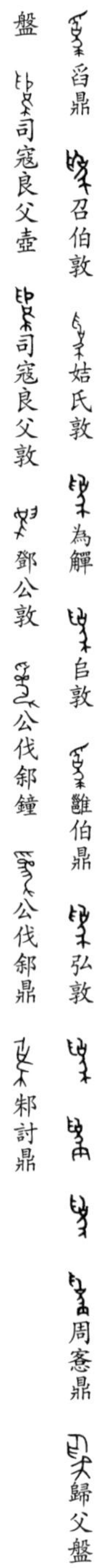
舀鼎　召伯敦　姞氏敦　為解　𠂤敦　雝伯鼎　弘敦　周𡨄鼎　歸父盤　散盤　司寇良父壺　司寇良父敦　鄧公敦　公伐郐鐘　公伐郐鼎　邾討鼎

邾討鼎並將偏旁爪省去，全失作為之意。説文至以為為母猴，云「其為禽好爪……古文為，象兩母猴相對形」。時代愈後，則譌謬愈甚。吾人於此，更得一消極之論證，即吕氏春秋古樂篇所載，殷人服象之事，及孟子卷三所云：

周公相武王，誅紂伐奄，三年，討其君，驅飛廉於海隅而戮之，滅國者五十，驅虎豹犀象而遠之，天下大悦。

必為古代相傳之信史。吕氏春秋與孟子並為戰國末年之書，其時服象之事，早已軼出黄河流域居民記憶之外，必不能臆造此種

傳說也。【殷人服象及象之南遷　歷史語言研究所集刊第二本第一分】

◉商承祚　今從甲骨文觀之，形似象而不為母猴，知許說非也。以手牽象服務故曰為。金文已將象形整齊，故多不似，至小篆則更誤矣。【甲骨文字研究下編】

◉徐協貞　古為字。象以手牽象使服役之形。可見中國古亦多象。如今印度使象然。金文作。許書云从母猴。非也。亦方名。後人加艸為蔿。山海經所謂有蔿國也。潛夫論楚公族有蔿姓。又加水為溈。堯典釐降二女于溈汭。今本作嬀汭。疏在河內河東縣。源出歷川。事雖可疑。地應非虛。為方領域應即在此。風俗通漢有南郡太守為昆。又漢有尚書郎嬀皓。三國吳有嬀覽。為嬀兩姓並存。與土杜等氏同一例也。【殷契通釋卷一】

◉葉玉森　之異體作等形。卜辭屢言「賓為」。或曰「為賓」。或曰「我為」。如「貞勿為賓」。「丁未卜㱿貞我為」。並見後下第十葉之十一、十二、十三。文誼並不可解。【殷虛書契前編集釋卷五】

◉商承祚　甲骨文作。金文宗婦𣪘作。石鼓文同。皆象以手牽象助勞之意。金文後變作曶鼎公伐郘鐘。形已失。小篆整齊之作。以人手為獸爪。象形為猴形。古文無所取義。【說文中之古文考】

◉陳邦福　卜辭，象以又牽象，各家釋為，至確。邦福案：卜文金文為字，並不見母猴形。作母猴者，必秦漢以來音讀之異也。然說文爪部為，訓母猴，或就音假為說，考說文無獮字，禮記樂記鄭注云：「獶，獮猴也。」論衡物勢篇云：「獮，猴金也。」福因悟許君為訓母猴，或獮之轉音。許君收「為」刪「獮」，或秦漢師說，必有以獮猴與為猴當一音一物者，不然，許書不應與古文形體若是之絕異矣。【殷契瑣言】

◉郭沫若　豙　蓋為字之異，古文為作豙，形甚相近。公豙當即熊罴之子熊儀，儀為古同歌部。【楚公豙鐘　兩周金文辭大系考釋】

◉郭沫若　第一五七三片豙　蓋豙為之緐文，在此乃人名。【殷契粹編考釋】

◉郭沫若　鄬字本銘兩見，殆即為之繁文。古文為从爪象，示古代曾以象服務，此字復从㕣土，㕣乃公之繁文，穌公𣪘銘公字如是作。為旁復从公土，蓋示以象从事耕作。下文鄬令𠳄𠳄則當讀為撝。【由壽縣蔡器論到蔡墓的年代蔡侯鐘銘考釋　文史論集】

◉強運開　說文。母猴也。其為禽好爪。下腹為母猴形。王育曰。爪象形也。古文為。象兩母猴相對形。段注云。腹當作復。上既从爪矣。下又全象母猴頭目身足之形也。羅振玉云。為字从爪。从象。意古者役象以助勞其事。或在服牛

乘馬之前。運開按。為本為母猴名。叚借為作為字耳。

□此亦為字也。【石鼓釋文】

◉馬叙倫　鈕樹玉曰。韻會引無爪母猴象也。五字。段玉裁曰。此五字衍文。王筠曰。爪母猴象也五字當作从爪二字。下有王育説。此不當相複。後人所改也。下腹為母猴形之為字當作象。鄭知同曰。下既引王育説爪象形。上乃云。爪母猴象。複不可通。下腹二字又難解。蓋本作其為禽好爪。从爪。□。母猴象也。下腹為母猴形。後人所增一字中有兩象形。古人無此造字法也。羅振玉曰。為字古金文及石鼓文並作□。从爪。从象。絶不見母猴之狀。卜辭作□。象手牽象形。知金文石鼓文从爪者。乃□之變形。非訓覆手之爪字也。意古者役象以助勞。其事或尚在服牛乘馬以前。微此文幾不能知之矣。倫按母猴者禺字義也。九篇禺下曰。母猴屬。禺音疑紐。為音喻三。然从為得聲之偽譌。音皆在疑紐。則為之古音與禺近。故借為為禺。為之本義當是助也。左昭廿五年傳之公為。即哀十一年之公叔務人。本書。務。趣也。趣者疾行。務。从力。敄聲。當是用力之義。莊子德充符。吾惟不知務學。謂不知用力於學也。務人是用力於人。故字公為。左襄十一年公叔務人。禮記檀弓作公叔禺人。則以禺務同為鼻音次濁音也。詩鳧鷖。福禄來為。鄭箋。為猶助也。論語衛靈公。夫子為衛君乎。鄭注。為。助也。此本義之僅存者。或謂古者役象助人。吕氏春秋古樂。商人服象為虐於東夷。宋翔鳳據漢書司馬相如傳注引張揖説。商人作南人。南人即南蠻之人。象産南方。作南人。是也。南人服象為虐於東夷。東夷自因此知象之可用。孟子言。舜。東夷之人也。而論衡及越絶書皆言。舜葬蒼梧。象為之耕。此以象助事之證。而為所以从爪或从□矣。倫謂馭从又从馬。為使馬之義。則為从□或从爪从象。止為使象之義。馬亦助人。何以馭無助義。如以象耕而作為。則牛亦以耕而何以不作□字。若謂役象或先於役牛。而象耕之説。先秦之書今存者固未見也。稽瑞引墨子有之。孫詒讓謂誤引他書為墨子。倫謂象音邪紐。為音喻三。同為摩擦次濁音。蓋从爪象聲。説解有捝譌。母猴也以下十九字校者加之。今又有譌耳。爪母猴象也。下腹為母猴形者。爪既不象母猴。而下腹為母猴形尤不可通也。且許如以為是母猴也。未有不知母猴字當全體象形也。何以入於爪部。爪為母猴之前足似人之手者耶。則仍是母猴之一體。若以為部首之爪。則爪為三指撮。乃指人之手以三指撮物。則是人以手爪母猴。而□象母猴矣。是非名詞而為動詞。即不得訓母猴矣。若以猴之前足似人手。亦能爪物。則仍是猴之一體。不得以為從爪而入爪部也。且金甲文為字無如此者。使許見篆文如金甲文然。焉有不知其為从爪从象。即焉得以為母猴乎。或謂王育者。桂馥據唐元度十體書謂漢章帝時人作大篆。説解所謂大篆。當是許叙所稱秦八體中大篆。許録此篆。亦出大篆。故引育説。然則許亦據大篆如此作而因為此説解。倫謂此篆以金甲文證之。明是譌字。不

斠曲辯。王育說爪象形也者。本爪下說解中語。傳寫譌入為下。而為下本訓傳寫捝去。校者因育說而加母猴也以下十九字。韻會引無爪母猴象也五字。足證本是校者小字於中直書。傳寫或譌入正文。或未譌入。未譌入者為後之校者所刪。而譌入者則至今猶多存者。亦有一本刪而一本未刪者。故此本有此五字。韻會據本則無之也。字見急就篇。曶鼎作。周𡨦鼎作。鄀嬰鼎作。

　吳善述曰。本作。象兩手連臂用力作事之形。倫按疑或从二力。傳寫譌耳。从二力。故義為助也。象兩七字校語。又疑為之到文。為友之異文。為友音同喻三。故古或借友為為。古文經傳以為為字。者。沇鐘學字从。似即此字。【說文解字六書疏證卷六】

◉聞一多　卜辭曰：

乙丑卜，㱿貞我叀㝐為。（後下一〇・一三）

□□囚，㱿貞國叀㝐為。（同上）

丁卯囚，𤔲貞我叀㝐為。（孫氏引明義士藏版）

乙丑囚，𤔲貞我叀㝐為。（同上）

丙申卜，㱿貞甶㝐為。（前五・三〇・四）

丁酉卜，㱿貞甶㝐為。（同上）

甶㝐為。（後下一〇・一一）

丁未卜，㱿貞我為囷。（後下一〇・一三）

丁未卜，㱿貞我為㝐。（明義士藏版）

丁未卜，㱿貞勿為㝐。（同上）

乙丑卜，㱿貞我勿為㝐。（同上）

丁卯卜，㱿貞我勿為㝐。（同上）

貞勿為㝐。（後下一〇・一一）

勿為㝐。（後下一〇・一三）

以上各辭孫海波先生釋之曰：「云『我為賓』，『我勿為賓』，猶言『我其為客』，『我其弗為客』，賓即賓客之義也。」卜辭文字小記，載

考古第三期。案孫説未碻。稱「為方」者七例，稱「方為」者，益以孫所未引之。

貞亩方為。（庫一〇七・一六八七）

且八例，「為方」可訓「為客」，然則「方為」亦可訓「客為」乎？余謂方他辭多作定，一作室甲二・一・一三，又作室前七・二〇・二，皆用為動詞，此作方，亦非例外。其含義，在此因文辭過簡，未可確指，要不外賓儐擯等文所有諸義。「為」乃「方」之賓格，當為名詞，即嬀姓之嬀。嬀古祇作為，金文陳子子匜，司寇良父壺及𣪘並以為為嬀，論語述而篇「不圖為樂之至於斯也」，釋文「為本作嬀」，孔子因聞韶而有此語，韶為舜樂而舜嬀姓，則一本作嬀，不為無據。並其比也。卜辭為字或為人名，或為國族名，或為地名，亦無從肊度。書堯典「釐降二女于嬀汭」，史記陳世家「昔舜為庶人時，堯妻之二女，居於嬀汭，其後因以為氏姓，姓嬀氏」，諸書或言舜姚姓，姚即嬀字，余别有説。然則此字殆與傳説中之舜有關。此亦研究古史之新資料也。至卜辭「賓嬀」或作「嬀賓」者，「賓」為外動詞，古代文法，例得倒置於賓格之前，而在否定語中尤為習見。「我勿嬀賓」即「我勿賓嬀」，猶詩之「亦不女從」即「亦不從女」，「天不我將」即「天不將我」也。若釋「為賓」為「為客」，則「為」為繫詞copula，「賓」為名詞性的表詞，二者斷不容倒置。此本我國文法中不易之定律，今但舉古書中「為賓」二字連用者二事：

為賓為客，獻醻交錯（詩小雅楚茨）

名者實之賓也，吾將為賓乎？（莊子逍遥遊篇）

試將二「為賓」易為「賓為」，復成何文義？此事關係古代文法者甚鉅，故為詳辯之如此。又為字於卜辭中除上揭各辭外，尚未一見，而各辭中之為實當讀為嬀，是就目前所知，卜辭中尚無訓作為之為字，此又古文字學中之一有趣現象也（參追記一）。

追記（一）為字又見契二三・一九九，云「辛……貞……為」，字形與上揭各例同，亦當釋嬀。又通纂書後引劉氏善齊藏片云「己丑卜，彭貞其為且丁咎衣御」，字作□，結體已變，與金文為字相近。董彦堂先生以為祭名，近是。【釋為釋豕　考古學社社刊第六期】

◉于省吾　銘文「為」字兩見，均作□，原文誤釋為「乍」，按「為」字東周左師壺作□，二十七年皿作□，可以互證，與「乍」字迥别。【關于《陳喜壺》的討論　文物一九六一年第十期】

◉陳邦懷　銘文「□左大□」，馬同志（承源）釋為「乍左（佐）大族」。案□當是「為」字之異體。「東周左師壺」之「為」字作□，「二十七年皿」之「為」字作□，並與此壺之「為」字篆文相似。【對《陳喜壺》一文的補充　文物一九六一年第十期】

◉石志廉　□字馬（承源）同志釋乍，也欠妥當，□本應釋「為」，卜辭有為字作□，《殷虚書契前編卷伍三十》□，□《殷虚書契後

編卷下十一》此字從手從象，作以手牽象狀，金文𡩜鼎作、石鼓文作，故知從者乃之變形，許氏説文訓爪非是，意古者除服牛乘馬之外，尚有役象以助勞其事者，舍此文幾不能知之矣。戰國楚器中如熊忎鼎的為作，但勺（哥鼈勺）作，尚保存為字的古意，演變過程與字極為類似，故其應釋「為」，不能釋「乍」。【陳喜壺補正　文物一九六一年第十期】

◉姜亮夫　此外，還有一個「為」字，指的是人的一切作為。在甲文金文石鼓文中是象手牽象形：

（前伍・三十）（後下十）（曶鼎）（陳侯因資鐓）（叔男父作為霍姬賸旅匜）（石鼓文）

殷人已服牛乘馬，而此字確從最早留到周末，成為漢民族詞滙中最重要最基本的一個。若照甲文加手成動字之例。則六畜可加手，虎豦可加手，乃至工之為攻、功，都未嘗不可表作為，為什麽要用個「象」呢？其實古初以服象為事（傳説从舜起始），這是以「象」耕的繪畫（舜耕歷山傳説即使用象）。服象是耕地，是農作中最重要最艱難的事，農業時代最重的工作，還有過于耕作的嗎？所以用此字以統總一切「作為」，正是古社會中存在的事呵。【漢文字結構的基本精神　浙江學刊一九六一年第一期】

◉李孝定　契文从又从象。羅釋為極是。小篆為契文金文之形譌。其下所从仍是「象」字。畫象象之長鼻，徒以初形既失，許君不得其解，遂以為象母猴之形説之。清代注説文者囿於許説，又不見真古文，故其説一無是處也。陳氏謂許君以母猴訓為乃就音假為説，此曲説也，蓋許書固已明言為象形矣。以手役象有作為之義，故引申為作為，若訓為母猴，則與作為之義彌遠。段氏以假借説之，亦非。許書古文作，不知何所本，豈壁中古文有此字邪。卜辭恒言為賓或賓為。聞氏謂為叚為嬀。乃舜姓。其説蓋是。金文亦有叚為為嬀者。見下引金文為均从又从象，與卜辭同，如曶鼎 姞氏簋 周𡩜鼎 召伯簋 邾公華鐘 陳侯因資錞 陳子子作𠷎孟嬀穀女匜叚為嬀 叔男義作嬀霍姬賸旅匜 司寇良父作嬀衛姬壺。

又甲編二七六九片辭云「己丑卜彭貞其祖丁門于賓咎衣御彡」，屈翼鵬解云：「門謂築門也，賓疑宗字之訛，宗廟也。」此一為字所从之象不如他辭之酷肖，蓋較晚出文字化之程度較深，故去圖繪階段亦較遠，與壐文所見多數為字相同。其義為「作為」之「為」，與它辭假為「嬀」者亦有別，此種用法與形體在卜辭均極少見也。就余所知尚係僅見。【甲骨文字集釋卷三】

◉嚴一萍　此亦為字。此形繒書僅此一見。與陳子〻匜孟嬀之相近。【楚繒書新考　中國文字第二十六册】

◉金祥恒　古文為，象兩母猴相對形，汗簡見説文，左傳宋武公生仲子，仲子有文在其手曰為魯夫人。按當作。朱氏以汗簡作，正説文作之訛。且引左傳宋公生仲子之故事，其為當从手爪形。相差一間，不可信也。以我國文字之演變考之，當从爪从，乃之簡，猶鳳之古文作，其形當作，後因我國文字為求整齊，移於傍作，又為美觀，求其對稱而書為，於是象兩母猴相對，或如汗簡从兩爪相對矣。【釋帛——為　中國文字第二十七册】

◉李孝定　金文為皆象「以手役象」，會意，馬氏謂是「象聲」，説殊牽傅，又謂如是从爪从象會意，則字何不从牛，其説實不足取，誠如其言，則形聲、會意之字，其偏旁之可以變易者正多，寧能一一起古人而問之乎？于省吾氏説説文為字古文致譌之由，甚是。本書收散盤一文，下注云：「郭氏所釋，與容氏異。」按為字从象，其特徵為長鼻，形變雖繁，而長鼻之徵獨顯，散盤此文，中从，乃之形譌，銘意亦當釋「受」，當从郭釋，此篆宜刪。【金文詁林讀後記卷三】

◉曾憲通　取女為邦芖丙四・三　按為字甲骨文作，金文作，从又（爪）从象，示古人服象以助勞。戰國文字略有省變，如楚簡作，楚王酓志鼎作，左師壺作，中山王兆域圖作，皆與帛文甚近。其構形从象从爪會意，不過象之形簡化作或。、蓋表示象之巨首修鼻，其下二横代表其肢體，與「馬」字仰天湖楚簡作、匽侯殷作、郾王戈作同意。三體石經古文變作、，形稍變而意未失。《説文》古文訛作，許氏又以「象兩母猴相對之形」説之，形義俱乖。然與戰國文字字一系比照，其遞嬗訛變之迹歷歷可尋。【長沙楚帛書文字編】

◉徐寶貴　此字見於《古璽彙編》八三頁，編號為0593的姓名私璽：

將其放到戰國以前的文字中作以比較，其形體顯得奇譎難識。幸運的是，近幾年公布了一些重要的出土文字資料，其中《睡虎地秦墓竹簡》的出版，對此字的釋出增添了可供參證的資料。

睡虎地秦簡的「為」字作以下諸形體：

語書二　語書一三

秦律十八種六二　效律二七

效律六〇　秦律雜鈔二四

法律答問五五　封診式一四

為吏之道三九貳

以上所舉秦簡「為」字諸形體皆與古璽此字形體相近，可以證明「」是「為」字。

古「為」字本从「象」从「爪」作，而秦簡和此璽則將所从之「爪」寫成「」形，而與「象」字連為一體，這無疑是一種譌變。戰國末期至秦代，秦人在一般場合用字時，字寫得較為草率，不象在莊重的場合下用字那麼嚴謹不苟，他們常將从「爪」的字所从的「爪」寫成「」形。下面舉些實例來證明這一點。睡虎地秦簡从「爪」的字作如下等形體：

爪

淫：語書三　　爭：語書一一

爰：封診式九一種一五六　　隱：秦律十八

受：秦律十八種八

諸字所从之「爪」，都譌變為、或形，「為」字與之同例。

「為」字形體譌變為「」形，肇始於戰國時期的秦青川木牘。秦青川木牘：「十月為橋」之「為」作「」形，所从的「爪」已與「象」字連在一起，和秦簡將諸字所从的「爪」寫成「」形，極為相近。睡虎地秦簡《秦律十八種》六二簡「為」字已譌變作「」，《法律答問》五五簡再譌變作「」，此形則與古璽「」字形體幾乎完全相同。現將古文字「為」字的演變序列表之如下：

前五·三〇·四 → 曶鼎 → 召伯𣪘 → 鄀𤔲鼎 → 秦宗邑瓦書 → 秦青川木牘 → 秦律十八種 → 法律答問 → 古璽文

觀此表，古璽文「」字和古文字「為」字的關係以及其演變之蹟，已一目了然。字在璽文中為人名。【戰國璽印文字考釋七篇　考古與文物一九九四年第三期】

◉戴家祥　鴍乃為字繁文，讀作為。羅振玉認為為字从爪从象，意古者役象以助勞其事。為後來引申為從事之義。廣雅釋詁「為施也」，此銘用同。【金文大字典中】

◉許　慎　爫亦丮也。从反爪。闕。諸兩切。【說文解字卷三】

◉馬叙倫　鈕樹玉曰。玉篇引無闕字。嚴可均曰。此無所闕。蓋舊本闕反切。龔橙曰。爫即爪。徐灝曰。反體字無與正體同義者。爫既从反爪。不當與爪同訓。亦丮之訓。後人妄加。許君蓋未詳其義而闕之。非謂闕其音也。楊雄河東賦。爫華蹈襄。即用爫為掌。蘇林諸説皆不誤也。章炳麟曰。河東賦。爫華蹈襄。蘇林曰。掌據之也。師古曰。爫古掌字。周官稱掌。漢官稱尚。並謂執事。丮據之義也。爫之為掌。無所致疑。饒炯曰。爪為覆手持物。爫為仰手持物。丁山曰。金甲文从爪之字亦从爫。爪爫一聲之轉。自是一字。倫按丁説是也。但丁未明爪非爪甲字。爪為丮持。則爫从反爪。義亦必為丮持。惟亦丮也之訓。於許書大例未合。徐疑本闕此訓而後人加之。倫謂當是爫丮也。爫為隸書複舉字。又誤為亦耳。爪為撮之初文。撮下曰。三指撮也。今本作二指譌。今杭縣三指取物曰爪。亦曰撮。爪為三指丮取。爪爫雙聲。尤可明其為

丮

一字異讀也。周官稱掌。漢官稱尚。皆借掌為爪。【説文解字六書疏證卷六】

乙三四〇五　人名　乙四二七九　丮伯　乙四六九七　乙五三二三　乙五四七七　乙五五九五反丮入五　乙七〇九五反　乙七五三五　乙八〇二　乙九一四　鐵八九·二　鐵一一三·三　前五·三〇·三　前六·一四·八　後二·一一·二　後二·三八·二　後二·三八·八　菁一一·二三　林一·二二·一七　續四·三五·七　粹一一三二　河八四二　簠文一二　存一七九　林一·二八·四　庫一〇〇二　柏二四背　前一·三一·五　京津三〇四九　佚五九二【甲骨文編】

乙802　914　4279　4677　5477　6949　7095　7585　珠560　佚592　徵11·99　續存179　1507　粹1131【續甲骨文編】

丮　沈子它簋　班簋　不□丮皇公受京宗懿釐【金文編】

丮【汗簡】

◉許　慎　丮持也。象手有所丮據也。凡丮之屬皆从丮。讀若戟。几劇切。【説文解字卷三】

◉羅振玉　象兩手執事形。古金文與此同。篆文作丮。誤。【增訂殷虚書契考釋卷中】

◉林義光　古作奉彝庚奉字偏旁。作仲丮良父器。作師寰敦執字偏旁。象人伸兩手持物形。或作王孫鐘䡊字偏旁。下从。蓋夊之誤。象人足。夊與女形易混。故不䡊敦玁狁字狁作。實假夋為狁狁夋古同音。而譌从女。古婚字作。而説文以𡝩為籀文婚字。復譌从夊。説文云。𠃨亦持也。从反丮。闕。【文源卷四】

◉王　襄　古𠃨字,許説拖持也,从反丮,疑丮之反文。【簠室殷契類纂正編卷一】

◉高田忠周　説文。丮持也。象手有所丮據也。讀若戟。此解少誤。今依古文當作象將有所持也。許氏謂為所持之手。

謂——為所據之物。非是。即之譌形耳。金文丮部與手又諸部皆通用也。【古籀篇三十六】

◉郭沫若　⿱丮女即丮字，沈子毀「其丮哀乃沈子乍佳福。」丮殆讀為劇。【邵鐘　兩周金文辭大系考釋】

◉陶北溟　⿱丮女古丮字。从女。如金文埶作⿱埶女。夙作⿱夙女。執作⿱執女。讀為戛。常也。【邵鐘　舊雲盦金文釋略】

◉馬叙倫　王筠曰。手部持字以下凡十九字皆訓持。而揭。戟持也。据。戟揭也。別列於後。知此持與彼二十字異。朱駿聲曰。从手。乁所據也。指事。葉德輝曰。此執物之執本字。執為捕罪人也。商承祚曰。甲文作。象兩手執事形。古金文與此同。篆文作丮。誤。倫按此篆譌也。當依甲文作。此執之初文。象手有所持形。甲文金文諫毀所从之亦丮字。金文每譌作變為女。指事。今篆與説解並有譌改。讀若戟者。左哀廿五年傳。公戟其手。杜注。徒手屈肘如戟形。徒手屈肘正與金甲文字形合。是左借戟為丮也。本書十二篇。揭。戟持也。据。戟揭也。此許借戟為丮也。是丮之音本如戟。故讀若戟也。鍇本作讀若戟也。讀若下有也字。無此例。後人加之。【説文解字六書疏證卷六】

◉唐　蘭　丮，《説文》讀若戟，解為「持也」，但從古文字來看，其作形的，才像一個人手有所持的形狀，而高舉兩手的字，即後來變為形的字是揚（玑、䀨、𢦔等字均從此）的本字，像一個人高揚雙手的形狀。這裏應讀為傷，《説文》「戛也」。【論周昭王時代的青銅器銘刻　古文字研究第二輯】

◉高鴻縉　説文。持也。象手有所丮據也。讀若戟。几劇切。按託人手丮持之形。以寄丮持之意。動詞。後人通叚縛執之執。以代丮持之丮。久而丮字廢。説文。捕罪人也。从丮。从㚔。㚔亦聲。之入切。此應為从幸。丮聲。金文有加聲作者。見刺鼎。亦叚為。【中國字例二篇】

◉楊樹達　朱駿聲曰：「从手，乁，所據也。」樹達按：手為基字，乁為假設無定之物，而手持之。【文字形義學】

◉白玉崢　字在甲文中，或為人名，或為地名，亦或為方國名。……

……丮白……　乙四二七九

此當為丮地之君，殷王賜封為伯爵者；故曰：丮白。……【契文舉例校讀　中國文字第八册】

甲一七七　甲六三六　甲九八一　甲一三八九　甲一六四一　甲一七九七　甲一九九一　甲一九九二　甲二二九五　甲二六九八　乙二三三一　河一三二　河五三〇　前四·二三·五　前六·

一五・一 前六・一六・一 後一・一四・六 後一・二八・四 後二・二五・四 後二・三〇・一一

戩一九・六 戩三三・一四 佚四八 佚二四七 佚三六九 佚六〇三 燕五八

燕七九五 乙九〇九一反 京都二二七三 前二・二七・四 埶之別體人名杞侯埶弗其囚風之疾王襄釋爇商承祚釋炬

前二・二七・四 後一・一四・二 後二・三九・一四 粹三九三 粹四八九 【甲骨文編】

甲1389 1641 1797 1867 1991 1992 2073 2295 2436 2687

2695 2698 2881 乙2331 5823 1528 9091 珠53 363 714 875

964 卜63 零6 77 佚247 389 397 401 603 901 續2・11・7

4・45・6 5・18・7 掇253 徵2・48 録132 530 鄴32・5 鄴38・4 掇137 新720

鄴42・9 天46 誠240 492 續存1568 1569 1575 1576 書1・10・F 摭

續168 粹101 393 489 490 510 697 1062 1545 新3362 4278

4280 4545 4571 【續甲骨文編】

埶 从丮持中 埶觚 父辛簋 从丮持木植土上 盠方彝 盠尊 毛公厝鼎 𢼸小大楚賦 蔡侯𬶍殘鐘

从犬 犾馭簋 犾馭觥蓋 孳乳為暬近也 克鼎 䪿遠能埶猶詩言柔遠能邇今本誤从埶為从執 番生簋 【金文編】

0172 與克鼎埶馭簋埶字同。【古璽文編】

石碣吳人 □□埶 寓逢 【石刻篆文編】

藝　藝【汗簡】

義雲章　王庶子碑　　籀韻【古文四聲韻】

◉許慎　種也。从坴丮。持亟種之。書曰。我埶黍稷。徐鍇曰。坴。土也。魚祭切。【說文解字卷三】

◉吳大澂　古埶字从木从土。以手持木種之土也。埶與蓺同。廣雅釋詁。蓺。治也。左氏昭十六年傳注。藝。法也。【愙齋集古録第四册】

◉方濬益　⿰坴犬从坴。為木在土上。其誼為樹。埶乃蓺之古文。曆鼎銘作𡎺。石鼓文作𡎺。皆从坴。篆文始變从坴。說文。埶。種也。从坴丮持亟種之。此文與⿰坴犬敢銘并从犬。不審其誼。【善夫克鼎　綴遺齋彝器款識考釋卷四】

◉羅振玉　說文解字:「苣,束葦燒也。」此从丮執火。或从屮象爇木形。與𤈦同意。殆苣之本字。或从木省作。【增訂殷墟書契考釋卷中】

◉羅振玉　𡎺音訓薛氏作蓺字。說文𡎺與藝同。箋曰。說文𡎺種也。从坴丮持亟種之。詩曰我𡎺黍稷。案。鼓文作𡎺。从手丮木種於土上。殆即許書之𡎺。許君云从坴。義殊難曉。从坴殆坴之譌。毛公鼎𡎺小大楚賦字作。亦从。【石鼓文考釋】

◉孫詒讓　𡎺俗作藝。書立政。蓺人表臣。蓺人亦謂邇臣。與表臣為遠正相對。【籀廎述林卷七】

◉林義光　埶　泰韻音艾　說文云。種也。从丮坴。丮持種之。按古作毛公鼎褻字偏旁。作毛公鼎。不从坴。象人持木植土上形亦丮字。見丮字條。省作。變作師虎敦。作散氏器。格伯敦杜木遣谷。散氏器封于敵城杜木。杜木皆蓺木也。說文杜从木土聲。此後出字。古或以土為之。故韓詩徹彼桑杜鴟鴞。毛本作桑土。杜訓甘棠。亦棠之雙聲對轉。非有本字。古文杜為蓺。虞書格于藝祖。馬融讀藝為禰。故師虎敦王在杜居。格於太室、杜即禰之借字也。克鼎彝番生敦。柔遠能𧱏。𧱏从豕杜聲說文所無。亦借𧱏為邇。杜又變作克㲋彝。小臣夌尊彝。王造于禰。禰作中彔卜。命小臣夌循禰居。禰作。亦皆之變。因變為。形類从予。遂誤為予聲。而以埜壄為野之古文矣。【文源卷六】

◉王襄　　古𡎺字,許說種也,石鼓𡎺作,从木从土从丮,此省土。【簠室殷契類纂正編卷三】

◉商承祚　說文𡎺。「穜也。从丮坴。丮持穜之。」此象兩手持木形。殆是𡎺字。石鼓文作。增土。𡎺于土也。金文毛公鼎作。復加女字。女。人之意也。體有緐簡。初義則同。至漢世。將坴形誤傳為坴。遂不得其解。甲骨文又或从。殆

秇不專謂木。詩小雅。「我秇黍稷」。【甲骨文字研究下編】

●高田忠周　依説文。埶从坴。坴訓土塊圥圥也。後人作𡏳是也。人手持坴土。即種蓺耕農之意可見矣。而古文別有作[古文字形]者。人手持木種土上。會意而實象形也。古文木以兼屮。以屮代木。通用不拘。要作埶者。意在耕土播種。作埶者為蒔植之意。少異而實同。許君所據經傳唯作埶。而金文悉作埶。未詳其孰先出正形矣。又按説文。槸木相摩也。从木埶聲。秇亦為槸省文乎。果然埶槸同聲。固當互相通用。但疑卜辭字。从丮持木。或从丮持屮。中即屮也。作秇者。恐為正文。然則埶字。再从木為複。埶槸正俗字。木相摩一訓。後出別義耳。【古籀篇三十六】

●強運開　[古文字形]　薛尚功趙古則釋作執。非是。運開按。弟三鼓有執字作[古文字形]。與此絶異。章樵作埶。是也。攷南宮中鼎作[古文字形]。父乙甗召公尊均作[古文字形]。與鼓文同。毛公鼎作[古文字形]。克鼎作[古文字形]。番生敢作[古文字形]。埶馭敢作[古文字形]。均屬筆跡小異。説文。埶種也。从丮。坴。丮持而種之。詩曰。我埶黍稷。段注云。唐人樹埶。字作蓺。六埶字作藝。説見經典釋文。然蓺藝字皆不見説文。周時六藝。蓋亦作埶。儒者之於禮樂射御書數。猶農者之樹埶也。又按。坴。土塊坴坴也。此从丮兼从木土。蓋謂丮木向土中種之也。【石鼓釋文】

●馬叙倫　桂馥曰。種當作種。字鑑引作持亟種也。鈕樹玉曰。毛本亟作而。朱駿聲曰。會意。吳大澂曰。毛公鼎埶字作[古文字形]。从丮。持木種入土也。林義光曰。象人持木植土上形。商承祚曰。甲文有[古文字形][古文字形]即埶字。从手持木。或持屮種之。石鼓作[古文字形]。尚存古意。許書作埶。形益失矣。倫按从丮从木从土。會持木植土中意。今篆與説解並有譌。持而種之校語也。金甲文無如此作者。毛公鼎[古文字形]从[古文字形]。[古文字形]蓋[古文字形]之譌。甲文則省土。石鼓作[古文字形]。【説文解字六書疏證卷六】

●馬叙倫　[古文字形]　舊釋[古文字形]為子。非也。此从人持屮。屮蓋木之省。[古文字形]即埶字所從之[古文字形]。實即埶之異文。蓋作器者以埶植為業也。戈其氏族與。【讀金器刻詞卷中】

●于省吾　孫讀𠙽為暬。並云。國語楚語韋注。暬。近也。猶詩言柔遠能邇。柔擾聲近字通。暬邇同義。言其安遠而善近也。依詩民勞傳箋。義能訓善。用王引之説。王云。𠙽與埶通。堯典格于蓺祖。今文作假于祖禰。知蓺禰同用。【克鼎銘　雙劍誃吉金文選卷上】

●孫海波　乙巳卜行。貞王賓埶。福亡□古

卜辭此字作[古文字形]。或作[古文字形]。王襄類纂釋執。其説甚塙。其或从火。作[古文字形]。加點作[古文字形]。王氏釋熱。羅振玉釋苣。云象人執炬火上。象火炎上騰之狀。余謂甲骨文編收[古文字形]于蓺下。而[古文字形]字从羅説收苣字下。于字形不合。非也。當从王説釋熱。

說文溫也。从火埶聲。此字从埶从火。正熱字無疑。蓋埶本象人持木為火炬。後人以其又象種植之形。則增土為熱。訓為種植之本字。別制熱字為形聲。而火炬之本義遂晦。唐蘭曰。詩曰誰能執熱。逝不以濯。熱當即火炬。故必濯手也。又孳乳為爇。燒也。此本人執火之形。為執之初字。而其義則當于後世之熱。若爇卜辭用于田某地之下者。當解為燒火烈俱舉也。或以紀時。如埶入不雨。夕入不雨。讀為爇入。殆如上燈時候。其説甚是。然卜辭又用以為祭祀字。如此版云乙巳卜行貞王賓熱福亡尤是也。埶祭之法。後世禮書不載。莫可考知。意者殆舉火以祭者與。【誠齋甲骨文字考釋】

◉朱芳圃 □後下三九·一四 □後上一四·六 □戩三三·一四 □粹一五四五 □屯乙九〇九一 □燕七九五

上揭奇字。羅振玉釋為苣。謂。說文解字苣。束葦燒也。此从丮執火。或从屮。象爇木形。與㚆同意。殆苣之本字。或从木。省作□殷虛書契考釋中五〇。王襄析為三。以□□為古爇字。象人執火形。殷契類纂正編四七。□□為古埶字。許說種也。石鼓埶作□。从木从土从丮。此省土同上一二。□為風之本字。引華學涑說。謂□象指風向八方之形。□即凡之所由譌。今隸𠘧之从凡。亦一證。說文風篆文从□即十之譌。十為□之省。古文从□即古日字。金文作□與□形近。故譌从日也。同上五九。商承祚釋□為㚆。謂。象人燔積木之形。殷契佚存攷釋一一。又謂□與□一字同上五七。唐蘭謂。此字當以王釋爇及埶之本字為較近。惜彼誤分為二耳。古□□通用。故□或作□。其本義則人持□木。為火炬也。後人謂是種植之形。則增土而為□。其形小變則更為□。而火炬之本義湮。其本義因別孳乳為從火埶聲之熱。詩曰。誰能執熱。逝不以濯。熱當即火炬。故必濯手也。又孳乳為爇。燒也。然則此本人執火炬之形。為埶之初字。而其義則當於後世之熱若爇。卜辭用於田某地之下者。當解為燒。火烈俱舉也。或以紀時。如云。□入不雨。夕入不雨。讀為爇入。殆如上燈時候矣。天壤閣甲骨文存考釋四六。桉諸家之說非也。字象人坐而兩手執苣。禮記檀弓上。童子隅坐而執燭。管子弟子職。昏將舉火。執燭隅坐。考古代所謂燭。實即火苣。束薪蒸為之。然燒極速。舊苣將盡。接以新苣。故必有人焉專司其事。

詩小雅庭燎。庭燎之光。毛傳。庭燎。大燭。儀禮士喪禮。宵為燎于中庭。鄭注。燎。火燋。釋文。燋。本作燭。按燋燎為一複音之分化。與燭同實而異名。考卜辭中之□。依文義皆當釋為燎。如庚寅。卜何。貞叀□戒禘于妣辛通六三。丙寅卜。貞□用雝歲天四六。意謂燔柴以祭。呂氏春秋季冬紀。乃命四監。收秩薪柴。以供寢廟及百祀之薪燎。高注。燎者。積聚柴薪。置璧與牲於上而燎之。升其煙氣。故曰以供寢廟及百祀之薪燎也。是其證矣。又如戊申卜。王往田。□前二·二七·四。王其田。□。亡𢦏後下三九·一四。意謂夜間持火以獵。詩鄭風大叔于田。叔在藪。火烈具舉。孔疏。此為宵

孰

田。故持火炤之。爾雅釋天。宵田為獠。郭注。獠。猶燎也。今之夜獵載鑪照者也。江東亦呼獵為獠。是皆夜間持火以獵之證也。蓋𠬝原為執燭照明之專字。假借為燎。借義行而本字廢。故不復見於載籍矣。【殷周文字釋叢卷上】

●王獻唐　卜辭別有□字(前六・一六・一),亦作□(後上二・八・四),與□□用法相同,近人釋為一字。屮上象火焰或屮,省則為屮,屮即木,因亦作木。火把之燭本以木燃,古文字凡象木質器物,每祇作木指事,此雖省文,亦其通例如此也。金文有□字(𠬝觚),亦作□(父辛簋),與卜辭相同,均商器。𠬝既為燭,𠬝與同用,亦必為燭。金文用為氏族人名,仍當讀燭。……雙手持燭之□□二字,可如妥叟書作單手,則省从屮木之雙手執者,亦可書作單手。若然,卜辭復有□字(龜甲獸骨文字一・二九・一二),即其體矣。金文炤叏段□字,官李父段□字,亦其體矣。契金三字,旧每闕釋,衡以上説,仍皆是燭。卜辭□亦作□,以□當□可證,亦即小篆之□也。……古音封正讀豆。燭亦讀斗如豆。彼此互證,不特封字語根知所从出,以豆聲求□□,益知音讀如燭,確為燭字古文矣。【古文字中所見之火燭】

●饒宗頤　凡卜辭所稱「㝉㚔禘」者,㚔即藝。堯典「歸格于藝祖,」大傳作「禰祖」。故㝉藝即賓祭於親近之廟。【殷代貞卜人物通考卷九】

●張亞初　劉雨　□字舊釋為鬬,柯昌濟云:「鬬字從兩人執兵(即戈省形)相鬬形。」(韡華・乙篇2頁鬬彝)□與戈有根本區別,□為禾苗形,二人相向而跪,雙手持禾,根本不象相鬬的樣子。清人釋為「雙鳳集木形」固然錯誤,近人釋鬬,也與字形不符。郭沫若同志把此字與甲骨文的鬬字相混,以為就是「王在鬬」之鬬(《殷彝中圖形文字之一解》、《殷周青銅器銘文研究》1・20),也是錯誤的。銘文為了追求美觀、對稱,經常採取一字重複對稱出現的寫法,最常見的就是「册册」「册册」或作「册」,實際上應看作一個字的繁文。掌握了這個規律,我們就會明白,□即□,亦即埶。【商周族氏銘文考釋舉例　古文字研究第七輯】

●黄錫全　□藝　鄭珍云:「秇字也,从王庶子碑秇。秇蓋埶之俗別,《篇韻》尚不載,藝亦俗別从芸。」按埶字古本作□(乙9091)、□(前4・23・5)、□(父辛𣪘),从土作□(盠方彝)、□(石鼓),从𡍮作□(毛公鼎)、□(蔡侯𩰫殘鐘)。古中、木、禾旁義近,此當是古埶字異體。【汗簡註釋卷五】

□ 京津二六七六 【甲骨文編】

□ □ 孰　从享从𡍮　伯侄簋　【金文編】

□ 孰 秦三五 三例 通熟 稻後禾— 秦三五 □ 為二六 【睡虎地秦簡文字編】

□ 古老子 【古文四聲韻】

◉許 慎 □食飪也。从丮。𦎫聲。易曰。孰飪。殊六切。【説文解字卷三】

◉吳榮光 孰。説文作□。埶古文有作□者。則下从□。乃古孰字也。禮運。腥其俎孰其殽。注。祭祀自孰始。生孰字从火。後人所加。【筠清館金文卷三】

◉吳 雲 □。釋𦏧。説文。𦏧食飪也。韵會。熟本作孰。後人加火。段氏説文注。曹憲曰。顧野王玉篇始有熟字。【釋𦏧 兩罍軒彝器圖録卷六】

◉林義光 □孰。幽韻。殊肉切。 説文云。□食飪也。从丮𦎫。按古作□伯致敦。象兩手持亯。亯。薦熟物器也。□即丮字。見丮字條。【文源卷六】

◉高田忠周 説文。□。食飪也。从丮𦎫聲。易曰孰飪。又𦎫下曰。孰也。从亯从羊。讀若純。然𦎫孰。形音義皆相近。唯孰从丮。取持意。知孰為𦎫之成也。孰字。形聲兼會意。其音古今不同也。但最古文。孰字不从𦎫而从亯。為會意。亯下曰。獻也。从高省。曰象進孰物形。然孰字从丮亯。會意之恉。完全矣。但審按。亯為獻孰之義。而字不从丮。又孰為可獻之物。而字却从丮。似相乖者。此即亯訊轉注之理也。兩字同時作出。故亯為建首。而受意于訊。況訊之受意於亯乎。所謂建類一首。同意相受是也。後世變作𦏧。又加火作熟。熟即俗字耳。【古籀篇三十六】

◉馬叙倫 鈕樹玉曰。繫傳韵會飪作餁。非。易無孰飪之文。鼎象辭以木巽火亨飪也。疑即亨飪之異文。段玉裁曰。衍聲字。孔廣居曰。𦏧與𦎫是同母諧聲。亦兼會意。夏敬觀曰。𦎫孰古本同聲。𦎫下曰。孰也。即以同聲為訓。又曰。一曰。鬻也。鬻从米聲。米聲脂類。脂真對轉。亦以聲訓。自漢人誤鬻為鬻。而孰亦随之讀殊六切矣。高田忠周曰。卜辭有□字。即𦏧字也。亯下曰。獻也。从高省。曰象進孰物形。則𦏧會意之恉全矣。□為初文。倫按引經校者加之。亯𦎫一字。𦎫為後起形聲字。會意字不得从形聲字。則此作从丮𦎫聲是也。然𦏧為□之後起字。□从丮从亯會意。此獻亯之亯本字。未制此字時。即以亯為孰。既制□字。即以亯為聲。故孰𦎫音皆禪紐也。此後起字。或訊之轉注字。實从訊。羊聲。當訓獻也。或訓䬣也。與䬣為轉注字。䬣下曰。設食也。義甚明白。與从丮从□之恉合。食飪也當作設食也。飪也。飪也者。飪字之義。古書多借為飪耳。孰聲幽類。飪聲侵類。幽侵對轉也。飪也校語。⊘字見急就篇。伯致𣪘作□。【説文解字六書疏

證卷六】

◉馬叙倫　[glyph]　舊釋饗父丁。倫謂[glyph]非饗也。字从説文之𠬪。從亯。以兩手執亯。乃説文之䵼字。此為初文耳。甲文有[glyph]。高田忠周釋䵼。是也。[glyph]亦亯字。説文䵼下曰。食飪也。食飪也當作設食也。飪也。飪也者飪字之義。飪聲侵類。執聲幽侵對轉。古書或借孰為飪。其實生孰字當為䵼。飪則䵼之轉注字。䵼則亯之轉注字也。亯為孰物之義。亦煮之初文。説文䵼下曰。一曰鬻也。此固校語也。然必有所因。而鬻非其義。夏敬觀謂鬻從米得聲。米聲脂類。䵼聲真類。脂真對轉。以聲訓也。孫詒讓謂鬻為煮之譌。孫説為長。煮音照三。䵼音禪紐。同為舌面前音也。亯從𠅘即説文之亯字。釜之初文也。釜中有一。象所煮之物也。物既煮則孰。古俗即就釜而食。故此從亯。以兩手執亯。置於當食之所。謂之設食。説文。䣞。設食也。𩚦即金文師虎𣪕之[glyph]字。從食。才聲。食亯則一字。詳疏證。此從䣞。才聲。䣞即甲文之[glyph]字也。才屯一字詳疏證。説文䵼讀若屯。則䣞為䵼之轉注字也。以此知孰義為設食。此器作䵼者。與亯爵作[glyph]同意。【讀金器刻詞卷上】

◉馬叙倫　白致𣪕　舊作伯致敦。見攈古録金文一之三。[glyph]。倫按舊釋白致嫢敦。倫謂嬰不從女從孰。實從𢀜從亯。即説文之䵼字。甲文作[glyph]者也。𢀜者。奴之異文。不嫢𣪕之嫢亦從此。嫢即説文之娸。女為奴之初文。從𢀜猶從女矣。【讀金器刻詞卷中】

◉張日昇　馬叙倫謂。金文从𢀜者。奴之異文。其説非是。𢀜下之女乃夊之譌變。其例不可勝數。如婚之[glyph]變作[glyph]。揚之本作[glyph]。一變為[glyph]。再變為[glyph]。又如馬氏所舉嫢字亦當作如是觀。【金文詁林卷三】

◉裘錫圭　《甲骨文合集》(以下簡稱為《合》)30284是一片三四期殘骨,上存如下三條卜辭:

于[glyph]西酓,王弗(每)。

于宙門⿱丮亯酓,王弗每。

囗⿱丮亯囗王弗每。

前兩辭卜問應該在「[glyph]西」還是在「宙門⿱丮亯」舉行「酓」這種儀式。《合》30285也是三四期殘骨,上有與《合》30284第二辭同文的卜辭。此片殘骨的摹本已見于《庫方二氏藏甲骨卜辭》1002。由于摹本中「⿱丮亯」字所从的兩個偏旁之間有相當明顯的距離,前人多誤以為是兩個字。例如陳夢家《殷墟卜辭綜述》478頁引《庫》1002(陳書誤為1003),釋作「于宙門丮亯酓」;島邦男《殷墟卜辭綜類》58頁「丮」字條和263頁「亯」字條下,也把這個字拆成兩個字。从《合》30284、30285的拓本來看,「丮」和「亯」的筆畫上下相

接，顯然是一個字的兩個偏旁。我們认為這兩個字應該釋作「埶」。

《説文·丮部》「埶」字作「䙴」，分析為「从丮，𦎧聲」。但是「埶」、「𦎧」二字韻部相距甚遠，「埶」字無由从「𦎧」得聲。所以《段注》删去「聲」字，以「埶」為會意字。從出土文字資料看，「埶」字原來根本就不从「𦎧」。據雲夢睡虎地秦簡和馬王堆帛書等資料，早在秦代和漢初，人們就是把「埶」字寫作从「𠅘」或「享」的（「𠅘」、「享」是一字異體），从「𦎧」的寫法在當時似乎並不存在。參看漢語大字典字形組編：《秦漢魏晉篆隸字形表》192—193頁。再往上追溯，《金文編》所收的「伯侄（實應釋「致」）簋」的「埶」字，也从「𠅘」而不从「𦎧」（《金文編》1985年版178頁）。可見我們現在所用的「埶」字的字形，是從先秦秦漢文字一脈相承地沿襲下來的，並非《説文》所收的「䙴」形的省變之體，與「孰」、「淳」等字的「享」旁由「𦎧」省變而成的情況不同。《説文》中屢見跟秦漢時代實際通行的篆文不合的字形，這類篆文字形反而不如隸書、楷書近古。「戎」、「早」、「卓」等字里的「十」形，《説文》篆文都作「甲」，便是明顯的例子。「䙴」大概也屬于這一類。

《合》17936（即《京津》2676）有字，从「𠅘」，从「丮」的變形「」，《甲骨文編》（以下簡稱《文編》）112頁釋為「埶」，當可信。可惜上下文已殘，意義不明。甲骨文中的有些合體字，其偏旁既可寫作左右並列，也可寫作上下相疊。例如：「獸」（嘼）也可作「巽」，見《文編》544—545頁。《殷墟文字綴合》424有作的「獸」字，《文編》未收。「多」也可作「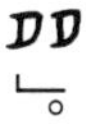」。《殷契遺珠》7，參看金祖同《發凡》2頁上。「邑」也可作「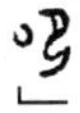」（《殷墟文字乙編》1621「我入邑」）。「男」既可作「」（《文編》524頁），也可作「」（《文編》當作未識字收入958頁）。所以，見於上引卜辭的「𡧊門𡧊」的「𡧊」字也應該釋為「埶」。「𡧊」字，于省吾先生釋為「廷或庭之初文」（《甲骨文字釋林》85頁），當可信。「門埶」無疑應該讀為「門塾」。《爾雅·釋宫》：「門側之堂謂之塾。」《尚書·顧命》、《儀禮》等書都有關於塾的記載，不具引。1976年在陝西省岐山縣鳳雛村發現了一處西周時代的大型建筑基址。從遺跡看，向南的大門門道兩邊都有面積頗大的塾，門内就是庭。陝西周原考古隊：《陝西岐山鳳雛村西周建筑基址發掘簡報》，《文物》1979年10期。參看王恩田：《岐山鳳雛村西周建筑羣基址的有關問題》，《文物》1981年1期。從卜辭可以知道門塾之制在商代就已存在。【釋殷墟卜辭中與建筑有關的兩個詞——「門塾」與「𠂤」　出土文獻研究續集】

◉戴家祥　嫢為埶之繁文，加女旁與丮或作嫢，同例。【金文大字典中】

䵻

甲二六二三　甲二六七五　甲二六九五　前二·一〇·一　䵻或从𢦏　與金文師虎簋䵻字同　金五四四　地名
【甲骨文編】

甲109　188　770　1169　1910　乙8815　珠245　246　247　277　632
佚33　80　178　545　738　896　佚945　徵8·27　續1·5·1　1·6·4
1·9·10　1·12·5　1·13·2　1·16·7　1·18·1　1·50·5　掇400　徵3·15　3·22
3·35　3·53　3·202　9·22　京3·30·2　鄴32·9　39·3　誠282　289
六束139　續存265　1433　書1·6·G　摭續241　粹138　204　368　370　465
466　467　468　469　500　新4155　4209　4221　5030　5160　5496
【續甲骨文編】

埶　經典通作載　詩載馳載驅　傳辭也　又正月　載輸爾載　上載亦是發聲之辭　卯簋　埶乃先且考死嗣焚公室　沈子它簋　作茲簋
用埶饗己公　師埶鼎　从由　嬴霝德作埶簋　嬴霝㥁壺　不从丮　𠭯㺿簋　从食𢦏聲　弔埶卣
師虎簋　𢦏先王既命乃且考事　【金文編】

2019　弔䵻卣䵻字作與此形近。【古璽文編】

石碣　吳人說文　䵻設飪也　讀若載　載字重文　【石刻篆文編】

◉許　慎　䵻設食也。从丮。从食。才聲。讀若載。作代切。【說文解字卷三】

◉徐同柏　䵻見石鼓文。讀若載。周禮載師注。載之言事也。【周𠁁敦　從古堂款識學卷六】

◉吴式芬　許印林説……𩚑。饐之古文。玉篇作𩚑。一切經音義十三作餩。四聲韻引林罕集崔希裕纂古作𩚑。推尋六書。當是从食。弌聲。集韻五質益悉切噎饐貳同字正从弌。弌。古文一。與壹通。故小篆从壹。古文从弌。此篆作。蓋升一於弋上。又小變其平横之勢耳。諸書从弋者。弌之省。从戈者譌也。楊鉤增廣鐘鼎篆韻引林罕作𩚑。足證四聲韻之誤矣。饐。飯傷濕也。此則借為歎詞。書金縢。對曰信噫。傳云。噫恨辭。馬本作懿。云懿猶億也。孫氏尚書今古文注疏云。詩大雅。懿厥哲婦。箋云。懿者有所傷痛之辭也。疏引此經為説。易。億喪貝。釋文云。本作噫。干寶注。億歎辭也。又大雅抑篇。楚語作懿。韋昭云。懿讀曰抑。王氏尚書後案亦引瞻卬箋國語注為證。又云。小雅十月之交抑此皇父。箋云抑之言噫。徐邈音噫。韓詩云。抑意也。周頌噫嘻。成王定本作意。淮南繆稱曰意而不戴。高誘曰。意恚聲。蔡邕石經論語。意與之與古文意作抑然。則噫意懿抑皆同也。劉熙釋名釋言語篇云。噫憶也。憶念之故發此聲憶之也。説文無憶字。當作意。馬訓億。億説文訓安。于義無取。疑馬注亦當作意。與劉熙合也。瀚案。瞻卬箋本文是有所痛傷之聲也。孫王皆引作有所傷痛之辭。蓋誤記。論語。子曰。噫。包注云。噫。痛傷之聲。正與鄭義合。噫億意抑懿各有本義。經典作歎詞用。皆假借。噫億意抑懿既可借。則饐亦可借。饐懿唐韻並乙冀切。饐則壹聲。懿則恣省聲。壹聲古音至部。恣聲古音脂部。雖相近而不同。疑懿訓專久而美實兼壹恣兩義。今説文或經後人改易。當是从壹从恣。壹亦聲。故得與饐同音而同借為歎辭也。凡人之音由喉則阿烏亞。由鼻則噟噫億。鼻之噫即喉之烏。烏長言之則曰烏乎。噫長言之則曰噫嘻。噫饐音近。烏於字同。書傳言於多矣。此言饐猶言於新王發命。念昔先人未言而吁嗟將之斯。所以有痛傷之聲乎。【虎敦　攈古録金文卷三】

◉劉心源　　説文食部作。云設飪也。从丮食。才聲。讀若載。古亦用為載。石鼓文省車。衔西北是也。【奇觚室吉金文述卷二】

◉羅振玉　　説文解字。𩚬。設飪也。从丮。从食。才聲。讀若載。𩚬載同音叚借。漢鄭季宣碑。亦借𩚬為載。此从食从𢦏聲。殆即𩚬字。【增訂殷虚書契考釋卷中】

◉方濬益　説文無𩝐字。丮部𩚬下云。設飪也。从丮食。才聲。讀若載。石鼓文載西載北字作。是𩚬載二字通。𩝐又𩚬之異文也。【叔𩝐卣　綴遺齋彝器款識考釋卷十二】

◉林義光　𩚬　之韻音鼒　説文云。設飪也。从丮食。才聲。按石鼓作。象兩手持食。才聲。古作師虎敦。从食𢦏聲。【文源卷六】

◉王國維　此字卜辭从𢦏，从戈。與虎敢之𩚬。石鼓文之𩚬略同。古文以為載字。【卜辭中所見地名考】

◉高鴻縉　説文。□。設飪也。从丮食。才聲。讀若載。作代切。按説解甚是。動詞。石鼓文。□西□北。用如載。副詞。乃通叚。周時字形亦變作□。見師虎簋。通哉。爾雅。哉始也。【中國字例五篇】

◉強運開　□　薛趙楊均釋作載。潘云籀文載字。運開按。説文。⿰⿱才食丮設飪也。从丮食。才聲。讀若載。段注云。飪宋本作食。玉篇同。廣雅釋言曰。⿰⿱才食丮設也。又釋詁四曰。飢曶也。錢大昕定飢為⿰⿱才食丮之誤字。古用為發語之載也。如石鼓詩載作⿰⿱才食丮。又按。師虎敨。載先王既命乃祖考事作□。卯敨。載乃先祖考作□。與此正同。皆可證。【石鼓釋文】

◉吳闓生　吳(大澂)云截即載字。案。石鼓文⿰⿱才食丮西⿰⿱才食丮北。借⿰⿱才食丮為載。與在字同。【吉金文録卷三】

◉于省吾　卜辭中□字習見。亦作□□□□□□等形。華學涑釋祼。見簠室類編二葉。商承祚亦疑為祼字。見類編待問編一·一。葉玉森釋索。見鈎沈六葉。吳其昌謂□之誼與餗相類。見解詁六三五葉。按卜辭□字為祭義。用法多在祭與昚之閒。當即説文⿰⿱才食丮字。茲條述於左。

一□即□即□字。卜辭有□字。亦作□。金文有嫿寏㪤毁。銘為嫿寏㪤用作訇辛□毁。又有嬴霝恵毁。銘為嬴霝恵作□毁。□毁與□毁詞例同。是二字本一字也。从又从丮與否本同用。如金文慮亦作𢿱。㫷與其同用。即其證也。

一□字中閒从丨與否同。卜辭□字亦作□。嬴霝恵毁作□。中閒均不从丨。金文𤔔字通作□。大司馬簠作□。𤔔字通作□。伊毁作□。均可為从丨與否無別之證。

一从皀與从食同。金文毁字。據金文編所録。毁與飤互作。又如餗字旟毁宰豖毁作□。卿字效卣伯康毁作□。是从皀與从食一也。

一□字上从□即甾字。隸定應作⿱甾食。前二·三八·一有□字。即今甾字。與□上所从之□為同字。説文。甾東楚名缶曰甾。王國維釋由。謂甾乃由之形譌。按古文甾由形多無別。以韻言之。古之幽之二部音最相近。

一⿱甾食⿰⿱才食丮⿰⿱甾食丮⿰⿱甾食又𢦏字通。金文編以⿰⿱才食丮⿰⿱甾食丮𢦏同列。最為卓識。以嫿寏㪤毁之□列坿彔。則有未審。从丮象人雙手有所承奉之形。與从又義本相仿。前一·二一·六。甲午⿰⿱甾食又上甲。即祭上甲也。佚存九三一有□字。隸定作⿰⿱才食丮。即金文⿰⿱才食丮字。前二·十·一。在□貞。□即載。係地名。⿰⿱才食丮⿰⿱才食丮𢦏从才聲。⿱甾食⿰⿱甾食丮⿰⿱甾食又从甾聲。音近字通。子陝行甾。甾作□。叚借為鼒。周禮媒氏。入幣純帛注。純實緇字也。古緇以才為聲。詩丰箋。紂衣纁袡。釋文。紂又作緇。禮記檀弓。紂衣。釋文。紂本又作緇。儀禮士冠禮注。純衣疏。但古緇紂二字竝色。若據布為色者。則為緇字。若據帛為色者。則為紂字。均其證也。

總之。⿱甾食⿱甾食⿰⿱甾食丮⿰⿱甾食又⿰⿱才食丮⿰⿱才食丮𢦏為同字。从丮从又从丨與否無別也。从皀與从食一也。从甾聲與从才聲一也。⿱甾食象食器。左右

有點者。象飯粒下墜之形。从丮从又者。象奉食器之形。集韻七之。𩚁。莊持切。饎名。説文。䬼。設飪也。从丮从食才聲。讀若載。玉篇。䬼。設食也。按祭者必設食。故卜辭以為祭義也。【釋𩚁 雙劍誃殷絜駢枝】

◉董作賓 𩚁祭。五期皆有之，其字形變易，最為繁夥，今所隸定者為五期之一體，作者也。由今之考定，其字从才馬聲，即説文之䬼。説文「䬼，設飪也」，宋本作「設食也」。蓋以食品祭祀先祖妣者也。第一期作。卜辭云：「乙酉卜亩今日酒𩚁(飤)于父乙。」(前・四・一・三)𩚁从食从又，為以手獻食物于神示之義，从中，與𢦏之作者同，以才為聲也。𩚁祭亦用酒，此其一例。二期五期字皆見祀譜。三期字略同二期，惟四期異體為多。蓋新舊兩派皆有此祭，而四期則承接一期也，為節省篇幅計，輯録各期𩚁字之異體，並參列金文，為演化表如次，每字注其所見，不復備舉原文。

「𩚁」字演化系統表：

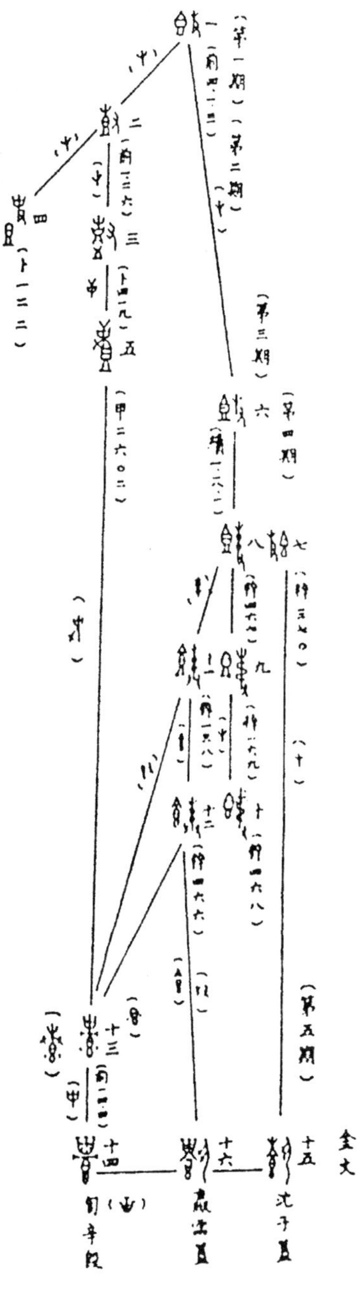

觀右表，「𩚁」字之演化，在卜辭中二百餘年間至於十三種之多，其逐漸變易，依次求之，尚有系統可推尋也。金文中「十四」直承五期「十三」體，而「十五」「十六」，則各有所受，蓋从又以示動作，一手或左()或右()，固可互用，而一手化為二手()，二手並著人身()，亦文字由簡趨繁之常例，故由「𣪘」變而為「䬼」，乍視之自覺可異，細審之即當瞭然也。今隸定五期之，乃由兩手演化，當如附載之，蓋之訛變，此例卜辭中有之。如「埶」之別體，不从丮而从収。更變収以成，如第一期辭云：「□□卜，賓貞：『埶()于宮？三月。』」(前六・一三・二)埶作，从兩手植木于土。即樹蓺之蓺也。而同時卜辭又有：「貞勿埶()于□？」(乙八一三)此「埶」从中，中木可互用，而収則變為，从土亦如故也。二期以後，更增人身，省土，作(前・六・一五・七)或(前・六・一五・二)矣。其由而，由而，演化之迹，與「𩚁」字正同。又由金文「十四」「十

六」兩體對證之，十六體旁無，而右則从丮，丮所以示兩手，亦可知「十四」之即兩手之，故不再重出之也。此字以五期之形為代表，寫作「壴」，其音與義則取之金文之，即説文之「䬯」也。知「壴」祭之用食物以祭者，一由其字形。其字必从皀，皀在卜辭中作。下為盛食之器，為形，即毁若簋也。上之象所盛之黍稷，其作者，即食字，為器蓋，舉其器之全形也。一由其祭器。上表訇辛毁銘文云：「數寂歆用乍訇辛壴毁・𢋖册。」(續殷文存上・四八・七)此器自名為「毁」，又稱「壴毁」，蓋壴祭所用之器也。又表中所列之沈子簋，其銘文有「作茲簋，用䬯饗己公」語。瀛需簋亦稱「䬯簋」，是壴祭用毁與簋之明證也。毁舊釋為敦。敦與簋皆為盛黍稷之器。……而壴祭用之，此「壴」為黍稷食物以享祖妣之祭之確證也。【殷曆譜上編卷三】

◉馬叙倫 林義光曰。象兩手持食。才聲。古作師虎毁。从食。才聲。倫按郭沫若謂食皀一字。而倫謂皀亯亦一字。故䵒之初文从亯。而䬳从食才聲者。才屯一字。五篇。䵒讀若純。純从屯得聲。是䬳从丮䬳聲。䬳為亯䵒之轉注字。今本書無䬳字耳。金文作師虎毁。从食。聲。甲文有。从水。𢦏聲。𢦏即䬳字也。屯形變為才。音亦轉入從紐。乃與埶不得轉注。屯音知紐。與埶音禪紐同為舌面前音也。而此从屯得聲。䵒讀若純。聲皆真類。或从䬴。才聲。猶䵒从䬴羊聲。今本書無䬴字。□需悳作毁。从䬴。聲。毁止作。設食也鍇本作設飪也。飪當作飪。乃設食也飪也二義。一訓校者加之。石鼓文作。卯毁作。【説文解字六書疏證卷六】

◉楊樹達 此字下从食，上从甾，説文十二篇下甾部云：「甾，東楚名缶曰甾，象形。」側詞切。金文中未見甾字，説文从甾聲，而師酉毁弇字，其字作，所从之，與形大同。小校經閣金文柒卷柒拾葉上有龍需德毁蓋，銘文云：「龍需德作䬳毁。」䬳字从丮从食从甾，乃説文䬯之或作。字或从才，或从甾者，才甾音相近也。此銘之䬳蓋䬳之省作，銘文云䬳毁，與金文他器言「饙彝」或「饙毁」者相類，説文䬯訓設飪，義適相合。甲文以䬳為祭名，與説文義亦無忤也。

䬳字説文未見，殆即䬯字也。説文三篇下丮部云：「䬯，設食也，从丮从食，才聲。讀若載」作代切。䬯从才聲，䬳从東楚名缶曰甾之甾得聲，才與甾同屬古韻咍部字，聲亦相近。二字聲類不同，實是一字，此猶鱷或作鯨，婣或作媚也。【數毀跋

積微居金文説卷六】

◉陳夢家 「𩛥」字從食𢦏聲，義為始或昔。爾雅釋詁曰：初哉……始也。經傳或作載。西周金文之例可比較如下：

中方鼎 中茲……今……

善鼎 善昔先王既令女……今余……

卯毁　叡乃先祖……昔乃祖……今余……

師嫠毁　師嫠才昔先王……今余

師訇毁　鄉女……今余……

由此可知茲、載、鄉、昔等字都是和今字相對的，義為從前。左傳襄十四：周王賜齊侯命昔伯舅大公……今余命女環……，亦昔今對立。由卯毁之例，則知時間詞的載—昔—今是三層的。載早於昔，昔早於今。酒誥：在昔殷先哲王。君奭：在大甲在昔上帝。凡此之在疑是載字。【西周銅器斷代　金文論文選】

◉陳仁濤　〔張政烺説〕吳大澂等舊皆釋饋。見説文古籀補卷五食部。今以形聲考之不類。按此字當从食□聲。□當从貝□聲。貝即鼎字之省。説文鼎部所謂古文以貝為鼎，籀文以鼎為貝是也。金文例證繁多不煩列舉。□即甾字，齊叔夷鐘嘯堂集古録下·七九淄作□。从水省。从兩甾相背。陳向殘陶簠齋舊藏唐蘭先生有文考之，載國學季刊甾作□，並即地名臨淄，形體皆與此近，是其證也。古者才甾音同，故依聲類求之，□蓋與鼒同字，饡當是𩚵。説文：「𩚵，設飪也。从丮食，才聲，讀若載。」故埇夜君成之載鼎三代吉金文存三·一一即𩚵鼎，而嬴霝德作□毁同上七·一五。□則从丮食，甾聲，與饡字聲符同。⊘饡鼎載鼎淄鼎𩚵毁義既同貫，音又相若，其皆用為𩚵字斷無疑矣。【金匱論古初集】

◉金祥恆　郭鼎堂考釋□釋為會，未加銓釋。余疑郭氏釋為會，因金文走馬亥鼎(三代·三·四四·三)「自作會鼎」之會作□，與此字形相近之故。□容庚金文編釋為會。今以甲骨例比之，□乃𩚵之省，非會也。甲骨文𩚵酒，亦作酒𩚵，倒文耳。□□□　葉洪漁前編考釋未加考釋，孫海波甲骨文編入待問編，今以其字形从□从□易食為□，殆亦𩚵也。【釋□　中國文字第十四册】

◉湯餘惠　《小校經閣金文拓本》2·38·3著録的太府鼎銘文共五字(圖一，1)，劉體智釋爲「大府之鑪盞」。其中第四字右上不从「卣」，右下不从「皿」，釋「鑪」殊不足據，但劉氏釋左旁為「食」还是頗有見地的。

仔細琢磨這個字的結構，乃由食、貝、甾三個偏旁所組成。右下方从貝稍嫌淺劭，但不難看出正與銘文府字下方的貝旁同形，應即貝字。右上方的偏旁應是「甾」，考戰國楚文字的「甾」大體有如下三式：

1. a.□ b.□　2. □　3. □

1式a，楚器昭王鼎饋字所从，此字舊誤釋為「饋」，張政烺先生釋為「饡」，以為右上从「甾」，頗具卓識。1式b楚器元臭鼎饡字所从，a、b兩形的差別僅在字中間一筆，或點或横小有區别，可歸為一類。2式的「甾」即信陽207簡□字所从，同出213簡的籢字从

「㽬」作𦥑，與前者無疑是一個字，可見1、2兩式同字，只是帶耳、不帶耳略有區別罷了。3式的「㽬」出自望山M1.38簡、39簡的餥字，同出17簡又作𩚬，足證1、3兩式也是同字。《説文》「㽬，東楚名缶曰㽬」，1式㽬象器上有耳，3式㽬似器下有足，2式㽬則如足、耳並省之形。西周金文㽬字通作甶，戰國楚文字㽬字三式即由此省變。通過以上討論，不難看出鼎銘第四字右上偏旁乃是3式的「㽬」。

此篆食旁寫法比較特殊，不過在本文第一節的討論中已經接觸到食字所从皀旁的特殊寫法，此篆皀旁的形體跟太府鎬、即墨刀幣上的皀旁基本相同，三者可以互證。至于「皀」上面的冂，粗看很象冂字，其實乃是訛寫的「△」，上面的兩筆寫得開張些便成了這個樣子。

由上面字形的分析，可知此字就是「饋」。晚周楚器昭王鼎和元㝬鼎上都有這個字，過去所以不識，主要是偏旁形體變化較大難以舉一反三的緣故，實則這三個饋字的結體方式是完全相同的。「饋」即䬸字或體，僅見晚周楚器。《説文》「䬸，設飪也。」器名之前用饋(䬸)，猶如用「𩜁」、用「祭」，都是用以説明器物的性質和用途的。【楚器銘文八考 考古與文物一九八三年第二期】

◉戴家祥 䬸字前人缺釋，考字形从𠂊从食从甾，似可釋䬸。説文三篇丮部：「䬸，設飪也。从丮从食，才聲。讀若載。」按召南·行露「室家不足」，毛傳云「昏禮純帛不過五兩」，釋文：「紂帛側基反，依字絲旁才，後人遂以才為屯，因作純字。」地官媒氏「凡嫁子娶妻，入幣，純帛無過五㒳」，鄭玄注：「純，實緇字也，古緇字以才為聲。」禮記·玉藻「大夫佩水蒼玉而純組綬」，鄭玄注：「純當為緇字，或作絲旁才。」玉篇四二五緇同紂。才甾聲同，故䬸或作䬸。壺銘「䬸月」，當讀載月，爾雅·釋天：「載，歲也。夏曰歲，商曰祀，周曰年，唐虞曰載。」郭璞注：「取物終更始。」邢疏引孫炎曰：「載，始也。取物終更始。」景純注蓋本孫炎。金文卯殷「䬸乃先祖考死𤔲榮公室」，師虎殷「𢦏乃先王既命乃祖考事」，䬸作𢦏。𡐓夜君鼎䬸作載。小雅大田「俶載南畝」，鄭箋：「載讀為菑粟之菑。」同聲通假，載亦同哉，爾雅·釋詁「哉，始也」。唐韻䬸載俱讀「作代切」，精母，之部。【金文大字典上】

𢀜

𢀜 孳乳為鞏固也 牆盤 永不𢀜狄虘光伐尸童 毛公𢉖鼎 不𢀜先王配命 又云永𢀜先王 【金文編】

鞏記印 【漢印文字徵】

巩 義雲章【古文四聲韻】

◉許　慎　[glyph]褱也。从丮。工聲。居悚切。[glyph]巩或加手。【説文解字卷三】

◉吳大澂　説文巩褱也。从丮。工聲。或加手作𢪏。大澂竊疑𢪏為奉之古文。己亥鼎。[glyph]字正象兩手奉玉形。恐字从此。言心之恐懼。如執玉。如捧盈也。【愙齋集古録第四册】

◉強運開　[glyph]毛公鼎。不巩先王配命。原書已入録。仍㠯本字解。[glyph]亦毛公鼎文。永巩先王。吳書入奉篆下。定為古奉字。與上一字異解。竊謂兩篆形雖小異。實為一字。按説文。巩。褱也。从丮工聲。或加手㠯𢪏。又見手部云。𢪏。擁也。擁又訓褱也。是巩實有擁護褱持之意。不必強為穿鑿。以為即古奉字。【説文古籀三補卷三】

◉高田忠周　此明晳巩字也。説文。[glyph]褱也。从手工聲。或體加手作[glyph]。按段氏云。手部曰。𢪏擁也。擁褱也。葢謂巩𢪏為一字是。手部當删也。要銘意。亦褱擁義之一轉持護不失之意也。【古籀篇三十六】

◉高田忠周　説文。[glyph]擁也。从手巩聲。臣鉉等按。丮部有𢪏與巩同。此重出。按大徐説是。巩下曰褱也。褱下曰裹也。擁下曰褱也。此巩𢪏字本義也。叚借為扛。廣雅釋詁。𢪏舉也。漢書王莽傳。𢪏茵輿行。注謂坐茵褥上而令四人對舉茵之四角輿而行也。是也。或云。扛亦與巩同字。其訓横關對舉者。即杠字之轉義也。杠牀前横木。其狀似對舉者矣。【古籀篇五十四】

◉郭沫若　銘中兩巩字義亦有別。上之「不巩先王受命」，孫詒讓讀為「丕鞏」，甚適。下之「永巩先王」，余意當讀為周官大祝「五曰攻，六曰説」之攻。鄭玄云「攻説則以辭責之」。案如尚書金縢「若爾三王是有丕子之責于天」，詩雲漢「父母先祖，胡寧忍予」之類，是也。【毛公鼎　兩周金文辭大系考釋】

◉郭沫若　「㺬𤇾」，㺬即巩之異，讀為攻治之攻。𤇾，𤇾省，讀為經營之營。大雅靈台「經始靈台，經之營之，庶民攻之，不日成之」，即此㺬𤇾意。㺬讀為工巧之工，亦可通。又下文「堇𤇾其政事」，亦是勤營。【叔夷鐘　兩周金文辭大系考釋】

◉孫海波　[glyph]，抱持也，象人兩手奉工之形，工亦聲。毛公鼎「不巩先王配命」，又云「永巩先王」，巩猶拱，敬也。【甲骨金文研究】

◉馬叙倫　巩與弄奉一字。毛公鼎。不巩先王配命。又曰。永巩王命。不巩永巩即不奉永奉也。奉者以兩手託物。故巩从𠬞王會意。褱也當作持進也。褱也者。或體𢪏字義也。

鈕樹玉曰。手部有𢪏。訓擁也。不應為重文。疑後人增。田吳炤曰。𢪏既从丮矣。又从手。故曰。或加手。當是舊本語。小徐改作或从手。失恉。倫按十二篇。𢪏。擁也。从手。巩聲。徐鉉曰。丮部有𢪏。與巩同。此重出。倫謂此重出也。

故作或加手。與大例不合。䢅如為珙之或體。則俗字也。从手。珙聲而訓擁也。是為擁之轉注字。珙者以兩手向上。而物宅其手。故□形似之。擁者以兩手環抱。故訓褱也。褱借爲勹。毛公鼎作□□。【説文解字六書疏證卷六】

◉馬叙倫

吳式芬曰。許印林説首字作□。从王从丮乃玐。見集韻。又作珙。見説文。珙又通玒。亦見集韻。左傳老子拱璧通作拱。詩商頌。大共小共。又通作共。於此知集韻大有根據。孫詒讓曰。疑䢅之省。倫按此説文之玐字也。金甲文玉字多作工。蓋玉即今言一套之套本字。知者。玉有體質。本可象形。然圖畫之。天然之玉與石不殊。則疑於石也。古以玉為貨。故算字或从王作筭。古之玉貨即璧也。璧即今言貨幣之幣本字。其初文為◎或作○。辟從○侳聲。為璧之次初文。以系貫三◎為一玉。淮南原道訓。玄玉百工。工亦玉字。上玉字借為金玉之玉。下玉字即今所謂套也。玉之茂文為玨。説文玨之重文作瑴。今之套字乃瑴之俗也。左莊十八年賜玉五瑴。僖三十三年傳。納玉於王與晉矦皆十瑴。穆天子傳。載玉萬瑴。一皆謂一璧以上也。爾雅。至十謂之區。區即玉之借字。亦瑴之借字。説文筭讀若魯公子彄。而瑴則讀若筭。其例證也。一玉之玉既止於十。則或二或三皆非所異。故金甲文或作工或作王也。此从丮从玉。為奉之初文。弄之異文。奉字所從之□亦即弄字。甲文玉或作丰。説文豐字所從之丰即珏字也。此玐蓋為人名。【讀金器刻詞卷中】

◉戴家祥　説文三篇丮部：「玐，褱也。从丮，工聲。䢅，或加手。」又十二篇手部重出䢅字，訓「擁也」。以聲義求之，玐、䢅皆□之異體字，□，竦手也。从𠂇从又，字本象形。形義加旁，亦或作拱，爾雅・釋詁「拱，執也。」左傳僖公卅二年「中壽，爾墓之木拱矣」，杜預注：「合手曰拱。」形聲易位，則寫成拲。兩手共械，形同拱手，故以兩手同械之刑，名拲，非別有專字也。古字丮象兩手執持形。丮、手同義，金文揚，作𩰫，是其證。玐既从手，䢅又加手，形符重複字也。毛公鼎「不玐先王配命」，又曰「永玐先王」，徐同柏讀玐為恐從古堂款識學卷十六。孫詒讓據大雅・瞻卬「無不克鞏」，文王「永言配命」，讀不玐為「丕鞏」。而「永玐先王」，仍從徐讀為永恐，一字兩義籀高述林卷七毛公鼎。按説文十篇心部「恐，懼也，从心玐聲，古文作忎」。又云「烘，戰慄也，从心共聲」。楚辭・九歎怨思「心鞏鞏而不夷」鞏鞏，猶戰慄畏懼也。恐、烘、鞏不但同部，而且同母。徐釋至確，孫釋亦無可非議。

谻

牆盤銘文「永不巩狄」當讀「永不恐惕」。【金文大字典中】

◉許　慎　谻，相踦之也。从丮。谷聲。其虐切。【説文解字卷三】

◉馬叙倫　沈濤曰。史記司馬相如傳索隐引作谻。勞也。燕人謂勞為谻。蓋古本如此。今本語不可解。當是二徐妄改。傳寫又有奸誤耳。倫按本書心部。㤈。勞也。司馬相如上林賦。徼谻受屈。借谻為㤈。丮部所屬字皆有丮據之義。谻从丮。當亦然。十二篇。掎。偏引也。疑此説解中踦字當作掎。相掎之謂相偏引也。或即掎之雙聲轉注字。然从丮則與偏引義似遠。當為據之轉注字。猶谷之重文作臄矣。今捝本訓。所存校語。又有譌耳。索隱所引乃㤈字義。【説文解字六書疏證卷六】

◉劉　釗　《殷周金文集成》11578號著録一件劍，銘文如下：。「」字不見於以往的古文字資料，需稍加考釋。「」字從「」從「丮」，「」即「谷」字，後世又隸作「丞」。字從「谷」從「丮」，應釋為「谻」。《説文·丮部》：「谻，相踦之也，从丮谷聲。」「谻」字後世字書中又譌作「⿰谷丸」「⿰谷丮」「⿰谷几」。【金文考釋零拾　第三屆國際中國古文字學研討會論文集】

⿰女丮

甲二一〇　乙二五六七　乙三三四五　乙三九二九　佚七七九　乙五三二一　前五·一五·五　後二·二六·一七　乙七一三八　粹一〇〇〇　簠地四八　續五·一〇·六　京津三一三八　清暉一〇九　佚六〇二【甲骨文編】

甲177　210　2874　乙16　1512　1709　2249　2280　2373　2567　3452　3929　5047　7138　珠363　卜63　佚14　續5·12·5　佚779　續5·10·6　徵11·48　掇385　京2·31·3　六清109　外230　粹1000【續甲骨文編】

⿰女丮延角　𩁹婦觚　麥方鼎　切卣二　⿰女丮簋　𡨦史甗　㝩⿰女丮卣　段簋　牆盤　縣妃簋　林⿰女丮鬲【金文編】

◉許　慎　[glyph]擊踝也。从丮。从戈。讀若踝。胡瓦切。【説文解字卷三】

◉吳大澂　[glyph]　古伐字。从戈。从丮。象兩手執戈形。【愙齋集古録第二十一册】

◉劉心源　𢦏。人姓名。𢦏。説文作[glyph]。擊踝也。从丮。戈。讀若踝。俗作䂘。娍。郟。【奇觚室吉金文述卷四】

◉林義光　[glyph]𢦏　泰韻音拜。説文云。[glyph]擊踝也。从丮戈。讀若踝。按伐商彝云。丁未𢦏商。叚敦云。令龔𢦏遣飭大則于叚。文義並當為伐。當即伐之或體。象兩手持戈。字作[glyph]伐商彝辛。作[glyph]叚敦。【文源卷六】

◉方濬益　此文象人持戈之形。與伐之从人从戈意同。惟説文有𢦏字。云擊踝也。形尤相似應。釋𢦏為當。【徙角　綴遺齋彝器款識考釋卷二十六】

◉馬叙倫　嚴可均曰。从戈當作戈聲。鈕樹玉曰。繫傳擊作繫。誤。从丮戈下當有聲字。霍世休曰。擊踝也當作擊也。劉秀生曰。戈聲也。戈果皆見紐歌類。故𢦏从戈聲得讀若踝。釋名釋兵。戈。過也。所刺擣則決過。所鈎引則制之弗得過也。兀部。踻。从兀。咼聲。讀若楚人名多夥。女部。婐。从女。果聲。讀若騧。戈聲果聲古並如咼。是其證。示部。祼。灌祭也。从示。果聲。周禮小宰。祼將之事。注。祼之言灌也。大行人。王禮再祼而酢。鄭司農云。祼讀為灌。禮記郊特牲。灌用鬱鬯。釋文。灌。本作祼。左襄四年傳。斟灌。史記夏本紀作斟戈。戈聲果聲古並通灌。亦其證。倫按擊踝也者。讀者以𢦏讀若踝旁注踝字於𢦏下。與釆下曰。辨別也。同例。傳寫誤入正文。校者以踝擊不可通。又乙於擊下耳。𢦏為伐之異文。丁未角。丁未。[glyph]商。征貝。即丁未伐商征貝也。段敃。令龔𢦏。蓋即令龔伐也。𢦏音匣紐。伐音奉紐。同為摩擦次濁音。聲轉耳。榰妃段作[glyph]。【説文解字六書疏證卷六】

◉馬叙倫　舊釋丁未𢦏商征貝。孫詒讓曰。征疑即左傳之止。凡尋獲稱止。[glyph]用乍父辛彝[glyph]止貝猶言獲貝也。𢦏。吳榮光釋伐。伐字是。吳謂征即徙。徙貝即俘貝。倫檢左莊九年傳。是以皆止。僖十五年傳。將止之。杜注皆訓止為獲。國語魯語。掎止晏萊焉。晉語。遂止於秦。韋注亦釋止為獲。尋隻為獲得之獲本字。隻止音同照之。則借止為隻也。征為徙之異文。見説文。從彳止聲。亦得借為隻也。[glyph]字似即説文之𢦏。然畢仲敃之[glyph]亦伐字。甲文亦有作[glyph]者。𢦏本是伐之異文。説文。𢦏。擊也。即伐字義。今讀若踝。賈誼書。踝嫗矣。即借踝為𢦏者。由伐音奉紐。轉匣為踝。奉匣同為次濁摩擦音也。此伐商蓋即伐宋。丁未蓋伐宋之人名。其銘末有亞[glyph]。則其人貴族也。【讀金器刻辭卷下】

◉徐中舒　𢦏，甲骨文、金文皆作跽而雙手舉戈上獻之形，當為獻之本字。古代席地而坐，坐即跽。跽而雙手上舉其戈以獻，其為戰敗而繳械投降之意，至為明顯。

𢦏，甲骨文及早期金文作[glyph]、[glyph]，是一個繳械投降的會意字，引申為獻納。此銘戈、丮平列，頗與形聲字相似。許慎作《説文》時，雖收有此字，但他將此字作形聲字處理，顯然是不對的。【西周墻盤銘文箋釋　考古學報一九七八年第二期】

◉唐　蘭　𢦏字《説文》讀若踝。今按字从丮，象人跪而揚兩手，應與玐㫨等字並讀為揚。【略論西周微史家族窖藏銅器群的重要意義　文物一九七八年第三期】

◉唐　蘭　矦易者𢦏臣二百家　𢦏字《説文》：「擊踝也，從丮戈。讀若踝（胡瓦切）。」過去都不得其解。擊踝可能是古代的一種刑，甲骨文蔑字作[glyph]，都象擊踝，和伐字的以戈擊人頸是不同的。許慎釋𢦏為擊踝，雖不是𢦏字本來的意義，總還是有根據的。但從金文來看，𢦏字應讀若揚。金文丮字本象人坐着（用膝和足趾着地），兩手揚起之形，玐字象兩手捧玉之形，㫨字象舉兩手向着太陽之形，㫨字變為𨈖字，又變為䍩字，就是《説文》的揚字；玐字又變為䎙字，䎙字，䵻字，就是《説文》的瑒字；這些金文都用作對揚字，它的讀揚是沒有問題的。但是玐鼎的玐，在另一器上就作𢦏（兩器並見《三代吉金文存》卷三·四十六頁），同一人還有一件簋，也作𢦏（清宮舊藏，上書卷六，四十六頁），證明𢦏也應讀為揚。那末𢦏字是象兩手揚戈的形狀。這裏說者𢦏臣，者讀為諸。揚戈的人應該是衛士一類。《史記·淮陰侯列傳》「臣事項王，官不過郎中，位不過執戟」，注：「張晏曰：郎中，宿衛執戟之人也。」」【論周昭王時代的青銅器銘刻　古文字研究第二輯】

◉裘錫圭　𢦏見《説文》：「𢦏，擊踝也……讀若踝。」用在這裏解釋不通。古文字从「凡」、从「収」（廾）往往無別，疑「𢦏」也可作「戒」字用，在此似可讀為「悈」。《爾雅·釋言》：「悈，急也。」「悈見」就是急來朝見。【史墻盤銘解釋　文物一九七八年第三期】

◉于省吾　《説文》：「𢦏，擊踝也，从丮从戈，讀若踝。」按《説文》凡言某字讀若某，下一某字不僅擬其音，也往往用其字以為假借。因此可知，《説文》「𢦏讀若踝」，當然也可以借𢦏以為踝。《説文》：「踝，足踝也，从足果聲。」段注：「按踝者，人足左右骨隆然圜者也。」《禮記·深衣》的「負繩及踝以應直」，鄭注：「踝，跟也。」《急就篇》的「踦踝跟踵相近聚」，顏注：「足後曰跟，亦謂之踵。」按對文則殊，故踵、跟有別；散文則通，故踝也訓跟。《左傳》昭二十四年的「吳踵楚」，杜注：「躡楚踵迹。」《莊子·德充符》的「魯有巫者叔山無趾，踵見仲尼」，郭注：「踵，頻也。」《楚辭·離騷》的「忽奔走以先後兮，及前王之踵武」，王注：「踵，繼也。武，迹也。」又典籍中踵之訓為迹（作動詞用），為接，為至者常見，義訓展轉關通，不煩備列。總之，人之相見，一人頻見和多數人繼續以見，均可謂之「踵見」。基于以上的論述，則銘文的「方緣（蠻）亡（無）不𢦏見」，𢦏之讀為踝訓為踵，例證具備。銘文是說，方蠻無不接踵來見，語義是調適的。【墻盤銘文十二解　古文字研究第五輯】

◉朱歧祥　[glyph]象人雙手捧戈以擊之狀，隸作𢦏。本義為擊伐，《説文》：「擊踝也，从丮戈，讀若踝。」唯形構未見足踝意，疑為誤入

下文字音之譌，《説文》應釋為：「擊也。从丮戈，讀若踝。」

象人持戈。或即𢦒字繁體，擊也。【殷墟甲骨文字通釋稿】

◉戴家祥 𢦒字卜辭屢見，象兩手執戈形。説文三篇丮部「𢦒，擊踝也。从丮，从戈，讀若踝」。麥尊「矦錫諸𢦒臣二百家」，𢦒與臣字連用，似為會意兼形聲字。左傳昭公元年「二執戈者前矣」，禮記·喪大記「君即位于阼，小臣二人執戈立于前，二人立于後」，𢦒臣即小臣之職，於聲似當讀婐。説文十二篇女部：「婐，妮也。一曰女侍曰婐，讀若騧，或若委，从女，果聲。孟軻曰：舜為天子，二女婐。」今本孟子·盡心下婐作果。趙岐注：「果，侍也。」古讀戈、果、委、咼聲同字通。集韻卅四果「剈，割也」。或作划，更旁从戈。婐或作婑，更旁从委。夥或作鍋，蜾或作蝸，輠或作𨌰，更旁从咼，是其證。【金文大字典中】

厈

◉許慎 拖持也。从反丮。闕。居玉切。【説文解字卷三】

◉馬叙倫 鈕樹玉曰。玉篇引作亦持也。此作拖持也。非。闕字玉篇引無。嚴可均曰。此無所闕。舊本闕反切。桂馥曰。亦持當作爪持。本書。攫。爪持也。切音同。龔橙曰。厈即丮。丁山曰。甲文字从丮作。有時从厈作。則丮厈亦一字。倫按此與爪同例。拖字蓋持也二字之誤合而誤者也。【説文解字六書疏證卷六】

鬥

甲一〇九二 地名 甲一一五二 甲一一五七 甲三四六一 鐵一八一·四 前二·九·三 前二·九·四 乙四三三 乙三九五六 乙六九八八 乙七一一九 粹一三二四 存下一七四 誠四五二 師友二·一四四 坊間三·一〇二 燕四四二 【甲骨文編】

甲1092 1152 1157 3461 乙433 6988 7119 佚460 京2·22·2 續存205 粹1324 新3107 【續甲骨文編】

鬥 【汗簡】

◉許　慎　鬥兩士相對。兵杖在後。象鬥之形。凡鬥之屬皆从鬥。都豆切。【說文解字卷三】

◉羅振玉　曰鬥鬥鬥

說文解字。鬥兩士相對。兵杖在後。象鬥之形。卜辭諸字皆象二人相搏。無兵杖也。許君殆誤以人形之□為兵杖與。自字形觀之。徒手相搏謂之鬥矣。【增訂殷虛書契考釋卷中】

◉葉玉森　古鬥字象怒髮相搏形。【研契枝譚】

◉葉玉森　鬥　此字異體作鬥。鬥。丮則象人散髮形。卜辭鬥為地名。【殷虛書契前編集釋卷二】

◉王　襄　古鬥字象二人相對徒搏。有爭鬥之誼。【簠室殷契類纂正編卷三】

◉林義光　鬥鬥　遇韻唐喻切　說文云，鬥兩士相對，兵杖在後，象鬥之形。段氏玉裁云，此非許語也，許之分部次第，自云據形系聯，丮厈在前，故受之以鬥，且文從兩手，非兩士也，此必他家異說，淺人取而竄改許書，當云爭也，象兩人手持相對形。【文源卷六】

◉馬叙倫　鈕樹玉曰。玉篇廣韻韵會引杖作仗。説文無仗。嚴可均曰。孝經釋文以為兩丮相對。此作兩士。誤。孫星衍曰。士為手譌。段玉裁曰。此非許語也。許之分部。據形系聯。丮厈在前。故受之以鬥。然則當曰。爭也。兩丮相對。象形。謂兩人手持相對也。王筠曰。以全書通例言之。當云。从丮厈。而不然者。丮訓執持。鬥則戰陳。其形偶然相似。義則不然。故變其文。所謂據形系聯也。吳國傑曰。後字為手之誤。羅振玉曰。卜辭鬥字作鬥鬥。皆象兩人手相搏。無兵杖也。許殆誤以人形之□為兵杖。自字形觀之。徒手相搏為鬥。倫按羅説是也。禮記檀弓。遇諸市朝不反兵而鬬。孟子離婁。今有同室之人鬬者。皆可證鬥為徒手相搏也。甲文作鬥者。葉玉森以為怒髮相搏。或謂此從金甲文之丮字。丮為僕之最省者也。从丮而象徒手相搏形。指事。从丮者。古之酋豪驅其屬為鬥也。倫謂此莊子所謂突鬢武士之狀也。從人而突鬢相搏。指事。説解當作徒手相搏也。从二人象形。今之説解非許文。杖字諸書引皆作仗。許書無仗。孝經釋文此字从丮。飢逆反。兩丮相對鬥也象鬥之形。無兵杖在後四字。即其證也。以釋文證之。蓋本作鬬也。从兩丮。【説文解字六書疏證卷六】

◉蕭　璋　鬥字以字形言明係从兩丮見義（嚴可均説文校議曰：「鬥孝經諫諍章釋文以為兩丮相對、此作兩士誤」）。説文丮訓持而讀若戟，知丮戟之義有關。古戟通作棘（隱十一年左傳「子都拔棘以逐之。」杜注云：「棘，戟也。」又明堂位「越棘大弓，天子之成器也。」鄭注：「棘，戟也」），同有刺擊之義（莊四年左傳正義引方言曰：「戟謂之子。」郭璞注云：「戟是擊刺之兵，有止刺之刃。」説文：「棘以並束，讀若刺。」方言：「凡

草木刺人，江湘之間謂之棘」），知丮義亦含刺擊。然則鬥之為字形與聲皆可證其與刺擊有關也，鬭从斲聲，其義即含刺擊（斲字已見本篇前斫櫡字條。說文从斲聲者，其鬭斁兩字，皆含刺義）。形又从鬥，詁訓更明。說文訓為遇者，蓋戰鬥撞刺，未有不相遇者，正如抵之訓刺，而又訓觸也（見三篇觝字條）。故鬥鬭古多相通（凡古言戰鬥鬥爭者，字多作鬭。例多不煩列舉），而段氏定以古凡鬭接用鬭字，鬥爭用鬥字，亦未免失之鑿矣。【釋至　國立浙江大學文學院集刊第三集】

◉楊樹達　段玉裁云：「此非許語。當云爭也。兩丮相對，象形，謂兩人手持相對也。文从兩手，非兩士。此必他家異說，淺人竄改許書，未可信也。」羅振玉云：「今卜辭鬥作，象兩人手搏之狀，不見兵杖。」許說誤，段說从兩手非兩士，亦誤也。【文字形義學】

◉朱歧祥　隸作鬥，字又作。象二人披髮攖冠，雙手互擊皃。《說文》言兵杖在其後，誤。【殷墟甲骨文字通釋稿】

◉黃錫全　鬥　甲骨文鬥作（粹1324），象二人爭鬥形，金文變作（九年衛鼎鬭旁），《說文》正篆作。【汗簡注釋卷一】

鬭

鬭　法七四　四例　法八八　五例　法八〇　六例　封八四　日乙六二【睡虎地秦簡文字編】

汗簡　同上【古文四聲韻】

◉許　慎　遇也。从鬥。斲聲。都豆切。【說文解字卷三】

◉馬叙倫　鈕樹玉曰。韵會引作从鬥从斲。非。段玉裁曰。鬭遇疊韻。倫按鬭為鬥之轉注字。鬭从斲得聲。斲音知紐。古讀歸端。而聲亦矦類也。字見急就篇。【說文解字六書疏證卷六】

◉楊樹達　鬥為複體象形字，鬭則加聲旁字也。鬥斲二字同在古音矦部。許誤分為二耳。【文字形義學】

◉李家浩　「鬭」應當分析為从「殳」「豆」聲，在此讀為「鬭」。【庚壺銘文及其年代　古文字研究第十九輯】

鬨

◉許　慎　鬭也。从鬥。共聲。孟子曰。鄒與魯鬨。下降切。【說文解字卷三】

◉馬叙倫　鈕樹玉曰。韵會引作鬨也。非。倫按鬨聲東類。鬭聲矦類。東矦對轉轉注字。孟子以下校語。【說文解字六書疏證卷六】

𩰫

◉許　慎　𩰫經繆殺也。从鬥。翏聲。力求切。【説文解字卷三】

◉馬叙倫　段玉裁曰。手部曰。摎。縛殺也。按縛殺若今以一繩勒死。經繆殺若今絞罪。以二繩絞死。故从鬥。疑此即摎之或體。俗增之。上下文皆言鬥。中梗。非其次。王筠曰。經字句。經通其名。其義未明。故以繆殺申之。承培元曰。此即左哀二年傳絞縊以戮之絞。徐灝曰。摎字从手。恐當作搏殺。段以此為摎之或體。非也。凡言雉經即自縊之轉聲。漢書趙皇后傳。即自繆死。晉灼曰。繆音繆縛之繆。鄭德曰。自縊也。倫按𩰫在鬥部。不得訓繆殺。鬥音端紐。聲在矦類。𩰫音來紐。古讀歸泥。聲在幽類。端泥同為舌尖前音。幽矦近轉。是𩰫為鬥之轉注字。與摎一字。摎當訓相搏也。漢書繆死字借為絞。古之自縊。皆謂以繩自絞其喉。氣閉而死。與今所謂投環俗謂弔殺者異。此蓋挩失本訓。或許亦不知其義耳。然經繆殺也當作繆。經殺也。繆字乃校者旁注以釋𩰫字之音者也。傳寫誤入正文。又誤乙耳。【説文解字六書疏證卷六】

◉岐山縣文化館、陝西省文管會等　「顏(顏)小子具叀(惟)夆(封)，[illegible](壽)商𩰫(勱)」注云：𩰫，假借為勱。《説文》力部：「勱，並力也。」「壽商勱」是説壽商也出了力。【陝西省岐山縣董家村西周銅器窖穴發掘簡報　文物一九七六年第五期】

鬮

5·240　右閹　疑為鬮字【古陶文字徵】

◉許　慎　鬮鬭取也。从鬥。龜聲。讀若三合繩糾。古矦切。【説文解字卷三】

◉馬叙倫　王筠曰。玉篇作手取也。吾鄉呼鬭如邱。龜之古音。固如丘也。山西人同。許讀。夏敬觀曰。从龜省聲。劉秀生曰。讀若糾也。糾从糸丩聲。丩龜聲皆見紐。故鬮从龜聲得讀若糾。龜部。龜。舊也。論衡卜筮。龜之為見舊也。萑部。舊。从萑。臼聲。或从鳥休聲作鵂。肉部。脙。从肉。求聲。讀若休。詩小雅桑扈。周頌絲衣。兕觥其觩。釋文。觩音糾。本或作觓。角部。觓。角皃。从角。丩聲。詩曰。兕觵其觓。穀梁成七年傳。展觓角而知傷。注。觓。球球然角皃。龜聲如舊。舊聲如休。休聲如求。求聲如丩。是其證。倫按从䶰得聲。䶰字見𪚴字下。鬥音端紐。鬮音見紐。皆破裂清音。鬥聲矦類。鬮聲幽類。幽矦近轉。故鬥轉注為鬮。鬭取也當作鬭也智取也。智取也者。後人以鬮為拈鬮字而妄加也。今智字譌入下文鬮字説解中。而讀者輒删也字。遂如今文矣。鬮𩰫聲同幽類轉注字。【説文解字六書疏證卷六】

⿵鬥爾 ⿵鬥爾

◉許　慎　⿵鬥爾智少力劣也。从門。爾聲。奴礼切。【說文解字卷三】

◉馬叙倫　說解當作劣也。⿵鬥爾劣以聲為訓。十二篇。劣。弱也。故廣雅釋詁曰。⿵鬥爾。弱也。即借⿵鬥爾為弱也。倫謂說解本作劣也。傳寫將上文鬮下智字譌入此下。少力即劣字之分也。如今訓不見从門之義。然倫謂本部諸文皆相搏之義。無劣弱之意。⿵鬥爾為鬩之轉注字。⿵鬥爾音娘紐。鬩从兒得聲。兒音日紐。古讀歸泥。泥娘同為鼻音次濁音。兒聲支類。爾聲之類。之支亦近轉也。亦⿵鬥翏之轉注字。⿵鬥翏音來紐。古讀並歸於泥也。劣弱並以聲訓耳。或此字出字林。非許書原有也。【說文解字六書疏證卷六】

⿵鬥燹 ⿵鬥燹

◉許　慎　⿵鬥燹鬭連結⿵鬥賓紛相牽也。从門。燹聲。臣鉉等案。燹今先典切。从豩聲。豩呼還切。蓋燹亦有豩音。故得為聲。一本从焚。說文無焚字。撫文切。【說文解字卷三】

◉高田忠周　⿰燹攴為燹異文。而此从攴。自為異文。因謂說文。⿵鬥燹門連結⿵鬥賓⿵鬥燹相牽也。从門燹聲。攴者小擊也。又轉為凡擊伐義。寇暴仇敵攻擊毀敗字。皆从攴可以見也。然則此从攴與从門同。此為⿵鬥燹異文無疑。但器亦有⿰燹攴王彝。彼不从攴。一省一略。未詳孰其正字。要皆叚借為邑邦名耳。或謂叚借為豳。豳同邠。史記周本紀慶節立國于豳。孟子太王去邠。豳邠古今字。豳⿵鬥燹同聲。然則⿵鬥燹王蓋慶節之謂乎。此篆見于卜辭。古出顯然，慶節時可用矣。【古籀篇三十六】

◉馬叙倫　徐鉉曰。燹一作焚。音紛。此俗書紛字。鄧廷楨曰。⿵鬥燹牽疊韻。王筠曰。鬭字當絕。倫按漢以前書無⿵鬥燹⿵鬥賓二字。此說解亦似校者所為。古書言繽紛。皆謂糅雜糾結。則此二字橫於⿵鬥爾鬩之間亦可疑。倫謂後人加之。【說文解字六書疏證卷六】

◉柯昌濟　說文⿵鬥燹賓⿵鬥燹也。从門燹聲。即其字。小篆从燹聲而古文从⿱彑豩或从門从⿰豕攴。⿱彑豩⿰豕攴之音亦可知古音當如燹矣。疑古文訓⿰豕攴⿱彑豩皆為逐豕也。【⿵鬥燹敔　韡華閣集古録跋尾丙篇】

⿵鬥賓 ⿵鬥賓

◉許　慎　⿵鬥賓鬭也。从門。賓省聲。讀若賓。匹賓切。【說文解字卷三】

◉馬叙倫　鈕樹玉曰。韵會引作⿵鬥賓。無省字。小徐作讀若繽。非。說文無繽。嚴可均曰。讀若賓疑校者所加。倫按⿵鬥燹⿵鬥賓為雙聲轉注字。【說文解字六書疏證卷六】

鬩 鬩

鬩呼狄切出義雲章【汗簡】

◉許　慎　鬩恒訟也。詩云。兄弟鬩于牆。从鬥。从兒。兒。善訟者也。許激切。【説文解字卷三】

◉林義光　説文云。鬩恒訟也。从鬥兒。兒善訟者也。从兒鬥。兒亦聲。【文源卷十】

◉馬叙倫　戴侗曰。兒非善訟者。倪霓皆兒聲。乃諧聲也。鈕樹玉曰。韵會引無兒善訟者也五字。按此注疑經後人改。當是从鬥。兒聲。桂馥曰。恆當為相。倫按桂説近是。然倫謂相訟非本義也。字从鬥必有鬥義。爾雅釋言。鬩。恨也。孫炎作很也。曲禮。很毋求勝。注。很。鬩也。詩常棣。兄弟鬩于牆。傳曰。鬩。很也。諸很字皆借為鬫。鬫聲脂類。很聲真類。脂真對轉也。鬫鬩為轉注字。从鬥。兒聲。兒爾音同日紐。兒聲支類。爾聲之類。亦近轉也。相訟者鬩之引申義也。本部諸文説解多譌。疑此亦非許文。引詩七字在从鬥上。且不作詩曰而作詩云。明是校者所加。兒善訟五字。韵會引無。亦所據本為校者知其校語而删之矣。亦或此字出字林也。【説文解字六書疏證卷六】

閔 閔

◉許　慎　閔試力士錘也。从鬥。从戈。或从戰省。讀若縣。胡畎切。【説文解字卷三】

◉劉心源　閔即閔。今作閔。戈即戈。説文。閔試力士錘也。从鬥。从戈。或云从戰省。讀若縣。胡畎切。案今武場巨刀石試士。即其遺制。【奇觚室吉金文述卷六】

◉馬叙倫　段玉裁曰。或从戰省。當作或曰从戰省聲。王筠曰。或从戰省。蓋後人校語也。从戈从戰省皆會意。本無分別。且既云試力士錘。則戈與錘意尚相近。若鬥即是戰字。既从鬥即不當再从戰省。將無以其聲略相近耶。宋保曰。戈聲猶戌讀若環。从閔省聲也。戈歌部。環縣元部。古音元與歌最多出入。如智讀若委。楆讀若指撝。皆是也。然則舊有聲字。傳寫闕失。承培元曰。錘當依篇韻及錢鈔本作縋。縋。以繩有所縣也。左襄十年傳。主人縣布。杜注。縣。縣布於城外以試勇士也。疑許書試上本有以繩二字。後人删之也。劉秀生曰。宋保謂戈聲是也。校者以戈縣聲不近。删聲字而加或从戰省四字耳。戈聲歌部。縣聲寒部。歌寒對轉。故閔从戈聲得讀若縣。穀梁隱元年傳。寰内諸侯。釋文。寰古縣字。匡謬正俗。八。州縣字本作寰。後借縣字為之。走部。䠣。从走。瞏聲。讀若讙。左襄四年傳。斟灌。史記夏本紀作斟戈。戈聲如藿。藿聲如瞏。瞏聲如縣。是其證。广部。庪。从广。戈聲。讀若環。戈聲縣聲古並如瞏。亦其證。倫按从鬥戈聲。不得爲試力士錘。或試力士縋。蓋其本義亡矣。所存者校語也。墨子備城門。城上之備飛衝縣。尹桐陽謂縣同閔。是也。謂閔為錘非也。以

墨辭推之。閔亦門義。蓋鬩之雙聲轉注字。或斁之音同匣紐聲同歌類轉注字。【説文解字六書疏證卷六】

◉黄錫全　古璽有閔字，《古璽文編》（下面簡稱《文編》），《古璽彙編》簡稱《彙編》）隸作閔。此字从門从戈，字書不見。「閔」究竟是什麼字，讀什麼音，《文編》没有注明。

檢《汗簡》戈部録李商隱字畧盜作，《古文四聲韻·號韻》録籀韻亦作，从門从戈，與上舉璽文類同。古文字中門作（《粹》1324），象二人爭鬥之形。从鬥之鬭作（九年衛鼎），《説文》正篆鬩作，所从之鬥與門形近易混。鄭珍認為「夏韻盜下録籀韻有字，與此皆門之誤」，是正確的。

《説文》閺，「讀若縣」。盜本从次聲。次即涎，屬邪母元部，縣、閺屬匣母元部。鄭珍説：「閺讀若縣，當是商隱音次，次縣同音，其書次誤為盜，郭不能識別耳。」按商隱當是以閺為盜，並非郭氏誤寫誤釋，是鄭珍不知盜本从次聲。

由此，我們知道古璽的閔應是閺字訛誤，如果没有《汗簡》作為橋梁，是不敢輕易論定的。璽文「長閔」（《彙編》〇七三四），應讀「長閺」。【利用《汗簡》考釋古文字　古文字研究一九八五年第十五輯】

鬧

竝籀韻　【古文四聲韻】

◉徐鉉　鬧不靜也。从市鬥。奴教切。【説文解字卷三新附】

又

甲四七八　獲㹜卅又七　甲六八九　甲八五四　其十人又五　乙一〇二　前二・一三・二　在十月又一　前二・二七・五　獲㹜十又三　前二・四〇・二　在十月又二　後二・三・一〇　又遣　後二・四一・一三　允毕三百又卌八　師友一・一五〇　十卣又正　續三・一八・一　又辛　見合文二六　續二・二四・一　又正　見合文二七　前一・一七・五　又一　見合文二七　前二・五・一　又二　見合文二七　甲二七三　又用為右　右子族　甲一三一八　右宗　河五五七　甫右用　後二・五・一五　王曰其剢右馬　粹五九七　丁酉貞王乍三師右中左　粹一六　即于右宗有雨　粹

六八五　即于右宗有大雨　後二・八・一七　歸于右宗其有雨　甲一二五九　王其姷酌于右宗　甲二七九　又用為祐　受祐

甲一三七一　前一・二七・四　受㞢祐　後二・三三・一〇　林一・二三・七　林二・二四・一　戩六・一三　粹一〇八　粹一一一三　粹一一二三　師友一・一四二　京津一一三八　拾三・一四　祐祐　見合文二五　粹一三　又用為有　姷于帝五臣有大雨　粹二七　有大雨　粹五五日　有犭　甲三八四　卜辭ナ又通用ナ囚即有囚　河五七三　有鼄　粹六一　有壱　前八・二・一　婦妞有子　粹一四一七　有囚　簠天一日月有食

京津三二四一　京津三二八〇　京津三八六六　京津三八七〇　鄴初下・三三・三　有鹿　佚一六三

京都三一一四　甲三九六　又用為姷祭名姷　甲三九七　□未卜姷母辛　□十豕十兹用　甲五〇四　姷大甲三牢

前一・二〇・七　王其姷于武乙　粹一三　王姷歲于帝五臣正隹亡雨　粹五八　粹七二　姷于五火　粹一九四

姷于伊尹　河三七七　後一・七・一一　姷于兄壬于母辛宗　京都一八三三　京津三二一七　京津四八二八

存二三五四　【甲骨文編】

甲384　乙4508　6469　6879　6888　7307　7348　7359　7488　7826　7868　8424　8670　8806　8818　8852　8857　珠217　363　391　397　624　625　630　631　633　637　638　702　856　1099　卜25　64

佚5　76　131　243　350　374　380　401　407　415　428　440　484　519　541　547　651　758　814　880　882　883　897　924

979 續1·32·3 2·4·9 2·16·2 2·30·10 2·31·4 3·11·3

3·24·2 3·44·3 4·9·3 4·16·3 4·35·3 徵1·1 2·13

4·1 8·38 8·71 8·72 9·4 9·6 9·8 9·9 9·15

9·26 9·27 9·38 9·40 9·49 10·34 11·21 京2·28·2

4·11·2 4·13·1 凡3·1 6·3 7·1 10·1 29·1 録284 338

352 377 451 539 557 573 611 703 鄴三492 天27

誠112 146 169 摭2 64 龜卜48 49 55 東方82 2183

4461 S·11 六清188 外405 六曾24 續存623 1159 外43 57

106 摭續6 9 94 141 161 198 粹22 511 544

597 598 657 712 726 834 1094 1220 1242 新5236

5241 5613 【續甲骨文編】

又 盉文 又尊 亞又方彝 宰椃角 我鼎 夾方鼎 何尊 公史簋 盂鼎 瞏

卣 明公簋 農卣 沈子它簋 小臣逋簋 師旂鼎 庚嬴卣 麥鼎 趞鼎 公貿鼎

趞卣 同卣 曶鼎 鬲攸比鼎 段簋 伊簋 大鼎 師寰簋 寰盤 善鼎

師嫠簋 𤼈鐘 散盤 無㠱簋 克鐘 善夫克鼎 史頌簋 毛公𢉩鼎 弔多父盤

圅皇父簋　虢季子白盤　鄭虢仲簋　弔上匜　㚤有司爯鼎　緰鎛　秦公鎛　克明又心　秦公簋　高弘又慶　酓章作曾侯乙鎛　曾姬無卹壺　陳侯午錞　屭羌鐘　大梁鼎　王作又𩰫簋　仲爯簋　仲爯作又寶彝　𦉢鬲　用作又母辛尊彝　以上三字以文義觀之當是𠂇字　縣妃簋　隹十又二月　字形與𠂇同　伯吉父簋　唯十又二月　楚簋　仲倗父又楚立中廷　義同右蓋為右字省口　中山王䀌鼎　假借為有　中山王䀌兆域圖　又事者官圖之　【金文編】

1·80　獨字　1·81　同上　1·82　同上　5·279　又　5·299　又乘　又乃右之本字　【古陶文字徵】

讀為有　□—〼又尚(甲1—18)、—泉𠂇淵(甲2—23)、吉〼□—電雲(甲3—4)、西䂸—𠫑(甲4—22)、乃—鼠〼(甲4—29)、東䂸—𠫑(甲4—34)、隹十—二月(?·)(甲6—34)、亡—尚死(甲8—8)、民則—穀(甲12—3)、亡—相𧍧(甲12—6)、少—〼(甲12—31)、未—骨〃(乙3—33)、千—百歲(乙4—32)、—宵又朝(乙8—3)、又宵—朝(乙8—5)、—晝又夕(乙8—7)、又晝—夕(乙8—9)、銜—咎(丙1:3—5)、—黽內于卡〓(丙7:2—4)、亓邦—大亂(丙8:3—2)　【長沙子彈庫帛書文字編】

刀弧背　右又　冀灵　仝上　刀弧背　右又　晉原　布空大　豫伊　刀弧背　右又　冀灵　刀弧背　冀滄　【古幣文編】

55　226　240　【包山楚簡文字編】

又　日甲三六　八例　通有—雨　日甲六四　日甲三四　二例　日甲三八　【睡虎地秦簡文字編】

3135　4736　4737　4748　4747　4812　4840　4842　4844　4813　4815

4814 4818 4793 4799 4794 4797 4800 4516 4558 4513 4556

4555 4802 4801 4811 4809 4559 4729 璽文以為有字 【古璽文編】

開母廟石闕　又遭亂秦　石碣吳人　品式石經咎繇謨　古先右六磬　古先右八磬 【石刻篆文編】

又　見石經 【汗簡】

雲臺碑　汗簡 【古文四聲韻】

●許　慎　ヨ手也。象形。三指者。手之𠛬多略不過三也。凡又之屬皆从又。于救切。【說文解字卷三】

●劉心源　又。王讀佑。王謂助祭也。【奇觚室吉金文述卷四】

●羅振玉　卜辭中左右之右，福祐之祐，有亡之有，皆同字。ヨ又，為「又」之異體也。【增訂殷墟書契考釋卷中】

●羅振玉　又　音訓。又通作有。箋曰。古金文有字多作又。卜辭中則皆作又。無有字。【石鼓文考釋】

●王國維　又之言侑，詩楚茨「以妥以侑」，猶言祭也。

《說文解字》左部：「差，貳也。差不相值也，从左𠂇，𢀩籀文𢀩，从二。」按𢀩作𢀩，則籀文左當作𠂇，殷虛卜辭有ヨ字，其文曰「王受ヨ」，羅氏曰：「ヨ殆即又字，他文多作受又，又即右，猶言受福矣。」今據此左作𠂇，ヨ確是右字，𠂇ヨ殆左右之初字也。又古文从又之字，後世多从寸作ヨ，蓋从ヨ省。《師寰敢》有左字，與篆文同。【戩壽堂所藏殷墟文字考釋】

●林義光　手之列如ヒ象三指。止象三趾。皆略為三。蓋五指中有相比合者。略視之不過三也。古作ヨ毛公鼎。【文源卷一】

●高鴻縉　字原象右手形。手本五指。只作三者。古人皆以三表多。後借為又再之又。乃通叚右助之右以代之。久而成習。乃加人旁作佑。以還右助之原。說文右。助也。从口。又聲。言不足以ヒヨ手助之。是也。又凡人作事。多以右手。故从又之字多有製作之意。羅振玉曰。卜辭中左右之右。福佑之佑。有亡之有。皆同字。今按卜辭並借為又再之又。及右祭之右。此當以左右為本意。象形。餘為借意。借意與字形無關。【中國字例二篇】

◉王　襄　古又字，與右，有，侑並通。

又二古右字，通作祐。

古有字，石鼓亦叚又為有，又侑重文。

古侑字，疑祭名，詩楚茨以妥以侑，誼可證。【簠室殷契類纂正編卷三】

◉高田忠周　說文：「𠂇手也。象形。三指者。手之列多畧不過三也。凡又之屬皆从又。」此解有誤。元當云右手也。以借字釋正字之例固如此也。但𠂇者出于屮。屮者出于手。三指云云。當在于屮字下。此元右手形。故用為左右之右。左右借字。屮又正字也。【古籀篇五十六】

◉吳其昌　「又」者，戩壽堂殷虛文字有云：「……又土，尞羌一小牢，[illegible]。」一・一・續・二・二三・四。王先生釋之曰：「又之言侑。詩楚茨：『以妥以侑。』猶言祭也。」按：先師之說是也。楚茨之詩云：「……以為酒食，以享以祀，以妥以侑……」享、祀、妥、侑，四者平列，律以王引之經傳釋詞所定，經傳上下數字平列，皆同義之公例，則侑、妥之義，自與祀、亯等耳。其昌謂：「又」即通「有」，「有」即通「侑」；「侑」亦通「宥」。卜辭作「又」，凡「又于某」云云，義皆為祭。周易作「有」，萃之卦辭云：「萃，亨。亯。王假各有廟……」渙之卦辭亦云「渙亨，亯。王假各有廟……」「有廟」，皆謂侑祭于廟也。儀禮作「侑」，有司徹，以人飾鬼而受祭亯者，有「尸」有「侑」。「尸」以同宗，「侑」以異姓。「侑」者，正當祭亯之時侑食于尸也。故經云：「乃議侑于賓。」鄭氏注：「擇賓之賢者，可以侑『尸』。」其明證也。古文禮經作「宥」，鄭注又云「古文侑，皆作宥」是也。蓋其字由簡而益繁，文字滋化變演之序。固其然爾，「又爽」者，又侑祭于且辛之爽也。【殷虛書契解詁】

◉郭沫若　差許訓貳，此即籀文从二之意。籀文𢀩字仍以𠂇為左，非以左為左也。卜辭有王受又二之成語，當讀為王受有祐。又作重文，金文重文之例均如是作。

「又二」重文當讀為「有祐」，「受有祐」或「弗受有祐」乃卜辭恆語，王國維說「又二」為古右字，非是。【卜辭通纂】

◉郭沫若　第六八五片「又歲」「又大雨」之又均讀為有。「又于帝五臣」之又讀為侑。

「又雨」、「又大雨」，二又字讀為有。「即于又宗」，又殆左右之右，古人以西為右，右宗者蓋謂宗祭于西方也。它辭言「其于西宗」。通五・九二、前四・一八・一。

「又二」乃又有重文，讀為「有祐」。它辭多作「㞢又」，侯家莊龜甲第一版則竟作「又又」。

「又史」可讀為有事，又讀為右史，未知孰是。

「即于又宗」亦見第十六片,「又」蓋讀為右,謂宗祭于西也。【殷契粹編考釋】

●強運開 □ 薛尚功楊升庵均釋作有。趙古則釋作又。潘云通作有。籀文媘。張德容云。説文又。手也。蓋叚借字。運開按。書堯典。朞三百有六旬有六日。詩不日有曀。注有又也。俱叚有為又。此則叚又為有。二字古多通叚也。秦公敢。十有二公句。有作□。與鼓文同。【石鼓釋文】

●葉玉森 □ 羅振玉氏曰。説文解字友古文作□。从□。乃从□傳寫之譌。从□。又為□之譌。師遽方尊作□。卜辭又作□者。亦友字。卜辭中□亦作□。斯□亦作□矣。其从二與𢍰同意。增訂書契考釋中二十一。王國維氏曰。鄂侯馭方鼎之馭方□王之□。即宥侑二字。馭方□。王即謂馭方酢王。周禮大行人侯伯之禮王禮壹祼而酢。即此事也。故侑之義與酢同。毛詩彤弓傳曰。右勸也。楚茨傳曰。侑勸也。右侑同字。此不云酢而云侑者。以諸侯之于天子不敢居主賓獻酢之名。故雖酢天子而其辭若曰侑之云爾。釋宥。森按。卜辭之□疑仍□之繁文。誼仍為侑。至羅氏所舉□字。見卷七第一葉。辭云「貞翼令□昊□侼方□□事」。□之意誼似非友。亦非侑。或別為一字。【殷墟書契前編集釋卷四】

●明義士 又正象手形。又在卜辭含有五義:㈠古文又右一字,如前編卷三第三十一葉二片「丙申卜貞□馬□左□右中人三百。六月」是也。㈡復也,如續編卷二第二十二葉二片「貞其牢又一牛」,前編卷二第二十七葉五片「……獲□十又三」是也。㈢通有,如後編卷上第三十葉五片「于翌日壬歸,又有大雨」,前編卷八第三葉三片「辛巳卜我貞我又事,今十月」,後編卷下第九葉十二片「又□」等是也。㈣通作侑,如前編卷一第十二葉二片「庚申卜,貞翌辛酉,又侑于祖辛有赫」,卷五第十六葉「又祖丁豕」等是也。㈤通佑與祐,如藏龜第二四四葉二片「貞勿正□方,下上弗若,不我其受又」是也。本片與第五義同,亦可於藏龜一片補其缺文也。【柏根氏舊藏甲骨文字考釋】

●楊樹達 又象右手,𠂇象左手,故二手內向相對則為𠬞,外向相背則為□也。夫人之所以異於禽獸者,心能思而手能作也。手之有助於人也至大,史記言漢王失蕭何,如失左右手,以左右手喻人,其義可見也。又字孳乳為右,助也。此字口部又部重見,又部云:右,手口相助也。𠂇字孳乳為左,𠂇手相左也。大徐本云:手相左助也,此从段校正。易泰象傳曰:「后以財成天地之道,輔相天地之宜,以左右民。」詩商頌長發曰:「實維阿衡,左右商王。」周禮秋官士師曰:「掌國之五禁之法,以左右刑罰。」左右義皆為助。此二字連文皆用本義者也。自𠂇又假用左右字,別造佐佑字代左右。又字又孳乳為友,友下云:「同志為友,从二又相交。」按二又猶言二人,此人之相助者也。復孳乳為祐,示部云:「祐,助也。」此謂神之助人也。

𠂇手可為人之助,固矣,然𠂇與右相反戾,人之用𠂇手遠不如又手之便,故𠂇之孳乳字多乖剌不正之義。左部云:「𢀵,貳

也，左不相值也。」尢部云：「尪，尪尪，行不正也。」齒部云：「齹，齒差跌貌。」「𪘏，齒參差。」糸部云：「縒，參縒也。」木部云：「槎，衺斫也。」人部云：「傞，醉舞貌。」言部云：「譱，嗞也，一曰痛惜。」田部云：「畻，殘廢田也。」他如不敬謂之惰，相毀謂之隓，敗城𨸏謂之隓，裂肉謂之隋，髮墮謂之鬌，殰謂之𤡮，皆𠂇字之孳乳也。

昔人謂：庖犧畫卦，近取諸身，遠取諸物，余謂古人之制字亦然。又之孳乳字多右助之義，𠂇之孳乳有左助義矣，復有乖左之義，觀上舉諸字，皆近取諸身，義之尤顯白者也。【釋又𠂇　積微居小學述林卷一】

◉楊樹達　太平御覽八十三引古本紀年云：「雍己伷即位，居亳。」今本紀年云：「雍己名伷。」⊘卜辭屢見又宗之文。甲編壹叁壹捌片云：「貞即又宗。」又壹貳伍玖片云：「貞王其酒△于又宗，又(有)大雨？」⊘說者皆釋又宗為右宗，果如其說，卜辭何以絕未見左宗之文，知說者之說非也。考甲編柒柒玖片云：「于羔宗酒，又(有)雨？」羔宗者，帝嚳之廟也。後編上卷拾捌頁伍片云：「癸卯卜，㱿貞，并方于唐宗，彘。」唐宗者，成湯之廟也。他如丁宗仲丁宗且辛宗且丁宗之文亦屢見於卜辭，然者又宗之又必殷王之名，疑即雍己名之伷，又宗即雍己之廟也。【竹書紀年所見殷王名疏證　積微居甲文說卷下】

◉馬叙倫　鈕樹玉曰。韻會引列作別。譌。饒炯曰。以𠂇篆說解例之。手也上當有又字。蓋手為兩手之通稱。𠂇又為兩手之專字。篆當作又。上為中指。中為食指。下為巨指。無名指小指皆為中指所掩。故三之。又為手之異文。手也者以異文為訓也。倫按三指以下十二字校語。盂鼎作又。毛公鼎作又。鄭號毀作又。【說文解字六書疏證卷六】

◉胡厚宣　又于下乙。「又」，祭名。王國維曰：「又之言侑，詩楚茨『以妥以侑』，猶言祭也。」易作「有」，萃「萃亨，王假(各)有廟」，渙「渙亨，王假(各)有廟」。蓋「又」通「有」，「有」通「侑」，「王假有廟」，即王來侑祭於廟；本辭言「又于下乙」，即侑祭於下乙也。【卜辭下乙說　國立北京大學四十周年紀念論文集乙編上】

◉屈萬里　卜辭「戊戌卜：又伐岳？」此又字當讀為有，語助也。《詩・載馳》：「大夫君子，無我有尤。」言無我尤也。《書・多士》：「朕不敢有後。」言朕不敢遲緩也。又《盤庚》：「曷不暨朕幼孫有比！」言何不與朕幼孫親善也。有字皆語助無義。此云「又伐」，即伐祭也。

卜辭「貞：王其又酒于又宗夒，又大雨？」又宗之又，當讀為右：右宗，謂右方之宗廟也。粹釋(一六)謂又宗為「宗祭於西方」；綜述(四七四葉)則謂：「當指河六示的諸宗」，皆不然也。【殷墟文字甲編考釋】

◉丁　山　又，當然是右師，也即是「右氏」。⊘「乙酉貞，王令𠂤途亞侯又。」鄴羽三・下・四三・九⊘又氏之為亞侯，尚有毀銘足徵。續存上三六𠂤。【亞又、左、(小臣)中氏　殷商氏族方國志】

右

◉陳夢家　庚申以後「ナ」「又」互用，亡左可能是亡右，即無佑。【殷墟卜辭綜述】

◉饒宗頤　「又」蓋即「侑」，侑以佐尸，為之勸也，見少牢饋食禮及燕禮。繹祭時，宗人請侑，王乃命某為侑，其出入升降，各隨其尸；立侑之禮，殷時已有之。【殷代貞卜人物通考卷十五】

◉孫海波　ヨ手也，象形。古者又右一字，右手也，手相助曰右，易繫辭傳：「右者助也。」故孳乳以為左右字。【甲骨金文研究】

◉孫海波　《前編》卷三第二十五葉二版「癸丑卜貞王賓𠬝自上甲于多毓衣亡尤」，《龜甲獸骨文字》卷一第三十葉十一版「⿰幺又」，《後編》卷下第十九葉十一版「□王由□其⿰幺又」，諸家釋⿰幺又為祐不誤，然又下加ナ，於誼無居，製作之義，殊費説解。竊疑其从ナ之由，恐乃因幼字致誤。《説文》「祐，助也」，《孟子》「老吾老，以及人之老，幼吾幼，以及人之幼」，是幼亦有提攜扶助之意。幼，卜辭作⿰幺又，⿰幺又字下从之ナ即𢆶字，ㄨ與ㄨ形亦近似，就形音義三者言之，以幼為祐，理固所宜。且卜辭錯簡甚多，如壱之作虫（《藏龜》四十六葉二版「隹虫」乃隹壱之譌），用之作巛（《後編》卷上第四葉五版「□卜貞□⿰幺又□牢□巛」巛乃用之譌），此形近而譌者也。又之作ナ（《藏龜》二百五十五葉二版「丁卯卜爭貞王尘于𩫖不ナ」，ナ乃祐之譌），此義近而譌者也。由是言之祐之作⿰幺又亦其例矣。不然作ㄨ而助祐之意已明，加ナ豈非其義反晦乎，姑記之以俟達者。【卜辭文字小記　考古學社社刊第四期】

3·170　蔓圞匋里王佑　説文所無玉篇佑助也　3·171　同上　3·480　左南𩫖衟□□里佑　3·481　同上【古陶文字徵】

0053　0361　2748　説文所無，玉篇：佑，助也。【古璽文編】

◉許　慎　㕊手口相助也。从又。从口。臣鉉等曰。今俗別作佑。于救切。【説文解字卷三】

◉郭沫若　「天右王白友」句難解，右字作㕊，余初疑君字之譌，友字作𠬪，余初疑休字，然細案亦覺不類。蓋右當讀為祐，友乃叚為休，之幽二部音本相近，謂敢對揚皇天之祐與王伯之休。王伯者大伯，自指伯太師而言。【伯克壺　兩周金文辭大系考釋】

◉馬叙倫　鈕樹玉曰。韻會口上無从字。錢坫曰。口部有之。此重出。王筠曰。李燾本作助也。倫按口部重出。見口部下矣。

本訓助也。校者改之。或本訓挩失。但存校語。下文友之古文作。以師遽方尊字太史𣪘字。證知實右之異文。⊘毛公鼎作。頌𣪘作。季鼎作。【說文解字六書疏證卷六】

◉王　輝　《古璽匯編》0049著録一方古璽：

原釋「佫□左司馬」。

首字僅就字形看，釋「佫」不誤。但佫字《說文》所無，又不見于甲骨、金文，古璽亦僅此一見。《玉篇》：「佫，人姓。」未見例證。我懷疑「佫」為「佑」字之訛。《古璽匯編》0297「單佑都□璽」，「佑」字作，0361「單佑都□王□璽」，「佑」字作，均與此形接近。【古璽釋文二則　人文雜志一九八六年第二期】

趙肱之印　卑肱白記【漢印文字徵】

說文　崔希裕纂古【古文四聲韻】

◉許　慎　厷臂上也。从又。从古文。古薨切。𠃋古文厷。象形。厷或从肉。【說文解字卷三】

◉郭沫若　「ㄥ殳」二字舊未釋，今以字形及文義推之，知當如是。ㄥ作𠃌者乃反書，古文此例至多，不足異。ㄥ即肱之初字，見說文，殳乃股省。左傳僖廿六年「昔周公大公股肱周室，夾輔成王」，語例相近。【師訇𣪘　兩周金文辭大系考釋】

◉馬叙倫　鈕樹玉曰。繫傳作从古文乙。韻會作从又从乙。桂馥曰。小字本舊刻李燾本並云从古文。無乙字。田吳炤曰。小徐作从又从古文厶。大徐挩厶。語不完。小徐是也。倫按下文𠃋古文厷象形。則不必加又矣。此後起字耳。徐鍇以為指事。則必𠃋為標識而不成字者。然𠃋實為象厷之形。而馸臂字子𠃋。本王筠說。則𠃋非不成字者。故知此為俗字也。說解曰。从古文。田謂當依小徐補𠃋字。非也。如作𠃋字。當曰从又从𠃋。如曰从古文。則當補厷字。𠃋本是古文厷。不當曰古文厶也。此說解似本作从又象形。今象形兩字。校者迻於古文厷下。乃改此為从古文耳。如今篆當為从又厶聲。

𠃋厶　章炳麟曰。此初文純象形也。倫按圖畫性之象形文本作。

肱　此更後起字也。从肉。厷聲。【說文解字六書疏證卷六】

◉楊樹達　三字先有厶。以其事屬於手，故繼加又旁為厷。後又加肉旁為肱。厶為最初象形字，厷肱皆象形加旁字。段玉裁曰：「象曲肱」，是也。樹達按：左上象臂，右下象肱，因肱連及臂也。【文字形義學】

◉商承祚　忲，从厷，即《説文》訓「臂上也」之厷，在此義為宏，後以肱代忲。【信陽長臺關一號楚墓竹簡第一組文章考釋　戰國楚竹簡匯編】

◉于省吾　甲骨文厷字作或，舊不識。甲骨文編入于附録。説文厷字作，並謂：「厷，臂也，从又，从古文。古文厷，象形。肱，厷或从肉。」按説文既譌為，又誤認為古文厷。説文段注謂「小篆以厶太古，故加又」，「象曲肱」；王筠説文句讀謂：「此字最古，隸所不用，故無楷法。」按段王二氏出于主觀猜測，以附會許説。今以甲骨文驗之，則厷字作或，既非从又也不从。其从，尾劃上彎，象曲肱形，與又之作迥別。其从，後來譌變作。商器鼎文和父乙器亞中均有字，與甲骨文厷字形同。古鉨文厷字作，已經分化為二體，為小篆所本。按厷為肱之初文。甲骨文的「出疒厷」（乙七四八八）和「疒厷」（京都四四七），是指肱腕有疒言之。此外，甲骨文也以厷為俘獲品，如「王隻厷」（續存上一二三五），「王不其隻厷」（後下二〇·一七），是其例。總之，甲骨文厷字作或，于肱之曲處加，以示厷之所在，于六書為指事字。由于説文厷字的構形不符于初文，因而説文學家就無從捉摸了。【釋厷　甲骨文字釋林卷下】

◉徐中舒　象於臂肘上加指事符號以表臂肘之義，字形為《説文》字所本。《説文》或體從肉作。甲骨文或省指事符號作致與九字形近。【甲骨文字典卷三】

叉

前二·一九·三　地名　前二·一九·五　後二·三七·六　金五四四　前五·七·一或从ナ　乙三八四八【甲骨文編】

前2·19·3　2·19·5【續甲骨文編】

◉許　慎　手指相錯也。从又。象叉之形。初牙切。【説文解字卷三】

◉林義光　象手形。手指錯入之處。【文源卷七】

◉馬叙倫　徐鍇曰。指事。段玉裁曰。謂手指与物相錯也。凡布指相錯物閒而取之曰叉。因之。凡歧頭皆曰叉。王筠曰。錯

則五指皆錯矣。即又字省為三指。亦當有三指相錯。今乃一指者。聊以見指中有相錯者耳。倫按玉篇作指相交也。則叉自是指與指相遣。且字在叉之間。亦自未涉於物也。此形本作。象手之指與手之指相遣形。才見三指者。母指與小指掩而不見也。今省耳。手指相錯也非許文。知者。許必不作錯字也。本訓挩矣。象叉之形當作象形。指事。【說文解字六書疏證卷六】

◉楊樹達　手為基字，一為假設之物，而手錯之。【文字形義學】

◉許　慎　手足甲也。从又。象叉形。側狡切。【說文解字卷三】

◉羅振玉　說文解字。。手足甲也。从又。象叉形。古金文亦作叉卣。均與此合。惟字既从又。不能兼為足甲。許書舉手並及足。失之矣。【增訂殷虛書契考釋卷中】

◉葉玉森　☐王卜在貞。☐于衆亡巛。☐在二月。按之異體作。本辭為地名。【殷虛書契前編集釋卷二】

◉郭沫若　叉當讀為守，下「克叉井斁」乃「克守型教」。亦正叚為守。【沈子𣪘　兩周金文辭大系考釋】

◉馬叙倫　徐鍇曰。指事。鈕樹玉曰。韵會引無叉字。徐灝曰。此字本象手甲。故又引申而兼足甲也。倫按高田忠周謂此篆當作。是也。因書之易掍於。故作耳。足亦有甲。手足雖異。甲則不殊。然字从。則不得曰手足甲也。疑挩本訓。存校語耳。韵會引無叉字是。【說文解字六書疏證卷六】

◉丁　山　似而非子字，疑即叉之初文。說文䖵部：「蚤，齧人跳蟲也。从䖵，叉聲。叉，古爪字。」又曰：「，手足甲也。从又，象叉形。」爪叉古本一字，則上之○，殆象指端厚甲形。其字或省為云：

庚辰卜，，今夕其雨。前・4・42・5。

己酉卜，出庚。鐵・204・1。

……卜，不其☐雨。征雨，執。文録・112。

……卜，勿……䍜。文録・764。

象剪指甲為祭品也。呂覽順民：「天大旱，湯乃以身禱于桑林，剪其髮，鄽其手，以身為犧牲，用祈福于上帝。」御覽八三引尸子，其說略同。俞樾諸子平議曰：「鄽當為鄽。鄽者，櫪之假字。說文木部，櫪，櫪撕椑指也。韵會引繫傳曰，謂以木柙十指而縛之也。」但，高注呂覽則謂：「鄽，砥也。」山謂「鄽其手」者，剪其指甲也，字象之。此字，至周之𣪘从㲋作，借為騷擾之

騷。儀禮士喪禮：「蚤揃如他日。」鄭注：「蚤，讀為爪，斷爪揃鬊也。」喪大記：「小臣爪足。」注亦謂：「爪足，斷足爪也。」斷手足之甲曰爪，曰蚤，余知呂覽所謂「鄱手」，當為「蚤手」方俗異言。禮記內則：「疾痛苛癢而敬抑搔之。」鄭注：「搔，摩也。」搔有摩誼，故呂覽以「蚤手」為「摩手」，不煩改鄱為鄱也。卜辭：

庚戌……允其值于□及。五月。前·5·27·2。

貞，勿乎肴□。後·下·12·6。

鼎·三代·二·4

□象以爪摩人形，當許書人部僠字；□象染指于鼎形，當即許書所謂：「舀，抒臼也。」僠與舀，在卜辭均為地名，未知與㕚氏為一族否？就余所見，金文有□鼎，當是甲尾所見㕚氏遺物。【㕚 甲骨文所見氏族及其制度】

◉楊樹達 又為基字。二點示甲之所在，為確定有形之物。【文字形義學】

◉陳夢家 郭沫若釋此字為爪，「殆即（漢書地理志）沛郡之鄮縣也，應劭音嗟，師古云：『此縣本為鄌聲，應音是也；中古以來，借鄮字為之耳，讀皆為鄌。』說文邑部：『鄌，沛國縣，从邑虘聲。今鄮縣。』……鄌、爪古音同紐。蓋古本作□。」（卜通六一二）

我們以為□為鄮縣是對的。地在今永城縣西三十公里（考古II：八六），在澮水即今澮水之北。字亦可以讀為□或鄌。說文又部「□，手指相錯也」，「鄌，□取也」，其音與左、嗟相同。【殷墟卜辭綜述】

□㕚

□甲七九五 □甲八〇一 □甲二三七六 □甲二四二三 □甲二六九五 □甲二九〇三 朱書 □甲三九二九

□乙四〇五 □乙五二八 □乙六四六 □乙六六〇 □乙六六九〇 □乙七二六二 □乙七七六七 □乙九〇五四

□河三一三 □鐵三七·二 □鐵一〇五·四 □鐵一九六·一 □鐵二六二·二 □前一·一九·三 □前一·四六·四

□前三·二三·四 □前五·三四·一 □前七·一六·四 □後一·四·一七 □林一·五·五

戩六・一三　戩三二・八　佚一七五　燕六〇八　甲一二九七　父甲　見合文九　甲二九〇七　父乙　見合文九　甲八四〇　父丁　見合文九　後一・五・一　父戊　見合文九　甲一二二七　父己　見合文九　甲二二〇七　父庚　見合文一〇　乙四〇五二　反父辛　見合文一〇　鐵一一一・一　父卯　見合文一〇　乙八〇六四　父　見合文一〇

【甲骨文編】

甲185　230　318　400　488　690　1254　2376　2779　2875　2903

乙4810　珠274　524　882　971　1042　1048　佚214　524　844　866

875　883　889　891　續1・27・8　1・27・9　1・28・1　1・28・2　1・28・4

1・28・5　1・28・6　1・28・7　1・28・8　1・28・9　1・29・1　1・29・2　1・29・3

1・29・4　1・29・7　1・30・4　1・31・1　1・32・5　1・33・2　1・33・3　1・33・4

1・33・6　1・33・7　1・34・1　1・34・2　1・34・3　1・35・7　5・4・6　掇530

徵3・176　3・177　3・178　3・180　3・181　3・182　3・183　4・13　凡7・1　龜卜33　書1・10D　摭續22　粹116　297　484

【續甲骨文編】

父　父癸鼎　父乙鼎　史父庚鼎　羊父庚鼎　甚鼎　寧女父丁鼎　父丁鼎　父乙簋

䆐父辛卣　板父丙卣　父辛簋　人作父乙卣　甗尊　父辛鼎　且己父辛卣　父辛簋

令I父辛卣　父乙觚　父乙尊　𣪕鼎　王占尊　父戊舟爵　乙亥鼎　父辛卣

父戊鼎　山父戊尊　父乙鼎　宊簋　叔父癸觶　戈卬盉　㚔作父丁尊　丮父己簋　堇監簋

缶鼎　癸㝱甗　𢓊𣟱尊　作父丁尊　匽侯旨鼎　揚鼎　稃作父甲簋　小子𤔲簋　父乙鼎

鼎　能匋尊　木父壬鼎　師旂鼎　沈子它簋　師奎父鼎　揚作父辛簋　弔咢父簋　傳尊

仲師父鼎　仲殷父簋　仲殷父鼎　芮伯多父簋　𦯗簋　孟辛父鬲　散車父壺

散盤　伯中父簋　犀伯鼎　仲𠭯父簋二　師害簋　伯家父鬲　伯賓父簋

仲枏父簋　函皇父匜　函皇父簋　弔向父簋　毛公旅鼎　虢季子白盤　魯邍父簋　仲幾簋

魯伯愈父鬲　魯伯盤　沇兒鐘　姑□句鑃　中山王響壺　𠈇兒鐘　爫父辛卣　冂父癸

爵　豚鼎　作父乙簋　戈父戊盉　作父己鼎　屰父癸簋　㭉家卣　伯魚父壺　𦣞作北子簋

歸父盤　㠱伯盨　陳公孫㿟父𦉢　卬父簋　兮吉父簋　師𩰫鼎　上父二字合文【金文編】

1·66　獨字【古陶文字徵】

一五六：一九　四十二例　委質類伯父叔父　宗盟類參盟人名歸父直父　一五六：二一　四例【侯馬盟書字表】

126　135　222【包山楚簡文字編】

父　日乙一八一　三十七例　法七八　四例【睡虎地秦簡文字編】

單父令印　祝父盧　靡父樂陽　主父宫印　宫父□印【漢印文字徵】

石經僖公　齊侯使國歸父來聘　詛楚文　拘圉其叔父【石刻篆文編】

父【汗簡】

古孝經 同上 古老子【古文四聲韻】

◉許　慎　矩也。家長率教者。从又舉杖。扶雨切。【說文解字卷三】

◉吳榮光　古文父从丶。會意。丶亦聲。又者。奉承之象。卑幼者鞠𢀖側立之形。此古文家說之。勝小篆說者。乃常州莊進士述祖所說。【筠清館金文卷二】

◉劉心源　許説殊粗。古刻父字作。从丨。小篆取其筆畫勻淨變从丨。許目為象杖形。非也。竊謂。父者主持家政者也。从又。从丨。丨亦聲。丨即主字。又者手也。取其能持。【奇觚室吉金文述卷一】

◉羅振玉　説文解字。父矩也。从又舉杖。許釋丨為杖。然古金文皆从丨。疑象持炬形。【增訂殷虚書契考釋卷中】

◉王國維　女子之字曰某母。猶男子之字曰某父。案士冠禮記。男子之字「曰伯某甫仲叔季惟其所當」。注云「甫者男子之美稱」。説文甫字注亦云「男子美稱也」。然經典男子之字多作某父。彝器則皆作父。無作甫者。知父為本字也。【女字説觀堂集林卷三】

◉林義光　古作匽侯尊彝辛。作函皇父敦。作郜遣敦。【文源卷六】

◉商承祚　金文父癸鼎作。父戊𣪘作。魯伯鬲作。説文父「矩也，家長率教者。从又舉杖。」葉玉森先生謂甲骨文中之亦父字。「為手持炬形。為手持火形。如叜之从誼亦相通。又疑為斧形。釋名。『父甫也。始生己也』。又『斧。甫也』。『甫。始也』。父斧二字之誼古通。」（殷契鉤沈乙卷三頁）案葉氏謂象持炬之説是。以為父斧則非。父象以手持炬火者。譬人夜行。持炬則心有所主。故引申而為一家之主也。【甲骨文字研究下編】

◉郭沫若　父字甲文作。金文作。乃斧之初字。石器時代男子持石斧。即石斧之象形。以事操作。故孳乳為父母之父。古之父母意猶男女。今人稱雌雄牝牡為公母。即其遺意。【甲骨文中所見之殷代社會　中國古代社會研究】

◉郭沫若　𢦔即父字之異，父字象有孔斧本斧之初文，古作，象以手持石斧之形，此从戉从又，為父字之異無疑。【師寰𣪘兩周金文辭大系考釋】

◉陳獨秀　父　篆文作，説文云：家長率教者，从又舉杖。實乃舉斧以率耕，非舉杖以率教。古者用蜃除艸，削木令鋭以耕，

即淮南子氾論訓所謂「剡耜而耕，摩蜃而耨」，木杖即耜之原始形，亦即木斧，古初用石斧、木斧，無金斧。同為一物而兩用。木斧即歐洲古代社會學所謂削首令銳之投槍，蓋耕器仿于兵器，貨幣又倣于耕器也。最初以削木之歧枝為之，其後削木之器與術稍進，遂有銳首之耜與歧首之耒，易繫辭所謂斲木為耜，揉木為耒，是也。發明耕種，古之大事，故尊率耕之長老為父，又用為男子之美稱，不獨子稱其父也。因之諸利用厚生之發明，其字亦多从父，如砍木之斧，製衣之布，篆文从父作□。熟金之釜，編竹為器之甫，均从父以誌作器利用之功。編竹為甫，亦古代一大發明，父、甫遂同為男子美稱，故釜一作鬴。【小學識字教本】

◉馬叙倫　徐鍇曰。指事。鈕樹玉曰。玉篇引者下有也字。劉心源曰。父者。主持家政者也。从又从丨。丨亦聲。商承祚曰。甲文父字作□□□。金文作□□。疑象持炬形。倫按人稱其所生為父母本於自然之音。不可以象形指事會意造其字也。而兒稱其父母初實惟一音。後乃別為父母耳。本書。嫗。母也。姁。嫗也。蜀人謂母曰姐。淮南謂之社。則為一字轉注明矣。洪亮吉謂父母皆可稱社。淮南子說山訓。社何愛速死。吾必悲哭社。高注。江淮謂母為社。社讀雖家謂公為阿社之社。是矣。倫謂社何愛速死之社。當作姐。即本書姐下蜀人謂母曰姐。今浙江江山縣謂母亦曰姐。淮南謂之社。是也。雖家謂公為阿社之社。今之所謂爹爺也。今浙江開化縣謂祖父為曹曹蓋即上海所謂公公杭縣所謂爹爹音由社轉。可證父實由母而變。蓋最初以乳房之乳之本字即母字。其音近於兒之呼其所生者。以為兒呼其所生之名。而兒之呼其所生。蓋先母而後父。故借母為子呼所生女者之名。其後形聲之法明。則造从女區聲句聲且聲之嫗姁姐矣。其後造从人白聲之伯。為子呼所生男者之名。伯者與母為同雙脣音。與社為聲同魚類。此明由母而變矣。父音奉紐。古讀歸並。並亦雙脣音。而父聲亦魚類。故借為伯。今訓矩也从又持杖以為指事。則持杖者豈必是子之所生之男者。即謂家長率教者取老而杖之義。則是老者之通稱耳。父之名由母而變。其字除以形聲之法造之外。實無可以象形指事會意之法造之者。則此明為指事之父字。必有其本義。說解曰。矩也。父矩以疊韵為訓。如母之訓牧然。倫以為父是據之轉注字。猶醵或作酟矣。父癸鼎作□。子父觚作□。龍山父戊觶作□。匽侯旨鼎作□。字本从□。即爪之反文。从五篇之丨得聲。丨為燭之初文。亦炬之本字。由象形之燭字變為丨。又變為丨。則嫌於杸之初文及棍之本字。父既為父母之義所專。後人不明其字形。又不達其本義。因疑丨為杖。而有家長率教之說矣。然家長五字實校語。或字林說。矩也本作榘也。傳寫省耳。不然。矩也亦字林訓。本訓捝矣。謝彥華郭沫若以為父是斧之初文。郭謂石器時代。男子持石斧以事操作。金文作□。丨即象斧形。孳乳為父母之父。其說父為斧字亦近理。然斧是器物可以象形。故金甲文斧鉞字作□。癸旻作考戊爵□父戊彝□□甲文。六書之次第。象形最先。指事次之。詳自叙下。不得有□□之後復作□也。故知謝郭之說猶非極成也。字見急就篇。甲文又有□亦父字。毛

公鼎作□。沇兒鐘作□。木父壬鼎作□。从寸。寸為肘之初文也。然父癸鼎作□。𣪕尊作□。傳尊作□。師奎父鼎作□。皆从□。【説文解字六書疏證卷六】

◉唐桂馨　父字从又舉杖。所以督責其子。即率教之意。又即為家庭巨範之意。惟據鐘鼎文作□。丨炷也。古人家祭執炷者。必為家主。□執丨是父之責。此説與許訓不同。因秦篆與籀文形不同耳。兩説孰優學者可自判之。【説文識小録　古學叢刊第五期】

◉高鴻縉　字从□(手)有所持。所持之物。無由知其必為杖也。或就金文之形而言之。以為象手持石斧形。父為斧之初文。自借為父親之父。乃加斤為意符作斧耳。然金文作□者。乃殷周間作肥筆取姿之體態。不可以其形似而臆測他物。如又作□。象右手形。而周康王時大盂鼎又字作□。大字本作□。象正面人形。而大盂鼎大字作□。小本作□。象雨點之形。而大盂鼎小字作□。甽為田溝。从田犬聲。其古文作□。从田。从川。會意。其初文作□。象小水之形。古借□為天干第二位之名。變為乙。乙字商彝作□。凡此皆商周間肥筆取姿之證。宗周自夷厲以後。肥筆之習無覩。是以釋金文□字之丨為石斧之形者。實因不知殷周間有肥筆取姿之習而致誤。又前人有因甲乙之乙作□而釋乙為刀者。其致誤之由與此同。羅振玉釋父字曰。許釋丨為杖。然古金文皆从丨。疑象炬形。羅氏此疑。一不知肥筆取姿乃商末周初之特習。前此後此皆無有也。二涉許訓矩也二字而聯想。説文炬作苣。解曰。苣束竹箠以燒也。足徵炬必有竹箠之束。故甲文炬作□。作□。均从丮。从火。而火下均有竹箠形(是為倚文畫物之象形字)。徒作火焰形或火炷形。如丨者。未可定其為炬。且亦未能以手執之也。總之□或□者非手舉杖。非手執斧。亦非手執炬。其字當與尹字同構。尹字甲文作□。作□。説文尹。治也。从又。丿握事者也。臣鍇曰。周公尹天下。治天下也。此指事。是也。準此。愚意□為把之初文。从□(手)有所把也。與尹字均為動詞。尹字所治者事。事以丿之假象表之。□(把)字所把者物。物以丨之通象表之。故均為指事字。自□借為父親之父。乃另造□字。説文把。握也。从手。巴聲。把字行而父之本意廢。今人鮮知□為把之初文矣。俗稱父為爸。猶存把之古音。【中國字例三篇】

◉黄錫全　□父　三體石經父字古文作□，此同。父字古本作□(父癸鼎)、□(毛公鼎)、□(中山王壺)，此下部多一横，當是飾筆，類似侯馬盟書守字作□，又作□，伐字作□、又作□。【汗簡注釋卷三】

◉柯昌濟　□字在卜辭中習見，按之文意當為形容詞，它文「乙巳卜㱿貞之狀□不其□」(乙四〇七一)「帚好□」(掇一四四四)，所用□字文義相同，余疑為父字，言病不長久之義。【殷墟卜辭綜類例證考釋　古文字研究第十六輯】

叜

◉戴家祥　丨字舊釋主。按白虎通姓名篇有商一代以生日名子者，不但王室然也，臣名亦得以甲乙生日名子。卜辭金文以十干稱其父祖者，不計其數，其間亦有以十二支名者。爵銘，庚，當釋父庚。丨象石斧形。加旁从又，又，右手也。从手持斧，現代考古學家稱之為手斧。假為父母之父，世界各民族，孩提牙牙學語，都從脣音開始。父母兩字，古讀開口呼，為爸為媽。迨口語與書面語分離，遂有合口呼之甫字，訓男子之美稱也。【金文大字典上】

前四・二八・七　象人在屋中舉火　前四・二九・一　前四・二九・二　後二・四・一〇　京都二七八B

甲七八八　或不从宀　叜之初文　乙二二〇　乙三三二　掇二・一五九　京都六二九　【甲骨文編】

前4・28・7　4・29・1　4・29・2　後下4・10　【續甲骨文編】

叟　為二一　【睡虎地秦簡文字編】

漢叜邑長　叜陷陳司馬　漢叟邑長　晉率善叟仟長　晉歸義叟侯　【漢印文字徵】

叜　叟竝出林罕集綴　【汗簡】

◉許　慎　老也。从又。从灾。闕。穌后切。籀文从寸。叜或从人。【說文解字卷三】

◉羅振玉　說文解字。叜从又。从灾。闕。籀文作。从。或作。从人。此从又持炬火在宀下。父與叜何以皆从又持炬。古誼今不可知矣。【增訂殷虚書契考釋卷中】

◉王國維　殷虛卜辭叜作殷虛書契卷四弟二十八九兩葉。羅參事謂从又持炬火在宀下。叜何以从又持炬。誼不可知。考檀弓。童子隅坐而執燭。管子弟子職昏將舉火執燭隅坐。是周世執燭乃弟子之事。古時年老者執之。蓋以老人審慎。又非用筋力之事故與又變為寸。其例甚多。【史籀篇疏證　王國維遺書第六冊】

◉葉玉森　疑之別構。亦應釋叜。【鐵云藏龜拾遺考釋】

◉林義光　朱氏駿聲云。即搜之古文。从又持火屋下索物也。【文源卷六】

◉丁　山　竊以前儒說叜字者莫當于朱駿聲，莫精于俞樾。朱氏之說曰：「叜即搜之古文，从又持火屋下索物也。會意。為長老

之偁者，發聲之辭，非本訓。孟子『王曰叜』，劉注『叜，長老之偁，依皓首之言皓叜，首叜俱疊韻』。劉意謂發聲之辭是也。」俞氏之說曰：「因叜字借為長老之偁，故又製从手之搜。夫叜即从又，而搜更从手，緟複無理。故知古字止作叜也。然則尊老之偁當作何字，曰叜下有重文傁即其字也。宣十三年左傳曰『趙傁在後』，字正作傁。方言曰『傁，尊老也，東齊魯衛之間，凡尊老謂之傁。』楊子雲多識古字，故作傁不作叜。」兒笘録。由二說推之，則叜者搜之本字。非搜之古文。尊老之叜，當曰从人叜聲，歸諸人部。古文字少，一字輒當數字之用，叜本義搜求也，故書既通借為傁，不得不另制搜字以別於叜，許君不附搜於叜下，而以傁為叜之或體，使本借之義不別，兼失叜形矣。【說文闕義箋】

◉商承祚 □□□□ 此即說文訓「求也」搜之初字。从又持炬火于宀下，有叜求之意。年老之人。謹于燭火。故使之司炬燭。遂引申而為老人之通稱矣。【甲骨文字研究下編】

◉郭沫若 第一六〇片「母叜」即毋擾。【殷契粹編考釋】

◉郭沫若 「禮傁」字原作□，舊多釋傳或釋使，均非是。案即叟之異文。禮叟與介老為對，猶言國老與庶老。禮記內則：「有虞氏養國老于上庠，養庶老于下庠；夏后氏養國老于東序，養庶老于西序；殷人養國老于右學，養庶老于左學；周人養國老于東膠，養庶老于虞庠——虞庠在國之西郊。」「禮叟」當即國老，「介老」當即庶老，介讀為芥，孟子所謂「在野曰草莽之臣」也。【詛楚文考釋】

◉馬叙倫 鈕樹玉曰。韵會引作从灾又聲。非。朱駿聲曰。叜即搜之古文。从又持火在屋下索物也。會意。為長老之稱者。發聲之詞。非本訓。莊有可曰。此搜之本字。非从灾也。室暗。故从又持火以求之。張澍曰。疑从父不从又。張文虎曰。當是从父。不立父部。故附此。丁福保曰。慧琳音義六十一引作从灾。又聲。韻會廿六厚引小徐本與音義同。是說文本作从灾又聲。小徐原本尚不誤也。羅振玉曰。甲文叜作□□。从又持炬在屋下。倫按錢大昕謂从宵省聲。不悟宵乃从月叜省聲也。俞先生樾以朱說為甚碻。陳柱亦取之。蓋較舊說善矣。然張文虎謂叜蓋从父。以甲文證之。其說是。古書以叜為長老之稱。蓋叜猶父。即由叜从父得聲耳。是字从宀。父聲。其義亡矣。或曰。古代日入而息。無須於火。从又火。从宀。明持矩於宀中有所求。朱說是。倫謂从持火於宀中。亦明是夜時。則當為宵之初文。不見搜求之意。甲文有□字。羅振玉釋燮。倫以為燮父一字。故叜从父得聲。音入心紐。甲文从□□之異文。斧从父得聲。音入非紐。索音審紐。非心審同為摩擦次清音。則叜索為轉注字。老也者傁字義。蓋非本訓。餘詳燮下。

□穿。籀文从寸。倫按木壬父鼎父字作□。从寸二字校者加之。轉删叜字耳。

傁　傁。叜或从人。倫按傁字見左宣十二年傳。俞先生樾以為長老之偁曰叜。是此字。从人。叜聲。當入人部。【説文解字六書疏證卷六】

◉柯昌濟　炆。疑古叜字。从火从攴。取以火搜尋物之誼也。又或為古灰字。説文。灰。死火餘婁也。从火从又。又。手也。火既滅可以執持。與此字所从亦近。【北伯尊　韡華閣集古録跋尾甲篇】

◉徐　復　説文。又部叜。老也。从又。从灾。闕。穌后切。許君於此字。不得其从灾之意。故从蓋闕。而後世聚訟。不一其説。

説文校録云。繫傳無闕字。韵會引作从又。灾聲。非。此字疑从叟省。三老五叟。皆謂年長。獨斷作五叜。隸嫂或作嫂。席氏讀説文記亦曰。禮三老五叟。蔡邕説叟當為叜。叜。老人之稱也。見禮樂志注。按叟叜二字。説文分立二部。併而一之。非許恉也。或以叜為叟。此則由於形訛之故。未足為叜形之真解也。玄應曰。又音手。手灾者。衰惡也。言脈之大候在於寸口。老人寸口脈衰。故从又。从灾也。此説人皆駁之。王棻友曰。病見於脈之説。亦附會難通。舒藝室隨筆云。韵會引有灾者衰惡也五字。此妄人所增。玄應從為之辭。其義鄙矣。而段玉裁即主玄説。謂為學有所受。不知何故。説文段注訂補引何郊海之言曰。字本从又。从夾(夾。人之臂夾也)。言須人以又手扶夾也。夾與灾形相近。故譌而為灾(周伯琦同此説)。按此説擅改字形。不足置信。古意然否。不可知也。錢大昕曰。叜蓋从宵省聲。學記。足以謏聞。註。謏之言。小也。又宵雅肄之。註。宵之言。小也。宵叜聲相近。人幼為冥。壯為晝。老為宵。叜之言宵。謂晦昧無所加也。俞曲園兒笘録駁之曰。从宵省聲。則變其字為叜矣。不可从也。朱駿聲説文通訓定聲以叜為搜之古文。謂从又持火於宀下索物。其説甚確。俞曲園補充之曰。因叜字借為尊老之稱。故又製从手之搜。夫叜既从手。而搜更从手。緟複無理。故知古文止作叜也。然則尊老之稱。當作何字。曰叟下有重文傁。即其字也。宣十三年左傳曰。趙傁在後。字正作傁。方言曰。傁。尊老也。東齊魯衛之間。凡尊老謂之傁。楊子雲多識古文。故作傁。不作叜。許君掍為一字失之。再考以龜甲文。有同然者。字刻作傁。从又。持炬火在宀下。何以从又持炬。誼不可知。考檀弓童子隅坐而執燭。管子弟子職。昏將舉火。執燭隅坐。是周世執燭。乃弟子之事。古時老者執之。蓋以老人審慎。又非用筋力之事歟。舒藝室隨筆曰。宀者。交覆突屋。老者所安居也。耳部耿下云。耳著頰也。蓋以火象人頰(魚字燕字从火。象其尾。非取火義。鼠字从臼。象其首。非取臼義。它可類推)。疑此亦象耳頰垂也。按此説亦牽強。不如朱説之確也。【小學析中記　金陵大學文學院季刊二卷一期】

◉陳　柱　段玉裁云。鉉本作从又。从灾。闕。按此有義有音。則闕者謂从又灾之意不傳也。玄應曰。又音手。手灾者。衰

惡也。言脈之大侯在寸口。老人寸口脈衰。故从又从灾也。此説蓋有所受之。何氏郊海云。叜蓋本从又从火。火人之臂亦也。言須人以又手扶火也。火與灾形相近。故譌為灾。玄應之説。支離附會。夫寸口脈衰。老人常態。何灾之有。此辨段氏用玄應之説之非。是矣。而謂叜為从又从火。則頗嫌破壞形體。錢大昕云。先儒説詩。以幼為冥。長為晝。老為夜矣。叜之言宵。昏昧無所見也。然叜當从宵省聲。學記宵雅肄三。注云。宵之言小也。又足以謏聞注亦云。謏之言小也。叜宵同義。雖由意揣。或亦未悖古訓歟。或云。叜即叜字。禮記食三老五更于太學。蔡邕以為五叟。列子黄帝篇。禾生子伯宿於田叜商邱開之舍。注云。叜當作叜。史記韓世家虜得韓將鮻申差。徐廣曰。一本作鰒。晉人法帖亦書嫂為嫂。叜與叜通。似非無徵。然説文叜叜二字。分在兩部。併而一之。非許意也。今按錢以昏昧無所見釋叜字。近是矣。而言从宵省聲。則于形體亦未盡塙。至引或説以叜為叜。此則由于形體相近之誤。尤未足以為叜形之真解矣。攷叜字龜甲文作叜。或作叜。或作叜。羅氏叔言云。龜甲文从又持炬在宀下。龜甲文父作父。亦象持炬形。父與叟何以皆从又持炬。古誼今不可知矣。此釋龜甲文之形體。允矣。説文。叜字之形亦正如此。蓋叜即手部搜。一曰求也之古文。手持火在宀下。于幽深處搜求。與叜字从宀火求省同意。段氏云。穴中求火。突之意也。予謂于穴中幽深處以火求之也。幽深處當以火而後能搜求。故叜叜二字。造字之意相同。惟突字以求會意。而叜字與求則疊韵耳。叜本訓搜求。引申之又訓為老者。以老字與搜求之叜音近。而老人耳目聾矇。凡事皆當搜求而後得。故以搜求之叜名之。久之則造從人之傁以為本字。但經典假借仍用叜字。不用傁字。久之而叜字為搜求之本訓反為訓老之引申假借義所奪。故又造从手之搜以為搜求之本字。而叜之本義乃無人能知者矣。【守云閣字説　華國月刊一卷九期】

◉楊樹達　説文十二篇下手部云：「搜，衆意也，一曰：求也。从手，叜聲。所鳩切。」朱駿聲説文通訓定聲云：「叜即搜之古文，从又持火，屋下索物也。會意。為長老之稱者，非本訓。」俞樾兒笘録云：「叜字借為長老之稱，故又製从手之搜。夫叜既从又，而搜更从手，緟複無理，故知古字止作叜也。然則尊老之稱當作何字？曰：叜下有重文傁，即其字也。宣十三年左傳曰：趙傁在後。字正作傁。方言曰：傁，尊老也，東齊魯衛之閒凡尊老謂之傁。楊子雲多識古字，故作傁不作叜。」樹達按朱俞二家説是也，惟朱氏謂叜為搜之古文，非是，叜乃搜之初字耳。搜求為叜之初義，今叜字失其初義，乃由後起加形旁之搜字據有之，而叜字專為長者老人之義矣。【叜搜　積微居小學述林卷五】

◉唐　蘭　叜□山谷　叜是傁字，卜辭常見叜字，或者作叜，郭沫若同志在《殷契萃編》一一六〇片釋叜為叜，甚是，但在《卜辭通纂》四八三片釋叜為宰，則非是。叜叜一字、卜辭又作叜或叜，象有人持杖或火炬在屋中搜索之形，或只以手持杖或火

炬，就是用手來表示人，正如相字是用目來表示人在觀察樹木，□字是用足趾來表示人的征行，所以□□是一字。《説文》把□譌作叜，説「從又從灾闕」，已經不知道應該怎樣寫了。篆文或體作傁，從人從又從灾，實即□字之譌。《方言》二：「搜求也，秦晉之間曰搜，就室曰搜。」《顔氏家訓·音辭》引《通俗文》：「入室求曰搜。」字又作廋。《漢書·趙廣漢傳》：「廋索私屠酤」注：「廋讀與搜同，謂入室求之也。」叜已從又，而又從手作搜，已從宀而又從广作廋，都是後起形聲字。朱駿聲《説文通訓定聲》，説叜「即搜之古文，從又持火，屋下索物也」，雖還不知原字應該如何寫，其卓識已經超越許慎了。有些人墨守漢儒訓詁，不敢踰越，是不懂得學術發展的規律的。傁字在此處用作蒐獮，《禮記·祭義》「而弟達乎獀狩矣」注：「春獵為獀。」《太平御覽》八百三十一引《韓詩内傳》「夏曰獀」，魏大饗碑「周成岐陽之獀」，都用獀作蒐獮字，獀也是叟或傁的後起形聲字。古書多用蒐，是同音通假字。

【論周昭王時代的青銅器銘刻　古文字研究第二輯】

◉王獻唐　朱豐芑謂搜字古文，从又持火，屋下索物（説文通訓定聲）。俞蔭甫从之（見兒笘録）。卜辭字作□（前四·二八·七），作□（後下四·一〇）。象於宀下以手持燭，燭形與□字所執者正同。字亦作□（前四·二九·一），燭上皆从火。火在卜辭作□作□，中或加點，乃繁文也。【古文字中所見之火燭】

◉張亞初　一期卜辭的□字，有時省作□，這也是由整體会意字省變為局部会意字的例子。這絶不能看成是兩個單字。這個字在西周的鶾叟父鼎銘文中作□（金文集成二二〇五）。後者與小篆之叟作□字形相同，無疑是同一個字。啟卣同形之字釋為「叟遊山谷」，即搜索山谷，是文从字順的。這説明我們釋此為叟（搜字初文）是完全正確的。【古文字分類考釋論稿　古文字研究第十七輯】

◉吴洪清　叟字《説文》段注：「脈之大候在寸口，老人寸口脈衰，故从又从灾也。」顯然紆曲難通。前輩各家根據甲骨文，多認為系搜之古文，持火屋下索物也。按甲骨文作□（前4·28·7）、□（前4·29·1）等形，實為从宀、从火、从父的會意字。屋内之火即

火塘，或謂灶。灶與老人緣不可分。《周禮·夏官》之祭爨，疏云：「祭爨。祭老婦也。」足見古人以老婦（嫂）為灶火的發明人。灶火對于先民生計至關重要。取火與保存火種尤屬不易。火塘管理者理當為少外出，有經驗，有資格的老年家長。今于苗瑤兄弟民族所見，凡家庭會議，重要禮儀如成丁禮等皆由老年長者在火塘間主持進行；火塘間也由老人居住。一則為禮儀所必需，二則火塘間温暖宜居。上古人們當亦如此，字構形應由此而得，小篆訛作燮，隸變為㚇。【芝罘㠱國銅器銘文補釋　山東古文字研究一九九二年第八期】

燮　燮

前五·三三·四　明一五五二　【甲骨文編】

燮　與燮為一字　曾伯霥固　燮字重見　【金文編】

禪國山碑　大司徒燮　【石刻篆文編】

燮　【汗簡】

演説文　【古文四聲韻】

◉許　慎　燮和也。从言。从又炎。籒文燮从羊。羊。音飪。讀若溼。臣鉉等案。燮字義大孰也。从炎。从又。即孰物可持也。此燮蓋从燮省。言語以和之也。二字義相出入故也。穌叶切。【説文解字卷三】

◉王國維　説文炎部又有燮字。云。燮。大熟也。从又持炎辛。辛者。物熟味也。案。又部之燮。疑亦从辛。羊乃辛之譌。又部既重燮字。又出之於炎部者。亦如歒字例也。古金文曾伯霥簠作燮。晉邦盦作燮。皆从丅。非羊。亦非辛也。考古圖所載秦盄龢鐘作燮。與篆文同。【史籒篇疏證　王國維遺書第六册】

◉高田忠周　段氏注云。炎部有燮字云。大孰也。廣韵謂此為文字指歸之説。然則炎部葢本無燮字。俗用文字指歸説增之。因羊辛相似。羊音同飪。飪義訓孰。遂依又部之籒文加炎部之小篆。未為典要。此説似是。言从口辛聲。辛辛相近。又或辛為言省。未可識耳。唯疑下文諸篆悉皆代言以丅。丅與言甚遠。或云辛有省作干者。丅者干之省。【古籒篇五十六】

◉馬叙倫　鈕樹玉曰。韵會作从言、又。炎聲。廣韵引作从言又炎。玉篇燮下有重文燮。注云。籒文。當本説文。故注中有籒

文燮从羊之説。蓋文脱而注存。羊音飪乃後人語。今炎部有燮。訓大熟。疑後人增。玉篇。燮。和也。大熟也。是燮義同燮。實即籀文之譌耳。段玉裁曰。籀文上當補燮篆。此重文也。舊本不分別出之。殊誤。炎部有燮字云。大孰也。从炎。从又持辛。辛者。物孰味也。廣韵謂此為曹憲文字指歸之説。然則炎部蓋本無燮字。俗用文字指歸增之。讀若溼者。與今音不同。而雙聲。桂馥曰。徐鍇本五經文字六書故並作炎聲。讀若溼者。乃燮字音。非羊字音也。中有籀文之説雜厠其間。讀者不了。當云。和也。从言。从又。炎聲。讀若溼。畢以珣曰。籀文燮从羊上當有籀文。注云。羊音飪。此三字乃後人增。徐鉉以炎部有燮字。此處又脱籀文。遂以从羊之燮與从辛之燮相混。王筠曰。籀文燮从羊。大徐燮作燮。皆非也。蓋脱去籀文而説解故存。傳寫者附之燮下也。説文韵譜三十帖燮下有籀文燮。則二徐所見説文。原有不脱燮篆之本。特因循未録耳。然作燮亦譌。當作燮。抑炎部之譌為燮。自大徐時已有兩本。一从羊。一从辛。知然者。小徐韻譜。大徐所書也。燮燮燮連書。可證鍇本讀若溼上有字字。由校者增讀羊音飪。後覺讀若溼似羊之讀若也。增字字以別之。徐灝曰。戴侗謂燮燮燮一字。羊之譌為辛。辛之譌為言也。灝按戴説是也。蓋燮為亨飪孰物之稱。从又持二火。會意。羊聲。引申為調和之義。王國維曰。燮疑亦从辛。羊乃辛之誤。羊音飪讀若溼六字段玉裁以為箋識語。删之。是也。葉德輝曰。左襄八年傳。獲公子燮。穀梁作公子溼。依釋文本。此燮讀若溼之證。倫按和也非本義。亦非本訓。此字説解有奪譌。諸家所正是也。燮燮燮實一字。此下本有重文燮篆。説解曰。籀文燮。今作籀文燮从羊者。本作燮 籀文燮。而校□加从羊二字。今譌入正文下。燮又譌為燮耳。讀若溼者。燮音心紐。溼音審紐。同為摩擦次清音也。金文舊釋燮卣者。其字實作□。从又。熒聲。疑讀溼者是此字。燮燮皆父之異文。餘詳燮下。曾伯霥簠作□。晉公盦作□。【説文解字六書疏證卷六】

◉于省吾　契文燮字作□□□等形。金文燮卣作□，燮毁作□，曾伯簠作□，説文：「燮，大熟也。从又持炎辛。辛者物熟味也。」又「燮和也，从言從又炎，籀文燮从羊，讀若溼。」按清儒多以「籀文燮从羊讀若溼」移於燮下。……羅謂从又持炬，可備一説。戴侗謂燮燮燮實一字，羊之譌為辛，辛之譌為言，是也。⊘以文義揆之，栔文言某日象者，均為不吉之兆。其言夕燮或夕㽷者，亦均為不吉之義。燮應讀為溼，字亦作濕。説文燮讀若溼。錢大昭謂説文異讀即用本字，是也。左襄八年傳：「獲蔡司馬公子燮。」穀梁作「獲蔡公子濕」。方言一：「溼憂也，陳楚或曰溼。自關而西，秦晉之間，或曰惄，或曰溼；自關而西，秦晉之間，凡志而不得，欲而不獲，高而有墜，得而中亡，謂之溼，或謂之惄。」注：「溼者失意潛沮之名。」錢繹箋疏云：「溼訓為幽溼，故聲之卑小者謂之溼；情性之鄙陋者謂之溼；行誼之污下者，意念之潛詛者，皆謂之溼，其義一也。」按錢釋溼憂之義，至為明塙。廣雅釋詁：「溼憂也。」王念孫疏證云：「荀子不苟篇：『小人通則驕而偏，窮則棄而儑。』楊倞注云：『儑當為濕。』引方言『濕憂

曼

也』。濕與溼通。」按王説是也。契文言夕燮即夕溼，謂夕有憂患也。其言大禹至于相者，相地名，意謂某方來侵大舉至于相也。

【釋燮　雙劍誃殷契駢枝三編】

◉饒宗頤　燮者，燮之籀文。説文云：「燮，和也。」（又部）又「燮，大孰也。」（炎部）玉篇云：「燮，火熟也。」故燮疑指祭時薦熟。為合烹燚俎之事。【殷代貞卜人物通考卷八】

◉李孝定　説文：「威，滅也。从火戌。火死於戌，陽氣至戌而盡。詩曰：『赫赫宗周，褒似威也。』」許氏云云實為五行之説既行以後之肊解，必非造字之本誼。威之本誼為火之滅，引申以為凡滅之偁。戊之古文為兵器之象形，於火滅之義無與。然則許君謂為「从火戌」以會意解之者實為無據，謂為形聲又不如戊聲為近。今契文正有从火戊聲之字，于氏謂是威之古文者是也。字在卜辭為人名。【甲骨文字集釋卷十】

◉黄錫全　燮　燮與燮古本一字（詳釋林），《説文》分為二部。甲骨文作（明155・2），金文變作（晉公盦）、（曾伯霥匿），古璽作（類編64），省作（璽彙3286），此形當是形譌誤。今本《説文》燮字籀文作燮，此當是古文，今本奪佚。【汗簡注釋卷四】

曼　王國維曰从曰从女曼者鄧姓鄧孟作監曼尊壺　曼龏父盨　【金文編】

曼　封二三　【睡虎地秦簡文字編】

曼胡宣印　定曼之印　張曼私印　伺曼私印　周曼私印　【漢印文字徵】

◉許　慎　引也。从又。冒聲。無販切。【説文解字卷三】

◉劉心源　曼。姓也。左隱五年傳有鄭公子曼伯。潛夫論。曼伯後有蔓氏。歷代紀事年表。曼姓出于商。【奇觚室吉金文述卷五】

◉方濬益　阮釋引左傳。鄭有曼伯。後為曼姓。亦作鄤。濬益按。左成公三年傳。諸矦伐鄭。次于伯牛。討邲之役也。遂東侵鄭。鄭公子偃帥師禦之。使東鄙覆諸鄤。杜注。鄭地。江慎修氏春秋地理攷以為。諸矦東侵。公子偃使東鄙覆諸鄤。則鄤在鄭之東。水經注。成皋有鄤水。成皋在鄭之西北。宜非此鄤地。據此説是鄭有二鄤矣。而隭仲鼎敢二器銘。其文則从𠂤。

作隁。當亦地名。與鄤皆曼之形聲字。古蓋通用。或為鄭器未可知也。惟阮釋以曼姓為曼伯之後則大誤。左桓公五年傳。曼伯為右拒。注謂曼伯即檀伯。是檀伯以封邑在曼。故又稱曼伯。如士會稱隨會。亦稱范會之例。春秋時惟鄧國為曼姓。鄧孟壺作妟。經傳叚借作曼。是可以為曼伯之後乎。【鄧孟壺　綴遺齋彝器款識考釋卷九】

◉方濬益　妟即曼字。鄧國之鄭昭公母楚武王夫人皆稱鄧曼。古姓多从女。此文从女曰聲。自是曼姓本字。經傳作曼。同聲通叚字也。説文又有嫚字。云侮易也。疑與妟為古今字。其別義為侮易耳。【鄧孟壺　綴遺齋彝器款識考釋卷十三】

◉林義光　曼　説文云。引也。从又冒聲，按冒幽韻曼寒韻雙聲次對轉。古作曼龏父盨。从爰省。爰引也。見爰字條。變作陳曼匿。省作。㠯尊彝隁字偏旁。【文源卷十一】

◉高田忠周　説文。引也。从又。冒聲。今依此篆。从受从冒。受又亦同意也。蓋受部爰引也。从受于。爰曼義近。引者道也。陳也。援助而舒長也。詩閟宮。孔曼且碩。傳長也。箋修也廣也。【古籀篇五十六】

◉強運開　。鄧孟㠯監妟尊壺。説文所無。王國維曰此曼字从曰从女。曼者。鄧姓也。【説文古籀三補卷十二】

◉郭沫若　金文曼龏父盨作。若。从此冃聲。則受蓋曼之初文也，象以兩手張目。楚辭哀郢「曼余目以流觀兮」，即其義。引申為引，為長，為美。【卜辭通纂】

◉馬叙倫　林義光曰。齊陳曼簠作。曼龏父簋作。从爰省。倫按簠文為宰曼二字合文。然以二文參觀。知曼實从寽。是寽之轉注字也。亦爰之轉注字也。【説文解字六書疏證卷六】

◉李孝定　説文「曼，引也。从又，冒聲」。契文上出諸形均从目，不从臣。孫云目臣同意，然契文目臣各有專字，固非無別。葉釋掔，非是。郭釋曼，引金文曼龏父盨曼字从為證，其説可从。按古籀補補引㠯彝曼字作，古鉢文作，上从若，疑亦若又字之形譌，許書遂以為从冒聲矣。譌為曰即冒字曼亦可以曰為聲。齊陳曼簠作，上從宰，不明其意。曼龏父簋作、，其下均與契文同。卜辭曼為人名，辭云「曼入二」、拾・八・五。「丙戌卜爭貞曼不作嬰古□事」、前・六・十八・一。「己酉卜爭貞収衆人乎从曼古王事五月」、前・七・三・二。「癸亥卜今日勿祥令曼」、前七・二六・一。「乙丑卜王于曼告」、後上・九・三。「☐曰有祟其有來嬉𪉷气至六☐在曼宗」、甲一・二一・一。「貞王夢隹曼」。乙・七三五・七。古王事為卜辭習見之成語，説見前二卷古字下。言乎衆人从曼以勤勞王事也。言曼宗，蓋曼之廟也。【甲骨文字集釋卷三】

◉許　慎　㬰抻也。从又。𦥔聲。𦥔。古文申。失人切。【説文解字卷三】

◉馬叙倫　鈕樹玉曰。宋本作神也。引神雨得。顧廣圻曰。王昶藏本經人描寫。故誤引為神。其實佘屢見宋本。皆作引。段玉裁曰。神恐是伸之誤。申部。∞古文。𦥔籀文。此古當作籀。嚴可均曰。𦥔古文申校語也。倫按此爰引之引本字。陳漢章以為叏老之叏本字。非也。㬰引聲同真類。故古書多借引為之。説解本有引也伸也二訓。一訓伸也校者加之。或伸乃校者旁注以釋㬰字之音者。傳寫捝引字。顧謂屢見宋本皆作引也。可證。【説文解字六書疏證卷六】

夬 260【包山楚簡文字編】

夬 夬　雜二七　八例　通缺　有—者為補之　秦一五八　通決　傷乘輿馬—革一寸　雜二七　夬 法八〇　六例　三·七【睡虎地秦簡文字編】

夬 亲　青夬【漢印文字徵】

◉許　慎　夬分決也。从又。中象決形。徐鍇曰。コ。物也。丨。所以決之。古賣切。【説文解字卷三】

◉林義光　夬夬秦韻　説文云。夬分決也。从又。中象決形。朱氏駿聲云。引弦彄也。从又象手形。コ象彄。丨象弦。周禮繕人抉拾。注云。挾矢時所以持弦飾也。著右手巨指。以抉為之。【文源卷二】

◉馬叙倫　孔廣居曰。从刀。从又。从丨。又者。手也。刀與手皆所以分決也。丨上下通也。分決故通也。嚴可均曰。疑當从又。中聲。王筠曰。中即音楚危切之夂。此注或後人改。徐灝曰。夬抉古今字。翟雲昇曰。韻會引無分決也。又下有手也。霍世休曰。从又。从刀支物。丨示物持刀支了。倫按嚴説為長。夂夬聲皆脂類。然倫謂從從後至也之夂得聲。更近。夂讀若黹。音陟侈切。在知紐。聲亦脂類。故夬音入見紐。聲亦脂類。知見同為破裂清音也。分決也當作分也決也。一訓校者加之。決也以聲訓。本義亡矣。或為𢿁之初文。【説文解字六書疏證卷六】

◉徐中舒　夬字釋者多家：劉鶚釋𢦏，孫詒讓釋戉，胡小石釋爭，葉玉森疑為殺之初文，唐蘭釋㚔，柯昌濟釋爰，于省吾釋叀，後又釋爭。今按諸家所釋皆不確。夬之ㄩ實象玦形，為環形而有缺口之玉璧，以兩手持之會意，為玦之本字，從玉為後加義符。【甲骨文字典卷三】

◉趙平安　戰國楚簡裏，夬一般作□（仰天湖二五・一〇）、□（包山二・二六〇）之形，用為偏旁時，也寫成□（快所从，包山二・八二）或□（䂓所从，包山二・一三八）。這一點，已為學術界所公認。如果以此為基點縱向逆推和橫向系聯，那麼甲骨文中的□（合集九三六七）□（合集九三六八）等字、金文□字（段簋，三代八・五四・一）、古陶文□字（蕡～，古陶文彙編三・七三九）也應釋為夬，甲骨文□（合集四八二二）應隸為盍，古印文□（古璽彙編二四四一）應隸作眏。

從殷商到戰國，夬的寫法都很接近。及至秦漢時代，才發生了較大的變化。馬王堆帛書作□（戰國縱橫家書一二五），就是很好的證明，夬的這種寫法和《說文解字》小篆□相似。許慎據小篆解釋夬的形義：「分決也。从又，中象決形。」徐鍇補充說：「□，物也；丨，所以決之。」都據訛形為說，是靠不住的。

夬是由○和□兩個部分組成的，象人手指上套着一枚圓圈，是一個合體象形字。結合夬和从夬諸字在古書中的用法看，夬的形義應是指射箭時戴在大拇指上、用以鉤弦的扳指。

扳指這個意義古書一般用決表示。如《楚辭・天問》：「馮珧利決，封豨是射。」金開誠《楚辭選注》：「決：即『扳指』，是用玉石骨角等物做成的指圈，套在右手大指上，拉弓時起護指作用。」有時決拾連言。《詩經・小雅・車攻》：「決拾既佽，弓矢既調。」《毛傳》：「決，鉤弦也；拾，遂也。」《國語・吳語》：「夫一人善射，百夫決拾，勝未可成。」韋昭注：「決，鉤弦；拾，捍。」鉤弦就是扳指。有時決與遂連用。《儀禮・鄉射禮》：「司射適堂西，袒決遂。」鄭玄注：「決，猶闓也，以象骨為之，著右手大擘指，以鉤弦闓體也。遂，射韝也，以韋為之，所以遂弦者也。」《儀禮・大射儀》：「司射適次，袒決遂，執弓，挾乘矢于弓外，見鏃于弣，右巨指鉤弦。」「決遂」與上文同義，故鄭玄做了基本相同的注釋。

除了寫作決以外，扳指還可以用玦、抉、弞、夬表示。如《禮記・內則》：「右佩玦、捍管、遰、大觿、木遂。」孫希旦《集解》：「玦當作決。」《逸周書・器服解》：「象玦朱極。」朱右曾《校釋》：「玦，決也，……以象骨為之，著右手大指，所以鉤弦闓體。」《戰國策・楚策一》：「章聞之，其君好發者，其臣抉拾。」鮑彪本抉作「決」。「抉拾」即「決拾」。《詩經・小雅・車攻》「決拾既佽」，《經典釋文》作「夬」，說：「本又作決，又作抉。」《周禮・夏官・繕人》鄭玄注引《詩經》作「抉」，《集韻》入聲屑韻引作「夬」，說：「或从弓。」《國語・吳語》：「百夫決拾。」《補音》：「決文或作夬。」

在決、玦、抉、弞、夬諸字當中，夬是表示扳指的初文，弞為累增字，決玦抉為借字。過去由于沒有見到未經訛變的古形，不能確定這一點。現在有了古文字的資料，問題便迎刃而解了。

夬的形義在楚簡中也有所反映：

尹

⑴一絟布之繪，文纀之韋，繡純，又紅組之綏，又骨夬。（仰天湖二五・一〇）

⑵一莫(鄭)弓，一紛䤘，夬昷。（包山二・二六〇）【夬的形義和它在楚簡中的用法——兼釋其它古文字資料中的夬字　第三屆國際中國古文字學研討會論文集】

甲七四四　伊尹　甲七五二　多尹　甲八八三　伊尹　甲一七一二　甲二八六八　乙一〇五　乙四五四　乙八六七　多尹　鐵二四二・四　黃尹　拾三・七　前一・五二・二　黃尹　前七・三二・三　黃尹　前七・四三・一　前八・一・二　後一・二二・一　後一・二二・五　後二・一三・一二　戩二五・一三　燕二七七　燕三二　佚三七四　福三五　粹一九四　粹一九七　無想一八六　明藏五七　明藏五〇六　存下二二九　黃尹　京都七四〇B【甲骨文編】

甲752　883　1202　1712　2868　3576　乙454　867　1155　1189　1336　2530　3288　4682　5311　5394　6111　6263　6302　6371　6394　7900　8024　8051　8663　珠4　491　638　佚76　159　374　463　續1・46・10　1・47・1　1・47・2　1・47・3　1・47・7　1・48・1　1・48・2　2・2・3　6・17・1　掇408　431　徵4・1　4・16　4・17　4・18　京1・16・1　1・16・3　1・17・2　凡6・4　六中115　續存233　【續甲骨文編】

尹　矢方彝　令簋　彥鼎　作册大鼎　乙亥鼎　史獸鼎　尹尊　穆公鼎　氏樊

尹鼎 𤊬盤 吳方彝 師嫠簋 萬尊 免簋 休盤 寓卣 十三年㾓壺 㾓鐘

尹伯甗 尹小弔鼎 尹弔鼎 𦉢壺 克鼎 克盨 𡩜弔多父盤 𢦏簋 弭伯簋 頌鼎

頌壺 頌簋 毛公𢉅鼎 元年師兌簋 𩰫伯盤 魯侯壺 郤𩛥尹鉦 者旨𣪕盤敂尹 鄂

君啟舟節 大攻尹 王子午鼎 命尹 𢿋𢿋方鼎 从月 大攻君劍 郾王詈戈 右攻君 右戹君壺 【金文編】

3·759狄尹 文考1981:1 4·134[illegible]尹 4·1 廿二年正月 左匋君 4·2 廿一年八月 右匋君 4·3

十八年十二月右匋君 4·8 左匋君鏞疋 6·64 君晉 6·65 君邶 6·69 君萃 6·71 君司馬

6·73 君改 6·74君[illegible] 6·187 獨字 6·77 君囗 【古陶文字徵】

〔三六〕 〔一九〕 【先秦貨幣文編】

刀弧背左尹 冀灵 布方尹陽省伊字 冀灵 布方尹陽 典六一 【古幣文編】

49 232 267 【包山楚簡文字編】

1300 1298 1299 0146 0145 【古璽文編】

集降尹中後候 京兆尹史石揚 尹賜私印 尹從之印 尹克漢印 尹祿之印 尹子卿印 尹見

尹賢 尹乃始 尹安 尹光 尹稚孺 尹輔私印 尹長史印 尹巨猜印 尹當時印

尹輔之印 尹延壽印 尹尚私印 尹賈 尹咸 尹臨 尹□印信 尹王遂 【漢印文字徵】

袁安碑 徵捧河南尹 袁敞碑 以河南尹子 【石刻篆文編】

□尹見尚書【汗簡】

□古孝經□古尚書□說文□□□□□□竝崔希裕纂古【古文四聲韻】

◉許　慎　□治也。从又丿。握事者也。余準切。□古文尹。【說文解字卷三】

◉羅振玉　說文解字尹。从又丿。握事者也。古文作□。今卜辭與許書之篆文同。古金文亦作□。从又。从丨。許書云从丿。殆傳寫譌矣。【增訂殷虛書契考釋卷中】

◉王國維　尹字从又持丨，象筆形。說文所載尹之古文作□，雖傳寫譌舛，未可盡信，然其下猶為聿形，可互證也。【釋史　觀堂集林卷六】

◉王國維　近日讀書契文字，見所用□字大抵與王並稱，或於慣用王字處易用□字，疑□乃殷時最高之官可以攝王行事者。然其字不可識，且不知所從之□是否弓字，如此等處恐竟無可解釋也。又□□二字公前釋作寅父，然□字從大，寅字從矢，而下一字皆作□，恐即尹字也。如□即寅字，則寅尹亦恐即伊尹，因寅字古亦入脂均，讀與伊略同，此等處均難驟決也。【致羅振玉　王國維全集卷一】

◉林義光　說文云。□治也。从又丨。握事者也。按官也。廣雅釋詁四。官亦率教。與父舉杖同意。古作□。克鬻彝。【文源卷六】

◉葉玉森　□即宭，地名。所从之尹亦作□，橫書之，即□矣。【殷契鉤沈】

◉高田忠周　說文。□治也。从又丿。握事者也。□古文。然尹之从丿。即指事也。又□同意。故古文从□。唯□未可知矣。朱駿聲云。古文从収。巾在屋下。與叡同意。存參。爾雅釋言。尹正也。左定四年傳。以尹天下。即燮理義也。【古籀篇五十六】

◉孫海波　□前一・十一・五□七・四三・一□史獸鼎□吴尊□頌鼎　說文云：「治也，从又丿，握事者也。」按甲骨金文从又持丨、丨象筆形，周制內史之職而尹氏為其長，其職在書王命與制祿命官，故字从筆。【甲骨金文研究】

◉高鴻縉　字从□（手）握事。動詞。尹字自甲文以降。均為一形之變。說文所載古文之形不經見（丨為事之假象）。【中國字例三篇】

◉明義士　□从又从丨，說文誤作丿。象手有所持，丨象所持之物。【柏根氏舊藏甲骨文字考釋】

◉陳夢家　王氏又曰金文之「尹氏」與史同意，尹从又持丨，象筆形。案史尹同意是也，而尹从筆之説非是。卜辭金文聿从又持□，象毛筆形，商人已知用毛筆，故所獲殷代卜骨有毛筆所書之字；然尹字與父字略同，父從又持斧而尹從又持杖，杖斧皆所以田獵攻戰之具，故尹之古文作𠙛从収从㣇，説文訓脩豪豕之㣇古文作□與尹之古文略同，是古文尹象雙手奉㣇之狀，與史之為搏獸之具，其義正同。由搏獸之官進為祭祀之官，由祭祀之官進為文書之官，由文書引伸為歷史，由獵事祭事戰事引申為一切事，此「史」「事」二字之衍變大概也。【史字新釋　考古學社社刊第五期】

◉商承祚　□　説文「𠙛。古文尹。」案疑此為𡱒之古文。篆从一又。古文从二又。甲骨文金文皆同篆文。【説文中之古文考】

◉馬叙倫　苗夔曰。丿當作丨。古本切。握事非所謂用其中於民乎。丨亦聲。謝彦華曰。从又。丨聲。葉玉森曰。卜辭金文尹字均不从丿。羅振玉謂从丿為傳寫之譌。是也。尹聿並从又持丨。構造法同。丨丨並象筆形。倫按倫嘗疑尹耕聲近。尹為耕之初文。即金文耤字所从之□□。傳寫為□。尹義為治田。故有治訓。然訓治之尹與君字所从得聲之尹蓋是二字。君字所從得聲之尹。篆當如甲文作□。以君从口尹聲為命之轉注字。而命義為發號。則其語原即尹也。葉謂尹聿構造法同。丨丨並象筆形。蓋謂尹亦聿字。是也。然葉未悟聿史一字也。倫以音考之。尹聿皆在喻四。而史音審二。審與喻四同為摩擦次清音也。是音轉而讀異耳。復以義言。尹之訓治。義由古以尹為官名也。廣雅釋詁。尹。官也。尹為官名見於書益稷者。庶尹允諧。立政亦言尹伯。顧命曰。百尹御事。詩曰。赫赫師尹。然其職事如何。周禮既無尹官。爾雅釋言但曰。尹。正也。鄭玄書益稷注因之。然此通訓。偽孔書立政傳。長官大夫。顧命傳。百官之長。則是後世之相。董仲舒亦言。相官曰尹。漢書音義。臣瓚曰。諸侯之卿。惟楚稱令尹。其餘國稱相。□彝銘曰。王令周公子明保尹三事四方。受卿事寮。而甲文亦有寮伊。釋者謂伊即伊尹。本書伊下曰。殷聖人阿衡尹治天下者。偽書序。伊尹去亳傳。伊尹字。氏。章炳麟謂伊尹蓋古官名。非一人之名。魏志杜恕上書曰。陛下聽伊尹作迎客出入之制。又曰。伊尹之制。與惡吏守門。所言伊尹。指目監令諸官。若是人名。必不得舉以相況。伊尹者。謂主事之卿。倫謂章説是也。故金文但稱尹。甲文亦但稱伊。伊蓋从𠃨从丨也。尹之為相。緣其由然。蓋自部落進化。漸有政治。庶事綦繁。乃資紀録。司紀録者即為輔相。史本紀事之名。而因以為紀事者之稱。古之史猶今之秘書。出納命令。兼事陳奏。故有重權。其後政事益繁。官職益備。則復有眾史而尹為曹長矣。史獸鼎。尹令史獸立工于成周。十又一月。史獸獻工于尹。咸。獻工。尹賞史獸。此尹是相。史是眾史也。頌鼎。尹氏受王令書。王乎史虢生册。令頌。亦尹與史並見。而尹氏受王令書。寰盤。史𦳮受王令書。王乎史減册易

袁。則皆稱史。而史冓受王令書。則史猶尹矣。周禮內史。掌王之八枋之法。以詔王治。一曰爵。二曰禄。又曰。凡命諸矦及孤卿大夫。則策命之。又曰。賞賜亦如之。內史掌書王命遂貳之。然則鼎之尹盤之史冓皆內史也。且金器銘詞亦時稱內史。如剌鼎。王乎作命內史冊命剌。是也。漢書地理志。內史。周官。秦因之。掌治京師。武帝更名京兆尹。水經穀水注。尹。正也。所以董正京畿。率先百郡。尋漢之諸矦王國。以相司其治。州郡有守。武帝改為刺史。州郡稱刺史而京兆獨稱尹者。刺史之長也。易內史而為尹。固非率爾者矣。以形音義三部分合而證之。尹史一字無疑。特商周以來。尹已為相職。故遂失其本義。字見急就篇。頌鼎作□。魯矦壺作□。甲文作□□。

□ 莊述祖曰。古文乃曲禮脯曰尹祭之尹。郘公鐘。始□作。从収。从肉。从丌。傳寫誤作□。王筠曰。鍇本作□。蓋本作□。鉉本斷之。鍇本則譌文也。倫按疑本作□。傳寫誤斷之。如王說也。或如莊說。當从豕。尹聲。此言古文者。即古文經傳中以此為尹字。或即尹祭字也。【說文解字六書疏證卷六】

◉屈萬里　綜述以尹為史官(五一七頁)。然卜辭有謂「令尹乍大田」者(乙編一一五五十二〇四四)。有言「其令多尹乍王寢」者(續編六第一七葉一片)。作田作寢，似皆非史官之職：以此言之，則尹不盡為史官也。尚書顧命：「百尹御事。」偽孔傳云：「百尹，百官之長。」則尹乃主管官之謂。主管官非一人，故言多尹也。【殷墟文字甲編考釋】

◉饒宗頤　多君或省口作「多尹」，考「尹」「君」二字古通。左隱三年傳「君氏卒」，公穀并作「尹氏」，是其證。卜辭所見，多尹司祭祀(如屯甲七五二：「元𣪘，叀多尹饗。弜不饗，叀多尹饗」)，作寢(續編六・一七・一)，坚田(書道一〇・三)等職，酒誥：「越在內服，百僚庶尹。」多尹當即庶尹也。【殷代貞卜人物通考卷十五】

◉李孝定　契文不从丿而从丨，金文亦然。王筠說文釋例曰：「尹下云从又丿，握事者也。握以說又事以說丿，定按此本段說。然十二篇乀𠂆二字皆無事義，恐丿非字，祇是以手有所料理之狀，要亦依文訓義則然耳。」孔廣居說文疑疑云：「尹當作□，从又从丨。『又』手沾之也，『丨』上下通也。治當通乎上下也，丨亦聲。」王氏於許君从「丿」之說深致疑議，是也。孔氏並改篆文作□，尤冥與古合，惟謂所从之丨為許訓上下通之丨，則初民之制字恐尚不知隱含此深奥之政治哲理。竊疑尹之初誼當為官尹字。殆象以手執筆之形，蓋官尹治事必秉簿書，故引申得訓治也。筆字作□，以其意主於筆，故特象其形作□。尹之意主於治事，故于筆形略而作丨也。金文作□頌鼎、□頌壺、□克鼎、□毛公鼎，與卜辭同。又作□鬲伯盤、□魯矦壺、□郘謡尹鉦，則與說文君若尹之古文偏旁相近。【甲骨文字集釋第三】

◉裘錫圭　許慎似以「尹」字所从之「丿」為「事」之象徵，前人多疑之。羅振玉指出甲骨文「尹」字「从又、丨，許書所云从丿，殆傳寫

訛矣」(《殷虛書契考釋》增訂本卷中19頁下)。王國維認為「尹」所从的「丨」象筆形。他在《釋史》一文中説：「此官(引者按：指内史)周初謂之作册，其長謂之尹氏。尹字从又持丨，象筆形，《説文》所載『尹』之古文作□，雖傳寫訛舛，未可盡信，然其下猶為聿形，可互證也。持中為史，持筆為尹，作册之名亦與此意相合。」(《觀堂集林》卷六)

羅振玉把甲骨文中的□□等字釋為「尹」，把見于《殷虛書契前編》7·32·2等片的□字釋為「聿」。他考釋□字説：「《説文解字》：『聿，所以書也。从聿，一聲。』此象手持筆形，乃象形，非形聲也。𦘔父辛卣从□(引者按：卣銘見《三代吉金文存》13·25)。金文「𦘔」字所从之「聿」有□□等形，見《金文編》438頁)，與卜辭同。」(前引羅書卷中40頁下)體會羅氏之意，應是以「丨」形是否穿出「又」形最上一筆作為區分「聿」「尹」二字的主要標准的。甲骨文中實有作□的「聿」字(《甲骨文編》128頁)，但是羅氏在當時尚未見到。羅氏所説的那種「聿」字，它們在甲骨卜辭中的用法跟「尹」字毫無區别，應該看作「尹」的異體。葉玉森在《殷虛書契前編集釋》7·32·2片的考釋裏，對羅氏的釋「聿」之説加按語説：「森按本辭之『□□』似即『□尹』(卷六第三十七頁之四)。『尹』亦从又持丨，與□之構造法同，丨丨並象筆形。」(7·16上)他實際上已經否定了羅氏分□□為二字的意見。《甲骨文編》《甲骨文字集釋》和《金文編》等古文字字書，都从羅氏之説把竪畫出頭的「尹」字收入「聿」字條，這是不妥當的。

王國維、葉玉森都認為「尹」所从的「丨」象筆形。李孝定也持這種看法。他在《甲骨文字集釋》「尹」字條按語中説：「竊疑尹之初誼當為官尹，字殆象以手執筆之形，蓋官尹治事必秉簿書，故引申得訓治也。筆字作□，以其意主于筆，故特象其形作□。尹之意主于治事，故于筆形略而作丨也。」(908頁)

我們認為既然「尹」字所从的「丨」本象筆形，「尹」「聿」二字就應該是由一字分化的，□(尹)和□(聿)都應該是由□這種較原始的字形變來的。□□二形後來雖然分化為截然有别的「尹」「聿」二字，但是在殷墟甲骨文裏有時仍可通用。甲骨文□字也可以寫作□(《甲骨文編》128—129頁)，這是用作偏旁時通用之例。甲骨卜辭中屢見的人名「伊尹」，偶爾也寫作「伊聿」：

丁丑卜：伊□歲，三牢。兹用。(《鄴中片羽》三集下39·7)

這是獨立成字時通用之例。這些都是「尹」「聿」同源的證據。《甲骨續存》下725的一條殘辭中有□字，舊不識，其實就是「君」字。《甲骨文編》把這個字隸定為「𦘔」(47頁)，還把上引的「伊聿」説成「伊尹之刻誤」(128頁「聿」字條)，都是不合適的。

西周中期青銅器免簋的銘文説：「王受(授)乍(作)册尹者，卑(俾)册令(命)免……」研究者多以為此銘借「者」為「書」。「書」本是从「聿」「者」聲的形聲字。可能免簋銘的書寫者還知道「尹」「聿」本為一字，有借「尹」字兼充「書」字形旁的用意。

「尹」和「聿」不但在字形上同出一源，就是在語言上也應該是關系密切的親屬詞。二字聲母皆屬喻母四等，韻部又有文、物

對轉的關系，上古音很相近。文字是古代統治階級的重要統治工具。由跟書寫文字有關的「聿」這個詞派生出稱呼官長的「尹」這個詞，是很自然的（參看上引李孝定文）。王國維認為尹本是作册一類從事文字工作的史官的專稱，「《書》之庶尹、百尹蓋推內史之名以名之，與卿事、御事之推史之名以名之者同」（見上引《釋史》）。但是甲骨卜辭裏提到的尹似乎大都不是史官，王氏之説是否合乎實際尚待研究。【説字小記　北京師院學報一九八八年第二期】

◉黄錫全　尹見尚書　鄭珍云：「薛本例作，《微子之命》作此，《序》文同。」古君字从尹从口作（後下13·2）、（穆公鼎）、（中山王鼎）、（三體石經），侯馬盟書變作，《説文》古文作，知即尹變。此字下从即糸，如信陽楚簡紝作、紛作、紅作，天星觀楚簡絡作等。因此，這個字實即古紖字。今本《説文》尹字古文作即由此形譌誤，得此古體，致使千百年來的疑難問題涣然冰釋。甲骨文有（甲3576）、（甲2382）、（掇1·40·8）等字，《甲骨文編》釋為「紖」是，然以為「《説文》所無」。糸形在下作，如同鄂君舟節織作、酓志盤紹作、毛公鼎緘作等。【汗簡注釋卷一】

◉湯餘惠　冢、冡望山二號楚墓簡文作，皆从豕，从尹。傳世古文形訛，《古文四聲韻》准部第十七「尹」字下引《古孝經》作、《古尚書》作、《説文》作，今本《説文》尹字古文作，均即此字。此簡「聖～之大夫」，疑亦用為尹字。牘二「冡毛頁」，意為冡毛之首。字从豕，尹聲，殆豕類動物名稱。【包山楚簡讀後記　考古與文物一九九三年第二期】

◉戴家祥　君，字書不載。高田忠周謂：「當尹字異文。説文尹，古文作，疑有寫誤，而稍近似。尹者治正之意。」古籀篇五十六第二一葉。按釋尹之異文可備一説。而謂由古文寫誤，純屬揣測之詞。李學勤从之。以燕下都遺址的考古發掘予以證明。並斷言「工尹也分左右，尹字的這一寫法還見於易縣出土的不知名銅器」。文物一九五九年七期五四葉戰國題銘概述上。按君釋尹基本上可信。【金文大字典下】

䖒

甲八〇七　䖒方　甲三五八八　䖒門　京都二一四六　前五·三七·五　後一·一八·二　鄴三下·四三·七　䖒人　京津四三八五　䖒方　明藏七六〇　小臣䖒　京都二一四七【甲骨文編】

甲807　續存2243　新3451　4385【續甲骨文編】

䖒　不从又　虘鐘　虘字重見　䖒鐘　䖒壺　䖒作父戊尊　大保簋　䖒孚反　師旂鼎　䖒孚　不

從乎右征 盂鼎 戲酒無敢酖 小臣邍簋 戲東尸大反 彔卣 戲淮尸敢伐內國 戲與退通說文往也或从彳作徂𨒪籀文从虘書費誓徂茲淮夷徐戎并興……今惟淫舍牿牛馬 徂與今相對 沈子它簋 戲吾考克淵克夷 戲霝卣 戲䛊妊簋 商戲簋 仲戲父簋 曩甫人匜 散盤 縣妃簋 王孫鐘 假借為祖 戲戊爵 簷平鐘 善弢戲考 【金文編】

一：七九 宗盟類參盟人名 【侯馬盟書字表】

0174 與小臣謎段戲字形近 【古璽文編】

◉許 慎 𠭯又卑也。从又。虘聲。側加切。【說文解字卷三】

◉孫詒讓 戲當讀為徂。說文又部云。戲又卑也。又辵部云。退往也。或作徂。籀文作𨒪。此即借戲為徂。【古籀餘論卷三】

◉羅振玉 此字與許書及古金文並同。【增訂殷虛書契考釋卷中】

◉羅振玉 沇兒鐘及王孫鐘並有「中𧩙戲鴋」語，猶詩言「既多且有」「終和且平」。殆語辭之且。古如此作。且象祖形，其為祖之專字歟。【雪堂金石文字跋尾】

◉高田忠周 劉心源云。說文。𠭯又取也。从又。虘聲。聲類作摣。云五指摣探也。按此篆明晳與許解合。又說文担下曰。挹也。从手。且聲。讀若樝梨之樝。方言。担。取也。凡取物溝泥中謂之担。又云。自關而西索或曰担。又挹訓抒也。抒訓挹也。兩字同義。通俗文。汲出謂之抒。蒼頡篇。抒。取也。除也。即知担摣戲元為同字。古文手又通用。殆為恆例。而且聲字籀文多从虘聲。罝作䍯。退作𨒪。明證也。況取也一義。可兼挹也抒也二義。其字當以取担為本文也。【古籀篇五十六】

◉郭沫若 戲，發聲辭，當與都同。彔刻卣「戲，淮尸敢伐內國」，縣妃段「戲乃任縣白室」，均其例。【小臣謎段 兩周金文辭大系考釋】

◉郭沫若 戲，東夷大反。

䖒殆發語辭，猶都繇於粤之類。彔㦰卣「䖒，淮夷敢伐内國」，楷妃𣪘「䖒，乃任楷伯室」，同例。尚書柴誓「徂，兹淮夷徐戎並興」，亦同此例。【小臣謎簋銘考釋　金文叢考】

◉徐中舒　䖒説文取也。或從手作摣。此借為徂字。徂往也。往與今相對。故往亦有今義。王静安先生釋費誓徂兹淮夷徐戎竝興之徂兹為今兹。其例正與此同。彔卣䖒淮夷敢伐内國。䖒亦今也。【遾敦考釋　歷史語言研究所集刊第三本第二分】

◉柯昌濟　䖒當即䖒字。説文䖒。虎不柔不信也。此字下从又。與陳逆簠祖字作𠀃為例正同。疑通嗟。金文之䖒用為嗟字。新出之小臣謎敢。䖒東夷大反。即書王曰嗟之嗟。嗟揚猶抑揚也。【王孫鐘　韡華閣集古録跋尾甲篇】

◉葉玉森　卜辭之䖒為國名。【殷虚書契前編集釋卷五】

◉容　庚　䖒義如徂。往也。昔也。小臣遾簋。䖒東夷大反。彔卣。䖒淮夷敢伐内國。大保簋。䖒𠂔反。䖒義皆為昔者。費誓。徂兹淮夷徐戎並興。……今惟淫舍牿牛馬。徂今相對。與此銘正同。【師旅鼎　善齋彝器圖録】

◉馬叙倫　鈕樹玉曰。宋本取作𠭰。誤。繫傳及類篇引又作㕚。玉篇。取也。嚴可均曰。疑當作㕚𠭰也。承培元曰。㕚取疑當作冣最。文選西京賦。摣狒猬。薛注。摣謂㦸撮之。㦸。擑也。㦸撮説文當為冣最。𠭰即最之譌也。倫按此担之異文也。手部。担。挹也。讀若樝梨之樝。次以攫。扟也。扟。從上挹也。挹下曰。抒也。抒者以手從上取之。今俗謂取井泥曰抒井。方言十。担。摣。取也。南楚之間凡取物溝泥中謂之担。或謂之摣。郭注。摣音樝梨之樝。然則䖒即方言之摣。摣音與担同。是担即摣之異文。亦即䖒之異文也。㕚字乃校者注以釋䖒字之音者。玉篇止訓取也。或㕚下捝也字。㕚也校者據釋名加之。釋名之㕚實借為爪也。䖒為爪之轉注字。雙聲。甲文作□。䖒尊作□。䖒編鐘作□。王孫鐘作□。【説文解字六書疏證卷六】

◉楊樹達　䖒字自阮元釋為徂，孫詒讓、劉心源、吴闓生、于省吾皆從其説。吴及郭沫若並以為發語詞。按此字金文屢見，恒用於語首。如彔㦰卣云：「王命㦰曰：䖒！淮夷敢伐内國，女其以成周師氏戍于苦𠂤。」小臣謎𣪘云：「䖒，東夷大反，白懋父以𣪘八𠂤師征東夷。」全盂鼎云：「䖒！酒無敢醺醺，有柴烝祀無敢醻。」沈子也𣪘云：「䖒！吾考克淵克夷。」皆其例也。據文求義，䖒蓋即經傳歎詞之嗟字也。爾雅釋詁云：「嗟，咨，𨁿也。」郭注云：「今河北人云𨁿歎，音兔罝。」按嗟𨁿字同，並从差聲，古韻屬歌部。郭謂河北人讀𨁿如罝者，明其不讀歌部音而讀模部音也。廣韻罝嗟二字同子邪切，並在九麻，與郭説合。䖒，玉篇音側家切，亦讀麻部音。廣韻有𢾾無䖒。據此，知䖒嗟音同，可以瞭然於經傳作嗟，彝銘作䖒之故矣。【縣改簋跋　積微居金文説卷一】

◉楊樹達　叡為歎詞，余去歲一月四日跋縣改𣪕已明之矣。或疑余此說於經傳無徵。今案書費誓云：「徂茲，淮夷徐戎並興。」偽傳訓徂為往，茲為此，殊無義理。余謂徂茲當為句，徂茲猶嗟茲也。叡與徂聲類同，詩唐風綢繆云：「子兮子兮、如此良人何。」毛傳云：子兮者，嗟茲也。管子小稱篇云：「嗟茲乎，聖人之言長乎哉。」秦策云：「嗟嗞乎，司空馬。」尚書大傳云：「諸侯在廟中者，愀然若復見文武之身，然後曰：嗟子乎，此蓋吾先君文武之風也夫。」說苑貴德篇云：「嗟嗞乎，我窮必矣。」揚雄青州牧箴曰：「嗟茲天王，附命下士。」嗟嗞、嗟子，並與嗟茲同。歎詞表聲，無定字也。費誓文不作嗟茲而云徂茲者，上文有「嗟人無譁聽命」之言，記事者特變其文以避複。徂與嗟本同也。叡為歎詞，亦有在文末者。詩小雅巧言云：「悠悠昊天，曰父母且。」鄭風褰裳云：「狂童之狂也，且。」且亦與叡同，狂童之狂也，五字為句，且一字為句；通讀以六字為一句者，非也，以且殿文末。猶小雅節南山篇云：「憯莫懲嗟」，以嗟殿文末也。憯莫懲嗟，亦當以憯莫懲三字為句，嗟一字為句。十月之交云：「哀今之人，胡憯莫懲」，是其證也。嗟字經傳中無慮千百見，而金文中了無其字，正以作叡不作嗟爾。【全盂鼎跋　積微居金文說卷二】

◉楊樹達　叡　殷虛文字甲編捌零柒版云：

伐弗及叡方？伐及叡方，𢦏？伐甲伐𢦏叡方，弗𢦏？上伐字疑衍。

書契前編卷伍叁柒葉伍版云：

貞伐叡？

書契後編卷上拾捌葉玖版云：

△，卜，在𢊁貞，叡方余从△△。王卟曰：大吉。

按卜辭屢見叡方，且恆云伐叡，其為國名甚明，顧經傳未見有國名為叡者。以聲類求之，疑即詩大雅皇矣篇之徂也。皇矣五章云：「密人不共，敢距大邦，侵阮徂共。王赫斯怒，爰整其旅，以按徂旅，以篤于周祜，以對于天下。」毛傳釋侵阮徂共云：「侵阮遂往侵共。」訓徂為往，認為動字。鄭箋云：「阮也，徂也，共也，三國犯周，而文王伐之，密須之人乃敢距其義兵，違正道，是不直也。」是鄭以徂為國名，與毛異義。後來學者於毛鄭二義各有偏袒。王肅云：「無阮徂共三國。」孔晁云：「周有阮徂共三國，見於何書？」孫毓云：「案書傳，文王七年五伐，有伐密須，犬夷，黎，邘，崇，未聞有阮徂共三國助紂犯周，文王伐之之事。」是王肅孔晁孫毓三家皆不從鄭義也。孔疏云：「鄭必以為皆國名者，正以下言徂旅，徂有師旅，明徂是國，故知三國與密須，充上四國之文，事在此詩，即成文也。於時書史散亡，安可更責所見？張融云：晁豈能具數此時諸侯而責徂共非國也！魯詩之義，以阮徂共皆為國名，是則出於舊說，非鄭之創造。書傳七年年說一事，故其言不及阮徂共耳。書傳亦無玁狁，采薇稱玁狁之難，復文

𡕒

王不伐之乎？鄭之所言，非無深趣。皇甫謐勤於攷校，亦據而用之。」據此，鄭義出自魯詩，皇甫謐張融二家皆從鄭非毛也。今按兩方各執一義，以文義論，侵阮往共，於文理難通，毛義本有罅漏。然非有強證，不足以折之。今用甲文勘校詩經，知䖒之與徂，文雖殊而事則一，則魯詩鄭箋之説是，毛傳王肅孔晁孫毓之説並非也。二千年來之紛爭，或者從此可以息乎！【釋䖒方　積微居甲文説卷下】

◉嚴一萍　此字與王孫鐘作□，最為相近。宋本説文：「䖒，叉卑也。」繫傳作：「叉取也。」段玉裁注本改作：「叉卑也。」注云：「各本作叉取，今依類篇作叉，宋本作卑正。叉卑者，用手自高取下也。今俗語讀如渣，若手部云：籍者，以鉏物刺而取之也。方言：担摣，取也。南楚之間凡取物溝泥中謂之担，或謂之摣，亦此字引伸之義。」

爾雅釋天：「六月為且。」案汗簡且作□，是爾雅之且與繒書之䖒為一字。郝氏義疏曰：「且者，次且行不進也。六月陰漸起欲遂上，畏陽猶次且也。」其義與繒書之「䖒司夏」者不相涉。【楚繒書新考　中國文字第二十六册】

甲六三四　甲六七九　甲一一九一　甲一五八七　甲一七七三　甲三九一五　前二・二八・三　前五・三九・三　後一・五・一二　後一・八・五　後二・二二・八　佚二五五　佚八〇六　粹三〇三　粹四一九　粹四三四　粹五四四　粹五六〇　粹七一三　明藏五一五　京津四六一七　京津四六二〇　京津四六二三　甲一六三七　卜辭用𢦏為𡕒重見𢦏下【甲骨文編】

甲566　634　679　1587　1637　1649　1773　2252　2613　2618　2695　珠534　659　佚141　255　806　續1・23・7　誠235　236　六中269　續存1820　粹303　313　315　419　434　560　577　713　831　1019　新3978　4072　4555　4619　4623【續甲骨文編】

嫠　毓且丁卣　　師嫠簋　　輔師嫠簋　【金文編】

◉許　慎　嫠引也。从又。𠩺聲。里之切。【說文解字卷三】

◉羅振玉　說文解字嫠。反引也。从又。𠩺聲。卜辭作。从。師嫠敦作。與卜辭略同。所从之。均不从未。又或省。【增訂殷虛書契考釋卷中】

◉商承祚　前二·二八·三曰：「其延𠩺」作。龜二·十九·九曰：「延敉」，作。皆𠩺字也。𠩺本从來得聲。來，麥也，从象禾有粒。小篆从未即由形寫譌。後下六·七·文與此同，余曩誤釋作殺，金文辛鼎嫠字亦已从未。【殷契佚存】

◉葉玉森　之異體作等形。或从木或从來省。或从黍省。許書从未似由形省變。疑釐字辭延釐。【殷墟書契前編集釋卷二】

◉馬叙倫　羅振玉曰。卜辭作。从。師嫠敦作。與卜辭同。所从之。均不从未。又或省反。商承祚曰。乃來字之省。許書从未。殆來之誤也。倫按引也之義。字不當次此。引也亦似非本訓。師龢父𣪘作。【說文解字六書疏證卷六】

◉屈萬里　卜辭：「☐祉敉☐每?」敉，即嫠字。祉敉，與叙嫠同義，延長福祉也。于省吾駢枝(四八葉)說。【殷墟文字甲編考釋】

◉李孝定　說文：「嫠，引也。定按羅引作「反引也」，衍反字。从又，𠩺聲。」又攴部：「𠩺，坼也。从攴，从厂，厂之性坼，果熟有味亦坼，故从未。」絜文象一手持麥攴擊而取之之形，乃穫麥之象形字。象事也。𠩺下小徐曰：「攴擊取也。」是也。攴擊所以脱粒，故引申訓「坼」，手引而攴擊之，故亦訓「引」，二者原為一字，許書歧為二耳。至卜辭言延嫠者，當讀為釐。釐，許訓家福，引申為凡福之偁。穫麥，所以足食，引申自得有「福」義。訓福之「釐」古殆祇是作「嫠」，後始制為从里𠩺聲之專字耳。金文始有釐字，卜辭無之。金文嫠作師嫠簋。毓且丁尊。毓且丁卣。𠩺作師寰簋蓋。同上器文从貝。古文偏旁从又或省，每得通也。【甲骨文字集釋第三】

◉朱歧祥　象手持杖打麥穗之形，示收成。隸作嫠。即釐字。卜辭多連用，即「馭嫠」。董作賓《安陽發掘報告》第四册訓「馭釐」意為進福。《說文》釐：「家福也。」段注：「家居獲祐也。《易》曰：積善之家，必有餘慶。」卜辭又有作延釐()，亦有降福意。【殷墟甲骨文字通釋稿】

◉陳初生　甲骨文作、、、等，象以手持杖打麥或一手持麥，一手持杖打麥之形，采麥之「來」亦表聲(來，落哀切，之

來平），乃會意兼聲字。金文作□、□、□、□、□、□、□、□、□、□、□、□、□、□等，仍有以「來」為聲者。「來」或訛為□、□，其表音功能遂失。□、□既不表聲，乃復增「里」以表聲。或用為「賞賚」字，故加意符貝。或从子，蓋賞、賚與人有關，故以子表示人，字或省攴。小篆所从之「未」亦「來」之訛。从文字發展來看，說文所收的「𠩺」、「斄」、「氂」，實為一字。【商周古文字讀本】

敊

◉許　慎　□拭也。从又持巾在尸下。所劣切。【說文解字卷三】

◉馬叙倫　鈕樹玉曰。拭當作式。說文無拭。飾訓敊。讀若式。是其證。荀子禮論篇。濡巾三式。楊倞注。式與拭同。沈濤曰。五經文字作敊。飾也。是古本不作拭。飾。敊也。敊飾互訓。王筠曰。拭當作飾。尸者。人也。玉藻。浴用二巾。上絺下綌。注。刷去垢也。此生人用刷巾之事也。霍世休曰。刷為飾之雙聲轉注。倫按从又持巾。从人。□由□而變。諸家以為屋字所从之□。非也。今北方風季人自外至。皆以巾拂拭之。去其塵垢。是也。拭字傳寫者以當時通用字易之。本書說解中拭字同。从又持巾在尸下亦校者改之。本作从又。从巾。从人。會意。【說文解字六書疏證卷六】

◉楊樹達　屋字下云：「尸象屋形。」此字亦又為能名，巾為所名。【文字形義學】

及

甲二〇九　甲二七八　甲八〇七　甲二一一四　甲二八四五　甲二九三二　甲三四一二　甲三七三五　甲三八一二　乙六三　乙三四五　乙三七七　鐵一一六·四　前一·四五·六　前五·二七·四　前六·六二·七　前七·一六·二　前七·三三·二　後一·二二·三　後二·三五·一　戩一六·二　戩三七·六　粹六六五　粹七六五　佚一　佚五　燕五九〇　摭續一四一　存下八〇四　京都三九五　【甲骨文編】

甲209　278　807　2114　2845　3412　3913　乙345　529　2266　3282

4815 5311 9077 珠462 464 816 佚1 5 226 662 769
793 續2·24·1 4·11·10 5·27·12 5·31·3 徵11·58 12·8 京4·3·3
凡29·4 録256 天23 誠359 六中117 六清107 外338 六清108 六束74
外4 382 書1·9·A 摭續141 粹665 765 1153 1195 新4387 【續甲骨文編】

及 保卣 弔多父盤 王孫鐘 沇兒鐘 郘王耑 齊鞄氏鐘 邾公釛鐘 姑□句鑃
王孫真鐘 秦公鎛 中山王礜鼎 从彳晋鼎 格伯簋 鬲比盨
伯庶父簋 鄭虢仲簋 毛公厝鼎 𪄂弔盨 不嬰簋 不嬰簋二 【金文編】

三：一〇 一千一百二十例 宗盟類改助及奐卑不守二宮者 宗盟委質類某某及子孫 及羣嘑盟者 一：二 一百四十七例
一：三〇 十四例 一五六：四 【侯馬盟書字表】

及 效二二 八十四例 效一 九十五例 日乙四六 三例 雜四二 九例 秦六一 五十四例 日甲一
三八背 【睡虎地秦簡文字編】

許及私印 及毋媿印 【漢印文字徵】

泰山刻石 化及無窮 石碣 汧殹隹楊及柳 詛楚文 及郗長敍 石經僖公 晉人及羌戎敗秦師于殽 汗簡引
石經同 石經 無逸及高宗 說文～古文及秦石刻及如此 【石刻篆文編】

及竝石經 【汗簡】

[及]古孝經　[及]古老子　[及]同上　[及]石經　[及]雲臺碑　乁同上　[及]崔希裕纂古　弓䢋竝說文　【古文四聲韻】

◉許　慎　𠭖逮也。从又。从人。徐鍇曰。及前人也。巨立切。乁古文及。秦刻石及如此。弓亦古文及。䢋亦古文及。【說文解字卷三】

◉劉心源　彶。古文及字。說文彶及分用。【奇觚室吉金文述卷二】

◉孫詒讓　「𠂎或弗二」、十四之一。「貝乎追宫[及]」、百十六之四。「己亥余𠂎帚方」、百廿二之三。「庚寅𠂎□」、百廿六之一。「癸子卜𠂎大之于」、百五十三之三。「貝弗其𠂎今二月」、二百六十七之三。「辛卯卜𠂎之□□」、二百七十二之一。「𠂎當是『及』字。⊘从又人。」是也。【契文舉例卷下】

◉羅振玉　說文解字。及从又。从人。古文作乁弓䢋三形。石鼓文作[及]。與卜辭同。象人前行而又及之。【增訂殷虛書契考釋卷中】

◉林義光　[及]及縛韻　說文云。𠭖逮也。从又人。按。从又持人。謂追及之也。古作[及]王孫鐘。或作彶曶鼎。从行省轉注。【文源卷六】

◉商承祚　不𡢁敢蓋及作[及]。許書之䢋。其[及]與彳誼同。[及]又[及]之變也。【殷虛文字類編第三】

◉商承祚　[及][及][及]金文齊䵼氏鐘作[及]。或从彳作[及][及](鄭虢仲毀。伯庶父毀)。說文。及。「逮也。从又人。乁。古文及。秦刻石如此。弓䢋亦古文及。」此象人前行而又及之。金文从彳。示行意也。【甲骨文字研究下編】

◉葉玉森　說文及下出古文乁弓。卜辭之弓當釋及。他辭云。「辛丑卜。貞。𨸏弓羊王門于謝。」後下第九葉之四。言𨸏及羊方二國也。弓亦及字。本辭則云異及某國也。【殷虛書契前編集釋卷五】

◉吳闓生　公羊。及猶汲汲也。書。我惟有及。則余一人以懌。及即今語之急。學記。及於數進而不顧其安。謂汲汲于速進也。【吉金文録卷一】

◉強運開　說文。及。逮也。从又人。乁古文及。秦刻石如此。弓亦古文及。䢋亦古文及。又按。毛公鼎及字作[及]。沇兒鐘作[及]。鼄公鐘作[及]。曶鼎作彶。虢中叔敢作[及]。不𡢁敢作[及]。【石鼓釋文】

◉于省吾　卜辭往往於某示若干屯之下。有奇零數曰又一乁。亦作㞢一乁。有但云乁者。佚存三七九。戊寅。帚汝示二乁。屯

叓。其作二乁屯者。即二屯又一乁之省文也。甲二・三十・一二。𢀛示四屯𡳿一卣。卣郭沫若釋冎。非是。唐蘭釋卣。近是。卣亦盛物之器。惟又一丿與𡳿一乀最為習見。郭沫若云。乁（若乀）即骨臼半月形之象形。即説文乁流也讀若移之乁字。古音當在歌部。本義當即是骨臬。見古代銘刻彙攷續編骨臼刻辭之一攷察。按郭説非是。乀乁即古文及字。説文。及逮也从又从人。乁古文及。秦刻石及如此。按魏三體石經尚書無逸。及高宗。及祖甲。及我周文王。三及字古文均作乁。然則契文丿字。即古文乁字。殆無可疑。及應讀作㞚。説文。㞚蒲席䋿也。从巾及聲。讀若蛤。又䋿幡也。所以載盛米。又䋁㞚也。杜林以為竹筥。揚雄以為蒲器。玉篇。㞚以席載穀。是可證㞚器乃以蒲或竹類所織之筐筥。卜辭凡言若干屯即若干純。古者帛一匹為一純。若干純之後。附以𡳿又㞚者。㞚為筐筥之類。亦盛帛之器。書禹貢。厥篚織文。厥篚檿絲。厥篚玄纖縞。厥篚織貝。厥篚玄纁。厥篚纖纊。篚是筐筥之屬。織文檿絲玄纖縞織貝玄纁纖纊均係錦帛之類。絲織者盛以筐筥。由商代迄於晚周。猶如是也。【釋及　雙劍誃殷栔駢枝】

◉馬叙倫　鈕樹玉曰。韵會人上無从字。桂馥曰。逮也。六書故引作隶也。本書。逮。唐逮。及也。隶。及也。徐灝曰。戴氏侗曰。从人而又屬其後。追及前人也。灝按此與隶同意。倫按沇兒鐘及字作𠬪。邾公鐘作𠬪。甲文作𠬪𠬪。此隶之初文。下文。隶及也。及音羣紐。隶音定紐。皆濁破裂音。乁。古文及。秦刻石及如此。

鈕樹玉曰。玉篇廣韻無。疑後人增。嚴可均曰。秦刻石及如此。當是校語。羅振玉曰。許書從無一字既為古文。又為小篆者。必有譌。且嶧山碣山兩碑均秦刻文。內及字皆篆𠬪。不作乁。當是秦刻石六字在及注。後人錯列乁注耳。李杲曰。石經作乁。與此同。倫按追及字不可象形。則乁字必非及字。今市二字非从乁。詳今市二字下。倫謂古文經傳借乁為及耳。魏三體石經古文及字作乁。與甲乙字同。則古文借甲乙字為及耳。秦刻石及如此校語嚴羅説是。

𢎨　嚴可均曰。此與下𨒪字疑皆出説文續添。嚴章福曰。辥帖齊侯鎛鐘有𢎨。隸續引魏石經有𢎨。校者所據補也。倫按。徐鍇謂似己字但少曲身。倫疑古文經傳或借己為及。己及雙聲。

𨒪　朱駿聲曰。𨒪即逮之古文。商承祚曰。不㝨殷蓋及作𨒪。許書之𨒪。其𢎨乃彳之誤。𨒪又𢎨之變也。倫按。朱説是也。古文經傳以為及字。篆毛本作𨒪。鍇本作𨒪。疑秉下有古文作秉。此涉秉而譌。魏石經古文秉作秉。可證也。蓋此諸古文皆校者據魏石經加之。【説文解字六書疏證卷六】

◉郭沫若　「及」同逮，即逮捕之意。此為本義，後假為暨與之及，而本義遂失。然考殷、周古文，如甲骨文與西周彝銘。暨與義之聯詞均用眔。無用及者。用及為聯詞乃後起事。【保卣銘釋文　考古學報一九五八年第一期】

◉李平心　「王令保及殷東國五侯」，「及」字音義各家考釋參差，當重行檢核。就辭性而論，此字是外動詞而非連詞，鑿然無疑。黄

盛璋先生曾不厭其詳地探索這個字，斷定它的音義與眔、遝無別，以為當訓逮捕。但他的推論恐怕很難成立。姑不論逮捕擁有武力各據一方的五國之侯（「五侯」二字黄作如此解釋）在事理上很難説得過去，即以音韻義訓而論，讀及為逮，解為捕，也斷不可通。就韻部來説，及古屬緝部，而眔即涕之本字（郭沫若先生在《西周金文辭大系》中考釋至塙，金文眔皆用作逮及詞）。眔聲、弟聲與隶聲之字古屬脂部，緝脂二部之字雖有時相通，究相去一間。董同龢把眔、隶二聲與褱聲一同列于緝部，遠不如清人把它們歸入脂部（段玉裁《音韻表》的第十五部）來得妥貼。黄先生不依從清代音韻學家的韻目，獨欣賞董表，是由于他先有所主，冶及聲、眔聲、隶聲為一部，最便于證成他的王命太保奭逮捕五侯之説。就聲母來説，及古隸見紐，而眔、遝、逮古隸定紐，相距也有一段距離。就字義來説，及與遝、逮作為連詞雖可通訓，但遍考古籍和歷代出土文獻，未見有把及用作逮捕字者。在先秦文籍中和金文中，拘人或稱執、或稱獲，或稱係、繫，間或稱搏，捕、戾却不稱遝、逮，更不稱及；逮訓為捕，是秦漢以後的事，而及字古今都没有訓捕之例。

照我的淺見，「及」當訓征伐，在古書和彝銘中與燮、捷、襲三字音訓完全相通，與克、擊、各、格則以雙聲相通，隨後，我們會明白，及在古書和地下文獻中直接作征伐解的例子也不在少數。

至于「及」在金文古籍中訓追之例甚多，追亦伐義之引申。追古與敦通。

以《樂記》《五蠹篇》、卜辭與卣銘所含之「及」字參研互證，「及殷東國五侯」必訓伐殷東國五侯，而不能解為逮捕殷東國五個諸侯。【《保卣銘》新釋　中華文史論叢第一輯】

◉屈萬里　□，疑是及字之異體，毛公鼎之□，不娶毁之□，其偏旁均與此字形相近。

□字未識；或是及字之異體。

□字不識，或是及字之異體。【殷虚文字甲編考釋】

◉睡虎地秦墓竹簡整理小組　及，疑讀為急，《孫子·作戰》「急於丘役」，臨沂銀雀山竹簡急字作及。【睡虎地秦墓竹簡】

◉黄錫全　□及並石經　三體石經僖公及字古文作□，此同。及字古本作□（保卣），變作□（鳧叔盨）、□（説文古文）。此形下部多从□，可能是因戰國文字人旁有作□，而及字有作□或□、□，變作□。【汗簡注釋卷一】

◉戴家祥　郭沫若認為：及同逮，即逮捕之意。此為本義。後假為暨與之及，而本義遂失。然考殷周古文，如甲骨文與西周彝銘，暨與義之聯詞均用眔，無用及者，用及為聯詞，乃後起事。文史三二零葉保卣銘釋文。按説文及訓逮，逮訓及，及逮互注。及之古文□當是逮之或體。甲骨文及作□，象以手从後逮住前人之形。金文或作□，加彳旁表示趕路之義，故後來《説文》訓彶為「急行也」。【金文大字典上】

後二·一〇·一四 後二·二一·一三 續六·二三·一〇 珠四六五 地名 得四羌在秉 珠五七二 存一九四【甲骨文編】

珠465 572 續6·23·10 徵8·32 續存194【續甲骨文編】

秉 觚文 秉中鼎 秉中父乙簋 秉𠂤觶 秉𠂤丁卣 班簋 弔向簋 井人妄鐘 虢弔鐘 秦公簋 國差𦉜 者沪鐘 楚公冢戈【金文編】

秉 日甲三六背 通柄 以棘椎桃—以悳其心【睡虎地秦簡文字編】

秉德侯相 莊秉【漢印文字徵】

石經君奭 罔不秉德 汗簡引義雲章作【石刻篆文編】

秉【汗簡】

義雲章【古文四聲韻】

◉許　慎　禾束也。从又持禾。兵永切。【説文解字卷三】

◉薛尚功　秉仲者。索諸書傳訖無所攷。然字畫奇古。兩旁二字亦左右相戾。有析木之意。蓋鼎之為字。下从析木耳。

秉仲

【歷代鐘鼎彝器款識法帖卷二】

◉羅振玉　秉仲鼎作。與此畧同。象手持禾形。【增訂殷虛書契考釋卷中】

◉吴式芬　許印林説。……秉。把也。見詩大田傳伐檀箋。左昭二十七年傳注。又小爾雅廣物。把謂之秉。家語正論注。一把曰秉。鏳瓶罍屬。有頸可把。故以把計。四秉言四把也。吾東凡壺勺刀匕之屬皆論把。齊古語如此。阮以為作器所用粟數。失之。【齊國差鏳　攈古録金文卷三】

◉方濬益　説文秉禾束也。从又持禾。杜臺卿玉燭寶典引春秋説題辭曰。禾者生於仲春。以八月成嘉禾。得陰陽宜適三時節和陽精斗性得秋之宜。此禾字正象嘉禾秋成垂實之形。【秉中戊形鼎　綴遺齋彝器款識考釋卷五】

◉高田忠周　手持一禾為秉。手持兩禾為兼。詩大田。彼有遺秉。傳把也。轉義。爾雅釋詁。秉執也。詩溱洧。方秉蕑兮。又烝民民之秉彝。此與銘意相合。【古籀篇五十六】

◉馬叙倫　王筠曰。束字不知何字之譌字。从又本無束義。小雅大田。彼有遺秉。傳。秉。把也。丁福保曰。慧琳音義十七希麟續音義四引有手持一禾曰秉。倫按禾束也。非本義。亦非本訓。本書兼下曰。兼持二禾。秉持一禾。秉兼之構造與隻雙同。王疑字从又無束義是也。从又持禾當作从又从禾。然持禾為秉。理不極成。蓋可持者多。何以必持禾耶。倫謂从又。稟聲。篆省耳。稟聲故秉音亦封紐也。倫疑秉為把之轉注字。手部。把。握也。秉把雙聲。慧琳引者校語。詩之遺秉。乃借秉為稟也。⊘字見急就篇。國差甔作□。秉中父乙毁作□。【説文解字六書疏證卷六】

◉楊樹達　攈古録金文叁之壹卷四六葉引許瀚説云：「秉，把也。見詩大田傳、伐檀箋、左昭二十七年傳注。又小爾雅廣物把謂之秉。家語正論注：『一把曰秉。』鏳瓶罍屬，有頸可把，故以把計，四秉言四把也。吾東凡壺勺刀匕之屬皆論把，齊古語如此。」按許謂今語壺以把計，推論銘文，語似有徵，若以「工師倍鑄西□，寶鏳四秉」十字連讀，文勢尤順，似可信矣。然通考彝銘，彝器以單位之名計數者惟鐘耳。如洹子孟姜壺云：「鼓鍾一銉」，邵鐘云：「大鐘八聿肆，其竈四䤨」，邾公牼鐘云：「鑄辝台和鐘二堵」，皆其例也。此以古有編鐘，八枚為堵，二堵為肆，乃多數集合之名，至如今日云鐘一枚或一具者，則未見也。且罍壺與甔為同類之器，圅皇父毁第云兩鑐兩鐳，不云罍「自豕鼎降十，又毁八，兩鑐，兩鐳」，㪤毁云「㪤乍㪤毁兩」，皆其例也。二秉壺二秉也。則許氏之説雖似是而實非也。余謂此秉字當讀為柄。説文六篇上木部云：「柄。柯也。从木，丙聲。」或从秉作棅，三篇下又部説秉字為从又持禾，故秉字有執字把字之義。引申之，凡可執可把之物亦為秉。由秉字孳乳為棅，更由丙與秉同音而孳乳為柄。柄為名字，口語言把，通讀把字之去聲，蓋把持之把為動字，讀上聲，變動字為名字，則讀去聲以示別也。柄説文訓柯，柯為斧柄，此柄之直而長者也。儀禮士冠禮云「加柶，面枋」，又云「加勺，南枋」。枋與柄同。少牢饋食禮云：「匕皆加于鼎，東枋。」柶與匕皆似今之調羹。貞松堂集古遺文拾壹卷十葉下有魚鼎匕。勺似今之瓢，皆有柄，此柄之曲而長者也。古器有

盉。大類今之茶壺，前有直出之長流，今茶壺之嘴也。後有半圓形之環，人可用手穿環，使器前俯，以傾器中之所盛，今茶壺之柄也，亦即口語讀把去聲之把也。此柄之曲而圓者也。要而言之，不問形之曲與直，方與圓。凡物之屬於器可執持以舉其器者，通可謂之柄也；必知此而後可以説工師俉鐈銘文之秉。考寶蘊樓彝器圖釋説此鐈器形云：「四耳，作獸首形，銜環⊘環徑二寸四分。」按此器四耳，耳各一環，凡四環，人可執持以舉鐈，此所謂四秉也。此器以全環為柄，猶盉之以半環為柄也。【工師俉鐈再跋　積微居金文餘説卷二】

◉郭沫若　「秉緐蜀巢」，四國名以四國表示四方。秉殆假為彭城的彭，在今江蘇北部。澶淵一名緐淵，因緐水得名。在今河北境內。蜀即西蜀在今四川，巢即南巢，在今安徽南部。這樣的四國就代表東北西南四方。在這個範圍內，大抵上就是周初的天下。【班毁的再發現　文物一九七二年第九期】

◉周法高　楊樹達云：「秉繁蜀巢即四國之名，不止繁蜀巢三名為國名也。」井侯彝云：「易錫臣三品，州人、秉人、𩫖人。」此文與彼文例同也。積微一二三頁毛伯班毁跋。郭沫若近亦以為四國名。案楊郭説非是。四方乃通稱，與下文之國名無關。以一動詞領三名詞猶襄三十一年《左傳》「繕完葺牆，以待賓客。」以三動詞對一名詞。俞樾《古書疑義舉例》卷二語緩例引。陳夢家云：「郭沫若以此器的繁蜀巢三者為南國的國名，並舉春秋時晉姜鼎曾伯簠為證，是正確的。」金選五五頁斷代12班毁，郭近説謂：「秉殆假為彭城的彭，在今江蘇北部。澶淵一名緐淵，因緐水得名，在今河北境內」恐不確。【金文詁林卷三】

◉嚴一萍　𢀷　商氏釋「事」，或釋「秉」，以當爾雅釋天三月之「寎」。案釋「秉」可从。廣韻引爾雅作：「三月為窉。」玉篇：「窉，穴也。筆永切。」説文：「寎，臥驚病也，從㝱省丙聲。」故郝氏爾雅義疏曰：「然則窉者丙也。三月陽氣盛，物炳炳然也。」蓋古人稱三月為「丙」聲之月，故繒書以秉為之。爾雅以寎為之，其含義不必如郝氏所説。今以繒書證之，則「丙」聲所代表者，當為神名，可斷言也。【楚繒書新考　中國文字第二十六册】

◉裘錫圭　秉這個字從下引卜辭看，顯然跟農業有關：

叀庚午秉于𤰈田，不遘大雨。　屯南335

弜庚午，其雨。

□酉卜，其秉盂□　合31796

□戌秉于盂□遘大雨。　粹780

其秉于盂□　合31201

翌日庚其秉乃……，(比)至來庚有大雨。

翌日庚其乃……，至來庚亡大雨。

來庚……秉乃……，亡大雨。　粹845

乙未卜：今日其屯(?)用林于濕田，有(正)。

弜屯，其……新秉，又正(「正」也可能應釋為「足」)。

叀新秉屯用上田，又正。　屯南3004

這個字，葉玉森《殷契鉤沈》釋「秋」(2頁)，唐蘭《天壤閣甲骨文存考釋》釋「秿」(23頁上)，都没有根據。郭沫若《殷契粹編考釋》釋「秆」，謂其字「从禾加束以示莖之所在，指事字也」(113頁上)。于省吾《雙劍誃殷契駢枝・釋秉》謂金文「剌」字與「秉」為一字，「秉」當與「剌」同音，《說文》謂「剌」字从「束」，非是。綜合郭、于二說來考慮，「秉」似應是「梨」(此字下文均用「列」替代)的初文。《說文》：「列，黍穰也。」《廣雅・釋草》：「黍穰謂之列」，「稻穰謂之秆」，「稷穰謂之列」。《廣韻・平聲・陽韻》：「穰，禾莖也。」《說文》「列」字《段注》：「《詩・生民》『禾役穗穗』，毛傳：『役，列也』。『列』蓋『梨』之假借，禾穰亦得謂之列也。」由以上引文可知「列」是禾、黍一類穀物的莖秆之名。「列」、「剌」古音相近。「經傳稱列考或功烈字，金文通作『剌』。」(《雙劍誃殷契駢枝・釋秉》)周厲王之「厲」金文作「剌」，古書中「烈山氏」亦作「列山氏」、「厲山氏」。這些都是「列」、「剌」音近相通之證。所以把「秉」釋作「列」的初文，从字形和字音上都講得通。

【甲骨文所見的商代農業　殷都學刊一九八五年二月增刊】

反

前二・四・一　地名　簠地七【甲骨文編】

徵2・7【續甲骨文編】

反　戍甬鼎　大保簋　小臣謎簋　過伯簋　九年衛鼎　師寰簋　頌鼎　頌簋　頌壺　善夫山鼎【金文編】

秦1261　蒲反　蒲反即蒲阪【古陶文字徵】

反〔五〇〕反〔二二〕【先秦貨幣文編】

反 典一四三 反 仝上 典一四四 反 仝上 亞四·四九 反 仝上 【古幣文編】

反 99 反 171 【包山楚簡文字編】

反 反 為二三 九例 通返 行不— 日甲五三 通坂 臧東南—下 日甲七三背 反 日甲一五四背 九例 【睡虎地秦簡文字編】

反 蒲反丞印 反 郭反 反 反少卿印 反 徐反 反 衛反 反 賈反 反 張反私印 反 □反之 反 公孫反之

【漢印文字徵】

反 反 反 反 【汗簡】

反 説文 反 崔希裕纂古 【古文四聲韻】

◉許慎 反覆也。从又。厂反形。府遠切。反古文。【説文解字卷三】

◉羅振玉 説文解字。反。古文作反。此作反。與古金文及許書篆文合。【增訂殷虚書契考釋卷中】

◉吳大澂 反古反字當从止。从厂。止為倒足跡形。與出字同意。出則納屨。反則解屨。厂亦象屨形。故倒出為反。从又者止之變也。太保敦。【説文古籀補補遺】

◉林義光 厂象翩翻形。从又。謂以手反轉之。古作反太保彝。同。【文源卷六】

◉高田忠周 説文反覆也。从又厂。象形。蓋手所向。厂以象逆覆之。即反覆之意顯然。孟子由反手也。是反字本義。引伸為凡。反覆之義。字形字義甚昭明者也。説文古文作反。或云一者指事也。或云从厂者厂聲也。亦可通矣。【古籀篇五十六】

◉商承祚 吳大澂曰。「古出字从止从凵。反為出之到文。二字本相對也。……以足納屨為出。當作出。變文為出。到出為反。當作反。變文為反。古體出則納屨。反則解屨。厂象履在足後形。」(字説出反字説)案反即扳之初字。象手引門而掩之也。吳説反誼非。【甲骨文字研究下編】

◉馬叙倫　嚴可均曰。説解恐誤。此非象形字。反形亦非語例。段玉裁曰。各本作厂反形。韻會無反形字。然則當云厂聲。奪聲字也。翟雲昇曰。六書故作厂聲。宋保曰。反。厂聲。反與厂同部。故从其聲。倫按反正反側字即乏也。覆也則𠬪字義也。反在又部。从又。厂聲。其義亡矣。或即樊之轉注字。皆脣音也。樊俗作攀。禮記喪大記注。哀慕者欲攀援。釋文。攀。本又作扳。扳即反之後起字也。是其證也。字見急就篇。頌鼎作[字形]。師袁毁作[字形]。甲文作[字形]。

[字形]反　九篇。石。山石也。在厂之下。○象形。厂下曰。山石之厓巖人可居。而磬之古文作硜。碣之古文作[字形]。厎之或體作砥。則[字形]即厂之異文。此从[字形]與后从[字形]同。后石一字。詳后字下。亦厂之異文。蓋厂為象形。圖畫之勢不能皆齊。今畫山水者作巖狀為[字形]之形。故厂或為[字形]或為[字形]矣。此仍从又厂聲。古文下當依鍇本補反字。【説文解字六書疏證卷六】

◉楊樹達　許君此説，形義不相合。後儒紛紛為説以申其義，如徐鍇謂「又為反手，厂象物之反覆」；段玉裁謂「从又有覆之者，字从厂聲」；林義光謂「厂象翩翻形」皆其事也。王筠謂反為阪之古文，疑字不从又，則致疑許君之訓而於字形别為異説者也。愚按：許君立訓既乖，則申證者自皆無當。甲文金文反皆从又，知王筠説非是。今按：反者，𠬚之或字也。説文三篇上𠬚部云：「𠬚，引也，从反収。」或作𢪏。今字作攀。反字从又从厂者，厂為山石厓巖，謂人以手攀厓也。古文所从厂作二畫者，猶磬字古文作硜，所从石字厂形作三畫也。反與𠬚異者，𠬚為象形字，但示兩手外向援引之形；反為會意字，能攀之手與所攀之厓二者皆備爾。

經傳有扳字，隱公元年公羊傳曰：「隱長又賢，諸大夫扳隱而立之。」何注云：「扳，引也。」扳訓引，與説文𠬚字訓同。禮記喪大記注云：「承衾哭者，哀慕若欲扳援。」釋文云：「扳本又作攀。」莊子馬蹄篇云：「烏鵲之巢可攀援而闚。」釋文云：「攀又作扳。」攀即説文𠬚字或作之𢪏，此皆𠬚扳同字之證也。按扳實反之後起加旁字。知者，以義言之，何休訓扳為引，莊子及禮記鄭注並以扳援連文，扳引扳援與反字形體相合，一也。以形言之，凡會意加形旁之字，必蹈重複之病：如益加水為溢則重水，困加木為梱則重木，嗇加禾為穡，則从來又从禾。今反从又，扳更从手，與益溢困梱嗇穡一例：二也。𠬚與扳為同字，反與扳亦為同字，反與𠬚當為一字明矣。

或者問曰：「凡象形或會意加形旁之字，必與原形重複，其故何也？」曰：「此甚易知也。蓋一字因後起之義盛行，原始之義漸晦，於是别造一加形旁字以表其原始之義。然原始之義本為原始之形所表，今所加之形既與原始之義有關，自不能越出於原始形以外，故不免於複沓也。」

凡字先有義而後有形，制字者先具攀引之義於心，因義賦形，乃制以手援崖之反字，可謂深切著明矣。日久而反為反覆之義所據，攀引之義漸晦，於是吾先民於有意無意之間以加形旁之扳承受反字扳援之始義。於斯時也，反為攀引之義雖晦，猶未全失也。及扳字通行，遂專據其義，而反之初義遂化為烏有，於是後起之形專據其初義，後起之義專據其初形。以圖表之，有如下式。

1.攀引　初義　　2.反　初形
3.反覆　後義　　4.扳　後形

此如曹臣漢室，丕篡而獻帝封公；宋主中原，金強而高宗稱姪，事變之遷流，有出於吾人想像之外者。於是通人如許君，亦不能說明反字之義矣。

𠬡反同字，𠬡象反手外向之形，人以手攀厓，亦必反其手，故反之引申義為正之對，為反覆。許君以引申義為初義，故其說與形不合也。【釋反　積微居小學述林卷二】

●高鴻縉　反，覆也。从又厂反形。孔廣居以為从又厂聲。近人馬氏以為覆也，乃覂字之訓。古書通借反為覂。非紐雙聲也。反，當如孔說从又厂聲。其本義亡矣。

反當為扳之初字。扳，援引也，挽也。後反通用為覆意，後人乃又加手旁為意符作扳。《公羊・隱公元年傳》：「諸大夫扳隱而立之。」【中國字例五篇】

●黃錫全　反反　夏韻阮韻注出《說文》。今本《說文》反字古文作反，此同。厂下多一横，類似妤盗壺彶作彶。中山王壺則作彶。【汗簡注釋卷一】

●黃錫全　反反　已見又部，此重出。形同中山王壺彶之偏旁反，《說文》古文反。【汗簡注釋卷四】

●戴家祥　《玉篇》七十五反讀「府遠切」，幫母元部。扳从反聲。《玉篇》六十六讀「布閒切」，不但同部而且同母。集韻上平二十七刪。𠬡攀扳𠬡同字。攀讀「披班切」，聲為滂母。幫滂皆唇音字，所異者惟送氣不送氣之別耳。楊樹達說翔實可信。同聲通假字亦讀叛。《左氏春秋經・襄公廿六年》：「孫林父入于戚以叛。」杜預曰：「林父專邑背國，猶為叛也。」《穀梁傳・定公十三年》：「晉趙鞅入于晉陽以叛。」范甯注：「書叛，非真叛也。」背反義同。《呂氏春秋・慎行覽》：「將以方城反。」《戰國策・齊策》：「若是者，信反矣。」高誘注：「反，叛也。」叛音「薄官切」，反叛不但同部，而且同母。許謂「反，覆也。」乃訓假借義，非造字之本義也。【金文大字典上】

𠬝

甲一〇二〇 甲二四三二 倒書 甲三八三四 乙一〇四 乙一一九 乙一一三五 乙四八七八 乙四九二五 河五四〇 鐵八一・二 前五・三九・二 前八・一二・六 後一・六・四 後一・二一・一〇 後二・五・一四 後二・一三・一八 佚九一 佚一九八 天四八 明藏九四 福二八 燕六三 燕七五三 粹四四七 粹七二〇 珠一 通別二・三A 鄴初下・四四・八 鄴三下・四四・三 京津四二一三 京都三〇四四 【甲骨文編】

乙104 5849 6397 6732 7396 7750 7862 8585 8705 8710 8852 珠1 620 福28 佚91 198 218 320 495 續6・22・5 徵3・223 録540 903 天48 誠163 六束42 外34 61 摭續293 粹447 720 粹1240 新3013 粹1241 佚923 續4・46・5 【續甲骨文編】

𠬝 𣪊鐘 【金文編】

3・955 獨字 【古陶文字徵】

◉許　慎　𠬝治也。从又从卪。卪。事之節也。房六切。　乾一案𠬝古音備。　【説文解字卷三】

◉羅振玉　此象以又按跽人。與印从从同意。盂鼎服字作。趩尊作。並从。與此同。　【增訂殷虚書契考釋卷中】

◉林義光　説文云。𠬝治也。从又从卪。按卪即人字。从又持人。凡降服經傳皆以服為之。古作宗周鐘。　【文源卷六】

◉金祖同　鐵二五九葉二片「貞我𢪔人伐𠬝方」，是𠬝為方國名。「習三𠬝」，是以𠬝方之俘三人為牲也。又假為征服之服。粹一二八八「其戈」，又一二八九片作「其𠬝」。、具國名也。　【殷契遺珠】

◉商承祚 金文宗周鐘作。說文𠬝「治也。从又卪。卪。事之節」。案𠬝即服之初字。金文已多从舟作(盂鼎)。(克鼎番生𣪘)。服行而𠬝晦矣。从从。𠬝从从。表面雖類似。其實大别。乃強按。故爪在上。象以力壓制之。𠬝為順从。故从手而撫其背。許君「治」之言是。「卪」之訓則非。【甲骨文字研究下編】

◉吴其昌 「𠬝」者，說文「𠬝，治也」。卜辭作諸形，象人既以跪伏，而仍以手攊抑其頭項之狀。故此字亦實即「抑」字之初文也。頭項被抑而迫受跪伏，是「服」誼矣。既「服」斯可以治之矣。而在卜辭，則又多見「𠕋𠬝」連文，如本片。又如云：「三牢，𠕋，……𠬝二豯」(前八·一二·六)、「三羊于妣庚，𠕋，……𠬝三豯」(後一·二一·一〇)、「𠕋𠬝一人。𠕋𠬝二人」(佚·二一八)、「……𠕋𠬝，卯□宰」(續·一·三八·六)、「……𠕋𠬝……」(林·一·二二·三)等。皆其明證。古誼：「𠬝」者，受刑之稱。故尚書舜典云：「五刑有服。」又周禮小司寇：「施于上服，下服之刑。」又司刺：「施以上服，下服之罪。」老子：「善戰者服上刑。」鄭玄司刺注云：「上服·殺與墨、劓也；下服，宫、刖也。」古制，罪人，或服刑用祭。易蒙爻辭：「利用刑人。」書臯陶謨：「五刑五用。」(「用」為人祭專名·詳人祭考)且卜辭𠕋、𠬝，連稱。𠕋為伐牲，𠬝為用刑，義亦相當。此卜辭與經傳，可相互推證者也。但本片(前一·三四·六)所𠬝，則未必是人，覩卜辭屢有「𠬝二豯」「𠬝三豯」之文益可見。蓋「𠬝」雖本為刑人之義，其後亦得引申通假以稱刑牲也。綜上所疏，乃知本片文旨，謂禦祀于高妣己，伐(𠕋)刑(𠬝)羣牲，而以牡羊二潔烹以禋矣(「」在本片，義未詳。餘參上一六七片疏)」。【殷虛書契解詁】

◉郭沫若 第七二〇片「又𠬝」者以俘為牲，兩言「一女」，明所用者乃是女奚。【殷契粹編考釋】

◉馬叙倫 苗夔曰。卪下當有聲字。毛詩每與墨力偪息韻。羅振玉曰。此象以手按跽人。與印从爪从同意。故甲文作。盂鼎服字作。趩尊作。並从與甲文同。林義光曰。卪即人字。从又从人。凡降服字經傳皆以服為之。霍世休曰。从又持人會意。即降服本字。倫按篆當如甲文為得。治也當作治辠也。卪事之節也校語。餘詳報下。宗周鐘作。【說文解字六書疏證卷六】

◉馬叙倫 亞𠬝觶。服𠬝異字。服从舟𠬝聲。乃舟之兩服也。此文作𠬝。不得釋服。舊說非也。𠬝報一字。報為甲文作者之譌文。从又按。故義為處當罪人也。𠬝其省耳。報籀又為一字。說文。籀。窮理罪人也。辪壽謂此即今以詞定為供之供。是也。字當以𩐁為初文。今說𩐁為重文。𩐁則之譌也。詳疏證。按治辠人為。故說文𠬝下曰。治也。觶文作此者。蓋造器者如清代之衙役。亦其職業也。𠬝謂𠬝家也。【讀金器刻詞卷上】

◉楊樹達 前編一卷三四葉之六云：「御于高妣己，二羒，𠕋𠬝，。」又八卷十二葉之六云：「戊寅，卜，貞王卜用血，三羊𠕋，伐

廿，㞢卅，牢卅，𠬝二夕于妣庚。」夕字不識；亦牲名。後編上卷廿一葉之十云：「來庚寅，酌血三羊于妣庚，𦚏，伐廿，㞢卅，牢卅，𠬝三夕。」樹達按：𠬝字當讀為副。𠬝聲畐聲音同字通，匍匐或作扶服，是其證也。【卜辭求義】

◉饒宗頤 □ 𠬝亦方國名，殆𠬝之繁形，即南國𠬝子，百濮之君長。【殷代貞卜人物通考卷七】

◉張亞初 㝬鐘有「南國𠬝子」之詞。「𠬝子」孫詒讓認為是「服國」，楊樹達、徐中舒認為是濮或百濮，柯昌濟釋為「負茲」（諸侯有疾之稱），都不夠確切。郭沫若認為是出于敵愾而使用的一種賤稱，比較正確。但它為什麽是賤稱，對此，郭氏則只是以意會之，缺乏科學的論證。

在古文獻上，「𠬝」「服」通用無別。所以孫、郭諸人「𠬝」或寫作「服」，這是對的。「服」字有用、任、使、降服、敗、畏之意。在甲骨文中，「𠬝」字一作動詞，例如「更（伯更，國族人名）𠬝□」（南師二・一〇九，參南明一七五「白更允其𠬝角」條）。□即□（參三代十三・九・八父乙臣辰卣銘，人形跪立無別），即西周前期臣辰器上常見國族名□。這個國族從甲橋刻辭可知，曾經向商王納貢（乙二九六五；一一七一・二五二六・二七一〇合）。但是這個國族的成員也常被用作商王祭祀的犧牲。此卜辭是貞卜伯更能否征服□這一國族。「𠬝」字從文字結構分析，上从又（手），下从□（下跪的人形），象是一人用武力使另一人屈服的形狀。這當是「服」字的本義。「𠬝」字作動詞用，就是征服、使之屈服的意思。

「𠬝」字在甲骨文中還作名詞出現，常見的用多少「𠬝」、「𦚏𠬝」，此「𠬝」無疑是犧牲名。葉玉森認為「𠬝」義同「俘」，混淆了二者的區別。有的同志以為「𠬝」是祭名，也欠妥。那麽，用多少「𠬝」之「𠬝」是否像用作犧牲的羌一樣，同時也是個國族名呢？我們認為「𠬝」並不是一個具體的國族。甲二四二三有「□卯，𦚏□」，「𦚏□」即「𦚏𠬝」，這與伐之或作□一樣。「𠬝」从羌，説明這是羌國族的犧牲。這有力地證明，「𠬝」不是百濮之濮，否則，「𠬝」作□就無法解釋。有的同志認為「𠬝」是奴隸的總名，並無確切的根據，缺乏説服力。我們認為，「𠬝」字作為動詞用，是征服；作為名詞用，就是被征服的國族，或是被征服國族的人。古代名詞動詞二用，乃是常例。

這個問題，只要我們仔細地研究一下十七年師詢毁，就可以搞清楚。該銘文記載王令詢掌管邑人、虎臣和庸，庸包括降人和服尸（夷）。降人和服夷這兩種人，其來源身份、地位，應有所區別。降人是降順西周奴隸主階級的華夏族奴隸。服夷則很明顯是夷族，是指被征服的異族奴隸。陳夢家先生對此曾有過精闢的論述。他説「降人服夷」「非常明白，利用了降服了的夷族和非夷族，作為僕傭。」我們從降人、服夷並列對舉進行分析，可以得出這麽幾點認識：

1.服夷是西周奴隸的一種，而不是全部奴隸的總稱；

2.服夷是被征服之夷，是被西周奴隸主國家征服的種族奴隸；

3.服夷的地位比降人低下；

4.服夷與降人一樣，並不是指哪一個具體的國族，只是指明了奴隸的不同來源和身份。

基于上述的分析，我們可以知道，甲骨文中用多少「𠬝」和「㗊𠬝」之「𠬝」，就是被征服國族向商王進貢的人，即用作祭祀的犧牲。㝬鐘的「南國𠬝子」，就是「南方的被征服者」，就是種族奴隸。既然是被征服者，是種族奴隸，當然就包含有卑視、賤視的意思，「𠬝子」就自然是一種賤稱了。

我們知道，在古代奴隸制社會，奴隸制的奴役形式有多種多樣，奴隸的名目繁多，其中有一種就叫種族奴隸，就是當某一國族被征服以後，整個國族都要淪為征服者的奴隸。征服者要向種族奴隸課以繁重的貢賦，指派沉重的傜役，更為嚴重的是，還要向征服者進貢犧牲、奴隸。這種情況，在西周的師寰毁和兮甲盤中已有了很具體而確切的說明。兮甲盤「其進人」即進貢人。所進貢的人，即類似于甲骨文中用作犧牲的「𠬝」。從《國語周語》等文獻記載可知，各國族所進貢的東西，名義上講，主要是為了供祭祀之用，當然並不排斥事實上有一部分進貢的人有轉化為種族奴隸主直接奴役的奴隸的可能性。師詢毁所載的「服𡰥」，可能就是西周奴隸主階級直接役使的種族奴隸。

由此可見，㝬鐘的「𠬝子」，與其他金文材料的「服𡰥」和甲骨文之「𠬝」相聯繫，知道「𠬝」或「𠬝子」是指被征服者，指非華夏族的種族奴隸。師寰毁「淮𡰥(夷)繇我𤰇(帛)畮臣」的「臣」字說明南淮夷是西周奴隸主階級的種族奴隸。這是「𠬝」與「𠬝子」這一名詞的最好注解。總之，「𠬝」是區別于國內一般奴役形式的特殊的奴隸。「𠬝」既不是奴隸的總稱，也不是特定的具體的國族，而是一種身份地位的稱呼，泛指被征服的非華夏族的種族奴隸(包括直接奴役和間接奴役兩種形式)，「𠬝子」則是對非華夏族的種族奴隸的一種賤稱。【周厲王所作祭器㝬簋考　古文字研究第五輯】

叏

◉許　慎　叏滑也。詩云。叏兮達兮。从又中。一曰。取也。土刀切。【說文解字卷三】

◉林義光　从又持中。與取意近。即挑之古文。古作叏(喪叏賓鉼)。叏為滑。乃泰之雙聲旁轉。說文。泰。滑也。【文源卷六】

◉馬叙倫　徐灝曰。此當從別義。訓為取。从又持中。取之意也。尹桐陽曰。叏本取也。滑也者謂借為泰。倫按滑也者。尹謂泰字義。是也。叏泰雙聲假借。詩子衿。叏兮達兮。今作挑。毛傳訓挑達為往來相見。往來正泰滑也。引申之義。是借叏挑為泰也。此訓校者加之。一曰取也。乃本義。从又。中聲。今奪聲字。中音徹紐。叏音透紐。皆破裂清音。古讀徹歸

透也。中艸一字。艸聲幽類。叏聲宵類。古讀宵歸幽也。此後校者記異本也。詩云六字依大例當在从又中聲下。今在上。乃校者引以證滑義也。喪叏賓鈚有叏字。【説文解字六書疏證卷六】

◉戴家祥 叏喪叏鈚 喪叏賓自作鈚 説文三篇：「叏，滑也。詩云『叏兮達兮』。从又中，一曰取也。」按十二篇：「弢，弓衣也。从弓从叏。叏，垂飾，與鼓同意。」叏的本義當為以手摘取垂飾之形。金文用作人名。【金文大字典上】

𣪠

甲六六𣪠 卜辭从柰 甲七三 甲一三三 甲九三〇 甲二八六九 河二六七 河二七五 河三四八 前一・五・八 前一・三七・五 前六・九・七 後一・二・一四 後一・四・三 後一・四・一三 後一・七・二 後二・三三・二 林一・五・三 林一・一八・六 林一・一八・一二 林一・一八・一五 戩一八・八 戩一八・九 戩二〇・一 佚一七六 佚六五二 燕二九五 燕二九七 燕三〇一 燕三〇二 燕三〇二 粹二三五 粹二七五 簠帝三二 續一・二〇・一 續一・二二・九 文管一二五 存四九 京津五一〇〇 京都一二五八【甲骨文編】

甲48 66 73 426 509 2416 2774 2869 乙2001 2019 8801 珠36 43 44 357 378 868 1061 1062 1065 1067 1068 1069 卜79 零15 17 86 佚138 140 395 652 666 667 佚890 續1・51・1 續1・9・1 1・9・2 1・20・1 1・22・9 1・26・3 1・30・6 1・31・7 1・32・3 1・40・3 2・2・2 2・2・7 2・3・3 2・36 2・8・10 2・9・4 2・9・7

2·10·10　622·8　徵3·152　3·153　3·155　3·156　3·157　3·158
3·159　3·160　3·161　京1·20·3　1·23·2　1·30·2　1·31·4　3·24·4
4·19·1　4·22·1　凡6·2　録275　320　329　442　456　461　462　465
467　472　477　478　556　602　鄴37·5　39·7　誠190　摭4　6
10　龜卜34　42　43　六清82　續存1506　1544　1546　1592　外254　書
1·12A　粹214　225　237　306　381　395　542　731　814　1212　新
5017　5025　5091　5099　5100　5101　5109　【續甲骨文編】

石經文公　介字重文【石刻篆文編】

◉許　慎　𣪠楚人謂卜問吉凶曰𣪠。从又持祟。祟亦聲。讀若贅。之芮切。【説文解字卷三】

◉羅振玉　从手持木於示前。古者卜用蕉火。其木以荆。此字似有卜問之誼。許書有𣪠字。注。楚人謂卜問吉凶曰𣪠。从又持祟。祟非可持之物。出殆木之譌。叙即許書之𣪠。然此字卜辭中皆為祭名。豈卜祭謂之叙與。【增訂殷虛書契考釋卷中】

◉陳邦懷　前編卷一第八葉　叙即𣪠之古文。説文解字隸从隶柰聲。篆文作隸。段注云。此曰篆文。則上古文也。段説極是。又欠部。款。意有所欲也。從欠𣪠省。或作款。許君曰。款或从柰。許君所謂或體款。蓋即古文款也。以此例之。知卜辭叙字實為𣪠之古文。殆無可疑。羅參事疑出乃木之譌。偶未照耳。【殷虛書契考釋小箋】

◉王國維　叙。从又持木於示前。亦祭之名。【殷虛文字考釋】

◉葉玉森　羅氏考釋列此字于叙下。殆謂叙省文也。按此字有作藏龜之餘第十三葉之二者。有更省作卷二第二十五葉之六者。有增繁作後上第七葉之十二甲骨文字一第十葉之十者。疑竝為叙之變體。其从宀者。即許書𣪠之所由孳乳歟。【殷虛書契前編集釋卷一】

◉吴其昌　羅説良是。先師王先生又為之證成其説曰：「説文又部『𣪠，……从又持祟；祟亦聲。讀若贅。』按：古从「祟」之字。亦或从『柰』。如隸，篆文作『隸』，古文作『隸』。款或作『歀』，或作『款』。知『⿰柰又』『𣪠』亦一字也。」魏石經考頁三四。其語尤允。今更藉王羅之説而究其餘緒，説文心部云：「慇謹也。从心。𣪠聲。讀若毳。」此即「𣪠」字而增「心」者；𣪠為卜祭，卜祭宜必以「謹」將事也。桂馥改謹為懂，非。又方言卷十云：「䁻，……占，……視也。或謂之占。或謂之䁻，䁻中夏語也。」此即「𣪠」字而增「目」者。䁻之訓視，同聲差轉，並無他意。「⿰柰又」為卜祭，宜其與「占」為同聲同義字矣。【殷虚書契解詁　武大文哲季刊三卷四期】

◉陳夢家　⿰柰又義同匄，乃祝禱之類也。魏石經春秋介葛盧介字作⿰柰又，王國維曰：「古從祟之字亦或從柰，如隸字篆文作隸，古文作隸，歀或作歀或作款，知𣪠⿰柰又亦一字也。」魏石經考頁三四。殷虚卜辭有⿰柰又字，⿰柰又介古音同部，故以為介字。」魏石經考頁三四。⿰柰又介同音相叚，而介于詩經通匄，林義光曰：「彝器每言用匄眉壽蘄匄眉壽，詩七月以介眉壽借介字為之，則詩中凡言介爾景福以介景福報以介福者，介亦匄之叚借也。」詩經通解小明篇。是卜辭之⿰柰又，音義皆與匄相當。説文祟之籀文作𥜒，王國維謂𥜒即古禱或祝字（説文禱之古文從之），𥜒當從禱出聲。史籀篇疏證。王説是也，褚少孫補史記龜策列傳：「卜病者祝曰今某病……。卜病者祟曰：今病。有祟，無呈，無祟，有呈兆。……」祝祟相對為文，可證祟有祝禱義。説文祟（神禍）𣪠（卜問吉凶）分隸二部，褚補則統作祟，卜病者祟曰之祟叚作𣪠，有祟無祟之祟讀如字訓神禍。卜辭⿰柰又柰皆為祭名，即禱祝之謂，故常附行于其他主祭之後，詩楚茨先享次侑再次介福，亦祭後求福。⿰柰又于義應歸下祈告之祭。【古文字中之商周祭祀　燕京學報第十九期】

◉于省吾　卜辭𣪠字習見。作等形。金文我彝作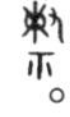。从柬與从木同。説文从出乃木之譌。承培元廣説文答問疏證云。𣪠即冬賽報祠之賽。冬𣪠報祠謂祈豐禳問水旱也。周禮都宗人注。漢書郊祀志。急就篇。皆借塞為之。按承説是也。説文𡫸塞也。从宀𣪠聲。讀若虞書曰𡫸三苗之𡫸。是𡫸塞雙聲。𡫸从𣪠聲。故⿰柰又亦通塞。史記封禪書。冬賽禱祠。索隱。賽謂報神福也。然則卜辭言⿰柰又。猶經傳言賽或塞。惟祭之時不限於冬季耳。【釋⿰柰又　雙劍誃殷契駢枝】

◉馬叙倫　莊有可曰。祟如何持法。因神之為禍。不能不為之祈禱有事耳。錢坫曰。即筮字。特牲饋食禮注。筮。問也。士冠禮注。筮所以問吉凶。楚詞注。筮。卜問也。嚴章福曰。當作从又祟聲。王筠曰。當依集韻引作从又持祟。羅振玉曰。甲文作。从又持木於示前。古者卜用蕉火。其木用荊。霍世休曰。疑𣪠為筮之轉注字。筮古讀歸審紐。𣪠讀若贅。乃照紐。均舌尖後音也。劉秀生曰。祟非可持之物。當依甲文作⿰柰又。羅振玉謂从又持木於示前。是也。隸之篆文作隸。歀之或體作款。是出乃木譌之證。貝部。贅。以物質錢。从敖貝。敖者猶放貝。當復取之也。説解亦有譌。从敖無義。蓋即

𣪠譌。集韻。贅。古文作𪇆。可證。當云。以物質錢。从貝。𣪠聲。𣪠讀若贅。以从本字得聲之字為讀若也。心部。𢟪。从心。𣪠聲。讀若毳。周禮小宗伯。卜葬。兆甫。竁亦如之。注。今南陽名穿地如竁。聲如腐脃之脃。老子。其脃易泮。釋文。脃。河上作膬。肉部。脃。从肉。絶省聲。依小徐本。釋名釋飲食。啜。絶也。乍啜而絶於口也。啜絶以聲訓。禮記檀弓。啜菽飲水。荀子富國作嚽菽飲水。公羊襄六年傳。君若贅旒然。釋文。贅。本作綴。是𣪠贅同聲之證。倫按字从又祟聲。其義亡矣。甲文作叙為轉注字。从又。柰聲。出音穿三。柰从示得聲。示音牀三。皆舌面前音。故隸或作隸。款或作款也。甲文借為筮。筮音禪紐。亦舌面前音也。然卜辭。庚辰。卜大貞來。丁亥。其□於大室。□丁酉鄉。葉玉森謂□之異文作□□□。省作□。倫謂□為柴字。从示。从柴之初文得聲。柴為散木。故从木而束之。指事。□則从収□聲。即此字也。疑此為□之譌。从又。□聲。祟音亦牀紐。則款蓋从欠□聲。説解非許文。疑此字出字林也。【説文解字六書疏證卷六】

◉高鴻縉　卜問吉凶。祀神事也。故从示。卜必以手。故从又。動詞。此字構造當云。从又。从示。出聲。故特正之。而列於此。祟亦出聲。故古籍祟𣪠有通用者。【中國字例五篇】

◉金祥恆　□。象雙手持束薪供奉於示前。金文禦父已鼎□二毋。其形正與此同。不過省一手而已。□兄癸與□二毋文例亦相同。殆為一字無疑。」【釋□□　中國文字第十七册】

◉于省吾　甲骨文叙字習見，作□、□、□、□(商器我鼎作□)、□、□等形。承培元廣説文解字答問疏證：「𣪠即冬賽報祠之賽。冬𣪠報祠謂祈豐穰問水旱也。周禮都宗人注、漢書郊祀志、急就篇皆借塞為之。」按承説是也，但謂借塞為賽，不知賽為後起字，失之。説文：「𡨄，塞也，从宀𣪠聲。」是𡨄與塞以聲為訓，𡨄从𣪠聲，故知叙亦通塞。漢書郊祀志：「冬塞禱祠。」顔注：「塞謂報其所祈也。」説文新附：「賽，報也。」徐灝説文段注箋：「塞，實也。戴氏侗曰，引伸之則諾許而實其言曰塞，是也。蓋有所祈禱，許以牲禮為報，自實其言，故謂之塞也。」甲骨文言「王宊叙，亡囚」、「王宊叙，亡尤」、「王宊祭，叙亡尤」、「王宊戠，叙亡尤」，以及王宊上甲、王宊先祖、先妣、父某、母某、兄某而言叙者，習見迭出。叙字均應讀為塞，指報塞鬼神之賜福言之。甲骨文塞祭而用牢、宰、牛者習見，即「許以牲禮為報」之義。其不言用牲者，文之省也。【釋叙　甲骨文字釋林卷上】

◉于豪亮　「白(伯)亦克款由先且(祖)□」。

甲骨文有□字，羅振玉《增訂殷虚書契考釋》云：「許書有𣪠字，注：楚人卜問吉兇曰𣪠，從又持祟。祟非可持之物，出殆木之譌，叙即許書之𣪠。」按羅氏謂叙字就是𣪠字是正確的，批判許氏從又持祟之説，認為祟非可持之物，也是正確的。但是𣪠

字從出却不見得是從木之譌，我們祇能説𣪠字和叙字是一個字不同的寫法而已，《説文》叙字亦作𣪠，欵字亦作款，即是二者互作的證據。𣪠字《説文》云「讀若贅」，則叙字也應該讀若贅。本銘文的欵字為字書所無，左偏旁與叙字左偏旁同，當與𣪠、叙同音，也讀為贅。贅字古與綴、酇、攢、纂諸字相通假，《詩・長髮》「為下國綴旒」；《公羊傳・襄公十六年》「君若贅旒然」，《釋文》云：「贅，本又作綴。」《漢書・五行志下之下》作「君若綴斿」。《書・立政》「虎賁綴衣」，揚雄《雍州牧箴》、班固《西都賦》、崔瑗《北軍中候箴》、《孟子・盡心》趙岐注皆作「虎賁贅衣」。《書・顧命》「綴輅在阼階前」，《周禮・典路》注引作「贅路」。凡此皆贅與綴相通假之證。綴又與酇、攢、纂相通假，《禮記・樂記》：「其治民勞者，其舞行綴遠；其治民逸者，其舞行綴短。」鄭注：「民勞則德薄，酇相去遠，舞人少也；民逸則德盛，酇相去近，舞人多也。」此綴作酇之證。《周禮・鬯人》鄭注：「禜，謂營酇所祭者。」亦書作酇。字又作攢，《左傳・昭公元年》杜注：「禜祭，為營攢，用幣以祈福祥。」《史記・鄭世家》集解引服虔説、《左傳》孔疏引賈逵説，並與杜同，作營攢。字又作纂，《史記・叔孫通傳》「為緜蕞野外習之」，集解引如淳云：「蕞謂以剪茅樹地為纂位，《春秋傳》曰：置茅蕝也。」索隱引《纂文》：「蕝，今之纂字。」

如上所述，贅與綴、酇、攢、纂等字以音近相通假，欵讀若贅，則欵亦得與綴、酇、攢、纂等字相通假。酇、攢與纘均從贊得聲，與酇、攢相通假，亦得與纘相通假。因此，欵與纘、纂相通假。纘與纂均訓為繼，《説文・糸部》：「纘，繼也。」《爾雅・釋詁》：「纂，繼也。」因此欵訓為繼。

【陝西省扶風縣强家村出土虢季家族銅器銘文考釋　古文字研究第九輯】

叔

前一・三九・三　卜辭用弔為伯叔之叔　重見弔下　【甲骨文編】

甲1870　新4808　【續甲骨文編】

叔　伯叔之叔金文作弔即弔字與此異　師嫠簋　錫女叔市金黄赤舄　吴方彝　册命　吴司旃眔叔金　克鼎　从丑　叔卣　叔鼎　从金　弭伯簋　鈢市　【金文編】

一五六：一九　十八例　委質類　伯父叔父　一七九：一九　【侯馬盟書字表】

叔　法一五三　三例　通菽　—畝半斗　秦三八　日乙四七　秦四三　二例　日乙六五　日甲一九

【睡虎地秦簡文字編】

朱叔 許翁叔 許叔 丁叔 叔寄 莊翁叔 高小叔印 蔿翁叔 中叔倉印 公上翁叔 叔得意印 高堂翁叔 公叔延印 王叔 大叔河 □長叔召 戴叔私印 湻于叔 叔賞 叔達之印 【漢印文字徵】

石經文公 天王使叔服來會葬 說文叔或从寸作村 詛楚文 拘圉其叔父 【石刻篆文編】

汗簡 【古文四聲韻】

◉許慎 叔拾也。从又。尗聲。汝南名收芌為叔。式竹切。叔或从寸。【說文解字卷三】

◉羅振玉 古金文伯叔及淑善字作敔敔卯敔井人鐘等形。與卜辭諸文畧同。吳中丞曰。象人執弓矢形。男子生。桑弧蓬矢六以射天地四方。故叔為男子之美稱。予案。吳說非也。此字从象弓形。象矢。象隿射之繳。其本誼全為隿射之隿。或即隿之本字而借為伯叔與。存以俟考。【增訂殷虛書契考釋卷中】

◉郭沫若 「叔金」疑即叚為素錦，爾雅釋天旌旂「素錦綢杠」，與旃相因，故連類而及也。大克鼎及師嫠毁有「叔市」，均叚叔為素。番生毁「朱旂旜金芳二鈴」，彼之金芳亦謂錦枋若錦杠也。又叔字，說文云「汝南名收芋為叔」，案此當為叔字之本義。以金文字形而言，實乃从又持弋杙以掘芋也。用為伯叔字乃出於叚借，古金文伯叔字均作弔，弔亦叚借字。乃繳之初文。【吳彝 兩周金文辭大系考釋】

◉吳其昌 「叔」字之原，迺從「矰矢」形之狀變孳而產，觀於上列例證，章章明甚，然則「叔」之本義，亦可睹矣。

「叔」為矢形之義，前人亦已有粗明之者，吳大澂說文古籀補曰：「叔善也。伯叔，長幼之稱也。象人執弓矢形。男子生而桑弧蓬矢六，以射天地四方，故叔為男子之美稱。」羅振玉張大其說，永豐鄉人甲藁釋叔曰：「伯叔之叔，古文作，吳中丞曰云云予以為中丞說似矣而未盡當也。叔從象弓形，猶射之古文从也。，象矰帶繳，矰為短矢，故但以象之；其下屈曲者，繳也。此殆為弋射之「弋」之本字？……」按形吳以為象矢，羅以為象矰帶繳，皆碻不可易。而形本為形所變衍，吳偶不察，以為「人」字，固為誤矣，而其誤尚小。羅欲修正其誤，乃猥云「象弓形」，則其誤更大矣。又謬述證云：「猶射之古文

從□也。」今按射之古文，銅器以至石鼓皆作□從□，從未有從□者，羅氏殆自欺也。又以「叔」為「弋」之本字，絕謬。「叔」字之與矰矢帶繳之形有關，則吳羅諸氏，固亦明知之矣。

「叔」字本義，為象矰繳卷施于矢藁，已疏于前，然則又何以而引伸為伯叔長幼之稱耶？吳大澂謂「男子生而桑弧蓬矢六，以射天地四方，故『叔』為男子之美稱。」予亦以為中丞說似矣而未盡當也。今按叔者，父之弟也。金文「父」作□，象手執石斧之形。詳後疏。手執石斧，是責任基本生產工作，及自衛工作者也。是基本成年之男子也。「叔」為矰繳之形，執矰繳以弋獵鳧雁，若詩所云「叔于田」「大叔于田」者，是助任副生產工作，及副自衛工作者也。是宜為「父」之弟也。「叔」與「弟」本為一字，詳下。年齒皆較稚少，故「叔」字第二引申之義，則為少。釋名釋親屬，及廣雅釋詁三，並云：「叔，少也。」白虎通姓名：「叔者，少也。」可以為證。故詩云「窈窕淑女」，猶云「窈窕少女」也。凡物之少者美善，少男少女，率皆美好，故「叔」字（「淑」字同）第三引伸之義為善，為美。「淑，善也。」故訓多至不可枚舉。凡詩經「淑」字，傳箋悉同。荀子賦篇「湣湣淑淑」，楊倞注：「淑淑，美也。」可以為證。故詩云「淑人君子」，猶云「善人君子」「美人君子」也。「叔」「淑」無別，故詩東門之池「彼美叔姬」釋文：「本亦作淑。」可證也。引申之義，孳乳愈遠，而「叔」之本義遂没不可見。然溯本反源，尚見端倪，證之以地下出土古文，泯然融合。

于此有一異義焉！說文云：「叔，拾也。……汝南名收芋為叔。」按詩豳風七月「九月叔苴」，毛傳亦云：「叔，拾也。」叔義為拾，並未絲毫繆誤。但此「叔」與彼「叔」，絕對為二字，風馬牛不相及也。此「叔」字自作□，彼「叔」字自作□，形體絕遠。此「叔」自象矰矢施繞矢藁之形，引申為父叔，美善。彼「叔」字本亦作□，自為「菽」之本字，上象豆蔓，下象豆粒，本義自為「大豆也」。若旁益以□，則象以手拾豆之形，故引申為拾。固亦自有其統系，然而與此「叔」字之統系之絕不相淆，則事實昭然也。【金文名象疏證續　武大文哲季刊六卷一期】

◉唐桂馨　尗即今語豆也。从又。以手拾豆也。故許訓拾。鐘鼎文尗□□。殷虛文有□尗。吳愙齋釋為象人執弓以生絲繫矢而射。商承祚釋殷虛文與吳說同。竊謂籀文均象豆藤回繞形。殷虛文則直象豆莢形。秦篆作□。蓋亦有本。然拾尗之後起義。何以為叔季之叔字。未有發明意者。豆類收穫較易於稼穡。孩童不能力田。但供拾尗之工作。故謂之叔歟。【說文識小録　古學叢刊第二期】

◉馬叙倫　鈕樹玉曰。韵會引名作謂。倫按叔為拾之雙聲轉注字。汝南七字校語。字見急就篇。顏師古本。皇象本作尗。吳尊作□。師龢父段作□。

□　鈕樹玉曰。玉篇廣韻並無。桂馥曰。漢華山碑。府丞勃海劉固村長。詩釋文。惄。本又作□。馥謂□當為□。從

此村字。【說文解字六書疏證卷六】

◉郭沫若　大克鼎「錫汝□市，參同芇悤」。

師嫠𣪘「師龢父殹殂嫠□市巩告於王」。愙九·一八。此本首行最明晰。又「錫汝□市金黃。」一蓋誤作「令黃」。

吳尊「王呼史戊册命吳𤔲旃眔□金」。

右□□諸文舊釋叔。余曩以魏石經春秋介葛盧介字作□，與此近似，釋為介甲之介。今案仍當以釋叔為是。石經之𣪠乃𣪠字之異。王國維云：「古从祟之字亦或从柰，如隸字篆文作隸，古文作𨽿，欵或作歀，或作款，知𣪠叙亦一字也。殷虛卜辭有叙字。叙介古音同部，故以為介字。」「魏石經攷」第卅四葉。

叔，小篆作□，與金文諸字正同。說文「汝南名收芋為叔」。今案叔當以收芋為其初義，从又持弋木杙以掘芋，□若□即象芋形。尗叔省當是一字。尗用為菽，叔用為伯叔字者，均叚借也。古器文伯叔字均作弔，亦叚借字，弔乃繳之初文。

叔市亦叚借字，凡古文言市，如赤市、緼市、朱市，又如金文之䵂市，孫詒讓釋纔市，纔帛雀頭色，禮經作爵韠。皆箸其色，則叔殆叚為素，叔素雙聲也。玉藻「韠、君朱、大夫素、士爵韋」。

「叔金」蓋謂白金，爾雅釋器「白金謂之銀」。【金文餘釋之餘　金文叢考】

◉朱芳圃　□克鼎□師嫠𣪘□同上□吳方彝

說文又部：「叔，拾也。从又，尗聲。汝南名收芋為叔。」徐鍇曰：「收拾之也。」按叔象手從土中拔出木弋之形，故引伸有收拾之義。

善夫克鼎銘云：「易女叔市，參同，芇悤。」吳方彝銘云：「王乎史戊册命吳𤔲旃眔叔金。」按叔當讀為赤。古音叔讀定聲屋韻，赤讀透聲鐸韻，音最近也。叔市即赤芾，詩曹風侯人「三百赤芾」，小雅車攻「赤芾金舄」，是其證也。叔金即赤金，說文金部：「銅，赤金也。从金，同聲。」【殷周文字釋叢卷中】

◉應　新　子　敬　「□市」：依彝銘通例，市前均著其顏色，如赤市、朱市、䵂(雀色)市等。此「□」市金文初見，循例，當亦為顏色名。考《克鼎》有□市，容庚《金文編》釋叔；又，師嫠簋作□市，郭沫若院長謂假為素。《兩周金文辭大系考釋》第122頁《大克鼎》。《禮·玉藻》：「韠，君朱，大夫素。」□字之□與前引二器叔字左旁形近，其不从又而从金，殆叔字異文。【記陝西藍田縣出土的西周銅簋　文物一九六六年第一期】

◉夏　渌　叔，甲骨文、金文，象一條蛇纏繞在人身上，這是一個反映古代南方民俗的字，民間爭訟是非曲直不解時，往往共赴祖

廟去「探青龍」，讓詛咒的當事人經歷毒蛇纏身的考驗，被咬的證明有罪，不被咬的證明無罪，意為「善」，讀「淑」。

廣東佛山有座祖廟，供玄武，畜蛇。屈大鈞《廣東新語》：「傳説北帝部下有龜蛇二將，邑人失竊，盜與失者往往去北帝前探青龍，以分青白。」古代的遺風舊俗早已蕩然無存，故《説文》據篆文形體釋「弔」謂：「問終也，古之葬者厚衣之薪，从人持弓，會驅禽。」許慎也以民俗釋字，可惜把扭曲的蛇身誤會為弓了。《金文編》：「弔，善也，引申為有凶喪而問其善否曰弔，……后假弔善之弔為伯弔之弔，又孳乳為淑、俶。」

「弔」在金文中多作「伯叔」的「叔」用，如《齊鎛》：「鮑叔有成(盛)縈於齊邦。」容庚師釋《周叔羊鼎》：「不弔猶言不善。《書》、《左傳》皆言不弔，《詩》或言不弔，或言不淑。」吳大澂：「弔，善也。為男子之號稱。」探青龍而生還，親友慰問他叫「弔」，《禮·典禮》：「知生者弔，知死者唁。」以後又被顛倒作「弔生曰唁，弔死曰弔」。今作吊。

叔，《説文》：「拾也。从又尗聲。」古代采集經濟，到野外拾掇野豆，所以尗、叔、菽當為一字。《漢書·昭帝紀》：「得以叔粟為賦。」注：「師古曰：叔，豆也。」在文字發展過程中，作為器皿的「豆」，兼并了瓜豆的「叔」(菽)，「叔」又兼并了淑善和男子美稱的「弔」。卜辭有：「弗其淑羌龍？」(1292)「淑於契？」(摭續155)金文《寡子卣》：「敦不淑，敕乃邦。」意皆訓善。《詩·小雅》「不弔昊天」傳：「弔，憫也。」【論古文字的兼并與消亡 武漢大學學報一九九一年第二期】

◉劉樂賢 《漢印文字徵》附録五：叔此字當釋為叔。卷三·十七叔字有叔、叔等形，與此相近。【秦漢文字釋叢 考古與文物一九九一年六期】

◉戴家祥 ⿰金尗 師耤𣪘⿰金尗市 依彝銘通例，市前均著其顔色，如赤市，朱市，載雀色市等。此⿰金尗市金文初見，克鼎和師嫠簋有叔市。⿰金尗與叔半邊近似，用法相同，疑⿰金尗即叔的異體字。郭沫若曰：「古文言市如赤市、緼市、朱市、載市、赤𢆶市，均著其色，則叔蓋叚為素，玉藻『韠，君朱，大夫素，士爵韋』。」【金文大字典下】

◉許 慎 𠬛入水有所取也。从又在回下。回。古文回。回。淵水也。讀若沬。莫勃切。【説文解字卷三】

◉馬叙倫 徐鍇曰。會意。鈕樹玉曰。韻會引又作手。非。嚴章福曰。回古文回校語。劉秀生曰。𠬛沬聲同明紐。没部。故𠬛得讀若沬。歺部。殁。从歺。勿聲。或从𠬛聲作㱙。禮記文王世子。末有原。注。末猶勿也。勿有所再進。𠬛聲末聲古並如勿。是其證。倫按从又。回聲。回為旋水。不可入。入便没矣。莊子達生之與回俱入。乃寓言耳。史言籍没。今法律言没收。是此字。説解當作取也。从又。回聲。今為校者所改。回古以下十一字皆校語。𠬛為捕之同雙脣音轉注字。【説

【說文解字六書疏證卷六】

甲一四五　甲二〇二　甲五二七　甲一一五〇　甲一五八一　甲二九二六　甲三〇四五　乙一五四　乙三五四　鐵三六·三　鐵六一·三　鐵一〇四·四　鐵二〇八·一　鐵二四九·一　前四·二六·一　前四·二九·三　前四·三〇·一　前四·五三·二　前五·九·一　前五·三四·一　前六·三·四　前七·二一·三　後二·一四·八　後二·三六·五　後二·三七·八　林二·八·四　林二·八·五　佚一七六　佚六五二　粹二八　粹二九　粹三四　粹七二四　存四五四　鄴初下·三三·六　珠四四三　燕一九　燕五九七　京都一六一　【甲骨文編】

甲202　527　1150　2123　2124　2287　2903　2926　3045　3070　3073　3753　3819　乙657　2307　4071　4909　5305　5689　5786　6043　6164　6373　6755　7161　7311　7360　7388　7390　7438　7781　8021　珠3　23　25　144　152　279　443　480　515　758　856　972　977　佚77　106　389　421　655　735　821　續1·19·4　1·33·7　2·22·4　2·29·5　3·6·4　4·9·2　4·28·4　5·4·5　5·7·9　5·8·7　5·22·2　6·98　6·13·3　8·5·1　徵2·44　3·29　4·42　4·68　京2·19·2　4·25·1

4・36・3 凡9・4 録250 281 536 738 748 912 天94 摭20 85 95 鄴32・6 42・8 六清60 外198 續存186 451 605 631 外141 書1・3・D 摭續16 141 147 粹28 29 34 36 57 61 625 724 918 1133 1283 1301 新2208 2964 【續甲骨文編】

取 衛盉 九年衛鼎 取尊 卯簋 取我家室用喪 揚簋 格伯簋 取良馬乘於倗生 (虍鹿)簋 趞簋 大鼎 駒父盨 楚簋 取遄五寽 番生簋 毛公厝鼎 盗壺 以取鮮藁 孳乳為耶 耶虘匜 耶它人鼎 【金文編】

5・384 瓦書「四年周天子使卿大夫……」共一百十八字 【古陶文字徵】

89 156 【包山楚簡文字編】

取 法一三〇 三十六例 通娶 甲—人亡妻 法一六八 秦七八 三十五例 日乙五三 三十例 【睡虎地秦簡文字編】

—于下(丙1:目1)、—(丙1:1—2)、不可㠯豪女—臣妾(丙2:2—6)、—☐為臣妾(丙5:3—3)、又讀為娶 是於乃—虞☐□子之子(乙1—36)、余—女(丙4:目2)、—女為邦芺(丙4:2—6)、—女(丙8:3—5) 【長沙子彈庫帛書文字編】

3338 4061 【古璽文編】

石經僖公取濟西田 詛楚文 述取吾邊城新郢 【石刻篆文編】

古孝經 古孝經 同上 【古文四聲韻】

◉許　慎　□捕取也。从又。从耳。周禮。獲者取左耳。司馬法曰。載獻聝。聝者。耳也。七庚切。【説文解字卷三】

◉劉心源　取虘。近人釋郰虘。案。此二字地名也。郰虘無可引徵。當讀取慮。漢書地理志。取慮縣屬淮南郡。師古音趨廬。是也。【奇觚室吉金文述卷八】

◉林義光　取攜常語。不當取義於馘。古作□揚敦。作□格伯敦。作□大鼎。皆象兩手有所取形。不从耳。變作□毛公鼎。作□卯敦。作□取彝。頗與耳形近。【文源卷六】

◉商承祚　□□□　説文取。「捕取也。从又耳。周禮。『獲者取左耳。』司馬法曰。『載獻聝。聝者取左耳也。』」又聝注。「軍戰斷耳也。春秋傳曰。『以為俘聝。』从耳。或聲。□聝或从首。」詩大雅。「攸馘安安」傳。「馘。獲也。不服者殺而獻其左耳曰馘。」魯頌。「在泮獻馘。」箋云。「馘。所格者之左耳。」此字正象以手執割耳之形。誼與聝同。金文毛公鼎作□。番生毀作□。整齊其形。至小篆則更誤。葉玉森先生謂為「父之變體。又疑□為斧形。釋名『父。甫也。始生己也。』又『斧。甫也。甫。始也。』凡將制器。始用斧伐木。已乃制之也。父斧二字于古誼通。□為手持斧形。卜辭于人名多用之。」(鉤沈乙卷二頁)家長率教。而以兵威。豈其然乎。【甲骨文字研究下編】

◉明義士　□　古軍戰獲耳，此字正象其形。【柏根氏舊藏甲骨文字考釋】

◉柯昌濟　卜詞曰□唐。案。□字當即取字。古耳字見金文。作□。可證。取唐難示。象倒執鳥形。難示為祭禮名。或釋礿。唐即湯。見王静安先生説。言取難示禮以祭湯也。又曰。辰卜古貞乎取馬于□氏三月。取字作□。釋取馬。於文誼亦合。【殷虛書契補釋】

◉郭沫若　第二十八片「癸酉卜，其取茾雨。」(右行)取殆棷省。「棷，木薪也。」説文。音義俱與槱近。【殷契粹編考釋】

◉楊樹達　粹編廿八片云：「癸酉卜，其取羔，雨?」又五七片云：「庚申卜，㱿貞，取河，㞢从雨?」郭沫若云：「取殆棷省，棷，木薪也，説文。音義俱與槱近。」考釋九下。樹達按：取蓋假為奏。粹編五三〇片云：「庚辰貞，其奏丁示于△?弜奏?」可證。又按奏謂奏舞。知者，同書七四四片云：「丙辰，卜，貞，今日奏舞，㞢从雨?」是其證也。【卜辭求義】

◉嚴一萍　商氏釋「臤」，讀賢。誤。此字即禮記襍記「可以冠子取妻」，左哀十二年傳「昭公取于吳」之取，娶也。繒書下文言「生子」，可證。【楚繒書新考　中國文字第二十六册】

◉于省吾　甲骨文每以取為祭名。陳夢家謂：「取是槱的假借，風俗通祀典篇槱者積薪燔柴也，大宗伯以槱燎祀司中、司命、風師、雨師。積薪燔柴謂之槱者，説文棷、木薪也。明續四二一尞㞢與取㞢並舉，知尞取都是祭名，雖相類而有所異：珠三取㞢廼

賚，可知先取後賚，所以大宗伯謂之槱燎。郭沫若既以酌假為槱（粹六），又以為取殆楓省……音義俱與槱近（粹二八），未有論斷，今定取為槱。」（綜述三五五）按陳氏本諸郭説加以裁斷，頗有道理。但取與槱之通假並無驗證，難以令人置信。

甲骨文的取字應讀為焣。説文：「鬻，熬也，从䰜芻聲。」段注：「焣即鬻字。」按説文無焣字。玄應一切經音義（十八・十二）：「古文鬻、茤、焣、𩰲四形，今作𩱁。崔寔四民月令作炒，古文奇字作槱。」這不僅可以看出，鬻字的聲符由于音近互用，頗多變易；而更重要的在于證明了焣與槱之相通。取字古音「七掫切」，故詩角弓以取與駒、後、飫為韻，楚辭天問以取與厚為韻。取之本義為以手取耳，指戰爭獲聝言之。甲骨文以取為焣，焣為後起的分別字。酒（説文槱之或體作𥜤，古鉩文作票）與槱又為後起的通假字。取與焣之通槱，為幽侯通諧。

總之，甲骨文的取字用為祭名時，應讀作焣而通作槱，槱為燔柴之祭。甲骨文的燎祭次數超過取祭許多倍。前引陳説已指出取與燎有先後之别，並且，取祭不言用牲，而燎祭則多言用牲，是其大别。【釋取　甲骨文字釋林卷中】

◉温少峰　袁庭棟　殷王徵收牲畜，以供國用，在卜辭中稱為「取」。説文：「取，捕取也。」玉篇：「取，資也，收也。」卜辭云：

貞：乎（呼）取牛？　（乙三一七二）

貞：牛取，亡囚（咎）？　（合三二七）

「取牛」即徵收牛，此事要由殷王下令呼召，可見「取牛」以供國用，不止一地，才需要「呼」，而且需要殷王下令「乎取」。

【殷墟卜辭研究——科學技術篇】

◉曾憲通　 乃取虘□□子之子曰女皇　甲一・三六　 取臣妾　丙二・三　 余取女　丙四・一　 取女　丙四・二　 取□□為臣妾　丙五・四

右取女之取借為娶。 取于下　丙一・一　 曰取丙一・二　以上二取字皆讀為陬，為正月月名，見《爾雅》。【長沙楚帛書文字編】

◉于豪亮　《武威漢代醫簡》圖版十下，釋文十九下：

……嫁女皆……

字乃是取字，居延漢簡中取字草書均如此作。乃婦字，《醫簡》圖版九下，釋文十七上、十七下有「治婦人高藥方」，婦字作妶，顯然是妶字的草書。【釋漢簡中的草書　于豪亮學術文存】

[glyph] 後下 8·13 【續甲骨文編】

[glyph] 彗 【汗簡】

[glyph] 裴光遠集綴 【古文四聲韻】

◉許 慎 彗掃竹也。从又持甡。祥歲切。篲彗或从竹。篲古文彗从竹从習。【説文解字卷三】

◉羅振玉 説文解字。彗埽竹也。从又持甡。或从竹作篲。古文作䨮。此从兩手持二帚。象掃除之形。殆即許書彗字。許言古文作䨮。从羽。殆从兩帚之譌與。卜辭中又有从又持一帚者。殆亦彗字。又以字形觀之。下埽謂之埽。上埽謂之彗。許訓彗為埽竹。殆非初誼矣。【增訂殷虚書契考釋卷中】

◉唐 蘭 彐 小篆作彗，卜辭或叚為雪。

右彐字，即小篆彗字。孫詒讓釋叉，又釋羽，皆誤。契文舉例下一五。羅振玉釋羽為羽，羽為翟。並見考釋。葉玉森改釋羽為雪，象雪片凝華形，羽為霰，象水雪雜下説契，後又謂羽仍雪之省變。前編集釋七·一六。今按諸説皆非也。卜辭以䨮為䨮，説文䨮从彗聲，則羽固彗之本字也。卜辭習字从羽，而説文彗字或作篲，古文作䨮，从竹羽，正合展轉相从之例，則羽即彗字，更可無疑矣。展轉相從例見王筠説文釋例九。如収，共，拱之類，與彐，習，篲正同，皆古今字也。

彗為埽竹，古之通詁，然从又持甡，無緐取象。別本作[glyph]，亦乖帚形。獨卜辭作羽，與[glyph]形相近。然則[glyph]是王帚，本象草形，羽為掃帚，乃狀其器。及羽變為彗，其本義遂不可尋矣。

卜辭彐字，多為人名，或叚為䨮，䨮者彗之孳乳字也。【殷虚文字記】

◉馬叙倫 徐鍇曰。指事。鈕樹玉曰。五音韻譜作彗。韻會引亦作彗。持甡作持甡。桂馥曰。一切經音義十五引。埽竹。所以用埽者也。王筠曰。以用當作用以。鄧廷楨許槤曰。甡非甡字。鍇本作[glyph]象埽竹形。从又持[glyph]。指事。翟云升曰。後漢書班彪傳注引無竹字。一切經音義引所以五字。玄應所加。羅振玉曰。甲文有[glyph][glyph]。即彗字。从手持帚。象埽除之形。然以甲文彗埽二字觀之。下埽謂之埽。上埽謂之彗。許訓彗為埽竹。殆非初誼矣。倫按彗帚一字。婦鼎。[glyph]之[glyph]即歸字。所从之歸。[glyph]即埽竹。高田忠周謂彗即从[glyph]之略。非二生。其説是也。从[glyph]持[glyph]。然埽竹是器。當有象形之文。蓋[glyph]為埽竹之本字。後以嫌於卉芈諸文。故加又以定之。或彗帚之義為糞除。从又持[glyph]會意。其音即得於[glyph]。及

丯字遺失。借彗為丯而別造埽字矣。餘詳帚下侵下。

鈕樹玉曰。五音韻譜韻會作篲。倫按丯之後起字。从竹。彗聲。玄應一切經音義引字林。彗。因芮反。又引作篲。則此字出字林。而或文之為吕忱所加。益信矣。

霍世休曰。从竹習聲。彗習音皆邪紐。倫按篲之轉注字也。从竹从習校語。【説文解字六書疏證卷六】

◉楊樹達　原書辭一云：「☐旬□亾囚？禍，按當釋咎。旬㞢有希祟，王疒首，中日羽雪。」羽字胡君釋為雪，釋中日羽為日中降雪，以為災禍之事。余謂雪兆豐年，古今以為祥瑞，未聞日中降雪為災異也。按此字以字形核之，當釋為彗。説文三篇下又部云：「彗，埽竹也，从又持甡。」甲文字象埽竹之形，與篆異者，不从又耳。甲文自有从雨从彗之雪，不必混而一之。雪字本从彗聲，假彗為雪，自極可能。釋辭雖必依義，釋字終當據形。彗為埽竹，用以埽除，故引申有除字之義。孛星似彗，古書謂為除舊布新之象，雪字从彗，亦訓除，廣雅釋詁三。皆受義於埽竹之彗。卜辭蓋謂王病首中日而除也。有祟指疒首言，中日彗附及之耳。【雜考中日羽　積微居甲文説卷下】

◉馬王堆漢墓帛書整理小組　篲即彗字，人名。彗字與兑字音近，可能是李兑自稱其名。一説，可能是另一個人。【戰國縱横家書釋文注釋　馬王堆漢墓帛書】

◉温少峰　袁庭棟　早在殷墟卜辭中，就已有關於彗星的記録，只是時代不如《春秋》準確而已。

甲文有羽、羽、羽字，唐蘭先生釋彗，他説：「□是王帚，本象草形。羽為掃帚，乃狀其器」，「作羽者並象塵土之狀」（《殷虚文字記》）。其説可從。小篆變為彗，乃訛羽為甡，而加手執之，示其為「掃把」。故《説文》訓：「彗，掃竹也，从手持甡。」由于天空中彗星形如掃帚，故亦稱之為彗。《爾雅·釋天》「彗星為欃槍」注：「亦謂之孛，言其形孛孛然如掃彗。」《釋名》：「彗星，星光梢似彗也。」

「彗」在卜辭中之用法有：①用為人名、地名。如：「彗氏王族从□」（《菁》一一·七），「貞：彗受年？」（《簠》歲四）。②讀為霻，即雪。如：「帝隹二月，令靁？其隹丙，不吉，霻隹庚？」（《丙》六二），「……霻，十二月」（《京》四七九）。③作為祭祀對象，這就是我們現在要加以分析和考察的。卜辭云：

(121)㞢（侑）妣庚，㞢（侑）彗？

其㞢（侑）於妣庚，亡其彗？（《乙》七五一）

此辭之「㞢」讀「侑」，祭名。此辭乃一事對貞。大意是：侑祭妣庚，同時又侑祭彗呢，還是侑祭妣庚，不侑祭彗呢？在這

里，妣庚和彗很明顯都是侑祭的對象。「彗」而成為祭祀對象，當然不是指雪，更不可能是打掃塵土的掃帚，只有天上的彗星才足以當之。

(122)己卯卜，貞：今月(夕)小子㞢(侑)彗？

貞：羽(翌)庚辰，小子㞢(侑)彗？五月。(《文》七九四、七九五)

上辭仍是一事對貞，大意是：今天晚上叫小子侑祭彗星呢？还是明天晚上叫小子侑祭彗星呢？值得注意的是，此辭記祭祀彗星是在晚上进行的。當是夜晚晴空，橫彗經天，故殷王貞卜是否令人致祭也。还有，此辭記月為「五月」，由此亦可證此辭之「彗」決不能讀為「雪」字。

(123)己酉卜，貞：亞从(从)㞢(侑)彗？三月。(《後》下二五・九)

此辭之「从」即「從」之初文。「亞从侑彗」者，即「讓亞跟从殷王侑祭彗星嗎？」

(124)戊申卜：耖，㞢彗？

戊申卜：耖，□彗？(《前》五・三八・三)

耖字不識，以其他辭例推之，當是一種祭名(同版有「癸未卜，耖龍」，可證)。故此辭大意是卜問：是否對彗星實行耖祭和侑祭？

(125)戊戌貞：彗異，隹其亡黑？攺？(《南》明四一八)

此字之「彗異」，即彗星之形狀異常，殷人見之，以為預兆着非常之天變，故卜問「隹其亡黑？攺(啟)？」「黑」，在此辭之含義，據于省吾先生解釋，指「日氣晦冥的晝盲」(《甲骨文字釋林・釋黑》)。「攺」讀啟，即晴。故此辭之大意為：彗星的形狀異常，不會發生黑暗的晝盲吧？會是晴天吧？此辭是直接記載彗星形狀異常的卜辭材料，甚可珍貴。

必須指出的是，在著名的馬王堆西漢帛書中有《天文氣象雜占》一書，其中繪有彗星圖(見席澤宗《馬王堆漢墓帛書中的彗星圖》，載《文物》一九七八年二期)。圖中彗星形象有(厲彗)、(帚彗)、(蚩尤旗)等形，與卜辭之羽、羽等形相比較，極為相似。二者互證，更可確知卜辭中「㞢彗」之文中祭祀之「彗」就是所謂「光芒長，參參如埽彗」(《漢書・文帝紀》：注引文穎說)之彗星無疑。

【殷墟卜辭研究——科學技術篇】

◉李孝定　唐釋彗是也。孫王諸說均非。楊謂彗有除義，其說極是，以說「王疾首中日彗」一辭尤為允當。卜辭亦有叚彗為雪者，以雪從彗聲也。其從雨作者。則為雨雪之孳字。絜文羽象掃竹之形，篆文彗則更象手持之，為羽之繁變。古文偏旁每多省略，

然此非彗省作□也。許書古文作篲,从羽,則卜辭□之譌變也。【甲骨文集釋第三】

◉徐中舒 □ 象掃帚之形,為彗之初文。《説文》:「彗,掃竹也,从又持甡。」甲骨文不从又。馬王堆帛書《天文氣象雜占》所繪彗星有作□形者,與甲骨文彗形近。彗用於掃除,故卜辭用為祓除之義。【甲骨文字典卷三】

◉黃錫全 □ 彗 《説文》「彗,掃竹也,从又持甡」,或體作篲,古文作□。此形同古文。

甲骨文有字作□(寧滬1·444)、□(後下8·13)等,羅振玉認為「此从兩手持二帚,象掃除之形,殆即許書彗字。許書古文作□,从羽,殆从兩帚之譌」。按羅説當是。這種演變類似友字,甲骨文作□(菁1·1)、□(前9·6·1),增从□、□作□(趙曹鼎)、□(𤔲盤)、□(侯盟),《説文》古文譌變作□。但友字古文所从之□為□譌,彗字古文所从之□為□譌。彗字从竹乃復增之義符。夏韻至韻注出裴光遠《集綴》。【汗簡古文注釋卷二】

◉蔡哲茂 殷卜辭有「□」字,又可作「□」、「□」、「□」、「□」等,根據辭例分析,其用法大抵有(一)人名(氏名)、(二)地名、(三)和疾病有關,(四)和又、㞢(有)、亡(無)構成正反對貞的辭例,如「㞢□」、「亡其□」,(五)意義仍不明者。

此字歷來的考釋,孫詒讓釋作「友」,又疑為「羽」。羅振玉釋作「濯」,王襄釋作「羽」,葉玉森釋作「雪」,陳晉以為乃「習」之省文,至唐蘭始將此字釋作「彗」,但在唐説之後,仍有不少異説,因此對唐説便有進一步補充證明的必要。

唐氏證明「□」是彗,是從甲文雪字從彗比對而來,□本來是象彗草束紮之形,並二□而成彗,所以彗和帚在意義上可相通,在字形上也可相通。由古文字偏旁分析帚可通□,所以甲文的「□壬」即「帚壬」,讀作「周任」,可能就是遲任。

至於彗字和疾病有關和有亡構成正反對貞的意義,由《方言》及《廣雅》中痊癒可謂之彗,可知它的意義和甲文的「昌」(讀作開或蠲)或「□」(讀作瘳)意義相同,在卜辭文例的比對上也可證明彗的意義是痊癒。【説「羽」 第四屆中國文字學全國學術研討會論文集】

◉裘錫圭 本文擬就卜辭中當疾㦣講的「彗」字的問題為蔡文作些補充,並對幾個从「彗」之字試作考釋。

卜辭「彗」字有疾㦣一類意義,是楊樹達最先指出的。他所根據的是下引這條卜辭:

(1)□旬□囙(尤)。旬㞢(有)求(咎)。王疒(疾)首,中日彗。

此辭最後的「王疾首,中日彗」是驗辭。楊氏在《讀胡厚君殷人疾病考》一文中解釋這兩句説:

彗為掃竹(引者按:《説文·三下·又部》:「彗,掃竹也」),用以掃除,故引申有除字之義。孛星似彗,古書謂為除舊布新之象,雪字從彗,亦訓除(原注:《廣雅·釋詁》三)。皆受義於掃竹之彗。卜辭蓋謂王病首中日而除也。

蔡文指出古書中有當疾癃講的「彗」字，如《方言・三》：

差、間、知，愈也。南楚病愈者謂之差，或謂之間，或謂之知。知，通語也。或謂之慧，或謂之憭，或謂之瘳，或謂之蠲，或謂之除。

《廣雅・釋詁一》：

為、已、知、瘥、蠲、除、慧、間、瘳、瘉也。

並指出卜辭中當疾癃講的「彗」，就是《方言》、《廣雅》的「慧」（92～93頁）。這是很正確的。楊氏没有認識到這一點，是其疏失。但不知何故，蔡文把所引古書中的「慧」都寫作「彗」，似應改正。《黄帝內經素問・藏氣法時論第二十二》：「心病者，日中慧，夜半甚，平旦静。」「日中慧」正與卜辭中的「中日彗」同義。

蔡文又説：陳邦懷以為「肙」字（引者按：指甲骨文□字），用為捐，其義為棄、為除（原註：陳邦懷《殷代社會史料徵存》卷下「克捐王疾」條，19～20頁，天津人民出版社，1959年），和楊樹達一樣把疾癒認為是從「除」的意義得來……

從甲骨文的肙讀作蠲（或讀閒——引者按：讀「肙」為「蠲」或「間」，是吴匡、蔡哲茂《釋「肙」》一文之説）、□讀作瘳（引者按：亦為《釋肙》之説）、□讀作彗（引者按：似當作「慧」），我們所了解的只是語音的假借現象，並無法落實到它字面的意義或引申義……（92～93頁）

言下之意是不同意楊樹達「彗」字由掃竹之義引申出病除之義的意見。但是楊氏的意見恐怕不應輕易否定。

過去講「慧」字疾癃義的學者，大都認為這種意義是由聰慧義引申的，其引申軌跡跟訓疾癃的「知」「憭」一類字相似。只有清儒王樹枏《廣雅補疏》，除了強調「彗」有「解曉」「解釋」之意以外，還説：「慧从彗得意，蓋除舊更新之象。」他的後一説與楊説相近。馬王堆漢墓帛書《五十二病方》所載治疣方有如下一則：

以月晦日之丘井有水者，以敝帚騷（掃）尤（疣），祝曰：「今日月晦，騷（掃）尤（疣）北。」入帚井中。

唐孫思邈《千金要方》卷二十三去疣目方也有「以禿條帚掃三七遍」的方法。這種用掃帚可以掃去疾病的巫術思想，無疑有很古老的根源，似可用為楊、王之説的佐證。所以「彗」的疾癃義很可能是由掃竹義引申出來的，而古書所用的「慧」則是一個假借字。在疾癃義諸字中，「彗」當與「除」為類，而不應與「知」為類。

蔡文引録了很多條使用當疾癃講的「彗」字的卜辭，我們在下文中擇要轉引，並加以説明。卜辭釋文有時跟蔡文稍有出入。

(2)□□卜貞：☐疒（疾）☐彗。

(3)□□卜□貞：□□□彗。

這兩條或有「疒」字，或有明顯與疾病有關的字，辭末的「慧」字無疑應該當疾瘉講。

(4)□[glyph]。

蔡文將此條殘辭釋為「疾[glyph]」，並用括號注明「或為合文」(83頁第32條)。我認為此辭殘存之字應該是一個字，可隸定為「𤸰」，就是當疾㾓講的「彗」的專字，似可看作為了表示「彗」字的疾㾓這一引伸義加「疒」旁而成的分化字。也有可能，造字的人的本意，是想直接用這個字形來表示用彗掃去卧床病人的疾病的意思。不管採取哪一種看法，都可以把這個字分析為「从疒，从彗，彗亦聲」。不過蔡釋仍有合理之處。由於「𤸰」字已包含「疒」形，應有可能被當作「疒(疾)𤸰」合文來用，就像較晚的古文字中「夫」被當作「大夫」合文來用一樣。【殷墟甲骨文「彗」字補説　華學第二輯】

[glyph]叚　𡥈乳為假為遐詩南山有台遐不眉壽　遐説文所無徐鉉曰或通用假字　曾伯霥固　叚不黄耇　[glyph]袁盤　[glyph][glyph]師袁簋　[glyph]禹鼎　[glyph][glyph]曾伯陭壺　為德無叚　[glyph]盠尊　[glyph]盠方彝　[glyph]𡥈乳為嘏詩閟宮天錫公純嘏　克鐘　用匄純嘏永命　【金文編】

[glyph]叚　秦一〇一　十二例　通假　—鉄器銷敝不勝而毀者　秦一五　[glyph]秦七七　五例　[glyph]雜三六　四例　[glyph]為一八　二例　【睡虎地秦簡文字編】

[glyph]叚　竝出林罕集字　【汗簡】

◉許　慎　[glyph]借也。闕。古雅切。[glyph]古文叚。[glyph]譚長説叚如此。【説文解字卷三】

◉方濬益　叚。經傳作遐。爾雅釋詁。遐。遠也。又通作瑕。瑕之古音同胡。詩隰桑。遐不謂矣。禮記表記作瑕不謂矣。注曰。瑕之言胡也。故又通作嘏。屯叚。即詩之純嘏。檀弓注。將軍文子之子簡子瑕。釋文云。瑕本又作嘏。而彝器銘又作屯魯。則以嘏魯聲近相通也。若左傳楚之陽匄字子瑕。晉之士匄字伯瑕。其皆有取於此義也夫。【克編鐘　綴遺齋彝器款識考釋卷二】

◉吳大澂　[glyph]。叚借也。一曰遠也。經典通作遐。詩遐不眉壽。曾伯霥簠叚不黄耇。遐亦通假。假字重文。【説文古籀補

卷三】

◉孫詒讓　「卜立衆𠨧兄㕦」。六十九之四。「㕦」字从𠂆與辰，司字同，當為「叚」之異文。《說文·又部》：「叚，借也。闕，古文作𠬪，又作𠬪。譚長說叚如此。」金文師寰敢作叚，曾白𩃬簠作叚。此从𠂆即𠂆之省，从彐即彐也。【契文舉例卷下】

◉孫詒讓　叚字舊釋為若，以篆形校之殊不類，竊疑當為叚之反文，後曾伯𩃬簠叚不黃耇，叚作叚師寰敢，今余弗叚組叚作叚，並【攈古】三之二。文皆與此相近。【古籀餘論卷一】

◉孫詒讓　叚　歐録載楊南仲釋為叟。謂即設字。孫苑從之。吕圖釋為辱。宣咊圖及薛釋同。古金文設字常見。無作此形者。辱字于形稍近。而于義無取。此實當為叚字。說文又部。叚重文𠬪。譚長說叚如此。玉篇作𠬪是也。今本說文似涉段字而誤。此叚字即叚之變。寰盤設對敭天子不顯叚休命。叚作叚。見阮款識。周師寰敢叚反乃工事。叚作叚。見吴録。正與此同。又曾伯𩃬簠曾伯𩃬叚䜌黃耇。見阮款識。阮釋以為假樂。其字作叚。與此叚字亦正相似。此叚字以文義校之。當為暇之省。【古籀拾遺卷上】

◉林義光　古作叚師寰敦。从彐彐。象二手相付形。从石省轉注。石或作𠂆魯大司徒匜礪字偏旁。即古藉字。見石字條。叚假者藉人所有。為己之用。故謂之借。借即藉之俗字。亦作叚曾伯𩃬匿。作叚克鐘。从𠂆猶石之作石邾公華鐘庶字偏旁。【文源卷六】

◉高田忠周　叚　晉姜鼎。余不叚妄寧。博古薛氏嘯堂皆同。而此器元似有數種。古文審引此篆云。𪐴辥吕梁釋作辱。董楊作敢。皆失篆形。說文又部。叚借也。闕。古文作𠬪。譚長說作𠬪。師寰敦㚘。余弗暇組。作叚。寰盤。不顯暇休命。作叚。正與此同。此用為暇。劉說甚佳。按字當从𠬪。唯彐彐為形未詳。但人部。假。非真也。从人叚聲。叚假當古今字。叚借固非真也。左隱十一年傳。而假手於我寡人。此實叚借之義。因謂叚字从𠬪。疑爰省文。爰援古今字。援者引也。助也。乞援助以為我。此謂之叚。彐亦或耑省。耑者始也。轉為本也。又為事業義。借他人手以援助我事業。从爰耑會意耳。轉非真之物。非真之事。皆得偁假耳。叚假為同字。亦當以叚兼暇遐瘕嘉賈諸字。詳各字下。然則此篆當收于𠬪部。唯未得一文作叚者。故姑从許氏說。存疑云。【古籀篇五十六】

◉商承祚　𠬪　說文：「𠬪。古文叚。」案金文曾伯𩃬作叚。寰盤作叚。此與寰盤近。當是寫誤。【說文中之古文考】

◉馬叙倫　鈕樹玉曰。宋本繫傳祛妄篇云。叚。說文从又从𠃊𡰣闕。則此注經後人刪去。嚴可均曰。疑从又皮省。亦未審也。

叚借字當作耤。說文無借。王筠曰。如小徐引。冂非字。不得言从。𡰣在說文為仁之古文。在他書則又為夷之古文也。不得言𡰣闕。六書正譌謂从皮从二。於字形合矣。而以真叚為言。則漢後乃有是語。非古訓也。倫按前人多謂从皮从二。然於形義皆不可通。金文亦無作此形者。惟莊有可謂此篆之[glyph]及重文之[glyph]皆古文石𠂤字。得之。而莊說其餘部分則不成條理。倫檢曾伯霥簠。[glyph]不黃耇。吳大澂以詩南山有臺遐不眉壽。證[glyph]為叚字。是也。則與此形同。而此作[glyph]為譌矣。師寰段作[glyph]。克鐘作[glyph]。皆作[glyph]。不作[glyph]可證也。倫疑此从[glyph]反聲。上文反之古文作反。而本書磬之古文作硜。碣之古文作[glyph]。[glyph]之[glyph]與曾伯霥簠師寰段克鐘之[glyph]同。[glyph]則與此篆之[glyph]同。與重文譚長說作[glyph]之[glyph]亦略同。魏石經瑕之古文作[glyph]。其[glyph]字當作[glyph]。亦可證也。反音非紐。古讀歸封。叚音見紐。封見皆破裂清音也。反从厂得聲。厂叚亦皆舌根音。鰕从叚得聲。今俗用蝦字。而上海謂鰕音如厂。可證也。借也者。後人加之。此字直挩說解也。

[glyph] 鈕樹玉曰。玉篇廣韻並無此字。嚴可均曰。此疑後人所加。李杲曰。曾伯簠作[glyph]。此从几。殆厂之譌。从[glyph]。殆二之譌。倫按此字形與叚形一無干涉。古文經傳每有借同音字為之者。此或非叚字也。或曰。此為[glyph]之譌。

[glyph] 張文虎曰。玉篇作叚。疑誤。漢碑偏傍叚字多作[glyph][glyph]。倫按疑本作[glyph]。[glyph]亦[glyph][glyph]之異文。十四篇𠂤之古文作[glyph]。可證也。或曰。古叚字皆如金文作[glyph]。傳寫政齊。[glyph]字首筆譌長為[glyph]。又譌成今文也。【說文解字六書疏證卷六】

◉朱芳圃 [glyph]曾伯簠 [glyph]寰盤 [glyph]師寰段 [glyph]克鐘

說文又部：「叚，借也。闕。」林義光曰：「桉古作[glyph]，从[glyph]，象兩手相付形。从石省，石或作[glyph]，即古耤字。叚者耤人所有為己之用，故謂之借。」文源六·六。桉林說非也。字象厂下取石，兩手相付之形。左傳襄公三十一年晉士文伯名匄字伯瑕，昭公十七年楚陽匄，十九年鄭駟乞，皆字子瑕，瑕即叚也。左傳成公元年瑕嘉，周禮春官典瑞鄭注引作叚嘉，釋文作叚，云本又作瑕，是其證。古人名字相應，廣雅釋詁「乞，匄，求也」，又「匄，乞，與也」，是乞與匄兼求與二義，故引伸為叚借。經傳作假，左傳桓公十三年「見莫敖而告諸天之不假易也」，杜注「言天不假貸慢易之人」；莊公十六年「王命諸侯，名位不同，禮亦異數，不以禮假人」，杜注「侯而與公同賜，是借人禮」，是其例也。【殷周文字釋叢卷下】

◉曹錦炎 十七年平陰鼎蓋，現藏浙江省博物館，1952年由原浙江省文物管理委員會徵集，未曾著録。十七年，叚工帀（師）王馬重，眂（視）事鐙，冶敬才。坪（平）陰（陰），□四分。

叚，讀為瑕。叚、瑕音同，故得相通。《左傳·成公元年》：「晉侯使瑕嘉平戎於王。」《周禮》鄭玄注作「叚嘉」；《說文》訓叚

為借，晉士文伯名匄字伯瑕，楚陽匄、鄭駟乞皆字子瑕，古人名、字相應，則瑕皆當讀為叚，此叚、瑕相通之證。春秋時周地有瑕（《左傳・昭公二十四年》），楚、隨有瑕（《左傳・成公十六年》、《桓公六年》），晉亦有瑕。鼎蓋銘文字體風格顯屬三晉體系，

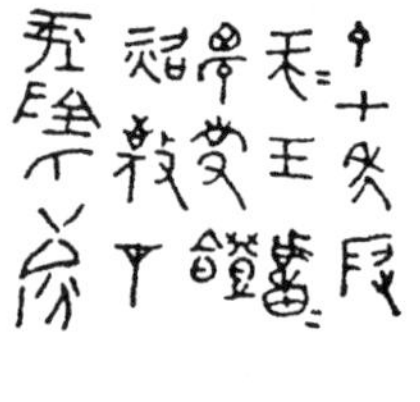

鼎蓋銘文摹本

自當以晉地之瑕論之。晉地之瑕頗有異説，《左傳・僖公三十年》：「許君焦、瑕。」杜預注：「晉河外五城之二邑。」高士奇《春秋地名考略》以此為河外之瑕，即曲沃，《左傳・文公十二年》「秦復侵晉，入瑕」、《文公十三年》「晉侯使詹嘉處瑕」也即此地。江永《春秋地理考實》據《水經注》河東解縣西南五里有故瑕城，謂瑕在解州，即《左傳・成公六年》之郇、瑕。顧棟高《春秋大事表》則謂郇瑕之瑕，在山西臨晉縣東北十五里，為晉河東之瑕，與河外之瑕有別。諸説雖異，然河東、河外之瑕，在戰國時均屬魏，則鼎銘之瑕必屬魏地無疑。又河外之瑕在戰國時已稱曲沃，《史記・魏世家》襄王五年「秦圍我焦、曲沃」、八年「秦歸我焦、曲沃」，可證。因此，本銘之瑕可以定為河東之瑕，魏地有瑕陽，應在其附近。【平陰鼎蓋考釋　考古一九八五年第七期】

◉黄錫全　天門縣出土有兩件有銘銅器，現藏荆州地區博物館。叚仲酎履盤，盤銘第一字作□，或釋為段。金文中段、叚二字分別作

□段毁　□段金[illegible]尊　□曾伯霥簠　□寰盤　區別是段字从□，叚字从□或□。顯然，盤銘應釋作叚。【湖北出土商周文字輯證】

◉高　智　包山楚簡有字作「□」(88)「□」(88)二形，《包山楚簡》放入未隸定字中，從二字的字形及在辭句中之用法分析當為一字。後一字增「邑」，在包山楚簡中用為姓氏字。我以為「□」、「□」之所從是與《古文四聲韻》「瑕」作「□」形，「瘕」作「□」，《汗簡・林罕集》「叚」作「□」形，古璽文「叚」作「□」，《說文》古文作「□」形皆近。故此字疑當釋為「叚」字。【《包山楚簡》文字校釋十四則　于省吾教授百年誕辰紀念文集】

甲三〇六三 乙一三 乙一〇三 乙二〇二 乙二九〇八 乙六四〇四 前四・二九・三 前四・二九・五 前四・三〇・一 前七・一・四 前八・六・一 林二・一六・一九 菁一・一 戩三七・一〇 佚一五六 鄴二下・三五・一 掇二・四九人頭骨刻辭 【甲骨文編】

乙103 6404 8875 續2・20・2 掇288 徵10・121 古2・6 續存455 新5282 鄴三1・1 【續甲骨文編】

友 君夫簋 師旂鼎 矢方彝 命簋 萬尊 麥鼎 衛鼎 師奎父鼎 辛鼎 大鼎 遣小子簋 師晨鼎 伯康簋 鬲比盨 克盨 弔多父盤 㽙伯簋 史頌鼎 史頌簋 友父簋 中友父匜 多友鼎 杜伯盨 弔妃簋 王孫鐘 嘉賓鐘 毛公旅鼎 眔我友𩚔其用舂友从甘 說文友古文作𦾔 乃傳寫之譌 曆鼎 孝友隹井 𤕌盤 師遽方彝 友簋 多友鼎 用倗用友 邾友父鬲 旾簋倒書 从口 召卣二伯懋父客召 農卣 毋卑農弋事氒客妟 趞曹鼎 用卿倗客 大史友甗 【金文編】

1・46 中 曰惠多咸友 惠 【古陶文字徵】

八五：九 宗盟類參盟人名 【侯馬盟書字表】

友 日甲六五背 【睡虎地秦簡文字編】

劉友私印 原陵友印 劉友印 王賢友印 曹闌友 堂猛友印 【漢印文字徵】

𦳊石經 𠬪 習竝崔希裕纂古 𦳊說文 【古文四聲韻】

◉許慎 㕛同志為友。从二又。相交友也。云久切。𦳊古文友。習亦古文友。【說文解字卷三】

◉徐同柏 羽 本友字。此為布者。周禮外府注。布泉也。布讀為宣布之布。禮檀弓注。古者謂錢為泉布。所目通布貨財。又漢書食貨志。故貨布於市。今所見古布有𦏲字即羽之變。並象兩手分布形。它器每有用貝罤金之文目其布。亦此例。【周遣小子韎敨 從古堂款識學卷五】

◉方濬益 王菉友大令說文釋例以𦳊為友。謂即敢字。蓋以敢之古文从二又从甘。與此正同。禮記內則。不友無禮於介婦。或讀友為敢。是也。【曆鼎 綴遺齋彝器款識考釋卷四】

◉方濬益 男孝傑曰。𦳊从甘當與曆字同意。兩又為友。古又有二字通用。疑𦳊即侑字通作宥者。左莊公十八年傳。虢公晉侯朝王。饗醴。命之宥注飲宴。則命以幣物宥助也。所以助歡敬之意。僖公二十八年傳。王亯醴命晉侯侑注。既饗。又命晉侯助以束帛以將厚意。與此文正合。【師遽尊 綴遺齋彝器款識考釋卷十八】

◉劉心源 說文㕛古文作習。案古文佀習字。傳寫之譌。無叀鼎「史𦳊」。阮文達公釋友。即古文也。曆彝「孝𦳊惟刑」。从甘。皆可吕訂習字。又案。汗簡口部引石經差作𠂇又。師遽方尊「蔑曆𦳊」。即賞賜有差之義蔑曆詳彔敨。毛公鼎本書毛公鼎弟二器「其用𦳊」。皆差字。與古文友同形。攷說文差。不相值也。𠂇又蓋取兩手左右相背。故合左右二字為之。即不相值之義。伯俗父鼎「用又右右右字从一向左即左字俗父嗣庥」。毛伯彝「王命吳伯曰吕乃師左𠂇向左為左从毛父。王命呂伯曰吕乃師右又向右為右从毛父」。是古文左有作左者。故知𠂇又為左右合文也。㕛亦取兩手相助。但不相背耳。差吕𠂇又為正篆。其作𦳊而涉於友者。古人文存大略。如甲才同作十。成戌同作戉。當隨文讀之。此銘友讀侑。禮運注。輔也。是也。休者。止也。息也。【奇觚室吉金文述卷二】

◉孫詒讓 㕚父鼎女。率我叏吕事。阮釋文云。叏謂臣僕也。詩既醉鄭箋。朋叏謂羣臣同志好者也。書酒誥云。太史叏。內史叏。是臣僕得偁叏也。見阮款識。此言嗣乃父官叏。言司乃父之僕屬也。周大鼎。大吕乃叏守。又云。王乎譱夫騣召大吕乃叏入𢦔。可與阮說互證。【古籀拾遺卷下】

◉孫詒讓 羽字亦難識。攷說文又部友古文作𦳊。金文大鼎作羽。叔友父敨作羽。與此略同(或當為羽之反文亦通)。【契文舉例卷下】

◉羅振玉 㕛 㕛 㕛 說文解字。友古文作習。从羽。乃从㕛傳寫之譌。从甘。又為甘之譌也。師遽方尊友作𦳊。卜

辭有作𠬪者。亦友字。卜辭中㐅亦作㐅。斯𠬪亦作𠬪矣。其从二。與𢍏同意。【增訂殷虛書契考釋卷中】

◉林義光　古作𠬪師奎父鼎。象攜手形。或作𦏲無叀鼎。象攜手相交形。變作𦐂宴友辰尊彝乙。作習師遽尊彝。作習趙曹鼎。【文源卷六】

◉高田忠周　朱氏駿聲云。太平御覽四百六引説文。友。愛也。按。又亦聲。又古文未詳。疑引易朋友講習。傳寫闕脱習字。又誤入正篆為古文耳。此攷甚有條理。依許氏説。習字从白从羽。白即自字。自古文作𦣹。𦣹亦白古文也。習是習字甚顯矣。但習字古有二文。一為朋友講習字。故从友从羽。白下曰。詞言之氣從鼻出。與口相助也。即朋友講習者。手口相助者也。又論語。與朋友交。鄭注。同門曰朋。同志為友。蓋志同矣。手言固相右也。又一為鳥習飛字。从羽从白。或又从白。下見徐王子鐘可證。而兩習字小篆以後混為一字。亦如㠯與𠂤之例也。然則講習字當別收于本部為獨字。而兩習字得通用。又依古翌翼通用即立聲與異聲相通之理。兩習字亦當與友通用。即知許氏友下古文。一取叚借。猶近古文取旂字為之耳。然則友字本義為朋友之友。【古籀篇五十七】

◉王國維　鄂侯馭方鼎之「馭方習王」之習。即宥侑二字。馭方習王。即謂馭方酢王。周禮大行人。侯伯之禮「王禮壹祼而酢。」即此事也。故侑之義與酢同。毛詩彤弓傳曰。「右勸也。」楚茨傳曰。「侑勸也。」右侑同字。此不云酢而云侑者。以諸侯之于天子不敢諸居主賓之獻酢之名。故雖酢天子而其辭若曰侑之云爾。【釋宥　觀堂別集卷一】

◉商承祚　𠬪𠬪𠬪　金文辛鼎作𠬪。君夫毀作𠬪。無叀鼎作𦏲。或緐之為習習𦐂(師遽尊農卣大史𠭯甗)。説文𠭯「同志為友。从二又相交。𠬪古文友。習亦古文友」。金文从曰之誼雖不能盡曉。而説文之古文乃從此寫誤則可知。又説文第一之古文。與甲骨文第三文皆與𦐂字誼同。【甲骨文字研究下編】

◉商承祚　𠬪習　甲骨文同篆。又作𠬪。象兩手相連助。與𢍏象二人相并。義一也。此𠬪乃𢍏之誤析。金文亦與篆文同。又作𦏲無叀鼎。與𢍏𠬪同意。其作習𦐂農卣曆鼎。乃由𦏲整齊之而變。亦即此第二文所本而寫失。【説文中之古文考】

◉馬叙倫　鈕樹玉曰。韻會無友也二字。嚴可均曰。一切經音義廿五引作同門曰朋。同志曰友。御覽四百六引作愛也。同志為友。此當有脱文。沈濤曰。五經文字云。友。説文从二又相交。則此解當讀交字句絶。友也必愛也二字之譌。蓋古本作同志為友。从二又相交。一曰。愛也。大徐妄有刪改耳。翟云升曰。愛也別義。倫按同志為友。亦不可得造象形指事會意之字也。如从二又取二手相助。則義與右同。當是右之別體。朋友之朋當為倗。从人負貝。會以貝貿易之意詳倗字下。則友字亦當有本義。易兑卦。君子以朋友講習。兑即説之初文。兑卦取乎朋友講習。韓詩外傳所謂智可以砥行可以為輔弼者人

度 度

友也。今人所謂交換知識是也。荀子大略。友者所以相有也。白虎通德論三綱六紀。友者。有也。釋名釋言語。友。有也。相保有也。均以相有釋友。可證友之本義矣。然倫謂友為又之茂文。五篇差之籀文作。甲文有字。當讀為祐。一字。詳字下。則亦一字。作者。古之俗書。於重文作=識之。石鼓文之鼎=遡=。其例證也。正書之則作矣。師奎父鼎。用嗣乃父官。大鼎作。辛鼎作。大毁作。則明是兩手。蓋人固兩手。省之為又或耳。猶目固二也。省之為目。具之為䀠。䀠目亦一字也。倫謂同志為友乃叉字義。叉乃交易之易本字。篆當作。因相譌耳。説解當作有也。以聲為訓。校者注相交友也以釋之。後之校者復據倉頡解詁加同門曰朋同志曰友。唐人删改如今文耳。御覽引愛也者。蓋一曰以下文。亦校語。餘詳叉字捊字鋝字下。字見急就篇。顔師古本皇象本作㕛。蓋實發之草書也。文曰。賈友倉。則發字是。

朱士端曰。集古録張仲噐作。薛氏欵識周嘉仲壺盉亦作。大徐譌多下二畫。倫按師奎父鼎。用嗣乃父官。大鼎亦有字。疑此本作从二手。傳寫譌為。

嚴可均曰。此蓋説文續添。焦山鼎有字。从二又相交。明此誤也。惠棟曰。焦山古鼎銘。王呼史習作册。乃史友也。桂馥曰。古文四聲韻引石經作。馥謂艸當為。莊述祖曰。伯啟卣。毛伯彝。形與習近。故譌為習。逸周書商誓曰。及太史比小史昔。比昔亦皆友字之譌。蔡惠堂曰。酉聲。乃酉之古文作者譌也。羅振玉曰。羽乃之譌。亦為之譌。師遽方尊友作。卜辭又有作者。亦友字。从=與并同意。容庚曰。曆鼎。孝隹井。从友从甘。此作習。乃傳寫之譌。倫按習為之譌無疑。毛公鼎。罘我譬其用。亦作。可證也。太史友甗作。朱士端謂魏三體石經左傳遺字友作。盧見曾焦山志摹鼎文作。皆變形。即口字。倫謂此右字異文。【説文解字六書疏證卷六】

◉楊樹達　龜甲二卷七葉之六云：「丁未，卜，𢦏貞，令𦎫以㞢族尹𡈼，㞢友？五月。」郭沫若云：㞢友讀為有祐。通纂三之一二一下。【卜辭求義】

5·394　秦詔版殘存「相狀綰灋度量則不壹」九字　5·398　秦詔版「廿六年皇帝盡并兼天下諸矦……」共四十字　秦1594　秦詔版殘存「詔□相□綰灋度量則不」八字　【古陶文字徵】

度 度 為五 十三例 度 效三〇 度 秦一二三 五例 度 秦一二四 【睡虎地秦簡文字編】

[古文字形] 李度 [古文字形] 臣度 [古文字形] 司馬度 【漢印文字徵】

[古文字形] 度 [古文字形] 度 [古文字形] 度 【汗簡】

[古文字形] [古文字形] 竝古孝經 [古文字形] 古尚書亦宅字 [古文字形] [古文字形] 竝義雲章 [古文字形] 王惟恭黃庭經 [古文字形] 籀韻 [古文字形] 裴光遠集綴 [古文字形] 雲臺碑

【古文四聲韻】

◉許　慎　度法制也。从又。庶省聲。徒故切。【說文解字卷三】

◉馬叙倫　桂馥曰。法制一義。别無所見。王筠曰。友从二又。便當終篇。而度字又在其後。與全書通例不符。似有錯簡。林義光曰。度之本義當為度量。倫按林説是也。徐鍇曰。布指知尺。舒厷知尋。故从又。法制也當作法也。制也。一訓校者加之。詩楚茨。禮儀卒度。傳。法度也。周禮大司徒。九曰。以度教節。注。謂宮室車服之制。左昭四年傳。度不可改。注。法也。字依例當在叜上。字見急就篇。【說文解字六書疏證卷六】

◉戴君仁　[古文字形]　説文解字又部度法制也，从又，庶省聲。秦權量銘文从攴，亦有从又者。【跋秦權量銘　中國文字第十四冊】

◉屈萬里　前編二第二六葉二片：「乙亥卜。行貞：王其[古文字形]舟于河。亡巛？」後編上一五葉八片：「□丑卜，行貞：王其[古文字形]舟于滴，亡巛？」由此兩辭證之，知[古文字形]、[古文字形]乃同字而異體。[古文字形]即度字，説見六三九片，則[古文字形]亦度字也。

[古文字形]，羅振玉釋謝。葉玉森釋叐，郭沫若釋汎，唐蘭釋尋，皆未的。按：其字象平伸雙手度物之狀，疑是度之初文。卜辭中或假為渡，前編二第二六葉二片辭云：「王其[古文字形]舟于河。」是也。

前編二第二六葉二片：「乙亥卜，行貞：王其[古文字形]舟于河，亡巛？」後編上一五葉八片：「□丑卜，行貞：王其[古文字形]舟于滴，亡巛？」由此兩辭證之，知[古文字形]、[古文字形]乃同字而異體。[古文字形]即度字，則[古文字形]亦度字也。……本辭[古文字形]字，殆亦渡水之義。

[古文字形]，從口，度聲。隸定之當作喥。玉篇喥字云：「本作吒，同咤。」書顧命：「三祭三咤。」釋文：「咤。音妒。」故書中度宅二字常通假，是以喥咤為字也。本辭喥字（辭云「翊日乙，王其[古文字形]盂？」），疑當讀為宅，居也。【殷虛文字甲編考釋】

◉黃錫全　[古文字形]度　古度宅通，參見刀部剫。鄭珍認為「此宅上加竹，改从古宅，非古所有。」《廣雅·釋器》⿱竹度謂之簪。夏韻鐸韻注

𠂇

出裴光遠《集綴》。

㡯度㡯度　鄭珍云：「此與上立『㡯』字也。古宅度通用，上字因从宅古文宅省。此字从宅，宜作㡯。」鄭説是。夏韻暮韻注出《義雲章》，作㡯、㡯。【汗簡注釋卷四】

𠂇 藏一〇・二　𠂇用為左左赤馬　官名　𠂇 後二・五・一五　𠂇 粹五九七　王乍三師右中左　𠂇 粹九五〇　𠂇即又字與有通　𠂇豖即有豖　𠂇 粹四九七　受𠂇即受祐　𠂇 前三・三一・二　𠂇 後二・三七・八　𠂇 菁五・一　𠂇 甲一三四〇　𠂇 乙六二七三𠂇隹　見合文二三　【甲骨文編】

𠂇 乙6469　𠂇 卜25　𠂇 徵2・50　𠂇 粹597　【續甲骨文編】

𠂇 𠂇鉦　𠂇 𠂇盉　𠂇 盂鼎二　𠂇 執馭觥　𠂇 牆盤　𠂇 元年師旋簋　𠂇 善鼎　𠂇 戮狄鐘　𠂇 師虎簋　𠂇 師克盨　𠂇 師兑簋　𠂇 元年師兑簋　以又為𠂇　𠂇 㠱季鼎　亦以又為𠂇　𢦏 𢦏 从𠂹　同簋　王命同𠂇右吳大父　𠂇 散盤　【金文編】

𠂇 5・273　𠂇悁　説文𠂇手也象形按此為左手象形古用為左　𠂇 5・300　𠂇旦　【古陶文字徵】

𠂇 刀折背𠂇廿横书𠂇廿省左字　典一〇九〇　【古幣文編】

◉許　慎　𠂇 𠂇手也。象形。凡𠂇之屬皆从𠂇。臧可切。【説文解字卷三】

◉林義光　古作𠂇。戮狄鐘。【文源卷四】

◉強運開　𢦏 同敵。王命同左右吳大父。左字从𠂹从𠂇。與距末右字𢦏从𠂹同意。運開按。𠂹𠂹當即古手字。金文拜字多从之。𠂹 訓為手。𠂇 訓左手。故古文𠂇右字或从古文手。容庚説𢦏从𠂹。似猶未塙也。【古籀三補卷三】

◉高田忠周　此借𠂇為左也。説文。𠂇 左手也。象形。此實𠂹字省略文。借以為左手義。又反此為ヨ字。為右手義。ヨ

卑 𠃜

𠂇兩字。建類一首。同意相受。此亦轉注也。轉義為凡左右義。後人借佐佑為𠂇又。𠂇字殆廢矣。又左手相左助也。从𠂇工。𠂇亦聲。此銘借𠂇為左。唯右用正文。一正一略。亦款識文之一例。【古籀篇五十六】

◉馬叙倫　鈕樹玉曰。玉篇引𠂇作屮。韻會引作左。王筠曰。以左説𠂇。此以隸照篆之法。鉉作𠂇。非。倫按𠂇者。隸書複舉字也。左者。傳寫者以當時通用字易之也。𠂇又二字以形論。誠左右手也。然𠂇又止皆訓手也。而金甲文𠂇又亦無別。故金文貉子卣又𠂇皆丑字。甲文丑字亦有𠂇又二形。金文史字史農觶作𠂇。吴王夫差鑑。夫差作大着。从右。伯裕父鼎。用又右俗父。吴式芬釋左右俗父。差字伯匕鼎作差。甲文亦有作𠂇者。甲文祐字作祐祐。皆从𠂇。汗簡引石經差作𢀩。𢀩即上文亦古文友之𦔮。𦔮。太史友甗作𦔮。並可證也。本部所屬之卑从田。攴聲。而攴字作𠂇。亦其證也。𠂹音禪紐。而轉注字作𢀩。从左得聲。左从𠂇得聲也。𠂇又一字。而又音喻三。喻三與禪同為摩擦次濁音。故𠂹之轉注作𢀩矣。此又可證於音者也。本書。祐。右皆訓助也。助从且得聲。且𠂇音同精紐。此又古音𠂇又不別之證也。蓋後世分別為于救臧可之二音耳。本書。助。左也。左。助也。是猶祐右之訓助也矣。此又古𠂇又同義之可證也。散盤作𠂇。𠂇狄鐘作𠂇。甲文作𠂇。【説文解字六書疏證卷六】

◉李孝定　王國維曰:「古文反正不拘或左或右可任意書之。惟𠂇又𠂇二諸字例外。」按。説文「𠂇ナ手也象形」。栔文作𠂇亦象ナ手之形。【甲骨文字集釋第三】

◉戴家祥　𠂇字从言ナ聲,説文所無,以聲義求之,當即ナ之加旁字。説文三篇𠂇,ナ手也。𠂇字从言,亦猶右字从口也。易泰卦「輔相天地之宜,以左右民。」商頌長發「實維阿衡,實左右商王。」毛傳「左右,助也。」唐韻左讀「臧可切。」精母歌部。【金文大字典上】

卑　孳乳為俾書無逸文王卑服　馬本作俾　㦰簋　俾克氒敵　牆盤　免簋　農卣　曶鼎　散盤　國差𦉜　師𩛥鼎　余卑盤　䩑氏鐘　秦王鐘　中山王𠐩鼎　【金文編】

5・384　瓦書「四年周天子使卿大夫……」共一百十八字　集拓2・42　左宮卑工　【古陶文字徵】

一五六：一　一百七十五例　宗盟類而敢或𢿌改助及奂卑不守二宮者　八五：二十六例　一：三七　十九例　一六：三

六　三例　八八：五　九二：五　一：二八　二例　一：四一　三例　一九八：一六　二〇〇：五　二例

一九八：九　三五：七【侯馬盟書字表】

3525【古璽文編】

卑梁國丞　卑守私印　卑君都　卑容印信　徐母卑【漢印文字徵】

石經無逸　文王卑服【石刻篆文編】

卑出郭顯卿字指　卑出張揖古文【汗簡】

部昭卿字指　張揖集　竝王存乂切韻【古文四聲韻】

◉許慎　卑賤也。執事也。从𠂇甲。徐鍇曰。右重而左卑。故在甲下。補移切。【說文解字卷三】

◉孫詒讓　楊疑為卑字。王楚釋為畏。薛從之。王俅釋為威。孫釋字從王楚。讀從王俅。案。楊說是也。此卑字。即俾之省。曾伯霥簠既俾方俾作。散氏盤大俾義祖襄旅誓俾作。齊侯甗俾旨俾滯俾作。竝見阮款識。正與此同。【古籀拾遺卷上】

◉孫詒讓　「□之」。百八十三之二。此即「卑」字。《說文・𠂇部》：「卑，賤也。執事者。从𠂇甲。」金文亢敢作，齊侯甗作，與此略同。【契文舉例卷下】

◉林義光　𠂇甲非義。古作靜敦繹字偏旁。不从甲。田當為之變形。由。缶也。手持之。與僕僕甹伻同意。或作曶鼎。作克冽彝浑字偏旁。【文源卷六】

◉高田忠周　徐鍇曰。右重而左卑。故在甲下。此說非是。今據金文。字明从从反攴。攴。說文所無。唯見此字。因謂由為缶名。缶由賤者所取之器。攴者小擊也。教牧字从之。所以使為也。叓从反攴。所以受教也。即賤者執事之意在焉。然則元當有攴部。而收叓于此。唯古攴又通用。攴亦可通用。故收于部中。亦可矣。許氏固有此例。又或謂捭訓兩手擊也。从手卑聲。又𢾺訓毀也。从攴卑聲。𢾺捭當同字。攴手通用。本部多例。兩手擊也。字固當从攴。毀也者。本義之

轉也。然字元當作㚔之理也。此篆作叀。䡊捭古文。卑由古音轉通。弭㢱同字可證。此从攴由聲也。若然。卑賤義以婢為本字耳。依前説。壼服小記養卑者否。注謂子弟之屬。此與本義近矣。【古籀篇五十六】

◉葉玉森 羅振玉氏曰。説文解字𨸏籀文作。與此同。史頌敦作。借為俾。其所从之。乃从即甲从即。吳中丞以為變从禺非也。增訂書契考釋中第十一叶。森按。从。象手持一物大若鬼頭。卜辭鬼作，蓋椎類。古兵器。持之以守禦者。卜辭畢作象手持。則象手持。造字之例正同。後乃沿譌為卑説契。【殷虛書契前編集釋卷二】

◉唐桂馨 卑籀文作。鞞之偏旁。鞞。刀室也。俗云刀鞘。鞞金文。則卑非甲字。乃刀室之形。以左手扶刀室。或拔刀出鞘。插刀入鞘。皆卑者給事於人之儀。故訓為卑。此字與尊字同意。象兩手舉酉以進貴賓之狀。一訓為尊。一訓為卑。會意字也。【説文識小録 古學叢刊第三期】

◉徐中舒 俾金文作卑。其義皆當為使。其用於嘏辭者如。

卑女𪇰𪇰剖剖。龢龢倉倉——者減鐘

卑若鐘鼓。外內剴辟……卑百斯男。而埶斯字——齊夷鎛

此卑女卑若。皆命令之辭。女若皆第二人稱。女汝同。若亦汝也。自為祖先或天所命。其在詩天保云。俾爾單厚。俾爾多益。俾爾戩穀。卷阿云。俾爾彌爾性。閟宮云。俾爾熾而昌。俾爾壽而臧。俾爾昌而熾。俾爾壽而富。俾爾昌而大。俾爾耆而艾。亦俾爾連言。【金文嘏辭釋例 歷史語言研究所集刊第六本第一分】

◉馬叙倫 鈕樹玉曰。毛本作甲聲。繫傳及集韻類篇韻會引並無聲字者。非也。九經字樣引作从𠂇从甲。莊述祖曰。从𠂇。畢省聲。吳麦雲曰。卑即奴婢字。朱駿聲曰。此椑之古文。圜榼也。酒器象形。其器橢圓有柄。故考工記廬人注。齊人謂柯斧。柄為椑。椑。橢圓也。廣雅釋器。匾榼謂之椑。倫按金文卑字皆不从甲。汲古閣本甲下有聲字。鈕樹玉謂宋本甲下缺一字。然則鈕所據宋本甲下原有聲字。甲聲不相近。召尊畢字作。畢鮮毁作。畢聲封紐。卑聲亦封紐。則莊謂畢省聲可從也。林義光曰。疑田為譌。。缶也。手持之。與僕甹同意。倫檢伯御卣。母農弋。劉心源釋為卑。字正从。則林説亦可從。然倫睎曾伯簠。具既方。散盤。乃西宮。及國差䃽免毁曶鼎卑字亦皆作。其上皆象𠯑形。而下皆从。即本書之攴字。倫謂朱説為是。然从。攴聲。故音補移切。蓋其初文為圖畫性之圓榼形。本作。即盍之初文。及篆文書之。遂與字不別。後乃加攴聲。故伯御卣雖易為。而仍从攴。亦篆譌。農卣作。則易以母聲。本書。母。牧也。尚書牧誓。一作坶誓。牧亦从攴得聲也。朱據周禮注謂其物有柄。非也。齊人謂柯斧柄為椑。乃

叓

借椑為柄。音皆封紐也。此當自為部首。如今篆。當為形聲。卑㿼聲同談類。㿼蓋卑之轉注字。此訓賤也。執事也。一訓校者加之。執事也當作執事者也。此婢字義。賤也即執事者之引申義也。古書多借卑為婢。故訓執事者也。然皆非本訓。【説文解字六書疏證卷六】

◉高鴻縉　卑作。从田攴聲。特支字反書耳。金文亦有不反書者。如吳者減鐘有字。余卑盤作。卑从田。猶之隮(尊卑本字)从𠂤。𠂤高而田低。故以取意。王静安曰。卑讀為俾。按。俾使也。鬲攸从鼎虢旅迺使攸衛牧誓。句法與此同。【散盤集釋】

◉徐中舒　一期京二六八四　从又从甲，與金文卑字昌鼎、余卑盤，魏石經《尚書無逸》殘字卑字古文等字形略同。【甲骨文字典卷三】

◉戴家祥　宋時出土晉姜鼎「毌通弘」，字从攴从田，楊南仲釋卑薛尚功鐘鼎彝器款識法帖。孫詒讓古籀拾遺上第廿一葉从之。按番生段鞞鞣作鞣，静段作剢。偏旁正作或，楊釋是也。牆盤「舍宇于周處」，卑當讀比。舀鼎「尚，卑處氒邑」，亦以「卑處」連文。按禮記明堂位「卑侯于魯」，今本毛詩魯頌閟宮作「俾侯于魯」。荀子宥坐「卑民不迷」，楊倞注：「卑，讀為俾。」俾，又通比。禮記樂記「克順克俾」，今本毛詩大雅皇矣作「克順克比」。又漸漸之石「俾滂沱矣」，論衡變動篇作「比滂沲矣」。卑、俾、比三字不但同部，而且同母。説文八篇「比，密也」。左傳文公十八年「是與比周」，杜注：「比，近也。」漢書諸侯王表「諸侯比境」，顏師古注：「比，謂相接也。」密也，近也，相接也，其義一也。「舍宇于周卑處」，謂武王即命周公賜牆館于周原近處也。殆即王制所謂「天子之縣內諸侯」歟？牆盤銘文通釋。　高田忠周云：或謂捭。訓「兩手擊也。从手卑聲。」又敕，訓「毀也。从支，卑聲。」敕捭當同字，支、手通用。古籀篇五十六第二葉。　可備一説。　【金文大字典中】

鐵一八三·四　卜辭史事同字　御史亦即御事　拾七·六　前一·一〇·二　前四·一八·三　前五·三九·八　前七·一·三　後二·二〇·一〇　甲二〇九出事　甲二九〇二告事　乙三九八一　乙四〇六四　粹一〇一　粹五四四　其御有事王受祐　粹一二四四　甲戌卜王余令角歸甴朕事　佚一〇六　佚四二五　未刻全　燕一二六　坊間四·二四一　菁一一·二〇　乙八一六五　京津四七七七　【甲骨文編】

甲415 207 608 1250 1367 1446 1636 1949 2038 2087 2121
2356 2572 2691 2799 2902 2909 3035 3050 3092 3094 3129
乙799 1706 2347 6150 6400 7042 7360 8711 8835 8896 9022
9085 珠318 392 476 935 ⺊398 零57 佚15 前8·14·2 佚106 425
503 佚731 藏88·4 佚940 續2·6·3 5·22·9 6·22·13 掇95 419 428
431 徵2·34 4·102 10·68 京4·8·4 東方2183 3001 4401 録300
六雙1 續存1196 1798 1859 外83 99 摭續91 141 粹101 142 169
242 544 1244 新4325 4777 【續甲骨文編】
史 史鼎 史簋 史尊 史尊 史鼎 史父丙觚 史父丁卣 史父庚鼎 史母癸簋
史遾方鼎 作册魖卣 史見卣 臣辰卣 史桒簋 史秦鬲 彭史尊 公史簋
史獸鼎 令簋 [illegible]鼎 寓鼎 師旂鼎 井侯簋 競簋 遹甗 免盤 師虎簋
牆盤 趞簋 師奎父鼎 豆閉簋 史寏簋 寰盤 師酉簋
格伯簋 永盂 趞鼎 鬲攸比鼎 鬲比盨 散盤 克盨 克鼎 弔上
匜 史頌簋 史頌匜 頌簋 頌鼎 頌壺 番生簋 毛公曆鼎 元年師兑簋
倗史車鑾 揚簋 眔𤔲工史 又一器史作司 史次鼎 無叀鼎 史宜父鼎 史農觶 史話簋

史䛐簋二 柳鼎 揚簋 吳王姬鼎 師瘨簋 王乎內史吳 史頌匜 喪史寘鉼
此簋 王乎史翏 趩簋 王乎內史冊令趩以事為史 从彳从吏 𧊒壺 左史車 【金文編】
5·384 瓦書「四年周天子使卿大夫……」共一百十八字 5·384 同上 【古陶文字徵】
〔六八〕【先秦貨幣文編】
布空大反書 豫孟 侯馬盟書人名史毆兟及巫覡祝史字皆同此形 【古幣文編】
一五六：二一 七十九例 宗盟類參盟人及被誅討人姓氏 委質類而敢不巫覡祝史 八五：三 六例 一五六：一九 三十例
一五六：五 【侯馬盟書字表】
史 法九四 三十六例 通使 毋發可異——煩請 為一三 秦一七五 二十四例 日乙五二 【睡虎地秦簡文字編】
齊御史夫= 冀州刺史 史宜成印 京兆尹史石揚 大史錯 史郃 史定 玄史虎 史
循私印 史儋 史勳 蘇少史 史富昌 史晨 史晨印信 【漢印文字徵】
少室石闕 户曹史張詩開母廟石闕 户曹史夏效 祀三公山碑 户曹史紀受 魏元丕碑領 朱龜碑領
蘭臺令史殘碑 禪國山碑 國史瑩覈等 天璽紀功碑 令史建忠 【石刻篆文編】
史 【汗簡】
汗簡 崔希裕纂古 【古文四聲韻】

◉許　慎　記事者也。从又持中。中。正也。凡史之屬皆从史。疏士切。【說文解字卷三】

◉薛尚功　字楊南仲謂不必讀為史。當作中。音仲。然以愚攷之。恐只是史字。史信者。如史頊史黎之類。史言其官。信

言其名。父則尊稱之耳。【仲信父方甗　歷代鐘鼎彝器款識法帖卷十六】

◉阮　元　中射禮所用以實算者。儀禮大射儀賓之弓矢與中籌豐。鄭注。中閒中算器也。鄉射禮。君國中射則皮樹中。於郊則閭中。於竟則虎中。大夫兕中。士鹿中。禮投壺司射奉中。疏云。中之形刻木為之。狀如兕鹿而伏。背上立圓圈以盛算。此銘中字旁有旌斿。當是兕鹿背上所立之圓圈形。凹其上以受算。以手執之。奉中之義。【手執中觚　積古齋鐘鼎彝器款識卷五】

◉方濬益　此文為彝器習見。薛氏款識釋史。積古齋款識前從薛釋。後釋手執中形。按。後釋是也。文以一手執中。即儀禮鄉射禮釋獲者執鹿中一人執算以從之之象。若陳壽卿編修所藏之父乙角文作中。則以兩手奉之。即禮記投壺司射奉中之象。蓋此諸器皆射禮所用。故著其形以見義。班孟堅敘次六書所謂象事者也。【執中尊　綴遺齋彝器款識考釋卷十七】

◉王國維　其字古文篆文並作史。从中。秦泰山刻石御史大夫之史。說文大小徐二本皆如此作。案。古文中正之字作中中中中諸形。而伯仲之仲作中。無作中者。唯篆文始作中。且中正。無形之物德。非可手持。然則史所从之中。果何物乎。吳氏大澂曰。史象手執簡形。然中與簡形殊不類。江氏永周禮疑義舉要云。凡官府簿書謂之中。故諸官言治中受中。小司寇斷庶民獄訟之中。皆謂簿書。猶今之案卷也。此中字之本義。故掌文書者謂之史。其字从又从中。又者。右手。以手持簿書也。吏字事字皆有中字。天有司中星。後世有治中之官。皆取此義。江氏以中為簿書。較吳氏以中為簡者得之。簡為一簡簿書則需衆簡。顧簿書何以云中。亦不能得其說。案周禮大史職。凡射事飾中舍筭。大射儀。司射命釋獲者設中。大史釋獲。小臣師執中先首坐設之。東面退。大史實八筭于中。横委其餘于中西。又釋獲者坐取中之八筭。改實八筭。興執而俟。乃射。若中。則釋獲者每一個釋一筭。上射于右。下射于左。若有餘筭。則反委之。又取中之八筭。改實八筭于中。興執而俟云云。此即大史職所云飾中舍筭之事。是中者。盛筭之器也。中之制度。鄉射記云。鹿中髤。前足跪。鑿背容八筭。釋獲者奉之先首。又云。君國中射則皮樹中。於郊則閭中。於竟則虎中。大夫兕中。士鹿中。是周時中制皆作獸形。有首有足。鑿背容八筭。亦與中字形不類。余疑中作獸形者。乃周末彌文之制。其初當如中形。而於中之上横鑿空以立筭。達於下横。其中央一直。乃所以持之。且可建之於他器者也。考古者簡與筭為一物。古之簡策。最長者二尺四寸。其次二分取一。為一尺二寸。其次三分取一。為八寸。其次四分取一。為六寸。詳見余簡牘檢署考。筭之制亦有一尺二寸與六寸二種。射時所釋之筭。長尺二寸。投壺筭長尺有二寸。鄉射記箭籌八十。長尺有握。握素。注。箭。篠也。籌。筭也。握本所持處也。素。謂刊之也。刊本一膚。賈疏云。長尺復云有握。則握在一尺之外。則此籌尺四寸矣。云刊本一膚者。公羊

傳僖三十一年。膚寸而合。何休云。側手為膚。又投壺。室中五扶。注云。鋪四指曰扶。案。文選應休璉與從弟君苗君胄書注引尚書大傳曰。扶寸而合。不崇朝而雨天下。鄭玄曰。四指為扶。是扶膚一字。一指案寸。皆謂布四指。一指一寸。四指則四寸。引之者證握膚為一。謂刊四寸也。所紀筭之長短。與投壺不同。疑鄉射記以周八寸尺言。故為尺四寸。投壺以周十寸尺言。故為尺有二寸。猶鹽鐵論言二尺四寸之律。而史記酷吏傳言三尺法。漢書朱博傳言三尺律令。皆由於八寸尺與十寸尺之不同。其實一也。計歷數之算則長六寸。漢書律歷志。筭法用竹徑一分長六寸。說文解字。筭長六寸。計歷數者尺二寸與六寸。皆與簡策同制。故古筭筴二字往往互相。既夕禮。主人之史。請讀賵。執筭。從柩東。注。古文筭皆作筴。老子。善計者不用籌策。意謂不用籌筭也。史記五帝本紀。迎日推筴。集解引晉灼曰。筴。數也。迎數之也。案筴無數義。惟說文解字云。算。數也。則晉灼時本當作迎日推筭。又假筭為算也。漢蕩陰令張遷碑。八月筴民。案後漢書皇后紀。漢法。常以八月算人。是八月筴民。即八月算民。亦以筴為算。是古筭筴同物之證也。射時舍筭。既為史事。而他事用筭者。亦史之所掌。周禮馮相氏保章氏皆大史屬官。月令乃命大史守與奉法司天日月星辰之行。是計歷數者史之事也。又古者筮多用筴以代蓍。易繫辭傳言乾之策。坤之策士冠禮筮人執筴。又周秦諸書多古龜策。罕書蓍龜。筴筭實一字。而古者卜筮亦史掌之。少牢饋食禮筮者為史。左氏傳亦有筮史。是筮亦史事。筭與簡策本是一物。又皆為史之所執。則盛筭之中。蓋亦用以盛簡。簡之多者。自當編之為篇。若數在十簡左右者。盛之於中。其用較便。逸周書嘗麥解。宰乃承王中。升自客階。作筴。執筴。從中。宰坐尊中于大正之前。是中筴二物相將。其為盛筴之器無疑。故當時簿書亦謂之中。周禮天府。凡官府鄉州及都鄙之治中。受而藏之。小司寇以三刺斷民獄訟之中。又登中於天府。鄉士。遂士。方士。獄訟成。士師受中。楚語。左執鬼中。蓋均謂此物也。然則史字从又持中。義為持書之人。與尹之从又持|象筆形者同意矣。

然則謂中為盛筴之器。史之義不取諸持筭而取諸持筴。亦有說乎。曰有。持筭為史事者。正由持筴為史事故也。古者書筴皆史掌之。書金縢。史乃册祝。洛誥。王命作册逸祝册。又作册逸誥。顧命。大史秉書。由賓階隮。御王册命。周禮。大史掌建邦之六典。掌灋掌則。凡邦國都鄙及萬民之有約劑者藏之。以貳六官。六官之所登。大祭祀。戒及宿之日。與羣執事讀禮書而協事。祭之日。執書以次位常。大會同朝覲。以書協禮事。及將幣之日。執書以詔王。大師抱天時。與大師同車。大遷國抱灋以前。大喪執灋以涖勸防。遣之日讀誄。小史掌邦國之志。奠繫世。辨昭穆。若有事。則詔王之忌諱。大祭讀禮法。史以書辨昭穆之俎簋。卿大夫令之貳。以考政事。以逆會計。凡命諸侯及公卿大夫則册命之。凡四方之事書。內史讀之。王制祿則贊為之。以方出之。內史掌書王命。遂貳之。外史掌書外令。掌四方之志。掌三皇五帝之書。掌達書

名于四方。若以書使于四方。則書其令。御史掌贊書。女史掌書內令。聘禮。夕幣。史讀書展幣。又誓于其竟。史讀書。覲禮。諸公奉篋服。加命書于其上。升自西階東面。大史是右。侯氏升西面立。大史述命。注讀王命書也。既夕禮。主人之史請讀賵。又公史自西方東面。讀遣卒命。曲禮。史載筆。王制。大史典禮。執簡記奉諱惡。玉藻。動則左史書之。言則右史書之。祭統。史由君右執策命之。毛詩静女傳。古者后夫人必有女史彤管之法。史不記過其罪殺之。又周六官之屬。掌文書者亦皆謂之史。則史之職專以藏書讀書作書為事。其字所从之中。自當為盛筴之器。此得由其職掌證之也。

史為掌書之官。自古為要職。殷商以前。其官之尊卑雖不可知。然大小官名及職事之名。多由史出。則史之位尊地要可知矣。說文解字。事。職也。从史㞢省聲。又。吏。治人者也。从一从史。史亦聲。然殷人卜辭皆以史為事。是尚無事字。周初之器。如毛公鼎番生敦二器。卿事作事。大史作史。始别為二字。然毛公鼎之事作□。小子師敦之卿事作□。古師寰敦之嗇事作□。从中。上有斿。又持之。亦史之繁文。或省作□。皆所以微與史之本字相别。其實猶是一字也。古之官名多由史出。殷周間王室執政之官。經傳作卿士。書牧誓是以為大夫卿士。洪範謀及卿士。又卿士惟月。顧命卿士邦君。詩商頌降予卿士。是殷周間已有卿士之稱。而毛公鼎小子師敦番生敦作卿事。殷虛卜辭作卿史。殷虛書契前編卷二第二十三葉。又卷四第二十一葉。是卿士本名史也。又天子諸侯之執政。通稱御事。書牧誓我友邦家君御事。大誥大誥猷爾多邦越爾御事。又肆余告我友邦君越尹氏庶士御事。酒誥厥誥毖庶邦庶士越少正御事。又我西土集徂邦君御事。小子粹材王其效邦君越御事。召誥誥告庶殷越自乃御事。又王先服殷御事。比余于我有周御事。洛誥予旦以多子越御事。文侯之命即我御事罔或者壽畯在厥服。多以邦君御事並稱。蓋謂諸侯之執政者也。而殷虛卜辭則稱御史。殷虛書契前編卷四第二十八葉。是御事亦名史也。又古之六卿。書甘誓謂之六事。司徒司馬司空。詩小雅謂之三事。又謂之三有事。春秋左氏傳謂之三吏。此皆大官之稱事若吏即稱史者也。書酒誥。有正有事。又。茲乃允惟王正事之臣。立政。立政立事。正與事對文。長官謂之正若政。庶官謂之事。此庶官之稱事。即稱史者也。史之本義。為持書之人。引申而為大官及庶官之稱。又引申而為職事之稱。其後三者各需專字。於是史吏事三字於小篆中截然有别。持書者謂之史。治人者謂之吏。職事謂之事。此蓋出於秦漢之際。而詩書之文尚不甚區别。由上文所徵引者知之矣。【釋史 觀堂集林卷六】

◉林義光 古作□揚敦。作□師酉敦。作□錫奚尊彝乙。从□不从中。中古作□。□象簡形。執簡所以記事。【文源卷六】

◉顧 實 許書於中字不得其解，故其説史字从又持中，亦不得要領。後世遂滋疑議，大概有三説，如次：

（甲）戴侗吳大澂羅振玉林義光王襄説

戴侗曰：史，掌書之官也。秉聿以俟，史之義也。［六書故十五］

吳大澂曰：□，記事者也。象手執簡形。許氏説从又持中，中，正也。按古文中作□，無作□者。□古文事使為一字，象手執簡，立於旂下，史臣奉使之義，此事之最古者。［説文古籀補］

羅振玉曰：説文解字中，古文作□，籀文作□，古金文及卜辭皆作□，亦作□，或在左，或在右，斿因風而或左或右也。無作□者，蓋斿不能同時既偃於左，又偃於右矣。又卜辭凡中正字皆作□，从□从□，伯仲字皆作□，無斿形，史字所以从之中，作□，三字判然，不相混淆。許書中正之中从□，殆傳寫譌也。殷虚書契考釋二十四頁。説文解字史，記事者也。从又持中，中，正也。吳中丞曰：象手執簡形，古文中作□，無作□者，案吳説是也。［仝上二十九頁］

林義光曰：中象簡形，執簡所以記事。［文源］

王襄曰：□，古事字，吳愙齋先生云：「古文事使為一字，象手執簡立於旂下，史臣奉使之義」，此字上□為旂㫃，手執簡，立於旂下之形，甚塙。殷契類纂正編第三。羅叔言先生云：「卜辭凡中正字皆作□，伯仲字皆作□，無斿形，史字所从之中作□，三字判然，不相混淆。」按史字所从之中，説文無之。［同上存疑第一］

(乙)江永章炳麟説

江永曰：凡官府簿書，謂之中，故周禮諸官言治中受中，小司寇斷庶民獄訟之中，皆謂簿書，猶今之案卷也。此中之本，故掌文書者謂之史，其字从又从中。［周禮疑義舉要］

章炳麟曰：説文中，内也。依段校訂定本。從口丨，下上通也。籀文作□。案中訓内者，對轉幽，當為韜，劍衣也。次對轉宵，為弢，弓矢衣也。韜弢引伸為凡囊衣之稱，莊子説有金版六弢，金作六韜，蓋中祕書謂之韜，亦謂之中，字从丨，謂以筆引書也。丨有引而上行引而下行之義。从口，謂書衣也。此會意字。而□从卜中，字形作□，乃純象形。古文用作□，則中可作□。□二編，此三編也。其作中者，非初文，而為後出之字。古文或作□，則猶王之作□，但詘曲取姿爾。中本□之類，故春官天府「凡官府鄉州及都鄙之治中，受而藏之」，鄭司農云：「治中，謂其治職簿書之要。」秋官小司寇「以三刺斷庶民獄訟之中，歲終，則令羣士計獄弊訟，登中於天府」，記禮器曰：「因名山升中於天。」升中即登中，謂獻民數政要之籍也。堯曰：「咨爾舜，天之歷數在爾躬，允執其中。」謂握圖籍也。春秋國語曰：「余左執殤宫，右執鬼中。」韋解以中為録籍。漢官亦有治中，猶主簿爾。史字從中，謂記簿書也。自大史内史以至府史，皆史也。其以記數者亦曰中，射禮盛籌之具也。音本與主屬之籀對轉，與誦旁轉。漢以來稱書一衷曰一通，通亦中也。音轉入陽，則如帳。匡謬正俗曰：「古艷歌曰，蘭草自生香，生於大道旁，十月鈞簾起，并在束

薪中。中，之當反當云知當反，音張，謂中央也。今山東俗猶有此言。」據此，則漢魏間已謂中如帳，後世因呼簿書為帳。隋書百官志說，後齊尚書諸曹殿中掌百官留守名帳。倉部掌諸倉帳出入等事，左户掌天下計帳户籍等事，金部掌權衡量度內外諸庫藏文帳等事，漢書武帝紀受計於甘泉，師古曰：「若今之諸州計帳。」斯語沿襲至今，然皆古之中字也。記鄉飲酒義：「中者，臧也。」素問陰陽類論「五中所主」，王冰亦以為五臧。然則古音中已如臧，訓臧之義，與韜弢尤近。釋氏三臧，亦稱書籍為臧。文始七。

（丙）謝彥華說

謝彥華曰：史从又持中之說，古文中無作中者。古籀補云「象手執簡形」，然中亦不似簡形。禮記曲禮曰：「史載筆。」愚謂从又持筆，筆為後出字，古作聿，中為聿省，聿从又執用，指用時言，故用下垂，□載筆待用，故屮上向也。說文聞載。

今茲欲明史字，必先釋中字何象。蓋□□□今說文籀文作□□□數形遞變，實同一字，既略如前述。□亦作□，斿在左在右可任意，即古㫃字，見殷契簠室殷契類纂七。中何以从古㫃字，則可以倝昜二字證明之。倝訓日始出，光倝倝也，從旦，㫃聲，聲亦有義，推之朝從倝，舟聲，乾从乙，倝聲，皆有取於朝陽之義也。昜陽古今字，昜从旦从勿會意，勿㫃同字，旌旗之一種，昜之从勿，象太陽之光也。勿惚古今字，故白虎通曰：「神者恍惚，太陽之氣也。」性情篇。是中之从古㫃字，亦猶倝之从㫃，昜之从勿，均之取以象太陽之光或氣也。萬彙生生，咸源日輪，日月雖稱並明，而月體無光，受日之光以為光，慎子曰：「月如銀丸，受日之光。」周髀曰：「日兆月，月光乃出。」白虎通曰：「月之為言闕，有滿有闕也，所以有闕何，歸功于日也。」皆其證。所以但取象太陽而已足，亦自然之理也。大抵□為最初之形，省變而為□□□□諸形，推之金文⊥⊤字，小篆作□□，隸書作上下，當亦是从古㫃字；故上下中三字，蓋從一以截其上端，則為上字；从一以截其下端，則為下字；从○以環其中間，則為中字。民受天地之中以生，所謂命也。左成十三年傳。夫不生於天之上，地之下，而獨生於天地之中間，此正無可如何之命也。故中庸曰：「天命之謂性。」又曰：「中也者，天下之大本也。」此中字之解也。若夫訓中為帳為藏，非後起義，即叚借也。

中字之形義既明，然則史字之從又持中者何也？蓋堯命舜曰：「天之歷數在爾躬，允執其中，四海困窮，天祿永終。」論語堯曰篇。其在堯典，則曰：「在璇璣玉衡，以齊七政。」璇璣者，北辰，亦謂之北極，天之中，以正四時者也。詳爾雅釋天郝疏。案論語曰：「譬如北辰，居其所而衆星共之，」則天中之義甚明。玉衡者，北斗也。詳孫星衍尚書今古文注疏。辰極常居其所，而北斗不與衆星西没也。晉書天文志。辰極居其所而不移，太一之靜象也，體也。北斗運於天而不息，太一之動象也，用也。雷學淇說。凡四時成歲，歲有春夏秋冬，各有孟仲季，以名十有二月。月有中氣，以著時應，春三月中氣，驚蟄春分清明；夏三月中氣，小滿夏至大暑；秋三月中氣，處暑秋分霜降；冬三月中氣，小雪冬至大寒；閏無中氣，斗指兩辰之間。周書周月篇。是故天之歷數在爾躬，

允執其中者，何執也？執此斗柄指中氣之中也。【釋中史 國學叢刊二卷三期】

◉高田忠周 朱駿聲云。周官有大史小史。內史外史。御史女史。其屬又各有府史胥徒史。主造文書者亦偁史。凡府史皆其官長所自辟除。書酒誥。矧大史友小史友。鄭注。大史內史。掌記言記行。又左氏春秋序魯史記之名也。疏。掌書曰史。此説至詳。葢謂史字从又實肀省。肀即筆字。中之中丨以兼𠬞之中丨。聿字已象手持筆形。史字亦不可象手持筆形。故為手持中而會意也。史之職尚直筆。故手持中正之中。此例亦往往有之。而其會意之指顯然矣。【古籀篇五十九】

◉吴其昌

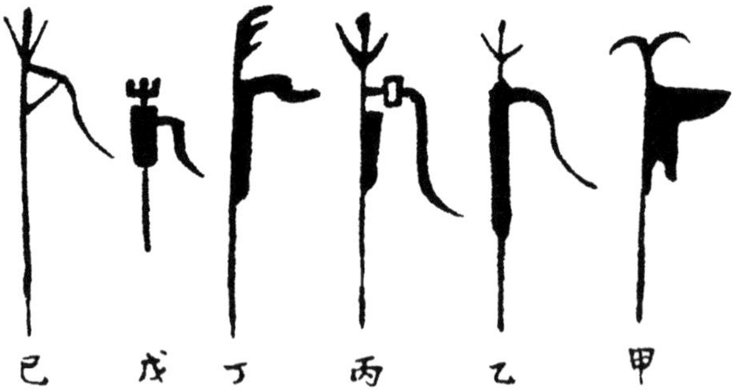

甲 乙 丙 丁 戊 己

「事」「史」為一字，「史」作〓，從「手」執「中」，「中」，即儀禮鄉射禮大射禮釋算之「中」；所謂「虎中」、「鹿中」、「兕中」是也。「事」作〓(本器)，〓(毛公鼎)等形，從手執「㫃」。「㫃」者，即筠清館金文子執勾兵彝之(甲)，攈古録卷一上子執旂彝之(乙)，又子執旂觚之(丙)，窓齋集古録册二十一子執旂觚之(丁)，又子爵之(戊)，又册七亞形母癸敢之(己)也。字本為旂形，其後演變而為㫃，即小篆之「於」字矣，葢即射時所執之旌也。故「史」與「事」，其源皆出于射，皆為射時有司執事之名，其後引申而為有司執事之通稱。【矢彝攷釋 燕京學報第九期】

◉葉玉森　㝵史二字別見于卷五第三葉。辭云。「匸于丁卅牛㝵史」。卜辭史使事為一字。羅振玉王國維二氏竝主此說。觀卜辭屢見「□王事」文。其事字或作□史或作□使。可知㝵史之史亦叚作事。言有事于㝵也。卜辭亦云鄉史。或鄉王史。鄉即饗。言有事于饗也。如「□卜在□隹執□鄉史」卷二第二十三葉。「予歸克鄉王史」。寫本第二百六十版。羅氏釋鄉事為卿事。即卿士。董作賓氏釋鄉王史為卿王史。竝待商。卜辭亦云夘御史。言有事于夘也。如「乙卯卜𠂤師□夘史」。藏龜第百八十三葉。又云□史言有事于□也。如「乙亥卜□史。」「乙亥卜之四月妹□史。」「弗艮今三月□史。」三辭見寫本第三百卅版及三百三十七版。㝵事。饗事。夘事。□事。竝言某祭之事。非官名也。【殷虛書契前編集釋卷一】

◉鮑　鼎　父辛鼎□即史字。本書父辛爵可證。金文表云。窓齋誤作手執簡形。【窓齋集古録校勘記】

◉陳夢家　海寧王静安先生作釋史，載觀堂集林卷六，謂史所從之中即周禮大史「凡射事飾中舍筭」之中，又謂「筭與簡策本是一物，又皆為史之所執，則盛筭之中，蓋亦用以盛策」，故釋史為持盛簡策之具，其說與吳大澂之「史象手執簡形」，江永之「史者以手持簿書也」，固無以異也。余讀而疑之：一，王氏既認古文史所从之□與古文中正伯仲之中皆不類，則說文謂史「从又持中中正也」之說不可成立；史既不從中正之中，則其字與「飾中舍筭」之中不同一源，何可并為一事？二，王氏曰：「周時中制皆作獸形，有首有足，鑿背容八筭，亦與□字形不類；余疑中作獸形者乃周末彌文之制，其初當如□形而於□之上橫鑿孔以立筭，達于下横，其中央一直乃所以持之，且可建之于他器者也。」案王氏固明言史所从之□其形制與射時之「虎中」「兕中」「鹿中」迥異，則二者非一物明甚。中與□既非一字，其形制亦異，則中雖有簿書之稱，要與史非同源也。

余初以卜辭及周秦文獻，皆稱祭事為有事，而卜辭「大史」「史」「卿史」所掌者皆祭事，故疑史所執者為祭時之用具（見燕京學報拙作古文字中之周祭祀頁九七）。既而讀論語季氏「季氏將有事于顓臾」，則有事並非祭事之專稱，乃恍悟史為田獵之具，試詳論之如次。

卜辭史事相通，金文亦然；卜辭史或从二手作□，見後編下一八・八及林二・二六・七。卜辭又有字从豕从□者，象雙手奉□或□畢豕之形，依卜辭逐字從豕從止之例例之，此或亦逐字別構。

史事為取獸之具，其所從之□象一田網之形，田網之組織有二：一為丫即干字幹字，乃以枝幹為武器之原始工具，一為□即網形。卜辭獸（狩）所从之□□□□，與□字形近，乃同類之物；而卜辭金文獸或从□者，□□為網之側面形，□則正面形也。郭沫若金文餘釋之餘（頁五〇—五二）謂金文單獸戰戲所從之單為捕鳥之器，乃罕之初文，說文「罕，网也，从网干聲」，段注引吳都賦注：「罼罕皆鳥網也。」夢案郭說釋單為罕是也。卜辭獸或从單或从干，可證單罕一物；又卜辭之畢作□

罕形者，與單亦屬同類，畢當為畢之原始象形，畢為田網而單則加網于干上，此二者之別也；畢本用以捕鳥，然卜辭每有畢獸之事，蓋畢叚作彈，説文「彈，射也。」

古代建旗于干戈，故卜辭金文㫃字或从干，而戈字之內下或柲首皆系以斿。「干」即幹枝，「戈」乃于幹枝之上更系以兵刃；「干」與「單」同（獸字或从干或从單），而「單」與「事」（史）又復為同類，故金文䥫字（追毁，頌鼎，蔡大師鼎）象建旗于單，而毛公鼎小子師毁令彝師袁毁之事作事，象中上有斿：蓋「干」「戈」「單」「事」皆為武器，故皆得建旗于上也。

與㲋同結構者，金文井季夐卣有夐字，容庚金文編重訂本曰「夐説文所無，玉篇有之。」石鼓文有「夐夐」，郭沫若謂即鐘銘習見之「㲋㲋數數」，唐蘭曰：「㲋字當從泉𩰲聲，與説文㲋讀若薄同，則㲋㲋數數乃雙聲疊語，猶云蓬薄旁薄，形容豐盛之詞也。」郭氏又據石鼓文夐與庶趞為韻，知「聲在魚部，是㲋字紐如數聲如趞，正為薄字之音」。夢案唐郭説是也，夐夐讀若薄即搏獸之搏，史為畢屬，以史搏豕，其音為薄為搏皆與畢近。

由上所述，則史為田獵之網而網上出干者，搏取獸物之具也；古者祭祀用牲，故掌祭祀之史亦即搏獸之吏，而獵獸之事與戰爭無異，故戰獸並從單：是以祭事為「有事」，而戰事亦曰「有事」。司祭事者為史，司敵國相戰媾和傳達之事者為使，卜辭使亦以事為之，然後知古人以祭事獵事戰事為大事也。【史字新釋　考古學社社刊第五期】

◉馬叙倫　戴侗曰。史。掌書之官也。秉筆以俟。史之義也。龔橙曰。古文當為史。誤説从又持中。謝彥華曰。从又持筆。筆為後出字。倫按中為中之譌也。中正也校語。中者筆之初文。古書以刀刻。筆之形本作中。中。篆變為中耳。吳大澂王國維以為象簡形。非也。事者。聿之到文。中為筆之初文。所以書。故从又持中為史。會意。今本書無中字。史即書之初文。故曰。記事者也。然説解本訓書也。或事也。校者以記事者釋之。今捝本訓。或唐人習字科者刪之也。餘詳聿下聿下。字見急就篇。史頌毁作史。揚毁作史。史農觶作史。至鼎文有但作史及絲卣之史。乃虎中兕中之中。非史字。甲文作史。【説文解字六書疏證卷六】

◉馬叙倫　史　吳式芬曰。案此銘甚多。舊釋為史。倫按。説文。史。記事者也。從又持中。其實史為書之初文。聿之異文。從又持中為聿。從又持中為史。中中錐有県正之殊。皆是筆之初文。古之書刀即筆也。故今之筆形猶似之。書刀之形蓋為中。虛之則為中。形與中外之中近。故譌為中矣。此似非史字。中乃儀禮鄉射禮虎中兕中鹿中之中。從又持中。明是射時執中者制器以此為識也。此亦圖語之明證也。【讀金器刻詞卷上】

◉楊樹達　通纂別一新獲十七片云：「乙亥，卜，之四月，妹㞢史？」又云：「弗及今三月㞢史？」郭沫若云：㞢即常見之㞢字，

㞢史當讀為有事。妹即沬。九葉下。

簠室人名七十之二云：「乎鳴从戉史眉？」樹達按：鳴戉皆人名，史讀為使，此問令鳴从戉使于眉之事也。从戉謂使戉从鳴，今言隨帶。【卜辭求義】

◉王讚源　「史」字許慎釋形錯誤，說文：「史，記事者也。从又持中，中，正也。」□、□、□等形體，乃象中旗之狀。而史，甲文作□、□、□、□等形，金文作□、□、□、□、□、□等形。考核甲骨金文，史字並不从中構字。又所執的□，王國維以為象簡策之形（觀堂集林卷六），馬叙倫說象筆形（馬氏論文集）。□，羅振玉引吳大澂說象執簡册之形（增訂殷虛書契考釋十九頁），魯先生說从又，□象簡册之形，字為合體象形。解「史」的過程，王氏開其端，魯先生集其成。綜觀卜辭金文，史、吏、事、使古本為一字，故史於卜辭有四義：一為事的初文；二為使的初文；三為吏的初文；四為方名。於金文則以官吏之義，及方名或姓氏之義為多。【史懋壺　周金文釋例】

◉王貴民　史字的產生並非開始就必然与後世史官之職相聯系。史字本應是事字，史官之史亦由職事之事所分化，故其構形的源頭不應从後世的上层建築中去尋找，應从社會生產和生活中探索。

和史字構形有關的甲骨文，有一個㚇字，其字形為：上从豖，下从史，史字上部或作田网形，下部或从兩手形，可以舉例如下：

☐☐卜亘，貞□羌　《佚》993

辛丑卜，㱿，貞，子商其□（□）□方　《乙》5349

壬寅卜，㱿，貞，蒦雀甶□□□□方　《丙》302

☐☐囚㱿，貞，犬征……王自……□□　《後》下34·7

乙巳卜在兮叀丁未□衆

叀丙午□衆　《甲》2572＋2691·五期

癸巳卜呼于亞□一羌三牛　《摭續》91·三期

這些卜辭裏的□字，構形或倒置或加手，還是同一個字的不同寫法，字象手持工具捕獸形，在各詞中均為擒獲的動詞，即擒獲羌人、□方和□方以及衆人。字在這裏是用在武裝活動上，但最初應來自田獵活動，武丁期田獵方式有□字，見《前》6·48·1；7·16·3；《京》1559、1450、1451、1453等。也是此字的異構，同時又出現□字，王襄釋為史字，《簠室殷契類纂》第13頁。□、□就

是□、□字下半部，□或作□，正是□字的稍變。《叕存》第47片有一版第三期的卜辭，共七辭，均為「乙未卜㱿貞」某某（人）「入□」進獻馬匹就有這個字，或為人名，或加馬旁為馬名。這是為了田獵而物色用馬的占卜，其為人名的，可能是供給這種馬的養馬者，□是駛字，可能是一種善馳之馬，養馬者為「右□」，這裏正是用了那個田獵方式的□字的組成部分，說明□字當出自田獵方式，即手持田网的象形。

早期的□字所从之Y，即是狩字□的田獵工具部分，Y可以是表示干戈的干，也可以是小网長柄的畢，朱駿聲：《說文通訓定聲》14乾部釋畢字。更可能是原始狩獵刺獸工具的叉，半坡遺址出土骨魚叉是單刃倒勾，它的發展形式應該是雙刃或多刃的，以增強命中殺傷率，它應該是雙刃叉，這種工具的文字化，□的□已是田網的簡化，故Y不再是畢，捕獸工具需要犀利，故干不如叉，狩獵時代捕獸工具中叉是比較普遍使用的。史字上部偏旁是Y與□的複合，無非表示田獵工具，甲骨文又有在叉尖加圓圈者，是文字化以後，不再顧及初形初義的一種增飾。

再从史字古音來看，字書均以事字為鉏吏切，其音實近刺字音，史事古音在之部，从朿之棘在之部，刺亦从朿聲，它們的古聲部同紐。農具耜是啟土工具，也象刺地，古音亦在之部，有剢土殺草之義。見鄭玄注《周禮·薙氏》「冬日至而耜之」，俞樾《羣經平議》釋《詩經·七月》「三之日于耜」以耜為殺草。史、事之有刺音，實是剚、倳的本字，因為剚、倳有插物、置刃之義，《漢書·蒯通傳》「倳刃于公之腹」注引李奇云「東方人以物插地為倳」。故農耕亦曰剚。《管子·輕重》「春有以剚耕，秋有以剚耘」。古代以叉刺取魚鱉，《周禮·天官·鱉人》「以時簎魚鱉龜蜃」。鄭衆注：「以杈刺泥中搏取之也。」自然以叉刺禽獸。在漁獵時代人們的重要生産活動之一是捕獲禽獸，故以□概括所从之事。進至農業時代，人們主要致力于土地，用耒尖刺土，亦如以杈刺取禽獸魚鱉，故耒尖為耜為庇（見《考工記·車人》）即是刺，啟土亦為刺，《莊子·胠篋》「耒耨之所刺，是也。」即用□字以概括所从之事。此後，生事日繁，故以此統稱各類所从之事，如戰爭開始也是用生産工具為武器，也可稱為事。事字的涵義日益擴大，卻對其初義反而湮没不聞，後世只好再造倳剚等字代替□的原始音義。這個事字發展的線索是很清楚的。甲骨文□字還是接近于初形初義，王國維乃專从兩周時代禮制來解釋甲骨文的□字，以當時史官之史為本義，事反為後出，自然是舍本逐末，結論也就不免本末倒置。

甲骨文中的史字大部分是事字的意義。

常見的「□王事」「□聯事」就是協理王室的事務，《詩經》還屢言「王事」。具體地說則多指祭祀、軍事，所謂「國之大事，在祀馬戎」。也還有指農事、田獵等。【説卸史　甲骨探史録】

◉張殿民　史字是从□取意、从又取聲之字，「又」、「史」上古音同屬咳部。所以史官即「以書協王事」之官，郭老釋之為「勤勞王

事」，于老釋之為「行王事」，都是指史官為居王者身邊，協其王天下的輔弼之官。

史之職為「以書協王事」，查《禮記・祭統》有云：「祭之日，一獻，君降立于阼階之南、南鄉，所命北面，史由君右，執策命之。再拜稽首，受書以歸，而舍奠于其廟。」《尚書・顧命》也云「太史秉書由賓階隮御王册命」，這些都是記載史官持書，或持策協王事的例證。可是此書者、策者，筆者認為在當時就是指龜册。

1. 考古所見，在商代遺物中，僅有甲骨卜辭多見，而且卜辭已具有書史性質，竹木之簡策，考古至今尚無發現(或因其質易朽而未見)。

2. 殷人習俗尚鬼，「凡祀與戎皆卜」，所以丁山先生曾云「商之大事記于卜辭，王命鑄于鼎彝」，獨不言簡策。

3. 龜册之說，文獻有載。《莊子・外物篇》云：「乃刳龜七十二鑽而無遺策。」策者即册字。

再者，觀册字于卜辭、金文中皆為長短不齊之「丨」，數或三、或四、或五、或六不等，以繩緯貫之，大不同于簡策之制。《儀禮・聘禮》疏引鄭氏《論語》序云：「易、詩、書、樂、春秋册皆二尺四寸，孝經謙半之，論語八寸册者三分居一，又謙焉。」馬衡先生曾據考古所見敦煌出土漢木簡之屬于書籍類者證之云：「如《急就篇》為一尺五寸，而《相馬經》、《醫方》等皆長一尺。」朱芳圃先生曾云：「古代簡策雖有長短之異，而其于一種書、一册書中，册之長短必同(所以説册)，非簡非札可斷言也。」其說甚是。再者从甲骨實物觀之，其大小長短，實難有兩甲以上相同者，所以册字在甲骨文、金文中皆作長短不齊之形，這也正合古人造字之六法。此外，甲骨裝訂成册之事，也見于卜辭：「册入」(《乙》207《京津》1797)。「三册，册凡三。」(轉引自《中國通史參考資料》第一册)此「册入」多屬甲骨屬辭。董作賓先生初釋為册六，後來重又更定為册入，册入者是也。此册入者或釋册為龜册，而册入即將龜册皮藏之意；或釋册為作册，册入即史官來矣。這兩種解釋都可證明册是龜册。「三册、册凡三」，卜辭出于安陽小屯YH127坑，為某貴族所卜的龜腹甲上。此「三册」即指三龜册，「册凡三」即每册有三甲，合為九版甲骨。諸家釋史之職為記事者、為掌文書者、為持書之人，其意都从屬于「以書協王事」者，然皆未明此書者，就當時而言，則實為龜册。所以史官之稱謂在金文中又別稱為「作册」。郭老認為：「作册亦稱作册內史，亦稱作命內史，亦單稱內史，也有曰內史之長曰內史尹，或曰作册尹；亦單稱尹氏，或稱命尹，蓋作册乃左右史之通稱，事與史同例。」作册一辭于卜辭中不太多見(《乙》4269有一例)，而册祝于卜辭中則較為多見(《甲》743《粹》519《乙》1712)，此册祝亦即《尚書・洛誥》中的祝册，祝册于後世又稱為祝史(《左昭公十七年傳》，《左定公四年傳》)，都是因為作册為史官，故祝册又可稱為祝史。【從商周考古資料談我國史官制的幾個問題　北方論叢一九八五年第二期】

◉胡厚宣　《説文》：「史，記事者也，从右持中，中正也。」説史字从又持中，又是手，中的意思是公正。但公正是一種抽象的觀念，

是不能用手拿着的。所以後來因為對中字解釋的不同，又產生出了幾種不同的說法。

一種意見，釋中為筆，以為史官是一種拿筆桿的人。戴侗《六書故》說：「史，掌書之官也。秉聿以俟，史之義也。」戴侗《六書故》15。謝彥華《說文聞載》說：「史愚謂从又持筆，筆為後出字，古作肀，中為肀省。肀从又持⺆，指用時言故⺆下垂，史載筆待用，故中上向也。」謝彥華《說文聞載》，引見《說文解字詁林補遺》第7冊，193頁。馬敘倫《說文解字六書疏證》說：「中者筆之初文，古書以刀刻，筆之形本作↓，↓變為𠂇耳。史者肀之倒文，↓為筆之初文，所以書，故从又持↓為史。」馬敘倫《說文解字六書疏證》卷6，第81頁。

一種意見，以中為簿書，以史為掌文書之人。江永《周禮疑義舉要》說：「凡官府簿書謂之中，簿書猶今之案卷也，此中字之本義，故掌文書者謂之史，其字从又从中，又者右手，以手持簿書也。」轉引自王國維《釋史》，《觀堂集林》卷6。章炳麟《文始》說：「史字从中，謂記簿書也。」章炳麟《文始》7。

一種意見，以中為簡冊，以史為持簡記事之人。吳大澂《說文古籀補》說：「史，記事者也，象手持簡形。」吳大澂，《說文古籀補》史字條。林義光《文源》說：「中象簡形，執簡所以記事。」林義光《文源》卷6第31頁。

一種意見，以中為盛算之器，以史為持書之人。阮元《積古齋鐘鼎彝器款識》說：「中，射禮所用以實算者，以手執之，奉中之義。」阮元《積古齋鐘鼎彝器款識》卷5，第19頁。王國維《釋史》說：「中者，盛算之器也，射時舍算，既為史事，而他事用算者，亦史之所掌。算與簡策，本是一物，又皆為史之所執，則盛算之中，亦用以盛簡，史字从又持中，義為持書之人。」王國維《釋史》，收入《觀堂集林》卷6。

但以上無論以中為筆事，為薄書，為簡冊，或為盛算之器，然其最後結論，仍是以史為記事之官。

自從王國維作《釋史》以後，作者日益增多。顧實作《釋中史》，以「中从古㫃字」，史為「手持斗柄」，以為「史之本義，當訓日官也，天官也」。顧實《釋中史》，刊《國學叢刊》2卷3期，1924年。姜亮夫作《釋中史》，以為「古者巫史同為領導庶民輔翼君上之知識階級」。姜亮夫《釋中史》，收入《文字樸識》，1946年。日本白川靜作《釋史》，以史為「祭祀祝告之義」。白川靜《釋史》，收入《甲骨金文學論叢》初集，1955年。徐宗元作《釋史》，以史所手持乃「記事之版」。徐宗元《釋史》，刊《福建師範學院報》，1956年1期。胡適作《釋史》，以「古代流傳的史，都是講故事的瞽史編演出來的故事」。胡適《釋史》，刊《大陸雜志》17卷11期，1958年又收入《大陸雜志叢書》第1輯，第1冊。戴君仁作《釋史》，以為「史是知天道者」，「史的參預祭典，宣講符命，應是他的原始任務」。戴君仁《釋史》，刊《文史哲學報》12期，1963年。沈剛伯作《論語上所說的文史與文學》，以為「史是祝史之事」，「掌喪祭之禮，撰讀祝詞誄文」。沈剛伯《論語上所說的文、史和文學》，

刊《大陸雜志》48卷2期，1977年又收入《大陸雜志史學叢書》第4輯，第1册。也都不過對記事之官，另作一種解釋。

另外還有，勞干作《古代思想與宗教的一個方面》，説「史象鉆龜之形」，勞干《古代思想與宗教的一個方面》，刊《學原》1卷10期，1948年。又作《史字的結構及史官的原始職務》，説「史字从又持鉆，象鉆龜而卜」。勞干《史字的結構及史官的原始職務》刊《大陸雜志》14卷3期，1956年。又收入《大陸雜志史學叢書第1輯》，第1册。李宗侗作《釋史新論》，説「史是鉆燧取火之人」。李宗侗《釋史新論》，刊《大陸雜志》29卷10—11期，1964年。又收入《大陸雜志語文叢書》第2輯，第3册。王獻唐作《古文字中所見之火燭》，説「史象手執火燭」。王獻唐《古文字中所見之火燭》，齊魯書社，1979年。胡澱咸作《釋史》，説「史就是事字。所謂史這種官，最初是掌庶事，而不是記事的」。胡澱咸《釋史》，收入《甲骨文字考釋》1978年。又刊《安徽師大學報》1978年4期。這裏説史雖然不一定是記事的史官，但説史官不過是掌管鉆龜而卜，鉆燧取火，手執火燭等專門的庶事而已。

惟日本内藤湖南作《中國史之起源》，以為史字實含有武事之義。内藤湖南《中國史之起源》，收入《研幾小録》1928年。又收入《内藤湖南全集》第十一卷，日本東京築摩書房，1969年11月。又再版本，1976年10月。傳東華約齋作《字源》，説「中上插旗，表明史出去辦公」。約齋《字源》134頁，東方書店，1953年。馬薇廎作《薇頃甲骨文原》，説「丫為□之省，从丫从史，象史官執使節出使之形，會史臣奉使之意」。馬薇廎《薇廎甲骨文原》1277頁，1971年。

陳夢家最初作《史字新釋》，説「史為田獵之网，而网上出干者，搏取獸物之具也；古者祭祀用牲，故掌祭祀之史亦即搏獸之吏，而獵獸之事與戰事無異，故戰獸並从單，是以祭事為有事，而戰事亦曰有事。司祭者為史，司敵國相戰媾和傳達之事者為使。卜辭使亦以事為之。然後知古人以祭祀獵事戰事為大事也」，陳夢家《史字新釋》，刊《考古》社刊，第5期，1936年。但是後來作《西周銅器斷代》，于27䜌方鼎則又説「説文史字解云，从又持中，中正也。金文小篆史字从中，許慎以為是中正之中，是正確的。王國維釋史以為，史所从之中，即周禮凡射事飾中舍算之中，中乃盛算之器，亦用以盛簡策，對于王氏此説，久所致疑，今因此器可釋然于懷」，陳夢家《西周銅器斷代》（二），刊《考古學報》第10期，1955年。又改變了前説。

今案陳夢家氏前説本不誤，不知何以後來又復更改。有的人以為「史象史官執節出使之行」。意亦近是。由甲骨文字看來，史官本為武官，並無執筆記事之意。

甲骨文史字作□、□，兩形通用，如丙78同是史字，一作□，一作□可證。亦或省作中，如續存上642及續存下803亦有省作□如張秉權《殷墟卜辭文字丙編》1輯上76片者。丫即干，亦即單，為狩、獸、戰字所从，乃田獵和戰争所用之工具，與卜辭擒之作□者其意略同。

史在卜辭有用為事者，如言「叶王事」、「叶朕事」、「叶我事」，島邦男《殷墟卜辭綜類》124至125頁。皆言協服殷王戰事之義。或言「我有事」、「我亡事」、「今歲有事」、「今秉有事」，同上421頁。有事亡事，亦多指戰事而言。

史在卜辭又有用為使者，如言「使人于畫」、「使人于沚」、「使人于□」、「使人于茜」，畫、沚、□、茜皆是地名，使人于某地，亦言因武事而派遣某人使于某地之義。

古文字史、事、使三字不分。楊樹達《積微居金文説》174頁。1952年，1959年。史从又持干，或又从㫃，象史官奉命出使，所謂「史乃奉使之義」。吴大澂《説文古籀補》事字條。《白虎通・諫諍》説：「所以謂之史何？明王者使為之也。」陳立《疏證》説：「言為王者所使，故謂之史。」由甲骨卜辭看來，史官者正是出使的或駐在外地的一種武官。

總之，由甲骨卜辭看來，殷代的史，尚非專門記言記事，掌握國家文書詔令簿書圖册的文官，也不是專門擔任着王朝鑽龜占卜、鑽燧取火以及國家庶事的任務，主要乃是擔任國家邊防的一種武官。

至于卜辭為什麽只有在西方才立大史，只有南方才立三大史，這或者是因為殷武丁時代主要敵人是在西方和南方的緣故。

【殷代的史為武官説　殷都學刊一九八五年二月增刊】

◉徐中舒　□（前七・一・三）、□（乙二七六六）：此字由於時代推移，形體變化，連意義也隨之而變。王静安先生解釋，以□為簿書之形，手持簿書，即史之意。那時書寫工具是甲骨，而非竹、簡，故簿書之説不可通。此字初作□、□、□，並象干形，象一根棍子上有枒叉。古人打獵作戰都使用它。如狩獵之狩，甲文作□，即用犬及干以狩獵之意。又如單，即戰字，甲文作□（後下・一二・七）、□（存下一六六），金文作□（揚簋），這是在叉上縛以石斧等利器，作為戰争武器。這個字在戰國晚期，變為□（盦忎鼎），戈字是後加的。在馬王堆帛書《老子》三十一章中，甲本作「戰勝」，乙本作「單勝」。以單為戰，其演變之跡，宛然可見。後來字書釋□為盾，其實「干」有進取之意，干，犯也，就是向人進攻。同時也是用以保衛自己，以干為盾，是後起的意義。由于時代不同，字的意義也變了。又如嘼字，金文作□（盂鼎）上面是干，干插於鐓上，以後鐓畫成□形，成為□（交鼎），再變為□（令狐君壺），這都是在字形上踵事增繁。又如□字（頌簋），從□從斤，皆為武器。從□，象旗竿、及㫃旒之形，其義為祈求。蓋古人出師作戰，要舉旗，祭旗，以祈勝利，這樣解釋，就完全通了。又如□（使）字，本來象旗下懸鈴，鈴即號令之意。□象鈴，古人出使要帶旂旗，以作信物，以後此字假借為事字，而事、使、史三字皆通用。又如敢字，原作□《甲骨文編》在附録，作□（后二・三四・七）。此字原義，為用□當面獵野豬之意，故其意為敢。後變為□，省掉了一手。金文變為□（鄂侯鼎），省下了下面的竿。以後譌變成許多不同的形體，我們如果把形體相同、或偏旁相同的字合併起來進行研究，就可以探索這個字變化的痕跡。

◉黎　虎　史字在甲骨文中，除作為「使」用外，還用為「事」，用為「吏」。竊以為前者為「史」字之本義，其餘均屬假借引申之義。周禮行夫職：「凡其使也，必以旌節。」說文：「从㫃，……游車載旌，析羽注旄首也。」又謂：「㫃，旌旗之游㫃蹇之貌。从屮。」段注：「謂杠首之上見者。」甲骨文凡旌旗之屬其杠着上見者均作丫↓𠂇之形。史字所持物之上部，亦由上述諸形所構成。可知其必為旌旗之屬，作為使者之憑證或標志。不論在原始時代的氏族部落之間，抑或進入階級社會後的各政權實體或國家之間，使者必須持有某種標志才可確保人身安全及使命之完成，「史」所持之物即屬此類標志。證諸金文，「史」字所持物之上部為旌旗之形更確，如：毛公鼎、矢方鼎等。惟作為旌旗之甲骨文字，其下部均無ㅂ形，作「史」字才有此形。此當為「節」之表示。「節」在古代最初乃以竹為之，釋名：「節毛上下相重，取象竹節」，「以竹為之，柄長八尺」。戰國楚墓出土之鄂君啟節，雖以青銅鑄成，但仍仿竹節之形。史字之ㅂ，殆即竹節之象形。一般旌旗並不飾此物，只有使人所持之旌節有之，以為使者之特殊標志。「節，使者所擁也」，「將命者持之以為信」。故「史」之本義當為「使」。凡被派遣、指使去做某件事，完成某種使命，均可曰「史」，故「史」又可借為「事」，如卜辭常見之「古王事」，即盡力于王之所使。一切派遣均可謂之「史」，被派遣領兵作戰謂之「史」，被派遣貞卜、記事之人亦為「史」。故史可以是各種官職，如商代之各種內外史官，周官之大史、小史、內史、外史、御史、女史等，均為受王之指使派遣而承擔之職務。【殷代外交制度初探　歷史研究一九八八年第五期】

◉徐中舒　从又持中以搏取野獸。中象干形，乃上端有杈之捕獵器具，ㅂ象丫上綑綁之繩索。參見本卷干部干字説解。中或作中，乃中之簡化。古以捕獵生產為事，故從又持干即會事意。𠃬𠃬實為事字之初文，後世復分化孳乳為史、吏、使等字。《說文》：「史，記事者。」「吏，治人者。」治人亦是治事。「使，令也。」謂以事任人也。故事、史、吏、使等字應為同源之字。【甲骨文字典卷三】

◉劉　桓　目前，經過將殷代甲骨文與殷代金文中「史」字的比較，可以判知史字在殷代後期已發生形變。史的原始形只偶見于殷代金文（小子尌𣪘，三代七·四七·二），字从㫃未被省略甚屬可貴，而甲骨文則已从㫃省。確知史字从㫃是釋讀的關鍵，從前吳大澂釋史即注意到此字从㫃，在《說文古籀補》中解為「古文事使一字，象手執簡，立于旗下，史臣奉使之義」。所說字形有得有失，却已觸及字的本義。王国維則没有留意此字的形变，不知此字从㫃，誤以為从中。王國維：《釋史》，《觀堂集林》卷六。考釋遂流于猜測，難以信據。近年，黎虎先生看出古之使者蓋即持旌旄為標志，是史字从㫃的意思。黎虎：《殷代外交制度初探》，《歷史研究》1988年8期。這是正確的。關于使者須持旌旄，古書多見記載。《周禮·地官·掌節》「道路用旗節」，鄭注：「今使者所擁節是

也。」孫詒讓正義：「漢節即放古旌節為之，故鄭舉以相況。古旌節綴羽，蓋亦兼有旄，若漢節之有旄。孔廣森云：桓十六年左傳：衛侯使急子如齊，壽子載其旌以先。衛世家作『盜其白旄而先。』明急子以白旄為節，所謂旌節也。案孔説得之，毛詩邶風『二子乘舟』傳，説壽子事云『竊其節而先往』，孔疏亦謂以白旄為旌節，是也。」孫詒讓：《周禮正義》卷二十八。這段引文足證古之使者持旌旄為節。《儀禮·聘禮》「使者載旜」，鄭注：「旜，旌旗屬也，載之者，所以表識其事也。」使者載旜與使者持旌旄為節意義相同。史字从㫃，《説文》七篇上訓㫃為「旌旗之游㫃蹇之皃」，正是旌旄之屬。這就表明史字構形並非「象手執簡，立于旗下」，而是象手持旌旄為信。史字从口，應屬後加的成分，拙著《殷墟文字通論》（未刊稿）曾將殷代甲骨文中加「口」的字區分為三種類型，其中一種類型是加口字後衍生為新字，史字當屬這種類型。表示用口説話，蓋古宣王命之意。由此可見，我國自殷代使者即持旌旄為憑信，直至春秋猶然。漢代蘇武「杖漢節牧羊，臥起操持，節旄盡落」，所持的仍是旌節。因此，史應是使節之本字。卜辭「帝史」（卜通398）即「帝使風」，「貞史人于沚」（掇2450反）即「貞使人于沚」，凡此皆用史字本義。卜辭亦多用史指史官，則已非用字之本義而為借用之義了。

史是最早出現的與文字結緣的人，換言之即最早的知識分子。當我國原始社會末期，生産力有了較大的發展，一些方國部族（如東方的少昊）即出現了文字發明制作，社會遂開始邁向文明的台階。這個時期，當成于衆手的文字制作，達到一定數量時，為了便于應用，便需要有專門人對它進行整理，這樣就造就了極少數的知識分子，被稱為「史」的人。因此，古書上都説最初是史官參與文字的發明制作。《世本·作篇》：「倉頡造文字。」許慎《説文解字叙》：「黄帝之史倉頡，見鳥獸蹏迒之迹，知分理之可相别異也，初造書契。」衛恒《四體書勢科斗古文勢序》：「昔在黄帝，創制造物，有沮誦、倉頡者，始作書契，以代結繩，蓋睹鳥迹以興思也。」古史渺茫，這些記述也明顯地帶有傳説性質，然而上古即有善于收集整理乃至制作文字的史，他們在文字發明中卓著勞績，似乎可以肯定。

史做為最早的知識分子，借助于文字的使用，記載各類事情，使其得以知廣識遠，學會天文、歷法、地理、歷史等各種知識，這些遠非其他人可比，由此他們便成為統治者處理各項事務的顧問和助手。可以設想，最初史官所參與的事情一定很多，且無所謂專門分工，故其職掌也一定比後來《周禮》所述的範圍更為廣泛。只是後來的國家進一步分官設職，才減少了史官的沉重負擔，史官事務煩多，應付不暇，又導致了史官不同的分工。【殷代史官及其相關問題　殷都學刊一九九三年第三期】

◉戴家祥　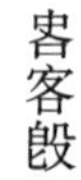　害客段　害客作朕文考曰辛寶尊彝

害疑史之别構。説文三篇：「史，記事者也。」玉藻：「動則左史書之，言則右史書之。」書酒誥「矧太史友內史友」，鄭注：

事

「太史內史掌記言記行。」記言乃史官的一種專門職能故史加口，予以表明。金文害客，為人名，疑是擔負記言的右史。【金文大字典上】

乙二七六六　卜辭用吏為事重見吏下　【甲骨文編】

甲40　68　1138　1293　2161　2668　2846　2947　3338　3536　乙460　465　3950　4536　4550　6469　6702　7575　7764　7795　7797　7956　珠179　209　325　佚1　佚10　續1·46·4　佚41　339　佚870　續1·6·7　佚999　續3·27·1　45·5　4·29·1　4·39·6　4·48·5　5·2·2　5·2·4　5·16·7　續5·17·8　6·16·8　續5·29·15　5·31·3　6·10·4　6·20·2　徵1·31　1·80　3·27　4·31　4·70　4·83　4·98　4·99　4·100　8·4　8·114　11·4·0　11·52　11·116　掇38　天42　京1·25·3　3·20·2　3·31·4　4·8·3　4·15·1　録622　738　誠21　68　122　481　鄴33·5　新2220　鄴38·8　掇138　摭91　六中177　248　續存796　896　924　1599　摭續19　183　粹31　36　91　769　1284　1422　新2304　【續甲骨文編】

事　與吏使為一字　叔卣　矢方彝　舍三事命　天亡簋　匽侯鼎　農卣　師旂鼎　召卣　麥鼎　盂鼎　宅簋　公史簋　啟卣　遇甗　九年衛鼎　衛鼎　公貿鼎　賢簋

免簋　師虎簋　弔趩父卣　師㝨鼎　事余一人　伯矩鼎　伊簋　伯晨鼎　昜鼎　元年師旋簋　守簋　追簋　𨑋盂　伯中父簋　豆閉簋　趞簋　㕙弔多父盤　鯱簋　鬲攸比鼎　不㝬簋　封簋　師嫠簋　師寰簋　曶鼎　曶壺　吏良父簋　公臣簋　鬲比簋　弭伯簋　克鼎　史頌簋　頌鼎　頌壺　頌簋　番生簋　毛公㿝鼎　事族簋　秦公鎛　秦公簋　邵鐘　哀成弔鼎　洹子孟姜壺　𦅫鎛　是辝可使又孳乳為使　公子土斧壺　陳章壺　陳猷釜　王孫𧴗鐘　中鼎　中山王䁖鼎　中山王䁖兆域圖　但勺　會志鼎　師害簋　倗卣　㝬簋　朐簋　【金文編】

3·1　陳補三立事歲右廩釜　3·2　陳𨶜立事歲安邑釜　3·3　陳道立事左釜　3·5　陳向立事歲𥁰之王釜　3·33　陳□□事□□釜　3·4　陳補立事☐□　3·21　平陵陳㝵立事歲𨚵公　3·32　立事歲　3·18　陳㝵立事歲　3·35　誾陳齎叁立事左里敀亳區　3·37　誾陳齎叁立事左里敀亳豆　3·13　王孫陳棱立事歲左敀亳區　4·154　☐事　4·152　☐事　4·153　倨事　5·354　敬事　4·174　𢓊事　4·175　奴事　4·176　𠂤事

【古陶文字徵】

一五六：二　五十五例　宗盟類以事其宗　一五六：三　四十七例　一五六：一　四十二例　三：六　二十四例　一：五三　二例　九八：三　六例　二〇〇：一〇　三例　一：九六　八例　九八：二　四例　一五六：八　四例　三：二　三例　一五三：一　十二例　五〇：一　十二例　一九八：五　二例　一九五：一

一七九：一一　二〇〇：二九　一六二：一　八五：一五　一：四〇　九八：一三　【侯馬盟書字表】

136　213　225　【包山楚簡文字編】

事語一一　一百零六例　吏字重見　法三八　七例　秦一〇八　四例　日甲一三〇背　日甲一三六背　【睡虎地秦簡文字編】

土—勿從(甲12—34)，不可吕乍大—(丙4:1—8)，不毀—(丙10:1—5)，型首—(丙11:3—1)　【長沙子彈庫帛書文字編】

1833　1724　1755　1729　1723　1798　1774　1777　1800　1811　1790

1785　1722　1727　1770　1797　1859　1760　1764　1843　1869　1868

1725　1800　1775　1810　1776　1801　1788　1714　1762　1819　1822

1721　1840　1796　1842　1823　2531　4889　0290　1432　4572　3655

0277　5158　5184　5182　5183　1792　1741　1769　1867　1866　4149

4150　1903　1802　1809　4198　4168　4183　4180　4188　4191　4199

1815　4170　4181　4161　4165　4166　4159　4164　4177　【古璽文編】

立義從事　郭巨言事　州解事印　頓事私印　張毋事　顯平倉事丞印　張震言事　【漢印文字徵】

袁安碑　除給事謁者　張表碑額陽識　石碣霝雨□□其事事吏一字吏字重文　石經多士　丕靈承帝事說文古文同　【石刻篆文編】

叓 事見説文【汗簡】

𠭥古孝經　叓同上　𠭥石經　叓説文【古文四聲韻】

◉許　慎　事職也。从史。之省聲。鉏史切。叓古文事。【説文解字卷三】

◉羅振玉　事　事　事

説文解字事从史。之省聲。古文作叓。卜辭事字从又持簡書。執事之象也。與史同字同意。【增訂殷虚書契考釋卷中】

◉林義光　古作事趞尊彝。作事多父盤。作事克㣇彝。作事師寰敦。从又持中。與史同意。㞢省聲。或作事伯矩畝彝。作事追敦。㞢聲。或作事子和子釜。變从一。亦作事師寰敦。作事師害敦。从㫃。執簡執旂。皆治事之意。事史同音。疑本同字而有兩義。

説文云。事治人者也。从一从史。按一史非義。事字古或作叓。形與吏合。吏事古同音。蓋本同字。吏音本如使。使从史得聲。復轉如理。使音亦轉如理。離騷吾令蹇修以為理兮。左傳行李之往來。僖三十。理李皆借為使。吏訓治人者。亦由職事之義引伸。【文源卷六】

◉余永梁　事書契後編下四葉　事同上十八葉　〼卷六　五十二葉

此亦事字。殷虚古文史事為一字。金文乃有別。卜辭文曰「貞羅立事于〼侯、六月」。國差鐈「國差立事歲」。陳猷釜「陳猷立事歲」。與此相同。推其朔義、知史官地位之重要矣。古多舉一事以紀年。如盂爵「隹王初𡬁于成周年」。克鼎「王命善夫克舍命于成周、遹正八自之年」。昭七年傳「晉韓宣子為政聘于諸侯之歲」。皆是也。卷六之〼字。王先生謂疑亦史字。【殷虚文字續考　國學論叢一卷四期】

◉商承祚　叓　説文。「叓。古文事。」案段本作叓。是也。古史吏事一字。石經古文作叓。【説文中之古文考】

◉強運開　叓　薛尚功趙古則楊升庵均釋作事。運開按。説文作事。職也。从史止省聲。叓古文事。徐鍇云。此則之不省。此篆作叓。仍从㞢省。蓋亦古文也。攸伯矩鼎作事。伊敦作事。均从㞢不省。師嫠敦作事。盂鼎作事。均與此同。又如小子師敦作事。吳愙齋云。古文事使為一字。象手執簡立於旂下。史臣奉使之義。此事之最古者。毛公鼎作事。師袁敢作事。師害敢作事。蓋皆从㫃省。而非从㞢省也。【石鼓釋文】

◉郭沫若　「卿旋寮」旋字作□，毛公鼎之「卿旋寮」，小子師𣪘之「卿旋」，與此同，而番生𣪘之「卿事大史寮」則作□，用知旋事為一字。典籍作卿士，即曲禮天官六大：大宰、大宗、大史、大祝、大士、大卜之屬，其或別出大史者，蓋以屬于史職之官特多。【令彝　兩周金文辭大系考釋】

◉吳其昌　「事」字初文，从又从□，象手執旂形，故引伸而為有所執事之義；詳其昌所作矢彝考釋。更後輾轉引伸，「事」字亦可為專指祭祀之事；如尚書大傳云：「天有事。」鄭注：「事，謂祭祀。」又易震卦六五「億無喪有事」，虞翻注：「事，謂祭祀之事。」可證。是故「㚔」與「事」，誼皆為祭也。謂之「㚔事」者正猶易損卦初九之「祀事」，儀禮士昏禮之「宗事」，周禮宮正鄭注之「祭事」，說文示字解之「神事」矣。【殷虛書契解詁】

◉馬叙倫　段玉裁曰。耳部。職。記微也。知職為記識之本字。事字不須說。故以疊韻說之。王國維曰。事史一字。詳一篇史字下。倫按王說是也。然小子𣪘𣪘事作□。毛公鼎作□。師寰𣪘□皆从史从□。則□即□□□之省變。非之省聲。从□者。蓋旗省聲。旗聲亦之類。史之轉注字。字見急就篇。趩尊作□。趞𣪘作□。石鼓作□。

嚴可均曰。汗簡引作□。从之不省。沈濤曰。徐鍇曰。此則之字不省也。則鍇本古文與汗簡同。商承祚曰。石經古文作□。倫按伊𣪘及師寰𣪘事字正如此。亦由□而變也。此呂忱依石經加也。【說文解字六書疏證卷六】

◉饒宗頤　武丁時卜人事，其字大抵作□，與「□王事」之「□」形同。玉篇云：「吏，古事字。」□亦省作□（京津一四六三），又作□（京津三二一五），史見於背甲內卜之辭云：「壬辰卜，內：五月，史出至。今五月，史亡其至。」（屯乙五三○二）其同版甲面云：「六月，出來曰：□出疾。」（屯乙五三○一）甲背作□而面作□，足見史與□即一人。再徵之冢之卜辭「叶王事」語，省作「叶王□」（戩壽四六・三），以□為事，是又□□二文並即事字之旁證。【殷代貞卜人物通考卷八】

◉嚴一萍　□　郾王立事劍立事歲之事作□，陳猶釜作□，申鼎作□，但勺作□，㝬肯鼎作□，說文古文作□。【楚繒書新考　中國文字第二十六册】

◉楊陞南　甲骨文中常見「立事」一辭，事字早期多作□形，晚期多作□形，有作□當是□形的缺刻。「立事」過去多讀為「立使」或「立吏」，从有關卜辭看應讀為「立事」。

《殷墟卜辭綜述》謂「立吏云云，當指立使或莅事于侯伯」，又云「立吏的對象是侯伯」，是「與侯伯建立使者的關係。陳夢家：《殷墟卜辭綜述》第510頁》。有的認為商王與諸侯之間的這種使者之關係表示「王的宗主權和侯伯對這種宗主權的承認及服从，具冢芪樹：《京人・本文篇》第200頁。也還有「立事就是派遣祭祀的使者，即是立使之意」的說法。白川静：《說文新義》第三卷第147頁。

我們查驗了有關卜辭，認為「立事」釋為「商王與侯伯之間派遣使者」的説法有可商的地方，且「立事」一辭的正確釋讀，有關于商代戰争中的戰法問題，因此提出來討論。

卜辭中「立事」凡數十見，僅一例言□（而非商王）「立事于□侯」（《後下》4・3），他辭則言「立事于南」、「立事于西奠玫國」此辭為《龜甲獸骨文字》卷二第11亦16片（《殷契佚存》731片重出），玫下一字實缺，有的意補為「伯」字，認為是「没伯」，審原書拓本，殆難定。「立事于北土」等，多在商的邊境地區。所謂「立吏的對象是侯伯」的説法，是不存在的。立事者除商王外，還有亞、𠦪、雀等人，「商王與侯伯建立使者的關係」也與卜辭不符。

上述説法的産生，當是對「立事」一辭中「事」字的本義不明確，因而有這種解釋。王國維在《釋史》一文中，釋事為「記事」的史，認為甲骨金文中用作使事吏等義，是由史義派生的：「卜辭皆以史為事，是尚無事字。」王國維：《釋史》《觀堂集林》卷六。後人多綜其説。古人記事必用簡册，卜辭金文中册作□□形，但史字無一作册形的，是事字的本義當不是史。

我們認為卜辭中□□字的本義是事而不是史，史使吏等用法是由事義派生出來的。事字的最初義當與軍旅征伐之事相關。

甲骨文中事字有作□（《京人》3016）□（《京》2417）者，《金文編》事字下收與此形相同的四字，《小子師敦》《師寰敦》《矢方彝》作□形，其結構與《京人》一版同，《毛公鼎》，與《京》一版相類。王國維指出銅器中這幾個字的結構是「從中有斿又持之」王國維：《釋史》《觀堂集林》卷六。但他釋事為史，故無法解釋為何有斿，只以「亦史之繁文」為説。

事字从中帶斿，正與卜辭中字結構同。唐蘭先生指出卜辭裏中字的演變順序為：

中，《説文》作□，「□即中之小變」。事字所从的中，其形作□□□，當是唐先生所揭示演變順序的□及中形的小變。「中為旂旗旐之屬……此其徽幟，古時用以聚衆。」唐蘭：《釋中沖》《殷虚文字記》。《周禮・大司馬》「若大師……及致，建太常，比軍衆，誅後至者。」鄭箋云：「大師，王出征伐也」，「致，謂聚衆也」。《後漢書・馬融列傳》「太常，天子所建大旗也」，是征戰時必先建旗以聚衆。事字从中，當亦是聚集衆人之意。

事字和中字都是聚衆之義，但也有區别。中是建旗以聚衆，旗是静止的。事是手舉旌旗，象征旗在移動中。戰争時，用旌旗以指揮軍隊進退，不能插在地上固定不動，故用手舉。所以，事字表示征戰時舉旗以導衆。可見事字與「記事」的史是没有直

接關係的。

事字的本義是戎事。戎事之中文書當不可少：出師前預卜吉凶、出師時登記人數，册命將領，戰爭結束時所獲戰利品清點登記，獻祭于祖廟。如《續存下》915片所記伐危方之役，將所獲戰利品數及以敵首領獻祭于祖廟之事刻在骨版上，就屬這種性質。所以戎事的事，就假為「記事」的「史」。各方國之間，使者往返，當有文書，是史又假為有「派遣」意的使而作為動詞，並將被派遣者稱為「使」而作為名詞。使者必有一定的身份，故「使」字在甲骨文中也是一種官職。後來人們常用事字的引伸義，而其本義則晦。于是事字在卜辭中就用為記事的史、使者的「使」，職事的事，而不專用以指戎事。這樣，後人便不知事字上為何有斿，于是斿被取去。事的中間作丫形，上面的叉是斾旗之類桿頭的裝飾，也因同樣的原因被簡化了。卜辭中「事」字的演變過程當是這樣的：————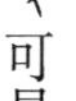可見，事字的最初形，在卜辭中已不大容易被看出來了。後人反以史為本字，而將事作為借字，故在解釋字形時有種種不同的說法。事字上所从的中字，吴大澂謂「象手持簡形」，江永謂「以手持簿書」，王國維認為是「盛算之器」。陳夢家則以「田獵之具」為釋，「其所以象一田网形」，馬叙倫則認為史字是拿筆向對面寫的樣子，與聿是一字。林巳奈夫認為是象戈柄綏飾的倒置形。白川静又認為祭祀河嶽及自然神時，派出的祭祀使者舉着的歧頭神桿。應當說「卜辭皆以事為史，是尚無史字」才對。

在甲骨文中雖然廣泛使用事字的派生義，但是，也有的地方是使用「戎事」這一本義。如「我有事」「叶王事」的事，有時就指戎事。如「令多子族从犬侯寇周叶王事」(《續》5·2·2)的「事」，就是與戰爭有關的戎事。卜辭中「立事」也就是與軍旅征伐有關的一辭。【卜辭「立事」説　殷都學刊一九八四年第二期】

◉張占民　寶鷄揀選的吕不韋戟正面刻「八年相邦吕不韋造詔事圖丞蔵工爽」，背面鑄「詔事」加刻「屬邦」。

「詔事」李仲操先生認為：「詔事二字，前人釋『詔使』是正確的。詔，《説文》謂『告也。』事，使二字古時通用。《廣韻》謂『事，使也。』《吕不韋列傳》有『可事詐腐』語，即以『事』為使的一例。『詔事』用於兵器，又緊接『相邦吕不韋造』一句之後，其意應當是：奉詔使用。或為宣昭王命而使用的意思。」筆者認為「詔事」應為官署。一、秦律規定：「公甲兵各以其官名刻久之。」目前發現中央政府督造的兵器均為官名，官署及工匠名。詔事戈亦屬中央政府督造，其題銘不應例外。二、刻銘「詔事」在戈銘中的位置與三年吕不韋戈「寺工」相同，鑄銘「詔事」也與鑄銘「寺工」位置一致。如果「寺工」釋官署，「詔事」也應為官署。它們除鑄兵器之外還兼鑄其它銅器。「詔事」與「寺工」的區别僅在於所鑄兵器用途不同。「寺工」所鑄兵器一般用於實戰與陵園陪葬，而「詔事」早期所鑄兵器主要供屬邦使用。【秦兵器題銘考釋　古文字研究第十四輯】

◉唐復年　「用事」一詞金文中屢見，應是西周中葉以後，隨同册命制度一同出現的常用語，有時與其他詞連用。大致可分為三種

類型：

一、簡單型：見于《頌鼎》、《善鼎》、《趩鼎》、《伊簋》、《虘簋》、《望簋》、《剌簋》、《免簋》、《㦰簋》、《訇簋》、《走簋》、《師虎簋》、《祝鄭簋》、《曶(𦣻)壺》諸器。其格式為：「易女……用事。」

二、中間型：《不嬰簋》：「易女……用從乃事。」

《師毀簋》：「易女……敬乃夙夜用事。」

三、複雜型：《伯晨鼎》：「易女……用夙夜事，勿廢朕命。」

《大克鼎》：「易女……敬夙夜用事，勿廢朕命。」

事可以訓為政令，《左傳・昭公九年》：「禮以行事」，杜預《注》：「事，政令。」又《昭公二十五年》：「子大叔……對曰：『……為政事庸力行務，以從四時。』」杜預《注》：「在君為政，在臣為事，……」

從上述辭例中，我們認為「用事」就是周王對下屬官吏的册命用語。這在《師虎簋》銘中，可以看得很清楚。銘文開始說：「虎，截先王即令乃祖考事，……」最後又提出：「易女……用事。」是要求受册命人應不辜負王對其的信任，日日夜夜地盡心職守之意。作器者往往把這種套語約略成最簡單的形式，即「用事」二字。【輔師嫠簋三考及斷代　古文字研究第十三輯】

◉夏　渌　「事」字形體也起源于農業，就不像「藝」那樣易為人知了，但從訓詁和古文字形體分析，仍有線索可尋。古文字「事」的繁簡異體，這些形體中，一個重要部件是「又」，代表農人的手；一個是「口」，代表土地上為了播種、插枝、栽秧挖的孔穴；另一個「」或「|」代表植物，三個部件組合一起，反映了把作物種下地裏，也就是「蒔」的本字。《晉書・姚萇載記》：「萇命其將于一栅孔中蒔樹一根，以旌戰功。」《揚子方言》：「蒔，更也。」注：「為更種也。」又「蒔，殖立也。」《博雅》：「蒔，立也。」「事」借用為事情、事物、辦事的「事」以後，另造形聲字「蒔」來頂替它的本義。「事」和「蒔」的關係，就是象形表意字和後起形聲字的關係。《禮記・仲尼燕居》：「雖在畎畝之中，事之聖人已。」注：「事之，謂立置于位也。」《漢書・蒯通傳》集注引李奇：「東方人以物插地中為事。」「事」或孳乳為「傳」，訓詁結合形體結構分析，知「事」的本義為「立」與「蒔」同，由種植、農藝而來。《詩・大雅》「三事就緒。」注：「三農之事也。」古文字事、史、吏、使原是一字，以後分化，記事叫「史」，管事、辦事叫「吏」，出外辦事叫「使」，事又分別作名詞、動詞用。歌史歌事的叫「詩」。【釋「對」及一組與農業有關的字　河南大學學報一九八六年第二期】

◉黄錫全　事見説文　伯矩鼎事作，伊毁作，石鼓文作等，中竪筆直貫下，此形類同。今本《説文》古文作，夏韻志韻録《説文》作，均與古文字中的事形類同，蓋各據傳本不同。【汗簡古文注釋卷一】

支

◉戴家祥 楚王酓章鎛 其永時事用享 一 曾侯乙鐘 曾侯乙作時 説文三篇「事職也。从史之省聲。」不突出口字。三體石經多士事作，説文所引古文都是从口从㞢从又，並不从史。金文倗𠧪「用萬年事。」𩙣侯鼎「用夙夜事」，曾侯乙鐘「其永事用享」，辭例正同。「用」與「作」同義，易離象曰：「明兩作離」，釋文引荀注「作，用也」。周禮夏官羅氏「蠟作羅襦」，鄭玄注「作，用也。」曾侯乙鐘又云：「曾侯乙作事」，「作事」猶言用事也。

吳大澂曰：，古文事使為一字，象手執簡立於旂下，史臣奉使之義，此事之最古者。小子師敦「乙未饗事」亦釋饗使。毛公鼎。師舍敦。或从史从㫃省。許氏説从史之省聲非也說文古籀補十五葉。按吳大澂釋事、吏初義與金文結構相符。然謂「許氏説从史之省聲」為非，似有不當。金文吏事的結構，當析為从㫃省从史，史亦聲。金文用作事，如師耤毁「曰用事」，啟𠧪「用夙夜事」等；或用作使，如易鼎「吏使于普」，𩚁匜「吏𠭰于會」等。【金文大字典上】

支 支 説文作 去竹之枝也 从手持半竹 簡文支未从竹 形與文字混同 法二〇八 二例 通肢 折— 法七五 法二五 二例

【睡虎地秦簡文字編】

左礐挑支 冀 丹支 晉 支胡率善佰長 【漢印文字徵】

支 【汗簡】

第五 並古孝經 王存乂切韻 並汗簡 【古文四聲韻】

◉許　慎 去竹之枝也。从手持半竹。凡支之屬皆从支。章移切。古文支。【説文解字卷三】

◉徐　復 師曰。不言持个。足證古無个字。凡古書个字。皆爲介字之誤。段氏于竹部補个篆。非也。復謹按段注曰。支下云。从手持半竹。即个爲半竹之證。半者。物中分也。半竹者。一竹兩分之也。可見其説之不洽于理矣。【蘄春黄先生講授説文記録　制言半月刊第七期】

◉馬叙倫 桂馥曰。疑當作去枝之竹也。王筠曰。从手當作从又。倫按唐寫本切韻殘卷五支引作去竹之枝也。从又持半竹。去竹之枝也疑謂折去竹皮。非離去竹之枝條也。故从又持半竹。然何以特為折竹造支字。若謂凡折支字。何以必从竹。或

謂支爲折之旁紐雙聲轉注字。故折从艸斷爲二。支从手斷竹。倫謂从又。竹省聲。故古文从又竹不省。支竹古皆端紐音也。其本義蓋如今所謂支持。俗作搘。爾雅釋言。支。載也。國語周語。天之所支。不可壞也。越語。皆知其資財不足以支長久也。國策西周策。魏不能支。皆支持義之見於經傳者。可證也。説解非許本文。【説文解字六書疏證卷六】

◉商承祚　説文支。「去竹之支也。从手持半竹。古文支。」案古文从竹不省。象上下分其支。故手在其中。【説文中之古文考】

敧

◉許　慎　持去也。从支。奇聲。去奇切。【説文解字卷三】

◉馬叙倫　王筠曰。从支而訓持去。太回穴矣。似敧當以箸爲正解。乃與支相比附。箸下曰。飯敧也。又吾鄉以箸取食品謂之敧。或持去即指此耶。張文虎曰。去疑夾字之譌。曲禮。羹之有菜者用梜。鄭注。梜猶箸也。竹部。箸。飯敧也。吳秉堃曰。去爲凵之借字。凵盧。飯器也。霍世休曰。敧爲支之疊韻轉注字。倫按霍説是也。敧訓持去。經傳無證。持去也當作持也。去字蓋涉支下去竹之枝而譌衍。支音照紐。古讀歸端。奇音羣歸。古讀歸見。端見皆破裂清音。故支得轉注爲敧。詩采蘋。維錡及釜之錡。即本書之敧。釋名釋姿容。騎。支也。顏氏家訓書證引呂忱支旁作刀劍之刀。亦是剞字。此支奇聲同之證。【説文解字六書疏證卷六】

◉周秉鈞　敧訓持去，古來有不同的説法。

今按竹部箸飯敧也，「持去」當是箸的合音。「去」和「箸」同在《廣韻》御韻；持，《廣韻》直之切，箸，《廣韻》遲倨切。持和箸同屬澄紐。然則「持去」就是箸的合音，極其確切。飯敧叫箸，「持去」爲箸的合音，所以許君説敧爲持去。

以合音命名，古代這種例子很多。《説文》三篇下説：「聿，所以書也。楚謂之聿，吳謂之不律，燕謂之弗。」段玉裁説：「一語而聲字各異也。《釋器》曰，不聿謂之筆，郭云，蜀人呼筆爲不律也，語之變轉。」桂馥説：「不律猶令丁爲鈴、終葵爲椎、俾倪爲陴、不疑爲丕是也。」持去爲箸，與不律爲筆等相同。又《説文》五篇下韎字段注説：「《詩箋》云：韎，茅蒐染也。茅蒐，韎聲也。韐，祭服之韠，合韋爲之。又駁《異義》云：齊魯之間言韎聲如茅蒐，字當作韎，陳留人謂蒨。韋注《國語》云：茅蒐，今絳草也，急疾呼茅蒐成韎。此皆《詩箋》所謂茅蒐韎聲也。」持去爲箸，與茅蒐爲韎相同。又《説文》六篇上説：「椎，擊也。齊謂之終葵。」王氏《説文句讀》説：「終葵者，椎之反語，乃長言短言之分。」持去爲箸之反語，與終葵爲椎之反語正同。然則名稱有長言短言之分，緩言急言之别，是古人的常例。【釋敧　湖南師院學報一九八一年第一期】

聿

聿 聿方彝　女亘方彝　【金文編】

聿 女涉切　【汗簡】

◉許　慎　手之疌巧也。从又持巾。凡聿之屬皆从聿。尼輒切。【説文解字卷三】

◉馬叙倫　徐鍇曰。指事。王筠曰。聿聿一字。龔橙曰。古文當為。饒炯曰。聿即聿之初文。古者篆書用漆。以竹梊為筆。即象其所制竹梊上勁直下柔歧之形。而加又以箸其所以書也。其義當如聿下云。所以書也。手之疌巧乃引申義。倫按王説是也。聿貝父辛卣有字。即聿也。女帚卣作。聿即之政齊者。又之變者。古用刀刻識。象刀杜及鋭鋒之形。變為。故聿篆為矣。為筆之象形文。聿从又持。實為書之初文。故曰。手之疌巧也。此非即筆之初文。然手之疌巧也未必是許文。聿聿一字。聿音喻四。轉審三為書。審二為史。今以正到別之。正者為聿。到者為史。何以見到聿即為史耶。自緣此二形本是一字向上作書。故形為史。向下為書。故形為聿。史之音本得於。音今在封紐。為雙脣音。如讀輕脣音入非紐。則與審二審三喻四皆為摩擦次清音也。甚諆鼎作。【説文解字六書疏證卷六】

◉黃錫全　聿　女涉切。「聿」應作「聿」。【汗簡注釋卷一】

肄

甲五三七　商承祚釋肄肄𦘬卜辭中成語　甲六一三　甲六三四　甲一六四九　甲一六七六　甲二一五二　後一・五・一二　後一・一〇・一二　後一・八・一五　後二・六・七　後二・二二・八　後二・三〇・一四　後下・三三・一　佚一四七　佚二五五　粹三一三　粹三一七　粹五四四　【甲骨文編】

甲527　537　613　634　1646　1649　1676　1924　2252　2491　2569　2613　2618　2674　2695　2772　2787　2813　3068　3102　3913　3915

珠534 659 佚147 255 續1·23·7 5·27·12 鄴40·9 誠161 續存1820
外430 摭續35 332 粹303 313 317 386 572 577 831 976
1003 1019 1195 新4555 4565 4619 【續甲骨文編】

肄 經典譌作肆 毛公厝鼎 肄皇天亡斁詩抑肆皇天弗尚作肄聘禮記問大夫之幣俟于郊為肄注古文肄為肆 毛公旅鼎 何尊
肄簋 盂鼎 率肄于酒 縣妃簋 封簋 㝬簋 克鼎 禹鼎
井人妄鐘 【金文編】

秦1230 宜陽肄 秦1232 宜陽肄 說文肄 篆文肄 【古陶文字徵】

肄 說文所無 日乙一九一 通肂 辰不可以哭穿— 【睡虎地秦簡文字編】

5120 5572 【古璽文編】

肄延之印 【漢印文字徵】

石經 竝崔希裕纂古 【古文四聲韻】

◉許 慎 習也。从聿。𢑱聲。羊至切。籀文𦘔。篆文𦘔。【說文解字卷三】

◉劉心源 即篆文。克鼎克龏保厥辟龏王。縣妃彝敢筆于彝。文義皆是𦘔。即肄。知古文肄肆實一字。後人分為二。此銘讀為率肄于酒。義叓稳洽。【奇觚室吉金文述卷二】

◉王國維 毛公鼎皇天亡斁。假肄為肆字。與篆文略同。【史籀篇疏證 王國維遺書第六册】

◉高田忠周 吳大澂古籀補引云。古肆字。或从𢑱。讀如詩肆皇天弗尚之肆。此說未盡。說文。習也。从聿𢑱聲。籀文作。篆文作。隸變作肄从聿。又隸字隸變作肆。肆肄形音皆近。故後人多以肆為肄。肄字卻少見矣。周禮小宗伯。肄

儀。儀禮聘禮。未入竟壹肄。禮記學記。宵雅肄三。左文四年傳。臣以為肄業及之也。叚借為勦。詩谷風既詒我肄。傳勞也。又為櫱。詩汝墳。伐其條肄。傳餘也。斬而復生曰肄。又為彖。彖從詞也。爾雅釋詁。肆故今也。虞書。肆類于上帝。許氏引作緣。緣肆通用。凡金文皆作隸可證矣。彖隶古音為轉通耳。【古籀篇五十九】

◉余永梁 隸(後編卷下六葉)隸(同上二十二葉)隸(同上三十葉)

此隸字，經典譌作肆。毛公鼎隸字作隸，戊辰鼎作隸，楕妃敦作隸，說文古文作隸，與此畧同。卜辭文曰：「貞隸𣪊。」【殷虛文字考 國學論叢一卷一期】

◉徐協貞 殺或作殺。古殺字。與許書古文殺正同。簠室釋殺甚確。隸或作隸。王氏釋馭。誤。以朩為馬也。此為肆之古文。金文作隸。篆文作隸。隸肆實為一字。特字形之變耳。許書分隸肆為二。非也。毛公鼎隸皇天無斁。詩肆皇天弗尚。句例正同。聘禮記問大夫之幣俟于郊為肆。注。肆讀為肄。此肄肆為一字之證。集韻。肆他歷切。音逖。解也。周禮地官大司徒。祀五帝奉牛牲羞其肆。鄭注。肆。陳骨體也。引士喪禮曰。肆解去蹄。釋文。羞。進也。肆。解也。謂於俎上進所解牲體於神座前。覿上各訓。均謂祭祀時殺牲解體而陳尸以祭之禮也。論語吾力猶能肆諸市朝。注。肆陳尸也。與此肆義亦同。卜辭肆殺二字。中均著點。象血滴形。以意測之。燔賁使成熟牲。肆殺則供生牲也。又經傳所謂肆殺。周之禮制也。是以獸為牲。而殷人之肆殺。乃以人為牲。義同而事異矣。【殷契通釋卷五】

◉商承祚 前六・十二・三「隸延𣪊殺」第二版「隸𣪊」、後・上・五・十二「隸𣪊」、第八・五「貞其隸𣪊」、後下・二二・八「隸𣪊」與此文同。𣪊上一字乃隸隸經典皆改作肆字也。金文克鼎作隸。縣妃𣪘作隸。戊辰𣪘作隸。隹皆从巾。盂鼎作隸。庶幾近之。案隸者治肉也。禮記郊特牲「腥肆爓腍祭」。注「治肉曰肆」。卜辭祭字作祭。从手持肉而有汁液。此作隸。象手操刀割肉。是亦肉祭也。曰「延𣪊」後世延釐所从出與受祐意同。曰隸延𣪊則致福肉也。曰隸𣪊文之省而義固已備矣。董氏謂是馭𣪊斷代集刊外編四〇七葉。【殷契佚存】

◉商承祚 此字下出籀文。復出篆文。則此為古文也。金文毛公鼎作隸。戊辰𣪘作隸。與此同。古今隸寫作肆。毛公鼎「隸皇天亡斁」。即詩抑「肆皇天弗尚」。聘禮記「問大夫之幣。俟于郊為肆」。注。「古文肆為肆」。【說文中之古文考】

◉馬叙倫 嚴可均曰。左文四年傳疏引作隸。从聿。彖聲。與徐本不同。五經文字下引作隸。則又與籀文相當。二書既相違異。無所適從。然因可知隸體非唐本所有矣。沈濤曰。五經文字下曰。隸隸肆。並弋二反。習也。上說文。中字林。下經典及釋文相承隸省。是古本無隸篆。隸篆。亦出字林。又左文四年傳正義引作肄。从聿。彖聲。蓋古本此字从聿从彖為正

字。其从彖从隶者。乃籀體。孔張各舉其一。肄篆出字林。更非説文所有。二徐誤為从彖。乃涉重文而誤。小徐音羊媚切。大徐音羊至切。皆與豸聲相近。彖聲則遠矣。又據字林妄增肄篆更誤。玉篇以𦘔為篆文肄為籀文。又與今本説文不同。要當以孔張為正。王筠曰。𦘔似㣇之分別文。㣇部曰。脩豪獸。隸下曰。習也。義固較然。然今肄習字用篆文肄。而又小變之。初不用𦘔及籀文𦘔。爾雅釋獸之貄修豪。正與㣇訓同矣。而字與𦘔之籀文相似。蓋本作𦘔。因譌貄也。知然者。𦘔𦘔二篆多異文。竹君本𦘔作𦘔。嚴氏合㣇彖彖三字為一。此亦一證也。大徐之𦘔。竹君本作𦘔。汪本作𦘔。皆似譌。玉篇作肄。則篆當作𦘔也。顧本作𦘔。雖係刓改。然自可解。𦘔者。𦘔之譌也。即㣇之籀文。右半固同。左半則籀文。從籀文也。且爾雅之貄亦多異文。釋文曰。眾家作肆。又作隸。案肆是借字。隸則變為从長隶聲。惟貄从豸與獸義合。以愚論之。𦘔本同㣇。借為肄習之義。借義奪之。遂分為二字。本从㣇聿聲。爾雅用之。小篆作聿者鐘鼎率从聿。聿即肄之入聲也。楷書作肄。故其籀文以少用而譌。不可推求其聲義。徐灝曰。𦘔蓋習書也。商承祚曰。此字下出籀文。復出篆文。則此為古文也。倫按隸音喻四。聿聿一字。今聿音余律切。亦在喻四。則王説可立也。嚴沈之説尤可為王左證。然倫謂㣇音亦羊至切。則㣇聲不誤。𦘔當為聿之轉注字。今讀羊至切者。即聿音之少變也。五經文字云。隸出説文。肄為經典通用。而今經傳肄習字皆作肄。無作𦘔者。似本書無𦘔字矣。毛公鼎。𦘔皇天亡斁。吳大澂謂讀如詩抑之肆皇天弗尚。封𣪘。𦘔對揚王休。克鼎。𦘔克□于皇天。楕妃𣪘作𦘔。戊辰𣪘作𦘔。惟楕妃𣪘及戊辰𣪘之偏傍與甲文豸作𢂇者近。毛公鼎封𣪘之偏傍。則與九篇之䋈項𤎩簋之𤎩所从之𢂇同。𤎩即本書十篇𤎩野火也之𤎩。䋈䋈一字詳䋈字下。是𢂇為脩豪獸之㣇也。然則金文有从㣇之𦘔。無从彖从隶之隸。經傳亦無隸字。張謂隸出説文。而不言𦘔。未可據以為本書無𦘔。且如作隸。則是从隶彖聲。或从彖隶聲之字。不當在聿部。義亦不能訓習也。蓋本書本作𦘔。一本譌作隸。張所據為譌本。猶隸之為肆矣。今本𦘔隸重出。為後人校增也。

鈕樹玉曰。繫傳作𦘔。嚴可均曰。𦘔。籀文彖字。今此作𦘔。當誤。段玉裁曰。隸从隶而隸作肆。同此。王筠曰。篆當作𦘔。㣇部䋈之古文𦘔。朱筠本作𦘔。以此知左半當作𤆍。以肄作肆推之。知右半當作𦘔。朱筠本作𦘔。左譌而右不譌。倫按𦘔不成字。其為㣇之譌顯然。𦘔亦聿之誤也。𦘔書為𦘔。因譌為隶矣。觀隸之隸為肆。可為例矣。然則張參所見本本作肄。而譌為隸者也。據此。可知肄下或無籀文。或肄為初文。肄為籀文。一从聿。一从聿也。然亦疑此即爾雅釋獸貄脩豪之貄。詳㣇下。

嚴可均曰。凡𢍏皆从𠂇。此作矣。恐誤。段玉裁曰。矣。古文矢字。矤疑二字从之。此亦从矣聲也。宋保曰。矣㣇

聲同部相近。倫按嚴可均沈濤王筠皆據五經文字以證此出字林。是也。抑由此可證凡重文中篆文悉出字林。而許書本字固即篆文也。此亦作篆文者。字出魏石經耳。三國志裴注引三倉。肆。習也。似此字出倉頡或訓纂矣。然此乃傳寫倉頡者以肆易肄。非三倉中字本作肆也。倫檢金文肄字。惟盂鼎。率[glyph]于酒。容庚釋肆字。从吴。吴為古文矢字。見八篇兟字下。然矢字在金甲文皆象形作[glyph]。此从矢而加匕。無義。十四篇疑篆作[glyph]。其吴旁明與兟旁同。而疑下曰。从子止匕矢聲。然則兟亦不从吴聲矣。非古文矢字矣。疑為篆文。而秦詔版作[glyph]。伯疑父毀蓋作[glyph]。甲文有[glyph][glyph]。與[glyph]所从之[glyph]同。古金文大夫二字並用。則秦詔版疑字所从之[glyph]即[glyph]。今形誤同矢。此如本書椉下曰。𠔿或从木矢。而金文作[glyph][glyph][glyph]。皆从夫或从大也。倫檢鼎彝有獨作[glyph]或[glyph]。或於[glyph]形下作[glyph]者。則[glyph]。必非古文矢字。倫謂[glyph][glyph]皆[glyph][glyph]之譌。[glyph][glyph]一字。即本書𦥑字。𦥑為伏甲之伏字。睪之初文也。睪音喻四。故肄轉注為肆。从睪得聲。禮記曲禮。斂髮毋髢。注。髢或為肆。明肆从睪得聲。睪也音同喻四。故髢或為肆。【説文解字六書疏證卷六】

◉于省吾　卜辭叙𤰞之叙作[glyph][glyph][glyph][glyph]等形。王國維釋馭。見戩壽堂殷虚文字考釋十四葉。董作賓從之。訓馭𤰞為進福。見安陽發掘報告第四期釋馭𤰞。商承祚初釋祭。見類篇。繼釋肄。中引商説已見上从略。按商釋[glyph]為肄是也。惟以肆為治肉猶未盡然。叙𤰞之義亦未能宣究無滯。至以肄𤰞為肄延𤰞之省文。亦非。卜辭未有以肄字與延𤰞連讀者。商氏係據前六·十二·三片為説。然其字左半已殘。當係叙字。決非叙字也。説文「㣇脩豪獸一曰河内名豕也」。又「彖豕也」。嚴可均王筠並謂㣇彖同字。是也。擴古録一三·十四·亞形父丁角有叙字器作[glyph]。蓋作[glyph]。與卜辭略同。叙字象以手刷洗。㣇當豪毛之形。或从數點者象水滴之形。金文肄字多从巾者。左桓二年傳「藻率鞞鞛」。服注「率為刷巾」。説文「刷剖也。禮有刷巾」。刷洗之初祇以手。繼則用巾。此乃人事自然之演進也。又肄通肆。經傳作肆。説文肄之篆文作肆。容庚金文編肄下云。「肄經典譌作肆。毛公鼎『肄皇天亡斁』。詩抑『肆皇天弗尚』。作肆。聘禮記『問大夫之幣俟于郊為肄』。注『古文肆為肄』。按容説是也。周禮小宗伯「肄儀為位」。注「故書肄為肆。杜子春讀肆當為肄」。禮記玉藻「肆束及帶」。注「肆讀為肄」。此例經傳習見。不勝繁舉。肆之讀為肄。猶施之亦音移也。荀子儒效「若天充虚之相施易也」注「施讀曰移」。又按叙亦即後世掾字。説文「掾緣也从手象聲」从手从又一也。从象从㣇一也。是叙肄掾古本同字之證。卜辭三四期作叙𤰞。第五期作征𤰞。征𤰞即延釐。謂延長福祉也。叙𤰞與征𤰞義必相同。叙既同肄同掾通肆通肆。肆與延故訓相仿。詩行葦「或肆之筵」。傳「肆陳也」。爾雅釋詁「延陳也」。詩崧高「其風肆好」。傳「肆長也」。爾雅釋詁「延長也」。左襄二十三年傳「不可肆也」。注「肆放也」。小爾雅廣言「延散也」。放與散義相因。廣雅釋詁「肆伸也」。呂氏春秋重言「延之而上」。注「延引也」。伸與引義相因。是肆與延同訓之證。

肄掾與延為一聲之轉。肄掾延並喻母四等字。説文訓掾為緣。是掾延音義並相仿。粹編一一九五「叙于之若」。前・五・八・五「徙于丁宗」。詞例相仿。借叙為徙也。金文毓祖丁卣有「易嫠」之語。易嫠𠭯即錫釐。錫者由彼以及此。亦與延義相承。又叙从𢑚聲。錫从易聲。从𢑚从易。古音近字通。説文「𢑚讀若弟」。又「鬀鬄髮也从髟弟聲」。按鬀今俗作剃。周禮小子「掌祭祀羞羊肆羊殽肉豆」。注「肆讀為鬄」。按肆通𢑚。詳前。近年河南濬縣出土罍卣有「用追于炎不𧟰」之語。𧟰通𢑚。詳沈兼士希殺祭古語同源考。不𢑚即毛公鼎「夙夜敬念王畏不賜」之不賜。此均𢑚易字通之例證。總之叙與𢑚掾古本同字。𢑚説文篆文作肄。經傳或作肆者音之假也。叙之本義為刷洗𢑚畜豪毛之形。引伸為肄習為掾緣為肆長。其函義均相因也。卜辭先作叙嫠後作徙嫠者。叙徙音義並相近也。金文作易嫠。亦延嫠之引申義也。【釋叙嫠　雙劍誃殷契駢枝】

◉銀雀山漢墓竹簡整理小組　肂,讀為「殔」。古人死後靈柩暫殯於家中稱為殔。《周禮・地官・閭師》「凡庶民不畜者祭無牲,不耕者祭無盛,不樹者無槨,不蠶者不帛,不績者不衰」,與以上一段簡文意近。【銀雀山漢墓竹簡〔壹〕】

◉王蘊智　這一字面意義今可從文獻典籍中尋獵到印跡。如《論語・憲問》「吾力猶能肆諸朝」,皇疏云:「肆者,殺而陳尸也。」《周禮・大司徒》「羞其肆」,鄭注云:「肆,陳骨體也。」殺豸迺屬搏擊之事,故《爾雅・釋言》訓曰:「肆,力也。」肆又訓「殺」。如《夏小正・七月》「七月貍子肇肆」,傳云:「肆,殺也」;《詩・大雅・皇矣》「是伐是肆」,鄭箋:「肆,犯突也」。于省吾先生按曰:「『是伐是肆』即是伐是殺。」章太炎先生《新方言》亦云:「古以肆為殺,今以殺為肆。」古者薦殺牲物之舉蓋與祭祀有關。如《周禮・典瑞》「以肆先王」,鄭注:「肆,解牲體以祭。」《史記・周本紀》「肆祀不荅」,《集解》引《尚書》鄭注:「肆祭名。」是知周代所見的肆(即「𧟰」)字以殺牲解尸致祭為基本義,其字面意義與文獻古訓相為表裏,十分契合。

肄字古音如「肄」,肆、肄本是一字。鄭玄《儀禮・聘禮記》「為肆」注:「古文肆為肄」;《周禮・小宗伯》「肄儀為位」注:「杜子春讀肆當為肄」;《禮記・玉藻》「肆束及帶」注:「肆,讀為肄」,「肆音肄,以四反」。可見漢儒尚能曉知肄、肆二字的音義關係。許氏《説文》雖未明辨「肄」和「肆」的同源關係,但能把「肄」之古文寫作「𦘔」(𧟰),並立為肄字字頭,可見他對字形原委并非一無所知。

根據字形結構的分析,𧟰字左旁之豸前已識得為豸獸。「豸」相當於甚麼動物?昔高鴻縉先生曾釋豸即古豺字,高説是也。豸於文獻中可寫作「豺」,是周代祭祀時所用的一種犧牲。如《禮・王制》云:「豺,祭獸」;《禮・月令》云:「季秋之月,豺迺祭獸」;《吕氏春秋・季秋紀》「豺則祭獸」注:「豺,獸也,似狗而長毛,其色黄,於是月殺獸。四圍陳之,世所謂祭獸」。𧟰字所从之豸當應屬於這類祭獸。

周代以後，豩祭之禮不復存在，「豩」這一時代色彩濃重的字形亦漸失本誼，字音有變，異體并生。《說文》聿部不僅有肄字，另於長部還存有肆字。肄字下訓「習也」，肆字訓為「陳也」。訓「習」迺周秦時期豩字的一種假借用法，訓「陳」（布陳）則是古豩字殺牲陳之以祭本誼的自然引申，這一用法古書中多以肆字表示。

「肆」於文獻裏還另可表記放縱，縱恣之誼，如《左傳・昭公廿年》「肆行非度」，孔疏：「肆，縱恣也。」「肆」訓放恣、恣肆義當亦古豩字殺肆之誼的引申用法。另外，文獻中的肆字又可借音用為承接語詞。這種用法也可以「豩」、「遂」等字為之，主要語法功能是承啟句子。如《書・舜典》「肆類於上帝」，《史記・五帝紀》或曰「遂類於上帝」，《虞書》則曰「豩類於上帝」。句中之「肆」、「遂」、「豩」諸字《爾雅・釋詁》訓為「故也」，邢疏云：「肆之為故語，更端辭也。」西周銘文中豩字有表記恣肆義和表承接詞的用例，此可與典籍相吻合。

因為古豩字構形比較繁複，後來人們在傳寫過程中時有譌訛，曾出現若干異式寫法。如戰國古璽或作□（《古璽文編》五五七二、阜陽漢簡作□（《蒼頡篇》九）、馬王堆漢帛書作□（《縱横家書》二六五），字之右部訛為从「隶」；又古璽或作□（《古璽文編》五一二〇）、銀雀山漢簡作□（《孫臏》一五六），右部訛為「聿」。此外字左旁的反豸之形亦見變異，戰國古文習作□（《古文四聲韻》去聲七頁肆字所从），隸定成為「镸」。許慎遂於《說文》中分立出□、□二篆，并以□為□之古文，標作字頭，以□為籀文。隸變後長部之□寫成「肆」或「肆」；聿部□下諸形隸作「肄」、「肄」、「肄」。又因字之左旁本為豸屬，故古豩字或別作「貄」（肄），假為獸名。《爾雅・釋獸》「貄」下《釋文》注云：「貄，衆家作肆，又作肆。」《類篇》豸部「貄」下曰：「本作貄。」是知肄、肄、肆、肆、肆、貄、貄諸形皆一字之變。【釋「豸」、「镸」及與其相關的幾個字　于省吾教授百年誕辰紀念文集】

肅 □

□肅　王孫鐘　肅哲聖武　□王孫誥鐘　□从竹　龢鐘　肅〻義政謂敬恭其法政也【金文編】

□174【包山楚簡文字編】

□古孝經　□說文　□崔希裕纂古【古文四聲韻】

◉許　慎　肅持事振敬也。从聿在𣶒上。戰戰兢兢也。息逐切。□古文肅从心从𠂤。【說文解字卷三】

◉王　襄　甲骨文□，古肅字从乂。師望鼎肅亦作□。【簠室殷契類纂正編卷三】

◉高田忠周　說文肀部。肅持事振敬也。从肀在𣶒上。戰戰兢兢。如臨深淵也。肀為手之疌巧也。从又持巾。肅字从之。會意𦣻叶。然今依此篆。字明从聿。聿古筆字。又說文。古文作𢘫云。从心从卪。愚謂聿者史也。執筆之官也。史字从又持中。中者中正也。禮記曲禮。史載筆。玉藻。動則左史書之。言則右史書之。夫史之職者。豈不持事振敬者哉。其心當如戰戰兢兢臨深淵而已。然則字从聿从淵。會意之恉顯矣。葢謂此篆當以聿為建首。至小篆變从肀。固當在于聿部。但聿肀形近通用。下文可證。故姑从許目。而辨正變云。左文十八傳。忠肅共懿。楚語。又能齊肅衷正。周語寬肅宣惠。皆與此銘意同。【古籀篇五十九】

◉商承祚　𢘫　說文「𢘫。古文肅。从心卪。」案金文王孫鐘作肅。與篆文近。【說文中之古文考】

◉馬叙倫　徐灝曰。戴侗曰。肅。舉手肅拜也。从又。𣶒聲。𣶒即簫字。誤為𣶒。丁福保曰。慧琳音義四及六引。持事敬謹也。从聿在𣶒上。戰戰兢兢。肅然懼而嚴敬也。會意。與二徐本不同。章敦彝曰。聿聲之轉。倫按从聿在𣶒上。不得持事振敬之義。肅从𣶒。聿聲。聿音喻四。故肅音入心紐。同為摩擦次清音也。其意當為急流也。故从𣶒。𣶒為回水。回水正急流者也。十一篇。減。疾流也。減亦舌尖前音。是狀急流聲皆如此。詩小星。肅肅宵征。傳。肅。疾皃。爾雅釋詁。肅。疾也。肅。速也。禮記月令。天地始肅。注。嚴急之言也。此肅本義為急流之證。當立𣶒部而屬之。說解疑為校者所改。慧琳引。戰戰兢兢。肅然懼而嚴敬也。會意。皆校語。唐人刪存五字耳。王孫鐘作肅。師望鼎。不敢不家不肅。吳大澂釋肅為肅。謂从乂。然是甲文之𢆶。从𢆶非从乂也。詳畫字下。

𢘫　疑此乃訓敬也之肅本字也。从心。𢍏聲。𢍏蓋从卪聿。故音與肅同。或从聿。卪聲。卪音精紐。肅音心紐。同為舌尖前音。今本書無𢍏字。从心从卪校語。【說文解字六書疏證卷六】

◉郭沫若　王孫遺諸鐘：「余恖龏𪏽辟，畏嬰趩趩，肅哲聖武，惠于政德，惄于威義，誨謀猷不飤。」

肅哲聖武則有果毅之意含於其中。逸周書謚法解「剛德克就曰肅。執心決斷曰肅」。哲从折聲，亦有果斷義；書呂刑「折民惟刑」。漢書刑法志作「悊民惟刑」。【周彝中之傳統思想考　金文叢考】

◉魯實先　卜辭之𢆶从𢆶，王國維釋畫。郭沫若釋規。說並非是。惟王襄據吳大澂古籀補所釋師望鼎之肅作肅，證𢆶即肅字，其說是也。若畫於吳尊作畫，上官登作畫，字並从田，毛公鼎作畫，師克㲃作畫，字並从周。宅㲃作畫，番生㲃作畫，所从之田周與卜辭之田周，金文之田田同體，乃周之初文也。彔伯㲃作畫，所从之𤦡乃周之繁文。案方名繁文有从玉貝之例，故周亦从玉作𤦡。非說文玉部訓治玉之琱也。良以周地宜禾，故其初文即象田疇之形。而作田周，是周之本義，當為後稷之後所封國

名。象田疇之形者，猶伯益之後所封國名從禾作秦也。其衍變而為[?][?]者，乃從訓回之□以示其為方國之義。卜辭金文方名有从口之例。非如説文所謂從用口而以訓密為本義也。審是則畫之從周或田義固無殊。無田疇則不足示界畫之義，是畫不當婚為[?]也。攷肅於古音屬幽攝入聲，簋為幽攝二部，音近通轉，是以皃生毁假[?]為簋，此尤[?]為肅之塙證也。詩采葛以蕭與秋為韻，下泉以蕭與周為韻，風雨以瀟與膠瘳為韻，揚之水，以繡與晧鵠憂為韻。案从肅聲之蕭瀟繡屬幽攝入聲，秋周膠瘳晧鵠憂為幽攝，此从肅聲之字與幽攝相通之證也。以二部或相通故言古韻者，自江永以迄黄侃諸氏俱以二部併為一部。苟釋[?]為畫，則畫屬益攝入聲不得通借為簋矣。郭沫若謂「金文畫字作[?]，从妻从周，當係以規畫圓之意。蓋妻實規字。規毁同屬見紐，故皃生毁假妻為毁」，是未審畫之从周作[?][?]亦象田疇之形，與从田作[?][?]者同意。其訓旋帀之義者，本字作匔，通假為周，説文勹部「匔帀徧也」引申有旋繞圓環之義。禮記檀弓上鄭注及小爾雅廣言並曰周帀也。楚辭湘君王逸注及廣雅釋言並曰周旋也，是皆以匔義釋周。以匔周於古音同為幽攝，故假周為匔，而經傳遂亦通用周字。夫其義為旋帀而從周聲者，是猶般有旋義而亦從舟也。乃據後世假借之字而釋先民造字之恉，多見其扞格決者矣。矧夫釋[?]為規，求之字形邈不相涉，假規為毁，考之古韻隔越亦遥，規於古音屬益攝，毁簋於古音並屬幽攝二部，古無通轉之證，非僅規之不通毁也。乃謂規毁同屬見紐故假妻為毁。是未知據反切而索聲類，乃出唐宋所傳，不足碻證先秦古音也。肅於卜辭有二義，其一同禮記月令「草木皆肅」「天地始肅」之肅。如云「今十二月不[?]」、乙・五六五〇。「貞今十三月[?]乎」、乙・六四〇二。案此辭之乎乃疑問之詞，説見釋乎。「貞不其[?]」、續存上五〇。「□不其[?]」，乙・二五八七。此乃卜氣候之是否肅殺嚴寒也。肅之第二義則為方名，如云「庚寅卜爭貞旨正[?]貞旨定不其□[?]」、乙・一〇五四。旨定俱方名，下辭肅上當闕正字，乃卜旨定二方是否征伐肅方也。「戊午卜⿱中口貞[?]受麥」、乙・七二〇五受麥與受季同。「貞[?]受季」，乙・一九六六。（中略）於金文有[?]父癸爵、三代十六卷三一葉。子[?]彝、三代六卷九葉。父辛祖戊[?]匜，薛氏欵識卷五。此皆肅方或肅氏所作之器。肅氏為殷之顯族，逸周書商誓篇所謂「幾耿肅執乃殷之舊官人」，是也。肅氏亦即職事於魯之蕭氏，見左傳定四年。其族居之地蓋即鄭之蕭魚。見春秋襄十一年。若宋之蕭國見左傳莊十二年在今江蘇蕭縣，楚之蕭亭在今安徽壽縣，並距殷虚縣遠，殷王不得屢田其地也。至於附庸於宋之蕭國於魯為近。蓋殷社既屋蕭。以顯族迻近魯邦之新居也。【殷契新詮之三】

◉陝西周原考古隊　[?]即𣶒字古體，乃肅字之省。《説文》「肅，持事振敬也。從聿在𣶒上」。《叔夷鐘銘》「簫簫義改」，簫作[?]。《王孫鐘》「肅悊聖武」，肅作[?]。大克鼎「盄悊厥德」，盄悊即肅哲。古俶肅通用，釋文採用高明先生意見。「肅哲」即振敬明智。【西周微氏家族青銅器羣研究】

聿

乙八四〇七　乙七九〇〇　乙五三九四　乙一三三六　鄴三下・三九・七　丁丑卜伊聿歲三牢茲用伊聿即伊尹之刻誤　前七・二三・二　後二・三八・一　人名貞甫聿　今从王事　京津一五六六　地名在聿　京津三〇九一　摭續二六五　【甲骨文編】

甲2118　乙3449　8407　摭續265　新1566　【續甲骨文編】

聿　與聿為一字　壺文　戈文　女帚卣　聿臾鼎　聿臾鼎二　者沪鐘　父丁尊　【金文編】

張聿印信　【漢印文字徵】

聿　【汗簡】

古孝經　汗簡　【古文四聲韻】

◉許　慎　所以書也。楚謂之聿。吳謂之不律。燕謂之弗。从聿。一聲。凡聿之屬皆从聿。余律切。【說文解字卷三】

◉方濬益　舊多釋為以手持杖之形。又或釋為支。蓋以說文部首去竹之枝也。从手持半竹。古文作。此文適象手持半竹之形。以為得之。余以吳清卿中丞所藏婦女卣銘證之。器銘作。蓋作。與此正同。乃聿字。說文部首。。手之疌巧也。从又持巾。肄肅等字从之。聿所以書也。楚謂之聿。吳謂之不律。燕謂之弗。从聿一。筆晝書畫等字从之。今觀此文从手持。象作書筆豪分布之形。聿貝父辛卣作。與為一斂一舒。是為聿之古文。意古文聿聿止一字。篆文與始分為二。而訓聿為从又持巾。亦就篆文之一畫兩端下垂為解說。若古文則聿止作。安得有从巾之義乎。【聿角綴遺齋彝器款識考釋卷二十六】

◉劉心源　即聿。實肆省。【奇觚室吉金文述卷九】

◉羅振玉　說文解字。聿所以書也。从聿一聲。此象手持筆形。乃象形。非形聲也。聿父辛卣从。與卜辭同。【增

◉林義光　楚謂之聿。秦謂之筆。聿實即筆之古文。古作聿聿婦庚器。从又持丨。丨象筆形。説文云。聿手之疌巧也。从又持巾。按聿為疌巧無所考。古聿字作聿。此即聿字。【文源卷六】

◉高田忠周　此最古筆字也。古籀補載下文聿篆云。古聿字。象手執丨。丨。不律也。此攷至當。説文。聿所以書也。楚謂之聿。吳謂之不律。燕謂之弗。从聿一聲。又聿下曰。手之疌巧也。从又持巾。此説字形甚誤矣。今審正如吳説。其作丨者。象毛銜墨瀋而潤斂之形。又作丨者。象毛未銜瀋而乾散之形。均皆同意也。與聿字从又巾者。豪不相係矣。後人篆文變作聿。或謂為指事。或謂形聲。皆牽強傅會之説耳。如許氏遂為聿一之合形。妄亦極矣。説文次聿出筆云。秦謂之筆。从聿竹。此當曰。篆文聿从竹。三代以前。聿管以玉。或以漆木。詩云彤管是也。至秦蒙恬別有竹管之制。字亦變从竹作筆。筆是秦以後字也。然則爾雅釋器。不律謂之筆。禮記曲禮。史載筆。皆秦漢人所改可知而已。今合為一字云。

【古籀篇五十九】

◉商承祚　此象手執桼筆形。下注者桼也。乃象形。非形聲。段玉裁删聲字。是。以為會意則非。金文作聿（耆父辛尊耆字偏旁）與此同。又作聿（甚諆鼎）乃其緐變。再變作聿聿（聿壺文女婦卣）形誼皆晦。【甲骨文字研究下編】

◉馬叙倫　鈕樹玉曰。廣韻及玉篇注並有秦謂之筆四字。後人移於筆下。不顧文義割裂。韻會引作楚謂之聿。秦謂之筆。翟云升曰。爾雅釋器釋文引作吳謂筆為不律。初學記文部引弗作拂。下有秦謂之筆四字。朱駿聲曰。一者牘也。章震福曰。聿。从又持丨。丨所以書者。非一聲。林義光曰。聿即筆之古文。古作聿聿。从又持丨。丨象筆形。倫按金甲文作聿聿。丨。即契刻之刀筆。古契刻有虛實。虛則為丨矣。聿聿筆一字。今音聿在泥紐。本書。律。从聿得聲。音在來紐。古讀歸泥。是聿聿古音同也。今聿入喻四。筆入封紐。遂截然矣。倫謂聿之本音在喻四。喻四古讀歸定。定泥皆舌尖前音。故轉入泥。喻四與非同為摩擦次清音。故又轉入封。古讀非歸封也。然聿律聲仍同脂類。聿入談類。則夏敬觀所謂各類之短聲轉入談類。是也。此以時方之關係而轉變。楚謂之聿。吳謂之不律。不是發聲王筠説。燕謂之弗。秦謂之筆。即其證也。然楚謂以下十三字校語。所以書也亦校語。本訓書也。餘見聿下。女帚卣作聿聿。甲文作聿聿。【説文解字六書疏證卷六】

◉周名煇　隸縣妃彝　縣伯萬年。肄敢隊。原書入附録。丁氏定為隊字。今考定為聿字後出古文。銘文云。眔曁縣白伯。萬年保。丁氏録銘文脱保字。肄敢隸于彝曰。其自今日。孫孫子子。母毋敢望忘白伯休。案肄阮伯元

識為𦘒字。誤。名煇定為肄即今文肆字。語首詞。見周金文研究丙集。丁氏既脱譯保字。又以肄敢隊為句。其不通甚矣。況□字从□。與隊字从豕。古文作□□。象豕形者。渺不相近乎。丁書附録弟三葉載□字。謂疑是聿字。或云从刀錐。刀曰劃。當是古劃字。案□字从□持刀者。蓋栔書以刀。與□字甚諆鼎銘从□从□象錐形者。同意。今人刻印。猶用刀或錐。雖時距數千歲。而人情用器。固不甚相遠。是□乃聿字。非劃字。丁氏或說非也。其在彝銘。字作□。阮伯元識為聿。謂隸字从聿。說文解𦘒為聿飾。此疑即古文筆字。筆述也。謂述之于彝也。名煇以阮氏識□為聿是也。疑為古文筆字。述也。則非其義矣。聿猶書也。說文聿部云。聿所以書也。楚謂之聿。吳謂之律。燕謂之弗。从聿一聲。又筆，秦謂之筆。从聿从竹。是聿律筆弗四者。同實而異名。皆所以書也。銘云肄敢聿于彝者。即肆敢書于彝也。周禮秋官司約云。凡大約劑書于宗彝。小約劑書于丹圖。今以銘云。聿于彝。證司約書于宗彝。則恍然明其字原矣。【新定説文古籀考卷中】

◉劉　雨　大鐘八聿，其竈四堵。

聿即肆。《左傳·襄公十一年》「歌鐘二肆」注：「肆，列也。」《說文》「堵，垣也。五版為一堵」。竈通竈，亦通造。造，作也。《尚書大誥》「予造天役」注：「造，為也。」春秋兵器每言「××作造戈」。薛尚功《鐘鼎彝器款識》收有褱石磬銘「自作造磬」。其義均應釋「作」「為」。此句之意即是大鐘八列，造作成四堵。也就是兩列合造成一堵。本銘句式十分規整，四字一分句，兩分句合為一整句，每整句後押韻，每整句表達一個完整的獨立的意思。與詩經的四言詩酷似。因此，八肆與四堵的關係只能作上述理解，即指同一套編鐘的排列方式。新出曾侯乙墓編鐘復原後是三列為一堵，是又一種排列方式。【邵黛編鐘的重新研究　古文字研究第十二輯】

◉陳連慶　⿰言聿字，從言聿聲。吳東發釋誨，吳闓生釋歸，皆不確。郭沫若以為「殆猶後世登録之意」，蓋釋為聿或筆。《說文》「聿，所以書也。楚謂之聿，吳謂之不律，燕謂之弗」。又云：「筆，秦謂之筆。」為郭氏所本。按⿰言聿當讀為肆。《毛公鼎》「肄皇天無斁」，劉心源以為「肄即肆，實肆字」。林義光以為肄與肆同字，古亦以肆肄通用。其說均是。⿰言聿當訓為遂，《尚書堯典》「肆東後覲」。《史記五帝本紀》肆作遂。【敔𣪘銘文淺釋　古文字研究第九輯】

筆　筆

□　筆閎信印【漢印文字徵】

□　華嶽碑　□　義雲章【古文四聲韻】

𦘔

書

◉許　慎　筆秦謂之筆。从聿。从竹。徐鍇曰。筆尚便疌。故从聿。鄙密切。【說文解字卷三】

◉馬叙倫　戴侗曰。聿筆一字。王筠曰。聿部收筆字。與其字在箕部正同。蓋皆一字也。許君不以筆為聿之重文者。以音辨之也。吳錦章曰。秦上當有聿也二字。筆即聿之或體。當為聿下重文。脱聿从竹四字耳。丁福保曰。慧琳音義八十九引作从竹。聿聲。蓋古本如此。二徐本奪聲字。劉盼遂曰。宜為聿之重文。倫按王筠曰。今理藩院所行西藏文移。皆用竹筆書之。其竹以油漬。年久者為佳。削為三棱。以其尖作字。因此。知筆从竹之故。倫謂依王說。知竹筆之制本於刀筆。筆字即因削竹為筆而加竹。然此是後起俗字。後人妄加。而移聿下校語中秦謂之筆一句為説義之詞。增从聿从竹以説字形耳。字見急就篇。然疑急就本作聿。傳寫易之。秦謂之筆者。秦讀聿如筆音耳。不必筆字為秦時造也。古今注。古以枯木為管。鹿毛為柱。羊毛為被。所謂蒼毫。非兔毫竹管。倫見漢時居延筆。正是木管。且秦晉地不宜竹。蒙恬造筆。未必用其地所不宜之材也。蔡邕筆賦。削文竹以為管。蓋漢時始有竹管之筆。此字蓋出字林。為聿之或體。【說文解字六書疏證卷六】

197　204　209　226　234【包山楚簡文字編】

◉許　慎　𦘔聿飾也。从聿。从彡。俗語以書好為𦘔。讀若津。將鄰切。【說文解字卷三】

◉馬叙倫　王筠曰。集韻引作𦘔。飾也。非。倫按聿飾也者。飾為㕞之轉注字。聿飾即聿㕞也。蓋即縛毛為筆頭。故从聿从彡。然倫疑𦘔亦聿之轉注字。聿聲脂類。𦘔聲真類。脂真對轉也。从聿彡聲。聿音喻四。彡音審二。同為摩擦次清音也。音由心而轉精。聲又轉入真。故今音將鄰切。俗語以書好為𦘔。校者之詞。讀若津下鍇本有也字。亦校者所加。此字蓋出字林。【說文解字六書疏證卷六】

◉劉彬徽等　𦘔，讀如盡。【包山楚簡】

書　免簋　者字重見　頌簋　頌鼎　頌壺　格伯簋

寰盤　趞鼎　師旂鼎　欒書缶　廿年距悍【金文編】

5·384　瓦書「四年周天子使卿大夫……」共一百十八字　秦1272　櫓邑書　5·177　□邑書　3·133　蒦圆南里書

9·12 絶書【古陶文字徵】

一六：三 宗盟類序篇𦘔書之言【侯馬盟書字表】

書 日乙一四 二十八例 秦一七 二十四例 效二九 秦三五 秦一八三【睡虎地秦簡文字編】

5187 5189 5188 2020 2541【古璽文編】

尚書令印 歷□男典書丞 揚旂歸書 尚書散郎田邑 公孫書印【漢印文字徵】

泰山刻石 臣請具刻詔書 天璽紀功碑 詔遣中書郎【石刻篆文編】

華嶽碑【古文四聲韻】

◉許 慎 箸也。从聿。者聲。商魚切。【說文解字卷三】

◉徐同柏 爯簋 書字从。交午之象。象手執筆形。手執筆左右相交則為書矣。書箸也。如也。言箸之後世長如此廟器也。衛孔悝鼎銘施于烝彝注。施箸也。按鄭氏此注可與是銘書字互證。【周爯彝 從古堂款識學卷十二】

◉劉心源 書舊釋作聿。案。篆形本聿字。用為聿。實用為書。說文。聿。手之疌巧也。聿所㠯書也。楚謂之聿。吳謂之不律。燕謂之弗。書。箸也。从聿者聲。是則聿即古筆字。書字从之。知聿即書字矣。古文凡同形之字。例得叚借。如禾為秊。衣為卒。雨為霸。金為銖。為錢。皆可證。說詳吏尊。此聿必為聿。㠯文義知之。聿必為書。㠯與易對言也。或直讀為筆，亦可。二舊㠯兩注筆釋之。侶仍讀為聿者。於文義殊未憭也。易四書二記其部數。讀此銘。知賜書自古有之。可補經傳之遺矣。【古文審卷四】

◉高田忠周 說文。著也。从聿者聲。又序曰。著於竹帛謂之書。周禮保氏五曰六書。易繫辭傳。易之以書契。蓋者為別事詞也。諸為辯也。多多益辯之意。書即以聿記事。而辯治分別也。者書同意也。【古籀篇五十九】

◉馬叙倫 鈕樹玉曰。繫傳韻會作著也。段玉裁曰。箸也者。亦琴禁鼓郭之例。以疊韻釋之也。徐灝曰。从聿當以作書為本義。因以為簡册之稱。倫按書為史之轉注字。史音審二。然漢人言上疏。即上書。今江寧北平言書皆如疏。上海言書如史。

畫 

可證也。蓋由審二轉審三。故今音商魚切。史訓記事。即書文字於簡册也。簡册為書。其字即册。與籍。五篇。籍。簿書也。書籍聲皆魚類。故通以書為籍。史音審二。册音穿二。同為舌面前音。故得借史為册。籍从耤得聲。耤从昔得聲。昔音心紐。心審同為摩擦次清音。故史亦得借為籍也。字見急就篇。頌鼎作。袁盤作。格伯毁作。【説文解字六書疏證卷六】

◉蕭　璋　書，箸也。从聿者聲。商魚切。按古之書寫為契刻。所謂書於方策即以刀筆刺畫於簡策方版之上。儀禮聘禮曰：「百名以上書於策。不及百名書於方。」鄭注：「策，簡也。方版也。」考工記：「築氏為削。」鄭注：「今之書刀。」又箸録删削皆用刀筆删削，有所去，即有所取也。而删字从刀册見意可以知矣詳删字段注。故聿有鋭出之意。本王氏説見三篇聿字條。而説文訓所以書也。畫有刺義，而字從聿。章氏曰：「畫，古文或巳劃為之，錐刀曰劃。古書契圖畫皆巳鐵擿刻之，故畫與劃同事。劃又變為刲，刺也。」(文始四陰聲圭字)按釋名釋書契云：「畫，挂也。」説文：「挂，畫也。」「劃，錐刀畫曰劃。」各本無畫字，兹依段本。「刲，刺也。」並聲近而義同。圭聲屬齊部畫聲屬錫部二部互為陰入。書字从聿，當與畫同事，聿所以畫説文畫注曰：「聿所以畫之。」即所以書。説文：「聿所以書也。」是以釋名又云：「書稱刺書，以筆刺紙簡之上也。」説文訓箸，與刺刻義尚相因。自桼書墨書之法興，刀刻之事微。段謂「桼書墨書起于春秋六國之時，又在刀刻之後也。」(詳墨字段注)而書緯又有如之義訓加焉(尚書序正義引璿璣鈐云：「書者如也。」説文序亦本其訓)。則書之真諦晦矣。【釋至　國立浙江大學文學院集刊第三集第四十二頁】

【續甲骨文編】

畫 宅簋　伯晨鼎　吳方彝　師克盨　番生簋　上官登　彔伯簋　五年師旋簋　王臣簋

師兑簋　毛公㾓鼎　十三年㾓壺畫㡛　【金文編】

畫 為一　三例　日甲一一一背　二例　【睡虎地秦簡文字編】

1519　0725　4069　3357　0429　1343　上官登畫字與璽文同。【古璽文編】

畫鄉　【漢印文字徵】

天璽紀功碑　【石刻篆文編】

畫　畫　【汗簡】

説文　義雲章　【古文四聲韻】

◉許　慎　界也。象田四界。聿所以畫之。凡畫之屬皆从畫。胡麥切。古文畫省。亦古文畫。【説文解字卷三】

◉吳大澂　。畫古文从聿从爻从周。爻。交也。象手執筆畫于四周文相交錯。與彫同意。許氏説。彫。琢文也。毛公鼎。或从乂从田。田。古周字。吳尊。或从玉。彔伯戎敦金厄畫轉。古鉢文。【説文古籀補卷三】

◉林義光　畫 蟹韻音蟹　規劃也。古作師望鼎。从聿古筆字。象所畫之形。或作番生敦。作師兑敦。並从周轉注。或作彔伯戎敦。从玉。此為刻畫之畫。與琱从玉同意。【文源卷六】

◉王國維　　疑古畫字。象錯畫之形。吳尊蓋畫作。彔伯敦蓋作。【殷虛文字考釋】

◉王國維　書契卷七四十葉　此疑畫字。毛公鼎畫字从此。【余永梁殷虛文字續考轉述　國學論叢一卷四期】

◉商承祚　鍇本作。是也。从聿田。象畫田正經界也。刀部有劃。則第二字乃劃之古文。畫劃一字。劃為後起。甲骨文作。金文吳尊作。宅𣪘作。上官登作同鉢文。毛公鼎作。吳大澂曰。「从聿从爻从周。爻。交也。象手執筆畫於四周。文相交錯。與彫同意。許氏説彫。『琢文也』」。【説文中之古文考】

◉馬叙倫　嚴可均曰。張彦遠名畫記引作畛也。象田畛畔。所以畫也。按行草界字作畍。與畛形近。王筠曰。畫字聿田會意。

〔一〕指事。聿所以畫之。韻會十一。陌引作畫所以畫者。金刻率从聿。足徵聿聿同意。章敦彝曰。畫以聿為聲。郭沫若曰。古金文畫字。毛公鼎作□。師兑毁作□。番生毁作□。从妻从周。當係以規畫圓之意。蓋妻實古規字。舄生毁。用作季日乙妻。依金文通例。妻當是器名。器為毁而銘曰妻。可知妻音必與毁近。參以字形。則妻為規字無疑。規毁音同見紐。故假妻為毁也。卜辭作妻淒。用為地名。从水者。蓋運規時所用汁也。倫按甲文有□□□□諸形。王國維釋畫。倫謂□□□為繪畫之畫本字。□則从水□聲。水名亦地名也。孟子公孫丑。三宿而後出晝。水經注作澅。證以論語。宰予晝寢。資暇集引梁武帝疏。晝作畫。則孟子之晝。蓋畫之譌。水經注之澅即□字矣。風俗通。孟嘗君逐於齊。見反。譚子迎於澅。則澅為澅譌。晝亦為畫譌明矣。□。从□。□聲。□為木工為圓之器名規者之本字。孟子。不以規矩。不能成方圓。莊子達生。工倕旋而蓋矩。旋借為圓。蓋借為割。章炳麟謂規畫圓形。割之成矩。即劉徽割圓之術。矩。司馬彪本作瞿。本書瞿讀為句。故章炳麟謂瞿矩皆借為句。句即算術句股之句也。倫謂規為窺視之窺本字。矩為巨之異文。即木工裁木之器。皆非所以為方圓之器。今木工為方則用曲尺。其形如□。為圓則用矩車。矩規音同見紐聲同魚類古讀規如矩今方言中亦有然者車亦尺之音同穿紐借字。其形為□。用二木作機。合其上耑。而以銕螺旋固之。下耑則可開合。開之如兩股。□。其開形也。□□即矩規之本字。本書無此二字。而□誤為□之重文。□則於巂字見之。本書讗纗皆讀若畫。而巂从□得聲。□蓋即□之譌變。故巂借為子規鳥之規。禮記曲禮。立視五巂。注。巂猶規也。詳巂字下。此妻从□得聲之證。□即□之變也。周禮車人一矩有半謂之磬折蓋磬折即象規形。由此言之。妻為繪畫之畫本字。故聿从□得聲。故畫規聲同支類也。亦書之轉注字。規音見紐。書从者得聲。者音照紐。古讀歸端。見端同為破裂清音也。畫者。界之同舌根音轉注字。从田。妻聲。今小篆作畵。金文或作□者。皆傳寫之變譌。由田誤為用也。作周者。或由用而變。或古田字。亦或作□。有作□之字並而一之。或从畕而譌也。説解當曰。界也。从田。妻聲。今説解曰。象田四界。依篆文為詞。今篆之〔一〕實□之譌。而田固不可以聿畫之也。殆為校者所改矣。字見急就篇。以為劃字。

□ 李杲曰。吳尊□字與此略近。倫按王筠據鍇本亦作□。此□之譌也。省字校者加之。庶長畫戈作□。

□ 鈕樹玉曰。刀部有劃。不應又為古文。疑後人增。倫按王筠據鍇本作□。與此同。古文經傳中以此為畫字。故吕忱或後人增之也。【説文解字六書疏證卷六】

◉饒宗頤 〔貞：妻其來牛。〕貞：妻弗其來牛？貞：妻來牛。弗其來牛？（屯乙六九六四整甲）背云：「戊□卜𣪊。」

殷之妻地，與兒伯國為隣。卜辭云：「妻告曰：兒伯……」（後編下一・一四）兒即春秋之郳國。莊五年「郳犂來」，杜注：「東

海昌慮縣東北有郳城。」兒在今滕縣。史記田單傳有齊畫邑人王蠋。水經淄水注：「澅水南有王蠋墓。」又引孟子：「去齊三宿而後出畫。」括地志：「澅邑，因澅水為名，在臨淄西北三十里。」婁地在殷都之東。右辭卜其貢牛事。參下論諸子章子婁條。【殷代貞卜人物通考卷四】

●朱芳圃　□宅𣪘　□番生𣪘　□𨍏侯鼎　□吴方彝　□彔伯𣪘　□師兑𣪘　□上官登

郭沫若曰：「古金文畫字作𦘦，从𦘔，从周，當係以規畫圓之意。」甲骨文字研究後記一。按郭説是也，惟釋周為圓周之周，尚差一間。余謂𦘔所以作繪，凾即所畫之文采也。或从玉，林義光謂「此為刻畫之畫，與琱从玉同意」，文源六·三〇。其説是也。爾雅釋言「畫，形也」，郭注「畫者為形象」；釋名釋書契：「畫，繪也，以五色繪物象也。」此本義也。書顧命「畫純」，孔傳「彩色為畫」；周禮春官司常「皆畫其象焉」；考工記「畫繢之事雜五色」；儀禮鄉射禮「畫以虎豹，畫以鹿豕」。凡此，皆用其本義。引伸為分畫，左傳襄公四年「畫為九州」，杜注：「畫，分也。」為界畫，漢書地理志上「畫壄分州」，顔注：「畫謂為之界也。」為計畫，史記屈原賈生傳「章畫職墨」，索隱：「畫，計畫也。」【殷周文字釋叢卷下】

●嚴一萍　□　説文：「畫，界也。□古文畫省。」形與此相近，繒書作□，當是畫省無疑。漢書地理志：「昔在黃帝方制萬里畫壄分州。」故此畫字與「民」字相連成句。【楚繒書新考　中國文字第二十六册】

●金祥恆　説文解字有畫無𦘔。甲金文□从聿从□，或以□釋為乂；乂説文篆文作□，「芟艸也，从丿，从乀相交」；□乂或从刀」。徐鍇曰「丿乀相交」象刈艸之刀形。則與□不類，非乂也。至於刈嬖，為乂之累增字，乂加符刀為刈；加辟為嬖。虞書堯典「有能俾嬖」，徐鍇曰：「今尚書作乂」。然□非象刈艸之刀形，則為何象。誠如王國維所謂「象錯畫之形」。故金文「畫轉畫輯」之畫从□从田。晁生日乙簋之□，叚畫為簋也。至於王襄釋□為肅，李先生已引「王孫鐘之肅作□，从聿𣶒，與説文合，其説可商」。魯先生从王氏説，釋卜辭□為肅，其義有二，其一義：「同禮記月令『草木皆肅』『天地如肅』，如云今十二月不□(乙編五六五〇片)、貞今十三月□乎(乙編六四〇二片，案此辭之乎乃疑問之詞，説見釋乎)、貞不其□(續存上五〇片)、☐不其□(乙編二五八七片)，此乃卜氣候之是否肅殺嚴寒也。」(殷契新詮之三，力師學報第四卷第一二期)

茲檢卜辭乙編五六五〇片與乙編六四〇二片，原為斷簡，今已由張秉權先生綴合，見丙編第三一六圖，其辭為：

貞：今十三月□乎來？

貞：今十三月不□來？

則「乎」非疑問之詞。□非肅殺嚴寒之意。乎即説文之評，訓召也。畫為人名。如：

癸巳貞：王令畫，生月？

甲午貞：告畫其步于☐　掇一・四一八

貞：勿令畫☐　京都三八四

癸巳卜〼貞：畫弗其☐　續五・一三・一

癸巳貞：畫〼囚？　戩三一・四　續四・四九・二　又六・一五・四

甲午貞：告畫，其步？

甲午貞：于小乙告畫其步？

甲午貞：于父丁告畫其步？　寧一・三四七

弜告畫其步？

然〼，亦可作〼，如乙七七九七片

貞：畫不其事人？

貞：〼〼人？

其〼乃畫之省，或謂之缺刻；事亦然。而乙編三六八一片

癸未卜，亘貞：〼☐〼☐？

又二八六〇片：

貞：〼出〼

其畫字作〼；乙編七七九七片為武丁卜辭，貞人為〼，二八六〇片亦為武丁卜辭，貞人為亘，〼、亘為同時之人，畫之書體有二，一繁一簡。畫于卜辭為人名，疑即卜辭之子畫，卜辭之子畫作〼，然亦作〼，如庫一七四五片：「叀子〼㠯衆？」

董師彥堂於五等爵在殷商考子畫為武丁之子云：

子某之見于卜辭者二十二人，可以確知為武丁之子者十九人——子漁、子央、子戠、子衛、子冈、子春、子美、子晉、子姃、子吉、子弓、子效、子雝、子廩、子〼、子放、子鬲、子畫。——此二十人，由貞人稱謂字體等，皆可定為武丁時，當皆武丁之子。以下三人，尚未能確定是否武丁子——子偃、子㚔、子〼——以上稱子某者共二十三人，皆為王子（董作賓單衔編著總七一七頁）。

畫之所以又名為子畫，係畫為王子之故。【說卜辭中之子畫　中國文字第四十二冊】

◉孫常叙　「畫」古金文寫作

畫小臣宅簋　畫䡢厌鼎
畫番生簋　畫吴方彝
畫彔伯㦰簋
畫三年師兑簋　畫毛公鼎
畫上官登

小臣宅簋是成王時器。其餘各器都比它晚。這些字形告訴我們：畫的最早寫法是从聿从田的。田是古琱字朱芳圃説。畫字所从的田田𤰔周和縣妃簋「戈由」、袁盤「戈周戫」、休盤「戈周戫」的「琱」字相比，可以為證。琱，从王周聲，古金文「周」或作周獻侯鼎、或作田弜作父辛尊；或作用無叀鼎，或作田成周戈。田，中間虛白是琱琢凹陷之處，而筆觸實處則是它琱琢後突現之彡。説文「琱，治玉也。」「彫，琢文也。」這個字正象治玉琢文之形，是古琱字無疑。朱芳圃説：「𤰔象方格從横，刻畫文采之形，當為琱之初文。」其説近是。

琱，古音聲為端紐，而韻在幽部。畫，聲為匣紐，而韻在錫部。它們倆聲韻俱遠，語音隔越，非同音詞，田之與畫沒有形聲關係。可知畫字从聿从田，是用象意寫詞法寫成的。

畫，字晚于畫。它在聿下加ㄨ，變从聿為从聿从ㄨ。郭沫若説畫是古規字。規，古音聲為見紐，發音部位與畫相近，喉牙均屬舌根。規，古韻在支部，而畫在錫部，兩部有陰入對轉關係。國語周語下「且吾聞成公之生也，其母夢神規其臀以墨」，韋氏解「規，畫也。」規、畫兩詞在一定的語言條件下是同義的。

這一現象和𠂢之與衇(脈)有些相似。説文：「𠂢，水之衺流，别也。」而从𠂢亦聲之衇(脈)，段玉裁、朱駿聲説。卻是「血理之分，衺行體中者」。它們也是在詞義上既有共同之處，在語音上又有以支入錫的對轉關係。𠂢在支部，脈在錫部。一般説來，這類現象多是分化造詞的結果。

畫，古韻在錫部；規，古韻在支部。它們在語音上，陰入對轉，與𠂢脈同類。在詞義上，以一物尖端在另一器物表面作出可見綫條，這一點，規與畫是同義的。規只能作弧作圓，畫則可直可曲，能方能圓，兩者又各不相同。正如分枝别流是𠂢衇兩詞共同的，而一在大地上流而不返，一在人體内循環不已，兩詞又有所不同。詞義語音同中有别，追溯詞源，規、畫兩詞應是一個詞的分化。

用一物尖端在另一物體表面作出綫條痕跡，無論它是否割破所擦物面，這種運動和痕跡統謂之畫。後來把用利器割破物

體表面的綫條狀擦痕及其動作叫「劃」，以區別於一般的勾畫。說文刀部：「劃，錐刀曰劃。」

說文：「畫，界也。」一綫畫出，兩側分開，畫的詞義原是涵有畫分之意的。王仁昫刊謬補缺切韻去聲十五卦，「畫，胡卦反，圖。」入聲十八麥，「畫，胡麥反，分。又胡卦反。」「劃，錐刀刻劃。」這表明，除規、畫兩詞以陰入分化外，畫又隨着認識在實踐中的深入發展，由渾淪到分析，用變化詞的部分語音形式的方法，以去入分詞，分化出畫和劃來。

分畫和錐刀刻劃的畫和劃都是入聲，與古韻畫聲調一致。可知在古詞裡畫分和刻劃都是畫的一部分詞義。在一定語言條件下，畫有刻劃之意。

物，是器物。左傳僖公二十二年「戎事不邇女器」，杜注：「器，物也。」呂氏春秋孟冬紀：「是月也，工師效功，……必功致為上。物勒工名，以考其誠。」高誘云：「物，器也，勒銘工姓名著於器，使不得詐巧，故曰『以考其誠』。」周禮秋官：「司隸掌五隸之灋，辨其物，而掌其政令。」鄭玄注：「物，衣服兵器之屬。」賈公彥疏云：「即下文云『使之皆服其邦之服，執其國之兵』是也。」服、兵皆謂之物。就「兵」說來，是物也有器的意思。器之為物是詞義擴大，物之為器是詞義縮小，在一定條件下，物與器是同義的。

綜合「等」「畫」「物」三名古義，可以說說文所說的「等畫物」就是比照樣子刻劃器物——照樣子作東西。【則、灋度量則、則誓三事試解　古文字研究第七輯】

◉張政烺　琱戫，金文常見，字皆作琱，惟此處作𤰈。《說文》：「琱，治玉也。从玉，周聲。」又：「彫，琢文也。从彡，周聲。」金文常見𤰈䡅、𤰈䩓、𤰈靳、𤰈䡇、𤰈干，舊皆釋畫，其字从晝从周，不讀周音。《廣雅　釋詁》：「𩒯（音規）、圖、彫、刻，畫也。」琱𤰈是兩個字，形義相近而音讀不同，不得通假，此處當是筆誤。【王臣簋釋文　四川大學古文字研究論文集】

◉睡虎地秦墓竹簡整理小組　畫，讀為過。《呂氏春秋・適威》注：「過，責。」【睡虎地秦墓竹簡】

◉黄錫全　□畫　畫字古作□（宅毁）、□（吴方彝）、□（五年師旋毁）、□（彔伯毁）、□（上官登）、□（璽文3・12）等，《說文》正篆變作□。此从刀即劃字，富奠劍作□，今本《說文》畫字古文鉉本一形作□，鍇本一形作□。此形與鍇本類同，唯左旁下部多一畫，古从□。夏韻麥韻録《義雲章》作□。鄭珍以為「蓋所見《說文》略異」。【汗簡注釋卷四】

◉戴家祥　畫乃金文畫之繁構。林義光謂「此為刻畫之畫，與琱从玉同意。」文源六三零。朱芳圃然其說，金文用法亦同畫，作「畫轉」、「畫輔」等賞賜物。【金文大字典中】

晝 □

□ 晝 說文从畫省从日□籀文晝 㝬簋 余亡康晝夜 【金文編】

□ 簠瓦15·10 獨字 □ 簠瓦11·14 同上 【古陶文字徵】

□ 晝 日乙一五九 二十二例 □ 封九五 二例 【睡虎地秦簡文字編】

□ 从日不从旦 又—又夕(乙8—8) 【長沙子彈庫帛書文字編】

□ 晝出裴光遠集綴 【汗簡】

□王庶子碑 □裴光遠集綴 □汗簡 □ □ □ □並籀韻 【古文四聲韻】

◉許 慎 □日之出入與夜為界。从畫省。从日。陟救切。□籀文晝。【說文解字卷三】

◉王國維 □殷虛卜辭有□字。殷虛書契卷二弟二十八葉。吳尊蓋之□。彔伯敦之□番生敦同。毛公鼎之□。皆从之。□象又持筆。□象畫文。殆畫之初字。籀文□所从之□。當為□之譌變矣。【史籀篇疏證 王國維遺書第六册】

◉羅振玉 □□ 象日光輝四射之狀。後世篆文將此字所从之□引長之而作□。上又增聿。形義全晦。於是許君遂以隸畫部。而為與夜為界之説矣。【增訂殷虛書契考釋卷中】

◉馬叙倫 戴侗曰。此説鑿而不通。羅振玉曰。甲文有□□□。象日光輝四射之形。今篆將此字所从之□引而長之作□。上又增聿形。誼全晦。於是許君遂以隸畫部而為與夜為界之説矣。葉玉森曰。卜辭之□即周禮眂祲掌煇之煇。乃暈之古文。□象日旁雲气四面旋捲。若軍營守者然。霍世休曰。从□。書省聲。易襍卦以晝叶誅。讀歸知紐也。叶遇。書从者聲。魚類也。倫按从□即白也。若以為暈之古文。暈非常有。且非日體所固有。又日暈則不明。何以晝字從之。而義反為旦明耶。知不然矣。書省聲。書音審三。晝音知紐。同為舌面前音。故晝音入知紐。史記孝景紀。十二月。晦。雷。日如紫。徐廣曰。雷一作晝。又作圖。洪頤煊謂雷為晝譌。倫謂雷非雷字。蓋所從之回即□之譌。□當為晝之譌體。圖又雷之譌也。書則以晝从書聲。故即借書為晝。當入白部。說解捝本訓。所存者校語耳。晝為朝之音同知紐轉注字。晝夜即朝夕也。宰予之晝寢即朝寢。言旦而猶瞑也。

□ 此□之省變也。或从日書省聲。【說文解字六書疏證卷六】

◉嚴一萍　下正無一横。羣經正字曰：「今經典作晝，隸省。漢桐柏廟碑，晝夜作晝，後遂因之。」【楚繒書新考　中國文字第二十六册】

◉李　零　晝，從日不從旦，仍是晝字，指白天。【長沙子彈庫戰國楚帛書研究】

◉曾憲通　　又晝又夕甲八・八　帛文晝字从日不从旦，亦與《説文》篆文異。㝬簋「余亡康晝夜」晝字作，與帛文同。【長沙楚帛書文字編】

◉黄錫全　　晝出裴光遠集綴　㝬毁晝作本从聿从日，長沙楚帛書作，《説文》籀文變作，正篆作。夏韻宥韻録此文作，小異。《説文》謂晝从畫省，晝字古作(子晝毁)、(小臣宅毁)、(庶長畫戈)，也變作(吴方彝)、(上官登)、、(璽文3・12)等，所从之與此形類似。

鄭珍認為「此形有誤」，非是。【汗簡古文注釋卷三】

◉宋鎮豪　甲骨卜辭的「叀……酒」文例，恰好揭出一套殷人重視大事時日的禮俗。「叀……酒」的中間幾個字，專指時辰、日期或月份。由於殷人記日期用干支，記月份言某月，不同時辰也各有不同的專字，因此「叀酒」的中間一字，就必定是個表示時辰的專字無疑。

甲骨文、、、、、，本指立弋測度日影，字從又(手)持弋(或省手)，弋亦聲，從日，日旁有點，即日影之意。弋即杙，不是掘芋用具，在此被用作測日影的臬了。據《考工記・匠人》云：「置槷以縣，眂以景。」鄭注：「故書槷或作弋。」杜子春云，槷當為弋，讀為杙。玄謂槷古文臬，假借字。於所平之地中央，樹八尺之臬，以縣正之，眂之以其景，將以正四方也。」《周禮正義》卷八十二疏云：「置槷以縣，眂以景者，地既平，然後揆日眂景，以正東西南之向背，即辨方之事也。」

可見，古代或以弋作測日影辨方位的臬。甲骨文督字從手持弋從日，正是文獻「置槷以縣，眂以景」的本源。鄭注「故書槷或作弋」，杜氏謂「槷當為弋」，以甲骨文觀之，其説應有所本。

甲骨文督字所從的弋可寫成、、、、等形，或以弋立土()上作、、，或把弋的下部埋入土中作，均有立弋於地上的意思。弋或寫作，可能與立弋測日辨方位的方法相關。

甲骨文督字後世不見，其實是與晝字混而合用了。甲骨文有晝字，寫作。卜辭云：

甲午卜，……。

二卣。大吉。

叀牛。
牢。
今日。
□。（《屯南》2392）

這是第三期同卜之辭，末兩辭的「今日」和「□」分別占問祭時，□是時間專字。□即晝，字從又（手）持□從日，它是個象意字，□指立木，□或即《史記·司馬穰苴列傳》《索隱》：「立木為表以視日影」之意。□的本意或是立木測度日影以定時辰，後來又專門用以表時。甲骨文「今日」與「晝」對文，知晝是特定時間，而不是泛指白天。

據《說文解字》三下云：「晝，日之出入，與夜為界。」徐灝箋：「自日出至日入，通謂之晝，故云日之出入，與夜為界。今人但謂日中為晝，非古義。」

其實，「日中為晝」，正是古義。《莊子·知北遊篇》說：

神農隱几闔户晝瞑，婀荷甘日中奓户而入。

晝與日中對文，晝寓日中之意。《說文解字》五下云：「𩞁，晝食也。」陳夢家先生以為晝食是「中午田間一餐」。又《玉篇》卷下云：「晝，知又切，日正中。」可證。

晝的本意是立木為表測度日影以定時辰，後來成了日中時分的專字，白天為晝的字義，自屬後起。

古代測度日影，常常在日中時分進行。《周髀算經》卷上說：「日中，立竿測影。」《周禮正義·匠人》疏據《玉燭寶典》引《孝經》說：「立八尺竿於中庭，日中度其日晷。」《周官·馮相氏》疏引《易·通卦驗》說：「冬至日置八神，樹八尺之表，日中視其景。」《尉繚子·將令篇》說：「出國門之外，期日中設營，表置轅門期之，如過時則坐法。」

甲骨文的晝本指立木為表測度日影，大概常常在日中時分進行，所以就成了日中時分的專字。

督與晝是同源字，都與測度日影相關，但意義稍有區別。立竿度日，可以測方位，也可以定時辰和冬至夏至。督字源自置弋眡影定方位，晝字源自立木度日測時辰。古人質樸，同一事情，目的和對象不同，可能會造出不同形的字來，如沉字，以牛沉河則作□（《掇》2·190），以羊則作□（《續存》下283），以玉則作□（《屯南2232》）。督與晝構形的不同，正揭示了古代利用測度日影以決定方位和時辰的兩個不同事實。但在殷代晚期，這兩個字已經成了表示時間的專字，都指日中時分，而不再用其立弋定位

或立木度時的本義了。殷亡之後，督字消失，衹有晝字保存下來，大概就是因為這兩個字均與測度日影相關，又均指日中時分的緣故吧。

督字是象意兼聲字，晝字是象意字。從字音看，督字從弋，弋也是聲符，弋古韻在職部，屬舌上音的書母字。晝古韻在幽部，屬舌頭音的端母字。督晝兩韻相近，聲亦接近。大概因督晝兩字音近義相類而混用，後又導致晝存而督佚。【釋督晝　甲骨文與殷商史第三輯】

 隶　孳乳為隷經典作肄　邵鐘　大鐘八肆【金文編】

 3163  2411　與邵鐘隶字同【古璽文編】

 隶大内切【汗簡】

 汗簡  崔希裕纂古【古文四聲韻】

◉許　慎　隶及也。从又。从尾省。又。持尾者。从後及之也。凡隶之屬皆从隶。徒耐切。【説文解字卷三】

◉馬叙倫　孔廣居曰。隶即逮隸之古文。朱駿聲曰。尾省聲。章炳麟曰。以手持尾。本為追捕禽獸。引申為捕人。隶逮亦本一字。古文當止作隶。自孳乳作逮。而以手持尾之義隱矣。今人謂挾以俱走曰帶去。又凡相連及曰帶。並即隶字。倫按从又。尾省聲。鍇本挩聲字耳。隶尾聲同脂類。此及之轉注字。及音羣紐。逮音定紐。同為破裂濁音。故古文及為逮。又持以下九字校語。【説文解字六書疏證卷六】

◉夏　渌　甲骨文的「奴」字，原作「」，許書釋「及」，卜辭文例雖大量存在，學者多以「戰俘」的「俘」字讀之。奴隸的「眔」作「」，原是眼淚的「淚」，奴隸主眼裏，奴隸就是「以淚洗面的可憐蟲」，眼淚就是奴隸悲慘命運的象徵，卜辭文例中就是以「眔」為奴隸名稱。

「眔」代表奴隸的「隶」的文例書證：

「有(致)眔(隶)甗(獻)?」　前5・3・5

「……眔夫(或亢)施……?」　乙六三一三

「丁酉卜貞：叀乙酉用眔？丙午卜貞：其用龜？」 佚九五九
「丁酉卜貞：叀用眔？」 存一・一二一七
「那、䢼、羌眔百人歸于河用？」 師友二・一五六
「五牢卯眔？」 寧滬一・二五七
「貞：兄庚歲眔？庚乙其牛？」 後一・七・九 庚字疑誤
「庚寅卜：其登父乙歲眔施？」 存二・七六四
「甲申卜何貞：翌乙酉小乙具其眔？」 鄴初下四〇・一二

以上文例與其他「眔」作連詞的文例顯然有别，結合字形和文例的詞義，不難看出「眔」代表奴隸的含義。其他：來眔、取眔、歸眔，呼眔、令眔、殲眔、及「眔五十牙(夏)」之類的文例，多不勝舉，詳見一九七九年第二屆古文字學年會夏渌論文《學習古文字散記・用作奴隸的眔》，如上釋不誤，既有隶作「眔」，為什麼没有奴字呢？ 【甲骨文奴隶二字尋踪與考辨 于省吾教授百年誕辰紀念文集】

𨽻 𨽻

◉許 慎 𨽻及也。从隶。枲聲。詩曰。𨽻天之未陰雨。臣鉉等曰。枲非聲。未詳。徒耐切。【説文解字卷三】

◉孫詒讓 盇為𨽻之叚字。説文隶部：「𨽻。及也。从隶枲聲。詩曰『𨽻天之未陰雨』」枲盇皆从台聲。古通。卜辭曰「亦盇雨」者。亦為夜借字。夜而雨及也。曰「不亦盇雨」者。夜不及雨。猶云不𨽻雨。與詩意略同也。【契文舉例卷上】

◉馬叙倫 錢大昕曰。枲从台聲。詩。𨽻天之未陰雨。今本作迨。亦台聲。李枝青曰。枲。从木。台聲。台古有臺音也。倫按𨽻為隶之轉注字。枲。从台得聲。台音喻四。古讀歸定。隶音定紐也。爾雅釋訓。迨。及也。方言三。東齊曰迨。此借迨為𨽻隶也。此字蓋出字林。【説文解字六書疏證卷六】

隸 隸

隸 隸 秦九六 三十四例 隸 雜三八 十五例 隸 封五一 二例 【睡虎地秦簡文字編】

隸 隸【汗簡】

隸【古文四聲韻】

◉許　慎　隸附箸也。从隶。柰聲。郎計切。隸篆文隸。从古文之體。臣鉉等。未詳古文所出。【説文解字卷三】

◉商承祚　字下出隸云。「篆文隸。从古文之體。」則此當是古文。又案篆文注。既云隸「从古文之體」。則小篆右旁不當从隶。漢魯峻碑及石門頌等作𨽻。周禮同。則𨽻當是篆文之本體矣。今从古文作隸。【説文中之古文考】

◉馬叙倫　鈕樹玉曰。繫傳韻會引及玉篇注並作附著也。段玉裁曰。附當是本作坿。商承祚曰。下文。隸。篆文隸。從古文之體。則此當是古文。倫按此亦隶之轉注字也。柰音泥紐。泥定皆舌尖前音。柰從示得聲。示音禪紐。古讀歸定也。附箸也者。及會從後及之意。此人之手與彼人相及。是附箸也。然疑非本訓。隶為追捕。故即名被追捕之人曰隶。左定四年傳。社稷之常隸也。注。隸。賤臣也。廣雅釋詁一。隸。臣也。臣為俘虜。是被逮者也。古以臣虜服役。故周禮司隸注曰。隸。給勞辱之役者。禁暴氏。凡奚隸。注。女奴男奴也。儀禮既夕記。隸人涅。注。罪人也。今之徒役作者也。此皆可證隸為隶之轉注字。亦應音義説隸隸二字及九經字樣説隸字皆不引本書。何也。字見急就篇。顔師古本誤為𨽻。

隸　徐鉉曰。未詳。古文之體。桂馥曰。本書款或作欵。馥謂隸亦隸之或體。當別有古文脱去。一切經音義三。𨽻。附箸字。从米。𣪠聲。古者𨽻人擇米以供祭祀。故从米也。又卷一云。𨽻从米𣪠聲。𣪠字从又从祟。九經字樣。案周禮。女子入于舂槀。男子入于罪隸。隸字故从又持米。从柰聲。又象人手也。經典相承作隸已久。不可改正。馥案此二説謂隸𨽻皆从米。唐本當如此。但不知何以屬隶部。案楊君石門頌作𨽻。即九經字樣之説。魯峻碑作𨽻。即一切經音義之説。楊淮碑作𣪠。或古文與。宋保曰。柰祟同部聲相近。倫按从又持米柰聲作𨽻。从米𣪠聲作𨽻。皆不見附箸之義。此明𨽻隸之隸變也。隸之轉注字。猶款或作欵。𣪠。本書作𣪠矣。从古文之體者。校者加之。此篆蓋亦出字林。【説文解字六書疏證卷六】

◉黃錫全　夏韻霽韻録《説文》隸作𢼸，與高奴權𢼸同，今本《説文》正篆作隸。鄭珍云：「此隸變𨽻字也。左从示。右下米當作𣎵，夏無。」雲夢秦簡隸作𢼸，石門頌作𨽻。【汗簡注釋卷三】

臤

續一·一四·三【甲骨文編】

臤　引鼎

弜觥

烏且癸簋

臤父辛爵

父癸簋　【金文編】

3527　2500　5512　2262　1461　2125　2923　2938　2922　2940　2943

2925　2941　2942　2926　2924　2939　2930　2932　2931　【古璽文編】

石經君奭　臤賢古今字　賢字重文　【石刻篆文編】

【汗簡】

◉許　慎　臤　堅也。从又。臣聲。凡臤之屬皆从臤。讀若鏗鏘之鏗。古文以為賢字。苦閑切。【説文解字卷三】

◉劉心源　右陳壽鄉器銘三字。臤説文云。堅也。从又臣聲。讀若鏗鏘。古文㠯為賢字。苦閑切。此為作器者名。當是賢。臤卣作臤。亦此字。校官碑袁良碑皆㠯臤為賢。【奇觚室吉金文述卷三】

◉陳獨秀　臤字从臣義亦為目,手持之,目注之,義為固持。加土為堅,土之固也。加糸為緊,絲之固也。加貝為賢。漢書食貨志引周易繫辭曰:天地之大德曰生,聖人之大寶曰位,何以守位曰仁,何以聚人曰財。按賢字義為善守貝聚財,故以為賢勞。小雅北山:大夫不均,我從事獨賢,傳曰:賢,勞也。賢勞謂聚財守貝事多而勞,故引伸之義為多。禮記投壺「某賢於某若干純」是也。善守貝聚財者恒慳恪,故臤孳乳為掔,説文:固也。為慳。廣韻:慳,恪也。【小學識字教本】

◉馬叙倫　沈濤曰。詩卷阿正義引。賢。臤也。以其人能堅正。然後可以為人臣。故字从臣。以其以下疑注中語。李杲曰。石經賢之古文作臤。倫按此牽引之牽本字。堅也以聲訓。義當為丮之固也。易夬卦。牽牛悔亡。子夏傳。牽作掔。掔即臤之俗字。手部。掔。固也。是其證。讀若鏗鏘之鏗者。本書無鏗字。王筠以為即硻字。是也。然本書亦無鏘字。蓋讀若以下皆校語。故在凡臤之屬皆从臤下。甲文作。引鼎作。堇臤鼎作。【説文解字六書疏證卷六】

◉李孝定　又耳為取,又臣為臤,象以手取目之形,疑與「民」字同意,惜不能於銘辭證之。説文訓堅訓賢,皆為聲訓。【金文詁林讀後記卷三】

◉戴家祥　許説非是,臤為臣之加旁字,臣,牽也。牽讀苦堅切,溪母真部,臤讀苦閑切,溪母元部,元真韻近,从又从臣,當即牽引之本字。左傳哀公十六年云:「太子請使良夫,良夫乘衷甸兩牡,紫衣狐裘,至,袒裘不釋劍而食。太子使牽以退,數之以三罪而殺之。」許訓「臣,牽也,事君者,象屈服之形」,為臣之道如此而已矣。臣本戰俘,逸周書作雒解:「俘殷獻民遷于九畢。」俘者,伐國取人之謂也。經典亦或稱執。禮記王制:「出征,執有罪,反,釋奠於學,以訊馘告。」執字从丮,夲聲。丮義同又,又手也。

丮持也。是知臤之从又从臣，亦猶取字从又从耳也。取謂訊馘所生獲斷耳者。蓋臣為戰敗者受牽，臤字从又，指勝者俘所得也。上古語言樸質，主動詞與被動詞不分。施于人畜不分。其後庶業其繁萬品有別。於是別創从牛之牽，區別从臣之臤。秋官掌客「牽四牢」，鄭注「牽生牢也」。左傳僖公三十三年「惟是脯資餼牽竭矣」，釋文「牲生曰牽」。其後牽執戰俘之臤，漸就湮没，在經傳中偶一見之，然非訓釋莫知其義。公羊僖公二年「虞公抱玉牽馬而至」，釋文「牽馬，本又作掔」，掔即臤之表義加旁字，而不知从又即从手也。文選羽獵賦「摼象犀」，李善注：「摼，古牽字。」堅讀古賢切。見母真部，見溪聲近，摼即掔之注音更旁字也。集韻下平一先牽、摼、撁同字。

同聲通假，臤亦讀堅，公羊成公四年「鄭伯堅卒」，釋文：「堅，本或作臤。」此即説文所云「臤，堅也」。周書君奭「時則有若巫賢」，魏三體石經，古文作巫臤，此即説文所云「古文以為賢」。許君訓臤雖各有所據，然於造字之初誼仍有缺誤，故宜究其義俾學者諟正焉耳。【金文大字典上】

緊

 2623 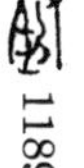 1189 【古璽文編】

 義雲章 【古文四聲韻】

◉許　慎　緊纏絲急也。从臤。从絲省。糾忍切。【説文解字卷三】

◉馬叙倫　鈕樹玉曰。韻會引作从臤絲省。段玉裁曰。緊急雙聲。翟云升曰。當入糸部。王筠曰。从糸。臤。臤亦聲。小徐作絲省聲。可知是譌挩矣。倫按説解曰。纏絲急也。非許文。然是从糸臤聲也。當入糸部。本作急也。以聲訓。校者加纏絲急也以釋之。【説文解字六書疏證卷六】

堅

 堅　秦一四五　六例【睡虎地秦簡文字編】

 韓堅  樊堅  邯鄲堅石【漢印文字徵】

  竝古老子  王惟恭黃庭經【古文四聲韻】

豎 

◉許　慎　堅剛也。从臤。从土。古賢切。【說文解字卷三】

◉馬敘倫　徐鍇曰。剛土也。翟云升曰。爾雅釋詁疏引作剛強之固也。案二注未當。當依鍇說。宜屬土部。徐灝曰。从土。臤聲。倫按堅剛雙聲。然从土當為剛土。土部。壚。黑剛土也。埲。赤剛土也。是此奪土字。當入土部。爾雅疏引校者語。字見急就篇。【說文解字六書疏證卷六】

◉睡虎地秦簡整理小組　堅，疑讀為礥(音韵)，《廣韻》：「鞕也。」【睡虎地秦墓竹簡】

4·38　右宮豎　6·143　獨字　【古陶文字徵】

一：九二　宗盟委質類參盟人名　一五六：二七　二例　二〇〇：三九　【侯馬盟書字表】

94　【包山楚簡文字編】

3016　3017　3181　1719　1105　1390　0440　2342　【古璽文編】

張豎　虖豎　徐豎　張豎　臣豎　馮豎　【漢印文字徵】

牧子文　【古文四聲韻】

◉許　慎　豎豎立也。从臤。豆聲。臣庾切。豎籀文豎从殳。【說文解字卷三】

◉王國維　豎殆內豎之豎之本字。當作从臣。豈省聲。字以篆文為正。籀文从殳。殳由又而譌。【史籀篇疏證　王國維遺書第六冊】

◉馬敘倫　鈕樹玉曰。韻會引同繫傳。作豎立也。沈濤曰。一切經音義十六曰。燭樹。或作豎。說文。樹。立也。樹無立訓。蓋玄應引許書本作豎。乃釋注文之或作也。後人見標題為燭樹。遂妄改為樹。非古本如是。據此。則古本說解不重豎字。今本亦誤。徐灝曰。豎字衍文。林義光曰。周禮內豎注。未冠者之官。此豎之本義。倫按豎字乃隸書複舉字之未删者。然鈕樹玉謂豎無堅固義。倫謂此臣之轉注字。从臣。𧯠聲。𧯠即尌字。詳尌字下。或音禪紐。與臣雙聲。周禮有內豎。淮南人閒。豎陽穀奉酒而進之。注。豎。小使也。史記酈生傳。沛公罵曰。豎儒。索隱。豎者童僕之稱。此豎猶臣也。此豎為臣

臣

轉注之證。古鉨文有作□□者。尤可證也。前人謂借為孺。非是。立也者豎字義。當入臣部。古鉨作□。

□　鈕樹玉曰。玉篇廣韻韻會並無。倫按王筠據鍇本作□。古鉨有□。从攴。攴殳一字。倫按豎當入臣部。豎部可删也。【説文解字六書疏證卷六】

◉牛濟普　豎字戰國文字多省簡、變異，此「□」字即是豎字。戰國古鉨中曾見「司馬□」印，第三字與此陶文同。它也應是陶工的名字。【鄭州、滎陽兩地新出戰國陶文介紹　中原文物一九八一年第一期】

◉彭　浩　八號墓第41號簡「大奴甲車豎」，一六八號墓也有一簡「牛車一兩（輛）豎一人，大奴」。「豎」字一般都釋作小家僮、小童僕，如《列子・説符》：「楊子之鄰人亡羊，既率其黨，又請楊子之豎追之。」《廣韻》：豎，「童僕之未冠者。」前面列舉的兩條簡都已明確指出「豎」是大奴，因而不能釋作小童僕。「豎」字在此似借作僕字，兩字音近可通假。僕則可釋作御（御車）。《左傳》文公十八年「而使歜僕」，杜預注：「僕，御也。」《詩・出車》「召彼僕夫」，毛傳：「御夫也。」九號墓也有一簡「大奴周牛僕操□」，「牛僕」是牛車的御者，在前面列舉的簡中則稱作「豎」，可證僕、豎二字音義相通。據此，八號墓和一六八號墓的「豎」是指牛車的御者。【鳳凰山漢墓遣策補釋　考古與文物一九八二年第五期】

甲二八五一　甲二九〇四少臣　甲二九六六小臣　乙五二四　乙六九六　河六二五　鐵一・一王臣　鐵一七五・一　前二・九・三　前四・一五・四　前四・二七・四　京津一二二〇方人其臣商　前六・一七・六　菁三・一　林一・七・四　林二・二七・七　佚一一　佚五四四　佚七三三　佚七四二　粹一二五丰臣　粹二六二　掇一・三四三　存六〇一　珠一一一〇　京津二〇九九　令小王臣　京都二二三五九【甲骨文編】

甲215　229　624　779　2830　2851　2904　3915　乙1379　4065　4720　5311　6223　6386　6727　6819　6948　7845　8796　8806　8859　8932

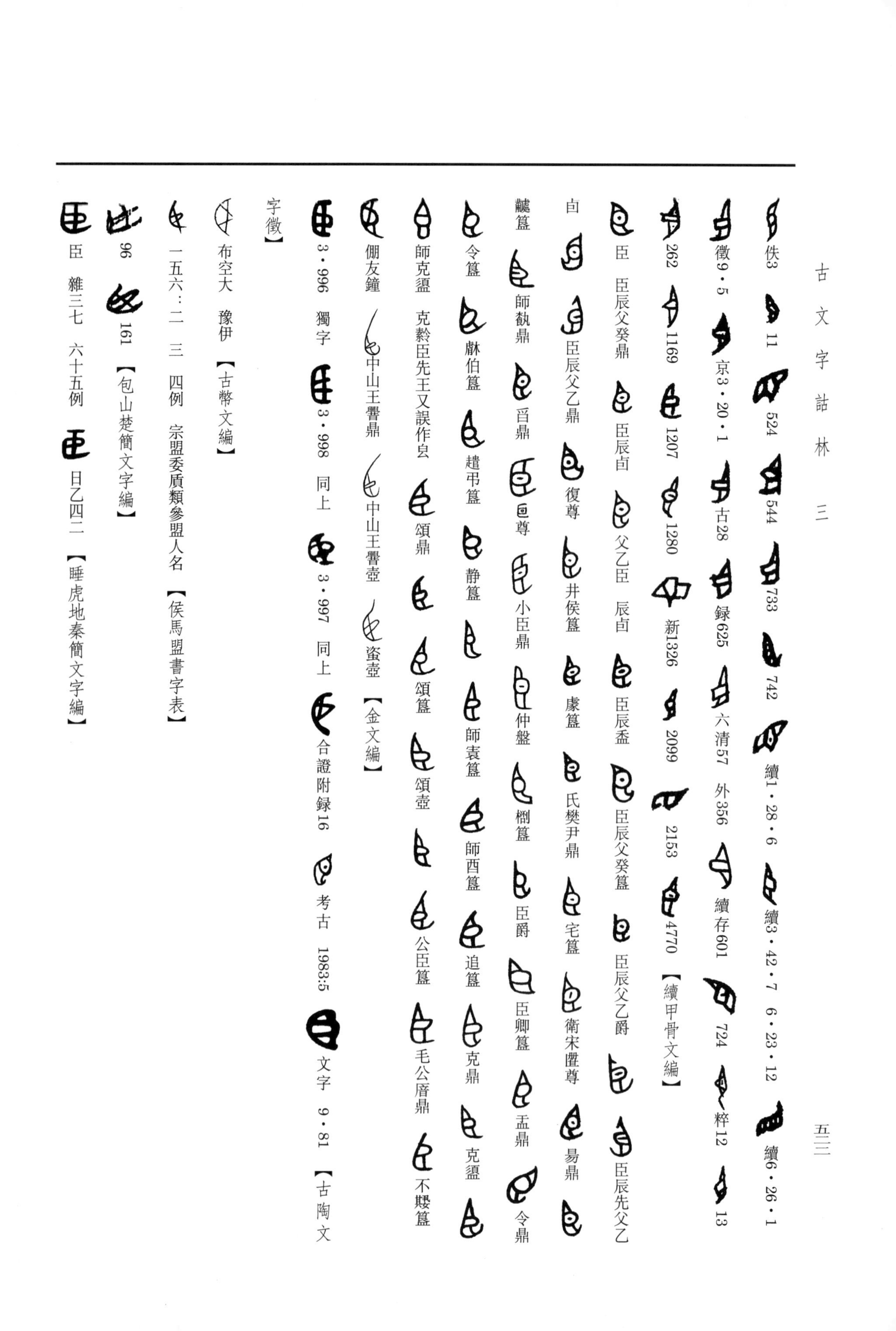

佚3　11　524　544　733　742　續1·28·6　續3·42·7　6·23·12　續6·26·1

徵9·5　京3·20·1　古28　録625　六清57　外356　續存601　724　粹12　13

262　1169　1207　1280　新1326　2099　2153　4770　【續甲骨文編】

臣　臣辰父癸鼎　臣辰卣　父乙臣　辰卣　臣辰盉　臣辰父癸簋　臣辰父乙爵　臣辰先父乙

卣　臣辰父乙鼎　復尊　井侯簋　虘簋　氏樊尹鼎　宅簋　衛宋豊尊　昜鼎

觵簋　師訊鼎　舀鼎　亘尊　小臣鼎　仲盤　榭簋　臣爵　臣卿簋　盂鼎　令鼎

令簋　馭伯簋　趞弔簋　靜簋　師袁簋　師酉簋　追簋　克鼎　克盨

師克盨　克黹臣先王又誤作㠯　頌鼎　頌簋　頌壺　公臣簋　毛公厝鼎　不㝬簋

倗友鐘　中山王嚳鼎　中山王嚳壺　盗壺　【金文編】

3·996　獨字　3·998　同上　3·997　同上　合證附録16　考古　1983:5　文字　9·81　【古陶文字徵】

布空大　豫伊　【古幣文編】

一五六：二　三　四例　宗盟委質類參盟人名　【侯馬盟書字表】

96　161　【包山楚簡文字編】

臣　雜三七　六十五例　日乙四二　【睡虎地秦簡文字編】

不可吕豸女取——妾（丙2:2—7）　取☐☐為——妾（丙5:3—7）【長沙子彈庫帛書文字編】

1987　2601　1862　0891　1222　2466　1070　3713　4049　4119　3326

2399【古璽文編】

傅齊臣　臣長　駟臣私印　臣禹　臣翊　臣魯臣　臣勉　臣中【漢印文字徵】

羣臣上醻題字　泰山刻石　臣去疾　郎邪刻石　臣請具刻詔書　石經君奭　時則有若伊陟臣扈【石刻篆文編】

臣【汗簡】

古孝經　古老子　汗簡【古文四聲韻】

◉許　慎　臣牽也。事君也。象屈服之形。凡臣之屬皆从臣。植鄰切。【説文解字卷三】

◉羅振玉　卜辭中小臣二字多合為一字書之作與古金文同。【增訂殷墟書契考釋卷中】

◉高田忠周　禮記禮運。仕于公曰臣。晉語。事君不貳是謂臣。又周禮太宰。八曰臣妾。注男女貧賤之偁。皆是也。屈服隨从。即比附也。詩云。克順克比。比匕同意。故臣字从匕。又下作即省也。詩黄鳥序。哀三良也。箋云三良。三善臣也。所謂忠良也。臣字。从匕良會意。固為至當也。許氏云。象屈服形。未得其詳而已。但匕有屈服意。故云爾耶。【古籀篇三十三】

◉郭沫若　臣字小篆作，許書云：「臣，牽也，事君也。象屈服之形。」臣之訓牽，蓋以同聲為轉注，然其字何以象屈服之形，於小篆字形實不能見出。近人亦有依小篆字形以為説者，然皆以訛傳訛也。字於卜辭作若，金文如周公毁「錫臣三品」作，令鼎之「臣十家」作，均象一竪目之形。人首俯則目竪，所以「象屈服之形」者殆以此也。古人造字，於人形之象徵，目頗重要。如頁字，夒字，首字等。均以一目代表一人或一頭首，此以一目為一臣，不足為異……然殷人用臣之意亦有別，「貞乎多臣伐」（戩十二・十）、「乎多臣伐方」（前六・三一・三）、「貞勿乎多臣伐方弗〔受㞢右〕」（甲・二・二七・七），

視此則殷人似以臣為兵士，此事於古代之希臘羅馬嘗有之，今則如英人用印度人任軍警，法人用安南人任軍警，亦同此意。

【釋臣宰　甲骨文字研究】

◉郭沫若　上數例言「多臣」「多射」乃同例語，均關征伐之事，則臣與射乃兵卒之類也。古人稱奴隸為臣，左傳僖十八年卜招父曰：「男人為臣，女人為妾。」書微子：「今殷其倫喪，我罔為臣僕。」小雅正月：「民之無辜，並其臣僕。」以多臣多射從事征伐，用知商人以奴隸服兵役矣。【卜辭通纂】

◉葉玉森　章炳麟氏曰臣即初文牽字。引伸為奴虜。猶曰纍臣。其形當橫作臣。臾縛伏地。前象其頭。中象手足對縛着地。後象尻以下兩脛束縛。故不分也。文始　森按卜辭臣或作臣。與篆文同。予曩謂臣象一人坐地。臣象上牽其頸。中攣其手。下牽其足。許君說象屈服形。其誼自顯竝妄謂章氏之說為紆曲。殷契鉤沈　嗣復認定卜辭中之臣臣亦臣之橫書者如云「臣苦方」。卷四第三十二葉之六　他辭亦云「乎臣苦」藏龜第三十九葉之四　則臣臣為一字。推之「臣𦉫」後下第三十四葉之五「臣魯」藏龜之餘第十一葉之一　辭例亦同。則章氏之說似亦中肯。近讀郭沫若氏釋臣宰篇。甲骨文字研究　謂臣為一豎目形。人首俯則目豎。所以象屈服之形。予桉卜辭臣字有橫豎兩形。豎目之說仍未融洽。惟章氏謂臣為奴虜。郭氏謂臣為奴隸。均塙。卜辭有云「卜☐☐☐𢦏貞囚之臣于貍邑☐俘☐」後下第三十三葉之十二者。即云囚此奴虜于貍地而用☐之俘也。【殷虛書契前編集釋卷二】

◉楊樹達　許君以牽訓臣，乃以聲為訓，明其語源。植鄰切之音與牽聲紐不同，古音殆不當爾。觀臤从臣聲，白虎通三綱六紀篇及孝經援神契並云：「臣，堅也。」廣雅釋詁云：「臣。掔也。」亦皆以聲為訓。知臣古音當與臤牽堅掔音同矣。臣之所以受義於牽者，蓋臣本俘虜之稱。禮記少儀云：「臣則左之。」注云：「臣謂囚俘。」是也。蓋囚俘人數不一，引之者必以繩索牽之。名其事則曰牽，名其所牽之人則曰臣矣。吳越春秋卷七勾踐入臣外傳云：「越王勾踐五年五月，與大夫種范蠡入臣於吳，羣臣皆送至浙江之上，臨水祖道，軍陣固陵。大夫文種前為祝曰：皇天祐助，前沈後揚，禍為德根，憂為福堂。威人者滅，服從者昌。王雖牽致，其後無殃。君臣生離，感動上皇。衆夫哀悲，莫不感傷。臣請薦脯，行酒二觴。」夫勾踐入臣，而文種謂其牽致，此必有以表之如秦王子嬰繫頸以組之所為者矣。左傳宣公十二年云：「楚子圍鄭，克之。鄭伯肉袒牽羊以逆。」杜註曰：「肉袒牽羊，示服為臣僕。」按臣牽之義本謂受牽，牽羊則屬主牽，事雖有異，其以牽表臣則一也。不然，臣僕所執之賤役亦多矣，奚必限於牽牲乎。及秦王子嬰降於漢高祖，亦係頸以組，亦以表牽致之義也。應劭乃云：「係頸者言欲自殺。」知仲遠俗儒為不識古義矣。【臣牽解　增訂積微居小學金石論叢卷二】

◉孫海波　藏一・一　餘七・二　令毁　周公毁　舀鼎　小臣鼎　説文云：「牽也，事君也，象屈服之形。」按甲骨金文目作，臣作，一横目，一竪目，二形無別，古當是一字。徵之从目之字亦多从臣，如相作，朢作，皆是。許君訓目象形，訓臣牽也，是以聲衍，本非初誼；若云牽目，誼亦未安。余謂臣目皆示頁首之誼，俘虜之人，纍其面部以識別之，故以為臣。俘虜之人，非復人數，驅策馴服，若使牛馬然恒存畏懼之心，故臣有屈服之誼。【甲骨金文研究】

◉孫海波　卜辭目作，臣作，一横目，一豎目，二形無別，古當是一字。徵之从目之字。相。省視也，从目从木，卜辭作（前二・十七・四），亦从臣作。頤和園藏器父乙壺作，佚存七八七版作，商先生釋柤，竊疑當為相，正象視木之義也。朢月滿也，與日相望以朝君（此引申之義），从月从臣从壬，卜辭作，象人舉目相望之形。亦从目作，佚存六五四版「□乘由□」，此即朢字别構。以上二字，皆臣目互用之證。許君訓目象形，訓臣牽也，是以聲衍，本非初誼；若云牽目，誼亦未安。余謂臣目皆示頁首之意，俘虜之人，纍其面部，以識別之，故以為臣。蓋人之頁首。惟目為最顯，古文頁首之字，皆繪目以象其形，金文頁作（静毁顕之偏旁），（師遽尊顕之偏旁），首作（周公毁），（舀鼎），（友毁），皆是也。【卜辭文字小記　考古學社社刊第三期】

◉孫海波　劉氏藏契有一版文云：

□□　王又歲　辛亥卜
于帝　于帝五臣　五臣
五臣又　足隹亡雨
大雨

玩此辭文義，殆為祈雨而卜，其第一辭云卜祭于五臣，第二辭云侑祭歲于帝五臣無雨，第三辭則祭帝五臣有大雨，則帝五臣者，豈主雨之神耶，姑記之以俟知者。【卜辭文字小記續　考古學社社刊第五期】

◉馬叙倫　章炳麟曰。臣即初文牽字。引申為奴虜。猶曰纍臣矣。書曰。臣妾逋逃。易曰。畜臣妾。春秋傳曰。男為人臣。女為人妾。刑法志曰。鬼薪白粲一歲為隸臣妾。隸臣妾一歲免為庶人。然則臣者。本俘虜及諸罪人給事為奴。故象屈伏之形。其形當横作。臾縛伏地。前象其頭。中象手足對縛箸地。後象尻以下。兩脛束縛。故不分也。記少儀言。獻臣則左之。注。臣謂囚俘。此牽之而至也。郭沫若曰。臣。古之奴隸也。矢令毁。錫貝十朋。臣十家。周公毁。錫臣三品。皆所賜奴僕也。倫按臣者。女之異文。女為奴之初文。臣音禪紐。古讀歸定。奴音泥紐。同為舌尖前音也。從人縛其身。故白

虎通。臣。纏也。纏蓋纏之異文。猶廛壇之相通也。明臣為被縛之人。即奴隸也。諆田鼎作。静毁作。克鼎作。甲文作。皆象人身手有束縛。指事。象屈伏之形本作象形。校者改之。大例當作从人象形。牽也者以聲訓。事君也校語。字見急就篇。曶鼎作。周公毁作。甲文亦有作者。則傳寫之譌混於目矣。【說文解字六書疏證卷六】

◉陳夢家　卜辭有

一、某臣：

子效臣田隻　鐵一七五・一

乎雀臣正，王氏臣正　乙六四一四

令吳耤臣　前六・一七・五

吳弗其氏王臣　鐵一一・一

以上各辭在臣之前都有人名、族名或稱號。因此「雀臣正」「王臣」是雀之臣正或王之臣。王與族邦之有臣正，反映於殷人自然崇拜中以為帝亦有臣正。

「王臣」的名稱亦見於西周初期金文，大盂鼎「或司王臣」與「人鬲」並為所賜的奴隸，但王臣以「伯」計，人鬲以「夫」計，這兩種人是不同的：王臣原是被征服的族邦的有司，而人鬲原來就是奴隸（歷史研究：一九五四：六：九六）。由此可知大盂鼎中的「王臣」本來是族邦的有司。

二、臣、小臣：

臣不其卒——臣卒　乙二〇九三

臣其工汎——臣弗工汎　甲三〇二二十三〇七〇十三一〇七

由小臣令衆黍　前四・三〇・二續三・四七・一

小臣妫　乙二四五一

叀馬小臣　粹一一五二

我家舊老臣亾巷我　前四・一五・四

……昔我舊臣……　庫一五一六

凡此臣、小臣、老臣、舊臣都是官名。

卜辭中的「臣」字除用作名詞外，亦作動詞：

己酉卜亞，佣其隹臣——己酉卜亞・嬪其隹臣　乙四六七七

尸其臣商　京津一二二〇

此處的「臣」與多士「臣我監五把（把為祀之誤）」、顧命「綏爾先公之臣服於先王」同是動詞。西周中期金文克盨和梁其鼎「畯臣天子」、梁其鐘「農臣天子」皆謂臣服於周王。卜辭中動詞之「臣」說明了兩事：一、殷王與它邦有臣服的關係，二、它邦所臣者是商，則商為當時大邦殷的稱號。族邦與小臣對於商國的臣服關係，尚表見於以下卜辭：

缶不其來王——缶不其來見　乙五三九三

小臣咏王　甲一二六七

小臣[illegible]堇（覲）　甲三九一三

卜小臣某之來王與來覲。來見、來覲是來朝，與來王不同，來王當指臣服。商頌殷武曰「維女荊楚，居國南鄉，昔有成湯，自彼氐羌，莫敢不來享，莫敢不來王，曰商是常。」此所謂「來王」與卜辭同；所謂「曰商是常」與卜辭「尸其臣商」（京津一二二〇）同。卜辭中的小臣至少有兩類：一類是多方的小臣。記其來王來覲等等；一類是王朝的小臣，即臣正。卜辭中記個別的先王舊臣為祟於王；又有「我家舊老臣亾害我」「昔我舊臣」。凡此舊臣都是殷王朝已故的臣正。

三、多臣：

勿乎多臣伐邛方　林二・二七・七

𢓜追多臣，羌弗夲　甲三四二七十三四七七

不𠂤夲，多臣往羌　善五二四七

我多臣亦禍　粹一二〇七

多臣常常是受王之乎征伐邦方。他們的地位顯然和「衆」或「衆人」是不同的。多臣而冠之以「我」，則此多臣乃是殷王國之臣，可能是「臣」與「小臣」的多數稱謂，猶酒誥之言「諸臣」。

康丁武乙之間有多辟臣：

多辟臣其□　粹一二八〇

叀多母舁——叀多辟臣舁　綴一〇一

由於多臣與多母的對貞，多辟臣可能是嬖臣，乃親近的褻臣。鄭制（左傳昭元・昭七・哀五）大夫分上、亞、嬖三等，所以卜辭的元臣、小臣、辟臣可能也是等級有差之臣。【殷墟卜辭綜述】

◉高鴻縉　董作賓氏曰。臣象瞋目之形。石刻人體上有此花紋。是也。此象瞋目之形。故託以寄瞋意。動詞。後借為君臣之臣。乃另造瞋。瞋行而臣之本意亡。【中國字例二篇】

◉胡厚宣　舞臣即是跳舞的奴隸。

州，說文，「水中可居曰州。一曰，州疇，耕治之田也。」蒼頡篇，「疇，耕地也。」是州為耕治的田地，州臣即耕作的奴隸。

小疒臣猶言小耤臣，小丘臣，小衆人臣，小多馬羌臣。乃是疒小臣，即管理疾病的小臣，其地位較一般臣奴為高，但也是一種奴隸。【甲骨文所見殷代奴隸的反壓迫鬥爭　考古學報一九六六年第一期】

◉嚴一萍　□　此字商氏摹作□。釋云：「□為望字，甲骨文作□，金文保卣同，此省去二筆。『旻不』即『不得』。『母取望日』者，謂取望日則凶，就是不遭凶，所辦的事亦不得成功。」案商氏讀女為「母」，臣為「望」，故於不明之字補作「日」。如此斷句，與上文「不可以為」不相屬。蓋商氏所據照片不明，故有此誤。【楚繒書新考　中國文字第二十六册】

◉斯維至　卜辭習見小臣，其職蓋自殷代以來即有之矣。周禮中有二小臣，其一屬冢宰，謂內小臣，乃掌宮中賤役猶寺人之類。銅器中有魯內小臣鼎。其職與周禮正合。亦有未著內字而地位至卑賤者。如師晨鼎大克鼎之以小臣與車服同錫是也。其二屬司馬，其職文云小祭祀賓客饗食賓射掌事，如大僕之法。此於金文並有徵。靜𣪘云：「王命靜司射學宮，小子眔服眔小臣眔尸𡗝僕學射。」靜為小臣，別有小臣靜彝可證。此銘所言或周禮之賓射歟。【兩周金文所見職官考　中國文化研究彙刊第七卷】

◉張日昇　說文云「臣。牽也。事君也。象屈服之形。」郭沫若謂人首俯則目豎。所以象屈服之形。甲骨文字集釋頁九九一引。李孝定謂自來解說文者自小徐繫傳通論而下。皆以擎跽曲拳釋許君象屈服之形一語。惟郭說獨得許君之神恉。仝上頁九九三。按目之作橫豎誠有深意存焉。目橫乃平視時之象。如見作□是也。目豎乃仰觀俯察時之象。如朢作□監作□是也。俯首屈服其目豎。而以豎目代表屈服之人。此造字之本義也。【金文詁林卷三】

◉于省吾　甲骨文以橫目為目，作□或□，以縱目為臣，作□或□，周代金文略同。臣與目只是縱橫之別。說文臣字作□，而目字作□。

甲骨文臣字的用法有兩種：一，臣謂奴隸。如「臭弗其氏（致）王臣」（藏一・一）。王臣指王室奴隸言之。「子效臣田，隻」（京

都二八三）「氏子蔇臣于𠂤」（後下三三・一二）。以上兩條指子效和子蔇的奴隸言之。二，臣謂臣僚。甲骨文言小臣或小臣某者習見，均指臣僚言之。西周金文以田若干田和臣若干家作為賞賜品者習見，則臣已為有家屬的奴隸。又西周金文以臣妾連稱者屢見。書費誓的「臣妾逋逃」，偽傳謂「男曰臣，女曰妾」。至于西周金文以臣為臣僚也是常見的。

說文：「臣，牽也，事君也，象屈服之形。」王筠說文句讀：「金刻作，是人跪拜之形，小篆不象。」孔廣居說文疑疑：「臣象拜服之形，象首與背，象肩袖二手形。」章炳麟文始：「臣者本俘虜及諸辠人給事為奴，故象屈服之形。其形當橫作，與縛伏地，前象其頭，中象手足對縛箸地，後象尻，以下兩脛束縛，故不分也。」按許說極為籠統。並且，屈服乃臣字的引伸義，與構形無涉。王氏以跪拜為解，毫無根據。孔章二氏割裂篆劃以為之解，未免荒謬。郭沫若同志釋臣宰一文謂臣「均象一豎目之形，人首俯則目豎，所以象屈服之形者，殆以此也。」按郭說非是。

甲骨文既以臣為臣僚，臣僚屈服于最高統治者，是從奴隸屈服于奴隸主之義引伸而來。但是，奴隸為什麼叫作臣？臣為什麼作縱目形？由于臣字的造字本意已湮没失傳，遂成千古不解之結。實則，臣字本象縱目形，縱目人乃少數民族的一種，典籍也稱之為豎目。清代陸次雲峒谿纖志：「豎目仡佬，蠻人之尤怪者，兩目直生。」這是少數民族志關于縱目人的明確記載。再驗之于其他典籍，華陽國志蜀志：「周失綱紀，蜀先稱王。有蜀侯蠶叢，其目縱，始稱王，死作石棺石椁，國人從之，故俗以石棺椁為縱目人冢也。」漢書天文志哀帝建平四年：「民相驚動，讙譁奔走，傳行詔籌祠西王母。又曰，從（縱）目人當來。」此外，鬼神也有縱目之例。楚辭大招稱西方之神為「豕首縱目」。漢王延壽夢賦稱「撞縱目」。又麽些文字字典的豎目天女作（左旁象婦女形）。以上所列三項，都是由于世間已經有了縱目人而在神靈世界的反映。

甲骨文的見字作，象人橫目以視，望字作，象人縱目以望。又說文：「頣，舉目視人皃，从頁臣聲。」臾頣二字可以理解為一般所說的舉目，這和獨體的臣字起源于縱目人有別。前文所說的縱目人都是雙目，為什麼臣字作單個縱目形？這不過是文字上的省化，因為見望二字也从單目，可以互證。

甲骨文屢見字（原辭均殘），象人縱目以跪。商器䀠乙斝有字，上象連眉，下象縱目。說文：「𦣝，乖也，从二臣相違，讀若誑。」又：「䀠，左右視也，从二目，讀若拘。」其實，𦣝與䀠本係同字，後世分化為二。說文：「𥄎，舉目驚𥄎然也，从夰从䀠，䀠亦聲。」饒炯說文部首訂：「䀠即𥄎㥷之古文，說文當云驚恐也。」這是對的。說文懼之古文作㥷。方言十三：「懼，驚也。」䀠與𥄎典籍通作瞿。禮記玉藻的「視容瞿瞿」，孔疏：「瞿瞿驚遽之貌。」說文：「矍，隹欲逸走也，从又持之矍矍也。讀若詩云穬彼淮夷之穬。一曰，視遽皃。」說文繫傳訓視遽皃為「左右驚顧」。按「隹欲逸走」和「左右驚顧」均與恐懼之義相因。說文：「趯，走

顧兒，从走瞿聲，讀若劬。」走顧貌也是有所畏懼。總之，䀠象縱目形，縱目使人驚動，故䀠和從䀠之字多含有驚恐之義。

古代各種奴隸稱名的由來頗有不同。今特畧舉數例：一，因其方國或地望而名之，如西周器師酉簋和師詢簋的西門尸、秦尸、京尸、㠱尸（尸即夷）等，是其證。二，因其身份而名之，如甲骨文中的⿴辡女（婢）與妾，是其證。三，因其職務而名之，如解放前大小涼山彝族奴隸的鍋莊娃子，以其從事勞作，安排家務。安家娃子，以其從事炊爨。典籍中每稱「析薪為廝」，「炊烹為養」（見史記張耳陳餘列傳集解）。四，因其身體的特徵而名之，如甲骨文稱帶髮辮的奴隸為奚。甲骨文的交字之作⿱大∞，來源于交脛國（見海外南經）。又山海經海外南經有岐舌國、長臂國；海外北經有一目國、深目國；大荒北經則有儋（聸）耳之國。這都是華夏人因其身體某一部分的特徵而名之，並非其本來的方國名。這些身體上某一部分的特徵，在當時本不足為奇，而後世卻少所見，多所怪。本諸上述，則稱縱目的奴隸為臣，無疑是根據他的面目特徵。

總起來說，古文字以横目為目，縱目為臣。臣字的造字本義，起源于以被俘虜的縱目人為家內奴隸，後來既引伸為奴隸的泛稱，又引伸為臣僚之臣的泛稱。縱目為臣的由來，不僅得到了古文字和古典文獻的佐證，同時也得到了少數民族志和少數民族文字作為論據。【釋臣　甲骨文字釋林卷下】

◉陳福林　殷契萃編第十三片所記的兩條卜辭又是用「臣」為人牲的實證。其記載如下：

□□⿱乂入又于帝五臣，又大雨。

王又歲于帝五臣，正隹，亡雨。

郭老以「帝五臣」為一詞，舉史記封禪書中有天界之小臣「九臣」、「十四臣」等為比，但未認爲是的論。我們認為「五臣」即是五臣五人，如前面所舉柏根氏舊藏甲骨文字中「王㞢三奚于父乙」的一條中「三奚」是用同一書法。這兩條卜辭的內容是一問一答，為「用五個臣作人牲⿱乂入祭上帝，會有大雨？」「王如用五臣對上帝舉行侑歲祭，前去征淮，不會遇雨。」「臣」的本意正如郭老所訓釋是俯首聽命馴服的奴隸，在殷代雖已起了分化，有稱之為「五臣」「小臣」「少臣」這些屬于奴隸主地位的人，但其原意仍是奴隸。這有如在清代「奴才」既是奴隸的通稱，也是滿族統治集團中各級人物向皇帝用作特稱一樣，「五臣」就是「五個臣」，別無他意。沿至西周，也還有在盂鼎銘中稱「夷嗣五臣」，曶鼎銘中稱「臣曰𡚬、曰朏、曰奠、曰用」的階級地位。【試論殷代的衆、衆人與羌的社會地位　社會科學戰線一九七九年第三期】

◉寒　峰　《説文》：「臣，牽也，事君也，象屈服之形。」這裡立了三個義項，其中有聲訓、義訓。自來治許書者多以「屈服之形」為解，終歸不得要領。本來，許慎此説基本符合臣的本義，只是他把臣的發展形態並列在一起，從而造成了訓釋上的混亂。

訓臣為牽是聲訓，也是義訓，臣是由戰俘轉化而來，戰俘是被縛繫牽致的，這一點楊樹達先生説的最清楚而全面，他以為臣之訓牽，臣本應為牽聲；戰俘以繩索牽之，從史籍上可以得到説明；俘囚為「臣」與虜獲為「臧」同理。他還説，「臣」音不是大徐所音的「植鄰切」，應是同「牽」音，後來才旁轉為「植鄰切」。這卻失之于拘泥，他疏忽了《詩經》的用韻，在那裏臣與鄰、牽都是一個韻部。今天我們對上古音的韻讀固然難以準確地定值。但是，《詩經》的用韻反映了周代語音的基本狀況，也可能與商代後期比較接近。那時「臣」和「牽」的音讀很可能都與「植鄰切」相差不遠。那末，説臣由戰俘被束縛牽致而來，是可信的。但是傳至目前我們所能看到的商代甲骨文的「臣」字，僅存一目之形，看不見牽致之義。我們推測這是脱去牽致形，亦即臣的身分變化在字形甚至字音上的反映的結果。

「臣」字脱去牽縛，僅存一目以表示其義，這是經歷過一番歷史變化的。郭老釋臣為豎目，「人首俯則目豎」，所以像屈服之形，後來又説過：「臣字即眼之象形文，即古睜字。」近年有文進而論述：臣即瞋(睜)的初文，並以民族材料證明管事的家奴由于監督生産，而有「眼睛大爺」的稱號。都不失為新解。

但是，甲骨文「臣」字間或有作横目者。臣為監督者，是在一定歷史時期一部分臣即小臣的職責。那末上述兩説都不具有普遍意義。我們認為：古時以一目表示人頭，也就是代表一個人，正如「臧」的初文「臣壬」以一目表示一人頭被兵器所俘獲的一樣。如係牽致，最初當有相應的構形如「臤」、「𠬪」等字。現在我們只能在商代看到僅僅一目之形的臣字，應該是由于社會的發展，人的勞動價值的提高，臣服者已取得人的身分而脱去牽絆的結果。「臣」與「人」、「身」以及由人字得聲的一些字古代往往同韻，即是説，「臣」字在韻母上本來有着人的含義，只是在聲紐上即「植鄰切」牽聲才表明其為俘虜的語源。

「臣」含有人、身之義，在古籍不少互訓中可以看出。《莊子·在宥》：「臣者，人道也。」《史記·燕召公世家》：「而以啟人為吏」，索隱：「人猶臣也」。《周禮·遂人》、《掌訝》、《縣師》等職文裡的「人民」、「人」，注、疏皆以為奴僕胥徒。《尚書·秦誓》「若有一介臣」一語，實是指一切人而言。《魯語》的「宗臣」、與「宗人」並提，韋注以為是一事。再如，臣與人皆訓微賤，《左傳·莊公六年》「王人子突救衛」，注：「王人，王之微官也。」《穀梁傳》僖公二十六年和襄公八年都云「人者微也」。《左傳·昭公七年》「猶能馮依于人」，注：「人，謂匹夫匹婦賤身。」《列子·仲尼》「人之游也」，注：「人謂凡小人也。」就是説上述「人」字本來是臣字的假用。

「臣」與同一韻部的「身」字也時相通假，于省吾説的臣為㐆(反身)的變體，於字形固無關，不過他説屈㐆為臣亦猶屈身為臣，説及「臣」與「身」在音義上的聯繫，卻是對的。和「臣」字有淵源的「臤」字同「身」字也有關係，如從「臤」的豎，《説文》：「豎，又作䝼

（鋻）。」《廣雅・釋詁四》：「⿰金身，聲也。」《釋言》：「⿰金身，撞也。」這與「硻」之訓「餘堅」聲相近。還有「掔」字也作「⿰扌身」。這都表明：「身」與臣訓牽之「臤」有一定關係。

「人」、「臣」在《詩經》時代同韻部，不同聲紐，但在某一歷史時期中可能也同聲紐，至今方言裡還有遺迹。蘇州人口頭語唸「人」字和「臣」同音，都是czan；廈門人讀臣為csin，口頭語「人」為cdzin，也同一部位，只有塞擦與擦、濁與清的差異。如果臣與人在語言上發生了這些接近，只能反映這時社會意識已經脱去了臣為奴隸的羈絆，更便于表示君臣之臣的一般意義。【商代「臣」的身份縷析　甲骨文與殷商史第一輯】

◉楊樹達　禮記少儀鄭注云：臣謂囚俘。此臣之本義也。臣古音在真部，牽从玄聲，玄亦在真部，臤从臣聲，聲與牽近。詳見積微居小學金石論叢卷二臣牽解。【文字形義學】

◉鍾柏生　卜辭云：

(146) 丙寅卜：子效臣田，隻羌？
丙寅卜：子效臣田，不其隻羌？　（《合集》一九五甲加一九五乙）（《人》二八三）

例(146)《人》二八三考釋將本版放在田獵卜辭項中。與本版卜辭內容相同者，尚有《摭》七九〇卜辭中記載，除了「子效」有「臣」外，其他「子某」亦有「臣」，如：

(147) 丁丑卜，爭貞：令羽□子商臣于□？　（《合集》六三七）
(148) 丙申卜，爭貞：令出□商臣于□？　（《合集》六三六）
(149) ……雝(□)臣……　（《乙》一二三五）
(150) ……京……王田至……臣隻豕五，雉二。在四月。
……自……征田于……□(？)京隻豕……□二。　（《明》九九）

例(148)「商臣」從例(147)知是「子商臣」之省。例(149)卜辭殘缺，但卜辭有「子雝」其人（《前》四・二九・四）（《京》一八七七），例(149)之「……雝」可能即「子雝」之殘文。由例(147)(148)(149)知「子商」「子雝」都有「臣」。例(150)卜辭「臣」上殘缺，不知此「臣」是何者之「臣」。卜辭中「臣」的稱謂及身分問題亦相當複雜（卜辭有「王臣」「州臣」「僻臣」等稱謂），本項只討論「子某臣」的問題。⊘「子某」為殷貴族首領們的尊稱，其屬下又稱其人為君。在君的統治範圍內自然有供其使役或行使權力的辦事人員。這些人員之中，我們找到稱謂為「臣」的人物，其他人員的稱謂則不清楚。這與春秋時代大夫家中家臣的組織是相類似的（可參看《皇清經

䀠 䀠

解》胡匡衷〈儀禮釋官〉）。子效臣一定是陪同子效參予田獵的家臣。【卜辭中所見殷代的軍禮之二——殷代的大鬼禮 中國文字新十六期】

◉徐中舒 象竪目形。郭沫若謂：「以一目代表一人，人首下俯時則橫目形為竪目形，故以竪目形象屈服之臣僕奴隸。」甲骨文字研究釋臣宰。按郭説可從。【甲骨文字典卷三】

◉戴家祥 奴隸起源於部落戰爭，戰敗者一方淪為戰俘奴隸，禮記少儀臣則左之孔穎達正義云臣謂征伐所獲民虜者也。久已成為天經地義。左傳僖公二十三年「不以纍臣釁鼓」，杜預注：「纍囚繫也。」孟子與齊宣王談戰爭若殺其父兄、係纍其子弟，趙岐云：「係，纍，猶縛結也。」孟子梁惠王下。故卜辭金文臣作或，象人體反縛形。武王伐紂，商之上層分子不受奴役，微子啓感到意外。商書微子商其淪喪我罔為臣僕。隨着社會發展，勞動大軍由戰俘擴大到罪犯及債務人，都三五聯結，引向苦役場所，墨子稱殷高宗時有囚犯名傅説者「被褐帶索，庸築于傅巖」，墨子尚賢中。荀卿子稱，傅説「為胥靡人也」。楊倞注：「胥靡，刑徒人也，胥、相、靡，繫也。」荀子儒效篇。靡縻聲同字通，説文「縻，牛轡也」。「牽引前也，从牛，象引牛之縻也」。是臣僕之被奴役，其強制手段，與牛馬並無區別，此即臣義為牽之確詁也。春秋末年晉大夫趙簡子將與鄭戰，其誓師之詞有云：「克敵者上大夫受縣，下大夫受郡，士田十萬，庶人工商遂，人臣隸圉免。」左傳哀公二年。由是而知臣僕之解脱羈縻機會甚少。唐韻臣讀「植鄰切」禪母真部，牽讀「苦堅切」，溪母真部，聲異韻同，故得音訓。楊氏之説發前人所未發，故敢疏通證明，以諗後之學者。【金文大字典下】

◉許 慎 䀠乖也。从二臣相違。讀若誑。居況切。【説文解字卷三】

◉馬叙倫 沙木曰。𥄕下載䀠字云。古文囧字。則䀠即囧字。莊述祖曰。䀠。古文囧字。囧下曰。賈侍中説。讀與明同。今定䀠即䀠字。䀠為古文囧字。二臣相背。焉得為明。古文臣與目形相近。故二目譌作二臣。承培元曰。䀠即曲禮幼子常視無誑之誑。常視無䀠。示之以毋乖戾也。注云。欺也。乃以誑義為言。與禮意不合。晉語。天又誑之。不順天心。則天與人背也。韋注。惑也。失之。林義光曰。䀠。經傳未見。恐無其字。霍世休曰。䀠為䀠之形譌。金文作。倫按𥄕下。䀠。古文囧字。校語。不足據。或古文囧字有形與䀠似者。然甲文目字偏傍作。金文目字多作。周公毀臣字作。曶鼎作。甲文亦有作者。是金甲文臣目二字形頗相亂。金文盂鼎字。甲文作。金文目字。䀠疊有字。䀠乙斝字。楊沂孫謂象眉骨形。倫謂即本書四篇䀠目圍也之䀠。詳䀠字下。以此相證。父癸鼎有字。䀠父丁毀有䀠。䀠从二目。莊釋為䀠。是也。然以為明字。非也。四篇。䀠。从二目。讀若拘。又若良士瞿瞿。瞿讀若章句之句。矍讀若詩曰穬

彼淮夷之穬。十篇。畀。廣韻一讀苦礦切。矍畀皆从䀠得聲。可證此讀若誑者。以亞即䀠也。䀠讀若拘。又若良士瞿瞿。瞿讀若章句之句。拘从句得聲。句音見紐。誑音亦見紐。䀠聲魚類。誑聲陽類。魚陽對轉。是讀若雙聲疊韻字也。此字實許以形音之少異而誤仞為非䀠字耳。或此篆呂忱加之。當入䀠下為重文。餘詳䀠下。【說文解字六書疏證卷六】

臧 臧

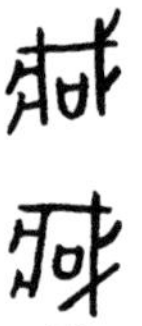
臧　从口　曩伯盨　慶其以臧

攻敔臧　孫鐘

又从文陳章壺　【金文編】

3·366　楚章衢關里臧

3·421　塙闖椇里曰臧

3·456　匋里人　臧之豆

3·494　子袶子　里曰臧

3·540

甗圂臧

秦285　獨字

5·216　宮臧

5·217　同上　【古陶文字徵】

〔三六〕〔三五〕〔四七〕〔六八〕〔二五〕〔三六〕〔一九〕〔六八〕〔六八〕

〔二〇〕〔六八〕〔二三〕〔四七〕〔四七〕〔三六〕〔六八〕〔五〇〕〔二三〕

〔二〇〕〔八三〕〔二五〕〔三八〕〔二三〕〔三八〕〔三九〕〔五〇〕〔二一〕

〔一〕〔二〇〕〔一九〕〔四四〕〔六八〕〔三六〕〔六八〕〔一九〕〔六八〕

〔六八〕〔六八〕〔六八〕〔三六〕〔九〕〔五〇〕〔四四〕〔一〕〔三四〕

〔三七〕〔一〕〔二〇〕〔四四〕〔三六〕〔六八〕〔六八〕〔六八〕　【先秦貨幣文編】

布空大　按通于臧字　豫洛
布空小　安[丬巨]　豫洛
布空小　安[丬巨]　省体　豫洛
布空小　安[丬巨]豫洛
仝上

仝上
布空小　安[丬巨]　豫伊
仝上
仝上　豫洛
布空小　安[丬巨]　豫伊
仝上　豫新
仝上　豫伊

布空小 安洍 豫新 仝上 豫伊 圜 安洍 展啚版肆壹9 布空小 安洍 典六二二 仝上 典六二三

布空小 安洍 典六二五 布空小 典六二七 圜 安洍 典六·二四 布空小 亞二·一二〇 圜 安洍 亞

六·二四 布空小 安洍 亞二·一二〇 布空小 安洍 史第五啚2 【古幣文編】

臧 秦一九七 四十例 通贜 五人盜—一錢以上 法一通藏 毋敢以火入—府書府中 秦一九七 日乙四六 二例 日甲八

○背 【睡虎地秦簡文字編】

—杢囚(丙8:目1) 【長沙子彈庫帛書文字編】

1464 1327 1329 1330 1333 1332 3935 或从口與𦏎伯盨臧字同。 3936 2219

1328 0611 2628 安臧幣文作與此同。 3085 3990 0951 【古璽文編】

藥臧府印 臧孫則印 臧加翠 臧奉之印 臧福之印 臧得 臧博 【漢印文字徵】

臧衛宏字説 臧 臧 【汗簡】

衛宏字説 張庭珪劍銘 義雲章 【古文四聲韻】

◉許 慎 臧善也。从臣。戕聲。則郎切。籀文。【説文解字卷三】

◉吳大澂 字从辵从匚从羊。當即藏字古文。曰藏亦古吉羊語。【愙齋集古録第十册】

◉王國維 籀文从戕从𦣞。𦣞乃𦣠之譌。壬部𦣠古文望。殷虚卜辭作殷虚書契卷七弟四葉。象人企立之形。蓋望之本字。朔望之朢以之為聲。篆文望字則更後起之字矣。𦣠本从壬傳寫譌為从土。段注據宋本及集韻類篇改𦣠為𦣞亦非。【史籀篇疏證 王國維遺書第六册】

◉林義光 字从臣，本義當為臧獲、臧奴也。【文源卷十一】

◉余永梁　臧書契後編下十五葉　此字从口。爿聲。當是臧否之臧字。説文：「臧。善也。从臣戕聲。」戕亦爿聲也。甚諆鼎有臧字。从口與此同。卜辭文曰。「臧人。」臧人猶善人也。孳乳為藏。詩桑柔「自獨卑臧」。淮南記論注作藏。荀子解蔽注。「臧讀為藏。古字通。」是也。【殷虛文字續考　國學論叢一卷四期】

◉郭沫若　(禽彝)㪅當是臧之別構。周金文存(卷二・六十二葉)有伯㦸父鼎，即臧之省，蓋省去聲符也。古文從戈從攴字每不別，如「敷敦」字不㪅殷作「戟章」。王國維説，見觀堂別集補遺第十七葉。「古从攴从戈之字，義多相近；如毛詩『鋪敦淮濆』，韓詩作『敷敦』，从攴。不㪅敦『女及戎大章戟』，『章戟』即『敷敦』之倒。」啓或作戍(虢叔鐘)，肇字金文均作肈。是㪅與㦸為一字(許書謂臧從臣戕聲，案乃一家説，不足以破此)。【殷周青銅器銘文研究　令彝令殷與其它諸器物之綜合研究】

◉唐桂馨　臧即臧獲字。臣之被虜於人而置之戕下。俾無所逃。是臧奴也。引申之為藏為贓。許釋為善。乃後起義。【説文識小録　古學叢刊第一期】

◉馬叙倫　章炳麟曰。臧。从臣。戕聲。本謂臧獲。引申為守臧。倫按善也者。爾雅釋詁。臧。善也。詩小旻。抑未知臧否。臧否即善否也。古鉨有臧。即牆字。从酉。臧聲。甚諆鼎有臧字。陳介祺以為當是臧否之臧。倫謂陳説是也。臧否即是非之本字。臧古音當如寶藏之藏。入澄紐。古讀歸定。是音禪紐。古讀亦歸定也。釋詁。臧。善也。借臧為臧。借善為是。音同禪紐。善也猶是也。古書於是其言曰善。即臧也。則善也者臧字訓。今臧字廢失。遂以臧為臧。故訓善也矣。臧之本義當如章説王筠已疑如此。周禮校人。秋祭馬社臧僕。臧僕連文。疑臧即臧獲也。方言三。罵奴曰臧。荀子王霸。雖臧獲不肯與天子易執業。注。奴婢也。楚辭哀時命。釋管晏而任臧獲兮。注。臧為人所賤繫也。漢書司馬遷傳。臧獲婢妾。注。臧獲。敗敵所被虜獲為奴隸者。楚辭及漢書兩注最善。可以得臧从臣之義矣。倫謂今呼幼者為郎。古官名曰郎。其本字皆臧也。中郎郎中皆夙事於中之義。古以囚俘給事。故曰臣曰臧。郎臧疊韻。借郎為臧也。罵奴曰臧。古者以虜獲者為奴。臣即被虜獲者也。然則臧之从臣。義尤明矣。臣之轉注字為壂。从壬得聲。壬从人得聲。人音古在泥紐。奴音泥紐。是奴壂為轉注字。此重文作臧。从臣之轉注字。而奴聲魚類。戕聲陽類。魚陽對轉。是臧為奴之轉注字。亦即臣之轉注字也。字見急就篇。

鈕樹玉曰。宋本及五音韻譜作臧。王筠曰。五音韻譜作臧。朱駿聲曰。籀文臣字作壂。猶嚚墅古文臣字作壂也。當據此補臣字籀文。倫按王筠據鍇本作臧。本篇嚚下古文嚚作𡈼。八篇朢下古文望作𡈼。倫謂壂為臣之轉注字。从臣。壬聲。壬音透紐。然从壬得聲之呈即入定紐。臣音禪紐。古讀歸定。透定皆舌尖前破裂音。又壬从人得聲。詳壬字下。人臣

聲同真類也。籀文臧从㘯。戕聲。篆當作□。二徐本皆譌。籀文下挩臧字。【説文解字六書疏證卷六】

◉楊樹達　龜甲文有□字，殷虛書契菁華八葉一版。又作□龜甲獸骨文字一卷六葉九版，周金文有伯戕父鼎，戕字亦从臣从戈。按此皆臧之初字也。蓋臧本从臣从戈會意，後乃加爿聲，甲文時尚未加聲，故第从臣从戈也。許君説為从戕聲，誤矣。

説文臣訓牽，云：「象屈服之形。」禮記少儀云：「犬則執緤，牛則執紖，馬則執靮，皆右之；臣則左之。」鄭注云：「臣謂囚俘。」此臣字之本義也。甲文臧字皆象以戈刺臣之形，據形求義，初義蓋不得為善。以愚考之，臧當以臧獲為本義也。楚辭哀時命云：「釋管晏而任臧獲兮。」荀子王霸篇云：「大有天下，小有一國，必自為之然後可，如是，則雖臧獲不肯與天子易勢業。」太史公報任少卿書云：「且夫臧獲婢妾猶能引決。」按臧為戰敗屈服之人，獲言戰時所獲，荀子注云「擒得謂之獲」，是也。二字義同，故古人連用也。漢書司馬遷傳注引晉灼云：「臧獲，敗敵所被虜獲為奴隸者。」此臧字之本義也。獲本義為獵所獲，引申為戰所獲。

方言三云：「臧獲，奴婢賤稱也，荆淮海岱雜齊之間罵奴曰臧，罵婢曰獲；齊之北鄙，燕之北郊，凡民男而壻婢謂之臧，女而婦奴謂之獲；壻奴謂之臧，亾婢謂之獲。」莊子駢拇篇云：「臧與穀二人相與牧羊而俱亾其羊。」釋文引張揖云：「壻婢之子謂之臧，婦奴之子謂之獲。」此皆後起之義，當以晉灼説為初義也。

戰敗者被獲為奴，不敢横恣，故臧引申有善義。許君以後起之義為初義，故與形不合。今據甲文為其形，以臧獲連文及晉灼之訓定其義，庶幾得其真乎？【釋臧　積微居小學述林卷二】

◉李孝定　契文之□若□。于氏釋臧可從。聲符之爿乃後加。臧字作戕。與臣民同意。蓋象以戈盲其一目之形。其本意為奴隸。方言三：「罵奴曰臧。凡民男而壻婢謂之臧。亾奴謂之臧」。荀子王霸「雖臧獲不肯與天子易勢業」。注「奴婢也」。楚辭哀時命「釋管晏而任臧獲兮」。注「臧為人所賤繫也」。漢書司馬遷傳「臧獲婢妾猶能引決」。注「臧獲敗敵所被虜獲為奴隸者」。此皆古語之遺也。奴婢必恭順唯謹。故引伸得有善誼也。【甲骨文字集釋第三】

◉嚴一萍　□臧　古璽作□，與繒書同。陳簠齋曰：「臧去臣从口，守口則善之義。」案藏，説文新附古作臧。徐鉉等案：「漢書通用臧字，从艸後人所加。」漢書禮樂志「陰人伏臧於下」。又「臧於理官」。師古曰：「古書懷藏之字本皆作臧。」玉篇：「藏，隱匿也。」【楚繒書新考　中國文字第二十六册】

◉饒宗頤　八　月壯　繒書作臧，當是「臧」字，與「壯」通。【楚繒書十二月名覈論　大陸雜志第三十卷】

◉于省吾　甲骨文戕字作□或□形。郭沫若同志釋伐（通考八〇），不可據。戕即臧之初文。説文：「臧，善也，从臣戕聲。」按以

甲骨文為據，則應作从戜廾聲。戜字加廾為聲符作臧，乃後起字，猶古文䜌字加廾為聲符作䜌，是其證。戜字从臣从戈，乃會意字。後世加廾為聲符，變為會意兼形聲。甲骨文稱：「王固曰，其隻（獲），其隹丙戜，其隹乙戜。」（菁八）其義謂應有所獲，其唯丙日與乙日均善也。又：「……其隹甲，余戜。」（南北師一〇二）是説甲日余善也。【釋戜 甲骨文字釋林卷上】

◉許學仁 □仰天湖12·2 史氏研究引或説謂「臧字即贓字」。長沙仰天湖出土戰國楚簡研究·二十八頁。李學勤、饒宗頤、朱德熙諸家釋為「藏」。李氏説見「談近年來新發見的幾種戰國文字資料」；饒氏説見「戰國楚簡箋證」；朱德熙、裘錫圭二氏之説見戰國文字研究。然饒氏謂字从戕从員，則有未當。按：字當从臧从貝。臧字从口，見曩伯盤，而古鉨、古陶文字亦習見。古鉨作□，見「古鉨文字徵」卷三·五頁上；古陶作□，見「古陶文孴録」卷三·三頁上；又汗簡引義雲章作□□（卷三·十八頁上）。長沙出土戰國繒書八月月名「臧」字正从口作□。近歲長沙馬王堆西漢墓出土副葬物，皆置長方形竹笥中，外加木牌，用以表識；其中第40號、第44號木牌臧字皆从貝作□（木牌見「漢墓」第一七四頁·圖版一〇二），與戰國文字府字从貝作䝵同意。

漢書中藏、贓二字皆假臧為之。以臧為藏者，如食貨志上：「其為物輕微易臧。」又禮樂志：「臧於理官。」顏師古注曰：「古書懷藏之字皆作臧。」又近歲馬王堆出土古佚書，亦見其例，如帛書本黄帝四經：「黄金珠玉臧藏積，怨之本也。」（經法·四十六上）伊尹九主：「臧藏之重屋，臣主始不相吾牾也。」而刑法志「吏為姦臧」，則以臧為贓。自文字演進而言，簡文臧與藏、贓殆「臧」之纍增，朱德熙以□為儲藏字之本字，未必然也。【楚文字考釋 中國文字新七期】

◉伍仕謙 肅折減戠，昏於四國：減，即臧。王孫遺鐘作肅折聖武。臧，《説文》「善也」。戠，□，與毛公鼎「以乃族干□王身」之□，字形相近。吳大澂云：「干當讀扞，□乃敔之省文，禁也，古敔敔經典通作捍御，敔與圉通，又通禦。」（見《説文古籀補》）是也。《詩·蒸民》「不畏強禦」。強禦連言，亦強壯之意。故肅折臧戠，即肅、哲、善、強之意，與肅哲聖武同也。□即䎽字，《説文》古文聞作䎽。盂鼎「我□殷述命」，邾王子鐘「□于四方」，利簋「歲則克，□」。此處之聞于四國，與聞於四方同，方即國也。

武于戎攻，與虢季子白盤「武于戎工」同。《周頌·烈文》「念兹戎功」，《毛傳》「戎，煌美也。」誨猷不飤，強運開《古籀三補》謂「誨猷即謀猷」；不飤，郭沫若釋丕飭，是也。戎攻，乃甲兵之事，武于戎工即《詩·江漢》之「肇敏戎公」。猷，《爾雅·釋詁》「謀也」。《書·君陳》：「爾有嘉謀嘉猷，則入告爾后於內。」丕，《説文》「大也」。「飭，謹也，敬也，正也。」兩句合釋謂其敏於甲兵之事，謀劃很謹飭，算無遺策也。闌闌龢鐘以下，俱為鐘銘習慣用語，容易解釋，不再重複。【王子午鼎、王孫真鐘銘文考釋 古文字研究第九輯】

◉李 零 臧杢〼 曰：〔臧〕，不可㠯築（築）室，不可〔㠯〕〼，〼脨不遉（復），亓（其）邦又（有）大䜌（亂）。取（娶）女，凶。

臧，即《爾雅·釋天》十二月名之壯，秋八月。第二字釋杢，與《説文》社字古文所從相同，讀法不詳。所附神象作吐舌長毛獸形，兩足。【長沙子彈庫戰國楚帛書研究】

◉高　明　臧杜□

臧為月名，《爾雅·釋天》：「八月為壯」，臧壯古音相同，互為通用。【楚繒書研究　古文字研究第十二輯】

◉饒宗頤　　此為夔足鼎款識。字似從戈從𠂤，卜辭有䵝字即臧。从𠂤與从臣同意。《路史·國名紀》己：商世侯伯之國有臧。文王觀於臧，遇臧丈人釣者，近渭。臧亦殷周之間地名。【婦好墓銅器玉器所見氏姓方國小考　古文字研究第十二輯】

◉黄錫全　　臧衛宏字説　此形似前字，多上下各一畫，孫叔敖碑莊作，郭究碑作，嚴訢碑作。莊、臧同屬古韻陽部，此葢假壯（莊）為臧。古璽（璽彙3488），或釋臧（古研15·123）。【汗簡注釋卷一】

◉黄錫全　　臧　中山王鼎壯作，此壯形同。《玉篇》「匨，古臧字」。《集韻》「臧，古作匨，籀作𢧎，通作藏」。疑《説文》臧下有古文，今本脱。

臧　臧字古作（㠱伯盨）、（王孫誥鐘）、（璽彙1327），从爿，也作（陳章壺）、（陶編3·22）、（璽彙1464）、（楚帛書），从爿，此形同。【汗簡注釋卷五】

◉劉彬徽等　(546)壄，借作裝。《説文》：「裝，裹也。」【包山楚簡】

◉曾憲通　　丙八·一　古臧字，古璽作，去臣从口，與帛文同。臧，今通作藏。《説文》新附：「藏，匿也。」徐鉉等按：「漢書通用臧字，从艸後人所加。」帛書藏為八月月名，《爾雅·釋天》「八月為壯」，壯臧皆从爿得聲，古可通用。【長沙楚帛書文字編】

◉朱德熙

第二字从貝从臧。臧字从口見㠱伯盨，容庚：《金文編》161頁，科學出版社，1959年。戰國文字亦習見，《古璽文字徵》三卷·五頁上；《古陶文孴録》三卷·三頁下。當為臧否之臧本字。簡文此字《長沙仰天湖出土楚簡研究》引或説謂即贓字，李學勤讀為藏，李學勤：《談近年來新發現的幾種戰國文字資料》，《文物參考資料》1956年1期。可從。以藏為儲藏字本出於假借。《漢書》中藏、贓二字皆假臧為之，如《食貨志上》「其為物輕微易臧」，《食貨志下》「出御府禁臧𠮷澮之」，以臧為藏；《刑法志》「吏為姦臧」，《尹賞傳》「其羞

辱甚於貪污坐臧」，以臧為贓。簡文以贓為藏，與戰國文字府字从貝作𢉾容庚：《金文編》522頁，科學出版社，1959年同意，實可看作儲藏之藏的本字。【戰國文字研究(六種)　朱德熙古文字論集】

殳

◉許　慎　以杸殊人也。禮。殳以積竹。八觚。長丈二尺。建於兵車。旅賁以先驅。从又。几聲。凡殳之屬皆从殳。市朱切。【説文解字卷三】

◉高田忠周　疑元从竹作笅。後用木為之。故字亦从木。杸殳轉注字也。銘意即為杸字。此為省文叚借也。或云。元以木為之。以竹勹之。故字从木為形意。猶欑字之例耳。【古籀篇六十】

◉馬叙倫　鈕樹玉曰。韻會引禮殳以下十九字在杸下。禮上有周字。恐非。周禮無此説。嚴章福曰。影宋書鈔百廿四引作以杖殊人。王筠曰。如依説解。則殳是動字。與下引禮不合。以字似衍。杸句絶。以本字異文為訓。殊人也。又以同音之殊説之也。饒炯曰。以杸殊人。義本動字。又引禮云云。義乃静字。即杸篆之説。蓋以杖殊人曰殳。後因名其杖亦曰殳也。林義光曰。格伯𣪕作。象手持殳形。亦象手有所持以治物。故从殳之字與又攴同意。倫按殳部所屬自㱿至𣪘十五字。皆歐擊之義。與攴同。是殳為動字甚明。本書敃从攴。而金甲文率从殳。本部𣪊實與攴部敳一字。本部。毅改。大剛卯也。而毅从殳。改从攴。下文殺从殳。而古文从攴。甲文亦从攴。甲文攴字作。攴部所屬字。亦皆擊扑之義。是殳攴之義將無不同。甲文从殳之字。其形多作。金文則作。石鼓毆字作。其字又介乎二字之閒。倫謂攴殳實一字。攴亦不从卜得聲。甲文有。金文師虎𣪕作。𦉢皇父𣪕作。司寇良父𣪕寇字作。毛公鼎敄字作。敔𣪕敔字作。甲文牧字有作者。豈攴為之變。為之不為匡郭形者耶。要之以金甲文證之。殳為从又持形之器。形與所謂積竹八觚長丈二尺建於兵車者必不合。使為八觚丈二尺者。可荷而不可持矣。則所引禮文後人加之也。殳為以杸殊人。其義不誤。説解本作殊也。以聲訓。以杖殊人則校語耳。杸下曰。軍中士所執殳也。周禮司市。凡市。入則胥執鞭。度守門。注。度謂殳也。倫謂度即杸之借字。杸从殳聲。詳杸字下。音在禪紐。古讀歸定。度音定紐。是度以雙聲借為杸也。廣雅釋詁。度。杖也。亦借度為杸。司市胥所執之度。與此杸下所謂軍中士所執杸之殳。均為杖類。急就篇。鐵錘檛杖梲柲殳。顔注。殳亦杖名也。是也。然殳是器名。器有形可象。初當有圖畫性之象形文。觀金甲文殳字作或作。則即杸也。急就篇以與鐵錘為類。釋名釋兵器。殳。長丈二尺而無刃。今戲劇中武士所持之銅錘。其形為。而清代鹵簿儀仗有器。其形為。與戲劇中武士所持之錘。不過柄較長耳。其器以木為之。其耑形似菡萏而有

八觚。北方呼花乳為花骨朵。或花孤都。此器形似花乳。而孤都合音即殳也。今失其字而幸存於金甲文□字之中。杸則後起字。殳則打之本字。从又。□聲。方言。五。今江東呼打為度。度即殳之聲借。今作□者。或□之譌。殳攴一字。攴甲文作□。直是□之省變作□者。亦由□而譌。不从卜也。古讀殳為度。度音定紐。定並同為破裂濁音。度音轉如僕。入並紐。由並轉滂為普木切耳。字見急就篇。顏師古本作杸。【說文解字六書疏證卷六】

◉蕭　璋　殳，以杸殊人也。禮「殳以積竹八觚，長丈二尺，建於兵車、旅賁以先驅」，从又几聲。市朱切。杸，軍中士所持殳也。从木从殳。司馬法曰：「執羽从杸。」市朱切。祋，殳也。从殳示聲。或說城郭市里，高縣羊皮，有不當入而欲入者，暫下以驚牛馬曰祋。故从示殳。詩曰：「何戈與祋。」丁外切。王氏以投之聲義通殳，殳投皆擊也。廣雅疏證釋器：「殳，杖也。」云：「殳之言投也。投亦擊也。」釋名云：「殳，殊也。有所撞挃於車上，使殊離也。」按古刺擊不分，見三篇柣揵條。體用合言。是以殳與欑柲同訓為杖，又有投擊穿刺之義。周官司戈盾鄭注云：「殳，如杖。」說文：「欑積竹杖也。一曰穿也。」急就篇「鐵棰檛杖棁柲杸」，顏師古注云：「麤者曰檛，細者曰杖。」按柲之言柲也，所以柲刺也。廣雅釋詁「柲，刺也」。而西京賦言竿殳之所揘畢，薛注云：「揘畢謂撞柲也。」釋名釋殳所謂「有所撞挃於車上」。皆殳杖用以撞刺之塙證也。參攷四篇上棁字條及本篇前棖字條。殳杸為古今字。祋與殳，章氏以為聲轉。文始二陰聲佳字。王氏以為祋與棁聲義相近。見廣雅疏證釋器：「棁杖也。」按說文以殳釋杸，知殳祋同物，當以章說為是。殳之與祋，猶觸之與牴，古朱蜀為平入相轉(見本篇後啄噣咮條)。朱殳音極近(見下投字)，氐與示音極近，如視从示聲，古文作眡，从氐聲是其證。邸之聲義可以屬字通之也。說文：「邸屬國舍。」又周禮地官司市：「凡市入則胥執鞭度守門。」鄭注云：「威正人衆也。」度謂殳也，因刻丈尺耳。」王引之以為：「古人謂殳度，以打得名，故鄭云以威正人衆也。」見廣雅疏證釋器「度，杖也。」條下引及經義述聞「鞭度」條下。按其說是也。殳度古音極近，極易相轉。其例如主宔之與祏，詳本篇斫欘條。主豆殳三聲古相近：如說文：「豉，从豆聲，古文杸如此。」又「侸，立也。讀若樹。」又「尌，立也。讀若駐。」是其證也。度从庶省聲。古庶石音近，如說文拓或體作摭是也。欘斸之與斫也。詳本篇斫欘條。古主蜀二聲，音相近，故蜀殳二聲，古亦相近。【釋至　國立浙江大學文學院集刊第三集】

◉勞　榦　殳說文小篆作□，但甲骨作□，金祥恆續甲骨文編三卷第二十五葉上，收有此字，釋作殳。李孝定甲骨文字集釋曰：

說文：「殳以杸殊人也。禮，殳以積竹八觚，長丈二尺，建於兵車，旅賁以先驅，从又，几聲。」揆諸契文，形似為有刃刺兵，與許說不合，而契文从殳諸文，如設、投均作□與此相近。金說應可从。金文从殳之字作□或作□，與契文異。契文殳字似為人名，其義不明。

今案金氏所釋，至為確切，誠無以易之。據考工記所釋之殳，殳凡具有下列諸特性：

（一）　殳前後有銅質所成之首，而前部者更長。拙著戰國時代的戰爭方法（史語集刊三十七本六十一頁），此處排版時「在前部」三字後脱落「更長」二字。此篇未曾自校，錯字甚多，深可惜也。

（二）　殳與矛為同組之兵器。

（三）　殳之首部與戈戟之鐓略相類似，亦即首部較矛之首部為重。殳矛同類，但矛頭較輕而柄則較長。據考工記「廬人為廬器，戈柲六尺有六寸，殳長尋有四尺，車戟常，酋矛常有四尺，夷矛三尋」即戈長六尺六寸，殳長丈二酋矛二丈，夷矛丈八，以市尺六寸當周一尺。則殳長七尺二寸，酋矛丈二，夷矛一丈零八寸也。殳頭較重而柄則較短。以今尺度計，殳長七尺二寸，正適於作標槍之用也。在古兵器中，殳尚未發見，蓋殳首較矛頭為重，而形略同，凡發見之殳，世皆以之為矛矣。惟日本細川侯爵所藏大矛頭，周漢遺寶曾收入影片。容庚作鳥書考，梅原末治更覓得較清晰之影片，寄與容氏。當時容氏辨認最前二字為越王，而最後一字為賜字。

就殳字之發展而言自契文經金文以至小篆，亦可謂相承有序。契文誠象矛頭，無可疑者。許氏之「从又□聲」而□則為鳥之短羽者，則亦必本於晚周以後之傳述。因此越王矛从鳥形从□之文，可釋為殳。而全部銘文則可釋為：

越王作殳以賜。

蓋越王及賜三字，已經由容氏辨認。作字及以字則字跡清晰，亦無疑者。惟第四字从□从鳥，以器之形質論，當為矛或殳。但矛字不从手，更證以考工記之文，則此字宜為殳。今更證以金祥恆先生所釋及李孝定先生所申論，則其為殳，當不誣矣。

若世傳越王矛可正名為越王殳。則侯家莊報告第二本下册圖版249及250之大鐓亦當認為殳。此與契文及考工記之文相互證明而後可知者也。【古文字試釋　歷史語言研究所集刊第四十本上册】

◉張日昇　金文殳象手持□。蓋杸之象形。殳之為器。其柄曲。其頭尖。甲骨文殳偏旁作□。蓋捶物之器也。段字从石从殳。即以殳捶石。殳非刺兵。乃杸之本字。亦猶聿象手持□。為筆之本字也。勞榦以傳世之越王矛為殳。其説可商。越王矛云。「戉王者召容庚釋旨於睗」。勞氏讀作「越王作殳以賜」。按博古圖卷廿二頁七越王鐘云。「戉王者召於賸睪氒吉金」。「者召於賸」為戉王之名。若如勞讀「作殳以賜」。則文不可通矣。【金文詁林卷三】

◉李孝定　予曩編集釋，从金祥恆氏之説，收□為殳，勞貞一氏頗然其説，而字與金文殳字不類；張日昇氏即執此以謂殳不象刺兵，更舉甲骨文殳之偏旁作□，謂蓋捶物之器，説似未的，文字偏旁之類化譌變者多矣，殳之作□，安知非□之形譌，又如毁

字金文作□，右旁从殳，實當為手執匕柶之形，與殳字無涉，而字正从殳，此蓋類化使然，不能執此以論文字之初形朔誼也。許君說文：「殳，以杸殊人也，禮：殳以積竹，八觚，長丈二尺，建於兵車，旅賁以先驅。」清代治說文者，均从釋名之說謂殳無刃，遂並以殊離殊隔說「殊」字，今甲骨文殳作□，為有刃刺兵，似仍當以殊絶說「殊」字，段懋堂、王菉友諸家之說，恐未然矣。【金文詁林讀後記卷三】

祋 □

◉許　慎　祋殳也。从殳。示聲。或說。城郭市里高縣羊皮。有不當入而欲入者。暫下以驚牛馬曰祋。故从示殳。詩曰。何戈與祋。丁外切。【說文解字卷三】

◉馬叙倫　鈕樹玉曰。韻會引作殳也。詩曰。何戈與祋。从示殳。一說城郭市里高縣羊皮。有不當入而欲入者暫下以驚牛馬。名曰祋。桂馥曰。禮記樂記。行其綴兆。鄭注。綴。表也。引詩。荷戈與綴。馥謂表綴亦示意。徐灝曰。鄭注樂記引詩。荷戈與綴。綴古音重脣。讀如兑。與祋聲近。高縣羊皮即郵表綴之義。驚牛馬曰祋。同聲相借也。倫按此殳之轉注字。示音牀三。殳音禪紐。同為舌面前音。然疑祋杸形近。乃杸之譌體。或說以下三十字校語。或此字出字林。【說文解字六書疏證卷六】

◉周名煇　示部□伐鄦彝吳氏定為祀字古文。今考定為祋字。

殷虚卜辭字作□書契前編卷六弟三葉。作□書契後編卷下弟二十三葉。商承祚謂殆祝字之變體。象跽於神前灌酒也。禽彝云。王伐楚侯。周公某禖禽□。禽又啟□。阮伯元讀其字為宜。引王制云。天子出征。宜乎社。鄭注。宜為祭名。吳子馨謂禽下之字作□。或釋為祝。或釋為祝。其實祝與祝為一字。象人跪於示前。舉手通祝之形。其字體當作祝。而意義則為祝也。周公某禖禽祝者。周公子明保禖祭。或禡祭之時禽在旁任祝告之職也。今細察之。其文从示从□。象人跽而兩手合舉之形。既非已字。又非兄字或□古文兄字。益非兒字。是由吳清卿至近人諸說。皆未得其形之真。故無當也。□字象人拱手有所持之形。乃□字古文。說文。□持也。象手有所丮據也。讀若戟。蓋□字从□从□。象人一手有所丮據形。而□象人兩手有所丮據形。然从一手與从兩手。固同意也。徵之說文。丮部云巩从丮工聲。或作□加手。則為兩手形。與此文合矣。循是以求。則□當為从丮。从示。示亦聲殆乃祋字之古文也。說文殳部云祋殳也。从殳示聲。或說城郭市里高懸羊皮。有不當入而欲入者。暫下以驚牛馬曰祋。故从示殳。詩曰。荷戈與殳。其義與銘文不相協。且字从殳从示。殳為殊人之器。鬥字从二□。為兩士相對。兵仗在後。象鬥之形。是其字無論从丮。从示或从殳。从示。其為軍中

杸

師旅之祭。固有彝銘周公伐楚侯禽祇之文可證。然尋之經傳。未見其訓。及紬清一統志。左馮翊有縣名祋祤。顏師古云。祋祤蓋軍士禱祀之名。則古義之僅存者矣。祋祝字通。如後漢書。陳忠傳祝諷，而來歷傳鄧騭傳作祋諷。是子馨祝字，雖頗得理。然未達其本真也。【新定説文古籀考卷上】

◉姚孝遂 [glyph]字可隸作「杸」，辭殘，其義不詳。【甲骨文字詁林】

[glyph] 9·96 𠫓杸 【古陶文字徵】

◉許慎 杸軍中士所持殳也。从木。从殳。司馬法曰。執羽从杸。市朱切。【説文解字卷三】

◉馬叙倫 鈕樹玉曰。韻會引無中字。繫傳從殳作以杸。廣韻引作從杸。倫按殳為打之本字。此為初文作[glyph]者之後起字。軍中士所持殳也者校語。本訓捝矣。从木。殳聲。故音與殳同。當入木部。司馬八字亦校語。亦疑此字出字林。【説文解字六書疏證卷六】

◉楊樹達 殷契粹編一〇五九片云：

丁卯貞，王令[glyph]莫[glyph]舟。于來乙亥告。

又一〇六〇片云：

庚寅……癸巳卜，复[glyph]舟。……貞……[glyph]

余按[glyph][glyph]炈三字字皆从殳，當釋為投杸帗。戩壽堂殷虚文字第四葉柒片丙辭云：

弜从[glyph]舟。

辭云[glyph]舟，與前二例同。王静安釋[glyph]為敉，余謂字亦从殳，當釋為殺。以粹編一〇六〇片杸帗二字例之，左旁似亦當从木，疑朱字本从木，此假朱字作木字也。

杸字見於説文，三篇下殳部云：「杸，軍中士所持殳也。从木、从殳。司馬法曰：執羽从杸。」市朱切。按義與舟字義不相承，知甲文所用非此義也。余謂投杸炈殺四字皆从殳聲，字蓋皆假為殳。知者，説文八篇下舟部云：「般，辟也，象舟之旋。从舟，从殳，殳，所以旋也。」徐鍇云：「殳，檝之屬。」按許云殳所以旋舟，徐鍇謂殳為檝屬，而檝則所以推舟也。古人名字動字義多相因，然則甲文之殳舟，蓋即旋舟或推舟之義與！【釋杸舟 積微居甲文説卷上】

 轂 法一三二 四十二例 通擊 名曰—日 日甲一一 通繫 所弗問而久—之 秦一三六  日乙五九 四例 【睡虎地秦簡文字編】

 轂口 【漢印文字徵】

◉許 慎 轂相擊中也。如車相擊。故从殳从軎。古歷切。【説文解字卷三】

◉馬叙倫 鈕樹玉曰。玉篇。係也。廣韻。攻也。王筠曰。擊罊蓋皆轂之分別文。苗夔曰。軎亦聲。俞樾曰。凡物能相擊者衆矣。何獨取譬於車而从軎乎。許君所説殆非本義。今按轂者。轚之古文。車部。轚。車轄相擊也。从車。从轂。轂亦聲。轂既从軎。轚又从車。緟複無理。蓋古字止作轂。从殳。从軎。軎者。車軸耑也。故為車轄相擊。又引申之。凡相擊者皆曰轂。故擊字即从轂也。引申義行而本義轉廢。於是又制从車之轚。以為車轄相擊之字。倫按説解非許文。从殳上有故字可證。廣韻。轂。攻也。軎音于濊切。在喻三。或體作轊。彗聲。彗音邪紐。邪及喻三同為摩擦次濁音。故軎或从彗得聲。古讀喻三歸匣。轂音見紐。同為舌根音。是轂从軎得聲。為攻之轉注字。若以从軎得義。如必俞先生説為車轄相擊之初文。然豈因車轄相擊而後有攻擊之事。必不然矣。況車轄相擊乃偶然之事乎。然則因車轄相擊而增車為轚。以為專字則可。謂轂為轚之初文。倫竊以為未安。説解當云。擊也。从殳。軎聲。擊為轂之後起字。【説文解字六書疏證卷六】

◉嚴一萍  此字彥堂夫子釋「擊」，案當作轂。繒書作乃省殳。説文：「轂，相擊中也。」从軎，當是之譌。天作灾，神擊之，天神一致，相承為義。諸家釋「惠」，則神意與天意相背，恐非此段文字之原意矣。【楚繒書新考】

◉裘錫圭 會坐文事致論

「致」當釋「轂」，讀為「繫」，指繫獄。此字右旁从「攴」，古「致」字不从「攴」，「攴」旁、「殳」旁則往往通用。勞氏逕釋此字為「繫」，也不算錯。【《居延漢簡甲乙編》釋文商榷(續一)】

◉睡虎地秦墓竹簡整理小組 本條轂疑讀為轚，《爾雅·釋詁》：「盡也。」轂，讀為擊。畸，邪。此句意為打擊邪惡的人。【睡虎地秦墓竹簡】

殻

甲八四 武丁時貞人名 甲八九 甲九九九 甲一〇四三 甲二九五五 乙七一八 乙七四五
乙二〇七七 乙六九六三反 乙八二〇二反朱書 乙三二一二㫃眔殻甶耤于姢受年 鐵二五・四 鐵一一
七・一 前四・四・二 前五・四一・八 前七・一・三 前七・一〇・三 後一・二七・二
菁一・一 菁三・一 林一・七・九 林一・二八・一八 戩一五・九 京津二七〇 京津二七一
京津二七五 安二・一 存一八八 文管一二 明藏一四五 寧滬二・五二 佚二五 佚一一九
佚五四〇 福二三 粹四七 粹一四九八 珠九二三 珠一一八五 鄴初下・四二・一五 龜
卜一一六 掇一・四五四反 簠天一五 簠典三九 燕一二七 燕五八六 燕五八七 京津二七二
京津二七三 京津二七六 京津二七七 寧滬三・二五 寧滬三・三九 存下五五 存下一五六
誠明一〇 簠帝四六 續一・六・六 續一・二九五 續一・四五・二 續一・五二・六 珠一七
一背 珠二八〇 京都五四八A 【甲骨文編】

甲84 89 292 1043 2956 3083 3672 3774 乙1157 1983 2684
5393 5987 6310 6370 6373 6382 6403 6506 6664 6668 6672
6694 6698 6700 6702 6725 6728 6732 6743 6748 6776 6877
6896 7131 7171 7183 7201 7204 7207 7246 7258 7310 7348
7360 7387 7425 7509 7731 7766 7966 7981 8424 8462 珠403

456　513　620　1016　1038　1111　1205　1218　1352　佚524　537

862　923　982　續1·52·6　1·53·2　2·29·3　3·2·3　3·3·2　3·40·2

5·3·2　5·11·6　掇348　徵1·26　2·51　2·55　2·57　2·58　2·60

3·33　3·59　3·62　3·204　3·217　4·24　4·29　4·36　4·47　4·103

5·10　5·16　8·9　8·10　8·20　8·35　8·39　8·108　8·112　9·15

9·16　9·19　9·25　9·28　9·47　10·1　10·3　10·60　10·123　10·132

11·47　11·56　11·84　京1·16·3　1·22·2　2·10·3　2·23·2　417·1

4·17·3　4·23·2　4·27·3　凡12·1　13·4　18·1　古2·6　2·8　録173

515　567　天6　66　68　69　83　91　誠388　摭118　龜卜8　115

116　六中146　六雙1　六清132　外340　六清133　外321　六清134　外197　續存1　3

外5　粹1043　鄴三42·2　【續甲骨文編】

◉許　慎　[glyph]从上擊下也。一曰。素也。从殳。青聲。苦角切。青。苦江切。【説文解字卷三】

◉孫詒讓　[glyph]　舊釋為厭蓋以為猒字。攷説文。甘部猒从甘肰。肉部肰从肉从犬。與此形竝不類。今諦審疑當為㱿字。説文殳部「㱿从上擊下也。从殳。肯聲」。此从[glyph]者。即殳形。从[glyph]或作[glyph]者。肯之變。説文冂部。「肯。幬帳之象。从冂。㞢其飾也」。此文省㞢為[glyph]。而變从冂為从月。於形義畧同。其義當為穀。説文禾部「穀从禾㱿聲」。爾雅釋詁「穀善也」。非再卜之謂也。【契文舉例卷上】

◉鄒適廬　瓦[glyph]内笵四字中有[glyph]字。疑即器名。[glyph]字屢見刻辭。亦未有定詁。余謂[glyph]即[glyph]之繁文。最古為[glyph][glyph]。又為

[oracle-bone glyph]。亦見刻辭。通用為[oracle-bone glyph]。羅氏殷商貞卜文考殷帝王名謚篇云。[oracle-bone glyph]字或从[oracle-bone glyph][oracle-bone glyph]作[oracle-bone glyph][oracle-bone glyph]。刻辭中文字每有省其半者。疑[oracle-bone glyph][oracle-bone glyph]乃一字。[oracle-bone glyph]字形似般。[oracle-bone glyph][oracle-bone glyph]殆即般庚。按羅謂[oracle-bone glyph]即[oracle-bone glyph]省甚是。而釋為盤。不知此自有一器乃貞卜所用。故刻辭常及之。非見陶器無以知其用。非有此爵文無以知其名也。【商[oracle-bone glyph]父乙爵　夢坡室獲古叢編】

◉陳邦懷　字當假作愨。説文心部云：「愨，謹也。」禮記祭義云：「其親也愨。」疏：「謂質愨。」【福氏所藏甲骨文字釋文】

◉許敬參　[oracle-bone glyph]當釋鐘。[oracle-bone glyph]象鐘形。[oracle-bone glyph]所以擊之也。與磬鼓同意。新鄭出土古器有編鐘特鐘均有[oracle-bone glyph]。可證。【殷契文字存真考釋】

◉唐　蘭　右㱿字，除上引三四二例外，卜辭中凡數百見，皆武丁時卜人之名，今不具録。此字劉鶚釋猒。孫詒讓云：「猒從甘肰，肰從肉從犬，與此形並不類。今諦審，疑當為㱿字。説文殳部：『㱿從上擊下也。從殳耑聲。』此從[oracle-bone glyph]者即殳形，從[oracle-bone glyph]或作[oracle-bone glyph]者耑之變。」契文舉例上七。蘭按孫説極確，惟[oracle-bone glyph][oracle-bone glyph]皆即青字，[oracle-bone glyph]形實較後出謂為耑之變，尚有未盡耳。

孫氏釋[oracle-bone glyph]為㱿，而釋[oracle-bone glyph]為南，則以卜辭每叚青為南方，故有此矛盾也。故分析偏旁，在古文字研究中，雖為最科學之方法，有時卻不免隔閡。必別作歷史研究，始能完善也。

王襄承孫氏釋㱿，而云「即穀之古文」，類纂存疑二十。按穀為日出之赤，王氏之意，不知何居？羅振玉初誤以為般字，見貞卜文字攷。後以為不可識。王國維亦云未詳。及商承祚作類編始寫為𣪕字學者從之。然𣪕字聲義俱不可知，郭沫若氏因又謂𣪕南一字矣。

孫氏釋㱿本至確鑿，而學者不從，反有取於聲義不明之𣪕字者，以[oracle-bone glyph]為四方之一，較為易識，而不知卜辭之[oracle-bone glyph]，固當釋為青，且有一部分當讀為穀也。南方之稱，既深映於學者之心目，青㱿之字不甚習見，而南與青之聲，又若甚遠，故南本青字，無有知者矣。

㱿字以字形言之，當象以殳擊青，發為青然之聲。以象意字聲化例求之，則從殳青聲也。

卜辭用㱿字，除卜人名外，「五㱿」殆當讀為「五穀」，「王示㱿二[oracle-bone glyph]」之「㱿」，似亦當讀為「穀」。【殷虚文字記】

◉郭沫若　第三七片「丝邑㱿」當連文。猶它辭言「大邑商」或「天邑商」也。㱿本常見之卜人名。由此數辭証之。知亦邑名。古人姓氏與國邑本多一致。【殷契粹編考釋】

◉唐　蘭　[oracle-bone glyph]近人皆寫為𣪕。余依孫詒讓釋㱿。此云「五㱿」者當如他辭之「八青」「九青」。余舊讀青㱿為穀。詳殷虚文字記。郭沫若曰「青舊釋為南。于用為祭牲之事。苦難解。近時唐蘭始改釋為青。而讀為穀。今案釋青是而。讀穀則未為得。如

『㞢于且辛八青九青于且辛』説為八穀九穀既不辭。如『癸未卜。帚鼠蘭桉當釋豸㞢匕己青犬。帚鼠豸㞢匕庚羊犬』庫一六〇六青犬與羊犬對文。則青當是動物名。更有一例曰『𡧊九牢卯三青』堂野前氏藏骨與卯羊卯牛之例同。尤足証青之必為動物。由上諸證。余改讀之為縠。説文云『小豚也』段玉裁云『左傳晉有先縠字彘子。蓋縠即𤜶字。釋獸曰。貔白狐。其子𤜶。異物而同名也。』今卜辭既每以青為牲。而與羊犬同列。自當是小豚。而非白狐子矣。」粹編考釋一六五余按郭訂正較余舊讀為優。惟尚須略加修正。卜辭云「牢㞢一牛㞢青」前·一·一·一·二是青與牛同稱。云「一羊一青」後上五·一是青與羊同稱。然則青或𣪊乃畜子之通稱。不僅小豕也。莊子駢拇「臧與穀。」崔注「孺子曰穀」。方言八「爵子即及雞雛皆謂之𪇰」。廣雅釋親「穀，子也」。是𣪊聲有乳子之義。【天壤閣甲骨文存考釋】

◉馬叙倫　鈕樹玉曰。韻會一曰四字在㱿聲下。與繫傳同。王筠曰。𣪊與㱿同音。義亦略近。朱駿聲曰。一曰素也借㱿為㱿也。缶部。瓦器未燒為𡠻。猶木石之樸也。倫按錢坫本从上之从字作以。以字蓋譌。㱿為㱿之音同溪紐轉注字。義止是擊也。從上擊下也校語。本訓挩矣。一曰素也者。朱説是也。此亦校語。【説文解字六書疏證卷六】

◉丁　山　臼辭所見□字，唐蘭教授釋㱿云：「當讀為縠。」于省吾先生更撰釋青以伸其誼（詳雙劍誃殷契駢枝三編）字形，字誼，俱能通貫。㱿，是武丁時代的重臣，那時，國家的大事，多數由㱿代王貞卜，如卜辭云：

己酉卜，㱿貞，𡧊於東母，九牛。徵·典·19。

甲戌卜，㱿貞，我勿將，自兹邑，㱿方巳作。續·6·9·5。

庚申卜，㱿貞，今𣄰，王循伐土方。林·1·27·11。

庚申卜，㱿貞，王勿征吕方，上下弗若，不我其受祐。前·5·22·2。

尤其是征伐之卜，多出㱿手，㱿似乎是「軍卜」專家。㱿的遺物，近年出於安陽殷虚附近者，有㱿一，觚一，今已箸於鄴中片羽二三集，應有鼎、甗、爵、卣之類，未見箸録，或者出土被毁，或者流於異域了！但，以卜辭例外諸種刻辭通例考察「㱿乞自匵」的記事，㱿，也該是氏族之稱。【王氏𣪊　殷商氏族方國志】

◉饒宗頤　殷契貞卜人物，以㱿所見次數為最多。其辭中先王有父乙之名（如屯乙一八八一，三三八三，六七三二，七一八三及殷綴四四六等）。父乙即武丁父小乙，故知㱿乃武丁時人。近世出土商器，有㱿彝（鄴中二上十三）㱿觚（鄴中三上四〇），當即㱿所用之器，故識其名。

契文人名㱿字，皆从「青」从「殳。」有省作「青」者（綴合編附圖二四）。廣雅釋詁：「㱿，善也。」㱿同愨。説文：「愨，謹也。」檀弓

釋文：「『嗀』本又作『殸』。」知殸嗀一字。

卜辭每見殸與旃二人共事。亦有殸自行貞問者，為罕見之例；亦見於㝐及爭所卜之辭。【殷代貞卜人物通考卷三】

◉李孝定　契文殸字孫釋為殸是也。卜辭殸字數百見。絶大多數為卜人名。其用為祭牲之名者。唐从郭説讀為豰。初讀為榖。釋為畜子。其説可从。郭謂「青與犬羊牛同用。又於犬羊牛之外無與豕豚同用之例。此均青當為豰之證」實則庫一九八七辭所稱蓋於犬羊牛之外更用小犬小羊小牛也。青為樂器。殸為鼓樂之象。許謂與𣪊鼓兩字同意是也。説詳七卷青下。請參看説文。殸訓从上擊下即為鼓青之意所引伸。一訓素則由樂器之意所引伸。蓋樂器皆中空也。

古文字畫之邪横彎每無别」于省吾説見駢枝三六葉下然則殸之與殸雖横邪小異其為一字則無可疑。且青形篆變作青亦為邪畫變為彎畫或横畫。其遞嬗之迹固視而可識也。于氏謂此當釋敲。蓋偶有未諦耳。【甲骨文字集釋第三】

◉歐陽洲　「殸」的字形出現得很早，甲文中就有了「殸」(前五·四一·八)「殸」(菁三·一)等字形。這些字形，絶大多數為商代卜人的名字(見丁山《甲骨文所見氏族及其制度》與李孝定《甲骨文字集釋》卷三)，另外也有作邑名的(見郭沫若《殷契粹編考釋》)。

「殸」字作為動詞來使用，始見於《左傳·哀公二十五年》的「若見之，君將殸之」(據阮元校勘的《十三經注疏》與楊伯峻的《春秋左傳注》)，其義爲「嘔吐」。舊字書中如《類篇》與《字彙》在「殸」字頭下也有相應的記載。《集韻》的「覺韻」把「殸」作為「嗀」的省借，乃是由于只看到《説文》與《經典釋文》所引的《左傳》均作「嗀」，而忽略了「殸」、「嗀」二字产生的先後次序。「青」，據《説文·日部》説是「幬帳之屬，从日，㞢其饰也。」(按：《説文》「殸」的「素也」又義，亦即後世通行的「皮甲」義當應由此而來。)這就告訴找們：有了「青」與「殳」這兩個字根之後才創造出「殸」，有了「殸」與「口」這兩個字根之後才創造出「嗀」。所以，阮元校勘的《十三經注疏》所依據的《石經本》中的「殸」應是《左傳》一文的原始面貌，而漢代許慎所看到的「嗀」乃是後人因「殸」又产生了「從上擊下」的新義，為表示區别而在「殸」下增加一個「口」的形符的孳生字。

「殸」的「從上擊下」義一般均認為始見於《説文》，但實際上早在西漢的時候就已出現這方面的例證了。北魏賈思勰的《齊民要術·種瓠》中所引的《汜勝之書》曰：「著三實，以馬箠殸其心，勿令蔓延。」(按：四部备要本《齊民要術》與上海古籍社版《農政全書》所引皆誤作「㱿」，今據石聲漢《齊民要術今釋》正。)這段文章裏的「殸」就是用的「從上擊下」義。

《汜勝之書》上的這個例證是不是就算最早的呢？看來还不能這樣説，根據我們已發現的資料來看，《呂氏春秋·當務篇》中的「下見六王五伯，將榖其頭矣」(據四部叢刊影印明刊本)，就很值得我們去探索和研究。這段文章里的「榖」字，清人徐灝即曾懷疑它是「殸」字之訛(見徐灝《説文解字注箋·殳部》)僅因畢沅、盧文弨等囿於《説文》「嗀」字有「擊頭」之義而將「榖」校正為「嗀」，

成爲定本，後人遂以為不易之論而不復置疑。如果我們現在能遵循徐灝所指出的途徑繼續探究下去，説不定还可以恢復《吕氏春秋》「㱿」字的原貌，再增加一個比《氾勝之書》更早一點的例證呢？

魏晉南北朝的例證，我們迄今尚未發現，其所以未被發現，除典籍散佚、資料不全等因素外，最主要的还是因爲「㱿」的「從上擊下」義又漸次為音同義近的「敲」、「搉」二字所取代。（按：㱿、搉、敲三字同隸《廣韻·覺韻》的「苦角切」小韻。「搉」字在《説文·手部》訓為「敲擊」，在《廣韻》訓為「擊也」。）《玉篇·殳部》「㱿」下已只有「物皮空」而無「從上擊下」的義訓，就是一個有力的證明。當然，這里指的是書面語言的使用現象。至於口頭語言，直到現在还殘存於某些地區。楊樹達先生在他的《長沙方言續考》四十三説：「《説文·三篇下·殳部》云：『㱿，從上擊下也，从殳，青聲。苦角切。』長沙今謂曲指擊人頭曰『㱿力㱿』，上㱿讀上聲，下㱿讀入聲。」（見《積微居小學金石論叢》卷四）

自「㱿」的「素也」一義（按：「素」義在《玉篇》云「物皮空」，在《廣韻》云「皮甲」，在《集韻》云「皮也」）被离析出來獨立爲「皮壳」字後，其形與音亦漸次與「殳」分道揚鑣，如《集韻》即將「皮也」一義分离出來置於「屋韻」空谷切下，字形作「㱿」，與「覺韻」克角切下的「㱿」表示了一點微小的差異。以後字形又演變成「殼」，如宋末的《韻會》、明初的《篇海》皆曾收録了這個俗體字形。最後俗體完全取代了正體，除極少數語言文字工作者外，人們已只知有「殼」而不知有「㱿」了。【説「㱿」　武漢師範學院學報（哲社版）一九八四年第六期】

炈

◉許　慎　下擊上也。从殳。冘聲。知朕切。【説文解字卷三】

◉馬叙倫　錢坫曰。今俗謂上治下人曰炈。王筠曰。廣韻。炈。深擊。本書。抌。深擊也。案炈抌一字。倫按今北平謂擊人猶有此音。然義止是擊也。廣雅釋詁。炈。禁也。謂禁上使不得下也。亦與此異。蓋下擊上也乃校語。本訓捝矣。【説文解字六書疏證卷六】

𣪘

前一·三五·六説文云𣪘繇擊也古文祋如此有擊殺之誼卜辭云𣪘一人　𣪘二人　後二·七·一四　續一·二五·二　寧滬一·二三一　京津五〇八〇　京津四四六二【甲骨文編】

豛 3090 【古璽文編】

豛

崔希裕纂古　【古文四聲韻】

●許　慎　豛縣擊也。从殳。豆聲。古文祋如此。度侯切。【説文解字卷三】

●馬叙倫　嚴可均曰。説文無縣字。鈕樹玉曰。縣當作懸。玉篇。遥擊也。古為投。則祋疑投之譌。段玉裁曰。古文投如此。蓋後人所注記語。假令果是古文投。則許之例當入手部。為投下重文矣。投下云。擿也。此云遥擊。義固有别。李杲曰。古鉩作豛。古匋作豛。與此形近。然許書古文殳支不分。而字作殳。説文拈字以豆祋音義甚遠。疑非許氏原本。語或然與。倫按手部。擿。搔也。一曰。投也。投下曰。擿也。段謂搔也字為擿。許書無擿。一曰投也。與投者擿也為轉注。是也。投謂遥擊。投豛一義異文。豆為豈省。豈音知紐。殳音禪紐。同為舌面前音。故豛轉注為投。本訓擊也。校者加縣字。或本訓挩失。但存校語耳。古文祋如此五字。後人據玉篇加也。豛音定紐。殳音禪紐。古讀歸定。故古文書以豛為祋。祋則殳之後起字也。【説文解字六書疏證卷六】

●李孝定　説文。「豛縣擊也。从殳豆聲。古文祋如此。」祋段注改作投。栔文正从殳从豆。其意疑與毁同。从殳。蓋象以手持匕柶之形。至篆譌作殳。遂訓擊耳。辭云「甶豛羌」。屈云「蓋用牲之名」。或是。【甲骨文字集釋第三】

●郭沫若　「豛」乃古投字，説文「豛，縣擊也。古文祋如此。」（依鈕樹玉校正）「豛丁妣豕」，謂祀妣丁之豕乃椎殺之。卜辭有「豛一人」、「豛二人」之例（前見前一·三五·六；後見京五〇八〇），亦謂以人為牲，椎擊而死。【安陽新出土的牛胛骨及其刻辭　考古一九七七年第二期】

●于省吾　上面所引卜辭兩條的「豛」字凡三見，均作豛形，从豆从殳。罗振玉釋為「敱」（增考中38），孫海波《甲骨文編》録「豛」于「殼」字中，並誤。古文「豆」字與亯、皀二形迥别。《説文》謂「豛、毄擊也，从殳豆聲」，是豛有擊義。《儀禮·少牢饋食禮》「司馬刲羊，司士擊豕」，鄭注謂「刲、擊皆謂殺之」。「豛」字典籍也作「剅」或「豆」。《廣雅·釋詁》謂「剅，裂也」。《吕氏春秋·貴公》稱「大庖不豆」，俞樾《諸子平議》謂「豆當讀為剅」。按豛即今方言切物曰刴的刴字。【釋奴婢　考古一九六二年第九期】

𣪠

◉許　慎　𣪠縣物𣪠擊。从殳。㕜聲。市流切。【說文解字卷三】

◉馬叙倫　王筠曰。暴衣物者以條振去其塵謂之𣪠。俗語正如許說。桂段以為𣪠擣一字。非也。倫按本書。𢾕。棄也。从攴。㕜聲。擣。手推也。一曰。築也。从手。㕜聲。與此皆从㕜得聲。王以方言證此字。今杭縣謂以條擊去所暴衣物之土。其音如抽。擊人亦曰抽。今北平謂擊人音亦如此。或如奏。字。當作此。然十二篇。搎。衣上擊也。與此義同。今杭縣謂擊去衣物上塵土音如撲。撲搎雙聲。依義當作搎。搎𣪠聲同幽類。本書。𡏯。保也。莊子盜跖。小國入保。即借保為𡏯。是如王說者。字當為搎。方言聲轉如𣪠耳。擣訓手推。經傳無徵。經傳擣字有與舂義近者。鄭注禮記內則。糗。擣熬穀。雜記注。所以搗鬱也。搗即擣之異文。而擣即借為舂。舂音審三。擣音禪紐。同為舌面前音也。有訓擊者。史記孫吳列傳。批亢擣虛。索隱曰。擊也。然則手推也疑有誤。𣪠擣一字異文。𢾕訓爲棄。蓋本詩遵大路毛傳。𢾕下引詩。無我𢾕兮。今詩作魗。鄭箋。惡也。則魗即醜之異文。九篇。醜。可惡也。棄似為可惡之引申義。是毛借𢾕為醜。則棄也非𢾕之本義。𢾕音市流切。音與此同。而攴殳一字。則𢾕與此一字無疑。縣物𣪠擊也不似許文。蓋本訓擊也。今捝。但存校語耳。𢾕𣪠當有一字出字林。【說文解字六書疏證卷六】

㲉

◉許　慎　㲉椎毄物也。从殳。豖聲。冬毒切。【說文解字卷三】

◉馬叙倫　嚴章福曰。上下文說解擊字無作毄者。此及下毆作毄。一切經音義廿三引。毆。捶擊也。則毆下原作擊。疑此亦當作擊。王筠曰。說解中作毄者二。作擊者八。蓋本作毄。後人改之。此與𢻱椓略同。倫按攴部。𢻱。擊也。六篇。椓。擊也。自與此一字。椓以木擊。故从木耳。今𢻱椓並音竹角切者。今杭縣謂以手或物擊人。音如竹角切。以物遥擊。則音如冬毒切。椎擊物不可通。段玉裁謂用椎擊中物。蓋因字解之耳。椎借為捶。下捝也字。捶也擊物也二義。一訓校者加之。以椓㲉並訓擊也。下文。毆訓捶也。而玄應引作擊也證之。則許於毄字以下諸文皆訓擊也。校者分別之。今捝去本訓耳。㲉為捶之同舌面前音轉注字。㲉音知紐。捶音照三也。【說文解字六書疏證卷六】

◉蕭　璋　㲉，椎毄物也。从殳豖聲（冬毒切）。𢻱，擊也。从攴豖聲（竹角切）。椓，擊也。从木豖聲（竹角切）。段謂「用椎擊中物與攴部𢻱木部椓音義畧同」（㲉字注）。又謂「㲉與木部椓音義皆同」（𢻱字注）。又謂「椓與攴部𢻱音義皆同。詩云『椓之丁丁』，又云『椓之槖槖』」（椓字注）。王氏則曰：「說文：『椓，擊也。』又曰：『𢻱，擊也。』『㲉，椎擊物也。』周南兔罝篇云：『椓之丁丁。』並與㧻同。」（廣雅疏證釋詁：「㧻，椎也。」）按二氏之言皆是也。椎擊即刺擊，古刺擊不分，椎擊亦同義，故說文椎亦訓擊。是三字古聲義

毆　毃　殿

全同形亦相近當為一字也。【釋至　國立浙江大學文學院集刊第三集】

毆　从攴義與驅同　師袁簋　毆俘士女牛羊

多友鼎　唯馬毆盡復奪【金文編】

毆　法八九　五例【睡虎地秦簡文字編】

王毆　置【漢印文字徵】

◉許　慎　毆捶毄物也。从殳。區聲。烏后切。【説文解字卷三】

◉馬叙倫　沈濤曰。一切經音義二十二引作擊也。二十三引。毆。捶擊也。蓋古本無物字。今本盖涉上文毅椎擊物而誤衍耳。倫按漢書梁王襄傳。後數復毆傷郎。注。捶擊。亦可證應無物字。然本是捶也擊也。一訓校者加之。今並譌耳。金文毆字多作毆。今為驅之重文。【説文解字六書疏證卷六】

◉許　慎　毃擊頭也。从殳。高聲。口卓切。【説文解字卷三】

◉馬叙倫　嚴可均曰。高聲。下當依左定二年傳釋文引補一曰擊聲也。沈濤曰。文選過秦論注引作擊也。乃崇賢節引。左定二年傳釋文引同今本。可證。桂馥曰。擊頭也字林同。倫按當依選注引作擊也。擊頭也者。字林訓也。呂以呂氏春秋當務篇下見六王五伯將毃其頭矣。故立此義。或依左定二年傳杜注為説。檢傳。邾莊公與夷射姑飲酒。私出。閽乞肉焉。奪之杖以敲之。無敲頭明文。杜何據而曰奪閽杖以敲頭。支部。敲。橫擿也。蓋奪閽杖橫擊之耳。敲無擊頭之義。而毃敲實一字。又疑此字出字林。毃毆旁轉疊韻。又毆从區得聲。區音曉紐。與毃同為舌根音。毆轉烏后切入影紐。毃从高得聲。高音見紐。見影皆破裂清音。是轉注字也。然則毃之當訓擊而非擊頭專詞尤明矣。既非擊頭專詞。則與敲塙是一字。一曰擊聲也。乃涉下文殿字説解中校語而譌羨。【説文解字六書疏證卷六】

殿　雜二〇　十七例　通純　繆緣及一　封八三【睡虎地秦簡文字編】

殿中都尉【漢印文字徵】

【石刻篆文編】

殿 殿竝出華岳碑 殿 殿出林罕字略【汗簡】

 竝華嶽碑 李商隱字略 雲臺碑 同上【古文四聲韻】

◉許　慎　擊聲也。从殳。㞟聲。堂練切。【説文解字卷三】

◉馬叙倫　諸家以擊聲之訓不見經傳。漢以來為宮室之名。因致疑焉。倫謂宮殿字俞先生樾以為即八篇之㞟。倫謂㞟即今俗作櫈之本字。詳㞟字下。殿堂雙聲。土部。堂。殿也。即以雙聲為訓。經傳借殿為堂。太平御覽一百七十五引本書。殿。堂之高大者也。或為此下校語。今已删耳。使為堂之高大者。無取乎从殳也。擊聲也者。當為擊也。凡擊義之字。其聲每似其所擊之聲。殿者。經記用為鎮壓之義。左襄十四年傳。子囊殿。論語。奔而殿。蓋殿从㞟得聲。㞟从屭得聲。詳㞟字下。屭鎮聲同真類也。今杭縣謂以櫼內孔中擊之使入曰。鎮進去。當即此字。殿亦似其聲也。初學記引倉頡篇。殿。大堂也。字亦見急就篇。空海本作壂。【説文解字六書疏證卷六】

◉蕭　璋　殿，擊聲也。从殳㞟聲（堂練切）。簸榜也。从竹殿聲。徒魂切。段曰：「木部曰：『榜，所以輔弓弩也。』檢柙弓弩必攴擊之。故廣雅曰『榜，擊也』」（簸字注）。按簸廣雅亦訓擊。蓋謂攴擊之也。簸殿聲義相同。榜擊亦作搒擊（廣雅釋詁作：「搒，擊也。」與段引不同），亦作旁擊（説文：「擊旁擊也」）。又説文：「搉，敲擊也。」漢書五行志「搉其眼」。顏師古注云：「搉謂敲擊去其精也。」王氏以擊敲搉聲近義同（見廣雅疏證釋詁「擊，擊也」）。敂擊與刺擊同意也。是以殿之訓為擊聲。以簸字取其聲義攴之（簸段注曰：此形聲包會意），當為敲擊之聲也。【釋至　國立浙江大學文學院集刊第三集】

◉杜忠誥　關於「殿」字之字形結構，就吾人今日所能見到的極少字例看來，大抵均係隸變後已譌誤之兩漢文字。其中漢印之「殿」字，字形與説文篆文較為接近。至於漢代碑刻中之「殿」字，其構形已與今日行用之楷字無别。過去，由於此字隸變前之文字資料尚未發現，本形湮晦既久，唐、宋以來的文字學家們，對於「殿」字之構形，最多也只能根據説文篆文而作出種種幾近於穿鑿附會的解釋。

近年在湖北省雲夢縣睡虎地第十一號墓出土之秦簡，如「秦律十八種」、「秦律雜抄」、及「封診式」等簡文中，均有「殿」字出

現。此字未見於甲骨文與金文中，這些簡文可以說是迄今所能目及有關「殿」字的最早期字例。

除了少數幾個字，因水漬而致筆畫稍有模糊外，其他大部分的字，右旁从攴（不从殳），左旁作「展」之字形結構，大體均能清楚辨識。作為聲符的「展」旁，尸下作「典」，既不从丌，也不从几，乃是从尸典聲的典型形聲字。非若「大徐本」、「段注本」之釋為會意也。從而「殿」字之說文篆文、居延簡文、漢印印文、漢碑文字，乃至於今日楷體字等種種不同之形體結構，其輾轉傳寫，孳乳譌變之由，亦可明矣。

古文字學家白川静以「𡰪」為臀之初文，釋殿為「擊臀」，因而得出「殿」字之形符本當作「攴」之推論。从攴與从殳，均有擊打之意，原本義近可通，古文字中亦往往互用無別。然其「字本从攴」之假說，則因秦簡文字之出土而獲得明確的印證。【古文字形體研究五則　國文學報第二十期】

◉莊淑慧　1. 簡文詞例

13號簡：「黄■迲王所馭大展（殿）。」

22號簡：「裘■定所馭左展（殿）。」

149號簡：「大（太）官之駟（駟馬）。大輾（殿）。」

150號簡：「大（太）官之駟（駟馬）。左輾（殿）。」

2.考釋

簡文「展」、「輾」二字乃「殿」之異體字。「展」字出現於兵器類簡，而「輾」則出現於車馬類簡，由於兵器類簡與車馬類簡乃是由不同之人所書寫，故其用字有時並不統一，如「展」與「輾」二字即是其例。

就字形結構而言，「展」字應是「殿」、「輾」二字之初文。「輾」字增繁「車」旁，主要在突顯其作為兵車之用途，如「旆」之作「轔」亦為其例。【曾侯乙墓出土竹簡考　國立臺灣師範大學國文研究所集刊四十號】

殿 

殿　格伯簋　【金文編】

 105  116　【包山楚簡文字編】

殹　法二一〇　四十五例　通也　除其惡俗而使之於為善—語三　封五四　日乙五〇　五十九例　【睡虎地秦簡文字編】

石碣汧殹沔：金文格伯𣪘與此同　甘泉山題字　【石刻篆文編】

◉許　慎　擊中聲也。从殳。医聲。於計切。【說文解字卷三】

◉高田忠周　段氏云。秦人借為語詞。詛楚文。禮使介老將之以自救殹。薛尚功所見秦權秦斤。皆作。然則周秦人以殹為也。可信。詩之兮字偁詩者或用也為之。三字通用也。此說為妥當矣。籀文尚增緐。故以殹為也又為兮。李斯善籀文。知秦人元來尚籀文故也。然則。詛楚文。權文斤文皆與鼓文相合。誠有故也。【古籀篇六十】

◉馬叙倫　其義未見於經記。蓋殹之音同影紐轉注字。本訓擊也。今捝。所存者校語。格伯𣪘作。石鼓作。【說文解字六書疏證卷六】

◉強運開　趙古則釋作也。王氏云即也。字見詛楚文及秦斤。鄭樵因指此為秦物。潘云毉緊皆見古書。非始於秦也。郭云讀如緊。語詞。楊升庵亦釋作緊。錢竹汀云。按汧殹字兩見。尋繹上下文義。當是水名。不應作虛字訓。疑即古池字。春秋曲池亦作毆蛇。池蛇古通用。池亦有移音。張燕昌云。爾雅汧出不流。郭云。水泉出。自停成污池。可證汧殹為汧池。運開按。說文。殹。擊中聲也。从殳医聲。段注云。此字本義亦未見。酉部毉从殹。王育說惡姿也。一曰殹病聲也。此與擊中聲義近。秦人借為語詞。詛楚文。禮使介老。將之以自救殹。薛尚功所見秦權銘。其於久遠殹。石鼓文。汧殹沔：。權銘殹字琅邪臺刻石及他秦權秦斤皆作也。然則周秦人以殹為也。可信。詩之兮字。偁詩者或以也為之。三字通用也。據此則錢張二氏釋汧殹為汧池。其說雖新。實未敢信。仍以作兮字解較為允當。又攷格伯𣪘有殹妊二字。篆作。尤足見殹字非秦篆始有也。【石鼓釋文】

◉郭沫若　殹字秦文多用為也，此處當讀為兮若猗字。【石鼓文　郭沫若全集第九卷】

◉劉彬徽等　殹，簡文作，把字的左右兩部分合成上下相疊。【包山楚簡】

◉戴家祥　說文三篇：「殹，擊中聲也，从殳医聲。」又十二篇医，許云「盛弓矢器」。段玉裁依廣韻改為備弓矢器。然小雅采薇、夏官司弓矢、國語鄭語，箋注家皆云箙為盛矢器，未聞盛矢器為医者。今本國語齊語「兵不解医」作解翳。韋昭云：「翳，所以蔽兵也。」知殹、翳皆医之表義符號加旁字。医本象形，从矢，所以蔽矢也。加旁从殳，言矢之賴以蔽之者手也。釋名釋兵：「矢，其旁曰羽，如鳥羽也。鳥須羽而飛，矢須羽而前也。」可見蔽矢之羽，即所以保全其殺傷之用也。

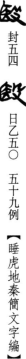

同聲通假亦讀為緊，「緊」，在句首為發語辭。左傳隱公元年「爾有母遺，緊我獨無」，杜元凱云：「緊，發聲。」又襄公十四年「王室之不壞。緊伯舅是賴」，杜注：「緊，語助。」緊从医聲，医讀「於計切」，影母至部。同聲通假，字亦作抑。小雅十月「抑此皇父」，釋文云：「抑，辭也。」左傳宣公十一年「抑人亦有言曰」，杜注：「抑辭也。」論語學而「抑與之歟」，皇疏：「抑語助也。」抑讀「於棘切」，不但同母而且同部。

用在語尾，字亦同「也」。秦詛楚文秦新郪虎符，秦銅權及石鼓文靈雨，多以殹為也字。秦郎邪刻石「盡始皇帝所為也」，也作𠃟。也匜同字，匜讀「移爾切」，喻母支部。緊讀「烏鷄切」，影母支部。影喻皆喉音字。

用在句中，字亦通伊。邶風雄雉「自詒伊阻」、秦風蒹葭「所謂伊人」、豳風東山「伊可懷也」、小雅正月「伊誰云憎」，鄭箋並云：「伊當作緊。」史記周本記共王緊扈，索隱引世本作伊扈，皆緊伊字通之證。小雅都人士「匪伊垂之」，鄭箋「伊，辭也」。伊讀「於脂切」，影母脂部，支脂韻近。【金文大字典中】

段

段　段簋　段金𨱔尊　段金𨱔簋【金文編】

5·45　咸鄙里段　5·296　右段　5·297　同上【古陶文字徵】

0604　3128　與段毀段字形近【古璽文編】

段端　段市之印　段禁　段世　段廣成　段廣昌　臣段周　段常便印　耐段　段逢憙印　段德　臣段　段窅　段襄【漢印文字徵】

◉許　慎　段椎物也。从殳。耑省聲。徒玩切。【說文解字卷三】

◉馬叙倫　椎當作捶。雙聲通借也。十二篇。捶。以杖擊也。九篇。碫。段石也。謂捶石也。十四篇。鍛。小冶也。鍛謂金自冶中出。以物捶之。則段為捶之轉注字。段聲元類。捶聲歌類。歌元對轉也。故捶石為碫。捶金為鍛矣。物也上捝擊也二字。此訓校者加之。字見急就篇。【說文解字六書疏證卷六】

◉朱芳圃　金文段象手持椎於厂中捶石之形。許君訓椎物，引伸之義也。云耑省聲，誤象形為形聲矣。孳乳為碫，說文石部：

嗀 　殽 

「碫，厲石也。从石，段聲。」為鍛，金部：「鍛，小冶也。从金，段聲。」徐鍇曰：「椎之而已，不銷，故曰小冶。」急就篇「鍛鑄鉛錫鐙錠鐎」，顏注：「凡金鐵之屬，椎打而成器者謂之鍛。」為腶，禮記內則「腶脩」，鄭注：「腶脩，捶脯施薑桂也。」

左傳襄公二十年宋褚師段字子石，二十七年鄭印段字子石，又二十九年經公孫段字伯石。古人名字相應，段以捶石為本義，與字形密合，是其確證矣。【殷周文字釋叢卷下】

◉銀雀山漢墓竹簡整理小組　段，疑當讀為斷。意謂將齊城、高唐二大夫帶領的軍隊分成兩部。一說「段」當釋「叚」，讀為「假」。【銀雀山漢墓竹簡壹】

◉王獻唐　戈文第二字作，調甫依說文釋杀，余初釋敃，後乃定為段字。段小篆作，說文，椎物也，从殳，耑省聲。殳攴均有擊義，古多互用，如段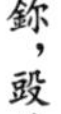鉨，段作。敔字金文類从殳，陳猷釜从攴，皆可證。攴又古亦相通。如契文敏字，攴又互用。毛公鼎師望鼎，敃作，兮白盤等則从攴。盂鼎敃作，敏作，敢作，叔氏鐘番生敦，啓皆从又，召尊等則从攴。例證甚多。彼此比證，知殳可作又。以手小擊為攴，與手義之又，意本相貫。段訓椎物，从又意更切實，不必盡以手執杖之殳也。此字从又，移在耑上，與从殳相同，當釋為段。散氏盤戎父字，體制相通，殆是一字。若敃之左下从人，筆畫與上不貫，今皆並為一筆，固有別也。【周虎段賊戈考記　那羅延稽古文字】

◉許　慎　擊空聲也。从殳。宮聲。徒冬切。又火宮切。【說文解字卷三】

◉馬叙倫　篆當作。宮當作也。詳宮字下。擊空聲也蓋本作擊也。校者依廣雅加聲也二字。傳寫轉捝擊下也字。空字則校者注以釋嗀字之音者也。【說文解字六書疏證卷六】

　殽　秦四〇　二例【睡虎地秦簡文字編】

　石經僖公　晉人及羌戎敗秦師於殽【石刻篆文編】

◉許　慎　相雜錯也。从殳。肴聲。胡茅切。【說文解字卷三】

◉馬叙倫　朱駿聲曰。雜錯之訓。正字當為爻。此从殳。必有本義。許時已失傳矣。倫按廣雅。殽。雜也。蓋許本訓擊也。為嗀之同舌根音聲同宵類轉注字。校者依廣雅加雜也。而申以相雜錯也。或字林如此。唐人見經記止有殽雜之義。因刪本

訓及雜也。【説文解字六書疏證卷六】

◉朱德熙　圓壺銘4行：

先王慈愛，全　竹　無疆，日夜不忘，去刑罰以憂厥民之隹不辜。

「無疆」前邊的四個字里有三個字需要討論。

現在我們來討論　字。這個字跟戰國時期「每」字（　）的寫法相似，但下半似「女」非「女」，跟「每」字有别。而且釋為「每」，銘文也難以讀通。戰國貨幣里有一種方足布，面文作「　一釿」。第一字旧來多認為是倒寫的「京」，我們曾根據三體石經「殽」字古文作　，釋為「殽」字。長沙帛書B2「是胃（謂）　歲……」，「胃」下一字或釋「季」，或釋「孛」，都不可信。我們認為也是「殽」字。《廣雅·釋詁三》「殽，亂也」。帛書上文（B1）説「日月星辰，亂逹其行」，「是謂殽歲」一句是承上文説的，文義正相應。圓壺銘　字跟上引幾種「殽」字古寫相似，有可能也是「殽」字。「殽」在圓壺銘文裏似當讀為「僚」。「百僚」乃古人恒語。《尚書·皋陶謨》「百僚師之」，《詩·大東》「百僚是試」。【平山中山王墓銅器銘文的初步研究　文物一九七九年第一期】

◉睡虎地秦墓竹簡整理小組　殽，《禮記·禮運》注：「法也。」即仿效。【睡虎地秦墓竹簡】

毅

毅　伯吉父簋　伯吉父鼎　【金文編】

公孫毅印　張毅　【漢印文字徵】

毅　【汗簡】

古尚書　崔希裕纂古　【古文四聲韻】

◉許　慎　妄怒也。一曰。有決也。从殳。豙聲。魚既切。【説文解字卷三】

◉馬叙倫　鈕樹玉曰。一切經音義廿二引作果決也。韻會引从殳豙在一曰上。無聲字。倫按妄為怒字之譌。校者以一本作怒者注之。傳寫譌如今文。怒也者。忍字義也。心部。忍。怒也。讀若顡。是其證。一曰有決也校語。記異本也。蓋怒也之引申義也。毅之本義亡矣。【説文解字六書疏證卷六】

◉黄錫全　　毅　武本毅作忍，神本作忿（乃忍寫誤），内本作毅，薛本作忍。《説文》「忍，讀若顡」。鄭珍云：「顡毅同音，偽本因以

𣪘

忍作毅。古文假借同聲，或有所本。」古陶忍字作、、（香録10·2），《説文》正篆作。夏韻未韻録作。【汗簡注釋卷四】

◉戴家祥　説文三篇「毅妄怒也。一曰有決也。从殳豙聲。」按許慎「妄怒」之釋不知有何根據。後世毅用作剛毅之毅。亦不知從哪層本義引伸所得，初義及引伸義均待深考。金文用作人名。【金文大字典中】

甲七五二　甲一九七一　後二·七·一二　菁一〇·一五　存一四六七　粹九八七　𣪘或从攴　乙八八一〇　後二·七·一三　或从食【甲骨文編】

甲549　752　新5080　續存1467【續甲骨文編】

𣪘　金文以為簋字　頌簋　簋字重見【金文編】

考古1983:5【古陶文字徵】

𨚔𣪘銘范母　㠯鼓　甲骨金文同【石刻篆文編】

◉許　慎　揉屈也。从殳。从皀。皀。古文叀字。廏字从此。臣鉉等曰。叀。小謹也。亦屈服之意。居又切。【説文解字卷三】

◉林義光　𣪘　文韻音敦　説文云。揉屈也。从殳皀。皀古叀字。廏字从此。按𣪘為揉屈。皀為古叀字。皆無考。古作格伯敦。作段敦。作孫叔多父敦。即䈞之或體。熟也。與孰同意。孰象兩手持。此象手有所持以治。同字。薦熟物器也。見享字條。或作祖日庚敦。作函皇父敦。盤敦之敦古並作。亦或作，齊侯敦。作陳侯因脊敦。【文源卷六】

◉郭沫若　乃𣪘（簋）字也。量侯𣪘銘云：「量侯豺作寶隮（𣪘），子孫萬年永寶，（斷）勿喪。」𣪘字形與此同，𣪘字金文中有假為就字用者，如諫𣪘（周金文存卷三，二十五葉）「王各（格）大室，位」。𣪘位即就位也。【齊侯壺釋文　殷周青銅器銘文研究】

◉孫海波　甲金文从，穀之馨香也，从，象以手持勺以納黍稷也，此字宋人隸寫作敦（或作㪟），而以有兩耳及蓋盛黍稷之圜

器當之，有清箸録家承其誤，錢坫獨反其説而名之曰簋（見十六長樂堂古器欵識）。黄紹箕乃本錢氏之意立四説以明簋之非敦，為之疏通證明（翠墨園語）。容庚先生復據彝器銘文以補充黄説之所未盡（殷周禮樂器考畧），其制似盂，或斂口，或侈口，上有蓋，旁有耳，下有圈底，或綴三足，或連方座，即古㲃也。許君訓「揉屈也」失之。【甲骨金文研究】

◉馬叙倫　嚴可均曰。説文無揉字。當作煣。皀古文叀以下校語。莊述祖曰。从殳。皀聲。林義光曰。按㲃為揉屈。皀為古文叀字。皆無考。古作□格伯毁。作□段毁。作□孫多父毁。即𦎫之或體。𦎫也。與𠭥同意。□𠭥象兩手持亯。此象手有所持以治。□□□一字。薦𠭥物器也。或作□祖日庚毁。作□函皇父毁。盤敦之敦。古並作□。亦或作□齊侯毁。作□陳侯因𩠚毁。倫按鍇本作从殳皀。蓋傳寫皀下捝聲字耳。此必為形聲字無疑也。然本書叀下古文有二。一作□。一作□。而㲃字从㲃得聲。其古文又作□。𣃔之古文又作□。凡皀旁無一同者。甲文有□□□□。羅振玉謂與已侯㲃之□杞伯㲃之□略同。□殆勺形。所以出納麥稷者。非从攴也。倫謂此字从殳。从本書五篇讀若香之□得聲。惟□當依金甲文作□。林謂與□一字。是也。與食亦一字。故甲文或作□。金文或作□。𦎫為亯之轉注字。故齊侯㲃以𦎫為之。而陳侯因𩠚㲃乃借𩠚字矣。殳。从几得聲。故甲文或徑从□。几為□譌。□又□之變。□即伯也執殳之殳本字。殳則打之初文也。此與𣪘實一字。徒聲讀因時空而異耳。金文以為器名。錢坫嚴可均皆釋為簋。是也。白𨢬㲃。白𨢬作𥫗□。借㲃為簋。㲃之古文作□。猶簋之古文作朹匭𠤳矣。可證也。㲃無足。而圓者多。蓋簠簋本一器。而形或方或圓。本非一定。人乃以簋為方簠為圓。或以簠為方而簋為圓。皆未詳耳詳簋字下。本書簋字正从□。皀音曉紐。㲃从之得聲入見紐。同為舌根音。古讀曉歸影。見影亦同為破裂清音也。是㲃實□之譌。而金文所以借為簋也。錢謂改竹皿从殳是以㲃為簋之異文則非是。揉屈也非本訓。亦疑此字出字林。餘詳皀下。【説文解字六書疏證卷六】

◉楊樹達　吳氏式芬云。□當即彝省。按説文謂彝字从糸。此字形與糸古文□相似。故吳氏認為彝字之省。然金文彝字屢見。無从糸者。知吳氏之説非也。余疑□者㲃字之省也。大豐㲃末句云。每𣪘王休於隮□。□字陳介祺簠齋金石文考釋釋為㲃文之省。是也。此㲃字最簡略之形也。此字為㲃字省殳又形。□字下截象下舟。但上截缺一横畫。與大豐㲃㲃字為異耳。【戋姬彝跋　積微居金文餘説卷二】

◉饒宗頤　「戊寅卜，大貞……㲃。十一月。」（菁華九・一五）按卜辭㲃有二義：一即祭器之㲃，易損卦：「曷之用二簋，可用享。」蓋宗廟中設簋以祭者；另一義則指女之有才力者，乃借用為嫙字，舉證如下：

「己卯卜貞：王㝉且乙奭妣已，㜸（姬）𡠚（婢）二人，㲃二人，卯二牢，亡尤。甲申卜貞：王㝉且辛奭妣甲，㜸𡠚二人，㲃二人，

卯二牢，亡尤。」（京津五〇八〇）𡜘即姬字（孫氏誠釋一六一）。𡝮从妾从卑，乃婢字。說文：「婢，女之卑者。」从妾从女同意，此祭時樂舞用姬婢二人，又用𣪘二人或一人，𣪘與姬婢竝列，當亦女官執事者。此義向所未喻，竊謂「𣪘」乃借為「嫥」。說文：「嫥，竦身也。」字與「媾」相承，故「媾」亦云：「竦立也，一曰有才。」雨字訓近，故廣雅釋詁云：「嫥，材也。」才材一字。王念孫疏證謂嫥與「赳赳武夫」之「赳」聲竝同。說文赳訓「輕勁有才力」，而婧字，集韻亦訓「健皃」，又云「婧有才品也」，知嫥婧同義，並指女之有才力者。後世女官有才人疑古之嫥，即其濫觴也。【殷代貞卜人物通考卷十三】

◉李孝定　契文从。象食器之形。从。象手持匕柶所以扱之者也。皀即許書訓「穀之馨香也。象嘉穀在裹中之形」之皀。戴氏說此字郅塙。其形其音其義無不允當。說不可易。皀為𣪘之初文。𣪘則合體象形。簋則為增體象形。字蓋从竹言其質。从皿舉其類。是皆文字孳乳緐變之通例也。至許書𣪘訓揉屈。蓋因𣪘之初誼已為後起之簋所專。初誼既湮。遂以他字之義羼入。復誤以象手持匕柶之形為从殳。遂有此義耳。金文簋𣪘字極多見。大抵作不嬰簋宮簋彔簋寺季簋函皇父簋追簋伯簋魯原父簋陳眆簋妃伯簋。祖戊簋封仲簋秦公簋邵王簋屐簋霝簋舟簋。以作𣪘者為習見。从食者次之。秦公簋一文為小篆所自昉。邵王簋一文即小篆㔶字。屐簋。舟簋。兩文从𣪘从皿。已啟作簋之漸。自金文或作𡖅。从羊。疑坐之譌。霝簋一文从匕。與契文从者相近。至金文多从。於初形已失矣。金文編收此入五卷簋下。本書从其初形次此。另於五卷簋下重出以為𣪘之重文。所以明古文而兼从許例也。【甲骨文字集釋第三】

◉商承祚　𢆶𣪘銘笵母：「以𣪘。」此字宋人釋作敦，後世相承。錢坫《十六長樂堂古器款識》謂為簋，即「《說文解字》簋，从竹从皿从皀，此所寫之，即皀字，皀讀如香，此則改竹皿為从攴。若敦字从攴从𦎫，𦎫从羊从亯，筆迹不能相近，是不得釋敦之明證」。黄紹基申錢氏說作《說𣪘》，謂「𣪘簋皆以皀為主，簋下古文作匭，𣪘亦有从食，敦字从攴从𦎫，宋人見隸書𣪘字與𣪘仿佛形似，遂以當之。實則亯非皀，攴又非殳，迥然不同。簋器最多，用最廣，天子庶人皆用之祭祀，賓客饔飧皆用之，少則二簋，多則十二簋，今所見古器𣪘為最多，又時有一人所作數器同文者。敦字惟《儀禮》屢見，然與簋字多相混，疑隸寫時已多訛亂」（詳見《翠墨園語》）。容庚復據彝器銘文廣其義曰：「函皇父𣪘、毛公旅鼎皆鼎𣪘連言，與《周禮》合，而經傳無以鼎敦連言者。《儀禮》所載敦之數不過四，《詩·伐木》『陳饋八簋』，但禮經、《儀禮》等屢言八簋，而函皇父𣪘亦有𣪘八之文。新鄭古器有簠有𣪘而無盨，而簋之數八，非即八簋歟。其所以無盨者，蓋盨非簋，乃旅器而非宗器也（案遟盨『用亯孝于姑公』，杜伯盨『其用亯孝于皇申祖考』，克盨『其用朝夕亯孝于皇祖考』，皆宗器，容說非）。簠簋為常用之器，故簠𣪘有以為媵器，稱簋之盨十七皆言旅盨，無言賸盨者，凡此皆足

以佐證𣪘之為簋」(詳見《燕京學報》第一期《殷周禮樂器考略》)。其説辨矣。盨之誤簋，殆由□□形隸寫為㿝㿝而成，增竹而成簋，舛訛之跡，昭然若揭。𣪘字雖有从皿作□□者，然百不值一，自以𣪘為正文，而禮經隸寫多訛亂為簋，信如黄容二氏所説。【「石刻篆文編」字説　古文字研究第五輯】

◉李孝定　許訓揉屈，或有所受之，至謂皀古叀字，則其誤甚顯。林氏謂此為䇞之或體，熟也，又謂□皀同字，並有可商。皀為簋之象形，謂象進熟物之器，是已；亯則享堂之象形，許君始以為象進熟物之器，簋由字形譌變作□，無復宮室之象，故有此誤説，林氏遂承其誤耳。字左象簋形，右象手執匕柶，所以扱之，非从殳也，此實簋之古文，金文並用其器名本義，簋則後起偏旁累增字也。高田氏以為象形假借，蓋誤从舊釋𣪘字為敦使然；象形假借之説，六書之義，未聞有此。【金文詁林讀後記卷三】

◉戴家祥　錢坫黄紹箕容庚釋作簋。𣪘簋皆从皀，説文訓：「穀之馨香也，象嘉穀在裹中之形。匕所以扱之。」家祥曰非。皀金文作皀，乃□之形變。金文卿既即皆从皀，象人就食之形。因此皀當為食器，即簋之象形字。𣪘又从殳，簋又从竹从皿，皆為增體象形。説文「簋，黍稷方器也，从竹皿皀」，而周禮舍人鄭注云：「方曰簠，圓曰簋，盛黍稷稻粱也。」今驗之實物，銘簠者皆方，銘簋者皆圓，鄭是許非。

青銅器中有自銘為𣪘者，其形正圓，或圈足，或帶方座，左右帶兩耳，宋人圖録則定名為敨，清儒錢獻之韓履卿始疑其誤，瑞安黄紹箕反復證明即簠簋之簋。一九二七年東莞容庚收其説於殷周禮樂器考略，其後遂成定説。按釋𣪘為簋是也。𣪘即説文三篇殳部𣪘字，許云「揉屈也，从殳从皀，皀，古文叀字，廏字从此」。皀當為皀，上象豐蓋，下象圜底，卜辭多作□，下象方座，即簋之初文。𣪘為皀之加旁字。古之獨體象形字，每有表義加旁，變為合體象形者，猶磬之初文為□，加旁作□。鼓之初文為壴，加旁作□。壺之初文為□，加旁作□伯姬壺。以此證皀之為𣪘，亦古文表義加旁之通例也。金文𣪘多从皀，説文作𣪘，从皀，而被誤釋為叀，頌𣪘師𧽊父𣪘追𣪘作□，皀作□，與説文同。知皀之為□，亦古文繁簡之通例也。

説文五篇：「皀，穀之馨香也。象嘉穀在裹中之形，匕，所以扱之。或説皀，一粒也。又讀若香。」按商周金文从皀為偏旁者如㔶即既鄉食𣪘諸字，以及从食為偏旁者，字皆作□，六國器銘或寫作□，秦漢碑碣通行作皀，即許氏所云「匕，所以扱之」也。唐韻皀音皮及切，並母緝部。許云「又讀若香」。香音許良切曉母陽部。小徐繫傳引顔黄門家訓曰：在益州與數人同坐，初晴，見地下小光，問左右是何物，一蜀豎就視云是豆逼耳。皆不知所謂，取來乃小豆也。蜀士呼豆為逼，時莫之解。吾云三倉説文皆有皀字，訓粒。通俗文音方力反，衆皆歡喜。按説文二篇辵部「㑅，恭敬行也，从辵，𣪘聲，讀若九」。三篇殳部𣪘「廏字从此」。唐韻居又切。九篇勹部「𠣏飽也，从勹，𣪘聲。民祭祀曰厭𠣏」，唐韻己又切。广部「廏，馬舍也，从广𣪘聲。□，古文从

九」，唐韻居又切。十二篇女部「嬦竦身也，从女簋聲，讀若詩糾糾葛屨」，唐韻居夭切，糾讀居虯切。是以皀表聲者無非見母，幽部。許云「又讀若香」，唐韻皮及切，顏之推謂通俗文音方力反，皆臆説不足信。説文五篇：「簋，黍稷方器也，从竹从皿从皀。𠥩，古文簋，从匚飢。匭，古文簋，或从軌。朹亦古文簋。」考儀禮士昏禮聘禮公食大夫禮，鄭玄注「古文簋皆作軌」。易損卦彖辭「二簋應有時」，釋文「簋，蜀才作軌」。春官小史「史以書叙昭穆之俎簋」，鄭玄云「故書簋或為几」。鄭衆云：「几讀為軌，書或為簋，古文也。」清儒段玉裁謂説文：「各本作从匚飢，飢非聲也。从匚从食九聲也。」説文解字注。又謂：「簋古音同九。其古文作軌，軌音亦同九。簋為秦時小篆，必从周人作軌也。今本周禮注九譌作几，非其聲類。」周禮漢讀考。桂馥説文義證引董仲舒春秋繁露祭義云：「春上豆實，夏上尊實，秋上机實，冬上敦實。豆實，韭也，尊實，醴也，机實，黍也，敦實稻也。」「机實」即簋實簋黍稷器。同聲通假，字亦作塯。史記秦始皇本紀「飯土簋」，索隱簋作塯。云：「如字，一音鏤。一作簋。」李斯列傳二世責問李斯：「吾有所聞於韓子曰：堯飯土匭啜土鉶。」集解引徐廣曰：「匭，一作塯。」按塯从留聲留讀力求切韻在幽部，聲在來母。古代牙音見母，每有混為舌音來母者，如各之與洛，監之與濫，兼之與廉是其例也。來母可讀見母，故簋亦或作塯。

簋聲同九，已為前儒習知。一切經音義九廏，古文⿱人皀匓二形，⿱人皀即皀之表音加旁字。古人於象形字坿以表音加旁者，如□之加旁作□，□之加旁作齒，网之加旁作罔，可為⿱人皀即皀增一左證。⿱人皀，古文簋，借用為廏。匓勼同字。釋名釋宮室「廏勼也」，匓勼聲符更旁字也。

簋之初文作□，字本象形，加旁从殳，變為形聲，同聲通假，字亦作軌，形聲更旁，則有𠥩匭朹諸體，降至秦篆則有表義加旁再加旁从皿者，以器物之類屬言也。从竹者，以器物之取材言也。陳子匜以鑑為匜，字之結構亦猶是也。儀禮聘禮：「夫人使下大夫勞以二竹簋方。」鄭玄注：「以竹為之，狀如簋而方。」賈公彥疏：「凡簋皆用木而圓，受斗二升，此則用竹而方，故云如簋而方。」以此知簋之加旁从竹有所本也。此文起草於一九二七年春，次年修改重定為釋皀，刊於國學論叢第一卷第四期。越數年李濟郭寶鈞梁思永等發掘殷虚遺址，得陶簋殘器，左右無兩耳，形同卜辭□字，為皀即簋之初文，增一鐵證。其後又見青銅器封仲𣪘銘曰「戚姬作寶尊□」。一九五三年山西洪趙縣出土銅𣪘，銘曰「□一冋彝□」，不徒可證鄙見之不謬，並可證錢韓黄容諸公揭覆之功，不可滅也。

盤乃𣪘之繁構。𣪘皿皆器，𣪘加皿旁為形符重複，與字義無礙。詳見殳部𣪘字。

據金文書寫慣例，凡加宀之字往往為本字別構。如富即福，寷即豊，㲊即殷等等，𡨦當為𣪘。伯劉𣪘𡨦正作𣪘用。【金文大字典中】

役

◉戴家祥 𩚃，从食从匕，字書不見。此器為𣪘，而銘文作「𩅰乍寶𩚃」知𩚃即𣪘字異體。𩚃字从从匕，(食)即𣪘器加蓋之形，(匕)乃湯匙形。參見「𣪘」字條。【金文大字典下】

前六・四・一 从殳从人 說文所無 前六・一二・四 前七・六・一 後二・二六・一八 後二・三八・二

誠三五八背 掇二・一五八 存一三三六 【甲骨文編】

役 役並見說文 【汗簡】

說文 華嶽碑 崔希裕纂古 【古文四聲韻】

◉許 慎 戍邊也。从殳。从彳。臣鉉等曰。彳。步也。彳亦聲。營隻切。古文役从人。【說文解字卷三】

◉余永梁 (殷虛書契卷六第四葉)(同上第十二葉)(書契後編卷下第二十六葉)

此役字，从攴人，與說文古文同。說文：「役戍也。从殳，彳。役古文役，从人。」篆文从殳之字，卜辭及古金文均从攴。如磬，卜辭从攴作，篆文从殳。毆，格伯敦从，。石鼓文字从，乃从之變。篆文作，之變。古文役从，亦攴之變，如殺字，籀文亦从也。【殷虛文字考 國學論叢一卷一期】

◉商承祚 說文「伇。古文役。从人。」案甲骨文有字。與此正同。不知為一字否。【說文中之古文考】

◉馬叙倫 嚴章福曰。韻會十一陌引作戍也。戈部。戍守邊也。則言戍而邊意在其中。倫按莊子胠篋。而悅夫役役之佞。佞借為各。役借為吺。則役當从殳得聲。為戍之轉注字。殳音禪紐。戍音審三。同為舌面前音。聲又同矦類。正猶芟从殳聲而芟音入審紐也。今音營隻切者。由審轉入喻四。同為摩擦次清音也。篆當依古文作伇。甲文正作。或曰。役為使之轉注字。使音審二也。莊子庚桑楚。老聃之役。謂老聃之服事者也。廣雅釋詁。役。使也。說解邊字校者加之。或非本訓。當入人部。

鈕樹玉曰。廣韻引同。玉篇無。韻會作。許槤曰。廣雅釋詁。役。使也。正作役字。倫按从人二字後校者加之。【說文解字六書疏證卷六】

◉饒宗頤 甲戌卜，𣪊貞：王不役，在……(後編下二六・十八)

「役」，説文古文从人，則役乃役字。考他辭云「……貞㐼役」(前編六・十二・四)，知役讀如疫。廣雅：「疫，病也。」疫即疫。㐼役猶言禦疫。漢書郊祀志「以御蠱災」，正義謂：「蠱者，熱毒惡氣為傷害人。」左昭元年傳杜注：「凡厲氣傳疾者，皆可謂之蠱。」辭言「疾疫不延」，即卜傳染病之蔓延與否也。【殷代貞卜人物通考卷三】

◉李孝定　从殳从人。説文所無。役許訓戍邊。是其本義。當為行役。故字从彳。今从人。於行役之義無涉。以文字構造之法推之。从殳从人其本義當為樸擊。無由得有行役或戍邊之義也。雖其文與許書役之古文作役者相同。似仍不能釋為役字。蓋許書轉寫多譌。且其古文亦不盡可據也。仍以隸定作役。收為説文所無字為是。辭云：「☐役隹有不正」。前・六・四・一「丙子卜㞢貞御役」前・六・十二・四。「甲申卜役貞□冃冉𦋹乎从」。前・七・六・一。「甲戌卜𣪘貞王不役在☐」。後・下・二六・十八。前數辭役為人名。後一辭役似為動詞。其義不明。「甲子卜𣪘貞疾□影本似作𠆢以辭推之此當作役不延貞疾役其延」。乙・七三一〇。此似當讀為疫。疫。許訓「民皆疾」。此貞疫之延否也。疫許云「从疒役省聲。」不云「殳聲」。役字亦言「从殳」。然以象意字聲化例推之。从唐蘭説。役役兩字之得聲均當與殳有關。是役之音讀亦當與役相同或相近。故役亦得叚為疫也。【甲骨文字集釋第三】

◉于省吾　北方「雚曰役」……我認為，据古音則役應讀為烈。曾運乾的喻母古讀考謂喻母四等字古讀定母，例證具备。但是喻母四等字有的占亦讀為來母，今舉五證以明之：一、從樂聲的藥、瀹屬喻四，而从樂聲的櫟、轢、皪、礫則屬來母。二、逸周書和寤「王乃厲翼於尹士八士」的厲翼，即金文集蔑曆於某的蔑曆，兩者語法完全相同。翼屬喻四，而曆从厤聲則屬來母(詳釋蔑曆)。三、論語八佾的「八佾舞於庭」，馬注訓佾為列，以聲為訓。佾訓列典籍習見。佾屬喻四，而列屬來母。四、楚辭大招的「清馨凍飲，不歠役只」，役字舊均不得其解。實則役應讀為烈。烈謂酒之醲厚酷烈者，這是説，以清淡馨香涼爽之酒為飲，而不歠其酷烈者。役屬喻四，而烈則屬來母(詳抽著楚辭新證)。五、公羊傳莊二十年的「大瘠者何，痢也」，何注謂「痢者民疾疫也」。按痢與疫以聲為訓，疫之通痢猶役之通烈。根據以上五項論證，可見喻母四等字古也讀為來母，並不限於定母。然則北方「雚曰役」之役讀為烈或洌是合乎聲紐通轉規律的。詩七月的「二之日栗烈」，毛傳訓栗烈為寒氣；詩四月的「冬日烈烈」，鄭箋謂「烈烈猶栗洌」。烈字本作洌，俗字作洌。詩下泉的「洌彼下泉」，毛傳訓洌為寒。呂氏春秋有始覽謂「北方曰寒風」。因此可知，北方的「雚曰役」應讀作風曰洌，是指寒風言之。【釋四方和四方雚的兩個問題　甲骨文字釋林卷中】

◉徐錫台　病役，見殷墟卜辭云：「貞：病役其征(延)」(《乙》七三一〇)；「甲子卜，𣪘貞：病役不征(延)」(同上)。「役」通疫，《集韻》「役同疫」；《釋名》「疫，役也，言有鬼役也」；《周禮・春官占夢》「遂令始難驅疫」，注云「疫，癘鬼也」；《史記・曆書》「茂氣至民

無夭疫」:《廣韻》「疫,說文云:民皆疾也」。按「病役」,即瘟疫病,其屬於傳染病,如天花麻疹,霍亂痢疾,伤寒瘧疾,腦炎鼠疫,猩紅熱與百日咳等疾病也。【殷墟出土的一些病類卜辭考釋 殷都學刊一九八五年第一期】

◉黃錫全 □役 甲骨文役作□(後下26·18),《說文》古文作□,从人从殳。此从攴與从殳同義,如《說文》之□,从殳,而師寰毁作□,石鼓文作□,从攴。鄂君舟節攻作□,車節又作□。鄭珍認為「此改从攴,或所見《說文》不同」。【汗簡注釋卷三】

◉朱歧祥 □从人持杖以殊人,象驅人以戍。字見第一期卜辭,隸作役,即役字。《說文》:「戍也。」古文作□从人。與卜辭字相合。

《乙7310》甲子卜,㱿貞:疾,□不徃。

貞:疾,□其徃。

甲文連用「役徃」,徃,出也。卜辭貞問有疾,是否仍需出戍某地。

《後下26·6》甲戌卜,㱿貞:王不□在☒。

此貞問王是否宜出戍某地。

《前6·4·1》☒貞:□,唯出不徃。

《乙3429》☒呼:从□徃。

《前6·9·2》☒往☒□。十二月。

役、徃字連用,行戍而徃,正是殷人備戰之證。

□字又作□、作□,有驅趕意。

卜辭言「役牛」,即放牧牛羣於某地之意。

《金495》己酉卜,賓貞:□牛於☒。

第二期卜辭以後,役字由□而□而□,詞性由動詞轉用為名詞,屬地名。

《甲214》☒在□。

《金544》乙巳王卜在溫貞:今日步于□。亡災。

《前2·16·6》癸酉卜在□,永貞:王旬亡畎。王來征人方。

□字屢出現於四、五期的征人方卜辭,借為殷地名,位於殷土東南,乃殷王東伐人方途中一要塞地。殷王曾封侯役地以守邊,

毅

曰：「役侯」，其侯有名葉和喜。

《掇2・132》戊戌貞：又(佑)殺　疾。侯葉鄙。

《南明786》癸卯卜，黄貞：王旬亡畎。在正月，王來征人方在侯喜鄙。

从人受殳。隸作役。《説文》無字。卜辭為人名。

《庫1506》叔曰。

从人張口伸舌，持殳以擊，隸作役。《説文》無字。卜辭借為人名。僅一見。唯該骨片疑屬偽刻。

《庫1506》卯子曰。子曰。

象人持杖以殊人，隸為役，參字。意與戍同，攻伐也。唯辭意殘閒仍待鐵證。

《乙64》丁酉卜貞：戍。六月。

持杖驅役人，隸作役，即役字；戍役也。文獻有守邊意。參字條。

《佚923》癸未卜，㱿貞旬亡禍。王固曰：㞢。三日乙酉莫㞢(佑)。字又用為北方風之專名。

《合261》辛亥卜，丙貞：帝(禘)于北方，曰；風曰：。

《掇2・158》☐北方曰：；風曰。　【殷墟甲骨文字通釋稿】

◉徐中舒　用為疫。

甲子卜㱿貞疒役不延　乙七三〇一

丙子卜古貞御役　前六・一二・四　【甲骨文字典卷三】

孫彊集　【古文四聲韻】

◉許　慎　毅改。大剛卯也。以逐精鬼。从殳。亥聲。古哀切。　【説文解字卷三】

◉馬叙倫　翟云升曰。集韻引作漢法。以正月卯日作。佩之除厲鬼。或用金玉。或桃。銘曰。正月剛卯。倫按剛卯見漢書王莽傳。服虔謂長三寸。廣一寸。四方。或用玉。或用金。取用桃。箸革帶佩之。晉灼謂長一寸。廣五分。四方。當中央从穿作孔。以采絲葺其底。如冠纓頭蕤。桂馥謂長三寸即大剛卯而非毅字本義。今道家有劾鬼術。疑力部劾下曰。法有罪也。

乃殺之本義。今譌在劾下。劾从力。固無此義也。急就篇。誅罰詐偽劾罪人。明劾與誅罰同類。廣韻。劾。推窮罪人也。推窮罪人即治獄也。蓋謂以笞擊令供狀。故从殳。其本義仍當為擊。殺。為治獄。故固名治鬼之器亦曰殺矣。字亦失次。集韻所引校語。又疑此字出字林。故在部末。【說文解字六書疏證卷六】

殺 殺

戩三三・九說文殺字古文作𢁨與甲骨金文同篆文殺字从杀即𢁨形之譌　金文𢁨皆用為蔡　甲一四三卜辭殺借用為祟　㞢𢁨　甲四五五　甲一二二二旬㞢𢁨　甲一三五六　甲三〇一六　乙九〇二　乙八四六二婦亡𢁨　乙八八九八　河六八旬㞢𢁨　河三六七𢁨雨　鐵一八五・一　拾一二・一五　前四・五〇四𢁨我羊　前五・四〇・三季𢁨王　前五・四〇・五　前六・四八・五　前六・五二・二王亡𢁨　菁一・一㞢𢁨其㞢來媗　菁二・一　後一・六・一二　後二・九・一　後二・二七・一三　林一・二一・一　林二・一・六・一夕㞢𢁨　戩四九・三　佚七四　佚三八六背　佚六七六　佚九二三　佚九七四　明藏一四六　明藏一四七　有𢁨媗　師友一・七七　師友一・一二七𢁨雨　無想二二〇　燕一二四　粹三〇二　殺十牛　鄴三下三四・一〇殺龜五【甲骨文編】

殺　說文古文作𢁨金文以為蔡字蔡大師鼎　蔡字重見【金文編】

一五六：二一　四例　委質類遇之行道弗殺　一五六：二〇　三例　一五六：二四　三：二二【侯馬盟書字表】

135【包山楚簡文字編】

殺　法六六　三十三例　秦八四　五例　秦六　二例　日甲一四四背　十六例　日甲二七　日甲一〇四背

日乙一〇四　七例【睡虎地秦簡文字編】

與《説文》古文殺及《侯馬盟書》殺字略同　不可吕叹—（丙1:2—2）【長沙子彈庫帛書文字編】

不可吕□殺　丙一・三　此字李零釋殺，可從。按《説文》殺字古文作、、三體。甲骨文殺字作，同第三體；三體石經古文作或，同第二體；帛書此文則與第一體右半作者形近，左旁之（即介字）或以為殺之聲符。（蔡惠堂《説文古文考證》有此説）何琳儀據三體石經《僖公》「㲄」作「」釋此字為𣪠即㲄。但細審照片，帛文左上非从禾，殆非一字。帛文殺指殺生，秦簡日書多見之。【長沙楚帛書文字編】

天帝殺鬼之印【漢印文字徵】

僖公　楚殺其大夫得臣　文公　楚殺其大夫宜申　無逸　殺無辜　僖公　説文古文作與此同汗簡引尚書作寫譌殺蔡同音故通叚【石刻篆文編】

殺　殺　殺竝見尚書　殺竝見尚書【汗簡】

竝古老子　古尚書　同上　説文　汗簡

竝崔希裕纂古　竝説文【古文四聲韻】

◉許慎　戮也。从殳。杀聲。凡殺之屬皆从殺。臣鉉等曰。説文無杀字。相傳云。音察。未知所出。所八切。古文殺。古文殺。古文殺。【説文解字卷三】

◉林義光　説文無杀字。朱氏駿聲云。疑从殳从乂會意。术聲。按术微韻殺泰韻雙聲旁轉。【文源卷十】

◉商承祚　（後編下第六葉）　説文解字。殺。戮也。从殳杀聲。古文作。籀文作。此與古文第三字相似。从。與古金文考老字所从之殆是一字。八象血滴形。【殷虚文字類編卷三】

◉商承祚　説文皆注為古文殺。鉉本無殺。殆因其與篆文小別故刪之。石經之古文作。第三字即由此寫誤。

左昭元年傳「周公殺管叔而蔡蔡叔」。釋文引説文「蔡作𣂑」。今本此字寫𢹂。蔡。金文蔡子佗匜作𣏂石經古文作𣏂。與第四文同。據𣂑上从殺。則借殺為蔡。取殺意也。【説文中之古文考】

◉余永梁　杀(書契卷一三十一葉)杀(書契後編卷上二十八葉)

此殺字，後借為蔡。説文殺之古文作𣏂，與此同。魏三體石經蔡侯字作𣏂，蔡侯匜字作杀，蔡大師鼎字作杀，蓋皆以殺為蔡也。堯典「竄三苗於三危」，孟子引作「殺三苗」。殺者竄之假音。昭元年，定四年左傳：「周公殺管叔而蔡蔡叔。」蔡者竄之假音。釋文引説文蔡作𣂑，今説文雖無，然並可為殺蔡通假之證。卜辭文曰：「殺五牢。」卜辭用牲之法，今又得其一矣。【殷虛文字考　國學論叢一卷一期】

◉馬叙倫　錢大昕曰。杀不成字。當是从古文作𣏂。𣏂本古文肆。肆與殺聲相轉。倫按説解曰。杀聲。徐鉉曰。説文無杀字。徐鍇曰。杀。从乂。朮聲。然則鉉本篆本作殺。鍇本篆作殺。今鉉本乃以鍇本而改。鍇雖曰。殺。从乂。朮聲。然本書亦無杀字。仍未可據也。且鉉本重文列古文凡三。而鍇本則重文五。古文四。而籀文一。鍇本第一古文作𢼀。玉篇無之。鈕樹玉曰。蓋集韻重文六。獨無殺。𣫜。其籀文作𣫜。玉篇則作𣫜。類篇𣫜注云。史文殺作𣫜。臣光曰。説文失收。如玉篇則仍从杀也。甲文有卜其殺牛十。妣丁。及貞殺牛。卜𣪘貞勿殺羌百。□羌殺㞢𠋣。翌殺氏廿。諸文。陳夢家釋殺為𢼀。然𢼀為敷之轉注字。敷為専之後起字。専為布施之布本字。古書言肆諸市朝。借肆為𢼀。乃謂布其罪於市朝。則釋𢼀於卜辭為窒。且其形與鍇本重文之殺為近。義亦釋殺為長。倫謂殺从殳。杀聲。杀即七篇秫之重文或省禾者也。杀為澡之轉注字。从水。叉聲。詳朮字下。叉音照二。故殺音入審二。同為舌尖後音也。墨子非儒。親親有術。王念孫謂術當為殺。即中庸之親親有殺。是其證也。甲文朮字有朮朮二形。此鍇本第一古文作𢼀。其朮即朮之譌。蓋从巛朮聲。巛即本書之巜也。甲文殺字所从之朮。蓋朮或朮之變譌。或甲文之殺乃戮之異文。从殳。彔聲。字見急就篇。

𢽍鍇本此篆上有殺篆。説解曰。古文殺。甲文有𢽍字。商承祚曰。𢽍即𢽍之譌。从攴。从巛。从毛。毛在首上者。罪人不爪翦。巛象滴血。倫謂𢽍為殺𢽍二字之並譌。𢽍。从巛。敖聲。巛即巜字。敖即敖字。亦澡之轉注字也。澡澈聲同宵類。古文書中借為殺字。墨子之賊敖百姓。莊子之不敖無告。均是殺義。可證也。或曰。从攴。杀聲。

杀从巛。老聲。老即老字。老聲幽類。幽宵近轉。亦澡之轉注字。

𣏂　桂馥曰。墨子魯問篇。並國覆軍。賊敖百姓。畢氏校云。一作敖。非。太平御覽引作殺。説文。𣏂。古文殺。出此。商承祚曰。石經之古文作𣏂。此其譌也。倫按王筠據鍇本同。此。墨子上賢。賊敖萬民。敖皆澈之省借為殺耳。

㣇 章炳麟曰。古文殺作𣏂。即㣇之古文。㣇者。修豪獸。二㣇為䝘。古作𣏂。虞書。𣏂類於上帝。今作肆。夏小正。貍子肇肆。傳以肆為殺。肆殺同聲。㣇雖音弟。亦得與肆同聲。詩禮皆謂祭牲體解為肆。以肆為鬄。徐鉉曰。鬄。解骨也。肆讀他歷切。與鬄同音。鬄弟古音本同部同音。則肆弟亦同音。以此證知㣇𣏂非二字也。是故以𣏂為殺。與以𣏂為殺同。李杲曰。石經蔡之古文作㣇。與此形同。許以殺之叚借字蔡之古文為殺之古文。非也。蔡太師鼎作𠦪。與此亦同。更可證㣇為蔡之古文。非殺之古文也。倫按㣇蓋㣇或𠂕之譌。古文經傳借㣇或𠂕為殺也。𠂕為古文豕。音在審三。借豕為殺。猶轉注為弒也。金文𠦪字从大械其足。乃夏之異文。蔡蔡叔。即械蔡叔也。非殺義。㣇亦非𠦪也。又按此篆下鍇本有𢿋篆。說解曰。籀文殺。段玉裁曰。考工記𢿋字不識何以从閃。今據殳部古文役殺部籀文殺。殳皆作㲃。知㲃譌為閃耳。【說文解字六書疏證卷六】

◉楊樹達 粹編三〇二片云：「丁巳，卜，行貞，王穷父丁𠦪十牛。」𠦪為殺之古文，與歲字音同，此假為歲，此知祭名亦用假字也。又按𠦪字連十牛二字讀，文固可通，然核之卜辭通例，字當與上文父丁二字連讀，不與下文連讀也。【卜辭求義】

◉饒宗頤 丙申卜，敂(貞：)(來乙)巳酌下乙，(王固)曰：酌。隹「㞢」㣇。其㞢吺。乙巳明雨，伐，既雨，咸伐。亦雨，㳄鳥星(屯乙六六七二腹甲，殷綴四八一。參同文例三)。背(屯乙六六七三)辭亦云：「乙巳夕，㞢吺於西。」此上記「二」字，為第二卜。

㞢㣇即有殺，說文殺古文作㣇。形同。呂覽仲秋紀：「殺氣浸盛。」高注：「殺氣，陰氣。」引伸為災害。吺即吺，古兜字，見汗簡。古語有「萺兜」。(說文「𦚷」字下注)目蔽垢也。「㞢吺」猶言「有兜。」他辭云：「……夕㞢吺於西。」(見上引二片背)「……貍(霾)。庚申亦㞢吺，㞢鳴雎……。」(屯甲二四一五)指日入蒙氣。故「㞢㣇㞢吺」連言，並指煞氣蒙氣。古人以為氛祲也。【殷代貞卜人物通考卷三】

◉李 零 殺，與《說文》殺字的古文𢼛、𢽎，特別是《侯馬盟書》的殺字(𢿋)非常相象，這裏釋為殺。我國古代月令之書皆以春正月為養生之時，忌諱獵殺動物，帛書這句話可能是同樣意思。【長沙子彈庫戰國楚帛書研究】

◉徐中舒 𠦪即㣇之初文。《說文》古文殺作㣇，與甲骨文㣇形同。蓋㣇殺古音近，故後世亦借㣇為殺。【甲骨文字典卷三】

◉湖北省文物考古研究所 北京大學中文系 侯馬盟書「殺」作𢿋(《侯馬盟書》三二六頁)，長沙楚帛書「取月」之辭「殺」作𢿋，皆與此相似。【望山楚簡一號墓竹簡考釋】

弒　弒

◉許　慎　弒臣殺君也。易曰。臣弒其君。从殺省。式聲。式吏切。【説文解字卷三】

◉馬叙倫　鈕樹玉曰。此字疑後人增。古通作殺。或作試。蓋不為悖逆造文也。易坤卦釋文云。弒。本或作殺。音同。論語。陳成子弒簡公。釋文云。弒。本又作殺。音試。檀弓。邾婁定公之時。有弒其父者。釋文弒作殺。然則經典通用殺。而兩漢書中亦多作殺。倫按臣殺君也非本義。或本止作殺也。校者改之。弒為殺之轉注字。殺音審二。式音審三。然拭从式得聲。為㱿之轉注字。㱿音審二。或古讀式如㱿。故殺得轉注為弒耶。然古文得借豖為殺。則審二審三古自通矣。引經校者加之。又疑此篆及説解並出字林。【説文解字六書疏證卷六】

𠘧　𠘧

々　示朱切　【汗簡】

◉許　慎　𠘧鳥之短羽飛几几也。象形。凡几之屬皆从几。讀若殊。市朱切。【説文解字卷三】

◉馬叙倫　莊有可曰。鳥飛向人也。上象冠。下象咮。曲似乙者。鳥之身尾也。鳥向人。則人之所見於首詳。故身尾短也。亦即古鳧字。章炳麟曰。𠘧與隹古本雙聲。韓非以周周為之。鳧為水鳥。從詩傳。以短羽純受名於𠘧。𠘧鳧音本皆如投。故豎頭須亦作里鳧須。其後𠘧作齒音如殊。鳧作脣音為房無切。乃相遠矣。鳧以脣音旁轉幽為鶩。舒鳧也。其對轉東。鷫亦為水鳥。上林賦。煩鶩庸渠。煩鶩作畨鷫。宜亦同類。𠘧引申為凡短之稱。孳乳為短。从矢。豆聲。然則短本音如𠘧。今入寒部者。猶疃从童聲亦入寒部也。蓋周時音已轉矣。倫按玉篇作鳥短羽而飛也。然此字經傳無徵。莊子人閒世。伏羲几蘧之所行終而況散焉者乎。胡遠濬謂几音殊。几蘧疊韻。然几蘧亦同為破裂濁音。几音禪紐。古讀歸定。蘧音羣紐也。是仍無可證也。承培元謂即詩小弁歸飛提提之提。檢小弁。弁彼鸒斯。歸飛提提。傳曰。提提。羣貎。然本書十二篇。提。挈也。疑以雙聲借為翜。四篇。翜。捷也。言樂鸒之歸。其飛甚捷。以傷太子之放逐而不得歸也。提非𠘧之借字。倫謂此鳧之初文。篆當作。或作。象形。由圖畫性之象形文變就方卦而為篆文。遂失其形。後乃增鳥為鳧以定之。𠘧音禪紐。鳧音奉紐。同為摩擦次濁音。亦可證也。甲文有字。葉玉森釋鴨。蓋由禪入匣而轉注作鴨也。鴨从甲得聲。甲从十得聲。十音禪紐。亦其證也。鳥之短羽飛𠘧𠘧也者。與㐱下訓新生羽而飛者義同。短羽即新生羽。此㐱字義。詳㐱字下。此捝本訓。所存校語也。讀若殊者。劉秀生曰。書舜典。殳所。漢書古今人表作朱斨。釋名釋兵器。殳。殊也。有所撞挃於車上。使殊離也。殳朱聲並如殊。此𠘧讀若殊之證。【説文解字六書疏證卷六】

㐱

◉饒宗頤　甲午卜凡：卯於妣，至妣辛。

甲午卜凡：卯於內乙，至父戊，牛一。

甲午卜：卯於內乙。

甲午卜：卯父己。

乙未卜：卯於妣乙。

乙未卜：卯於妣辛妣癸。（屯丙八五—屯乙五三二八十五四五五，殷綴三〇五重。）

凡象鳥飛形，張秉權釋飛，余謂契文人名多作繁體，此从重乁。說文：「乁，鳥短羽飛乁乁也。」應即此字。【殷代貞卜人物通考卷十七】

㐱見古毛詩【汗簡】

古毛詩【古文四聲韻】

◉許　慎　㐱新生羽而飛也。从几。从彡。之忍切。【說文解字卷三】

◉馬叙倫　鈕樹玉曰。玉篇引無而字。桂馥曰。新生羽而飛也者。本書。翏。从羽。从㐱。高飛也。徐灝曰。新生羽。故从羽之半。然書傳絶無此字。說文全書亦無用為偏傍者。蓋彡部㐱字歧而二之耳。楊大琦曰。从乁得聲。讀若殊。漢書禮樂志。殊翠采五色文。殊當作㐱。倫按此字與彡部之㐱形音全同。倫謂新生羽而飛也者。字當从乙。彡聲。乙即肊配諸文所从之乙。王念孫謂古飛字。是也。篆形與乙近。故譌為从乁。蓋乁本作𠃉。篆變為乙。象鳧形。而乙乃象鳥高飛及遠飛形也。倫謂㐱為翏之初文。彡聲在侵類。然彡㐱為轉注字。而㐱聲入幽類。翏聲亦幽類。可證翏从羽㐱聲。為後起字。此音之忍切者。由後人不知其為翏之初文。又失其音。乃以彡部㐱字之音音之。新生羽而飛也校語。本訓捝矣。【說文解字六書疏證卷六】

◉楊樹達　原書辭三六云：「貞𡰥弗其囚凡㞢有疒？」胡君云：「𡰥字唐蘭先生釋尿，是也。字蓋象人遺尿之形，此貞是否有尿疾也。」余按下文辭五九云：「貞姃囚凡㞢疒？」六八云：「貞子澅囚凡㞢有疒？」七七云：「庚辰，卜，內貞，侯叀囚凡㞢疒？」餘如辭八一，八二，八三，九〇，九一，諸辭皆與此辭文例全同。胡君於其他數例貞字之下字皆釋為人名，獨於此𡰥字則釋為尿

字，不以為人名，與其他解釋岐異。因凡虫疒，胡君無説。余疑凡當讀為風，素問云：「風者，百病之始也。」辭貞某某因風致疾，事理甚通，若云尿因風致疾，則不成文理矣。且古人制字，位置雖若不拘，然亦有甚嚴者。説文尼訓從後近之，七字位於尸字右方之下，甲文毓字，所从云字，位于女字右方之下，蓋以此表人之下部也。如果為尿字，似當與尼字之七，育毓之云位置相同，今則不然，明釋尿非也。余疑此是㐱字，乃人名，與其他諸辭例同也。【讀胡厚宣君殷人疾病考　積微居甲文説卷下】

鳧

鳧　仲鳧父簋　　再簋　　鳧弔盨　　鳧弔匜　【金文編】

鳧　【汗簡】

義雲章　【古文四聲韻】

◉許　慎　舒鳧。鶩也。从鳥。几聲。房無切。【説文解字卷三】

◉劉心源　説文鳧作。此从即。从即。是鳧字也。攷工記鳧氏為鐘。此器蓋其所鑄。積古𡘋鹿鐘作。當是此字。【奇觚室吉金文述卷九】

◉林義光　鳧　遇韻　侯俞切。説文云。舒鳧。鶩也。从乁鳥。乁亦聲。按古作仲鳧父敦。作鳧叔盨。作鳧生器乙。不从乁。从人。人所畜也。取其近人。【文源卷六】

◉馬叙倫　鈕樹玉曰。繫傳作。譌。惠棟曰。舒鳧鶩爾雅文。李巡曰。野曰鳧。家曰鶩。案鳧鶩皆能入水。鳧能遠飛而不可畜。故以野目之。爾雅所謂沈鳧。詩所謂鳧鷖在涇。是也。鶩不能飛而可常畜。故曰。家。周禮所謂六摯。庶人執鶩。是也。席世昌曰。从鳥。乁聲。則當在鳥部。王筠曰。此校者以釋鳥全句改許書也。説文韻譜。鳧。水鳥。此字以鳥為主意。當入鳥部。即云乁訓短羽與鶩之不能飛者近。因以乁為主意。鳥為從義。則鶩不已入鳥部乎。鷖與鸊鷉皆鳧屬。不皆在鳥部乎。且説解曰。舒鳧鶩也。从鳥。乁聲。其乖刺亦有數端。鶩下舒鳧也。其説甚是。而遂以説鳧字則不可。春秋繁露曰。鶩非鳧。鳧非鶩也。案鶩形如鳧而不能飛。故曰舒鳧。鳧自是水鳥。今呼為水鴨者也。而用爾雅全句曰舒鳧。鶩也。彼本説鶩。此則説鳧。如此立文。既似以鳧為舒鳧。又似説鶩而於鳧無干也。其誤一。説文通例隸某部者必從某部之義。即會意兼聲而聲即為部首者。則亦先表其義而後及其聲。如否在口部。説之曰。从口。从不。不亦聲。是也。以此推之。亦當

云从鳥。从乞。乞亦聲。而乃曰。从鳥。乞聲。其誤二。即此云乞聲。尤知其當在鳥部。否則説文漏鳧字。後人補之。林義光曰。金文鳧字皆从人。人所畜也。取其近人。丁福保曰。慧琳音義七十七引作舒鳧。鶩也。其飛几几。从鳥。从几。几亦聲。倫按段玉裁謂許於鳧下舉舒鳧。蓋謂統言可不別也。但云舒鳧。則固析言之矣。倫謂鳧鶩異實。鶩下曰。舒鳧也者。鶩或名舒鳧。舒為野譌。見鶩字下。乃俗名也。爾雅之例。或以俗名釋雅名。或以雅名釋俗名。釋鳥舒鳧鶩。是以雅名釋俗名也。鳧非鶩而以舒鳧為鳧。復以鶩釋舒鳧。許書例不如此。鳧為乞之後起字。當入鳥部。然據慧琳引。疑鳧本為乞之重文。傳寫譌捝。校者增於部末。為之説解如此。字見急就篇。疑急就本作几。傳寫易以字林中字。故為鳧也。仲鳧父𣪘□字。張廷濟釋鳧。鳧生𣪘作□。然□自是乞譌。【説文解字六書疏證卷六】

◉于省吾　第一期甲骨文稱：「貞，王入於⿱鳥勹，朿○貞，弓於⿱鳥勹，朿。」（乙五八○）⿱鳥勹字作□（甲骨文⿱鳥勹字只三見，明一六二一有⿱鳥勹字，文已殘），旧不識，甲骨文編入於附彔。⿱鳥勹字上从隹，古文从隹从鳥每無別。下从□，即伏之本字。⿱鳥勹字後世典籍中作鳧。説文：「鳧，舒鳧，鶩也，从鳥乞聲。」又：「乞，鳥之短尾飛乞乞也，讀如殊。」林義光文源謂鳧「不从乞，从人，人所畜也，取其近人」。按許氏謂鳧从乞是錯誤的，林氏从人之説也不足據。周代金文的鳧字，再簋作□，鳧弔匜作□，均从勹。詩鳧鷖毛傳：「鳧，水鳥也。」爾雅釋鳥的「舒鳧，鶩」，舍人及李巡注：「鳧，野鴨名。鶩，家鴨名。」説文：「鶩，舒鳧也，从鳥敄聲。」説文通訓定聲：「以其行步較鳧為舒遲，故曰舒鳧」。説文義證引禽經：「鳧好没。」又引易林：「鳧得水没，喜笑自啄。」莊子達生的「若乃夫没人」，郭注：「没人謂能鶩没於水底。」依據上述，則鶩與鳧只是家禽野禽之別。又典籍鳧與鶩有時互作。由於鳧能没水，故人之没水也稱為「鶩没」。伏、没雙聲，典籍多訓伏為隱為藏，和没字的義訓也相涵。以説文為例，則⿱鳥勹字應解作：「⿱鳥勹，水鳥也，从鳥勹，勹亦聲。」是會意兼形聲字。甲骨文以王入于⿱鳥勹朿和弓入于⿱鳥勹朿對貞，以⿱鳥勹為地名，即詩閟宮「保有鳧繹（嶧）」之鳧。鳧山在今山東鄒縣，商王遊畋往往在魯東一帶。【釋勹、⿱鳥勹、匍　甲骨文字釋林卷下】

◉裘錫圭　甲骨文裏有一個从隹从□的字：

鼎（貞）：王入於□朿值。

鼎：弓（勿）於□朿。乙五八○、丙五二一

□　明一六二一

《甲骨文編》把它當作未識字收在附録里，《殷虚文字丙編》考釋則認為此字「从隹从人，當為雁字」。

這個字也見於周代金文：

仲鳧父簋　爯簋　鳧弔匜

前人釋為鳧。古文字隹旁、鳥旁通用，釋此字為鳧應該是可信的。《説文》鳧字小篆下部从，隸書、章草和早期楷書裏的鳧字，下部从力，都是金文鳧字下部所从人形的訛變。所以上揭甲骨文應該是鳧字而不是雁字。

細審甲骨、金文鳧字下部所从，實象俯身人形，而非一般人字。頗疑此即俯字表意初文，鳧字蓋以此為聲旁。

卜辭鳧字似用為地名。【甲骨文字考釋　古文字研究第四輯】

◉黄錫全　鳧　鄭珍云：「此書鳥例作，鳧从之，此誤寫。」夏韻虞韻注出《義雲章》，此脫。甲骨文（乙580）（丙521）諸字，思泊師、裘錫圭先生釋為鳧，从即伏之初文，象人側面俯伏之形，金文作（爯毁）、（仲鳧父毁）。古从隹从鳥不別。【汗簡注釋卷二】

◉徐中舒　一期乙五八〇　从隹从，象人之伏，為伏之本字。从隹與从鳥通。故可隸為鳬，即鳧字。【甲骨文字典卷四】

寸

3·1378　獨字【古陶文字徵】

寸　雜　二七　十二例　秦五一　十二例【睡虎地秦簡文字編】

祀三公山碑興雲膚寸【石刻篆文編】

寸　凡寸之屬皆从寸【汗簡】

◉許　慎　十分也。人手卻一寸動𧖴謂之寸口。从又。从一。凡寸之屬皆从寸。倉困切。乾一案寸古音粲。【説文解字卷三】

◉林義光　象手形。一識手後一寸之處。【文源卷七】

◉馬叙倫　徐鍇曰。指事。沈濤曰。廣韻引度量衡以粟生之。十粟為一分。十分為一寸。十寸為一尺。乃是引説苑語。傳寫譌為説文。沈乾一曰。寸古音粲。倫按此九之後起異文也。九為肘之初文。盂鼎作。甲文作。从又象臂節形。指事。寸从又。一在手之上。以指肘也。亦指事。篆當作。石鼓寺字導字所从之寸皆作。是也。寸為尺寸之義所專。遂別造肘字矣。此説解或非本訓。或許不知寸即肘字。故以尺寸之義説之。人手以下十一字又校語也。廣韻所引或亦校者據説

苑增入耳。字見急就篇。【説文解字六書疏證卷六】

◉詹鄞鑫　寸的來源有兩種説法：一説「一指案曰寸」，即以一個指頭的寬度為一寸，説詳下文《握、扶》；一説認為「寸」本是寸口之稱，遂以寸口至手腕的距離為一寸。《説文》：「寸，十分也。人手卻一寸動脈謂之寸口。」據段玉裁注，「卻」義為退。許意謂人手退一寸的脈搏處叫寸口，故謂之「寸」。从字形上看，「寸」的古文字从又从一（字表7），「又」是手的形象，「一」是指事符號，以指示寸口的部位。徐鍇《説文解字系傳》謂「一者記手腕下一寸，此指事也」。這兩説孰是孰非呢？《大戴禮記・主言》有「布指知寸，布手知尺，舒肘知尋」語，類似的説法在古書中屢見，當為古之俗語，不容置疑。寸口之説則符合「寸」的造字意圖，也不會出于附會。我覺得，這兩説不是相矛盾，而是有因果關係的。從測量的方便性而言，「布指知寸」的俗語反映了「寸」來源于用手指寬為寸的古法。此法大約在文字產生之前的原始時代已經流行。隨着診病切脈術的產生，古人發現人手的脈搏處正好處在距手腕一指寬的部位，于是將切脈按指處也稱為「寸口」。造字者為了字形顯義的明確性，便按指示寸口的意思造了「寸」字。字的產生遲于詞的產生，為引申義造字的情況很多，切脈之「寸口」當是從「布指知寸」的量度法發展而來的。

從語源上看，寸之為言忖也。《漢書・律歷志》述度量起源時説：「寸，忖也。忖于寸。」意謂一寸的長度人們心中有數，可以通過想象忖度出來。今按古義「忖」有「度」義，故古注屢言「忖，度也」。以心量度則為「忖」為「度」（「度」音duó）。「忖」是後起字，古書中本寫作「寸」。用手量度則為「寸」為「度」（「度」音dù）。由此可知，度量之「寸」「度」其語源為心中之「忖」「度」。【近取諸身　遠取諸物——長度單位探源　華東師範大學學報（哲學社會科學版）一九九四年第六期】

◉戴家祥　説文寸部「寸，十分也。手卻一寸動𧖴謂之寸口。从一从又。」金文寸字如許氏所言，一為指事符號，所指之處恰為寸口所在。【金文大字典上】

 寺

 寺　沃伯寺簋 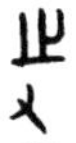 𡫵侯匜 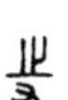 吳王光鑑  孳乳為持　邾公牼鐘　分器是持  陳喜壺  又孳乳為邿　邿季簋  又孳乳為恃　厲羌鐘　武到恃力　【金文編】

 3・790　昌寺  3・1000 獨字  3・1001 同上  3・1002　獨字  5・356　寺昧  秦864　寺嬰  5・249　寺水  秦848　寺係　【古陶文字徵】

232 234【包山楚簡文字編】

寺 秦一八二 二例 通待 —其来也 日甲五九背 日甲五九背【睡虎地秦簡文字編】

讀為時 三—是行(甲6—7)、三—☐旨(甲6—16)、—雨進退(甲8—3)、是隹四—(乙4—11)、共攻☐步十日四—(乙7—12)【長沙子彈庫帛書文字編】

寺從市府【漢印文字徵】

石碣田車【石刻篆文編】

◉許 慎 廷也。有法度者也。从寸。之聲。祥吏切。【説文解字卷三】

◉趙烈文 奠 窩 秀弓寺取麋。窩。章云卸也。秀弓。章云。秀與繡同。繡弓。戎弓也。穀梁傳。弓繡質。質靶也。寺。孫作時。薛作走。烈按。寺。持本字。孫臆增。薛譌。

角弓〓 茲目寺𧰲角。孫作酋。薛作首。弓。薛讀及。寺。薛作時。烈按。以上均譌。王昶石鼓跋云。寺持本字。【石鼓文纂釋】

◉林義光 从寸無法度意。古作 邾公牼鐘。作 汱伯寺敦。从又从之。本義為持。又象手形。手之所之為持也。之亦聲。邾公牼鐘分器是持。石鼓秀弓持射。持皆作寺。【文源卷十】

◉高田忠周 㞢是最古持字。凡手部字古文多从又。又手同意也。持字已从又。又从手。為複矣。又寺聲字。古文从㞢。時作旹。詩作訨。持元作扯作㞢可知而已。持下曰握也。从手寺聲。荀子正名。猶引繩墨以持曲直。注制也。漢書劉向傳。及丞相御史所持。注。謂扶持佐助也。夫審固也。制也。佐助也。固當有法度也。其得行之者。即寺人也。握持廷寺。實一義之轉耳。後人謂寺人義主於法度。故改又為寸作寺。寸又通用猶叔字或从寸作村也。寺字專行而㞢字廢。由亦作持字以當㞢字本義。猶有亩而後有稟字。其後亩亦變作廩同。【古籀篇五十七】

◉柯昌濟 卜詞 字即寺字也。卜詞自比寺又伐寺。金文寺。季敦作 。亦非从寸。从寸乃秦篆説也。【殷虚書契補釋】

◉強運開 潘云諸家皆音時。然下文別有時字。或音侍。王昶云當是持字。與下文秀弓寺躬義同。張德容云王説是也。

从寸。寸亦手也。故媎。運開按。𪓿公望鐘分器是持作。阮文達公釋云。寺持之媎。吳愙齋說文古籀補云。古持字。从又持㞢。又即手也。亦引是鐘分器是寺為證。竊謂从又从寸皆有以手取物之義。寺當為持之本字。說文以寺專訓寺廷。手部又别收从手之持字。致後人轉不識寺為持之本字而以為媎文也。【石鼓釋文】

◉馬叙倫　王筠曰。廷也者。秦漢義也。天官寺人注。寺之言侍也。易詩寺字皆謂奄人。則从寸者。謹守法度不可干政也。俞樾曰。寺即侍之古文。人部。侍。承也。凡言侍者。皆承奉之義。故从寸。猶从又也。寺之从寸。猶承之从手也。周禮天官寺人鄭注。寺之言侍也。蓋以今字說古字。實一字耳。詩之婦寺。易之閽寺。春秋傳之寺人貂寺人披。其字並作寺。蓋古字止如此。後世以寺為官舍之名。故凡言奄寺者。又加人作侍。許分寺侍為二。而以漢九寺之制說寺字。殊非古人製字之意。吳大澂曰。寺古持字。石鼓。弓兹以寺。又曰。秀弓寺射。倫按俞先生說是也。石鼓之寺正侍義也。官吏治事之所曰寺者。其本字當為庤。與丞相御史之所治曰府同。寺乃庤省耳。寺从寸者。邾公牼鐘。分器是寺。作。从又。邿季毁叔姬寺男簋沃伯寺毁寺字亦皆从又。戴侗曰。从又之字多誤从寸。其實金文多从又者。又與肘之最初文作者固極近也。廷也有法度者也皆校語。本訓挩失矣。許蓋本訓侍也。玄應一切經音義引三倉。寺。官舍也。邾公望鐘作。石鼓文作。【說文解字六書疏證卷六】

◉李孝定　許書寺訓廷，蓋由「持」義所引申，寺、古文持字，林說是也；从又，之聲，廷為治事之所，治事與持意近，古稱寺人者，言治事之人，或侍人，意並近。【金文詁林讀後記卷三】

◉高　明　「三寺是行」、「三寺」當讀作「三時」，古謂春夏秋三季為三時。《國語・周語》「三時務農」，韋昭注：「三時：春、夏、秋。」《左傳》桓公六年：「奉盛以告曰：絜粢豐盛，謂其三時不害，而民和年豐也。」杜預注：「三時，春、夏、秋。」【楚繒書研究　古文字研究第十二期】

◉戴家祥　金文从又、从寸同。如从寸之封專等字皆从又。邾公牼鐘「分器是寺」，方濬益曰：寺為古持字。石鼓文「弓兹以寺」，「秀弓寺射」，皆从寺為持。國語越語「有持盈」，注「持，守也」。呂覽慎大篇注並同。綴遺齋彝器考釋卷二・二十葉邾公牼鐘。「分器是寺」即分器是守。說文三篇事古文作。陳喜壺寺字疑即古文事之省。方濬益謂：古使吏事三字恆通用。綴遺齋彝器考釋卷四・四葉揚鼎。銘文「乍佐大侯，以寺民从」，寺為使義。金文寺或作人名，或作方國名，為邿省。【金文大字典卷上】

將

將　說文帥也从寸醬省聲酉部醬古文作中山王譽兆域圖　大𤖅宮　以𤖅為將　中山王譽壺　𤖅與𧇼君竝立於世作助動詞

【金文編】

考古1964:6　【古陶文字徵】

將　雜四〇　二十一例　通𤖅　入人醯醬滫—中　日甲六二背　秦八四　七例　法五二　七例　為三　二例

【睡虎地秦簡文字編】

0093　0048　0307　此即說文之𤖅字，古文作，璽文借為將軍之將，𤖅字重見。【古璽文編】

左馬將廄　竜馬將廄　大將長史　裨將軍印　廣漢大將軍章　裨將軍印章　五威將焦掾並印　募五百將　部曲將印　立節將軍長史　武賁中郎將　將匠澤　衛將貴印　趙將閭　任將始　將之印　陰將夕　宋將　唐將有　武將　將匠亮印　尚將印　將強之印　【漢印文字徵】

開母廟石闕　將作掾嚴壽　上尊號奏頟陽識　少室石闕　將作掾嚴壽　祀三公山碑　將作掾王箳　天璽紀功碑　王君神道闕　詛楚文　將欲復其賍速將之㠯自救殹　馮緄碑頟　【石刻篆文編】

將　將　【汗簡】

孫彊集　古孝經　古老子　義雲章　孫彊集　【古文四聲韻】

◉許　慎　帥也。从寸。醬省聲。即諒切。【說文解字卷三】

◉徐同柏　𤖅。古將字。奉也。【周婦姑𣪘　從古堂款識學卷一】

◉孫詒讓　說文寸部「將，帥也。从寸，醬省聲」。又手部「𢪒，扶也。从手，爿聲」。兩文金文並未見，唯癸亥殳巳鼎云：「癸亥王伎

疑攸省，舊釋徙未塙。豸𡉚册妝新宗。」又曶鼎云：「井𣎴日，王人𠧪賣□□不造𢦔。」妝字从爿从攴，𢦔字从爿从又，疑並即「將」之省。小篆从寸字，古文或从攴从又，如「导」僕兒鐘从攴「専」毛公鼎从又「寺」寺季敀𪚴公𡍩鐘並从又諸字，皆變寸為「攴」為「又」，可證。又，古文偏旁「手」「攴」「又」形多互通，則「妝」「𠫓」或即「㨖」之變體，皆未可定也。【名原卷下】

◉陳邦福　説文無爿部，而从爿之字泰半皆从爿得聲。考卜辭多有「爿牧」(前四·四五·三)「爿求」(前·七·三·一)之文，今就許書古籀文反復求之，知為將之初字。説文酉部醬古文作𤮄，籀文作𤮅，是醬本从㸒得聲。而古籀文皆明作爿，是爿即古文㸒字。證一。水部漿古文作牀，是牀本从㸒得聲，而古文又明作爿，是爿即古文㸒字。證二。細審卜辭爿與㸒為一字，爿為最初古文，㸒起稍後。將則籀文而誼稍異矣。(陳侯因資敦从寸作𤔔)許書既未立爿部，又未收㸒字，獨於寸部載將字从寸訓帥，故段注云：「必有法度而後可以主之先之，故从寸。」是由古變籀不同之一證也。【殷契辨疑】

◉馬叙倫　鈕樹玉曰。繫傳帥作師。譌。李富孫曰。將帥也。手部。㨖。扶也。按將本讀子諒切。後轉為資良切。詩。福履將之。箋云。將猶扶助也。又無將大車箋云。將猶扶進也。此當即將字。今已並合為一矣。玉篇㨖今作將。張文虎曰。將為㨖重文。㨖。扶也。此變手从寽。寽即肘字。肘即手也。倫按張説是也。从肘。爿聲。今杭縣謂以手扶人行曰將。然於小兒則以手。於老人則以肘也。帥也者。帥當作逵。先導也。此以雙聲為訓。或非本訓。將寺為同舌尖前音轉注字。當立肘部而屬之。字見急就篇。索諆角作𤔔。章叔殷作𤔔。【説文解字六書疏證卷六】

◉李亞農　𤔔　舊定為㝵，或定為㝵，而不識其為何字。今按𤔔字應釋為將，𤔔字所从之上下兩又，應各自採取不同的隸化方式。上一又字與𠬪(受)字所从之上一又字同，隸化為爫；下一又字，與専(専)字所从之又字同，隸化為寸。𤔔字从爿从寽，顯然是個將字，即將兵將將之將。

癸亥卜，穷貞：勿𤔔戍人㞢(又)征畮。(通·别二·中村一六·通，卜辭通纂之簡稱，下並同。)

此辭𤔔字上从爫，足證上一又字的確應該隸化為爫。它的意思就是説：「不要帶領戍守邊疆的人去征畮。」

貞：將戍人。(前六·三一·五前，殷虚書契前編之簡稱，下並同。)

貞：勿將，十月。(前六·三一·六。)

其將頟，又月，……弜(斯)將頟𠂤(師)……其將頟于𠃬(地名)……(粹一一九四·粹，殷契粹編之簡稱，下並同。)

卜辭中習見「羌伐頟」一類的字句，羌是殷的敵國，則頟大概是殷的邑名，「將頟𠂤」即帶領頟邑的兵的意思。

甲戌卜，𠱾貞：我勿將自兹邑，㱿，穷已，乍若。(粹·一一一七。)

卜，㱿貞：我將自茲邑若。（粹・一一一八。）

這是「我從此邑帶兵去」和「我不從此邑帶兵去」的意思。

辛酉卜，將▢丁于父宗。（摭續・二二三摭續，殷契摭佚續編之簡稱，下並同。）

丙子，貞：將▢丁于……（粹・三七三。）

貞：于南方，將沔，六示。續・一・三八・三・續，殷虚書契續編之簡稱，下並同。）

將沔，（契・七六〇・契，殷契卜辭之簡稱，下並同。）

……土將𦎫……（珠・二八四・珠，殷契遺珠之簡稱，下並同。）

上列諸辭的將字，亦應讀為將兵之將，即將▢人、𦎫人、黄河地帶之人的意思。【殷契雜釋　中國考古學報第五册】

◉饒宗頤　甲戌卜，㱿貞：我勿𢑚茲邑。㱿〔穷〕巳乍……（前編四・四・三）上二條同人同日同事之卜。按「將」義為進酒。此讀如詩文王「祼將于京」「厥作祼將」之「將」。【殷代貞卜人物通考卷三】

◉嚴一萍　張文虎《舒藝室隨筆》、吴善述《説文廣義校訂》，兩君皆主𢪊將為一字。證以卜辭之▢，其說至當。蓋字象雙手扶▢（几），故引申之有扶、進、助、奉、持、致諸義。由此可知▢兄丁若帚任者，未可以祭名為解；▢戈人、▢▢等以方族人名爲賓語者，皆為率領而非戕戮之義。向所蹇澀難通者，又渙然冰釋矣。【釋▢𪓈爿　中國文字第八册】

◉于省吾　古鉨有𡿺字作▢。舊不識。古璽文字徵入於附録。按𡿺即將之古文。毛公鼎作▢。虢季子白盤作▢。字均从𡿺爿聲。【雙劍誃古文雜釋】

◉于省吾　甲骨文▢字也作▢，反正無别，舊不識。其从▢或▢，即▢或▢的省體。甲骨文从▢的字習見，有時也省作▢，不煩舉例。説文从爿之字屢見，而無爿部。甲骨文偏旁中的▢字，象牀形，故疒（疾）字从之。但▢字也象祭祀時用以陳列肉類的几案形，故𪓈字从之。説文不知爿與片反正無别，而訓片為判木，實則判木之片乃後起字。至于▢字从▢，即古文肉字，甲骨文豚字从肉作▢者常見（詳釋豚）。又𪓈字（前五・三・七）从㸒作▢，上从三點象血滴形。甲骨文祭字从肉作▢▢或▢者互見，又多从數點，有的或不从點，可資參證。甲骨文有「侯▢來」（續五・五・六）、「▢入」（陳一三七）、「寧告人乎▢□」（續存上一四四七），均以▢為人名。説文：「㯍，酢𤄷也，从水將省聲。」其實，㸒乃將之初文。總之，▢字應隸定作㸒，本象祭祀時陳列肉類于几案之形，也即甲骨文𪓈字所从之㸒。金文早期𪓈字常見，稍晚則作𩱦，右上从刀，用以割肉。𪓈與𩱦均以㸒為聲符，即詩我將「我將我享」之將的古文。【釋㸒　甲骨文字釋林卷下】

◉陳漢平　卯毁銘文爲公室册命金文，銘文記載焂伯册命卯並有所賞賜之事。銘文記載册命賜物部份為：「易女瓚璋四、瑴一、宗彝一、□(將)寶。易女馬十匹，牛十。易……」銘文□字从爿得聲，當釋為將，此即《詩·文王》「祼將于京」。《周官·小宰》「祼將之事」之將本字。賜物中之瓚璋、瑴、宗彝等物俱為祼將之器物，故稱之為將寶。

多友鼎銘記載武公賞賜多友之事，賜物有：「易女圭瓚一、湯鐘一、□(將)。鐈鋚百勻(鈞)。」銘文中□字與多友鼎銘將字相同，亦當釋為將寶之將，祼將之將。將字在此似爲「將寶」二字之省略。以往學者考釋多友鼎銘文，斷句多作「易女圭瓚一、湯鐘一將、鐈鋚百勻(鈞)。」未確。參照卯毁銘文文義及將字字形，知多友鼎銘在「湯鐘一」與「將」字之間應作斷讀。

覭方彝銘文末句作：「余其萬年□孫子寶。」銘中□字从□捧瓚，表示祼祭，从□得聲，當釋為「祼將」之「將」。《周官·小宗伯》：「凡祭祀、賓客，以時將瓚果。」鄭注：「將，送也，猶奉也。祭祀以時奉而授王，賓客以時奉而授宗伯。天子圭瓚，諸侯璋瓚。」字从□奉瓚，从□得聲，與此段文獻所記正相符合。

姚鼎銘文末句作：「姚乍□鑄鼎。」第三字从衆，从□，从口，□聲，字當讀為「祼將」之「將」。

□省毁銘有字作□，此字从全，从羊，□聲，亦當讀為「將」。又向□毁銘有人名字作□，銘文曰：「向□乍旅毁」，「□其壽考萬年，孫子永寶用。」李孝定隸定作□(《金文詁林附録》1675(3183))，未確。此字與卯毁銘□字，多友鼎銘□字所从相同，識此存疑。【釋將　屠龍絶緒】

◉黄錫全　□將　从門从古文□譌，類似古陶文創字作□(香録附21)。《玉篇》「闛，門聲也。」《廣韻·陽韻》「闛，門聲和也」。鄭珍按，「《詩·大雅》『應門將將』，《毛傳》『將將，嚴正也』。意三家《詩》當有解『將將』為門聲，與《鄭風》『佩玉將將』同義者，後乃別製專字作『闛』，《義雲》以『闛』作『將』因此。」今按，闛字蓋來源於先秦，形體作□，《義雲章》假為「將」。

□將　《說文》牂字正篆作□，此从□異。鄭珍云：「經傳皆借『將帥』字為牂，因以『將』為古文。」中山王壺牆作□，假為「將」。【汗簡注釋卷五】

◉夏　渌　「將」的古字，意為奉獻。

將，《說文》：「帥也。从寸，醬省聲。」不如直截了當理解為：「从寸持肉，爿聲。」原始型雙手奉子以獻，後世風俗趨于文明，一手持肉以獻，實是同一字的簡化和隨習俗變易的發展。軍隊出戰，首先要祭禱，主持祭祀的人就叫將。「將」也是一個多義詞，它兼並过一些古文字是無疑的。甲骨文、金文都有从鼎將聲的「𩱛」字，容庚師《金文編》謂：「即詩我將我享之將。」《詩·我將》：「我將我享，維羊維牛。」正義：「將，大享獻也。」箋云：「猶奉也。」《曆鼎》：「用夙夕將享。」和《召鼎》：「作宮伯將牛鼎。」

至少「將」字兼並了從鼎將聲的金文，它有「奉」和「煮」的兩種含義，與《玉篇》釋「煮也」合。「將」字的意項，《辭源》列舉了18種，除奉獻的造字本義外，可能兼並了一些同音字，例如「將」訓「壯」、「大」；訓「行」；訓「側」；訓「長久」等等。

奉子型繁體的「將」字，作人名、姓氏，可能讀「莊嚴」的「莊」，因為部落成員獻子以祭的場面，將親生子女送上焚熾的柴火，是壯烈的，也是莊嚴的。後來分化為「莊」，或是説被「從艸壯聲」訓「莊盛皃」的「莊」兼併了。字和詞的分化與兼併是錯綜複雜的。莊周是楚人，楚與商關係很密切，商代中期在黄陂就有商城存在，甲骨文叫「將」的人，子孫可能以「莊」為姓。也有主張姓氏讀「蔣」的。

「將」作動詞的用例，奉子型的繁體與從鼎煮肉的過渡形態，直到簡化省鼎，用法基本一致。今舉一二文例，《𠈋尊》：「𠈋作將父丁尊彝。」《小臣缶鼎》：「王錫小臣缶湡責五年，缶用作享大子家祀尊彝，將父乙。」《母辛鼎》：「錫貝用作母辛將彝。」（將省去上二部件，僅从大舉手狀。）【論古文字的兼併與消亡　武漢大學學報（社科版）一九九一年第二期】

◉劉彬徽等　⿰彳匡，簡文或作⿰彳生，徐中舒先生讀作將（參閲《金文嘏辭釋例》，《歷史語言研究所集刊》第六册第一分）。將，率也。【包山楚簡】

𢒸 尋

甲639　776　1125　1978　佚259　659　續5・24・10　5・28・8　掇397　誠393　六清185　外418　摭續82　110　粹30　659　660　713　793　1042　1199

新3476　續存1367　【續甲骨文編】

王尋私印　田尋私印　【漢印文字徵】

尋　【汗簡】

汗簡　竝崔希裕纂古　説文　【古文四聲韻】

◉許　慎　尋繹理也。从工。从口。从又。从寸。工口。亂也。又寸分理之。彡聲。此與𤔔同意。度人之兩臂為尋。八尺也。徐林切。【説文解字卷三】

◉唐　蘭　余謂□若□實尋之古文。由字形言，八尺曰尋，大戴王言云「舒肘知尋」。小爾雅云「尋舒兩肱也」。按度廣曰尋，古尺短，伸兩臂為度，約得八尺。卜辭偏旁之□，正象伸兩臂之形。其作丨者丈形，說文丈作□，從十，十在古文當為丨，以手持杖是為丈。卜辭作□，則伸兩臂與杖齊長，可證其當為尋丈之尋也。卜辭或作□者，公食禮記「加萑席，尋」注：「丈六尺曰常，半常曰尋。」是席長亦八尺故伸臂與之等長也。卜辭又有□字，地名。見後上一四薺九・三。前人不識余謂當是從口□聲，蓋□形小變而為□耳。又有□字，前四十五・四。前人亦未釋。余謂□即□之變體。此□及□當即今隸之尋字。蓋古文□或作丨如□為□，故□與□可併為一字。□或變□，如□即□。故□或□可變為从□，則作□形者。可變為□，稍易其形，即為□矣。卜辭又有□若□前四・五〇・一・後下・十七・八。前人亦未識，余謂此即小篆㝷字所從出，蓋□字小篆作□與□相混。故小篆尋作□也。由是推之，則□當即□之異構，從口者或從言也。卜辭又有一地名，作□□等形，前人所未識者，當是㩍字。㩍木龍燭，見吳都賦。金文齊鎛：「與□之民人都鄙。」舊誤釋為㽞者，當即鄩字。疑斟尋故地。

說文「□繹理也。从工，从口，从又，从寸。工口亂也。又寸分理之，彡聲，此與𤔔同意。度人之兩臂為尋，八尺也。」其釋字形，至為紆曲，蓋襲小篆之誤而然。今以古文考之，則□象張兩手，兩臂為尋之本字也。作□者，尋常之尋之本字，故後世有㝷字。馬融傳誤作㝷。作□者，萑席尋之本字。作□若□若□者，从口□聲，或从言，尋繹之尋之本字。作□若□者，从彳□聲，殆有度廣之義，為□之動詞。

然則卜辭云「□舟于汅」及「□舟于淌」者。尋舟猶用舟也，小爾雅廣詁云「尋用也」。或云「辛丑卜，貞，□氏羌王于門□。」或云「王于出□。」後上十二・十一。義當同。或讀如撏尋之後起字。方言「撏取也」。本片云「□來于羔」，他辭云：「丙辰卜，完，貞□告隻于□」前四・四・六。「……沚戢□再……土方，我受……」前五・二三・二。則疑當訓為重。左傳哀十二年「若可尋也」，服虔注：「尋之言重也。」【天壤閣甲骨文存考釋】

◉馬叙倫　鈕樹玉曰。韻會作从工口。从又寸。繹之下有也字。無此與以下十五字。六書故云。唐本不从口而从几。又引唐元度林罕云。古文从寸从尺。類篇無八尺也三字。桂馥曰。彡聲者。當為从㐅。既譌為彡。又加聲字。从㐅。故曰與𤔔同意。本書蕁㵐𧂬皆从尋。當有尋字。爾雅釋文。說文云。𦶜。或作蕁。是陸所見本𦶜為正文。蕁為或體。豈尋為㝷之省耶。段玉裁曰。度人之兩臂為尋。此或別一義。王筠曰。六書故引唐本口作尺。非也。蕁之重文𦶜。說云。蕁或从㐅。案二字皆形聲。从㐅何義。㝷从彡聲。彡與㐅同部。則㐅亦聲。可知㝷㝷為一字。是寸部挩㝷字。王廷鼎曰。尋。上半从左右兩手。寸聲。又下从工即左字。从口即右字。从寸。寸為肘古文。言連其臂也。人臂長四尺。伸左右兩臂得八尺。故八

尺為尋。彡與爻同為刻識之文。為後人所加。許明明於尋之先見者在艸部蕁下出薚。云。或从爻。萑部䜶下云。或从尋。以發其凡。則㝷尋一字可知。丁福保曰。慧琳音義四及六引作繹也理也。倫按艸部之蕁。王筠以為由隸變為尋。仿隸作篆。故不从彡耳。然此篆之組織。殊不易解。如王廷鼎說。則从寸从左从右。義當為八尺曰尋之本字。彡乃之譌耳。然尺寸丈仞凡為度名者。字皆假借。方言。尋。長也。海岱大野之間曰尋。自關而西秦晉梁益之間。凡物長謂之尋。尋聲侵類。尋覃同類。故長味謂之覃。尋監亦同類。故髮長謂之鬛。蓋語原然也。是八尺曰尋亦借字。尋若从寸从左从右。直是俗字。而本書从尋得聲之字。蕁為芜之轉注字。潯為潭之轉注字。禣即衫字。詳禣字下。則皆可謂先有芜潭衫而後作蕁潯禣。後作之字。則但循先有之字為聲。不顧其合六書否矣。若鄩為地名。尤取其聲。無關於義。或本有㝷字。从寸。彡聲。俗加左右以合八尺曰尋之義。或从寸毀聲。今篆譌耳。毀音心紐。尋轉入邪。同為舌尖前摩擦音也。其本義亡矣。此訓繹理也者。當依玉篇作繹也理也。繹也者。今說解言彡聲。本書彡亦从彡得聲。而書高宗彡日公羊□年傳注。殷曰形。周曰繹。彡音審紐。繹音喻四。同為摩擦次清音。是以聲訓。理也未詳。方言。繹。理也。今以為搜尋尋求字者。其本字為㸒。尋蓋假借。此說解疑本作理也。从寸。毀聲。傳寫篆文既譌。說解亦脫。但存一毀字。校者因補如今文。【說文解字六書疏證卷六】

◉李孝定　唐釋尋於形義兩皆允當。於栔文小篆隸體衍變之迹又弇若合符。說不可易也。惟謂為兩臂。為尋之本字。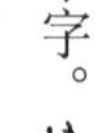為尋常之尋之本字。為萑席尋之本字。則稍有可商。蓋凡此數義均為八尺。舒兩臂已可示其意。又恐與舒張之意相混。乃複增以象度器之——即唐所謂丈為偏旁以會意。仍以示舒兩臂之長也。至或从者。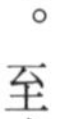為西簟之古文。象席形。席為寢具。其長。約略與人之身長相符。今猶如此。舒兩臂之度亦如之也。故於文其意相同。古人必不為萑席尋制專字也。至从口从言之字。唐以為尋繹之本字。其說或是。至小篆則尋繹尋常已混為一字矣。屈君謂字象張兩臂度物形。其意是也。謂即是度字蓋就卜辭「舟于河」一辭所推想。然度字字形與之形均無涉。不如唐說之於形有徵也。【甲骨文字集釋第三】

◉考古所　字在卜辭中為祭名,寧一·四四二「王其二方伯」,甲三六五二「王其盧伯」,可能是將戰爭中俘虜的二方伯。盧伯殺之以祭。尋有用義,在卜辭中可能與殺之以祭的「用」用法相近。【小屯南地甲骨】

◉何琳儀　「尋」,甲骨文作「」形,象「伸兩臂與杖齊長」之形。在古文字偏旁之中,手形「」和「」往往可以省作「」和「」。例如:

攻 古璽文編三・一五 同上
史 金文編〇四七一 同上
敔 金文編附上四九五 同上
段 金文編〇四六五 同上
晨 金文編〇四二四 同上
婁 金文編〇四二二 二十八星宿漆书

由此類推，劍銘此字右旁「」本應作「」形。值得注意的是，劍銘此字，兩臂相接之處有明顯的隆起，這也是釋「尋」的重要根據。

「尋」作「」，在小屯南地甲骨七八(H2:87)有更直接的來源：

辛巳卜，毛于。

釋文謂第四字「殆之異構」，以庫方一七一七「其舌(乇)」與屯南相互比勘。二者辭例吻合，可證「」確為「」之「異構」，「」與「」反正無別，均應釋「尋」。

戈銘此字从「戈」从「尋」，自應隸定為「戠」……【皖出二兵跋 文物研究第三期】

◉商志𩏂 唐鈺明 尋，字形作，或作(第1′2′5′7號紐鐘)，又作(第4號鎛鐘)。孫詒讓釋謝，葉玉森釋爰。郭沫若先生先認為是泛字古文，後又隸定爲𡜈，說假借為「文」。唐蘭先生釋尋，認為「象張兩手兩臂，為尋之本字也」；又說𬯀鎛有「」，「舊誤釋邶者，當即鄩字」。自注云：「疑斟尋故地。」𬯀鎛銘記齊桓公賜給鮑叔牙二百九十九邑及「鄩邑之民人、都鄙」。古斟尋在今山東濰縣東南，春秋時屬齊，為齊國的鄩邑，唐說頗可信據。漢代稱斟縣，實失當。

釋尋字至確，尚有佐證。

秦公簋有「乍宗彝」。今或云此字通閔，閔宗即秦文公之廟。然《公羊傳》成三年注云：「尋，猶尋繹。」李善注王褒《四子講德論》引馬融《論語》注：「繹，尋繹也。」段玉裁《說文解字注》卷十三云：「繹，引申為凡駱、驛、温、尋之稱。」故尋可釋為繹。《爾雅・釋天》：「繹，又祭也。周曰繹，商曰肜，夏曰復胙。」今本《尚書・商書》有《高宗肜日》篇，《詩》中《大雅・鳧鷖》、《周頌・絲衣》皆有繹祭之歌。鄭玄注：「繹，又祭也。天子、諸侯曰繹，以祭明日。」在《儀禮・有司徹》又注云：「天子、諸侯明日祭于祊而繹。」即是說：天子、諸侯在宗廟正祭後，次日再祭，稱為繹。又稱尋。而祭祀之禮在宗廟門內，又可稱尋宗。因為尋是祭名，

且為天子、諸侯所使用，故《左傳》宣八年記：「辛巳，有事于大廟，仲遂卒于垂。壬午，猶繹。」魯大夫仲遂死，用繹(尋)祭，因「卿卒不繹」(《禮記・檀弓下》)、故《左傳》和孔子皆認爲「非禮也」。【江蘇丹徒背山頂春秋墓出土鐘鼎銘文釋證　文物一九八九年第四期】

◉黄錫全　〓尋　尋字古作〓(尋仲匜)、〓(尋仲盤)、〓(齊侯鎛唐蘭先生釋鄩)，馬王堆漢墓帛書《老子》甲本變作〓，乙本作〓。《説文》「度人兩臂為尋」。《孟子・滕文公》「枉尺而直尋」。《大戴記・主言》「舒兩肘知尋」。其義均與尋仲器字形甚合。㝷當〓之後起字。《一切經音義》十七尋，古文㝷。鄭珍認為「蓋漢後字書有之，為裴氏所本」。夏韻侵韻録崔希裕《纂古》尋作㝷，又作〓。【汗簡注釋卷二】

◉劉　釗　《漢徵》附録一第6欄有字作「〓」，《漢徵》隸作「〓」。按字从般从寸，可隸作「〓」，釋作「尋」。馬王堆帛書《老子》甲本尋字作「〓」，从般从寸，與漢印同。

又，《漢徵》附録三第10欄有字作「〓」、「〓」，《漢徵》隸作「〓」。按字从兩又从凡从寸。馬王堆帛書《老子》乙本尋字作「〓」，从凡从兩手从寸，與「〓」、「〓」結構同，只是兩又的位置有些區别，故「〓」、「〓」二字也應釋為「尋」。【璽印文字釋叢(一)　考古與文物一九九〇年第二期】

◉劉樂賢　《漢印文字徵》附録二「〓由」，前一字當釋為尋字；馬王堆帛書《老子》甲本「尋尋呵不可名也」之尋作〓，與此正同。又附録三「〓賜」，「〓律」，前一字亦當釋為尋。上引文句在《老子》乙本中尋作〓，與漢印此字形體相近。尋在上述三印中皆用作姓氏。尋可以用作姓氏，見于《廣韻》及有關姓氏譜録。【秦漢文字釋叢　考古與文物一九九一年第六期】

◉詹鄞鑫　根據古注材料，一尋相當于八尺，偶然也有七尺的説法。「尋」作為長度單位，源于伸臂度量之法。《大戴禮記・主言》引孔子語：「布手知尺，舒肘知尋。」又《孔叢子・小爾雅・度》：「尋，舒兩肱也。」所謂「舒肘」、「舒兩肱」者，即舒展兩臂之意。又許慎《説文》：「度人之兩臂為尋，八尺也。」《吕氏春秋・先識覽・悔過》：「穴深尋，則人之臂必不能極矣。」人無法鑽入小洞中伸兩臂，只用一臂當然就探不到最深處了。

「尋」的「舒兩肱」古義在古文字形體中反映得非常明顯。甲骨文「尋」字有繁簡多體，其繁體象張開兩臂度量筵席之形(字表1)，或將筵席簡化為一條豎線(字表2)，或只剩下舒張兩臂之形(字表3)。金文「鄩」字所从的「尋」與甲骨文簡體相似(字表4)。甲骨文繁體之所以附加筵席形象，蓋由于古代曾經以筵為度，也可能還利用它兼表讀音。篆書的寫法(字表5)有兩個變化：一是在兩手之間增加「口」和「工」，這種繁化與「又」變為「右」、「ㄐ」變爲「左」是相同的現象；一是將下部倒書的「ㄐ」(代表左手)改為正

書,並訛為「寸」。《說文》篆文則另加表音的「彡」(字表6)。由此可知篆書「尋」正是由「右」「左」合成的會意字訛變而成的。可以相信,「尋」的本義就是舒張左右兩臂度量長短的意思。

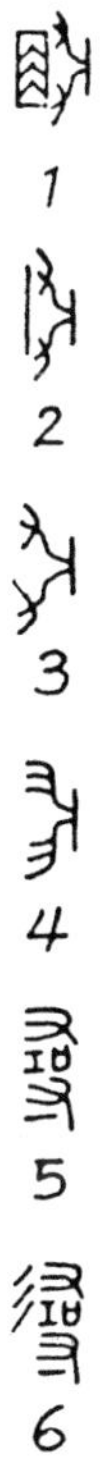

「筵」是用竹或草編織的席子,古人既用作寢卧的墊席,也用作堂室內供人跪坐的坐席和陳饌酒食的宴席。「几」是木制家具,或供人憑坐,或可陳置小件用品。「軌」字本義指車輪行迹,引申之亦指車兩輪軌迹之間距離。「筵」、「几」、「軌」都曾作為特定場合下的度量用具。《周禮·考工記·匠人》云:

室中度以几,堂上度以筵,宮中度以尋,野度以步,塗度以軌。

《匠人》篇還出現「筵」和「軌」作度量單位的文例:

周人明堂,度九尺之筵,東西九筵,南北七筵,堂崇一筵。五室,凡室二筵。

經塗九軌,環塗七軌,野塗五軌。

《大戴禮記·明堂》也有類似的說法:

(明堂)堂高三尺,東西九筵,南北七筵,上圓下方。其宮方三百步。

「室中度以几」云云鄭玄注:「各因物宜為之數。」賈公彥解釋說:「因物宜者,謂室中坐時憑几;堂上行禮用筵;宮中合院之內(按指堂前庭院)無几無筵,故用手之尋也;在野論里數,皆以步,故用步;塗有三道,車從中央故用車之軌。」由此可見,用几用筵用尋用步用軌作為度量單位,都是因物之宜而采用的最便利的手段。

【近取諸身、遠取諸物——長度單位探源、華東師範大學學報(哲學社會科學版)一九九四年第六期】

前六·五·四 林一·二八·七 林一·二八·八 林一·二八·九 燕四四一 燕七四八 續五·二四·四 粹四五八 粹一一二二 京津二五一〇 珠一一五六 掇一·一三三 存一三六七 甲二八六三 乙二二〇六 乙四〇五七專牛 七S一八〇 乙六七三〇 鐵二一六·三

前五・一二・一　前五・一二・二　前五・一二・四　存一六八七　貞人名　存下一二七　存下四二〇
寧滬一・六〇二　明一五三八　明一五九二　京都二一三　京都二一四　京都三一〇　【甲骨文編】
甲2341　2863　3394　乙109　811　2000　4057　6273　6730　6878　佚421　800　續5・24・4　掇133　誠483　摭107　六束75　續存337　1366　1687　【續甲骨文編】

0228　0229　【古璽文編】

專芒私印　張專私印　【漢印文字徵】

古老子　王存乂切韻　並籀韻　並崔希裕纂古　【古文四聲韻】

◉許　慎　六寸簿也。从寸。叀聲。一曰。專。紡專。職緣切。【說文解字卷三】

◉孫詒讓　「子卜立侯其」，百卅三之四。又十四之一有「」字，上下文闕。「戊申卜宂貝巨其伐」，二百十六之一。此塙是从叀、从又。《說文・寸部》：「專，六寸簿也。从寸，叀聲。」又即寸之省。金文傳尊傳作，偏旁與此同，「專伐」疑謂專征伐不請于王也。

「申卜同侯歸」，二百六十八之四。此从叀、从，《說文》所無，疑亦「專」之異文。「同」為國名。詳《釋地篇》。「專歸」，專似當讀為傳，謂棄傳車而歸也。又別有「惠」字，如云：「商」，二百十四之一。「从」。二百六十二之四。《說文・叀部》：「惠，仁也。从心叀。古文作，从卉。」此即古文之省。金文父戊卣、無惠鼎、毛公鼎惠字並作，亦省心，可與此互證。古文上从卉為三屮，此亦略同。但變屮為則與字相近，不知何義。【栔文舉例卷下】

◉羅振玉　說文解字。專。六寸簿也。从寸叀聲。一曰專。紡專。此字从叀从又。凡篆文从寸之字。古文皆从又。疑即許書之專字。其誼則不可知矣。【增訂殷虛書契考釋卷中】

◉林義光　專寒韻　从寸無六寸之意。古作傳尊彝戊傳字偏旁。即叀字，礙不行也。見叀字條。从又。謂以手轉之。即轉

之古文。廣雅。專轉也。釋言方言。簙吳楚之間或謂之死專。死專即宛轉。【文源卷六】

◉馬敘倫　鈕樹玉曰。韻會引無一曰句。吳穎芳曰。此即篿字所从也。簙乃篿字之譌。嚴可均曰。說文無簙字。當作六寸專也。隸俗作篿。與簙形近。因誤。後漢書方術傳序。有挺專之術。離騷經作筳篿。即算籌。竹部。笄。長六寸。計歷數者。是也。嚴章福曰。竹部。篿。圜竹器也。按篿謂籤箣。專謂籤籌。舊本當作六寸篿。蓋假借形與簙近。故譌簙。段玉裁曰。簙當作薄。六寸薄蓋笏也。曰部。曶。佩也。無笏字。釋名。笏。忽也。君有命則書其上。備忘忽也。或曰。薄。可以薄疏物也。徐廣車服儀制曰。古者貴賤皆執笏。即今手版也。杜注左傳。珽。玉笏也。若今吏之持簿。蜀志。秦宓見廣漢太守。以簿擊頰。裴松之曰。簿。手版也。六寸未聞。疑上奪二尺字。玉藻。笏度二尺有六寸。一曰紡專者。小雅斯干。載弄之瓦。傳曰。瓦。紡專也。糸部。紡。網絲也。網絲者以專為錘。廣韻。𨫼。紡錘。是也。王紹蘭曰。吳嚴二說是也。嚴舉六寸之證尤碻。方術傳注引楚詞注。筳。八段竹也。蓋筳篿之法。每段皆六寸。每一營用二段。八段則四營。即揲蓍四營成易之遺意。較簡便耳。徐灝曰。疑當以紡專為本義。收絲之器謂之專。其錘謂之𨫼。引申為圓轉之稱。林義光曰。从寸無六寸之意。从叀。叀即疐字。礙不行也。从又。謂以手轉之。即轉之古文。廣雅。專。轉也。方言。簙。吳楚之間謂之死。專。死專。即宛轉。倫按紡專者。收絲之器。即篿字義。嚴以為六寸篿。將以為專即篿耶。然从寸可以見網絲。不可以見收絲之器。其說不可通。段以釋名笏之或作簿。疑專即笏。本書無笏字。五篇之曶。从曰。回聲。詳回字下。故今字作曶。笏从勿得聲。勿回雙聲。故借曶為笏。勿簿亦雙聲。故笏亦謂之簿。而謂笏為專。經傳無徵。孟子。庶人不傳贄為臣。朱駿聲以為傳借為專。專即笏也。而笏贄為臣。於古無徵。趙岐注。傳。執也。趙說為長。林謂專為轉之初文。義似較長。然从寸。叀聲。叀為牽之初文。不當以為義。六寸簿者。本書無簿。篰即簿也。五篇。篰。莿爰也。莿爰即版。五篇牘下曰。書版也。六寸版即六寸牘。莿爰之合音近傳。簿版亦雙聲。儀禮疏引鄭注論語序曰。詩書禮樂春秋。策皆二尺四寸。孝經謙。半之。論語八寸策。又謙焉。則傳當又謙於論語。為六寸策矣。是六寸簿經傳字之本義。而傳實篰之借字。簡牘字當从竹木。專从寸。無以得義。此及一曰五字皆校語也。倫謂專為摶之初文。从寸。叀聲。本書从寸之字金甲文多从又。又即手也。手部。摶。圜也。禮記曲禮。無摶飯。謂無以手臼飯。摶字之本義如此。孟子傳贄字正謂專贄。故趙注為執也。甲文有專。孫詒讓釋專。【說文解字六書疏證卷六】

◉饒宗頤　專為地名，屯乙八一一：「貞：乎作圂于專。勿作圂于專。」潛夫論：宋公旗有專氏，當即疾專之後。專即鄟。春秋成六年「取鄟」（鄭有鄟門，左襄九年傳）。說苑「趙與衛靈公盟于傳澤」，即此地。【殷代貞卜人物通考卷九】

◉李孝定　段注謂説文有薄無簿。薄蓋笏也。即今手版。又謂六寸上疑奪「二尺」二字。引玉藻「笏度二尺有六寸」證之。桂氏義澄則謂簿當為簙。方言「簙吴楚之間或謂之兜專」。廣雅兜專簙也。本書箄。長六寸。馥謂簙長亦如之。西京雜記。「許博昌安陵人也。善陸簙法。用六箸或謂之究。以竹為之。長六分。」馥謂究當為兜。即方言所云「兜專也。六分當為六寸」。二説不同。竊謂桂説為長。此當為專之後起義。其本義當為紡專。象形字也。徐灝段注箋云「此疑當以紡專為本義。收絲之器謂之纗專。其錘謂之纗。引申為圜轉之偁。又為專壹專謹之義。史記賈生傳『大專槃物號』。大專與大鈞同義。皆言天道運行陶育萬物。紡車旋轉與陶人運鈞其事相類。皆以喻天行。索隱曰『專讀為鈞』。蓋由不知專字自有圜轉義。故破字為鈞然以鈞釋專。則取其義近可知矣。左氏昭二十年傳『若琴瑟之專一誰能聽之』。蓋琴瑟必旋轉其軫以調聲。專壹則不諧。所謂膠柱鼓瑟是也。謂之專者亦以其圜轉收絲也。……叀即專之古文象形。」其説極是。栔文即象紡錘之形。从又。所以運之。專鈞聲義並近。其物古已有之。陶器之作早於甲骨者甚多。故制字象之也。字在卜辭為人名。辭云「癸亥卜王貞命余从侯專八月。」前五・九・二。言侯專从王也。是也。又為專壹之義。如云「戊子卜賓貞戉其專伐」。藏二一六・三。戉人名。此貞其是否可以專征伐也。「甲戌賓貞不專」。甲・一・二八・七。此辭語意不完。然專似亦有專壹之義。【甲骨文字集釋第三】

◉朱歧祥　[glyph]从雙手持苗以獻上，隸作專。卜辭用為祭祀地名。《輪2・17》☐㞢☐十牛☐于[glyph]☐。

[glyph]从手持叀，隸作專。《説文》：「專，一曰紡專。」卜辭用為人名，「侯專」。

《前5・9・2》癸亥卜，王貞：余从侯[glyph]。八月。

與殷西龍族同辭，始見用於第一期甲文。

《丙1》丙寅卜，爭，呼龍先侯[glyph]希权。

復用作地名。

《乙811》貞：呼乍[glyph]于[glyph]。

字有增手作[glyph]。為殷侯專之專名。

《粹149》☐酉☐九示，自大乙至丁祖。其从侯[glyph]。

[glyph]从又叀。亦專字。《説文》：「紡專。」卜辭用為地名或族稱，始見第一期甲文。

《鐵216・3》戊子卜，賓貞：[glyph]其[glyph]伐。

「其專伐」，即「其伐專」之倒文，賓語前置。專由外族降而為附庸，卒淪為殷邊地。

専

《合220》貞：呼省専牛。

「呼省専牛」，省有巡視意。卜辭習見「呼省某地」，可見専屬殷附庸地名。

《存2·125》己亥☐貞：今☐専雨。【殷墟甲骨文字通釋稿】

◉劉　釗　卜辭有「専伐」，専疑借為「剸」。説文「斷，斷首也，亦截也」。字亦作剸。一切經音義十四引通俗文「剸，截斷也」。「専伐」義為「斷伐」、「截伐」。【卜辭所見殷代的軍事活動　古文字研究第十六輯】

甲二三四一　専字作與金文同卜辭専用為摶　甲三一〇三　乙八一一　乙二〇〇〇乎侯摶殺叔　乙三八〇九　乙六二七三　鐵八九·三　鐵一三三·四　前五·九·二　後二·七·六　後二·一五·一八　林一·七·一五　戩三六·一五　佚四二一　佚八〇〇　燕四三　粹一三〇四　京津一六六七　京津二一一三　京津二一四三　鄴初下·四七·二　庫五〇九　鐵二六八·四或从収　拾二·一八　粹一四九【甲骨文編】

専　弔専父盨　皇鼎　専古經典作蒲姑　孳乳為敷　毛公厝鼎　専命于外　師[illegible]鼎　儹匜　克鼎　番生簋　王孫鐘　蔡侯鸛殘鐘【金文編】

5·455　獨字　弔専父盨専作與此同【古陶文字徵】

(四)　(二三)　(七八)　(七八)　(二三)　(八〇)【先秦貨幣文編】

布圓大(三孔)上専　展圖版貳叁3　仝上　下専　展圖版貳叁5　布圓大(三孔)下専　展圖版貳叁4【古幣文編】

176【包山楚簡文字編】

尃魏兩體石經禹貢禹敷土　尃敷為一字敷字重文　【石刻篆文編】

尃王存乂切韻　尃王存乂切韻　𢾭古尚書　【古文四聲韻】

◉許　慎　尃布也。从寸。甫聲。芳無切。【說文解字卷三】

◉阮　元　尃字鏄之省。上體尋幠形當是甫之古文。下體易寸為攴。殆取搏擊之義。【楚公鏄鐘　積古齋鐘鼎彝器款識卷三】

◉徐同柏　詩烝民。明命使賦。賦政于外。傳。賦。布也。敷與賦同義。【周毛公鼎　從古堂款識學卷十六】

◉方濬益　說文。尃。布也。經傳作敷。為古今字。【克編鐘　綴遺齋彝器款識考釋卷一】

◉林義光　古作尃王孫鐘。从又象手形甫聲。或作尃陳侯敦陳字偏旁。从币省。币古作𠂔。甫聲。【文源卷十一】

◉高田忠周　按說文尃布也。从寸甫聲。艸書。寸與方。並皆作す。故以近楷釋古艸者譌寸作方。尃亦作専。甚非。要說文。尃篆形背古意。今依此篆从又从𤰔。又者手也。𤰔古文圃字。从田父聲也。穜菜曰圃。圃與田為同意。後又加口作圃。又譌作圃。甫𤰔形音近而義迥異矣。即知尃古文从又圃省聲也。又按凡手部字古皆从又。又或从攴。即知叓亦敷字古文。班馬字類。尃古敷字是。說文𢾭施也。从攴尃聲。小爾雅。敷布也。書禹貢禹敷土。馬注分也。顧命敷重篾席。康王之誥。用敷遺後人休。詩長發敷政優優。皆與尃布也相同。又與鼎文義合矣。尃敷同字明明白白矣。【古籀篇五十七】

◉馬叙倫　布也者。以疊韻為訓。尃為今鋪張之本字。公羊僖三十一年傳。膚寸而合。注。側手為膚。倫謂膚借為尃。言鋪手耳。禮記投壺。籌。室中五扶。注。鋪四指曰扶。借扶為尃。皆其證。經傳皆以敷或鋪為之。甲文有𢼸字。葉玉森釋搏或敷。毛公鼎作尃。【說文解字六書疏證卷六】

◉高鴻縉　王靜安曰。詩大雅賦政于外。商頌敷政優優。按敷。布也。尃為本字从又(手)𤰔聲(𤰔為圃之初字)。後加攴與加又(手)同意作敷(實為𢾭。漸改作𢾭。隸定為敷。俗作敷)。【毛公鼎集釋】

◉陳邦懷　說文解字「尃。布也」。玉篇「奠。定也」。尃奠王命。是說布定王命。廿三年克鼎。「王在宗周。王命善夫克舍令(命)于成周」。按「尃奠王命」及「舍命」的意思。就是詩經大雅烝民「出納王命」的「出命」。鄭玄說「出王命者。王□所自言。承而施之也見詩經大雅烝民箋。【克鎛簡介　文物一九七二年第六期】

◉戴家祥　尃从寸甫聲，班馬字類云：尃，古敷字。古文从又从攴可通。如說文𢽾或作敔，𢾾或作叡，集韻攽或作叛等，知敷是尃

導 導

的形符纍加字。金文「専命専政」，詩商頌作「敷政優優」，専即敷，義為布施，說文三篇「専，布也」。又「敷施也」。古籍又聲假作賦詩大雅「賦政于外」與毛公鼎「専命于外」完全相同。【金文大字典上】

石碣乍邍【石刻篆文編】

古孝經同上【古文四聲韻】

◉許　慎　導導引也。从寸。道聲。徒皓切。【說文解字卷三】

◉馬叙倫　段玉裁曰。導字複舉字之未刪者。王筠曰。桂馥疑導字後增。以古文道作尌者即導字也。然谷部丙。木部棪。穴部突。皆讀若三年導服之導。鄭玄謂古文禫。禫或作導及道。然則謂導為道之累增字。可也。謂為後增字。不可也。徐灝曰。導尌疑一字。倫按尌。从寸。首聲。此从道得聲。道亦从首得聲。自是尌之後起字。非道之累增字也。尌為引導。道為道路。字義固各有其界也。尌从首得聲者。引牛馬者牽其首。引人亦在頭前也。今杭縣謂引導曰前頭走。北方曰頭裏走。故尌即从首得聲也。桂謂此字後增。可從。然桂以古文道作尌為據。則尌字更明為後增。王以丙棪突並讀若導以明當有導字。未明讀若亦後人加之。導字見於書禹貢者。導荷澤。然周禮職方氏疏引作道柯澤。則知導岍反岐之導。亦必作道矣。論語為政。導之以政。然導之以政與道之以德。詞例與義皆同。而子路篇。道之以德。集解本固作道也。則作導者。乃傳寫者以當時通用字易之。王舉鄭玄言。古文禫或作導及道。知古文本作道作導者。亦傳寫易之。而作道者蓋漏之也。本書。逵。先道也。尚不作先導也。可證此字之增晚矣。蓋字林中字。導為逵之轉注字。猶衛為道之轉注矣。字見急就篇。石鼓作。疑急就作道。傳寫依詞義而加寸。【說文解字六書疏證卷六】

◉強運開　　薛尚功。趙古則。楊升庵。均釋作導。潘云。即道字。張德容云。此籀文也。說文。道。所行道也。古文作尌。蓋籀文加行。小篆又省作道耳。運開按。說文寸部。導。引也。从寸道聲。段注云。此複舉字之未刪者。經傳多叚道為導。義本通也。又按。古金文道均作導。如敾氏盤作。曾伯霥匿作。皆可證。按此上闕三字。【石鼓釋文】

皮

皮 弔皮父簋 九年衛鼎 者減鐘 孳乳為彼 郘𪒠尹鉦 □彼吉人 盗壺 于彼新土 【金文編】

3·1170 獨字 【古陶文字徵】

〔四〕 〔七〕 〔三五〕 〔一三〕 〔二五〕 〔七四〕 〔四七〕 〔四七〕 〔一〕 〔一〕

〔五〇〕 〔三八〕 〔三九〕 〔一九〕 〔三三〕 〔一八〕 〔三七〕 〔一九〕 【先秦貨幣文編】

布方皮氏 冀靈 布方皮氏 晉襄 仝上 布方皮氏 晉高 仝上 仝上 布方皮氏 晉浮

仝上 晉交 仝上 晉朔 布方皮氏 晉浮 布方皮氏 典九六 仝上 典九四 仝上 亞四·二七頁

布方皮氏 亞四·二七頁 【古幣文編】

33 【包山楚簡文字編】

皮 雜一六 三例 秦七 日甲二六背 二例 【睡虎地秦簡文字編】

3089 3998 1063 【古璽文編】

皮安漢印 瘳皮戎印 皮光之印 皮聚 田皮 【漢印文字徵】

石碣馬薦 彼字重文 【石刻篆文編】

皮 凡皮之屬皆从皮。 皮 皮 【汗簡】

義雲章 竝汗簡 古尚書 竝籀韻 竝王存乂切韻 【古文四聲韻】

◉許 慎 剥取獸革者謂之皮。从又。為省聲。凡皮之屬皆从皮。符羈切。古文皮。籀文皮。【説文解字卷三】

◉王國維　叔皮父敦皮作□。石鼓文作□假為彼字。皆从□。□者。革之半字也。毛公鼎攸勒之字作□。吳尊蓋作□。□革均象革形。□从又持半革。故為剥去獸革之名。籀文作㞺。乃□傳寫之譌。許君之書有形雖失而誼甚古者。此類是也。【史籀篇疏證　王國維遺書第六册】

◉林義光　皮為不同音。古作□叔皮父敦。从□。象獸頭角尾之形。□象其皮。□象手剥取之。【文源卷六】

◉高田忠周　為省聲恐非。□與革之□同意。即其象形也。又即手剥取之也。【古籀篇六十二】

◉商承祚　□金文者減鐘作□。石鼓文同。王國維史籀篇疏證皮字注云。「从□者。革之半字也。……□从又持半革。故為剥去獸革之名。」古鉨文作□。即此所本而寫誤者。段氏云。「从竹者。蓋用竹以離之。」从誤形為訓。非也。【說文中之古文考】

◉強運開　□說文。籀文皮字作□。與鼓文近似。王氏云。借作被。音與被孟豬之被同。趙古則楊升庵俱釋作彼。張德容云。當是借為彼字。運開按。讀作彼字是也。【石鼓釋文】

◉馬叙倫　徐鍇曰。李云。从又持皮。錢侗曰。瓷从皮省。皮省即瓦也。瓦為篆文為字頭。當作□。皮从為省聲。篆亦當作□。王筠曰。皮猶之革。同係象形。特革已去毛。則平張矣。故象其正面而作革。皮未去毛。其性柔。故象其側而作皮。觀古文□有角形。玉篇作筤非也亦可知為象形。非形聲也。篆文即由古文籀文而小變之。陳詩庭曰。廣雅釋詁剥皮膚俱訓離。釋言皮膚俱訓剥。則皮為剥皮之名。非獸革之名。張文虎曰。尸象裂之形。从又會意。為省聲三字衍。倫按說解曰。剥取獸革者謂之皮。是剥取獸革之人謂之皮也。然古無此訓。此校語也。本訓捝矣。所屬有皰皯二字。皆取皮膚義。四篇。膚。皮也。皮音奉紐。膚从盧得聲。音在來紐。然今皆讀入敷紐。蓋盧从虍得聲。虍音曉紐。曉敷皆摩擦次清音也。似膚為皮之轉注。而皮本為被覆體肉矣。然膚皮字不可以象形指事會意之法造也。必取形聲之法。膚。从肉。盧省聲。是也。而皮从又。為省聲。雖屬省聲。於被體肉之義不可得。蓋皮乃去獸皮之毛之名。為革之異文。而皰皯二字則从皮之假借義。猶皸皵諸文之从革也。然檢皰字止見淮南說林。潰小皰而發痤疽。玄應一切經音義北堂書鈔一百五十八引皆作皰。許注淮南曰。面氣之瘡也。則字作皰。於訓面氣為合。本書。頷。面黃也。字从頁。本書。醮。面焦枯小也。字从面。顦。頷也。醮顦義同。同得焦聲。當為一字。然則皰為面生氣。亦當从頁或从面矣。然倫疑顦為面焦枯。小。醮即面生氣也。包焦聲同幽類。皰則異文。皰為俗字。皯字見通俗文。面黧黑曰皯。偽列子黃帝。燋然肌色皯黣。本書。黧。黑皴也。黴。物中久雨。青黑。楚辭漁父。顏色憔悴。王注。皯。黴黑也。黴為黣之正字。則皯黣即本書之黧黴。皯亦黧之俗字。以此相證。皰皯

蓋出字林。而皮實為革之異文。戰國策韓策。皮面抉眼。皮面今人所謂剥面。正皮為剥義之證。剥从彔得聲。而音入封紐。正借皮為膚及膚从盧得聲而今讀敷紐之例證。然則皮固从又為省聲耶。皮為聲同歌類者。以皮从為省聲也。為音喻三。喻三與奉同為摩擦次濁音。古讀奉歸並。皮音今在並紐。是皮固得以為為聲。然皮篆作□。古文作□。籀文作□。石鼓文彼字作□。與籀文相近。叔父毁有□字。與□殆是一字。皆無為字痕迹。可玔。錢謂篆當作□。其説或然。然以籀文觀之。疑从韋革之韋。即五篇韋下之古文韋作□者省聲。韋音喻三。與為同紐。喻三與奉同為摩擦次濁音。故皮音符羈切入奉紐。則為省聲乃韋省聲之譌。然以金文及石鼓文觀之。則為革之異文又甚明。□即□省。□即□也。特音轉耳。革音見紐。皮音並紐。从皮得聲之波音入幫紐。幫見皆破裂清音。古或讀皮如波。今杭縣謂嘴脣皮曰嘴脣婆。婆亦从皮得聲也。故得假皮為膚。今膚音入敷紐。或本有从又韋聲之□及从又革聲之□二字。皆革之轉注字。本書無□字。而□又譌為□耳。字見急就篇。

□ 鈕樹玉曰。繫傳韻會作□。倫按此亦从羊省而變譌者也。王筠據鍇本篆與此同。

□ 此為□之譌變。【説文解字六書疏證卷六】

◉高鴻縉 此謂獸皮。象手剥取獸皮之形。字倚又(手)而畫獸(丫象獸頭及其身)皮(コ)剥起之形。由物形□生意。故為獸皮之剥取者。名詞。原為獸皮。後亦謂人皮膚之皮。【中國字例二篇】

◉朱芳圃 林説是也。廣雅釋言:「皮,剥也。」剥者,裂也,謂使皮與肉分裂也。戰國策韓策「因自皮面抉眼」,王褒僮約「落桑皮椶」,是其義也。周禮春官大宗伯:「孤執皮帛。」鄭注:「皮,虎豹皮。」儀禮士昏禮:「納徵,玄纁束帛儷皮,如納吉禮。」鄭注:「皮,鹿皮。」皆謂所剥獸體之皮為皮,引伸之義也。許君云「取獸革者謂之皮」,蓋漢時俗語呼皮工曰皮,乃別一義。孳乳為柀,説文木部:「柀,黏也。从木,皮聲。一曰,析也。」為詖,言部:「詖,辨論也。古文以為頗字。从言,皮聲。」為破,石部:「破,石碎也。从石,皮聲。」皮又有在外之義,故孳乳為被,衣部:「被,寢衣,長一身有半。从衣,皮聲。」為帔,巾部:「帔,宏農謂帬帔也。从巾,皮聲。」為髲,髟部:「髲,鬄也。从髟,皮聲。」被又有加被之義,孳乳為彼,彳部:「彼,往有所加也。从彳,皮聲。」【殷周文字釋叢卷中】

◉張日昇 説文云。「皮。剥取獸革者謂之皮。从手為省聲。」皮為古音同在歌部。然从手為省聲。與剥取獸革之義無涉。為説文訓母猴。甲骨文與金文並象以手役象之形。金文所从象作□。或省其鼻作□。象頭與皮所从□形近。故皮實象以手剥象皮之形。□示皮離肉之意。許謂為省聲實乃省形之誤。【金文詁林卷三】

皰 皯

◉徐中舒 伍仕謙 皮，早期金文作，《汗簡》作。中山王大鼎作，中山好盗圓壺作。此字在本文中有的地方應釋彼，如「彼順彼卑」。有的地方應釋破，如「破敵大邦」。【中山三器釋文及宮室圖説明 中國史研究一九七九年第四期】

◉張守中 讀為彼。圓壺。于—新坴。【中山王礜器文字編】

◉黄錫全 皮 衛鼎乙皮作，古貨文作（貨文編3·36），好盗壺作，古璽作（璽彙3398）等，此形類同。今本《説文》籀文作，古文作，所从之○。皆，譌誤，今本當以此正。皮 此形與（好盗壺）（貨文編3·36）等形同。【汗簡注釋卷一】

◉黄錫全 皮 从皮之波作（古璽）（古陶），好盗壺皮作，《説文》古文譌變作，形與石經、《説文》古文「竹」旁類同，故此誤从竹。內本作笈，薛本作筤，形與此同。皮形變化參見皮部。【汗簡注釋卷二】

◉戴家祥 皮象剥獸革之形，故从皮聲之字多含有離析之義，如説文「柀，从木皮聲，一曰析也」；「詖，辨論也，从言皮聲」，辨論即言之析；「破，石碎也。从石皮聲」。郤譆尹鉦皮假作彼。【金文大字典上】

雲臺碑 【古文四聲韻】

◉許慎 面生气也。从皮。包聲。旁教切。【説文解字卷三】

◉馬叙倫 鈕樹玉曰。韻會气作氣。一切經音義十四引作面生熱氣也。熱字非。玉篇。面皮生氣也。丁福保曰。慧琳音義六及卅七引。面生氣也。與二徐本合。又二引作面生熱瘡也。考許叔重淮南子注云。皰。面氣之瘡也。倫按疑皰為靤之異文。餘見皮下。【説文解字六書疏證卷六】

◉許慎 面黑氣也。从皮。干聲。古旱切。【説文解字卷三】

◉馬叙倫 鈕樹玉曰。韻會气作氣。倫按鈕引韻會作氣。不及繫傳。是鈕據鍇本亦作气也。餘見皮下。【説文解字六書疏證卷六】

皸 皴 㼱

◉徐鉉 皸足坼也。从皮。軍聲。矩云切。【説文解字卷三新附】

◉徐鉉 皴皮細起也。从皮。夋聲。七倫切。【説文解字卷三新附】

□ 㼱人充切今文从瓦者非【汗簡】

◉許慎 㼱柔韋也。从北。从皮省。从夐省。凡㼱之屬皆从㼱。讀若耎。一曰若儁。臣鉉等曰。北者。反覆柔治之也。夐。營也。而兗切。□古文㼱。□籀文㼱从夐省。【説文解字卷三】

◉王國維 考工記注蒼頡篇有鞄㼱。蓋本史篇。班固所謂文字多取諸史籀篇者也。其改𤿭為㼱。許君所謂取史籀大篆或頗省改者也。冋从一人在穴上。㒸从二人在穴上。意則一也。【史籀篇疏證 王國維遺書第六册】

◉馬叙倫 徐鍇曰。周禮考工記注云。攻皮之工。倉頡篇有鞄㼱也。此解脱誤爾。鈕樹玉曰。廣韻引同。韻會引作柔皮革也。按从皮省則不當作瓦。錢坫云。瓦當是𠬪。嚴可均曰。篆體當作□。从皮省。不當从瓦。一曰若儁。當作雋。説文無儁。段玉裁曰。夐省聲。王筠曰。耎。而沇切。與㼱同音。雋音徂兗切。與㼱同韻。儁字朱筠本同。顧廣圻本作雋。以意改之。朱駿聲曰。或曰。奐省聲。陳邦懷曰。卜辭有□。即㼱字所从。倫按錢坫謂㼱篆當作□。即从為之省也。段玉裁姚文田桂馥皆謂當作□。从皮省。倫謂以籀文證之。从皮省。□聲。陳舉□字。不知其上所从。陳亦未説明何義。倫疑乃兒之県文。甲文十干之己字皆作子。十二支之子字則作□。即兒字。而異形至二十餘。有作□□者唐蘭以為県文。是也。倫檢卜辭□上有缺文。蓋□亦県文。正之為□。上□即本書之囟之異文。囟即腦之初文。腦音泥紐。㼱音日紐。古讀亦歸泥紐。然則㼱从皮兒聲耶。説解本作柔皮也。今為校者所改矣。从北从皮省从夐省亦校者改之。讀若耎。一曰若雋者。劉秀生曰。㼱从夐得聲。夐聲在寒部。耎聲之字亦在寒部。故㼱从夐省聲得讀若耎。𠬪部。奐。从𠬪。夐省聲。淮南説山訓。渙乎其有似乎也。注。渙讀人謂貴家為腝主之腝。是其證。雋聲亦在寒部。大徐本作儁。本書無儁。段玉裁以為同俊。是也。玉部瓊或作璇。旋聲。詩齊風還釋文引韓詩作嫙。魏風。十畝之閒。行與子還兮。釋文。還。本亦作旋。還从袁聲。袁从叀省聲。專从叀聲。考工記旊人。器中膞。注。膞讀如車輇之輇。禮記雜記。載以輲車。注。輲讀為輇。或作槫。老子。未知牝牡之合而全作。釋文。全。河上本作峻。一作朘。車部。輇。从車。全聲。讀若饌。肉部。膞。从肉。雋聲。

或从火。巽聲。作熼。是㼱讀若儁之證。倫謂讀若儁。校者記異本。然均後人加也。儁字鈕不引繫傳。則鈕據鍇本亦作儁也。【說文解字六書疏證卷六】

2344 璽文⿱灷衣字省舟【古璽文編】

◉許　慎　羽獵韋絝。从㼱。灷聲。而朧切。或从衣从朕。虞書曰。鳥獸⿱灷衣毛。【說文解字卷三】

◉馬叙倫　鈕樹玉曰。廣韻收去聲二十二稕為㼱之重文。又而隴切。王筠曰。音與襱音丈冢切相近。襱絝踦也。倫按韋絝當从革。或从韋。或从衣。不宜从㼱。倫謂重文⿱灷衣字乃羽獵韋絝之本字。⿰㼱并乃㼱之轉注字。故音同日紐。廣韻以為㼱之重文。或有據也。則此字非許書本有矣。賸从朕得聲。朕从灷得聲。而賸音入來紐。來日皆邊音也。然則⿰㼱并為㼱之轉注字益明矣。

鈕樹玉曰。此字與諸書不合。字數亦不合。毛部。𣯩下引書作𣯩。不應又作⿱灷衣。其文及注恐非許原書。廣韻無⿱灷衣。承培元曰。徐鍇曰。此亦⿰㼱并字。鳥以柔毳為衣。故从衣。當言从衣从朕。皆脱誤。則今本有从朕从衣四字。後人依鉉增。故與鍇説乖戾。倫按⿱灷衣為羽獵韋絝之本字。本書毛部。毴。毛盛也。虞書曰。鳥獸𣯩毛。與此引不同。疑今文書作毴。毴从隼得聲。隼音心紐。與⿰㼱并⿱灷衣从灷得聲者同。故書古文借⿱灷衣為毴。毴之或體作氄。又與㼱之轉注作⿰㼱并同。今書作氄者。亦疑毴下有重文作氄。此引虞書曰。鳥獸⿱灷衣毛乃校語。許例重文下不引經。況毴下已引作毴耶。廣韻以⿰㼱并為㼱之重文而無⿱灷衣。則此字無所附麗矣。明亦後人加之。⿱灷衣蓋襱之轉注字。聲同東類。【說文解字六書疏證卷六】

摭續一九〇　說文攴小擊也从又卜聲此似从又从丂卜辭牧字𢼄字並从此今定為攴字【甲骨文編】

3·507　王卒左敀昌里攴　3·506　同上【古陶文字徵】

攴【汗簡】

汗簡【古文四聲韻】

◉許　慎　小擊也。从又。卜聲。凡攴之屬皆从攴。普木切。【說文解字卷三】

◉林義光　从攴之字多非小擊之義。當象手有所持形。與又略同。猶治事之意。古作。師酉敦攸字偏旁。【文源卷六】

◉馬叙倫　段玉裁曰。手部。擊。攴也。此云小擊。同義而微别。林義光曰。从攴之字多非小擊之義。當象手有所持形。倫按甲文互出。倫謂與殳一字。見殳字下矣。小擊也當作擊也。此蓋緣朴作教刑而加小字。或小為卜誤。卜乃校者注以釋攴字之音者也。【説文解字六書疏證卷六】

◉饒宗頤　寇(前編六·三十·一及二)字亦作㝗(前七·九·二及金璋五二一)，丮乃一字異寫，均象人手執器形。然作㓂(前六·三十·三)字下體明从父或攴，契文父攴不分。又繁形多从宀从水。如酒或作酉及湎，故此殆為攴字，蓋即「扑」也(舊釋寇或宰，均于形義不合)。扑通作撲，天問「朴牛」，山海經作「僕牛」。卜辭言「寇伐」，應即宗周鐘之「𢦏伐(𠬝都)」，虢季子盤作「搏伐」，與詩之「薄伐(西戎)」同，故「寇伐方」即「𢦏伐耆方」。寇又為名詞，可讀為僕。其言「多㝗」，「五百寇」(前七·九·二)即「多僕」「五百僕」，多僕猶多臣也。又為地名：「……寢(寢)于寇」(前六·三〇·三)……當即濮。春秋隱四年「衛人殺州吁于濮」，杜注：「濮，陳地，水名。」(通考一七〇葉)【殷代貞卜人物通考卷四】

◉黄錫全　攴　戰國文字攴旁有作此形者。如(信陽鐘)，(仰天湖楚簡)。《説文》，三體石經古文攴旁均作。【汗簡注釋卷一】

◉戴家祥　卜亦形符，表示敲擊的工具，如杖殳之類。攴讀「普木切」，段玉裁以為即扑字。𨰻氏鐘「卑鳴攴好」，郭沫若曰，當讀為頗或溥，言甚好也。兩周金文辭大系考釋卷八，二一一葉。【金文大字典中】

啓　啟

甲一八五九　从又　乙三五五五　鐵二四五·一　後一·三〇·五　後二·一二·一四　林二·八·一二

林二·二五·六　後二·九·九　粹六四二　粹六四五　鄴三下·四一·六　明藏六七七

師友二·三二　京津三八〇九　簠征三八　甲二六八　或从启省　甲四七六　甲一六八七　甲三一三〇

乙四一五五　河一三五　河一三八　前六·九·四　前六·九·五　前七·二四·二　林一·九·一〇

林二·二·一九　戩三五·一四　戩四八·一　佚八一四　粹六三〇　粹六三四　粹六三五

粹六三八　京津四八四　明藏四一九　師友一・一一八　前八・一三・二　从攴與說文同　【甲骨文編】

甲91　268　446　547　860　1505　1687　2124　2125　3113　3130

3304　3337　3450　3596　乙32　75　108　811　4770　5224　5943

6405　6879　7162　7370　7826　8406　8713　8716　8720　8722　8728

8815　8816　8818　8822　8857　8860　8881　8965　8970　珠162　165

166　402　934　佚2　388　406　572　596　814　佚912　續3・34・5

佚982　續5・11・1　徵1・1・54　續4・36・6　5・11・1　6・22・12　6・23・11　掇65　徵1・93

2・40　12・63　京3・10・3　3・11・1　録135　137　138　鄴三39・9　誠142

355　摭54　六中33　六清56　續存632　710　1466　外63　452　453　書

1・5・G　摭續205　粹82　625　629　633　637　641　新484　2915　乙1319

【續甲骨文編】

啟　从又　啟作文父辛尊　啟卣　癲鐘　弔氏鐘　啟尊　方彝　訴啟鼎

召卣　攸簋　中山王譽鼎　盗壺　王子啟疆尊　从戈　虢弔鐘　从殳　鄂君啟舟節　不从口　㪟爵

亞㪟父乙鼎　【金文編】

3・980　獨字　3・981　同上　9・107　簪啓賣頭絲𢘽𢪍⊠　【古陶文字徵】

13【包山楚簡文字編】

啟 日乙一六五 十二例 日甲七二背 日甲三三背 十二例【睡虎地秦簡文字編】

3657 0861【古璽文編】

啟方【漢印文字徵】

禪國山碑 靈夢啓識 商永⿸户攴磬 ⿸户攴字甲骨文又作啓與説文口部启同為一字【石刻篆文編】

啟 啟竝孫強集字 啟 啟出義雲章【汗簡】

王庶子碑 古尚書 義雲章 同上 説文【古文四聲韻】

◉許 慎 啟教也。从攴。启聲。論語曰。不憤不啟。康禮切。【説文解字卷三】

◉孫詒讓 「⿸户攴」當為「啟」之省。《説文·攴部》:「啟,教也。从攴,启聲。」此从又者,攴之省,从户者,启之省也。金文遂攸諆鼎攸作[glyph],與此可互證。「攸」似國名,故云「征啟」、「獲啟」,又云「啟之又」。讀為有。「啟[glyph]」,並與「征昌方」文義略同。又云「戊申卜冘貝之仔[glyph]」。二百四十五之一。此正作「啟」字不省,亦可與「[glyph]」字互證。金文受鐘、朮氏寶林鐘啟字作[glyph],形亦相近。【栔文舉例卷上】

◉高田忠周 書堯典。允子朱启明。經傳皆借啓為之。其實启啓元為同字也。小爾雅廣詁。啓開也。左僖二十年傳。凡啓塞從時。注。門户道橋謂之啓。儀禮士虞禮記。啓户。又夏小正。正月啓蟄。又詩閟宮。大啓爾宇。大東。東有啓明。又書金縢。啓籥見書。又詩。元戎十乘。以先啓行。皆作啓不作启。可證也。若有之乎。此為啓省文。然則許書之启即啓教之啓。而許書攴部之啓即開户義之⿸户攴。⿸户攴亦或作⿸户戈。而啓即从口⿸户攴聲也。許説相反。今正。因又謂。説文。肁。始開也。从户从聿。肇。擊也。从攴肇省聲。又。肈上諱。从戈肁聲。段氏云。古無肈字。肇者肈之俗字。非。金文肇肈兩見。而肁肇同字。猶啓启同字。並皆从⿸户攴。⿸户攴者開也。又始也。若夫擊訓字作肇。从戈肇省聲。許氏相反矣。唯古文戈攴通用。故肇肈混用。其實肇即肈異文。而肇為肁正文。然啓肇並从⿸户攴。取于開始之義。而一从口一从聿。必當有理。聿者筆而口者

言也。啓訓教也。釋名釋書契。啓。詣也。以啓語司官所至詣也。即教以言語也。以開發人智也。又爾雅釋詁。肈始也。虞書。肈十有二州。大傳。域也。詩生民。以歸肈祀。箋。肈郊之神位也。此實許氏肁字義。始以分畫。所以創始而記識。亦是所以啓導而開發人知識之理也。即知启肁二字。其意。均皆主于開義。以户即戶又為類首。以口聿為分別。即兩字同意相受。此謂轉注也。元當建戶又部。启肈當收于部中。後人泥啓字訓教義。字亦或从攴作啓。絶不古矣。【古籀篇四十八】

◉王　襄　攺,古啓字婿。説文:「晵,雨而晝姓也,从日啓省聲。」此省日。卜辭有「之夕允雨,辛丑攺」及「不攺其雨」之文,是攺即晵之省無疑。【簠室殷契徵文考釋卷一】

◉葉玉森　⿰户又　羅振玉氏曰。启或从又。象有自名以評門者往以又啟之也。增訂考釋五十七葉。王國維氏曰。啟乃晵之借字。説文。晵雨而晝姓也。殷虛文字考釋第六十葉。森桉⿰户又之異體作⿰户口 ⿱日⿰户又 ⿰户⿱又口等形。王氏説較塙。予曩言殷虛卜辭第二百九十版「不⿱日⿰户又」之⿱日⿰户又从日。尤顯造字初誼。殆象推户見日。鴻範五卜其二曰霽。卜辭未見霽字。似晵霽為古今文。説契王氏徵文天象第九十一九十二版有⿱雨⿰户又⿱雨妻二文。曾寫入類纂中。審其影本。栔法可疑。尚未敢信殷有此體也。【殷虛書契前編集釋卷一】

◉商承祚　⿰户又或从日作⿱日⿰户又,或从月作⿱月⿰户又,王靜安先生謂即晵字。董彦堂先生謂晵霽疊韻之轉,霽晴又雙聲之轉。案戶又為開启之本字,以手启户為初意,或增口作⿰户⿱又口,或省又作⿱户口。羅師叔言謂自名以評門者往以又启之是也。類編二・六。其後借以為雨而晝姓之霽,觀其上从日作⿱日⿰户又 ⿰户⿱日口,象晝姓启户見日,从月作⿱月⿰户又,象夜姓户見月,亦可以知其遭變之迹矣。【殷契佚存】

◉馬叙倫　鈕樹玉曰。玉篇引作教也。又開發也。華嚴經音義兩引作開也。倫按教也乃引申義。開也則启字義。沈濤已辯之矣。皆非本義。亦或非本訓。啟音溪紐。攴音滂紐。同為破裂次清音。蓋轉注字。亦敲之音同溪紐轉注字。然倫疑啟徹乃漢景帝武帝之名。而字次部首之下。又啟次徹上。與本書載祜字莊字同例。豈許載西漢諸帝之諱。亦同於東漢諸帝之諱乎。則説解止言上諱。今説解為後人補矣。此引論語即後人引以證教也之義者也。抑或啟徹二字皆吕忱所補耶。不然。邦恒何以又違此例乎。王子啟疆尊作⿰户⿱丮口。番生𣪘作⿰户⿱又口。芮伯啟壺作⿰户攵。與甲文⿰户又同為開義字。【説文解字六書疏證卷六】

◉馬叙倫　⿰户丮　舊釋旁肈作尊諆。吴式芬引徐籀莊説。旁名。肈始。周禮大宗伯。四命變器。法。始得有祭器。諆讀為忌。忌通諅。諅又通己。正象人跪。與他器象形子孫字同。孫詒讓曰。⿰户丮當為啟之省。諆當是器名。徐説非是。倫謂孫説是也。甲文亦有⿰户又字。從又從户。此則從攴從户。説文從攴之叙。甲文皆從又作。諭説文數斁敷敕字皆當從又。則古之作書者亦每有譌別。⿰户又亦以從又為長。説文無⿰户又而有启。為從户口聲之形聲字。⿰户又之轉注字也。【讀金器刻詞卷中】

◉楊樹達　説文二篇上口部云：「启，開也，从户，从口。」三篇下攴部云：「啓，教也，从攴，启聲。」今以甲文考之，疑許君説此二字之形皆誤也。甲文有戺字，从户从又。甲骨文編三卷十五葉載四十二字，殷契卜辭文編十八葉載九字。又有戺字，从户从攴。甲骨文編三卷十五葉一字，附録二十八葉四字，殷契卜辭文編一字。甲文从又从攴多不分，此二文為一字。皆示以手開户之形。愚謂訓開者當為此字，以手闢户，故為開也。訓教之啓，許解為从攴启聲，愚謂當解為从口戺聲。蓋教者必以言，故字从口。教者發人之蒙，開人之智，與啓户事相類，故字从戺聲。兼受戺字義也。説文全書字之从戺者，四篇上目部有晵，六篇上木部有棨，七篇上日部有晵，十三篇上糸部有綮，許皆説為从啓省聲。余謂此四字从戺，乃戺字獨為一字之證。又此四字實皆從戺聲，與啓从口戺聲者為例正同。因許君不知有戺字，故解四字皆為从啓省聲，蓋既誤解啓字，而並誤説此四字也。【釋启啓　積微居小學述林卷三】

◉楊樹達　陶齋吉金録卷弍拾陸葉上載番生𣪘蓋，𣪘原作敦。銘文云：「不顯皇且考穆穆克誓哲氒德，嚴在上，廣啟氒孫子于下，勵于大服。」按叔向父𣪘云：「作朕皇祖幽大叔尊𣪘，其嚴在上，降余多福繁釐，廣啟禹身，勵于永命。」士父鐘云：「作朕皇考叔氏寶林鐘。用喜侃皇考，其嚴在上，豐豐熊熊，降余魯多福亡彊，隹康右屯魯，用廣啟士父身。勵于永命。」彔康鐘云：「△余通彔，康虔屯右，廣啟朕身，勵于永令。」此四器皆言廣啟，句例略同。左傳襄公十年記晉已滅偪陽，晉人以偪陽與向戌，向戌辭曰：「君若猶辱鎮撫宋國，而以偪陽光啟寡君，羣臣安矣。」光啟寡君與諸銘文廣啟孫子及廣啟禹身，廣啟士父身，廣啟朕身，諸句文例皆同，知銘文之廣啟即左傳之光啟。蓋廣字从黄聲，黄字从古文光聲，二字音本同也。左傳僖公二十三年曰：「臣聞天之所啟，人弗及也。」啟字義亦與銘文相近。然杜注訓啟為開，以詁銘文之廣啟某身，義似不洽。孟子滕文公下篇引書曰：「丕顯哉！文王謨，丕承哉！武王烈。佑啟我後人，咸以正無缺。」文以佑啟連言。禮記祭統記衛孔悝鼎銘曰：「啟右獻公。」亦以啟與右連文。古書啓與右連文右佑字同，余疑佑啓啓右皆以同義為連文，右訓助，啓蓋亦當訓助，而趙岐注孟子，釋佑啓為佑開，恐未是也。古書啓與右連文者，自上述二事外，又得二事。偽古文尚書君牙篇云：「啓佑我後人，咸以正罔缺。」此明係撰偽書者襲孟子引書之文，但又兼本祭統，倒孟子之右啓為啓佑耳。孔子家語在厄篇云：「孔子召顏回曰：疇昔予夢見先人，豈或啓佑我哉！」家語雖偽，要多本自古書。漢書谷永傳云：「後宮女史使令有直意者，廣求於微賤之閒，以遇天所開右。」文作開右，似足證成趙杜注義。然此特漢人避景帝諱，改啓為開耳。要之訓啓為開，於銘文不能密合，訓右啓為助開，以助而開之為説，尚可勉通。若釋啓右為開助，則決不可通。謂啓義與右同訓助，則古文無不可通矣。以傳注未見啓訓右者，故假設言之如此，俟達於訓詁者論定之。【番生𣪘蓋跋　積微居金文説卷四】

◉楊樹達　龜甲二卷八葉之十二云：「貞，㦰啟王，其□舌方？」樹達按：啟説文訓教，經傳多訓開，此蓋謂洗㦰開導王□舌方也。【卜辭求義】

◉饒宗頤　癸丑卜，㱿貞：旬亡𡆥。庚申㞢吺，千戍。三月。癸酉卜，㱿貞：旬亡𡆥（續存下四一二）。

此片戍字，宜讀為啓奏之啓。後下十二・十四「𢓊爯册……」下云「𢼄啓。」前編三・一・一：「壬子卜白（伯）𠷎其戍。」林二・八・一二：「貞：㦰戍。王其幸□方。」可證。千蓋人名。他辭云：「千受王又。」（屯甲二九〇七，同版見卜人𠂤）是片謂有吺，而千啓奏之，則千殆候氣之官。【殷代貞卜人物通考卷三】

◉白玉崢　□字於甲骨文中，固為霽之初文，而□字則别又有一義也。考後漢書岑彭傳章懷太子注曰：「凡軍在前曰啓。」又左襄二十三年傳杜注「左翼曰啓」，孔疏：「凡言左右，以左為先，知啓是左也；名之曰啓，或使之先行。詩云『以先啓行』，服虔引司馬法謀師篇明之。」如服言，古人有名軍為啓者。」其見於卜辭者，如：

1丙辰卜，爭貞：沚㦰啓，王从，帝若，受我又？　乙七八二六

2貞：沚㦰啓，王勿从，帝……？　乙三二六二

3貞：沚㦰啟，王从……？　合四七一

4甲午卜，穷貞：沚㦰啓，王勿从，弗其受……？　合一九二

沚㦰，為武丁時重要將領之一，曾參予伐土方、伐鬼方、伐下旨諸大戰役，彦堂先生曾將其有關之卜辭，整理排比，而成武丁日譜，見殷曆譜下編卷九。此録諸辭，或其伐土方之行歟？殆殷世行軍佈陣之法，載籍雖無傳焉，而於三千年之下，徵之於卜辭者也。□，於卜辭中，亦為人名，有單名曰「攴」者，有複稱曰「子攴」者。【契文舉例校讀　中國文字第三十四册】

◉于省吾　甲骨文有攺、㪉、启、晵、𣋡等字。説文訓启為開，訓啓為教，訓晵為「雨而晝姓（晴）」，典籍則通作啓。甲骨文攺和从攺的字均从又，不从攴，周代金文多演變為从攴。甲骨文以攺或啓為啟晴之啓，後又以晵或𣋡為之。攺字象以手開户，孳乳為啓。第三期卜辭的「其啓甯西户」（鄴三下四一・六），是攺或啓本有開義，故引伸為晴。本文所論述的是，甲骨文的征伐方國，有時以啓或攺為言。今擇録十條于下，並加以闡述。

一、丙辰卜，爭貞，沚㦰啓，王比，帝若，受我又〇貞，沚㦰啓，王弓比，帝弗若，不我其受又（丙四〇九）。

二、甲午卜，穷貞，沚㦰啓，王弓比，弗其受□（綴合一九二）。

三、貞，沚㦰啓，王比（綴合四七一）。

四、貞，沚戠啓，王弓比，帝囗(乙三二六二)。

五、辛卯卜，㝊貞，沚戠啓□，王叀之比。五月〇辛卯卜，㝊貞，沚戠啓□，王弓隹之比(丙二七六)。

六、貞，皃肁启雀〇皃肁弗其启雀(乙四六九三)。

七、癸卯貞，㞢叡龍，王比，受有又〇貞，㞢攺龍，王弓比(外四五三)。

八、癸卯卜，貞，㞢攺龍先，受㞢又〇貞，㞢啓龍，弓(平津元嘉一一二)。

九、戊申卜，辰貞，𡈼乘㞢保，在攺(庫一五九三)。

十、叀沚或攺，我用若(鄴三下三九・九)。

以上各條于征伐言啓或攺，為舊所不解。我認為，啓有在前之義，典籍多訓啓為開為發，在前之義乃由開發所引伸。啓既有在前之義，故爾雅釋畜謂馬「前右足白，啓」。又古代出征往往稱前軍為啓。詩六月敘征伐玁狁：「元戎十乘，以先啓行。」這是以元戎軍車十乘為前導。左傳襄二十三年：「啓牢成御襄罷師，狼蘧疏為右。」杜注：「左翼曰啓。」左傳會箋：「凡言左右，以左為先，知是啓左也。」論語雍也：「孟之反不伐，奔而殿。」集解引馬注：「前曰啓，後曰殿。」周禮鄉師賈疏：「軍在前曰啓，在後曰殿。」商君書境內：「其先入者，舉為最啓，其後入者，舉為最殿。」甲骨文的征伐方國，往往用聯盟方國的將領率軍在前，而商王或婦好則比次在後以督陣，因而稱前軍為啓。

上文所引的前四條，均以沚戠啓和王之比不比為言。沚戠啓，乃是占卜征伐某方，沚戠為啓的省語。典籍多訓比為次，次謂次于前軍，指王在後督陣言之，故以比不比為言。第五條的沚戠啓□，乃是沚戠為啓以伐□方的省語。因為甲骨文「王比沚戠伐□」的反正對貞是常見的。王弓隹之比，之為代名詞，指的是沚戠。第六條皃肁启雀與否，和第五條語例相同。第七條的龍指龍方言之，甲骨文伐龍方之貞屢見。㞢(有)攺龍與沚戠攺□語例也同，只是省去主語而已。第八條的㞢攺龍先，乃先㞢攺龍之倒文，是説先有前軍為攺以伐龍方。前引詩七月的「以先啓行」可資參證。第九條的𡈼乘㞢保，才攺，是説征伐某方，有𡈼乘為保障，因為他在前軍。第十條的叀沚或攺，我用若，是説出征以沚或為攺，我因之而順利。甲骨文有「王比沚或伐□方」(京津四三九五)之貞，可互證。

在此需要附帶説明一下，甲骨文第三期的「甲兇卜，亞戈耳龍，母(毋)啓，其啓。弗每又雨」(後上三〇・五)，耳龍為方國名，其讀為該(詳釋其)，启訓為晴。這段甲骨文是因為亞之戈伐耳龍而占卜天氣的晴或雨。這和前文征伐方國之啓指前軍為言者截然不同。【釋啓　甲骨文字釋林卷下】

◉姚孝遂　肖　丁　説文訓「启」為「開」；訓「啓」為「教」，訓「晵」為「雨而晝姓」。卜辭有□，□、□、□、□諸形。這些形體屬于同一個來源，其用法也没有什麼差别，只是□或□相當于小篆的「晵」，未見有其它的用法。

卜辭□和□的用法較為複雜，除用作人名、地名而外，尚有兩種主要的用法：

一為與軍事行動有關，如：

「貞，沚戓攺□，王比？」　合223

「丙辰卜，爭貞，沚戓攺，王比，帝受我又？」　乙7826

「攺」及「啟」有征伐之義。左傳襄二十三年：「啓牢成御襄罷師。」杜預注「左翼曰啓」，孔穎達疏：「啓或使之先行。詩云以先啓行，服虔引司馬法謀帥篇曰：大前驅啓乘車，大晨倅車屬焉……如服言，古人有名軍為啓者。」朱駿聲説文通訓定聲：「凡軍在前曰攺，在後曰殿，在旁曰胠。」卜辭攺即「以先啓行」之又，謂在前驅。

另一種用法如説文訓為「雨而晝姓」：

「不啟，其雨？」

「不雨，攺？」

「丙戌卜，今日攺？」

「今日攺？」

説文以「雨而晝姓」為「晵」，「雨而夜姓」為「姓」，卜辭則不論晝夜，均通稱作「攺」、「晵」，或稱「日攺」，或稱「夕攺」，猶今通稱作「晴」。

菁八有辭為：

「貞，翌辛丑不其攺？王固曰：今夕其雨，翌辛……

之夕允雨，辛丑攺。」

據上辭，「攺」正是雨後天晴的意思。【小屯南地甲骨考釋】

徹 徹

前二・九・五 説文徹字古文作徹此復省彳从丑从鬲象食畢而徹去之誼 前二・九・六 前六・三五・一 續二・九・九 河四七四 師友一・一六二 地名 田融 寧滬二・一三 燕六四七 佚三六六 佚九九〇 陳一二三 【甲骨文編】

佚366 佚990 續3・43・6 續2・9・9 天76 外433 444 【續甲骨文編】

徹 説文徹古文徹此不从彳 何尊 牆盤 屭羌鐘 【金文編】

徹 日乙五〇 九例 通撤 禾芻稾—木薦 秦一〇 【睡虎地秦簡文字編】

徹 【汗簡】

古老子 【古文四聲韻】

◉許慎 徹通也。从彳。从攴。从育。丑列切。徹古文徹。【説文解字卷三】

◉羅振玉 卷二第九葉 同上 説文解字。徹。通也。古文作徹。此从鬲从又。象手。象鬲之形。蓋食畢而徹去之。許書之徹从攴。殆从又之譌矣。卒食之徹乃本誼。訓通者。借誼也。【增訂殷虚書契考釋卷中】

◉馬叙倫 鈕樹玉曰。韻會引亦有聲字。嚴可均曰。徹育聲之轉。小徐育聲下一曰相。相疑明之譌。玉篇廣韻。通也。明也。華嚴音義七十六引賈逵國語注。徹。明也。徐灝曰。古文从鬲。則小篆从育譌。戴侗謂⿰鬲攴疑自為一字。屏去釜鬲。徹饌之義也。徹从彳⿰鬲攴聲。鬲譌為育耳。倫按金文有⿰鬲攴字。甲文有字。此从彳。⿰鬲攴聲。譌為徹耳。⿰鬲攴為以雍徹之徹本字。今本書無此字。徹為通之轉注字。通音透紐。徹音徹紐。同為破裂次清音。古讀徹歸透也。鍇本有一曰相。嚴謂相是明譌。是也。明也是澈字義。本書捝澈字。校者以其義加於此耳。當入彳部。

徹 羅振玉曰。甲文有从又。象手持鬲之形。蓋食畢而徹去之。許書从攴。殆又之譌。卒食之徹乃本誼。訓通者借誼也。倫按⿰鬲攴從丑。鬲聲。葉玉森據甲文作。詞云。于。京。是國名也。當是有鬲二字。合文。倫謂⿰鬲攴从鬲得聲。則⿰鬲攴鬲可通也。非合文。此从彳。⿰鬲攴聲。【説文解字六書疏證卷六】

◉楊樹達　說文三篇下攴部云：「徹，通也，从彳，从攴，从育。」或从鬲作徹。今按：許君以通訓徹，形與義不相比附，說殆非也。今謂：徹義當如儀禮有司徹之徹，謂徹除也。孟子離婁上篇云：「曾子養曾晳，必有酒肉；將徹，必請所與；問有餘，必曰有。曾晳死，曾元養曾子，必有酒肉；將徹，不請所與，問有餘，曰亾矣。」儀禮大射儀及鄉射禮並云：「乃徹豐與觶。」鄭注並訓徹為除，是其義也。字从攴，攴古文多作又，說文從攴之字，龜甲多作又。謂手也。从育者，育从肉聲，假育為肉也。从攴从育从彳，謂手持肉而他去也。或从鬲者，古人鼎鬲互用不別，肉指其物，鬲指其器也。甲骨文有𢿛字，羅振玉謂即說文徹字或體之徹，又謂徹當以卒食徹去為本義，其說是也。然於徹字無所言：故明之云爾。【釋徹　積微居小學述林卷二】

◉楊樹達　从攴之字甲文多从又。徹甲文作𢿛。羅振玉云：「象手持鬲之形。蓋食畢而徹去之。卒食之徹乃本義，訓通者借義也。」樹達按：羅說甚碻，然未解徹字。余謂徹字从育者，育从肉聲假育為肉也。徹从攴从育从彳，謂以手持肉而他去，故為徹也。【文字形義學】

◉周清海　契文，許書所無，當隸定作𩰫若𢿛，依字之形音義求之，當為𠡦之本字。說文：「𠡦，發也，从力从徹，徹亦聲。」俗作撤。論語鄉黨「不撤薑食」，注「去也」，皇疏「除也」，用的是本義。許訓「發也」，當為引申義。小篆變會意為形聲，聲符徹又訛作徹。戴侗未見古文，而疑𢿛自為字，卓識驚人。金文有𢿛字作（𠫑羌鐘）、容庚云「說文所無」，今以契文例之，當亦𢿛字，𠡦之初文也。【讀契小記釋　中國文字第四十一册】

◉徐中舒　𢼸古徹字，《說文》徹，古文作徹，從又持鬲與此形同。此復從火者，鬲為炊器，象炊爨之事，徹治也。【西周牆盤銘文箋釋　考古學報一九七八年第二期】

◉丁　山　周公之典，大概是「徹田為糧」的徹法。說文攴部：「徹，通也，从彳，从攴，从育。古文徹。」古文徹，即𠫑芍鐘銘字的筆誤。其字从攴从鬲，蓋象鞭策「人鬲」形。每個家臣，鞭策十個「人鬲」去耕耨附郭之田，等到收穫時，公家取叁分，家臣取二分，勞苦的「人鬲」，僅得五分，這就是周初徹田的德政。孟子滕文公說：「夏后氏五十而貢，殷人七十而助，周人百畝而徹，其實皆什一也。徹者，徹也。助者，藉也。」【論耤田與僕章　甲骨文所見氏族及其制度】

◉戴家祥　何尊𢼸令　史牆盤　用肇𢼸周邦

𢿛字从又，从鬲。甲骨文有𩰫字从丑。孫海波甲骨文編卷三第一三八葉釋徹。唐蘭釋何尊「𢿛令」為徹命。𠫑羌鐘作𢿛，戴家祥謂𢿛即𢿛字。古文又攴兩字或有混用。番生𣪕啓。作啓。大盂鼎敏作敂，毛公鼎敃作敃，是其證。从攴亦可从手，說文揚，古文作𢾞，播，古文作𢾞，是𢿛或𢿛，均可寫作搹，形符更旁字也。說文十二篇手部「搹，把也。从手，鬲聲，掟或从戹。」廣雅釋詁三

「搹，持也」。字亦同搤，説文「搤，捉也。」牆盤銘「用肈敵周邦」，猶史記劉敬傳「搤天下之肮」之搤。搹，扼，搤三字同部通假字。

【金文大字典中】

肇

肇　不从聿　𩰫方彝　𩰫肇作父庚尊彝　剌攸宁鼎　㚣鼎　芮伯壺　逐鼎　匜　與肇為一字　沈子它簋　弔鼎　弔簋　【金文編】

2581　2582　㚣鼎肇字與此同。【古璽文編】

肇　出字指　【汗簡】

部昭卿字指又説文　【古文四聲韻】

◉許　慎　擊也。从攴。肈省聲。治小切。【説文解字卷三】

◉高田忠周　説文。肁。始開也。从户从聿。又戈部肈上諱。从戈肁聲。攴部。擊也。从攴肈省聲。段氏削肈篆云。古有肇無肈。从戈之肈。漢碑或从殳作肈。俗乃从攵作肇。而淺人以竄入許書攴部。玉篇曰。肇。俗肈字。五經文字。戈部曰。肈作肇訛。廣韻有肈無肇。段説未矣。今見此篆。明从又。又者攴之省。启字亦作啓可證。又金文戮字或作𢧢。戟字或作㦸。攴戈通也。然則肇肈同字無疑。愚竊謂。肁肇亦元同字。【古籀篇六十】

◉馬叙倫　鈕樹玉曰。韻會引作始也。擊也。从攴。肁聲。按此字疑後人增。玉篇注云。俗肈字。廣韻無。漢隸有肇肈而無肇。沈濤曰。玉篇。肇。俗肈字。五經文字云。肈作肇。譌。蓋古本無肇字。經典釋文開成石經肈皆从戈。可證。今本乃後人改竄。倫按嚴可均段玉裁桂馥胡秉虔亦以為肇字後人加之。倫謂金文有肁肇。無肈。則諸家説是也。戈部。𢦏。殺也。戮。殺也。則肇訓擊不為異。李舟切韻訓擊也。或有所本。非漫以肈為肇也。【説文解字六書疏證卷六】

◉楊樹達　余頃重理周金文。見文中多用肇字。位於語首。往往無義可求。如陳𧊒簠云。齊陳𧊒不敢逸康。肇堇經德。按堇假為勤。經德者。書酒誥云。經德秉哲。肇字無義可説。其一事也。他如彔伯𢦚𣪘云。王若曰。彔伯𢦚繇。自乃祖考有㬜于周邦。右闢四方。惠弘天命。女肇不豙墜。師寰𣪘云。今余肇命女率齊𠂤巿釐僰及左右虎臣征淮夷。善鼎云。余惟肇𤔲先

王命。命女左世釁侯。叀鼎云。叀肇從趞征。叔向父毀云。余小子司嗣朕皇考。肇帥井刑先文祖共明德。師望鼎云。望肇帥井皇考。虔夙夕。出內王命。魯士商䧹毀云。魯士商䧹肇作朕皇考叔猷父隮毀。交君簠云。交君子△肇作寶簠。鑄子鼎云。鑄子叔黑頤肇作寶鼎。諆鼎云。諆肇作其皇考皇母者比君䵼。諸肇字皆無義。或有釋肇為始為敏者。非也。

余更求之於詩書。則亦有然。書酒誥曰。肇牽車牛。遠服賈。用孝養厥父母。肇字無義。偽孔傳釋肇為始。非也。文侯之命曰。汝肇刑文武。用會紹乃辟。追孝于前文人。汝肇刑文武。謂汝法文武。此猶叔向父毀云肇帥井先文祖。師望鼎云望肇帥井皇考也。詩周頌小毖曰。肇允彼桃蟲。拚飛維鳥。肇字亦無義。鄭箋釋肇為始。非也。【肇為語首詞證 積微居小學述林卷六】

◉丁 山 字从戈,从户,當是肇之初文。肇,在金文中常見,作□彔伯㦰敦□宗周鐘肇之言始也,謀也,今本詩書多譌為肇字。説文:「肇,擊也。」此就从攴為説也。實則肇上所从之□,猶是甲骨文□字正寫,象以戈破户形;使户為國門之象徵,則戌之本誼,應為攻城以戰之朕兆,卜辭曰「百人戌」,曰「戌馬,左右中人三百」,皆謂戰爭之先鋒;曰「戌受」,蓋謂始受矣。【亞戌殷周氏族方國志】

◉李孝定 説文:「肇,上諱。」段注云:「按古有肇無肇。从戈之肇漢碑或从殳。俗乃从攵作肇,而淺人以竄入許書攴部中。玉篇曰『肇俗肇字』。五經五字戈部曰『肇作肇譌。』廣韻有肇無肇。伏侯作古今注時斷無从攵之肇,李賢注後漢書亦斷不至認肇肇為二字,蓋伏侯作肁與許作肇不同。和帝命名之義取始肁者始開也,引申為凡始,故伏云『諱肁』而易之之字作始。實則漢人肁字不行,祇用肇字訓始。如詩生民傳夏小正傳可證。……李舟切韻云:『肇,擊也。』其字从戈肁聲,形音義皆合,直小切。許諱其字故不為之解。今經典肇字俗譌从攵,不可不正。攴部妄竄之肇,今已芟去。」段氏定肇肇為正俗字,並引切韻訓擊為肇之初誼,並具卓見。契文从戈擊户應為肇之初文,丁氏説是也。金文均作肇,如□毛公鼎□弔向簋□服尊□衛鼎□滕虎簋不从戈餘尚多見,大抵與前三形同。【甲骨文字集釋第十二】

◉李學勤 肇,讀為肇。《説文》認為肇從戈肁聲,恐怕是不對的。卜辭有□,即戌字,可見肇當從戌聲,肁可能是肇的省體。肇,義為始。

㲋,曾見於卜辭金文。何尊「㲋令」,唐蘭同志指出即《左傳》「徹命」。徹,義為治,見《詩·公劉》等篇毛傳。肇徹周邦,意思是始治周國。【論史牆盤及其意義 考古學報一九七八年第二期】

◉唐 蘭 肇从𦎫戌聲,𦎫古墉字,此當是「肇域」的肇的專字。【《略論西周微史家族窖藏銅器群的重要意義》注釋28 文物

一九七八年第三期】

◉徐錫台　肇病，見殷墟卜辭云：「貞：隹帝肇王病」(《乙》七三〇四)；「貞：隹受多匕肇王病」(《乙》六三二四)。「肇」即正也，如《齊語》「靖本肇末」，注：「靖，等也，肇，正也。謂先等其本以正其末也。」按「正」與診同聲韻，假借正為診字，故「肇」為診也。【殷墟出土的一些病類卜辭考釋　殷都學刊一九八五年第一期】

◉張懋鎔　楊樹達先生在《積微居金文説・遂攺諆鼎》條下曰「攺與肇同，諆與其同」是正確的。他認為「攺諆皆助詞，無義」。郭沫若先生在《兩周金文辭大系考釋》裏認為「启猶肇也」，肇有始義。究竟肇有無始義，憑借這些銅器銘文的內在根據还難以作出令人信服的結論。但可以確定的是，在兩周金文中，肇其可以連用，也可以分別使用。例如：

《邿伯鼎》：「邿伯肇作孟妊……」(《三代》3・46)

《諆鼎》：「諆肇作其皇考皇母者比君䵼鼎，諆其萬年眉壽子孫孫永宝用享。」(《三代》4・6)

《衛鼎》：「衛肇作氒(厥)文考……」(《三代》4・15)

衆多文例可證，肇，其分用與肇其連用一樣，肇不是人名，其也不是人名。在《諆鼎》中，前言「諆肇作……」後言「諆其……」顯然，諆是器主名，「諆肇」二字是不能相連為名的。至于滕虎名敢，非名敢肇；鑄子叔黑名叵，非名叵肇，更不容懷疑。明了這一點，對于正確解讀金文，準確地為器主定名以及辨別肇字的種種異構，都有一定意義。

《捃古録》1・44載有《旁鼎》，鼎銘是「旁肇作尊諆」，再查《三代》拓本(2・52)，原銘排列順序即如此，當是鑄器時的錯誤(關于這種現象，請參閱容庚先生的《商周彝器通考》)，正確的解讀應是「旁肇諆作尊」。從銘文本身分析，諆既不是族徽，絶不可能在尊字之後。《三代》3・20載有《甚鼎》，銘曰：「甚諆肇作父丁隮彝□。」也即是「甚肇諆作父丁隮彝□」。《交君子鼎》：「交君子□肇作宝鼎……。」(《三代》3・35)交君子的名字應是□而不是□肇。同理，《斐启作保旅鼎》(《三代》3・7)《訡启作旅鼎》(《三代》2・50)，亦當如是解讀。前舉的《遂攺諆鼎》應定名為《遂鼎》方覺合理。

肇字的某些異構，《金文编》失收，如《旁鼎》的肇字作□，當是肇的省筆。

綜上所述，肇，其，肇諆都不宜當作人名解詁。對于伯坣鼎，肇者还是傾向于認為肇其是助詞。如果説其假借為基。基與坣有相應關係，也有道理，但作為一體的肇基與坣呼應，這種情況在金文中似未見過。【對「肇諆」解釋的再商榷　考古一九八五年第六期】

◉劉宗漢　戠，肇字之異構。肇字金文習作肇，其異構或作攺(《𢼊方彝》，《録遺》五〇九)、攺(《斐鼎》，《三代》三・七・六)，肁(《孱尊》，《三

代》十一・三〇・六)肆(《色尊》、《遺録》二〇六)，肈(《沈子簋》、《三代》九・三八・一)等形，戌亦其異構之一。《虢弔鐘》(《三代》一・五七・三)有句云「旅敢戠帥井皇考威儀」，其中「戠帥井」金文習見，如《叔向父簋》(《三代》九・十三・一)、「余小子司朕皇考肈帥井先父且共明德」、《師望鼎》(《三代》四・三五・一)、「望肈帥井皇考」均作「肈帥井」，可見「戠」亦肈之異構之一種。肈字亦見文獻，如《書・酒誥》：「肈牽牛服賈，用孝養厥父母。」其字無義，舊多釋始，非是，説見楊樹達「肈為語首語證」，刊《積微居小學述林》卷六。【《[glyph](頌)方彝》考釋　古文字研究第十六輯】

◉黃錫全　[glyph]　肇出字指　鄭珍云：「篆肁，與肇不同。」按，《説文》肁訓「開」，肇、肈訓「擊」，金文三字則通。如金文習見「肇作」之肇，犀尊作[glyph]，滕虎毀作[glyph]，耳尊則作[glyph]、弔[glyph]鼎作[glyph]，長由盉又作[glyph]，鑄子鼎作[glyph]。【汗簡注釋卷五】

◉高嶋謙一　丙申卜貞肇馬左右中人三百　前編三・三一・二　丙申日灼卜，貞測：(我們)應該分編馬為左(師)，右(師)，中(師)，人數為三百。

我們之所以將肇(旪)解作「分裂、分開」，是基于鄭玄對尚書「肇(肇)十有二州」的注。鄭玄將「肇(肇)」解為「垗」——界線，劃界，這個意義初看似乎和甲骨文中與征伐疾痛有關的卜辭文義不協，不過它仍然保留了這個字較原本的意思——分裂，分開。如果我們再加引申，把「肇」解作「把(混聚的人衆)分組」或者「把(被束縛、牢陷的東西)釋放」的話，那麼不僅上引的尚書語句易于解釋，而且下面一條有關商王病患的卜辭亦可以理解：

貞隹帝肇王疾　乙編七三〇四　貞測：星上帝醫好(釋放)王的疾病。【甲骨文中的並联名詞仂語　古文字研究第十七輯】

◉劉　釗　「戌」乃「肇」字，金文復加「聿」為其聲符。集韻認為與「肇」同字，訓作「啟」，訓作「開」。「戌馬」即啟動騎兵之義。卜辭还有「貞隹帝戌王疾」(一四二二正丙)；「□□卜殻貞[glyph]戌我雨」(一四四八七)，戌皆應訓作啟。【卜辭所見殷代的軍事活動　古文字研究第十六輯】

◉戴家祥　[glyph]尊　肆作京公寶尊彝　肆，當肇之別構。「肆作京公寶尊彝」與癲鐘「肇作龢，鏞鐘」辭例正同。

[glyph]犀父己尊　犀肁其作父己寶尊彝　肁，當肇之省，犀父己尊「犀肁其作父己寶尊彝」，滕虎毀「滕虎敢肁作氒皇考公命中寶尊彝」，與伯尚鼎「伯尚肇其作寶鼎」，䝬其毀「䝬其肇作毀」辭例正同。【金文大字典中】

敏

乙八八七三　乙五一六二　从又與金文同　前五・一七・四　前五・一七・五　後二・二〇・一五　後二・二三・九　續一・三九・三　義與母同丁敏二妣己　菁二・一　乙一九一六　示壬敏妣庚　【甲骨文編】

甲3080　乙1916　3521　5162　5178　佚76　掇125　古29　續1・39・3　鄴31・7　新1628　續存1048　粹400　488　【續甲骨文編】

敏　不从攴　何尊　每字重見　从又　師嫠簋　女敏可使　㦰簋　盂鼎　【金文編】

力敏任印　孫敏印信　孫敏白記　【漢印文字徵】

古孝經　王庶子碑　義雲章　【古文四聲韻】

◉許　慎　疾也。从攴。每聲。眉殞切。【說文解字卷三】

◉陳邦懷　前編卷五第十七葉　同上　前編卷二第二葉及卷四第二十七葉

卜辭及古金文叚每為敏。蓋以聲近。說文解字。每艸盛上出也。从中母聲。考卜辭第二。敏字所从上之。與卜辭古若字上之同。古金文若字亦作。吳中丞說兩手理髮形。見窓齋赤牘。中丞謂此字或即母之古文。是偶誤耳。於以知上之象髮形。更知卜辭第三文上之象笄飾形。髮盛故用笄。古者女子十五而笄。二十而嫁也。又古金文妻字有作見楊妻鼎者。其上亦作。并象安髮之笄也。卜辭第一文。从上之。乃省。小篆每字遂譌從中。小篆妻字從中。其譌變亦猶是耳。竊意髮盛為每之本誼。艸盛其引申誼矣。【殷虚書契考釋小箋】

◉羅振玉　說文解字。敏。疾也。从攴。每聲。叔鰥父敢从又。杞伯鼎聃敢均省又。與卜辭同。【增訂殷虚書契考釋卷中】

◉馬叙倫　商承祚曰。金甲文皆从又。倫按疾也非本義。或非本訓。此欺侮字也。故从攴。此字下次敃敄二字。毛公鼎。迺鰥寡。孫詒讓曰。敄務聲同類。爾雅釋詁。務。侮也。詩小雅常棣。外禦其務。左僖廿四年傳引作外禦其侮。然則釋詁之務。即本書之敄。敄。侮也。即敄。敏也。敏之為欺侮字明矣。或曰。敏當从又。每聲。為敏疾字。又譌為攴耳。倫謂

敏疾字當為勉。師嫠𣪘作〼。盂鼎作〼。甲文作〼。【說文解字六書疏證卷六】

◉鮑　鼎　亞形彝　母若彝　按筠清館金文以下省稱筠清擄古録金文以下省稱擄古皆作若母彝。奇觚作㚣女彝。國朝金文著録表以下省稱金文表作亞形〼彝。實乃一器。愙齋誤分為二。

〼　古籀補入附録。㐱為一字。云。疑敏字古文。【愙齋集古録校勘記上】

◉楊樹達　前編五卷十七葉之四云：「帚婦𢀛敏。」樹達按：𢀛者，婦之名。敏蓋假為娩。說文云：「娩，生子免身也。从子免。」按免亦聲。古韻每在咍部，敏字讀入痕部，與娩从免聲者音同，故可相假也。

前編五卷十七葉之五云：「癸巳，卜，𡧊貞，日若兹敏，隹年𡆥？三月。」郭沫若云：敏當讀為晦，言日如此晦，年其有憂也。通纂三之九六。【卜辭求義】

◉饒宗頤　敏為每之繁形，讀為悔吝之悔，他辭「㞢每」，亦益「又」旁。如「𠭞敏」(明義士七七)，「允有來嬉自北，𠭞敏，〼告曰……」(菁桑二)，并其例證。此云「曰若兹敏」，猶言「曰若兹悔」。【殷代貞卜人物通考卷六】

◉柯昌濟　辛丑卜王三月之示壬女妣庚豕不用　(甲四六〇)

之丁示壬敏妣康宰叀□　(乙一九一六)

此二文證女、敏二字通用，敏當通母，女為母字省文，此文所記為先君示壬之母為妣庚。【殷墟卜辭綜類例證考釋　古文字研究第十六輯】

◉朱歧祥　354 〼 〼 〼 〼

从又執每，隸作敏，《說文》：「疾也。从攴每聲。」或隸作妻，與〼字形構同。卜辭用法有二：

(一)為武丁時北方附庸部族名，與〼地、土方相連。

《菁6》王固曰：㞢希。其㞢來艱，乞至九日辛卯允㞢來艱自北。〼、〼、妌告曰：土方侵我田十人。

(二)用作女奴，為殷人牲，與妾字作〼用意同，均為攸字衍申。

《合470》戊午卜，至〼，𢦏父戊☑。

《後下23·9》☑〼執。

後併為殷王祭祀之所。

《乙1916》㞢于示壬：〼，妣庚，宰。叀☑。

敃

《佚181》丁丑卜，賓貞，子雍其卬王于祊：二，妣己：罛羊三，册羌。【殷墟甲骨文字通釋稿】

◉王　輝　寺工工師名占成同志釋敄，《秦俑報告》亦承其説。敄字不見字書，銘字左旁作，亦絶非魚字。魚字古文字作（番生𣪘）、（《侯馬盟書》一五六・三）、（《古陶文舂録》十一・二）字形不類。敏字金文作（師𩰫𣪘），小篆作，武威簡作（《泰射》六十四）。近年出版的古文字字書如《古文字類編》、《漢語古文字字形表》未收戰國時的敏字字形，此銘可作補充。字作，與小篆完全一致，可見秦統一文字，完全是以戰國末年的秦國文字為基礎的。【秦銅器銘文編年集釋】

◉陳偉武　《文字徵》第67頁「奴」字下：「4・175，奴事。」今按，檢核《陶滙》4・175拓片，知此字左上部略殘，女旁中隐約有兩點，即為母字，若上有筆畫殘泐，則為每字，从母（或每）从又，當釋為敏。金文敏字或作（師𩰫𣪘）、（盂鼎），即从每从又，不从攴。「奴事」費解，「敏事」可通，《論語・學而》：「敏于事而慎于言。」「敏事」和《陶滙》4・174「敬事」同是箴言璽鈐印而成的陶文，箴言璽文「敬事」習見，「敏事」似未見。陶印文「敏事」彌足珍貴。【《古陶文字徵》訂補　中山大學學報一九九五年第一期】

敃　从又説文彊也　師望鼎　得屯亡敃即得屯亡彊也　復公子簋　兮甲盤　虢弔鐘　克鐘　沙其鐘

毛公厝鼎　敃天疾畏詩召旻雨無正及小旻均作旻天疾威　【金文編】

敃　日甲五四背　通捪　為桃更而—之　秦六二　【睡虎地秦簡文字編】

3216　與兮甲盤敃字同。【古璽文編】

◉許　慎　彊也。从攴。民聲。眉殞切。【説文解字卷三】

◉孫詒讓　此當為敃字。即説文从攴民聲之敃也。近時新出毛公厝鼎銘云。敃天疾畏。讀為圂天缺威。詳下卷毛公鼎釋文。敃字作。與此正同。此民字上半敚有剥蝕。遂不可識耳。……敃讀為愍。廣雅釋詁。愍。亂也。【古籀拾遺卷中】

説文心部。愍。痛也。从心敃聲。攴部。敃。彊也。从攴民聲。此从又者。从攴省也。愍天即圂天。五經異義。古尚書説仁覆愍下則偁圂天。爾雅釋天烌為圂天。郭注圂猶愍也。愍萬物彫落是其證。【古籀拾遺卷下】

◉劉心源　敃。許印林釋[女殳]。心源案。説文民从母省。母實从女。故古刻民作。女作。篆形相囙也。此作。即敃。説

文敃彊也。兮田盤休無師。望鼎㝵純無。克鼎□純無。皆無競意。或釋敃為斁非。此季敃姞當讀愍。與毛公鼎天泰威同義。説文愍痛也。周書謚法在國逢難曰愍。在國連憂曰愍。經傳作閔者是也。【奇觚室吉金文述卷二】

◉高田忠周　亾敃者。諸家云。敃與愍通。愍。猶言無所痛憂也。説文。彊也。从攴民聲。此為本義。【古籀篇六十】

◉郭沫若　「乍忞宗彝」忞字从又吻聲，當是敃之異文。説文吻或作䀹，从肉昏聲，昏从民聲，與敃从民聲相同。敃與旻通，毛公鼎「敃天疾畏」即詩「旻天疾威」。旻又通閔，左哀十六年「旻天不弔」，周禮大祝注鄭司農引作「閔天不淑」。旻閔均从文聲，禮儒行「不閔有司」，注云「閔或為文」，則閔與文通。此言忞宗，余意即文公之廟也。【秦公𣪘　兩周金文辭大系考釋】

◉馬叙倫　王筠曰。彊。小徐作强。當作勥。敊下敚下放此。倫按王説是也。然勥也者勉字義。下文敯。冒也。从攴。昬聲。昬亦从民聲。則敃敯一字耳。玉篇以為敃重文。二字皆音眉殞切。與敏同音。豈皆為敏之重文耶。民每一字。則敏敃一字矣。金文多从又。師望鼎作。毛公鼎作。【説文解字六書疏證卷六】

◉李平心　金文屢見亡敃之辭，如：

《兮甲盤銘》：「兮甲從王，折首執噝，休亡敃。」

《大克鼎銘》：「穆穆朕文祖師華父，悤䵼厥心，寧靜于猷，淑哲厥德……得屯亡敃，錫釐無疆」。

《師望鼎銘》：「不顯皇考寛公，穆穆克盟厥心，哲厥德，用辟于先王，得屯亡敃。」

《虢叔鐘銘》：「不顯皇考惠叔，穆穆秉元明德，御於厥辟，得屯亡敃。」

亡敃二字舊無確詁。按敃從民聲，與愍通。《周禮・大司寇》注「民不愍作勞」，愍即敃。《説文》訓彊（强），字亦作昬。金文敃當讀愍。《説文》：「愍痛也，從心敃聲。」《廣雅・釋詁》：「愍憂也」，又「愍傷也」。《左傳》昭元年「吾代二子愍矣」，服注：「愍，憂也。」《楚辭・惜誦篇》。「惜誦以致愍兮」，王注：「愍，病也。」《戰國策・秦策》「天下莫不傷」，高注「傷，愍也」，愍與閔通。《詩・載馳》序「閔衛之亡」，《釋文》：「閔一本作愍。」宋閔公《史記》作湣公，《漢書》作愍公。《詩・邶風・柏舟》「覯閔既多，受侮不少」，《傳》：「閔病也。」覯閔《漢書》引作遘閔，亦作遘愍。《詩・大雅・桑柔》「多我覯痻，孔棘我圉」，《箋》：「痻，病也。」覯痻即覯閔。《左傳》十二年「寡君少遭閔凶」，注：「閔，憂也。」按愍、閔、痻、殙訓病，亦訓憂，古義憂與病義相因，蓋疾病必憂悶，憂悶亦能致病。金文之亡敃（愍、閔、痻）當訓無憂、無病、無譴、無愆。休亡敃意即受嘉賜無譴，得屯亡敃意即受福無愆（説詳釋「得屯」）。

卜辭亡𦖞(聞)于省吾先生釋亡閔、亡痻，見「雙劍誃殷契駢枝」續編「釋𦖞」。至確。今考亡𦖞與金文之亡敃實為一辭。古音𦖞與敃(愍)、閔、痻相同，故亡敃、亡𦖞為商、周吉休語。

《周易·無妄》「無妄，元亨利貞。其匪正有眚。不利有攸往」，「初九無妄，往吉」，「六三，無妄之災：或繫之牛，行人之得，邑人之災」，「九五，無妄之疾，勿藥有喜」，「上九，無妄，行有眚，無攸利」。無妄舊訓無詐偽虛妄，實為望文生義。「無妄之疾，勿藥有喜」，王弼注「居得尊位，為無妄之主者也。下皆無妄害，非所致而取藥焉，疾之甚也」，亦迂戾不通。

今按妄與敃(愍)、閔、痻、𦖞為雙聲，陽、真二部韻亦通諧。無妄當即金文之亡敃，卜辭之亡𦖞。妄與愍、𦖞通，猶甿、萌與民通。《周易》無妄有二義，一為無憂，一為無辜。《無妄》卦辭及初九、九五、上九諸爻辭之「無妄」，皆訓無憂。「無妄之疾」即雖疾病而無憂患，故下云「勿藥有喜」；「無妄，行有眚，无攸利」，即居則無憂患，但行動則有災眚，無所利。「無妄之災：或繫之牛，行人之得，邑人之災」，則謂無辜而蒙災，有人繫牛於道，為行人所得，而邑人竟因此受累，這與《論語·公冶長》「雖在縲紲之中，非其罪也」，義可互證。罪辜過失與憂患災咎古義相因，故无妄既訓無憂，復訓無辜。無妄之義既明，金文亡敃與卜辭亡𦖞之本訓亦可由此獲得旁證。

亡敃、亡𦖞、無妄又聲轉為無悶。《周易·文言》：「不成乎名，遯世無悶，不見是而無悶；樂則行之，憂則違之，確乎其不可拔，潛龍也。」又《大過·象》曰：「澤滅木，大過。君子以獨立不懼，遯世無悶。」悶與愍聲義兼通。《說文》「悶懣也」，《廣雅·釋詁》作憫，亦訓懣；而懣訓煩，煩即憂煩。《楚詞·哀時命》「惟煩懣而盈匈」，注：「憤也。」是無悶與亡敃(愍)、亡𦖞、無妄義同。

亡敃、亡𦖞、無妄又聲轉為無文。《書·洛誥》「王肇稱殷禮，祀於新邑，咸秩無文」，偽《孔傳》曰：「皆次秩不在禮文者而祀之。」又「惇宗將禮，稱秩元祀，咸秩無文」，偽《孔傳》曰：「皆次秩無禮文，而宜在祀典者。」偽傳所解大違經義，王引之駁斥傳義，並提出了自己的解釋。

王說雖勝於傳義，但讀文為紊，仍非達詁。今按文當讀閔，無文即金文之亡敃(愍)，卜辭之亡𦖞，其義為無愆、無譴，亦即「周易」之無言，過失愆尤與憂閔疾病古義相因。「咸秩無文」與《詩·楚茨》「式禮莫愆」義訓無別。咸與式皆訓法則，是式、咸同義，《書·堯典》秩宗相當于《周禮》之宗伯，掌邦禮，是秩與禮義亦相融。無文讀無閔，閔訓病，疾病與愆尤義相因，則「咸秩無文」與「式禮莫愆」為同義詞，殆無可疑。

總之，金文亡敃及卜辭亡𦖞與古籍之無妄、無悶、無文義訓相同或相近。【甲骨文金石文劄記 華東師大學報一九五八年第三期】

◉朱芳圃　上揭奇字，象手持民形，當為揢之初文，說文手部，揢，撫也，从手，昬聲。一曰摹也。段玉裁曰，今人所用抆字，許土部墀下所用搠字。按土部墀下無搠字，巾部幔下云墀地以巾搠之，此誤。皆即揢字，其說是也。凡从民从文得聲之字，音同用通。如左傳僖公二十二年，齊侯伐宋，圍緡，穀梁傳作圍閔，淮南子氾論訓，湣王專用淖齒而死于東廟。高注，湣讀汶水之汶，是其證也。【殷周文字釋叢卷中】

◉王　輝　「雍工敃」之「敃」，黄氏釋「賔」，但戰國時三晉、中山國器銘之府作、、等形，而敃字作，字形不類，且三晉有中府，少府，府，未見有工府，再説雍為秦旧都，秦府字作，不作賔。故「工賔」，無法解釋。此「敃」乃雍地工師之名。西安高窑村出土銅權，銘云：「三年，漆工熙，丞詘造，工隸臣年。」又河北易縣出土昭王十八年上郡戈，銘云：「十八年，桼(漆)工□□□，丞巨造，工正。」李學勤先生説此二「漆工」均「漆垣工師」之省(李學勤、鄭紹宗：《論河北近年出土的戰國有銘青銅器》，《古文字研究》第七輯)。以是例之，「雍工敃」，亦當解為「雍工師敃」之省文。【二年寺工壺、雍工敃壺銘文新釋　人文雜志一九八七年第三期】

◉睡虎地秦墓竹簡整理小組　敃，讀為文，指文綉，參閱下《工人程》「隸妾及女子用箴為緡綉它物」條注〔一〕。【睡虎地秦墓竹簡】

◉戴家祥　毛公鼎　敃天疾畏　師望鼎　𩰫屯亡敃　虢叔旅鐘　𩰫屯亾敃

孫詒讓云：亾二字阮釋為乍攸，程釋為亡躲，翁吴亦釋亾為亡，而字則與攸躲二形並不類金文攸勒字常見並不如此。案此當為敃字，即説文从攴民聲之敃也。近時新出毛公厝鼎銘云：敃天央畏，讀為旻天殃威詳下卷毛公鼎釋文。敃字作與此正同，此民字上半微有剥蝕，遂不可識耳。㝵與德通。詳上卷齊侯鎛鐘。敃讀為慜，廣雅釋詁慜，「憂也」，言惠叔之德純一而不憂也，古籀拾遺卷中第七葉虢叔大林鐘。又曰「敃，徐讀為慜是也。案説文心部慜，痛也，从心敃聲。攴部敃，彊也，从攴，民聲，此从又者，从攴省也。慜天，即旻天，五經異義古尚書説仁覆慜下，則稱旻天。爾雅釋天秋為旻天，郭注旻，猶慜也，慜萬物凋落。是其證述林卷七第二葉。按「德純亡敃」為古人成語，師望鼎、大克鼎、汈其鐘亦作屯亾敃。小篆以攴表義者，卜辭金文亦或从又，説文啓从攴，启聲。卜辭作，説文敏，从攴，每聲。金文作大盂鼎，或作師嫠毁。吴大澂釋毛公鼎敃字同慜，説文古籀補三篇第十葉。釋師望鼎、兮甲盤、大克鼎，敃字為斁仝上第十一葉，不知敃亦慜也。周書謚法解「在國遭憂曰慜，在國逢囏曰慜，禍亂方作曰慜，使民悲傷曰慜。」亡慜猶卜辭云「亡尤」、「亡災」，易云「無咎」也。同聲通叚，慜或為閔，説文十二篇「閔，弔者在門也。从門，文聲。古文作㥠」，俗書作憫。左傳莊公十二年「宋萬弑閔公于蒙澤」，漢書古今人表閔作慜。左傳莊公三十二年「冬十月己

未立閔公」，漢書律曆志閔作愍。戰國策齊策齊閔王，漢書古今人表閔作愍。唐韻「閔」「愍」「敃」俱讀「眉殞切」明母文部，「旻」讀「武巾切」不但同母，而且同部，孫釋郅確。徐同柏釋埘，從古堂款識學卷十第三葉。容庚敃讀如字，訓彊，金文編卷三。均不可取。

【金文大字典上】

◉戴家祥　毛公鼎「敃天疾畏」，詩，召旻、雨無正及小旻均作「旻天疾威」。敃讀為愍，愍天即旻天，五經異義古尚書說「仁覆愍下則偁旻天」，爾雅釋天「秋為旻天」，郭注「旻猶愍也」，愍萬物彫落是其證。大克鼎等「㝵屯亡敃」，說文三篇，「敃，彊也。」金文彊通作疆，亡敃即無疆，屯讀作純，純德之義。國語、晉語載趙襄子曰：「吾聞之德不純而福禄並至，謂之幸。」純德與福禄有因果關係，「㝵屯亡敃」即德福享用不盡之意。【金文大字典中】

敄

 敄　毛公厝鼎　硒敄鰥寡孫詒讓曰敄从攴矛聲此左从即古文矛字矛為刺兵故作是形敄務聲類同爾雅釋詁務侮也詩小雅常棣外禦其務毛傳同左傳廿四年傳引詩務作侮　 敄觶　 般甗　 都公簠　 𡩘敄簋　 孳乳為務　中山王䪫壺　務在得賢　【金文編】

◉許　慎　敄彊也。从攴。矛聲。亡遇切。【說文解字卷三】

◉劉心源　敄。務省。詩。外禦其務。箋。務侮也。國語周語正作外禦其侮。是務即侮也。【奇觚室吉金文述卷二】

◉強運開　　毛公鼎毋敢龔橐硒敄鰥寡。運開按。說文。敄彊也。敄務音同。爾雅釋詁。務侮也。詩常棣外禦其務。毛傳同。左僖廿四年傳引乍侮。敄訓為彊。非但敄侮音同。義亦相近。左昭元年傳。不侮鰥寡。亦可證。鼎文蓋言毋敢私取人財以供苞苴而侮及鰥寡也。【說文古籀三補卷三】

◉馬叙倫　鈕樹玉曰。廣韻引及玉篇注。並作強也。倫按敄亦敏之雙聲轉注字。勥也者務字義。敄觶作。敄甗作。

【說文解字六書疏證卷六】

◉史樹青　無敄鼎銘文第二字作，為敄字的反書。在商周金文中，敄字的寫法，今舉數例：

 敄觶　 毛公鼎　 都公簠

這裏所舉的三個敄字，皆與無敄鼎的敄字形體、結構一致。至于般甗中的敄字作「」，與無敄鼎的敄字也很接近。【無敄鼎的發現及其意義　文物一九八五年第一期】

◉戴家祥　毛公鼎「卤敄鰥寡」，孫詒讓云：敄，徐釋為敕非，吳釋為敄是也。王宜人甗「無敄」，敄字作，與此正同。敄從攴矛

敀

聲，此左從，即古文矛字。矛為刺兵，故作是形，小篆變作，失其形矣。敄務聲類同，爾雅釋詁「敄，侮也。」詩小雅常棣「外禦其務」，毛傳同。左僖廿四年傳引詩務作侮。述林卷七第六葉毛公鼎釋文。 按唐韻侮讀文甫切，明母侯部，敄讀亡遇切，明母侯部，魚侯韻近，古多通諧。古文四聲韻上聲九麌引古孝經侮作，下半雖不清晰，上半則從矛明甚。苗夔說文聲訂「案矛非聲」誤矣。孫釋至確。孟子梁惠王下：「老而無妻曰鰥，老而無夫曰寡，老而無子曰獨，幼而無父曰孤。此四者，天下之窮民而無告者，文王發政施仁，必先此四者。」西周君臣將奉此為施政綱領，若康誥，若無逸，若小雅鴻雁，若大雅烝民，若左傳昭公元年、成公十八年，若史記魯周公世家，乃至毛公鼎猶諄諄然命之曰「不敢侮鰥寡」。侮敄，聲同字通，吳大澂釋敄。窓齋集古録四册第七葉毛公鼎。 【金文大字典中】

3・499 王卒左敀鹹圆櫨里土 3・505 王卒左敀鹹圆櫨里× 3・500 王卒左敀鹹圆櫨里宔 3・506 王卒左敀昌里攴 3・742 左敀 3・672 左里敀 3・7 華門陳棱再左里敀□□ 3・12 王孫陳棱再左里敀亳區 3・14 陳棱左敀亳區 3・27 昌櫅陳𨶏南左里敀亳區 3・34 平門內□賫左里敀亳☒ 3・57 ……北左……敀亳…… 3・619 丘齊辛匋左里敀亳區 3・502 王卒左敀鹹圆櫨里定 4・2 廿一年八月右匋君倕疾敀戠 4・6 十六年四月右匋君倕敀戠 【古陶文字徵】

142 【包山楚簡文字編】

0194 0041 1285 0038 0035 【古璽文編】

◉許慎 敀迮也。从攴。白聲。周書曰。常敀常任。博陌切。【說文解字卷三】

◉馬叙倫 說文韻譜作笮也。是也。迮借字。敀音封紐。為敄之轉注字。敄从矛得聲。矛音明紐。明封皆雙脣音也。古匋有。丁佛言釋敀。是。白日一字也。【說文解字六書疏證卷六】

◉戴家祥 儳兒鐘 余遵兒敀吉金 此字从白从攴，即敀字。說文三篇「敀，迮也」，廣韻「大打也」。疑「敀吉金」即治煉吉金

的意思。【金文大字典中】

整

整　蔡侯龖盤　【金文編】

楊整　【漢印文字徵】

◉許　慎　整齊也。从攴。从束。从正。正亦聲。之郢切。【説文解字卷三】

◉馬叙倫　鈕樹玉曰。韻會無从正二字。王筠曰。从束似涉牽強。若入之正部。云。从敕。从正。正亦聲。於文似順。朱駿聲曰。从敕。正聲。説文無敕部。故坿攴部。倫按此政之俗字。蓋後人加之。【説文解字六書疏證卷六】

◉戴家祥　小爾雅廣言「敕，正也」，廣雅釋詁「敕，理也」。整字从敕从正，會意，理而正之之義。經籍整或作敕，後漢書張衡傳「懼余身之未敕」，注「敕，整也」。【金文大字典中】

效

甲七八六　人名子效　乙五三二三　鐵二二·四　鐵五九·一　鐵一七五·一　前五·一九·六　前五·一九·七　後二·一〇·一六　林一·二一·一二　續五·一一·六　京津二〇七七　京津二〇七八　京津二五二〇　存下四六〇　摭七九　【甲骨文編】

甲786　乙5323　續5·11·6　京1·22·2　摭79　新1278　【續甲骨文編】

效　效爵　效卣　效尊　效父簋　㫚鼎　毛公厝鼎　辛伯鼎　【金文編】

秦下表19　【古陶文字徵】

效　效二〇　三十三例　效一七　效一背　【睡虎地秦簡文字編】

5293　【古璽文編】

 故

 綦毋效印 【漢印文字徵】

 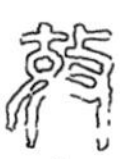 少室石闕 開母廟石闕 户曹史夏效 【石刻篆文編】

 籀韻 【古文四聲韻】

◉許 慎 象也。从攴。交聲。胡教切。【説文解字卷三】

◉孫詒讓  當即效字。説文攴部：「效，象也。从攴交聲。」金文效卣作，與此同。子效當亦人名字。【契文舉例卷上】

◉馬叙倫 王筠曰。火部烄敫一字。則效效豈非同字乎。倫按墨子小取。效者為之法也。此下即故字。訓使為之也。然則鍇本作為也。或非譌也。為从象，故譌為象。亦由校者不解為字之義。而見經傳用效為效法義。故改為象。經傳無直訓效為象者。十四篇。𡥈。效也。从子。爻聲。𡥈效以聲訓。𡥈从子者。小兒性善相效。是則效法字初文作𡥈。倫疑效為故之同舌根音轉注字。説解當從鍇本作為也。左襄廿四年傳。使諸侯偽效烏餘之封者。偽效言偽為也。是其證。然效敎實轉注字。敎𡥈則古今字。教正墨子所謂為之法也。亦正長者所以助幼者也。爻交聲同宵類。故教轉注為效。然效故二字當从又。為之法與使為之。何必皆攴之耶。教斅為𡥈學之後起字。𡥈學初固不从攴也。甲文作。毛公鼎作。效卣作。【説文解字六書疏證卷六】

◉陳 直 一九五八條 敦煌放穀宜王里瓊陽年廿八 漢書地理志，敦煌郡效穀縣。曹全碑亦云敦煌效穀人，原簡效字亦甚清晰。【《居延漢簡甲編》釋文校正 考古一九六〇年第四期】

◉戴家祥 金文用作人名或地名。字形與篆文同，或從又，攴又古通用。【金文大字典中】

 故 不从攴 盂鼎 古字重見  班簋  邿季簋  郤𥂉尹鉦  鄧公簋  从𣃦 中山王嚳壺 故君子徻 【金文編】

 5·77 咸故倉曲 【古陶文字徵】

 故 秦一一一 十五例  語一二 三十六例  日乙二五七 【睡虎地秦簡文字編】

故 讀為古　曰故即粵古　曰—☒羸霝虘(乙1—2)【長沙子彈庫帛書文字編】

3477　中山王壺「故邦亡身死」故字作□。與璽文形近。【古璽文編】

故郭尉印　脩故亭印　故且蘭徒丞　故彭鄉　衛毋故　陶毋故印　韓毋故【漢印文字徵】

鄭季宣碑陰領　張遷碑領　譙敏碑領　景君銘領　謝君神道闕陽識　孔宙碑陰領　天璽紀功碑

石經君奭　故一人事于四方　今本作有事　古文不从攴　蘇君神道闕　韓仁銘領　孔彪碑領　王君神道闕　鄭固碑領　范式碑領　魏元丕碑領　張表碑領陽識　樊敏碑領　霍公神道闕陽識　楊震碑領

【石刻篆文編】

古孝經　竝古老子【古文四聲韻】

◉許　慎　故使為之也。从攴。古聲。古慕切。【説文解字卷三】

◉郭沫若　不故疑即薄姑，漢書地理志下，齊地分「殷末有薄姑氏為諸侯，周成王時薄姑氏與四國共作亂，成王滅之以封師尚父」，左傳作蒲姑。昭九年。漢志琅琊郡下復作姑幕，今山東博興縣東北地域也。蓋薄姑氏雖衰，後世子孫猶守其血食未墜，故此與鄧為婚姻也。「句乍𢍂公」與叔姬簋「叔姬霝乍黄邦」同例，乍迮省，嫁也，適也。鄧國故地在今河南鄧縣。【鄧公𣪘　兩周金文辭大系考釋】

◉馬叙倫　墨子經。故。所得而後成也。蓋使為之屬教者言。所得而後成。屬學者言。使為之也非許文。字見急就篇。鄀季𣪘作□。鄧公𣪘作□。【説文解字六書疏證卷六】

◉饒宗頤　臯　繒書作「故」。細審絹本，於三首人面神之側有「攴☒□」，句首一字殆「故」之殘形。「故」即指五月，依月令仲夏之月，其神祝融，則故月所代表之神，應是祝融矣。爾雅釋文臯又作高，與繒書作「故」不同。【楚繒書十二月名覈論　大陸雜誌三十卷一期】

◉周法高　「不」隸古音之部，「薄」隸魚部，韻部不同，薄姑滅於周初，距春秋的時代已遠，而且據郭説，薄姑今山東省北部，鄧在今

政 政

河南省西南，相距亦頗遥遠，非也，不姑疑即春秋時的不羹。【金文詁林卷三】

◉睡虎地秦墓竹簡整理小組　故，舊，這裏指故工，即作過工有一定基礎的工人。【睡虎地秦墓竹簡】

◉戴家祥　盂鼎「古天異臨子」，古讀作故，古與故通，例同工攻、正政之通用。易，雜卦：「革，去故也。鼎，取新也。」故者舊也。金文或作地名「不故」，周法高疑春秋時的不羹。左傳昭十一年「楚子，城陳蔡不羹」，杜預注：「襄城縣東南有不羹城，定陵西北有不羹亭。」【金文大字典中】

◉戴家祥　旃，字書不見。金文叚作故用。字當从㫃古聲，與故同一聲旁。【金文大字典下】

燕六八六【甲骨文編】

政　班簋　牆盤　禹鼎　虢季子白盤　兮甲盤　伯亞臣鐳　黏鎛　王孫鐘　蔡侯龖鐘　南疆鉦　王子午鼎　从止　虡侯政壺　从攴　鄂君啟舟節　見其金節則毋政　鄂郡啟車節【金文編】

一五六：一九　十七例　宗盟類參盟人名政　委質類被誅討人名郵政　九二：二一　一五六：二三　九例　九一：五　五例　三：二三　三：一九　正　一五六：二九【侯馬盟書字表】

81　101【包山楚簡文字編】

為七　四例　為四一【睡虎地秦簡文字編】

1003　5126　5127　0280　5128【古璽文編】

竇政　胡政【漢印文字徵】

少室石闕　開母廟石闕　丞零陵泉陵薛政　開母廟石闕【石刻篆文編】

政古孝經 古老子【古文四聲韻】

◉許　慎　政正也。从攴。从正。正亦聲。之盛切。【說文解字卷三】

◉劉心源　政通征。周禮閭胥役政喪紀之數注。杜子春讀政為征。是也。【奇觚室吉金文述卷八】

◉高田忠周　馬注論語曰。政者有所改更匡正。蓋政字从攴。與教字从攴同意。从正。形聲包會意。故古字正政互通。書微子。亂正四方。史記作政。此書用叚借字。史記作正字。爾雅釋詁。正長也。廣雅釋詁一。正君也。亦政字轉義耳。此銘義叚借為征也。【古籀篇六十】

◉馬叙倫　中正齊正皆正為射的之引申義。政當依鍇本作从攴。正聲。金文毛公鼎作政。兮甲盤作政。齊鎛王孫鐘余冉鐘偏傍皆作正。則从征之初文作正者。今見金文竟無从射的之正者。字从攴。此征伐之征本字。周禮天官大宰。掌建邦之六典。四曰政。典。即大司馬之職也。是其證。今人言整理之整本字。正也者。以聲訓。字見急就篇。顏師古本皇象作正。【說文解字六書疏證卷六】

◉高鴻縉　政即征討征伐之本字。从攴。小擊也。古作攴。从又手持杖以擊。後世變作支。从又卜聲。凡從攴或從又之字恒為動詞。正聲。後世叚借為政治之政。乃通叚征行之征。征之初字作正。从止口（口即丁字之初形。）聲。正行字，後書作正。借為方正之正。乃另加彳旁作征。以代政伐之政。甲文政伐之政，逕用正。彼時尚無政。則正夷方之正為叚借字也。【毛公鼎集釋】

◉劉彬徽等　政，借作正。《周禮·夏官·司勳》「惟加田無國正」，司農注：「稅也。」或曰徵，《史記·貨殖列傳》「故物賤之徵貴」，索隱：「求也。」【包山楚簡】

◉戴家祥　甲骨文正作口止，从口表示城邑从止，會意為征行戡伐。詩「正域彼四方」即此義也。征伐的目的是懲不善，使之歸順，故正引伸義為是正之是。為了保持本義，加彳旁作征，強調征行；加攴旁作政，強調征伐。古籍正政通用，書，微子「亂正四方」，史記作政，說文三篇：「政，正也。从攴正聲。」馬注論語曰「政者有所改更匡正」。正亦兼意。後世政又引伸為治理之義。金文政義與征通，用為正的本義。【金文大字典中】

甲二五　从攴从它　古它也一字象持朴擊它　甲四〇四从攴　甲七三〇　甲八〇三　甲二四八九　乙一四六九　乙一五二四　乙一五九四　河五五一　前六·一一·七　後二·三二·一七　菁一〇·一八

拾三・一七　粹五二〇　鄴三下・四〇・四　寧滬一・一一三　寧滬二・一六　存一四九四　甲五五〇

京津一〇三七　京都一六七八　【甲骨文編】

甲25　404　550　628　803　2284　2489　3507　乙276　1005　1512　1606　1620　2340　2728　3407　3622　4101　4544　4665　4876　5179　5791　5792　6273　6313　6664　6742　6746　7030　7552　7995　8505　8697　珠15　82　867　佚45　793　續2・1・5　2・29・3　5・5・1　5・20・1　5・24・8　5・34・3　徵2・33　11・46　11・47　11・86　11・136　京2・5・3　3・29・1　録515　551　鄴三40・3　六中146　續存242　616　2225　外451　粹515　520　新1038　3369　4038　4041　【續甲骨文編】

◉許　慎　敂也。从攴。也聲。讀與施同。式支切。【説文解字卷三】

◉馬叙倫　字當从又。【説文解字六書疏證卷六】

◉于省吾　卜辭習見字。亦作等形。孫詒讓疑㱃之異文。見舉例下三二葉。柯昌濟釋流。見書契補釋二葉。按二説並非。即⿰氵攺即攺。从沱从它一也。从攴从殳一也。攴殳或倒或正一也。攺字象以朴擊蛇之形。它即古文蛇字。蛇从虫乃後起字。它形左右有點者。象血滴淋漓之狀。説文。岐。敂也。从攴也聲。讀與施同。段玉裁云。今字作施。施行而岐廢矣。施。旗旖施也。經傳多假借。朱駿聲云。當从它聲。經傳皆以施為之。按段朱二氏説是也。卜辭攺字。初義為以朴擊蛇。引伸為割殺之義。攺即説文岐字。經傳假施為之。亦與胣字通。莊子胠篋。萇弘胣。釋文。胣本又作肔。崔云。讀若拖。或作施字。胣裂也。淮南子曰。萇弘鈹裂而死。司馬云。胣剔也。一云刳腸曰胣。按攺既與施胣字通。胣之義為裂為剔為刳腸。卜辭攺字每與人牛羌牢豕彘連文。前七・三一・三。𠂤亦攺人。後下二三・三。攺牛。藏一七六・一。勿攺羌百。

後上二八・五。𢼄牢。菁九・二。其𢼄豕于匕丁。前一・三一・四。𢼄毚。是卜辭言𢼄猶言伐言卯。與萇弘胣之胣詁訓不殊矣。按此文立説與考古第六期陳夢家釋𢻱義複因已付印未及删削。【釋𢼄 雙劍誃殷契駢枝】

◉陳夢家 甲骨文編附録十八頁後有𢻱字，孫氏未釋，其字从攴从也。也或作它，甲金也它一字。説文云「𢻱，敷也，从攴也聲，讀與施同」，而經傳𢻱字皆假施為之。集韻支部𢻱，或作𢼄。卜辭𢻱字象以杖擊蛇，而蛇頭小點象出血狀，其字本為殺蛇之專字，其後則引申為殺。左傳昭十四年「叔向曰三人同罪，施生戮死可也」，又曰「乃施邢侯，而尸雍子與叔魚於市」，哀二十七年「國人施公孫有山氏」，施皆謂殺也。晉語三「秦人殺冀芮而施之」，注云「陳尸曰施」，晉語八「從欒氏者大戮施」，注「施，陳也，陳其尸。」 案左傳曰施邢侯而尸雍子叔魚於市，是尸為陳尸而施則僅為殺戮也；晉語殺而施之，施為剝也：廣雅釋詁三「施，剝也」，莊子胠篋篇「萇弘施」，司馬云「施，剔也」，崔云「讀若拖，或作施，施裂也」，釋文云「施，本又作胣」，韓非難言亦作「萇弘胣。」𢻱為胣裂，今語謂之撕，殺而施之者殺而撕解其尸也。天問曰「永遏在羽山，夫何三年而不施」，朱熹曰「施謂刑殺之，不施，囚而不殺也」，朱説是也。

卜辭之𢻱為殺牲：

丁酉卜其𢻱豕十妣丁。 菁九・二

翌丁未楓，𢻱一牛。 後上二八・四

貞𢻱牛。 戩二四・二

𢻱牛。 後下二三・三

貞□𢻱牢。 後上二八・五

亦用為施殺人類之施：

甲子卜𣪊貞勿𢻱羗百，十三月。 鐵一七六・二

□羌……𢻱出圝。 鐵七六・一

貞𢻱眉于□……。 拾十一・十三

翌𢻱氏廿。 林二・一八・一〇

𠂤亦𢻱人。 前七・三一・三

氏疑即氏羌之氏。卜辭用人為牲，殺之曰用曰伐，卜辭習見「用𠬝幾人」「伐羗幾人」是也。詩皇矣「是肆是伐」，大明「肆伐大

商」,肆皆假為施,謂殺伐也。【釋攱釋豖 考古學社社刊第六期】

◉楊樹達 説文攴字訓小擊,故凡從攴之字皆含用力動作之意。如敗訓毁,从攴貝,寇訓暴,从攴完,攷攻斁並訓擊,斆訓研治,字皆从攴,是其例也。从也者,也説文訓女陰,象形。據形求義,攱當為人於女陰有所動作,蓋男子御女之義,許君訓敷,非初義也。知者,韓詩外傳卷一引傳曰:「天地有合,則生氣有精矣;陰陽消息,則變化有時矣。時得則治,時失則亂。故人生而不具者五:目無見,不能食,不能行,不能言,不能施化。三月微的而後能見,七月而生齒,而後能食,朞年髕就而後能行,三年腦合而後能言,十六精通而後能施化。」按外傳施化統言,不別男女。大戴禮記本命篇亦有此文,則云:「男以八月而生齒,八歲而齔,二八十六,然後情通,情當作精。然後其施行。女七月生齒,七歲而齔,二七十四,然後其化成。」以施為男子之事,化為女子之事,是也。據外傳稱傳曰,知其文本自漢以前之故書。攱字經傳皆作施,外傳之施,正當作攱,字从攴从也,猶畋為平田,其字从攴从田也。攱為男子有所授於女,故攱引申為敷攱攱予之義,許君以引申義立訓,失造字之初聲義相關之理矣。

也訓女陰,宋元以來學者疑之,蓋以其猥褻,此腐儒拘墟不達之見也。吾先民於男女之事,並不諱言。易繫辭傳曰:「男女構精,萬物化生。」又曰:「夫乾,其靜也專,其動也直;夫坤,其靜也翕,其動也闢。」此所謂乾坤者,非指男女生殖器官言之邪?禮記禮運篇曰:「飲食男女,人之大欲存焉。」古人易子而教,孟子謂恐其責善則離,而白虎通辟雍篇則謂:「教者當極説陰陽夫婦變化之事,不可父子相教」,知古人於男女之事不惟不諱,且以為教育之一事也。許君記也字之訓,其思想與易繫禮運白虎通固一貫也。自宋人喜為矯揉造作、不切實際、不近人情之説,寡婦改嫁,程伊川竟謂餓死事小,失節事大。疑許之説始於宋人,非無故也。然韓嬰戴德遠在許慎以前,其謂御女為施,恰是从也之字。段玉裁作注,雖未能據此申證許説,然却云「此字本無可疑者,而淺人妄疑之,許在當時必有所受之,不容以少見多怪之心測之也。」多聞闕疑,小學大師態度之謹嚴如此。近世章太炎著文始,乃謂:「天本是顛,地本是也,人身莫高於頂,莫下於陰,故以此題號乾坤」,其説精鑿不磨,為許君築一銅牆鐵壁之防線矣。余更考春秋魯公子尾字施父,後漢書屢言首施兩端,王念孫謂首施即首尾。蓋古人文字名動多相因。就名詞言,施即是尾,公子尾名字取義於此。以動詞言,施為御女,尾為交尾。書堯典云:「鳥獸孳尾。」列子黄帝篇云:「孳尾成羣。」某氏傳及殷敬順釋文並云「交接曰尾:」,是其説也。以上訓詁現象足為許説證明者如此。世有淺人,不考古人思想變化之過程,不稽古人訓詁之現象,輒欲以其膚淺之一知半解騰笑許説,適足見其不自量而已。【釋攱 積微居小學述林卷一】

◉李孝定 它金文作。篆作。與也之篆文作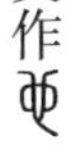形近而混。金文也它同文。从也从它之字亦每互譌。如匜字金文从它。而篆文从也。可證。蓋二者不唯形近。似且音亦相近也。如委蛇亦作逶迆是也。容庚金文編十三卷七葉「它」下云。「與也為一

字。形狀相似。誤析為二。後人別構音讀。然从也之池攱馳阤杝施六字。仍讀它音。而沱字今經典皆作池。可證徐鉉曰『沱沼之沱今別作池非是』蓋不知也即它也。說文『也。女陰也。』望文生訓。形意俱乖。昔人蓋嘗疑之。」容氏說二者形音相近。偏旁相通。是也。然謂即是一字。似尚待考。絜文作𢻱而篆作攱。亦由形近而然。于氏說此字形義極塙。于氏原文末注云。「按此文立說與考古第六期陳夢家釋攱義複。因已付印。未及删削。」是則陳說在前。惟此間未見考古第六期。既云義複。則內容亦當相近。今録于說。覽者鑒之。說文攱訓敷。無殺割搏擊之義。蓋字形既譌。而初誼亦晦。猶幸莊子尚有施字得存古義也。【甲骨文字集釋第三】

◉于省吾　甲骨文𢻱字作□、□或□、□、□等形。其从沱或它本無別；其从攴或殳以及或倒或正也無別。𢻱字象以朴擊蛇，其或从數點，象血滴外濺形。我舊有釋𢻱（詳駢枝）一文，曾謂：「卜辭言𢻱猶言伐言卯，與萇弘胣之胣詁訓不殊。」這一解說不盡可據。陳夢家也有釋𢻱（考古社刊第六册）一文，他以𢻱與殺混為一談，也不可據。今將有關𢻱字的貞卜，分類擇録于下，然後重加推考。

甲，𢻱

一、貞，至于庚寅𢻱，迺既，若〇弓至于庚寅𢻱，不若（丙八三）。

二、旦其𢻱鼎（□），迺各（格）日又正（甲四〇四）。

乙，卯或戉（歲）與𢻱連言

三、☐卯、𢻱（乙一四六九）。

四、……乙子酌，明雨，伐，既雨，咸伐，亦雨。𢻱、卯，鳥星（乙六六六四）。

五、庚寅卜，父乙戉眔𢻱（續存下七六四）。

六、庚申卜，旅貞，往匕庚宗，戉、𢻱。才十二月（文録四四七）。

七、貞，人戉、𢻱于丁。九月（燕二四一）。

丙，𢻱人

八、𢻱人（乙六三一三）。

九、貞，𢻱人于𦎫旦（拾一一・一九）。

十、……𠂤亦𢻱人（前七・三一・三）。

丁，𢻱羌

十一、丙辰卜，古貞，其𢻱羌○貞，于庚申伐羌○貞，𢻱羌○貞，庚申伐羌○貞，𢻱羌○貞，庚申伐羌。（丙七）

十二、貞，率𢻱羌，若（文録五一五）。

十三、癸亥卜，㱿貞，弓凿𢻱羌（續五・三四・三）。

十四、戊辰卜，爭貞，𢻱羌自匕庚○貞，𢻱羌自高匕己○貞，𢻱匕庚，晋（乙六七四六）。

十五、癸亥卜，㱿貞，𢻱羌百……（續二・二九・三）。

十六、甲兊卜，㱿貞，弓𢻱羌百。十三月（藏一七六・一）。

戊，𢻱牲

十七、貞，𢻱牛（戩二四・二）。

十八、貞，𢻱五牛（金六二四）。

十九、己亥卜，㝊，𢻱卌牛（明一一六四）。

二十、丙寅卜，即貞，其𢻱羊，盟子（續存上一四九四）。

二一、貞，𢻱牢（後上二八・五）。

二二、丙午卜，即貞，□其𢻱宰（珠八二）。

二三、隹征𢻱豕（乙二七二八）。

二四、丁酉卜，即貞，其𢻱豕于匕丁（菁九・二）。

二五、𢻱二豕二豭于入乙（乙四五四四）。

二六、☒𢻱彘（前一・三一・四）。

二七、庚辰卜，令多亞𢻱犬（寧滬二・一六）。

二八、于兄己𢻱犬（乙四五四四）。

𢻱字說文作攺，並謂：「攺，敷也，从攴也聲，讀與施同。」按許氏訓攺為敷，並非本義，應改為「𢻱，以攴擊它（蛇）也，从攴它，它亦聲。」又說文：「施，旗皃，从㫃也聲。」按典籍中每借施為攺。莊子胠篋：「昔者龍逢斬，比干剖，萇弘胣，子胥靡。」釋文：「胣本又作肔。崔云，讀若拖，或作施字。胣，裂也，淮南子曰，萇弘鈹裂而死。司馬云，胣，剔也。一云刳腸曰胣。」按胣乃攺的

後起字，以其割裂腹腸故从肉。以朴擊它為攺之本義，異文作施，訓為割裂乃引伸義。

章炳麟新方言：「今語陵遲為剖腹支解。陵遲者猶言夷也。秦法有夷三族，漢書刑法志曰，大辟有夷三族之令。……司馬彪云，胣，刳也。古但作施，晉語施邢侯氏，左氏傳國人施公孫有山氏。施其家者，即所謂夷三族也(原注：韋訓劾捕，杜訓行罪，皆非)。施其身者，即今陵遲為夷也。」按章氏訂正舊説之誤，頗具卓識，但還不知施為攺的借字。其言陵遲為剖腹支解，剖腹支解乃後世陵遲之刑的起源。攺訓為剖腹支解，是説既剖割其腹腸而又支解其肢體(以下簡稱為「割解」)。今驗之于甲骨文，不僅割解牲畜，而且割解俘虜以為祭牲。

前引第一、二兩條只言攺，不言其所攺者為人牲或物牲，但甲骨文用人牲不稱犧，則第二條當指割解物牲言之。第三條卯攺之卯，王國維「疑卯即劉之假借，釋詁劉殺也」(戩考二·二)。卯攺即劉攺，乃先殺而後割解之。

第五條的父乙戉眔攺，郭沫若同志訓歲為歲祭(甲研·釋歲)。唐蘭同志謂「戉當讀為劌，割也」(天考二七)。按説文謂「劌，利傷也，从刀歲聲」，訓劌為利傷，未免費解。朱駿聲説文通訓定聲改利傷為刺傷，並引方言「凡草木刺人，自關而東或謂之劌」為證，其説甚是。此條的歲眔攺和第六條的歲、攺，是説用牲時先刺殺而後割解之。第七條的人歲攺于丁，是説用人牲以祭于丁，先刺殺而後割解之。第八、九、十各條的攺人，也都是就割解人牲言之。

第十一條以攺羌與伐羌對貞，是解決攺與伐有别的有力佐證。甲骨文的伐字作[伐]，象以戈砍人之頸。戈為句兵，用以句頸，故砍頭用之，它和直兵之矛用以刺殺者有别。甲骨文凡祭祀言伐者，均指用人牲而砍其頭言之。其言若干伐，則伐字已由動詞轉化為名詞。至于征伐某方之伐，乃殺伐的引伸義。本條是一個完整大龜的占卜，右為攺羌而左為伐羌，凡三次對貞。這是説，割解羌俘以祭還是砍掉羌俘的頭顱以祭，兩種用人牲的作法，哪一種能獲得祖先的福祐呢？至于第十二條至第十六條攺羌的解釋，也同前例。第十七條至第二十八條，有的言攺牛或攺羊，有的言攺牢或攺宰，有的言攺豕、攺豭或攺彘，有的言攺犬，攺字既訓為割解，則和其它各種殺牲的方法就判然有别了。

總之，本文論證的結果，不僅推考出攺字之本義為以攴擊它(蛇)，其引伸義為割解——乃後世陵遲之刑的起源；同時也辨明了甲骨文的用牲，攺與伐之有别。商代統治階級為了乞福于鬼神，殺害了不計其數的人牲和物牲。尤其是殺害人牲，也剖割其腹腸，割裂其肢體，其殘虐已達于極點。【釋攺　甲骨文字釋林卷中】

◉黄錫全　《説文》：「𢻱，敷也。从攴，也聲。讀與施同。」段玉裁注：「今字作施。施行而𢻱廢矣。」《説文》：「張，施弓弦也。」《廣雅·釋詁三》張，施也。典籍張多訓施。《史記·田敬仲完世家》「而王以施三川」，《正義》施，張設也。張、施(𢻱)義近互訓，故漆

匱二十八宿以「𢼄」為張。至于𢼄下有「：」，似重文或合文號，也有可能是「斗」字上面豎劃起筆之虛綫。【湖北出土商周文字輯證】

◉裘錫圭　甲骨文「蚑」(甲骨文編一三九頁)，這似乎是「它」、「虫」本為一字的一個證據。但是从「虫」的「蚑」字可以看作象以支擊蟲之形的表意初文，不必把它所从的「虫」看作聲旁，所以仍然不是「它」、「虫」一字的確證。而且這個字究竟是不是「蚑」字，其實也還是可以討論的。有人釋甲骨文[glyph]字為「拕」(甲骨文編四六八頁)，此說從卜辭文義絲毫也得不到支持，不足辯。【釋𧊒　古文字學論集】

◉徐寶貴　[glyph]　此字見於殷墟第五期卜辭：

……王賓……祉[glyph]……亡尤？　《合集》三八七一九

貞：王賓叙祉[glyph]……亡尤？　《合集》三八七二〇

……賓……祉[glyph]……亡尤？　《合集》三八七二一

這是個較晚的譌變了的文字形體。要弄清楚它是個甚麼字。仍然需要根據與之相關的辭例和相關的文字形體的聯繫上進行分析判斷。

此字在卜辭中與「祉」字組成「祉[glyph]」這個偏正詞組。此字形與《合集》第三二六四二片的第四期卜辭[glyph]字很相近。而且[glyph]字也與「祉」字組成偏正詞組，其用法是相同的。可見二者應是同一個字。《合集》三二六四二這片卜骨刻辭不甚清晰，以往的研究者對其考釋與摹録也存在着一些問題，很有必要加以澄清。請看這片卜辭：

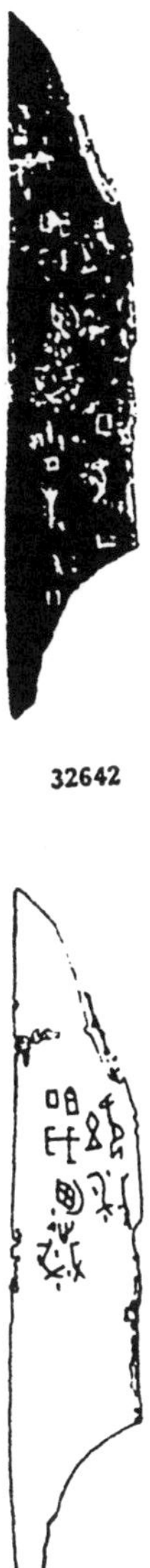

32642

對其中的一辭，《殷虛文字甲編考釋》(第六〇八片)的釋文與考釋是：

既𢼄且丁歲，酒𢼄？

𢼄字前已兩見；於此亦祭名也。[glyph]，當是酒字之異體。《綜述》(四二五頁)云：「祖甲時……凡周祭皆稱且丁：歲祭則稱且丁，亦稱小丁；其它之祭，皆稱小丁。」本片各辭，小丁與且丁互用，蓋與祖甲時之習尚相同也。

《甲編考釋》釋文釋[glyph]為「𢼄」是對的，但嚴格地說，此字所從之[glyph]是「虫」字的譌變之形。即《甲骨文編》正編「𢼄」字下所

收的□、□、□及附録上四二的□、□諸形的譌變。現在暫按《甲骨文編》釋之為「⿰虫攴」。但是《甲編考釋》的釋文把「廼」與「⿰虫攴」字中間的「⿰彳止」字，當成「廼」字的一部分摹成□形，並在考釋中説：「當是廼字之異體。」《甲骨文編》也在附録上一八中把二字摹成□形，當成一個不認識的字處理了。

「⿰彳止□（⿰虫攴）」與我們所要考釋的「⿰彳止□」是相同的辭例。該字在卜辭中都用作祭名。由於它們的字形相近，辭例相同，用法相同，所以可以證明它們就是一個字。都是「⿰虫攴」的譌變形體。

「⿰虫攴」字及其與「⿰彳止」字所組成的偏正詞組「⿰彳止⿰虫攴」也見於第一、二、三期卜辭：

一期

隹⿰彳止□？　《合集》一九〇正

貞：翌乙未率□尸？　《合集》八二九正

二期

……貞：先且辛歲□？　《合集》二二九九二

……即貞：王入自……其⿰彳止□？　《合集》二三三七七

三期

丙……王賓小丁歲□？　《合集》二七三二八

……□□歲酌？　《合集》三一一一九

己巳卜，仲己歲，叀今⿰彳止□？　《合集》三一一一八

□小丁又正？　《合集》三七三三三

通過以上所舉實例的比較，可見其字形雖前後有些變異，但其演變綫索是十分清楚的。現在將其演變序列表之如下：

□　□—□—□—□—□

從表中可以看出較晚的「⿰虫攴」字改變了早期「⿰虫攴」字形體的方向，而是倒寫早期的形體，偏旁□（虫）晚期多變成□、□形，再將曲筆變成直折形，就成了□形。這是為了刻寫方便而刻成此形的。由曲筆變成直筆，也是文字簡化的一種方式。這就是「虫」旁由□到□的形體演變過程。偏旁□，早期是倒寫的，也作□形。晚期多正寫作□、□、□等形，與「攴」字無異。以上便是甲骨文「⿰虫攴」字由□到□、□的替嬗演變的全過程。

敷 

我産生考釋此字的動機，是我在從《殷墟甲骨刻辭類纂》中查閱有關「㪔」字的資料，發現此書所收有關「㪔」字的資料只有一、二、三、四期的，却没有第五期的，感到非常奇怪。我不相信在第五期卜辭中消失了這個詞和書寫這個詞的文字。經過反復地從辭例上進行比較，從字形上分析，才知道在第五期卜辭中既有用作祭名的「㪔」這個詞，也有用來書寫它的字。、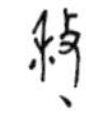、就是第五期卜辭的「㪔」字，它是第五期卜辭特有的寫法。

【甲骨文字考釋三則　于省吾教授百年誕辰紀念文集】

敷　不从攵　毛公厝鼎　尃字重見　【金文編】

3·927　獨字　敷當敷之省説文敷从攴尃聲此从攴甫聲　【古陶文字徵】

142　【包山楚簡文字編】

0335　【古璽文編】

謝敷印信　夏敷印信　【漢印文字徵】

天璽紀功碑　敷垂億載　　兩體石經禹貢禹敷土　古文不从攴汗簡引尚書作　【石刻篆文編】

敷　【汗簡】

◉許　慎　㪔也。从攴。尃聲。周書曰。用敷遺後人。芳无切。【説文解字卷三】

◉馬叙倫　鈕樹玉曰。廣韻韻會引作施也。韻會引無聲字。倫按段玉裁孔廣居皆疑與尃一字。倫謂敷㪔為轉注字。國語晉語。為大戮施。左昭十四年傳。叔向曰。施生戮死。可也。乃施生。戮邢侯而尸雍子與叔魚於市。施與戮對文。則非布施施舍之義。杜注。施。行罪也。然施無行罪之義。正義引服虔曰。施猶劾也。檢力部。劾。法有罪也。然从力無此義。倫以為劾當為殺。法有辠即殺字。見殺字下。杜訓行罪。義亦如此。則左傳之施為㪔之借。據國語。叔向既對宣子。邢侯聞之而逃。遂施邢侯。氏。是雍子與叔魚既死。則尸其尸於市。以暴其罪。邢侯逃則陳其罪狀也。九篇。肆。極陳也。錢坫謂當作極也陳也。是也。倫謂肆从長無極陳義。其極也之義極當為殛。肆訓殛也。即論語肆諸市朝之義。其陳也之訓。即此敷字義。

敟　𢿋　數

周禮掌戮。凡殺人者踣諸市。肆之三日。肆皆敀之借字。敀謂陳之也。是亦左傳之施當為敀借之證也。周禮掌戮。掌斬賊諜而搏之。鄭玄讀搏為膊諸城上之膊。膊謂去衣磔之。倫謂搏即敷之借字。敷音敷紐。敀音審紐。同為摩擦次清音。故相轉注。其字疑皆當从又。則専敷一字也。甲文作。【説文解字六書疏證卷六】

◉黄錫全　敷　敦　敦釋、九、巖、武、雲、內藤、豐。內本敷作尃，敦、巖、觀本又作尃，(觀本)作専，小本作専等，薛本作専。三體石經敷字古文作。《説文》専字正篆作，此形同。克鼎専作，毛公鼎作，信陽楚簡作(字表3・20)。専、敷古本一字，大概戰國時期出現从攴之(璽彙3122)，《説文》分列二部。毛公鼎「専命専政」之「専」，即經傳之「敷」，亦即《詩・商頌》「敷政優優」之「敷政」。鄭珍云：「専攴最初字。《漢書》敷多作此。」【汗簡古文注釋卷一】

◉許慎　敟主也。从攴。典聲。多殄切。【説文解字卷三】

◉馬叙倫　錢大昕桂馥諸家以為敟即書舜典有能典朕三禮之典。倫謂今杭縣謂以手指指人曰典。即此字。蓋即指點之點本字。亦當从又。主也者以聲訓。【説文解字六書疏證卷六】

◉許慎　𢿋數也。从攴。麗聲。力米切。【説文解字卷三】

◉李孝定　後・下・三五・八　朱芳圃文字篇十卷三葉上麇字條兼收此文。下引羅振玉説。按羅氏增考中二十九葉下麇字條僅録作形者。兩文未收此字。

契文字所从之。似鹿無角。篆文从鹿者。古文亦或从。如麐字契文作是也。然則此字當隸定作𢽴字。與牧同意。古者或有馴鹿。此字象之。當即許書𢿋字。𢿋許訓數。當是引伸義。牧者於其所。畜畜恒每慮亡逸。故恒數計之也。篆文从麗。乃从鹿之譌。卜辭云「壬寅卜貞今日𢽴至十月」，似為人名。朱書收作麇非是。字从攴不从禾也。此字前人未釋。【甲骨文字集釋第三】

數　秦二九　二十例　法一四七　十一例　效一二　四例【睡虎地秦簡文字編】

詛楚文　敢數楚王熊相之倍盟犯詛【石刻篆文編】

數　竝古【古文四聲韻】

◉許　慎　數計也。从攴。婁聲。所矩切。【説文解字卷三】

◉馬叙倫　數从婁得聲。婁音來紐。故轉注為㪋。㪋數二字皆當从又。古以屈指為算。故从又。从婁得聲者。古謂屈曲亦言傴僂。語原然也。秦詛楚文。敢數楚王熊相之倍盟犯詛。【説文解字六書疏證卷六】

◉徐中舒　伍仕謙　謱，同數。秦嶧山碑：「世無萬數」之數作。，象兩手持角之形，與此字所从之同，再就上下文通讀，應為「數」字。【中山三器釋文及宮室圖説明　中國史研究一九七九年第四期】

◉戴家祥　中山王嚳鼎刺城謱十　中山王嚳鼎方謱百里　好盗壺枋謱百里

張政烺曰：从言𦥑聲讀為數。按説文「數，計也。从攴。婁聲。」婁从女，而上部之「𦥑」篆文古籀各不相同，許氏解説亦紛亂莫衷一是。詛楚文从，馬王堆帛書老子甲乙本數从，其結構皆不明瞭，惟此處字形完具，與三體石經春秋古文婁从合，可確認為从血从角，爾雅釋器「角謂之𧢼」，疑即此字。廣韻𧢼有三音而皆與角音近，知角亦聲也。古文字研究第一輯第二二八葉。按字从言，婁省聲。似可釋謱。説文：「謱，連謱也。」唐韻𧢼讀「胡角切」，匣母侯部，數讀所矩切，審母魚部，侯魚韻近，張説可從。【金文大字典下】

◉馮　時　帛書甲篇云：

𡑏法逃兆為禹為萬契，以司堵土襄壤，咎晷天步遚數，乃上下朕騰𨑓傳。

𡑏逃讀為法兆。《莊子・天下》「兆於變化」，《釋文》「兆本或作逃」。是逃、兆互通。《荀子・不苟》「畏法流俗」，楊倞《注》：「法，效也。」《左傳・哀公元年》「而兆其謀」，杜預《集解》：「兆，始。」《素問・天元紀大論》「陰陽之徵兆也」，王冰《注》：「兆，先也。」《商君書・更法》：「便國不必法古。」「法兆」猶言「法古」。帛書言禹、契法古，乃承伏羲、女媧之職經營天地。

遚本作，舊釋𨑨，或釋逞，或釋逜，于字形不類。此字从𠯑从辵，為从辵𠯑聲之字，當讀為數。遚所从之𠯑實即婁字所从之串，《詛楚文》數作，《古文四聲韻》卷四數作，馬王堆帛書《老子》甲乙本數作，漢印婁作（虖婁丞印）、（毋婁印），秦篆婁作，字所从之串與遚所从之𠯑極近。《説文》：「數，計也，从攴婁聲。」知數从婁聲。《説文》：「婁，空也，从毌，从中女，婁空之意也。一曰婁務，愚也。，籀文婁，从人中女，臼聲。，古文婁如此。」許説紛亂無據，不足信。金文婁作（婁𣪕）、（長陵盉），戰國文字作（《古璽彙編》三六六二）、（縷，仰天湖簡）、（望山簡）、（包山簡），《三體石經・春秋》古文作，《汗簡》卷下之一引《義雲章》作，《古文四聲韻》卷二引《義雲章》作，又引王惟恭《黄庭經》樓作，皆从从女，可明許説

之誤。婁本从女□聲之字，中山王鼎銘謏作□，从言□聲，讀為數，鼎銘「方謏百里」、「刺城謏十」，即方數百里，列城數十。其證一。古璽文鄭作□（古璽彙編》三二四七），从邑□聲。其證二。《詛楚文》數从攴从□，□乃婁字所从之𠦬，其下之中與《詛楚文》女作□不同，知非女字，故數實从攴𠦬聲。其證三。馬王堆帛書《老子》甲乙本數从攴从女从𠦬，婁字𠦬、女分書，當非會意，知字从𠦬聲。其證四。《說文》引籀文婁以臼為聲，臼本同匊，《玉篇》：「匊，居六切。古文作臼。」《禮記・禮運》「汙尊而抔飲」，鄭玄《注》：「抔飲，手掬之也。」陸德明《釋文》：「抔，步侯反，手掬。掬，九六反，本亦作臼，音蒲侯反。」知臼、婁上古同在侯部，金文及戰國文字婁从□，尚存其聲，故婁本从臼聲。

婁字早期作□，晚期作□，確定無疑，知字形變化詭異。《說文》引籀文婁作□，《汗簡》卷下之一及《古文四聲韻》卷四引《古尚書》屢俱作□，猶存字形演變之跡。其承上者有□（望山簡）、□（包山簡）、□（包山簡）諸形，字所从之□中間一筆□延貫穿于□，故□形演為□，再變為□，兩符既成一體，遂可下移，上部□符或訛為□，故□形演為臾，是成籀文□字。金文臾作□（師臾鐘），从人臼聲，古音在侯部，與婁同音。其啟下者有□（馬王堆帛書）、□（詛楚文）、□（毋婁印）、□（婁鑫）諸形，□與□字形混淆，演變為□，再變為□。漢印婁或作□（婁羈），尚存古形。□下所从之□或作□，亦皆金文□符之□的省變，是成秦篆□字。茲將婁字字形之演變詳示如左：

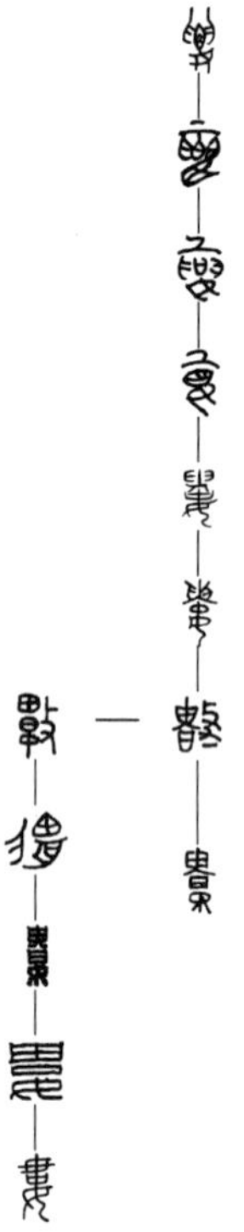

帛書「晷天步數」即規步天數，晷、步皆測度之意（李學勤《楚帛書中的古史與宇宙觀》），晷如規晝，步即步算，此法雖古，今猶行之。天數即曆數，乃周天度數，古人分赤道周天為三百六十五度又四分度之一，即此也。帛書以為周天曆數乃禹、契步算而得，故數字从辵。《書・堯典》：「曆象日月星辰。」蔡沈《集傳》：「曆數者，步占之法所以紀歲月日星辰也。」《史記・五帝本紀》引《書》作「數法日月星辰」，《正義》：「曆數之法，日之甲乙，月之大小，昏明遞中之星，日月所會之辰，定其天數，以為一歲之曆。」《集解》：「夫周天三百六十五度四分度之一，是天度數也。」《書・洪範》：「四，五紀。一曰歲，二曰月，三曰日，四曰星辰，五曰曆數。」曾運乾《正讀》引戴東原云：「分至啓閉以紀歲，朔望朏晦以紀月，永短昏昕以紀日，列星見伏昏旦中日月躔逡以紀星辰，贏縮經緯終始相差以紀曆數。」是曆數實乃分度天周，定立赤道周天廣狹度數，以紀日月星辰之行次。帛書「晷天步數」于日月產生之前，且後文又言分至四子「步以為歲」，知所度既不為日月之行或日月之會，也非立一歲之曆，而應僅限考定列星之盈縮

潄

進退。戰國之時，二十八宿體系已備，古代二十八宿環布赤道周天，《石氏星經》及西漢汝陰侯占盤俱載其古度，故依其時楚人之天文觀，二十八宿之周天立度與赤道周天之度數，其實一也。

《國語·周語下》：「其後伯禹念前之非度，釐改制量，象物天地。」《周髀算經》：「數之法出於圓方，圓出於方，方出於矩，矩出於九九八十一。故折矩以為勾廣三、股脩四、徑隅五，既方之外，半其一矩，環而共盤，得成三、四、五。……故禹之所以治天下者，此數之所生也。」均將度量天地之功歸于夏禹，與帛書密合。王蕃《渾天象説》：「以晷景考周天里數。」是古人立表測影，運用勾股重差之術，丈量大地，定立天周，此亦禹、契下司土壤、晷步天數所行之法。

帛書首言伏羲、女媧「是襄天埅，是斉參化」，知其時天道已成。《呂氏春秋·圜道》：「天道圜，地道方。」天形既成，形然後數，遂由禹、契步數周天，以紀星移之跡。禹、契于「晷天步數」之同時，又「司土壤」，故「乃上下騰傳」，奔走于天地之間。「上下」，天地也。《書·堯典》：「光被四表，格于上下。」鄭玄《注》：「言堯德光耀及四海之外，至于天地。」是其證。【楚帛書研究三題 于省吾教授百年誕辰紀念文集】

◉周寶宏 《文物資料叢刊(4)》(一九八一年，文物出版社)載承德市避暑山莊博物館杜江《河北隆化發現西漢墓》發表提梁鈎鏤銘文拓片和器形照片，並將提梁鈎銘文釋為「大高銅枸斛一，容一斤」。其中斛字原銘作□形。按：此字當釋為「數」字。睡虎地秦簡數字作□、□等形(見張世超先生、張玉春先生撰集《秦簡文字編》)，馬王堆漢墓帛書作□、□、□，銀雀山漢墓竹簡作□等形(以上形體俱見《秦漢魏晉篆隸字形表》)。隆化出土提梁鈎鏤銘文之□字形體正與上列秦簡漢帛漢簡的數字形體相同，因此此字可釋為數字。【讀古文字雜記九則 于省吾教授百年誕辰紀念文集】

◉許慎 □辟潄鐵也。从攴。从湅。郎電切。【説文解字卷三】

◉馬叙倫 鈕樹玉曰。繫傳作从攴湅。下當有聲字。嚴可均曰。从湅當作湅聲。倫按或謂當以潄辟為句。潄鐵也為句。與金部錬冶金也音義同。水部。澼。於水中擊絮。莊子逍遥遊。世世以洴澼絖為事。陸德明曰。李云。洴澼絖者。漂絮於水上。韋昭云。以水擊絮為漂。説文作潎。此潄辟即莊子所謂洴澼。并柬聲皆元類也。古謂捶撲物聲如此。故擊絮謂之潄。澼。擊金謂之潄。或錬也。此為錬字或體。以冶金故从金。以捶擊故从攴。字當从攴。湅聲。玉篇作敕可證。鍇本挩聲字耳。然倫謂潄次瞂數之下。乃瞂之音同來紐轉注字。从攴。湅聲。本書無揀。潄即揀也。左桓六年傳。大閱。簡車馬也。周禮大司馬。大閱。注。簡軍實也。簡皆潄之借字。猶爤之重文作燗矣。蓋閲借為數。詳閲字下。故注以潄釋之。潄鐵也者。錬

字義。本訓挩失。所存者皆校語。又有誤耳。【説文解字六書疏證卷六】

孜

孜 3·189　蒦圆匋里孜【古陶文字徵】

◉許　慎　孜汲汲也。从攴。子聲。周書曰。孜孜無怠。子之切。【説文解字卷三】

◉馬叙倫　鈕樹玉曰。玉篇韻會但引汲汲也。詩大明正義引太誓曰。孜孜無怠。陳壽祺曰。説文稱書孔氏皆古文。攴部引周書曰。孜孜無怠。水部引周書。王出涘。手部引周書。師乃搯。皆在太誓。則孔壁古文有太誓信矣。且古文太誓與今文不盡同。如古文流為雕。今文流為烏。古文師乃搯。今文師乃慆。馬鄭尚書之太誓。自是安國所傳之舊。康成雖云。民間得太誓。而無疑詞。鄭或亦指今文。段玉裁曰。又見史記周本紀。字作孳孳。按伏生二十八篇本無大誓。民間後得大誓。博士習而讀之。合二十八篇為二十九篇。司馬遷董仲舒對策劉向説苑及終軍班伯谷永匡衡平當奏對多用之。此今文太誓也。孔安國得壁中古文。有大誓三篇。古文家馬鄭王皆作注。陳瑑曰。今書無此文。疑即漢初壁內別出之太誓文。馬氏所稱其神似若淺露。然兩漢大儒皆見之。馬鄭王肅為古文學者俱為之注。王樹玉曰。泰誓一篇出於漢初。伏孔兩家所得真孔氏舊書也。但其文有遺落。凡書傳所引泰誓。不在泰誓中者極多。故馬以為疑。鄭亦云。民間得。王亦云。後出。要之馬鄭王皆為之注。知非偽書矣。皇甫謐輩見馬鄭王之疑。世又並稱為伏孔所傳。遂別撰泰誓三篇。唐作疏用之。而反斥此篇為偽泰誓。徐灝曰。段謂伏生二十八篇本無大誓。是也。謂孔安國得壁中古文有大誓。則大誤。惟伏孔皆無大誓。故民間得而獻之。若本有。何煩博士讀説教人耶。藝文志言孔安國得壁中古文。以考二十九篇。得多十六篇。所多者舜典汨作九共大禹謨益稷五子之歌胤征湯誥咸有一德典寶伊訓肆命原命武城旅獒囧命也。壁中無大誓亦明矣。馬鄭所注即民間所獻。因與伏生之書合為二十九篇。故皆謂之今文也。倫按廣雅釋言。孜孜汲汲。劇也。劇當為勮。十三篇。勮。務也。汲勮音皆見紐。故古書借汲為勮。然則此當訓勮也。字當从又。今挩本訓。但存校語耳。引經亦校者加之。不引皋陶謨予思日孜孜而引此。尤可證也。引經皆後人所加。而諸家皆以許稱書是古文。遂謂本書所引皆其古文。為所誤矣。【説文解字六書疏證卷六】

◉許　慎　攽分也。从攴。分聲。周書曰。乃惟孺子攽。亦讀與彬同。市還切。【說文解字卷三】

◉馬叙倫　劉秀生曰。小徐作讀與虨同。無亦字。人部。份。文質備也。从人。分聲。論語曰。文質份份。彬。古文份。从彡林。林者从焚省聲。攽讀若彬。以與讀若字之本字同从得聲之字為讀若也。倫按止讀與彬同。何煩加亦字。疑有奪譌。鍇本作讀與虨同。或本作讀若彬。亦讀與虨同。分也者雙聲為訓。攽从攴擊而分之。義固可通。然分之轉注字甚多。皆从刀。疑此別有本義。或从又。為□之轉注字。【說文解字六書疏證卷六】

◉馬叙倫　□王盉　舊釋□為燹。孫詒讓謂書作𤎼。然二字皆說文所無。說文有豩字。音伯貧切。又呼關切。豳字從此。玉篇音火類切。說文有燹。從火豩聲。說文又有緣緜字。從二帬。即此所從之□。項□簋□字從之。□即此□字也。廣韻之燹即此及項□簋所從之□。特一從豩一從緜耳。者減鐘有□字。與甲文□□二字蓋一字。而者減鐘從□。甲文從□。□即豩□即緜也。說文訓帬為脩豪獸。一曰。河內名豕也。皆非許慎本文。然帬豕實異字。帬為彘之初文。說文帬之古文作□。雖非初文。尚存修毫之意。甲文有□。蓋其初文。彘即今所謂豪豬。一名箭豬。其形與豕似。而豕音審紐。帬說文謂讀若弟。弟音定紐。夷弟一字。而夷音入喻四。喻四與審同為次清摩擦音。蓋語原同也。形音相似。故金甲文每互書之。若野火之燹。從豩從緜亦皆無嫌。唯此自如孫說當作𤎼。依篆釋也。字從攴燹聲。疑為說文敏之轉注字。知者。詩之豳風。字當作邠。說文以豳為邠之重文。可證也。此銘曰𤎼王。倫以為即莊子之邠王。邠王謂太王。此則未必是太王。蓋武王以前皆得偁邠。銘曰作姬㛗。姬是周室之姓尤可證也。□舊釋㛗。說文無㛗。然所釋不誤。金文㛗字多異文也。㛗蓋邠王女名。【讀金器刻辭卷中】

□ ⿰旱攴　省作干　毛公厝鼎　干字重見　□ 从干　大鼎　□　□ 五年師旋簋　□ 者沪鐘　【金文編】

□ 同⿰旱攴　讀為扞或捍　一數之青木赤木黃木白木墨木之精(乙5—21)【長沙子彈庫帛書文字編】

◉許　慎　⿰旱攴止也。从攴。旱聲。周書曰。⿰旱攴我于艱。矦旰切。【說文解字卷三】

◉劉心源　□象网形。十其柄也。是為罕字。說文。罕網也。文選羽獵賦注。罕畢罕也。月令注。小而柄長謂之畢。是也。从又持之。又者手也。又持罕。當是⿰旱攴。說文攴部。⿰旱攴。止也。周書曰。⿰旱攴我于艱。今文矦之命作扞。又宂敢罘吳罘□地名。从干。即攼字阮釋牧非。說文未收。汗簡攴部有□。注云悍。鄭珍箋正云。當作捍。余謂正篆當作□。注作攼。類篇⿰旱攴或

敳

作攼。是也。古文攴又通用。故𢦏即攼。毛公鼎㪉即敃。師嫠敢𢽈即敏。竝可證。【奇觚室吉金文述卷一】

◉高田忠周 說文。𢼏止也。从攴旱聲。而旱即干聲也。又說文𢼏字从旱聲。而鐘鼎古文作攼。說文玕𤧲同字。稈秆亦同字。亦當證凡干聲字。或當从旱聲。要从旱者。為籀文增緐。从干為古正字矣。【古籀篇六十】

◉馬叙倫 陳瑑曰。今書作扞。手部。扞。忮也。止忮同聲。則𢼏扞一字矣。倫按免簠大鼎皆作攼。十篇。忮。很也。二篇。很。不聽從也。止與不聽從義近。似陳說是。然从攴不得有止義。若从又。則與扞一字。【說文解字六書疏證卷六】

◉周萼生 庈字見麥尊有雩王在庈語。十五年大鼎載有王呼善夫騣召大與厥友入攼。王召走馬雁。令取緐騆三十二匹錫大之事。是庈音義均與攼同。攼音翰。與𢼏同。止也。周書曰𢼏我于艱。今本作扞。與捍同。扞馬即悍馬。亦即馯馬。故疑庈為馴騂之所。【鄠縣周代銅器銘文初釋 文物參考資料一九五七年第八期】

◉嚴一萍 攼大鼎作攼，者沪鐘作攼。汗簡有攼字釋悍。鄭珍箋正曰：「悍當作捍。說文。𢼏。止也。引周書曰𢼏我于艱。」周書係文矦之命文，石經作「扞」。段玉裁曰：「𢼏扞古今字，扞行而𢼏廢矣。毛詩傳曰：干扞也。謂干為扞之假借，實則干為𢼏之假借也。」案毛公鼎之𢼏省作干。說文玉部，玕古文作𤧲。而从手之字古文每从攴作，是繒書之攼與干、扞、捍、𢼏，初無軒輊，其分別當在後世也。【楚繒書新考 中國文字第二十六册】

◉戴家祥 集韻摳或作敺，敁或作揣，玉篇捔或作觕，敜或作捻。攴手通，可證攼、扞當為更旁異體字。集韻扞或作捍，别作𢼏。前漢書刑法志「手足之扞頭目」，注：「扞，禦難也。」【金文大字典中】

◉許慎 敳有所治也。从攴。豈聲。讀若豤。五來切。【說文解字卷三】

◉徐同柏 鎧。古敳字。古鐘敳之敳从攴。敳鐘之敳从攴。此从金者。金即鐘也。攷工記。鳧氏于上謂之敳。注。鄭司農云。敳所擊處。銘云。敳敳能能。謂敳其敳處而其聲能能也。能能猶喤喤。能讀曰熊。熊喤聲近義同。積古齋一器作鎧。从金。同伊氏一器作敳。叔氏鐘作岂。又一器作敳。宗周鐘作敳。岂即敳省。豈豈豈豈又岂之變。从攴。更可證。【周虢叔大林鐘 從古堂款識學卷六】

◉郭沫若 伯孝𥂴「伯孝敳鑄旅𥂴，其萬年子子孫孫永寶用。」周三百六十葉。此乃蓋文。器文永字在其字上，敳作𢼄。此字舊或釋尌，案當是敳字，讀為凱若豈。說文無凱字，豈下注云「還師振旅樂也，……从豆微省聲」。是與凱為一字，凱亦正从微省，特省亦有繁簡耳。邶詩有凱風，傳云「南風曰凱風，樂夏之長養」，是凱有樂義，亦有養義。禮記祭統云「孝者畜也」，又「孝子之

敱

事親也，生則養。」孝經云「孝子之事親也，養則致其樂。」釋名釋言語云「孝，好也，愛好父母如所悦好也。」是孝有養義亦有樂義。故名敱而字伯孝。又案凱風之詩序云「美孝子也」，則凱與孝尤切。然詩序晚出，故未敢遽據。【彝銘文字解詁　金文叢考】

◉馬叙倫　承培元曰。敱即墾田若藝之墾。劉秀生曰。豈聲在溪紐灰部。豤聲在溪紐痕部。灰痕對轉。故敱从豈聲得讀若豤。史記黥布傳。而王幾是乎。徐廣曰。幾。一作豈。索隱。楚漢春秋作豈是乎。周禮大司馬。以九畿之籍。施邦國之政。注。故書畿為近。莊子天道。幾乎後言。釋文。幾司馬本作頎。周禮考工記。輈人。是故輈欲頎典。注。鄭司農云。頎讀為懇。懇即説文新附懇字。从心。豤聲。禮記檀弓。頎乎其至也。呂氏春秋下賢。豤乎其誠自有也。豈聲如幾。幾聲如斤。斤聲如豤。是其證。倫按王筠據鍇本作墾。有所治也。校語。本訓亡矣。字疑當从又。【説文解字六書疏證卷六】

敞

韓敞之印　王敞私印　尤敞之印　韓敞　江敞　芊敞　王敞　質敞　大利棱敞

李敞私印　傅敞　【漢印文字徵】

◉許　慎　敞平治高土可以遠望也。从攴。尚聲。昌兩切。【説文解字卷三】

◉馬叙倫　鈕樹玉曰。一切經音義廿一引同。十四引無以字。倫按可以遠望者。乃廣字義。敞从攴。固不得有此義。本訓失矣。今存者校語耳。疑此从又。即撑之本字。文選西征賦注引倉頡。高顯也。玄應一切經音義引三倉。敞。撞也。字見急就篇。【説文解字六書疏證卷六】

敒

敒　仲敒卣【金文編】

◉許　慎　敒理也。从攴。伸聲。直刃切。【説文解字卷三】

◉高田忠周　申作乁。見龜版文。然則此為敒字。明哲者也。説文。敒理也。从攴伸聲。葢與敶字義稍近。篆形説文作申非。【古籀篇六十】

◉馬叙倫　桂馥曰。釋詁。神。治也。神即敒。治猶理也。王筠曰。廣韻不收敒。而伸下云。理也。倫按集韻。敱理也。此上文。敱。有所治也。是蓋唐人避諱。改治為理耳。則此理字亦本作治也。疑此實敶之誤。或非許書本有。【説文解字六

改

書疏證卷六】

一：九 一百八十六例 宗盟類而敢或䵣改助及奐卑不守二宮者 一五六：一 二十一例 九八：五 八例 九八：六 二〇〇：一五 九二：一六 一六：二三 四例 一：四〇 一：八四 二〇〇：三三 一九四：四 九二：二〇 【侯馬盟書字表】

古老子 雲臺碑 【古文四聲韻】

◉許　慎　改更也。从攴己。李陽冰曰。己有過攴之即改。古亥切。【説文解字卷三】

◉方濬益　孛少監以為己有過，攴之即改。今此文从攴从巳，説文「己，巳也」。按古辰巳之巳與已止之已本一字，凡事止則有更改之義。疑古文改本從巳，篆文分改為二。「𢼄改大剛卯，以逐鬼魅。」新莽時語，非古訓。【改簋蓋　綴遺齋彝器款識考釋卷九】

◉羅振玉　説文解字。攺更也。从攴已。又。改。𢼄改大剛卯以逐鬼魅也。从攴。巳聲。古金文改簋蓋及卜辭有从巳之攺。無从己之改。疑許書之攺即改字。初非有二形也。【增訂殷虚書契考釋卷中】

◉馬叙倫　段玉裁曰。小徐本作从攴。己聲。是。倫按改變更三字。疑當从又。餘詳下。【説文解字六書疏證卷六】

◉李孝定　契文改作，與金文同，亦有作者，扑作教刑之意至顯，蓋「改」之本義也。【金文詁林讀後記卷三】

變

變 曾侯乙鐘 【金文編】

變 封八五 語五 為四〇 【睡虎地秦簡文字編】

變禹 變湯 【漢印文字徵】

詛楚文 變輸盟制 石經無逸 乃緣亂先王之正刑 今文作變 【石刻篆文編】

㪅

變 上同或作此 【汗簡】

◉許 慎 㪅更也。从攴。䜌聲。祕戀切。【説文解字卷三】

◉高鴻縉 䜌，劉幼丹王静安俱讀為𨶜。𨶜。妄入宮掖也。讀若闌，大系考釋依前人舊讀。讀為變。今按讀為變是也。【散盤集釋】

◉黄錫全 變 夏韻線韻録《古尚書》「變」作。録《籀韻》作。敦釋，巖本「變」作，内本作彭彰軙，豐本作彭軙，内藤本作彭，薛本作彰彭。天星觀楚簡笲作，《説文》笲字或體作弁，笲當即笲字。侯馬盟書弁作、、、从攴作、，假為變（詳古研1·391）。三體石經「變」字古文作。因此，、應是由、、等形譌變。下所从之當是飾筆，如同古璽㝮字或作（璽彙1·528）、縈字或作、（璽文13·2）等，而形與《説文》克之古文類似。右旁所从之、可能是誤。望山楚簡歒作、（古研1·394），从欠之欲作（詛楚文）、欽作（魚鼎匕）、欺作（璽彙2526）等。郭見本作、彭，以隸作古。

上同，或作此。【汗簡注釋卷四】

◉劉彬徽等 㪅，讀作變（參閱李家浩：《釋「笲」》，《古文字研究》第一輯，中華書局）。【包山楚簡】

乙七六八〇 鄴三下 五〇·六 京津二四五七 摭續一二八 佚四三九 陳一〇六 【甲骨文編】

更 班簋 王令毛伯更虢䣄公服方言更代也 趩簋 曶鼎 曶壺 師虎簋 恆簋 申簋 輔師嫠簋 師嫠簋 从辵 盠方彝 更朕先寶事陳夢家釋 【金文編】

5·384 瓦書「四年周天子使卿大夫……」共一百十八字 9·33 更奄 9·80 練更 5·365 闌陵居貲 便里不更牙 5·364 博昌居貲 □里不更佘 5·361 東武東閒居貲不更睢 3·1105 獨字 秦1133 同上 秦1165 同上

【古陶文字徵】

㪅 更　法一九六　二十三例　通梗　為桃—日甲五四背　㪅 日甲一一四　十一例　㪅 秦一〇九　十四例　【睡虎地秦簡文字編】

㪅 0371 【古璽文編】

㪅 太子率更令印　㪅 更始　㪅 公息更　㪅 趙更　㪅 公乘更得　㪅 趙更生　【漢印文字徵】

㪅 天璽紀功碑　叓□□二字　【石刻篆文編】

㪅 叓　㪅 叓。出王存乂切韻　【汗簡】

㪅 華嶽碑　㪅 王庶子碑　㪅 籀韻　㪅 汗簡　【古文四聲韻】

◉許　慎　㪅改也。从攴。丙聲。古孟切。又古行切。【說文解字卷三】

◉吳大澂　㪅　舊釋冘。疑古更字。讀若鞭㪅。字从此馭者之所執也。㪅敦。【說文古籀補附録】

◉吳式芬　叓从攴丙聲。丙古文作冂。見薛書母乙卣。兄癸卣。尹卣㒳重冂。當是籀文丙。石鼓文黃帛其鰯。潘氏音訓引鄭氏云。鰯即鯾字。㽙連反。案鄭釋音是而字小誤。當云即鯾字。說文。鯾。魚骨也。从魚更聲。鯾魚名。从魚便聲。又从扁作鯿。是鯾乃得讀㽙連切。與𧽝鮮鯿為韻。鯾古杏切。不得讀㽙連也。便从人从更。石鼓𧃷从便省而又省叓下之攴。故為鰯。㝰即叓之上體而重之。與此㒳正同。故知㒳是籀文丙。石鼓又有丙申。不作㝰者。石鼓𨗈我𨙶奔互見。不拘一體也。【攈古録金文卷三】

◉林義光　更丙不同音。古庚或作庚子父庚器。與丙形近。疑从攴庚聲。庚古亦作庚庚季鼎。更之隸書猶與古合。因庚篆作庚。不復知庚為庚字。而鞭古文作叓。从丙見㚟字條。隸亦變為更。遂謂更改之更亦从丙矣。隸書有甚合古意者。如韓勑碑之蒙。婁壽碑之更。劉熊碑之更。皆歷世相傳如是。說文每字必推原六書。則有穿鑿舊文以求通其說者。【文源卷十一】

◉高田忠周　說文。㪅改也。从攴丙聲。此从重丙。即為籀文也。吳氏釋作御。謂為鞭省文。亦通。然釋為更。為嗣續更代之義。即為順適。吳考失於穿鑿矣。【古籀篇六十】

◉饒宗頤　甲午卜，爭貞：往芻㝰。晏。(續編一·二九·一)

㝰即更字。更讀為鄆。左昭十年傳：「季平子伐莒，取鄆。」說文：「鄆，琅邪莒邑。」約在今山東沂水縣境(詳巴黎所見甲骨録

釋㝟篇)。【殷代貞卜人物通考卷六】

◉馬叙倫　更改音同見紐轉注字。更从丙得聲。丙音幫紐。變音亦幫紐。故變更亦轉注字。見紐為舌根音。變从䜌得聲。䜌从言得聲。言音疑紐。見疑皆舌根音。故變改變更皆為轉注字。字見急就篇。曶鼎作㪅。師嫠𣪘作㪅。【説文解字六書疏證卷六】

◉楊樹達　㪅即今更字,字當讀為庚,詩大東云,西有長庚,毛傳云,庚,續也。【師嫠𣪘跋　積微居金文説卷三】

◉唐桂馨　㪅　此字即鞭之本字。鐘鼎文御字作馭。其省文㪅㪅。執冂於馬旁御也。冂象鞭絲回繞形。秦篆誤作丙。遂使後人誤認為丙丁字。許訓為改。乃後起義。改字篆㱾。从攴巳。乙亦象鞭絲。後人亦誤作己未字。【説文識小録　古學叢刊第五期】

◉楊樹達　太平御覽八十三引古本竹書云:「南庚更自庇遷于奄。」今本紀年云:「南庚名更。」按卜辭未見更字,然有㝟字,其人為殷人之所尊祀。鐵雲藏龜拾玖葉貳版云:「辛Δ,㝟其降𡇂(敗)?」考更字説文作㪅,从攴丙聲,而金文師虎師𤔲二𣪘及趩尊曶鼎四器更字皆从㝟作㪅,字蓋从㝟聲。甲文之㝟疑是㪅之省形,㝟即謂南庚也。【竹書紀年所見殷王名疏證　積微居甲文説卷下】

◉白玉崢　㪅:孫海波氏文編,摹作㪅,列為不識之字。附録二二。李孝定先生作集釋从之。待考四六〇三。島邦男綜類録作㪅二〇一、二七九、二八三頁。疑从丙从攴當即今字更之初文。金文有㪅曶鼎、㪅師虎𣪘、㪅趩尊、㪅師嫠𣪘,容庚氏金文編釋更,是也。更,實乃鞭之本字;初義為鞭策。就甲文之構形言:从攴丙聲之形聲。再就造字之通例言:凡从攴之字,皆有鞭策之義也。引申之:乃有更改,更代之義也。許書之説解,非造字之朔矣。【契文舉例校讀典禮篇　中國文字第五十二册】

◉于省吾　甲骨文㪅字屢見,作㪅或㪅形,甲骨文編釋為更。按㪅即古文鞭字。説文鞭字作鞭,並謂:「鞭,驅也,从革㥶聲。夋古文鞭。」就古音言之,鞭从㥶聲,㥶从㪅聲,㪅从丙聲,丙鞭雙聲。㪅字隸變作更,丙更疊韻。周禮考工記輪人的「眡其綆」,鄭司農謂「綆讀為關東言餅之餅」。按綆从更聲,更本作㪅,从丙聲。是丙更古通之證。西周金文馭字作馭,其从夋,乃甲骨文㪅字的省變。説文謂「馭从又馬」,又乃夋形的譌省。西周金文馭字均作馭,右从夋乃古文鞭字,用鞭以驅馬。石鼓文馭字作騕,右从鞭作㪅,猶存初形。以上略論㪅為鞭之初文,以及它和更字形音變通的由來。

有關㪅字的甲骨文,辭多殘缺,其較為完整者,例如「戊午卜,㪅𡆥,弗其𢍰(擒)」(乙七六八〇)。又「王㪅☐𡆥(麇)☐。」(摭續一二八)。以上兩條均屬第一期。前一條的𡆥字,即掘坑坎以陷麇之陷的專字(詳釋𡆥)。這是説,王(依第二條補)用鞭以驅麇,

使之陷入坑坎，不該擒獲。此條缺對貞辭。第二條雖然殘缺，但王字可以補充第一條。由此可見，商王的狩獵，用鞭驅趕，使之陷入坑坎，以便擒獲。

總之，鞭字的古文，商代甲骨文作叓，周代金文偏旁作夋，說文引古文作夋，石鼓文始作鞭。又駕車之鞭，周代車器作鞍，金文編以為說文所無。「鞭作宮刑」之鞭，周器𠑇匜作□，象以鞭擊人之背。說文訓便為安，誤以後起之義為本義。【釋叓 甲骨文字釋林卷下】

◉周名煇　彳部□。駿之省。古御字也。詩曰以御于家邦師虎毁。命女叓乃祖考啻適官。□師𢿔父毁既命女叓乃且考𤔲。吳氏定為御字古文。今考定為更字。

強運開改定為叓字古文。是也。⊘名煇案。叓即叓字。趩尊銘云。叓□厥祖考服。可證。叓。猶繼也。說文糸部云。續連也。古文作賡。从庚貝。廣雅釋言云。叓償也。禮記檀弓篇云。請庚之。鄭注庚償也。是叓庚二字同義之證。續字古文从庚貝者。庚亦猶叓也。詩大東篇云。西有長庚。毛傳。日既西入。謂明星為長庚。庚。續也。此以字義言之者。一事也。國語晉語。姓利相叓。韋注。叓續也。此其本字有繼續之義者。二事也。【新定說文古籀考卷上】

◉王慎行　「令女更乃且考事」：更，《說文》作叓，謂「从攴，丙聲」。字在金文中均作□形，从二丙，攴在下部，無一例外；而本銘攴却在右旁作敲形，彝銘僅見。茲將彝銘和典籍中與此句相似之辭例，列表如表一，以窺其及物動詞和直接賓語的含義。

表一　在金文和典籍中與《更乃祖考事》句相似的辭例

呂服余盤銘中的動賓結構短語：「更乃祖考事」

	器名	與盤銘相似的辭例
西周金文	班簋	「更虢城公服」。
	趩觶	「更厥祖考服」。
	師虎簋	「更乃祖考啻(嫡)官」。
	曶鼎	「更乃祖考司卜事」。
	師嫠簋	「司乃祖考舊官」。
	師酉簋	「司乃祖考啻(嫡)官」。
	郘咎簋	「司乃祖考事」。
	害簋	「幕乃祖考事」。

	書名篇名	與盤銘相似的辭例
先秦典籍	《禮記・祭儀》引《孔悝鼎》	「纂乃祖服」又「纂乃考服」。
	《左傳・襄公十四年》	周靈王命齊侯：「纂乃祖考」。
	《今文尚書・大誥》	「嗣無疆大歷服」。
	《偽古文尚書・君牙》	「纘乃舊服，無忝祖考」。(此材料僅供參考)

表一所列諸例之「更」，均應讀為「賡」；「司」當讀為「嗣」。《尚書・高宗肜日》之「王司敬民」，《史記・殷本紀》作「王嗣敬民」，此司、嗣二字古多通用之證。《爾雅・釋詁》訓纂、嗣為繼，訓賡為續；《說文》亦訓纘為繼，可知賡、嗣、纂、纘系同義字，有延續和繼承之義。《說文》「事，職也」，《荀子・大略》注亦云「事謂職守」，《爾雅・釋詁》「服，事也」，《孔子家語・禮運》注謂「官，職分也」，又《說文》「官，吏事君也」。准此，上表所舉諸例之直接賓語事、服、官，亦應屬同義字，意謂職守、官職。故金文中冊命賞賜命服後，輒系以短語「用事」，義即用此執行其職事。【吕服余盤銘考釋及其相關問題　文物一九八六年第四期】

◉晁福林　卜辭中的「王更」之稱，當即南庚的生稱。如：

(一)壬……卜，王更……虎……。　合集一〇九五二

(二)……丑〔卜〕，王更……麋……。　合集一〇三八〇

(三)王庚死。　合集二一二七一

從內容上看，無疑是南庚在世時所契刻的……這有兩種可能。一是這類卜辭為南庚在奄地時所契刻，盤庚遷殷之後將其從奄帶到大邑商。二是南庚曾經遜位于陽甲，為了與時王相區別而在卜辭中稱其為「王庚」，這類卜辭應當契刻于陽甲至小乙之時。從卜辭文例看，後一種推測應當是近于實際的。⊘殷王南庚名更，在卜辭中稱為「王更」。他繼位以後只經過幾年時間可能就遜位于祖丁之子陽甲。這以後，南庚雖然不參與殷王朝的軍國大事，但仍然參加田獵。貞人為了將南庚和時王相區別，因而在卜辭中稱其為王更。【殷墟卜辭中的商王名號與商代王權　歷史研究一九八六年第五期】

◉黃錫全　□更　見夏韻敬韻。此形與□（王庶子碑）、□（王存乂《切韻》）、□□（華嶽碑）等類同，□乃□形譌誤。【汗簡注釋補遺】

◉黃錫全　□更　更字古作□（佚139）、□（舀鼎）、□（璽彙0731），从攴从丙。丙字古作□（何尊）、□（石鼓），變作□（簷侯毁）、□（子禾子釜）、□（三體石經僖公）等，此丙形同。丙部又録《王存乂切韻》更作□，與此形同，似篆文宎而實非「宎」字。鄭珍以為均是宎字，誤。夏韻敬韻注出《華嶽碑》。【汗簡注釋卷三】

◉戴家祥　金文叟作□。从攴，从重文丙。石鼓文汧殹「黃帛其鯾」考釋家謂鯾即鯿魚，亦即爾雅釋魚之魴魚。郭景純謂「江東呼魴魚為鯿。」考論語季氏「友便佞」，說文三篇言部引作「友諞佞」。古音扁讀「方沔切」，幫母元部。便讀房連切並母元部。方房並唇音字，故說文十一篇鯾，又作鯿。丙讀「兵永切」幫母陽部。方讀府良切，不但同母而且同部，故說文仿，或體作㑂，从人丙聲。儀禮少牢饋食禮「覆之南柄」，鄭玄注「古文柄皆為枋」。更、賡、庚聲同字通。國語晉語「姓利相更」，韋注「更續也」。小

雅大東「西有長庚」，毛傳「庚，續也」。加旁作賡。許氏譌為續之古文，賡續雖同義，然非一字。器銘每云「更乃祖考司某事」，似有更代重新受命之義。禮記儒效「悉數之，乃留更僕，未可終也」，鄭玄云「君燕朝則正位掌擯相更之者，為久將倦也，使之相代。左傳昭公十二年「子更其位」，杜預注「更，代也」。又云「及平子伐莒，克之，更受三命」，杜注「十年，平子伐莒，以功加三命昭子不伐莒，亦以例加三命。」正義曰十年，平子伐，言名書於經，即平子於時已為卿矣。釋例曰：魯之叔孫父兄，再命而書于經，晉司空亞旅一命而經不書，推此，知諸侯之卿大夫，再命以上皆書于經，自一命以下，大夫及士，經皆稱人，名字不得見也。準此，則知器銘「更乃祖考司某事」者，皆再命以上之榮典也。于說聲韻可通，其餘諸釋得失互見。【金文大字典中】

敕

敕　秦公簋　萬民是敕　陳猷釜　勅　說文所無集韻誡也　勅𩰫鼎　毛公厝鼎　【金文編】

◉許　慎　敕誡也。臿地曰敕。从攴。束聲。恥力切。【說文解字卷三】

◉高田忠周　字亦作勅。如敏或作勄也。虞書。敕天之命。傳。正也。今本作勅。隸譌以勑為勅。易噬嗑。君子以明罰勅法。崔注。理也。字亦作懯。廣雅釋言。敕謹也。釋訓。懯懯誡也。敕亦叚借為數。說文又云。臿地曰敕。又為勑。爾雅釋詁。勑勞也。又為飭。詩楚茨。既匡既敕。傳。固也。是也。朱氏駿聲說如此。【古籀篇六十】

◉張之綱　徐同柏釋敹云。字作[glyph]。詩小戎傳。敹。歷録也。梁輈。輈上句衡也。一輈五束。束有歷録。此从束从丿。丿。句衡之象。攈古釋勅。愙齋從之云。勅字有缺畫。从束从力。疑即敕字。孫詒讓釋敕云。徐說殊鑿。吳釋勅。勅。俗字。說文所無。攷此字从束从丿。說文丿部。丿。抴也。受部爭亦从受丿。金文靜字偏旁多作丿。則此字右亦从丿也。以形義求之。疑敕之異文。說文。敕。戒也。从攴束聲。从丿與从攴義相近。故變从之。其義則又當為飭之借字。說文力部。飭。致臤也。从食从人力聲。讀若敕。是飭敕音同字通。【毛公鼎斠釋】

◉馬叙倫　桂馥曰。爾雅釋詁釋文。案說文字林束旁作友是始。馥謂始當為治。廣雅。敕。理也。本書當有治義。今闕。任大椿曰。呂祖謙古易音訓。勑。字林作敕。王筠曰。臿地曰敕。借敕為鍤。而以靜字為動字也。此敕通用熾。方言。入地曰熾。反草曰菑。詩大田。俶載南畝。箋云。俶讀為熾。載讀為菑。栗之菑。時至。民以其耜熾菑。發所受之地。趨農急也。字或作傳。史記蒯通曰。莫敢剚刃公之腹。李奇曰。東方謂以物臿地為傳。又作剚。管子輕重篇。春有以剚耕。夏有以剚耘。倫按誡也者。言部諫字之引申義也。以此知敕者。敕之譌俗字也。下文。敕。擊馬也。从攴。束聲。楚革切。古

取

讀穿徹皆歸於透。其為一音明矣。公羊定六年傳。臨南駷馬而由乎孟氏。杜注。捶馬銜走。釋文駷。本又作擻。字書無此字。相承用之。素動反。是陸讀駷為束音。然其字義明為擊馬之敕。故从馬。束聲。而譌為束聲。擻又敕之增手旁者也。此束朿相亂之證。一也。漢以後用勑字。似由勅而變。勅又由敕而變。然倫謂敕不得譌為勑。正由形與形相似。由敕而譌也。其證二。臿地為敕者。此用方言以證字義。不言何方之言。則通語也。方言用熾。詩用俶。熾俶皆穿紐三等。李奇用傳。管子用剸。本書無傳剸。但从事得聲。事音禪紐。穿三及禪同為舌面前音。敕為穿二。事史古音蓋同。史音審二。同為舌尖後音也。然則熾傳剸皆敕之借。莊子胠篋。耒耜之所刺。即臿地為敕又敕从束得聲之明證。是其三。臿地為敕者。字當作數。或作㪉。下文。數。刺也。十二篇。㪉。刺也。皆以刺為訓。釋。明其音同。益可證敕為敕之譌矣。陸德明據本已然。但尚訓治也。唐人諱治。乃删治也一訓。治也猶數敵之訓治矣。又陸言説文字林者。乃字林先列説文義。故唐人引字林每稱説文。以字林之義即在説文中。故並稱之。其實此字是字林字。非許書原有也。字林旨在廣録。故譌別字盡收之。誠也及臿地為敕並校語。秦公毁。萬民是。从柬。蓋束之異文。非蘖鼓字。【説文解字六書疏證卷六】

◉屈萬里　甲編二一五七、後編上七・一二等形，其所从之，與召伯虎毁「束帛」之束字相同(作)，知亦束字。然則此字隸定之當作敕或。【殷墟文字甲編考釋】

取　沈子它簋　隹考取丑【金文編】

◉許　慎　取使也。从攴。耴省聲。而涉切。【説文解字卷三】

◉郭沫若　取當即取之或作。説文：「取，使也。从攴，耴省聲。」叉同爪。取叉殆聯綿字，義未詳。【沈子簋銘考釋　金文叢考】

◉馬叙倫　王筠曰。蓋本無省字。耴字作偏傍。少縮其垂筆以配合之。鹵莽者直書為耳。校者因增省字。倫按使也非本義。亦或非本訓。然經傳無可證。疑専輒字當用此。專取猶擅使矣。或與揶一字。當从又也。又疑此字从耳得聲。耳耴一字。詳耴字下。从耳得聲。故音在日紐。耳耴一字。故聲入談類。下文。斂。收也。爾雅釋詁。歛。聚也。聚从取得聲。取亦从耳得聲。倫謂聚也當作取也。此斂下亦當作取也。收乃取之譌。斂取皆當从又。今誤耳。猶敘字金甲文皆从又作叙也。斂音來紐。取音日紐。同為鼻音。古讀歸並於泥。僉耴聲亦同談類。是轉注字。【説文解字六書疏證卷六】

斂

斂 中山王譽壺 复斂中則庶民筐 【金文編】

149 【包山楚簡文字編】

斂 為七 【睡虎地秦簡文字編】

3862 【古璽文編】

◉許 慎 收也。从攴。僉聲。良冉切。【説文解字卷三】

◉丁佛言 敔蓋。令女成周嗣斂。古斂字。左从。父甲鼎。王獸于視斂。陳猷釜。節于斂。【説文古籀補補第三】

◉馬叙倫 見敢字下。字見急就篇。顔師古本譌為歛。【説文解字六書疏證卷六】

◉陳漢平 古璽文有字作(2814)、(4108),舊未釋。按此二字从攴从僉,當釋為斂。【古文字釋叢 考古與文物一九八六年第四期】

◉戴家祥 中山王譽方壺复斂中則庶民筐

字从攴从曰僉聲,即斂字繁體。爾雅。釋詁「斂。聚也」。銘義為賦斂,从曰象器皿之形,與魯、曹、會等字所从之曰義同,加曰旁表示收藏之義。【金文大字典中】

敹

敹 从廾書費誓敹乃甲胄 陳肪簋 敹擇吉金 【金文編】

◉許 慎 擇也。从攴。𡨄聲。周書曰。敹乃甲胄。洛蕭切。【説文解字卷三】

◉林義光 寀,説文以為罙之或體。與敹聲隔。敹本義當為穿。从攴从寀。詩寀入其阻殷武。傳訓寀為深。與穿義近。書善敹乃甲胄。費誓。鄭注。穿徹也。【文源卷八】

◉馬叙倫 鈕樹玉曰。寀為罙之重文。聲不相近。恐非諧聲。或从寀。寀即審之正文。與擇義合。乃會意字。朱駿聲曰。本義當是穿紩也。从攴寀。會意。寀者罙网字之古文。猶冂也。書粊誓。善敹乃甲胄。鄭注。穿徹之。史記作陳爾甲胄。或

敽

曰。从攴从卢料省聲。擇也者。借為料。鬼谷子捭闔。料其情也。注。料謂簡擇。林義光曰。本義當為穿。从攴。从宷。詩。宷入其阻。傳訓宷為深。與穿義近。書。善敹乃甲冑。鄭注。穿。徹也。倫按七篇冞之重文作㓝。冞下引詩曰。冞入其阻。然江沅謂傳訓深也者。毛本作寀。箋訓冒也者。鄭本作冞。釋文誤將兩本同作寀字。同音面規反。則林以詩傳為證。非是。書鄭注訓穿者。本書穴部。寮。穿也。此讀洛蕭切。與料讀若遼音洛蕭切同。遼寮並从寮聲。是鄭以敹為寮之借字也。此字定是形聲。惟宷是冞之或體。而宷又冞之誤體。此自从又。冞聲。或由此篆形誤。後校者據此誤形。轉加或體於冞下耶。从又猶从手。故得訓擇也。今杭縣於水中取物曰撈。聲或如遼之上聲。或即同遼。疑當作此字。擇謂取也。然則粊誓之善敹乃甲冑。乃戒士卒之急取其甲冑也。故下文曰。無敢不弔。弔為㪿省。㪿。至也。段玉裁謂凡字有專釋經者。敹敽是也。然則段亦疑乎此二字矣。倫謂蓋有許不知其本義。而以經籍舊注為義。如此與敽下説解。蓋皆本之尚書古文舊注耳。或此字出字林也。斂敹音同來紐。字又相次。蓋轉注字。亦撩之轉注字。並洛蕭切。【説文解字六書疏證卷六】

◉李孝定　清人治説文者多以為字與宷音不諧，當為从攴宷會意，鈕氏校録、桂氏義證均以宷為宋之譌，宋諦故能擇，其説是也。金文此字上从，不知何字，與擇連文，合於許訓，釋敹可从。【金文詁林讀後記卷三】

◉許　慎　擊連也。从攴。喬聲。周書曰。敽乃干。讀若矯。居夭切。【説文解字卷三】

◉馬叙倫　田吳炤謂鍇本作繫連。不成語。墧是誤字。鄭注。粊誓。敽猶擊也。此其誼。倫謂擊連更不成語。書粊誓曰。善敹乃甲冑。敽乃干。無敢不弔。備乃弓矢。鍛乃戈矛。礪乃鋒刃。無敢不善。以干與甲冑為列。弓矢戈矛鋒刃為列。明甲冑與干為自衛器。弓矢戈矛鋒刃乃攻人之器。敹乃甲冑為取乃甲冑。亦即持乃甲冑。則敽乃干詞例相同。亦當為取乃干矣。此干為方言。盾。自關而東或謂之瞂或謂之干之干。即本書戈部之戰也。詳戰字下。故徐鍇曰。干。盾也。鍇引書注連盾絲以釋敽。然敽从攴。必無連盾絲義。且譣之金甲文。古盾皆手持之。則書注非是。猶鄭玄以穿徹説敹乃甲冑。亦非是也。此當从又。喬聲。為敹之轉注字。故次敹下。敹聲當入宵類。猶料从米得聲而在宵類也。喬聲亦在宵類。擊連也者當作擊也。連也。擊也為敽字義。連也蓋繑字義。十三篇。繑。絝紐也。此校者加之。或曰。下文敀下引周書。敀攘矯虔。矯即敽之借字。敽當訓擊也。【説文解字六書疏證卷六】

◉李裕民　《侯馬盟書》宗盟類四之三：一。

字稍殘。左半為喬，盟書喬作（一五六：二一）；右為攴。隸定為敽。此敽為參盟人名。【侯馬盟書疑難字考　古文字

敆 敆

研究第五輯】

◉敆古老子 ⿰齒合義雲章 敆崔希裕纂古 【古文四聲韻】

◉許慎 敆合會也。从攴。从合。合亦聲。古沓切。【説文解字卷三】

◉馬叙倫 鈕樹玉曰。韻會作从攴。合聲。段玉裁曰。釋詁。斂。合也。今俗言敆縫。倫按从又。合聲。為合之後起字。合為構搭之搭本字。合會也當作會也。合字乃校者所以釋音者也。或合下捝也字。乃校者據雅文加之。【説文解字六書疏證卷六】

◉張懋鎔等 1986年，陝西省安康縣出土一件史密簋。

「敆南尸（夷）」：敆字見于《爾雅·釋詁》「敆，猶合也」，又見于《説文》「合會也。从攴、合，合亦聲」。通觀字書，都解作會合義。但是从銘文分析，「敆南夷」是東征的目標，自然絶非會合南夷，而應是敲擊南夷。再从字形分析，敆字从攴、合。攴，《説文》曰：「小擊也。」合字上部△為蓋，下部ㅂ形是器皿，古文字中習見，後訛變為口。「合」字之意義即由器蓋蓋合器身這一構形而來。「敆」字為會意字，即用手（或持物）敲擊，使器皿與蓋嚴合，這是它的本義。本銘「敆」字正用其本義，即合而擊之，或曰圍而合之。聯繫上文王命師俗、史密二人掛帥東征，下文又談及師俗率齊師、史密率玄族人分兵包抄，合而擊之，「敆」字本義昭然若揭。其實《説文》中尚留存此字本義的蛛絲馬迹。《説文》曰「从攴合」，説明它是會意字，所謂會意者，其義必須由兩部分會合，方見其所指。如果只解為「會合」義，合字即能表示，又何用「攴」旁？如此説來，「敆」字本義又如何泯滅的呢？有一個與之相近的字——「敋」，此字不見于《爾雅》，也不見于《説文》，但見于《廣雅·釋詁》「敋，擊也」，説明它晚出。而有趣的是，「敆」字又偏偏不見于《廣雅·釋詁》。合理的解釋是：「敆」字本有敲擊義，因「合」與「各」在隸書中相近而譌，故敲擊義為敋字所有，而敆字原有的會合義自有「合」、「會」二字來承擔，此字無所用，遂亡。以後，「敋」字的意義又為「格」所擁有，故後世連敋字也少用了。幸賴本銘保存了「敆」字的本義，我們得以了解它的演變。看來漢代人對敆字已不甚了然。【安康出土的史密簋及其意義 文物一九八九年第七期】

◉黃錫全 ⿰齒合欱並義雲切韻 夏韻合韻録《古老子》敆作敆，録此文作⿰齒合，「欱」應是「敆」寫誤。「⿰齒合」字見于《玉篇》、《集韻》。⿰齒合、敆均从合聲，此假⿰齒合為敆。【汗簡注釋卷一】

敶

敶 國名。嬀姓侯爵。帝舜裔。武王以其元女嫁其裔孫滿而封之陳。以奉虞祀。後為楚所滅。經典皆以陳為之。 陳公子甗 陳伯元匜 陳侯簋 陳侯壺 陳侯作嘉姬簋 陳公子仲慶匜 陳公孫𢉩父𦉜 陳侯匜 陳之𡨦鼎 陳子子匜 王仲嬀匜 陳侯鼎 𪏁侯之孫鼎 【金文編】

陷敶司馬 㚇陷敶司馬 【漢印文字徵】

◉許 慎 敶列也。从攴。陳聲。直刃切。【説文解字卷三】

◉阮 元 説文𨸏部陳字解云。宛邱舜後嬀滿之所封。攴部敶字解云。㡤也。觀此銘知古文陳正作敶。經典作陳。省文耳。【敶侯敦 積古齋鐘鼎彝器款識卷六】

◉劉心源 陳作敶。與陳侯敨陳孖匜同。説文𨸏部。陳。宛邱也。舜後嬀滿之所封。攴部。敶。列也。即陳設及戰陣字。經傳用陳。古刻作敶。惟陣為陳之譌字耳。【奇觚室吉金文述卷一】

◉林義光 古作 陳侯敦。作 陳侯匜。作 陳子子匜。从𨸏敷。謂岡巒陳列也。【文源卷十】

◉馬叙倫 列謂行列。列即敶之借字。䏌真對轉也。此軍敶字。戰。陳而後擊。所謂不鼓不成列也。故从攴。又疑从又。陳聲。此陳設之陳本字。亦陳設之設本字。設从殳得聲。殳音禪紐。古讀歸定。敶音澄紐。禪澄同為舌面前音。古讀禪亦歸定也。陳公子甗作 。【説文解字六書疏證卷六】

敵

敵 不从攴 𢦏簋 俾克氒敵 啻字重見 【金文編】

古老子 【古文四聲韻】

◉許 慎 敵仇也。从攴。啻聲。徒歷切。【説文解字卷三】

◉馬叙倫 八篇。仇。讎也。讎為應對之對本字。仇讎蓋以疊韻為訓。仇之本義為匹耦。許以左傳。怨耦曰仇。故以訓敵。然敵从攴。祇有擊義。若謂擊仇為敵。當訓擊仇也。倫謂敵即今杭縣謂相攻擊曰敵敵打打之敵。為殳之轉注字。殳音禪紐。古讀歸定。敵音定紐也。敵打同為舌尖前音。故今字作打。引申之以被打之方為敵。又疑與摘一字。字當从又。或謂敵蓋

即史記刺客傳。乃引其匕首以擿秦王之擿。為擿之異文。毀之轉注字也。字見急就篇。【說文解字六書疏證卷六】

救 救

救 周窒匜　秦王鐘　盄龢鐘　从戈 中山王嚳壺 曾亡𠑱夫之⿰求戈　中山王嚳鼎 ⿰求戈人在仿義如仇【金文編】

228　242　249【包山楚簡文字編】

救 封八五　日甲四一背【睡虎地秦簡文字編】

救宜私印　救自為印　公救沈印　救真私印　救翁穉　救萬歲印　救稱友【漢印文字徵】

詛楚文 將之巳自救殹　石經僖公 楚人救衛【石刻篆文編】

【汗簡】

古老子　義雲章【古文四聲韻】

◉許慎　救止也。从攴。求聲。居又切。【說文解字卷三】

◉劉心源　救或釋敎。案。石鼓文君子之求作。即此从者也。【奇觚室吉金文述卷八】

◉高田忠周　元釋作敎。云。疑敎省。非。今審篆形。左旁明是求字。此救變勢耳。但銘意未詳。疑為⿰求阝字叚借。說文⿰求阝地名。从邑求聲。同音通用也。【古籀篇六十】

◉馬叙倫　此禁止之禁本字。救音見紐。禁音影紐。故古書多借禁為救。同為破裂清音。舌根與喉又最近也。字當从又。字見急就篇。玉海本作求。周窒匜作。【說文解字六書疏證卷六】

◉張政烺　中山王嚳鼎　⿰求戈人才彷　中山王嚳方壺　曾亾鼠夫之⿰求戈

⿰求戈从戈求聲，救之異體，戰國秦漢間文字，从攴常改从戈，蓋形近致誤。馬王堆帛書中其例不可勝舉。⊘「⿰求戈人才彷」，根據文意，當為「仇人在旁」，⿰求戈是仇的聲假字。【中山王嚳器及鼎銘考釋　古文字研究第一輯】

◉吳鎮烽　1979年《文物》第2期報道的天津市文物管理處在廢銅中揀選的一件西周銅簋蓋，是共王時期的遺物，對于研究西周冊

命制度頗有參考價值。原作者將器主釋為敄，稱敄簋蓋。

今據拓本看，該字凡兩見，一作「」，一作「」。這個字右旁的「」「」可以隸寫作「殳」，但左旁並非从羊。羊字甲骨金文中作、、、等形，象羊頭的正視形，突出表現羊的雙角下曲和頂平等特徵，未見作形的。

我認為這個字左旁所从是求字。《說文》衣部：「裘，皮衣也，从衣求聲。一曰象形，與衰同意。……求，古文省衣。」甲骨文中裘字作，衣上加毛形，表示這是有毛的皮衣。這是裘字的初文。金文中裘字有作者，是在象形字上加「又」字以為聲符；有作者，是將毛形加在聲符上；有作者，是省去衣形。是求字的反書，是形的訛變。右旁的「」、「」象手執齒狀工具梳理裘皮上的毛絨之狀，故這個字應該隸寫爲「救」，即救字。金文中从殳與从攴之字每相通，般字兮甲盤作「」，毆字師袁簋作「」可以互證。从文字造形看，救字的初意當是修治、護理裘衣皮毛。由梳理裘衣皮毛引而泛指愛護、幫助等意。《廣韻》「救，護也」和《博雅》「救，助也」即是；至于《說文》「救，止也」和《周禮・地官・司救注》「救猶禁也，以禮防禁人之過者也」，更是後轉之義。【金文研究札記　人文雜誌一九八一年第二期】

◉黃錫全　救　鄭珍云：「《前漢・董仲舒傳》『捄溢扶衰』，注『捄，古救字』，本訓『盛土于梩中』，乃《詩》『捄之仍仍』正字，漢人以與『救』同音通用。」《一切經音義九》引《字詁》：「古文捄抹二形今作救同。」長沙馬王堆漢墓帛書《老子》甲、乙本救作悈。夏韻有韻注《義雲章》。【汗簡注釋卷五】

敓

敓　厲羌鐘　敓戟　【金文編】

3・1336獨字　3・1337同上　3・1338同上　3・1340同上　【古陶文字徵】

229　248　【包山楚簡文字編】

一體石經　論語學而說字重文　【石刻篆文編】

◉許　慎　敓彊取也。周書曰。敓攘矯虔。从攴。兌聲。徒活切。乾一案。敓今誤用奪。【說文解字卷三】

◉高田忠周　說文。敓彊取也。周書曰。敓攘矯虔。从攴兌聲。此引呂刑文。證字形字義也。經傳多借奪為之。又手部。挩。解挩也。从手兌聲。依手攴通用。敓挩當元同字。解挩義為脱字引申。經傳為正。【古籀篇六十】

◉郭沫若　今書呂刑文,敓作奪。奪乃借字,説文云「手持隹失之也」。然今奪失字通作脱,敓取字通作奪。而敓字廢矣。【屬羌鐘　兩周金文辭大系考釋】

◉馬叙倫　廣雅釋詁一。敓。取也。似此彊也取也為二義。清人皆以此為爭奪本字。倫謂若是取義。字當从又。爭字亦从手也。盂鼎正作□。从支。兑聲。依大例當在周書曰上。此引經者加之。以明彊取義也。亦或此字出字林。古匋作□。【説文解字六書疏證卷六】

◉劉彬徽等　敓,借為説。《石刻篆文編》3・6上引《魏一體石經〈論語・學而〉》,以「敓」作「説」。《周禮・春官・大祝》「掌六祈以同鬼神示……六曰説」,説是為了解除憂患而進行的祭禱。【包山楚簡】

◉曾憲通　(1)以其古敓之

此為卜筮簡中常見之恆語。敓即奪之古文,當讀為挩,今通作脱,義為解脱,已詳前文。敓字或寫作⿱敓示,作「以其古⿱敓示之」,(簡207,210,240)⿱敓示可視為敓字增益示旁,為敓之繁形,仍當讀為挩即脱字。望山簡此語亦習見之,多與包山簡作敓者同,僅一簡作「以其古祱之」,又一簡作「又(有)敓,以其古祱之」,與同一辭例之他簡相較,知前面之「敓」與後面之「祱」顯然是書寫時前後互誤所致。天星觀楚簡此語用例與望山簡雷同,即多作「敓」字,間也有寫作「祱」者,亦當隨文讀之。

(2)又⿱敓示　無⿱敓示

「又⿱敓示」(簡218)之⿱敓示,《包山楚簡》考釋429謂「讀如祟」,可從。《漢書・江充傳》「祟在巫蠱」,注:「謂禍咎之徵也。」簡文云:「又(有)⿱敓示,□見琥。」(簡218)「又(有)⿱敓示見」(簡223)「又(有)⿱敓示見於絶無後者與漸木立」(簡249)。「有⿱敓示」與「有⿱敓示見」云云,猶言有禍咎之徵象出現。

卜筮簡於命辭中又常見「尚毋祟」一語,《説文》:「祟,神禍也。」「尚毋祟」是希望神禍不要降臨。「無祟」之「祟」尚未降臨,不能確指,意義比較抽象;「有⿱敓示見」是説有禍咎之徵象出現,需要加以祓除,意義比較實在和具體,因而二者用字也有所區別。

「又⿱敓示」天星觀楚簡作「又祱」或「又敓」,如云:

又祱,以其古祱之。

又祱,祱之。

疑「祱之」即「以其古祱之」的省略。望山簡此句用字與天星觀簡大致相同。例如:

又祱,以其古敓之。

又見祱，宜禱……

又敓，北方又敓。

南方又敓與害，害見。

「又祱」舊讀為有祱，今以包山簡例之，仍當讀為「有祭」。「有見祱」即包山簡之「有祭見」，「南方又敓」即「南方有祭」，與包山簡「由攻祱……於南方」可以互證。

與「又(有)祭」相對者為「無祭」，如云：「罾吉占之，吉，無咎無祭。」(簡234,235)此句言貞人罾吉占得吉卦，没有災難，也没有禍咎。所以下文並没有出現「以其古敓之」。天星觀楚簡有「盤𠭯占之，長吉宜室，無咎無祱」。按「無祱」也宜讀作「無祭」，與包山簡同。【包山卜筮簡考釋 第二屆國際中國文字學研討會論文集】

斁

甲129 録666 683 書1·10·D 新1339 前5·9·3 【續甲骨文編】

斁 詩葛覃服之無斁毛傳斁厭也 牆盤 昊炤亡斁 毛公㫚鼎 肆皇天亡斁 南宮乎鐘 兹鐘名曰無斁 静簋 静學無斁 與睪擇為一字 欒書缶 斁其吉金 中山王嚳壺 斁鄽吉金 【金文編】

1159 1564 2777 2857 2412 4062 1220 1001 【古璽文編】

斁見尚書 【汗簡】

古尚書 【古文四聲韻】

◉許 慎 斁解也。从攴。睪聲。詩云。服之無斁。斁。猒也。一曰。終也。羊益切。 【說文解字卷三】

◉吳大澂 肆皇天亡斁。

詩抑肆皇天弗尚。箋云。肆故今也。亡斁。與虢叔鐘亡斁。静敦無斁。皆同。詩思齊。古之人無斁。振鷺。在此無斁。釋文皆云。斁。厭也。皇天無斁。言天不厭周德也。【毛公鼎釋文】

◉吳大澂 師望鼎。與虢叔鐘。同。當釋作無斁。【說文古籀補補遺】

◉劉心源　斁舊釋作射。引汗簡所載義雲章□字。然止釋得下體。於从目之形無箸也。案。說文。睪引給也。鐘鼎文多用為擇。如睪乃吉金斁見之矣。又用為厭斁字。靜敨。靜學無□。毛伯彝。無不成□。皆睪省。古斁字通用射。詩服之無斁。魯詩故斁作射。詩無射于人斯。禮記大傳注作斁。詩在此無斁。毛作斁。韓作射。尒疋釋詁。豫射厭也。釋文。射本作斁。凡說卦水火不相射。詩矧可射思。好尒無射。太元三歲不射。皆斁字。此鼎之□。蓋合睪射二字為之。【小子斁鼎　古文審卷二】

◉郭沫若　無畀即無斁。又通作無射。毛公鼎及師訇毁作亡𡘲。無斁猶無厭也。【静毁　兩周金文辭大系考釋】

◉馬叙倫　鈕樹玉曰。韻會不重斁字。猒作厭。承培元曰。厭也一曰四字。疑後人所增。倫按解也者。譯字義。詳譯下矣。四篇。殬。敗也。此下文。敗。毁也。是敗也為此字義。殬下引商書曰。彝倫攸殬。今書作斁。彝倫攸斁正謂彝倫敗毁也。詩。秅斁下土。箋曰。斁。敗也。皆可證。詩云六字校語。此詩葛覃毛傳文也。然字不與敗次。或敗也者。敗音並紐。斁音喻四。古讀歸定。並定同為破裂濁音。借斁為敗。斁為敓之轉注字。敓音定紐也。字當从又。或為斁擇之異文。一曰。終也者。終如慎終追遠之終。謂死亡也。此殬字義。故从歺。殬次殬下。殬訓殛盡也。亦可證。然則終也是殬字義明矣。亦校語。斁猒也者。亦非許文。校者據毛傳旁注。謂毛傳訓斁為厭。不訓解也。或據玉篇加之。傳寫為正文。然厭斁字借為謝。謝者。言部。辭去也。爾雅釋詁。厭。謝也。詩振鷺。在此無斁。韓詩作無射。射即謝之省也。是其證。古鉨作□。【說文解字六書疏證卷六】

◉高田忠周　段氏云。斁厭也。見釋詁毛傳。按此三字釋所引詩之斁。以別於上文解訓。此全書之一例也。厭同猒。飽也。經典亦假射為之。終也。疑殬字轉義耳。愚又謂古攴手収三部通用不分。知斁擇睪皆元同字。而手部字古文多从攴。知斁為古文擇。其義即柬選也。故字从攴。為至當者。而斁下云解也。即叚借為釋也。睪訓引給也。亦擇字轉義。故金文擇字皆作睪。唯察許氏意此云解也。疑懈怠義。懈則心倦。即猒也。其實亦解釋義之引伸耳。朱駿聲云。詩振鷺。在此無斁。禮記大傳。無斁于人斯。叚借為襗。一曰終也。按終者絝字之誤。又為度。後漢張衡傳。惟盤逸之無斁兮。注。古度字也。【古籀篇六十】

◉戴家祥　余昔草商周字例。發見□□□□古文均為目之異體。因悟□象眼瞼眼珠及瞳孔形。□□乃僅象眼珠在眼瞼中。□則省去眼瞼。獨象珠球。此繁簡之通例也。由是勾稽攷核。知此鼎□字。静彝□字。梋妃毁□字。皆𡘲之繁縟文也。單伯鐘□字。師𡘲父毁□字。無𡘲鼎□字。鄧伯氏鼎□字。𡘲生鐘□字。皆𡘲之簡省文也。攷許書無𡘲字。即古

文射亦無從目從矢之義。然則⿱罒大果何字耶。

以聲義繹之。實即眣之異文。原形移置字也。公羊文七年傳。眣晉大夫與公盟也。又成七年傳。郤克眣魯衛之使。何劭公解詁。以目通指曰眣。説文目部無眣字。而有從失之眣。訓目不正也。段玉裁謂淺人無識以譌體改説文。字應作眣。竊疑眣字從目從矢。在六書為會意。從目失聲。則變為形聲。此六書嬗變例也。陸德明公羊釋文云。眣本又作眣。丑乙反。又大結反。則與失聲並相近。是從失非誤字也。古音失與寅同。故聲類互易變為瞚。廣韻玉篇。眣同瞚。是其證。説文。瞚。開闔目數搖也。莊子庚桑楚篇。兒子終日視而目不瞚。呂氏春秋安死篇。其視萬世猶一瞚也。高誘注。潁川人謂相視曰瞚。按瞚之古音與瞬相近。故陸德明釋文云。眣一音瞬。是眣之本義為目動。故其字從目從矢。若以為射之本字。則其義無取於從目矣。

至眣字在金文則當讀為射。同音叚借字也。師𩛥毀靜彝及此鼎均以亡⿱罒大為文。當從徐吳讀為無射。無射乃宗周成語。詩小雅車舝。式燕且譽。好爾無射。思齊。無射亦保。周頌清廟。無射於人斯。又禮記祭統。奔走無射。皆與金文同。無射本為無厭之義。故樂律亦名無射。淮南天文訓。律中無射。無射入無厭也。國語周語。無射所宣布哲人令德示民軌儀也。射之音義與斁相近。爾雅釋詁。射。厭也。説文。斁。厭也。故無射亦作無斁。(葛覃服之無斁。禮記緇衣引作無射。振鷺在此無斁。韓詩作無射。云漢。耗斁下土。春秋繁露郊志作耗射下土)。周頌振鷺。在彼無惡。在此無斁。又駉篇。思無斁。周南葛覃。服之無斁。魯頌泮水。徒御無斁。書洛誥。公無困哉。我惟無斁。後漢書張衡傳。惟盤盂之無斁兮。文選魏都賦。復之無斁。字均作斁。蓋古人言語本無定名。經文多通叚。無⿱罒大之作無斁。固不必求其孰正而孰叚也。

⿱罒大字今既知其聲與斁相近。然則説文大部臭字當為⿱罒大之字誤。亦可以肊訂定矣。許書臭。大白澤也。從大白。古文以為澤字。蓋古文⿱罒大亦作(見薛氏款識)。作(無斁鼎)。作(鄧伯氏鼎)。上文與白形近。故誤為臭。澤斁均從睪聲。金文⿱罒大與斁通。則許書云古文以為澤字。知東漢經師尚能知古文古義。以此例推。金文無斁鼎無斁二字為人名。知魏人田子方名無澤。即無斁之義也(見莊子田子方篇及國策魏策)。又變為無擇。詩大雅思齊篇。古之人無斁。鄭箋作無擇。釋文。斁。擇也。故莊子讓王篇有北人無擇。揚子方言。吾子篇。君子言也無擇。聽也無淫。擇則亂。淫則辟。述正道而稍邪哆者有矣。未有述邪哆而稍正也。太元元挩曰。言正則無擇。行正則無爽。水順則無敗。無敗故久也。無爽故可觀也。無擇故可聽也。此即本孝經口無擇言身無擇行為説。無擇即無射之叚字也。【⿱罒大字説 中山大學語言歷史研究所周刊第六冊】

◉楊樹達 無⿱罒廾,吳郭于皆以無厭釋之,余疑⿱罒廾為睪之省形,當讀為燡。説文云「燡,敗也」,無燡猶他器言亡尤也。蓋王于六月令

靜嗣射事，歷月餘，至八月，會射于大池。會射者，所以考驗靜嗣射之效能也。及既射而王知靜教射有功，故以鞞刹錫之。靜教無𢼄，承上文之會射而言其果，起下文之錫物而言其因，云無𢼄，則於義不剴切也。【靜𣪘跋 積微居金文說卷七】

◉嚴一萍 [glyph]毛公鼎：肆皇天亡[glyph]，吳大澂釋斁，金文編從之。繒書加「攴」，當即此字。説文：「斁，解也。」詩周南葛覃「服之無斁」，毛傳「斁，厭也」。商氏釋為「鬼」之別構，誤。【楚繒書新考 中國文字第二十六册】

◉高　明 「斁之青木、赤木、黄木、白木、墨木之精。」[glyph]字李學勤釋斁，按古文字中睪字，形體多變，諸如《毛公鼎》中之斁字，寫作「[glyph]」，《中子化盤》中之擇字，寫作「[glyph]」，古陶文中之懌字，寫作「[glyph]」（古陶文舂録），古鉨中之澤字，寫作「[glyph]」（陳簠齋手拓古印集）。此字從[glyph]，與[glyph]相近，故釋斁可信，在此假為澤。《風俗通義・山澤》：「澤者，言其潤澤萬物以阜民用也。」繒書此謂潤澤青、赤、黄、白、黑五色木之精粹。【楚繒書研究 古文字研究第十二輯】

◉黄錫全 [glyph]斁見尚書 馮本作[glyph]，並寫誤，原當作[glyph]。如擇字或作[glyph]（郘公華鐘）、[glyph]（其次句鑃）、[glyph]（陳肪𣪘）等。薛本多作斁，僅《洪範》作殬。《説文》引《商書》曰「彝倫攸殬」，今《洪範》作「攸斁」。段玉裁云：「今作斁者，蓋漢人以今字改之，許所云者，壁中文也。」【汗簡注釋卷二】

◉柯昌濟 亡斁，斁字為吳秋暉所釋，其説為是，詩葛覃「服之無斁」，舊注訓厭，尚書洪範「彝倫攸斁」，舊注訓敗，皆有敗壞之意。【殷墟卜辭綜類例證考釋 古文字研究第十六輯】

赦 𢿱

[glyph] [glyph] 赦 説文𢿱赦或从亦 𠑹匜 今大赦女 【金文編】

[glyph] 赦 法一五三 三例 [glyph] 為一 二例 [glyph] 法一二五 三例 【睡虎地秦簡文字編】

[glyph] 王赦私印 [glyph] 盧赦之 [glyph] 韓赦私印 [glyph] 王赦 [glyph] 張赦印信 [glyph] 張赦已 [glyph] 臣赦已 [glyph] 朱赦 [glyph] 孫赦

[glyph] 資赦之印 [glyph] 鮑赦 [glyph] 纏赦 【漢印文字徵】

[glyph] 古老子 [glyph] [glyph] 竝汗簡 【古文四聲韻】

◉許　慎 𢿱置也。从攴。赤聲。始夜切。𢿱赦或从亦。【説文解字卷三】

◉馬叙倫 沈濤曰。一切經音義五引。赦。寬免也。是古本有一曰寬免也。五字。倫按寬免也者。校語。故今本删之矣。七篇。置。赦也。赦置皆舌面前音。置也即置字義。赦為捇之異文。十二篇。捇。裂也。字當从攴。玄應一切經音義引三倉。赦。舍也。字見急就篇。

赦，赦或从亦。 王筠曰。赤亦固是疊韻。然此篆各本皆斷為人。再以羊部羍省為羊推之。似此亦是赤省。非亦字。狄从亦省亦可證。【説文解字六書疏證卷六】

◉黄錫全 赦 夏韻禡韻赦下録二形(第一形當是亦字，見于《汗簡》)，注「竝汗簡」。《説文》赦字正篆作，或體作，倂匜作。形同楚帛書。【汗簡注釋補遺】

◉戴家祥 赤屬鐸韻。亦屬職韻。古音相通。本與鐸同韻的睪、斁、繹、懌、嶧、驛、圛等字皆屬職韻。是其證也。赦赦乃聲旁更換字。銘文赦即赦，赦免之義。【金文大字典中】

甲二一四 地名 甲五六二 乙一九二 前二·一六·五 前二·一六·六 前二·一七·一 前二·一七·二 前四·三〇·四 前五·三〇三 前六·四·二 前六·九·二 前六·九·三 林二·三·一八 簠地一九 簠征三八 掇二·一三二 粹一二八二 京津二四五〇 京津五五五三 存六八 珠四六六 明藏七八六 金五四四 金五九七 鐵一五三·三 佚九二三 【甲骨文編】

珠466 徵2·19 9·38 粹1282 【續甲骨文編】

攸 从攴从人 井鼎 王古尊 㝩尊 攸鼎 攸簋 鬲攸比鼎 鬲比盨 中山王嚳鼎 孳乳為鋚説文鋚鐵也一曰轡首銅詩采芑鉤膺鞗革作鞗箋鞗革轡首垂也 毛公厝鼎 攸勒 盠方彝 師訊鼎 趞鼎 師酉簋 柳鼎 師嫠簋 曶壺 吳方彝 寰盤 無叀鼎 頌鼎

頌簋　頌簋　弭伯簋　伊簋　師兑簋　【金文編】

3·778　寃攸　【古陶文字徵】

4496　師酉𣪕作𢼊與璽文略同。璽文假作修字。修字重見。【古璽文編】

石碣田車石　君子逌樂　前漢韋賢傳萬國逌平　師古曰逌古攸字攸所也逌字重文　【石刻篆文編】

攸　攸並尚書　攸王庶子碑　攸　【汗簡】

並古尚書又貝丘長碑　王庶子碑　崔希裕纂古　同上　【古文四聲韻】

◉許　慎　行水也。从攴。从人。水省。徐鍇曰。攴。入水所杖也。以周切。秦刻石繹山文攸字如此。【說文解字卷三】

◉張燕昌　薛作逌。鄭云。今作攸。按。漢書地理志酆水。逌同。五行志。彝倫逌叙。皆古攸字。【石鼓文釋存】

◉阮　元　錢竹汀宮詹大昕云。古器銘多用鋚勒字。惟石鼓及寅簋文正作鋚勒。伯姬鼎則作攸勒。宰辟父敢又作攸革。薛尚功王俅諸家並釋攸為鋚。此文亦但作攸。葢古文之鋚勒即詩所云鞗革也。詩鞗革凡四見。鄭氏箋或云轡。或云轡首。或云轡首垂。毛公則訓鞗為轡。革為轡首。說文無鞗字而有鋚字。訓轡首銅。明乎鋚即鞗也。爾雅釋器。轡首謂之革。郭景純曰。轡靶勒也。明乎勒即革也。詩鞗革有鶬。鄭以鶬為金飾。古文鞗从金。與許叔重訓轡首銅合。孔氏疏謂以鞗皮為轡首之革。似未達古制矣。【無專鼎　積古齋鐘鼎彝器款識卷四】

◉吳大澂　當即攸之古文。說文。攸。行水也。从攴从人水省。毛公鼎作。頌敦作。此从人从丨丨。人行水中會意而兼象形。从攴者。為之孳生字也。【愙齋集古録賸稿】

◉劉心源　攸鋚省。鋚勒即詩鞗革。說文。鋚。轡首銅。無鞗字。【奇觚室吉金文述卷二】

◉林義光　攸修幽韻　說文云。行水也。从攴。从人。水省。按以丨為水省。不顯。古作師嫠敦。作攸尊彝丁。从攴从人。即修之古文。飾也。象手持物形。人所飾者也。或作師酉敦。作伊𣪕彝。作師兑敦。作吴尊彝。从彡轉注。彡飾也。或作頌壺。省从丨。說文云。飾也，从彡攸聲。按攸字古或从彡。不得復加彡作修。修蓋攸字之譌。【文源卷六】

◉王襄 攸 古攸字。許說从攴从人水省。此不从水省。亦即條之省文。漢畫何篠題字篠作𥳑。攸即條之省。从⺮从匸。誼同。說文解字其或从竹。或从匸。可證。攸或即鳴條歟。【簠室殷契徵文考釋卷一】

◉商承祚 攸卷二第十六葉 攸第十七葉 攸同上 攸同上 攸卷四第三十葉 攸卷六第九葉 攸同上 攸卷六第四葉

秦嶧山石刻作攸。毛公鼎作攸。頌敦作攸。此省水。疑亦攸字。【殷虛文字類編第三】

◉高田忠周 秦刻石嶧山文作攸。然見鉉摹嶧山文明作攸不作攸。即知今本說文有誤。元當作攸為本文。引嶧山作攸。攸者攸之譌。篆文互倒耳。銘意叚借為肇。實為鋚也。說文鋚下。一曰轡首銅。詩蓼蕭肇革沖沖。傳曰。轡也。是也。又與悠修筱卣迪諸字通。字亦作浟。楚辭大招。弱水浟浟只。注。流皃。又作滺。詩竹竿。淇水滺滺。是也。然亦按。今本說文解釋有譌敚。原本行水上必當有一解。而後可云一曰行水也。若唯以行水為本義。字當收于水部。許收于本部。固當訓置安義。而其實許氏此條為誤謬。攸字本義謂行水。六書故引唐本說文行水攸攸也為是。重言形況字也。其形从水攴聲。攴古文仆。卜攸古音轉通耳。抑是攴聲。故或借攴為攸。【古籀篇六十】

◉商承祚 攸 徐鉉臨本作攸。已改之。此當是古文。如乁及之例也。甲骨文作攸。金文王攸尊同。頌敦伊敦作攸。師酉敦作攸。頌壺作攸。此从巛作者。其巛之譌與。【說文中之古文考】

◉葉玉森 攸之異體作攸等形。象持卜擊人。與攴字構造法相似。卜辭有條字。作條藏龜第七十七葉之三。作條前編第卅三葉之五。地名。予疑即鳴條。攸或亦條省。本編姑書作攸。【殷虛書契前編集釋卷二】

◉馬叙倫 沈濤曰。六書故引唐本曰。水行攸攸也。其中从巛。是古本从水不省。詩衛風竹竿。淇水浟浟。浟乃攸之俗字。毛傳。浟浟。流皃。許解蓋用毛義。可見二徐本之奪譌矣。桂馥曰。戴侗曰。唐本曰。水行攸攸也。其中作丨丨。徐本曰。行水也。其中作丨。吾丘衍學古編嶧山碑有徐氏門人鄭文寶依真本刊者。攸字立人相近。一直筆作兩股。此說與唐本正合。本書。卣。氣行皃。讀若攸。釋詁。悠。遠也。舍人云。行之遠也。詩訪落。於乎悠哉。傳云。悠。遠。黍離。悠悠蒼天。傳云。悠悠。遠意。載馳。驅馬悠悠也。傳云。悠悠。遠皃。黍苗。悠悠南行。傳云。悠悠。行皃。竹竿。淇水浟浟。傳。浟浟。流皃。論語。滔滔者。孔本作悠悠者云。悠悠。周流之皃。孟子。攸然而逝。趙云。攸然。迅走趣水深處。以上諸說。與唐本水行攸攸之意合。羅振玉曰。碣石頌及漢開母廟闕題字脩字偏傍皆作攸。婁壽碑內攸字亦作攸。鄦惠鼎毛公鼎內字皆作攸。即許所謂从人水省也。倫按頌鼎攸字作攸。頌壺作攸。是篆作攸作攸皆有據。說解宜作水行也。經典既無以攸為行水之訓。卣為氣行而讀若攸。詩之浟浟。毛傳訓流。孟子攸然而逝。正以水行之攸攸。狀魚行之攸攸。可證

古語謂凡行之相逐不絶漸行漸遠者曰攸。故氣行為卣。而亦讀若攸。二篇。逐。追也。易頤卦。其欲逐逐。釋文。子夏本作攸攸。荀作悠悠。劉作跾。逐可作攸者。攸音喻四。古讀歸定。逐音澄紐。定澄同為破裂濁音也。倫謂攸。从乀。役聲。故師酉毁一作。一作。攸役一字。役音喻四。故攸音亦喻四。役从殳得聲。殳音禪紐。而本書儵从攸得聲。讀若叔。跾从攸得聲。而音式竹切。均在審三。審三與禪同為舌面前摩擦音也。當入乀部。

鈕樹玉曰。玉篇注。亦攸字。按秦刻石句當在攸下。嚴可均曰。秦刻石已屬校語。此更非詞例。當是校者附記。王筠曰。小徐本作秦刻石嶧山文。孫本嶧作繹。無山下石字。席世昌曰。史記始皇會稽刻石。德惠脩長。索隱。王劭按張徽所録作攸。吳錦章曰。此字二篆顛倒。非許書之舊。並非徐氏本之舊也。今傳嶧山碑為大徐所書。文内字正作攸。如果為汥。大徐豈不據此以改正之乎。可見秦碑本是攸字。惟攸係汥之異體。原本必先出汥字。後出攸字。商承祚曰。徐鉉臨本作。甲文作。頌毁伊毁作。師酉毁作。頌壺作。此从巛。其之誤歟。倫按金甲文無省人旁者。惟甲文有諸文。葉玉森釋後二字為寇。倫謂从宀。汥聲。然攸从役得聲。役从殳得聲。則汥字自得从水支聲。惟此字實校者依玉篇加之。轉寫復捝其説解。而秦刻石以下則鈕嚴二説是也。【説文解字六書疏證卷六】

◉陳夢家 攸是攸侯之地。左傳定四分魯公以殷民七族，其中條、徐、蕭、索之徐，蕭、索當在今徐州、蕭縣、宿縣一帶，條亦應近此三處。蕭為子姓(見左傳隱元正義及殷本紀索隱所引世本)，則條亦是與殷同姓。周武王時曾東伐有攸，孟子滕文公下引書曰「徯我后，后來其無罰」；「有攸不惟臣，東征，綏爾士女，匪厥玄黄，紹我周王見休，惟臣附於大邑周」。趙歧注云「從有攸以下道周武王伐紂時也，皆尚書逸篇文也」。匪厥玄黄八字，即鄭玄禹貢注引胤征之文，胤征當是攸征。

孟子之有攸，卜辭之攸，左傳殷民七族之條，當是一族。又有

晚殷金文 王由攸 三代11·30·3

西周初金文 王女南賫 捃古22·62·1

所指或是有攸。

正文方歸途中，二月癸酉在攸侯鄙永，四日後戊寅已在宿縣東北六十里之留丘，則攸當在今永城之南部，宿縣之西北。攸地之永，即今永城(參考古12:76)。【殷墟卜辭綜述】

◉魯實先 字當隸定作伇。攴殳古通用。故它辭亦作。即役之古文字。於卜辭有三義。(一)疫之初字。(二)蓋為豫之之假安也。(三)方名。【卜辭姓氏通釋之一 東海學報第一期】

◉饒宗頤 〔辛〕卯……貞：亡……于夏，壬……□雨。（續編四·二三·一戩壽四五·八重）。按壬當是辛卯之翌日壬辰。□雨亦見文録一三二二云：「多雨□雨，自聑。」亦作「卣雨」（天壤一九，鐵一九三·四：「今夕，其亦卣雨」）。□王靜安釋「逌」，以石鼓文「君子□樂」用法例之，逌蓋借為攸，如漢書叙傳「攸爾而笑」即「逌爾」；此辭攸讀為「悠」，長也故□雨即悠雨，與多雨意近。佚存八五二：「步于□雨」，則用作地名。【殷代貞卜人物通考卷十五】

◉柯昌濟 攸字古文从亻从攴，秦嶧山刻石「德惠悠長」之悠作攸，與此文同。【殷墟卜辭綜類例證考釋 古文字研究第十六輯】

◉黄錫全 □攸 □攸 並尚書 《説文》卣字正篆作□，「气行皃，从乃，卣聲，讀若攸」。卣字正篆作□，「驚聲也，从乃省，西聲。籀文卣不省。或曰卣，往也，讀若仍」。古文字中卣與卣也是有區別的。卣古作□（甲761）、□（盂鼎）、□（禹鼎）、□（毛公鼎），从□、□，从乃；卣字則作□（乙7835）、□（京津4234）、□（毛公鼎）、□（虢叔鐘）、□（石鼓文），从□、□、□，从乃。上形攸作□，當是由石鼓□而譌，遂與廼字混同，誤从□（西）。卣字隸變作卣。敦、九、神、巖、雲、小、豐、觀、内等本攸作逌，薛本多作卣，《君牙》作逌，《禹貢》作□。典籍卣、攸通作。

□攸 王庶子碑 前已兩見卣字。此形蓋由□（石鼓文）譌作□，再變作□，類似旨字作□（匽侯旨鼎）、□（伯旅魚父簠）、變作□（國差𦉜）、□（《説文》古文）。【汗簡注釋卷一】

◉戴家祥 攸經傳多用為語助詞，爾雅·釋言「攸，所也」。字亦通悠，中山王𠫑鼎「於虖攸𢦏」即周頌·訪落「於乎悠哉」，鄭風·子衿「悠悠我思」，太平御覽六百九十二作「攸攸思我」，同聲通假。攸亦通卣，禹貢「灃水攸同」「九州攸同」漢書·地理志攸作卣，洪範「彝倫攸叙」，漢書·五行志作「卣叙」，唐韻攸、悠、卣俱讀「以周切」喻母幽部。【金文大字典上】

◉徐在國 《包山楚簡》簡八八有字作□，又作□，原書均未釋。

首字應釋為攸，第二字應分析為從攸從邑，隸作郷，亦釋為攸。包山楚簡中「修」字作□（簡二五五），所從的攸與第二字所從□相近。只是第二字所從多了一飾筆。首字所從人形作□，與第二字所從□略異。包山簡中人旁作□，或作□，例如：傴作□（簡一二），□（簡二二一）；憂作□（簡二三一），□（簡二二九）。如此，上述二字應釋為攸。攸在簡文中用作姓氏。第二字加了邑旁，當是攸姓的專字。【包山楚簡文字考釋四則 于省吾教授百年誕辰紀念文集】

攺 攺

 品式石經 咎繇謨 撫字重文 【石刻篆文編】

◉許　慎　攺撫也。从攴。亾聲。讀與撫同。芳武切。【説文解字卷三】

◉馬叙倫　王筠曰。手部撫之古文辺。亦从亾聲。劉秀生曰。亾聲古在明紐。唐部。無聲古在明紐模部。模唐對轉。故攺从亾聲得讀若撫。詩蕩。時無背無側。漢書五行志作巳亾背亾仄。左昭十三年。賓須無。十五年。費無極。漢書古今人表無並作亾。並其證。倫按説解曰。撫也。讀與撫同。是攺撫一字矣。撫下曰。安也。一曰。循也。循當為揗。揗者。摩也。十二篇。拊。揗也。是撫為拊摩之義。安為揗之引申義。撫為拊摩。故从手。則此當从又。為撫之異文。【説文解字六書疏證卷六】

敉 敉

 敉 説文或从人作侎。此从尸。書大誥。以于敉寧武圖功。洛誥。亦未克敉公功。皆當訓繼。陳侯因資錞 侎坒趄文。猶言繼續趄文也。

【金文編】

◉許　慎　敉撫也。从攴。米聲。周書曰。亦未克敉公功。讀若弭。緜婢切。侎敉或从人。【説文解字卷三】

◉劉心源　侎為敉之重文。見説文。大誥。敉寧武圖功。傳訓敉為安撫。廣雅釋詁一。敉安也。【奇觚室吉金文述卷四】

◉徐中舒　侎，説文敉，或作侎。書敉字屢見，如：

以於敉寧(文)武圖功……肆予害敢不越卬敉寧(文)王大命。——大誥

亦未克敉公功。——洛誥

亦越武王率惟敉功。——立政

書多以敉功敉命連文。偽孔傳及説文均釋敉為撫，大誥「以於敉寧武圖功」之敉，足利本即作撫，撫功，撫命，義實牽強；廣韻釋安，義亦難通。【陳侯四器考釋　歷史語言研究所集刊第三本第四分】

◉吳其昌　敉字與散氏盤之敉字當為一字，但散盤之字為地名，而此敉字，則為動詞耳。此敉字，蓋即書大誥「予翼以于敉寧文武圖功。」及洛誥「亦未克敉公功」之敉。爾雅釋言及説文並云「敉撫也」，洛誥鄭注及廣雅釋詁並云「敉，安也」。【金文歷朔疏證卷一】

◉高田忠周　古文尸人通用。此亦侎字也。説文。𢾋撫也。从攴米聲。讀若弭。或从人作𠈫。是也。廣雅釋詁。侎安也。書洛誥。亦未克敉公功。又竘健也。為本義。或轉為治也。侎竘雖不見于經傳。其意可解。此古語逸而無傳者也。【古籀篇六十】

◉容　庚　敉。説文撫也。或从人作侎。書大誥以于敉寧文武圖功。又云肆予害敢不越即敉寧文王大命。洛誥亦未克敉公功，立政亦越武王率惟敉功。敉義當如繼。訓安撫者非也。【陳侯因資錞　善齋彝器圖録】

◉商承祚　[glyph]　疑敉字。國名。【殷契佚存】

◉郭沫若　侎讀為弭節之弭，低也。史記司馬相如傳「弭節裴回」，索隱引司馬彪説「弭猶低也」。漢書相如傳注引郭璞説，文選子虛賦郭注均訓弭為低。【因資鐔　兩周金文辭大系考釋】

◉馬叙倫　邵瑛曰。撫也當作攺也。劉秀生曰。米聲弭聲並在明紐。故敉从米聲得讀若弭。周禮春官小祝。彌烖兵。注。彌或曰敉。男巫。春抬弭以除疾病。注。杜子春讀弭如彌兵之彌。玄謂弭讀為敉。字之誤也。是其證。倫按敉為攺之雙聲字。字當从又。

錢坫曰。廣雅。侎。安也。用此字。倫按侎从人。米聲。疑與敉異字。【説文解字六書疏證卷六】

◉李孝定　契文與篆文同，商説可从。辭云「敉侯」，國名，無義可説。【甲骨文字集釋第三】

◉李孝定　契文「屎」字作[glyph]，象人遺屎形，後譌从「米」，非本从「米」也；金文明是从「米」，與契文不類，當非屎字，諸家釋「敉」者是也。説文無屎字而有尿字，字作𡳰，从「尾」，當是从「尸」之譌，契文尿作[glyph]，从人與从尸同，字不从尾可證。「屎」「尿」之製，應在同時，説文蓋偶遺耳。金文侎字與説文敉或體同，容訓為繼，於義為長。【金文詁林讀後記卷三】

◉周名煇　辵部[glyph]陳侯因資𣪘丁氏定為[glyph]字古文。以為即屎字。今考定為侎字。

此文从[glyph]即[glyph]人字。从人米聲。説文攴部云敉。撫也。从攴米聲。周書曰。亦未克敉公功。讀若弭。𠈫敉或从人。即此文矣。銘文云。侎偟似桓文。朝問諸侯。侎猶終也。本章炳麟説。見古文尚書拾遺定本。承上文揚皇考卲緟高祖黄帝而言。謂終當似齊桓晉文朝問諸侯也。惟余癸未秋。曾從吾友饒固庵借讀容庚金文編重定本。似亦定[glyph]為侎。時越兩載。恍忽猶能憶及。而強氏三補。采容書。未及此文。故猶存余舊論于此。【新定説文古籀考卷中】

◉戴家祥　[glyph]曾侯乙鐘為敹鐘客　聚即敉之别稱。説文十二篇手部：「扶，佐也，从手夫聲。古文作㧊。」「揚，飛舉也，从手昜聲。古文作敭。」「播，穜也，从手番聲。古文作𢾥。」説文三篇攴部：「攺，撫也，从攴亡聲，讀與撫同。」金文朱公釛鐘揚作[glyph]，亦易手

敡

為攴，是手、攴可以互易之證。揚𣪘揚作□，令鼎作□，師酉𣪘作□，既不从手，也不从攴，而變為从丮，可見丮義同攴亦即同手。說文三篇丮部：丮，褱也，从丮工聲，或从手作𢱭，丮手同義可以重複。丮、攴亦同義，也未必不可以重複。鐘銘□字可以隸定為□，即敉之異體。說文訓撫也，讀若弭，或从人作侎。周書洛誥「亦未克敉公功」，鄭玄注：敉，安也。敉鐘為戰國時代的樂律名。【金文大字典中】

◉許　慎　敡侮也。从攴。从易。易亦聲。以豉切。【說文解字卷三】

◉馬叙倫　錢坫曰。此侮易字。王筠曰。易乃蟲也。此从攴。易聲。倫按敡音喻四。與敏音微紐轉注者。敏从每得聲。每民一字。民音心紐。心與喻四同為摩擦次清音也。當次敀下。或曰。此與人部傷一字。輕侮義近。【說文解字六書疏證卷六】

◉李孝定　契文有□字，福二。商承祚曰：「□字陳墨迻邦福先生謂：『从攴，易省聲，當釋作揚，周禮春官卜師云：「凡卜事眡高，揚火以作龜，致其墨。」鄭注云：「揚，熾也。致其墨，孰灼之，明其兆也。」卜辭「□自揚龜」者，自謂師旅，揚龜正周官揚火作龜之略也。』福氏藏龜考略稿本七葉。案□字左當為易之省。廣雅釋詁曰：『敡，置也。』周禮春官龜人：『凡取龜用秋時，攻龜用春時，各以其物入於龜室。』此敡龜，取龜之意也。」見福氏所藏甲骨考釋二葉。

說文：「敡，侮也，从攴，从易，易亦聲。」契文□為易字偏旁，商說於字形較近。惟是單辭孤證，未可確知其義。許訓侮，以釋卜辭「□自龜」，不可解，當為別一義，商引廣雅訓置，於卜辭辭意雖較順適，然終不甚洽，疑敡當假為鬄。按鬄與今字剔通。許書無剔，大徐新附字有之，鈕樹玉新附考云：

「髟部鬄注云：『从髟，从刀，易聲。』按既云『从刀』，則當云『易聲』，其作剔者，定按「者」上疑敚「聲」字。誤也。通作鬄者，據儀禮士喪禮：『四鬄去蹄。』鄭注：『鬄，解也。今文鬄為剔。』」

據鄭氏此注，則漢時有剔字，訓解，許書偶佚耳。鬄訓披，義別。卜辭云「敡龜」，當叚為剔，解龜也。解龜以供占卜，即龜策列傳所謂「因以吉日，剔取其腹下甲」之意也。【讀契識小録　歷史語言研究所集刊第三十五本】

◉許　慎　韍戾也。从攴。韋聲。羽非切。【説文解字卷三】

◉馬叙倫　戾也當作盭也。十篇。盭。引擊也。十二篇。盭讀若戾。盭从盩得聲也。詳盩字下。廣雅釋詁四。韍。盭也。即借盭為盩也。然盩也又當作敎也。今失此字。盩乃敎之轉注字也。詳盩字下。敎从㚔得聲。㚔讀若籋。籋从爾得聲。爾音日紐。日與喻三同為舌前音也。韍音喻三。故盩轉注為韍。【説文解字六書疏證卷六】

敦　不从攴　齊侯敦　䇺字重見　陳猷釜　【金文編】

3·210　蒦圆匋里人數鴋　3·213同上　【古陶文字徵】

敦　雜三四　五例　通屯—長　雜一二　語九　【睡虎地秦簡文字編】

4033　0646　【古璽文編】

敦浦　敦識里附城　敦德步廣曲候　敦印輔賢　徐敦　敦建德印　【漢印文字徵】

敦　敦　【汗簡】

◉許　慎　𢾭怒也。詆也。一曰。誰何也。从攴。䇺聲。都昆切。又丁回切。【説文解字卷三】

◉羅振玉　卷一第三十五葉　同上　後編下第七葉　同上　同上　書契菁華第十葉　古金文有作　己𥎦敨　杞伯敨者。與此畧同。从又持。殆象勺形。所以出納麥稷者。非从支也。【增訂殷虚書契考釋卷中】

◉王國維　女及戎大䇺戟。䇺戟皆迫也。伐也。䇺者敦之異文。説文以䇺為純熟之純。殆非。古器如齊侯敦等皆以䇺為敦。詩魯頌敦商之旅。箋云。敦治也。武王克殷而治殷之臣民。其實敦商之旅。猶商頌云裒荆之旅。鄭君訓裒為俘。是也。宗周鐘云。王䇺伐其至。寡子卣云。以䇺不淑。皆䇺之訓也。戟與虢季子白盤博伐之博。宗周鐘𢦚伐之𢦚。同義。詩常武。鋪敦淮濆。鋪敦即䇺戟之倒文矣。【不𡢁敦蓋銘考釋　王國維遺書第六册】

◉高田忠周　朱氏駿聲説。敦字訓怒也者。叚借為憝也。訓詆也。一曰誰何也者。叚借為諯也。此字本訓擿也。故从攴。詩北門。王事敦我。箋。猶投擿也。傳訓厚。謂借為惇。失之。又叚借為諄。爾雅釋詁。敦勉也。漢書陳寔傳。遣人敦寔。

注。勸也。又為弴。詩行葦。敦弓既堅。又為焞。淮南天文。敦盛也。又為啍。詩東山。敦彼獨宿。又為錞。莊子列禦寇。敦杖蹙之乎頤。注。豎也。又為奄。方言一。敦大也。又為諄為笹。詩行葦。敦彼行葦。傳聚也。又為琱。詩棫樸敦琢其旅。敦琱一聲之轉。又為𠂤。爾雅釋邱。一成為敦邱。注。今江東呼地高堆者為敦。敦器似盂。穆天子傳注。敦似盤。音堆。蓋所説為至精。然愚謂敦憝元同字。其實憝為悙字異文。其訓怨也。叚借為敦字。轉義也。其又訓詆也。訓誰何也者。怒義之一轉。誰何即敦訶也。敦誰古音轉通耳。其他論叚借者皆可從矣。唯又敦器字金刻古文作𣪕。作飤。或作盞。要𣪕飤為本字。从皀从食。其所盛者从攴疑敦省聲。故初先借敦為𣪕。又取于器義以从皿。盞出於敦。而亦𣪕異文也。金文即作盬。可證矣。【古籀篇六十】

◉葉玉森 此字異體作等形。羅氏釋敦可信。【殷虚書契前編集釋卷一】

◉徐中舒 簋銅器作𣪘。與敦字形近。故宋人誤釋為敦。錢坫十六長樂堂古彝器欵識始釋𣪘為簋。至王懿榮翠墨園語載黃紹箕説𣪘始詳箸其説。燕京學報第一期。容希白先生殷周禮樂器考略已詳載其文。玆再録之如次。

𣪘从殳从皀。簋从竹从皿从皀。二字以殳竹皿為偏旁。而皆以皀為主。一望可知皀穀之馨者也。説文𣪘上多一筆。古器亦時有作者。簋下云。古文作匭。𣪘亦時有从食者。此文之合也。敦字从攴从𦎧。宋人見隸書敦字與𣪘髣髴形似。遂以當之，實則亯本非皀。攴又非殳。迥然不同。此文之不合也。𣪘讀如九。馬廄字从之得聲。簋古讀亦如九。説文簋古文作匭。儀禮簋古文作軌。皆从九。詩陳饋八簋。與舅咎韻。是其確證。此聲之合也。敦从𦎧聲。从亯乃隸省。非聲。陳侯午及因資鐘从金𦎧聲。是敦之正字與𣪘聲絕遠。此聲之不合也。

右以文考之。而知𣪘之是簋而非敦也。

簠簋方圓。許鄭之説不同。然二器一方一圓。斷無疑義。今所見簠皆方。無一圓者。所見簋皆圓。無一方者。知鄭説之不謬。此形之合也。因資鐘以三環為小足。二環為耳。與今所見之𣪘絕無一同。今指為簋者之盨。其形廣當長之太半。而挫其四角。似圓非圓。似方非方。此形之不合也。簋器最多。用最廣。自天子至於庶人皆用之。自祭祀賓客至於饔飧皆用之。少則二簋。易言二簋可用享是也(又尊酒簋貳。今所見古器多尊𣪘連文。亦一證)。多則十二簋。周禮掌客公侯伯子男簋皆十二是也。此外言四簋六簋八簋及簠簋連文者不殫述。今所見古器。𣪘為最多。又時有一人所作數器同文者。此數之合也。敦字惟儀禮屢見。然與簋字多相混。疑隸寫時已多譌亂。他經則所見甚少。周禮左傳之槃敦。陳侯兩鐘。是其遺器。若以𣪘為敦。敦不應若此之多。以盨為簋。簋又不應如此之少。此數之不合也。

右以器考之。而知𣪘之是簋而非敦也。

以𣪘為簋。無一不合。以𣪘為敦。無一而合。向懷此疑。嗣見錢獻之(坫)韓履卿(崇)皆先有此説。而略無疏證。故具為申之(按韓説見寶鐵齋金石文跋尾上登叔簋跋)。

此就文字之形聲與遺物之形製。證以經傳所載。以闡明𣪘之為簋。與簋敦之不同。其説至為詳盡可信。容氏殷周禮樂器考略於𣪘之為簋則無異説。而於簋之非敦則力陳其不然。其言曰。

余籀讀儀禮則謂簋敦殆一字也……推之他禮或同此失。然齊侯敦齊侯彝作𦎫。陳侯因資敦陳侯午敦作錞。四器皆屬於齊。形製未詳。前人入之敦類。近在古物陳列所見一侈口兩耳直上下有方座之簋。銘多糢糊不可辨。大致與陳侯午敦同。則晚周有以敦為簋者矣。

據此知容氏作殷周禮樂器考略時。尚未見錞器形製。遂誤以陳侯午錞文讀陳侯午𣪘。不知此兩器之款識叙事處本可相同。但其稱名處。以形製之懸殊。則決無全同之理。且此兩器稱名處之行款起訖亦不同。更可為一有力之佐證。容氏徒以未見錞器形製(武英殿藏陳侯午錞後來由容氏發現。陳簠齋藏陳侯午錞陳侯因資錞近兩年來始見於北平與上海)。故其續作之寶蘊樓彝器圖録仍誤以簋釋錞(陳侯午簋)而名敦為簋(雲紋簋)。近見郭沫若先生兩周金文辭大系上篇補白。影一敦形而説之云。

此器見泉屋清賞。原題為漢鬵。案乃古之廢敦也。武英殿藏器陳侯午鎛錞呈此形。失蓋。濰縣陳氏藏器陳侯因資錞亦呈此形。用知鎛錞可簡稱錞。亦有省作𦎫者。均此類也。鎛錞即廢敦。鎛廢雙聲。錞乃敦之本字。鎛錞可省稱錞。則禮經之敦。即廢敦矣。鄭玄注禮。以廢敦為無足之敦。乃望文生訓。用知自漢以來已不識敦。宋人以古銅器中之銘𣪘者當之。其實簋也。前人株守宋説以𣪘為敦。羅氏振玉復援鄭注以圈足之𣪘(舊稱彝)為廢敦。均以譌傳譌者也。近人已知𣪘之為簋矣。然不知敦。因仍舊習。以器之名鎛錞若錞者。並改題為簋。即苦難索解。不知乃判然二類也。又此類器俗稱西瓜鼎。夢鄣草堂著録一器有虎紋。亦屬諸鼎。當釐正。

郭氏此説明為容氏而發。顧其説亦得失相半。其分別簋敦。重仲黄説則是。其以鋏為鎛。而謂鎛錞為廢敦則非。鋏之非鎛。説已見釋文。茲不復贅。又郭氏此説有本於羅氏者。羅氏貞松堂集古遺文陳侯午𣪘一(即熱河藏陳侯午錞)跋云。

此器作半圜形。以三獸為足。兩環上有獸首在旁為耳。往見陳侯因資𣪘器作圜形。與此正同。俗所稱西瓜鼎者也。

古董商所稱西瓜鼎乃指戰國秦漢間之鼎言。即爾雅釋器所稱圜弇上之鼐。其製顯與此異。又陳侯午錞一與陳侯因資錞足之形製亦復不同。郭氏未見原器。蓋本羅氏而誤。

簋敦之分。黄郭所説仍有未盡。兹再申之如下。

敦有團意。詩七月有敦瓜苦。傳云。敦猶專專也。專團同。團團正是敦形。爾雅釋丘云。如覆敦者敦丘。郭璞注。今江東呼地高堆為敦。據此覆敦之形如高堆。則敦之形團。亦可想像得之。蓋簋為圜器。而敦則上下内外皆圜。緯書孝經鉤命訣云。

敦規首上下圜相連——爾雅釋丘疏引。

敦與簠簋容受雖同。上下内外皆圜為異——儀禮少牢饋食禮疏引。

此上下内外皆圜。正是陳侯三敦之形製。實為敦之正解。陳侯午鐔曰鋘鐔。鋘有坳坎窊下之意。凡團物。自其内空言之。則正作坳坎窊下之形。故此名鋘鐔。仍形容鐔形之團。【陳侯四器考釋　歷史語言所集刊第三本第四分】

◉郭沫若　「辜伐其至」：辜即敦之異文。詩常武「鋪敦淮濆」，又魯頌「敦商之旅」，王國維説。見下「不嬰㲃」。【宗周鐘　兩周金文辭大系考釋】

◉吴其昌　「㪟二人」「卯二牢」「㪟一人」「卯一牢」對舉，則「㪟」亦刑人以祭。刑人而謂之「㪟」者，殆即金文中之「辜」，經典中之「敦」。宗周鐘「辜伐其至」，不嬰㲃「女及戎大辜戟」，詩閟宫「敦商之旅」，常武「鋪敦淮濆」……諸「辜」「敦」字，蓋皆從此「㪟」字衍出者，又「辜伐」同義，故疑此即「伐二人」「伐一人」之異撰矣。【殷墟書契解詁】

◉吴闓生　敦金文皆作㲃。或作飤。宋人釋為敦。自錢氏坫疑當為簋。近儒多從之。其説云。㲃與簋皆從皀。乃一字也。吾謂禮稱有虞氏之兩敦。蓋其制最古。故珠盤玉敦為典禮之盛。今敦銘極多。皆典制大文簠簋常用之器。殆不足以當之。若以其字與今隸不同。此乃書法之變。且敦字本音對。古人特假敦字代之。非敦厚之本字也。隸書敦字。假用最多。如敦弓。敦几。敦劍。敦髮。敦彼行葦之類。音義皆各不同。又可一一以形象求之乎。徑易為簋殊為無據。若敦皆易為簋。則器銘中更無敦之可指矣。生尊云。用作敦。寶尊。彝尊。亦稱敦。足證敦之非簋。又如毛公鼎㲃我用𩞁呂伯敦㲃太牢之文以簋讀之。亦殊未洽也。諫敦用此字借為即位之即。古音㲃與即蓋同聲耳。【大豐敦　吉金文録卷三】

◉馬叙倫　朱駿聲曰。敦本訓擿也。故从攴。詩北門。王事敦我。箋。猶投擲也。翟云升曰。集韻引一曰下有大也勉也四字。皆别義。大也見方言。勉也見爾雅。釋詁。田吴炤曰。一曰誰何也。鍇本作訪行也。承培元謂訪行當為誠信之泐文。非是。誠信為敦。乃後世字義。不當許恉。羅振玉曰。甲文敦字作。古金文有作己侯敦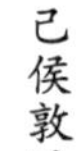杞伯敦者。與甲文略同。从又持。殆象勺形。所以出納麥稷者。非从攴也。倫按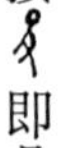即殳字。殳攴一字。故金甲文敦字从殳。㪟从攴。當有擊義。此

訓怒也者。桂馥以為當作怨也。是也。乃十篇憝字義。詆也者。詆敦雙聲。借為詆字。一曰誰何也。鍇本誰何作訪行。承培元以為誠信之泐文。誠信為敦。乃十篇惇字義。經傳借敦為惇耳。誰何也者亦詆字義。言部。誰。何也。何當作訶。詆下曰。訶也。誰詆轉注字。然則皆非𣪘之本義。詆也以下七字又校者所加也。朱謂𣪘當訓擿也。近是矣。倫謂敦當訓擊也。莊子說劍。試使士敦劍。即擊劍也。此本義之僅存者。集韻所引亦校語。字見急就篇。【說文解字六書疏證卷六】

◉馬叙倫　舊釋𣪕為敦。嚴可均錢坫以金文或作𣪕。竝釋為簋。以𣪕為即說文之𣪘。音居又切也。說文𣪘字莊述祖以為從殳皀聲。是也。皀為叀之譌。叀音照紐。古讀歸端。端見同為清破裂音。故𣪘從之得聲音入見紐。而可借為簋字。然金器中之簠簋。乃僅盛器。如今食器中之盤子。不可用以執物。而凡以執物之器。其銘文作𣪕𣪕者。不可釋為簋也。且如函皇父敢作𣪕。甲文作𣪕𣪕。或從食。食亯一字。則𣪕𣪕皆從亯而非從叀矣。故倫從舊釋。蓋𣪕即𣪘之省。猶䡅之本止作𣪕也。然𣪕從攴亯聲。攴殳一字。詳疏證。乃打之初文。而敦即莊子試使士敦劍之敦。從攴則有擊義。金文實借為亯。亯之轉注字為𦎫。故齊侯敢作𦎫。【讀金器刻詞卷上】

◉李孝定　高田氏謂「唯又敦器字，金刻古文作𣪕作飤」云云，說非。𣪘作𣪘，與敢異器，𣪘字舊釋敢，高田氏蓋沿其誤耳。【金文詁林讀後記卷三】

◉黃錫全　𠈓敦　鄭珍云：「低字也，高低古止作氐，俗加人，从氐誤。」按古从氏與从氐每不別，如眡（視）字，侯馬盟書作𥄎、𥄎，何尊則作𥄎，中山王墓兆域圖作𥄎。夏韻𡨥韻釋為惇。敦、惇同屬端母文部，低屬端母脂部，此假低為敦或惇。【汗簡注釋卷三】

◉戴家祥　爾雅釋詁「敦，勉也」，疏「敦者，厚相勉也」，漢書揚雄傳「敦衆神使武道兮」，師古曰：「敦，勉也。」又詩，魯頌「敦商之旅」，箋：「敦，治也。」敦者，相勉而治之也。郭沫若曰：敦者治也。言格于安陵，命丕䢅敕畬者乃陳純也。兩周金文辭大系考釋第二二三葉陳純釜。

𩐍，陝西周原考古隊的陝西扶風莊白一號西周青銅器窖藏發掘簡報文物一九七八年第三期第六葉釋為盩，無說。按𩐍字从皿敦省聲，斗亦聲。敦、斗古聲同屬端母。盩為聲符重複例。加皿旁往往因用作器銘而繁飾，加朕之為塍，寅之為𡪾等。故此乃敦之別構。【金文大字典中】

◉戴家祥　錞 陳侯因脊錞　用作孝武超公祭器錞 錞 陳侯午敦　作皇妣孝大妃祭器錞 錞 陳侯午錞　作皇妣孝大妃祭器錞

从金从𦎫，即古器名敦字，以所鑄言之故从金或作錞，从皿表示物類。郭沫若曰：周氏器形如圓球，器與蓋於赤道線上平

分，器底有三環以為脚。二環在緣之左右以為耳。蓋頂亦有三環，可以却置。此類器多無銘，其已見箸録者或題為鼎夢郼，或題為鬻泉屋，或題為𣪘寶蘊，余則以為當是敨。舊版一七六。今得此器，正為余説呈出一確證，敨𣪘之辨皎如日月，鼎鬻之疑亦可冰釋矣。然錞與鋏亦有別，「鋏錞之鋏作，舊釋為鎛，余沿之，遂有「鎛錞」，即廢敨之説，今從徐中舒説，改釋為鋏，徐引古鉨印庚姓字作等形以為證，是也。徐又云：「敦有團意，詩七月有敦瓜苦，傳云敦猶專專也。專團同，團團正是敦形。」爾雅釋丘云「如覆敦者敦丘」，郭璞注「今江東呼地高堆為敦」，據此則敦之形團亦可想像得之。緯書孝經鉤命訣云「敦，規首，上下圜相連」，爾雅釋丘疏引。「敦與簠簋容受雖同，上下內外皆圜為異」。儀禮饋禮少牢疏引。此上下內外皆圜，正是陳侯三敦連因資敦而言之形製。陳侯午錞曰：『鋏錞』鋏有坳坎窳下之意，凡團物自其內空言之，則正作坳坎窳下之形，故此名鋏錞，仍形容錞形之團。」案此所引關于敦之文獻可謂詳備，然以實物徵之，敦亦不盡上下內外皆圜。如「齊侯作孟姜膳𦎫」亦自銘為𦎫，而其形制則扁，器蓋不均等，器底平而無足，脣下有頸內凹，與陳侯諸錞之形制復小有差異。鄭玄注禮以無足之敦為廢敦者，蓋謂此類。

【金文大字典下】

𣀠 

◉許　慎　𣀠朋侵也。从攴。从羣。羣亦聲。渠云切。【説文解字卷三】

◉馬叙倫　王筠曰。玉篇但云朋也。則是羣之異文。闕疑。承培元曰。此即左昭五年傳求諸侯而麇至之麇。倫按鍇本作从支羣。是也。但下脱聲字耳。骨文有字。疑即𣀠字。羴為羣之初文也。詳羴字下。朋侵也當作朋也侵也。朋為鳳之異文。音在奉紐。古讀歸並。𣀠音羣紐。並羣同為破裂濁音。此以聲訓。或以𣀠為朋羣字也。校者依玉篇加之。从支。羣聲。𣀠敗同為破裂濁音。疑轉注字。侵也非本義。亦或非本訓。【説文解字六書疏證卷六】

敗 

  乙七七〇五　卜辭敗从鼎　 前三・二七・五　从貝與篆文同　【甲骨文編】

 珠294　 録757　【續甲骨文編】

 敗　説文𣁂籀文敗。从賏　五年師旋簋　 南疆鉦　 鄂君啟舟節　【金文編】

 23　 27　 52　【包山楚簡文字編】

敗 秦一六四 十三例 效二二 日甲一三二 【睡虎地秦簡文字編】

石經僖公 楚師敗績 古文誤以則為敗説文則古文敗籀文汗簡引尚書與古文四聲韻隸續皆同籀文 【石刻篆文編】

敗 敗 上同 【汗簡】

石經 古老子 王存乂切韻 【古文四聲韻】

◉許　慎　毁也。从攴貝。敗賊皆从貝。會意。薄邁切。。籀文敗从賏。【説文解字卷三】

◉葉玉森　孫詒讓氏釋㝵。叔鐘作與彼畧同。契文舉例下十五。森疑敗字有作重文者。如「医虎女汝事」。卷七第三十六葉之一。「医虎女汝事」。精華第七葉之七。內二重文。即許書敗之古文敗。殷契鉤沈。【殷虚書契前編集釋卷三】

◉強運開　余鉦从賏。與籀文敗同。【説文古籀三補卷三】

◉馬叙倫　嚴可均曰。敗賊皆从貝會意。當是校語。賊从戈則聲。不从戎貝。小徐賊敗皆从貝。無會意字。亦校語。鈕樹玉曰。从攴。貝聲。王筠曰。敗與退同字。敗賊皆从貝會意。此語乃不識字者所增也。賊从戈則聲。小徐作賊亦形聲字。會意二字。校者割錯語附入之。許書無此體例。孔廣居曰。賊从戈則聲。而此云从貝會意。自相矛盾矣。敗之从貝是諧聲。龔橙曰。貝聲。倫按十三篇。毁。缺也。壞。敗也。五篇。缺。器破也。是敗為擊破之義。故从攴而訓毁也。左僖十五年傳。僨車敗。注。此謂車敗壞。非兵敗也。是其證。敗為擊破。故擊破人軍亦曰敗。己不能成軍亦曰敗。顏氏家訓書證。江南學士讀左傳。口相傳述。自為凡例。軍自敗曰敗。打破人軍曰敗。讀補敗反。諸記傳未見補敗反。徐先民讀左傳。惟一處此音。又不言自敗敗人之别。知為穿鑿耳。其説是也。蓋古語凡破壞曰敗。故擊破曰敗。石碎曰破。行不成步曰跛。今番禺謂事不成猶曰敗。从攴。貝下捝聲字。玄應一切經音義引倉頡。敗。壞也。亦引作三倉。字見急就篇。則玄應引者倉頡文也。甲文有。葉玉森以詞義當釋敗。然亦有字。

敱。籀文敗。从賏。王筠曰。从賏。又不識字者所增。宋保曰。敱亦从貝聲。重貝字耳。籀文多重文。如𡴀作𡴆。讋作。副作疈矣。倫按甲文有。葉玉森釋敗。从賏二字校者加之。魏石經古文攴字偏傍作。余鉦作。【説文解字六書疏證卷六】

◉李亞農　舊釋得，多年以來，並没有人懷疑過舊釋。最近翻閲刻辭，漸覺過去的説法不對。説文曰：「㝵，取也，从見寸。」今

□字分明从貝又，怎麼可以釋為从見寸之得呢？再看卜辭中的用法，釋得亦不妥當。

甲戌，貞：令步□□□。（屯・甲八〇六・屯・甲・小屯，殷虛文字甲編之簡稱，下並同）

甲戌，貞：令雷□在鼉□□□。（屯・甲八〇六）

……固曰：吉，其□隹甲。（前・五・二九・三）

……貞：甶□令……

王曰：戻虎□汝事。𦧋受……曰：哷方其至於彖土，亡𣅀。（前七・三六・一）

丁丑卜，穷貞：□□。王固曰：其□隹庚，其隹丙，其闌。四曰庚辰，□允□。（前七・四二・二）

貞：□羌，不其□。（前四・五〇・八）

貞：多𡨦□。（前三・二七・五）

此字从貝从又，又字可隸化為攵。例如古㪅字，亦可書作敔，即今敢字。所以从貝又之□，實應釋為敗。「貞□羌不其敗」者，大意是説：「和羌人作戰，不一定戰敗。」「□允敗」者，□人果然敗了。「敗汝事」者，敗壞了你的事。「多𡨦敗」者，就是説：「許多宮寢毁敗了。」或釋□為敗，不對。【殷契雜釋　中國考古學報第五册】

◉饒宗頤　「丙子卜。穷貞：父乙異（翼）隹䱷（敗）王。丙子卜。穷貞：父乙不異，䱷王。」（屯乙七七〇五＋七七〇六）按古籀从貝之字或作鼎。如「鼑」、「鼎」、「鼏」，即籀文之「則」「員」「貫」。以此例之。「䱷」乃「敗」字。「敗王」與「壱王」語例正同。【殷代貞卜人物通考卷五】

◉商承祚　戝，同敗，以戈戰鬥見成敗。智二八戝，讀知其敗。戰國以前無知字，皆用智為知。【信陽長臺關一號楚墓竹簡第一組文章考釋　戰國楚竹簡匯編】

◉黄錫全　□敗　夏韻夬韻録作□是，此寫譌。《説文》「退，斆也。从辵，貝聲。《周書》曰『我興受其退』」。今本《微子》退作敗。觀本作退。敗、退古本一字，甲骨文作□，思泊師釋敗，即退之初文（釋林）。

□上同　三體石經僖公敗字古文作□，此類同。夏韻夬韻録石經敗作□，均誤以「則」當敗。則字變化説見刀部。馬王堆漢墓帛書《老子》甲本「則」作□，與此類似。或許古有攴、刀通作之例，故則、敗二字形混。【汗簡注釋卷三】

敽

◉許　慎　敽煩也。从攴。从𤔔。𤔔亦聲。郎段切。【説文解字卷三】

◉丁佛言　貉子卣。案敽與𤔔亂同義。許氏説。敽。煩也。【説文古籀補補卷三】

◉馬叙倫　九篇。煩。頭熱痛也。是此煩也者。以疊韻為訓也。此為治亂之亂本字。从攴。𤔔聲。貉子卣。丁佛言釋敽。與毛公鼎𤔲一字。蓋从𤳳省。敽聲。𤳳即疃字。【説文解字六書疏證卷六】

◉張亞初　所謂「有𤔔」之「𤔔」，罍銘與盉銘字形不同。罍銘从𤔔、从乙，應即亂字。盉銘則从𤔔、从攴，即敽或𢿢字。𢿢字所从手持鞭扑形，寫得較小，而且手是从上向下的，不作通常所見的三個手指形，而是兩個手指形，所以不易辨認。在古文字中，手的向上向下，有時並不很固定。例如專字，其所从的手，在甲骨文和金文中，都有从上从下兩種不同寫法。手形三指作兩指，在古文字中也累見不鮮。最直接而有説服力的例證，可以攺字為例。《甲骨文編》此字共收37個字形，从通常説的反文旁的有21例，从倒寫的反文旁，即手在上部、手的方向向下的，竟達16例之多。可見敽字从倒寫的反文旁(即手向下的反文旁)，是並不奇怪的。無論是罍銘之亂，还是盉銘之敽，筆劃都是十分清晰的。

《説文》：「亂，治也。从乙，乙，治之也。从𤔔(聲)。」「敽，煩也。从攴从𤔔，𤔔亦聲。」亂、敽二字都以𤔔為聲，故二字恆通。亂和敽都是从𤔔字孳乳分化出來的。𤔔字从幺(絲)从受，是上下兩手治絲的會意字。《説文》：「𤔔，治也。幺子相亂，受治之也。讀若亂同。」𤔔是亂字的初文本字，最早見于殷代族氏銘文(12·6984)，正作从受、从幺形。在西周銘文中，才在幺的中部增「壬」，作為治絲的義符。琱生簋(8·4292)「余弗敢𤔔」、牧簋(8·4343)「迺多𤔔」之「𤔔」即亂。亂字則进一步增加乙，作為治絲的意符。乙字本義為草木从土中抽出上達，故作委曲上出之形。亂字从乙，即以乙為抽絲、治理的義符。𤔔與亂是同一個字的早晚不同形體。它們不僅僅是「讀若」的關係。

敽字从攴。攴是表示行為的動符，是表示絲既治而復經扑擊而亂之。敽是為了區別𤔔、亂而从𤔔字派生出來的另一個新字。其本義是紊亂，引申為煩亂。《説文》訓煩，已非溯義。从𤔔字分化出來的亂、敽二字義各有當，一訓治，一訓不治(紊亂)。後來，由于經典敽字通用亂字，亂字才取敽而代之。這樣，亂字就兼有治和不治正反兩種義訓。應該指出，敽字出現的時間是比較早的。雖然獨體的敽字目前尚缺乏古文字資料可作比較，但在西周早中期之交的貉子卣(10·5409)銘文中，已有从敽的偏旁字出現，表明這個字的出現當早于或不晚于西周早中期。因此，敽字在周初的太保盉銘文中出現，是十分自然的事。敽字的考定，反過來證明我們對太保罍銘文中亂字的考釋是確切無疑的。亂字與敽字音同字可通，所以它們在這兩件同銘器中才得以通假使用。這是順理成章的事情。根據我們上面的分析，罍銘之亂是正字，盉銘之敽則是亂字的假借字。「入(納)土暨厥亂」

就是接受土地及其治下的臣民。「入(納)土暨厥敵」之「敵」用本字本義就難以解釋。通過二器銘文對勘，我們才得以確定，敵是亂的假借字。

亂、敵二字的考訂，一方面，考釋出了兩個新字，特別是从乙的亂字，過去只見于戰國時期的詛楚文等較晚的材料，現在把它出現的歷史提早到了西周初年。這對古文字研究是有意義的。另一方面，證明把這兩個字釋為亂，把「入土暨厥亂」(或敵)說成「入(納)土暨厥有亂」，就不能成立。因為無論是罍銘之亂，还是盉銘之敵，右旁所从根本不是司字。【太保罍、盉銘文的再探討　考古一九九三年第一期】

寇

卜535　536　卜537　續6·7·11　卜538　續9·2·2　徵4·31　【續甲骨文編】

寇　从人从攴在宀下會意　曶鼎　揚鼎　虞司寇壺　司寇良父簋　司寇良父壺　封孫宅盤　大梁鼎　【金文編】

秦1494　獨字　季木　1·36　4·50　右宮寇　9·64　司寇豊　【古陶文字徵】

一五六：二一　二十八例　宗盟委質類被誅討人複姓司寇　一五六：一九　三例　一九四：一二　九三：一　一五六：二三　十五例　一九四：四　五例　一五六：二七　九六：八　一九四：五　一九五：四　三例　一九五：七　二例　二〇三：三　【侯馬盟書字表】

102　【包山楚簡文字編】

寇　法九八　七例　通冠　始—日甲一四　秦一四六　三例　日乙一三〇　五例　日甲九一　二例　日乙一三〇　十一例　【睡虎地秦簡文字編】

璽文「司寇」寇字如此。【古璽文編】

 祀三公山碑　遭離羌寇  蘇君神道闕 【石刻篆文編】

◉許　慎　□暴也。从攴从完。徐鍇曰。當其完聚而欲寇之。苦候切。【説文解字卷三】

◉商承祚　□□□□　古金文如⊘衛姬壺等器之寇字則作□。所从之□非完字也。余謂寇不从完。當从賓省。⊘賓之古義與今有別。卜辭偁所祭之祖若妣為王賓。是賓即是神。⊘寇之从賓。蓋毁人宗廟之意也。⊘毁人宗廟為寇。遷人重器亦為寇。卜辭諸形。左半于屋下从王从□。□即説文「東楚名缶曰甾」之甾。是即古寶字。寶乃古人之葆藏。右半或象雙手捧械。或竟从攴。即遷人重器之意。屋頂之著火光者。殆又焚燒燔潰之意也(甲骨文字研究上册釋寇)。案郭説是也。于辭一則曰「(缺)貞令旃从□侯寇周」(前編卷七第三十一頁)。二則曰「貞圃襄。令从寇周」(後編下第三十七頁)。三則曰「癸未令旃族寇周。□王事」(前編卷四第三十二頁)。其誼皆可通也。【甲骨文字研究下編】

◉葉玉森　□　商承祚氏釋浴。類編第十卷第五葉。郭沫若氏曰此即宰之初字。説文云宰罪人在屋下執事者。从宀从辛。辛罪也。此字正象一人在屋下執事形。其必為罪人。則由辭意可以證之。从辛作之宰。字例當後起。甲骨文字研究釋臣宰。森桉郭氏釋臣宰篇謂多□與多臣例同。亦罪隸俘虜之類。極是。惟釋為宰之初字。則非明明持械入室不得謂象執事之罪人。予舊釋為寇。説文寇暴也。从攴从完。卜辭作□□□□等形。疑寇之初文。象盜寇手持干梃入室。抨擊小點。或象室中什物狼籍形。衛姬壺寇作□。虞司寇壺作□。□。从左嚮。已失持械之意。又于□上加一或二乃小點之譌變。篆文遂襲誤為元。許君乃曰从完也説契。殷人于俘虜歸其部勒者仍名曰寇。曰多寇。曰臣。曰多臣。寇與臣竝驅之伐敵。曰□十俘曰多□十俘。曰多□十俘族則使之作奴作佢。又或使之鑿金。名稱既異。待遇或有差別耳。又商氏録諸寇字散入浴字。澡字下。浴者澡者。似無手持干梃之理。【殷虚書契前編集釋卷四】

◉郭沫若　説文云「寇，暴也，从攴完」。从完之義無説，古金文如虞司寇壺二器器蓋四寇字均與小篆形近，然如曶鼎揚𣪘衛姬壺等器之寇字則作□，所从之□非完字也。余謂寇不从完，當从賓省，古金文賓字通作□王孫鐘「用樂嘉賓」若□史頌𣪘「賓章馬四匹」，或逕省貝，亦或省止，與邾𣪘二鐘同寇字二體，其所从者即此賓字或賓之省也。然則寇何以从賓，曰賓之古義與今有別，卜辭稱所祭之祖，若妣為王賓，是賓即是神𣪘鐘之「用樂好賓」，另一器又另一編鐘作「用樂好宗」，則賓與宗同義。知此則知寇之

从賓蓋毁人宗廟之意也。古人於為寇，期必毁人宗廟。墨子非攻篇下曰「燔潰其祖廟，遷其重器。」天志篇作「焚燒其祖廟。」孟子曰「毁其宗廟遷其重器。」二家之説全同，蓋古之行事本有如是者。卜辭有奇文作□者，余謂此乃殷人之寇字。字之左半於屋下从王从□，即説文「東楚名缶曰甾」之甾，是即古寶字，寶乃古人之葆藏。右半或象雙手持械或竟从攴，即遷人重器之意。屋頂之著火光者殆又焚燒燔潰之意也。字於卜辭凡四見，今逐釋之於如下：其一「囗貞令旃从□侯□甾」前七·三一·四□侯為當時武將屢見所見均關軍旅之事。【釋寇　甲骨文研究】

◉林義光　古作□曶鼎。象人在宀下。或攴擊之之形。變作□虞司寇壺。【文源卷六】

◉馬叙倫　宋保曰。完聲。寇古音在歌戈麻部。詩桑柔。十六章與可詈歌韻。从完聲者。歌戈麻與元寒桓删山仙每多出入。如儺从難聲。閔讀若縣。从戈聲。戾讀若環。从閔省聲。皆其例。丁福保曰。慧琳音義十八引説文。暴也。从攴从完。當其完聚而亦寇之。蓋古本如是。當其以下八字大徐本無。小徐本作為案語。考韻會引小徐本則作正文。據此可知今世所見之繫傳必為傳寫者所誤。已非編韻會時所見之本矣。段玉裁曰。暴當作暴。沈濤曰。一切經音義引寇暴者。乃傳寫誤也。為者。沈乾一曰。寇古音庫。王褒四子講德論寇與鶩拊兔韻。倫按當其八字即原本有之亦注語耳。小徐不録注。故以為自案語也。或謂左文七年傳。兵作内為亂。於外為寇。於外為寇者。明自外入内也。寇从攴从完。完為城垣之垣異文。擊於垣外。故曰於外為寇也。倫謂内亂外寇者。後世分別之。敂無内義也。寇从攴。完聲。完音匣紐。故寇音轉入溪紐。皆舌根音也。寇為敂之聲同元類轉注字。亦與敗轉注。敗聲脂類。完从元得聲。元兀一字。兀聲亦脂類。故春秋楚名司寇曰司敗。沈謂古讀寇如庫。庫从車得聲詳庫字下。而單車一字。見單字下。單聲正元類。亦可證也。曶鼎作□。虞司寇壺作□。【説文解字六書疏證卷六】

◉何琳儀　黄錫全　啓卣首行第二字原篆作□形。《概述》只存原篆，未予隸定，但又認為與畏字形近：「孟(按應是盂字)鼎畏字作□與此形近，唯不从宀。孫詒讓説畏應讀如威。這裏有征伐的意思。」

金文畏字習見，作□、□(並見盂鼎)、□(毛公鼎)、□(王孫鐘)、□(沇兒鐘)等形，但決不能省作□形。畏本从鬼从卜。鬼之所从「甶」(《説文》：「甶，鬼頭也。象形。」)雖然可省作「□」形，却不可省作「·」形，因為如此省減鬼頭和人頭就無從區別了。故□不是畏字。

□，從形體分析是由宀、□、□三個部件所組成，應隸定為宼。它與甲骨文□(《甲》一一二)形，非一字而莫屬。《甲骨文編》附録(上七二)又收□、□、□、□等形均為此字之或體。葉玉森釋寇，郭沫若釋宰，唐蘭釋傁(搜)，按甲骨文宰本作□、□

等形，叜本作□、□等形，均與□形迥然有别，不能混為一談。至於對此字還有其他一些解釋，兹不稱引。甲骨文□葉玉森認為：「疑寇之初文，象盜寇手持干梃入室抨擊，小點或象室中什物狼藉形。衛姬壺寇作□，虞司寇壺作□，□从左向，已失持械之意……」頗有一定道理。我們認為啟卣的□亦為寇之初文。金文寇作□(曶鼎)、□(揚簋)等形，它們與啓卣的□，乃至甲骨文的□並無本質差别，唯□(宅之初文)下攴形一在左一在右而已。至于□恰好是□與□的合文，相當於丮字。古文字从丮从又往往互作，而从又或从攴在偏旁中又往往無别。如甲骨文叙本作□，或作□；啓本作□，或作□；□本作□，或作□。換言之如果將□分解為□再與□形相較，其嬗變之迹宛然可尋。寇字形體演變表解如次：

出處	形體	時代	
甲骨文	□	殷	
啓卣	□	早	西周
曶鼎	□	中	
揚簋	□	晚	
虞司寇壺	□	春秋	
侯馬盟書	□	戰國	
説文	□	秦漢	

從表中不難看出啟卣□是甲骨文□和曶鼎□之間的過渡形體。寇演變為□，估計是在西周中期以後。金文□字的辨識為我們確定甲骨文寇字增添了一個新的佐證。關於卜辭中「寇」的用法，另有專文論及，兹不贅述。

《説文》：「寇，暴也。」《書・舜典》「寇賊姦宄」，傳「羣行攻劫為寇」。均為寇字本義。《説文》所謂寇「从攴从完」支離形體為釋，固然不足為訓。但其訓寇為「暴」，如果以古文字「从人从攴在宀下，會意」來分析，則完全可以得到印證。寇本義為動詞，引申為名詞。《易・解》「致，寇至」，《左傳・僖公五年》「晉不可啓，寇不可翫」，《吕覽・壅塞》「左右有言秦寇之至者」，注：「寇，兵也。」是其證。啓卣寇乃名詞。【啟卣、啟尊銘文考釋　古文字研究第九輯】

◉林清源　例161　十四年奠(鄭)命(令)肖(趙)距司寇(寇)王睹武庫工帀(師)盥(鑄)章治□

例162　十五年奠(鄭)倫(命)肖(趙)距司伐(寇)彭璋右庫工帀(師)塦(陳)坖(平)治贑。

例163　十六年奠(鄭)命(令)肖(趙)距司伐(寇)彭璋坒庫工帀(師)皇隹治𤺊。

趙姓之趙，戰國時或作「肖」。如侯馬盟書：「出入趙北之所」，趙北又作肖北；又如本文例180「十二年趙令邯鄲𨚲戈」，趙即作肖。趙距為當時之鄭令，即上列三戈之督造者。「寇」字西周金文从攴作「□」(曶鼎)，春秋晚期侯馬盟書作「□」；而戰國晚期新鄭兵器皆从戈作「□」，魏銘亦多从戈作「□」(大梁鼎)。「司寇」為先秦古官，禮記王制：「司寇正刑明辟。以聽獄訟」。例161、163書作「司□」，例162則作「□」，二字合書，而省司下之口形。上文所録郝本性釋文中，例161「睹」、例163「𤺊」二字，蝕泐難辨。【兩周青銅句兵銘文匯考】

◉戴家祥　林潔明曰：說文云：「寇，暴也。从攴完。」高田忠周从之，以為从攴完，會意擊破完全者。按金文字从人从攴在宀下，象人以暴力強入宀內。見強取之意。非从完會意也。金文詁林卷三下一九四二葉。按林説仍須商榷。寇字宀下的人或元並非外入的暴徒，當是室中主人，為攴所擊扑的對象。左傳文公七年「兵作於內為亂，於外為寇」，又周禮司寇秋官主刑戮理官也。均取寇之初義。

戝字从戈从完，説文所無，以形聲審之，殆即寇字別構，金文从攴表義者，亦或更旁从戈。叔向毀肇作肈，虢叔鐘啓作啟，是其例也。説文三篇攴部「寇，暴也。从攴从完」。小徐繫傳云「當其完聚而欲寇之也」。段玉裁云「此與敗賊同意」。攴，小擊也。敗字从攴，賊字从戈。在六書為會意。周官序官乃立秋官司寇，使帥其屬而掌邦禁，以佐王刑邦國刑官之屬。司寇亦名司敗，左傳文公十年「臣歸死于司敗也」，杜預注：「陳楚名司寇為司敗。」唐韻寇讀「丘侯切」，溪母侯部。【金文大字典上】

敱

◉許　慎　敱刺也。从攴。豈聲。豬几切。【説文解字卷三】

◉馬叙倫　段玉裁曰。刺當作刺。倫按十二篇□字音義與此同。是先後轉注字也。刺也當作敕也。敱為敕之轉注字。【説文解字六書疏證卷六】

◉蕭　璋　大小徐各本均作刺，段氏以敱為□之雙聲，定作刺，是也。茲從之(見本字注)。敱與□王氏以為竝音豬几反，其義同也(見廣雅疏證釋詁：「□，刺也。」條下)。章氏以敱即傳剚之正文(見文始八陰聲之下)，又以□為刺之旁轉(見文始四陰聲東下)，與敱無關。而段氏復以敕菑傳剚鏄為同部雙聲，皆謂植物地中之意(敕字注)。王氏又以傳之聲義通菑(見廣雅疏證釋地：「糌耕也」條下)。按□本得聲義於至(見第二篇)，不必求音誼於刺，通聲韻於敱敕，而來源自明。敱傳剚義既相近，聲母又同，章氏之説，自為的論。菑

𢾌　𢾌

古亦兼有舌音以載戴菑聲近（詩小雅大田：「俶載南畝」。鄭箋云：「俶讀為熾，載讀為菑，栗之菑。」按載戴古多通用：如詩周頌良耜：「載弁俅俅」。鄭箋云：「載猶戴也。」又春秋隱公十年經：「宋人蔡人衛人伐戴」。漢書地理志云：「梁國甾故戴國。」知甾戴古聲相近。均其證也），與敕傳剚均為聲義相同。段王之説，本無不是。特滯於齒音相轉不免齟齬耳（段氏以敕之恥力切與初吏切為雙聲，實不知古敕恥之屬舌音透紐，與初屬齒音清紐不同也）。又傳剚鍕説文不載，見於管子及史漢（管子輕重篇曰：「春有以剚耕，夏有以剚耘」。史記張耳陳餘傳：「莫敢傳刃公之腹中之者。」李奇曰：「東方人以物插地皆為傳。」漢書蒯通傳：「所以不敢事刃公之腹中者」。顔注「本作傳」），皆插刺之義。唯鍕字則謹見於玉篇集韻（玉篇金部：「鍕時厠切，莊鍕也。」不注與傳同。（玉篇無剚有傳側吏切，置也。）廣韻七志無鍕，以事傳剚連文，作側吏切，注曰：「事刃」。又曰：「置也」。唯集韻七志以剚鍕連文，注曰：「插刀也。或从金。」又以菑傳事連文，注曰：「植物地中謂之菑，或作傳事。」皆側吏切。段説當本此。諸字之反切，唯玉篇之切鍕，尚可推證古屬舌音，與从𡳿聲之公例相應，足證章説以數為諸體正字之不誤也），而集韻與刺連文，是為段説所本也。【釋至　國立浙江大學文學院集刊第三集】

◉許　慎　𢾌閉也。从攴。度聲。讀若杜。徒古切。𠜂。𢾌或从刀。【説文解字卷三】

◉馬叙倫　沈濤曰。華嚴經音義下引。𢾌。塞閉也。是古本尚有塞字。玉篇亦訓𢾌為塞。桂馥曰。經典借杜字。管子輕重。杜其門而不得出。晉語。狐突杜門不出。新序。張子房杜門不出。書費誓。杜乃檴。釋文。杜。本作𢾌。又借土字。公羊成二年傳。使耕者東畝。則是土齊也。惠棟謂土即杜字。劉秀生曰。度聲杜聲皆在定紐模部。故𢾌从度聲得讀若杜。倫按慧苑引塞閉也者。當作塞也。閉也。一訓校者依玉篇加之。或涉敜下説解而譌羨。此。今杭縣謂堵塞字。字當从又。

𠜂　鈕樹玉曰。刀部有𠜂。訓判。不應重出。疑後人增。玉篇𢾌下無重文。朱士端曰。𠜂从又。譌為刀也。【説文解字六書疏證卷六】

◉許　慎　敜塞也。从攴。念聲。周書曰敜乃穽。奴叶切。【説文解字卷三】

◉馬叙倫　倫按敜音娘紐。𢾌音定紐。為同舌尖前音轉注字。儀禮士喪禮。隸人涅厠。借涅為之。字當从又。【説文解字六書疏證卷六】

斁 斁

六清15　外306　摭329　【續甲骨文編】

斁　斁狄鐘　沈子它簋　【金文編】

◉許　慎　斁斁盡也。从攴。畢聲。卑吉切。【説文解字卷三】

◉吳大澂　許氏説。斁盡也。斁狄鐘云。斁狄不龔。【説文古籀補卷三】

◉王　襄　古斁字。【簠室殷契類纂正編卷三】

◉高田忠周　凡經傳訓畢為終也。盡也者。斁為本字。畢為叚借字也。【古籀篇六十】

◉葉玉森　孫詒讓氏釋斁。説文斁盡也。从攴畢聲。疑竝畢之叚借字。契文舉例　羅振玉氏釋畢。謂增又持之。書契考釋。【殷虛書契前編集釋卷五】

◉馬叙倫　段玉裁曰。盡也。斁為複舉字之未删者。鈕樹玉曰。玉篇。盡也。桂馥曰。斁盡也。李燾本作戰盡也。案孟子有畢戰。倫按盡也者。醓字義也。十四篇。醓。飲酒俱盡也。醓从盜得聲。五篇。盜从皿必聲。畢必皆脣音。故珌之或體作琿。考工記弓人。天子圭中必。注。必讀如鹿車縪之縪。是其通借之例證。斁从攴。當有擊義。孟子畢戰連文。此斁之本義僅存者。孟子省攴旁耳。斁狄編鐘作。然倫疑斁即畢鐃之見貞松堂集古遺文一。而又即手執干鼎之見攈古録金文一之二。旗單卣之同上。實即本書之禽字。甲文有。孫詒讓釋斁。【説文解字六書疏證卷六】

◉王讚源　斁覲威忌：盡心謹慎以畏忌天命。

吳式芬解斁為異，不對。斁，斁之異體。與攴相通。説文無斁字。説文：「斁，盡也。」金文有畢、斁、斁三字。作畢的有：白嫛父鬲的「畢姬」(三代五卷四一葉)，獻段的「畢公」(三代六卷五三葉)，白嫛父霝的「畢姬」(積古四卷廿五葉)，召卣的「畢土」(貞松八卷卅一葉)，及畢叚段(三代八卷五四葉)，畢鮮段(攈古二之三第四一頁)等，俱為方名或姓氏。作斁的除本器外，又見於鼄公華鐘，皆為説文訓盡的斁字。作斁的，金文中有二件，即沈子它段(貞松補遺上卷廿九葉)及猶鐘(窸齋二册十七葉)。猶鐘曰：「先王其嚴在帝左右，斁狄不龏」。吳大澂釋狄為北狄，即玁狁，其説非。狄讀如逷，義如大雅抑篇鄭注：「逷當作剔，剔，治也」之治，「斁狄不龏」，義指盡力整治不敬天命的人。鼄公牼鐘、鼄公華鐘的「斁」，沈子它段、猶鐘的「斁」，其義皆如説文訓盡之斁，是知斁乃斁的異體。【鼄公牼鐘　周金文釋例】

◉戴家祥　斁的本字為畢，象田罔之形。由罔羅引申出盡義，為了從字形上表示引申義，添加表示罔羅的動作的偏旁攴，寫作斁，

例同田作畋，工作攻，陳作敶等，經典訓畢為終，乃盡的引申之義。【金文大字典卷中】

147【包山楚簡文字編】

收 秦七七 十一例　法一〇七 八例　秦一〇六　日甲一四 十一例　法一七一 二例【睡虎地秦簡文字編】

裴光遠集綴【古文四聲韻】

◉許　慎　收捕也。从攴。丩聲。式州切。【說文解字卷三】

◉馬叙倫　收為孚之轉注字。收音審紐。孚音敷紐。同為摩擦次清音。又聲同幽類也。亦捕之轉注字。捕从甫得聲。甫音非紐。亦摩擦次清音也。字當从又。字見急就篇。【說文解字六書疏證卷六】

◉睡虎地秦墓竹簡整理小組　收，即收孥，《史記・商君列傳》有「舉以為收孥」，索隱釋為「糾舉而收録其妻子，没為官奴婢」。《鹽鐵論・周秦》也說「秦有收孥之法」。【睡虎地秦墓竹簡】

鼓　洹子孟姜壺【金文編】

3・510　王鼓蘆里㝵【古陶文字徵】

◉許　慎　鼓擊鼓也。从攴。从壴。壴亦聲。公户切。【說文解字卷三】

◉吳大澂　擊也。沇兒鐘。子孫永保鼓之。【說文古籀補卷三】

◉馬叙倫　鈕樹玉曰。繫傳有讀若屬三字。玉篇。之録切。又公户切。廣韻止音公户切。然則公户切者後人因近鼓而誤音。擊鼓之鼓疑亦後人增。段玉裁曰。鉉本無讀若屬三字。非也。屬之欲切。故鼓讀為斀。與擊雙聲。大徐以其形似鼓。讀公户切。删此三字。玉篇。之録切。擊也。此顧原文。公户切孫強所增也。孔廣居曰。六書故曰。鼓不應有二字。說文於鼓字注曰。攴象其手擊之。於弢下曰。攴象垂飾。與鼓同意。益不能自一其說矣。當从攴為是。擊鼓為鼓。猶箸衣為衣。非

攷 敂

分為二。岦乃攴之譌也。黄以周曰。説文有重文見於異部之例。鼓部之鼓為鐘鼓正字。曰。廓也。春分之音。此本義也。又曰。萬物郭皮甲而出。故曰鼓。此明引申義。凡出其音皆可謂之鼓。又曰。从壴。从岦。岦象其手擊之也。此兼明本義。引申義。凡擊其鼓。亦可謂之鼓也。攴部又有鼓字。云。擊鼓也。从攴壴。與鼓下所言同。以明鼓即鼓之重文。又攴部鼓下云。從攴壴。壴亦聲。讀若屬。明鼓本从攴壴會意。後人讀若屬。是亦壴為聲也。壴屬二聲同在幽類。云壴亦聲。所以明有此讀也。云讀若屬。明有借屬為鼓也。考工記匠人。水屬不遜理。水屬者。水鼓也。謂水相鼓擊。不遜理與上溝逆對文。是鼓讀若屬之證。大徐以鼓定鼓。同讀公户切。嫌讀若屬為閡遠而删之。玉篇。鼓有之録公户兩切。甚是。之録秦漢之轉音。公户古之正音也。劉秀生曰。壴聲古在端紐。屬从蜀聲古亦在端紐。故鼓从壴聲得讀若屬。壴部。尌。立也。讀若駐。考工記匠人。水屬不遜理。謂之不行。注。屬讀為注。函人。犀甲七屬。注。屬讀如灌注之注。儀禮士昏禮。酌元酒。三屬於尊。屬猶注也。壴聲屬聲古並如主。是其證。倫按甲文鼓字作鼓 鼓 鼓。金文師𩛥父𣪘作鼓。克鼎作鼓。師嫠𣪘作鼓。齊侯壺作鼓 鼓。是鼓鼓二字皆有據。即段改為鼓。亦不必據弢下之説矣。然鐘鼓字壴其初文也。所屬字自尌嘉二字皆从壴得聲外。詳尌字嘉字下。皆屬於鐘鼓之義。後起字為鼓鼓。皆從初文而加殳或攴旁。甲文作鼓者即从殳。明其可擊也。故鼓部鼖鼛以下諸文。皆屬於鼓。鼓鼓非二字也。其實以壴豈二形易掍。故加攴耳。許不明壴為鼓之初文。而又見鼓鼓之異形。遂分隸兩部。鼓下既曰擊鼓。鼓下不得不有以雙聲為訓及以時令為説之廓也以下云云矣。然倫疑此字非許書原有。而字从攴。壴聲。故讀若屬。乃攻之轉注字。故訓擊也。屬音照紐。古讀歸端。攻音見紐。端見同為破裂清音。攻聲東類。鼓聲侯類。東侯對轉也。擊鼓也當作擊也。鼓字蓋隸書複舉字之誤乙者。【説文解字六書疏證卷六】

◉李孝定　契文鼓鼓不分。鼓字重文壴。為鼓之象形字。鼓鼓則並系擊鼓之形。【甲骨文字集釋第三】

◉許　慎　攷敂也。从攴。丂聲。苦浩切。【説文解字卷三】

◉許　慎　敂擊也。从攴。句聲。讀若扣。苦候切。【説文解字卷三】

◉馬叙倫　劉秀生曰。句部。句。曲也。从口。丩聲。朱駿聲謂从丩。口聲。是也。扣亦从口聲。此以與本字之聲母同从得聲之字為讀若也。倫按攷敂敲並音同溪紐轉注字。玄應一切經音義引三倉扣作敂。【説文解字六書疏證卷六】

甲1070 1071 1403 2380 乙1550 2863 3251 5224 珠522 福12

續1・40・6 5・19・8 6・25・11 掇125 263 徵2・57 12・75 佚683 鄴三40・6

續存712 粹1074 新3046 3094 3095 【續甲骨文編】

攻 不从攴 工歔大子劍 工字重見 鞹鎛从又 攻敔臧孫鐘 王孫喜鐘 國差鑰 攻帀即工師

攻敔王光劍 攻敔王夫差劍 攻吳王監 大攻肙劍 鄂君啟舟節大攻尹 从殳 鄂君啟車節 郾王詈戈右

攻肙 廿年距悍 攻敔王光戈 【金文編】

4・1左匋攻敢 4・61匋攻乙 4・62匋攻㚔 4・63同上 4・64匋攻考 4・65匋攻舌 4・66匋攻

諫 4・67匋攻𠀇 4・73匋攻☒ 4・81匋攻☒ 4・82匋攻尊 4・83匋攻午 4・84匋攻☒ 4・87

匋攻訢 4・85匋攻亡 4・91匋攻癸 4・92匋攻禹 4・93匋攻上 4・95匋攻迓 4・97匋攻己

4・99匋攻入 4・108左匋攻秦 4・123匋攻☒ 4・100匋攻☒ 4・98匋攻𨛜 【古陶文字徵】

116 238 248 【包山楚簡文字編】

攻 日甲四〇 四十四例 通工 丁亥生子—巧孝 日甲一四三 通功 不操土—以律食之 秦五六 日甲一三六背 二例

【睡虎地秦簡文字編】

共—☒步十日四寺(乙7—6)、可㠯—成(丙11:1—8)、不可㠯—……(丙12:1—6) 【長沙子彈庫帛書文字編】

0150 0149 0147 0157 0148 【古璽文編】

□石碣遊車　遊車既工　古攻不从攴　攻堅也　【石刻篆文編】

◉許　慎　□擊也。从攴。工聲。古洪切。【説文解字卷三】

◉孫詒讓　「女肇敏于戎攻」者，即詩江漢之「肇敏戎公」。公攻字通，後書宋弘傳引詩作「肇敏戎功」。⊘攻、公、功三字並通。毛傳：「肇，謀。敏，疾。戎，大。公，事也。」鄭箋訓戎為女，與毛異。紬繹此銘，戎攻亦當訓為大事，足證毛義矣。拾遺三十頁齊侯鎛鐘。【古籀拾遺卷上】

◉容　庚　攻工古通。詩。車攻「我車既攻」。石鼓文作「遊車既工」。周匋文多記匋攻某。匋攻即匋工。【周國差𦉜　寶蘊樓彝器圖録】

◉余永梁　□（書契卷一二十六葉）□（同上卷七二十九葉）□（後編卷下十二葉）

此字从攴丰，丰亦聲，殆即攻字。工玉二字，古多不分。卜辭巫字，或从工，或从玉。豐字，或从工，或从玉。説文全字，或从工。靈字，或从玉。是其證也。丰亦玉字，珏字从此。周禮：「工能攻玉者也。」説文：「攻，擊也。从攴，工聲。」【殷虚文字考　國學論叢一卷一期】

◉孫海波　□治也，从攴，所以錯玉，工亦聲。引申以為攻擊字。商書曰：「兼弱攻昧。」國差𦉜。□攻，吳鑑。【甲骨金文研究】

◉葉玉森　□　孫詒讓氏謂尋討。文義實當為氏之古文。契文舉例。商承祚氏釋取謂□象人耳形。殷虚文字考。森舊釋為□父之變體。卜辭於人名多用之。説詳殷契鉤沈。復核卜辭有□□二字於某一辭內竝見者。且屮評□令□諸辭屢見。讀之終覺未洽。反復沈思。覺□非□之變體。其字从□持□。填實之則成□。金文公伐郘鐘攻字偏旁作□。填實之則成□。與□形近乃斧形。或省作□。古訓工曰。能攻玉者。周禮天官序官注。曰作器物者。周禮太宰注。攻玉作器。匪斧不克。先哲乃以□為工之幖識。後乃變易作□。見後説仍象工人用器形。作□則矩字所由生矣。从□持□當為攻字。如卜辭云「貞勿攻」。卷六第五十六葉。「壬午卜王攻鼠方」。前四第五十二葉之五。「屮攻罝」。卷五第十三葉之七。「辛丑卜亘貞屮攻彭」。又第三十四葉。「☐貞☐攻陕若」。卷六第三葉之二。「令攻□」。又第二十葉之五。「□亩𠭯令攻射」。卷七第十葉之三。「攻射」。同上。「貞攻岳」。又第二十一葉之二。「戊辰卜賓貞屮自師般攻于夫」。後上第十一葉之十六。「貞屮攻般狩栗」。後下第十六葉。「己卯卜攻岳雨」。又第三十六葉。「往出狩☐獲攻風」。藏龜第三十六葉之三。「貞亩畢屮攻」。又第七十一葉之一。「貞屮自攻陕于☐」。又第二百四十九葉之一。「貞屮昊攻弓」。殷虚文字第三十七葉之二。「貞屮攻丘□」。殷虚卜辭第二千三百二十五版。各辭內鼠方、罝、彭、

陜、⿱、射、夫、般、風、陜、弓、丘、⿱竝為國名。或地名。又如「貞勿乎攻牛」。卷三第三十葉之四。「貞勿𠂤師攻牛弗其𠂤」。藏龜第百七十八葉之三。牛亦國名。他辭云「☐兵多牛」。卷六第一葉之六。猶馬方一曰多馬。羊方一曰多羊也。「☐辰卜𡆥貞乎攻馬于㡀𠂤三月」。徵文地望第四十四版。馬即馬方。辭言命攻馬方于㡀之地而用兵也。「貞乎从奠攻𡵨𢀛啚三邑」。卷七第二十一葉之四。奠疑鄭之古文。辭言命由鄭進攻𡵨𢀛啚三邑也。以上各辭竝釋為攻。似較妥適。至本辭曰王攻唐禓。與卷六第十八葉第六版「勿攻唐禓」一辭誼反例同。攻。乃祭名。周禮太祝。五曰。攻。鄭司農注攻祭名也。又他辭云貞攻岳。前七第二十一葉之二。己卯卜攻岳雨。後下第三十六葉之三。兩辭中攻字疑並祭名。【殷虛書契前編集釋卷一】

◉馬叙倫　攻音見紐。與攷敂為同舌根破裂音轉注字。攻聲東類。敂聲矦類。為東矦對轉轉注字。字見急就篇。國差𦉜作𢼄。甲文𢼄𢼄。葉玉森釋攻。【說文解字六書疏證卷六】

◉唐　蘭　近見柏根氏藏甲骨文字又有𢼄字，即攻，當釋為攻。【天壤閣甲骨文存考釋】

◉屈萬里　𢼄。當是攻字。卜辭从攴之字。亦往往从殳。【殷墟文字甲編考釋】

◉李孝定　孫氏謂金文戎攻即詩之戎公，是也；惟孫氏从毛傳訓戎為大，似有可商，左傳「國之大事，惟祀與戎」，「戎攻」蓋猶言「軍事」，戎之訓大，蓋亦於以引申。【金文詁林讀後記卷三】

◉劉彬徽等　（𥘵）𥘵，讀如攻。【包山楚簡】

敲

敲　籀韻【古文四聲韻】

◉許　慎　敲橫擿也。从攴。高聲。口交切。【說文解字卷三】

◉馬叙倫　嚴可均曰。一切經音義九引。敲。橫撾也。十一十二十五十六皆同。韻會引亦同。說文無撾。桂馥曰。左定二年傳釋文云。說文訓敲。云。橫撾也。一切經音義九引同。李善注過秦論引作擊也。五經文字。敲。橫擊也。三倉。敲㲉相擊也。方言。楚凡揮棄物謂之敲。與擿義合。倫按許原文本作擊也。一曰橫擿也。乃校者加之。傳寫或奪或并耳。橫擿當如各引作橫撾。撾从過得聲。敲過雙聲。後漢書陳球傳注。撾。擊也。橫撾與橫擊義合。方言。楚凡揮棄物謂之敲者。今杭縣謂之抛。則與殳部之𣪊義近。作敲者借字。或此字出字林也。餘詳㲉下。【說文解字六書疏證卷六】

⿰豖攴　𢻫　𢼜

◉許　慎　⿰豖攴擊也。从攴。豖聲。竹角切。【說文解字卷三】

◉馬叙倫　嚴章福曰。韻會三覺引有㧻字。大徐手部無此文。集韻⿰豖攴或从手。則㧻當附見於⿰豖攴下。王筠曰。與㧻豛同字。【說文解字六書疏證卷六】

◉許　慎　𢻫放也。从攴。㞷聲。迋往切。【說文解字卷三】

◉馬叙倫　王筠曰。五音韻譜作曲也。不誤。玉篇亦作曲也。廣韻。曲侵也。此枉曲字。倫按四篇。放。逐也。放。从攴。方聲。不宜訓逐。蓋非本義。疑為搒之異文。搒下曰。掩也。掩當為格。詳放字搒字下。格下曰。擊也。此訓放亦擊義。亦與放轉注。聲並陽類。曲也者。足部。趽。曲脛馬也。【說文解字六書疏證卷六】

甲一六三七　𢼜用為嫠肆𢼜猶言陳福　甲一六四九　甲二一五二　甲二五六七　明藏六〇一　甲二六九五　甲三九一五　後二·一二·八　後二·三三·一　戩五·一三　粹五七七　珠五三四　寧滬一·四八八　佚一四七　甲二六一三　或从𠩺省　京津四六二五　前六·二二·二　燕一九四　【甲骨文編】

嫠之重文　【續甲骨文編】

𢼜　師𩰫鼎　師寰簋　器文从貝　說文無賚字　故附于此　克鼎　錫賚無疆義同釐　辛鼎　多友鼎

【金文編】

◉許　慎　𢼜坼也。从攴。从厂。厂之性坼。果孰有味亦坼。故謂之𢼜。从未聲。徐鍇曰。厂。厓也。許其切。【說文解字卷三】

◉孫詒讓　𢼜王楚釋為釐。薛及王俅竝同。今案當為賚。說文貝部賚錫也。書文侯之命。用賚爾秬鬯一卣。詩江漢。釐爾圭瓚。秬鬯一卣。告于文人。錫山土田。鄭箋。釐。賜也。蓋藉釐為賚。此敢實用正字也。【古籀拾遺卷上】

◉林義光　古作𢼜克彝釐字偏旁。本義當為飭為治。从支从人。𠂉即人之反文。與攸修同意。來聲。經傳以釐為之。【文源卷六】

◉高田忠周　銘本叚借為賚。實𠩺字也。說文𠩺坼也。从攴从厂。厂之性坼。果孰有味亦坼。故謂之𠩺。从未聲。是也。唯愚謂字元从厂从枚。【古籀篇六十一】

◉高田忠周　羅尗言君曰。錫𣪘無疆之𣪘。即賚字。說文。賚賜也。大雅。釐尔圭瓚。傳釐賜也。段氏曰。古假釐為賚。考薛氏款識敔敦。中亦有尹氏受𣪘之語。字作𧸖。與此正同。知古正作𣪘。从貝从𢦒。作賚者。後起字也。又考說文。釐注。家福也。从里𠩺聲。𠩺字注。从未聲。段本删聲字。案𠩺非从未。乃从𥝌。古𥝌字。𠩺从𥝌得聲。作未者形近致誤也。證之師龢父敦之𢿭字。師酉敦之𣪘字。叔向敦之𣪘字。並從𥝌。惟彔伯戎敦作𣪘从木。乃𥝌之變。仍非从未甚明。按𠩺字。辛鼎所从。明从未。寶磬釐字亦然。又齊矦鎛及鐘。釐字所从𠩺从來。即知來未𥝌三字。形近音亦轉通。故互通用耳。依多从𥝌似正。然以禮以來為賚證之。賚固為正字也。其所从𠩺从來。亦不為異焉。又或有𠩺从禾者。禾𥝌古音同部。故如此耳。要以釐為賚。賚釐合為𧸖字。賚正𧸖或顯矣。【古籀篇九十九】

◉強運開　𧸖　善夫克鼎。錫𧸖無疆。運開按說文賚賜也。从貝來聲。來之古音讀如𠩺。同在一部。來𠩺一也。是𧸖即賚之古文也。【說文古籀三補卷六】

◉孫海波　或省厂孳乳為嫠。【甲骨文編三卷】

◉方濬益　𧸖从貝从𠩺。是賚之異文。古音來與𠩺同。詩白駒三章。與期思韻。頍弁二章。與期時韻。可證也。【善夫克鼎　綴遺齋彝器款識考釋卷四】

◉馬叙倫　朱駿聲曰。木老。枝葉分歧重疊。亦坼意。不必从味省。未亦非聲。徐灝曰。疑當从攴未會意。厂聲。厂。余制切。非厓厂字也。林義光曰。克彝釐字偏傍作𢻱。本義當為飭為治。从攴。从人。𠂆即人之反文。與攸同意。來聲。倫按說解中厂之性坼果熟有味亦坼故謂之𠩺十四字蓋庾注語。未聲上从字又校者因庾注譌入正文後妄加也。許本作从攴。庲聲。庲即斄之古文也。然十三篇。釐。从里。𠩺聲。師酉段作𣪘。無𬽦段作𣪘。師兑段作𣪘。彔伯段作𣪘。皆从來。秦公段作釐。則从未與此同。戲編鐘作釐。師袁段蓋作𢻱。即此字。又皆从木。未木一字。然師袁段器文作𧸖。大克鼎錫𧸖無疆之𧸖與辛鼎之𧸖明係一字。以賚為釐。可證从來是正體。言部。譆。讀若睞。喜來聲同之類。古書僖釐多通借。亦可證𠩺从來得聲也。來音來紐。故从𠩺得聲之字如犛𠩺嫠憖均在來紐。𠩺當音里之切。此讀許其切。聲皆之類。又可為𠩺當从來得聲之證。从未者。字作床。乃庲之轉注字。未音微紐。古讀來歸泥。泥微同為鼻音次濁音也。【說文解字六書疏證卷六】

◉高鴻縉　此即離別之離之本字。動詞。从攴來(古麥字)。會意。麥撲則其子脱離而下也。𠂆聲。𠂆反人字。飭治清理等意之字作𠩺。篆文作𠩺。自叚用理字。而嫠字廢後加聲符里作釐。反書之作釐。見者減鐘。再省變之則為釐。故書堯典。允釐百工。傳曰。釐。治也。是也。動詞。因其音同賚。故通叚以代賚(賚。賜也)。如詩既醉。釐爾女士。傳曰釐。予也。江漢。釐爾圭瓚。傳曰釐。賜也。又因其音同僖。故通叚以代僖。春秋僖公亦稱釐公。僖王亦稱釐王。説文。釐。家福也。則又禧字之訓矣。史記曰。帝方受釐。釐亦禧字之通叚。然則釐或嫠之本意。只為治為理。而此𠩺字。坼也。則為別離之本字。【中國字例五篇】

◉戴家祥　金文師袁毀蓋作𠩺，器文作⿱𠩺貝，為釐之或體。秦公毀作釐，上从𠩺與説文同。戲編鐘作釐，其它各器釐作釐，𠩺从來聲，故釐亦讀萊。段玉裁註：説文謂未不為聲，徐灝説文段注箋疑當从攴、从未，會意，厂聲。厂，余制切，非厓厂字也。按廣韻木讀莫卜切，明母侯部，未讀無咈切，明母脂部，木未同聲不同部。來釐不但同母而且同部，故釐亦讀萊。𠩺讀許其切，曉母之部。誠如徐説厂讀余制切，則為喻母祭部。皆不能解決𠩺、釐聲韻問題，是𠩺之聲讀，至今仍無確證。【金文大字典下】

斀

◉許　慎　斀去陰之刑也。从攴。蜀聲。周書曰。刖劓斀黥。竹角切。【説文解字卷三】

◉馬叙倫　鈕樹玉曰。繫傳刑作形。譌。廣韻引作去陰刑。桂馥曰。集韻引字林。去陰之刑也。龔橙曰。斀即椓。倫按去陰之刑也字林加之。本訓脱矣。斀蓋斀之聲同矦類轉注字。引經校者加之。亦疑此字出字林。【説文解字六書疏證卷六】

◉蕭　璋　段曰：「斀，斲也。大雅『昏椓靡共』，鄭云：『昏、椓皆奄人也。昏其官名也，椓，毀陰者也。』此假椓為斀也。」按如段説，則斀亦義近刺擊。今本周書呂刑斀作椓，二字聲同而義近也。又周禮秋官司刑注引尚書大傳曰：「男女不以義交者其刑宮觸。」是斀觸聲義亦相通。【釋至　國立浙江大學文學院集刊第三集】

敯

暋 敯 為六　敯 為一〇【睡虎地秦簡文字編】

◉許　慎　敯冒也。从攴。昬聲。周書曰。敯不畏死。眉殞切。【説文解字卷三】

◉馬叙倫　鈕樹玉曰。玉篇以暋為敃之重文。桂馥曰。冒當為勖。本書。勖。勉也。勉。彊也。釋詁。敯。強也。倫按冒也者。亦以雙聲為訓。此敃之或體也。山海經西山經。符禺之山多鴖。錢坫謂鴖即鶻字。是其證。此字疑出字林。【説文解

敔 敔

字六書疏證卷六】

敔 不从攵 毛公㫃鼎 吾字重見　敔簋　敔簋二　攻敔王光劍　攻敔臧孫鐘　攻敔王光戈

敔戈　从戈 王孫真鐘 【金文編】

124　124 【包山楚簡文字編】

石碣霝雨 其奔其敔 【石刻篆文編】

◉許　慎　敔禁也。一曰樂器。椌楬也。形如木虎。从攴。吾聲。魚舉切。【說文解字卷三】

◉張燕昌　敔　鄭云。敔同　。見前。昌按石鼓文無一字作兩體篆者。其說恐非。【石鼓文釋存】

◉徐同柏　椃从木虎。當讀若敔。周禮小師注。鄭司農云。敔木虎也。禮樂記注。敔狀如伏虎。說文。敔禁也。一曰樂器。形如木虎。【商椃角 從古堂款識學卷十四】

◉吳大澂　㠯乃族扞敔王身。身字有缺畫。干即扞。亦作敔。𠭏即敔。說文。敔止也。敔禁也。敔亦通禦。扞禦王身。言以公族入衛也。【毛公鼎釋文】

◉吳大澂　毛公鼎。　　。大澂釋。以乃族干敔王。干當讀扞。𠭏即敔之省。說文解字。敔。止也。敔。禁也。敔敔二字。皆从攴。按敔與圉禦衙三字皆通。詩有瞽。鞉磬柷圉。傳。圉。楬也。禮記月令。飭鍾磬柷敔。釋文本作圉敔。狀如伏虎。所以止樂。故有禁止之意。一切經音義。禦。古文敔同。詩烝民。不畏彊禦。漢書王莽傳作不畏彊圉。漢石門頌。綏億衙彊。北海相景君碑。強衙改節。是禦衙二字亦通。疑衙即敔之異文也。【干𠭏字說】

◉吳大澂　𠭏。敔省文。禁也。古敔敔字。經典通作捍禦。敔與圉通。又通禦。漢碑多以衙為禦。【說文古籀補卷三】

◉高田忠周　朱氏駿聲云。字樂器為本義。禁也。即御字叚借。似是矣。古華山農石鼓疏云。敔禁也。段氏云。敔與圉禦音同。釋言。禦圉禁也。說文。禦訓祀。圉訓囹圄。所以拘罪人。則敔為禁禦本字。禦行而敔廢矣。然賴此而存本字本義也。奔訓走。大雅。予曰有奔走。予曰有禦侮。此說精詳。然禁也為本義者未矣。又按書益稷。合止柷敔。鄭注狀如木虎。背有

刻鉏鋙。以物櫟之。所以止樂。周禮小師。掌教鼓鼗柷敔。敔名亦古矣。要敔字有啎逆意。敔御音義皆近。故御敔通用耳。【古籀篇六十】

◉強運開　敔薛尚功釋作敔。説文。敔禁也。一曰樂器。椌楬也。形如木虎。从攴吾聲。段注云。與圉禦音同。釋言圉禁也。説文禦訓祀。圉訓囹圉。所以拘罪人。則敔為禁禦本字。禦行而敔廢矣。古叚借作御。作圉。又按正字通云。敔籀文敔字。攷敔敔作敔。與鼓文同。亦敔為古籀之一證。此下闕二字。【石鼓釋文】

◉馬叙倫　鈕樹玉曰。繫傳作控揭。譌。段玉裁曰。一曰以下十一字後人妄增也。樂記。椌楬。注。謂柷敔也。椌謂柷。楬謂敔。柷形如桼桶。敔狀如伏虎。不得併二為一。木部。椌柷。樂也。柷下不云敔樂者。敔取義於遏。楬為遏之假借耳。敔所以止樂。故以敔名。上云。禁也。已包此物。無用別舉。用此知凡言一曰者。或經淺人增竄。徐灝曰。許云樂器椌楬者。謂敔即樂器椌楬之楬。故下文以形如木虎四字分析之。段云並二為一。非也。倫按敔即抵禦防圉之本字。故从攴。禁也或非本訓。石鼓作敔。【説文解字六書疏證卷六】

◉丁　山　䲁。説文作魯。云。獸名。從食。吾聲。讀若寫。山謂。䲁即柷敔本字。書益稷。合止柷敔。鄭註狀如伏虎。背有刻鉏鋙。以物櫟之。所以止樂。柷敔。禮記月令。作柷圉。似無正字。今本説文。訓敔禁也。一曰樂器。椌楬也。形如木虎。段玉裁注。以為禦禁為敔字本誼。一曰以下十一字。乃後人妄增。其説至不可易。蓋食柷一聲之轉。且食象伏虎。柷敔之象已著。從以吾聲。禁止之誼尤顯。此䲁所以必訓為止樂之器而必複讀為柷敔也。卣銘言。丙午䲁蓋謂至次日。以柷敔節樂祭也。【郯其卣三器銘文考釋　中央日报文物周刊第三十七期】

◉劉彬徽等　敔，讀如敔，朱駿聲云：「敔，御也；御，止也。」關敔公，守關官吏。【包山楚簡】

◉湯餘惠　東敔124敔　司敔125　敔，指牢獄。敔、圉、圄古通。卜辭圉作圉、圉，疑皆圉或體，本象人手戴械囚于圛土之形，即牢獄字。見于卜辭的商代獄名有「㭊圉」、「弘圉」、「爻圉」等，又有所謂「六圉」，蓋其統稱。《説文》：「圉，囹圄，所以拘罪人。」又寫作圄，《玉篇》：「圄，禁囚也。」又稱囹圄，《禮記·月令》「省囹圄」注：「囹圄，所以禁守系者，若今別獄矣。」是圉、圄、囹圄本一事。簡文「敔」从吾聲，與「圄」同聲，又通「圉」，《禮記·月令》，又《明堂位》，「柷敔」《釋文》並云「敔本作圉」，因疑124簡「死於敔或東敔」，125簡「死於小人之敔」，敔字皆指牢獄而言。125簡又有「東敔公」、「敔司馬」等官名，大概相當于後世獄丞、獄吏一類職官。【包山楚簡讀後記　考古與文物一九九三年第二期】

◉唐　蘭　《説文》：「敔，木器椌楬也，形如木虎。」《皋陶謨》「合正柷敔」，鄭注：「狀如伏虎，背有刻鉏鋙，以物櫟之，所以止樂。」

 敤

《博古圖》卷二十六著録周磬四，而為之説云：

「今兹之磬，非玉非石，乃鑄金而為之，或成象如獸之形，或又加以雲雷之紋。及觀其勢則無倨句磬氏之法。以謂先王之制作邪？則求諸經傳而無所考證。以謂非先王之制作邪？則煎金鎔範，精緻莫及，固非漢氏以來所能為也。扣之鏗然，非以立辨，在八音之內，去石與玉而取此，是未可知也。姑歸諸磬以待夫博識之士。」

蓋已明知其非磬矣。余以為此實敔也，背有鉏鋙，形如伏虎，於舊説正合也。敔本木製而以銅製者，正為木鐸之進為金鐸耳。

昔人謂敔類伏虎，《三禮圖》即依狀圖之。今依《博古》所載四圖驗之，則敔形雖象伏虎，而同時亦頗象魚形。竊疑為虎類之獸，而非即虎也。金文時見𪓿字，而《説文》無之，其字从虍从魚，殆為形介虎魚二者間之獸名。𪓿吾聲近，則敔形疑即象𪓿形，與淳于之象騶虞同例矣。【釋敔　唐蘭先生金文論集】

◉戴家祥　敔為禦本字。攻敵曰攻，自防曰敔，毛公鼎「以乃族干吾王身」，干吾即扞敔，敔字作吾，與故作古，政作正，攻作工，敔作苟用例相同。

𢿋从攴𪓿聲，虍魚同韻。皆為聲符，故古籍「𢿋人」或作「魰人」可以省一聲符。者減鐘之「工𢿋」，攻敔王夫差劍和攻敔王光戈皆作「攻敔」，攻吳王監作「攻吳」，左傳宣公八年「盟吳越而還」，孔穎達正義云：「太伯仲雍讓其弟季歷，而去之荆蠻，自號句吳，句或為工，夷言發聲也。」工攻古音隸東部，句隸侯部，東侯陰陽對轉，可見工𢿋、攻吳、攻敔就是句吳，為國名。沇兒鐘「𢿋以匽以喜」，𢿋字與齊鎛「保𪓿兄弟」、「保𪓿子姓」的𪓿字意義相同，古音魚吾相同，金文𢿋又或作敔，可知𪓿當讀作吾。

此銘「莫敢𢦏余」，𢦏即御字，𢦏字午聲，敔字吾聲，午與吾聲韻皆通，故知𢦏乃敔字異體，敔通過𢦏變為後起通行的御字。

【金文大字典中】

 後下33·1【續甲骨文編】

◉許　慎　敤研治也。从攴。果聲。舜女弟名敤首。苦果切。【説文解字卷三】

◉余永梁　（後編卷下三十三葉）　此敤字。【殷虚文字考　國學論叢一卷一期】

◉馬叙倫　倫按廣雅釋詁二。敤。推也。三。敤。擊也。擊蓋敤之本義。故从攴。為攷之音同溪紐轉注字。研治非本義。亦

鈙　𢿬　畋

非本訓。舜女六字校語。【説文解字六書疏證卷六】

◉許　慎　鈙持也。从攴。金聲。讀若琴。巨今切。【説文解字卷三】

◉馬叙倫　沈濤曰。廣韻五十二沁引作持止也。蓋古本有止字。今奪。玉篇亦作持止也。當本説文。段玉裁曰。與捦義略同。倫按十二篇。捦。急持衣襟也。然从手。金聲。得有持義。而不能見衣襟義。蓋與此實一字異文。急持衣襟謂逮捕人。則鈙為及之轉注字。鈙音羣紐。古讀歸見。及音見紐也。字當从又。讀若琴者。劉秀生曰。琴即珡。珡之古文从金聲作𤫹。鈙讀若琴。以與讀若字之重文同从得聲之字為讀若也。倫謂金琴雙聲。故鈙得讀若琴。鈙捦皆今作擒者之本字。廣韻引作持止也者。本作持也。止也。止也蓋以鈙為禁。校者加之。【説文解字六書疏證卷六】

◉許　慎　𢿬棄也。从攴。𠷎聲。周書以為討。詩云。無我𢿬兮。市流切。【説文解字卷三】

◉馬叙倫　桂馥曰。本書無𠷎字。周書亦無討字。洪頤煊曰。周書以為討五字當在無我𢿬兮下。尚書無逸。民無或胥譸張為幻。許引之以證𢿬譸同義。討當即譸字之譌。倫按𢿬𣪷一字。本書無𠷎。則𣪷為正矣。棄也者。許依詩遵大路毛傳為訓。毛訓𢿬為棄者。與方言楚凡揮棄物謂之敲。今杭縣謂之拋同。蓋抱字義。詩借𢿬為之耳。今詩作魗。則醜之異文。棄為醜之引申義。周書五字校語。又疑此字出字林。【説文解字六書疏證卷六】

 乙三二四  乙四二八  乙四五四  拾九·七  前六·一一·二 【甲骨文編】

 乙324  428  454 【續甲骨文編】

 4·52 左宮畋 【古陶文字徵】

 1496  1483  1491  1487  1488  1489  1490  1484  1493  1497  1495

 1494  1499  1509  1486  1485  1501  1500  1505  2717  1507  1506

畋 1492 5277 【古璽文編】

石碣田車 田車孔安 古畋不从攴 田畋同字 【石刻篆文編】

◉許　慎　畋平田也。从攴田。周書曰。畋尒田。待年切。【説文解字卷三】

◉馬叙倫　鈕樹玉曰。韻會尒作爾。朱駿聲曰。平田也當為佃字之訓。畋當訓獵也。从攴。田聲。韓詩内傳。春曰畋。文選畋獵賦題注。引禮記王制馬注。取獸曰畋。呂氏春秋直諫。以畋於雲夢。注。獵也。丁福保曰。慧琳音義四十一及八十三及九十二引从攴。田聲。蓋古本如此。今奪聲字。倫按八篇。佃。中也。雷浚疑中字涉下文佃中車而譌。然中亦或為平字之譌。則朱謂平田為佃字義。此為田獵字。或是矣。平田也亦非本訓。亦疑此字出字林。古鉩文作。余畋盤字。強運開釋畋。倫謂此畁字。【説文解字六書疏證卷六】

◉朱歧祥　1072.　从田从攴，隸作畋，示人持杖以戍守田野。卜辭殘缺，或用為動詞。《乙428》乙未☐女☐　長☐。長為地名，畋長，即戍牧長地。【殷墟甲骨文字通釋稿】

◉莊淑慧　024敏＝畋

1.簡文詞例

65號簡：「一鞏(乘)敏(畋)車。」

67號簡：「所馭Ⅰ坪夜君之敏(畋)車。」

120號簡：「一敏(畋)車，一椯轂，一王僮車。」

151號簡：「敏(畋)尹之駛為右驌(服)。」

2.考釋

「敏車」即「畋車」，乃用於田獵之馬車。簡文「敏」字古籍或書作「畋」，或書作「田」，皆相通。其作「畋」者如：

「景公畋于署梁」(《晏子春秋・内篇・諫上》)

「無多畋魚」(《晏子春秋・内篇・問上》)

「羿淫遊以佚畋兮」(《楚辭・離騷》)

其作「田」者如：

「佐車止，則百姓田獵。」《禮記·王制》

「齊侯至自田」《左傳·昭廿》

「宣子田於首山」《左傳·宣二》

「敏」字又作「輂」形，見於165、175、201等簡。「輂」與「敏」正如「單」與「䧄」，皆是於字形下增繁「車」旁之例。故「輂」、「單」二字應是「敏」、「䧄」之繁化字。【曾侯乙墓出土竹簡考 國文研究所集刊一九九六年四十號】

攺

乙七〇三〇从殳 前四·二七·二从攴 前四·三一·六 前五·一〇·六 前五·一七·六 前五·三八·四 前五·三九·八 菁一一·一四 京津五二七八 明一九一二 【甲骨文編】

新5278 前4·27·2 4·31·6 菁11·14 【續甲骨文編】

改 改盨 【金文編】

詛楚文 外之則冒改氒心 改攺古為一字 【石刻篆文編】

◉許慎 攺毅改。大剛卯。以逐鬼鬽也。从攴。巳聲。讀若巳。古亥切。【說文解字卷三】

◉吳大澂 。許氏說改更也。攺。毅改。大剛卯。以逐鬼鬽也。此漢時之異解。疑古文改攺本一字。攺簋蓋。【說文古籀補補遺】

◉羅振玉 古金文（攺簋蓋）及卜辭有从巳之攺，無从己之改。疑許書之攺即改字。初非有二形也。【增訂殷虛書契考釋卷中】

◉高田忠周 漢嘉量改字有作攺者。古音巳己同部。故閒或用攺為改。此謂音通。亦或係一時寫誤耳。【古籀篇六十】

◉商承祚 古金文攺簋蓋及卜辭有从巳之攺。無从己之改。疑許書之改即攺字。初非有二形也。【殷虛文字類編第三】

◉方濬益 李少監以為己有過攴之即改。今此文从攴从巳。說文。巳。已也。按古辰巳之巳。與已止之已本一字。凡事止則有更改之義。疑古文改本从巳。篆文分改攺為二。毅攺改大剛卯以逐鬼鬽。新莽時語非古訓。【攺簋蓋 綴遺齋彝器款識考釋卷九】

敍

◉馬叙倫　嚴可均曰。讀若巳三字蓋校者所加。嚴章福曰。小徐作讀若巳。恐誤。古無此字。借巳為之。故云。讀若巳。王筠曰。汪刻小徐亦作讀若巳。羅振玉曰。金文作 改簋。甲文作 。無从己之改。疑許書之攺即改字。初非有二形也。倫按戊己之己應作 。變而為 。再變而為 。辰巳之巳應作 。県之為 。今篆作 。从辰巳之巳。音古亥切。與从攴己聲之改音同。是讀若戊己之己也。戊己之己音在見紐。見紐為舌根音。二篇。起从 得聲。而音墟里切。在溪紐。溪見同為舌根破裂音。則改與改革之攺與毅改之改並音古亥切。猶起从己得聲而音墟里切矣。古器名多雙聲疊韻。毅改為雙聲兼疊韻。則此字宜讀古亥切無疑。毅改之為器名皆借字。則不得有專名之改矣。羅謂二字實一字。是也。疑此字出字林。餘見起下。【説文解字六書疏證卷六】

◉李孝定　栔文上出諸文以形言當為許書之 改。其義則為訓更之改，許書攺下説解乃漢儀，自非造字本義。羅氏疑初非有二形，其説蓋是。辭云「弜假為弗改其唯小臣口令王弗甲每悔」前四・二七・二「韋㠯寮弜改亡㝎王其乎㝎示京㠯師又用叒若」前五・十六「弜改☐弗悔不☐」前五・十七・六均與弜字連文，而下又多與「不悔」相貫，當即訓更之改，而字形又不从己，姑从許書攺字之序次。此郭云殆象扑作教刑之意，其説是也，即為許書訓更之所本。卜辭又有 後下・十五・十一 後下二九・十四 藏二九・二字，與此字同意。金文作 改盨 改簋與卜辭同。【甲骨文字集釋第三】

◉于省吾　契文、詛楚文更攺之攺均从巳，金文有攺毁、攺盨，新嘉量「攺正建丑」之攺从巳，漢印有史攺，隸韻上聲十五海引石經論語攺字从巳。説文以改為更改字，而更改之改反讀若巳，並不足據。李文仲字鑑謂改「俗作攺」，失之。【論俗書每合于古文　中國語文研究第五期】

前六・一〇・三从又【甲骨文編】

前6・10・3【續甲骨文編】

138反　145　229【包山楚簡文字編】

敍(敘)不義　選堂先生謂敍即敍之繁形，讀敍(敘)為謰語，丙一〇・三　猶言除去。【長沙楚帛書文字編】

◉許　慎　敘次弟也。从攴。余聲。徐呂切。【説文解字卷三】

◉羅振玉　曰敘説文解字。敘次弟也。从攴余聲。此从又。篆文从攴之字若敏敃等。古文多从又。【增訂殷虛書契考釋卷下】

◉馬敘倫　鈕樹玉曰。韻會引弟作第。俗。倫按甲文作。从又。此今言舒展卷舒之舒也。舒从舍得聲。余从舍省得聲也。故今以舒為敘。卷舒自前而後。或自上而下。故義為次弟也。然次弟也或非本訓。【説文解字六書疏證卷六】

◉温少峰　袁庭棟　在甲文中，表示針刺治病者还有「」，即「敘」字。為之異體，即「余」，本義為鋭首有柄之器（見聞一多《古典新義・釋余》），亦可用為針砭而治病。《釋名・釋典藝》：「敘，抒也，抒洩其實，宣見之也。」此全以針刺痈肿（後世所謂放膿血）情況為釋，可證敘字正是手執針砭以治病之義。卜辭云：

(190)……不辥（孽），敘？（《前》六・一〇・三）

此辭之「敘」，正用其以針砭治病之本義。大意為：疾病不會惡化吧？用針刺疗法可以嗎？【殷墟卜辭研究——科學技術篇】

◉唐健垣　丙篇四行一段二節不義于

敍字嚴先生疑即捈字，解作臥引，字未釋，云待考。字釋作四，云：「以下應尚有文字。繒書例結束處皆加口以標明也。」

竊疑此可釋敍𢻫不義于亩，讀作「除去不義于啚」。釋亩，借作啚，詳上發啚興荒條。敍字之口乃多加者，古文字加口常見。玉篇：「除，去也。」从「阝」，無掃除之義，解作除去者當是敍字，从攴有動作之意。説文：「敍，次第也。」釋名：「敍，抒也；抒洩其實，宣見之也。」仍有除去之意。𢻫字从攴，當是除去之去本字。論語鄉黨「去喪」，何晏解：「孔曰：去，除也。」左傳隱公六年：「為國家者，見惡如農夫之務去草焉，芟夷蘊崇之，絶其本根，勿使能殖。」去亦除也。除去不義于啚者，將國中不服王命之諸侯掃蕩，猶左傳之「去惡」。繒書丙篇四行二段二節：「利侵伐，可以攻城，可以聚衆，會諸侯，刑首事，僇（戮）不義。」呂氏春秋孟秋紀：「天子乃命將帥選，厲兵簡練桀雋，專任有功，以征不義，詰誅暴慢以明好惡，巡彼遠方。」然則不義何謂乎？繒書甲篇四行云：「東域有吝悔，歲乃兵，侮于其王。」（悔歲二字新補，詳前。）東域有災，則是歲乃有兵禍，諸侯興兵侵侮王室；以下犯上曰不義，繒書之不義，指作亂之諸侯也。禮記月令仲冬之月：「是月也，可以罷官之無事，去器之無用者。」若將繒書改為「除去啚中諸侯之不義者」，則語法全同矣。

⿰卑攴

補：敍故我讀為除去，日本林巳奈夫先生來函讀同。饒師新釋亦讀除去。我所持之見解，以為敍故加攴乃表示用手除去動作之專字，除字下加口乃古文繁形。今檢羅氏璽印文字徵古印「去疾」去字作□，从辵，乃來去之去專字，益信古代來去之去，消除之去，各有專字作□作□也。敦伐之敦，金文多作辜，然亦有作轂，加攴以示為動作專字者，其理與敍故同。

嚴先生以繒書「敍故不義于田」下無段落符號，因謂「田」字下「應尚有文字。繒書例已結束處皆加□以標明也」，並釋田為四字。然觀繒書照片田字下既無殘文，亦無其他文字，饒師據紫外線照片所作之摹本、釋文，亦未提及「田」字下有殘文或其他文字。然則此句仍讀「除去不義于田」，偶遺口號耳。但「除去不義于四」不辭，我仍認為應讀「除去不義于田」。參前「發啚興荒」條。

繒書問題，久蓄於胸，茲因在國立臺灣師範大學修畢一年級，須於八月上旬參加大專學生暑期軍訓，為期兩月，乃於行前窮五晝夜之力草成是篇，睡眠不足廿小時，錯漏在所多有，前輩其諒而教我。文成，無論得失如何，亦覺愉快無比，或亦迂腐文人之傻勁熱心有以致之乎！【楚繒書文字拾遺　中國文字第三十册】

◉朱歧祥　1016□从攴从二□。或隸作敘。卜辭用為殷西附庸族名。

《乙7594》貞，甲用□來羌。前辭貞問甲日用敘族來獻的羌人作祭品吉否。【殷墟甲骨文字通釋稿】

◉許　慎　□毁也。从攴。卑聲。辟米切。【說文解字卷三】

◉馬叙倫　桂馥曰。毁當為敗。玉篇。敕。敕敗。廣韻。敕敗。擊聲。王筠曰。毁也者斁字義。小徐敗在致下。致。擊也。其次弟不誤。今敕下誤作毁也。故跳在斁下。大徐不知迻敕於敗之前。而迻敗於敕之後。其誤遂成。倫按鍇本此上有斁篆。故王説如是。今斁字為十三篇壞之重文。有鉉注曰。攴部有斁。此重出。則鉉本此上亦有斁篆矣。壞下曰。敗也。此上文。敗。毁也。則此毁也似可如王説為斁字義。然莊子天下。獨與天地精神往來而不敖倪於萬物。敖為敕字之譌。倪為敗之借字。不敕敗於萬物。謂不毁傷於萬物也。是敕當訓毁也。為敗之音同封紐轉注字。許書大例。轉注字於甲字下先申其義。乙字下即以甲字為釋。敕敗為疊韻轉注字。今敕訓毁也。於例正合。【説文解字六書疏證卷六】

⿰兒攴

◉許　慎　戟也。从攴。兒聲。五計切。【説文解字卷三】

◉李旦丘　　僟兒鐘銘云：「余遌兒，攷吉金鑄鋁。」郭沫若氏云：「當是動詞，殆俾使等字之誼。」（兩周，第一百六十三頁）今按實⿰兒攴字，象幼兒横戈之形。父丁段的圖形文字戈作，子段作。⿰兒攴字所从之，與子段之圖形正同。戈下的，乃是繩索。後來隸變之際，竟把譌變成攴。不過，我們不能説這個訛變是完全錯誤，緣从戈與从攴，意誼是相同的（例如盂鼎鬼方之鬼，作，从戈；而梁伯戈則作，从攴）。都表示着人持武器逼使敵人降服或後退的意象，故有俾使等誼。

説文云：「⿰兒攴，⿰單攴也」。「⿰單攴，戰盡也」。集韻云：「⿰單攴，一日召使疾行也。」是⿰兒攴之本誼為戰盡，其另外的一個意誼，則為召使。

廣韻云：「攷，大打也。」攷字大概有鍾擊鍛煉的意思。

⿰兒攴為召使，攷為鍾煉，則銘文「余⿰兒攴遌兒，攷吉金鑄鋁」之誼，豈不是昭然若揭？

⿰兒攴字久廢。唐時，雖尚存此語，却已不知此字。元稹詩遣悲懷：「顧我無依搜藎篋，泥他沽酒拔金釵。」這泥字有勉強之意，應作⿰兒攴。【釋⿰兒攴　金文研究第一册】

◉馬叙倫　敹⿰兒攴二字失其次。當在敗下。【説文解字六書疏證卷六】

牧

甲三七八二　乙二二七七　乙七一九一反　人名　牧入十在魚　前四・四五・三　前五・一〇・三　貞牧子㝵　前五・二七・一　牧勾人令冓氏擊　餘二・一　後二・一二・一三　粹一五二二　京津六四九

珠七五八　取在昜牧獲令羌　摭續一八七　續二・一九・一　甲一一三一　或从羊二牧　乙四〇九　牧伯

乙二六二六　貞乎王牧羊　乙三九三五　粹一五八九　佚一三〇　牧其屮巛　前五・四五・七

後二・一二・一五　後二・一二・一六　陳二五　寧滬一・三九七　或从辵地名南牧北牧　粹五〇四　存二〇〇六　存下四七六　商牧　後二・一二・一四　牧再册　燕一九七　燕五八九

前五・四五・六　【甲骨文編】

甲1131 乙409 1277 2626 3935 7191 8935 珠758 901 佚130

續2·19·1 5·4·4 5·4·6 5·7·4 5·7·9 徵4·68 9·38 12·17 古2·6

2·9 粹504 天36 續存1131 2006 摭續187 新649 鄴38·7新757 【續甲骨文編】

牧 牧共簋 作父辛鼎 小臣遽簋 柳鼎 牧師父簋 鬲攸比鼎 牧馬受簋

儹匜 同簋 嗣易林吳牧 免簋二 罛吳罛牧 【金文編】

牧 秦八四 四例 法七六 三例 為一七 【睡虎地秦簡文字編】

牧丘家丞 右牧官印 北地牧師騎丞 殷牧印信 牧利之印 牧傷 【漢印文字徵】

【汗簡】

裴光遠集綴 古尚書 【古文四聲韻】

◉許　慎　牧養牛人也。从支从牛。詩曰。牧人乃夢。莫卜切。【説文解字卷三】

◉王　襄　古牧字，象手持鞭形以御牛也。【簠室殷契類纂正編卷三】

◉羅振玉　或从牛。或从羊。牧人以養牲為職。不限以牛羊也。諸文或从手執鞭。或更增止以象行牧。或从帚與水以象滌牛。【增訂殷虚書契考釋卷中】

◉商承祚　其从行者與从止之意同。又或从二羊。【殷虚文字類編第三】

◉商承祚　或从羊。因牧不限於牛也。或增止。象牧人。或从帚。象滌牛。或从行。象行牧。金文作（牧共毀）（父丁罍）（同毀）。【甲骨文字研究下編】

◉孫海波　甲骨文或从牛，或从羊，牧不限於牛，故得从羊也。从支者，象以手持，以驅牛羊也，或从帚者，象以帚滌牛也，或从辵者，牛羊在途之意也。【甲骨金文研究】

◉葉玉森　牧之繁文作□，从手持帚以洗牛，小點乃狀水點，古人制字之精，並含畫意。【殷契鉤沉】

◉馬叙倫　鈕樹玉曰。韻會作攴牛。桂馥曰。一切經音義三引三倉。牧。養也。方言。牧。飤也。郭璞曰。謂牧羊牛馬也。漢書。公孫弘牧豕。然則牧者。畜養之總名。非止牛馬也。其為文从牛。則牛為正訓。通於羊豕馬也。倫以為養羖異字。羖字自如羅説。今牧羖音異者。牧羖二字之聲皆即得於牛羊。謂牧牛者曰牧。牧羊者曰羖。猶今言趕牛的趕羊的也。馭从又馬聲。亦得於馬也。馭即牧馬者也。餘詳羖下。字見急就篇。鬲攸比鼎作□。【説文解字六書疏證卷六】

◉郭沫若　雩粵氒復歸在牧𠂤師。伯懋父承王令命易𠂤師逨征自五齵貝。

牧、牧野，字一作坶。説文云：「坶，朝歌南七十里。周書武王與紂戰於坶野，从土母聲。」史記周本紀正義引括地志云：「衛州城，故老云周武王伐紂至於商郊牧野，乃築此城。」又云：「紂都朝歌，在衛州東北七十三里朝歌故城是也。」書牧誓偽孔傳云「紂近郊三十里地名牧」，不識何所據。上言「㠯殷八𠂤征東夷」，此言「復歸在牧𠂤伯懋父承王命易𠂤」，前後正相呼應，故知牧必係殷郊牧野。【小臣謎毀銘考釋　金文叢考】

◉徐中舒　二　牧正父己觶

此器銘云：「牧正父己。」銘文牧所从偏旁之牛作□，象牛頭形。甲骨文及早期金文牛羊二字並作牛頭、羊頭形，如羊甲骨文作□或增雙目作□，象羊頭形尤為顯著。早期金文作□或□，此象羊頭形之羊字後來則逐漸分化為羊、善二字，隸書善作善即與□形為近，而篆文善又从二言作譱，从二言乃甲骨文从雙目形的譌變。同例，此牧字偏旁牛作□，亦當是象牛頭形。説文于牛羊字下並説象角足尾之形，乃據後出的譌變之形為説，實不足信。牧又从攴，从又持鞭，會秉鞭作牧之意。《續殷文存》著録另一牧正氏器，銘云「父癸牧正」，牧字偏旁攴，拓本不清晰，當據此觶校補。【四川彭縣濛陽鎮出土的殷代二觶　文物一九六二年第六期】

◉于省吾　甲骨文牧字作□、□、□、□、□或□、□等形。其从□象手持鞭形，後來變為从攴。商器作父辛鼎的牧字作□，兩個偏旁縱列。其下从□，猶與初文相符。因為放牧需要有行動，故牧字也从止或彳。又甲骨文牧牛作牧，牧羊作羖。今將甲骨文放牧之貞擇録數條，並略予説明。

一、壬辰卜，貞，商徹（續存下四七六）。

二、甲戌卜，穷貞，才昜牧，隻羌（珠七五八）。

三、牧隻羌（庫四二）。

四、庚子卜，貞，牧氏羌，征于□(祊)□用(後下一二·一三)。

五、貞，乎王敹羊(乙二六二六)。

六、用牧以羌於父丁(明義士拓本)。

七、☐徣亡𢀛(南北師一·一六七)。

八、隮鹿，其南牧𢀛，其北牧𢀛(寧滬一·三九七)。

九、丙申卜，貞，敹其㞢巛〇貞，敹其亡□巛。六月(佚一三〇)。

以上第一條的商徣，是説放牧于商地。第二、三兩條是説放牧時俘獲羌人。第四條是説，用放牧所送來的羌人，以祭于宗祊。第五條的乎即呼，説文作評。這一條是叫商王親自牧羊。其言呼者，係鬼神的指示。第六條是説用放牧所獲的羌人，以致祭于父丁。第七條的𢀛即擒之初文。甲骨文𢀛作動詞用者，是就擒獸言之。這一條是説放牧對于野獸無所擒獲。第八條是説隮地之鹿，放牧于隮地之南能夠擒獲，或者放牧于隮地之北能夠擒獲呢？甲骨文編誤以南牧、北牧為地名。第九條是説，敹羊有無災害。

依據上述，既然牧是放牧牲畜，爲什麽還以獲羌或擒獸為言呢？我懷疑多年，不知其意。近來才了解到，我國各少數民族，在解放以前，往往武裝放牧。從消極方面來説，可以保護牲畜和牧場，從積極方面來説，可以獲得俘虜或野獸。據民族學家介紹，解放前，我國西北或西南各少數民族，多有武裝放牧的作風，而以西北的哈薩克族最為典型。總之，由於我國各少數民族從前有着武裝放牧的作風，那末，甲骨文的牧獲羌或牧擒，當然都是武裝放牧所獲得的。【釋牧　甲骨文字釋林卷中】

◉裘錫圭　已發現的商代銅器里，有不少「又(右)敹(牧)」之器，如又牧父己鼎(《代》2·39)、簋(《代》6·21)、尊(《代》11·14)、卣(《代》13·4)又牧父癸爵(二器，《代》16·38、亞又牧戈(六器，《代》19·15—18。據《十二家·貯》，以上諸器為同時所出，「尊」應作「觶」)，又牧父癸鼎(《代》2.40)，又牧己尊(《鄴》二上9)，又牧缶(《劫掠》R500)，牧又爵(《代》15·38)，牧又方罍(《河南安陽遺寶》51頁二十五圖)。也許就是右牧𠧟這一族所作的。

有一條賓組卜辭提到「盖牧」：

(53)甲子卜貞：盖敹(牧)再册示𠧟，乎取出□。　《乙》8935

「盖牧」當與「在盖牧」同意。盖是卜辭中屢見的地名。賓組卜辭曾卜問過「坚田於盖」的事(《前》2·37·6、4·10·3)。據三、四期卜辭，盖地並没有犬官。《屯南》(4584)著録的一條三、四期卜辭説：「叀蓋犬比亡𢦏。」

上述那些牧顯然是被商王派駐在商都以外某地從事畜牧的職官，情況跟多田、多犬相類。此外在卜辭里还可以看到不少沒有加地名的「牧」，商代銅器為「牧」或「亞牧」所作的也很多，這里就不一一徵引了。不加地名的「牧」，有些可能是從事游牧的牧官或總管畜牧事務的「牧正」一類人，1959年四川彭縣發現了商代的牧正父己觶，看王家祐《記四川彭縣竹瓦街出土的銅器》《文物》1961年11期29頁）、徐中舒《四川彭縣濛陽鎮出土的殷代二觶》（《文物》1962年6期）。但是其中大概也有一些是沒有說出駐地的「在某牧」。田的駐地有一些在侯、伯的封域內，牧也是這樣。見于(49)(51)的「在爿牧」，跟「在義田」一樣，駐地也位於攸侯封地之鄙。賓組卜辭屢見「昜伯㷭」（《合》3380—3387等）。「在昜牧」的駐地當在昜伯封地之內。

牧也應該是率領着族人以及其他從屬於他的人為商王服役的。商王有時在人力上給牧以支援。有一條賓組卜辭說：

(54)☐莫甾以刍于丂。　《人文》424

卜辭裏的「刍」往往指為牲畜打草的奴隸。這條卜辭裏的「刍」大概也是指這種奴隸而不是指刍草而言的。送往丂地的「刍」應該就是給「在丂牧」使用的。还有一條賓組卜辭說：

(55)戊戌卜宊貞：牧匄（丐）人，令冓以𠭰。　《前》5·27·1　參看《合》11402正、11403、《京津》649。《河》638「貞：弓乎以𠭰人」，應為同時所卜。

這是因為牧乞求人手，卜問是否讓冓把𠭰人送去。

上引(45)卜問在昜牧是否「獲羌」。此外还可以找到不少關于把「牧以羌」（《後》下12·13）、「㣈（牧）吕（以）羌」（《明後》2533，參看《存》上2·2006）或「㣈（牧）來羌」（《明後》2510）用作祭祀人牲的卜辭。前面已經說過，(48)「在丂□妥來羌二人」一辭中的缺字大概就是「牧」。还有一條曆組卜辭卜問用「丂吕羌」為人牲的事（《明後》2471），「丂」也有可能就指「在丂牧」。牧時常俘獲羌人，反映出他們在放牧過程中遭遇敵人的機會很多，同時也說明他們跟田一樣，也有自己的武裝。

在古書裏，「牧」也可以用作對諸侯的稱呼。《左傳·哀公十三年》：「王合諸侯，則伯（按：指諸侯之長）帥侯、牧以見于王。伯合諸侯，則侯帥子、男以見于伯。」在這段文字裏，由于「伯」字已經被用來指諸侯之長，「侯、伯」改稱為「侯、牧」。《周禮·天官·大宰》「以九兩系邦國之民，一曰牧以地得民……」，劉歆等人認為牧指邦國之君，看孫詒讓《周禮正義》。可信。古書里还常常把九州中各州的諸侯之長稱為牧。這應該是「牧」字較晚的一種用法。「方伯」本指方國之君（卜辭里的「方白」都是這個意思），後來也被用來指各州諸侯之長，情況與此相似。一般認為諸侯稱「牧」，取牧民之意。其實很可能跟「田（甸）」成為諸侯的稱號相類，是由于較早的牧官往往發展成為諸侯而產生的現象。不過，「牧」並沒有成為諸侯的正式封号，這是它跟「田（甸）」不同的地方。

【甲骨卜辭中所見的「田」、「牧」、「衛」等職官的研究　文史第十九輯】

◉黄錫全　□牧　夏韻屋韻録作□。鄭珍云：「从女，作楷書者，文字一撇作長點，一横畧過左，觀之即是女字，好奇者又以古文女書之，非真有从女之牧也。」「牧野」之「牧」或作「坶」。《集韻・厚韻》有㛮字，古母女通作，疑此即㛮字，假為牧。【汗簡注釋卷一】

◉黄錫全　□牧　夏韻尤韻釋為收，「牧」寫誤。鄭珍云：「从手與从攴意同，俗別體。」三體石經收字古文作□，即技字，與擈撲義同。《説文》收訓「捕也」，與技或撲義近。石經當是假技為收。【汗簡注釋卷五】

◉戴家祥　字从攴从牛，當為養牛之義。免簠同簋牧字與林吳虞連稱，㝢攸从鼎田牧連稱，知牧字與林、虞、田等字義並列，泛指畜牧業也。金文牧或作地名及人名。以牧訓「養牛」例之，此字從羊從攴，本義當為養羊。牧字引伸為渾括的畜牧之義之後，養牛養羊的區別便失去了意義，牧當與⿰羊攴通。甲骨文牡字或作⿰羊土、⿰犬土、⿸鹿土等。「牡，畜父也」，作為抽象的畜父之義，从羊从犬，从麀没有任何區別，此例當與牧或作⿰羊攴同。説文五篇「⿰羊攴，古文養」，與畜牧飼養同義，亦可為牧⿰羊攴相通之證。【金文大字典中】

◉許　慎　敕擊馬也。从攴。朿聲。楚革切。【説文解字卷三】

◉馬叙倫　擊馬也當作擊也。馬字後人以為此策其馬而加之。或此非本訓。【説文解字六書疏證卷六】

◉許　慎　㪟小舂也。从攴。算聲。初絭切。【説文解字卷三】

◉馬叙倫　小舂即臿字義。音同穿紐。此當訓敓也。今其義誤在篹下。㪟為敓之轉注字。敓从兑得聲。兑从㕣得聲。㕣音喻四。㪟从算得聲。算音心紐。同為摩擦次清音也。字當从又。當次敓下。【説文解字六書疏證卷六】

◉許　慎　⿰堯攴斲田也。从攴。堯聲。牽遥切。【説文解字卷三】

◉馬叙倫　段玉裁曰。玄應書六曰。三倉。⿰堯攴敲。相擊也。十三曰。敲。倉頡訓詁作⿰堯攴。同苦交切。下擊也。説文。横撾也。擊頭也。據此則説文本無⿰堯攴字。後人增之。其訓蓋本作擊也。擊者。旁擊也。一譌為斲。再譌又衍田字。莫能通矣。李仁甫本尚無田字。篇韻皆云。⿰堯攴。擊也。桂馥曰。田當為曲。王筠曰。本部當以牧敕二字結尾。㪟字亦失次。或後增。倫按玄應兩引倉頡解詁。⿰堯攴。苦交反。下擊也。廣韻引作倉頡篇。⿰堯攴。擊也。然玄應一引三倉。則倉頡者蓋三倉中之上篇也。

教

如玄應說。則本書當有斅字。而無敵字。蓋倉頡所有。許不得無。而敲殼固一字。不必復出。蓋呂忱加之。斅字不見本書。蓋斅之譌耶。【說文解字六書疏證卷六】

甲一二五一 貞人名 甲一五九七 甲一七〇二 甲二六四九 粹一·三一九 前五·八·一 前五·二〇·二 佚二七四 甲二六五一 甲二〇六 从爻與說文古文同 粹一一六二 其教戒 陳九九 【甲骨文編】

甲1251 1597 1712 2649 2651 佚274 粹1162 1319 1320 乚489 【續甲骨文編】

教 說文古文作𤕝 汗簡入爻部 散盤 郾侯簋 【金文編】

99 【包山楚簡文字編】

教 語二 三例 為二四 【睡虎地秦簡文字編】

石經無逸 胥教誨 汗簡引說文同篆文 【石刻篆文編】

教凡教之屬皆从教 教見說文 教出字指 教 【汗簡】

古孝經 說文 古老子 竝郘昭卿字指 貝丘長碑 汗簡 竝籀韻 【古文四聲韻】

◉許 慎 教上所施下所效也。从攴。从孝。凡教之屬皆从教。古孝切。𤕝古文教。𢽯亦古文教。【說文解字卷三】

◉商承祚 □□ 弟一文从言孝聲。教。誨也。故从言。與誨同義。汗簡□「教。見説文」。下出□云。「一本如此作。」則䛠為後人所增入也。甲骨文作□□。金文鄦侯𣪘作□。散盤作□。與古文篆文同。石經古文作□。【説文中之古文考】

◉高田忠周 周禮師氏。以教國子弟。注教之者使識舊事也。禮記學記。教也者。長善而救其失者也。中庸。自明誠謂之教。周語。教文之施也。春秋緐露精華。教政之本也。虞書。敬慎五教。仁義禮知信也。論語。子以四教。文行忠信。又周禮大司徒。有十二教目。禮記王制。有七教目。皆轉為義也。【古籀篇六十一】

◉孫海波 □ 效也。从子奉攴。長者持攴督令效習者也。攴聲。前五·二十·二□散盤省子。【甲骨金文研究】

◉葉玉森 右行 亐多□尹□于□教

□為地名。他辭云「戊戌卜雀人芻于□」。寫本三百廿二版。□乃□省。當為一地。【殷虚書契前編集釋卷五】

◉馬叙倫 鈕樹玉曰。宋本繫傳效作効。俗。韻會作从支孝。倫按从孝之孝當作𡥈。今作孝。與楷書子承老也之孝掍。𡥈聲。鍇本作从支𡥈。脱聲字。此𡥈之後起字。儀禮鄉飲酒義。君子之所謂孝者。非家至而日見之也。國語周語曰。魯侯孝。曰。然則能訓治其民矣。黄以周謂二孝字皆當作𡥈。𡥈即教也。倫謂𡥈即學也。謂魯侯學故能治民也。玄應一切經音義引三倉。教誨也。效也。上所施下所效也。校語。本訓作效也。捝矣。然字當从又。甲文作□□。鄦侯𣪘作□。

□ 䛠。古文教。桂馥曰。汗簡勞下云。見舊文。謂非李陽冰新定本也。𡥈部有兩教字。一作□。見説文，一作□云。一本如此作。郭所見兩本。秖有古文一字。各本不同。無□字。嚴可均曰。汗簡引□字後又引□字。云。一本如此作。則䛠體當列於校語中。以存異本。今此並列。非也。據部末云。文二重二。亦明教但重一。倫按嚴説是也。據此知本書重文中之古籀有複文者。皆校者以異本補之。故每有亦字。其軼出部末所記之數之外。如殺之重文或三或五及此者。尤明證也。䛠或从言。明教本不必以夏楚收威矣。从言。𡥈聲。

□ 效。亦古文教。鍇本作古文。朱士端曰。吴玉搢金石存載周乙卯鼎銘教作𢽿。朱駿聲曰。从攴。爻聲。倫按甲文及散盤亦有此字。彔伯𣪘較字作□。从車。𢽿聲。□字見散盤。【説文解字六書疏證卷六】

◉馬叙倫 號叔尊 見同上。

□乃教之異文。從攴。孝聲。儀禮鄉飲酒義。君子之所謂孝者。非家至而日見之也。國語周語曰。魯侯孝。曰。然則能訓治其民矣。黄以周謂二孝字皆當作𡥈。𡥈即教也。倫謂國語之孝是𡥈字。𡥈學一字也。儀禮之孝是教字。足證古自別

有教字。與教為轉注字。同為舌根音。聲亦古同幽類也。此當讀為考。説文。孝。善事父母者。從子。從老省。倫謂善事父母者。固非本訓。字亦不從子也。蓋人毛匕為老。從子從老省為孝。以為會意。似是而非。就各部分之字本義言之。老非父母之專偁。子非子女之定名。各用其引申或假借之義以造會意之字。背於會意冓造法之原則也。故倫以為從老省從孚省得聲。為老考之轉注字。金文每言追考。余義編鐘作追[glyph]。[glyph]即考也。史記燕世家孝公。漢書古今人表作考公。人表孝成子。列子作老成子。是其證例也。叔殷孝猶叔殷老。蓋古以老為字者。如楚有連尹襄老矣。【讀金器刻辭卷下】

◉高鴻縉　字原从尹子會意。爻聲。動詞。亦作效。从支。爻聲。學字亦以爻為聲。故教之後起字亦作斆。斆从支學聲。後變尹為支。意亦得通。古者朴作教刑。朴子即所以教也。爻聲。【中國字例五篇】

◉屈萬里　卜辭「戊戌卜：雀人芻於效？」效，即教字；説文古文教字如此作。本辭則為地名，其地當因教水得名，教水在今山西垣曲縣東(氏族一二五頁有説)，則教地亦當在此附近。【殷虚文字甲編考釋】

◉朱歧祥　431[glyph]从入从支以擊子。隸作𢼊。《説文》無字。或即教字異體。屬殷地名。《前5・8・1》☐呼多寅尹自于[glyph]。

1674.[glyph]从支爻聲，隸作教。《説文》：「上所施，下所效也。」卜辭用為農地名。

《甲206》戊戌卜，雀芻於[glyph]。

又或用作動詞，習也。

《粹1162》其[glyph]戍。

「教戍」，即使民習兵也。【殷墟甲骨文字通釋稿】

◉戴家祥　教字从支。或从言。與誨同義。表示言傳也。从孚。孚者學子之倣效也。散氏盤云「效㚖父」，郭沫若云：乃一官一名，效蓋校人也。【金文大字典中】

斆 斆

[glyph] 鐵一五七・四　説文斆覺悟也从教从冂冂尚矇也臼聲篆文省作學卜辭作[glyph]从爻得聲　[glyph] 前一・四四・五　[glyph] 前五・二〇・一

[glyph] 粹四二五　[glyph] 掇一・四五八　[glyph] 京津四八三六　[glyph] 珠五二二　[glyph] 京都三二五〇　[glyph] 餘七・二　卜辭用爻為學重見爻下

[glyph] 甲二九七〇　或省臼　[glyph] 乙七五三　人名學戊　[glyph] 乙一九八六　學眾當讀為教眾　[glyph] 京都六〇　[glyph] 乙二二〇五　[glyph] 乙

二一一四反 乙二五〇七 乙三四七六 前六·六四·六 後一·八·四 林二·二五·九 寧滬三·九
五 存下一二六 存下二五六 存下四五九 燕七一七 七w一〇 【甲骨文編】

甲2970 3510 乙753 1884 1986 2105 2507 珠304 522 續4·44·3徵
4·15 掇458 新641 641 2938 甲3913 【續甲骨文編】

斅 篆文學不从攴 盂鼎 師嫠簋 靜簋 令鼎 者沪鐘 沈子它簋 中山王嚳鼎 雩人斅備恁

【金文編】

學 說文篆文斅省 秦一一一 四例 日乙一四 【睡虎地秦簡文字編】

古老子 竝雲臺碑 【古文四聲韻】

◉許　慎　覺悟也。从教。从冂。冂。尚矇也。臼聲。胡覺切。篆文斅省。【說文解字卷三】

◉孫詒讓　「亘貝于戊」，百五十七之四。金文盂鼎、耤田鼎、師龢父敢皆有學字，則亦古文也。此文與彼略同，而又省子，蓋古文之異體也。【契文舉例卷下】

◉林義光　古作盂鼎。从子在宀下。宀尚矇之象。兩手以去其蒙。爻聲。篆變从攴。轉注。說文云。斈效也。从子爻聲。按即學省。說文云。上所施。下所效也。从攴斈。按即學斅之或體。古教學同字。故書盤庚斅于民。禮記凡學世子及學士。文王世子。皆以學字為教。古作攈古録卷二之三鄭侯彝。省作散氏器。【文源卷十一】

◉葉玉森　陳邦懷氏曰。桉慧苑華嚴經音義。正覺條云。桉諸字書覺字从學。學字从敎。敎字从斈。斈字从爻。因聲義轉相生也。然學字自以臼為聲。謂因聲相生則誤。今觀卜辭學戊或作爻戊。殆以聲轉叚借。與慧苑之說可為互證。陳氏斥之非是。許氏楝亦謂不得从臼聲。深信慧苑之說有說甚辯。文長不具録。殷契拾遺。森桉斅戊為人名。【殷墟書契前編集釋卷一】

◉高田忠周　然金文悉如此。古文巳省也。且見卜辭文。又省子。以爻下×。兼介上。彼省之省者也。然愚竊謂最古文。

从宀不从冂。且如令鼎。析為二形。下明从字。其會意形聲。恐不如許說也。許敘曰。周禮。八歲入小學。保氏教國子。先以六書。一曰指事云云。六書者。文字之謂也。蓋學者小學之義。故字从字。从𦥑。𦥑者兩手執之。受而欲不失之意。爻疑斈省。斈下曰。效也。會意之指。亦同於此。斈之子。與字之子相複。故省一耳。子曰。學而時習之。即斈效之意。又曰。默而識之。學而不厭。又禮記學記。學然後知不足。知不足。然後能自反也。即𦥑持之意也。然則凡言教學者。小學轉義也。若夫字从教从冂。𦥑聲者。字形之別說耳。尚書大傳。學。效也。近而逾明者學也。莊子庚桑楚。學者。學其所不能學也。【古籀篇六十一】

◉羅振玉 卜辭諸文均不从攴，且省子或又省作爻。【增訂殷虛書契考釋卷中】

◉孫海波 𦥯 習也，古者學僮就學於巫，象兩手奉爻于宀，習筮之意也。从爻，爻亦聲。藏一五七·四令鼎作𦥯从子在宀下，就習之意也。【甲骨金文研究】

◉商承祚 斅 字後出學云。「篆文斅省」。則斅乃古文也。甲骨文作𦥯𦥯。同小篆而省子。如效意也。金文皆同篆文。【說文中之古文考】

◉馬叙倫 鈕樹玉曰。繫傳韻會矇作矇。非。說文無矇字。王筠曰。覺字句絶。皇侃論語義疏引白虎通。學。覺也。悟也。林義光曰。斅教一字。古教學同字。書盤庚。斅于民。禮記文王世子。凡學世子及學士。皆以學字為教字。饒炯曰。教斈本一字。而分為二義。自施者言之曰。教。讀古孝切。自效者言之曰斈。讀胡覺切。此聲因義異者也。其實斈為本字。从子。爻聲。意取為人所象效。義主施者言之也。因而效者亦曰斈。音轉為胡覺切。其斅覺皆斈字之轉注。然施者之名則从學加攴以別之。是知斅亦教也。書說命。斅學半。學記引作學學半。文王世子。故學之為父子焉。注。學。教也。則以學為教矣。洛誥。乃汝其悉自教工。大傳作學工。云。學。教也。則以教為學矣。皆足為學斅斈教同字之證。朱駿聲謂斈即學之古文。是也。倫按教學初不分為二義也。以子善摹放。故作斈。後以父兄教之。而子弟是則是效。故即以斈為教。廣雅釋詁。學。教也。禮記學記檀弓文王世子注亦皆曰。學。教也。學與教一字。金甲文皆尚未見有斅字。盤庚。斅於民。兑命。惟斅學半。禮記學記引兑命作學學半。則斅為學之遞增字。蓋初文止兩形。一作斈。一作效。以子善摹放則从子。以行為多先以手。故从又。後乃於斈旁加又則成斆。學者。斆之異文。後復於學旁加又。則成斅。後又易又為攴耳。此當作从攴學聲。覺悟也當作覺也悟也。悟也校者加之。餘詳學下。【說文解字六書疏證卷六】

◉郭沫若 井斅，刑教。說文以斅為學字，書盤庚上「盤庚，斅于民」，日本未改字本斅作學。某氏傳：「斅，教也。」斆父乃是子。

【沈子簋銘考釋　金文叢考】

◉楊樹達　靜學無旲。郭君讀學為教，是也。古人言語施受不分，如買與賣，受與授，糴與糶，本皆一辭，後乃分化耳，教與斆亦然。銘文上言「學宮小子眔服眔小臣眔夷僕學射」，學也；下言「靜學無旲」，教也。禮記學記曰「學學半」，上學謂教，下學謂學，教與學同从學字為之，與銘文正同也。【靜𣪘跋　積微居金文說卷七】

◉高鴻縉　斆乃晚出之教字。古亦作效。从攴爻聲。至於學字。古無从攴者。學應从臼。有模仿意。从字。有孳生意。模仿而孳生。由不知而知。由不能而能。是即學也。爻聲。動詞。【中國字例五篇】

◉朱芳圃　許説字形，迂曲難通。余謂學从子从𦥯，𦥯亦聲。結网為複雜之技能，非傳授不能獲得，故引伸為教訓，為放效。禮記檀弓云「叔仲皮學子柳」，鄭注：「學，教也。」此訓教之例也。史記張釋之馮唐列傳：「豈斆此嗇夫諜諜利口捷給哉！」此訓效之例也。蓋教以施言，使人瞭悟；效以受言，任人自悟。从子即長老傳授稚子承受之意。或增攴，即尚書堯典所謂「朴作教刑」也。【殷周文字釋叢卷中】

◉李孝定　朱氏以从𦥯从子解「學」字，於説較長，説文無「𦥯」字，而契文有之，或作𦥯，當為最早形聲字，从臼，以示學習，爻聲，或衍而為爻宀藏一五七·四，即為𦥯之所自昉，从冖，實為𦥯字增多兩直畫，文字繁變如此者多有，如「六」字初作「宀」，後變為「宀」之類，从冖實無義可説，許君以尚矇説之，殊為傅會，至从「子」乃後增會意偏旁。【金文詁林讀後記卷三】

◉張日昇　竊疑𦥯从爻聲。𣪘作教，後增从子若孜，乃教字之類化。覺譽鷽嶨嚳鷽學等字皆從𦥯得聲。説文謂从學省聲，嶨或作澩，不省。蓋學行𦥯廢已久，許氏不知𦥯為一字，今得甲骨文可補説文之闕。【金文詁林卷三】

◉徐中舒　從臼臼從爻爻從宀宀，或省作爻宀、爻宀，同。與《説文》篆文斆形近略同。《説文》：「斆，覺悟也。从教、从冂，冂、尚矇也；臼聲。𦥯，篆文斆省。」甲骨文均不從攴，且省子或又省作爻。據卜辭之爻戈或作爻戈、爻戈、爻戈本為一人，故教當從爻取義兼聲。《説文》：「爻，交也。」教與學乃思想之交流，故教從𡥈，𡥈從爻，爻亦效也，放仿也。段注𡥈曰：「教字學字皆以𡥈會意，教者與人可以放仿也，學者，放而像之。」【甲骨文字典卷三】

◉戴家祥　説文三篇，教部下屬僅一斆字，教斆古本一字，其義為「上所施下所效」，後世教訓上施，斆訓下效，乃分為二字。中山王嚳鼎「雩人斂斆備恁」，國語越語吳語及越絶書等皆作「越人修教備信之道」，教亦作斆。【金文大字典中】

卜　卜

甲三八一　甲八六〇　乙一四二八　乙七七八　朱書　乙六七二二　朱書　鐵五七・二　鐵一七　四・三　餘二・一　拾六・一〇　前六・二〇・二　甲二五五五　後一・一八・三　後一・二四・九　菁五・一　林二・一一・一七　戩三八・四　天四九　甲二七九一　卜亢見合文二二　【甲骨文編】

古文卜　甲24　26　3592　乙7294　7311　珠671　677　佚137　827　894　965　京3・14・2　3・31・4　新1596　【續甲骨文編】

卜　曶鼎　卜孟簋　【金文編】

5・384　瓦書「四年周天子使卿大夫……」共一百十八字　5・112　咸卜里戎　【古陶文字徵】

〔六八〕　〔三七〕　〔二〕　〔三五〕　〔二二〕　〔一〕　〔三六〕　〔一八〕　〔三六〕　〔三六〕　〔一九〕　〔四二〕　〔六七〕　〔三七〕　〔六七〕　【先秦貨幣文編】

刀弧背　冀滄　仝上　仝上　刀折背　右卜　冀灵　仝上　左卜　仝上　仝上　仝上　布空大豫孟　刀尖　典一一五九　【古幣文編】

三〇三：一　卜　簭类卜以吉　【侯馬盟書字表】

卜　日乙一九一　三例　法一九四　二例　法一九四　二例　【睡虎地秦簡文字編】

1265　1262　1263　1264　【古璽文編】

卜廣私印　卜都　卜□私印　卜音　【漢印文字徵】

𠁽 ⺊ 石經君奭　若卜筮　⺊ 卜君頌碑領陽識　【石刻篆文編】

𠁽 【汗簡】

𠁽 古考經　𠁽 汗簡　𠁽 崔希裕纂古　【古文四聲韻】

◉許　慎　⺊灼剥龜也。象灸龜之形。一曰。象龜兆之從横也。凡卜之屬皆从卜。博木切。𠁽古文卜。【說文解字卷三】

◉劉心源　卜作⺊。說文卜古文作𠁽。即此篆法从攴之字。亦作[glyph]。[glyph]皆用古文也。【奇觚室吉金文述卷二】

◉羅振玉　象卜之兆。卜兆皆先有直坼而後出歧理。歧理多斜出或向上或向下。故其文或作⺊或作[glyph]。曶鼎卜作⺊。說文卜古文作𠁽。並與此不異也。【增訂殷虛書契考釋卷中】

◉高田忠周　卜。蓋剥龜即龜版也。象形。許之後義是也。又據下諸文。𠁽亦卜之異文。字無常形。而唯從主横隨。可知而已。周禮大卜。注問龜曰卜。禮記曲禮。龜為卜蓍為筮。此為本義。【古籀篇二十九】

◉董作賓　卜字本象兆璺之狀。兹分形音義三項研究之，一，卜字之形。卜小篆作⺊。說文訓：「灼剥龜也，象灸龜之形。一曰象龜兆之縱横也。」前説蓋以丨象龜版，一象灸龜之火置於龜上而灸之，此就小篆之形而言之耳。而實則應從後說。今甲骨刻辭中所有卜字作上揭諸形，皆象兆璺之縱横，而其特異之點，即在卜字之歧出或左或右各隨其兆璺而定。如文辭所屬之兆為┤形，則文中之卜字即向左歧出而作[glyph]形，一如兆之坼文。兆坼在右則反是。二，卜辭之音。廣韻「卜博木切」，今讀或作ㄆㄨ，或作ㄅㄨㄛ，其音同於爆破。余謂不惟卜之形取象於兆璺，其音亦象灼龜而爆裂之聲也。吳中卜法占龜一條有云：「既灼之後，其龜版炸然有聲，是云龜語。」某日，余欲一聞所謂「龜語」者，乃鑿新購之龜版而灼之，既墨將見兆矣。而爆然之聲乃發於所灼之中，亟覆版視之，坼文縱横畢具而卜字之形亦遂與爆然之聲同時出現，始信卜法所載為不謬，並悟及卜字之音從，可知卜字之讀ㄅㄨㄛ為商代古音之僅存者矣。三，卜字之義。卜字之意義為灼龜見兆，故周禮注云「問龜曰卜」。孫希旦禮記集解云：「凡卜，以火灼龜，視其裂紋以占吉凶。其鉅紋謂之墨，其細紋旁出者謂之坼。謂之墨者，卜以墨書龜腹而灼之，其從墨而裂者吉，不從墨而裂者凶，故卜吉謂之從裂紋，不必皆從墨，以其吉者名之，故總謂之墨也。」周禮鄭注亦云：「墨，兆廣也。坼，兆璺也。」則兆可分墨與坼之二名，是卜字實包墨與坼而言之。【商代龜卜之推測　安陽發掘報告第一册】

◉商承祚　卜之始，先鑿龜而後灼其渠，故先有直坼而後出歧理，歧理斜出無定形，此形象之。金文曶鼎作⺊。【甲骨文字研

究下編】

◉明義士 卜字象甲骨卜後，磁面所呈兆璺之形，與説文第二説正合。甲骨卜兆，作[甲骨文字形]等形。參閱前編卷三第二葉一二三片。又按甲骨，當鑽鑿後，以火灼而卜，磁面因灼，乃爆然有聲，隨即呈兆璺[甲骨文字形]形。則卜之音讀如po，不但象形，且象聲也。【柏根氏舊藏甲骨文考釋】

◉郭沫若 「丁丑貞：卜又希，舜囚。卜……」（右行）卜即卜子之卜，乃國族名。【殷契粹編考釋第一二六二片】

◉馬叙倫 剥卜以雙聲疊韻為訓。本作剥也。灼龜也。校語。或本作灼龜剥也。與兆下灼龜坼也同。傳寫譌乙。若然。則本訓亦作剥也。此仍校語。卜字本象兆形。或作[甲骨文字形]或作[甲骨文字形]者。史記龜策傳所謂首仰首俛也。左哀元年服虔注。卜法。横者為土。立者為木。衺向經者為金。背金者為火。因兆而細曲者為水。然則[甲骨文字形]但象其兆之一耳。許本作象形。校者改之。一曰象兆之縱横也。校者記異本也。字見急就篇。【説文解字六書疏證卷六】

◉唐　蘭 董説似是而實非。凡卜之甲骨。背面施鑽鑿而後灼之，則正面必有璺坼，其形大抵為十或卜，然卜辭之卜字則絶少有為此形者，明不隨其所屬兆璺之形而書也。璺坼之形，有時左右俱有，而作[甲骨文字形]形，卜字固絶無此形也。蓋甲骨之為兆璺，左右恆相鄉，而其卜辭之左右行隨之。其書文字之左右鄉亦往往隨之，固不僅卜字為然，則此不足為卜象兆璺之證也。⊘卜字本象箠楚之類。或即箠策。古人用為占卜之具，後世承之，為一切占卜之公名，本與龜兆無涉也。璺坼與卜字略相近，固可襲卜之名，然此特魚腸為乙，魚尾為丙之類。非乙丙之字由魚起也。【天壤閣甲骨文存考釋】

◉胡厚宣 宋鎮豪 13. 癸巳□，□，貞旬□□，甲午……

癸卯卜，王，貞旬亡祸，甲辰冒祉祭于上甲。

□□□，王，□□祸，□□□祭上甲（圖二）。

這是一片祖甲時卜骨。又見《合集》40928。

從卜辭的內容看，都是所謂「卜旬」事類（别詳下文第41至44片考釋），但有關文字却記下了殷王朝祭祀祖王的祀典，亦即學術界通謂的「五種祀典」、「周祭」、「五祀」、「五種祭祀」。這種祭祀是按照先王先妣的世次、長幼和死亡的順序，依它們所名的十干之日，在相關的日、旬和祀季中進行輪番致祭。【蘇聯國立愛米塔什博物館所藏甲骨文字考釋】

◉戴家祥 唐韻卜讀「博木切」，幫母侯部，爆讀「蒲木切」，聲在并母。幫并皆唇音字，故白虎通蓍龜篇云：「卜，赴也。爆見兆也。」【金文大字典上】

卦 南嶽碑【古文四聲韻】

◉許 慎 卦筮也。从卜。圭聲。古壞切。【說文解字卷三】

◉馬叙倫 俞樾曰。卦為圭之後起字。圭之為卦。猶兆之為卝也。兆乃象形字。則圭亦象形字。古人之筮。必畫地以識爻。儀禮士冠禮。卦者在左。注。卦者有司畫地識爻者也。少牢饋食禮。卦以木。注曰。每一爻。畫地以識之。六爻備。書於版。然則古字作圭者。其下之一象地也。其上之十一從一橫。象畫之形也。土上又作土者。象畫內卦又畫外卦也。蓋與兆並為象形字。經傳多借圭為珪璧之珪。圭之本義為借義所奪。乃从卜作卦以別之。倫按圭為八卦之卦本字。易正義引易緯曰。卦者。挂也。言縣挂物象以示於人。故謂之卦。然載籍相傳庖犧所作為☰☷等八卦。八卦者。易緯乾坤鑿度謂是天。地。雷。風。水。火。山。澤八字。易說卦同。知八卦為天地等八字者。由八卦之始作。本非以為卜筮。乃未有以象形指事會意形聲方法所造之一⚋靁凡即風字水火山㴸即澤字以前之記事之具。然疑尚非伏羲時如此。乃作易者用八卦以代表天地等。而天地等八象則易之所託以為宇宙原質。如印度哲學之天地水風火也。故許叙文字之原。必追溯於八卦結繩也。八卦既是太古記事之工具。先於結繩。結繩又先於今日所謂文字。今之文字。古以刀契。結繩則以結繩之方式表示活動之意思。則在結繩以前者。其法必拙於此二者。倫謂伏羲所作之卦。乃摶土為之。奇為一。偶為⚋。偶為⚋者。⚋即一而中虛之。非斷一為⚋也。後世之坏珓。其遺意也。奇重為☰。偶重為☷。因而變通。乃有八卦。其實即土製之一⚋所變化也。當時以此複疊變化。得記事以為號令之用。實無此名。及文化進步。結繩以代八卦。書契以代結繩。八卦廢而不用。乃利用之以作卜筮。今之鄙鄉猶有摶土為陰陽之象以卜筮者。蓋卦卜之遺制也。既有以六書方法所造之文字後。乃欲為此摶土之物造名。其音則仍相傳之音。而形則取重土為圭。重土者明卦之陰陽兩具皆土所為也。若乃畫地識爻。書之於版。乃用龜為卜筮後之事矣。至卦則因借圭為珪。乃增卜旁以名其物。實圭之後起字。或曰。八卦之卦當作圭。卦者从卜。圭聲。為卜之轉注字。卜音封紐。圭音見紐。皆破裂清音也。【說文解字六書疏證卷六】

◉楊樹達 許君以筮訓卦，於文法卦本動字也。後人因習聞周易八卦六十四卦之語，認卦為名字而不知其為動字，惑之甚者也。然漢人書用卦為動字者，其例甚夥，知許君訓釋之非苟也。今略舉之。史記卷四十六田齊世家云：「陳厲公使卜完卦，得觀之否。」一事也。又卷八十七李斯傳云：「乃召太卜令卦之。」二事也。說苑反質篇云：「孔子卦，得賁。」三事也。漢書卷九十六西域傳云：「卦諸將，貳師最吉。」四事也。吳越春秋卷三云：「子胥曰：尚且安坐，為兄卦之。」五事也。清儒最精於訓詁之學者

莫過於高郵王氏，其校漢書也，疑卦為名字，無動字之義，乃欲改西域傳之卦為卜，若不知説文有卦筮之訓者，是其偶疏也。

【釋卦　積微居小學述林卷三】

바 卟

□ 卟　經典作稽　明公尊　魯侯又卟工　【金文編】

◉許　慎　卟卜以問疑也。从口卜。讀與稽同。書云卟疑。古今切。【説文解字卷三】

◉高田忠周　古鑑所收彝銘同文。而彼作□為合文。或釋曰壬非。今審篆形。口中□即云字。□作□。示作□皆一例也。唯此篆已从口。非最古文。銘意以為回轉。謂轉送工人作器以褫明公。【古籀篇二十三】

◉高田忠周　卜辭有卜占貞兆𠧩款字。而未見卦𠧪卟字。竊謂固[囗占]為卦字。説見卦下。而因與𠧪稍遠。此疑卟字古文。□為□省。亦實□之變文。□為蓍櫝象形。从□。與□从□同意。□省為□為□。□與耳口之口相似。故小篆□誤作卟。从口。移卜在于外耳。若夫从卜口。與占字不可分。説文。卦卟相次。卟。卜以問疑也。从口卜。讀與稽同。書云。卟疑。今本洪範作稽。為叚借也。因謂説文卟下貞𠧪占𠧩兆次出而占。訓視兆問也。𠧩訓卜問也。占𠧩與卟。義如相近。然其不相次出。貞𠧪字介于間者。卟義與占𠧩。自別異故也。蓋卟與卦。義相近涉。故卜部。建首字。下直出卦卟二字。蓋卟義重。而占𠧩義輕。卟義汎。而占𠧩義陝矣。又古字通用者。有音通而義不通者。又有音義並近而通者。卟之與稽通。當音義並近之通用。稽下曰。留止也。轉為考治義。洪範次七曰。明用稽疑。孔傳明用卜筮考疑之事。説苑反質篇。凡古之卜曰者。將以輔道稽疑。夫卜者龜也。卦者筮也。蓍也。並皆問疑之名也。卟亦當與卜筮同。即卜筮之一。而自其專名。與占之視兆。問𠧩之卜問謂其事者自別異矣。卦卟均主于簭。故字从□與卦同意。轉卜龜亦謂之卟耳。文曰。卟王卦又曰亡卟王卦。卟者。輔道稽疑也。而後王觀其卦也。亡稽者。無輔道稽疑之事。王直觀其卦也。又他版云。某日。王貞某事。云。亡巛。王□曰吉。其字从卟。□即指事。字書所無。然按其義。王曰□者。卜人定龜。史定墨。君定其體也。即斷定之詞。卟蓋史定墨之事。而王觀其卦而後斷定之。故其義。字从卟。□以視斷定意。其意可識矣。【古籀篇二十九】

◉林義光　卟卟　微韻居非切　説文云。卟卜以問疑也。从口卜。讀與稽同。按與占同意。【文源卷六】

◉唐　蘭　□或作□□，無多變體，蓋與亡卟之作□者同為第一期作風也。較後則作□若□，更後則作□，則知□當從占卣聲，「王固曰」當讀為「王繇曰」矣。然因讀為卟，卟占音轉，則謂為从卣占聲亦未嘗不可，讀為「王占曰，」亦通。其字今為呫，

商氏已啟之。余按由□變為呫，後人不知□之為卣，遂為呫字，與叶字同。史記魏其侯傳「呫囁耳語」，玉篇引穀梁傳「呫血之盟」，則漢以後有呫字，然占繇之本義亡矣。【天壤閣甲骨文存考釋】

◉吳其昌　唐氏以為𡆥即説文之叶字。事殆近是。然旬亡𡆥之文。絶無先卜後問之義。唐説殊為奮肊塗附亡𡆥之義。自與亡它亡尤相等。然它義為蛇尤之初義。當亦蟲類象形。此𡆥又為何物耶。𡆥蓋象器皿之形。為盂為盦之屬。殆為上古陶罐陶甕之象形。卜辭又有「禽□」之文。□必為蛇虺之屬。又以□與𧒒字連文。疑為儲蛇虺之陶缶之㛃名。【武漢大學文哲季刊三卷二期】

◉郭沫若　𡆥字卜辭習見。每于辭末繫以亡𡆥二字。與亡尤同例。案此即骨字所从冎字。象卜骨呈兆形。卜辭讀為禍。本銘當讀為過。過謂優越。過工謂有優越之戰功。【明公段　兩周金文辭大系考釋】

◉商承祚　説文解字叶卜以問疑也。从卜口。卜辭數見此字。而其誼亦為貞卜。【殷虚文字考　國學叢刊二卷四期】

◉明義士　□從□，象卜骨形；从卜，象卜兆；从口，卜以問也。商末期□字則變為□形。□與□即説文叶字，許氏所引，即尚書洪範「明用稽疑」。又盤庚「卜稽曰」，與「王稽曰」文法正同。【柏根氏舊藏甲骨文字考釋】

◉馬叙倫　段玉裁曰。占之或體。嚴可均曰。書云叶疑四字小徐無。通釋中有之。韻會八齊亦以為徐引。倫按叶占同从口卜。下文。占。視兆問也。義與此同。占音照紐。古讀歸端。叶音見紐。端見同為破裂清音。蓋實一字。此字蓋呂忱據所見僞古文尚書作此字而加之。今書洪範盤庚作稽字者。由後人以稽字旁注。為此字音釋。轉寫譌為正文。後復滅去叶字耳。亦或傳寫徑以叶讀與稽同。因即以稽字代之耳。讀與稽同者。稽从稽得聲。詳稽字下。稽音見紐也。餘詳貞下。【説文解字六書疏證卷六】

◉朱歧祥　□　象卜骨，中刻卜兆，隸作叶。《説文》「卜以問疑也。从口卜」，段注：「俗作乩。」由卜兆推測事情吉凶，字與占實同，卜辭習言「王叶曰」，有作□、作□，可證。字見第五期卜辭。

《合328》癸酉王卜貞：旬亡。王曰：弘吉。在三月。甲申耆小甲，𠭰大甲。

《前2・35・1》壬辰王卜貞：田□，往來亡災。王□曰：吉。在十月。茲印，獲鹿六。【殷墟甲骨文字通釋稿】

貞

鐵一〇・二　鐵四五・二　鐵五七・二　鐵一一四・三　鐵一三八・一　鐵二二八・二　鐵二四八・一　鐵二五六・一　拾一〇・一　拾五・一〇　拾一一・二　拾一二・一　前一・一五・五　前一・二三・八　前二・二〇・七　京津二七二六　前四・一九・五　前五・三八・三　前五・四七・五　前五・四七・六　前六・一三・一　前六・一五・三　前七・三九・二　前八・一・七　前八・七・一　前八・二二・六　後一・五・八　後一・五・一二　後一・八・六　後一・三一・一二　後二・三・三　後二・一九・九　後二・二七・一四　後二・三三・一　後二・三三・四　後二・三九・六　後二・三九・八　菁九・四　戩三・一　甲二五一八　甲二三〇四　甲二三三七　甲二四二二　乙七七八　朱書　乙七九一　乙三三八〇　反朱書縮印　乙七六七二　乙八六八五反　乙八九八二　燕一〇八　燕六八九　燕七六五　横筆未刻　福九　佚七五　佚一八六　佚二六六背　佚五五三　粹七三三　乙三四四四反　粹四〇二　河七六〇　甲二四一八　卜辭用鼎為貞重見鼎下　【甲骨文編】

7040　7054　7205　7310　7312　7430　7574　7672　7750　7818　7981

8606　8696　8697　8719　8759　8763　8809　8815　8816　8821　8854

8855　8860　8861　8887　8889　8892　8982　8998　9016　9022　9031

9035　9073　9085　佚144　401　437　580　586　679　940　續1・5・1

1·22·9 1·40·3 1·41·2 1·42·3 1·46·7 2·2·5 5·16·4 6·26·1 掇122 徵8·114 11·93 京2·28·2 3·5·3 41·2 録97 352 東方1701 1867 摭續282 新981 4330 4726 甲1 7 8 9 27 28 37 62 136 185 204 322 377 392 481 654 838 965 1096 1125 1212 1268 1334 1336 1359 1471 1598 1959 2304 2307 2337 2418 2457 2615 2680 2805 2807 2851 2902 2907 2908 2961 3014 3365 3599 3618 3620 乙64 105 125 135 139 303 397 403 619 789 973 1201 1454 1514 1523 3383 3733 4549 4741 4810 5693 5985 6370 6373 6664 6691 6700

【續甲骨文編】

貞 散盤 沖子鼎 沖子𪔂之行貞以為鼎 从卜从鼎 金文習以為鼎 𩰫鼎 作其□鼎鼒 鼎字重見 【金文編】

3·289 中蔓圖里貞 3·460 杏匋里貞 【古陶文字徵】

〔六八〕 〔六八〕 〔五〇〕 〔二〇〕 〔七二〕 〔一九〕【先秦貨幣文編】

布空大 豫孟 仝上 布空大 历博 仝上 典八二六 仝上 典八二七 布空大 亞二·一〇五 【古幣文編】

貞 貞 秦一二五 通楨 縣都官用—栽備楡 【睡虎地秦簡文字編】

貞 0363 貞 0367 【古璽文編】

貞 開母廟石闕 【石刻篆文編】

貞 王貞君印 貞 李貞私印 貞 訾貞 貞 馮貞 【漢印文字徵】

貞 貞出碧落文 【汗簡】

貞 碧落文 【古文四聲韻】

◉許　慎　貞卜問也。从卜。貝以為贄。一曰鼎省聲。京房所說。陟盈切。【説文解字卷三】

◉劉心源　舊釋貞。从古文鼎。案説文鼎下云。古文以貞為鼎。籀文以鼎為貞。段氏改説解二貞字作貝。佩觿云。古文以貞為鼎。籀文以鼎為則。今審古文以貞為鼎。是也。籀文當是以鼎為貝。説文鼎鼎鼒鼐為籀文則員貫娟。此鼎為貝之證。段説是。郭説非也。古文以貞為鼎者。如散氏盤貞。師氏貞敢貞。從王伐梁及此敢之貞。皆貞字。而叔夜鼎貞。庚嫱鼎貞。叔單鼎貞。墉夜君鼎貞。明我鼎貞。中鼎貞。萑甗貞。皆用為鼎。則郭説是。段説非也。洪範傳。内卦為貞。周禮太卜注。貞。問也。【古文審卷八】

◉孫詒讓　龜文記卜事，日名下多繼之云「某貝」，其字皆作「貝」，一之二。或作「貝」，九之三・十四之三。舊並釋為「問」。案問於文从門、从口。《説文・門部》：「門，二户，象形。」龜文無从門之字。而攺、啟偏旁户皆作日，與貝形絶異。詳《釋文字篇》。此形殊不類。古問攷金文師遽敢貝字作貝，𥝩卣作貝，與此形相近，此當即「貝」之古文。《説文・貝部》「貝，海介蟲也，象形」，與此及金文並小異。古問卜必用貾以為謝贄，或本用貝，故貾字从貝。《説文・貝部》「𧷹財卜問為貾」是也。然龜文諸云「貝」者，尋其義例，復與卜貾不同。以義求之，當為「貞」之省。《説文・卜部》：「貞，卜問也，从卜貝，貝以為贄。一曰鼎省聲。」《周禮・春官・天府》云「季冬陳玉以貞來歲之媺惡」注，鄭司農云：「貞，問也。《易》曰：『師貞，丈人吉，問於丈人。』《國語》曰：『貞於陽卜。』《吴語》文」鄭康成云：「問事之正，曰貞。」又《太卜》云「凡國大貞，卜立君，卜大封，則眡高作龜」注，鄭司農云：「貞，問也。國有大事，問於蓍龜。」鄭康成云：「貞之為問，問於正者，必先正之，乃從問焉。」斯並貞卜之義也。《大卜》又有「貞龜」。注云：「正龜于卜位也。」義與大

貞小異。

龜文云「乙酉卜大貝鼠丁亥易日」，廿二之三。又云「癸子卜大貝它父囚」、廿九之一。「癸亥卜大貝它父囚」，又云「癸卯卜大貝它父囚」，四十之三。此「大貝」即大貞之省，與《周禮》正同。但獵事小不宜偁「大貞」，義不甚合耳。若讀為大問則經典無見文，足證其誤。

又有作「貞」者，四十五之二。則正从卜、从貝不省，於形尤𥳑，若問字，則不當如此作。百廿九之二有「乎貝」二字，貝作𠕁从A。未詳。

「貝」字又有數形，如云「辛子卜立𠔁其□」，百四十六之四。又云「立𠕁侣皋」，二百七十二之一。又云「己卯卜立□來皋伐□𠔁」，四之四。三字並「貝」之變體，亦僅見也。

「貝」字錯見于文中者或當如字讀，如云「壬申卜㱿貝立㕘征□獲貝」，八十八之三。上「㱿貝」當讀為㱿貞，下云「獲貝」則猶云俘貝當讀如字。兩字正同，亦足證其塙為貝字也。【契文舉例卷上】

◉陳邦懷　周禮春官天府。季冬。陳玉以貞。來歲之媺惡。鄭注問事之正曰貞。問歲之美惡謂問於龜。鄭司農云。貞問也。又大卜。凡國大貞。鄭注引鄭司農云。貞問也。許君貞為卜問之説。蓋本諸先鄭。【殷虛書契考釋小箋】

◉吳其昌　「隹王十又亖(四)祀，十又一月，丁卯。王鼎畢，𡊾(烝)。戊辰……」。

厤譜：康王十四年(公厤前一〇六五年)，即入甲申統以來五百七十九年。是年閏餘十八(閏在二月)，大餘六，小餘五十；正月大，庚寅朔；十一月小，乙卯朔；既生霸十三日得丁卯，十四日得戊辰。與厤譜合。

此器厤朔可通者，尚有：昭王十四年，十一月大，甲寅朔；既生霸十四日，得丁卯。夷王十四年，十一月大，丁卯朔；初吉一日得丁卯。厲王十四年，十一月小，乙丑朔；初吉三日得丁卯。宣王十四年，十一月小，己亥朔；既死霸二十九日得丁卯。此四王皆可通，而疑為康王者，此亦有故。其一：銘有云：「王鼎(貞)畢，𡊾(烝)。」鼎者，古文貞字也。説文「貞：卜問也。从卜……，一曰：鼎省聲」(貞字解)。又曰：古文以貞為鼎，籀文以鼎為貞(鼎字解)。今按無鼎「鼎」作貞舊輔甗及是敦「貞」作鼎，貞，足證説文「貞」「鼎」一字之説矣。【金文厤朔疏證　燕京學報第六期】

◉瞿潤緡　我以為貞字原始之型式為龜版上裂兆之形，其後漸漸變成了兩大系。今以愚意推測其演變，表如下頁：

這兩大系中第一系我們可看出散盤和小篆等，尚保存了原始的型式，不過由繁雜而簡單化。其支系自成一宗，只保存了原始型式的一部——龜板——漸漸的演化簡省，而與內字相混。其另一系也漸漸與鼎字相混，但仍舊保存着原始型式的一部

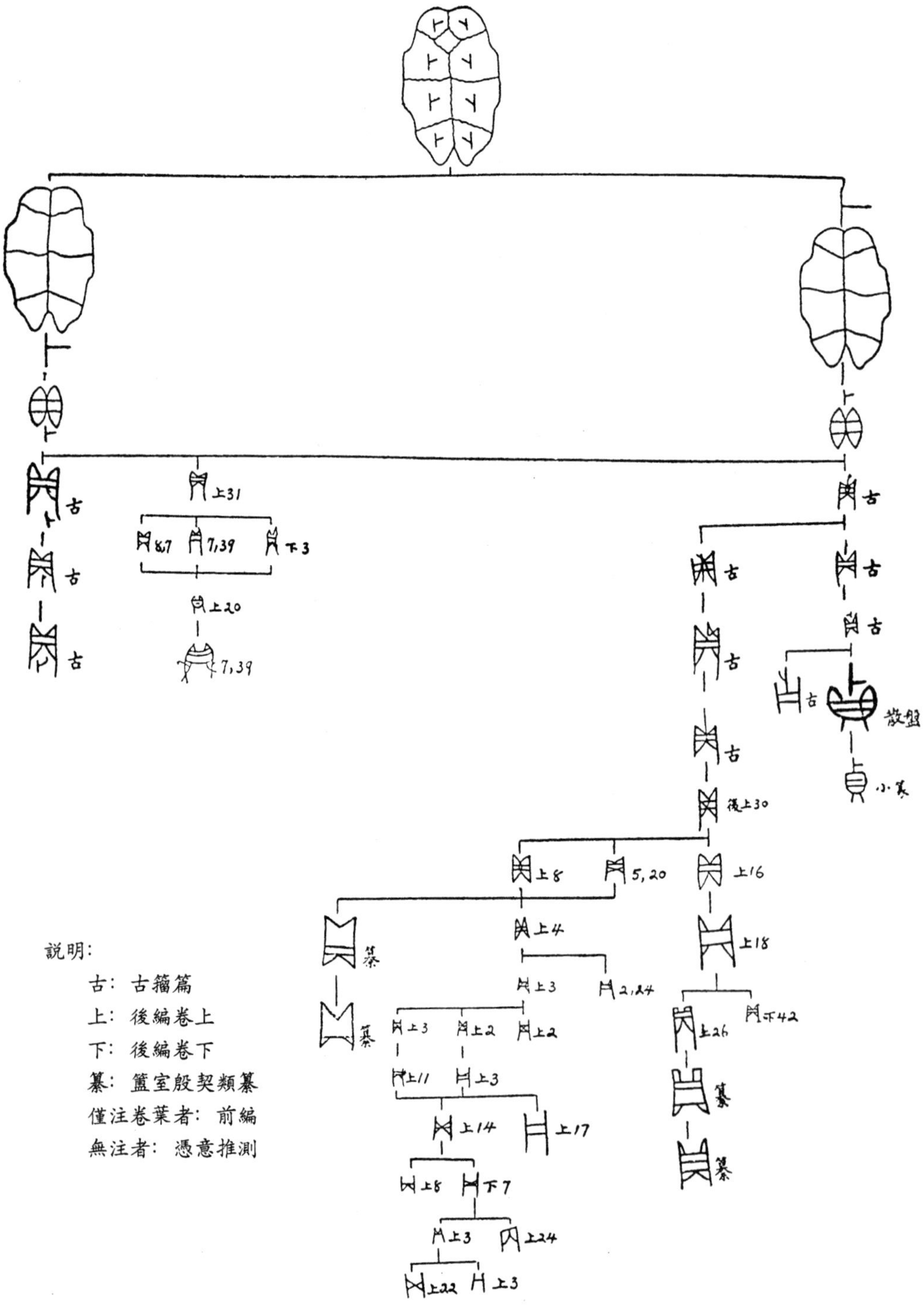

說明：

古：古籀篇

上：後編卷上

下：後編卷下

纂：簠室殷契類纂

僅注卷葉者：前編

無注者：憑意推測

份——龜板形——其他一系，早就絶傳了。據此我們可以知道貝，鼎，鼒三字與貞的構造完全不同：貝象貝形，鼎象三足兩耳——其後簡省為兩足——鼒从鼎象形，从才為从卜之誤，卜亦非卜問之卜，乃圜掩上之符號。學者不明此四字之各不相同，乃以為一字之演變，失之矣。

貞字形體的構造既明，吾人即可以知道他的命意。我以為貞字的意義，當如墨子經上「化徵易也」的徵字解。徵者，應也，證也，效驗也。與禮記中庸「久則徵」，左氏昭十七年傳「是其徵也」之徵的意義皆相同。徵貞同音，疑經典皆假徵為貞。卜辭之貞當亦作徵驗講。換言之，即徵兆也(疑貞為徵兆之專字，故經典除易以外，用者頗少)。這個解説，非但在卜辭中這樣解，即在周易中也無往而不通。即上舉數例言之，所謂利貞，即貞利。利牝馬之貞，即有利於牝馬的貞兆；也可以説這個貞兆利於牝馬。貞吉，貞凶，良貞，即貞兆吉，貞兆凶，——也可以説吉的貞兆，凶的貞兆——好的貞兆。【大龜四版考釋商榷　燕京學報第十四期】

◉明義士　卜辭貞字，凡數千百見，其語皆作「甲子卜貞云云」，或「甲子卜厶，貞云云」，或「甲子卜在厶，貞云云」，或省「甲子卜厶」，而但契「貞云云」者，即本句之例是也。貞之意義，顯明為卜問，而漢儒每每訓「正」，訓「當」，於卜辭中未能通其訓詁。尚書雒誥為卜新邑雒之記事，於貞卜之意義及思想，頗能證明。文曰：「余惟乙卯，朝至於雒師(師疑䢅字之譌)，我卜河朔黎水；我乃卜澗水東，瀍水西，惟雒食，我又卜瀍水東，亦惟雒食。伻來以圖，及獻卜。王拜手稽首曰：「公不敢不敬天之休，來相宅，其作周匹休。公既定宅，伻來，來視予卜休，恆吉，我二人共貞。公其以予萬億年，敬天之休，拜手稽首誨言」。上所引文雖長，而明示於吾人者有數事：一，卜新邑，有三卜，皆惟雒是(按是食同音假借)。二，卜後使使獻卜兆於王，王以兆為天錫之休。三，王至新邑相宅時，語二公曰：「使來獻予汝二人所共貞卜之誨言，為弘吉，能與予以萬億年之福休，敢不拜手稽首以謝天所錫之休命」。按「我二人共貞」，以前文視之，即二人共卜問之意。訓「正」訓「當」皆不能通于現有甲骨上貞卜之事實。洪範「七乩疑……曰貞曰悔」，左傳僖公十五年傳「蠱之貞，風也，其悔，山也」。貞，悔連用，與雒誥同，蓋卜辭中「其每」，「弗每」亦常見也(按每悔誨古皆為同字)。周易爻辭為商及周初之文辭，貞字亦多見，卜問之誼，皆可通之，如「元亨利貞」，即元始有恆心(通亨)貞問即有利之意。「艱貞無咎」，即卜問艱難之事無咎也。周禮春官天官「季冬陳玉，以貞來歲之媺惡」，鄭司農注云：「貞問也。」後鄭云：「問歲之美惡，謂問於龜也。」又小宗伯「若國大貞」，鄭司農注：「大貞為卜立君，卜大封。」貞為卜問，於漢尚未失其原義也。【柏根氏舊藏甲骨文字考釋】

◉馬叙倫　其作□□者。乃貝之象形文。非鼎鬲字。或曰。貞鼎實一字。古者由貝有剌。仰之似鼎。可以盛物。而因以發

明鼎之用。猶凵之始由於𧖧。觵之始由於角也。由貝而思及用龜以卜耳。倫謂鼎之始或由於貝。而卜不聞以貝。則未可謂由貝而及龜也。或曰。易以內卦為貞。外卦為𠧪。是貞𠧪皆為卦名。倫謂此亦後世分別之。𠧪从每得聲。每从母得聲。母音明紐。卜音封紐。同為雙脣音。是𠧪亦卜之轉注字也。説解本作問也。从卜貝。貝以為贄。京房所説。卜問也之卜。蓋傳寫涉从卜而譌衍。或隸書複舉貞字之爛捝貝字者也。周禮太卜。凡國大貞。注。貞。問也。可證當無卜字。貝下捝聲字。校者乃加貝以為贄。京房所説八字。一本作从卜。鼎聲。鼎實貝之象形文。校者誤為鼎字。乃加省字。後之校者據一本補之。此本蓋無貝以八字。故加一曰。而橫梗於貝以為贄京房所説之間矣。字見急就篇。散盤作□。嘯鼎作□。【説文解字六書疏證卷六】

◉饒宗頤 「貞」字在經傳中，實具數義，兹參以卜辭而疏通之。

（一）泛言「卜問」，此自貞卜動作之過程言之。周禮春官天府：「季冬陳玉，以貞來歲之媺惡。」鄭司農云：「貞，問也。」卜辭云：「壬寅(卜)，㱿貞：……正丰(玉)。」(京津一三四三)正玉，殆陳玉以貞卜也。他辭云：「乙巳卜，㝑貞：羽丁未，酌，𢼄歲于丁，尊，㞢珏(珏)」(續存下七二)。㞢珏即侑珏，謂陳玉以祭。太卜云：「凡國大貞，卜立君，卜大封，則眡高作龜。」鄭司農云：「貞，問也。」

（二）訓「當」，此自貞卜之職掌言之。書洛誥：「我二人共貞。」釋文引馬融云：「貞，當也。」古貞即鼎字，故訓為「當」。當猶言當值。卜辭言「卜某貞」「某貞」，以此義解之亦無不可。蓋謂卜官某，當值其事，即所謂涖卜也。當值之意，有時可省略，故「卜某貞」得省為「卜某」或「某卜」。

（三）專言「正龜」，引申為事之「正」，此自貞卜之手續及其結果言之。周禮：「國大遷，大師則貞龜。」鄭注：「正龜于卜位也。」又鄭注云：「問事之正曰貞。」易：「師貞，丈人吉。」彖云：「貞，正也。」廣雅釋詁：「貞，正也。」故貞有「良貞」及「不良貞」之分。史記龜策傳：「祝曰：今日良日，行一良貞。」又云：「靈龜卜，祝曰：假之靈龜，五筮五靈，不如神龜之靈，知人死，知人生，某身良貞。」依是以言，良貞謂吉，則不良貞為凶矣；此占問判斷之詞。卜辭每言正，如云：「吉正」(乇乙五九八九)，「戊子卜，㝑……正。王固曰：吉，正。」(續存上六五五)詩文王有聲：「維龜正之。」即謂問事得其正也。易卦辭言「利貞」，坤卦「利牝馬之貞」，貞字並取正為義。

（四）訓「定」，又以「鼎」字代貞。貞訓正，故引申為定。釋名：「貞，定也。」定與鼎同音。説文鼎字下云：「籀文以鼎為貞。」卜辭所見，不少逕以鼎字代用為貞，是不始於籀文；又知籀文中實有不少源于殷文字也。考武丁卜辭，有同版鼎與貞並見者。如乇乙八八八八殘甲橋云：「己巳鼎：(貞)帚婡允亡囚。貞：妫亡囚。」上用鼎而下用貞，是其例(參外編諸婦章)。

總上而論，貞字有取疑問語氣者，為「貞問」之義；有取肯定語氣者，則為「當值」之義；或卜事得「正」之義。舊説於貞字下，每施問號，多不可通。今參諸經典，得條析其異訓如上，言卜辭者所宜詳辨也。因論貞卜人物記名辭式，故併及之。【殷代貞卜人物通考卷二】

◉馬孝亮　貞字，取形于魚的軀干，其來源與造字本意，通過圖不説自明。除有魚身之意外，似乎還可以引伸為正、為中。因魚形去頭去尾貞在其中。亦有主體、軀干之意。如《周易大傳新注》解貞字為事之干也，李道平《詩詁》云：「木旁生者為枝，正出者為干，是干有正意。」貞字訓為正，干也訓為正。這與魚身、軀干、正中之意相吻合。

占卜，在世界許多民族中都曾普遍存在過，一般用什麼占卜就叫什麼卜。如商用龜甲占卜，所以叫龜卜。卜字是龜甲裂的兆紋形象，龜卜，是以龜甲的兆紋判斷吉凶的一種占卜方法，我國有的民族還有採用鷄骨占卜吉凶，叫鷄卜。巴比倫常用的是獻祭犧牲所用的動物肝臟來進行占卜，所以叫肝卜。日耳曼人用核桃樹枝占卜，真乃五花八門，無奇不有。

貞的造字本意既與魚有關，又形成後來占卜的專用字眼，並有貞人，這就使人不得不推測，在漁獵的仰韶文化早期，就出現了以魚進行占卜吉凶了（用軀干？內臟？魚骨？），成為真正的貞卜（魚卜），出現了專掌魚卜的貞人。長期代代沿用下來，就成為占卜的專用字眼（名子）。後來的人們改用龜甲占卜，牛肩胛占卜，由于貞卜為很古老的名詞，所以沿用古名不改。

對于這個新問題，是否如上所述，尚需今後進一步研討。【對兩個甲骨文字的探源　中原文物一九八八年四期】

◉湯餘惠　□牘1 □貞　戰國文字中的「日」形有時會混為「田」形（參拙作《略論戰國文字形體研究中的幾個問題》，《古文字研究》第十五輯）。此批竹簡中，音可作□248、戠可作□，亦其例。簡文□應與前文討論過的□是同一個字，並當釋貞。曾侯乙墓竹簡有□123、□138，或釋「真」，我以為應是「貞」字的繁構，□、□則是□字上部的省變。牘文云：「馭右二～鞁虞，皆貣韋。」虞，同皋，鞁虞，指鞁皮做的甲。這種甲是含首甲在內的，故後面接言「皆貣韋」。盔甲的量詞稱「貞」，也見于曾侯乙墓簡文。甲衣若干貞，大概相當于今語若干件。

古璽文有下面幾個字：

□3595 □3640 □5484

向來無確釋，《古璽匯編》收入《附録》第14頁。倘前文釋□為貞可信，那末此字則可釋「遉」，字見《玉篇》。從結體風格考察，應該都是楚人的手筆。【包山楚簡讀後記　考古與文物一九九三年第二期】

◉湖北省文物考古研究所　北京大學中文系　此「貞」字所從之「貝」（本應作「鼎」）省作「目」字形。戰國文字中此例常見，如「貭」或作「眘」

《金文編》六五七頁)。楚王酓𦙶鼎「鼎」字作⿱卜皿(《金文編》四九四頁)，从「皿」从「貞」。「貞」字寫法與簡文正同。「某某以……為𢡆固貞」之語下文屢見，「貞」即貞問、貞卜之意。【望山楚簡 一號墓竹簡考釋】

𠧪 𠧪

◉許　慎　𠧪易卦之上體也。商書曰。貞曰。𠧪。从卜。每聲。荒内切。【説文解字卷三】

◉馬叙倫　翟云升曰。繫傳無从卜每聲四字。脱也。倫按𠧪音曉紐。見曉並舌根音。是𠧪亦卦之轉注字。易以為卦之上體之名耳。然疑此挩本訓。所存校語。引經亦校者加之。故在从卜上。又疑此字後人加之。【説文解字六書疏證卷六】

占 占

乙七九一　乙六二五九反　乙六六八〇　餘二・二　前四・二五・一　前八・一四・二　後二・四・二　續五・七・五　京津二七三五　佚五〇五　佚八〇七　燕六五四　鐵七七・一　武丁時卜辭王自占之占字皆从囗囗盛卜具之器　鐵一七〇・一　鐵二三三・三　鐵二六三・四　餘一・一　前四・二五・二　前六・三九・一　乙七七九五　京津一六〇一　前七・二二・一　前七・三三・二　後一・七・一三　後二・二・一　菁八・一　甲二二五五反　乙三三八〇　反朱書縮印　乙三四〇五　乙三四一三　反　乙三四二七　反　福三七　背　佚五三七　佚九二三　燕三　乙六七二六　乙七〇六四　朱書　燕八　【甲骨文編】

甲1181　2256　3010　3334　3898　乙4628　6386　6400　6407　6549　6669　6724　6726　6878　7017　7019　7064　7204　7289　7311

7337　7731　7736　7746　7765　7782　7795　7926　珠603　620　810

977　1041　1144　⺊530　佚386　537　546　807　923　974　續3・40・2　4・8・1　4・31・6　徵2・33　240　2・52　4・75　4・111　5・10　8・115

11・29　11・59　11・60　京3・11・2　3・15・2　3・32・2　4・15・3　4・23・1

古2・6　27　2・8　2・9　天22　87　六中72　六清137　外276　六清138　外369

續存2　117　粹803　1144　新1601【續甲骨文編】

3・145　蔓圝南里人不占　5・402　占☐　鐵雲33・4【古陶文字徵】

208　229　245【包山楚簡文字編】

占　雜三二　二例　日甲四四背【睡虎地秦簡文字編】

◉許　慎　占視兆問也。从卜从口。職廉切。【説文解字卷三】

◉劉　鶚　卜占二字，往往加□，以為識別，未詳其誼。【鐵雲藏龜序】

◉羅振玉　説文解字。占視兆問也。从卜从口。又卟卜以問疑也。从口卜。二者疑一字。卜辭中又屢見□字。於占外加□。不知與占為一字否。【增訂殷虛書契考釋卷中】

◉林義光　卜象兆文，从口臨其上。【文源卷六】

◉葉玉森　劉鶚氏謂卜占二字往往加□以為識別，未詳其誼。藏龜序。孫詒讓氏亦釋為占。商承祚氏曰此字知其形而不知其音誼，疑即後世之呫字而讀占聲，文曰王固曰或王躬自占卜，則用此字，所以別于太卜也。殷墟文字考。郭沫若氏曰此則許書之卟字也，與□為一字甲骨文字研究釋繇。森按此字異體作□□□。誼則占也。未知即占之變體否。【殷墟書契前編集釋卷一】

◉孫海波　卜辭王曰之問，屢介以固字。前編卷七第六葉三版：「□巳囚，王固曰，之求□。」又九葉三版：「□王固曰，吉，其㞢□。」十一葉三版：「癸卯卜□，王固曰，其𩁹，甲辰。」菁華一葉：「癸卯，卜[glyph]貞旬亾囚，王固曰，之求其之來嬉，五日丁未允之來嬉[glyph]卯□□自[glyph][glyph]六月。」以上諸固，並从占从□。王襄釋稽，於形義不合，竊疑是占字。說文，「占，視兆問也」，蓋既卜得兆之後，發問而稽其吉凶也。卜辭卜例有四：曰王卜貞，曰余卜貞，曰王貞，皆王者自貞也。曰卜□貞者，卜者代貞，董彥堂氏以為貞人是也。如菁華「癸卯，卜[glyph]貞旬亾囚，王固曰」云云，即癸卯之日，卜者[glyph]貞問此旬亾囚，是既卜之後，兆辭已見，王復自占曰云云，與許書視兆問也之誼正合。卜辭別出占字(前編四·二五·一又八·十四·二)，此从□者，為王占之媾字。如麓守山吏也(見劉晦之藏契)，而山蔡之蔡作蔡。次不前不精也，而師行所止之次作㳄。召呼也，而地名之字作鬒。步行也，而行次之字作衜。武止戈也，而步武之武作䟼(商先生說)，此皆一本字，一媾字，於說文重文之例相同。先聖製作，字各一義，及其孳乳，名實殽惑，有後王起，即其一端而別為之字，形骸稍殊，本源則一，非此是而彼非也，媾其用而刻畫齊也。吾鄉劉先生盼遂論轉注之法有二：一曰右文，二曰重文，甚得許君之指(見六書轉注甄微)，海波譜古文形聲，象形，指事，會意三者各為聲母。引申則為假借，借後注形曰轉注，其字為形聲，是併轉注于形聲矣。而于卜辭重文之字，舉此以發其凡。【卜辭文字小記　考古學社社刊第三期】

◉唐　蘭　囙當讀卟。固當讀占。說文云「卟卜以問疑也」。是先卜而問。又云「占視兆問也」。則既卜之問。已卜得兆。發書而占其事也。此古義之猶存於許書者。【殷虛卜辭考釋】

◉唐　蘭　[glyph]或作[glyph][glyph]。無多變體。蓋與亡卟之作[glyph]者。同為第一期作風也。較後則作[glyph]。若[glyph]。史後則作[glyph]。則知[glyph]。當從占卣聲。「王固曰」。當讀為「王繇曰」矣。然囙讀為卟。卟占音轉。則謂从卣占聲。亦未嘗不可讀為「王占曰」。亦通。其字今為呫。商氏已啟之。余按由[glyph]變為呫。後人不知ㅂ之為卣。遂為呫字。與卟字同。史記魏其侯傳「呫囁耳語」。玉篇引穀梁傳「呫血之盟」。則漢以後有呫字。然占繇之本義亡矣。【天壤閣甲骨文存考釋】

◉馬叙倫　鈕樹玉曰。韻會作从卜口。朱駿聲曰。疑即卟之別體。後人音讀異耳。唐蘭曰。卟者。先卜而問。占者既卜之。問卜得兆。發書而占其事也。倫按視兆問也蓋校語。本訓問也。或視也。廣雅釋詁。占。視也。餘見卟下。甲文作[glyph]。【說文解字六書疏證卷六】

◉饒宗頤　王固曰：「吉！帝若。」(屯乙五八五八龜背)

王固曰：「[glyph](死！)隹……𢦏(災)。」(屯乙五二五四龜背)龜面記召伐房白(薛伯)事。

貞：今日，〔其雨〕。王固曰：「俟(疑)！幺(兹)三(汔)雨；之日，允雨。三月。」(前七·三六·二)

按固即占字。卜辭常於龜面書某日卜某貞某事，而王固曰云云，多鍥于背，其例極夥；此殆王親占龜之體兆，定其吉凶之辭。亦有鍥於骨面貞人語之下者。如：

己巳卜，穷貞：龜(秋)㝵(得)妊。𠂤固曰：㝵。庚午夕𡆥。辛未……(屯乙五二六九)背面「王固曰：吉。」或「王固曰：㝵！」語甚多。

癸丑卜，爭貞：自今至于丁巳，我𢦏𠁣。王固曰：丁巳，我毋其𢦏，于來甲子𢦏。旬㞢一日癸亥，車弗𢦏；之夕𡆥，甲子允𢦏。癸丑卜，爭貞：自今至于丁巳，我弗其𢦏𠁣(屯乙二三五八＋二四三四＋七七九五。殷綴四四四所綴不確，今改正。續存重出，載該書附圖七)。

癸酉卜，㱿貞：旬亡𡆧。王二曰：匄。王固曰：俞！㞢希㞢夢。五日丁丑，王竩(嬪)中丁。𢆶(厥)阯(旋)，在㐭阜。十月(菁華三，同書王固曰辭數見)。【殷代貞卜人物通考卷一】

◉朱歧祥　从口卜，隸作占。《說文》：「視兆問也。」《廣雅·釋詁》二：「視也。」《漢書·韓安國傳》注：「問也。」《荀子賦》：「請占之五泰。」注：「驗也。」《左傳》哀公九年：「晉趙鞅卜救鄭，遇水適火，占諸史趙、史墨、史龜。」見文獻有衆史官共占一事之例。卜辭用本義。

《續5·7·5》己酉卜，王占娥冥(娩)，允其于一月。

辭意謂殷王為妃妾娥卜問身娩的時間，由檢視兆象推測是在一月生。驗辭謂果然是在一月誕下嬰兒。

𠧩𠧩象卜骨，卜見兆裂紋以問疑也。从占聲，亦有省作𠧩，與咼形近。隸作固，即占字。《說文》：「視兆問也，从卜从口。」卜辭用本義。卜辭主要分前辭、貞辭、固辭和驗辭四部份。固辭乃見卜兆而問事宜否之辭。殷王占問的內容除吉凶禍福外，還有出入、孕子、受年、疾病、天氣、征戰、祭祀等大小事誼。

《鐵247·2》癸丑卜，㱿貞：旬亡禍。王𠧩曰：㞢希。五日子𠧩囚。囚，即死字。

《寧2·29》王𠧩曰，㞢希，其㞢來艱。

《乙7770》王𠧩曰：唯今夕不雨。翌甲申雨。【殷墟甲骨文字通釋稿】

◉劉彬徽等　(347)占，《說文》「視兆問也」。以下為視揲蓍結果得出的占辭。【包山楚簡】

𠧞

◉許　慎　𠧞卜問也。从卜。召聲。市沼切。【説文解字卷三】

◉楊樹達　此字經傳未見有用者，惟書大誥云「用寧王遺我大寶龜紹天明」，紹當為此字之同音假字。紹亦市沼切。寧王當作文王，近儒吳氏大澂孫氏詒讓皆言之矣。天明猶言天命，天明亦見左傳哀公二年。用寧王遺我大寶龜紹天明，言用文王留遺與我之大寶龜卜問天命也。愚疑許君所見尚書此文有作𠧞者，故説文録其字也。

尚書文字博奧，讀者每苦其難通。深求其故，實以通假字夥，不易得其本字耳，苟得其字，未嘗不明白易解也，如此文其一事也。近儒孫氏詒讓及餘杭章君於尚書皆有所譔述，於此文亦皆有説，顧皆未審諦，故特揭而出之。【釋𠧞　積微居小學述林卷三】

◉馬叙倫　段玉裁曰。疑此即後人杯珓字。後人所增。【説文解字六書疏證卷六】

◉徐錫台　岐山縣鳳雛村西周甲組房基西厢房二號房十一號和三十一號窖穴中共出土二百九十多片卜辭。本文從其中選出二十一片重要的進行試釋。

（一）H11:5號卜辭（圖2）

𠧞曰子（巳）

召曰其亥

「𠧞」即召貞人貞問也。《廣韻》：「𠧞，卜問也。」

《説文》：「召，呼也」。《説文》：「巳，巳也。四月昜氣已出，陰氣已藏，萬物見，成文章。」

「其」為當或該字義。

「亥」字，《説文》：「亥，荄也，十月微昜起，接盛陰。」

此片卜辭的内容，可能與天文歷法有關。【周原出土卜辭試釋　古文字論集】

兆

265【包山楚簡文字編】

兆　日乙一五九

日乙一六三　八例

日乙一六九

日乙一六一【睡虎地秦簡文字編】

兆京兆尹史石揚【漢印文字徵】

兆古孝經　兆古老子　兆王庶子碑　兆説文　兆同上【古文四聲韻】

兆兆　兆兆【汗簡】

◉許　慎　𠁡灼龜坼也。从卜。兆象形。治小切。兆古文兆省。【説文解字卷三】

◉孫詒讓　「之□□□戰」，二百廿七之二。「□」疑即「兆」字。《説文》：「𠁡，灼龜坼也。从卜兆，象形。兆，古文𠁡省。」此與彼相類。【契文舉例卷上】

◉林義光　兆象龜坼痕。欽器云。欽兆肇乍作丁其兄衎器。兆作兆。【文源卷三】

◉柯昌濟　卜詞□字。疑即兆字。象兆卜形。【殷虚書契補釋】

◉商承祚　卜而後得兆。故篆文从卜。為會意字。古文象形也。今用古文。而𠁡廢矣。【説文中之古文考】

◉于省吾　契文兆字亦作兆兆兆兆兆等形。羅振玉云。从水北。北亦聲。其从〉者。水省也。此當是水北曰汭之汭。今從內聲者。殆後起字也增考中十。王國維云。水北曰汭。僅見尚書偽孔傳。毛傳云。芮水涯也。鄭云。汭之言內也。許云。汭水相入也。無水北之説。此字从水北。未可遽以為汭字。類編十一·二。按古韻北之部。汭脂部。音不相通。羅釋汭殊誤。字當為兆之初文。説文。𠁡灼龜坼也。古文作兆。金文編以□□列於姚下。按。□□从水从步。即涉。或兆之變體。金文兆字及从兆之字罕見。惟晚期之姚壺。姚从兆作兆。新嘉量。庣从兆作兆。京兆官弩鐖。兆作兆。清白鑑。兆作兆。是兆字至漢時猶中从水。左右从人。其右旁所从之人或作倒形者。因隨中間之曲畫以作勢也。説文兆作兆。反不如漢金文之猶存初形。兆為洮及逃之本字。兆字中本从水。後世作洮。左增水旁。因用各有當。以資識別。猶永為游永。後增水作泳。益為盈益。後增水作溢。是其例也。上古洪水為患。初民苦之。兆字象兩人均背水外向。自有逃避之意。今作逃為後起字。莊子天下。兆于變化。釋文。兆本或作逃。廣雅釋詁。兆避也。是兆逃古通用。契文兆為地名。亦為水名。續三·三十·三。才兆。六·二四·四。才兆。佚六二二。才兆。安陽大龜一·九。辜兆不囚。後上二四·五。弖□于東兆。佚六四七。我弖涉于東兆。續一·五三·三。□于南兆。侯大龜七·一二六。王其田于盂。衮南兆立。四·六七。其涉兕西兆。七·一二七。于北兆立。兆作兆。乃弟三期之異構。續三·三十·五。其从□北兆。兆同洮。春秋僖八年經。盟于洮注。洮曹地。左昭元年傳。宣汾洮注。汾洮二水名。是洮一在山東。一在山西。契文言才兆。未知所指。其言東兆

南兆西兆北兆。疑係就大邑商之四面言之。要之。兆字之演變。為由□而□而□而□。説文作□。有失其朔。兆為洮及逃之本字。象兩人背水而逃。有分別之義。其訓兆坼者。引伸義也。董作賓謂兩兆坼之閒。有鈎勒之處。即兆之象形。商代龜卜之推測一零九。失之。【釋兆　雙劍誃殷契駢枝編三】

◉馬叙倫　鈕樹玉曰。初印本五音韻譜篆同此。廣韻𠁥注云。龜坼。出文字指歸。王紹蘭曰。曹憲文字指歸解𠁥字。全襲許語。但未明引説文。孫愐偶閲指歸而未檢説文耳。倫按此卜之轉注字也。卜。灼龜剥也。此説解曰。灼龜坼也。四篇。剥。裂也。十三篇。坼。裂也。剥坼又魚侯旁轉疊韻。是灼龜剥龜坼義無不同。𠁥。从卜。□聲。□為逃之初文而譌者也。逃音定紐。故𠁥音澄紐。澄定皆破裂濁音也。卜部所屬卦叶貞𠧧占𠨧𠁥七字。卦字以外。實皆卜之轉注字。卜音幫紐。叶音見紐。貞音知紐。幫知見皆為破裂清音。蓋由舌根而轉舌面前復轉於脣也。知澄並為舌面前音。故𠁥从□得聲。由知而入澄而音治小切。古讀知照皆歸於端。故叶轉而為占。為職廉切。音在照三。與禪皆舌面前音。故由占而轉為𠨧。𠧧。从每得聲。每音微紐。每从母得聲。母音明紐。明則與幫同為雙脣音。然則𠧧之為卜轉注亦甚明矣。灼龜坼所以問疑。其義固亦無不同。此篆當如鍇本作□。有古文作□。可證。【説文解字六書疏證卷六】

◉劉彬徽等　(579)兆，借作朓。《説文》：「祭也。」字亦作祧，《廣雅・釋天》：「祧，祭先祖也。」大朓，大祭。【包山楚簡】

用

鐵一一六・一　鐵一三〇・四　鐵一六〇・二　拾七・三　前一・二一・四　前四・六・四　前四・一六・三　前五・三五・一　前六・一一・三　前六・三七・六　前六・六七・四　後一・五・九　後一・一五・三　後一・二二・七　後一・二五・四　後二・一九・四　後二・二一・二　後二・三一・一四　後二・三七・八　後二・三八・八　後二・四三・四　林一・一一・五　戩二三・九　戩四六・一　福二九　佚六五　佚六四五　甲二四一八　甲二四六四　甲二七五二　乙六四一〇　乙七〇三〇　乙七七六七　京津四二九三　京津四二九六　京津四五八八　京津四八七六　京津四八七九　存下

四〇二 存下七五八 粹五五 掇二・四九 人頭骨刻辭 粹五五二 燕三六八 安二・五 師友一・五三 甲八七四 乙五三八四 用豕見合文二三 粹六五二A 用吉見合文二四 【甲骨文編】

甲4 35 85 191 196 240 248 386 408 507 530 626 878 1131 1268 2121 2418 2464 乙749 1006 1470 6350 6370 6410 6546 6687 6694 6719 7030 7128 7201 7422 7441 7509 7767 7925 8014 8462 8463 8526 8691 8714 8716 8808 8810 8852 8880 8887 8936 8958 珠33 66 86 391 零23 佚30 86 115 211 243 599 645 875 959 981 續1・22・8 1・24・9 1・25・6 1・42・3 1・44・1 2・20・1 4・13・3 6・12・5 6・21・8 掇374 420 550 徵3・38 3・40 3・60 3・91 3・202 3・208 3・238 8・53 8・63 8・72 11・42 京1・25・4 3・5・2 4・25・2 凡7・1 29・1 録393 509 539 555 557 天49 摭16 63 續存198 1644 外147 摭續64 粹1 79 150 282 472 596 1000 1012 1027 1158 新5282

鄴三11・14 【續甲骨文編】

用 戊寅鼎 公史簋 𤸫簋 丙申角 乙亥鼎 宰峀簋 臣辰卣 我鼎 盂鼎 令

簋
矢尊
沈子它簋
小臣逨簋
䣄尊
䖒簋
史獸鼎
周䆏鼎
呂鼎
刺鼎
缶鼎
師遽方彝
師遽簋
牆盤
師奎父鼎
史宜父鼎
師趛鼎
同簋
追簋
師咢父鼎
大作大仲簋
師嫠簋
卝伯簋
師寰簋
舍父鼎
舀鼎
舀壺
散盤
封仲簋
無㠱簋
克鼎
頌鼎
頌簋
史頌簋
虢季子白盤
毛公䢅鼎
畢鮮簋
仲師父簋
不𡢁簋
杜伯盨
毛弔盤
虢季氏簋
訇伯簋
南姬鬲
𡚬弔多父盤
魯伯愈父鬲
戈弔鼎
鑄公匿
郜伯祀鼎
國差𦉜
𩓨鎛
齊侯盤
拍敦蓋
齊陳曼匿
申鼎
陳貯簋
子禾子釜
邾公釛鐘
殳季良父壺
鄦子匿
王孫鐘
末距悍
𠫑羌鐘
吉日壬午劍
曾伯霥匿
酓章作曾侯乙鎛
曾侯乙鼎
邗王戈
蔡侯𩌔盤
中山王嚳壺
保卣
扒簋
陵子盤
杞伯簋
杞伯鼎
褱鼎
鄀公鼎
中子化盤
姑□句鑃
陶子盤
𨚔𨸏簋
㚸尊
麥鼎
弜伯作旅簋
雁
公鼎
格伯作晉姬簋
君姞鼎
兮仲簋
𤔲鐘
周窐匜
師𠂤鼎
敎父甗
己侯簋
虞
司寇壺
郳季宿車盤
郳子宿車鼎
麓伯簋
魯伯大父簋
陳公子甗
黄韋俞父盤
王子申盞盂
芮大子伯匿
宜戈
以甬為用 江小仲鼎
自作用鬲
蔡大史鉌
曾侯乙匿時用冬
吳王夫差矛
曾姬無卹壺 後嗣用之
中山王嚳鼎 寡人幼童未用智
𢍰公劍
用戈
子䀇戈
玄鏐戈
吳季子之子劍
吳王光趄戈
王子玖戈
楚王酓章戈
楚王孫漁戈
越王欲淺劍
越王州句矛
□之用戈

蔡侯產劍　越王劍　越王州句劍　蔡公子加戈　子可戈　王子午鼎

蔡公子果戈　自作用戈　□用戈　蔡公子從劍　【金文編】

〔五三〕　〔四二〕　【先秦貨幣文編】

一六：三　宗盟类序篇敢用一元　【侯馬盟書字表】

用　法二五　二十六例　通桶斗—秦一〇〇　秦八八　十四例　秦九一　二例　【睡虎地秦簡文字編】

民勿—趄趄百神(甲11—10)　【長沙子彈庫帛書文字編】

樂用里附城　用忠私印　用閔　【漢印文字徵】

石碣吳人　石經無逸民否則用厥心違怨　今本無用字　【石刻篆文編】

【汗簡】

汗簡　竝古孝經　竝古孝經　竝崔希裕纂古　同上　【古文四聲韻】

◉許　慎　用可施行也。从卜从中。衛宏說。凡用之屬皆从用。臣鉉等曰。卜中乃可用也。余訟切。古文用。【說文解字卷三】

◉劉心源　用字說文云从卜中，先輩吕从用不佀中，疑許說未允。心源案，乃古刻凡字，詳鄭同媿鼎，用蓋從卜凡，凡亦聲也。【奇觚室吉金文述卷一】

◉孫詒讓　又有以「㕘用」、「貝用」並舉者，如云：「㕘用」、卅四之二。「丁酉貝用」、七十五之二。又云「貝㕘用」。百十六之一。同版「貝用」字兩見。《說文·用部》：「用，可施行也。从卜中。衛宏說」。此似即取卜中之義，故與貞同舉。經典不多見也。【契文舉例卷上】

◉羅振玉　說文解字。用从卜从中。衛宏說。古文作用。案此字雖不能由形以知誼。然衛宏从卜从中之說。則決不然矣。【增訂殷虛書契考釋卷中】

◉林義光　用非中字，古宁字作用頌敦貯字偏旁。宁藏也。見宁字條。用古作用孳負駒尊彝乙。作用唬陀尊彝丁。作用邾公華鐘。丿象引出之形，有所用自宁中引出之也。【文源卷七】

◉葉玉森　說文用可施行也。从卜从中。衛宏說。古宁字作[glyph]頌敢貯字偏旁。金文用作[glyph][glyph][glyph]。丿象引出之形。森桉契文用作[glyph][glyph][glyph][glyph][glyph]。宁則作[glyph][glyph]二形。林氏說似仍未諦。予疑从[glyph]从[glyph]。竝象架形。如[glyph]箙之从[glyph]。[glyph]方之从[glyph]。从卜與[glyph]畏[glyph]𢦏所持之[glyph]同。卜其變體。丨即卜省。如[glyph][glyph]同字可證。卜蓋象干。經傳屢以干戈竝舉。契文未見干字。篆作[glyph]。林藥園謂即古竿字。梃也。則卜當即古文干。象梃上有枝形。金文薄伐之薄。師寰敨作[glyph]。虢季子白盤作[glyph]。从十从[glyph]竝干字。十即卜之譌變。植干於架。有事則用之。似含備物致用之意。故用亦訓備。國語時至而求用注。至契文變作[glyph][glyph]諸形。乃無从索解矣。【說契　學衡第三十一期】

◉高田忠周　段氏云。卜中則可施行。故取以會意。朱氏駿聲云。六書故。中字注引衛宏說。中聲。蓋疑元有中聲一字。今本奪之。又中。說文作[glyph]。一本作[glyph]。中從口丨。口者四圍之象。亦是一種象形。又凡旁字古文作[glyph]。[glyph]亦四方之意。即口字也。然則中作[glyph]。亦同意。明矣。或變作[glyph]作[glyph]。【古籀篇二十九】

◉蔣禮鴻　戴侗六書故。以用為即鏞字。⊘予謂用即鏞字。戴說為得其實。請申之曰。用部甫字許君說為男子之美稱。男子美稱本但當為父。春秋邾儀父羽父衆父楚語觀射父之類可證也。甫當為从用父聲。即鏞鎛之初文。金部鏞鎛同訓大鐘。明用甫為初文。鏞鎛為後起矣。用之與甫。猶盾之與瞂舟之與船目之與眼也。說文鎛不與鏞同訓。其實乃即一字。儀禮大射禮。其南笙鐘。其南鑮。又其南鐘。其南鑮。周禮春官眡瞭注並作鎛。又鎛師疏。鎛與鐘同類。晉語戚施植鎛韋注。鎛。鐘也。是其證也。鎛訓鎛鱗。為懸鐘横木。說文。鎛。鎛鱗也。鐘上横木上金華也。從桂氏引玉篇說改之。猶以甬為鐘柄耳。【讀字臆記　說文月刊第三卷】

◉余永梁　用象器形，[glyph]卜辭作[glyph]，均象插矢於用中形。又用部：「庸，用也。从用从庚。」蓋象兩手奉干於用中，故用字象形，本誼當為用具之用，盛物器也，引申為一切資用及行施誼。【殷虛文字考　國學論叢一卷一期】

◉方國瑜　用字見于甲骨鐘鼎者甚夥，大體三直，而交横則不一，作[glyph][glyph][glyph][glyph][glyph]諸形，則非从「卜中」可知。小篆中作[glyph]，與

用之中相近，衛宏蓋據此為説，然甲骨鐘鼎「中」作中，用之非从中甚明。

又按説文片部：「牖，穿壁以木為交窗也。」用之字形，即象以木為交窗之狀，用為牖之本字，似無疑義；古人造字，每取捷近，牖字未必初文，以用借為用意，而另作形聲字也。用既為象形字，則段氏説為會意，亦失之也。

説用爲牖之古字，可通，但用與牖不同音，宜云用牖雙聲（二字廣韵同在喻紐，古音當曰在定紐），庶無滲漏。（玄同）【字説六則　師大國學叢刊一九三〇年一卷一期】

◉商承祚　金文戈叔鼎作用。王子申盞盂作用。説文用。「可施行也。从卜中。衛宏説。用古文用。」此象龜甲之形。合于制乃可用。此為本誼。衛宏从卜中之説固誤。而林義光謂从古文宁。丿象引出之形。亦非。【甲骨文字研究下編】

◉吴其昌　今諦審上列「用」字形象，短杙二三，參差植地横橛一二，斜施交架。殆為牛牲之屬欄圈楬橛之形？燕京大學所藏殷契卜辭其「用」字又有作用三六八・乙用一一・甲用一一・丙用二七九……諸形，其象欄橛之形尤肖。傳至周初彝器，宗周鐘之「用」字作用，番君鬲之「用」字作用，奠尊之「用」字作用，尤一望宛然知為牛馬之欄。按鄭玄周禮牛人注曰「樴謂之杙，可以繫牛。」宋衷尚書大傳注曰：「杙者，繫牲者也。」今推勘「用」字，既象柢欄短杙之狀，而賦有「刑牲以祭」之誼，此其故殆本為欄杙之象形，必以此縛繫牛牲，斯得從而刑之以供祭享，因得由象形之屬轉變而為會意之屬歟？【殷虚書契解詁　武大文哲季刊三卷三期】

◉陳邦福　从卜，从冂，或鼎，鼎即貞省，貞有鼎象，古用貞卜以决吉凶，蓋用之本誼。説文用部云：「用，可施行也。」則引伸誼矣。【殷契瑣言】

◉明義士　用或作用作用等形，象植物之架形。葡箙字从之，象插矢於用，知用為盛物之器也。引申為施行之義。

「癸亥卜貞，㞢司，羊用」，與藏龜五十四葉二片「丁丑卜貞，㞢兄丁羊用」。續編卷一第三十九葉「己卯卜貞㞢妣己」，「㞢豕司用」，「□羊□用」，藏龜二〇四葉一片「己卯卜貞，㞢□庚」等，句法並同，知司為司室（見前編卷四第二十七葉八片）之省稱，亦即先祖之祠矣。【柏根氏舊藏甲骨文字考釋】

◉强運開　毛公鼎作用。散氏盤作用。金文中用字多與鼓文同。按此下有闕文。【石鼓釋文】

◉郭沫若　第一片第二辭「祝」與「用」復分施於二祖，則「用」當讀為誦若頌，言以歌樂侑神也。「王受又」者，王受祐，卜辭習見。叀召字亦習見，義未能明。【殷契粹編考釋】

◉馬叙倫　用為墉之初文。象形。以金甲文證之。絶無从中之痕迹。以所屬甫葡庸甯四字證之。塙為墉之初文。史記仲尼弟

子列傳。申堂字周。從索隱本。本書。土部。堂。殿也。段玉裁謂堂之所以稱殿者。謂前有陛。四緣皆高起。沂鄂顯然。倫謂堂為廣之轉注字。廣即今之廠字。無垣者。周。从用。口聲。為堵之轉注字。用為墉初文。十三篇墉下曰。城垣也。與堂義近。故申堂字周。亦可證也。可施行也者。校語。本訓捝矣。玄應一切經音義引倉頡。用。以也。衛宏者。范曄後漢書儒林傳曰。衛宏字敬仲。東海人也。少與河南鄭興俱好古學。初。九江太守謝曼卿善毛詩。迺為其訓。宏從曼卿受學。因作毛詩序。善得風雅之旨。於今傳於世。後從大司空杜林更受古文尚書。為作訓旨。時。古學大興。光武以為議郎。宏作漢舊儀四篇。以載西京雜事。又箸賦頌誄七首。皆傳於世。然隋書經籍志古文官書一卷。後漢議郎衛敬仲撰。唐人書屢引。或作古文字書。或作古文尚書。或作古文奇字。段玉裁以後漢書宏傳不載。疑南北朝人依託為之。孫詒讓謂此晉衛恆所作。汗簡卷首所列書目七十一家。內有衛宏字說。即古文官書略敘所引衛口說必衛宏字說之語。由恆譌為弘。後譌為宏也。古音恒弘宏同部。故書大傳以恒山為弘山。元魏避諱以宏農為恒農。倫謂孫說是也。然則此為校者所加。許蓋本作从卜。中聲。字見急就篇。頌鼎作用。散盤作用。祀伯段作用。湯叔尊作用。辛己段作用。師遽尊作用。戈叔鼎作用。邾公釛鐘作用。【說文解字六書疏證卷六】

◉楊樹達　今以龜甲金文核之，卜中之説固無稽，戴説亦不合。余謂用蓋桶之初文。唐本説文木部云：「桶，木方器也，受十六斗。从木，甬聲。」他奉切。按許云受十六斗，呂氏春秋仲春紀、史記商君傳皆以斗桶連文，似桶為量器之專名，實則凡可以受物之器皆可名桶，不限於量器也。方言五云：「箸筩，自關而西謂之桶檧」，是受箸之器名桶也。一切經音義十五引通俗文云：「受黍者曰桶」，是受黍之器可名桶也。今考用字形象方桶，其横畫象器有横欄，一證也。金文番生段毛公鼎並云：「簟弼魚𤰈」，此即詩小雅采芑篇之簟茀魚服，𤰈象矢在用中之形，吳大澂王静安皆謂即説文訓弩矢箙之箙，變而為今之葡字，其説碻不可易。按𤰈之下截作方桶形，變而為葡，字亦从用，蓋箙實盛矢之桶，二證也。桶可以受一切之物，故引申為器用之用，又由質而玄，引申為施用行用之用。許以最後之引申義説字，故形義無由相合也。用為初文，桶為後起形聲字，用之初義失，由桶字承受而據有之，而用字只為行用之用矣。【用桶　積微居小學述林卷五】

◉高鴻縉　卜兆向中。即為可用。中為中形。非中字。字倚卜畫其兆。現於中形。由文卜生意。故託卜兆現中可用之形。以寄可用之意。動詞。【中國字例二篇】

◉屈萬里　用，蓋春秋用人於亳社之用；謂用之為牲以祭也。

卜辭：「貞：由翌甲子酒，其𠂤用？」用，謂用之為牲以祭。【殷墟文字甲編考釋】

◉趙世綱　劉笑春　五、「□畣以孝于我皇祖文考」。

「□」即用，吳季子之子劍，用字作「□」，與此相似。【王子午鼎銘文試釋　文物一九八〇年第十期】

◉徐中舒　又如□（用）字，从卜从□，象在牛肩胛骨上占卜之形，□即象牛肩胛骨的形狀。在牛肩胛骨上占卜，巫師即可用以決定吉凶。【怎樣考釋古文字　古文字學論集初編】

◉李　棪　「用」，乃殺牲之通稱，畜與人無別，亦可同時並用。例如：「己酉卜：用人、牛。彡。弜用人、牛。」（外編六七）「自上甲冗，用人。其用人、牛十有五。」（南明五二五）其單言用人者，如：「用人」（宁一・二九二）；「乎用人」（京二二三八）；「弜用人，不」（南明六一三）。是也。其至春秋時期，殺人祭山，亦沿用此「用」字，以表示人牲之意。推想當是斫頭之法。

春秋（昭一一）：楚師灭蔡，執蔡世子有以歸，用之。

左傳（昭一一）：楚子灭蔡，用隐太子於冈山。

杜預注云「用之殺以祭山」，是解用字之義。

卜辭中「用」字作「殺俘為牲」之訓，可予殺戮敵方首領或重要人物以祀先祖等辭看得出來。例如：

「羌二方白其用于……且丁父甲」（京津四〇三四）

「用十尸于丁　卯一牛」（京津七三八）

「奚絴白冗用于丁」（下三三—九）

「絴方其用　五受（又）」（京津四三八一）

「叀且美用」（京津四一〇五）

「我用□俘」（乙六六九四）

「三百羌用于丁」（續二・一六・三）

「翌甲午用多屯」（乙七一二八）

……殷人年中祭祀繁多，用人亦相應的多，每感人牲之不足，故每每徵集备用。例如：「丙午卜，即貞：又氏羌。翌丁來其用。」（京津三四二九）一辭，知在某月丙午那一天，開始進納羌俘，第二天丁未，即行殺而用之了。【殷墟斫頭坑髑髏與人頭骨刻辭　中國語文研究第八期】

◉李孝定　用字本義為「甬」，本書所引江小仲鼎及曾姬無卹壺兩「用」字，即逕作「甬」，可證；此說發自戴侗，余於集釋三卷一一

一九頁，已引此説，請參看。用本為甬，乃名辭，於六書為象形，及為行用之用，則假借耳。馬叙倫氏謂「用」為「墉」之初文，見下0451甫字條引。説非。至楊樹達氏謂「甬」為「桶」，説亦可通，蓋桶器形製，近於鐘甬，其名之音讀，亦相因襲耳。【金文詁林讀後記卷三】

◉于省吾　林澐同學的畢業論文為甲骨文斷代中一個重要問題的再研究。這篇論文饒有發明，它糾正了從前認為𠂤組卜辭是武丁晚期的誤解，由于有許多論據，才確定了𠂤組卜辭為武丁初期。這對于辨别甲骨文史料和甲骨文字的先後次序，關係很重要。今只就𠂤組卜辭的□字來看，甲骨文編入于附録，并「疑女字」，續甲骨文編也入于附録。其實，□乃用字的初文。甲骨文稱：「□羌」（京津三〇九二），「己未卜，王㞢兄戊羊，□」（甲一八二。甲骨文編誤釋羊用二字為𡛸），「丁酉卜，𠂤，□羊豕匕□」（善齋拓本），均以□為用。又不用二字合文作□（京津三一一〇），甲骨文編也入于附録。

用字初文作□，象甬（今作桶）形，左象甬體，右象其把手。近年出土的雲夢秦簡還以用為桶（一九七六年文物第七期），進一步證明了這一點。説文：「用，可施行也，从卜中，衛宏説。」衛宏的説法是望文生義。戴侗六書故以為用「象鐘形」，林義光文源謂用為古宁字，均不可據。用字初文本象日常用器的桶形，因而引伸為施用之用。用甬本是一字，故甲骨文以迵為通。周代金文甬字作□，上端加半圓形以區别于用，是後起的分别字。但江小仲鼎的「自作甬器」，曾姬無卹壺的「後嗣甬之」，仍以甬為用。説文：「甬，艸木華甬甬然也，从马用聲。」形義俱乖。

甲骨文从用的字，如肯字晚于𠂤組卜辭，仍多作□或□，猶與初文相近。又甲骨文有□字（粹一五七九），象盛土于甬中。甲骨文墾殖之墾作坙或□（詳釋坙）。□字象兩手持甬以傾出盛土，乃墾殖時剷高填低，平土田以利耕作。至于第二期甲骨文凡（盤）字偶有作□者（前五・二七・五），和用字的初文顯然有别。

總之，用字的初文作□，本象有柄之甬。其演化的規律是：由□而□而□而□而□。周代金文由用字分化出甬字作□或□。秦漢以來，用甬並行，後世遂不知用與甬之初文本是一字。【釋用　甲骨文字釋林卷下】

◉戴家祥　段玉裁注云：「卜中則可施行，故取會意。」然古文中字皆不作□，故人多疑也。宋戴侗、元周伯琦以為用、庸等字乃打擊樂器鐘鏞之象形字。徐灝曰：古文□或作□，兩旁象欒銑，中象篆帶，上出象甬，短畫象旋蟲，絶肖鐘形。金部鐘或作銿，尤其明證。商頌・那篇「庸鼓有斁」，毛傳「大鐘曰庸」。又周禮眡瞭疏，儀禮大射疏并引尚書「笙鏞以間」，是庸即古鏞字，而用為古鏞字無疑。用本象鐘形，因借為施用，别作庸，而庸又為功庸所專，别作鏞，皆以借義奪其本義也。説文解字注箋。

按徐説近是，唐韻用讀「余訟切」，喻母東部，庸鏞皆讀「余封切」，不但同母而且同部。「用」本象形，同聲通假則寫作庸，説

文：「庸，用也。从用从庚，庚，更事也。易曰：先庚三日。」按尚書堯「帝曰：疇咨若時登庸」，偽孔傳「庸，用也。」又「舜生三十登庸二十在位五十載」，孔穎達正義引鄭玄本「登」作徵，訓登庸為徵用。王風兔爰「我生之初，尚無庸」，齊風南山「齊子庸止」，毛傳並云：「庸，用也。」禮記中庸鄭氏目録云：「名曰中庸者，以其記中和之為用也。」左傳隱公元年「公曰無庸，將自及」，杜預注「無用除之。」莊子齊物論「庸也者，用也。」皆用庸聲同義通之證。變為形聲，則寫作鏞，説文十四篇「鏞，大鐘謂之鏞，从金庸聲」，是鏞即庸之表義加旁字。【金文大字典中】

甫

甲一〇五一　王襄釋甫唐蘭説卜辭早期之[glyph]晚期之[glyph]其義均為語詞　甲一一四三　甲一二二三　乙七二　乙二九六　乙七二八反　乙八六一　丁亥卜王我甫卅鹿逐允獲　粹三四　粹二九九　甫中丁歲先　粹四七〇　粹一〇八一　乙巳卜𡆥貞甫王往伐𢀛方受㞢祐　粹一〇九六　甫卒　粹一三〇八　甫鬼　鐵四二·三　鐵一五九·四　鐵二六二·三　拾一·四　拾二·八　前一·五·五　前四·二三·三　前五·三〇·四　前七·一·二　前七·二〇·一　後二·二〇·一一　後二·二二·三　林一·八·五　林二·一四·六　燕五九七　燕六四九　佚二九三　【甲骨文編】

乙105　2407　3154　3212　4638　5579　6513　6519　6622　6808　珠940　佚642　續3·7·2　6·14·8　徵8·60　京1·37·3　2·24·2　續存176　粹1269　新1658　3097　3098　【續甲骨文編】

甫　殷句壺　甫人匜　穌甫人匜　穌甫人盤　為甫人盨　曩甫人匜　匡卣　甫丁爵　以甫為父　孳乳為簠　曾仲斿父簠　簠字重見　【金文編】

[古文] 5·292 右甫【古陶文字徵】

[古文]〔五〇〕[古文]〔二〕【先秦貨幣文編】

[古文] 布方甫反一釿 通于蒲 典一四三 [古文] 仝上 典一四四 [古文] 仝上 亞四·四九 [古文] 布方甫反一釿 亞四·四九【古幣文編】

[古文] 陳甫始 [古文] 姚甫始印【漢印文字徵】

[古文] 古老子【古文四聲韻】

◉許 慎 [古文]男子美稱也。从用父。父亦聲。方矩切。【説文解字卷三】

◉王 襄 古甫字，圃字重文。【簠室殷契類纂正編卷三】

◉羅振玉 御尊蓋有圃字，吳中丞釋圃。此作[古文]，象田中有蔬，乃圃之最初字。後又加口形，已複矣。【殷墟書契考釋卷中】

◉林義光 用父非義。古作[古文]王孫鐘専字偏旁。从田父聲。即圃之本字。或作[古文]穌甫人匜。作[古文]伐徐鼎。説文云[古文]種菜曰圃。从囗甫聲。按古作[古文]御尊彝癸。作[古文]辛子彝乙。與甫同字。【文源卷九】

◉戴家祥 經典皆訓甫為大。詳下文。訓鎛為大鐘。按金文溥鋪敷。詳下文。皆从[古文]、[古文]虢叔鐘。[古文]、[古文]楚公鐘。[古文]、[古文]兮中鐘。殷虛書契前編卷四第十一頁庚寅卜貞[古文]人令省在南[古文]。十月。行[古文]十二月缺南[古文]省。缺又第五卷六頁。己巳卜貞令[古文]省在南[古文]十月。以文意推之似即左傳國語之西鄙東鄙但卜辭自有啚字或即圃之叚字歟。雖單文孤證不詳其誼。以意斷之。則甫字也。字頗象鐘形。殆大鐘為甫之本義。引伸之為一切大貌。後世文字繁縟。字更从金。由象形變為形聲字再變為从金専聲。為同聲增省字更變為薄。存其聲而失其義同聲通叚字也。更變从金薄聲形聲繁縟字也。展轉變異。以鎛為正義。以鎛為叚借。則文字本誼全失。雖倉聖復生。恐亦不能言字例之條。許君居東漢之世。僅見小篆。未覩殷周古文。故訓甫為男子之美稱。而不知甫之稱於男子。乃父之叚字。春秋公及邾儀父盟於蔑穀梁傳曰儀字也父猶傅也男子之美稱也儀禮士冠禮某伯某甫皆作父他經亦通用父。攷甫之孳乳字。經典均有大義。若薄荀子榮辱篇注廣大貌敷韓詩常武大也博説文大通也溥詩北山毛傳大也圃詩車攻毛傳博也酺説文王德大飲酒也誧説文大言也可證。竊思邃古文字。亩甫當為一字。雖其聲音不近。字形約略可證。古文[古文][古文]蓋象甬證隧銑之形。而[古文]亦可變為[古文]。古代鐘鼓之裝飾也。説文[古文]陳樂立而上見也。上見者何，當指[古文]而言也。後世傳寫誤變為从

父。則為形聲字。其實用字既非形。又非義。六書之例。凡形聲之字。當以形為主。以聲為副。而甫之从用為形。从父為聲。不可達其説矣。古文甫皆作甫。與亩字之古文變化同。【釋甫 國學論叢一卷四期】

●孫海波 孳乳為圃。【甲骨文編卷三】

●顧廷龍 甫甫 甫子幣蒲字所从之甫作甫。又甫坂幣甫諸家釋甫。皆與此同。周□□蔓圂甫里□。【古匋文孴録卷三】

●馬叙倫 鈕樹玉曰。廣韻引作男子之美稱也。从父用上有字字。韻會引作从父用。謝彦華曰。从用父之説難通。甫即圃之古文。从用。父聲。用猶圃之牆垣。與囗同意。後因甫為借義所專。復出从囗甫聲之圃。如國字古多作或。後乃从囗作國也。倫按謝説是也。从用。父聲。玉篇引作从用。从父。口聲。用音喻四。甫音非紐。同為次清摩擦音。是轉注字。父音奉紐。古讀歸並。則甫葡亦轉注字也。或曰語原然也。男子之美稱也。校語。故俌字作稱。許蓋訓父也。甫人匜作甫。宰甫毀作甫。甲文作甫。【説文解字六書疏證卷六】

●楊樹達 于省吾君釋亩為甫。愚按亩字既與他甫字形殊異。器為卣而銘曰甫。亦於事理不合。殆非也。余疑亩即今由字。説文無由字。而从由得聲之字至十九文之多。其為遺漏顯然。由卣二字古音同。此器銘乃假由為卣也。虢叔旅鐘云。亩天子多錫旅休。假亩為由。與此正可互證。盉銘多作盉本字。而史孔盉假和為之。器名用同音假字。與此器正同也。【盉卣跋 積微居金文説卷三】

●陳夢家 吾字隸定為吾字。實非吾字。此字是金文簠所从。應讀為甫或胡。義訓大。甫考猶文考。皇考。烈考。此處是生呼其父考的美稱。【西周銅器斷代 金文論文選】

●高鴻縉 甫从田父聲。古人尊他人曰某父。漢人皆通以甫字代之。而戰國時變其下體田為用。故許訓甫曰男子美稱。甫既易為男子美稱。故又加□(圍)為意符作圃。【説撻線 中國字例五篇】

●王獻唐 甫字確知為圃者。御尊王在圃作圃。辛巳毀在小圃作圃。正從甫加□也。入後方匡逐漸變圓。亩。父乙尊為商器未變。孟卣為周初器微有變意。御尊辛巳毀為商周間器。約在周初。已變矣。與亩易淆。西周中葉以後器銘。乃彎其上筆為別。作甫毛公鼎専字偏旁。作甫齊侯鎛専字偏旁。變為從田父聲形聲字。田形後演為匡簠之甫。猶金文周字。本從方匡田形。初作田。繼作田。後作甫也。短其上筆。譌為穌甫人盤之甫。體製相承。容氏金文編有甫丁爵甫字。爵文見三代吉金文存。及殷文存。為商周間器。彼時不應有此體。細譣吉金文存搨本。末數筆乃剔時誤加。殷文存本。乃未剔所搨。祇為甫字。容氏失檢耳。降為小篆之甫。今文之甫。傳

世金文。如專鏄諸字。從⿱屮田者甚多。甫字亦不少。試依其時次校其筆畫正一一不爽。故契金文圃體。最初作⿱屮田為象形字。金文或加口為⿴囗⿱屮田。入後作甴為形聲字。譌為甫字。甫又音假他用。說文甫男子美稱也。從用父。父亦聲。即係借字。田譌為用。用義意不明。段注遂說為可為人父矣。以圃當之。契金文所昭示吾人者。固若斯也。⿱屮田甴形近。孫氏釋甴為甫。本屬疑詞。近唐立庵氏用其說。謂甴即甫。釋⿱屮田為苗。以羅說為誤。見天壤閣甲骨文存考釋。其書晚出。容有據以疑甴為甫者。似不可不辨也。【說擷線　中國文字第三十四册】

◉温少峰　袁庭棟　……但從卜辭材料看，殷代之圃不僅種果蔬，也種粮食。如：

(58)甲戌卜，賓貞：甫受秝年？（乙六五一九）

(59)甫弗其受秝年？（合四五八）

(60)丁酉卜，爭貞：乎（呼）甫秜于姢，受㞢（有）年？

甫耤（籍）于姢，受年？（乙三二一二）

以上諸辭之「甫」，有的學者釋為人名（卜辭中以甫為人名者，如粹一二六九：「甫其㞢疾」），但我們認為，如釋甫為「圃」，用其本義，則各辭均詞意通順，這幾辭都是卜問在圃中種秝或種秜之辭。值得注意的是，從現有卜辭材料來看，在圃中種植的作物只有秝和秜兩種，而不見殷代的大宗作物如粟、黍之類。這很可能是因為當時麥類與稻類作物種植不多，故有一些尚在殷王室的圃中專門種植。而且殷王甚為關心其豐歉，故有此卜年之辭。

卜辭中又有「爯甫」之載：

(61)癸亥卜：令多尹爯甫于西？

乙酉卜：令爯甫于京？（書道一·一〇·三）

王貴民同志在解釋上辭時，从說文通訓定聲之說，認為爯字「从爪从冓省」，從而認為「爯有舉辦構成之義。西、京都是王室墾田種黍之地，即是就農田所在地建圃」（就甲骨文所見試說商代的王室田莊，載中國史研究一九八〇年三期）。我們認為，釋「爯圃」為「建圃」，不確。甲骨文中爯字作[甲骨文字形]，象以手提舉篝篗之形。說文訓爯為「并舉也，从爪从冓省」。「冓」字在甲文中作[甲骨文字形]，象兩個篝篗系在一起，並非說文所釋的「交織材」。古人最初衡物之重量用手估量，繼之則用二篝篗連在一起，一頭置所衡之物，一頭裝石塊（即後世之砝碼），以手提舉之，度其重量是否相等。說文訓「爯，并舉也」，正是此意，謂以手將兩個篝篗提起以衡量，故

而稱字有「稱量」之義，「稱」字說文才會訓「詮也」，即詮量輕重。所以，再字并無「舉辦構成之義」。「再圃」之義，應是拔舉（即收獲）圃內成熟的果蔬作物而稱量之，即「獲而量之」。

殷王之圃，面積當較大，有林木魚池之類，卜辭云：

(62)貞：今日其雨？十一月，才(在)甫魚？（掇二一九五）

(63)貞：其鳳(風)？十月，才(在)甫魚？（前四・五五・六）

以上二辭之「甫魚」，多以地名釋之。但我們認為釋「圃魚」，即在圃中捉魚，也通。詩大雅・靈臺載文王的園囿之中情景曰「王在靈沼，于牣魚躍」，此可與卜辭中「在圃魚」之載相印證。

(64)丁巳卜……甫……隻(獲)鹿。（鐵二三〇・四）

(65)☐申卜：☐貞：甫其畢？（前六・三二・一）

(66)壬申卜，㱿貞：甫畢麋？丙子䴥(阱)，允畢，二百㞢(又)九一……（前四・四・二）

以上三辭，記殷王在圃猎獲麋鹿之事，可知殷王之圃面積不小，內有森林，林中有麋鹿方可供猎逐。詩大雅靈臺載文王的園囿之中情景曰：「王在靈囿，麀鹿攸伏」，此可與卜辭中「甫畢麋」之載相印證。【殷墟卜辭研究——科學技術篇】

◉郭沫若　右二片甫魚甫魯當是同一地名。甫乃圃之初字，象田中有蔬之形。字或作苗。辭云：「貞其鳳風十月，在苗魚」，前四・五五・六。亦同是一地無疑。以聲類求之，當即春秋時齊地之夫于。左傳昭十年「與之夫于」，杜注「濟南於陵縣西北有于亭」。於陵舊城在今山東長山縣西南二十里。

別有一例言「貞今其雨，在甫魚」，前四・五・五・七。足證甫魯甫魚是一非二。【卜辭通纂】

◉李孝定　王獻唐氏說金文之「甫人」為「夫人」，可从。「甫人父」即夫人之父，非父名夫人也。【金文詁林讀後記卷三】

◉裘錫圭　在這一小節的最後，談一下「作大⿱丫田」的問題。《合》9472有辭：

令尹作大⿱丫田。

過去，大家都把上引兩辭裏的末一字釋作「田」。張政烺先生指出這個字是从「田」从「丫」之字，不應釋「田」（上引「裒田」文102頁），非常正確。但是張先生認為「丫」即「く」，⿱丫田當釋「甽」（即「畎」，《說文》「甽」字古文作「く」），則可商榷。因為「丫」似乎並不像畎澮之

形。卜辭裏提到一個名為「𡗜」的祭祀對象(參看于省吾《甲骨文字釋林》364頁),「𡗜」字所从的「木」有時換作「中」(佚14),有時又換作「丫」(乙9047「辛巳卜:又于……三𡗜又𢀛」),由此可知「中」可省作「丫」。頗疑□即□的異體,應釋為「甫」,待後考。【甲骨文所見的商代農業 殷都學刊一九八五年二月增刊】

◉戴家祥 按林釋甫當是「从田父聲」,是也。謂「即圃之本字」,差矣。疑甫之从田父,父亦聲。田父會意與田力會意同,均由男子從事農業勞動而獲專稱。【金文大字典中】

庸

庸 訇簋 中山王嚳鼎 以明其德庸其工 𧊒壺 以追庸先王之工剌 【金文編】

庸 封一八 二例 【睡虎地秦簡文字編】

石經君奭 天弗庸釋于文王受命 品式石經咎繇謨 五刑五庸哉 今本作用 【石刻篆文編】

庸並義雲章 庸 庸並王存乂切韻 【汗簡】

並古尚書 王存乂切韻 並王存乂切韻 並崔希裕纂古 【古文四聲韻】

◉許 慎 庸用也。从用。从庚。庚。更事也。易曰。先庚三日。余封切。【説文解字卷三】

◉吳大澂 唯天庸集乃命。□古庸字。與虢季子白盤□字同。【毛公鼎釋文】

◉孫詒讓 「貝令□侯𠂤」,百之四。「□」字亦難識,疑當為「庸」字。《説文·土部》:「墉,古文作𩫏。」與城𩫏字同。《説文·𩫏部》:「𩫏,度也,民所度,居也。从回,象城郭之重,兩亭相對也。」此文从□ □上下相反對,即□形,與𩫏从兩亭相對同。从□者,金文毛公鼎庸作□,虢季子白盤庸作□,此即从□从□,與彼略同。末(𠂤)字有闕筆似歸字。殷、周間有兩庸國,一為《詩·邶鄘》之鄘,《漢書·地理志》作庸,為殷畿內地;一為《書·牧誓》庸、蜀之庸,為西南夷國。《左傳》文十六年杜預注謂在晉為上庸縣。此庸侯不知屬何地也。【栔文舉例卷上】

◉林義光　古作[glyph]毛公鼎。作[glyph]虢季子白盤。从[glyph]从[glyph]。[glyph]缶也。[glyph]即爿字。見爿字條。皆常用之物。故庸訓為常為用。或作[glyph]召伯虎敦。變从[glyph]。與用形近。亦作[glyph]歸父盤。[glyph]二即[glyph]也。【文源卷十】

◉馬叙倫　庸用也者。以初文訓後起字也。庸。从用。䖵聲。䖵為舂之初文。詳舂字下。舂聲東類。故庸聲亦東類也。舂音審三。故庸音入喻四。同為摩擦次清音也。禮記中庸字借庸為常。本書鏞音蜀容切。在禪紐。常音亦禪紐。是古讀庸在禪紐。審三與禪同為舌面前音。古讀喻四與禪並歸於定。故庸轉入喻四。用之轉注字庸用音皆喻四也。庚更事也以下非許文。[glyph][glyph]形近。[glyph]譌為[glyph]。篆誤。而本書又無[glyph]字。故許仍其誤而作庚聲。小徐本作从用庚。蓋挩聲字。或校者以其聲不近而刪之。乃竄入庚更事也云云。或庚注也。易同人。乘其墉。釋文。鄭作庸。禮記王制。附於諸侯曰附庸。鄭注。小城曰附墉。郊特牲。祭坊與水庸。鄭注。溝也。正義。庸者所以受水。亦所以泄水。蓋今所謂水城。詩崧高。以作爾庸。毛傳。城也。然則庸與墉一字。無疑。用為施行借義所專。或為方言不同而造庸為城垣字。庸復為庸常功庸借義所專。而加土為墉之字出矣。【説文解字六書疏證卷六】

◉李孝定　从庚从凡，説文所無。予初疑般庚合文，然卜辭般庚合文均横書作[glyph]或[glyph]，無作此形者，且此字庚字在上凡字在下，亦不得讀為凡庚也。辭云「□寅卜出貞今日⿸庚凡衣十二月」，甲編一三一。「亩父⿸庚凡奏王衎行」，甲編六四一。「亩亻公乍豊⿸庚凡于又正王受又」，甲編二五八三。「貞亩⿸庚凡用大吉」，甲編三九一八。「亩小乙作美⿸庚凡用弜肷⿸庚凡用　亩肷⿸庚凡用」，粹二八二。「弜翌日壬其風于翌日壬迺[glyph]⿸庚凡不冓大雨　盂偃不冓大風」，粹八二五。其義均不詳。【甲骨文字集釋第十三】

◉金祥恒　庸，从庚从用。庚，小篆作[glyph]，象兩手奉干之形，然甲骨文作[glyph]、[glyph]、[glyph]。金文陶齋續録父辛鼎作[glyph]。

蓋[glyph]為庚，原釋誤。三代吉金文存十四卷廿七頁父子庚觚之庚作[glyph]。

郭氏釋干支云：「觀其形制當是有耳可搖之樂器，以聲類求之當即是鉦。說文：『鉦，鐃也。似鈴，柄中，上下通，从金正聲。』又：『鐃，小鉦也，从金堯聲，軍法卒長執鐃。』周禮地官鼓人：『以金鐃止鼓。』鄭注云：『鐃如鈴，無舌有秉，執而鳴之，以止擊鼓，司馬職曰鳴鐃且卻。』合許鄭二家之說以求之，可知鉦鐃為一物，特器有大小而已。二家雖未言有耳，然既言無舌，有柄中通，執以鳴之，則有耳自是意中之事，故鉦之形制適與此合。其或名鐃者，殆取其搖而鳴之也。形制既合而鉦从正聲，在耕部與陽部之庚聲極相近，鉦、鐃例當後起，則知庚蓋鉦之初字矣。」由是言之，小篆庚與金甲文不類，而庸从用，義主使用。故說文云：「庸，用也。」【釋庸　中國文字第十三冊】

◉于省吾　甲骨文𤯍字作（京津四五二，即掇二·五），只一見。甲骨文編入于附録，並誤為兩見。續甲骨文編誤入唐字下。西周器訇簋的𤯍字作。說文：「𤯍，用也，从用从庚，庚，更事也。」按許說不盡可據。苗夔說文聲訂謂「用亦聲」，是對的。𤯍與用雙聲疊韻。𤯍字的解說應改作：「𤯍，用也，為人所勞役使用也，从庚用，庚，更事也，用亦聲。」是會意兼形聲字。

甲骨文只有「雨庸」兩字，其義待考。西周器訇簋的「先虎臣後庸」，以庸為奴隸。爾雅釋詁訓庸（𤯍字隸變作庸）為勞。史記陳涉世家的「嘗與人傭耕」，索隱引廣雅訓傭為役，傭即庸的後起字。楚辭懷沙的「固庸態也」，王注訓庸為「厮賤之人」。庸訓為勞為役為厮賤之人，均是被奴役之義。詩崧高：「王命申伯，式是南邦，因是謝人，以作爾庸。」毛傳訓庸（墉）為城，鄭箋訓庸為功，都係臆為之解。其實，庸指奴隸言之。詩義是說，就地用南國謝邑之人，作為申伯的奴隸。西周器宜侯夨簋，先叙王令夨侯於宜，末叙「錫宜庶人六百又□六夫」。這也是就宜地庶人賞給宜侯作為奴隸之證。

總之，甲骨文的𤯍字為庸之初文，已明確無疑。本文為了解釋庸字，對于西周金文和典籍以庸為奴隸，也畧加闡發。【釋庸　甲骨文字釋林卷下】

◉趙烈文　□孫作䜌。薛作庸。潘云。或云遘字。吴東發讀需云蒙茸皃。周劉公簠。嫞旁作□。

◉唐健垣　簡言之，□字亦作□，上从庚。庚字于甲骨文有作□者（參甲骨文編），於金文有作□者（參金文編），實象鼗鼓（乃一木腔雙面小鼓，以棒貫鼓腔以便手持，鼓腔兩邊各以小繩系一粒硬物，手持棒而來回轉則硬物輪番擊鼓面以發聲，故後世稱為播浪鼓）。金文編附録上篇有□字繩端系物之形如繪（新版金文編一一六一頁）。又有□字（一一六〇頁），下加插座者多例，由於在器銘中此字為徽號，不能以上下之判其含義，吾人無法確指此字是象小形鼗鼓（可手持者）在架之形，還是象大形建鼓在架之形（建鼓乃由鼗鼓加大發展成，故早期建鼓，每每在鼓腔下吊兩個小鼓，在象形字上便作□，一如鼗鼓之繩系形象。建鼓下附吊小鼓或小鈴之圖象，可參《文物》一九八〇年三期七一頁漢畫，及《考古》一九六三年一月圖版三之晉畫），然其為鼓形則無疑。裘錫圭先生以為庸字上半象商代口向上之大鐃，是不符事實的。大鐃向上之口空虛，再無附加之飾物，而鐃體橫切面呈梯形，與庸字不類，且鐃體上從不用繩系物，故庸字上半當非象鐃。

□字既是象建鼓，則□字上半所从當是同形之鼓，其下之□到底是架座之真形還是表示「架座、容器」之通用意符，未敢斷定，有可能□只是□之異構，仍指建鼓，亦有可能指同類而大小稍異之鼓。

既知□□都是鼓類，則前引辭例乙丙丁便有新理解，即不把□字作為成湯，而理解為祭祀時所用之鼓，比方例丙「叀小乙唐用，又足」大致可以譯成「祭小乙時用唐鼓，好不好？」（又□讀又足抑讀又正，於此不詳論）

這一讀法是有其他卜辭可做考證的。就將前引丙、庚、辛、壬四例比較，就可以明白：

丙、叀小乙唐用，又足？（「祭小乙時用唐鼓，好不好？」）

庚、叀小乙美奏？（「祭小乙時用羽毛舞好不好？」按：美字象人頭上飾羽毛。）

辛、叀小乙乍美、庸用？（「給小乙演奏羽毛舞，用建鼓伴奏好不好？」）

壬、叀祖丁庸奏？（「祭祖丁時用建鼓好不好？」）

以上從文字及文法上分析出庸唐二字之原義原為建鼓，以下從古音方面求證。

庸字為俞母，俞母古歸定母，此清代以來古韻學家所共知，瑞典高本漢所擬庸字上古音為diung，以今音試之，猶如打鼓聲之冬冬，然則庸象建鼓又多一旁證。

既知□為鼓，則前引辭例甲之「□□」可以理解為「（祭神時）奏唐鼓好不好？」。商人信鬼神，不但祭什麽神要卜問，連祭神時奏何種樂器亦欲得到啓示。卜辭有問好不好用建鼓、座鼓、大鼓、鼗鼓、笙、竽、簫、編鐘，塤、琴瑟者，拙著《商代樂器

考》有說。

前引己辭「叀武唐用，壬受又又?」一例，由於前人將唐理解為湯，而《詩經・商頌・玄鳥》篇稱湯為「武湯」，故孫海波說「殷人又稱成湯為武唐」(甲骨文編唐字條)。我認為此辭結構為「叀某祖某事物用」，一如前引丙辭之「叀小乙唐用」，從文法視之，「唐」應為「用」，字之受詞，否則「用什麼」並不明顯，然則此辭之「武」乃祖名。此例既為第三期卜辭，則所謂「武」不出大乙武湯

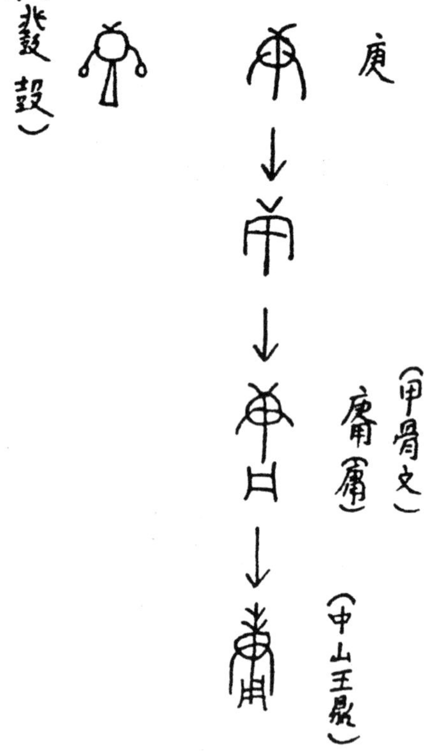

漢畫像石　建鼓(文物1980.3)

及武丁二人。以之歸武丁雖無不可，然大乙自來異名特多，且不乏單名，稱成、稱唐，見於卜辭，典籍中稱武湯(《詩》〈商頌〉、〈玄鳥〉)、稱武王(詩商頌玄鳥、長發)，足見大乙有名武之一說，此辭之武應為武湯也。此辭大意為：「祭武(武湯)時用唐鼓，王上會受保祐嗎?」

又查京都大學藏骨2269片云：「□(置)□(壴、鼓)于大乙?」，足證商代有打鼓祭成湯之事。《詩經・商頌・那篇》祭成湯之詩云：「置我鞉鼓，奏鼓簡簡」、「庸鼓有斁，萬舞有奕」，與卜辭可互相發明。詩中「庸鼓有斁」句自來理解為「鏞鐘與鼓交奏」，非是，庸鼓只是「建鼓」耳。【釋唐　金祥恒教授逝世周年紀念論文集】

◉徐中舒　□三期甲六四一　从庸从攴，為庸之繁文。【甲骨文字典卷十四】

◉楊福泉　庸，作「大鐘」解是基本准確的。《說文》：「庸，用也。从用、庚。庚，更事也。《易》曰：『先庚三日。』」庸字从庚从用，一般不再爭論，問題主要在于庸字究竟應歸于何種造字法。裘錫圭先生的觀點是：

「宋末戴侗《六書故》根據金文認為『庚』象『鐘類』，並認為『庸』是『鏞』的初文。這是很精辟的見解。『庸』、『用』字音極近，『庸』顯然是从『庚』『用』聲的形聲字，《説文》把『庸』解釋為會意字是錯誤的。」裘先生的見解很深刻，但仍有值得商榷之處。

庸與用，二字同源。其實，用與甬字的原義相同，都是鐘。劉興隆先生認為用、甬可通。

楚帛文字中，甬與用的甲文金文寫法相似。楚器中甬、用常見通用。用，甲文作用，金文作用，小篆作用。甬，金文作甬，象鐘形。⊙即挂鐘的圓鈎。小篆甬上面的⌒更象鐘鈎。甲文用即是省略了挂鈎的鐘。王延林先生的這一看法非常獨到。尚嫌不够准確。《中國青銅器》一書在叙述鐘的各部分名稱時説：

「共鳴箱的平頂稱為『舞』，正背的中上部直的闊條稱為『鉦』，其兩邊突出的乳釘稱為『枚』，『枚』的上下間隔部分稱為『篆』。『枚』和『鉦』占去了鐘面的大部分位置。以下稱為『鼓』，彎曲的下口稱為『于』，尖鋭的兩側稱為『銑』。懸挂鐘體的柄形物稱之為『甬』。『甬』的頂端稱為『衡』。中段突出的部分稱為『旋』。『旋』上用以懸挂鐘鈎的孔稱為『干』，懸挂的方式是傾斜的。西周中期開始出現了直懸的鐘，在『舞』面上豎立一冂形或冃形的梁，稱之為『紐』。斜挂的鐘稱之為甬鐘，直懸的鐘稱之為紐鐘。」照此，金文甬上的⊙應表示甬上的旋和干：○象旋之形，·指旋上的孔，即干（挂鈎不是鐘的組成部分）。相當於⊙的是紐鐘上的冂或冃。甬下的用則象鼓以上的鐘面之形。||指示正背的兩側，—指鉦，=表篆，一表鉦右上行枚所在部位或指鉦右上行連成一線的枚，以指代所有的枚。故甲文用亦有作用（後二·三七·八）者。鐘的形式由鐃演化而來，其顯著特徵是有一個可懸的柄，即甬。而用又占了鐘面的大部，成為鐘的主體，因此，以甬或用（部分）指代鐘（全部）也是很合乎情理的事。

再從聲韻的角度看，庸、鏞、用在上古均屬東韻喻紐平聲。甬屬東韻喻紐上聲。鐘屬東韻章紐平聲。朱駿聲更將以上諸字全部列入丰部韻，且「鐘」、「銿」並列，作一字。由此可見，庸、鏞、用、甬、「鐘（銿）」等字在上古音同（近）義通，即今之所謂「鐘」。

應該指出，庸等雖皆可名之曰鐘，但它們的種類與用途還是有差別的。古者大鐘曰庸，次曰鎛（或作鑮），小者曰編鐘（《説文通訓定聲》）。編鐘與鎛，均有文物出土，可為實證。庸為何物，至今尚難説清。這就不得不回到對庚字的解説上。

庚，甲文作庚（合集三五八七六）、庚（合集一七七六）等形。金文作庚（鼎文0101）、庚（父辛簋0916）等形，小篆作庚、庚等形。

庚的本義應是「栒虡」，正如朱駿聲所引：「庸者，鏞之古文。庚象栒虡，用象鐘懸，用亦聲。」（《説文通訓定聲》引其家大人語）

栒虡，一作筍虡，是古代用來懸挂鐘或磬的架子。《周禮·考工記》：「梓人為筍虡。天下之大獸五：脂者、膏者、嬴者、羽者、鱗者。宗廟之事，脂者膏者以為牲，嬴者羽者鱗者以為筍虡。……嬴屬，恒有力而不能走，其聲大而宏。有力而不能走，則于

任重宜。大聲而宏，則于鐘宜。若是者以為鐘虡。是故擊其所縣而由其虡鳴。……鱗屬，以為筍。」鄭箋：「樂器所縣橫曰筍，橫曰虡。」又：「贏者謂虎豹貔螭，為獸淺毛者之屬。」《周禮・典庸器》鄭箋：「橫者曰筍，從者為鐻。」《釋文》：「鐻音距，舊本作此字，今或作虡。」虡，一作虡。《說文》：虡，鐘鼓之柎也。飾以猛獸，从虍異，象形，其下足。鐻，虡或从金、豦。虡，篆又虡。

【庸字考釋　古漢語研究一九九四年第四期】

◉斯維至　下面再舉《嵩高》和《韓奕》之詩為例。《嵩高》詩云：「因是謝人，以作爾庸」，《韓奕》詩云：「溥彼韓城，燕師所完，以先祖受命，因時百蠻。王錫韓侯，其追其貊，奄受北國，因以其伯。實墉實壑，實畝實藉。」因是謝人，就是申侯的封國原是謝的地方，因此原來的謝人除被迫逃亡者外，保留下來的謝人就成為申侯的附庸了。同樣的理由，「因時(是)百蠻」即下文的「追」(穢)「貊」(貉)，他們被征服以後，其中一部分必定也成為韓侯的附庸。我因此聯想到《左傳》定公四年「因商奄之民」也應作如此解釋。就是說，周公東征，當地的商奄之民一部分已被征服，成為魯國的附庸。《魯頌・閟宮》詩云：「錫之山川，土田附庸」，與《左傳》定公四年「因商奄之民」正可互相補充。

據上所述，庸就是城垣，庸金文本象城郭，這是庸的原始意義，漢代經學家解釋庸，用也，實為後起之義，不應混淆。古代築城是「封土建國」中的一項重要任務，城中居統治階級，野外居被統治階級，這是我國古代的階級劃分。《崧高》詩說「因是謝人，以作爾庸」，就是說，他們居在野外，從事農業勞動，以供養統治階級。《韓奕》詩又說：「王命召伯，徹申伯土田」，「王命召伯，定申伯之宅」。我們知道，申伯建城時是召伯虎派人來幫助的，而且給申伯建築住宅，劃分土地。還賞賜傅御和私人(奴隸)。《韓奕》的詩也說：廣大的韓城，是燕師所完成的。「實庸實壑，實畝實藉」，庸壑連文，就是城池；畝是私田，藉是藉田(公田)，可見附庸人民依舊保留着井田制。這樣說來，他們決不是一無所有，只是會說話的工具。【關于召伯虎簋的考釋及「僕庸土田」問題　徐中舒先生九十壽辰紀念文集】

葡

鐵二・四　葡用為箙葡□隹　前五・九・四　貞人名　前七・一五・三　前七・四四・一　後一・二八三　昔乙酉

葡旋卯　餘二・一　林二・三・一一　林二・七・一　佚五四三　京津八六二　河五六三　前五・九・六　或从二矢　前五・九・七　前五・九・八　前五・一〇・一　戩四四・一三　佚九六四　乙四二〇

八【甲骨文編】

甲679　3734　乙4208　4547　7009　佚543　964　珠432　續1·23·2　2·1·1　續2·18·1　徵4·3　續5·4·3　5·25·1　5·30·13　掇319　徵2·4　4·3　7·5　録561　續存545　836　六清183　外361　外421　摭23　粹533　735　1473

新862【續甲骨文編】

葡　丙申角　孳乳為犕犕服古通易傳服牛乘馬説文引作犕牛　毛公厝鼎　簟弼魚葡詩采薇作魚服　番生簋　孳乳為備　𤔲簋　用大備于五邑□【金文編】

石經文公　説文□古文備此字乃合葡夅二文而一之服葡同聲　王國維説服字重文【石刻篆文編】

◉許　慎　□具也。从用。苟省。臣鉉等曰。苟。急敕也。會意。平祕切。【説文解字卷三】

◉吴榮光　吴子苾云。□用之古文。□微省。小雅。謀夫孔多。是用不集。用。以也。或是□。至之古文也。【周父癸角筠清館金文】

◉孫詒讓　「乙子亢貝立瘳□□隹辟乙」，二之四。「甲戌卜吕□昌方其□□上半闕□□」，五十五之二。「□」字與葡字相近。攷《説文·用部》：「葡，具也。从用苟省」。金文毛公鼎葡作□，亦可互證。其讀當為矢服之服。金文丙申父癸角有□字，舊釋為角。子父己爵有□字。舊釋為雙矢形。似並即此字，而爵文从二矢在服中，形尤明晰。毛公鼎魚葡亦即《詩》之魚服。古服、葡聲近字通。《説文·牛部》：「犕《易》曰：『犕牛乘馬』从牛，葡聲。」今《易》犕作服，是其例也。次字作□，中从□，實即象矢服形；□下箸□，似即山字，與□字偏旁同，詳《釋鬼神篇》。古無从葡、从山之字，蓋當讀為二字。《吕氏春秋·音律篇》説夏后孔甲田於萯山，古負、服音相近，《考工記》：「車人牝服」，鄭衆注云服讀為負。葡山或即萯山，與葡上一字闕其半别。有云：「丙申卜㱿貝鼠丁□□。」百卅七之一。「□雀田」。百九十一之二。並即此字，可以據補，然不能得其形聲，謹從蓋闕。【契文舉例卷上】

◉孫詒讓　讀為犕。説文牛部。犕。易曰。犕牛棄馬。从牛葡聲。今易繫辭。作服牛。又史記鄭世家。周襄王使伯犕請滑。

左氏作伯服。古服犕通用。此㑺葡。即詩之㑺服。【古籀拾遺卷下】

◉吳大澂　葡為盛矢之器。後人加牛為犕。又通服。今經典通用服。而葡字之古義廢。説文解字牛部。犕下引易犕牛乘馬。今本作服。左氏傳。王子伯服。鄭世家。作伯犕。後漢書皇甫嵩傳注。犕古服字。大澂所得銅古葡有□□□□四字。□即櫜。□即葡。毛公鼎。□□□□之□。與□字相似。魚服即詩采芑之簟茀魚服。采薇之象弭魚服也。按盛矢之器名不同。而制作亦必不同。有从竹从革从金之字。周禮司弓矢中春獻弓弩。中秋獻矢箙。鄭注箙盛矢器也。以獸皮為之。又繕人掌王之用。弓弩矢箙。凡乘車充其籠箙。説文解字。籠笭也。笭車笭也。陳氏毛詩采芑。傳疏曰。矢服繫於笭。故曰籠箙。許書籣所以盛弩矢。人所負也。信陵君列傳。平原君負韊矢。韊字从革。文選西京賦。吳都賦。魏都賦。皆云籣錡。劉逵曰。受他兵曰籣。受弩曰錡。錡字从金。知盛弩之器。有用銅者。國語。檿弧萁服。韋昭云。萁木也。服房也。然則盛矢之服。或用革。或用銅。或用竹。間有用木者矣。【葡字説　字説】

◉方濬益　□从□从□，象矢在箙中之形。毛公鼎「簟弼魚葡」作□，經典通用服。古葡備及服一聲，皆音扶逼反。詩楚茨五章備與戒韻，采薇五章服與戒韻，可證。又説文牛部犕下引易曰：「犕牛乘馬」，今繫辭作服。左傳「王使伯服如鄭請滑」，史記鄭世家作伯犕。後漢書皇甫嵩傳「董卓抵手言曰：義真犕未乎？」北史魏收嘲陽休之「義真服未」正作服。玉篇亦云：「犕，服也」。是葡即矢箙，古本作□，形變為□，小篆作□，而矢箙之形失矣。【丙申角　綴遺齋彝器款識考釋卷二】

◉強運開　□毛公鼎金簟弼魚。葡。説文車絥也。或从革葡聲。葡即鞴之藉字也。【説文古籀三補卷十三】

◉王國維　葡鼎文作□。古箙字。殷虛卜辭作□。丙申角作□。象矢在器。此作□。□亦矢之變形。其形似葡字。故易傳服牛乘馬。説文引作犕牛。左傳伯服。史記引作伯犕矣。……既夕禮記犬服注云。笭閒兵服。説文。䩙車笭閒皮篋也。古者使奉玉所以盛之。从車珏。讀與服同。東京賦及續漢志皆有䩙弩。葢古者矢箙在車笭間。後或以盛玉。或以盛弩。雖易其字而猶存其音。然則箙䩙一字。實車上物也。【毛公鼎銘考釋古史新證】

◉林義光　古作□毛公鼎。作□洹子器備偏旁。从艿用。艿古敬字。見艿字條。【文源卷十】

◉王　襄　説文解字：「箙，弩矢服也。从竹服聲。」周禮司弓矢「中秋献矢箙」，注：「箙，盛矢器也。」史記周本紀及國語「檿弧箕服」，韋昭曰：「服，矢房。」詩小雅采芑：「簟第魚服」，箋：「服，矢服也。」是箙、服為一字。矢箙。矢服。矢方皆盛矢之器。契文之□□，象架上矢。亦為盛矢之箙。从一矢或二矢不定。叁父乙盉作□，人爵作□，與契文同，為箙之初形。毛鼎，番生敦「簟弼魚服」均作□，為□之變體，即小篆葡之所从出，北征櫜葡作□。又牛部犕下許引易曰：犕牛乘馬，今本作服。犕乃

从葡得聲。故犕、葡、服、箙相通。【古文流變臆説】

◉羅振玉　説文解字：「箙，弩矢箙也。」周禮司弓矢鄭注：「箙，盛矢器也。」詩小雅：「象弭魚箙」，箋：「服，矢服也。」是古盛矢之器，其字作箙，作服。卜辭諸字，盛矢在器中形。或一矢或二矢。古金文畧同，作□（丙申角）□（番生敦）□（毛公鼎）□（爵）□（父癸甗）□（子父己爵）諸形。且有中盛三矢作□者（博古圖卷十父辛卣）。番生敢文曰：「蕈弼魚□」，毛公鼎文亦同，是□與□確即毛詩及許書之服，箙。其字本象箙形，中或盛一矢二矢三矢。後乃由从一矢之□□，變而為□□，於初形已漸失，而與葡字形頗相近。古者犕與服相通假，易「服牛乘馬」，説文解字犕注引作「犕牛乘馬」。左傳「王使伯服如鄭請滑」，史記鄭世家作伯犕，後漢書皇甫嵩傳注：「犕，古服字。」此犕服相通假之證。矢箙之初字。全為象形。字乃由□轉寫而為□，由□又轉譌而為葡，為犕，又由犕而通叚作服。又加竹而為箙，於是初形全晦，而象形乃變為形聲字矣。【增訂殷虛書契考釋中】

◉葉玉森　孫氏釋矢服之服。至塙。羅氏言蜕變之次第。亦至詳明。卜辭諸箙字為祭名。或用牲之法如薶沈卯例。【殷虛書契前編集釋卷五】

◉馬叙倫　九篇。苟。从口。羌聲。音己力切。聲入之類。故葡从苟省聲。聲亦之類。然羌羊實一字。葡可从苟得聲。亦可从羊得聲也。且羊音喻四。而用音亦喻四。庸為用之轉注字。从舂之初文作□者得聲。舂音在審紐。審與喻四同為摩擦次清音。則葡之古音或在非紐。或在敷紐。非敷與喻四亦同為摩擦次清音。葡亦用庸之轉注字也。音轉入並紐耳。庸音古在定紐。並定同為濁破裂音。亦轉注字也。墨子七患。備者。國之重也。言城垣為國之重具也。淮南齊俗訓。抽箕踰備之姦。高注。備。後垣也。皆以備為葡。可證葡為垣牆之義。城垣所以防備侵攻。故引申為設備防備。具也者。具借為凵。凵為器具之器本字。以具訓葡。言墉葡為防備之器也。葡亦埤之轉注字。埤音奉紐。古讀歸並。牛部。犕。从葡得聲。即服牛之服本字。服音亦奉紐可證也。金甲文之□□是矢箙字。其□□則與此同字。而借為箙。凡初文各字。變為篆文而混為一者。其例固多。學者每不能別也。【説文解字六書疏證卷六】

◉于省吾　孫羅釋形是也。説文以葡為从用苟省失之。葉氏釋義未塙。葡字應讀作副。亦即疈辜之疈。葡經傳通作備。説文。𤎅以火乾肉。從火稫聲。𤌊籀文不省。方言七。㷟火乾也。凡以火而乾五穀之類。關西隴冀以往謂之㷟。集韻二十四職。𤎅或作煏㷟。玄應一切經音義七。煏古文㷟𤌊二形。按藏五五・二。葥字作□。是从畐與从葡音近字通之證。説文。副判也。從刀畐聲。周禮曰。副辜祭。疈籀文副。按山海經中山經。其祠泰逢熏池武羅皆一牡羊副注。副謂破羊骨磔之以祭也。周禮大宗伯。以疈辜祭四方百物注。故書疈為罷。鄭司農云。罷辜披磔牲以祭。若今時磔狗祭以止風。玄謂疈疈牲胷

也。䨻而磔之。謂磔禳及蜡祭。前五・九・六。葡㞢羌。五・九・七。葡羌。五・九・八。葡一牛。五・十・一。葡羌。甲二・三・十一。葡一牛。佚九六四。葡一牛。粹五三三。葡一牛。由是可證葡㞢羌葡羌葡一牛。葡即周禮䨻辜之䨻。字亦作副也。【釋葡　雙劍誃殷契駢枝續編】

◉朱德熙　　三代19・35　上引簡文中的葡玉、備玉、緰玉、璛玉並當讀為「佩玉」。《左傳・哀公二年》:「大命不敢請,佩玉不敢愛。」《禮記・玉藻》:「凡帶必有佩玉,唯喪否。」璛大概是佩玉之佩的專字,緰大概是璛的異體。齊侯壺銘文云:

于上天子用璧玉備一嗣(另一器無「一嗣」二字)。于大無嗣(司)折(誓),于大嗣(司)命用璧,兩壺八鼎。于南宮子用璧二備玉二嗣,鼓鐘一銉(肆)。

郭沫若謂:

「用璧玉備一嗣」,以下文「用璧二備,玉二嗣」例之,當有奪誤,蓋本作「璧□備,玉一嗣」也。「備」者,王國維云假為「珤」(《兩周金文辭大系》212頁下)。

案備與珤古音迥別,無由通假。而且説璧可以論珤,也没有根據,王説不可信。其實這裏的兩個備字,跟上引簡文一樣,都是佩的假借字,過去不知道這一點,所以把斷句弄錯了。我們認為,「于上天子用璧玉備一嗣」句當讀為「于上天子用璧,玉佩一嗣」,「于南宮子用璧二備玉二嗣」句當讀為「于南宮子用璧二,佩玉二嗣」。或言玉佩,或言佩玉,指的是同樣的東西,所以都用嗣為量詞。璧跟佩玉不同,不用量詞,所以只説「璧二」就行了。「于上天子用璧」,實際上是説「用璧一」,跟「于大無嗣折,于大嗣命用璧」句文例正同,字句並無奪誤。

齊侯壺銘和望山簡文都記於神祇用玉的事,所祭諸神中都有司命。不同的是齊侯壺佩玉論嗣,而望山簡論環。

備字又見於帛書B9—10行:

帝曰:繇之哉!毋弗或敬。隹(惟)天乍(作)福,神則各(格)之;隹(惟)天乍(作)夭(妖),神則惠之。□敬(儆)隹(惟),天象是惻(則)。

敬當讀為儆戒之儆,與備字文義正相協(《後漢書・東平憲王蒼傳》注「儆,備也」)。此外,備字和下句惻字都是之部字,兩句正好叶韻。

現在我們回來討論帛書「山陵備䘲」一句的讀法。此處備字疑當讀為崩。備、崩雙聲,備是之部字,崩是蒸部字。備讀為崩是陰陽對轉。《説文》鄘下云:「右扶風鄠鄉。从邑崩聲。沛城父有鄘鄉,讀若陪。」陪也是之部字。備讀為崩與鄘讀若陪同例。

衄字从血从夨，帛書兩見，字不識。不過血與益作為偏旁常常相通。例如武威漢簡《儀禮》甲、乙本《服傳》溢字皆作洫。臨沂銀雀山漢墓竹簡《孫子・形》「勝兵如以鎰稱銖，敗兵如以銖稱鎰」，鎰皆寫作洫。原本《玉篇》水部「洫，餘質反，毛詩假以溢我」，又「溢，《聲類》亦洫字也。」此外《衡方碑》「謚以旌德」，謚字亦寫作䘏。這些字所从的血大概都是益字的簡化。頗疑帛書衄字所从的血也是益字。益與也都是支部字，衄有可能是弛字的假借。把備衄讀為崩弛，與帛書上下文文義相當協調。《漢書・劉向傳》「山陵崩陁」，又《新序・雜事二》「山陵崩弛」。可見「山陵崩弛」是古人常語。【長沙帛書考釋（五） 朱德熙古文字論集】

甯

甯【汗簡】

◉許慎 甯所願也。从用。寧省聲。乃定切。【說文解字卷三】

◉劉心源 女讀母，古刻婁見，(甯)母地名，左僖七年經盟于甯母，穀梁作(甯)母，春秋釋例，高平方與縣有泥母亭，音如甯，此鼎蓋記地或曰(甯)姓也，(甯)女為其父作此鼎，故曰父丁。【奇觚室吉金文述卷一】

◉馬叙倫 甯从用而訓所願。非本義。五篇。寧。願詞也。是許以甯从寧得聲。漫以寧義訓甯。或非本訓也。倫謂甯為城之轉注字。从用。寧省聲。城音禪紐。古讀歸定。甯音泥紐。泥定皆舌面前音。又聲同耕類也。本書宬窋亦轉注字。甯从用得義。今用義且昧。故从用得義之字皆失其本義矣。【說文解字六書疏證卷六】

爻

鐵一〇〇・二　餘七・一　餘七・二　爻用為學　爻戊即學戊　拾一〇・六　前六・五〇・四　後二・一・四四　後二・四一・一　甲三五一〇　甲三五三三　反　人名爻入　中大五二　爻戊　師友一・一八〇　摭續三四一　金三六　京都一三六三【甲骨文編】

甲3533　佚120　續1・48・6　2・28・2　6・19・4　書1・3・F　1・5・H　摭續341【續甲骨文編】

爻爻　六劃相交　盉文　爻小臣系卣　爻爻父乙鼎　爻　爻爻父乙簋　爻父乙爻角　爻父丁簋　爻[illegible]方彝

爻孳乳為較　伯晨鼎　輈較【金文編】

爻〔六七〕　爻〔三七〕【先秦貨幣文編】

爻刀弧背冀滄【古幣文編】

爻爻【汗簡】

爻汗簡【古文四聲韻】

◉許　慎　爻交也。象易六爻頭交也。凡爻之屬皆从爻。胡茅切。【說文解字卷三】

◉薛尚功　爻且三乂。又意其為五字從三而交之。象陰陽交午之義。天數窮于九。地數終于六。九六之數為十五。而天地之數備三乂者十五也。古之聖人極其數遂定天下之象。故以之制器而天地之數寓焉。是則制字之妙。未易以一理推也。【世母辛卣　歷代鐘鼎彝器款識法帖卷三】

◉孫詒讓　此爻字當為較之省。說文車部。較。車輢上曲銅也。字亦作較。詩淇奥。猗重較兮。毛傳。重較卿士之車。【古籀拾遺卷下】

◉吳大澂　爻許氏說爻交也。象易六爻頭交也。古爻字六畫相交。不省。父乙角。【說文古籀補卷三】

◉吳式芬　籀莊釋積×形。×讀如交。自陰之陽之象。積之至三。三畫成卦也。

許印林說。爻古皆釋世。謂三十相承也。而亦取象於系。【祖斗斝　攈古録金文卷一】

◉商承祚　卜辭中學戊亦作爻戊。殆古音同相叚借。【殷虛文字類編第三】

◉高田忠周　爻字最古文也。說文。爻交也。象易六爻頭交也。爻者必省文也。易卦。乾作☰。坤作☷。☰者天地人之道也。爻形亦應重三數也。繫辭傳云。六爻之動。三極之道也。陸績曰。天有侌昜二氣。地有剛柔二性。人有仁義二行。六爻之動法乎此也。此三才極至之道也。初四下極。二五中極。三上上極也。然則侌昜交㐅。剛柔交㐅。仁義交㐅。此爻字形也。朱駿聲云。㐅古文五字。是五即啎字也。交啎。故動也。傳又曰。六爻之義。易以貢。韓康伯云。貢。告也。六爻之

變易。以告吉凶也。傳又曰。繫辭焉。以斷吉凶。是故謂之爻。崔憬云。言文王見天下之動。所以繫象而為其辭。謂之為爻。傳又曰。八卦成列。象在其中矣。因而重之。爻在其中矣。虞翻曰。象謂三才成八卦之象。乾坤列東。艮兑列南。震巽列西。坎離在中。故八卦成列則象在其中。天垂象見吉凶。聖人象之是也。又云。謂參重三才為六爻。發揮剛柔則爻在其中。六畫稱爻。六爻之動。三極之道也。傳又曰。爻也者。效天下之動者也。是故吉凶生而悔吝著也。虞翻曰。動發也。謂兩三才為六畫。則發揮剛柔而生爻也。又云。爻象動內則吉凶見外。吉凶悔吝者生乎動者也。故曰著。由是觀之。爻字元當作爻。而其形義顯然可見矣。【古籀篇十八】

◉朱芳圃　重乂為爻。字之結構，與重火為炎，重木為林相同。蓋象織文之交錯。甲文网字从此，是其證矣。孳乳為殽，說文殳部：「殽，相雜錯也。从殳，肴聲。」【殷周文字釋叢卷中】

◉孫海波　象六爻交錯之形。父乙毀。【甲骨金文研究】

◉方濬益　釋上文[glyph]為手形奉中而釋爻為筭曰「蓋寓賓拜受矢司射度壺。反位設中東面執筭之義。又曰正爵。既行請立馬。馬各。直其筭一馬從二馬以慶。慶禮曰。三馬既備。請慶多馬。注馬勝筭也。爻即三馬之象形。蓋以兩筭為一馬也。故疑此文為紀投壺行禮之儀節。又爻者爻字也。說文爻交也。象易六爻頭交也。易繫辭曰爻法之謂坤。坤為馬。故名×為馬。又曰爻也者。效天下之動者也。又爻在其中矣。虞仲翔注。六畫稱爻。蓋古文爻字本六畫。由坤之☷而變體為爻。與交字同形。故廣雅釋詁曰。爻。效也。易繫辭釋文。爻法本作效。逸周書王會解。外臺之隅。張赤帟為諸侯欲息者。皆息焉。命之曰爻閭。爻閭即行馬也。周禮掌舍。設梐枑一再重。注梐枑謂之行馬。按行馬之式與爻字同形。今宮府門前所設者皆是。蓋猶沿古之制也。【手奉中父乙角　綴遺齋彝器款識考釋卷二十六】

◉馬叙倫　孔廣居曰。从二乂。朱駿聲曰。乂。古文五。霍世休曰。爻為殽亂之殽本字。殽下曰。相雜錯形。音義並同。倫按玉篇引作象易六爻交頭也。父乙毀父乙角綴卣爻字皆作爻。父乙毀作㐅㐅。甔侯鼎作ㄨㄨ。雖適合於六爻頭交之說。然易卦爻相往來襍遣。故名卦之一象曰爻。而卦之六爻固非頭交也。㐅㐅[glyph]一字。此枑之初文。象形。爻枑雙聲。故轉注為枑也。說解本作象形。校者改之。【說文解字六書疏證卷六】

◉馬叙倫　爻[glyph]●　舊於爻無釋。倫謂此說文爻之異文。甲文學字或止从乂作[glyph][glyph]。而說文之乂㐅㐅實一字。詳疏證。乂為枑之初文。器作此文者。製器者以造枑為業也。【讀金器刻詞卷上】

◉丁山　卜辭有地名爻云：

……新𢊁至自頃，入爻。……（佚一二〇）

龜芻奉自爻，圉六人。八月。（燕大一二四）

……□、己未，寇龜芻往自爻圉……（後下四一・一）

以前引「入商」，下文「入𢍰」（續三・十四・七）為例，凡卜辭言「入」者，非故都，即新都，這個爻地，也該是商代的故都。以聲類求之，我很疑嚻即爻字別寫。【商周史料考證】

◉何琳儀　「爻」，甲骨文作「××」、「㸚」等形（《甲骨》三・三三），西周金文作「□」、「□」等形（《金文》三・二三一）。「爻」的上下兩個部件，戰國文字或交叉作「#」形：

教　□（郾侯毁）　□（宜安戈）

斆　□（中山王鼎）　□（者汈鐘）

確認了戰國文字偏旁「#」，下列銅器、璽印、竹簡文字皆可貫通。

（一）、「□」（子姶壺），應隸定為「姶」。戰國文字「口」往往是裝飾偏旁，故「姶」即「㚣」。《類篇》「㚣，姣嫿也。」《集韻》「㚣同姣」。「爻」、「交」音義均同。《說文》「爻，交也。」「㚣」同「姣」，猶「効」同「效」，「較」同「較」，「絞」同「絞」，「笅」同「筊」，「㤢」同「恔」，「駮」同「駁」，「鳼」同「鵁」等。壺銘「子姣」為人名。西周九年衛鼎銘「□」，或釋「咬」。

（二）、「□」（楚簡），應隸定為「駁」。《說文》「駁，馬色不純也。」

（三）、「□」（《璽彙》三二六二），應隸定為「牧」。《說文》「犖，駁牛也。从牛，勞省聲。」段玉裁云「馬色不純曰駁。駁、犖同部疊韻。」《廣雅》「駁牢，牛雜色。」案，「牧」應是「犖」的異文，音義均同。馬色不純曰駁，牛色不純曰牧（犖）。所謂「三十維物」也。

（四）、「□」（𩣘公鼎），應隸定為「𡉉」。戰國文字「土」往往是裝飾偏旁，故「𡉉」即「爻」之異文。鼎銘「𩣘公上爻」是人名。

（五）、「□」（申鼎），應隸定為「𨛜」或「𨞚」。「餚」同「肴」（《廣韻》），然則「𨞚」可能是「郩」之異文。《集韻》「郩，山名。」鼎銘「郩安」為人名。

（六）、「□」（《籀補》附九），應隸定為「校」。《集韻》「校，桷也。」陶文「□涂」（《河北》三六）之「校」為姓氏，讀「校」。「校」姓見《路史》。

（七）、「□」（《璽彙》二六〇二），應隸定為「絞」。《玉篇》「絞，綠色也，嫁者衣也。」璽文「絞帥參」之「絞」為姓氏，讀「絞」。《左傳》有絞國，在隨唐之南，以國為氏，見《古今姓氏書辨證》。

□ 楙

（八）、「□」（長陵盉），應隸定為「𠛳」。其所从「刀」，是疊加聲符。「刀」、「爻」均屬宵部。然則「𠛳」乃「絞」之異文。盉銘「聯絞」待考。

（九）、「□」（《璽彙》二七七八），應隸定為「肴」。《說文》「肴，啖也。从肉，爻聲。」

（十）、「□」（《璽彙》三二四五），應隸定為「痟」。同「疫」。《說文》「疫，痛也。」

（十一）、「□」（東陵鼎），應隸定為「剮」，「肴」之異文。「厂」是表示建築的形符，與戰國文字「厨」作「床」相同；「刀」是疊加聲符，與上文「𠛳」相同。「肴」，典籍或作「殽」。《詩·小雅·賓之初筵》「殽核維旅」，傳「殽，豆實也。」《文選·西京賦》注「肴，膳也。」鼎銘「東陵剮」可能是「東陵」盛肉之器，也可能是「東陵」膳食之所。壽春鼎的「剮」亦讀「肴」。

（十二）、「□」（叔夷鎛），應隸定為「𦡱」。鎛銘「𦡱𦡱」疑讀「密膠」。《釋名·釋姿容》「寐，謐也。」《古尚書》「昧」作「䏲」，與「𦡱」形體最近。此「𦡱」讀「密」之證。朱駿聲謂「𤞞」字「經傳多以狡為之」。《漢書·趙皇后傳》「即自繆死」，注「繆，絞也。」此「翏」和「交」音近之證。「膠水」和「密水」（均見《水經注》卷二十六）屬古萊國，這與鎛銘「𩠝（萊）都𦡱（密）𦡱（膠）」地望正相吻合。

（十三）、「□」（《璽彙》二八七五），應隸定為「㞊」，不識。【古璽雜識續　古文字研究第十九輯】

◉徐中舒　象交午之乂五　重疊相積之形。《說文》：「爻，交也。」《廣雅·釋詁》：「爻，效也。」《繫辭傳》：「爻也者，效此者也。」爻效聲義同。【甲骨文字典卷三】

◉許　慎　□藩也。从爻。从林。詩曰。營營青蠅。止于楙。附袁切。【說文解字卷三】

◉林義光　从二木。爻象籓籬中麗廔形。⊘經傳皆以樊為楙。實與楙同字。象形。□聲。□或作攀。是□樊同音。【文源卷二】

◉馬叙倫　鈕樹玉曰。韻會引作籬也。从二木。中枝交也。詧下引詩。營營青蠅。不應此又作營。朱駿聲曰。楙實藩之古文。王筠曰。楙。藩也。木部。柵。編樹木也。二物相似。皆斷木為之。林則生木也。柵从冊。冊非冊書。多木卓立而中有編之形。楙从爻。爻非卦爻。木與木相連。其間必有罅隙。故爻在二木中。倫按楙者。今之楙籬。俗字作笆。藩也者。以雙聲為訓。本義當為縶不行也。今此義誤在樊下矣。从爻。焚省聲。為爻之轉注字。爻音匣紐。楙音奉紐。皆次濁摩擦音也。韻會引作籬也。校者所加。本書無籬字。【說文解字六書疏證卷六】

㸚

㸚 㸚【汗簡】

㸚 力紙切 㸚 汗簡【古文四聲韻】

◉許　慎　㸚二爻也。凡㸚之屬皆从㸚。力几切。【說文解字卷三】

◉楊樹達　許君第述字形，不言其義。段氏謂讀力几切者，附合爾之同韻為之。王筠謂㸚同絫鰲之例，不當作別音。愚謂段王之說並非也。說文七篇上囧部云：「囧，窗牖麗廔闓明，象形。」九篇下广部云：「廔，屋麗廔也，从广，婁聲。」今謂㸚字象窗牖交文之形，即麗廔之麗之本字也。知者：爾字从㸚，云：「麗爾猶靡麗也，从冂，从㸚，㸚，其孔，從六書故引。尒聲。」知許君於㸚下雖缺其義，而於爾下則明言之。蓋爾从冂者，窗牖之外匡，㸚其交文，交文之間則孔也。此與囧為窗牖麗廔開明者形既相類，而彼云麗廔，此云麗爾，訓義正同，其證一也。㸚部又云：「爽，明也，从㸚，从大。」爽从㸚而訓明，與囧下云闓明者相合，其證二也。許君一再言麗廔，而廔从婁聲，說文婁訓空。若麗則說文訓旅行，通言綺麗美麗，皆與廔不相會。惟麗為㸚之假字，則㸚為孔而廔為空，麗廔同義，故以為連文，其證三也。五篇上竹部云：「簏，竹器也，可以取麤去細，从竹，麗聲。」此即今篩字。十四篇下酉部云：「釃，下酒也，从酉，麗聲。一曰：醇也。」按此二文皆从麗聲，以麗字本義求之，皆不可通，知其亦假麗為㸚。蓋㸚為通孔，故可以為取麤去細之器，可以下酒，可以去滓以為醇，此知造字之時已假麗為㸚，其證四也。廣韻云：「㸚，㸚爾，布明白，象形也。」按說文爾下云麗爾，廣韻則云㸚尒，㸚尒即麗爾，陸法言之訓本自故書，知古人固讀㸚為麗矣，其證五也。㸚尒與麗爾音同，徐灝云：與麗爾為語之轉，非是。說文以麗廔連言，麗之孳乳字有簏釃，頃已明之矣。婁之孳乳字，自屋麗廔之廔外，有髏，髑髏也。又有簍，竹籠也。此皆以空義受名。數亦從婁聲，而數之孳乳字有籔。五篇上竹部云：「籔，炊箅也。」又云：「箅，漉米籔也。」籔轉屋部則為漉，或作淥。十一篇下水部云：「漉，浚也，一曰：水下皃也。」簏為取麤去細之器，而釃為下酒，籔為漉米籔，而漉為浚，為水下皃，其意正同。蓋簏與籔言其器，釃與漉言其用也。水部又有湑字，云：「莤酒也，一曰浚也。」義與釃漉同，而音與疏疋相會，亦言其有通孔，湑从胥聲，胥从疋聲。此可窺見文字音義相通之密矣。【釋㸚　積微居小學述林卷二】

◉高淞荃　世多以卦畫為文字。謂☵即象水。☲即象火。縱而觀之即其字也。夫卦畫自分奇偶。文字乃象物形。坎之似水。偶相合爾。離則已不似火矣。竊謂卦象以離為目。又曰明也。麗也必疏明而麗著。方合此二誼。離乃假鳥名為之。離卦之本文。蓋㸚字也。說文。爻交也。㸚音纚二爻也。象交文麗爾之形。縱橫兩爻相交。已具网羅之象。故作結繩而罔罟。即取諸離。蓋乂為五之古文。交干見意疊之為爻。而相交之意顯。又疊之則成㸚。古人知相交則有所麗著。而收佃漁之用。推

而廣之。日月麗乎天。草木麗乎土。皆有相交之爾。日月以重心吸力攝引而運行相交之例最著。古人未發明重力之時。已識陰陽循環往來相推之旨。故於離卦特揭其端。至於兩線相交。則空隙離離皆成目狀。望之㸚朗洞明。故離中虛而為目有明意焉。草木生於地。亦賴其根荄之縱横交貫。則本固而滋長。故亦曰麗也。㸚從重爻。有重明之象焉。故曰明兩作離。【説文别釋　古學叢刊第一期】

◉馬叙倫　段玉裁曰。以形為義。故下不云从二爻。玨𠎳皆此例。王筠曰。大徐力几切。小徐略㐌反。案𠎳。二余也。𩺰。二魚也。與此㸚二爻也文法正同。𠎳𩺰讀與余魚同。則㸚亦讀與爻同。不當别立反切。朱駿聲曰。古文爾字。徐灝曰。㸚通字从爻。爾爽从㸚。皆離婁通明之義。疑象門户㸚窗之形。非卦爻字義。爾下曰。其孔㸚。是也。廣韻云。㸚爾。猶下文麗爾。語之轉注也。此説當有所受之。饒炯曰。㸚當是爾之古文。象麗爾之形。霍世休曰。疑㸚即杝之初文。象杝落之形。籭欐並其後起字。木部。杝。落也。倫按霍説是也。此籭之本字。杝之轉注字。聲同歌類。亦楙之轉注字。楙聲元類。歌元對轉也。説解二爻也。此與𠎳下二余也同。疑捝本訓。並捝从二爻三字。校者補二爻也耳。爻㸚一字。爻五亦一字。五爻同為舌根音。五音疑紐。泥疑同為鼻音。故㸚音轉入泥紐。今音力几切。在來紐。古讀來歸泥也。鍇本音略㐌反。則音在見紐。亦與爻為同舌根音矣。許以有从㸚之爾爽。故立為部首。【説文解字六書疏證卷六】

 爾　何尊　昔在爾考公氏　 牆盤　受牆爾𪓐福　　　 㾖鐘　 洹子孟姜壺　 晉公𥂴　【金文編】

 3036【古璽文編】

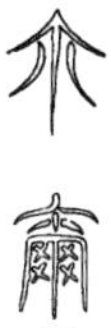 石經多士　予惟時其遷居西爾【石刻篆文編】

 古孝經　 崔希裕纂古　【古文四聲韻】

◉許　慎　爾麗爾。猶靡麗也。从冂从㸚。其孔㸚。尒聲。此與爽同意。兒氏切。【説文解字卷三】

◉徐同柏　爾。禰省。説文無禰字。亦以爾為禰。【周陳桓子鈃　從古堂款識學卷十】

◉高田忠周　葢麗爾猶爽明之義。曰麗爾。猶曰離婁。囧下云窗牖麗廔闓明也。囧之从口从台。猶爾之从冂从㸚也。【古籀篇十八】

◉林義光　古作□洹子器作□王子申盞盖𡢁字偏旁。實檷之古文。絡絲架也。象形。下象絲之糾繞。易繫于金柅。姤卦。以柅為之。説文云。□詞之必然也。从入丨八。八象氣之分散。按入丨八非義。尒即爾省。不為字。【文源卷一】

◉馬叙倫

舊釋可白再舁作彝。孫詒讓謂可白即河伯。是也。別有可侯彝。孫亦謂可為河省。引穆天子傳有河系民。河伯河侯當是古之諸侯。□字疑為説文之爾字。説文爾。麗爾。猶靡麗也。然非本義。亦非本訓。經傳亦無用此義者。説文隸於㸚部。㸚爻五一字。皆柶之初文。詳疏證。則爾蓋㸚之轉注字。㸚音來紐。爾音日紐。古讀竝歸於泥也。字從㸚□聲。□從八矢聲也。然倫謂爾實檷之次初文。從㸚。尒聲。㸚為檷之初文。乃象絡絲器之形。今杭縣絡絲之器。以竹為四柱。以本片長四五寸寬寸者二作乂形。其四角連於四柱之耑。上下各一。而乂中有孔。後設長柱。可以出入於孔中。手持長柱旋之。則如輪轉以絡絲。其器形與叔姬簠□字所從之□之□相似。此器紹興謂之月子。即爾之聲轉也。今説文檷下訓絡絲柎。則似為此器之柄名。其實長柱為月子之柄。而長柱離此器則與常竿無異。紹興名之曰搖手。以月子之名可證檷非其柎之名。蓋本作絡絲檷也。檷書作柅。誤為柎耳。後以象形之文變為篆文。易混於他字。乃增尒為聲。後以爾為爾汝之偁。復加木旁矣。此作□又其變也。爾舁蓋河伯之名。【讀金器刻辭卷中】

◉高鴻縉　爾為絡絲架。象形。名詞。後世借為第二人稱代名詞。用同女同汝。又叚為語助詞。用同耳。爾又省作尒。借為代詞者或又加人旁作你。【中國字例二篇】

◉于省吾　如果訓「爾」為「你」，既背于文法，又不符于詞例。《説文》：「爾，麗爾，猶靡麗也。」又《説文》：「薾，華盛，从艸爾聲。《詩》曰，彼薾惟何。」按薾為爾的後起字。今《詩・采薇》作「彼爾維何，維常之華」，毛傳謂「爾，華盛貌」。《三蒼解詁》訓爾為「華繁」。《説文》：「黼，合五采鮮色，从黹虘聲。《詩》曰，衣裳黼黼。」按《詩・蜉蝣》作「衣裳楚楚」，毛傳訓「楚楚」為「鮮明貌」。「楚楚」乃「黼黼」（瘐鐘作「𪓑」）的借字。因此可知，爾與黼是繁華鮮明之義。余既為此説之後，才見到洪家義同志《牆盤銘文考釋》一

文(《南京大學學報》一九七八年第一期),也引《詩》毛傳訓「爾」為「華盛貌」,與余說不謀而合。但洪說簡畧,余說可以為之補充。

【牆盤銘文十二解　古文字研究第五輯】

◉徐中舒　所象形不明,與金文𤕌尊爾形近,故可釋爾。【甲骨文字典卷三】

◉戴家祥　𣈶𣈶兩字前人缺釋,今按金文彌作彌,嬭作嬭,知𣈶𣈶即爾之異體字,魯頌閟宮「彌月不遲」,毛傳彌終也。春官眂祲「七曰彌」鄭衆云:「彌者,白虹彌天也。」鄭玄謂「彌,氣貫日也」。周書謚法解「彌,久也」。墨子經上以久為指時間詞。時間是以地球自轉二十四小時為起訖,包括一切異時在內,故曰「久、彌,異時也。」唐韻爾讀兕氏切,疑母支部,日讀人質切,日母至部。支至韻近,古書每有借韻,是𣈶之从爾从日為會意兼形聲字。經傳皆寫作彌。【金文大字典中】

爽　𠨘卣二　遘于妣丙肜日大乙爽　班簋　唯作邵考爽　散盤　余有爽竊　矢尊　爽𡧊右于乃寮　𨽍簋　遘于妣戊武乙爽　从日从噩　免簋　王在周昧𠷎　經典作爽書牧誓甲子昧爽【金文編】

爽　日甲五四背　通霜　—路【睡虎地秦簡文字編】

爽革　爽壽王印　王爽【漢印文字徵】

【汗簡】

古老子　古尚書　同上　崔希裕纂古【古文四聲韻】

◉許　慎　明也。从㸚。从大。徐鍇曰。大。其中隙縫光也。疏兩切。篆文爽。【說文解字卷三】

◉阮　元　爽。差忒也。【散氏盤　積古齋鐘鼎彝器款識卷八】

◉孫詒讓　下半𨑁日朙甚。上半與穆公鼎之字。寅簋之字。竝見薛款識。𠕊敔之字。見阮款識。㚢相佀三字。薛阮皆釋為喪。玉篇吅部喪。古文喪。此上𨑁之當為𨑁日𨑁喪省聲。蓋即爽之異文。爽喪音近。古多通用。周語。晉矦爽二。韋注當為喪。墨子非命上。龔喪厥師。偽古文仲虺之誥。用其文喪作爽。是其證也。【古籀拾遺卷下】

◉吳大澂　古爽字。从日。昧爽。象日將出上有雲氣蒙翳也。【𡨦敦　說文古籀補卷三】

◉劉心源　爽㽕狀鐘聲也。宂敢。昧爽作[glyph]。从日从喪。可㠯取證。【奇觚室吉金文述卷十六】

◉高田忠周　㸚篆文爽又㸚二爻也。徐鍇曰。爽大其中隙縫光也。葢㸚者猶[glyph]之乂囧之八乀也。作㸚作[glyph]皆同意。此字本義。經傳罕用。唯書云甲子昧爽。左昭七年傳。是以有精爽至於神明。皆近于其本義。字从日从喪省聲。古文奇字爽也。古音喪爽同部。故爽亦得从喪為聲。而从日猶與昧字从日同意也。說文。昧訓昧爽且明也。昧爽兩字。義相涉屬。並當从日也。書牧誓。時甲子昧爽。文例與銘正相符合。【古籀篇十八】

◉柯昌濟　卜詞中有[glyph]字。或作[glyph]。殆即古爽字。案金文宂敦。昧爽。爽字作[glyph]。从日喪聲。與此字大同。惟此从[glyph]。疑即桑字。卜詞桑字作[glyph]與重文[glyph]字所从同。知[glyph]即桑之異文也。从日桑聲。與从日喪聲同。知此為爽字無疑矣。【殷虛書契補釋】

◉于省吾　唐疑爽即[glyph]形之變。頗具見地。惜其與夾字牽混。未能融會貫通。[glyph]即爽之初文。說文。爽。明也。傳記注解亦多訓爽為明。大象人形。左右从火。爽明之義尤顯。其从[glyph]者。與變而从[glyph]。迹尤相銜。且[glyph]與[glyph]。只單雙之別。在古文字中。晝之單雙。每無別也。如爾字晉邦盦作[glyph]。文考日癸卣作[glyph]。是其證。肄毀。遘于匕戊武乙[glyph]。去歲商人陳鑑塘由安陽買一卲卣。余往觀之。陳與余以墨本。器蓋兩銘亞中有獏字。亞下有父丁二字。又有長銘在卣之外底。共三十七字。其銘云。丙辰。王令卲其兄□于夆田□。穸貝五朋。才正月。遘于匕丙彡日大乙爽。隹王二祀。既犅于上帝。銘內大乙爽之爽作[glyph]。其書法與散氏盤有爽之爽作[glyph]同。其語例與肄毀同。得此塙證。則卜辭爽字及諸異構。均為爽之初文。灼然明矣。

卜辭通例。爽字用法多在祖妣之閒。變例或在妣祖之末。上文所舉肄毀卲卣。其爽字用法與卜辭變例同。爽為匹配之義。已無可疑。惟其語例。載籍無徵。說文爽字段注云。爽本訓明。明之至而差生焉。故引伸訓差也。按詩氓。女也不爽。蓼蕭。其德不爽。傳並云。爽。差也。差次與匹配之義相因。一說爽為相之借字。爽相古韻同隸陽部。左定三年傳注。肅爽駿馬名疏。爽或作霜。按霜从相聲。淮南子原道。釣射鷫鸘之為樂乎。說文作鷫鷞。是爽相字通之證。相之通詁為輔相為佐助。亦與匹配之義相因也。凡卜辭云某某爽妣某者。言某某之輔配妣某也。云妣某某某爽者。言妣某乃某某之輔配也。

金文及尚書爽字用於句首者。皆發聲詞也。經傳釋詞。爽。發聲也。矢彝。今我惟令女二人太眔矢。[glyph]左右于乃寮。[glyph]即爽字。爽左右于乃寮者。爽為發聲無義。言左右于乃寮也。書康誥。爽惟民廸吉康。爽惟天其罰殛我。爽皆發聲詞也。

旻　旻

總之。爽字得卬卣爽字為證。知即爽之初文。其異體甚繁。爽之本義。象人左右腋下有火。取光顯之義。故古籍爽之通詁多訓明。明之至而差生焉。故亦訓為差次。卜辭用於二人之中及二人之末。皆差次匹配之義。尚書金文爽字用於句首者。乃發聲詞。説文以爽為从㸚从大。不知从㸚乃由火形所演變。載籍無逕訓爽為匹配者。爽之義訓。其湮蓋已久矣。

【釋爽　雙劍誃殷栔駢枝】

◉郭沫若　「昧爽」爽字作㫚,从日喪省聲,此為專字,爽乃叚借字。【免毁　兩周金文辭大系考釋】

◉商承祚　案下出篆文爽。則此為古文。段于爽下注云。「此字淺人竄補。當刪。爽之作爽。奭之作奭。皆隸書改篆。取其可觀耳。」散盤作爽。【説文中之古文考】

◉強運開　免敨昧譽。説文所無。經典則叚爽為之。書牧誓。甲子昧爽。【説文古籀三補卷七】

◉馬叙倫　爽為𠷎之譌。𠷎當為諸形。譌為爽也。喪从𠷎而國語周語。晉侯爽二。注。爽當為喪。字之誤也。書仲虺之誥。用爽厥師。墨子非命作龔喪厥師。可證。周穴毁。吳大澂孫詒讓釋為昧爽。是也。七篇。昧爽。旦明也。古書多作昧爽。㫚為專字。从日。爽聲。此訓明也。其為昧爽義甚明。蓋許不知爽為𠷎之譌文。日部復無㫚字。以經傳訓爽為明。故入㸚部而訓明也。宜於日部增㫚字而刪此字。此字金文散氏盤作爽。或非許書本有。

爽　桂馥曰。本書。大。古文大也。大。籀文大改古文。馥謂大為古文。大為籀文。爽从古文大。奭从籀文大。倫按蓋石經中字。呂忱加之。【説文解字六書疏證卷六】

甲二四一八　人名　乙一一八　或从又　乙四五五　乙五七〇〇　鐵一七二・二　前五・二四・三　後二・一七・二　後二・二七・二　後二・四一・三　燕六〇一　誠三四二　京津三〇九八　明一六三三　明二三四三　京都三一二二　京都三一四三　京都三一五一　【甲骨文編】

乙118　455　新1340　【續甲骨文編】

旻　癸旻爵　【金文編】

旻 【汗簡】

汗簡 【古文四聲韻】

◉許　慎　舉目使人也。从攴。从目。凡旻之屬皆从旻。讀若颰。火劣切。【説文解字卷三】

◉吳大澂　从皿从攴。説文無此字。【癸旻爵　説文古籀補附録】

◉劉心源　癸旻。人名。【奇觚室吉金文述七卷】

◉高田忠周　按古籀補引云。旻説文所無。粗膚殊甚。説文建首。舉目使人也。从攴目。讀若颰。敻字从之。小篆縱目者。古文皆作横目。此為恆例也。【古籀篇四十七】

◉馬叙倫　王筠曰。從攴目當作從目攴。乃與舉目使人義合。錢坫曰。公羊傳。眣晉大夫。使與公盟。何休注。以目通指曰眣。又郤克眣魯衛之使。即此字。承培元曰。是即公羊文七年傳眣晉大夫使與公盟之眣。隸書迻目於左。作眨。因譌為眣。夏敬觀曰。㚃從旻聲。讀若𦒱。敻從旻。當亦取旻聲。則旻本元類聲也。颰聲脂類。元脂對轉。故旻讀若颰。倫按舉目使人也蓋字林文或校語。此字不見經記而敻字從之。此讀若颰。則從攴得聲也。颰音曉紐。從犮得聲之字。詸在心紐。茉在澄紐。怢在徹紐。痳沭述術鉥五字並在穿紐。殺從朮得聲在審紐。古讀徹穿審皆歸於透。攴音滂紐。滂透同為破裂次清音。是旻從攴得聲也。敷心審曉同為摩擦次清音。滂為雙脣音。讀脣齒音則入敷紐。故旻從攴得聲讀若颰。是可證知旻之譌從攴得聲。為形聲字而非會意字矣。讀若颰當在凡從旻之屬皆從旻上。旻旬雙聲。史記項羽本紀。梁眴籍曰。可行矣。借旬為旻。公羊作眣者。眣音徹紐。古讀歸透。眣從失得聲。失音審紐。與曉同為摩擦次清音。是旻之轉注字。非譌也。甲文有。王襄釋旻。癸旻爵作。中伯御人鼎作。甲文亦有作者也。【説文解字六書疏證卷七】

◉饒宗頤　甲子卜，我：甶钔眪且若。甲子卜，我：又且若（殷綴一〇六——乇乙七八八＋一三一九）。

眪字从目从攴，亦即契文習見人名之（前編五・二四・三）説文：「旻，舉目使人也。」隸書移目于左旁作眪，與契文此形正同。其後起字有㑋。玉篇云：「小行貌。」此片「眪」義未明，似是人名。【殷代貞卜人物通考卷十】

◉李孝定　卜辭亦有此字，从目从攴，或从又，古文偏旁攴：又得通也。字在卜辭為人名，或為方國名，如「☐貞，旻其有疾？」後下・二七・二「☐卜，王來，乎旻」後下・四一三「☐章旻」後下・十七・二是也。此銘「癸旻作考戊」，謂癸旻為其考名戊者作爵，亦人名。【金文詁林讀後記三卷】

◉戴家祥　字從罒從攴，罒即目，説文四篇「旻，舉目使人也，從攴從目，讀若颰。」金文用作人名。【金文大字典中】

 夐見尚書　【汗簡】

 古尚書　【古文四聲韻】

◉許　慎　營求也。从旻。从人在穴上。商書曰。高宗夢得説。使百工夐求。得之傅巖。巖。穴也。徐鍇曰。人與目隔穴經營而見之。然後指使以求之。攴。所指畫也。朽正切。【説文解字卷四】

◉林義光　从旻。轉注。象人在穴上有所求形。【文源卷六】

◉馬叙倫　鈕樹玉曰。韻會引作營求也。從旻人在穴。引商書使百工營求諸野。蓋因書序改。嚴可均曰。夢借字。小徐作㝱。是也。一切經音義引作尚書高宗夢得説。王筠曰。營字為句。以疊為句。韻釋之。然營為帀居也。故必申之以求也。從旻人在穴中。此旻字直作夐字用。倫按營字乃校者注以讀夐字之音。如釆下之辨諞下之便然。尚書周書。厥既得卜則經夐。石經作經營。此引商書夐求。今書序作營求。並可證也。王説亦通。則營求也當作營也求也。求也蓋字林文。此字音朽正切。在曉紐。是從旻得聲。史記借旬為旻。見旻字下。旬之或體作眴。從目。旬聲。詩擊鼓。于嗟洵號。韓詩洵作夐。洵亦旬聲。可證也。求也者。譹為詷之轉注字。詷下曰。知處告言之。即今所謂偵探也。偵探者。有所求也。譹下曰。流言有所求也。是其證。此字從。未審何義。陳介祺藏古匋器刻文。窑字其穴有作者。豈穴之異文耶。或曰。從人在穴上。探求之意也。此譹之初文。之音即如旻。故後加旻為聲。奐字即從得聲。不必夐省也。倫謂若自為字。則從人。穴聲。其音當如夐。穴聲脂類。而兀元一字。兀讀若夐。聲亦脂類。觼之或體作鐍。[走夐]讀若繘。矞聲亦脂類也。其義即今作偵者之本字。而夐譹皆其轉注字。然倫謂此從旻聲。傳寫省為夐耳。為兒之杲文。兒聲支類。夐聲古當在耕類。故夐求或作營求。經夐或作經營。支耕則對轉也。兀讀若夐。而輗軏實轉注字。又可證矣。説解為校者增改。亦或字出字林也。

【説文解字六書疏證卷七】

闅

闅 王孫 【漢印文字徵】

闅 見說文 【汗簡】

說文 【古文四聲韻】

◉許　慎　闅低目視也。从旻。門聲。弘農湖縣有闅鄉。汝南西平有闅亭。無分切。【說文解字卷四】

◉馬叙倫　嚴可均曰。低當作氐。說文無低字。倫按目部。瞀。低目謹視也。瞀。低目視也。瞀。音明紐。瞀與此字音皆微紐。古讀微歸明。三字古音如一。此訓低目視與瞀義全同。倫謂即瞀字義也。古或借此為瞀。闅為旻之轉注字。旻從攴得聲。古音攴門並雙脣音也。若為低目視。不應從旻矣。或謂從門旻聲。其義亡矣。弘農以下皆校語。若許據以證字。何煩複舉耶。亦疑此字出字林。【說文解字六書疏證卷七】

夐

◉許　慎　夐大視也。从大旻。讀若齤。况晚切。【說文解字卷四】

◉馬叙倫　劉秀生曰。小徐作從大旻聲。旻聲之字在寒部。齤從𠔉得聲。亦在寒部。故夐從旻聲得讀若齤。齒部。齤。從齒。𠔉聲。讀若權。詩鄭風溱洧。溱與洧方渙渙兮。漢書地理志作灌灌。収部。奐。從収。夐省聲。旻固夐字所從之聲。是其證。倫按旻為舉目使人。夐從旻不得有大視義。見部。覞。大視也。音亦況晚切。是大視也者。覞字義也。夐蓋從旻𠔉省聲。為旻之雙聲轉注字。𠔉省聲故讀若齤。隸書𢍏作𠔉。傳寫譌為大。蓋許所據篆已譌矣。或從大。旻聲。其義亡矣。字亦或出字林。【說文解字六書疏證卷七】

目

甲二一五 人名 乜目　甲二二九 令隹目　甲一二三九　乙六四　乙五八四　乙九六〇　河六二　鐵一六·一　餘一一·一　拾一〇·三　前四·三二·六　後二·三四·五　後二·三七·六　戩一一·三　佚五二四　鄴三下·四一·三　存七二四　京津一八三 【甲骨文編】

甲416 1239 2375 乙960 2810 【續甲骨文編】

目 象人目形 歬目父癸爵 目山且壬爵 目爵 【金文編】

1·12 獨字 1·21 目𠬝十中 3·557 豆里疾目 【古陶文字徵】

布空大 典五九五 布空大 典五九六 布空大 典五九四 布空大 典五九三 【古幣文編】

目 為三九 三例 語一一 日甲四四背 日甲一五八背 四例 日甲七〇背 二例 【睡虎地秦簡文字編】

0707 4001 1662 3135 2064 【古璽文編】

尹目私印 張目 【漢印文字徵】

【汗簡】

竝古老子 汗簡 說文 竝崔希裕纂古 【古文四聲韻】

◉許 慎 目人眼。象形。重童子也。凡目之屬皆从目。莫六切。古文目。【說文解字卷四】

◉高田忠周 字元作。象形。而首即字之省變也。目固屬于首系。省作。又豎以為。變以為目。目亦晚出古文。而說文古文作。必係轉寫之誤耳。禮記郊特牲。目者氣之清明者也。此為本義。【古籀篇四十七】

◉孫海波 說文：「臣，牽也，事君者象屈服之形。」目人眼也，象形，重瞳子也。」卜辭目作，臣作。一橫目，一豎目，二形無別，古當是一字。徵之从目之字，相省視也，从目从木，卜辭作（前二·十七·四），亦从臣作。頤和園藏器父乙壺作。佚存七八七版作，商先生釋梞，竊疑當為相，正象視木之意也。朢月滿也，與日相望以朝君（此申引之義），从月从臣从壬，卜辭作，象人舉目相望之形。亦从目作，佚存六五四版「□乘亩□」，此即朢字別構。以上二字，皆臣目互用之證。許君訓目象形，訓臣牽也，是以聲衍，本非初誼，若云牽目，誼亦未安。余謂臣目皆示頁首之意，俘虜之人，蘖其面部，以識別之，故以為臣。蓋人之頁首，惟目為最顯，古文頁首之字，皆繪目以象其形，金文頁作（静毁顯之偏旁）（師遽尊顯之偏旁），首作（周公

毀）[?]（舀鼎）[?]（友毀）皆是也。

說契：「[?]，[?]，[?]，說文『掔，固也，从手臤聲。』森按史記楚世家：『肉袒掔羊』，是掔與牽同。契文从臣，臣俘虜也，从兩手，兩手引臣，即牽之本意。」按葉釋[?]為掔，說頗精塙，云兩手引臣，仍有未明。此字當从目从受，以手引首，是為俘虜之人。

卜辭屢見[?]字，東人林太輔釋馘甚是。藏龜七十二葉三版「□卜[?]貞行从[?]亾囚」，前編卷七弟四葉三版「壬辰卜[?]貞王市祉[?]从」，又三十九葉一版「□[?]貞祉[?]爯册□我又」，諸[?]字並古文馘。說文「聝軍戰斷耳也，春秋傳曰，『以為俘聝』（成十三年左傳），从耳或聲。馘聝或从首。」爾疋釋詁：「馘，獲也。」詩皇矣「攸馘安安」，傳：「聝獲也，不服者殺而獻其左耳。」按截耳獻聝謂之聝，繫首亦得謂之聝，此从戈从[?]，有繫首之誼，而俘虜之人，固當以手引首，牽之使歸。羈囚之身，非與人數，驅策馴服，若使牛馬然，恒存畏懼之心，故臣有屈服之誼。

菁華十一葉十九版「辛未余乎□从射[?]若」，[?]字从兩手引臣，疑亦掔字別構。古文緐簡之例，从[?]與从[?]無別。金文受作[?]，亦作[?]（父乙卣），可證也。【卜辭文字小記　考古學社社刊第三期】

◉馬叙倫　鈕樹玉曰。韻會作人目也。玉篇引童作瞳。非。說文無瞳。沈濤曰。五經文字上作象重童子之形。以全書通例證之。古本當如此。一切經音義二引象形下人有目視也亦見也六字。當是庾注。孫星衍曰。重童子謂積二畫在中。象目童子。非舜重瞳之謂。王筠曰。玄應引無重童子也一句。此後人增也。徐灝曰。許君以二畫為重童子。非也。阮氏鐘鼎欵識目父癸爵作[?]。象形。絶肖。目篆本横。因合於偏旁。易横為直。如睘眔等字則不改也。桂文燦曰。重童子也者。重字句。謂目中之二也。釋名。瞳。重也。膚幕相裹重也。博古圖瞿字作[?]。是目之古文本作[?]或作[?]也。目中之二即[?]或[?]之變。既變為二。故許謂之為重。而作字之初。本以象目中童子。故許以重為童子也。丁福保曰。慧琳音義三引作人眼也。象形。從二。重童子也。二徐本奪從二句。章炳麟曰。說文無眸字。釋名。眸。冒也。相裹冒也。是則眸即目字。楊譽龍曰。以盂鼎相作[?]。例之。可知古目作[?]。象人眼外匡內臚之形。倫按字本作[?]象形。故金甲文猶作[?][?]。以用為偏傍而或立之為目。乃不象形矣。人眼錯本作人目也。蓋本作目眼也。目為隸書複舉字。校者加人字。玄應引視也亦見也皆校語。重童子也亦非許文。許例象形不復言從。則從二明非許語。本部屬字有從目之本義者。有從借目為見聞之見者。隨文可別也。字見急就篇。[?]目父癸爵作[?]。

[?]　鈕樹玉曰。韻會作[?]。江沅曰。外象匡。內象眊毛。王筠曰。鐘鼎文目有[?][?]二體。[?]正象目形。錯本古文作[?]。即由[?]而變之。倫按王筠據錯本與此同。【說文解字六書疏證卷七】

◉陳煒湛　甲骨文臣目兩字都象眼睛的形狀，總的來說寫法是有所區別的，即橫者為目（[glyph]、[glyph]），豎者為臣（[glyph]、[glyph]）。……目與臣有共見一辭而分別作[glyph]與[glyph]者，例如：

貞：子[glyph]亦毓，隹[glyph]？　乙七八四五

貞：子[glyph]亦毓，不其隹[glyph]？　乙七九〇九

子目為婦名，殷王嘗卜其娩妨之事：

庚午卜，㱿貞：子[glyph]娩，妨？貞：子[glyph]娩，不其妨？王固曰：隹丝，勿妨。　乙三〇六九

子[glyph]妨。　續存上七二四

目均作橫目狀。但也有些目寫作[glyph]，則與臣同形。而臣有時又並不作豎目狀，却作橫目形，也寫成[glyph][glyph]等形，遂與目字同形。故橫目者未必不是臣，豎目者也未必盡是臣，遇到[glyph]或[glyph]，同樣需要加以辨別，稍一不慎，仍有可能弄錯。

臣不作[glyph]而作[glyph]之例如：

□卯貞兕☐令小[glyph]☐　京都二三五九

☐方人其[glyph]商？　京津一二二〇

〔試比較：「[glyph]商？」　南北無想四一〕

小臣為卜辭習見之官名，多合文作[glyph]，今京都二三五九臣寫作[glyph]，若讀為小目，于義不可通。臣商，臣服于商之謂也。臣，說文釋為「牽也，事君也」，廣韻真部亦謂「伏也，仕于公曰臣，仕于家曰僕」。是臣有事君、臣服義，若讀[glyph]商為目商，義亦不通。

目不作[glyph]而作[glyph]者亦有其例：

☐京☐王田至[glyph]，隻豕五雉二，在四月。　明九九

正[glyph]其人又正。　甲三九三〇

此目是人、地名，下列兩辭即作橫目狀：

王其田斆，至于[glyph]北，亡𢦔？　京津四四六八

叀[glyph]田，亡𢦔？　戩十一・三

叀王令[glyph]歸？　摭續一八五

臣、目異字同形的現象在偏旁結構中也同樣有所反映。一般來說，作為偏旁的臣與目，也是一豎一橫，从臣者作[glyph]，从目

眼 瞏

者作，分別相當明顯。如朢从臣作，見从目作，前者舉目，後者平視，最易判別。但也有少數从目者作的現象，例如相字，所从之目既可作，又可作。前五・二五・五片相字兩見，作，實作豎目狀。甲骨文編卷六柤下列五文（乙四二二一，天三九，京津二六七〇，東藏一〇九，佚七八七），以為「說文所無」，其實此五文以及佚九九九片之（「甲辰婦示二屯，嶽」）亦均相字，其从與前五・二五・五片之亦同，正是小篆相之所本。又如面字，既可作（甲四一五、四一六、二三七五），亦可作（續一・九・八）。再如㬎，雖多从，然亦有从作者，如京都三一五一片之即是（甲骨文編卷四第一頁）。准此，篚室雜事一三八片之，遺珠五六四之，五六五之，實象左右視之形，可釋䀎或瞁，亦即䀠（小篆省）；後下二四・六片之，乃从目从寅，羅振玉釋瞚為不誤，甲骨文編改釋䁤，乃屬「說文所無」，反有未安。【甲骨文異字同形例 古文字研究第六輯】

◉趙誠 甲骨文的目字寫作，象睜開的眼睛。卜辭作為名詞，即指眼睛，作為動詞，則是用眼睛觀看。此外，還用作觀察、監視之義，當是本義之引申，如：

貞，乎（呼）目呂方。（前四・三二・六）

目可以看，用作觀察、監視之義，應是很自然的引申。【甲骨文行為動詞探索（一） 古文字研究第十七輯】

◉徐中舒 一期海二・二四 字形近目，疑為目之異體。【甲骨文字典卷四】

◉許慎 眼目也。从目。艮聲。五限切。【說文解字卷四】

◉馬叙倫 眼音疑紐。目音明紐。明疑同為邊音。是轉注字也。字見急就篇。【說文解字六書疏證卷七】

◉許慎 瞏兒初生瞥者。从目。睘聲。邦免切。【說文解字卷四】

◉馬叙倫 沈濤曰。廣韻二十八猶引作兒初生蔽目者。蓋古本如是。今乃二字傳寫誤合為一。桂馥曰。廣韻誤析瞥為二字。敝上加艸。翟云升曰。瞥是。瞥。目翳也。承培元曰。鍇本有讀若告之謂調六字。謂調疑作則頑。此引春秋傳證聲也。瞏頑聲相近。讀若下奪春秋傳曰四字。鉉所刪也。故鉉本無此六字。徐灝曰。小兒初生未聞有物以蔽其目。倫按從袁得聲之字多有蔽義。袁為長衣。園所以樹果。圜為天體。繯為落。䍤為网。蓋其語原為○也。○為垣之初文。則瞏義自為蔽目。兒初生蔽目者。蓋謂小兒初生不張目者也。然此自非許文。或字出字林也。瞏頑同舌根音。兼疊韻。故瞏得讀若頑。【說文

西眩都丞 【漢印文字徵】

【汗簡】

裴光遠集綴 【古文四聲韻】

◉許 慎 眩目無常主也。从目。玄聲。黄絢切。【説文解字卷四】

◉馬叙倫 桂馥曰。一切經音義二十引同。字林。眩。亂也。蒼頡篇。眩。目不明也。邵瑛曰。下文。旬。目搖也。二字音同而義亦相近。一切經音義有眩古文作眴之言。而孟子滕文公。若藥不瞑眩。音義亦曰。瞑眩又作眠眴。漢書楊雄傳。目冥眴而亾見。亦作眴。王筠曰。此字不應在此。眼字之下繼以初生之瞏。自眥以下四字。皆目之本物也。自矊至窅皆眼之狀。眊矘二字附其後。矘下云。視。故自睒至眝皆視也。惟睽眛𥇀瞯智旬睦瞤瞀九字不類。而睇眙盻則當在此類。繼以睡瞑二字。則不視矣。自眚以下皆目之病也。或本有之病。或因疾而病。眩當與旬瞀瞚等並綴於末。後。而旨瞽睃三字當在尾部。倫按眩、旬竝音黄絢切。匀、玄聲同真類。是眩旬為轉注字。此字失次。亦挩本訓。所存者校語也。【説文解字六書疏證卷七】

◉黄錫全 □眩 馮本作□，夏韻霰韻作□，此形誤，原當作□或□，从辵从眴，目移旬内，眴即旬字或體。《一切經音義十一》眩，古文迿眴二形。《孟子・滕文公上》「若藥不瞑眩」，《音義》瞑眩，又作眠眴。迿或𨓈蓋眴字異體。鄭珍認為：「林氏體改旬作旬，又增从二目，則所本之書又有改易矣。」【汗簡注釋卷二】

◉許 慎 眥目匡也。从目。此聲。在詣切。【説文解字卷四】

◉馬叙倫 沈濤曰。一切經音義四引。眥。目崖也。目際也。崖乃匡字之譌。其十三引仍作目匡。二十兩引作目眶。可證。文選注引眥作目匡。可見匡字不譌。釋畜釋文引説文。眥。目匡也。字林。眥。目厓。則作厓者乃字林也。古本當有一曰目際也。列子釋文。眥。目際也。正本許書。徐灝曰。漢書楊雄傳音義引字林。眥。目崖也。倫按疑許本訓際也。校者加

目際也。呂忱作目厓也。【説文解字六書疏證卷七】

䀹 䀹

睫【汗簡】

◉許　慎　䀹目旁毛也。从目。夾聲。子葉切。【説文解字卷四】

◉丁福保　豕望視而交睫腥。説文無睫字。玉篇睫同䀹。説文䀹。目旁毛也。史記扁鵲傳。流涕長潸。忽忽承䀹。如此作。【説文解字詁林】

◉馬叙倫　桂馥曰。一切經音義引同。三蒼。䀹。眥毛也。亦作睫。倫按今字作睫。䀹之轉注。聲同談類。爾雅釋鳥釋文。睫。目旁毛也。玄應一切經音義一八及二四皆曰。睫。亦作䀹。目旁毛也。今睫行而䀹廢矣。論謂眥䀹并為舌尖前破裂摩擦音。而䀹為眥毛。義重在毛。何以字但從目。疑䀹本為眥之轉注字。杭州謂眼匡上毛為眼䀹毛。不曰䀹也。語原與夾同。䀹當為初文。眥其轉注也。【説文解字六書疏證卷七】

⿰目縣 ⿰目縣

◉許　慎　⿰目縣盧童子也。从目。縣聲。胡畎切。【説文解字卷四】

◉馬叙倫　盧童子非許文。字或出字林。【説文解字六書疏證卷七】

◉楊樹達　説文四篇上目部云：「⿰目縣，盧童子也。从目，縣聲。」玉篇：户犬户竊二切。盧童子者，徐鍇云：「盧，黑也，眼中黑子也。」从縣之義，先儒無説。惟段氏注云：「盧童子居最中如縣然，故謂之⿰目縣。」按段氏泥形為説，殊失之鑿，説殆非是。愚謂縣之為言玄也。古者縣玄音近，故互相訓釋。太平御覽百五十七引風俗通云：「縣，玄也，言當玄静平傜役也。」此以玄釋縣者也。釋名釋天云：「天又謂之玄，玄，縣也，如縣物在上也。」又釋親屬云：「玄孫，玄，縣也，上縣於高祖，最在下也。」又釋疾病云：「眩，縣也，目視動亂，如縣物搖搖然不定也。」此以縣釋玄及玄聲類之字者也。二字音近，故得相通假。淮南子地形篇云：「縣圃涼風樊桐在崑崙閶闔之中」，而張衡東京賦云「右睨玄圃」，字作玄，李善文選注及章懷後漢書注並謂玄與縣古字通，是也。縣懸字同。玄者，黑也。盧童子色黑，故既名曰盧，又名曰⿰目縣矣。

目部又云：「瞦，目童子精也。从目，喜聲。」許其切。喜聲前儒皆不言其義。今按喜之為言黑也。古音喜在咍部，黑在德部，二部為平入，故古多通用。襄公四年左氏春秋經云「夫人姒氏薨」，姒氏公羊經作弋氏。又「葬我小君定姒」，公羊經作定弋。

定公十五年左氏春秋經云：「姒氏卒。」又云：「葬定姒。」穀梁經作弋氏與定弋。姒从以聲，咍部；弋，德部。左傳昭公十五年楚費無極，呂氏春秋慎行篇淮南子人間篇史記楚世家伍子胥傳吳越春秋並作費無忌。極从亟聲，德部；忌从己聲，咍部。左傳昭公二十八年晉楊食我，論衡命義篇作羊舌似我。食，德部；似从以聲，咍部。儀禮鄉射記云：「五職。」注云：「古文職為㦸，今文或作植。」按㦸从𢦏聲，𢦏从才聲，咍部；職从戠聲，植从直聲，並德部。此皆咍德二部相通之證也。目童子精黑，故瞦字从喜，从喜實从黑也。然則䁕也，瞦也，盧也，皆言童子之黑也。【釋䁕瞦　增訂積微居小學金石論叢卷一】

瞦 瞦

◉許　慎　瞦目童子精也。从目。喜聲。讀若禧。許其切。【說文解字卷四】

◉馬敘倫　鈕樹玉曰。鍇本精下有瞦字。非。倫按王筠據鍇本精作睛。䁕音匣紐。瞦音曉紐。同為舌根摩擦音轉注字。目童子精也本作目精也。童子二字傳寫涉䁕下說解而誤衍。鍇本精下有瞦字。乃隸書複舉而傳寫譌乙於下。亦可證也。童子者。猶今杭縣謂童神兒。吳縣謂之眼仙人頭。曰神。曰仙人。皆謂精也。是盧童子為漢時俗名。方言。驢童之子謂之䁕。今譌䁕為䁕。是其證也。然倫謂瞦即眼珠。今杭縣呼為眼烏珠。瞦從喜得聲。喜為豈之轉注字。從壴。口聲。詳喜字下。壴口珠聲皆侯類。東侯對轉。故今字作瞳。以豎從𥄕得聲。而古謂豎為小臣。孺為小子。從需得聲。需聲亦在侯類。可知其語原為小矣。讀若本非許文。故鍇本作讀若爾雅禧福。字或出字林。【說文解字六書疏證卷七】

◉楊樹達　喜之為言黑也，喜古音在咍部，黑在德部，音相近。【釋䁕瞦　增訂積微居小學金石論叢卷一】

矈 矈

◉許　慎　矈目旁薄緻宀宀也。从目。𦣻聲。武延切。【說文解字卷四】

◉馬敘倫　鈕樹玉曰。集韻類篇引宀宀作矈矈。玉篇引作目旁也。當非脫。其下疑後人因郭注釋言增。沈濤曰。蓋顧節引。非古本無此四字也。嚴可均曰。韻會一先引作目旁薄緻矈矈也。說文無緻字。緻。合箸也。宀宀假借字。即矈矈也。桂馥曰。通志引亦作矈矈。洪頤煊曰。矈即俗所眼擔。爾雅釋訓。目上為名。郭注。名。眉目之閒。名即宀聲之轉。田吳炤曰。小徐緻下誤衍從字。倫按爾雅釋言。矈。密也。目旁薄緻宀宀也者。謂目邊薄緻密者也。今詖謂之眼皮。說解本作𦣻也。𦣻通作臱。因誤為旁。校者因加目旁薄緻密密也。今密密作宀宀。或假借或省誤也。鍇本緻下有從字。蓋緻字草書者之誤。讀者記一本作緻字於下。傳寫誤入正文也。【說文解字六書疏證卷七】

䀯 䀯 瞖 瞖 睅 睅

◉許　慎　䀯大目也。从目。非聲。芳微切。【説文解字卷四】

◉馬叙倫　大目也非許文。餘詳睅下。【説文解字六書疏證卷七】

◉許　慎　瞖大目也。从目。臤聲。矦簡切。【説文解字卷四】

◉馬叙倫　大目也非許文。餘詳睅下。【説文解字六書疏證卷七】

睆　睆長之印【漢印文字徵】

◉許　慎　睅大目也。从目。旱聲。户版切。睆睅或从完。【説文解字卷四】

◉馬叙倫　任大椿曰。左宣二年傳釋文引字林。睅。大目也。倫按左宣二年傳。睅其目。杜注。睅。出目。疑大目乃出目之誤。下文。睴音見紐。晛音匣紐。皆訓出目。睅音亦匣紐。同為舌根音轉注字也。出目與頣下出頷詞例同。謂目不陷而突出者也。今杭縣謂之豹眼。倫謂豹當作䀯。豹音幫紐。䀯音非紐。古讀非歸幫。故䀯從非得聲。音入幫紐。蓋䀯亦當訓出目也。下文。暖。大目也。朱駿聲疑與睅同字。倫謂睅之同舌根摩擦音又聲同元類轉注字。而暖音曉紐。䀯音非紐。同為摩擦次清音。足䀯暖亦轉注字。䀯聲脂類。瞖聲真類。則又脂真幫轉轉注字也。瞖亦當訓出目也。睴睔聲同真類。是亦並當訓出目也。為瞖之轉注字。大出形近而誤。大誤為士，出士形近。左宣元年傳釋文。睅。説文字林云。大目也。正義。説文云。睅。大目也。陸引説文字林者。字林附於説文者也。孔引説文者。附字林而題為説文者也。則大目為字林文。許例當以聲訓。或曰。目皃。鉉本此下有重文作睆。説解曰。睅。或從完。嚴可均謂此大徐新修十九文。偏傍有之。六朝唐人無以睅睆為重文者。睆非睅字也。當删此而改晛為睆。倫謂鉉不補為新附中字。而補為睅之重文。自必有據。玄應一切經音義十九引倉頡。睆。出目皃。據此。則本書自不得無睆字。然倫謂蒼頡本作睅。本書則睅為正而睆為重。吕忱所增。傳寫倉頡者。每以字林字易之。在本書既有其證。而於急就篇尤多。是知鉉據一本有此重文者補之。或謂玄應音義引許淮南注曰。睆謂目內白翳也。則睅睆義異。不得為轉注之異文。倫謂彼自因文立訓。此在詩毛傳鄭箋中多有其例。蓋本文為聲借之字。而注家則依文為義也。睆睅暖並聲同元類。轉注字也。【説文解字六書疏證卷七】

暖

◉許　慎　暖大目也。从目。爰聲。况晚切。【説文解字卷四】

◉馬叙倫　朱駿聲曰。疑與睅同字。倫按見睅字下矣。【説文解字六書疏證卷七】

瞞

◉許　慎　瞞平目也。从目。㒼聲。母官切。【説文解字卷四】

◉馬叙倫　沈濤曰。一切經音義十七引作平視也。然此字與大目出目諸訓相次。應作目不作視。莊子天地釋文引字林。瞞。目背平皃。正本説文。玄應書蓋傳寫之譌。倫按似與滿同語原。當次矕下。平目也非許文。或字出字林也。【説文解字六書疏證卷七】

睴

◉許　慎　睴大目出也。从目。軍聲。古鈍切。【説文解字卷四】

◉馬叙倫　沈濤曰。一切經音義一引。睴。大出目也。謂人目大而突出曰睴。蓋古本目出作出目。謂字以下乃庾注語。玉篇亦云。大出目也。當本説文。可證古本不作目出。倫按當作出目也。誤羨大字。或大下本有也字。大也乃睴字義。或謂周禮考工記。望其轂。信其眼也。注。眼出大皃。眼以聲同真類借為睴。是睴有大義。倫謂凡目精露出者。其目似大。故謂之睴。語原然也。字或出字林。餘見睅下。【説文解字六書疏證卷七】

矕

◉許　慎　矕目矕矕也。从目。䜌聲。武版切。【説文解字卷四】

◉馬叙倫　目矕矕也非許文。亦未知本義何屬。疑為矈之雙聲轉注字。以字次求之。則為瞞之雙聲轉注字。廣雅釋詁。矕。視也。後漢書馬融傳。左矕三途。注引廣雅。視也。蓋是督之借字。矕督皆脣音。【説文解字六書疏證卷七】

◉何琳儀　盺《陶彙》齊「畫陽」陶文有一習見人名：

a. 3·157　b. 3·156

c. 3·136　d. 3·135

a、b為標準式，c、d為變體。其下从「目」應無疑義，上从「弁」參見：

a.《璽彙》1523　b.《璽彙》2233

c.《侯馬》328　d. 曾侯乙編鐘

e.《信陽》2·09　f.望山簡

g.《璽彙》1653　h.昭王鼎

i.《璽彙》0537　j.《璽彙》2908

k.《璽彙》2478　l.《陶彙》9·10

或據傳鈔古文「變」作：

《汗簡》中2·48

釋c、a、e、f為「敀」、「諞」、「笲」、「欿」，可信。其餘各字也多可釋讀：

a.「孫弁」。「弁」為人名，膉所造鼎「弁鼎」讀「餅鼎」，詳下文。

b.「郱同」。「郱」即「弁」，古姓。《史記·東方朔傳》有「弁嚴」子。

c.「敀改」，即「拚改」，讀「變改」。《信陽》2·07「敀績」讀「辮績」。天星觀簡「敀丑」之「敀」讀「弁」，古姓。

d.「諞商」，讀「變商」，見《淮南·地形》「變商生羽」，即「商」之變音。

e.「陽笲」。「笲」見《儀禮·士昏禮》「婦執笲棗自門入」，注：「笲，竹器而衣者，其形蓋如今之筥、筌簏矣。」

f.「以欿」。「欿」讀「歠」，見《說文》：「歠，欠皃，从欠䜌聲。」

g.「左貣」。「貣」，見《篇海》：「貣，錢財也。」璽文中為人名。

h.「饙鼎」，讀「餅鼎」。「餅」實乃「飯」之異文。《汗簡》「飯」正作「餅」，《集韻》：「飯，食也。」《爾雅·釋言》釋文：「飯，飤也。」「飯鼎」猶言「食鼎」或「飤鼎」，銅器銘文中習見。上引膉所造鼎銘「卣鼎」即「弁鼎」，也應讀「飯鼎」。大賡盞銘「餅盞」即「飯盞」。

i.「王糮」。「糮」即「粫」，見《集韻》：「粫，粉也。」璽文中為人名。

j.「長繽」。「繽」即「絣」，上文引《汗簡》「變」由此形訛變。其所从「」，參見《說文》「系」古文作「」。《說文》「緐」或體作「絣」。《周禮·春官·司服》「凡弔事弁經服」，注：「故書弁作絣。」璽文中為人名。吳王光鐘「」亦應釋「絣」。

k.「穌栟」。「栟」，見《玉篇》：「栟，柱上薄櫨也。」亦作開。璽文中為人名。

l.「叁痩」。「叁」，也見《璽彙》2949——2968，古姓。「叁」與三體石經「聘」作「」形體基本吻合。「弁」、「平」以及「甹」均一音之轉。「叁」从「平」从「弁」，二者都是古姓。考慮古璽已有「弁」姓，寫作「郱」，「叁」可能讀「平」。司馬成公權「石」讀「平

石」，也頗為吻合。

另外，戰國文字還有若干从「弁」的字，諸如《璽彙》2179、2969、《陶彙》3·861、温縣盟書等，多為人名，且很難與字書相對應，茲一并从略。

戰國文字「弁」及从「弁」之字甚多，這證明上揭陶文从「目」从「弁」之字，自應釋「昪」，即「矕」之異文。《說文》「矕，目矕矕也，从目䜌聲。」【古陶雜識　考古與文物一九九二年第四期】

睔

◉許　慎　睔目大也。从目侖。春秋傳有鄭伯睔。古本切。【說文解字卷四】

◉馬叙倫　王筠曰。睴睔音義皆近。翟云升曰。侖聲。倫按鍇本作從目。侖聲。是也。然此字惟見春秋襄二年經。音在見紐。又與睴聲同真類。疑睴之轉注字也。廣韻。睔。大目露睛。正謂目出。春秋以下校語。餘見睅下。此字或出字林。【說文解字六書疏證卷七】

盼

 5·78　咸新安盼　【古陶文字徵】

◉許　慎　盼詩曰。美目盼兮。从目。分聲。匹莧切。【說文解字卷四】

◉馬叙倫　鈕樹玉曰。韻會引無聲字。詩上有目好流視四字。即徐鍇說。沈濤曰。一切經音義八引。盼。目白黑分也。蓋古本說解如此。今本但稱詩而無訓解。許書無此例也。詩碩人傳曰。盼。白黑分也。正許君所本。承培元曰。從目分。分亦聲。倫按盼之義在黑白分。從目分不能明黑白之義。自是分聲。不兼為義也。詩碩人。美目盼兮。韓詩訓黑也。尤可證不從分得義。論語馬融注。動目皃。廣雅。盼。視也。則皆借盼為督。辨。倫謂以韓詩訓黑而字次盱上。盱訓目多白。則盼當為目多黑義。盼從分得聲。分音非紐。黑音曉紐。同為摩擦次清音。是亦可於音以得其義也。今人亦以目睛黑者為美也。今捝本訓。存校者所引詩曰六字。玄應引目白黑分也。亦校者引詩碩人毛傳文。蓋本在詩曰上。【說文解字六書疏證卷七】

盱　盼　睍

◉許　慎　盱目多白也。一曰張目也。从目。干聲。古旱切。【説文解字卷四】

◉馬叙倫　鈕樹玉曰。鍇本無一曰張目也。有臣鍇曰。張目也。韻會引作目多白也。一曰目張。玉篇止訓目白皃。則張目為楚金語無疑。錢坫曰。一曰五字為鍇説。張目是盰字。非盱字。高田忠周曰。上文睅與此一字。左宣二年傳。睅其目。注。出目皃。與大目義合。實借睅為睍也。倫按盱盼疊韻轉注。高田説亦通。【説文解字六書疏證卷七】

◉許　慎　盼多白眼也。从目。反聲。春秋傳曰。鄭游盼。字子明。普班切。【説文解字卷四】

◉馬叙倫　沈濤曰。一切經音義一引作眼多白也。以盱字目多白例之。古本當如是。然多白眼為易説卦文。今本義得兩通。倫按盼盱疊韻轉注。説解依大例當曰盱也。春秋以下校語。古鉩作盼。此字或出字林。【説文解字六書疏證卷七】

籀韻【古文四聲韻】

◉許　慎　睍出目也。从目。見聲。胡典切。【説文解字卷四】

◉王國維　以字形言，當是睍字。【觀堂書札　中國歷史文獻研究集刊第一集】

◉馬叙倫　嚴可均曰。篆體當作晥。説解當作目出皃也。从目。完聲。一切經音義一引作目出皃也。艸部。莞。從晥聲。許書不得無晥字。一切經音義十九引倉頡篇。晥。目出皃也。與所引説文相當。玉篇。晥。出目皃。經典晥字極多。而睍字僅見於詩凱風。據御覽九百廿三引韓詩。簡簡黄鳥。則毛詩古本當作晥晥黄鳥。完見形近易譌。如論語莞爾釋文。莞作莧。兩文相並。必無兩是。爾雅無睍。廣雅。睍。視也。睍蓋覞之省。否則俗見字。大徐以晥為睅之重文。非。六朝唐人無引睅晥為重文者。鈕氏同此議。嚴章福曰。改睍為晥。恐非。許注淮南云。晥謂目內白翳也。許書或有晥字。不得謂晥即睍。大徐以晥為或睅字。亦非。李楨曰。淮南齊俗訓。辟若俔之見風也。文選江賦注引淮南許注。俔作綄。亦見完互通之證。而説文無綄。玄應音義廿晥下亦引淮南俶真訓注而説文無晥。倉頡篇雖是秦篆。其不合古籀之字。許所不收。晥蓋其一。倫按此訓出目。與睅同義。睍自是晥之譌。本為睅之重文。傳寫跳落在此。後人因補説解。而篆文傳寫復譌為睍。徐鉉據本如此。其識不足以檢別。故但據一本未跳落者補於睅下。而於此字不復能正也。【説文解字六書疏證卷七】

矔 矔嘉 矔唯印 矔成私印 【漢印文字徵】

◉許　慎　矔目多精也。从目。雚聲。益州謂瞋目曰矔。古玩切。【說文解字卷四】

◉馬叙倫　方言六。矔。眮。轉目也。梁益之間瞋目曰矔。轉目顧視亦曰矔。吳楚曰眮。此下文曰。眮。吳楚謂瞋目顧視曰眮。瞋當依方言作轉。眮从同得聲。同从凡得聲。當在侵類。矔從雚得聲。雚從吅得聲。吅品㗊一字。品聲亦侵類。㗊聲談類。侵談近轉。故梁益謂轉目顧視曰矔。吳楚曰眮。然轉目顧視字乃下文之眷與督也。眷矔雙聲。亦疊韻。故梁益借矔為眷。督矔聲同元類。故亦或以矔為督。下文。眷。顧也。督。轉目視也。益州謂瞋目為矔。字當為瞋。瞋音照紐。古讀歸端。端見同為破裂清音。真元亦通轉也。此校語。說解目多精也疑譌。精即睛也。目多精不可通。或係校語。本訓挩矣。益州謂瞋目曰矔。然此益州以下七字。是校者所益也。【說文解字六書疏證卷七】

◉許　慎　瞵目精也。从目。粦聲。力珍切。【說文解字卷四】

◉馬叙倫　桂馥曰。目精也者。目下疑闕少字。倉頡篇。瞵。視不了也。廣韻。瞵。視不明皃。翟云升曰。精睛古今字。倫按字次矔下眊上。則桂說是也。然目少精亦不可通。或校語也。若如此訓。當為瞦之轉注字。瞵聲真類。瞦聲之類。之從脂轉通真也。【說文解字六書疏證卷七】

窅 段窅 【漢印文字徵】

◉許　慎　窅深目也。从穴中目。烏皎切。【說文解字卷四】

◉林義光　深陷也。象穴中窮目所及形。俗字作凹。【文源卷六】

◉馬叙倫　沈濤曰。一切經音義九引作目深也。玉篇引作深目皃。目深與深目。義得兩通。據此。則古本作皃。不作也。王筠曰。窅⿰目窅訓同。惟唐韻音切不同耳。皆在目部。⿰目窅讀若勿卹之卹。唐韻於說切。廣韻收於十六屑。於決切。與穴同部。則何以⿰目窅從窅而由窅之穴得聲。窅从穴而反烏皎切耶。集韻亦收於屑部。而有重文⿰目穴。尤可疑也。卹從血聲。血亦在屑部。易曰。需於血。出自穴。是血穴自古同部也。朱駿聲曰。⿰目窅當為此之重文。讀轉為卹耳。倫按從目窵省聲。穴部。窵。深也。是窅音受於窵矣。穴中目不能會意。【說文解字六書疏證卷七】

眊　眊

眊籀韻　汗簡【古文四聲韻】

◉許　慎　眊目少精也。从目。毛聲。虞書耄字从此。亡報切。【說文解字卷四】

◉馬叙倫　鈕樹玉曰。韻會引精作睛。俗。嚴可均曰。虞書下六字當是校語。許無此例。梅賾之大禹謨非許所豫見。眊非偏旁。而云從此。亦為難通。王筠曰。從此字當作如此。朱筠本繫傳耄字空白。倫按賈誼書道術。反察為眊。則眊是不明義。當為昒昧之轉注字。目少精不可通。或此係校語。本訓捝矣。或曰。眊盖瞵之轉注字。瞵音来紐。古讀歸泥。眊音微紐。微泥同為鼻音次濁音也。【說文解字六書疏證卷七】

矘　矘

◉許　慎　矘目無精直視也。从目。黨聲。他朗切。【說文解字卷四】

◉馬叙倫　鈕樹玉曰。韻會引及玉篇注。無也字。沈濤曰。後漢書梁冀傳注引作目睛直視。蓋傳寫奪譌。一切經音義一引字林。目無精直視。吕正用許解也。桂馥曰。蒼頡篇瞠。直下視皃。錢坫曰。倉頡篇作瞠。直視也。漢書作憆。服虔注。直視皃。王筠曰。如後漢書注引。豈删改之耶。抑後人以字林改說文耶。倫按王筠據鍇本黨聲作矘聲。文選長笛賦注引字林。瞠。直視皃。後漢書外戚傳。武因問客。陛下得武書。意何如。曰。憆也。服虔曰。憆。直視皃也。則後漢書注引似許本文。今訓乃字林義。倫謂矘或止訓直視也。吕忱加目無精也。唐人并之如今文耳。倉頡作瞠者。蓋本書篆本作瞠。字林有重文作矘。傳寫者易之。今并失正字矣。【說文解字六書疏證卷七】

睒　睒

睒臣睒【漢印文字徵】

◉許　慎　睒暫視皃。从目。炎聲。讀若白。蓋謂之苫相似。失冉切。【說文解字卷四】

◉馬叙倫　鈕樹玉曰。相似二字疑後人增。沈濤曰。文選吳都賦海賦等注。一切經音義一皆引作暫視也。十六引又有不定也三字。蓋古本作也不作皃。十九有亦不定也四字。疑古本有一解。王筠曰。言讀若。又言相似。苫平睒上也。蓋四聲已萌於漢。徐灝曰。見部。覘。暫見也。音義同。劉秀生曰。白蓋謂之苫見爾雅釋器。炎聲添部。苫从占聲。亦在添部。故睒从炎聲得讀若苫。古詹占聲同。儀禮士冠禮。執以待於西坫南。注。古文坫為襜。本書。耳部。䎎。小垂耳也。從耳。占聲。聸。垂耳也。从耳。詹聲。䎎聸轉注。實即一字。詹聲又與炎聲同。老子。恬澹為上。釋文。澹。本作惔。炎聲占聲

眮 䀣

古并同簷。是其證。本書木部。棪从木。炎聲。讀若三年導服之導。㐺部。𠧟讀若三年導服之導。一曰。讀若沾。沾亦從占聲。亦其證。倫按睒為覢之異文。朱駿聲説是也。睒从炎得聲。炎音喻三。炎焱一字。焱音喻四。審與喻四同為摩擦次清音。故睒轉為審紐。苫音亦審紐。故睒讀若苫。然覢下無讀若。此讀若白蓋謂之苫相似。非許文。凡讀若本是以彼音擬此音。言讀若不須又言相似。況苫本書訓蓋。義與雅同。則讀若苫可矣。何用據雅文耶。自是漢後已分四聲。時人所加。餘詳覢下。此字或出字林。【説文解字六書疏證卷七】

◉許　慎　眮吳楚謂瞋目顧視曰眮。从目。同聲。徒弄切。【説文解字卷四】

◉馬叙倫　吳楚謂瞋顧視曰眮。校語。本訓捝矣。此字疑出字林。【説文解字六書疏證卷七】

◉許　慎　䀣直視也。从目。必聲。讀若詩云。泌彼泉水。兵媚切。【説文解字卷四】

◉馬叙倫　嚴可均曰。詩泉水釋文。毖。説文作䀣。云。直視也。蓋六朝舊本必聲下作詩曰。䀣彼泉水。無讀若二字。嚴章福曰。詩泉水釋文。毖。説文作䀣。云。直視也。蓋陸氏之誤。按今詩作毖。許所據當作泌。此以聲近為假借。故曰讀若。陳詩庭曰。説文引詩作泌。非作䀣。玉海亦引説文作泌。不知何人改泌為䀣。呂氏又譔入直視也之訓。呂氏讀詩記引釋文。毖。説文作泌。是宋本注疏原無誤。鈕樹玉曰。繫傳泌作䀣。今詩作毖。釋文云。韓詩作秘。説文作䀣。云。直視也。陸氏蓋誤引。繫傳又承其誤。若詩作䀣。不當云讀若矣。姚文田曰。據泉水釋文。則此當作讀若泌。詩云。䀣彼泉水。沈濤曰。許稱詩毛氏。然所引與今本不同者甚多。細繹詩文。似當作視彼泉水。解為合。當是鄭氏所據毛傳本與許不同。古本當無讀若二字。大徐以毛傳無直視之訓。遂改䀣為泌。而又妄增讀若二字。強為牽合。小徐本作䀣。正與釋文合。而亦有讀若二字。則後人據大徐本加也。倫按詩泉水毛傳曰。泉水始出毖然流也。本書。泌。俠流也。則毛本蓋作泌。故隨文為釋。詩釋文引説文作䀣。云。直視也者。陸以為詩義合是䀣字。故曰。説文作䀣。釋文每引説文證其字。當作某也。如左定二年傳。奪之杖以敲之。釋文。敲。説文作毃。擊頭也。本書毃下并未引傳語也。是其例證。是陸未誤也。此言讀若泌彼泉水。正用毛傳本。鍇本作䀣。乃校者誤讀釋文而改之。然此讀若明是後校者加之。故稱詩云。䀣為眝之轉注字。䀣音封紐。眝音知紐。封知同為破裂清音也。眝眙亦轉注字。眙音徹紐。皆舌尖前破裂音也。眙矘亦轉注字。矘音透紐。透徹同為破裂次清音也。故長笛賦。留示瞸眙。瞸眙連文。瞸即矘也。莊子天下。以駘蕩連文。亦可證也。故楚詞九章。思美

人兮覽涕而竚眙。竚眙連文。猶貯眙轉注也。【說文解字六書疏證卷七】

瞴

◉許　慎　瞴瞴婁。微視也。从目。無聲。莫浮切。【說文解字卷四】

◉馬叙倫　桂馥曰。瞴婁或作牟婁。字書。牟婁。微視也。倫按瞴音莫浮切。音正與牟同。牟無雙聲。牟婁疊韻。瞴婁為連緜詞。蓋古語也。疑許止訓微視也。瞴婁二字校者加之。此即媚視之本字。【說文解字六書疏證卷七】

⿰目开

◉許　慎　⿰目开蔽人視也。从目。开聲。讀若攜手。一曰直視也。又苦兮切。⿱开目⿰目开目或在下。【說文解字卷四】

◉馬叙倫　鈕樹玉曰。又苦兮切。又字上脱一音。玉篇去倪胡圭二切。承培元曰。此即孟子離婁王使人瞯夫子之瞯。劉秀生曰。开聲之字如刑形鈃多在匣紐。攜从巂聲亦在匣紐。故⿰目开从开聲得讀若攜手。淮南主術訓。短者以朱儒枅櫨。注。枅讀曰雞也。禮記問喪。雞斯徒跣。注。雞斯當為笄纚。聲之誤也。竹部。笄。木部。枅。並从开聲。隹部。雞。从隹。奚聲。言部。謑。从言。奚聲。或从奊聲作⿰言奊。矢部。奊。从矢。圭聲。行部。街。从行。圭聲。御覽一九五引風俗通。街者。攜也。離也。四出之路。攜離而別也。街攜以同聲為訓。开雞同音。奚奊同音。街攜又同音。是其證。夏敬觀曰。以周禮夏官大馭兩軹。故書軹為⿰車开。證之。从开聲之字在元類。耕元聲近。刑形等字可轉入耕。由耕對轉。故⿰目开可讀攜。⿰車开可讀軹。脂元對轉。笄枅等字亦可轉入脂。故杜子春云。⿰車开或讀簪笄之笄。倫按一曰直視也者。疑⿰目比字義。⿰目比音幫紐。⿰目开从开得聲。开音見紐。幫見皆破裂清音。古或借⿰目开為⿰目比也。餘詳覞下。讀若句校者加之。故有手字。

⿱开目⿱开目。⿰目开目或在下。

嚴可均曰。此校語也。彼所據說文正本作⿰目开。或作⿱开目。故附記云。⿰目开目或在下。或者猶言一本也。後人錯解。遂據增一重文矣。【說文解字六書疏證卷七】

晚

◉許　慎　晚晚瞀目。視皃。从目。免聲。武限切。【說文解字卷四】

◉馬叙倫　鈕樹玉曰。篆當从免作晚。桂馥曰。目視皃者。目視當為直視。廣韻。晚。無畏視也。廣雅。晚。視也。徐灝曰。廣雅。晚晚。視也。晚晚猶晚瞀。聲之異也。倫按或瞀為瞀譌。晚瞀疊韻連緜詞。目字涉瞀字譌衍。倫謂疑本訓視皃。今有校語譌入。【說文解字六書疏證卷七】

(古文字形) 眡 員鼎 王獸于眡敾 (古文字形) (古文字形) (古文字形) 讀為視 中山王嚳兆域圖 菫桕中桕眡㤅后 【金文編】

(古文字形) 2946 (古文字形) 3015 【古璽文編】

(篆文字形) 開母廟石闕 昭眡後昆 說文見部視古文作眎眡 眡从氏 非 玉篇出眡眡兩體 周禮天官大宰作眡 是也 【石刻篆文編】

◉許 慎 眡眡皃。从目。氏聲。承旨切。【說文解字卷四】

◉高田忠周 眡。眡皃。从目。氏聲。爾雅。眡。視也。銘即用為地名也。【古籀篇四十七】

◉柯昌濟 㫧。古文視字。見周禮。說文……㫧字。當从氏聲。殆即氏羌氏字之假借。【員鼎 韡華閣集古録跋尾乙篇】

◉馬叙倫 徐鍇曰。此又古文視字。鈕樹玉曰。鍇本作視皃也。是也。玉篇訓視也。亦本說文。倫按見部視之古文作眡。从目。氏聲。故鍇曰。此又古文視字。然氏从氏得聲。詳氏字下。則眡眡一字矣。倫謂此即古文視字。周禮太師。眡瞭三百人。注。眡讀為虎眡之眡。疏引易。虎眡眈眈。是古文易虎視作虎眡。周禮亦古文。故作眡。是其證。劉歆遂初賦。面隋和而不眡。馬融長笛賦。特麌昬髟。李善曰。昬。視也。是昬即眡。劉馬皆古文大師。皆用眡字。亦可證也。然則視下古文蓋本作眡。而此字蓋後人羼入。或出字林。校者見此作眡。遂改視之古文作眡矣。【說文解字六書疏證卷七】

◉楊樹達 昬字上从氏，下从目，說文四篇上目部云：「眡，視貌也，从目，氏聲。」承旨切。此昬數地名，⊘昬數何地，不知所在。左傳昭公十二年曰：「昔穆王欲肆其心，周行天下，將皆必有車轍馬跡焉，祭公謀父作祈招之詩以止王心，王是以獲沒於祇宮。」家語作支宮。支與祇古音同。从氏作祇者誤也。穆天子傳注引紀年云：「穆王元年，築祇宮于南鄭。」豈南鄭有祇林，祇宮則因地而為名歟。【鼏鼎跋 積微居金文說卷三】

◉許 慎 睨衺視也。从目。兒聲。研計切。【說文解字卷四】

◉馬叙倫 鈕樹玉曰。繫傳韻會衺作邪。徐灝曰。見部。䚷。旁視也。音義同。倫按異文也。文選琴賦引作邪視也。【說文解字六書疏證卷七】

䁋

◉許　慎　䁋低目視也。从目。冒聲。周書曰。武王惟䁋。亡保切。【説文解字卷四】

◉馬叙倫　嚴可均曰。説文無低字。當作氐。鈕樹玉曰。君奭篇。惟茲四人。昭武王惟冒。丕單稱德。孔傳。惟此四人明武王之德。使布冒天下。盡舉行其德。是以王為句。依説文當以惟茲四人昭為句。武王惟䁋為句。蓋言左右得人。武王惟恭己而治耳。倫按此校者所引耳。低目視也當作氐視也。目字蓋校者加之。上文睨不曰衺目視也。可證。低字本書所無。漢書食貨志氐首價氐。字皆作氐。則許自當用本書所有之字也。此傳寫者以當時通用字易之耳。本書低字同。氐視實由目不明故。則䁋眊瞀昒眛五字皆轉注也。此字疑出字林。【説文解字六書疏證卷七】

眓

◉許　慎　眓視高皃。从目。戉聲。讀若詩曰。施罛濊濊。呼哲切。【説文解字卷四】

◉馬叙倫　段玉裁曰。此豁目字。劉秀生曰。戉聲古在影紐。濊从歲得聲。歲聲之字如薉噦劌皆在影紐。故眓从戉聲得讀若濊。金部。鉞。从金。戉聲。詩曰。鑾聲鉞鉞。今詩小雅庭燎作鑾聲噦噦。釋名釋天。歲。越也。越故限也。歲越以同聲為訓。並其證。倫按莊子大宗師。成然寐。釋文。成本或作戌。又作眓。亦作俄。此眓字之見於前典者。眓从戉得聲。歲从戌得聲。戌戉一字。濊从歲得聲。故眓得讀若濊。【説文解字六書疏證卷七】

眈

古老子　義雲章　竝同上【古文四聲韻】

◉許　慎　眈視近而志遠。从目。冘聲。易曰。虎視眈眈。丁含切。【説文解字卷四】

◉馬叙倫　桂馥曰。視近而志遠者。蕭該漢書音義引字林同。鈕樹玉曰。玉篇引下有也字。朱駿聲曰。易頤。虎視眈眈。馬注。虎下視也。按紞為組下垂。耽為耳下垂。故眈為目下視也。倫按易頤。虎視眈眈。非孟氏本也。依周禮太師注。虎視當作虎眂。此乃校者所引也。此字次眓下。則眈當訓下視皃。今説解本訓捝失。校者以字林補之。眈从目不得有志遠義也。與覘轉注。聲同侵類。此字疑出字林。【説文解字六書疏證卷七】

䁐

◉許　慎　䁐相顧視而行也。从目。从延。延亦聲。于線切。【説文解字卷四】

◉馬叙倫　嚴章福曰。但當作延聲。瞑下眇下同。倫按鈕據鍇本蓋有也字。同此。故鈕不出校語也。王筠據本亦有也字。于

線切當延聲。廣雅釋詁一。睋。視也。三。睋。更也。睋睋蓋實一字。玉篇。𨓍又作睋。可證。𨓍从目不得有行義。此説解蓋後人以从延而改之。或本作視也。行也。相顧視也校語。本書説解中凡有相字者。皆校者之詞也。行也者延字義。【説文解字六書疏證卷七】

盱 義如于 林氏壺 盱我室家 【金文編】

〔六八〕【先秦貨幣文編】

布空大 豫伊 仝上 【古幣文編】

0954 【古璽文編】

盱台丞印 【漢印文字徵】

◉許　慎　盱張目也。从目。于聲。一曰朝鮮謂盧童子曰盱。况于切。【説文解字卷四】

◉高田忠周　易「盱豫悔」，王肅注：「大也。」轉義：莊子寓言「而睢睢而盱盱」，注：「跋扈之皃。」然盱之言亏也，舒于而開張也，其義存于于聲。古字省文叚借，唯當以亏為之。別義：説文「一曰朝鮮謂盧童子曰盱」，朱駿聲云：「叚借為忏。」詩都人士云「何盱矣」，箋：「病也。」爾雅「盱，憂也」。又重言形況字，廣雅「盱盱，元氣也」。【古籀篇四十七】

◉馬叙倫　沈濤曰。列子黃帝篇釋文引。盱。仰視也。蓋古本如此。易豫卦。盱豫。注曰。上視也。漢書王莽傳。盱衡厲色。注曰。盱衡。舉眉揚目也。揚目上視。皆與仰目訓相合。易豫卦釋文引作張目。是陸所據本與今本同。本部。睢。仰目也。莊子寓言篇。言睢睢盱盱。固當同訓為仰目。王筠曰。張目也字林同。丁福保曰。慧琳音義九十五引作張目也。與今本同。九十二引作以憂病也。考爾雅釋詁。盱。憂也。詩鄭箋兩訓病也。據此。則知許書舊有二訓。今本奪。倫按盱睢雙聲。莊子以盱睢連文。則盱睢自是轉注字。列子釋文引本書作仰目也。引倉頡篇張目皃。則張目乃倉頡義。字林本之。唐人傳寫因刪本訓矣。一曰朝鮮謂盧童子曰盱者。矃字義也。盱矃雙聲。故借盱為矃也。此校語。慧琳引以憂病也亦校語。【説文解字六書疏證卷七】

瞏

◉郭沫若 字當即是盱字。漢書地理志下引詩溱洧「洵訏且樂」作「恂盱且樂」，師古注云「盱，大也」。毛傳及爾雅均訓訏為大。凡从于聲之字多含大義。【屭氏鐘補遺 金文叢考】

◉郭沫若 盱與訏通。但此當訓為大。詩溱洧洵訏且樂。毛傳云。訏。大也。爾雅釋詁同。漢書地理志下引作恂盱且樂。師古注亦云。盱。大也。【杕氏壺 兩周金文辭大系考釋】

【金文編】

瞏 瞏卣 瞏簋 伯瞏卣 瞏小器 孳乳為環 番生簋 玉環 孳乳為還 駒父盨 還至于蔡

〔六〕 〔一三〕 〔二五〕 〔一三〕 〔四〕 〔七八〕 〔四〕 〔四〕【先秦貨幣文編】

圜 半瞏 展圖版肆貳Ⅱ 仝上 典一二七頁 仝上 圜 半瞏 典一二七頁 【古幣文編】

瞏 日甲三〇背 通環 —其宮 【睡虎地秦簡文字編】

1903 1904 【古璽文編】

瞏遷 瞏偏 【漢印文字徵】

遷郛石 【石刻篆文編】

◉許 慎 目驚視也。从目。袁聲。詩曰。獨行瞏瞏。渠營切。【說文解字卷四】

◉徐同柏 古文面象人面形。是文象面有囟。有𥃩目。有口。有耳形。面之左从人。廼古文偭。偭鄉也。通作面。禮少儀。尊壺者面其鼻。說文引作偭室。宗室五器之數。【周伯偭卣 從古堂款識學卷十三】

◉潘祖蔭 周孟伯說南宮中鼎有字。宣和博古圖釋作懷。此銘形頗相近。疑亦褱之變體也。蓋鼎變四作目。而茲變小作耳。

胡石查說。說文褱俠也。从衣眔聲。徐鉉曰。眔非聲。未詳。據此銘字中作析之。為眉目。口蓋象子在褱抱之形。

説文孕字注云。褱子也。是知褱子為褱字最初之義。得此[glyph]字。古文可以補。鼎臣所未詳。其衣字下方作十字形者。非羨文。古衣前有結。此為袓衣。故結弛於外。正以足褱字之義。

張孝達説胡釋甚辯。詳思之。仍當是睘字。即還環。積古遽伯睘敦正如此作。【攀古樓彝器款識卷一】

●李孝定　徐氏釋面，非是；潘胡張諸氏釋褱，謂象衣中褱子之形，尤覺可笑，小兒面寧有雙眉一目一口者乎？釋睘者是也，惟其字之結構，殊難索解，郭氏謂「○」為玉環，从「目」者示其首之所在，説殊可商，c、d二文，「目」在「衣」中，將何以解之？且環果有象形之古文，其字但當作「○」足矣，不待从「目」从「衣」，於意始顯也，説文以為「袁聲」，於義為長。張日昇氏謂[glyph]為褑之初文，是又以「○」為爰義。按「○」但示環形，未必用以相爰引，自無由必[glyph]之為褑，説宜存疑。【金文詁林讀後記卷四】

●高田忠周　素問診要經絡論。目睘絶系。注謂直視如驚皃。此為本義。【古籀篇四十七】

●高田忠周　睘訓目驚視也。从目袁聲。此作睘其省形而○下作[glyph]。又即手也。然則此篆當釋作擐。説文。[glyph]貫也。从手睘聲。古文又即手也。此睘即擐古文無疑矣。但擐亦應叚借為睘。【古籀篇五十五】

●方濬益　古人於名字每多意造。或變易點畫。此字介睘褱之間。以眉目口形在衣中言之。則釋褱較塙。男孝傑曰衣之下方作十字形者乃又字。蓋又者手也。母之褱子。身在衣內。僅露其面。褱正象以衣褱子露面之形。又所以抱之也。【伯褱卣綴遺齋彝器款識考釋卷十二】

●馬叙倫　目上或有奪字。或乃羨文。若有奪字。則是校語。本訓挩矣。睘卣作[glyph]。番生𣪘作[glyph]。【説文解字六書疏證卷七】

●郭沫若　「玉環」字，毛公鼎作[glyph]，番生𣪘作[glyph]，余謂睘即玉環之初文，象衣之當胸處有環也，从目示人首所在之處。小篆誤作[glyph]。説文云：「目驚視也。从目袁聲。」義非其本字形亦失。【釋𡵂　金文叢考】

●戴家祥　金文番生𣪘為「玉環」之環，睘尊用作人名，駒父盨「睘至于蔡」。假為還。唐韻環還俱讀「户關切」匣母元部，睘讀「渠營切」羣母耕部。聲韻俱遠，與[glyph]非一字也。【金文大字典上】

䁴

◉許慎 䁴視而止也。从目。亶聲。旨善切。【説文解字卷四】

◉馬叙倫 沈濤曰。廣韻二十八獮引作視而不止。蓋古本有不字。今奪。玉篇引同今本。疑後人據今本改。倫按下文。眕。目有所恨而止也。䁴眕雙聲。義同。走部。趁。䞴也。䞴。趁也。亦趁䞴轉注。集韻十七真。趁䞴。行不進皃。本書馬部。駗驙。馬載重難行也。以此證知眕䁴為目有所恨而止也。廣韻引誤羨不字。説解當曰。眕也。今捝。所存者校語。【説文解字六書疏證卷七】

𥄎

◉許慎 𥄎目冥遠視也。从目。勿聲。一曰久也。一曰旦明也。莫佩切。【説文解字卷四】

◉馬叙倫 段玉裁曰。久也廣韻引作久視也。當依補。嚴章福曰。一曰旦明也。玉篇引無。日部。昒。尚明也。則訓旦明者當从日。此恐非許語。王筠曰。朱筠本旦作且。倫按下文。眛。目不明也。眛。目不明也。瞢。目不明也。與此凡四字。皆脣音。而𥄎眛眛三字同紐雙聲。倫謂𥄎眛雙聲轉注。𥄎眛同音。亦轉注字。目冥猶目瞑。下文。瞑。翕目也。合目而遠視。正謂目不明也。今杭縣謂合目遠視曰眯溪眼。正是此字。目冥遠視也不似本訓。蓋有校者識入。一曰久視也者。蓋引申義。此及一曰旦明也。皆校語。字失次。【説文解字六書疏證卷七】

眕

◉許慎 眕目有所恨而止也。从目。㐱聲。之忍切。【説文解字卷四】

◉馬叙倫 桂馥曰。晉書音義引字林。眕。目有所恨也。鈕樹玉曰。集韻類篇引無也字。韻會引恨作限。玉篇注亦作限。㐱有限義。限當不譌。倫按限字是。然此字林訓。本訓亡矣。【説文解字六書疏證卷七】

瞟

◉許慎 瞟䁘也。从目。票聲。敷沼切。【説文解字卷四】

◉馬叙倫 鈕樹玉曰。韻會引作目䁘也。恐非。桂馥曰。本書。覭。目有察省見也。沈濤曰。文選魯靈光殿賦注引作睽也。乃形近而誤。朱駿聲曰。今常州人俗語有所省視曰瞟瞟。倫按廣韻引字林。瞟目有所察。而不引本書。瞟覭一字。今杭縣有瞟一眼之語。乃謂略視一過。【説文解字六書疏證卷七】

◉許　慎　䁞察也。从目。祭聲。戚細切。【說文解字卷四】

◉馬叙倫　瞟訓䁞也。於大例為轉注字。蓋由督與䁞轉注。督與瞟轉注也。餘詳督下。【說文解字六書疏證卷七】

19【包山楚簡文字編】

畦覩【漢印文字徵】

覩荀邕集字　覩竝出華嶽碑【汗簡】

華嶽碑【古文四聲韻】

◉許　慎　睹見也。从目。者聲。當古切。覩古文从見。【說文解字卷四】

◉馬叙倫　睹音端紐。見音見紐。見端同為破裂清音。轉注字也。

覩　鍇本作古文睹從見。校者加從見二字。【說文解字六書疏證卷七】

京津二一七七　甲四三六　甲六七五　甲六八〇　甲七五三　甲八五三　甲八八三　甲九四〇

甲一二五四　甲一三八七　甲一六二九　甲一九一〇　甲二二五八　甲二五五四　甲二六〇九

甲二七〇〇　甲二六二二　乙五四七〇　河五八五　拾九・八　零四二　前二・五・七　前

二・四五・二　前四・三七・五　前四・四二・六　前四・四七・五　前五・四六・五　前六・四二・七

前七・九・一　前七・二〇・三　後一・三・五　後一・一九・一四　後一・二〇・一〇　後二・二六・

一六　戩八・六　戩八・一三　戩九・三　燕二七八　佚二三五　佚三六〇　佚八九二　鄴初

下四〇・一二　明藏六三四　寧滬一・二六八　粹一四三　菁一〇・一八　京都二二六六【甲骨文編】

甲675　680　853　883　1041　1167　1254　1387　1609　1629　1910

2049　2134　2258　2554　2581　2609　2622　2814　2882　3422　3662

乙2882　3797　5470　6083　6313　6373　6396　6433　6469　7385

7846　8424　8676　8946　珠483　851　ㄙ79　零2　5　25　45　佚260

535　557　568　892　926　945　959　970　續1・14・5　1・16・4

續1・36・1　1・39・8　1・40・3　1・46・5　2・25・11　3・12・6　5・6・5　5・24・5

6・7・3　6・14・6　6・19・8　掇97　徵3・87　3・217　4・57　8・63　12・72

京2・22・2　録275　336　528　644　鄴40・2　40・12　天21　摭18　六清92

續存1081　書1・8・13　摭續277　301　粹3　24　27　51　266　313　334

340　1167　新1616　2215　4002【續甲骨文編】

眔　小臣遽簋　令鼎　矢方彝　矢尊　臣辰卣　毛公旅鼎　静簋　𪛉簋　𦫳簋

縣妃簋　申簋　曶鼎　免簋二　永盂　井侯簋　孟簋　㝨鼎　才盤　師晨鼎　翏

生盨　翏生盨二　鬲比盨　買王卣　揚簋　𠭯鐘　弔𡜊簋【金文編】

◉許　慎　眔目相及也。从目。从隶省。徒合切。【説文解字卷四】

◉阮　元　眔。及也。即遝字之省。方言曰。遝。及也。關之東西曰遝。【吳彝　積古齋鐘鼎彜器款識卷五】

◉孫詒讓　「卜立□眔幼兄□」、六十九之四。「参眔好不貝」、百廿三之四。「眔□」，百六十三之三。此文从四、从小。攷《説文·目部》「眇，一目小也。从目少」，又「眔，目相及也，从目隶省」，又《眉部》「省，古文作商，从少囧」，三字並相近，未知孰是。【契文舉例卷下】

◉吴大澂　今經典通用逮。爾雅釋言。逮。遝也。漢碑文。逮字多作遝。如石經公羊殘碑。祖之所遝。聞劉寬碑未遝誅討。陳球碑遝完徂齊。漢時去古未遠。古文本義未盡泯也。【窓齋集古録賸稿】

◉劉心源　小徐本作讀若與隶同是也。褱字从眔得聲。不得作徒合切。説文又云。隶及也。从又从尾省。又逮下云。唐逮及也。隸下云及也。皆通用經史。亦用曁洎臮。【奇觚室吉金文存卷二】

◉高田忠周　隶及也。相及者相隶。手曰隶。目曰眔。兩字音義皆近。然此等篆文。下形似水自異。亦尾毛𣱱形也。隶字多作隶。而或作隶亦同。【古籀篇四十七】

◉林義光　小者尾省。目見尾將及之也。古作眔毛公敦。説文云。臮眔詞與也。从㐺自聲。虞書曰臮咎繇。臮古文臮。按古言及多用眔。諸彝器言小子眔服。眔小臣。眔厥僕静敦。小輔眔鼓鐘師嫠敦。僕令眔奮諆田鼎。是也。虞書臮咎繇。臮必眔字。眔从目。與自形近。或作眔𢾭鐘。亦與作臮者相類。蓋隸譌為臮。臮則依隸制篆也。【文源卷六】

◉羅振玉　古金文作眔静敵及諆田鼎。卜辭从小小小小等形。殆非从尾省也。古文尾字从尾。【增訂殷虚書契考釋卷中】

◉吴其昌　「眔」者，卜辭又作眔（前四·四七·五）眔（前四·三七·五）眔（前八·九·三）眔（後二·二六·一六）眔（菁一〇·一八）眔（前七·二〇·三）……諸變狀，其原始之本義蓋象目光外射四及之狀，故引申之義而遝訓為及。爾雅釋言云：「逮，遝也。」又云：「逮，及也。」其實，舉凡經典之「逮」皆「眔」字之隸寫而譌變者耳。推其在卜辭中之運用，義碻為及。如云「[↑]，龢眔唐」（前二·四五·二）、「且乙爽妣庚……眔兄庚」（後一·三·五）、「其眔祖丁」（後一·四·一六）、「兄庚，眔，眔兄己」（後一·七·七）、「父丁眔二牛，眔兄己」（後一·一九·一四。其他又如前七·二三·一云「雪眔風」，前四·四七·五云「麤眔䍐，䍐眔小䍐，左馬眔馬稱眔獡。」……等尚不計）。皆眔義為及之明據。降至金文，定義絶無小更。如云：「眔嗣空，眔嗣馬，眔嗣寇，眔嗣工」（揚𣪕）、「司小子。眔服，眔小臣，眔人僕」（静𣪕）、「眔卿事寮，眔諸尹，眔里君，眔百工，眔諸𥎦，𥎦，田，男」（矢彝）、「眔吴，眔玫」（㝬簋）、「令眔奮」（耤田鼎）、「虘，眔龙姬」（虘編鐘）……眔義亦確皆為及。故知「眔凡庚」（前一·一五·六）之文，正亦他辭之「眔兄庚」矣。「凡庚」者，即「般庚」也。【殷虚書契解詁】

◉陳獨秀　説文迨遝互訓，無以見義，王褒洞簫賦：鶩合遝以詭譎，注云：合遝，盛多貌；漢書劉向傳：周文開基，西郊雜遝；曹

植洛神賦：衆靈雜遝；此皆用遝與沓同義。漢書蒯通傳：魚鱗雜襲，師古曰：雜襲猶雜沓。說文沓篆从巛，从曰，徐鉉曰：語多沓沓若水之流；按說文曰部之字若朁，若曹，若沓，皆以象器形之曰趙朁鼎作[字形]，古匋曹亦作[字形]可證。非从曰，沓謂編竹之器盛水則下漏，故用為泄沓字，義與洩同，語多如流乃沓之引伸義。眔則象目水下流，甲文之[字形]、[字形]，皆即眔字，金文眔字，靜簋作[字形]，與篆文同，免簋、井侯簋皆作[字形]，象水點下滴，如甲文。今語謂水下滴曰眔眔滴，謂濕貌曰濕眔眔，集韻作潀，訓溼，今俗用搭，無義。目流水為眔，變易為涕，為洿；江淹雜體詩：洿淚猶在袂。鼻流水為濞，為洎，佩觿作臮。變易為洟，說文：洟鼻液也。為⿰鼻畀，玉篇：⿰鼻畀，鼻⿰鼻畀。用濞為水聲，用洎為肉汁；見襄二十八年左傳。口流水為四，變易為呬，方言呬訓息，乃四之引伸義。為泗，詩陳風：涕泗滂沱，傳云：自鼻曰泗，按此當云自口曰泗。用四為數名，其本義皆變，久而難知矣。廣韻眔及从眔得聲之遝，均在合韻，與沓同讀徒合切，無又音，引伸為雜遝，為合遝，周人遂合眔與弟作罤，以為罤兄之稱，說文：周人謂兄曰罤，从弟从眔。按儀禮，同姓大功以上曰昆弟，小功以下同，異姓皆曰兄弟。爾雅釋親：男子先生為兄，後生為弟。父之从父罤弟為从祖父，父之从祖罤弟為族父，族父之子相謂為族罤弟。兄之子弟之子相謂為从父罤弟。來孫之子曰罤孫。釋名亦云：來孫之子曰昆孫，昆，貫也，恩情轉遠，以禮貫連之耳。兄弟之稱古今相同，諸父諸兄之稱，猶存古母系氏族社會之舊俗，周人別之，乃造罤字，用衆多雜遝之義也，爾雅之義，似較儀禮為長。後借昆為罤，詩葛藟：謂他人昆，傳云：昆，兄也。乃知罤之音讀如昆，非眔有昆音。說文謂罤从眔，未云眔聲。詩齊風敝笱鄭箋：鰥為魚子；爾雅：鯤，魚子；初字皆當為鮌。鰥寡字則為矜之假借。王制：老而無妻曰矜。禮運：矜寡孤獨。皆作矜，不作鰥。鰥从眔者，李陽冰謂鰥當从罤省，是也。廣韻真韻有⿰禾雚，注云：古作矜；昆、罤、罤均在魂韻。詩齊風敝笱，鰥、雲為韻，雲在文韻。楚辭天問，鰥、親為韻，親在真韻。魂、文韻字多為真韻字之合口，是鰥字古讀如罤，不讀古頑切也。褱之初字為褢，說文褢訓藏，褱訓俠，一曰橐，其義一也。廣韻褢、褱均音戶乖切。徐鉉謂褱从眔非聲，而不知罤鬼雙聲也。義為披舞衣戴假面而舞蹈，人即包藏于假面與舞衣之內，故孳乳為懷，論語：懷其寶。曲禮：懷其核。初義為懷俠，引伸為胸懷、懷念。為⿰亻褢，為⿰王褢，省變為傀，為瓌。說文：傀，偉也。周禮曰：大傀異，或从玉裹聲作瓌。按後世傀儡戲，即起源于古之假面舞。廣韻⿰亻褢同傀，瓌；集韻⿰王褢同傀⿰亻褢。後漢書班固傳：因瓌材而究奇，注引埤蒼曰：瓌瑋，珍奇也。按瑰即瓌之省（玫瑰字乃借聲連語。）猶⿰亻褢省為傀，廣韻瓌同瓌、瑰，初形皆為褢。說文壞之古文作[字形]，當為隤之初文，謂土崩隤如淚落也。【小學識字教本】

◉郭沫若　余謂此乃涕之古文，殆象眼目垂淚之形。許書謂「讀與隶同」，隶涕古正同音；而从眔聲之褱，字亦在脂部。又臮洎从自聲，亦與隶涕同部。則眔實古涕字，及與之義乃假借也。逮假為及與字後，音轉入緝部，遂與後起之涕字分離；形變為臮字，而眔臮又判而為二。新出魏三字石經・皐陶謨殘字「暨（益奏庶鮮食）」，暨字古文作[字形]，隸書作臮，从自从水，从自雖已形變，从水尚不失古意；然此則又與洎字混用之所由矣。古器中如叔妘毀作[字形]，師晨鼎作[字形]，目作暨目形，與自字極相近似。【臣

辰盉銘考釋　燕京學報第九期】

◉商承祚　金文周公毁作[glyph]，免盙作[glyph]，後連其中作[glyph][glyph]（𣪘鐘静毁），即篆文所本，許訓為「尾省」非也。此與遝為一字，象雜遝而塵埃及目之形，故古文皆用作及。【甲骨文研究下編】

◉吳闓生　罘字金文習見。即洎曁字。及也。說文作眔。或讀沓者非。此字在金文从目从氺。與說文不合。故學者疑為遝之省文。不知說文眔。古文[glyph]。即罘形之訛變也。說文。罘。目相及也。从[glyph]隶省。當云隶省聲。與眔本一字。後人讀他合切。乃為音切者之誤加也。說文音切時有誤加。不可不辨。【藉田鼎　吉金文録卷一】

◉方濬益　罘即遝字。說文。遝。迨也。【𣪘鐘　綴遺齋彝器款識考釋卷一】

◉馬叙倫　嚴可均曰。小徐作隶省聲。讀若與隶同也。按末四字自誤。大徐以難通。輒删讀若。田吳炤曰。讀若以下當是小徐語。而淺人沾入之者也。⊘今杭縣謂淚相續而下曰罘罘滴。音正同此。疑此本訓注也。為泣之初文。从目。水聲。猶沓亦从水得聲而音亦徒合切也。泣从立得聲。立位一字。而位水聲同脂類。罘聲亦在脂類也。今篆作罘者。由甲文之[glyph][glyph]而變。[glyph]又水之變省也。目相及也非許文。【說文解字六書疏證卷七】

◉陳夢家　卜辭和西周金文多以「罘」用為名詞與名詞之間的連詞。所以湁司土逘逘罘圖乍厥考隫彝。應是康侯與湁之司徒兄弟所作文王的祠器。

此器若認為二人所作。則應名為「康侯圖沐司土逘毁」。若認為後者所作。則應名為「沐司土逘毁」。今為簡便計暫名為「康侯毁」。但必須指出一點。即凡屬沐或沐白諸器都有同一的族名（在銘前或銘末）。而康侯諸器則無。如此。此器應屬於沐白所作。于省吾和楊樹達（歷史研究一九五四・二・一二一至一二二頁）均不以圖字為人名。因此不以罘為連詞。他們的讀法必須以沐司土為作器者。而厥考乃指此人之父。我於一九三七年六月因見同年四月虢柏林頓雜誌載有此器。所作考釋如上。而未曾顧慮及此。【西周銅器斷代　金文論文選】

◉高鴻縉　[glyph]字原倚目畫其流淚形。由物[glyph]生意。故為眼淚之初文。名詞。商周時借用為接續詞。甲金文均如此。意如及與秦漢乃另造淚字。淚行而罘廢。其借為及與者。形或譌變作[glyph]。說文眔。罘詞。與也。从𠂢。自聲。虞書曰。眔咎繇。[glyph]古文眔其冀切。今按堯典作禹拜稽首。讓于稷契。暨臯繇。史記作禹拜稽首。讓於稷契與臯陶。可見罘之本意。漢時已亡。而其用為借意與者形復譌誤。說文解字詁林後編六八四五頁補淚篆。丁福保曰案說文無淚字。慧琳一切經音義二卷二頁。淚注引說文涕也。从水戾聲。又八卷十一頁引作淚。涕泣也。从水戾聲。許書原本當有淚篆。今逸。據補。今按自目

曰淚。自鼻曰洟(洟或作湊)。王褒童約。目淚下落。鼻洟長一尺。淚洟二字分用與今同。【中國字例二篇】

◉周萼生　眔字。説文。眔。目相及也(隶及也。漢石經公羊傳祖之所逮聞也。今本作逮。中庸所以逮賤。釋文作逮。此眔與隶音義俱同之證)。周禮秋官。司隶掌五隶之法。前漢百官公卿表。司隶校尉周官。司眔或為司隶。【郿縣周代銅器銘文初釋　文物參考資料一九五七年第八期】

◉徐錫台　眔(暨)伯□其……

眔,通既。「眔伯」,《爾雅・釋天》「既伯,既禱,馬祭也」,郭璞注:「伯,祭馬祖也,將用馬力必先祭其先。」《詩・小雅・吉日》「既伯既禱」,注:「以吉日祭馬祖而禱之。」馬祖,為天馬四房星之神。【周原出土卜辭試釋　古文字論集(一)】

◉夏　渌　卜辭中作奴隶的「隶」用的,是「眔」字,甲骨文象目流淚,本義是眼淚的「淚」,假借為奴隶的「隶」,在音意上並非毫無内在聯繫,在奴隶社會奴隶的命運是極為悲慘的,奴隶主使用代表眼淚的象形文字來代表奴隶,決非偶然。《説文》:「眔,目相及也,从目,从隶省。」已經完全弄不清「眔」字的本義和形意來源了,我們從甲骨文、金文,才弄清楚了它作「淚」的本義。

卜辭中以「眔」為奴隶名稱的文例:「有致眔(隶)鬲?」(前5・3・5)「致……眔(隶)夫……施?」(乙6313)「丙午卜:其用龜?丁酉卜貞:惠乙酉用眔(隶)?」(佚959)「丁酉卜貞:惠用眔(隶)?」(存1・1217)「那、郱、羌眔(隶)百人歸于河用?」(師友2・156)「……五牢、卯眔(隶)?」(寧滬1・257)「大乙卯眔(隶)?于上甲卯[隶]?」(京津3960)「癸亥貞:兄庚歲眔(隶)?兄己惠牛?」(後1・7・7)「丁卯卜行貞:王賓祖丁歲眔(隶),父丁歲一牢,亡尤?在一月。」(河275)「登其眔(隶)小乙?」(金20)「庚寅卜:其登父乙歲眔(隶)施?」(存2・764)「登眔(隶)般庚勺[亡]尤?在十月。」(佚568)「乙酉卜尹貞:王其賓祖乙登眔(隶)?登。」(庫1186)「甲申卜何貞:翌乙酉小乙具其眔(隶)?」(鄴1・40・12)

以上卜辭文例中「眔」和動詞致、用、卯、歲聯用,和「卯牢」「歲羌」「用龜」的體例一致,作名詞用,代表犧牲和貢獻祭品的名稱是很清楚的。特別是「那、郱、羌眔(隶)百人」的文例,「眔」為奴隸名稱尤為明顯。「眔」字的確認,事關奴隸社會史料的豐富,請容許我們再補充一些奴隶主收括奴隶、迫害奴隶的文例:

「貞:致眔?」(東大7)「貞:不其來眔?」(戩38・1)「癸丑卜貞:令見取啟眔十人于繐?乙卯卜古貞:令裓取啟眔十人于繐?」(甲2114)「王取眔僕。」(京都3030)「庚戌卜寺貞:令戔歸眔右示十牙(夏)?」(京津2177)「眔五十牙(夏)。」(京津308)「北社……多眔?」(佚742)「惠戌馬,呼眔往?」(寧滬1・50)「于王亥丏邛……呼眔……?」(前7・21・2)「壬子卜寺貞:惠國呼眔?」(甲2258)「多工令眔災方?」(金413)「癸丑卜:王進不斗眔?」(南南2・144)「……卜寺:令木眔致簟衛有擒?庚寅卜貞:令眔曡衛擒?」

睽

（甲1167）【古文字奴隸名稱補遺　武漢大學學報（社科版）一九八三年第三期】

◉趙　誠　眔，甲骨文寫作，象目垂淚之形，即古涕字。卜辭用作副詞，有「共同」「一道」之義。

癸亥卜，彭貞：大乙、且乙、且丁眔鄉（合四六）。——大乙、祖乙、祖丁共同受饗。鄉，象兩人相對就食之形，即古饗字。祭饗之饗典籍寫作享。

從一般的詞義觀念來看，眼淚與「共同」之義似無聯係，則眔用作副詞為借音字。如果古人以為眼淚是紛紛然滴落，有同時下垂之義，則眔用作副詞的「共同」、「一道」之義應是本義之引申，也可以説是詞義的抽象、虚化。這是一個尚待進一步研究的問題。【甲骨文虚詞探索　古文字研究第十五輯】

◉徐中舒　象目垂涕之形，郭沫若謂當係涕之古字，《金文叢考》。其説可從。卜辭借為與及之義，至《説文》乃分為眔臮二字。眔字篆文與甲骨文略同，《説文》：「眔，目相及也。从目、隶省。」按「目相及」亦借義，謂「从隶省」者不確。臮字篆文作，乃之形譌。三體石經《臯陶謨》作，從水尚存初形。《説文》：「臮，衆與詞也。」與卜辭用法近，典籍或假暨為之。【甲骨文字典卷四】

睽　从䀠大簋　睽土父鬲　【金文編】

◉許　慎　目不相聽也。从目。癸聲。苦圭切。【説文解字卷四】

◉高田忠周　説文。左右兩視也。从人癸聲。又睽。目不視也。从目癸聲。其古文如此。佚亦當作也。又易序卦傳。睽者乖也。乖離。即不相視也。佚睽皆一義之轉。實當同字。其義主于目。作睽為正字無疑。轉為左僖十五傳歸妹之睽。字作佚或可。【古籀篇三十二】

◉高田忠周　廣蒼。睽。目少精也。轉義。易序卦。睽者。乖也。褋卦。睽。外也。又疊韻連語。魯靈光殿賦。顱顤顟而睽睢。注張目皃。蓋不視故張目而望也。其狀䀠然矣。故此篆从䀠為正形。小篆从目省文耳。劉心源云。案此字从䀠从癸。舊意䀠為並目。與目同義。故讀睽。心源疑是東字。説文桒臿也。从木入象形。䀠聲。散氏槃。𢾊東父作。亦此字。此亦是人名。今姑仍舊釋而存䀠説于此。此攷非是。彼實東字。下明从木。此作。與木迥別。而明癸字。【古籀篇四十七】

◉柯昌濟　嬰舊釋作睽。从䀠則古文也。【大敨　韡華閣集古録跋尾丙篇】

◉馬叙倫　沈濤曰。易睽卦釋文一切經音義皆引作目不相視也。蓋古本如是。目宜言視。不宜言聽。今本乃誤字之顯然者。桂馥曰。李燾本亦作目不相視也。本書。倸。左右兩視。聧。耳不相聽也。馥謂从耳之聧當云聽。从目之睽當言視也。鈕樹玉曰。易釋文及韻會引聽作視。廣韻睽引説文。目少精也。聧引説文耳不相聽。説文無聧。蓋誤以玉篇為説文。玉篇。睽。乖也。目少精。聧。耳不相聽。焦循曰。宋本釋文引説文與今本同。董真卿周易會通引呂東萊音訓中所引釋文引説文。亦作目不相聽。惟通志堂本釋文改為目不相視。盧文弨謂作視乃妄人所改。是也。説者以目不司聽。故改説文聽字作視。或以睽訓目少精。聧訓耳不相聽。皆非也。玉篇目部。睽。乖也。目少精。耳部。聧。耳不相聽也。廣韻十二齊。睽。異也。乖也。外也。引説文目少精。聧引説文耳不相聽。説者據此以為説文本有睽聧二字。脱去耳部聧字。後人遂以聧之訓入睽下。而改耳為目耳。愚考玉篇次第大率本之説文。耳部聶字以上用説文者。必明標説文曰三字。較他部為最詳。獨聧字不標説文。且遠附聶字之後。其目部睽字與説文目部睽字次序相等。又考説文。矔。目多精也。矈。目精也。眊。目少精也。矘。目無精直視也。於目之有精無精詳備無遺。而目少精之訓已有眊字。不得又有睽字。而玉篇於矈字用説文之訓。於矔字則改為轉目皃。眊字改為目不明皃。遂以目少精之訓移於睽字矣。盖玉篇自唐末孫強之後屢經增改。此改必見目不相聽語晦難解。不用説文。别尋他説。原非説文本如是也。倫按人部。倸。左右視也。即此字訓。倸或睽之異文。本書有⿰耳闋無聧。目有左右兩視。耳無左右兩聽。耳不相聽謂聾聵也。乃⿰耳闋字義。然則玉篇廣韻之聧字即本書⿰耳闋字。目不相聽也校語。本訓捝矣。廣韻引作目少精也者。乃廣蒼文。見一切經音義一引。大毁作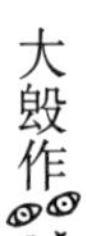。【説文解字六書疏證卷七】

◉戴家祥　説文八篇「倸左右兩視也，从人癸聲」，又四篇「睽目不相視也，从目癸聲」，古文美惡不嫌同名，疑倸睽本為一字，兼有相反的兩義。兩字義主於目，當以睽為正，睽既訓不相視，又有張目而視之義，如「衆目睽睽」等等，後人為了从字形上區别兩種相反的意義，才孳乳出倸，文字中這種例子很多，如亂字兼有治理和煩亂兩種相反的意義，後人為了表示區别，孳乳出𢿢。説文三篇「𢿢，煩也」。金文嬰即睽之繁，通倸，用作人名。嬰舊釋睽，説文四篇「睽目不相聽也。从目癸聲。」唐韻癸讀「居誄切」，見母脂部。睽讀「苦圭切」，溪母支部，聲韻俱近。日本高田忠周謂睽倸同字。古籀篇三十二册第十六至十七葉。按唐韻倸讀「其季切」，郡母至部。易睽卦馬融、鄭玄、王肅、呂忱並音圭，與倸聲韻亦近。【金文大字典下】

◉許　慎　眛目不明也。从目。末聲。莫撥切。【說文解字卷四】

◉馬叙倫　嚴可均曰。下文。眜。目不明也。在目病類。眛亦目病。而跳在此。若非轉寫失次。即此篆是後人加。倫按下文。眜。目不明也。音亦明紐。古書未末二字每通用。論語子張。抑末也。釋文。末。本作未。左傳十五年傳。吳夷眛。公羊作夷昧。山海經中山經。沫山。沫水出焉。注。沫。水經作沬。是其證。倫謂未末一字。詳未字下。則眛眜亦一字也。嚴可均疑此為後人所加。是也。日部。昧爽。旦明也。昧昒轉注。昒下曰。尚冥也。尚冥謂昏明之間。則知目部亦當有眛無眜。【說文解字六書疏證卷七】

瞥 2721【古璽文編】

◉許　慎　瞥轉目視也。从目。般聲。薄官切。【說文解字卷四】

◉明義士　□ 从舟从目，說文所無。疑即玉篇之瞥字。在卜辭為地名。又見續編卷五第六葉四片：「□亥卜王白□作□□循其受㞢又。」

本片為龜甲之首左甲，前編卷六第四葉四片為尾右甲，乃一甲所折，其餘則尚待拼合也。【柏根氏舊藏甲骨文字考釋】

◉馬叙倫　轉目視也疑非本訓。【說文解字六書疏證卷七】

◉許　慎　辬小兒白眼也。从目。辡聲。薄莧切。【說文解字卷四】

◉馬叙倫　小兒白眼疑為眅字義。或非本訓。瞥辬雙聲轉注。故戰國策齊策。田瞥。高注。瞥讀鄭游眅之眅。姚宏謂瞥恐是瞥。瞥同眅。蓋借瞥為眅。或曰。小兒白眼者。非多白眼。乃如阮籍之白眼。小兒每作是態也。然則辬亦與瞥轉注。阮籍白眼。固轉目視也。【說文解字六書疏證卷七】

◉許　慎　眽目財視也。从目。𠂢聲。莫獲切。【說文解字卷四】

◉馬叙倫　嚴可均曰。廣韻廿一麥引作目衺視也。據偏傍从𠂢。則衺字為長。𠂢。水之衺流別也。段玉裁曰。財當依廣韻作邪。邪當作衺。此與見部覛字音義皆同。桂馥曰。釋詁。覛。相也。郭注謂相視也。馥疑財為相之譌。文選古詩。眽眽不

得語。李善云。眽眽。相視也。翟雲昇曰。類篇引作目略相視也。朱駿聲曰。當為覛之或體。倫按玉篇亦作相視也。倫謂眽覛一字。爾雅釋詁釋文。覛。字又作眽。十一篇覛下曰。衺視也。蓋借覛為眪。眪覛雙聲也。目財視也當為相也視也。一訓校者加之。目字蓋傳寫之譌羨者也。或相字捝木旁也。一本相譌為財。校者注於目字之下。傳寫并如今文。國語周語。順時覛土。韋注。覛。視也。【說文解字六書疏證卷七】

⿰目脩

◉許　慎　⿰目脩失意視也。从目。脩聲。他歷切。【說文解字卷四】

◉馬叙倫　鈕樹玉曰。韻會引作⿰目條。文選魏都賦。⿰目條焉失所。五臣注作⿰目條。李注作⿰目脩。引此失意視也。徐鍇引魏都賦作⿰目脩。即李本也。段玉裁曰。魏都賦。⿰目條焉失所。李本同。篆當依選作⿰目條。脩聲當作條聲。⿰目條音他狄反。正猶滌之切亭歷也。皆於條取聲。脩聲不得切他狄也。譌為⿰目脩。乃溷同脩字。而篇韻皆曰敕周切矣。倫按失意視也非本訓。似校者依魏都賦作義。賦用⿰目脩字似當作⿺辶脩。⿰目條焉失所。言其疾失耳。此蓋久捝本訓矣。沈濤承培元皆依段說。倫謂脩⿰目脩乃先後所作。不妨同从攸得聲。而音隨作字之時為異同。至此音他歷切。鍇本作他狄切。皆唐音。固不足據以疑造字時不从脩而从條也。韻會引作⿰目條者。或本有重文作⿰目條。傳寫譌為正文耶。【說文解字六書疏證卷七】

⿰目𦎫

◉許　慎　⿰目𦎫謹鈍目也。从目。𦎫聲。之閏切。【說文解字卷四】

◉馬叙倫　錢坫曰。今人謂目睹物遲頓為⿰目𦎫。聲如鈍。倫按謹鈍目也者。當作謹也目鈍也。目鈍也與下文瞤。目動也。詞例相同。五篇。𦎫讀若純。是⿰目𦎫鈍以雙聲疊韻為訓。⿰目𦎫為視不敏病者。當訓鈍視也。今杭縣謂目不敏病曰眼鈍。即此字。謹也者蓋惇字義。校者加之。【說文解字六書疏證卷七】

瞤

◉許　慎　瞤目動也。从目。閏聲。如勻切。【說文解字卷四】

◉馬叙倫　桂馥曰。目動也者。今北俗謂之眼跳也。翟雲昇曰。一切經音義十八引作目搖動也。二十引作目搖也。【說文解字六書疏證卷七】

◉許　慎　矉恨張目也。从目。賓聲。詩曰國步斯矉。符真切。【説文解字卷四】

◉馬叙倫　段玉裁曰。今詩作頻。蓋三家詩作矉也。倫按恨張目也乃恨視也張目也二訓。而皆非矉字本義。恨視也乃盻字義。盻。从兮得聲。兮从气得聲。詳兮字下。气聲脂類。矉聲真類。脂真對轉。盻音匣紐。矉音奉紐。奉匣同為摩擦次濁音。古或借矉為盻耳。張目也者瞋字義。瞋矉聲同真類。亦古借矉為瞋也。此二訓疑皆校者加之。矉次瞤下。瞤聲亦真類。則轉注字也。【説文解字六書疏證卷七】

佚61　卜306【續甲骨文編】

◉許　慎　眢目無明也。从目。夗聲。一丸切。【説文解字卷四】

◉馬叙倫　鈕樹玉曰。繫傳有讀若委三字。疑脱。近刊本增宛字。當不誤。段玉裁曰。左傳音義引字林。眢井無水也。一皮反。一皮即委之平聲。倫按段玉裁謂當讀若委。倫謂段説是也。古語謂凡喪其所有為委。故人無精神曰痿。草木無色曰萎。井無水曰眢井。目無明曰眢。音皆當如痿。廣雅釋詁。痿。萎也。以萎釋痿。猶眢讀若委矣。劉秀生曰。夗聲影紐。委从禾聲。亦在影紐。故眢从夗聲得讀若委。宀部。宛。从宀。夗聲。周禮天官染人。夏纁玄。注。故書纁作䵪。夏官司勳。注。故書勳作勛。本書力部。勳。从力。熏聲。古文从員聲作勛。土部。壎。樂器也。以土為之。六孔。从土。熏聲。周禮春官小師作塤。貝部。員。从貝。口聲。舛部。韋。从舛。口聲。爾雅釋訓。委委佗佗。釋文。委。諸本作禕。夗聲如熏。熏聲如員。員韋並从口聲。韋聲如委。是其證。倫謂委宛歌元對轉也。此字失次。目無明謂有目而不能見物也。當與瞽睃相次。此字疑出字林。蓋尚有一曰井無水也。【説文解字六書疏證卷七】

◉于省吾　卜辭有字。亦作等形。唐蘭云。即盾之本字。當讀為循。天壤閣考釋五一。按唐説誤矣。字从夗从目。即眢字。金文飧字从夗。如商器臣辰卣作。臣辰盉作。周器䜌鼎作。吕鼎作。余所藏商器能匋殘尊。[夗口]从夗作。周器量盨。画亾余一人。字舊不識。即夗。應讀為怨。列國器右里盌。盌字从夗作。形已譌變。説文以夗為从夕从卩。失其朔矣。前三・二二・三。甲申卜。穷貞。王大示。三・二二・四。貞钔。王自甲大示。十二月。五・二・四。□午卜。貞。聂自甲夫大示隹牛。小示叀□。羊六・八・四。貞。☐。殷虚卜辭六二八作。辭已殘。佚五六一。丁子卜。穷貞。出于大示。通纂别二・八。庚寅卜。其又羌甲南庚甲小辛。諸眢

睢 

字均為祭名。説文。眢。目無明也。與祭名無涉。眢金文通作⿱宛食。臣卣。王初⿱宛食旁。辰臣盉。唯王大龠于宗周祰⿱宛食葊京年。吕鼎。王⿱宛食于大室。⿱宛食从宛聲。宛从夗聲。與眢从夗聲字異而音同。説文。豋。豆飴也。从豆夗聲。玉篇食部。䬴。餚也。飴和豆也。亦作豋。蒼頡篇。䬴飴中著豆屑也。廣韻入聲八物。⿱宛食飴和豆也。是豋與䬴⿱宛食同字之證。要之。商之眢祭。即周之⿱宛食祭。惟未知其祀典之詳。存以待考。【釋眢 雙劍誃殷栔駢枝續編】

◉李孝定 楊氏於其所著甲文説四十一葉誤引前三・二二・四之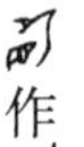作。辭云「貞𢆶王自上甲眢大示十二月」，眢字作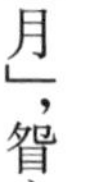。之左右數小點乃蝕痕，非从水。于省吾釋眢可从。楊氏誤仞為眉字，遂謂字當屬上讀為「上甲微」。前於眢字條下漏引楊氏此説，補正於字。【甲骨文集釋第四】

◉張亞初 卜辭有眢字(綜類一〇一頁)，都是祭名，假借為⿱宛食。西周銘文都作⿱宛食。⿱宛食為設菜餚之祭。眢字从目从夗聲，讀為剜。集韻平聲支韻「字林井無水，一曰目無明」，元韻和桓韻又云：「説文目無明也，一曰廢井。」眢字六書故訓「眸子枯陷」，廣韻訓「目空貌」。這個字是挖目之刑的形聲字，挖目後就「目無明」、「目空」、「眸子枯陷」。其引伸義則為井枯無水，訓為廢井。所以从夗从心為怨。从夗从刀為㓟，剜，都訓挖、削。廣雅釋詁：「削，剜也。」説文削訓挑取。㓟、剜本義就是挖目，把眼珠挑取出來。所以削、剜都有挖空之意。其初文為夗，後从刀作㓟。集篆古文韻海卷一以㓟、剜、眢為同字，這是很有道理的。眢字从目，是以目為義符，以夗為聲符的形聲字。【古文字分類考釋論稿 古文字研究第十七輯】

◉姚孝遂 甲骨文有「眢」字，其形體的變化過程如下：

其中「」以「二」作為省略「」和「」的標誌。【説「一」 第二屆國際中國文字學研討會論文集】

 5・361 東武東閒居貲不更睢 【古陶文字徵】

 睢陵長印  睢陵家丞  睢陵馬丞印  祭睢 【漢印文字徵】

◉許 慎 睢仰目也。从目。隹聲。許惟切。【説文解字卷四】

◉馬叙倫 桂馥曰。仰目也者。字林同。一切經音義十二引作仰目皃也。倫按唐寫本切韻殘卷五支引仰目。睢。為盱之音同曉紐轉注字。此字蓋出字林。【説文解字六書疏證卷七】

旬　伯旬鼎【金文編】

◉許　慎　目搖也。从目。匀省聲。黄絢切。旬或从旬。【説文解字卷四】

◉林義光　古作伯筍父盨筍字偏旁。旬眩也。為眩轉之象。劇秦美新。臣嘗有顛眴病。是旬即眩也。【文源卷七】

◉馬叙倫　沈濤曰。一切經音義十二及十八引作目搖動也。十八云。瞤。古文眴同。據玄應所見本。瞤眴一字。朱駿聲曰。旬與瞚略同。與瞤别字。倫按朱説是也。玄應書十二引。瞬。古文旬同。説文。目搖動也。是玄應所據與此同。但多一動字。彼自以眴旬為瞤之古字耳。其實彼引目搖動也者。乃一本説解本作目搖也目動也。目動也即瞤字義。校語。一本乃并之耳。彼據本如此。而瞤訓目動。乃以旬為瞤之古字矣。瞤者目自然動。即俗所謂眼跳。目搖則人使之然也。特語原同耳。餘詳瞚下。

勹部。旬。徧也。十日為旬。从勹日。㫑。古文。倫謂旬。从目。匀省聲。詳旬字下。眴。从目。旬聲。文選西都賦舊注引倉頡篇。眴眴。目視不明皃。則本書眴當為正字。今為重文。此亦傳寫倉頡者。以字林字易其本字之證也。【説文解字六書疏證卷七】

◉丁　驌　尚書説命「若藥弗瞑眩厥疾弗瘳」，疏：「瞑眩者，令人煩悶之意也。」如从此疏，則有良藥苦口之喻。但如讀説命上下文，便知此話乃直説者，非反説者。應是藥不治病，其疾弗痊之意。瞑，閉目也；一作眠，安卧也。此瞑眩之瞑，當作安字解。眩，目迷離也，視不明也。眴，目動搖也。素問刺瘧謂患者「目眴眴然」，注曰：「目動搖而不明也。」故瞑眩即瞑眴，即安定動搖不止之目也。按疾病沉重，腦失控制，雙目方有眴眴之狀，此殆發高熱病危之狀，故藥如不能安定目之動搖，其疾不可治也。因之眴字，便用以代表沉疴之意。

卜辭問疾病曰其疾眴，不其眴。恰與前人釋寵之意相背。「疾眴」，危也。「不其眴」，安也。問病不限於目，亦用於疾足、疾齒、疾耳，以至於舌、鼻、歆、身、音皆作是云云。嚴氏以眩病説「疾眴」，偶失之耳。風眩之症，不見卜辭。有者只是「凸風有疾」，乃風濕症也。

眴字除前述作人名，上述為疾危之意外，似亦為地名、人名、祭事名。如：

干妣己福子戒（）、（）眴。貞福于母庚，眴。（存下二二四）

貞乎子帘福于出妣（此豕種名）出，眴。（合一七〇）「：盧」

貞㞢于妣庚宗眴。(乙一八五八)

乙巳卜扶眴疾敀。(甲三四八三)

乙亥卜我……辛鬲……入豕于眴。(乙六二九八)

丙寅卜貞衣。今月其𥂴(□)。左𥂴执。眴九月。(南南二·一〇八)「此二月字均同作□。□：盟字。」

庚子貞夕福……羌卯牛一。眴。(掇二·一七二)

貞于眴王𡆥？(存下一三七)

于眴登盧？

卜其邑。眴。兹用(後下六·一四)

丁未卜眴隹若。(戩五·一五)

辛亥……告，眴于父丁一牛。(粹三六五)

貞告眴于……戊午卜㱿貞𦎫不喪衆。(寧三·四三)

辛巳卜旅貞：眴不，既□，其亦尋奏，叀丁亥酒十一月。(掇二·四八七)「□疑是胙字。」

己巳貞：眴不，既□，其亦奏，自上甲，其告于丁十一月。(海二·九)

庚辰卜旅貞：眴不，既□，其亦尋，其既，㱿于上甲。(金七二九·七三〇)

辛未卜大貞：眴不，既……(京三二二一)

辛亥卜𢓊貞：眴不，既□其亦奏叀丁巳酒。(文五四四)

此最後五辭句法甚少見。標點句讀為余之見解，疑仍係貞問疾病之辭。有二辭曰「眴」，似為人名與地名，有一二辭似以此眴字代旬字。其它各辭，眴作何義，未能明也。按眴字形近乎𢁉字，其義亦近。辭曰「貞㞢疾目，不其眴」(乙九六〇)。它辭作「貞疾目不𢁉□」(拾一〇·三)。又如「貞㞢疾，眴」(乙六四一二)，它辭曰「疾□」(乙五六三四)，皆有惡意(按□、□未有釋，暫寫為𢁉，疑為翅，疾沉重也)。眴字又有肇源之意，如「乙未㱿貞妣庚眴王疾」(乙三〇六六)，與「貞隹多妣肇王疾」(乙六五二四)，辭類義同也。【中國文字第三十二册】

◉劉樂賢 《漢印文字徵》卷四·三收有□字，羅先生隸定為眗。按《說文》有旬字：「目搖也，从目勻省聲。眴，旬或从旬。」印文眗从目勻聲，可證《說文》勻省聲之說不誤。故眗當即旬字。【秦漢文字釋叢 考古與文物一九九一年第六期】

◉許　慎　矆大視也。从目。蒦聲。許縛切。【說文解字卷四】

◉馬叙倫　見部。䁨。大視也。與此為雙聲轉注字。然李善文選海賦注引雖同此。而魏都賦注不引本書。疑大視也乃字林義。一切經音義十二引聲類。矆。大視也。矆為矆之譌。文選賦正作矆。而字林之訓每本聲類也。本訓視也。或此字出字林。【說文解字六書疏證卷七】

睦 弘睦子則相 【漢印文字徵】

睦　睦　睦出郭顯卿字指　睦見尚書　睦 【汗簡】

竝古孝經　說文　碧落文　古尚書　郘昭卿字指　古尚書　崔希裕纂古 【古文四聲韻】

◉許　慎　睦目順也。从目。坴聲。一曰敬和也。莫卜切。□古文睦。【說文解字卷四】

◉劉心源　遹當是睦。許印林釋招。見攈古録三之一。所引招變體皆無來歷。一踵薛氏之謬。所不敢信。詳君夫敵。此字从□。即𡍮。詳曶鼎與眚省作□者異。从□即辵。古刻偏旁从辵者亦作□。如矢人盤復字。古刻復多从辵。緐鼎還字可證。【奇觚室吉金文述卷四】

◉商承祚　□　說文「□。古文睦」。案段桂本。依戴侗六書故改从□。是也。汗簡从□誤。【說文中之古文考】

◉馬叙倫　桂馥曰。目順也者。目順成也。段玉裁曰。一曰五字疑後人增。徐灝曰。睦之本義謂目順。引申為凡和順之義。一曰五字段以為後增。是也。倫按目順也似難通。疑目下挩口也二字。順也者。乃育字之義。賣讀若育。賣睦皆从坴得聲。故得借睦為育。疑𡍮為覿之初文。

嚴可均曰。篆當作□。从古文目。此从囧。譌。段玉裁曰。篆當依六書故作□。从古文目。坴聲。朱孔彰曰。汗簡作□。云見說文。囧部有□。云睦見尚書。倫按汗簡引雜字指睦字作□。字指蓋本古文官書。官書本石經及汲冢竹書古文。則字出字林。呂忱依官書加之。【說文解字六書疏證卷七】

◉陳夢家　作器者名。或从阜或省。字近於說文睦之古文。或是睦或陸字。睦陸古相通用。同訓厚。【西周銅器斷代金文論文選】

瞻

茲瞻私印　李瞻私印　瞻台虞印　王瞻私印　【漢印文字徵】

瞻　【汗簡】

古孝經　義雲章　【古文四聲韻】

◉許　慎　臨視也。从目。詹聲。職廉切。【說文解字卷四】

◉馬叙倫　王筠曰。釋詁毛傳皆曰瞻。視也。翟云升曰。韻會引作仰視也。臨視仰視均未合。經書瞻但訓視。徐灝曰。篇韻皆但訓視而無臨字。疑為後人妄增。倫按臨視也當作臨也仰視也。臨也校者加之。轉捝仰字耳。仰視蓋儼之引申義。餘詳瞷下。【說文解字六書疏證卷七】

◉黄錫全　瞻　鄭珍認為此形是「詹之誤，當作，以产形移八於上，改从古言」。按夏韻鹽韻録石經詹作，録《古孝經》瞻作、《義雲章》作。此形原蓋作，與上舉字所从之彥同。产（彥）字一音「顔」，一音「詹」。詹字从彥，猶如産字或作（璽彙3661）。本書言部録華岳碑「詹」作，亦从彥。此假彥為瞻。【汗簡注釋卷四】

瞀

呂瞀　賤子瞀印　【漢印文字徵】

◉許　慎　氐目謹視也。从目。敄聲。莫侯切。【說文解字卷四】

◉馬叙倫　此瞤之轉注字。氐目謹視也當作氐視也。校者改之。或此校語也。【說文解字六書疏證卷七】

◉于豪亮　二公孫⿱矛目　《江夏黄氏古璽集林》有古璽「公孫⿱矛目」，其文如下：

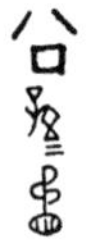

第三字作⿱矛皿，⿱矛皿即⿱矛目字。⿱矛目字乃瞀字之或體。蓋《說文·髟部》之髮字或作髳，《雨部》之霚字，籀文作雺。則⿱矛目字必為瞀字無疑。

瞀與牟通，《莊子·讓王》「湯又因瞀光而謀。瞀光曰：非吾事也」，《荀子·成相》「身讓卞隨舉牟光」。牟光即瞀光，是瞀與牟通也。瞀又與務通，蓋瞀光又作務光，《史記·伯夷列傳》「上古有卞隨、務光者，此其何以稱焉」。是其證。此公孫⿱矛目之⿱矛目儻讀為牟或務歟？【古璽考釋　于豪亮學術文存】

◉許慎　䁅小視也。从目。買聲。莫佳切。【説文解字卷四】

◉馬叙倫　見部。覙。小見也。與此雙聲轉注。䁅瞀睸皆脣音。疑小視謂子細看。如短視者然。亦眊音之衍也。【説文解字六書疏證卷七】

◉許慎　⿰目監視也。从目。監聲。古銜切。【説文解字卷四】

◉馬叙倫　段玉裁曰。釋詁。監。視也。釋文。監。字亦作⿰目監。徐灝曰。此等皆後來增加之字。非古所有。倫按此瞻之轉注字也。瞻音照紐。古讀歸端。⿰目監音見紐。皆破裂清音。又詹聲談類。監聲侵類。亦最近旁轉也。此與見部覽為一字。覽音轉為盧敢切。在來紐。古讀歸泥。端泥皆舌尖前音也。與監非一字。監為卧之轉注字。【説文解字六書疏證卷七】

◉許慎　䁈省視也。从目。啟省聲。苦系切。【説文解字卷四】

◉馬叙倫　趙宧光曰。論語。啟予足。啟予手。當用䁈。倫按从目。攺聲。本書無攺字。故曰。啟省聲。省視也當作省也視也。省也當作相也。金文省相二字相亂。故誤為省。視也者。校者加之。䁈為相之轉注字。䁈音溪紐。相古讀如省。故古書多借省為相。詩采蘋。于以湘之。韓詩作鬺。鬺从傷省聲。傷省音皆審紐。古讀審歸透。透溪同為破裂次清音也。此字或出字林。【説文解字六書疏證卷七】

乙四〇五七人名　貞乎相專牛　簠雜八九　前二·一七·四　前五·二五·五　前七·三七·一

【甲骨文編】

乙4695　珠1182　佚787　999　掇130　六束128　新2670　【續甲骨文編】

相　相侯簋　折尊　庚壺　中山王譽壺　四年相邦戟　【金文編】

5·394　秦詔版殘存「相狀綰灋度量則不壹」九字　5·398　秦詔版「廿六年皇帝盡并兼天下諸矦……」共四十字　【古陶文字徵】

196【包山楚簡文字編】

相 秦二一 十四例 法一六七 二十例【睡虎地秦簡文字編】

亡又—臺(甲12—7)、四神—戈(乙4—1)、乃趄冒〃 吕逌—□思(乙7—35)【長沙子彈庫帛書文字編】

0164 4563 4561 1859 0094 3210 3984【古璽文編】

萱侯相印 蠡吾國相 長社侯相 弘睦子則相 相里潘吾 梁丘相如 趙相私印 新相光印

相產【漢印文字徵】

郎邪刻石 丞相臣斯 詔權乃詔丞相 漢郎邪相劉君墓表 詛楚文吕底楚王熊相之多辠 開母廟石闕

相宥我君 景君銘領 尚君殘碑領 禪國山碑 丞相沇 楊統碑領【石刻篆文編】

古老子 古孝經 古老子 同上【古文四聲韻】

◉許 慎 相省視也。从目。从木。易曰。地可觀者莫可觀於木。詩曰。相鼠有皮。息良切。【說文解字卷四】

◉吳大澂 古相字。从。十目所視也。相作。父丁觚。【說文古籀補卷四】

◉羅振玉 易曰。地可觀者莫可觀於木。此从目从木。與許書同。或从。乃木之省。猶他从林之字或从矣。古金文亦多省木作。與此同。【增訂殷虛書契考釋卷中】

◉林義光 从木非取其可觀。凡木為材。須相度而後可用。从目視木。古作。相侯敦。【文源卷卷六】

◉丁佛言 古鉢孟相如為目之變。或釋栖。非。周秦間文字多變更古體。不能以形似求之。【說文古籀補補卷四】

◉高田忠周 爾雅釋詁。相。視也。又說文。詩曰。相鼠有皮。是以證轉義也。書盤庚。相時憸民。禮記月令。善相邱陵。詩棫樸。金玉其相。皆亦然矣。有形可觀。故可觀之形亦謂之相。或云此義叚借為像。【古籀篇四十七】

◉郭沫若 「相」字作，余以為乃相貌字之初構，蓋象眉目之形。近人以曶鼎揚毁豆閉毁等「既眚霸」之眚字與此形近，遂疑此

亦「眚」字，讀為省。然余謂此乃判然二字也，今就金文中所見相眚二字之例比列於下：

〔相〕本銘　圉子鼎　公違鼎　公違鐘　盂鼎

〔眚〕揚𣪕器　同蓋　豆閉𣪕　散氏盤　宗周鐘

眚乃生之初字，乃象種子迸芽之形，字不從目。其或從目作者乃因形近而譌。且最可注意者，五相字所從目形其內眼角之上眼瞼均下垂，形成所謂眼瞼縐襞(Epicanthus)，此乃蒙古人種之特徵。五眚字疑似目形之下部均無此現象。獨有眚觚一器作，竟從目作，則字之譌變蓋自周代以來矣。又盂鼎文「雩我其遹省先王受民受疆土」宗周鐘文「王肇遹眚文武堇疆土」，語例甚相近，似不應一為相，一為省。案此於事無傷也，因義同不必字同。「遹相」「遹省」乃同義語，大雅文王有聲復言「遹觀厥成」。更專就此器而言，「顯相」連文乃古人常語，讀相且與唐字為韻，與全部銘語均諧，讀省則格塞不能成語矣。故即使單有此銘一例，亦可知𥄉必為相。【大豐𣪕韻讀　殷周青銅器銘文研究卷一】

◉強運開　公違相鼎公違相自東在新邑。羅振玉云。相字从目从木。許君引易曰。地可觀者莫可觀於木。以釋从木之義。殷虛文字乍。與篆文同。亦乍。古金文从从乃木之省。如杞字。殷虛文字乍。亦乍。其證也。運開按。金文中等字形雖相近。然實有別。蓋相字从。為木之省。眚字从。乃生之省。各就文義求之。自可見也。【說文古籀三補卷四】

◉馬叙倫　省視也當作省也視也。省也蓋校語。省音審紐。相音心紐。同為摩擦次清音。借省為相耳。从目。楊省聲。詩采蘋。于以湘之。韓詩作鬺。是相可从楊得聲之證。鬺即三篇鬲部之䰞字。从鬲。羊聲。羊音喻四。而䰞音審紐。楊亦喻四。而相音心紐。心審喻四皆摩擦次清音也。易曰以下皆校語。字見急就篇。甲文作。相矦𣪕作。公違鼎作。

【說文解字六書疏證卷七】

◉楊樹達　𣐭字上从目，下从木，與左从木右从目之相字同。甲文亦有左从木右从目之相字，見書契前編卷貳拾柒之肆及卷伍廿伍之伍。此偶異其形耳。𣐭相為一字，猶說文木部記李或作杍，李杍為一字矣。相四邑者，相當讀為傷。⊘說文十二篇下戈部云：「戕，傷也。」戕傷義同，故彼二辭云戕，此辭云傷矣。詩召南采蘋云：「于以湘之」，漢書郊祀志顏注引韓詩作「於以鬺之」，此相聲昜聲二字通作之證也。

金文𡩠鼎云：「王令趞㦤東反夷，𡩠肇从趞征，攻龠戰無商敵，相於阜身。」相亦當讀為傷，與甲文可互證也。【釋相　積微居甲文說卷上】

◉于豪亮　相字古璽中多作相或梖,此獨从人作伹,但確為相字無疑。《十鍾山房印舉·四·二十九上》有「相室」印,字作:□□。《十二家吉金圖録》卷下「王后左相室鼎」,銘文云「王后左相室」,字作:□□。由後二者知前者確為「相室」。「相室」應為家相、室老、家老之異名,蓋「相室」與家相、室老、家老之涵義完全相同。則相室固不得以相國或女人釋之。【古璽考釋　古文字研究一九八〇年第五期】

◉李孝定　梖當是「相」字,字在本銘為人名,無義可求。【金文詁林讀後記卷六】

◉楊樹達　目視木,目為主視者,能名。木為被視之物,所名。【文字形義學】

◉睡虎地秦墓竹簡整理小組　相讀為霜。《説文》:「霜,喪也。」《白虎通·災變》:「霜之為言亡也,陽以散亡。」孀字是後起字。【睡虎地秦墓竹簡】

◉袁國華　「□」字見「包山楚簡」第149簡,疑即「相」字。戰國文字「相」作□楚帛書□中山王壺□庚壺。「包山楚簡」「目」字的寫法原作「□」(簡196「相」字所从),後亦寫作「□」(簡259「輯」所从),因其易與「且」字字形作「□」(簡116「鄘」字,簡202、213「虘」字所从)混淆,為求容易辨識,乃於「□」下加二「一」畫,而寫作「□」,其作用與「庚壺」「相」字所从「目」字,下多加二「一」作「□」,意義是一樣的,因此,「□」應是「相」字的不同寫法。【「包山楚簡」文字考釋　第二屆國際中國文字學研討會論文集】

◉戴家祥　金文相字不用本義,旂尊、相医毁用作方國名,中山王壺用為輔佐之義或官職名。【金文大字典中】

瞋

□　瞋　語二一　【睡虎地秦簡文字編】

◉許　慎　瞋張目也。从目。真聲。昌真切。【説文解字卷四】

◉馬叙倫　□　眓。祕書。瞋从戌。鍇本祕作秘

惠棟曰。祕書疑即緯書。宋保曰。瞋或从戌聲。猶世讀若寘。段玉裁曰。真聲戌聲同在十二部。朱孔彰曰。戌恐是□之譌。□古文真字。丁福保曰。祕書當作賈祕書説。倫按惠説為長。九篇。易。祕書説。日月為易。易釋文引虞翻周易參同契注曰。易字从日下月。是易下所引祕書即周易參同契也。今本參同契僞書詳拙箸讀書記。此言祕書。蓋亦諸緯。此篆校者加之。許不用緯也。瞋聲真類。眓聲脂類。脂真對轉。故瞋或作眓。轉注字也。王玉樹謂許原本篆當作眓。若从戌則不成聲。其説非是。餘詳易下。【説文解字六書疏證卷七】

瞗

◉許　慎　瞗目孰視也。从目。鳥聲。讀若雕。都僚切。【說文解字卷四】

◉馬叙倫　沈濤曰。下文。睗。目疾視也。文選吳都賦注引無目字。上文。矆。大視也。瞻。臨視也。瞶。小視也。眓。省視也。皆無目字。則此目字亦衍。劉秀生曰。鳥聲在端紐蕭部。雕从周聲。亦在端紐蕭部。故瞗从鳥聲得讀若雕。詩小雅頍弁。蔦與女蘿。釋文。蔦音鳥。說文音弔。本書。袮。从衣弔聲。讀若雕。是其證。倫按視豈有不用目者。目字是羨。【說文解字六書疏證卷七】

睗

睗　與賜錫為一字　召尊　伯懋父賜召白馬　虢季子白盤　王賜乘馬　禹鼎　申簋　曾伯霥匿　天賜之福　易鼎　睗小臣金　越王者旨於睗矛　越王者旨於睗戈　越王者旨於睗劍　越王者旨於睗劍　从肉　曾伯陭壺　用睗眉壽　鄀公匿　鄀公簋　鄀公盂　讀為易　毛公𢉩鼎　夙夕敬念王畏不睗　書君奭不知天命不易

【金文編】

◉許　慎　睗目疾視也。从目。易聲。施隻切。【說文解字卷四】

◉吳大澂　睗。从目从易。當即慢易之易。彝器中睗字皆讀錫。此从目。非从貝之賜字也。易繫辭。易者使傾注易慢易也。說文。睗。目疾視也。大澂以為疾視者。一過目而不留。有輕易之意。疑古文易睗為一字。方言賜施。欺謾之語也。賜施之賜亦當从目不从貝。隸書目貝二字易混也。古文有假睗為賜者。見虢季子白盤。鄀公簠。睗為本字。賜為假借字也。不睗承上文敬念王畏而言。猶詩言不易。惟王帝命不易也。【毛公鼎釋文】

◉劉心源　錫作睗。說文。睗。目疾視也。从目易聲。施隻切。此銘用為賜。錫賜音義相通。古刻㠯易為之。讀錫亦可讀賜。虢季子白盤。王睗乘馬。曾伯霥簠。天睗之福。竝睗字。曾伯霥簠。金道鍚行。又从金合錫字為之。與本銘諴从糸一例。禹貢。九江納錫大龜錫土姓。史記夏本紀。竝作賜易。王三錫命。釋文鄭本作賜。書序。平王錫晉矦命。釋文馬本作賜。此錫賜通用之證。毛公鼎。夙夜敬念。王畏不睗。則讀為易也。【奇觚室吉金文述卷五】

◉高田忠周　吳云。易睗同字。非是。說文。睗，目疾視也。从目易聲。此易蓋敡省。敡為輕侮義。經傳皆以易為敡也。此文義。亦以睗為敡。亦同聲之通用者。下文亦同矣。【古籀篇四十七】

◉吳闓生　昜易同字。齊侯鐘。虘邸不易。曾伯霥簠。金道錫行。錫作鍚是昜易同字之證。【毛公鼎　吉金文録卷一】

◉馬叙倫　沈濤曰。文選吳都賦注引無目字。是。段玉裁曰。增韻龍龕手鑑引皆作急。承培元曰。鍇本疾作熟。韻會引作急視。則熟字乃涉上而誤。倫按目字羨。虢季子白盤作。毛公鼎作。【説文解字六書疏證卷七】

◉楊樹達　卷四睗下云：與賜為一字，又通鍚。按説文睗訓目疾視，賜訓予，義訓不同，非一字也。金文以睗為賜者，以聲類同通假耳。又經傳多以錫為賜者，亦通假也。云睗通賜可也，云通鍚，則非也。【金文編書後　積微居小學述林卷七】

◉郭沫若　第二十二行，「不睗」，王云：「睗，目疾視也，古文以為賜字。……睗，盡也。文選西征賦『若循環之無睗』，注引方言『睗，盡也。』……詩大雅『王赫斯怒』，箋『斯，盡也』，釋文『斯，鄭音賜』。玉篇『澌又音儩，水盡也』。廣韻『澌亦作儩』。是古語謂盡為睗。不睗猶言不盡矣。」【毛公鼎之年代　金文叢考】

◉王讚源　睗為易的假借

毛公鼎：「夙夕敬念王畏(威)不睗。」(三代四卷四六葉。此鼎由陳介祺所藏。⊘不睗即不移易。猶如博古圖廿二卷叔弓鎛的「虘邸不易」。虘邸即誠心謹慎。尚書大誥：「爾亦不知天命不易。」盤庚中篇：「今余告汝不易。」大雅文王：「駿命不易。」大明：「不易維王。」韓奕：「朕命不易。」)

睗為益的假借(易、益古音同屬段氏第十六部，即曾表益攝入聲。故銘文也有作易，而不作睗的，因睗从易得聲。)

(1)鄀公敄人𣪘：「用睗釁壽」(三代八卷四七葉)

(2)曾白陭壺：「用睗釁壽」(三代十二卷廿六葉)

(3)梋改彝：「我隹易壽」(三代六卷五五葉)

(4)堇同𣪘：「用易眉壽」(三代八卷廿一葉)

(5)買𣪘：「用易黃耇釁眉」(三代八卷卅九葉。釁、眉皆為𩱧字的假借。説文：「𩱧，久長也。」)

(6)白家父𣪘：「用易害彊壽」(三代八卷四三葉)

(7)豆閉𣪘：「用易𣎼壽」(三代九卷十八葉)

(8)蠆公諴簠：「用睗釁壽」(三代十卷廿一葉。即本器。)

以上八器的睗或易，研究金文的人皆解作錫，當賞賜講，但上下文義都不能通貫。可見諸説不可信。如視睗、易為益的借字，則銘文渙然可釋。【周金文釋例】

◉李孝定　吳大澂氏謂銘辭此字从目，非从貝之賜。以召尊言，吳説固是，然召尊銘固用「賜」為賞「賜」字，與它銘从目从𠂆者，疑皆从「貝」之譌，非許訓「目疾視」之睗之本字，劉心源氏説此甚通達。高田氏説甚支離，不可从。易鼎作𥃲，恐有鏽蝕，或竟是範誤，且亦非从「比」，高田及柯氏之説，均不可从，柯氏謂从「臣」，有多厚之誼，亦待商。王國維説賜錫一字，及典籍用賜為盡，均是，惟謂錫賜字本但作易，稍覺可商，作易者假借字，賜者賜予本字，字或从金作錫，从金从貝，於義固通，曾伯霥簠「鍚」字，則當是銅錫本字耳。【金文詁林讀後記卷第四】

◉許　慎　睊視皃。从目。肙聲。於絢切。【説文解字卷四】

◉許　慎　𥇦目深皃。从目窅。讀若易曰勿卹之卹。於悦切。【説文解字卷四】

◉馬叙倫　沙木曰。窅瞀一字。鈕樹玉曰。卹當作衈。朱駿聲曰。窅之後出字。倫按五篇。衈。憂也。从血。詳卹字下。血音曉紐。窅从穴得聲。穴音匣紐。曉匣皆舌根音也。餘詳窅下。此當為窅之俗字。从目。窅聲。今捝聲字。字亦失次。或後人加之。【説文解字六書疏證卷七】

◉許　慎　睼迎視也。从目。是聲。讀若珥瑱之瑱。他計切。【説文解字卷四】

◉馬叙倫　翟云升曰。文選東京賦注引無迎字。有者是。見玉篇。徐灝曰。今粵人視謂之睼。見部。䚦與此音義略同。劉秀生曰。是聲古在定紐。瑱从真聲。真聲之字如嗔寘闐填皆在定紐。故睼从是聲。得讀若瑱。易坎。寘于叢棘。釋文。子夏傳寘作湜。姚作寔。湜寔并从是聲。寘即寘之俗省。是其證。倫按見部。䚦。顯也。顯也非本訓。本訓視也。今捝耳。䚦睼一字。此諦視字。故廣韵又音啼。迎視也。當無迎字。或此校語也。讀若句明是後人加之。若許文則讀若瑱可矣。【説文解字六書疏證卷七】

◉許　慎　𥈅目相戲也。从目。妟聲。詩曰。𥈅婉之求。於殄切。【説文解字卷四】

◉馬叙倫　方言六。𥈅。視也。東齊曰𥈅。凡以目相戲曰𥈅。然則許亦本訓視也。今捝。但存校語耳。【説文解字六書疏證卷七】

瞖

◉許　慎　瞖短深目皃。从目。𠬪聲。烏括切。【説文解字卷四】

◉馬叙倫　窅。深目也。晻。深目皃。與此音皆影紐。一音之衍也。短字誤羨。或校者注以釋瞖字之音者。聲相近也。瞖為窅之轉注字。當次窅下。【説文解字六書疏證卷七】

睠

睠 義雲章【古文四聲韻】

◉許　慎　睠顧也。从目。𢍏聲。詩曰。乃眷西顧。居倦切。【説文解字卷四】

◉劉心源　眷舊釋作婚。非。案。説文豆部。𧯞。豆屬。从豆𢍏聲。此从木即采省。从⺆从豆。即古文豆。合之為𧯞。𧯞非此銘所用義。此叚為眷。蓋言有眷顧于我家也。彔伯戎敢。自乃祖考。有□於周邦。毛公鼎。□堇大命。皆是眷字也。古籀補疑是劵字。失篆形矣。【古文審卷六】

◉馬叙倫　沈濤曰。書大禹謨。皇天眷命。偽孔傳曰。眷。視。正義曰。説文亦以眷為視。蓋古本不作顧。今本涉詩語而誤。玉篇引同今本。疑後人據今本改。倫按九篇。顧。還視也。然非本訓。詩匪風箋。回首曰顧。詩大東。睠言顧之。睠即眷之異文。小明。睠睠懷顧。皇矣。乃眷西顧。是眷顧不同義。大東毛傳。睠。反顧也。乃順經義為説。眷自是視義。顧則回首也。此蓋校者據廣雅加之。廣雅則本毛傳耳。本訓視也。今捝。【説文解字六書疏證卷七】

◉楊樹達　字或作睠。詩小雅大東篇云：「睠言顧之。」按許君訓眷為顧，乃粗略言之，按之詩文，則重複難通。方言卷六云：「矔，轉目也，梁益之間瞋目曰矔　轉目顧視亦曰矔。」今以音義求之，方言之矔字即説文之眷，𢍏聲雚聲古音同相通也。説文亦載矔字，訓目多精，又云：益州謂瞋目曰矔。方言訓矔為轉目，不惟與从目之義相依，以之訓釋詩文，亦有文從字順之美矣。【釋眷　積微居小學述林卷二】

督

督 渭閣陽督邸印　督 督竟私印【漢印文字徵】

督 蘇君神道闕【石刻篆文編】

◉許　慎　督察也。一曰目痛也。从目。叔聲。冬毒切。【説文解字卷四】

◉馬叙倫　督从叔得聲。叔从尗得聲。从尗得聲之茮音入精紐。宗入清紐。椒入從紐。𪆀入清紐。皆舌尖前破裂摩擦音。督音則入端紐。為舌尖前破裂音。蓋尗音審紐。古讀歸透。由透轉端。端透同為舌尖前破裂音也。然㰤从叔得聲。音入穿紐。穿清同為破裂摩擦次清音。則古或讀叔如㰤。故訓察也。察當作䁟。䁟音清紐。與督為轉注字。叔音審紐。敷審同為摩擦次清音。故督又轉注為瞟。字失次。一曰。目痛也。未詳其本字。或曰。眵字義。眵从多得聲。多督音同端紐也。然是校語。文選琴賦注引字書。督。察也。【説文解字六書疏證卷七】

◉于省吾　契文作□，从□；漢印、漢碑督字均作督，从日，不从目，虽省數點，猶不背于初文。【論俗書每合於古文　中國語文研究第五期】

◉許　慎　睎望也。从目。稀省聲。海岱之間謂眄曰睎。香衣切。【説文解字卷四】

◉馬叙倫　鈕樹玉曰。韻會引作希聲。桂馥曰。稀省聲當作希聲。海岱之間謂眄曰睎者。方言。睎。眄也。東齊青徐之間曰睎。翟云升曰。一切經音義三引無眄曰二字。倫按望也非本訓。海岱之間謂眄曰睎者。丏聲真類。希聲脂類。脂真對轉。借睎為眄也。此別義。亦校語也。今永嘉瑞安謂看曰睎。其音如當暑袗絺綌之絺。【説文解字六書疏證卷七】

◉許　慎　看睎之。从手下目。苦寒切。𥆖看或从倝。【説文解字卷四】

◉馬叙倫　看鈕樹玉曰。宋本也作之。誤。倫按重文作𥆖。从目。倝聲。倫謂此篆本从目□聲。傳寫譌□為手耳。从手下目無義。九經字樣曰。凡物見不審。則手遮目看之。故看从手下目。此俗説也。倝音影紐。睎音曉紐。古讀曉歸影。看音溪紐。溪曉同為舌根音。是看睎為轉注字。看眷亦同舌根音聲同元類轉注字。

𥆖𥆖。看或从倝。朱駿聲曰。从目。倝聲。倫按倝亦从□聲也。【説文解字六書疏證卷七】

◉許　慎　矘深視也。一曰下視也。又竊見也。从目。覃聲。式荏切。【説文解字卷四】

◉馬叙倫　王筠曰。又竊見也當依集韻引作一曰竊見也。倫按覃深雙聲亦疊韻也。此深視也當作深也視也。深也校者加之。或深字乃校者注以釋矘字之音者。一曰下視也者。瞻字義。瞻下曰。臨視也。矘音審紐。古讀歸透。瞻音照紐。古讀歸端。皆舌尖前音。覃聲侵類。瞻聲談類。侵談近轉也。又竊見也者。張楚曰。此覘字義。覘下曰。窺視也。窺闚一字。闚下曰。

闚頭門中也。䀡瞫聲同侵類。然一曰以下九字校語。左文二年傳釋文引字林。式衽反。疑此字出字林。【説文解字六書疏證卷七】

◉蕭　璋　眈，視近而志遠。从目冘聲。易曰：「虎視眈眈。」（丁含切）覞，內視也。从見甚聲（丁含切）。瞫，深視也。一曰下視也。又竊見也。从目覃聲（式荏切）。按隸釋載張壽碑：「覞覞虎視不折其節。」婁機錢大昕段玉裁均以覞即易虎視眈眈之眈（婁說見漢隸字源。錢說見潛研堂文集卷十一說文答問。段說見說文覞字注）。而章氏以眈覞為瞫之孳乳（文始六陽聲㐭字）。按眈覞瞫音義極相近而形亦相通，可無分先後耳。三字之訓以內視最能表達語義。蓋內視即入視，亦即視之深。推而及之，下視與視近而志遠，皆與入視相近。入內為古今字，皆有刺插義，⊘覞之為內視猶插之為刺內，皆入之義也。【釋至　國立浙江大學文學院集刊第三集】

睡

睡 荀邕集字【古文四聲韻】

◉許　慎　睡坐寐也。从目垂。是偽切。【説文解字卷四】

◉馬叙倫　段玉裁曰。兩宋本葉本皆作从目垂。無聲字。朱士端曰。六書故以為睡即古寐字。愚謂睡寐以同聲為訓也。丁福保曰。慧琳音義三及十四及五十一・五十七皆作从目垂聲。倫按坐字蓋垂字之譌。垂字乃睡之隸書複舉字。傳寫捝其目旁。或校者注以釋睡之音者也。或本是垂也寐也二訓。垂也以聲訓。寐也字林文。亦或脱本訓。坐寐也字林文。睡時⿰目壽⿱丆乑。故音得於垂。【説文解字六書疏證卷七】

瞑

瞑 雲臺碑　瞑 王存乂切韻【古文四聲韻】

◉許　慎　瞑翕目也。从目冥。冥亦聲。臣鉉等曰。今俗別作眠。非是。武延切。【説文解字卷四】

◉馬叙倫　徐鉉曰。今俗作眠。翟云升曰。一切經音義廿一引無目字。脱。沈濤曰。一切經音義十二及廿三引作目翕也。錢坫曰。左傳。謚之曰靈。不瞑。曰成。乃瞑。又荀偃乃冥。受含。江聲以為古眠字當作寅。不應作瞑。是也。倫按釋名。眠。泯也。無知泯泯也。是眠字漢時已有。許據倉頡訓纂二篇皆作瞑也。从目。冥聲。周書太子晉解。師曠曰。請使瞑臣往與之言。六韜軍勢論。迅雷不暇瞑目。高士傳。披裘公瞑目拂手而言。是古謂瞑。僅是合目。如釋名之義乃是寐也。寐

即今所謂眠。字从𥨊省。未聲。故寐訓寐而厭。寱訓𡙁寐也。字皆从𥨊省。詩關雎。寤寐求之。寤寐對文。謂覺與眠也。莊子知北遊。𥃼缺睡寐。謂合目泯然無知也。皆其證。是眠為寐之今字。與瞑異字異義。【說文解字六書疏證卷七】

甲五 眚卜辭用為省字按眚省古通用敦煌本尚書説命惟干戈眚厥躬今本作省 甲三五七 甲八六七 王其眚牢 甲一二四二 甲一四七二 甲一四七四 乙八四六一 乙六八九四 眚牛于多奠 拾五・九 拾六・二田眚 前三・二三・二 前三・二三・三 粹六一〇 前五・六・二 後一・一一・四 前五・二六・一 後一・三〇・六 後二・二〇・四 後二・三九・二 林二・二九・七 佚六八 叀宮田眚 佚一一一 佚二一三 佚二四七 燕二〇三 京津一五二五 王往出眚 明藏八八 寧滬一・三八一 京都二七七

【甲骨文編】

粹1266 1267 【續甲骨文編】

石碣鑾車眚車𣦼衍讀為省=眚一字 【石刻篆文編】

◉許　慎　眚目病生翳也。从目。生聲。所景切。【說文解字卷四】

◉林義光　省 說文云。省視也。从眉省。从屮。按从眉非義。从屮即生省。與眚同字。古眚或作豆閉敦。生亦省。静或作尤盉。是生亦省作也。【文源卷十一】

◉商承祚　吳中丞謂相作。十目所視也。案。非相字。其字从十目。直字德字从之。祚案。乃眚字。與金文同。即生之省也。【殷虛文字類編第四】

◉高田忠周　字从目。明是眚字。生眚同音通用也。說文眚。目病生翳也。从目生聲。轉義。虞書。眚災肆赦。左僖三十三年傳。不以一眚掩大德。注過也。過亦自內生焉。又左莊二十五年傳。非日月之眚。注侵日為眚。朱駿聲云。按猶目病之為小疾也。易有災眚。鄭注異自內生曰眚。子夏傳。妖祥曰眚。說卦。坎為多眚。虞注敗也。楚語。夫誰無疾眚。注猶災

也。周禮甸師。受眚烖疏過也。又説文。眉部收省字。訓視也。从眉省从中。甚為無理之説。愚謂省實眚譌文。眚為眚省文。下文可證。而訓視也者。借眚為相也。金文亦然。又詳省下相下。然則凡从省聲媘渻字。亦元當作媎渻。而云省略者。皆以眚為媘為渻也。一切經音義。眚瘦也。又周禮大司徒。七曰眚禮。司農注。掌客職所謂凶荒殺禮也。又大司馬馮弱犯寡則眚之。注猶人眚瘦也。此等眚字。古形尚存。未改為省者也。【古籀篇四十七】

◉郭沫若　眚字作□。與大盂鼎相字作□字別而義同。眚乃生之初文。彝銘「既生霸」生字如舀鼎揚𣪘即作此形。字象穜子初發芽之形，並不从目、从目者乃後來之譌變。□則分明从目，乃眉目之象形，即相貌字。二字形近，舊時同釋為相，近人復多同釋為眚，非是。眚，叚為省，省視也。相，省視也。國語晉語「后稷是相」，即盂鼎「遹𥄉先王」之意。此言「遹省文武」亦謂「遹相文武」，如今人言觀摩也。【宗周鐘　兩周金文辭大系考釋】

◉商承祚　古有眚無省。省由眚生。金文揚𣪘等作□。多借為生。𩰫攸从鼎作□。又或省作□耼𣪘、公違鼎等。甲骨文同。小篆之省。乃由□引長其橫筆而變。書洪範。王省為歲。史記宋世家作眚。公羊莊二十二年。春。王正月。肆大省。左氏穀梁作眚。書説命。惟干戈省氒躬。敦煌本作眚。宗周鐘。王遹□文武。即省。經典雖眚省通叚。要皆先有眚而後有省也。【説文中之古文考】

◉強運開　□　揚𣪘。既生霸。叚眚為生。運開按。説文眚。目病生翳也。从目生聲。金文㞢□。皆生之省。段注云。眚引伸為過誤。如眚災肆赦。不以一眚掩大德是也。又叚為減省之省。周禮馮弱犯寡則眚之。注。眚猶人省瘦也。四面削其地。又按。敦煌本尚書説命。惟干戈眚氒躬。以眚為省。容庚云。古眚省為一字。實則眚省相通假也。□　宗周鐘王肇遹眚文武堇疆土。叚眚為省。□　□省敢叚眚為省。□　㠱鼎。□　石鼓眚車𩋒衎。亦叚眚為省也。【説文古籀三補卷四】

◉馬叙倫　左莊二十五年傳。非日月之眚。注。月侵日為眚。徐鍇謂日月有蝕。如目有翳也。自可證眚訓目病生翳為不誤。然倫疑眚下本作目病也。校者注目病生翳也。今捝本訓。玄應據本則目病生翳也五字譌在瞖下。其曰説文作瞖。乃瞖之譌。韻集作瞖者。俗作字。父丁觚作□。鬲攸比鼎作□。盂鼎作□。甲文作□。石鼓作□。【説文解字六書疏證卷七】

◉唐　蘭　眚就是省字，《尚書・洪範》「王省唯歲」，《史記・宋微子世家》作眚，又《盤庚》「唯干戈省厥躬」，釋文：「本作眚。」《周禮・大宗伯》「省牲鑊」，釋文：「省本又作眚。」《春秋・莊公二十二年》「肆大眚」，《公羊傳》本作省，均可證。省當省察省視的意思。《周易・觀・象傳》：「先王以省方、觀民、設教。」又《復・象傳》：「先王以至日閉關，商旅不行，後不省方。」《淮南子・精神訓》「禹南巡守」，注：「巡守為省，省視四方也。」這裡説的是省察公族。【論周昭王時代的青銅器銘刻　唐蘭先生金文論集】

◉睡虎地秦墓竹簡整理小組　瘂，疑即眚字，《說文》：「目病生翳也。」【睡虎地秦墓竹簡】

◉商承祚　石碣鑾車「眚車飷衍」，眚字作□，用為省視字。《史記・宋世家》「王眚維歲」，今《書・洪範》作省，《左傳》莊公二十二年「肆大眚」，《穀梁》同，《公羊》作省。敦煌本《尚書・說命中》「惟干戈眚厥躬」，今本（釋文：「一本作眚」）及《禮・緇衣》作省，以及此碣之「眚車飷衍」，甲骨文之「□在南啚」（《前》五・六・二）、「王□从西」（《後上》一・一四）、「王往□西」（《後上》二九・一二）、「□田」（《後上》三〇・六，《後下》二〇・四）、「王往□牛」（《前》三・二三・二），皆即眚字而讀為省者。古有眚無省，省乃由□左捩其一為□而成。又金文中之既□霸當讀為既眚霸，眚為目生翳蒙朧可見，今書皆改作生，非是。【《石刻篆文編》字說　古文字研究第五輯】

瞥

瞥 郭瞥【漢印文字徵】

◉許　慎　瞥過目也。又目翳也。从目。敝聲。一曰財見也。普滅切。【說文解字卷四】

◉馬叙倫　沈濤曰。文選潘安仁河陽縣作詩注引無財字。乃傳寫偶奪。王筠曰。財見即過目之義。丁福保曰。慧琳音義九十六及九十九並引作纔見也。張楚曰。一曰財見也者。瞯字義。瞥瞯聲近。倫按財見也者。王謂即過目之義。是也。莊子徐無鬼。譬之猶一覕也。釋文引司馬注。覕。暫見也。覕借為瞥也。張衡舞賦。瞥若電滅。謂若電之過目即滅也。然過目也才見也均先後校者所加。傳寫捝失本訓。目瞖也者。上文眚字說解中校語。字失次。或曰。字次眚下。眚音審紐。古讀歸透。瞥音滂紐。滂透同為破裂次清音。蓋轉注字也。才見也者覸字義。八篇。覸。暫見也。倫謂此說有理。但覸曠為一字。餘詳覸下。【說文解字六書疏證卷七】

眵

◉許　慎　眵目傷眥也。从目。多聲。一曰曹兜。叱支切。【說文解字卷四】

◉馬叙倫　嚴可均曰。一切經音義九及十八及廿及廿五皆引作䁖兜。眵也。按下即䁖篆。則曹必䁖之誤。䁖兜者。猶心部云。懣兜。沈濤曰。玄應四引皆作䁖兜。眵也。則䁖字必誤。眵訓䁖兜。䁖兜即眵。眵字係傳寫誤衍。當作䁖兜也。洪頤煊曰。兜當作兆。兆。廱蔽也。从人象左右皆蔽形。讀若瞽。目眶兩末傷。則廱蔽甚矣。見部。覭。目蔽垢也。从見。皿聲。讀若兆。即其證。丁福保曰。慧琳音義三十九引。目傷眥也。一云。䁖兜也从目。多聲。七十五引。目眥汁凝也。倫按上文。

眥。目匡也。則此訓傷眥可矣。何用目字。蓋本作目病也。校者注傷眥也。唐人删病也二字耳。眵為䀹之轉注字。眵从多得聲。多䀹音同端紐。八篇。䀹。目蔽垢也。謂目為垢所蔽。正是目病也。一曰瞢兜者。兜借為䀹。然是傳寫涉下文䁾字說解而譌羨。校者據一本記之也。慧琳引亦校語。故鍇用之為說。字見急就篇。【說文解字六書疏證卷七】

䁾

◉許　慎　䁾目眵也。从目。蔑省聲。莫結切。【說文解字卷四】

◉馬叙倫　鈕樹玉曰。一切經音義九及廿引作兜眵也。恐非。沈濤曰。一切經音義九及十八及廿及廿一皆引。䁾兜。眵也。廿五引。䁾兜。眵。蓋古本目字作兜。䁾兜二字連讀。倫按以眵訓䁾。是為轉注。然䁾眵音不相通。目眵亦不可通。朱駿聲謂䁾蔑一字。疑是也。釋名釋疾病。目眥傷赤曰䁾。䁾。末也。創在目兩末也。此謂眼之兩角傷赤者為䁾。䁾即蔑也。苜部。蔑。目勞無精也。目勞無精。謂目勞而失其明也。今北平及杭縣精神疲勬及物將敝皆曰伐。即蔑也。蔑从苜伐聲。詳蔑字下。諭人用目過疲。則赤。赤自眼兩角起。正與釋名說合。呂氏春秋盡數。氣鬱處目則為䁾為盲。是䁾與盲類。急就篇。癉熱瘻痔眵䁾眼。眵䁾並舉。則眵䁾必不同。蓋眵是目有凝汁。䁾是目勞無精。盲是目無明。此本訓目病也。兜也。眵也。傳寫成目兜眵也。兜借為䀹。兜也眵也均校語。眵也見呂氏春秋盡數高注。字見急就篇。【說文解字六書疏證卷七】

眏

◉許　慎　眏涓目也。从目。夬聲。臣鉉等曰。當从決省。古穴切。【說文解字卷四】

◉馬叙倫　段玉裁曰。涓目也鍇作睊也。均誤。廣韻。眏。目患也。則涓當作剈。刀部。剈。一曰。窐也。剈目謂窐目窐下也。洪頤煊曰。女部。妜。讀若煙火炔炔。火部。焆。焆焆。煙皃。涓當作焆。焆目謂目間出火。亦目之病也。王筠曰。說文韻譜集韻引並同。鍇本作睊也。蓋謂眏通作睊也。女部。妜。讀若煙火炔炔。而火部有焆無炔。篇海曰。炔與焆同。是叏肙聲近可通之證。翟云升曰。類篇引作睊目也。倫按玉篇亦作睊也。疑許以睊音影紐。眏音見紐。同為破裂清音。故以睊釋眏。然此作涓目也。王筠謂似謂目病常流淚也。檢字次。王說極是。然涓訓小流。涓目不可通。疑當作痟也。目病也。今本書奪痟字。文選謝靈運發臨海嶠詩注引有之。云。疲也。眏次䁾下訓痟。義甚合。或許本訓目病。涓字是校者注以釋眏字之音者也。鍇本作睊也。誤合涓目二字耳。七篇。疦。痟也。眏亦从夬得聲。其為目病義無疑。故次眼上。【說文解字六書疏證卷七】

◉許 慎 䀶目病也。从目。良聲。力讓切。【説文解字卷四】

◉馬叙倫 急就篇顔注。䀶。目視不正也。雷公炮炙論序。目辟䀶睢。有五花而自正。是䀶為目病者。視不正也。此因病而視不正。與眄下曰衺視也不同。疑顔注引本此下注語。字見急就篇葉夢得本。【説文解字六書疏證卷七】

右司空眛 眛 秦1413 咸完里眛【古陶文字徵】

臨眛【漢印文字徵】

◉許 慎 眛目不明也。从目。未聲。莫佩切。【説文解字卷四】

◉馬叙倫 鈕樹玉曰。玉篇眛適當説文眛字之次。五經文字眛音蔑。見春秋傳。顧廣圻曰。按玉篇。眛。莫蓋切。目不明。在瞀上。眛。莫達切。目不明。在瞷上。於説文互易。惟兩字既同為目不明。何以相隔甚遠而再見。若非重出。必注文有譌。王筠曰。經義述聞曰。説文目部前有眛字。目不明也。字从午未之未為聲。玉篇音莫蓋切。後有眛字。目不正也。从本末之末為聲。玉篇音莫達切。故廣韻去聲十四部。眛。眛眛。目不明也。莫貝切。第十八部。眛。目暗也。入聲十三部。眛。目不正也。莫撥切。正與玉篇同。蓋眛之言眛也。説文。眛。闇也。玉篇。眛。莫潰切。正與目暗之眛同音也。眛之言苜也。説文。苜。目不正也。玉篇。苜。亡達切。正與目不正之眛同音也。而今本目不明之眛。右半誤寫本末之末。而音莫撥切。目不正之眛。右半誤寫午未之未。而音莫佩切。正字又誤作明。所當互易者也。玉篇目不正之正。雖與今本説文同誤作明。而莫達切之音尚不誤。可據廣韻眛目不正也莫撥切以正之。朱駿聲曰。與从末之眛同字。倫按王引之以音辯眛眛二字音義不同。似甚有據。然玉篇眛下亦作目不明也。似秖可謂今本説文篆體互譌。而音切遂互易。不可必謂眛當訓目不正也。廣韻雖多本於切韻。然已校玉篇後出。必如王筠謂後人據今本玉篇改説文。又無證。倫疑廣韻訓眛為目不正者。由後人以苜目訓不正而讀若末。妄改也。不悟苜本訓目不明也。詳苜字下。眛次睽瞀之閒為不倫。終以嚴説為後人增者是。眛為昒之雙聲轉注字。詩節南山。勿罔君子。箋。勿當作末。公羊襄二十六年傳。眛雉彼視。釋文。眛。舊音刎。與刎字同用。本書七篇。昒眛轉注。均其例證。許不明其為轉注。以昒為目冥遠視。為視態而次於矘眕之閒。以眛為目病而次於此。則失之。或昒乃後人迻之。非許本然。又疑本訓目病也。今捝。存校語耳。【説文解字六書疏證卷七】

◉許　慎　瞯戴目也。从目。閒聲。江淮之間謂眄曰瞯。户閒切。【說文解字卷四】

◉楊樹達　段氏注云：「戴目者，上視如戴然，素問所謂戴眼也。」愚按段氏於戴目求其義於形，其説非也。素問診要經終論云：「戴眼反折瘛瘲。」王冰注釋戴眼為睛不轉而仰視，故段君取以為證。不悟反折瘛瘲則人目上反，乃劇病之象，人平居無疾時不當有此，其不足取證甚明。愚謂戴目當求之於聲，不當求之於形，蓋戴目即側目也。漢書賈山傳載山至言論秦政云：「貴為天子，富有天下，賦斂重數，百姓任罷，赭衣半道，羣盜滿山，使天下之人戴目而視，傾耳而聽，一夫大謼，天下響應者，陳勝是也。」所謂戴目而視，即恆言之側目而視。其證一也。方言卷二瞯訓為眄，云吳揚江淮之閒或曰瞯。許君云江淮之閒謂眄曰瞯，即本方言。許書凡一字有二訓者必於第二義稱一曰以相別異，即以目部證之，眄下云：「目偏合也。一曰衺視也。」衺視與目偏合為二義，故言一曰以别之，是也。此云江淮之閒謂眄曰瞯，不稱一曰，則戴目與眄為一義可知。眄既訓衺視，而倉頡篇亦云：眄，旁視也。衺視旁視正與側目義會。藉如段説，則戴目與眄為二義，非許意矣。然則許既以戴目為訓，復云江淮之閒謂眄曰瞯者，意欲明瞯為方言，意重在江淮之閒而不重在眄。五篇上竹部云：「箱，飯筥也。秦謂筥曰箱。」既以飯筥訓箱，又稱秦謂筥曰箱，意在明其為秦語耳。目部云：「睇，目小邪視也。繫傳本如此，大徐挩邪字。从目，弟聲。南楚謂眄曰睇。」按南楚謂眄曰睇，亦本方言，眄與邪視義同，故不稱一曰，而第言南楚謂眄曰睇，與此訓例正同。此其證二也。人惟側目衺視，故眼多白，故瞯引伸為人目多白。廣韻云「瞯，人目多白，」是也。又引申為馬一目白。爾雅釋畜云「馬一目白，瞯，」是也。此其證三也。然則戴目何以得為側目也？按戴從𢦏聲，𢦏從才聲，𢦏才與側同屬齒音，是戴與側為雙聲也。戴古韻屬咍部，則古韻屬德部，咍德古音為平入，是戴與側為疊韻也。且戴與載古恆通用，左傳隱公十年經：宋人蔡人衞人伐戴。穀梁經作載。禮記月令「戴勝」，釋文戴本作載。又郊特牲「載冕璪，」釋文載本亦作戴。荀子解蔽篇云：「唐鞅蔽於欲權而逐載子，」楊注云：「載讀為戴。」列子黄帝篇章載，釋文云：「一本作章戴。」詩絲衣載弁俅俅，爾雅釋言注引作戴，此皆二字通用之證也。詩七月湛露諸箋屢言載之言則，載則通言，則戴側可通明矣。至顏師古注漢書釋戴目為遠視，桂氏馥證説文謂當讀如馬顙戴星之戴，皆望文生訓，病與段氏同，不足信也。【瞯戴目釋義　增訂積微居小學金石論叢卷二】

◉馬叙倫　鈕樹玉曰。一切經音義十四引作戴眼。顧廣圻曰。素問診要經終始論。戴眼反折。注。戴眼睛不轉而仰視也。廣雅。⿹𢦏目。視也。曹憲音才。即此戴字矣。桂馥曰。倉頡篇。瞯。目病也。倫按戴為異之轉注字。又異非異同本字。戴目也不可通。馬部。驈。馬一目白曰驈。亦从閒得聲。疑此本訓目病也。廣韻。瞯。人目多白。或本此校語也。今作戴目也者。蓋瞯篆之上。本有⿹𢦏目篆。其説解與瞯字説解誤并。又有挩矣。若去上文眛篆而以⿹𢦏目次眼下。其病狀亦相類。或眛即⿹𢦏目之譌

文。江淮八字校者據方言加之。眄瞯聲同元類。故江淮閒謂眄為瞯。【説文解字六書疏證卷七】

眯 眯

眯 眯 日甲二四背 【睡虎地秦簡文字編】

◉許　慎　眯艸入目中也。从目。米聲。莫禮切。【説文解字卷四】

◉馬叙倫　王筠曰。艸字當依説文韻譜作物。字林。物入眼為病也。倫按本訓目病也。今捝。但存字林訓耳。【説文解字六書疏證卷七】

◉戴家祥　古文見旁與目旁常可通，如説文八篇視字古文作眎，或眂。故覭即説文四篇之眯字：「眯，艸入目中也，从目。米聲。」蔑入目中則視物不清，有迷惑的意義，故覭字讀為迷，説文二篇「迷，或也」。【金文大字典下】

眺 眺

眺 眺 並崔希裕纂古 【古文四聲韻】

◉許　慎　眺目不正也。从目。兆聲。他弔切。【説文解字卷四】

◉馬叙倫　沈濤曰。一切經音義七引。眺。視也。亦望也。察也。蓋古本眺有三義。望察乃一曰以下之文。古無以眺為目不正者。今本之誤顯然也。桂馥曰。目不正也者。誤入眣字訓。本書誤以眣為脩之或體。據玉篇脩眣不同文。蓋本書眣下訓不正也。義與脩同。脩。眣也。眣。目不正也。一切經音義七引説文。眺。視也。亦望也。察也。玉篇。眺。望也。王筠曰。玄應引説文。眺。視也。按見部。覜。視也。與釋詁同。恐玄應誤以兩字為一也。丁福保曰。慧琳音義十五及卅九皆引目不正也。又廿八引作視也。亦望也。察也。二徐本目不正也。餘逸。倫按玄應音義所引自如王説。誤以兩字為一字。慧琳引作目不正也。可證視也即覜字義。亦望也察也乃字書訓。非許文。校者加之。然目不正也自如桂説乃脩字義。眺音透紐。脩音徹紐。古讀徹歸透。脩聲幽類。眺聲宵類。古讀宵歸幽。故古書有借眺為脩者。許因以脩字訓入眺下。而於覜下出視也。其實覜眺一字也。字失次。説解本作目病也。今捝。但存校語。或本訓視也。校者加目不正也。後之校者傳寫捝本訓。因迻次於此。或曰。此今杭縣所謂弔眼字。【説文解字六書疏證卷七】

睞

◉許　慎　目童子不正也。从目。來聲。洛代切。【說文解字卷四】

◉馬叙倫　沈濤曰。御覽七百四十一切經音義八引無目字。玄應書他卷引皆有目字。桂馥曰。一切經音義六。說文。睞。目童子不正也。今俗云類眼。是也。倫按本訓目病也。校者注童子不正也。今捝病也二字。睞字出倉頡篇。見玄應一切經音義引。【說文解字六書疏證卷七】

睩

◉許　慎　目睞謹也。从目。彔聲。讀若鹿。盧谷切。【說文解字卷四】

◉馬叙倫　段玉裁曰。女部。娽。娽娽。謹皃也。故睩為目睞之謹。王筠曰。睞非睩字之譌。即覭字之譌。若不正之睞。不能與謹為連語也。玉篇廣韻皆曰。睩。視皃。集韻曰。謹視也。辵部。逯。行謹逯逯也。是从彔聲之字有謹義也。劉秀生曰。彔聲鹿聲同在來紐屋部。故睩从彔聲得讀若鹿。竹部。簏。从竹。鹿聲。或从彔聲作箓。林部。麓。从林。鹿聲。古文从彔聲作禁。水部。漉。从水。鹿聲。或从彔聲作渌。並其證。倫按睞睩雙聲。是睩當訓睞也。今言目睞謹。睞謹不合連文。王說是矣。倫謂本作睞也。一曰謹也。傳寫有奪。又衍目字耳。謹也蓋娽字義。【說文解字六書疏證卷七】

䀏

1162　唐蘭釋卟【古璽文編】

◉許　慎　眣也。从目。攸聲。敕鳩切。䀏或从丩。【說文解字卷四】

◉馬叙倫　徐鍇曰。丩聲。宋保曰。攸丩同部聲近。倫按攸丩聲同幽類。轉注。【說文解字六書疏證卷七】

眣

河四七二　眣或从矢公羊傳文七年眣晉大夫使與公盟也陸德明釋文眣本又作眣段玉裁謂淺人無識以譌體改說文字應作眣通假為戮卜辭眣正从矢作眣　地名　在自眣卜　河六六六　河六八三　拾一七·三　前五·九·三　前五·三九·一　林一·二五·八　戩四七·八　京津一三三九　方國名　侯其戈眣　京津二八〇九　寧滬三·七三　明藏三三〇　明藏三三一　存下六八〇　庫四三二　明一四六　京都二三六三　林一·二五·九　或从二矢【甲骨文編】

甲2907 佚333 382 833 佚900 續3·29·6 佚982 續5·11·1 徵9·116 徵2·29

4·70 凡18·3 天93 續存1041 外107 粹181 1156 新2220 5010 乙32

佚276 【續甲骨文編】

眣 上同 【汗簡】

竝義雲章 【古文四聲韻】

◉許 慎 眣目不正也。从目。失聲。丑栗切。【說文解字卷四】

◉戴家祥 此字从目从矢。以聲誼繹之。實即眣之異文。原形移置字也。公羊文七年傳「眣晉大夫使與公盟也」。又成七年傳「郤克眣魯衛之使」。何休解詁「以目通指曰眣」。說文目部無眣字。而有从失之眣。訓「目不正也」。段玉裁謂「淺人無識。以譌體改說文字。應作眣」。竊疑眣字从目从矢。在六書為會意。从目失聲。則變為形聲。此六書嬗變例也。陸德明公羊釋文云「眣，本又作眣。丑乙反。又大結反」，則與失聲並相近是。从失非誤字也。古音失與寅同。故聲類互易變為瞚。廣韻玉篇眣同瞚。是其證。說文「瞚，開闔目數搖也。」莊子庚桑楚篇「兒子終日視而目不瞚也」。呂氏春秋安死篇「其視萬世猶一瞚也」。高誘注「潁川人謂相視曰瞚」。按瞚之古音與瞬相近。故陸德明釋文云「眣一音瞬」。是眣之本誼為目動。故其字从目从矢。若以為射之本字，則其字無取於从目矣。【冥字說 中山大學語言歷史研究所周刊第六册】

◉馬叙倫 桂馥曰。五音集韻引聲類。眣。目露皃。字書。眣。目出也。徐灝曰。獨影鈔繫傳本有从字。楊譽龍曰。眣當作眣。公羊文七年傳。眣晉大夫使與公盟。解詁以目通指曰眣。此二眣字。並當作眣。阮氏校勘記已詳辯之。又成二年傳。郤克眣魯衛之使。義與文七年同。字正作眣。不作眣。釋文雖兼存眣字。然乃誤本也。玉篇目部眣同瞚。引公羊傳。眣魯衛之使。又有眣字。不引公羊傳。可證也。五經文字。眣。以目通也。見春秋傳。并不兼收眣字。亦可證也。陸氏公羊傳釋文但云。又作眣。不云說文作眣。可知說文無作眣之文矣。⊘倫按脩从攸得聲。攸音喻四。矢音審紐。同為摩擦次清音。是眣从矢得聲。與脩為轉注字。然失音亦審紐。則眣亦得與脩轉注。固不妨眣眣兩存。惟眣字斠為有據耳。公羊借眣為旻。本訓目病也。今捝。但存校語耳。餘詳旻下。【說文解字六書疏證卷七】

◉李孝定　卜辭昳為地名。辭云「矦其□戋哭」。拾十一・三。「壬寅卜㠱矦弗戋哭」。前五・九・三。「癸卯卜雀宅哭亡禍」。戩四七・八。言宅昳者。蓋謂卜宅於哭也。金祥恆續文編四卷二葉上收作昳。其說未聞。按字與昳形絶遠。似非一字。【甲骨文字集釋第四】

◉劉　桓　段注謂昳為本字，昳乃譌體，皆是。但他又説：「許云目不从正者，公羊兩言昳皆不以正也」，則未免過于相信説文「目不从正」之訓。我認為此字義，如何注「以目通指曰昳」者，乃假借字義。釋文既云「昳音舜」，則當為瞬或眴之假借字。列子・湯問「先學不瞬而後可言射」，莊子・德充符「少焉眴若」，釋文：「眴，本作瞬。」漢書・項羽傳「梁目眴籍曰，可矣」，師古注：「眴，動目也，音舜。動目而使之也。」眴、瞬皆「動目」之義，昳為同音假借字。楊樹達，漢書窺管讀「昳」為「眴」(一九七頁)，説甚是。

而昳則別是一字。説文訓為「目不从正也」，又訓「昳，日厎也。从日失聲」(新附字)。又訓「泆，水所蕩泆也」(十一篇上水部)。「跌，踢也。从足，失聲。一曰越也」(二篇下足部)。可證从失之字多含不正之義，不可與昳牽扯在一起。

段氏「疑昳从矢会意」，則很有道理。細觀此字实象以矢直射人目形，這分明是把人的眼睛做為射箭的目標，因此，廣韵：「昳，矢的也」，才合乎字的本義。今試舉古書例证説之：

(一)左傳成公十六年述晉楚鄢陵之戰云：「苗賁皇言于晉侯曰：楚之良，在其中軍王族而已。請分良以擊其左右，而三軍萃于王卒，必大敗之。公筮之，史曰：吉。其卦遇覆☷，曰：南國蹙，射其元王中厥目。國蹙王傷，不敗何待？公从之。……呂錡夢射月，中之，退入于泥。……及戰，射共王中目。」

(二)定公八年：「顔息射人中眉，退曰：我無勇，吾志其目也。」(杜注：「以自矜」)

(三)後漢書・東夷傳：挹婁人「又善射，發能入人目」。

卜辭昳用為方國名，如：

壬寅卜，雈疾弗戋昳。(前五・九・三)

癸亥卜，疾其戋昳。(京津一三三九)

癸巳卜，行，貞：王㞢㞢亡尤，才(在)𠂤昳卜。(文録四七二)

「𠂤昳」即「昳」，目前尚未考知其地何在。據屯南二一〇〇：「戊戌貞：王于己亥步昳。庚子貞：王步于壴(鼓)。」昳距鼓極近，鼓、昳都應屬後來的晉地。【甲骨文考釋之二　學習與探索一九八七年第三期】

◉許　慎　矇童矇也。一曰不明也。从目。蒙聲。莫中切。【説文解字卷四】

◉馬叙倫　鈕樹玉曰。韻會作童蒙也。从目。蒙聲。一曰。不明也。段玉裁曰。此與周易童蒙異。謂目童子如冡覆也。毛公劉熙韋昭皆云。有眸子而無見曰矇。沈濤曰。後漢書竇融傳注引有眸子而無見曰矇。蓋古本如此。任大椿曰。古今韻會引字林。矇。目有眸。無珠子。王筠曰。童子為瞖所蒙也。蒙當作冡。倫按後漢書注引。校語。本訓目病也。童蒙也亦校語。一曰不明也者。即矇之引申義。或眛字義。眛矇雙聲。此亦校語。【説文解字六書疏證卷七】

眇 王眇【漢印文字徵】

◉許　慎　眇一目小也。从目。从少。少亦聲。亡沼切。【説文解字卷四】

◉馬叙倫　段玉裁曰。易履卦釋文引作小目也。當依正。履六三。眇能視。虞翻曰。離目不正。兑為小。故眇而視。方言曰。眇。小也。淮南説山訓。小馬大目不可謂大馬。大馬之目眇。謂之眇馬。按眇訓小目。引申為凡小之稱。沈濤曰。蓋古本作目小也。無一字。易履釋文作小目也。則傳寫倒誤耳。釋名釋疾病云。目匡陷急曰眇。眇。小也。方言廣雅皆訓眇為小。轉注或訓為細。或訓為微。皆與小義相成。不得專指一目。然一切經音義一及六與玉篇引同今本。御覽七百四十引亦同。是古本亦有如是作者。倫按沈説較長。眇者目匡陷急。其精甚微。幾同盲瞽者也。故易稱眇能視。淮南以大馬之目眇謂之眇馬。易林解之節。左眇右盲。魏略。太祖辟丁儀為掾。嘉其才。乃曰。即使兩盲。當與女。何況眇乎。然則眇去盲甚近。非尋常目之小者。當作从目。少聲。少聲者。少小一字。語原然也。然本訓目病也。今捝。存校語耳。字見急就篇。【説文解字六書疏證卷七】

眄 籀韻【古文四聲韻】

◉許　慎　眄目偏合也。一曰衺視也。秦語。从目。丏聲。莫甸切。【説文解字卷四】

◉馬叙倫　鈕樹玉曰。繫傳衺譌作褒。韻會無秦語二字。玉篇引有。桂馥曰。偏。鍇本作偏。謂一目盲也。朱駿聲曰。目一閉一開。審諦而視也。倫按桂説非也。韻會引鍇本亦作偏。目偏合者瞑字義。雙聲兼疊韻假借也。一曰。衺視也。是本義。倉頡篇。眄。旁視也。古書亦多訓眄為視。方言。矙睇睎略眄也。自關而西秦晉之閒曰眄。蓋目偏合也者校語。本訓目病

也。今挩。一曰衺視也。後之校者據一本加之。眪為衺視。蓋目病之衺視者也。此亦校語。秦語亦校語。眪字出倉頡篇。見玄應一切經音義引。【說文解字六書疏證卷七】

略

 略漢私印  略賞私印 【漢印文字徵】

◉許　慎　眳眪也。从目。各聲。盧各切。【說文解字卷四】

◉馬叙倫　方言。略。眪也。吳揚江淮之間。或曰瞯。或曰略。略音來紐。古讀歸泥。眪音明紐。明泥皆鼻音次濁音。故眪略得轉注也。【說文解字六書疏證卷七】

盲

 1647 【古璽文編】

 古老子 【古文四聲韻】

◉許　慎　盲目無牟子。从目。亡聲。武庚切。【說文解字卷四】

◉郭沫若　民字於卜辭未見，即从民之字亦未見。殷彝亦然。周代彝器，如康王時代之盂鼎已有民字，曰「適相先王受民受疆土」，其字作。克鼎「惠于萬民」作，齊侯壺「人民」字作，均作一左目形而有刃物以刺之。古人民盲每通訓，如賈子大政下篇「民之為言萌也，萌之為言盲也」。今觀民之古文，則民盲殆是一事。然其字均作左目，而以之為奴隸之總稱，且周文有民字而殷文無之（商書盤庚及微子諸篇雖有民字，然非古器物，不能據為典要），疑民人之制實始于周人，周人初以敵囚為民時，乃盲其左目以為奴徵。臣民字均用目形為之。臣目豎而民目橫，臣目明而民目盲。此乃對於俘虜之差別待遇。蓋男囚有柔順而敏給者，有愚戇而暴戾者。其柔順而敏給者則懷柔之，降服之，用之以供服御而為臣。其愚戇而暴戾者初則殺戮之，或以之為人牲，繼進則利用其生產價值，盲其一目以服苦役，因而命之曰民。此事於文獻雖無徵，然觀古人之對待奴隸，或剠其額，或髡其髮，或劓其鼻，或刵其耳，或刖其足，或宮之腐之，所用之肉刑正無所不至其極，則盲其一目自是意中事矣。秦始皇帝喜聽高漸離之擊筑而矐其目，恐即古人盲目為民之遺意也。又民乃象形文字，此實三千年來傳世之古畫，文獻之可徵當無有更優於是者。【釋臣宰　甲骨文字研究】

䁝 

◉馬叙倫　鈕樹玉曰。繫傳牟作眸。説文無眸。倫按牟子即盧童子。此作牟子。則上文言盧童子者為校語矣。然本訓目病也。目無牟子亦校語。特非一人筆耳。盲字見急就篇。【説文解字六書疏證卷七】

◉高鴻縉　此字初文象眸子出眶之形。即盲字也。字倚目畫其眸子出眶之形。由文目生意。故為盲目之盲。狀詞。後借用為人民之民。又或加亡為聲符。作氓。乃另造盲字以還其原。是故原字人民之民為借意。盲目之盲為本意。【中國字例二篇】

◉陳偉武　今按，「𥄗」字不見於字書，劉氏（劉樂賢）讀為「亡」甚是，而未言「𥄗」原本究為何字。此字从亡从見，亡，無也，無所見即為「盲」，亡亦聲，故簡文可讀為「亡」而與「生」相對。古文字中義近形符「目」與「見」互換數見不一見。如「視」字，甲骨文、《説文》古文均从目，示聲，睡虎地秦簡从見，示聲。睡虎地秦簡《日書》甲種〈夢〉篇「瞢」字，乙種作「覺」。《説文》睹與覩、睍與覞、睒與覢，音義並同。《説文》：「萌，翌也，从明，亡聲。」王筠句讀：「此以翌釋萌，謂明日之明。」《集韻·庚韻》：「盲，《説文》：『目無牟子。』或作萌。」萌同於盲、𥄗，視為會意兼形聲亦無不可。盲字最早見於古璽，作（《古璽彙編》1647），與楚簡𥄗字時代大致相近，後世盲行而𥄗廢。【戰國楚簡考釋斠議】

◉許　慎　目陷也。从目。咸聲。苦夾切。【説文解字卷四】

◉馬叙倫　錢坫曰。今俗瞎眼字。倫按本訓目病也。今捝。但存校語。䁝為害之轉注字。今本書無害字。而憲从之得聲。音在曉紐。䁝从咸得聲。咸音匣紐。同為舌根摩擦音。䁝音溪紐。亦舌根音也。餘詳憲下。【説文解字六書疏證卷七】

瞽 

汗簡【古文四聲韻】

◉許　慎　目但有眹也。从目。鼓聲。公户切。【説文解字卷四】

◉馬叙倫　鈕樹玉曰。玉篇。無目也。引周禮太師之職。按鄭司農注。無目眹謂之瞽。有目眹而無見謂之矇。有目無眸子謂之瞍。此無目但有眹。與鄭義殊。説文無眹。疑古本通作朕。桂馥曰。本書無眹字。三蒼。無目謂之瞽。廣雅。瞽。盲也。周語。瞽獻典。韋注。無目曰瞽。有目眹而無見謂之矇。有目無牟子謂之瞍。詩有瞽箋云。瞽。矇也。釋文。目無眹曰瞽。新序雜事。晉平公謂師曠曰。子生無目眹。甚矣子之墨墨也。莊子逍遥遊。瞽者無以與乎文章之觀。釋文。瞽。盲者無目

如鼓皮也。諸説並與本書異。合下瞍字審之。蓋本書二訓互誤。段玉裁曰。眹當作朕。朕从舟。舟之縫理也。引申之凡縫皆曰朕。丁福保曰。慧琳音義十四引。目但有眹。曼曼如瞽皮曰瞽。从目。鼓聲。四十一及九十五皆引作目但有朕也。倫按眹當依鍇本作朕。釋名。瞽鼓也。瞑瞑然目平合如鼓皮也。是瞽者目匡平合。正與無目者同。故韋昭曰。無目也。玉篇亦訓無目。蓋許本訓目病也。今捝。所存者校語。又有捝耳。瞽字出三倉。見玄應一切經音義引。餘詳瞍下。【説文解字六書疏證卷七】

睃　瞍

◉許　慎　瞍無目也。从目。叜聲。穌后切。【説文解字卷四】

◉馬叙倫　桂馥曰。無目也者。瞽之訓也。此當云。目但有眹也。字林。睃。目有眹。無珠子。詩靈臺。矇睃奏公。傳云。無眸子曰睃。周語。睃賦。韋云。無牟子曰睃。晉語。矇睃不可使視。韋云。有眸子而無見曰矇。無眸子曰睃。周禮注引鄭司農云。有目無眸子謂之睃。倫按本訓目病也。今捝。疑睃瞽二訓互譌。【説文解字六書疏證卷七】

䁝　䁝

䁝　妾䁝【漢印文字徵】

◉許　慎　䁝惑也。从目。榮省聲。户扃切。【説文解字卷四】

◉馬叙倫　段玉裁曰。䁝惑雙聲。榮省聲當作熒省聲。凡營瑩䁝鎣褮滎榮等字皆曰熒省聲。倫按䁝惑以雙聲為訓。或本訓目病也。今捝。惑也者校語。此次瞽睃之下。為眚之轉注字。䁝眚聲同耕類。字或出字林也。【説文解字六書疏證卷七】

睉　睉

◉許　慎　睉目小也。从目。坐聲。臣鉉等曰。案尚書。元首叢睉哉。叢睉猶細碎也。今从肉非是。昨禾切。【説文解字卷四】

◉馬叙倫　鈕樹玉曰。玉篇引作小目也。桂馥曰。一切經音義一引字林。小目也。倫按睉蓋眇之轉注字。眇从少得聲。小少一字。小音心紐。睉音從紐。皆舌尖前音也。經傳不見此字。諸家以為即書之叢脞字。目譌為肉。此字不與眇次。玉篇引與字林訓同。或此字出字林也。【説文解字六書疏證卷七】

𥄎 𥄎

◉許　慎　𥄎捾目也。从目叉。烏括切。【說文解字卷四】

◉林義光　𥄎𥄎　泰韻烏害切。說文云。𥄎捾目也。从目叉。按象叉捾目形。【文源卷六】

◉郭沫若　𥄎、說文云「捾目也，从目叉」。此字右旁作叉。下「㚸叉」字、「戟叉」字、「克叉」字均與文中从「又」作之字迥然有別，顯係叉字，不可混為又。叉丑古本一字，故知狃即是狃。「敢𥄎邵告」謂敢刮目昭告。【沈子𣪘　兩周金文辭大系考釋】

◉馬叙倫　鍇本作叉聲。桂馥以為當从目。叉聲。叉誤為叉。倫謂叉音照紐。𥄎音影紐。古讀照歸端。端影皆清破裂音。似叉聲校是。或曰。說解曰。捾目也。十二篇。捾。搯捾也。埤蒼曰。搯。爪也。則於義當从叉。國語吳語史記吳世家。子胥以手抉目。疑从叉目。倫謂豈為抉目而特造𥄎字耶。恐未然。捾字蓋校者注以釋𥄎字之音者也。目也蓋有脫字。【說文解字六書疏證卷七】

◉郭沫若　說文云「捾目也，从目叉」。捾目無義，殆叚為或。古音𥄎或同紐，例可通叚。【沈子𣪘銘考釋　金文叢考】

◉楊樹達　段氏云：「目叉者，目為叉捾也。吳語吳世家皆云子胥以手抉目，是也。」樹達按：叉為能名，目為所名。今長沙云𥄎眼睛，𥄎字平聲讀之。【文字形義學】

睇 睇

◉許　慎　睇目小視也。从目。弟聲。南楚謂眄曰睇。特計切。【說文解字卷四】

◉馬叙倫　鈕樹玉曰。韻會引同。玉篇作眱。與脂、大奚二切。引說文云。目小視也。南楚謂眄曰眱。別有睇字。達計切。傾視也。所引當不誤。蓋弟夷二字形聲並近。易明夷。夷于左股。釋文云。夷。子夏作睇。鄭陸同云旁視曰睇。京作眱。是睇有作眱者。沈濤曰。詩小宛正義引作小衺視也。蓋古本如此。小徐本同。玉篇此篆作眱。不作睇。禮記內則。不敢睇視注云。睇。傾視也。傾視即衺視之義。竊意說文二字皆有。訓小衺視者為睇。訓目小視者為眱。後為二徐所删并。遂有睇無眱。與篇韻皆不合矣。錢坫曰。繫傳作目小衺視。詩小宛正義引作小衺視。鄭本易明夷。眱于左股云。旁視曰睇。內則睇視。注。傾視也。是有邪字為允。王筠曰。玉篇。眱下引說文。目小視也。睇下訓傾視也。不引說文。似作眱是。然睇字見於經典者多。未敢輒改。倫按王筠疑睉字以下諸文皆校補之文。又前文亦或失次。蓋此部倒亂多矣。倫謂本部當終於𥄎字。睇字以下非原次倒亂。即出後人補增。睇字玉篇引出說文。而篆作眱。睇字不引說文。似當依改。然倫謂睇眱或如鶙鵜之當為一字。說解目小視也。鍇本作目小衺視也。倫謂本訓衺視也。方言。睇。眄也。陳楚之間南楚之外曰睇。睇眄脂真對轉。是眄睇為轉注字。上文。眄。衺視也。倉頡篇。眄。旁視也。旁視即衺視。則睇當訓衺視也。目小二字涉上文

睉下説解而譌羡。又奪衺字。或後人以誤本玉篇刪改許書。或顧所據為既誤之許書也。今以方言及鍇本證知睇之必當為衺視。況玉篇睇字。説解雖不本於許書。然傾視也者。傾為頃之後起字。匕部。頃。頭不正也。則傾視即衺視。尤明矣。失次。【説文解字六書疏證卷七】

瞚

同瞚字也。 瞬【汗簡】

竝林罕集【古文四聲韻】

◉許　慎　瞚開闔目數搖也。从目。寅聲。臣鉉等曰。今俗别作瞬。非是。舒問切。【説文解字卷四】

◉馬叙倫　沈濤曰。一切經音義二及十五引作目開闔數搖也。十五引闔作合。三及十八廿五引作目開閉數搖也。華嚴音義上引。謂目開閉數搖也。開闔開閉義得兩通。謂字乃慧苑引書時所足。據此。則古本目字在開字之上。今本傳寫誤倒耳。王筠曰。慧苑引作謂目開閉數搖也。發端言謂。恐是庾注。似説文原本旬下即瞚字。本作旬。目搖也。謂目開闔數搖也。後人改之。前失瞚字。又有校者乃補於末。即以庾注注之耳。丁福保曰。慧琳音義五及四十一瞚注引與此同。九及七十三與希麟續音義一引皆作目開闔數搖動也。據此。知音義所本説文有二本。雖義得兩通。然目字在上者塙為古本也。倫按瞚音審紐。然从寅得聲。寅音喻四。旬从勻得聲。勻音亦喻四。是瞚為旬之轉注字。或本是旬之重文。謂目開閉數搖也者。本旬字説解。目搖也下之校語。甲文作[glyph]。【説文解字六書疏證卷七】

◉李孝定　卜辭正从目从寅。惟辭殘，其義不詳。吕覽「其視萬世猶一瞚也」。莊子庚桑楚「終日視而目不瞚」。釋文「瞚字又作瞬。同音舜。動也。」玉篇以眣為瞚。瞬眣並為瞚之重文。卜辭寅與矢形近。玉篇以眣為瞚之重文。蓋亦有故也。此與旬眴義近。經籍每以眣旬與旻混用。【甲骨文字集釋第四】

◉黄錫全　[glyph]同　馬本注「上同」，此脱「上」字。甲骨文瞚作[glyph]（後下24.6）、《説文》正篆作[glyph]。[glyph]乃由[glyph]（鄆孝子鼎）、[glyph]（陳猷釜）、[glyph]（侯盟）、[glyph]（陳侯因脊錞）、[glyph]（《説文》古文）等形變省，目形同部首。鄭珍云：「此旬瞚為一字者，《説文》瞚，目開闔數搖也。舒問切。旬，目搖也。黄絢切。兩文音義皆相似。瞚俗作瞬眣，《公羊傳》眣晉大夫與公盟，何休注以目通指曰眣，徐彦疏謂若今時瞬眼，是也。而《史記·項羽紀》梁眴籍曰可行矣。《説文》旬眴同字，眴亦是瞬眼，俗謂之眨眼。今人有所私授，輒眨眼以見意，古蓋如此。然則瞚旬眴字古通，故《廣韻》以瞚瞬眴眣為一字。此林罕所本。」鄭説當是。【汗簡注釋卷二】

眙 眙

◉許　慎　眙直視也。从目。台聲。丑吏切。【説文解字卷四】

◉馬叙倫　任大椿曰。文選西都賦長笛賦注。後漢書班固傳注引字林。驚皃也。倫按眙為矘之轉注字。矘音透紐。眙音徹紐。古讀徹歸透。同為破裂次清音也。長笛賦。留眎瞸眙。瞸即矘之異文。李注訓瞸為直視。眙為驚皃。雖本字林。失之矣。盱眙圖經引許慎曰。舉目為眙。未詳所本。或淮南許注也。盖盱音曉紐。眙从台得聲。台音喻四。同為摩擦次清音也。古或借眙為盱。舉目。盱字義也。【説文解字六書疏證卷七】

眝 眝

◉許　慎　眝長眙也。一曰張目也。从目。宁聲。陟呂切。【説文解字卷四】

◉馬叙倫　桂馥曰。長眙也者。字林同。倫按眝眙同舌面前破裂音。轉注。本訓眙也。此字林義。唐人删本訓。一曰張目也者。盱字義。聲同魚類。蓋此校者據廣韻加之。【説文解字六書疏證卷七】

盻 盻

◉許　慎　盻恨視也。从目。兮聲。胡計切。【説文解字卷四】

◉馬叙倫　鈕樹玉曰。韻會引也作皃。段玉裁曰。孟子滕文公。使民盻盻然將終歲勤勞。趙注。盻盻。勤苦不休息之皃。丁公著本作肹肹。據趙注則肹字近是。倫按疑此字非許書本有。【説文解字六書疏證卷七】

徐盻君【漢印文字徵】

䀜 䀜

◉許　慎　䀜目不明也。从目。弗聲。普未切。【説文解字卷四】

◉馬叙倫　段玉裁曰。疑此即昒之或體。王筠曰。此字義與眛同。而音又相近。倫按䀜為昒眛之轉注字。疑此字非許書本有。【説文解字六書疏證卷七】

瞼 瞼

◉徐　鉉　瞼目上下瞼也。从目。僉聲。居奄切。【説文解字卷四新附】

眨 眨

◉徐鉉 眨動目也。从目。乏聲。側洽切。【說文解字卷四新附】

眭 眭

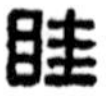
眭臨私印

譚眭印 【漢印文字徵】

◉徐鉉 眭深目也。亦人姓。从目。圭聲。許規切。【說文解字卷四新附】

眹 眹

◉徐鉉 眹目精也。从目。灷聲。案勝字賸皆从朕聲。疑古以朕為眹。直引切。【說文解字卷四新附】

眸 眸

◉徐鉉 眸目童子也。从目。牟聲。說文直作牟。莫浮切。【說文解字卷四新附】

睚 睚

◉徐鉉 睚目際也。从目厓。五隘切。【說文解字卷四新附】